质心教育科技
www.eduzhixin.com

生物竞赛专题精练

Exercise Book for Biology Olympiad

朱斌 编著

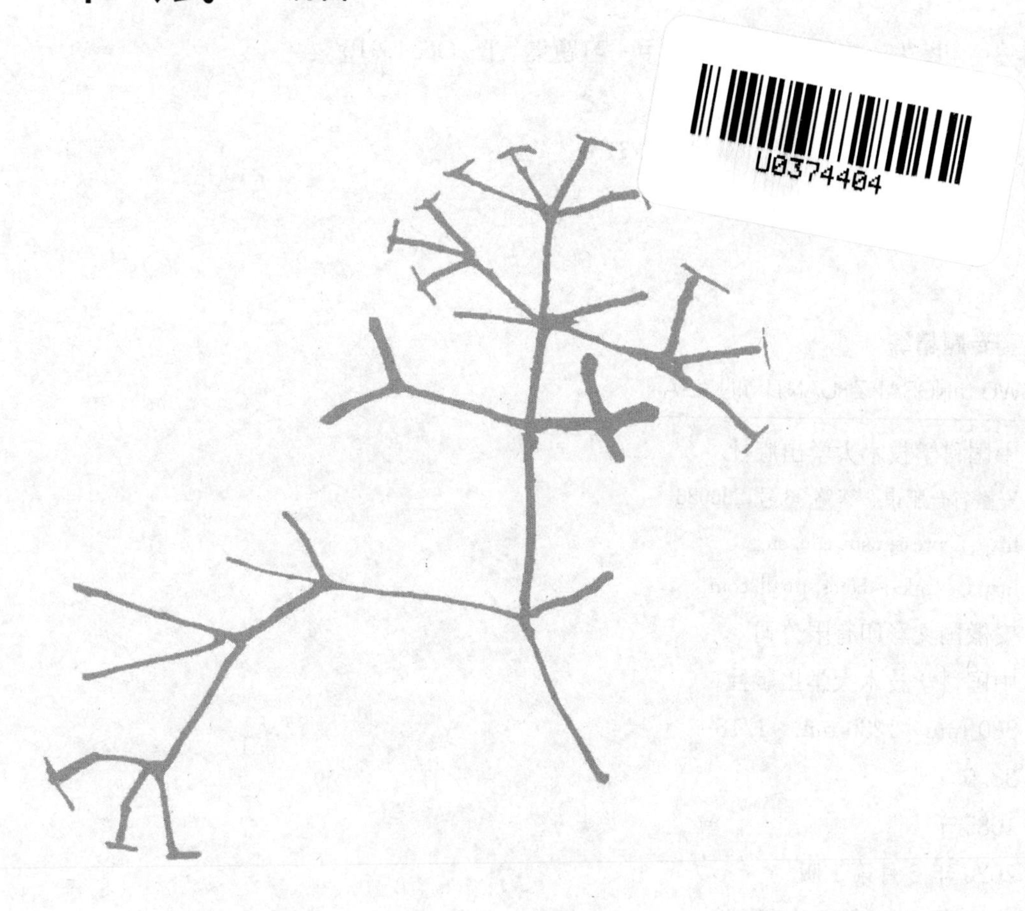

中国科学技术大学出版社

内 容 简 介

本书是作者2016～2019年间,在质心教育的生物竞赛课程研发与题库建设过程中的试题收集与汇总之作。根据全国生物学联赛考核的内容,分为生物化学、细胞生物学、微生物学、生物信息学、植物学、植物生理学、动物学、动物生理学、生态学、动物行为学、遗传学、分子生物学、进化生物学以及生物实验等14章。每章的习题数目从数十至数百不等,均配有详细的解析,个别较难知识点还附上了原始文献的出处。

本书适合参加高中生物学联赛的考生学习,也可供生物学竞赛教练、高中生物教师参考。

图书在版编目(CIP)数据

生物竞赛专题精练/朱斌编著.—合肥:中国科学技术大学出版社,2020.6(2024.11重印)
ISBN 978-7-312-04928-6

Ⅰ.生… Ⅱ.朱… Ⅲ.生物课—高中—习题集 Ⅳ.G634.915

中国版本图书馆CIP数据核字(2020)第063734号

生物竞赛专题精练
SHENGWU JINGSAI ZHUANTI JINGLIAN

出版 中国科学技术大学出版社
安徽省合肥市金寨路96号,230026
http://press.ustc.edu.cn
https://zgkxjsdxcbs.tmall.com
印刷 安徽国文彩印有限公司
发行 中国科学技术大学出版社
开本 880 mm×1230 mm 1/16
印张 33.5
字数 1085千
版次 2020年6月第1版
印次 2024年11月第7次印刷
定价 99.00元

序

收到朱斌博士编纂的《生物竞赛专题精练》，阅后甚是欣慰。本书付梓一定是当今生物竞赛生的一大幸事。

我从事中学生物学教学工作30年，从初中到高中，从常规教学到竞赛培训，都有过多年的经验。我一直认为，中学生物学教学存在着严重的问题，那就是思维含量不足，理性思考缺乏，自然科学特点不明显。从初中到高中，从教科书的内容设置到教师的教学过程，从学生的课后练习到考试命题，相当大的比例都是知识的简单陈述、现象的表观描绘，少有的一些解释也是以几十年前传统生物学的方式，从孤立的学科角度做一些浅层次解析，鲜见以统计学方法保障论证的严密准确和以理化原理解读生命现象的机理。所以，整个中学生物学课程普遍缺乏推理、论证和分析，导致学生在学习生物学的过程中，很少能体会到思维的魅力，欣赏到思考的成就感。于是，许多中学生误以为生物是文科课程；中学的生物学考试，包括生物奥赛，基本上是对书本知识的简单再现，其成绩仅仅对学生投入背书时间的多少、个人记忆力的差异做出了度量。不夸张地说，一张中学生物试卷，包括奥赛试卷，几乎不需要思考、智力，只要能打开书，有足够多的时间慢慢查找，就一定能得高分。这与物理、化学等其他理科课程的情况迥异。这应该就是几十年前生物学在高考体系中出局，今天生物课不受学生重视、生物竞赛生不受高校待见的根本原因吧。

本书编者朱斌先生是一个有着文科生的知识底蕴，被同学称为文学青年的人；一个从初一开始就因为某种机缘而拥有了六年极其特别、与众不同的生物学学习经历的生物奥赛全国第一名获得者；一个以生物学起家却在北大学习了近十年化学的化学博士。他对中学生物学的严重问题有着很深的体会。正因为如此，当他投身到生物竞赛培训行列来以后，改变生物学教学模式，让中学生物学恢复其自然科学的本来面目就成了他的奋斗目标。本书题目的解析凝结了他近几年的心血，以广泛的文献查寻、雄厚的理化知识底蕴、严密的逻辑推理，向我们展示了一种不同的生物学思考方式，虽然受制于生物奥赛题本身的局限性，但已经可以很大程度上拓展我们的视野，让我们重新认识生物学。所以，我觉得对于中学生物教师和中学生而言，本书开卷一定有益。

常立新[①]

① 常立新，江西省赣州市文清外国语学校总校长，原长郡中学副校长，生物奥赛金牌教练。

前　言

有关生物竞赛的教辅书籍，市面上已然种类繁多，然而内容杂驳、水平良莠不齐，用过的老师、同学自然深有体会。生物竞赛常被人戏称为“全国中学生记忆大赛”，此中缘由，大抵与整个竞赛教学、学习与考核过程中不求甚解的不良习惯相关。并不清楚现象之后的逻辑，背个答案就上考场的同学大有人在。觉得竞赛全靠记忆和运气自然也就不足为奇了。

立志于改变这一现象，是我之前撰写联赛解析的主要动力。真题之外，现在勉力编写本书，目的仍是为参赛的学生和从事竞赛一线教学的教师提供一本真正的质量较高、解析完备的题集。本书中所有的模拟题按照学科分类汇编，均配有详细解析；部分题目添加了必要的图片，方便理解；同样留有参考文献，供大家延展阅读。书中试题共千余道，加上解析，全书达到了500多页。毕竟题不在多，能从解析的抽丝剥茧中悟出本质道理才是最重要的。为了方便读者自我检测，出版社还贴心地另行制作了一个学生版pdf文档，删除了全部解析，仅保留试题。该文档存于QQ群772065014(本书作者和编辑都在群里)的共享文件中，欢迎有需要的读者入群下载。

本书从开始收集试题到最终完稿历时三年有余。花费时间较长，主要与我对于品质的要求和内在的焦灼有关，让各位老师、同学久等啦！在这一过程之中，有太多的同学参与了反复的推敲与校对工作，付出了辛勤的劳动，由于难以将所有人的名字收录，只能一并在此表达谢意。

韩彦杰与关昊博完成了试题的分类整理，许艺轩与刘昊羽做了初步的校对工作，如有任何问题，一定是我最终审核的疏漏，还望大家告知并谅解。我在质心教育的同仁王雅兰、汪小琪、苗健、杨威以及段爱军老师对本书提出了宝贵的意见。感谢大家在共事这段时间内对我在工作与精神上的支持，也愿所有人前途光明。

特别感谢我的授业恩师常立新校长拨冗作序。从中学时代至今，遇到有趣的现象、想通有意思的问题都会与他分享。本书所选编的试题，每整理完一份解析，也有交予常师预览并讨论。十分感激他对我二十三年以来的教诲、知遇以及对于本书价值与意义的肯定。

有趣即正义。

目录 CONTENTS

第1章 生物化学

1 下列哪一个过程与氢键有关？(　　)(单选)

A. DNA复制　　B. 冰晶的形成　　C. 酶与底物的结合　　D. 蛋白质折叠

E. 以上全部选项

解析 在DNA复制过程中,G-C/A-T之间分别形成氢键,这对于保证复制的忠实性是至关重要的;冰晶中,水分子之间会形成氢键,这在液态水中也存在,但是冰晶中的氢键是有方向性的;酶与底物的结合过程涉及各种次级键,包括氢键、离子键、范德瓦耳斯力和疏水作用力,其中静电作用可以说是酶通过稳定过渡态而降低反应活化能的一个重要的作用力;氢键作为蛋白质二级结构的稳定因素,自然在蛋白质折叠过程中起非常重要的作用。　**答案:E。**

2 氨基酸和核苷酸都可以形成复杂聚合物。请选择正确的说法:(　　)。(多选)

A. 二者都含有肽键　　B. 二者都含有氮元素

C. 二者都可能形成螺旋结构　　D. 通常形成分支的聚合物

E. 二者都含有磷酸基团

解析 把氨基酸连接在一起的键是肽键,而把核苷酸连接在一起形成核酸的键则是3’-5’磷酸二酯键;核苷酸是由核糖、磷酸以及含氮碱基构成的,所以含有氮元素,氨基酸就更不用说了;氨基酸聚合后的二级结构可能形成α螺旋等螺旋状二级结构,核酸则有双螺旋等结构;核酸和蛋白质都是一条长链分子,一般不会形成分支,淀粉倒是可以形成直链淀粉或者支链淀粉,糖原也可分支;氨基酸不含有磷酸基团。**答案:BC。**

3 研究图1并回答问题:下列哪个选项中的情况最有可能在几天后发生？(　　)(单选)

A. 纯水的水平线升高,同时葡萄糖溶液的水平线降低

B. 土豆的体积增加,同时葡萄糖溶液的水平线也升高

C. 纯水的水平线升高,同时葡萄糖溶液的水平线也升高

D. 土豆的体积减少,同时葡萄糖溶液的水平线升高

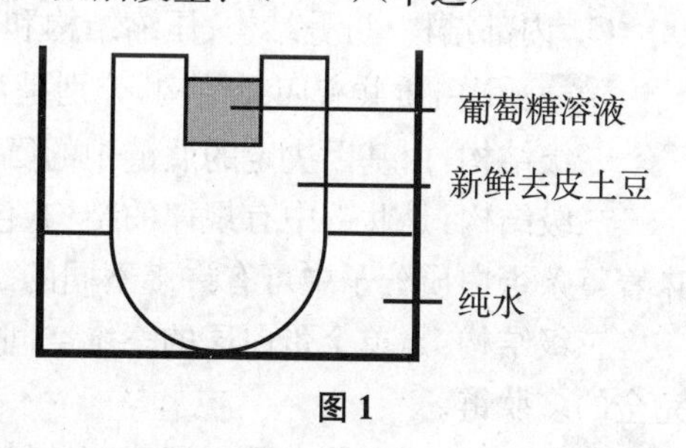

图1

解析 纯水减少,糖水增多。最终糖水浓度会降到和土豆相同,但纯水(根据图片可以大致判断,纯水是足量的)会持续往土豆流动,直到渗透势差与压力势差平衡。因此土豆细胞最终的状态比初始状态必定要膨胀一些。　**答案:B。**

4 反渗透是淡化海水最著名的方法,同时,海鸟盐腺的工作机制也是反渗透。反渗透的大概机制是(　　)。(单选)

A. 蛋白质络合盐离子,将其清除

B. 通过加压,使溶剂从浓度高的部位透过膜进入浓度低的部位

C. 盐类生成沉淀,然后酶通过主动运输排泄盐类

D. 浓度低的溶剂不需要外界施压,就可以通过膜进入浓度高的部位

解析 反渗透是利用压力驱动溶剂透过半透膜的过程,半透膜只允许溶剂透过,溶质无法通过。更确切地说,反渗透是施加压力超过渗透压,从而让溶剂从浓度高的一侧透过半透膜进入浓度低的一侧的过程。这和自然情况相反,如果不施加压力,溶剂会顺着渗透压从浓度低的一侧透过半透膜进入浓度高的一侧。反渗透在工业生产中十分重要,可以净化海水生产饮用水。反渗透使用的半透膜有一层致密的阻挡层,可

以将溶质和溶液分离。大多数情况下，半透膜只允许水透过其中的阻挡层，不允许溶质（如盐离子）通过。反渗透需要在浓度高的一侧施加很大的压力，微咸的水需要施加 2～17 atm，海水（渗透压为 24 atm）需要 40～70 atm 才能超过其本身的渗透压。 答案：B。

5 大肠杆菌的基因 U 从翻译起始点到终止点有大约 1200 对碱基。一般认为将蛋白质水解后得到的氨基酸的平均相对分子质量为 130。若将生成的水（相对分子质量为 18）也考虑在内，基因 U 指导合成的蛋白质的相对分子质量大约为多少？请从 A～J 中选择最恰当的一项：（　　）。（单选）

A. 2.2×10^4　　B. 2.6×10^4　　C. 4.5×10^4　　D. 5.2×10^4
E. 6.7×10^4　　F. 7.8×10^4　　G. 1.3×10^5　　H. 1.6×10^5
I. 4.0×10^5　　J. 4.0×10^5

解析 由于 3 个碱基对表示 1 个氨基酸，因此这一蛋白质中一共有 $1200\div3=400$ 个氨基酸。再用这一数字乘以氨基酸平均分子量 130，并减去肽键形成时脱去的水的分子量 18×399，得 44818，因此选最接近的 4.5×10^4。若考虑到“翻译起始点到终止点的长度”中包含有终止密码子，则答案变为 $130\times399-18\times398=44706$，但即使如此，最后所选的选项也不会改变。 答案：C。

6 下列哪些项是蛋白质的功能？（　　）（多选）

A. 抵抗感染　　B. 运输氧气　　C. 基因表达　　D. 核糖体成肽

解析 蛋白质是细胞内最重要的功能承担者，蛋白质由不同的基因编码，具有不同的作用。蛋白质可以根据其四级结构大致分为三类：球蛋白、纤维蛋白和膜蛋白。几乎所有的球蛋白都是水溶性的，它们包括酶、抗体和转运蛋白（例如血红蛋白）。纤维蛋白通常是结构蛋白，例如，胶原是结缔组织的主要组成成分；角蛋白是毛发和指甲的组成成分。膜蛋白的作用是作为受体或分子通道。核糖体成肽靠的是 RNA 而非蛋白质，D 不对。 答案：ABC。

7 血红蛋白是红细胞中运输氧气的蛋白质，单个血红蛋白分子拥有四级结构，分别是（　　）。（单选）

A. α 螺旋、随机螺旋、β 折叠和球形结构　　B. 一级结构、二级结构、三级结构和四级结构
C. 内部结构、折叠结构、压缩结构和球状结构　　D. 上述选项都不对

解析 蛋白质共有四级结构，分别是：

一级结构：由基因决定的肽链中的氨基酸序列。

二级结构：是肽链中有规律的结构（包括 α 螺旋、β 折叠和随机螺旋），局限于蛋白质的局部空间内，这意味着整条蛋白质分子中可有许多不同的二级结构分布。

三级结构：是单个蛋白质的三维空间结构，是二级结构共同组成的空间结构。三级结构可以指代折叠完全的多肽链。

四级结构：多个蛋白质分子或多肽链共同组成的复合体，复合体中每一条蛋白质分子称作一个亚基，有各自的功能。

血红蛋白拥有四级结构：血红蛋白的氨基酸序列大多形成 α 螺旋，它们之间由非螺旋的片段相连。氢键可以通过吸引相邻的分子，稳定蛋白质内的螺旋结构，将多肽链折叠成特定的形状。血红蛋白的四级结构是由四个亚基组成的类四面体。 答案：B。

8 必需氨基酸是人体不能自身合成的氨基酸，要从饮食中摄取。下列哪项不是必需氨基酸？（　　）（单选）

A. 甲硫氨酸　　B. 苯丙氨酸　　C. 色氨酸　　D. 天冬氨酸

解析 狭义的必需氨基酸有 8 种，分别是：苯丙氨酸、缬氨酸、色氨酸、异亮氨酸、甲硫氨酸、亮氨酸、赖氨酸和苏氨酸。天冬氨酸不是必需氨基酸，可以利用草酰乙酸通过转氨作用生成。 答案：D。

9 直发膏是一种特殊的乳液或霜剂，通常含有强碱（或其他烫发原料，如某些铵盐），一般用在永久性

的发质处理中。使用它对头发进行处理可以使卷发松弛成直发，这也是其名字的来源。使用直发膏时发生在头发上的化学反应是(　　)。(单选)

A. 破坏头发中的二硫键，使头发变直　　B. 中和头发角质蛋白中的酸性氨基酸

C. 让油脂渗入发丝，使其柔顺　　D. 破坏头发中的氢键，使头发变直

解析 头发纤维的基本组成物质是角蛋白。角蛋白是由氨基酸连接而成的长链，它组成了所有上皮细胞的细胞骨架。角蛋白中甘氨酸、丙氨酸的含量很高，它们是20种氨基酸中最小的，甘氨酸的R基是一个单独的氢原子，丙氨酸的R基是一个不带电荷的甲基。这种组分可以令β折叠中相邻肽链的氨基和羧基形成很强的氢键，形成紧密的排列和有力的连接。角蛋白分子也可以互相缠绕，形成螺旋形的中间纤维。除了分子内和分子间的氢键，角蛋白还含有大量的含硫氨基酸——半胱氨酸，它可以形成永久、稳定的二硫键，提供额外的强度和硬度，与硫化橡胶里的二硫键的作用相同。对头发进行化学处理会破坏这些二硫键。

答案:A。

根据提供的物质特性，回答第10、11题。

(1) 对pH和温度敏感；

(2) 其分类中有多糖类；

(3) 单体是氨基酸；

(4) 在水中可溶，乙醚中不可溶。

10 碳水化合物有哪些特性？(　　)(单选)

A. (1)(4)　　B. (1)(2)　　C. (1)(3)　　D. (2)(4)

解析 碳水化合物是有机化合物，化学通式是 $C_m(H_2O)_n$，看起来是水与碳的结合，因此得名。大多数碳水化合物是水溶性的，但在简单的有机溶剂中不可溶。碳水化合物可分为四种：单糖、双糖、寡糖和多糖。单糖和双糖的分子较小，日常生活中的糖一般指这些糖类。碳水化合物在生物体内的功能有很多。简单的糖类是细胞呼吸中的能量来源；多糖(淀粉和糖原)可以储存能量，也可以作为结构分子(纤维素、几丁质)。核糖是一种五碳单糖，是辅酶(ATP、FAD、NAD)的重要组成部分和RNA的骨架。脱氧核糖是DNA的骨架成分。　答案:D。

11 蛋白质具有哪些特性？(　　)(单选)

A. (2)(4)　　B. (1)(2)　　C. (1)(3)　　D. (3)(4)

解析 蛋白质(又称多肽)是氨基酸聚合形成的有机化合物，线性蛋白质通过折叠可以形成球形立体结构。多聚体中相邻的两个氨基酸残基通过羧基和氨基形成肽键相连。每个蛋白质有特定的氨基酸序列，由编码该蛋白质的基因决定。基因编码是三个相连的核苷酸组成的密码子组合而成的，每一个密码子都对应一个氨基酸。蛋白质有四级结构，分别称为一、二、三、四级结构。某些环境因素可以改变蛋白质的结构，使其失活。这些因素包括高温、强酸或强碱环境、有机溶剂等。　答案:C。

12 跨膜蛋白是一类整体嵌入细胞膜的蛋白。下列氨基酸中，哪个最有可能在跨膜蛋白的跨膜区域被发现？(　　)(单选)

A. 赖氨酸　　B. 丝氨酸　　C. 色氨酸　　D. 精氨酸

解析 细胞膜的基本骨架是磷脂双分子层结构，内外表面亲水，内部疏水，因此跨膜蛋白的跨膜区域的氨基酸大都具有强疏水性，主要含有脂溶性氨基酸，如亮氨酸、丙氨酸等；带有芳香环的酪氨酸、色氨酸常位于跨膜区域的末端(水-脂界面)；而脯氨酸则常出现在跨膜α螺旋序列的扭曲处(C_α与R基团形成吡咯环，环内C_α—N和C—N肽键都不能旋转，不可形成链内氢键，将中止α螺旋结构形成扭结)。甘氨酸的侧链R基为H，所占空间很小，在形成三级结构时不能与其他侧链基团形成次级键，也会出现在螺旋中断处。

以上这些特点使跨膜蛋白适应了磷脂双分子层的结构，跨膜区域因而相对稳定。　答案:C。

13 烤面包和烤肉的颜色和味道来源于(　　)。(单选)

A. 羟醛缩合反应(Aldol 反应)

B. 美拉德反应(Maillard 反应)

C. 爱因斯坦反应

D. 酯化反应

解析 美拉德反应是食物中还原性糖类和氨基酸之间发生的化学反应，通常需要加热。美拉德反应是化学家 L. C. Maillard 在 1912 年提出的，在食品加工和烹饪中起到了决定性作用。糖类中有反应性的羰基和氨基酸中亲核的氨基基团发生反应，产生一种复杂的混合物，形成食物的香气和味道。不同的氨基酸决定了不同的味道。在反应中，上百种气味分子被制造出来。这些分子又分解产生更多气味分子。每一种食物在美拉德反应中产生的气味组成都不同。 答案:B。

14 在肝脏中的某个氨基酸的脱氨基作用中，最初的产物可能是下列哪个选项？(　　)(单选)

A. 酮酸　　B. 尿素　　C. 葡萄糖　　D. 糖原

解析 氨基酸脱羧成为酮酸。 答案:A。

15 和其他 β-内酰胺类抗生素一样，阿莫西林的抗菌原理是(　　)。(单选)

A. 抑制细菌细胞壁的合成

B. 抑制细菌蛋白质的合成

C. 抑制细菌 DNA 的复制

D. 抑制细菌磷酸戊糖途径

解析 β-内酰胺类抗生素是一大类抗生素的统称，它们的分子结构中都有一个 β-内酰胺的核心，种类包括青霉素及其衍生物、头孢菌素、单环 β-内酰胺类和碳青霉烯类药物。β-内酰胺类抗生素的作用机制是抑制细菌细胞壁的合成，是使用最广的药物。 答案:A。

根据下面的题干，回答 16～19 题。

环孢素(结构如图 2 所示)是一种广泛用于同种异体器官移植术后，减少器官排异风险的免疫抑制剂。

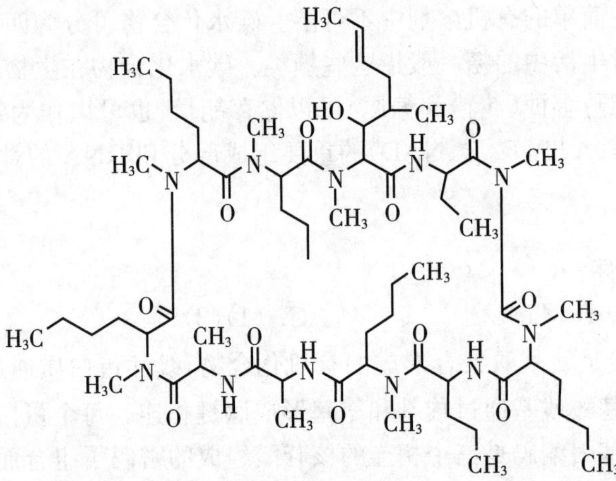

图 2

16 在结构上，环孢素可列为(　　)。(单选)

A. 连接不同基团的大环 β-内酰胺类

B. 连接一些含氨基团的环烃类

C. 连接一些含氨烃链的环状脂肪酸

D. 非核糖体合成的 11 个氨基酸组成的环状多肽

解析 环孢素 A 是环孢素主要的形式，它是一种由 11 个氨基酸组成的非核糖体合成的环状多肽，最初是从挪威土壤样品中分离出来的一种丝状真菌合成的。其 IUPAC 系统名为[*R*-[[*R**，*R**-(*E*)]]-cyclic(L-alanyl-D-alanyl-*N*-methyl-L-leucyl-*N*-methyl-L-leucyl-*N*-methyl-L-valyl-3-hydroxy-*N*，4-dimethyl-L-2-amino-6-octenoyl-L-α-amino-butyryl-*N*-methylglycyl-*N*-methyl-L-leucyl-L-valyl-*N*-methyl-L-leucyl)。1972 年 1 月 31 日，环孢素的免疫抑制作用被瑞士巴塞尔山度士(Sandoz)公司(现诺华制药)一名筛选免疫抑制剂的雇员发现。葛底斯堡大学医院的 Thomas Starzl 医生进行肝移植后使用环孢素，发现了其预防器官排异的作用。环孢素于 1983 年被批准上市使用。除了移植领域，环孢素还被用在牛皮癣和类风湿性关节炎以及相关疾病的治疗中，但不常用。

其作用机理如下：环孢素 A 与亲环孢素（cyclophilin，CyP）形成复合物，再与依赖钙/钙结合蛋白的钙调磷酸酶（CaN）作用，抑制 NF-AT（nuclear factors of activated T cell），活化 T 细胞核因子去磷酸化，使其不能进入核内，从而抑制 IL-2 的产生，T 淋巴细胞的生成受抑制。 答案：D。

17 下列哪一种氨基酸或氨基酸衍生物不是环孢素结构的一部分？（　　）（单选）

A. 组氨酸　　B. 脯氨酸　　C. 丝氨酸　　D. 上述选项都正确

解析 根据 16 题的答案，选项中的氨基酸都不是环孢素结构的一部分。 答案：D。

18 接受环孢素治疗的患者通常需要终身服用抗生素，原因是（　　）。（单选）

A. 抗生素可以增加环孢素的作用

B. 抗生素可以降低心脏病发作的概率，而这是环孢素致命的副作用之一

C. 抗生素预防环孢素干扰减数分裂，保护生殖功能

D. 上述选项都不对

解析 环孢素会抑制患者的免疫系统，使患者容易感染“条件致病菌”，因此需要服用抗生素。正常菌群与宿主之间、正常菌群之间通过营养竞争、代谢产物的相互制约等方式维持着良好的生存平衡。在一定条件下这种平衡关系被打破，原来不致病的正常菌群中的细菌可成为致病菌，这类细菌称为机会性致病菌，也称条件致病菌。 答案：D。

19 根据其药理作用，环孢素被用于许多疾病的治疗。下列哪种疾病不能用环孢素治疗？（　　）（单选）

A. 肝癌　　B. 乳腺癌　　C. 疟疾　　D. 上述选项都正确

解析 选项中的所有疾病都需要患者具有强大的免疫功能才能生存，因此，环孢素不能用于这些疾病的治疗。癌症是一类细胞不可控制地生长并侵犯邻近组织引起的疾病，有时还会转移至身体的其他部位。因此，治疗癌症需要通过手术、放疗和化疗等，抑制并杀伤过度生长的细胞。

疟疾是人群中一种可以复发的严重感染性疾病，其特点是间歇性交替发作的寒战和高热、贫血、脾大和致命的并发症。该病是由一种蚊子传染人类的单细胞寄生虫——疟原虫引起的。治疗该疾病的方法是针对寄生虫不同的特异性酶、不同的发育期、不同的细胞器联合用药。 答案：D。

20 蛋白质的四级结构取决于（　　）。（单选）

A. 同一多肽上相隔较远的氨基酸之间的相互作用

B. 同一多肽上相隔较近的氨基酸之间的相互作用

C. 不同肽链上的氨基酸之间的相互作用

D. 蛋白质内 α 螺旋和 β 折叠的组合方式

E. 与蛋白质的辅酶和辅因子的结合

解析 蛋白质的四级结构是两条或者两条以上多肽链之间组合的结果。包含一条以上氨基酸链的蛋白质称为寡聚蛋白质，其中的基本组成单元称为原聚体（同多聚蛋白的原聚体即亚基，杂多聚蛋白质的原聚体为两种或多种亚基组成的单位，如血红蛋白的 α、β 链）。这些链通过不同链的侧链基团之间的键结合在一起共同形成更大的蛋白质。这些将不同链结合在一起的键包括范德瓦耳斯力、氢键、离子键，有时还包括共价键。 答案：C。

21 Henderson-Hasselbalch 公式（简称为 H-H 公式）描述了 pH、pK 和碱（B）对酸（A）浓度比值之间的关系：$pH = pK + \lg([B]/[A])$。这个公式在配制缓冲体系过程中计算弱酸和弱碱的含量非常有用，在计算官能团电离百分比时也非常有用。如果一个羧酸的 pK 为 3.9，在 pH 为 4.9 时，有多少比例的羧基变为了羧酸根？（　　）（单选）

A. 10%　　B. 90.9%　　C. 9.09%　　D. 50%

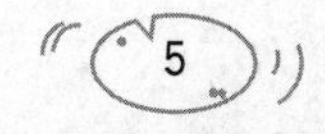

E. 18.18%

解析 HA══H^+ + A^-。根据 H-H 公式计算：4.9 = 3.9 + lg([A^-]/[HA])，故[A^-] = 10[HA]，[A^-]/([A^-] + [HA]) = 10/11 = 90.9%。 答案：B。

22 下列哪种相互作用对可溶性球蛋白的结构稳定性影响最大？(　　)(单选)

A. 偶极-偶极相互作用　　B. 静电相互作用

C. 氢键　　D. 疏水效应

E. 范德瓦耳斯力

解析 疏水作用指在水介质中球状蛋白质的折叠总是倾向于把疏水残基埋藏在分子的内部，疏水和亲水的平衡在蛋白质结构与功能的方方面面都起着重要的作用。 答案：D。

23 下面有五个氨基酸的结构简式。请选择对可溶性球蛋白三维结构的稳定性有相对最重要贡献的一个：(　　)。(单选)

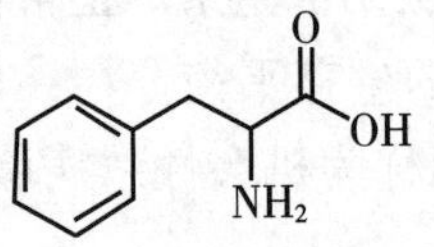

A. 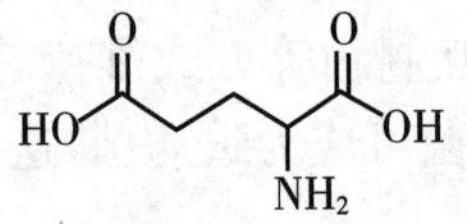　B. 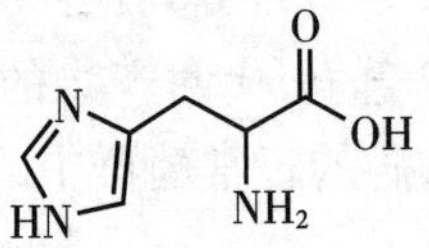　C. 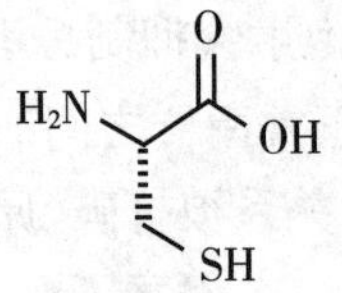　D.

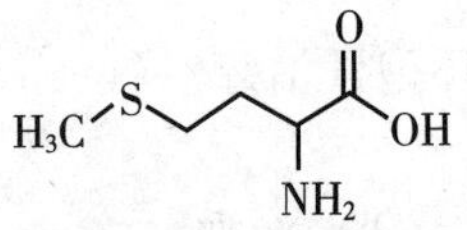

E.

解析 本题的考点其实是对可溶性球蛋白的三维结构的稳定性有最重要贡献的作用力是疏水作用力(在氢键与范德瓦耳斯力之上)。所以本题应该选疏水性最强的氨基酸——苯丙氨酸，它有一个苯环，大大增强了其疏水性。 答案：A。

24 在蛋白质中，用甘氨酸代替赖氨酸，可能会导致除了下列哪项的其他所有结果？(　　)(单选)

A. 蛋白质的四级结构发生改变　　B. 蛋白质的二级结构发生改变

C. 蛋白质的催化活性丧失　　D. 带负电的侧链丧失

E. 蛋白质与其他蛋白质的相互作用能力丧失

解析 如果这个赖氨酸的侧链对于蛋白质空间结构的维持十分重要的话，那么 A、B 都是有可能的；而如果其是催化基团的话，C 也是有可能的；如果其是与其他蛋白质相互作用的基团的话，那么 E 也是有可能的。由于赖氨酸在生理 pH 下带的是正电，所以 D 是不可能的。

这里补充一下：酶的必需基团包括：① 活性中心的基团，也就是催化或者结合底物必需的基团；② 维持空间结构所必需的基团。 答案：D。

25 下列哪种存在于水通道蛋白的通道区内的氨基酸可以通过静电选择作用，只允许水通过，而不让其他分子通过？(　　)(单选)

A. 缬氨酸　　B. 色氨酸　　C. 天冬酰胺　　D. 蛋氨酸

E. 亮氨酸

解析 水孔蛋白(水通道蛋白)是由 4 个亚基组成的四聚体，每个亚基都由 6 个跨膜的 α 螺旋(其实还包括两个 α 螺旋组成的半跨膜区)组成。每个水孔蛋白亚基都单独形成一个供水分子运动的中央孔，孔的直径稍大于水分子的直径，水分子对于正电荷的阻滞与两个半跨膜区的 Asn-Pro-Ala 中的 Asn 残基有关。

本题中，天冬酰胺以外的几个氨基酸均是非极性的侧链。 答案：C。

26 下列氨基酸中，哪个最不可能与其他氨基酸形成较强的相互作用，从而对蛋白质的三级结构有贡

献？(　　)(单选)

A. 组氨酸　　B. 谷氨酸　　C. 半胱氨酸　　D. 甘氨酸

E. 丝氨酸

解析 组氨酸是碱性氨基酸，在生理 pH 环境下会带上正电荷，从而与其他酸性氨基酸形成静电相互作用；谷氨酸是酸性氨基酸，与组氨酸相反；半胱氨酸有巯基—SH，巯基和巯基之间可以形成二硫键，对于蛋白质三级结构的稳定是十分重要的；丝氨酸则有羟基—OH，可以作为氢键供体或受体；甘氨酸的侧链只是一个氢原子—H，并不能与其他氨基酸形成很好的相互作用。　答案：D。

27 壁虎脚趾上的细毛使它能够爬墙。这些细毛由疏水角蛋白组成，通过范德瓦耳斯力黏附在攀爬物表面。在壁虎脚趾细毛接触攀爬物表面的微小界面上，哪种氨基酸是最不可能发现的？(　　)(单选)

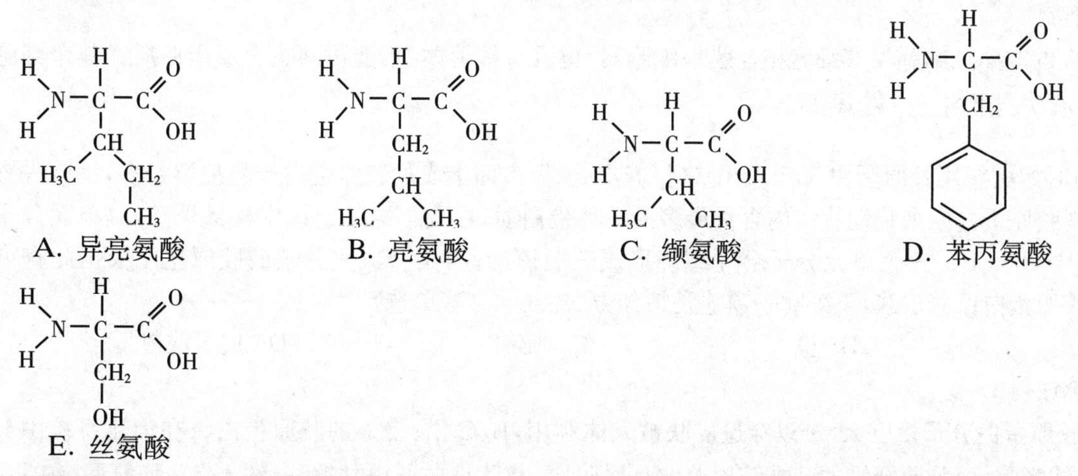

E. 丝氨酸

解析 题目中说这种蛋白质是疏水角蛋白，自然，亲水氨基酸丝氨酸是最不可能出现的。

附注：氨基酸的分类如下：

1. 非极性氨基酸(疏水氨基酸)：8种。

丙氨酸(Ala)、缬氨酸(Val)、亮氨酸(Leu)、异亮氨酸(Ile)、脯氨酸(Pro)、苯丙氨酸(Phe)、色氨酸(Trp)、蛋氨酸(Met)。

2. 极性氨基酸(亲水氨基酸)。

(1) 极性不带电荷：7种。

甘氨酸(Gly)、丝氨酸(Ser)、苏氨酸(Thr)、半胱氨酸(Cys)、酪氨酸(Tyr)、天冬酰胺(Asn)、谷氨酰胺(Gln)。

注意：有些教材将甘氨酸归为非极性氨基酸，也有教材将甘氨酸归为极性不带电荷氨基酸，只是采取的标准不一，并无对错之分。

(2) 极性带正电荷的氨基酸(碱性氨基酸)：3种。

赖氨酸(Lys)、精氨酸(Arg)、组氨酸(His)。

(3) 极性带负电荷的氨基酸(酸性氨基酸)：2种。

天冬氨酸(Asp)、谷氨酸(Glu)。　答案：E。

28 请选择下列选项中正确的关联分析：(　　)。(多选)

A. 色氨酸、酪氨酸和苯丙氨酸——都是芳香族氨基酸，能够吸收紫外光

B. L-异亮氨酸——疏水性

C. L-组氨酸——侧链可以改变 pK，在生理 pH 下，既可作为酸又可作为碱

D. L-赖氨酸——两亲分子

E. L-脯氨酸被称为“α 螺旋破坏者”，通常在蛋白结构拐弯处被发现

解析 A 是对的，虽然苯丙氨酸对紫外光的吸收很少。B 中的 L-异亮氨酸从侧链上看是疏水的，但需

要注意，其实氨基酸都可溶于水，异亮氨酸溶解度为41.2 g/L，并不低，故要区别疏水性和溶解性。C中组氨酸侧链咪唑基的pK_a在6左右，是最接近生理pH的，因此既可做酸又可做碱，有明显缓冲作用。至于pK的改变，一般认为His在pH变化下质子化状态在变化，但pK只有在存在不同静电相互作用、偶极相互作用、氢键作用、不同环境介电常数(ε)时才会变化(如血红蛋白T-R态转变时盐桥作用导致pK_a变化)，另外胶束与膜结构也会导致pK的移动。D中的赖氨酸侧链带极性电荷，是亲水分子，同时侧链也有一条长长的疏水碳链，所以是两亲分子。E中的脯氨酸只有亚氨基，无法形成氢键，且C_α—N键无法旋转，故强烈地破坏α螺旋结构，常存在于拐角处。 答案:ABCDE。

29 在下列人体细胞中，蛋白质不能从头合成(synthesis)的是(　　)。(单选)

A. 肠黏膜细胞　　B. 胰腺细胞　　C. 骨细胞　　D. 红细胞

E. 白细胞

解析 人的成熟红细胞没有细胞核与膜性细胞器，也没有核糖体，不能再从头合成蛋白质。其余细胞均需要从头合成功能蛋白。 答案:D。

30 质心姐姐想用胶原蛋白(collagen)来保养皮肤，但市面上卖的胶原蛋白产品种类繁多，她就去查百科全书，发现胶原蛋白原来是动物体内含量最多的一种蛋白质，在皮下结缔组织中含量极高，其单元分子的分子量约为130000 Da，三个单元分子会先缠绕形成三股螺旋，再聚合成大分子的胶原丝。根据此查询结果，若想用胶原蛋白保养皮肤，下列哪一项才是最佳方式？(　　)(单选)

A. 吃　　B. 擦　　C. 浸泡　　D. 皮下注射

E. 静脉注射

解析 胶原蛋白分子量巨大，难以穿过皮肤被人体利用，B、C错；食入的胶原蛋白将在消化系统中分解为氨基酸单体吸收，而胶原纤维的基本结构单位是原胶原，其肽链主要由甘氨酸(约1/3)、脯氨酸(约1/4)、羟脯氨酸(约1/4)组成，均为非必需氨基酸，营养价值较低，A错；静脉注射时，巨大的胶原纤维同样难以穿过毛细血管壁进入组织，除非被蛋白酶水解成单体，E错；皮下注射胶原蛋白，直接将其补充至皮下结缔组织方可起到保养皮肤的作用，D对。 答案:D。

31 下列选项中为蛋白质分子的是(　　)。(多选)

A. RNA聚合酶　　B. cGMP　　C. B型肝炎表面抗原　　D. 乙酰胆碱

E. 白细胞介素-1(IL-1)

解析 RNA聚合酶属于蛋白质酶类，生物学中的"酶"除了核酶(具有酶活性的RNA)之外其他大部分酶是由蛋白质构成的。

B型肝炎表面抗原是B型肝炎病毒(即乙肝病毒)的外壳蛋白，其本身不具有传染性，但它的出现常伴随乙肝病毒的存在，所以它是已感染乙肝病毒的标志。

白细胞介素-1(IL-1)又称淋巴细胞刺激因子，主要由活化的单核-巨噬细胞产生，在身体局部低浓度产生时有免疫调节的作用，协同刺激APC(抗原提呈细胞)和T细胞活化，促进B细胞增殖和分泌抗体。

cGMP(环鸟苷酸)是细胞内的第二信使，在信号传导中起传递和放大信号的作用；乙酰胆碱是神经系统中的神经递质，也是运动终板处的重要神经递质。 答案:ACE。

32 一种结核杆菌的DNA碱基组成被科学家所确定，其中18%的碱基是腺嘌呤。那么G和C碱基在该细菌的DNA碱基中所占比例是多少？(　　)(单选)

A. 18%　　B. 32%　　C. 36%　　D. 64%

解析 在DNA双螺旋结构中，A与T、G与C的比例分别相同。根据题意，A、T均占18%，因此G与C共占100% − 36% = 64%。 答案:D。

33 在DNA向RNA的转录过程中，含氮碱基中的胞嘧啶将与下列哪项有机物配对？(　　)(单选)

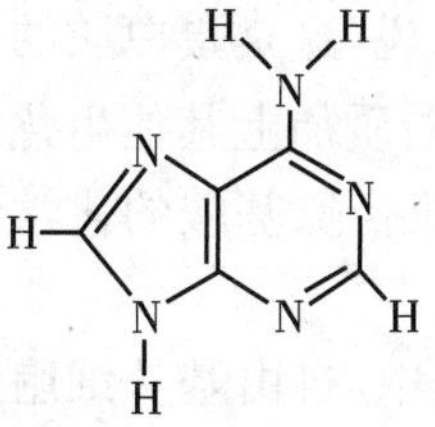

A. 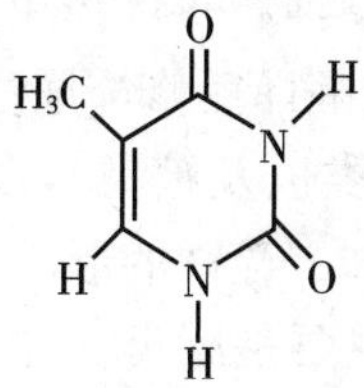　　B. 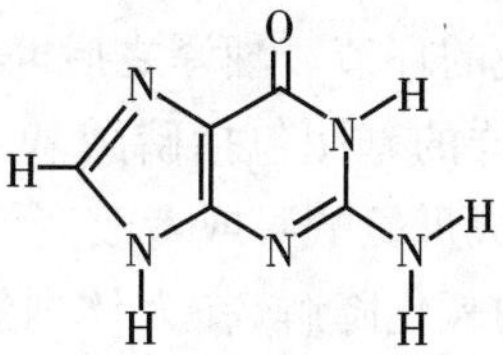　　C. 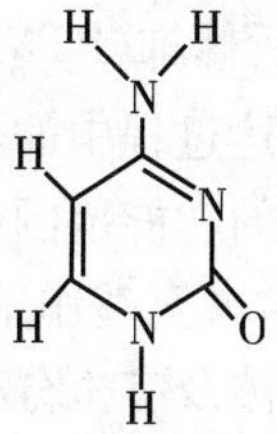　　D.

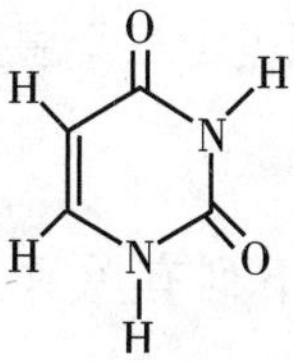

E.

解析 C、G 配对，选项 C 表示了正确的鸟嘌呤结构。　**答案：C。**

传统的生物中心法则是：DNA 被复制，再转录到 RNA，然后翻译为蛋白质，最后蛋白质依据它们在细胞内的功能被修饰。基于这个理论，请回答 34～39 题。

34 DNA 的结构是什么？（　　）（单选）

A. 一种双螺旋结构，包含交替的脱氧核糖和含氮碱基骨架，从骨架中伸出磷酸基团，导致氢键以及互补链和螺旋

B. 一种双螺旋结构，包含交替的脱氧核糖和磷酸基骨架，还有含氮碱基附在糖上，与另一条链的互补碱基相互作用

C. 一种双螺旋结构，包含交替的含氮碱基和磷酸骨架，从骨架中伸出核糖与另一条链互补

D. 以上答案均不正确

解析 DNA 两条脱氧核糖磷酸链通过 A 和 T、G 和 C 之间的氢键连成对，这形成了 DNA 分子的双螺旋结构。DNA 最初被发现是在 1869 年，但其在遗传中的作用直到 1943 年才被证实。1953 年，James Watson 和 Francis Crick 确定了 DNA 的结构是双螺旋，由两条 DNA 单链螺旋组成。这两位科学家因这项发现获得了 1962 年的诺贝尔生理学或医学奖。　**答案：B。**

35 在真核生物里，DNA 被紧密地裹进细胞核内的染色体里，在复制、转录之前需要经历解旋过程。请问解旋如何实现？（　　）（单选）

A. 通过解旋酶和拓扑异构酶的活动

B. 通过拓扑异构酶、肽酶和染色体水解酶的活动

C. 一个将来需要正常分裂的细胞有着全部的 DNA、RNA 和蛋白质，它只需要将这一切传递给子细胞并重新打包即可

D. 以上答案均不正确

解析 在复制发生之前，双螺旋的两条链必须先解开。一系列 DNA 拓扑异构酶通过切断 DNA 链来解除螺旋扭角，然后再密封切口。之后，解旋酶将双螺旋的两条链分离，将两个模板的表面对准游离的核苷酸。

有两种拓扑异构酶：拓扑异构酶Ⅰ和拓扑异构酶Ⅱ。拓扑异构酶Ⅰ切断 DNA 中的一条链，双螺旋解旋之后断链被再退火。切断一条链并允许断的这条链绕着未断的链旋转，以此来调整在螺旋中或过高或过低的扭转压力。拓扑异构酶Ⅱ则切断 DNA 的两条链，断口穿过另一条未断裂的 DNA 双链，然后再将断掉的链重新连接起来。　**答案：A。**

36 蛋白质在翻译之后会被修饰上各自所需的官能团。下列修饰中，哪个不是翻译后修饰的例子？（　　）（单选）

A. 磷酸化　　B. 脂酰化　　C. 糖基化　　D. 过氧化

解析 翻译后修饰(PTM)是蛋白质在其合成之后的化学修饰。对许多蛋白质来说,这是蛋白质的生物合成或者基因表达过程中的较晚的环节。翻译之后,氨基酸的翻译后修饰通过给蛋白质加上其他生化官能团来扩延蛋白质的功能范围(这样的基团包括磷酸基、各种脂类以及糖类),以此来改变氨基酸的化学性质(例如精氨酸发生去氨基作用变成瓜氨酸),或者改变结构(例如二硫键的形成)。

过氧化反应涉及有机分子的氧化降解,在人体内影响的主要是脂类。在该过程中,自由基从细胞膜的磷脂里移出电子,导致细胞损伤。该过程通过自由基链式反应进行,最常发生在多元不饱和脂肪酸里,因为它们有多个碳碳双键,双键之间的—CH_2—基团拥有高活性的氢原子。任何自由基反应都包含三个主要步骤:引发、传播和终止。 答案:D。

37 从基因编码到蛋白质的翻译过程涉及三种 RNA:mRNA、tRNA 和 rRNA。下列有关这三种 RNA 分子的功能的表述中正确的有哪些?( )(多选)

A. 基因信息编码在 mRNA 核苷酸序列里,每个密码子由 3 个碱基构成

B. 因为相同氨基酸可能由不同密码子编码,因此许多携带相同氨基酸的 tRNA 分子上搭载着不同的反密码子

C. 核糖体 RNA 具备催化两个氨基酸之间肽键形成的酶活性

解析 题中所有描述都是对的。每个编码蛋白质的基因被转录为相应的 RNA,在原核生物里,这种 RNA 执行 mRNA 的功能;在真核生物里,转录物需要被加工来产生一个成熟的 mRNA。接着,mRNA 在核糖体上翻译为一条氨基酸链,就是大家熟知的多肽。翻译的过程需要转运 RNA,它们与特定的氨基酸共价连接——氨酰-tRNA 合成酶在 GTP 供能下,高度特异地将氨基酸加到 tRNA 的 3' 端,这种特异性保证了翻译过程的精确性。核糖体大亚基的 23S rRNA 具有肽酰转移酶活性,能催化肽键的形成,将新的氨基酸加到已翻译的肽链上。 答案:ABC。

38 逆转录酶病毒(例如 HIV)看起来与生物中心法则相违背。怎么理解这件事?( )(单选)

A. 它们的基因材料是 RNA,蛋白质可以直接从 RNA 合成,排除了转录的需要

B. 逆转录酶病毒的基因材料是蛋白质,RNA 和 DNA 可以从蛋白质合成,完全是中心法则的相反情况

C. 它们的基因材料是 RNA,DNA 可以从 RNA 合成,而它们生命周期的其余部分是遵从中心法则的

D. 以上答案均不正确

解析 逆转录病毒是一种 RNA 病毒,在宿主细胞里复制,利用逆转录酶从自身的 RNA 来产生 DNA。紧接着 DNA 通过整合酶并入宿主的基因里,之后病毒基因组将作为宿主细胞 DNA 的一部分来进行复制。因此,包含在逆转录病毒基因里的信息表达相应蛋白质的顺序如下:RNA → DNA → RNA → 蛋白质。而 Francis Crick 证明的基本过程是这样的:DNA → RNA → 蛋白质。因此,该过程是对中心法则的重要修正。 答案:C。

39 HIV 传染病通过很多机制导致 CD4 细胞水平降低。下列说法中哪些不属于这类机制?( )(多选)

A. 感染细胞直接被病毒杀死

B. 在感染细胞中增加细胞凋亡速率

C. 受感染的 CD4 细胞被可识别感染细胞的 CD8 细胞毒性 T 细胞杀死

D. HIV 抑制骨髓,导致免疫细胞越来越少

E. 在血细胞里引起癌症(白血病),加速细胞死亡

解析 HIV 感染会导致 $CD4^+$ T 细胞水平降低,通过三种主要的机制:第一,感染细胞直接被病毒杀死;第二,在感染细胞中增加细胞凋亡(程序性细胞死亡)速率;第三,通过识别感染细胞的 CD8 细胞毒性 T 细胞导致感染的 CD4 细胞死亡。当 $CD4^+$ T 细胞数量下降到低于极限值时,细胞免疫能力丧失,身体日渐变得容易被机会致病菌感染。 答案:DE。

40 下列哪个寡核苷酸在与其互补链配对以后具有最高的熔点？（　　）(单选)

A. 5'-AAAAAAAA-3'　　B. 5'-ATGCATGC-3'

C. 5'-CGCGCGCG-3'　　D. 5'-TTTTGGGG-3'

E. 5'-TATATATA-3'

解析 DNA 双链分子的熔点 T_m 与下列几个因素有关：

(1) DNA 分子的长度。长度越长，打开双链 DNA 之间的氢键所需要的能量越大，T_m 越高。

(2) DNA 分子的 G＋C 百分比。G＋C 百分比越高，DNA 双链之间形成的氢键越多，打开 DNA 分子需要的能量越大，T_m 越高。

(3) 溶液的离子强度。溶液中离子强度越高，对 DNA 双链的稳定效果越好。原因是阳离子的正电荷可以中和 DNA 磷酸骨架上的负电荷，减少排斥力，增加稳定性，从而增加 DNA 分子的 T_m。

(4) 溶液的 pH。在低 pH 下，DNA 分子会发生脱嘌呤反应，从而丧失形成氢键的能力，于是 T_m 会降低；在高 pH 下，碱基全部会去质子化，从而丧失形成氢键的能力，使得 T_m 下降。　答案：C。

41 科学家从侏罗纪的琥珀中的蚊子体内提取出 DNA 而非蛋白质进行演化的研究，其主要的因素是（　　）。(单选)

A. DNA 的保存较蛋白质完整　　B. DNA 的保存量较蛋白质多

C. DNA 的获得较蛋白质容易　　D. DNA 的长度较蛋白质短

解析 细胞内的 DNA 含量比蛋白质少，但 DNA 比较稳定，其中的信息能够长时间保存。　答案：A。

42 治疗艾滋病的药物 AZT 的分子构造与脱氧胸腺嘧啶的结构很相似。AZT 抑制病毒繁殖的机制是（　　）。(多选)

A. 抑制艾滋病病毒 RNA 基因的转录　　B. 抑制艾滋病病毒 RNA 基因的反转录

C. 抑制艾滋病病毒由单链 DNA 合成双链 DNA　　D. 抑制艾滋病病毒 RNA 基因的自我复制

解析 叠氮胸苷(azidothymidine，AZT)又叫齐多夫定(zidovudine，ZDV)，是 HIV 逆转录酶的竞争性抑制剂，具体可抑制选项 B、C 的过程。端粒酶是一种特殊的逆转录酶，也可以受其抑制。艾滋病病毒 RNA 不直接自我复制或转录，因此 A、D 不对。　答案：BC。

43 淀粉分为无支链的直链淀粉和有支链的支链淀粉。水稻的 *Waxy* 基因编码催化直链淀粉合成的颗粒结合型淀粉合成酶。因 *Waxy* 基因的变异而无法合成直链淀粉的水稻将表现出何种性状？（　　）(单选)

A. 产出的米黏性较大，成为糯米　　B. 产出的米黏性较小，成为粳米

C. 果皮中无法产生色素，成为白米　　D. 产生有香味的物质，变成香米

解析 水稻胚乳中的淀粉分支越多，黏性越强，只要知道这一点便可得出答案。由于在无法合成直链淀粉的 *Waxy* 突变体中只有支链淀粉，产出的米的黏性将会变大。淀粉本身无法形成色素，并且由于其为高分子，不具有显著的挥发性，无香味。　答案：A。

44 下列哪种碳水化合物中含有 α-1,4-糖苷键？（　　）(单选)

A. 直链淀粉　　B. 纤维素　　C. 脱氧阿拉伯糖　　D. 葡萄糖

E. 己糖

解析 纤维素所含的是 β-1,4-糖苷键。C、D、E 三个选项是单糖。　答案：A。

45 下列哪些物质的组成中含有糖分子？（　　）(多选)

A. 木质素　　B. DNA　　C. 纤维素　　D. 类固醇

E. ATP

解析 A错，木质素是由四种醇单体（对香豆醇（4-coumaryl alcohol）、松柏醇（coniferyl alcohol）、5-羟基松柏醇（5-hydroxy coniferyl alcohol）、芥子醇）形成的一种复杂酚类聚合物，也有不算5-羟基松柏醇，认为由三种醇单体组成的说法，如图3所示。B对，DNA的基本单位是脱氧核糖核苷酸，它由含氮碱基、脱氧核糖和磷酸组成。C对，纤维素是以葡萄糖为基本单位组成的多糖。D错，类固醇是环戊烷多氢菲衍生物。E对，ATP由1分子腺嘌呤、1分子核糖和3分子磷酸基团组成。 答案：BCE。

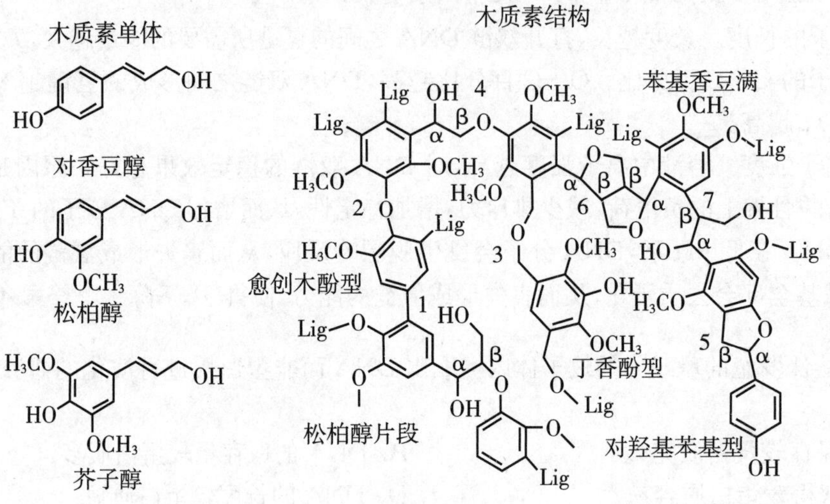

图3

参考文献

[1] Rauber D, Dier T K F, Volmer D A, et al. Electrochemical Lignin Degradation in Ionic Liquids on Ternary Mixed Metal Electrodes[J]. Z. Phys. Chem., 2017, 232:1.

46 羊毛脂是绵羊这样长着羊毛的动物的皮脂腺分泌出的一种黄色柔软的物质。羊毛脂的作用是什么？（　　）（单选）

A. 羊毛脂包含天然的抗生素，可以帮助抵挡疾病

B. 羊毛脂包含芳香物质，可以驱散蚊子和虱子这类的害虫

C. 羊毛脂是一种肥皂，雨天里可以清洗绵羊，使它们保持干净

D. 羊毛脂的防水特征帮助绵羊防止皮毛进水

解析 羊毛脂是一种从羊毛里获得的含油脂的物质。它可以单独使用，也可以与软石蜡、猪油或其他油脂一起用于制造软膏、润肤剂、护肤霜、药膏、肥皂和毛皮膏。羊毛脂是半透明、黄白色的，软且油质，具有黏性，会被皮肤逐步吸收，因此是那些期望被皮肤吸收的药品的理想基底。羊毛脂的天然用途是保护羊毛和皮肤不受气候和环境破坏，其防水特性可以辅助绵羊保护其皮毛不进水。羊毛脂及其多种衍生物被广泛使用在人类皮肤的保护、护理和美白产品中。羊毛脂是长链酯、羟基酯、二酯、羊毛脂醇和羊毛脂酸的复杂混合物，除了其自身的价值外，它也是一整套羊毛脂衍生物产品的工艺出发点，拥有范围广泛的物理化学性质。 答案：D。

47 下列哪种脂质的水溶性最佳？（　　）（单选）

A. 脂肪酸　　B. 甘油三酯　　C. 胆固醇　　D. 胆固醇酯

E. 磷脂质

解析 脂肪酸含有一个羧基的长的脂肪族碳氢链，甘油三酯是3分子长链脂肪酸和甘油形成的脂肪分子。胆固醇是一种环戊烷多氢菲的衍生物。胆固醇酯是由脂肪酸和醇作用生成的酯。磷脂质是含有磷酸的脂类，同时拥有和水结合的亲水性部分与和油结合的疏水性部分。综上，磷脂质的水溶性最佳。

答案：E。

48 将一小块肝脏放入过氧化氢中，会有大量的氧气释放出来。肝脏中可以催化该反应的酶是

(　　)。(单选)

A. 过氧化氢酶　　B. 过氧化物激酶　　C. 过氧化物氧化酶　　D. 过氧化物脱氢酶

解析 催化该反应的酶是过氧化氢酶。过氧化物酶在哺乳动物的组织内十分丰富,许多代谢反应可以源源不断地产生过氧化物,过氧化物酶可以防止过氧化物的积累,保护机体不受过氧化物的损伤。动物的各个器官里都有过氧化物酶,肝脏中的浓度最高。过氧化物酶在射炮步甲中有一种特殊作用。射炮步甲体内有两个成对的腺体,其中较大的腺体储存着对苯酚和过氧化氢,较小的腺体里储存着过氧化物酶和过氧化氢酶,正常情况下不会互相接触。甲虫将两个腺体的物质混合,氧气从过氧化氢中溢出,氧化对苯酚,同时作为推进剂,将混合液喷射出来。因过氧化氢酶缺乏引起的遗传病称为过氧化氢酶缺乏症。虽然该病导致身体许多组织(包括红细胞、骨髓、肝脏和皮肤)内的过氧化氢酶活性减低,但是该病只有一半的患者表现出症状,诸如牙龈和口腔反复感染及相关的坏疽。青春期后,这种损伤就不再多见了。该病在日本和韩国的发病率最高,日本的发病率大约为2/100000。　答案:A。

根据图4,回答49、50题。

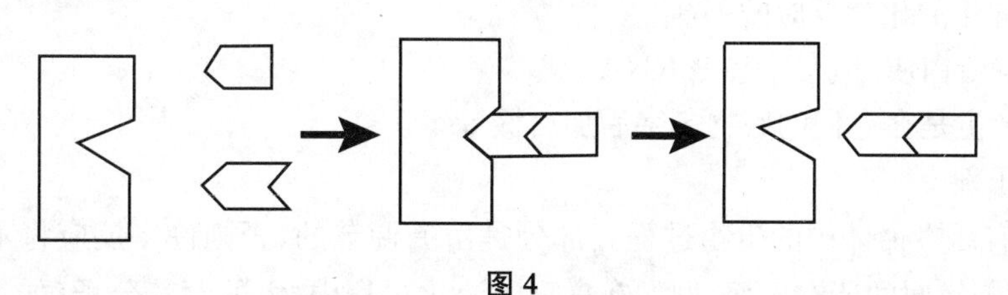

图4

49 图中描述的是什么过程?(　　)(单选)

A. 合成代谢　　B. 分解代谢　　C. 吸收　　D. 水解

解析 无论是细胞、组织还是器官层面的新陈代谢反应,都可以分为合成代谢和分解代谢。合成代谢是利用小分子合成大分子的一系列代谢过程,这些反应需要能量,通常由ATP提供。分解反应与合成反应相反,是较大的分子分解成为小分子。合成代谢和分解代谢都是由酶催化完成的。

水解是引入一分子水,使一个分子断裂成为两个分子的化学反应过程。反应物的一部分从水分子中获得氢离子,另一部分从水分子中获得氢氧根。水解反应可以通过酸、碱和酶催化。在生物体中,大多数生物化学反应,例如ATP水解,都需要酶的催化。酶的催化作用使蛋白质、脂肪、碳水化合物的水解成为可能。例如,蛋白酶可以通过水解蛋白质中的肽键帮助消化。蛋白酶可以催化多肽内部的肽键,而外肽酶(肽链端解酶)只能催化肽链末端的肽键,每一次反应只水解下一个游离氨基酸。　答案:A。

50 图中描述了酶的什么性质?(　　)(单选)

A. 加快反应速度　　B. 降低反应活化能　　C. 酶是蛋白质　　D. 酶的作用有特异性

解析 因为没有对比试验,所以我们不知道如果没有酶的参与这个反应是否会变慢,选项A不正确。同样地,单从图中看,没有测量数据,我们也无法比较反应的活化能是否下降,选项B不对。用方块代表的酶不是任何已知的蛋白质的结构,因此C也不对。从图中我们可以看出,第一个反应物先结合酶之后,第二个反应物才能与第一个反应物结合,因此D是正确答案。

大多数酶是蛋白质,可以催化化学反应。在酶促反应中,反应物分子称为底物,酶可以将底物转化为其他物质,称为产物。细胞中几乎所有的反应都需要酶的催化才能达到需要的反应速率。因为酶对底物有特异性,只能催化几种特定的反应,所以细胞中的酶决定了细胞可以进行哪些代谢反应。酶和其他催化剂的作用原理相同,可以降低反应活化能,提高反应速率。而且,酶促反应不会消耗酶,酶也不会改变反应的方程式。但是,酶具有高度特异性,这一点和其他催化剂不同。某些RNA分子也具有酶活性,称作核酶,例如核糖体中的rRNA。　答案:D。

51 下列哪种物质最容易从酶中分离出来?(　　)(单选)

A. 辅酶　　B. 激活剂　　C. 辅基　　D. 蛋白质底物

解析 底物和酶的结合本就是动态平衡的，所以最容易和酶分开。激活剂是指能够提高酶活性的物质，例如一些离子(氯离子、镁离子等)、有机分子(谷胱甘肽等)或者激活酶原的蛋白酶。 答案:D。

52 核酶是一种(　　)。(单选)

A. rRNA分子的前体
B. RNA分子合成中使用的酶
C. 消化RNA分子的蛋白质
D. 与酶结合的核糖分子
E. 具有酶的功能的RNA分子

解析 核酶是RNA分子，具有酶的功能。 答案:E。

酶是负责数以千计的维持生命的化学反应的生物大分子。它们是具有高度选择性的催化剂，大大加快了反应速率和代谢反应的特异性。使用这些信息来回答53～56题。

53 下列有关酶的说法，正确的是(　　)。(单选)

A. 酶不改变其催化的化学反应的平衡
B. 酶主要是球状蛋白质，但有一些是RNA
C. 酶的名字的产生是在它们的底物名字后加后缀-ase
D. 以上答案都正确

解析 发生在所有活生命体中的生物过程大部分是由酶调节的，否则许多反应将不会以一个可察觉的速率发生。酶催化细胞代谢的所有方面，例如在食物的消化过程中，大的营养分子(如蛋白质、碳水化合物、脂肪和核酸)被分解成较小的分子，以及后续它们的重新构建和相互转化(氨基酸变成糖，糖变成脂肪)等。

习惯命名法中，的确都是在酶的底物英文单词后面加“ase”来做酶的名称。原因是1833年Payen和Persoz从麦芽中提取出一种对热敏感的物质，这种物质能将淀粉水解成可溶性糖，他们把其称为淀粉糖化酶(diastase)，意思是“分离”。所以后人命名酶时常加词尾-ase。 答案:D。

54 谁第一个证明了酶的存在？(　　)(单选)

A. Eduard Buchner
B. Hans Adolf Krebs
C. Melvin Calvin
D. Leonor Michaelis和Maud Menten

解析 1897年，Eduard Buchner(爱德华·毕希纳)提交他的第一篇论文《关于酵母提取物在缺乏活酵母细胞的情况下发酵糖的能力》。在一系列的实验中，他发现即使混合物中没有活的酵母细胞，其中的糖也被发酵。毕希纳获得了1907年诺贝尔化学奖(“因为他的生化研究和他的发现:无细胞发酵”)。酶通常根据它们进行的反应命名。通常情况下，酶的命名是在其底物名称后面加上后缀-ase(例如乳糖酶是水解乳糖的酶)或反应的催化的类型(例如DNA聚合酶催化脱氧核苷酸形成聚合物，即DNA分子)。

Hans Adolf Krebs(汉斯·阿道夫·克雷布斯，1900年8月25日生于德国希尔德斯海姆，1981年11月22日死于英国牛津)是德国出生的英国生化学家，他与弗里茨·李普曼共享了1953年诺贝尔生理学或医学奖，他在活的生命体内发现了一系列称为三羧酸循环(也称为柠檬酸循环，或克氏循环)的化学反应。这些反应包括在氧气的存在下物质的转换:糖、脂肪和蛋白质分解转化为二氧化碳、水和蕴含能量的化合物。

Melvin Calvin(梅尔文·卡尔文，1911年4月8日生于美国明尼苏达州圣保罗，1997年1月8日死于加利福尼亚州伯克利)是1961年诺贝尔化学奖得主，发现了光合作用的化学途径。

Leonor Michaelis(莱昂诺尔·米歇尔)是德国生物化学家，Maud Menten(莫德·门特)是加拿大生物化学家。他们两人一起工作，确定了酶动力学的最简单和最知名的模式，被称为米氏酶动力学模型，它用公式描述了酶反应的速率 v 与底物浓度[S]的关系。 答案:A。

55 酶利用其特定的三维结构，并且可以使用有机和无机辅因子来协助催化。下列哪一个不是酶的常见无机辅因子？(　　)(单选)

A. Zn　　B. Mn　　C. Mo　　D. Sc

解析 钪(Sc，原子序数21)是一种稀土类金属，存在于大多数稀土和铀化合物的沉积物中，全世界只有

少数几个地方的矿石中才能提取出来。由于使用价值低，制备成金属也困难（首次成功在 1937 年），直到 20 世纪70 年代钪的应用才被开发出来。在 20 世纪 70 年代发现钪对铝合金有积极作用，而在这些合金中的使用仍然是钪唯一主要的应用。纯金属钪的全球贸易量平均每年约 50 kg。钪目前没有已知的生物学功能。 答案：D。

56 下列哪些药物是通过抑制酶来起作用的？（　　）（单选）

A. 顺铂，用于治疗癌症
B. 恩夫韦地，用于治疗艾滋病
C. 青蒿素，用于治疗疟疾
D. 以上答案均不正确

解析 顺铂的化学式为 *cis*-$PtCl_2(NH_3)_2$，结合且导致 DNA 的交联，最后引发细胞凋亡（程序性细胞死亡）。

恩夫韦地通过在与目标细胞融合的最后阶段扰乱 HIV-1 的分子装置，阻止未感染细胞被感染来起作用。它是多肽分子，模仿 HIV-1 融合装置的部件并替代它们，阻止正常融合。此类扰乱病毒和目标细胞融合的药物叫做进入抑制剂。

从化学角度说，青蒿素是一种倍半萜内酯，含有不常见的过氧桥。这种过氧桥被认为承担了药物的作用机理。尽管没有关于青蒿素杀死寄生虫的明确机理（可能与血红蛋白的氧化相关），但是很多证据表明青蒿素通过扰乱疟疾寄生虫的氧化还原平衡来发挥其抗疟疾的作用。青蒿素也可以用于癌症的治疗。 答案：D。

ABO 血型由红细胞细胞膜上的某种糖链结构决定。图 5 表示的是这 3 种糖链的结构。在检验血型的时候，正是这些糖链的结构决定了会不会发生红细胞凝集。

决定 ABO 血型的基因编码的蛋白质是将特定的单糖添加到脂多糖或糖蛋白上的糖基转移酶。通过基因分析可知，A 型基因和 B 型基因编码的酶在氨基酸序列上有 4 处不同。请回答 57～59 题。

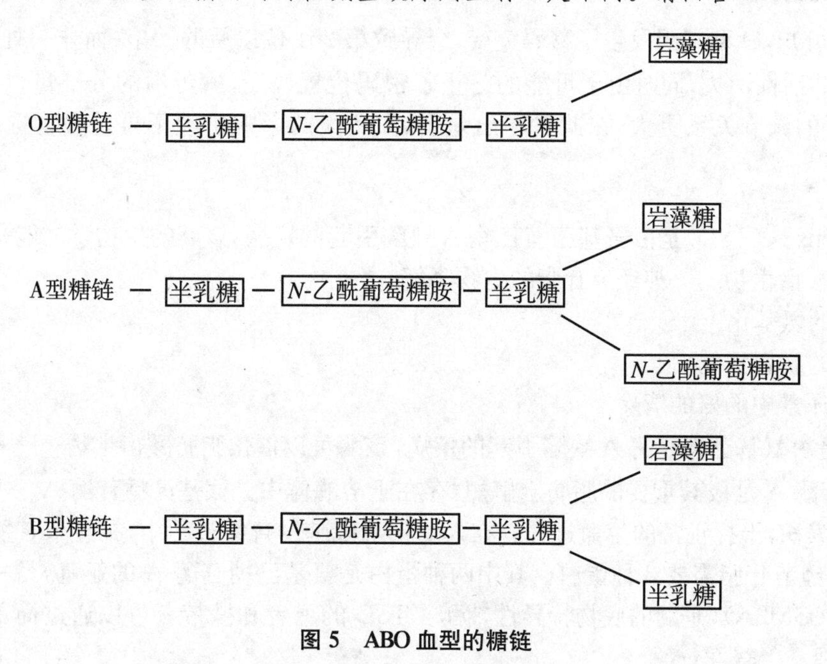

图 5 ABO 血型的糖链

57 将 ABO 血型基因中 A 型基因和 B 型基因的碱基排列中的一处区别用转录的 mRNA 的碱基序列表示。如图 6 所示，将起始密码子中的第 1 个碱基定为第 1 位，则第 526 位在 A 型基因中为胞嘧啶，但在 B 型基因中则为鸟嘌呤。请计算由于这一突变，从起始密码子编码的氨基酸开始，第几个氨基酸的种类发生了变化：（　　）。（单选）

	1	526
A型基因	AUG···	AGGUGCGCGCC···
B型基因	AUG···	AGGUGGGCGCC···

图 6 A 型基因和 B 型基因碱基排列的差别

A. 175　　B. 176　　C. 177　　D. 262

E. 263　　F. 264　　G. 525　　H. 526

I. 527

解析 3个密码子决定1个氨基酸，因此第526位核苷酸是第176个氨基酸的第一个密码子(从起始密码子开始算起)。 答案：B。

58 已知A型基因和B型基因所编码的酶中有四处的氨基酸序列不同，这将给酶的功能带来什么影响？请从下面叙述中选择正确的一项：(　　)。(单选)

A. 两种酶都失去活性　　B. 其中一种酶失去活性

C. 其中一种酶的活性高于另一种　　D. 其中一种酶的量高于另一种

E. 两种酶表现出不同的底物特异性

解析 A、B两种血型相关的酶都具有活性，只是催化的转糖基反应涉及的单糖不同，即具有不同的底物特异性。 答案：E。

59 将A型基因和O型基因的碱基排列中的一处区别用转录的mRNA的碱基序列表示，如图7所示。关于O型基因中所发生的变异类型和这一变异对酶活性的影响，下列叙述中哪些是正确的？(　　)(多选)

	1	261
A型基因	AUG···	CGUGGUGACCCCUU···
O型基因	AUG···	CGUGGUACCCCUU···

图7　A型基因和O型基因碱基排列的差别

A. 氨基酸序列有一处发生变化

B. 酶的分子量可能发生巨大变化

C. 酶失去活性

D. 酶量减少

E. 酶的底物特异性发生变化

解析 由题干可知，O型基因发生了移码突变，会导致第261位以后的一串(而非一处位点)氨基酸序列发生巨大变化，酶的活性消失；同时由于可能的终止子密码位置改变，酶蛋白的分子量也会出现巨大变化。酶的产量与启动子的调节关系更大，在此看不出差别；如此大的影响已经不再是底物选择特异性的问题。 答案：BC。

60 Tay-Sachs病(TSD)是由氨基己糖苷酶A缺陷引起的疾病，该酶的生物学功能是(　　)。(单选)

A. 催化脂肪酸衍生物——神经节苷脂的生物降解

B. 催化己糖的氨基化

C. 催化己糖的脱氨基化

D. 催化血液尿素中的氨的清除

解析 TSD是由氨基己糖苷酶A缺陷引起的疾病，该酶可以催化脂肪酸衍生物——神经节苷脂的生物降解。氨基己糖苷酶A是极其重要的脂肪水解酶，存在于溶酶体中。氨基己糖苷酶A一旦不能正常发挥功能，脂肪会在脑中累积，干扰正常的生命过程。在人幼年阶段脑发育的过程中，神经节苷脂快速地产生并分解。水解GM2-神经节苷脂需要3种蛋白。其中两种蛋白是氨基己糖苷酶A的亚基，另一种是苷脂转运蛋白GM2激活蛋白(GM2A)，是酶的底物特异性辅酶。TSD的患者和携带者可以通过简单的血氨基己糖苷酶A活性检查发现。 答案：A。

61 苯丙酮尿症是一种常染色体隐性遗传的代谢异常疾病，造成苯丙氨酸在体内积累，并被转化为苯丙酮酸。该病患者，尤其是儿童必须严格控制摄入苯丙氨酸的量以预防智力缺陷和其他代谢性并发症。本病的特点是肝脏苯丙氨酸羟化酶缺乏，该酶的作用是(　　)。(单选)

A. 利用苯丙氨酸合成蛋白质　　B. 将多余的苯丙氨酸脱氨基化，促进其排出

C. 将苯丙氨酸转化为酪氨酸　　D. 脱去苯丙氨酸中的羟基

解析 苯丙氨酸羟化酶(PAH)是将苯丙氨酸转化为酪氨酸所必需的酶(利用氨基酸结构的知识即可得出)。一旦PAH缺乏，苯丙氨酸将逐渐积累，并被转化为苯丙酮酸。在尿液中可以检测出苯丙酮酸的存在，

故称此病为苯丙酮尿症。 答案:C。

62 下列有关不同条件对酶活性影响的表述中不正确的是(　　)。(单选)

A. 一般来说,在一定范围内升高温度会增加酶的活性

B. 高于一定的温度范围时,酶将会失活

C. pH 的改变可以导致酶变性或者失活

D. 当酶的浓度增大时,酶的活性一般会下降,因为活性位点之间存在竞争

E. 如果有抑制剂存在,酶的活性将会下降

解析 一定程度上温度高酶的催化活性强,但温度过高酶会失活。pH 的改变也会让酶变性失活。抑制剂存在时,酶的活性也将下降。但酶浓度增大时不会因为活性位点竞争而影响酶活性。 答案:D。

63 番木瓜是嫩肉粉的配料,还可以做成药片缓解消化系统疾病。番木瓜拥有这些用处的原因是(　　)。(单选)

A. 番木瓜富含木瓜蛋白酶,可以分解粗的肌肉纤维

B. 番木瓜富含木瓜蛋白酶,可以分解饱和脂肪

C. 番木瓜富含胰蛋白酶,可以分解粗的肌肉纤维

D. 番木瓜富含胰脂肪酶,可以分解饱和脂肪

解析 木瓜蛋白酶是一种半胱氨酸蛋白酶,番木瓜和山木瓜中含量丰富。木瓜蛋白酶由 212 个氨基酸形成,内含 3 个二硫键稳定结构。该酶由两个不同的结构域形成其空间构象,两个结构域中间有缝隙。缝隙中是该酶的活性位点,含有催化三联体。催化三联体由 3 个氨基酸组成,这 3 个氨基酸是第 25 位的半胱氨酸、第 159 位组氨酸和第 158 位的天冬氨酸。木瓜蛋白酶的作用是分解粗的肌肉纤维,为超市中销售的嫩肉粉主要有效成分。南美土著民使用木瓜的历史超过上千年。 答案:A。

64 抗生素 Augmentin 含有阿莫西林和克拉维酸钾。添加克拉维酸钾的目的是(　　)。(单选)

A. 益生作用

B. 改善味道

C. 增加阿莫西林的可溶性

D. 不可逆的结合细菌产生的β-内酰胺酶

解析 Augmentin 即奥格门汀(阿莫西林-克拉维酸钾,安灭菌)。阿莫西林和其他青霉素类抗生素分子都含有一个β-内酰胺环,它是这类抗生素发挥作用的来源。某些细菌可以产生β-内酰胺酶,该酶可以破坏阿莫西林的β-内酰胺环,让抗生素失效。克拉维酸是一类结构中有β-内酰胺环的自然产物,结构与阿莫西林以及其他青霉素类抗生素相似。如果联用阿莫西林和克拉维酸钾,细菌产生的β-内酰胺酶就会与克拉维酸反应,生成稳定的酶复合物(反应不可逆),进而防止β-内酰胺酶令阿莫西林失效,确保其抗菌效果。 答案:D。

利用图 8 回答 65、66 题。许多代谢途径都涉及多步反应。设想下列的途径,其中 E 代表不同的酶,而 A、B、C、D 和 F 代表每一步反应的底物和产物。

$$A \xrightarrow{E_1} B \xrightarrow{E_2} C \xrightarrow{E_3} D \xrightarrow{E_4} F$$

图 8

65 这个途径的反馈抑制最可能涉及(　　)。(单选)

A. 反应的最终产物 F 与 E_1 相互作用并且抑制 E_1

B. F 与产物 B 相互作用并且抑制 B

C. 产物 B 与 E_4 相互作用并抑制 E_4

D. 产物 C 与 E_4 相互作用并抑制 E_4

E. E_3 与 E_2 相互作用并抑制 E_2

解析 反馈抑制(feedback inhibition)是指生物合成途径中的终点产物(或某些中间产物)对该途径上

游(在此产物之前的任何一步均可)酶所引起的抑制作用。 答案:A。

66 在上述例子中,假设D是酶E_2的一种别构抑制剂,那么D将(　　)。(单选)

A. 与B竞争结合到E_2活性位点的机会

B. 与F竞争与E_2结合的机会

C. 直接与底物B结合,并阻止B进入E_2的活性位点

D. 在E_2的非活性位点与E_2结合,并改变E_2活性位点的形状,以至于B不再能与E_2结合

E. 在E_2的活性位点与之结合,改变此处的形状,阻止B结合到活性位点上

解析 因别构导致酶活性降低的物质称为别构抑制剂(或负效应物)。酶分子的非催化部位与某些化合物可逆地非共价结合后发生构象的改变,进而改变酶活性状态,称为酶的别构调节。(其实别构作用物也可以作用于催化位点,比如说别构作用物就是底物的情况。竞争性抑制剂的作用机制是占据底物结合位点,虽然也有可能引发构象的改变,但那不是最重要的机制,所以不认为其为别构抑制,而D不是底物,所以肯定是在非催化位点。)具有这种调节作用的酶称为别构酶。凡能使酶分子发生别构作用的物质称为效应物或别构剂,通常为小分子代谢物或辅因子。因别构导致酶活性增加的物质称为正效应物或别构激活剂,反之称为负效应物或别构抑制剂。 答案:D。

67 下列有关别构调节酶的说法中不正确的是(　　)。(单选)

A. 它们的活性可以被效应分子调节　　B. 它们表现出协同性

C. 它们的活性可以被底物浓度调节　　D. 它们遵循米氏动力学

E. 它们形成产物的速率相对于底物浓度是S型曲线

解析 别构酶多为寡聚酶,含有两个或多个亚基。其分子中有两个中心:一个是与底物结合、催化底物反应的活性中心;另一个是与调节物结合、调节反应速度的别构中心。两个中心可能位于同一亚基上,也可能位于不同亚基上。在后一种情况中,存在别构中心的亚基称为调节亚基。别构酶通过酶分子本身构象变化来改变酶的活性,从机制上讲,可以算一种非竞争性调节。

调节物也称效应物或调节因子,一般是酶作用的底物、底物类似物或代谢的终产物。调节物与别构中心结合后,诱导或稳定酶分子的某种构象,使酶的活性中心对底物的结合与催化作用受到影响,从而调节酶的反应速度和代谢过程,此效应称为酶的别构效应(allosteric effect)。因别构导致酶活力升高的物质称为正效应物或别构激活剂,反之称为负效应物或别构抑制剂。不同别构酶的调节物分子不相同。有的别构酶的调节物分子就是底物分子,酶分子上有两个以上与底物的结合中心,其调节作用取决于分子中有多少个底物结合中心被占据。别构酶的反应初速度与底物浓度(V对[S])的关系不服从米氏方程,而是呈S型曲线。S型曲线表明,酶分子上一个功能位点的活性影响另一个功能位点的活性,显示协同效应(cooperative effect),底物或效应物与酶结合后,导致酶分子构象的改变,这种改变的构象大大提高了酶对后续的底物分子的亲和力,结果底物浓度发生的微小变化能导致酶促反应速度极大的改变。 答案:D。

68 超氧化物歧化酶1是一种与肌萎缩性侧索硬化症(卢伽雷氏病)有关的酶。其结构中,一个铜离子是其活性中心,对酶的活性至关重要。在这种酶中,铜离子的作用最可能是(　　)。(单选)

A. 辅酶　　B. 辅基

C. 别构激活剂　　D. 别构抑制剂

解析 肌萎缩侧索硬化(ALS)也叫运动神经元病(MND),后一名称在英国常用,在法国又叫夏科(Charcot)病,在美国也称卢伽雷氏(Lou Gehrig)病。它是上运动神经元和下运动神经元损伤之后,导致包括球部(所谓球部就是指延髓支配的这部分肌肉)、四肢、躯干、胸部、腹部的肌肉逐渐无力和萎缩。著名病例为霍金,著名事件为冰桶挑战。

超氧化物歧化酶(orgotein superoxide dismutase, SOD)别名肝蛋白。SOD是一种源于生命体的活性物质,能消除生物体在新陈代谢过程中产生的有害物质。按其所含金属辅基不同,超氧化物歧化酶可分为

三种:第一种是含铜(Cu)锌(Zn)金属辅基的(称 Cu. Zn-SOD)、最为常见的一种酶,呈绿色,主要存在于机体细胞浆中;第二种是含锰(Mn)金属辅基的(称 Mn-SOD),呈紫色,存在于真核细胞的线粒体和原核细胞内;第三种是含铁(Fe)金属辅基的(称 Fe-SOD),呈黄褐色,存在于原核细胞中。ALS 的基本病理为 SOD 突变导致大量自由基产生,破坏神经丝的组装。

辅因子(cofactors)的定义为"一种酶的活性所需要的一种非蛋白质成分"。这种辅因子可能是一种金属离子激活剂或一种有机分子(辅酶)。它们或松或紧地与酶相结合,紧密结合的辅因子称为"辅基"。

铜离子这种具有价态变化的金属离子一般在氧化还原类的酶中充当辅基,而不是辅酶。因此选 B。

别构调节(allosteric regulation,源自希腊语 allos("其他")、stereos("固态(物体)"))是酶活性调节的一种机制,也称为变构调节。其原理为:一些酶除了有活性中心,还有所谓别构中心,该中心可与配体(有时为底物)结合,从而使酶的构象发生改变,影响到酶活性中心与底物的亲和力以及酶的活性。别构酶一般为具有四级结构的多亚基蛋白。单体别构酶极为少见,一个例子为丙酮酸-UDP-*N*-乙酰葡糖胺转移酶。

别构抑制剂指起抑制作用的别构效应物;别构激活剂指起激活作用的别构效应物。 答案:B。

69 阿司匹林(乙酰水杨酸)和布洛芬(异丁苯丙酸)是如何起到消炎作用的?( )(单选)

A. 阻断组胺受体
B. 结合并激活白细胞
C. 抑制前列腺素合成
D. 触发颗粒释放
E. 触发趋化因子合成

解析 前列腺素(PG)为一种不饱和脂类,会导致受伤的部位红、肿、热、痛,是炎症发生的主要原因之一。阿司匹林和布洛芬都是非甾体抗炎药(NSAIDs),它们都具有抗炎症反应和解热镇痛的效果。阿司匹林堪称该类药物的鼻祖,它能非选择性抑制环氧酶(COX),COX 是体内 PG 合成的关键酶。磷脂酶 A2(PLA2)水解膜磷脂释放花生四烯酸,其后可由 COX2 催化生成 PG。布洛芬的药理机制也是抑制环氧酶的作用,阻断前列腺素的生成。

至于组胺,除炎症以外更多与过敏相关。阻断组胺受体类的抗过敏药物主要有西替利嗪、氯雷他定(开瑞坦)、依美斯汀、酮替芬等。

当肥大细胞被激活后,会迅速向细胞外释放其含有的特征性颗粒(富含组胺和肝素)以及多种体液调节因子、趋化因子、细胞因子。组胺会扩张血管,导致炎症的特征性反应,并与趋化因子一起招募和诱导中性粒细胞和巨噬细胞等进入发炎组织。所以颗粒释放与趋化因子反倒是导致发炎的原因。 答案:C。

70 有关目前酶与底物作用的模式,下列叙述中正确的是( )。(单选)

A. 酶如一把钥匙而底物如一个吻合锁,互相结合在一起而作用
B. 当产物形成后,酶随即被分解
C. 当底物与酶结合时,酶的活性中心(active site)结构会产生变化
D. 酶的活性中心会因为与底物结合而被永久地改变

解析 A 为锁钥模型,C 为诱导契合模型,B、D 都是错误的说法。 答案:C。

71 有关大部分酶分子活性中心(active site)的功能,下列叙述中正确的是( )。(多选)

A. 结合异位调节子(allosteric regulator)
B. 结合辅酶(coenzyme)
C. 结合辅因子(cofactor)
D. 结合反应底物分子
E. 为催化反应的位置

解析 酶分子中直接与底物结合,并和酶催化作用直接有关的区域叫酶的活性中心或活性部位。酶分子中氨基酸残基的侧链有不同的化学组成,其中一些与酶的活性密切相关的化学基团称作酶的必需基团。这些必需基团在一级结构上可能相距很远,但在空间结构上彼此靠近,组成具有特定空间结构的区域,能和底物特异结合并将底物转化为产物。

异位调节子为调节位点,往往与活化位置不相同。辅酶、辅因子并不是所有酶都具有,但如果有辅因

子，的确辅因子一般结合在催化位点(图9)。 **答案：DE。**

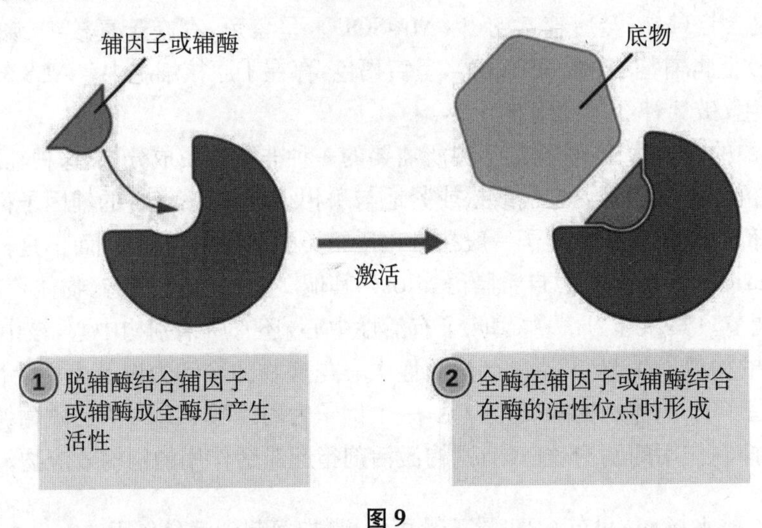

图9

72 一个病人表现出如下的症状：腹泻，皮炎，痴呆，脖子较低处有“项链”损伤，色素沉着过度，皮肤增厚，口舌发炎，消化失调，健忘，以及精神错乱。(他活得太辛苦了)这个病人体内缺乏下列哪样物质？(　　)(单选)

A. 维生素 D_3(胆钙化醇)

B. 维生素 B_3(烟酸)

C. 维生素 C(抗坏血酸)

D. 维生素 B_1(硫胺素)

E. 维生素 E(生育酚)

解析 项链状损伤是糙皮病的特征，这是维生素 B_3 缺乏的典型表现，故本题应该选 B。

注意以下维生素缺乏症：

维生素 A：缺乏时最早出现夜盲或暗处视物不清，还可出现皮肤粗糙、干燥、生长发育障碍(骨骼系统)等症状。

维生素 B_1：缺乏时可出现肢体麻木、水肿、记忆力受损，常伴有消化不良、食欲不振等症状。临床上习惯将以神经系统受损为主的称为“干性脚气病”，以水肿和心脏受损为主的称为“湿性脚气病”。维生素 B_1 缺乏的早期表现为乏力、头痛、肌肉酸痛、食欲减退、恶心呕吐，时有腹痛、腹泻或便秘、体重减轻等非特异性症状，随病情加重可出现典型的神经系统、循环系统的症状和体征。

维生素 B_2：由于食物来源丰富，很少缺乏，但在体内需求量增加时(如青春期、妊娠、腹泻后)，易引起维生素 B_2 缺乏症，表现为口腔和阴囊的皮肤黏膜病变，包括口角炎、舌炎、口腔炎、脂溢性皮炎和阴囊炎等。吸烟会导致维生素 B_2 大量流失，严重缺乏时会引发眼疾：“红眼”(眼白很红，有点像红眼病，但又不是红眼病)。

维生素 B_3：缺乏时可引起癞皮病。

前期症状：体重减轻、疲劳乏力、记忆力差、失眠等，如不及时治疗，则可出现皮炎、腹泻和痴呆。

皮肤症状：典型症状常见在肢体暴露部位，如手背、腕、前臂、面部、颈部、足背、踝部出现对称性皮炎。

消化系统症状：主要有口角炎、舌炎、腹泻等，腹泻是本病的典型症状，早期多患便秘，其后由于消化腺体的萎缩及肠炎的发生常有腹泻，次数不等。

神经系统症状：初期很少出现，至皮肤和消化系统症状明显时出现。轻症患者可有全身乏力、烦躁、抑郁、健忘及失眠等，重症则有狂躁、幻听、神志不清、木僵甚至痴呆。

维生素 C：缺乏后数月，患者感倦怠、全身乏力、精神抑郁、多疑、虚弱、厌食、营养不良、面色苍白、皮下和黏膜下出血，并有牙龈出血、肿胀、牙齿松动等症状(又叫坏血病)。

维生素 D：缺乏时可出现佝偻病和骨软化病。

维生素 E：缺乏时，人体代谢过程中产生的自由基无法及时清除，不仅可引起生物膜脂质过氧化，破坏细胞膜的结构和功能，形成脂褐素，而且使蛋白质变性，酶和激素失活，免疫力下降，代谢失常，促使机体衰老，具体症状如男性睾丸萎缩不产生精子，女性胚胎与胎盘萎缩引起流产，阻碍脑垂体调节卵巢分泌雌激素等，

诱发更年期综合征、卵巢早衰。 答案:B。

73 糙皮病是哪种维生素缺乏引起的疾病?( )(单选)

A. 维生素 B_1 B. 维生素 B_2 C. 维生素 B_3 D. 维生素 B_{12}

解析 糙皮病是一种营养缺乏性疾病,最常见的病因是饮食中缺乏烟酸(维生素 B_3);色氨酸在体内可以转化为烟酸,因此色氨酸缺乏也可引起该病;蛋白质代谢异常也可引起该病,例如类癌综合征。该病最常见的症状是三"D":腹泻(diarrhea)、皮炎(dermatitis)和痴呆(dementia)。烟酸在身体中先被转化成为烟碱,然后变为 NAD 和 NADP。NAD(P)是所有活细胞必需的辅酶,在氧化还原反应中起传递电子的作用。

答案:C。

74 牙龈出血的患者常有哪种维生素缺乏?( )(单选)

A. C B. K C. A D. D

解析 维生素 C 又称抗坏血酸,是一种水溶性的抗氧化物,而且是多种酶促反应的辅酶,例如,合成神经递质和构建结缔组织的过程都需要维生素 C 的参与。

坏血病是一种维生素 C 缺乏诱发的疾病,症状包括皮下点状出血(瘀点)、牙龈出血、关节疼痛、伤口愈合不良。该病在发达国家少见,但是节食的人群中偶有坏血病的发生,尤其是水果、蔬菜摄入过少的人群;饮用煮沸牛奶且没有维生素 C 添加的婴儿也容易患坏血病。使用小剂量维生素 C(10 mg/d)就可以预防坏血病,但是推荐的维生素 C 摄入量是 100 mg/d,这个剂量才能达到抗氧化的作用。疾病、环境毒素和其他应激状态会增加人体对维生素 C 的需要量。例如,吸烟人群每天需要额外摄入 35 mg 维生素 C 才能维持和非吸烟人群相同的体内维生素 C 水平。

维生素 K 是凝血酶原和其他凝血因子在肝脏合成中必需的维生素,而且在骨骼代谢中也有重要作用。结肠中的细菌可以产生身体能够利用的维生素 K。维生素 K 缺乏会导致凝血功能紊乱和内出血。因为胎盘阻碍维生素 K 进入婴儿体内,发达国家在婴儿出生的 6 h 内常规肌肉注射或口服维生素 K,以预防新生儿出血性疾病。维生素 K 缺乏在成人中少见,但是脂肪摄入减少、肝脏疾病或使用抗凝药物可以引发维生素 K 缺乏。抗生素杀死肠道细菌也可以导致维生素 K 缺乏,诱发出血。

维生素 A 缺乏是儿童眼盲的首要原因,是发展中国家,尤其是非洲和东南亚国家的重要健康问题。这些贫困国家每年因维生素 A 缺乏而致盲的儿童数以千计。维生素 A 轻微缺乏也可以削弱免疫力,降低对疾病的抵抗力。夜盲症是维生素 A 缺乏的早期征象,随后眼睛干涩,角膜破溃、形成疤痕,称为干眼症。其他症状包括皮肤干燥、上皮细胞变硬,生长发育延迟。在维生素 A 普遍缺乏地区,可以每六个月为儿童注射大剂量维生素 A 预防疾病的发生。基因改良的大米富含维生素 A 的前体物质 β-胡萝卜素,可以极大地减少维生素 A 缺乏的发生率,但是这种"黄金大米"仍然饱受争议。

维生素 D 可以通过身体的一系列步骤合成,整个反应过程由皮肤中的前体物质接受阳光中的紫外线的照射开始。因此,除了维生素 D 摄入不足,缺乏阳光照射也可以引起维生素 D 缺乏。儿童缺乏维生素 D 可患佝偻病,该病的特点是骨骼矿化不足,发育受限,骨骼畸形,如 O 型腿。成人发生的佝偻病又称骨软化症,可导致肌肉和骨骼虚弱。维生素 D 不足还是骨质疏松的病因。照太阳不多的人(包括因宗教原因遮盖全身的妇女、老年人和困居家中的人)、肤色黝黑的人、居住在北方的人维生素 D 缺乏的风险较高。自然界中含有维生素 D 的食物很少,因此添加维生素 D 的牛奶和其他食物(如黄油、麦片和面包)可以为日照不足的人提供足量维生素 D。老年人合成、活化维生素 D 的能力降低,维生素 D 补品也可以降低老年人骨折的风险。

答案:A。

75 长时间只吃生鸡蛋白会导致生物素(维生素 B_7)缺乏,这对于听从了错误建议的年轻健身爱好者来说是潜在的风险。生物素缺乏的原因是( )。(单选)

A. 生鸡蛋有沙门氏菌,会将人体内所有的生物素蚕食一空

B. 蛋白富含铁元素和锌元素，可以与生物素紧密结合，只能通过炸煮才能氧化

C. 鸡蛋中所有的生物素都集中在蛋黄中，因此只吃蛋白会完全消除这种维生素的摄入

D. 蛋白富含抗生物素蛋白，可以与生物素紧密结合，必须在食用前炸煮才能使该蛋白变性

解析 抗生物素蛋白是鸟类、爬行类和两栖类输卵管产生的一种四聚体蛋白，在卵白中积累。抗生素蛋白由四个完全相同的亚基构成，每个亚基都能牢固地特异性结合生物素。 答案：D。

76 脚气病的症状是有麻刺感，协调性缺乏，并且血液循环减慢。这种疾病可以通过适量补充下列哪种物质来避免？（　　）（单选）

A. 锌

B. 硫胺素（维生素 B_1）

C. 叶酸

D. 镁

E. 维生素 A

解析 脚气病(beriberi)是由维生素 B_1（硫胺素）缺乏引起，以消化系统、神经系统和心血管系统症状为主的全身性疾病，又称维生素 B_1 缺乏病(thiamine deficiency)。若以神经系统表现为主则称干性脚气病，若以心力衰竭表现为主则称湿性脚气病。前者表现为上升性对称性周围神经炎，感觉和运动障碍，肌力下降，部分病例发生足垂症及趾垂症，行走时呈跨阈步态等。后者表现为软弱、疲劳、心悸、气急等。

缺锌症状：① 儿童味觉障碍：厌食、偏食或异食；② 皮肤疾患：易患口腔溃疡，受损伤口不易愈合，青春期痤疮等；③ 生长发育不良：身材矮小、瘦弱；④ 免疫力下降：经常感冒、发烧；⑤ 智力发育落后等。

缺乏叶酸症状：孕妇妊娠反应（嗜酸，呕吐）加重；宫内胎儿发育迟缓，导致早产儿、低体重儿；分娩并发症增多，产程延长，流产、早产、胎儿畸形率增高，如脑部中枢神经系统畸形等。成年男性不育：少精、弱精或精液不液化，发生男性前列腺炎等。

缺镁症状：缺镁早期表现常有厌食、恶心、呕吐、衰弱及淡漠。缺镁加重可有记忆力减退、精神紧张、易激动、神志不清、烦躁不安、手足徐动症样运动。严重缺镁时，可有癫痫样发作。因缺镁时常伴有缺钾及缺钙，故很难确定哪些症状是由缺镁引起的。另外，低镁血症时可引起心律失常。镁是激活 Na^+-K^+-ATP 酶的必需物质，缺镁可使心肌细胞失钾，在心电图可显示 PR 及 QT 间期延长，QRS 波增宽，ST 段下降，T 波增宽、低平或倒置，偶尔出现 U 波，与低钾血症相混淆，或与血钾、血钙改变有关。 答案：B。

77 服用大剂量的维生素 C 会导致肾结石的原因是（　　）。（单选）

A. 身体中过量的维生素 C 被转化为草酸，在肾脏中结合钙生成草酸钙沉淀

B. 过量的维生素 C 通过肾脏排泄并形成结晶

C. 维生素 C 可以与金属离子紧密结合，在肾脏中形成结晶

D. 维生素 C 又称抗坏血酸，可以侵蚀肾小管并形成铁盐

解析 肾结石是尿中溶解的矿物质在肾脏和输尿管中聚合形成的结石。肾结石的大小各异，小的像沙粒，大的可以和葡萄一般大小。肾结石一般可以通过尿液排出体外，因此虽然有许多结石形成，但一般不形成症状。如果结石在排出前达到一定大小（至少 2～3 mm），它们就会造成输尿管梗阻。尿路梗阻造成的尿潴留可以引起剧烈的发作性疼痛，常位于胁部、下腹部和腹股沟区。服用维生素 C 的副作用之一是增加肾结石发生的风险。维生素 C 可以转化为草酸，这是肾结石中常见的组成物质。随着钙摄入的降低，机体可以吸收更多的草酸进入血液，于是肾脏滤过的草酸就会增加。尿液中的草酸可以结合钙形成草酸钙沉淀形成结石。其他类型的肾结石包括鸟粪石（磷酸铵镁）、尿酸结石、磷酸钙结石和胱氨酸结石。 答案：A。

根据下面的题干，回答 78～83 题。

维生素是一种生物所需的微量营养物质。根据生物和化学性质，可以将维生素进行分类，不同的维生素具有不同的生物化学功能。

78 下列哪种维生素的水溶液是黄色的，使用这种维生素补剂的人的尿液也是黄色的？（　　）（单选）

A. 维生素 A　　B. 维生素 D　　C. 维生素 B_7　　D. 维生素 B_2

解析　核黄素又称维生素 B_2，是一种容易吸收的维生素，对维持身体健康起到了重要作用。它是辅酶 FAD 和 FMN 必需的核心组成部分。因此，许多细胞生命过程都需要维生素 B_2 的参与。它在能量代谢、脂肪代谢、酮体代谢、蛋白质代谢和糖类代谢中都起到了重要作用。核黄素最被人熟知的是它可以将固体维生素 B 族制剂或溶液都染成黄色，而且服用维生素 B_2 补品的人的尿是亮黄色的。　答案：D。

79　下列哪种维生素对 DNA 合成至关重要，因此被用于抗肿瘤药物甲氨蝶呤的开发？(　　)(单选)

A. 维生素 B_1　　B. 维生素 B_{12}　　C. 维生素 B_9　　D. 维生素 B_3

解析　甲氨蝶呤是一种抗代谢和抗叶酸药物，可以治疗癌症和自身免疫疾病，还可以作为人工流产的用药。它是维生素 B_9 的类似物，作用机制是抑制叶酸的代谢。　答案：C。

80　食用北极熊的肝脏是致命的，因为可以引起哪种维生素的过量？(　　)(单选)

A. 氰钴胺　　B. 泛酸　　C. 维生素 K　　D. 维生素 A

解析　脂溶性维生素容易堆积体内，都有过量的可能。视黄醇即动物源性的维生素 A，是对视觉、骨骼生长有重要作用的脂溶性维生素。维生素 A 以其前体形式被吸收，动物来源(肝脏和蛋类)一般含有视黄酯，植物来源(胡萝卜)含有胡萝卜素。维生素 A 可蓄积在人体脂肪里，如长期过量使用可造成维生素 A 过多症，表现为疲劳烦躁、精神不振、呕吐低热以及高血钙、骨和关节痛等。过量的维生素 A 对人体有害，甚至可以致命。人体可以按需将二聚体形式的胡萝卜素转化成为维生素 A，因此高水平的胡萝卜素没有毒性。然而动物来源的视黄酯则存在毒性，尤其是那些适应极地生活的动物，它们的肝脏中常常储存有大量的维生素 A，因而对人类有害。所以维生素 A 中毒常见于极地探险者和大量服用合成维生素 A 的人。人体对维生素 K 的使用很有限，因而所产生的过多症也更为罕见，有溶血性贫血、核黄疸、过敏性皮炎等。不过维生素 K 多出现于植物性食物中，肝脏中并不常见。　答案：D。

81　哪种维生素是用来合成生物化学还原剂 NADPH 的？(　　)(单选)

A. 维生素 B_{12}　　B. 维生素 B_5　　C. 维生素 B_3　　D. 上述选项都不对

解析　烟酸也就是维生素 B_3，是 NAD/NADH 和 NADP/NADPH 的前体物质，对活细胞的代谢有重要作用。烟酸在 DNA 修复和肾上腺合成皮质醇激素中也有重要作用。　答案：C。

82　下列哪种激素是骨化三醇的前体物质，对调节血液中钙磷浓度，促进正常的骨骼矿化和生长起到了重要作用？(　　)(单选)

A. 维生素 C　　B. 维生素 D　　C. 维生素 E　　D. 维生素 K

解析　骨化三醇(又称 1,25-二羟基维生素 D_3)是维生素 D 的活性形式，含有三个羟基。它可以通过以下方式增加血钙的浓度：增加对食物中的钙的吸收；减少钙从尿液中的排出；增加骨骼向血中释放钙。　答案：B。

83　当饮食中缺乏哪种维生素时，会引起一种以“3D”(腹泻、皮炎和痴呆)为特征的疾病？(　　)(单选)

A. 维生素 C　　B. 维生素 B_3　　C. 维生素 B_{12}　　D. 维生素 B_5

解析　糙皮病是维生素 B_3 缺乏引起的疾病，常由食物中缺乏烟酸导致。常用“3D”形容该病：腹泻(diarrhea)、皮炎(dermatitis)、痴呆(dementia)。　答案：B。

84　Syngenta 生物科技公司于 2005 年向大众介绍了一款米——黄金米 2 号。这种米是转基因的，能够表达更高含量的 β-胡萝卜素。β-胡萝卜素对视力非常重要，它是哪种维生素的前体？(　　)(单选)

A. 维生素A　　B. 维生素B　　C. 维生素C　　D. 维生素D
E. 维生素E

解析 黄金大米是转基因水稻，由Ingo Potrykus教授和Peter Beyer教授及他们的团队一起发明，目的就是降低维生素A缺乏症的流行程度。“黄金大米”这个名字来源于这种水稻的金黄色颜色。

维生素A缺乏症（VAD）的症状包括：夜盲症、视力退化、眼干燥症、生长缓慢、死亡率增加和易感染性增加，对于儿童和孕妇影响尤为严重。根据世界卫生组织数据统计，维生素A缺乏症导致每年有250000～500000名儿童成为盲人，其中一半以上变盲的儿童在一年之内死去。

维生素A缺乏症与饮食有关。获得维生素A的最好办法是保证饮食均衡，包括肉类——其中含有一种叫做视黄酯的化合物，身体可以转化这些化合物成为视黄醛，然后形成维生素A这种对视力非常重要的维生素。植物中含有叫做胡萝卜素的化合物，其中一些也能被人体转化为视黄醛。其中含量最丰富的是β-胡萝卜素，众所周知它是维生素A的前体。

在很多的国家，维生素A缺乏症非常严重（尤其是印度和一些东南亚国家），他们的主食是大米。比如，在柬埔寨，大米给人们提供了76%的热量。尽管水稻能够产生β-胡萝卜素，但其中我们食用的胚乳部分是不产生β-胡萝卜素的。这是因为水稻利用β-胡萝卜素在光合作用过程中捕获光子，而这个过程不发生在胚乳中。因此，在许多生产大量大米但很少食肉的国家中，存在高水平的维生素A缺乏症就不难理解了。

黄金大米是转基因食品，它可以在胚乳中产生β-胡萝卜素，β-胡萝卜素是一种色素，它使得黄金大米呈现金黄色。

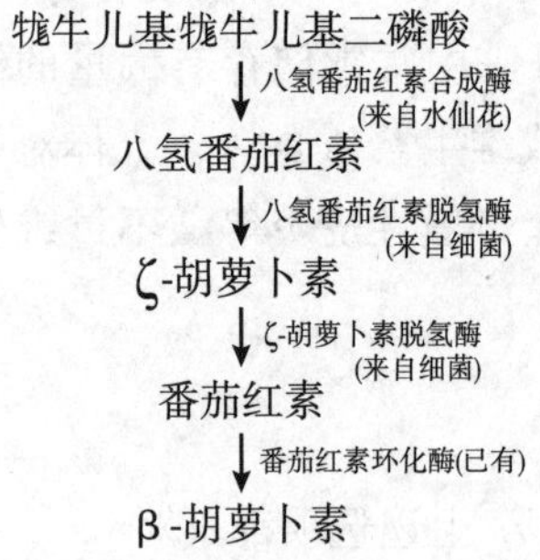

牻牛儿基牻牛儿基二磷酸
↓ 八氢番茄红素合成酶（来自水仙花）
八氢番茄红素
↓ 八氢番茄红素脱氢酶（来自细菌）
ζ-胡萝卜素
↓ ζ-胡萝卜素脱氢酶（来自细菌）
番茄红素
↓ 番茄红素环化酶(已有)
β-胡萝卜素

图10

β-胡萝卜素通常通过植物合成，其合成途径（也就是水稻胚乳缺少的这种途径）在图10中表示出。黑色字是分子名称，红色字是催化每一步的酶的名称。

在水稻胚乳中，这些酶中只有一种是现有的：番茄红素环化酶。因此，黄金大米的发明者在水稻中加入基因来编码补全那些在胚乳中没有的酶。他们加入了两种基因：第一种是来自水仙花的基因，它编码八氢番茄红素合成酶。第二种是来自一种土壤细菌，它编码八氢番茄红素双脱氢酶，这种酶可以催化第二步。这些基因被一种胚乳特定的启动子控制，因此这些酶可以在胚乳中产生。

最初的黄金大米平均每克含有6.6 mg的维生素A原。在2005年，新版的黄金大米诞生了，平均每克含有32 mg维生素A原，这种米称为黄金大米2。尽管一些β-胡萝卜素会在烹煮、人体消化吸收过程中损失，但黄金大米2中的β-胡萝卜素含量依然足够防止主食是米饭的人们得VAD症。　答案：A。

研究图11中的食物金字塔，并回答85～92题。

图11

85 下列哪种食物最富含钾元素？（　　）（单选）

A. 土豆、香蕉和白扁豆　　B. 全麦面包、酸奶和鱼

C. 胡萝卜、意大利面和鸡蛋　　D. 西兰花、黄瓜和橄榄油

解析 钾离子是所有活细胞实现其功能的必需物质。钾离子扩散在神经传递中是关键机制，并且钾元素损耗会导致动物和人体的心功能障碍。钾元素在植物细胞中富集，因此新鲜水果和蔬菜是非常好的补充钾元素的食材。重型作物的生产会迅速消耗土壤中的钾，而农业化肥消耗了全球95%的含钾化学产品。通常，要保证摄入的钾能维持生命体正常，则需要吃各种各样的食物。富含钾的食物包括欧芹、杏脯、奶粉、巧克力、坚果(尤其是杏仁)、土豆、香蕉、牛油果和黄豆。　**答案：A。**

86 哪些食物富含可以预防坏血病的维生素？(　　)(单选)

A. 菠菜　　B. 酸奶　　C. 胡萝卜　　D. 鸡肉

解析 维生素C是至少8个酶反应里的辅因子，包括一些胶原合成反应，在动物体内这些反应对创口康复和防止毛细血管出血尤为重要。如果这些机能失调了，会导致最严重的坏血病的症状。菠菜具有极高的营养价值并且富含维生素A(尤其是叶黄素)、维生素C、维生素E、维生素K、镁元素、锰元素、叶酸、铁元素、钙元素、钾元素、锌元素和硒元素。　**答案：A。**

87 虽然多吃绿叶蔬菜很重要，但是也要注意，因为它们当中有一些是含有草酸的。为什么含有草酸会成为这些蔬菜的问题？(　　)(单选)

A. 草酸导致肝癌　　B. 草酸有毒，还会导致肾结石

C. 草酸会导致动脉粥样硬化　　D. 以上答案都不对

解析 草酸的毒性是因为会影响肾功能。草酸会和钙离子一起形成草酸钙沉淀，草酸钙是肾结石的主要成分。草酸也会引起关节疼痛，因为会在关节处形成类似的沉淀。菠菜所属科(苋科)的成员含有很高水平的草酸。　**答案：B。**

88 尽管适量喝些红酒已经被证实对健康是有一定好处的，但红酒还是没有包含在食物金字塔中。这其中的原因是什么？(　　)(单选)

A. 相同的益处可以通过直接吃葡萄来获取，不用将葡萄发酵成酒

B. 这个金字塔很可能是由一些对酒有固执偏见的科学家画的，他们想阻止酒类的销售

C. 红酒加入了二氧化硫作为防腐剂，这抵消了红酒所提供的其他好处

D. 红酒包含有用于发酵的酵母提取物和酵母菌，这当中的一些微生物可能导致肝硬化

解析 酒精对细胞有毒害作用，会损害细胞。酒精对健康最广为人知的影响就是会少量增加高密度脂蛋白胆固醇，但是规律的运动是另一种提高高密度脂蛋白胆固醇的有效方法，并且烟酸可以将其提高到更高的程度。酒精还可以防止血小板粘在一起，这可以减少血块形成并且降低心脏病或中风的风险(阿司匹林也可以阻缓血液凝结，原理一样)。

酿制葡萄酒最大的风险就是细菌的存在会腐蚀葡萄酒，人们急切地想要一种保鲜剂、防腐剂、抗氧化剂，这个时候人们惊喜地发现二氧化硫可以一次搞定。葡萄酒的酿造过程注定必须使用二氧化硫。二氧化硫的主要作用是保护葡萄酒，降低氧化速度，保持酒的新鲜度。二氧化硫在酒瓶内有两种状态：一种是气态，存在于酒体上面的空间(开瓶后会从瓶口飘到空气中，所以不建议打开瓶后马上闻酒的气味)；另一种溶在酒中(这部分才是大家最担心的，害怕中毒)，不过大家尽可以放心，相关负责机构会严格管控红酒中二氧化硫的含量，微小的含量不会造成对身体健康的影响。

少量摄入二氧化硫，能够有效防止单宁、多酚类物质含量低的中低档葡萄酒过早酸败、变质，而对人体健康并无很大危害，仅仅是口味会变苦，对风味略有影响而已。因此权衡起来，加了比不加还是划算的。微量的二氧化硫吃进去可能比从呼吸道吸进去危害要小得多。将二氧化硫用于葡萄酒中至少有几百年的历史，生产工艺发展到今天，也没有找到更好的替代方案。所以不管人们对于二氧化硫有多大的疑虑，葡萄酒

行业还依然广泛使用着它。

酒,尤其是红酒,含有很多其他的化学物质,这些物质可能对健康有益,其中白藜芦醇被研究的最多。从结构上看,白藜芦醇是一种多元酚。多元酚是红酒对健康有益的关键因素,它作为抗氧化剂可以预防细胞损伤。白藜芦醇被广泛地发现在各种各样的葡萄里。1 g 新鲜的葡萄皮里含有 50～100 μg 白藜芦醇。不过,绝大多数临床研究并没有发现白藜芦醇对人体有明显效果,也没有人体实验发现白藜芦醇对人有长期、稳定的健康益处。2014 年,科学家对人体摄入白藜芦醇的水平及各种慢性病导致的总死亡率进行研究分析,结果发现,膳食摄入白藜芦醇和长寿、炎症、癌症和心血管健康并没有明显相关性。所以,综合来看,目前并没有足够证据认为白藜芦醇对人体有好处。

美国心脏协会不推荐大家喝红酒或其他的酒类来获得这些潜在的益处。他们推荐大家控制体重,做足够的运动,并且坚持健康的饮食。没有科学研究证明喝红酒或者其他酒就可以替代以上那些方法。 **答案:A。**

89 药草和香料即使对人体健康有一些益处也能增进食物的风味,但它们并未出现在金字塔中。可能的原因是什么?(　　)(单选)

A. 它们使得食物太好吃了,以至于人们会吃得太多而过度肥胖

B. 一些香料实际上有一定毒性,因此不用药草和香料是最好的决定

C. 这个金字塔只提供对健康有益的食材,而如何准备这些食物因人而异

D. 药草和香料贸易是数十亿美元的交易,如果在金字塔里包含它们可能会使得有些产品不在里面的公司对金字塔有抵触

解析 药草和香料是各种各样植物中的一部分,它们因其或芳香,或辛辣,或其他让人满意的气味而被广泛种植。香料和药草包括根茎、鳞茎、树皮、花芽、柱头、果实、种子和叶子。它们通常分为香料、香料种子和药草。香料种子是细小的芳香的果实和草本植物的含油种子,例如大茴香、葛缕子、小茴香、茴香、罂粟和芝麻。药草是一些植物的新鲜的或者晒干的芳香的叶子,例如马郁兰、薄荷、迷迭香和百里香。香料、香料种子和药草被用来增加食物的风味、香气或者辛辣味。准备菜肴时只需要加一点点这些调料,故它们的营养价值很少,但它们刺激食欲,增加食物风味。许多香料有抗菌特性,这也许可以解释为什么香料在有更多传染病的温热气候地区更普遍地被使用,也能解释为什么香料更多地被用在容易变坏的肉类里。 **答案:C。**

90 产生食物的有机方法指的是什么?(　　)(单选)

A. 使用公平的耕作方式和经营方法并且赋予农场工人以权力

B. 不用人工化肥、杀虫剂和除草剂来种植食物

C. 与零售商签订销售合同,确保从农场来的产品在收获后几小时内到达消费者手中(指食物是非常新鲜的)

D. 利用抗体,而不用有毒的除草剂和杀虫剂,来预防植物和动物的疾病

解析 有机农场也叫做有机园艺,是一种使用生物方法来施肥和控制害虫的作物栽培体系,不使用化学肥料和杀虫剂,因为使用了这些化学方法得到的产物被有机方法的支持者认为是对人体和环境有害的,对作物能栽培成功来说也是非必需的。作为一种自觉拒绝现代农业化工学的技术,有机农场起源于 20 世纪 30 年代,当时的 Albert Howard 爵士,一位英国农业科学家,发明了一种全天然的动植物饲养体系,在里面废物会被回收进土壤里作为肥料。 **答案:B。**

91 下列食物中哪些最好是让苯丙酮尿症患者避开的?(　　)(单选)

A. 坚果　　B. 肉类　　C. 乳制品　　D. 以上答案均正确

解析 苯丙酮尿症(PKU)也叫做苯丙酮尿性智力发育不全,是一种遗传性的代谢疾病,病人身体不能代谢苯丙氨酸(Phe)。通过苯丙氨酸羟化酶,苯丙氨酸在人体内通常转化为酪氨酸。有苯丙酮尿症的人体内

苯丙氨酸羟化酶没有活性。这种代谢疾病的结果就是异常高水平的苯丙氨酸会在血液、脑脊液和尿液内聚集。苯丙氨酸分解的异常产物,例如高活性的酮类化合物,也被发现在尿液里。

苯丙氨酸是一种巨大的中性氨基酸(LNAA)。LNAA通过巨大中性氨基酸运输者(LNAAT)来竞争通过血脑屏障(BBB)。如果血液中的苯丙氨酸过量,这会使得运输者饱和。过量的苯丙氨酸趋于降低其他LNAA在脑袋里的水平。但是,这些氨基酸对于蛋白质和神经递质的合成是必需的,苯丙氨酸造成脑部发育的障碍,导致智力低下。所有PKU患者必须坚持不含Phe的特殊的食谱。高Phe含量的食物有肉类、海产品、鸡蛋、坚果、豆类和乳制品。婴儿最好的食品是母乳,能提供婴儿生长所需的各种营养,但是患儿必须在医生指导下控制进食量,并且寻找缺失营养的替代品。许多食品或者饮料里的甜味剂阿斯巴甜也必须避免,因为阿斯巴甜含有两种氨基酸:苯丙氨酸和天冬氨酸。　**答案:D。**

92　哺乳动物摄取了过多的维生素D以后,可能会增加什么?(　　)(单选)

A. 甲状旁腺激素的分泌　　B. 骨骼里钙的沉积

C. 骨折　　D. 血钙的水平

解析 维生素D促进钙的吸收,过量会有毒害,出现不适的症状,诸如恶心、呕吐、食欲不良、便秘、虚弱、体重下降等。血钙浓度上升,会有神志不清与心率异常。更年期妇女服用大量钙质与维生素D会增加肾结石的风险。10个月大的婴儿有高血钙、高尿钙以及肾脏钙化的病症,长期过量会造成心、肺、肾等组织钙化与损伤而无法挽回。甲状旁腺激素是肽类激素,主要功能是影响体内钙与磷的代谢,作用于骨细胞和破骨细胞,从骨动员钙,使骨盐溶解,血液中钙离子浓度增高;同时还作用于肠及肾小管,使钙的吸收增加,从而使血钙升高。所以摄取过量维生素D不会增加甲状旁腺激素的量,也不会导致骨折,但是会增加血钙水平,也会导致钙沉积(主要是在心、肺、肾脏等器官)。　**答案:D。**

图12中的分子均是自然合成的物质,而且在哺乳动物的正常生理功能中起到了重要作用。仔细观察,并回答93~102题。

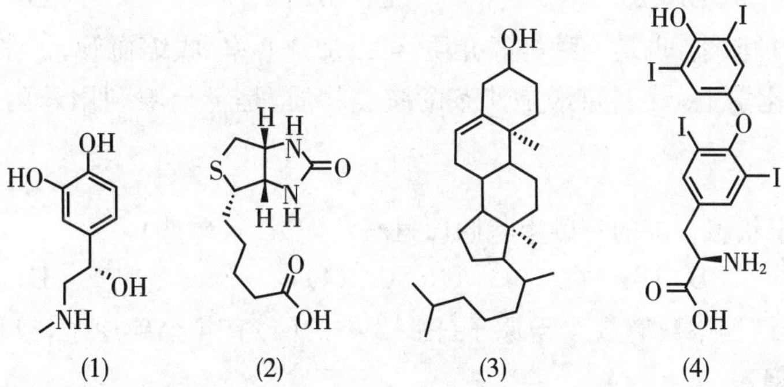

(1)　(2)　(3)　(4)

图12

93　哪一个分子是维生素B_7?(　　)(单选)

A. (1)　B. (2)　C. (3)　D. (4)

解析 生物素(维生素B_7)是一种水溶性B族维生素。它由一个四氢咪唑酮环和一个四氢噻吩环合并,一个戊酸基团结合四氢噻吩环中的一个碳原子组成。生物素是代谢反应中的辅酶,在细胞的生长发育、脂肪酸合成以及脂肪、氨基酸代谢中起到重要作用。同时它也参与了三羧酸循环,通过有氧呼吸产生能量。具体而言,生物素作为乙酰辅酶A羧化酶(ACC)的辅酶参与了脂肪酸代谢;作为丙酮酸羧化酶(PC)的辅酶参与了TCA的OAA回补;作为3-甲基丁烯酰辅酶A羧化酶(MCC)的辅酶参与了亮氨酸(Leu)的分解代谢。　**答案:B。**

94　哪一个分子对细胞生长、脂肪酸合成、脂肪及氨基酸代谢是必需的?(　　)(单选)

A. (1)　B. (2)　C. (3)　D. (4)

解析 见93题解析。　**答案:B。**

95　哪一个分子是睾酮和雌激素的前体物质?(　　)(单选)

A. (1)　　B. (2)　　C. (4)　　D. 上述选项都不对

解析 胆固醇(分子(3))是肝脏或小肠产生的一种蜡样固醇类物质。它是哺乳动物细胞膜的基本组成物质,对于细胞膜通透性和流动性起到重要作用。除此以外,胆固醇还是胆汁酸、固醇类激素(如睾酮、雌激素)和维生素 D 的前体物质。 **答案:D。**

96 哪一个分子可以控制机体代谢率,影响身体发育?(　　)(单选)

A. (1)　　B. (2)　　C. (4)　　D. 上述选项都不对

解析 甲状腺素,或 3,5,3′,5′-四碘甲状腺原氨酸(简称 T4),是甲状腺滤泡细胞分泌的主要激素。分泌到甲状腺滤泡中的甲状腺球蛋白上存在酪氨酸残基,其苯环与碘共价结合碘化形成甲状腺素。这些碘化的部分在促甲状腺素的刺激下从肽链中被切下来。T4 的作用是控制机体代谢率,影响生长发育。 **答案:C。**

97 哪一个分子是多巴胺,在认知、情绪、动机和自主运动等大脑活动中起神经介质的作用?(　　)(单选)

A. (1)　　B. (2)　　C. (3)　　D. 上述选项都不对

解析 多巴胺的标准名称是 4-(2-氨基乙基)-1,2-苯二酚,结构如图 13 所示。 **答案:D。**

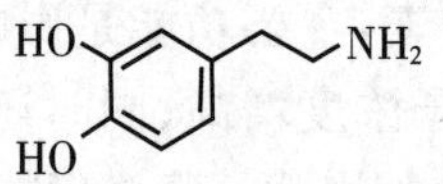

HO　　NH_2

HO

图 13

98 哪一个分子是肾上腺素(所谓的“战斗/逃跑激素”)?(　　)(单选)

A. (1)　　B. (2)　　C. (3)　　D. (4)

解析 肾上腺素是一种激素,也是一种神经介质,可以加快心率、收缩血管、扩张气道并参与交感神经控制的“战斗/逃跑”反应。化学上,肾上腺素是儿茶酚胺类物质,是肾上腺利用苯丙氨酸和酪氨酸合成的激素。 **答案:A。**

99 哪一个分子是甲状腺合成的三碘甲状腺原氨酸?(　　)(单选)

A. (2)　　B. (3)　　C. (4)　　D. 上述选项都不对

解析 “三碘”意味着结构中只有 3 个碘原子,图 13 中的(4)有 4 个碘原子,故称为四碘甲状腺原氨酸。详见 96 题解析。 **答案:D。**

100 哪一个分子是抗坏血酸,即维生素 C?(　　)(单选)

A. (1)　　B. (3)　　C. (4)　　D. 上述选项都不对

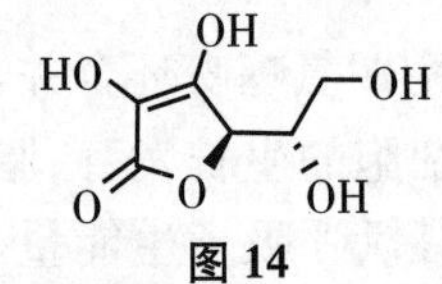

图 14

解析 维生素 C 的结构如图 14 所示。

维生素 C 又称抗坏血酸,是一种水溶性的抗氧化剂,而且是各种反应(例如合成结缔组织和神经介质)的辅酶。维生素 C 缺乏可引起坏血病,主要症状包括皮下点状出血、牙龈出血、关节疼痛和伤口愈合不良。 **答案:D。**

101 哪一个分子是卵泡刺激素,可以调节生长发育、性成熟和机体生殖功能?(　　)(单选)

A. (1)　　B. (2)　　C. (4)　　D. 上述选项都不对

解析 卵泡刺激素(FSH)是垂体腺分泌的一种糖蛋白类激素。它可以调节身体的生长发育、性成熟和生殖过程。FSH 由 α 和 β 两个亚基构成,每个亚基都连接一个糖基。α 亚基由 92 个氨基酸合成,与垂体腺分泌的其他三种激素促黄体生成素、促甲状腺激素和人绒毛膜促性腺激素的 α 亚基类似。β 亚基由 118 个氨基酸合成,是 FSH 的功能单位,可以和 FSH 受体结合。激素的糖基由海藻糖、半乳糖、甘露糖、氨基半乳糖、氨基葡萄糖和唾液酸组成。 **答案:D。**

102 哪些分子来源于酪氨酸？(　　)(单选)

A. (1)和(2)　　B. (2)和(3)　　C. (1)和(4)　　D. (1)和(3)

解析 详见96题和98题解析。酪氨酸来源激素的合成路径如图15所示。　**答案**:C。

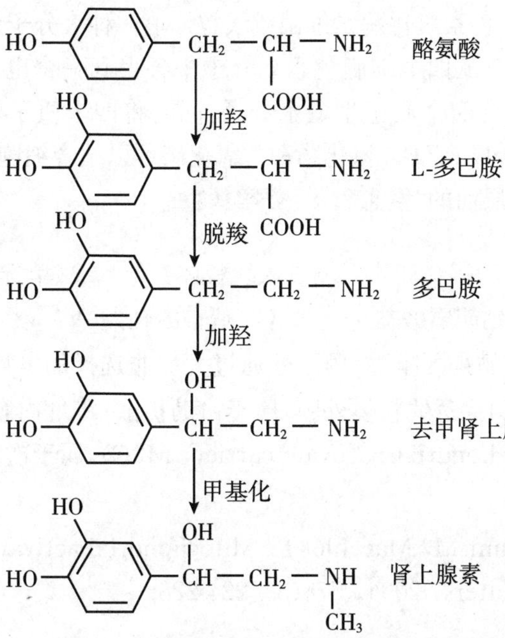

酪氨酸 $\xrightarrow{\text{加羟}}$ L-多巴胺 $\xrightarrow{\text{脱羧}}$ 多巴胺 $\xrightarrow{\text{加羟}}$ 去甲肾上腺素 $\xrightarrow{\text{甲基化}}$ 肾上腺素

图15　肾上腺素与去甲肾上腺素的合成途径

103 细胞呼吸与下列物质有关:(i) 氧气;(ii) 二氧化碳;(iii) 能量;(iv) 水;(v) 糖类。下列哪项是正确反映细胞呼吸的公式？(　　)(单选)

A. (ii) + (iii) = (i) + (iv) + (v)　　B. (v) + (iv) = (i) + (ii) + (iii)

C. (iii) + (v) = (i) + (ii) + (iv)　　D. (v) + (i) = (ii) + (iii) + (iv)

解析 细胞呼吸是生物利用氧气与食物分子反应,将食物中蕴藏的化学能量转化为身体可以利用的能量形式,同时产生代谢废物、二氧化碳和水的过程。生物不依赖氧气分解食物的过程称为酵解。分解食物的一个目的是利用食物分子中的化学能形成ATP中的高能磷酸键。真核细胞中催化细胞呼吸每一步的酶都有序地组合在杆状的线粒体中。而在微生物中,这些酶则排布在细胞膜上。一个肝细胞有1000个线粒体,脊椎动物的卵细胞可有200000个线粒体。多数情况下,主要的食物来源(糖类、脂肪和蛋白质)首先被分解成为二碳化合物(乙酰基),合成乙酰辅酶A,然后进入三羧酸循环,作为燃料产生能量。从三羧酸循环中每脱出一对氢原子,就可以通过含铁的细胞色素还原一个氧原子,形成一分子水。1951年,科学家发现,氧原子每获得两个电子,就能合成约三个ATP。这一过程称为氧化磷酸化,或电子传递链,它是将食物中的能量进行转化、加以利用的主要方式。传递电子给氧原子的一系列步骤保证了能量逐步释放。　**答案**:D。

104 ATP是新陈代谢过程中的一种重要分子,原因是(　　)。(单选)

A. 它可以很容易地从有机体的环境中获得　　B. 它非常稳定

C. 它包含各种各样的营养物质　　D. 它有高能磷酸键

E. 它有非常容易形成但不容易断裂的磷酸键

解析 磷酸基团和ATP剩余基团间的化学键可以通过水解断裂。因为水解过程释放较多能量,所以ATP的γ-磷酸键有时又称高能磷酸键。　**答案**:D。

105 很少量的氰化物(HCN、KCN或NaCN)就可以致一个成年人死亡的原因是(　　)。(单选)

A. 氰化物可以结合心肌,少量的氰化物就可以诱发心脏病发作致人死亡

B. 氰化物可以让肺萎陷，让人窒息死亡

C. 氰化物可以结合细胞色素 C 氧化酶，令细胞无法利用氧气

D. 少量的氰化物分子就可以杀伤所有的肝细胞

解析 氰化物中毒发生于生物接触溶解在水中的氰根离子的时候。氰根离子通过抑制线粒体中的细胞色素 c 氧化酶中断细胞呼吸。细胞色素氧化酶是细菌或线粒体上一种大分子量的跨膜蛋白复合体。它是细胞呼吸电子传递链中的最后一环，它从四个细胞色素 c 分子中各得到一个电子，将氧气分子变为两个水分子。在反应中，该酶从内部水相结合四个质子生成水分子，同时将四个质子转运过膜，协助建立跨膜电势差，使 ATP 酶可以利用此电势能合成 ATP。氰化物和一氧化碳可以结合细胞色素 c 氧化酶，完全阻断该酶的正常功能，进而导致细胞的化学层面的“窒息”。 答案：C。

106 有氧呼吸时，糖酵解产生的哪个产物运输进入线粒体？（　　）(单选)

A. 乙酰辅酶 A　　B. 延胡索酸盐　　C. 琥珀酰辅酶 A　　D. 丙酮酸盐

解析 进入线粒体的糖酵解产物是丙酮酸，丙酮酸通过大型非选择的电压依赖性阴离子通道(voltage-dependent anion channel, VDAC)穿透线粒体外膜，属于协助扩散；跨过内膜则是通过具有选择性的质子协同的线粒体丙酮酸运载体(mitochondrial pyruvate carrier, MPC)，属于次级主动运输。 答案：D。

参考文献

[1] de Andrade P B M, Casimir M, Maechler P. Mitochondrial activation and the pyruvate paradox in a human cell line[J]. FEBS Letters, 2004, 578(3):224-228.

107 为什么糖酵解可以在无氧的或者有氧的情况下进行，而柠檬酸循环只能在有氧条件下进行？（　　）(单选)

A. 氧气是糖酵解的中间产物 6-磷酸葡萄糖转化为 6-磷酸果糖时的副产物

B. 糖酵解的酶不能利用氧气作为辅酶因子

C. 柠檬酸循环过程中的酶催化会被异构效应物调节，其中包括氧气

D. 糖酵解的三个步骤中都产生了 NAD^+，而柠檬酸循环中只有一个阶段产生 NAD^+

E. 在无氧条件下，NAD^+(用来糖酵解)可以通过丙酮酸酯向乳酸转化过程来再生产

解析 NADH 的积累会抑制糖的代谢过程，柠檬酸循环通过氧化磷酸化消耗 NADH，这只有在有氧时才可实现，而酵解可通过生成乳酸消耗 NADH，所以无氧时也可进行。 答案：E。

108 如果一些生长中的植物细胞中存在代谢抑制剂，特异性地抑制线粒体 F_1-ATP 合酶，下列哪个推测是正确的？（　　）(单选)

A. 线粒体嵴的整体跨膜 pH 差将会改变　　B. 电子传递链将变得无效

C. 光合作用效率将会提升　　D. 氧气消耗将会停止

E. 水分将通过渗透作用渗出线粒体

解析 图 16 是常用的电子传递链抑制剂。除了电子传递链的特异性抑制剂以外，与氧化磷酸化过程相关的还有三种类型的抑制剂，分别是：

① 解偶联剂。解偶联剂不阻断呼吸电子传递链，但抑制 ADP 磷酸化为 ATP。能够将两个偶联的过程分开，破坏质子浓度梯度，使自由能以热的形式耗散。且代偿性地使得氧气与底物过分消耗，反而加快电子传递过程。如质子载体 2,4-二硝基酚(DNP)、羰基氰对-三氟甲氧基苯腙(FCCP)与解偶联蛋白(uncoupling protein, UCP)等。瘦素可以诱导 UCP 表达，实现减肥。葛芋花温度可达 38 ℃，释放臭味引诱昆虫传粉，也是 UCP 蛋白的功劳。

② 离子载体抑制剂。离子载体抑制剂与解偶联剂的区别在于它不是 H^+ 载体，而是可能和某些阳离子结合，生成脂溶性的复合物，并作为离子载体使这些离子能够穿过内膜，这样就增大了内膜对某些阳离子的

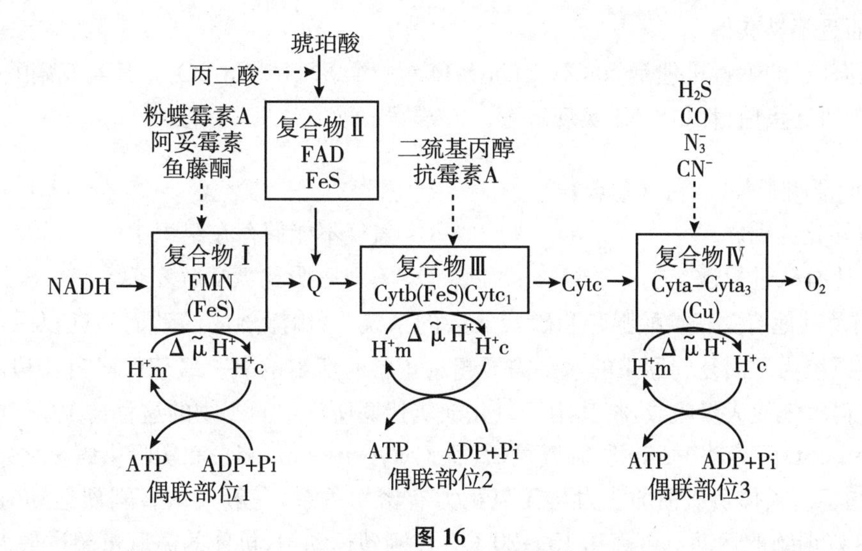

图16

通透性;同时因为在转运阳离子到基质中时消耗了自由能,降低了质子动力势,从而抑制了ATP的形成。例如缬氨霉素(valinomycin)与K^+形成的复合物较易通过内膜进入基质,会抑制氧化磷酸化过程。

③ 磷酸化抑制剂。磷酸化抑制剂直接作用于ATP合酶,抑制ATP合成,使质子无法通过合酶复合体返回膜内,质子泵出变难,会间接抑制电子传递和氧气消耗。抑制剂与解偶联剂的区别在于,这类试剂不仅抑制ATP的形成,还同时抑制O_2的消耗。像寡霉素(oligomycin)这一类化学物质可以阻止膜间空间中的H^+通过ATP合酶的F_o进入线粒体基质,这样不仅会阻止ATP生成,还会维持和加强质子动力势,对电子传递产生反馈抑制,O_2的消耗就会相应减少。另外如二环己基碳二亚胺(DCCD)等可作用于F_o的相应结合位点,阻断氢离子通道,栎皮酮则直接抑制ATP合酶。

线粒体F_1-ATP合酶受抑制,可能并不会完全导致电子传递链无效及氧气消耗停止,只是因为阻碍质子回流,影响浓度梯度,从而会间接阻碍电子传递过程;同时,它与光合作用关系也不大,水分也不会因此而渗透出线粒体。根据化学渗透假说,代谢抑制剂抑制F_1-ATP合酶会使得线粒体膜间隙与基质之间的质子跨膜产能受阻,质子淤积在膜间隙,二者的pH差值会改变(反应活化能改变,平衡也随之改变)。故最准确的选项是A。　**答案:A。**

109　有一种毒素会抑制琥珀酸脱氢酶的功能。如果做一个试验,用这种毒素来阻止呼吸作用,那么在丙酮酸氧化作用和三羧酸循环时,每个丙酮酸能净产生多少NADH和GTP分子?(　　)(单选)

A. 3,1　　B. 3,2　　C. 4,1　　D. 4,2

E. 6,2

解析 在人类细胞代谢过程中,丙酮酸到乙酰辅酶A产生1个NADH,乙酰辅酶A进入TCA一共产生3个NADH、1个$FADH_2$与1个GTP,其中琥珀酸脱氢酶之前为2个NADH与1个GTP。故截断在琥珀酸时共能生成3个NADH和1个GTP。　**答案:A。**

110　氰化物中毒的最强效解毒剂是羟钴胺,其解毒作用来源于(　　)。(单选)

A. 它可以捕获氰化物,形成氰钴胺(维生素B_{12}),并经过尿液排出

B. 它可以暂时代替血红蛋白的功能,使机体有机会自然清除体内的氰化物

C. 它可以氧化氰化物,形成相对无毒的氰酸盐

D. 上述选项都不对

解析 羟钴胺是细菌产生的一种维生素B_{12},通常写作B_{12a},可以用来结合氰化物形成无毒的氰钴胺,即维生素B_{12},然后氰钴胺可以经尿液排泄。羟钴胺在血液和细胞内都有解毒作用。高铁血红蛋白就没有这一特性,其解毒作用仅在血管内有效。硫代硫酸盐可以增加羟钴胺的解毒作用。这种治疗方法有效且无

害，但十分昂贵，而且不易获得。

硫代硫酸盐(海波)的解毒机理是 $NaCN + Na_2S_2O_3 = NaSCN + Na_2SO_3$。其实亚硝酸盐也可以通过氧化血红蛋白为高铁血红蛋白，耗尽 CN^- 实现解毒。　答案:A。

111 获得氧债证明了(　　)。(单选)

A. 乳酸可以转化为糖原　　B. 氧气不能储存在组织中

C. 厌氧过程比有氧过程慢　　D. 有氧呼吸比糖酵解复杂

解析 在肌肉及其他有关三磷酸腺苷和磷酸肌酸的系统中，由激烈的活动而消耗以及通过糖酵解和呼吸补给不及时，该系统为了回复到原来的水平需要超过正常时所需的氧。氧债即经过一段时间的缺氧压力之后，机体一旦获得氧气便大量吸收，将其用于氧化缺氧代谢所产中间产物的这种情况。

氧债(oxygen debt)即劳动 1 min 所需氧量(氧需 (oxygen demand))和实际供氧量之差，是评定一个人无氧耐力的重要指标。人体负氧债的能力与无氧耐力有密切关系，一般人从事剧烈运动时，其负氧债的量约为 10 L，受过良好训练的运动员可高达 15～20 L。在剧烈运动中，机体的需氧量超过最大摄氧量，能量供应靠无氧分解代谢所造成的氧亏需要在恢复期来偿还。

有氧债主要的原因是氧气是不可储存的，因此容易耗尽，从而造成负债。　答案:B。

112 下列哪项在线粒体内的电子转移和 ATP 合成中起“解偶联剂”的作用？(　　)(单选)

A. 二硝基酚　　B. 尿素

C. ATP 合酶的 F_o基部(不包括 F_1亚基)　　D. 以上所有

E. 只有 A 和 C

解析 解偶联剂(多属于能通过膜的阳离子载体)使氧化与磷酸化过程脱离。其作用机制是:使呼吸链电子传递过程泵出的氢离子不经过 ATP 合酶的 F_o质子通道回流，而经其他途径返回线粒体基质，从而破坏膜两侧的电化学梯度，使电化学梯度储存的能量以热能形式散发。

例如:解偶联蛋白质子通道(释放热能)存在于动物棕色脂肪组织;游离脂肪酸(FFA)促进质子经解偶联蛋白反流至基质;二硝基苯酚(DNP)结合质子在膜内移动;其他解偶联剂有水杨酸盐、双香豆素。

本题比较巧妙的是 C 选项，ATP 合酶的 F_o(务必注意下标是 o，代表它的抑制剂寡霉素(oligomycin))是一个嵌合在内膜上的疏水蛋白复合体，形成一个跨膜质子通道。所以如果光有 F_o没有 F_1，那么相当于在内膜上开了个漏质子的孔洞，也会导致解偶联。　答案:E。

113 下列哪一种氧化还原体系的氧化还原电位最大？(　　)(单选)

A. 延胡索酸→ 琥珀酸　　B. CoQ(氧化型) →CoQ(还原型)

C. Cyt a Fe^{3+} →Cyt a Fe^{2+}　　D. Cyt b Fe^{3+} →Cyt b Fe^{2+}

E. NAD^+ →NADH

解析 电子传递链中的递电子体由前到后按氧化还原电位由低到高排列，越往后越高。　答案:C。

114 2,4-二硝基苯酚抑制细胞的功能可能是由于阻断下列哪一种生化作用而引起的？(　　)(单选)

A. NADH 脱氢酶的作用　　B. 电子传递过程

C. 氧化磷酸化　　D. 三羧酸循环

E. 以上都不是

解析 DNP 是解偶联剂，并不影响电子传递链过程。　答案:C。

115 水果贮藏保鲜时，降低呼吸的环境条件是(　　)。(单选)

A. 低 O_2、高 CO_2、零上低温　　B. 低 CO_2、高 O_2、零下低温

C. 无 O_2、高 CO_2、零上低温　　D. 低 O_2、无 CO_2、零下低温

解析 水果储存条件的“三低”都是为了保证尽可能少的营养消耗，它们分别是：

① 较低的温度(零上低温)；

② 较低的氧气浓度——抑制需氧呼吸而又避免厌氧呼吸产生酒精；

③ 较低的湿度——防止腐烂而又避免植物细胞因蒸腾作用而失水萎蔫。

其中低温低氧的主要目的是抑制呼吸；零下低温会造成冻伤，因此选择零上低温。无氧条件下，水果完全进行无氧呼吸，对其贮藏也是不利的；而在低氧条件下，水果同时进行无氧和有氧呼吸；实验研究证明，在氧气浓度约为5%的时候，呼吸消耗的营养物质最少。 答案：A。

116 呼吸商是呼吸作用的一个重要指标，它是呼吸作用所放出的CO_2的物质的量或体积与所吸收的O_2的物质的量或体积之比。蓖麻油的分子式是$C_{57}H_{101}O_9$，如它是呼吸底物并完全被氧化：$C_{57}H_{101}O_9 + O_2 \longrightarrow CO_2 + H_2O$，则其呼吸商是(　　)。(单选)

A. 0.57　　B. 1.65　　C. 0.73　　D. 0.89

解析 配平反应式得

$$4C_{57}H_{101}O_9 + 311O_2 = 228CO_2 + 202H_2O$$

呼吸商为228/311＝0.733。 答案：C。

117 下列有关糖酵解作用(glycolysis)的叙述中正确的是(　　)。(多选)

A. 真核细胞在线粒体中进行糖酵解作用

B. 糖酵解作用的整个过程净消耗2个ATP

C. 糖酵解作用的部分酶促反应为可逆反应

D. 糖酵解作用的主要功能为水解ATP、产生NADH

E. 乳酸菌在无氧环境下，ATP与NADH主要来自糖酵解作用

解析 糖酵解发生在真核细胞的细胞质基质中，A错误。糖酵解总反应净产生2个ATP，B错误。糖酵解中的部分反应为可逆反应，当肝或肾以丙酮酸为原料进行糖异生时，糖异生中有七步反应是糖酵解的逆反应，它们由相同的酶催化，C正确。糖酵解是存在于一切生物体内的糖分解代谢的普遍途径，是糖有氧分解的准备阶段，并为代谢途径提供中间产物(提供碳骨架)，生成ATP，为生命活动提供部分能量，尤其对厌氧生物来说是获得能量的主要方式，D错误。乳酸发酵多了这一步反应：丙酮酸($CH_3COCOOH$)＋2NADH$\longrightarrow$乳酸($CH_3CHOHCOOH$)＋$2NAD^+$，为可逆反应，E正确。 答案：CE。

118 下列有关于各种微生物呼吸作用的化学反应式中，哪个代表了发酵？(　　)(单选)

A. $C_6H_{12}O_6 \longrightarrow 2C_2H_5OH + 2CO_2$

B. $C_2H_5OH + O_2 \longrightarrow CH_3COOH + H_2O$

C. $C_6H_{12}O_6 + 12HNO_3 \longrightarrow 6CO_2 + 6H_2O + 12HNO_2$

D. $2C_2H_5OH + 2CO_2 \longrightarrow 2CH_3COOH + CH_4$

解析 高中阶段认为发酵即无氧呼吸。但实际上微生物中的无氧呼吸一般存在电子传递链，只是电子传递链的终点不是氧气而是其他无机或有机分子。 答案：A。

119 下列哪个选项最佳地表示了三羧酸循环的一部分？(　　)(单选)

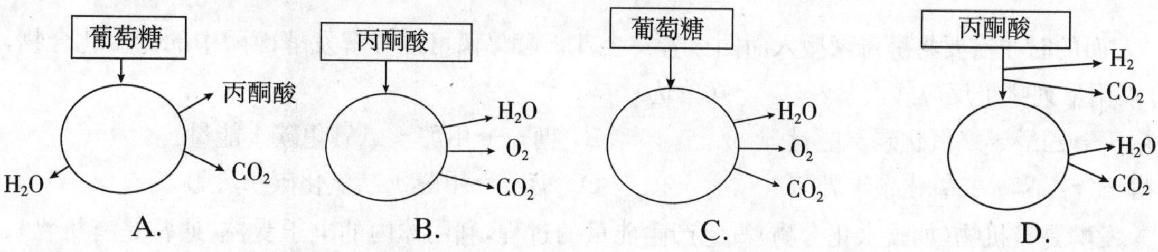

解析 进入三羧酸循环的分子是丙酮酸脱羧脱氢形成的乙酰CoA，它进入三羧酸循环之后继续完成脱羧脱氢的过程。 答案：D。

120 哪一项中的代谢反应都能通向三羧酸循环？（　　）（单选）

A. 合成代谢、分解代谢和氧化磷酸化　　B. 糖酵解、氧化磷酸化和糖原合成

C. 糖酵解、蛋白质分解和脂肪分解　　D. 糖原分解、葡萄糖醛酸化、蛋白质合成

解析 三羧酸循环又称柠檬酸循环，是一系列酶促化学反应组成的反应体系，是所有利用氧气进行呼吸作用的活细胞赖以为生的重要反应。真核生物中，三羧酸循环发生在线粒体基质中。三羧酸循环中的组成和反应是 Albert Szent Gyogyi 和 Hans Krebs 阐明的。

几个分解反应都通向三羧酸循环。生成三羧酸循环所需中间物质的反应称为回补反应。三羧酸循环是糖分解的第三步。糖酵解将葡萄糖分解为丙酮酸。真核细胞中，丙酮酸进入线粒体，脱羧形成乙酰辅酶A，进入三羧酸循环。

蛋白质分解过程中，多肽被蛋白酶分解成为单独的氨基酸。这些氨基酸的碳骨架可以转化为乙酰辅酶A，进入三羧酸循环，成为能量来源。

脂肪分解过程中，甘油三酯水解成为脂肪酸和甘油。在肝脏中，甘油可以通过糖异生过程中的磷酸二羟基丙酮和 3-磷酸甘油醛反应生成葡萄糖。

三羧酸循环是氧化磷酸化必经的过程。三羧酸循环可以同时参与合成反应和分解反应，因此是一种兼用代谢途径。　答案：C。

121 哪种化学变化既发生在绿色植物中也发生在哺乳动物中？（　　）（单选）

A. 葡萄糖→糖原　B. 葡萄糖→纤维素　C. 糖原→葡萄糖　D. 淀粉→葡萄糖

解析 动物和绿色植物都需要能量来行使功能。这种能量来源于葡萄糖。葡萄糖经历糖酵解，产生乙酰辅酶A和化学能源ATP。之后乙酰辅酶A经过三羧酸循环产生NADH和更多的ATP。三羧酸循环的中间产物也用来制造非必需氨基酸。为了产生更多的能量，NADH之后通过电子传递链来产生更多的ATP，吸入的氧气用来成为最终的氢元素受体，形成水。在大部分动物里（一个例外是长鼻袋鼠），这样产生的水在蒸发中失去。这是细胞呼吸的大致过程。

淀粉是白色、颗粒状的有机化合物，在冷水、酒精或其他溶剂中不溶，所有绿色植物都能产生。淀粉分子的化学通式是$(C_6H_{10}O_5)_n$。淀粉是由葡萄糖单体在1,4位聚合而成的多糖。淀粉最简单的形式是直链淀粉；支链淀粉有分枝。在植物的绿色叶子里，淀粉由光合作用中多余的葡萄糖合成，并作为植物的储备粮食。淀粉以颗粒形式存储在叶绿体以及这些器官中：木薯植物的根部；土豆的块茎；西米的茎髓；玉米、小麦和大米的种子。当需要的时候，淀粉就分解，在特定的酶和水的存在下，分解成为葡萄糖单体，从细胞扩散出去滋养植物组织。在人和动物体内，淀粉分解为葡萄糖，为组织提供能量。大部分商用淀粉由玉米制得，也有小麦、木薯、土豆淀粉。商用淀粉通过压碎或者研磨含淀粉的块茎或者种子得到黏浆，然后这些黏浆与水混合，所得浆料的杂质释放出去后再干燥来获取。除了本身的营养价值外，淀粉还用来酿造以及作为烘焙食物和零食里的增稠剂。淀粉用于造纸，来增加纸张的强度，以及纸张的表面上胶。淀粉还用于瓦楞纸板、纸袋和纸箱、胶纸和胶带的生产。还有大量淀粉用于纺织工业，用于轻纱上浆，以此在编织过程中增加线的强度。　答案：D。

122 发面的时候需要将酵母菌撒入面团放置一会儿。酵母菌可以分解发酵面团中的碳水化合物，发酵的过程可以用下列哪个反应式表示？（　　）（单选）

A. 糖⟶乙醇+二氧化碳+能量　　B. 糖⟶甲醇+二氧化碳+能量

C. 糖⟶乙醇+二氧化碳+乳酸　　D. 糖⟶甲醇+二氧化碳+乳酸

解析 发酵是有机物（如碳水化合物）氧化产生能量的过程，利用体内的电子受体（通常是有机物）；而呼吸作用则是利用外源性电子受体，如氧气，通过电子传递链传递电子。

发酵不一定在严格无氧的条件下进行。例如，氧气充足时，只要糖类充足，酵母细胞就倾向利用发酵而非

氧化磷酸化产生能量。酵母通过糖酵解将糖类转化为丙酮酸，然后将丙酮酸分解成为乙醇和二氧化碳。发酵是制作面包、酿酒的重要步骤，通常只需要其中一种产物：制作面包时，需要把乙醇蒸出；酿酒时，需要让二氧化碳释放出来，或是利用二氧化碳给饮料充气。如果发酵物中的果胶浓度高，则可以产生少许甲醇。 答案：A。

123 为了环保与健康，已有许多学校在每周中选定一天为素食日。下列叙述正确的是（　　）。（多选）

A. 素食者不会发生脂肪过多的肥胖问题
B. 素食者的细胞可利用脂肪作为能量来源
C. 素食者体内的蛋白质可被分解以产生能量
D. 素食者的细胞可将摄入的碳水化合物转化成脂肪
E. 素食者不会堆积脂肪，但仍会储存碳水化合物而变肥胖

解析 素食者虽然不进食动物食品，但是植物制品中也含有脂肪（植物油）、蛋白质、糖类。相比于杂食者，素食者的膳食以糖类为主，蛋白质和脂肪较少，但是这并不代表他们没有肥胖的危险，因为在人体内糖代谢、蛋白质代谢、脂质代谢是一个统一的整体，三种物质能够互相转化，所以A和E都是错误的。 答案：BCD。

124 糖酵解时下列物质中哪一对代谢物提供了磷酸基使ADP生成ATP？（　　）（单选）

A. 3-磷酸甘油醛和磷酸烯醇式丙酮酸
B. 1,3-二磷酸甘油酸和磷酸烯醇式丙酮酸
C. 1-磷酸葡萄糖和1,6-二磷酸果糖
D. 6-磷酸葡萄糖和2-磷酸甘油酸

解析 糖酵解的第7步和第10步发生底物磷酸化，为B选项相关步骤。 答案：B。

125 丙酮酸脱氢酶复合体中不包括下列哪种辅酶？（　　）（单选）

A. NAD^+　B. FAD　C. CoA　D. 生物素
E. TPP

解析 丙酮酸脱氢酶复合体是一个多亚基构成的三酶五辅酶复合物，其中辅酶包括NAD^+、FAD、CoA、TPP和硫辛酸（图17）。 答案：D。

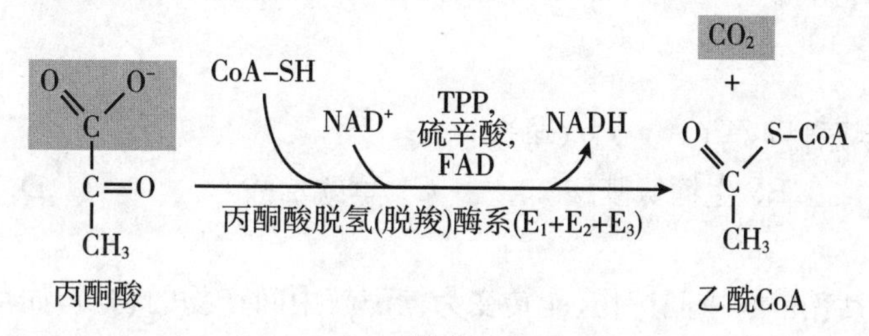

图 17

126 丙酮酸在彻底氧化时生成CO_2的反应有（　　）。（多选）

A. 丙酮酸脱氢酶催化的反应
B. 异柠檬酸脱氢酶催化的反应
C. α-酮戊二酸脱氢酶催化的反应
D. 琥珀酸脱氢酶催化的反应
E. 苹果酸脱氢酶催化的反应

解析 丙酮酸氧化脱羧生成乙酰辅酶A，进入三羧酸循环后分别由异柠檬酸脱氢酶、α-酮戊二酸脱氢酶催化氧化脱羧反应。剩下的反应只脱氢不脱羧。 答案：ABC。

127 肌糖原分解不能直接补充血糖是因为肌肉组织（　　）。（单选）

A. 缺乏磷酸化酶
B. 缺乏葡萄糖-6-磷酸酶
C. 缺乏葡萄糖激酶
D. 缺乏磷酸己糖异构酶
E. 缺乏UDPG焦磷酸化酶

解析 肌肉组织内质网中缺乏葡萄糖-6-磷酸酶，无法将糖原磷酸化分解出的磷酸葡萄糖解除磷酸基团，故产物磷酸葡萄糖无法运出细胞，只能在肌肉组织中使用。 答案：B。

128 糖酵解中生成的丙酮酸必须进入线粒体氧化是因为（　　）。（单选）

A. 乳酸不能通过线粒体膜
B. 这样胞液可以保持电中性

C. 丙酮酸脱氢酶系在线粒体内　　　　D. 丙酮酸与苹果酸交换

解析 丙酮酸脱氢酶系在线粒体内,完成氧化脱羧后的产物乙酰辅酶A不能再自由进出线粒体。答案:C。

129 成熟红细胞内磷酸戊糖途径所生成的NADPH的主要功能是(　　)。(单选)

A. 合成膜上的磷脂　B. 促进脂肪合成　C. 提供能量　D. 使 $MHb(Fe)^{3+}$ 还原

E. 维持还原型谷胱甘肽的正常水平

解析 红细胞内还原型谷胱甘肽可保护红细胞膜和血红蛋白等免受氧化剂损害,当其自身转化成氧化型谷胱甘肽后可由NADPH将其还原,维持红细胞内抗氧化功能。当血红蛋白被氧化成高铁血红蛋白 $MHb(Fe)^{3+}$ 后可在NADH-MHb还原酶作用下回复。答案:E。

130 葡萄糖主要的活性形式为(　　)。(单选)

A. UMPG　B. UDPG　C. UTPG　D. CDPG

E. ATPG

解析 葡萄糖的活性形式主要为UDPG,由UTP活化,参与合成蔗糖、纤维素、糖原、糖脂等。在合成淀粉时以ADPG作为葡萄糖的活化形式。答案:B。

131 糖原分解所得到的初产物是(　　)。(单选)

A. 葡萄糖　B. UDPG　C. 1-磷酸葡萄糖　D. 6-磷酸葡萄糖

E. 1-磷酸葡萄糖和葡萄糖

解析 糖原直链部分被糖原磷酸酶降解时,拆开α-1,4糖苷键,产生1-磷酸葡萄糖。在糖原分支处剩下4个糖基时,使用分支酶将末端3个糖基转移到直链上,再由分支酶将α-1,6-糖苷键水解,产生葡萄糖。答案:E。

132 动物体内糖异生原料不含(　　)。(单选)

A. 乙酰辅酶A　B. 生糖氨基酸　C. 草酰乙酸　D. 乳酸

E. 甘油

解析 糖异生原料包括糖酵解中间产物、能转变为糖酵解中间产物的物质,如草酰乙酸、乳酸等,因此能产生草酰乙酸的各三羧酸循环中间产物、生糖氨基酸也可作为原料。乙酰辅酶A在动物体内不能转变为糖异生反应中的物质,但在植物和一些微生物体内存在乙醛酸循环,可作为糖异生原料。答案:A。

133 必需脂肪酸是人体不能自主合成的脂肪酸,因此必须从饮食中获取。下列哪项是必需脂肪酸?(　　)(单选)

A. α-亚麻酸(Ω-3脂肪酸)　B. 胆固醇

C. 花生四烯酸(Ω-6脂肪酸)　D. 油酸(Ω-9脂肪酸)

解析 α-亚麻酸是18碳羧酸,含有3个顺式双键,第一个双键位于从N末端开始的第3个碳原子。因此,α-亚麻酸是Ω-3多不饱和脂肪酸。它是一种必需脂肪酸,因为人体无法自身生成,必须从食物中摄取。花生四烯酸是一种Ω-6脂肪酸,有20个碳原子,含有4个顺式双键,第一个双键位于从N末端开始的第6个碳原子。花生四烯酸是多不饱和脂肪酸,存在于动物的细胞膜磷脂中,在脑部和肌肉组织中含量丰富。油酸是单不饱和Ω-9脂肪酸,存在于多种动植物中,其结构简式是 $CH_3(CH_2)_7CH{=\!=}CH(CH_2)_7COOH$。油酸是人类脂肪组织中含量最多的脂肪酸,不是必需脂肪酸。一般C选项不算,因为有亚油酸、亚麻酸后就可以合成它了,准确地说只有A选项正确。

胆固醇不是脂肪酸,但是为脂溶性物质。胆固醇是哺乳动物细胞膜上重要的结构物质,可以调节膜的通透性和流动性。除此之外,胆固醇还是固醇类激素、胆汁酸和某些脂溶性维生素的原料。胆固醇是动物合成的最主要的甾类物质,主要由肝脏合成。因此,肉类和动物制品含有胆固醇,如奶酪、蛋黄、牛肉、猪肉

和禽类。植物制品只有人工添加后才会含有胆固醇，否则是不含胆固醇的。但是，植物制品如花生含有胆固醇类似物，称为植物固醇，可以降低血胆固醇水平。 **答案：A。**

134 糖尿病的病因是机体不能产生正常量的胰岛素，或者机体不能对胰岛素起反应。此病的症状包括血糖浓度升高和血液中酮体（包括丙酮）浓度升高。请问酮体是在下列哪种分子的分解过程中产生的？（ ）（单选）

A. 多肽　　B. 多聚糖　　C. 丙三醇　　D. 乳糖

E. 脂肪酸

解析 酮体是三种水溶性分子，在低进食阶段或者碳水化合物重塑机体细胞的时候，由肝脏利用脂肪酸作为代替葡萄糖的能量来源来产生的。酮体被细胞吸收，转化为乙酰辅酶A，然后进入柠檬酸循环，在线粒体中被氧化成为能量。 **答案：E。**

仔细观察如图18所示的某植物提取物的分子结构，并回答135～139题。

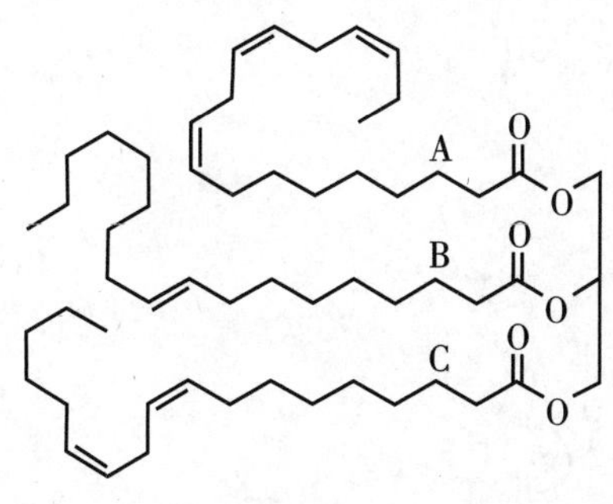

图18

135 图中的分子是甘油三酯，原因是（ ）。（单选）

A. 它是三个脂肪酸和丙三醇形成的酯　　B. 它是三个α,β-不饱和脂肪酸和甘油形成的酯

C. 它是三个炔酸和甘油形成的酯　　D. 它是三个α,β-不饱和脂肪酸和丙三醇形成的酯

解析 甘油三酯是甘油和三个脂肪酸形成的酯，它是植物和动物脂肪的主要组分。甘油的化学名称为1,2,3-丙三醇。注意图中分子中的三个脂肪酸都不是α,β-不饱和脂肪酸（碳氧双键后紧连一个碳碳双键（图19）），也没有炔酸（酸分子中包含一个碳碳三键）。 **答案：A。**

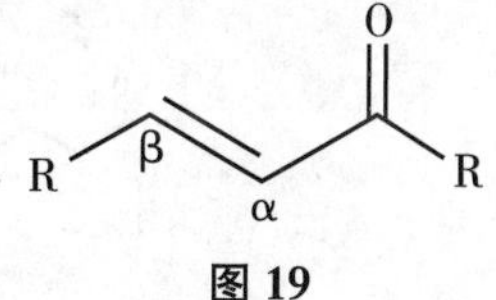

图19

136 图中标注A、B、C的基团，哪一个是必需不饱和脂肪酸？（ ）（单选）

A. A和B　　B. A和C　　C. B和C　　D. 三者都是

解析 必需不饱和脂肪酸是不能在人体内由其他原料合成的脂肪酸，故必须从食物中摄取。基团A是α-亚麻酸，这是一种18碳羧酸，包含三个顺式双键，第一个双键在从N末端数第3个碳原子（N末端又叫Ω末端，是离羧基最远的碳末端），因此，α-亚麻酸是多不饱和Ω-3脂肪酸。亚麻酸是花生四烯酸以及前列腺素的合成原料。细胞膜含有亚麻酸，植物油中也富含亚麻酸。

基团C是亚油酸，它是一种18碳羧酸，包含两个顺式双键，第一个双键位于从Ω端起第6个碳原子，故称为Ω-6不饱和脂肪酸。

基团B是油酸的同分异构体。油酸包含一个顺式双键，位于从Ω端起第9个碳原子，故称为Ω-9不饱和脂肪酸，该位点的双键形成可在人体中进行，故不属于必需脂肪酸。 **答案：B。**

137 A、B、C三个基团中，哪一个是Ω-6脂肪酸？（ ）（单选）

A. C　　B. A　　C. B　　D. 上述选项都不对

解析 Ω-6脂肪酸的最远端双键必须位于距Ω端的第6个碳原子。 **答案：A。**

138 A、B、C三个基团中，哪一个是油酸（橄榄油和人体脂肪组织中富含油酸）的同分异构体？（ ）

（单选）

A. A　　B. B　　C. C　　D. 上述选项都不对

解析 油酸是一种 18 碳的 Ω-9 单不饱和脂肪酸，多种动植物均富含油酸，其分子结构简式为 $CH_3(CH_2)_7CH{=\!=}CH(CH_2)_7COOH$。油酸的甘油酯是橄榄油、花生油、核桃油的主要组分。而且许多动物脂肪中也富含油酸。本题中的 B 基团是油酸的反式异构体，称为反油酸。　答案：B。

139 A、B、C 三个基团中，哪一个是 Ω-3 脂肪酸？（　　）（单选）

A. B　　B. C　　C. A　　D. 上述选项都不对

解析 Ω-3 脂肪酸的双键必须位于距 Ω 端的第 3 个碳原子。

这里总结一下脂肪酸的结构，如图 20 所示。　答案：C。

(a) 棕榈酸/软脂酸

(b) 棕榈油酸

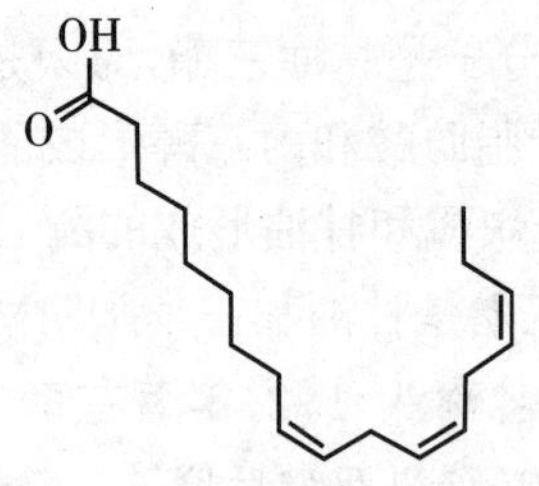

(c) 硬脂酸

(d) 油酸

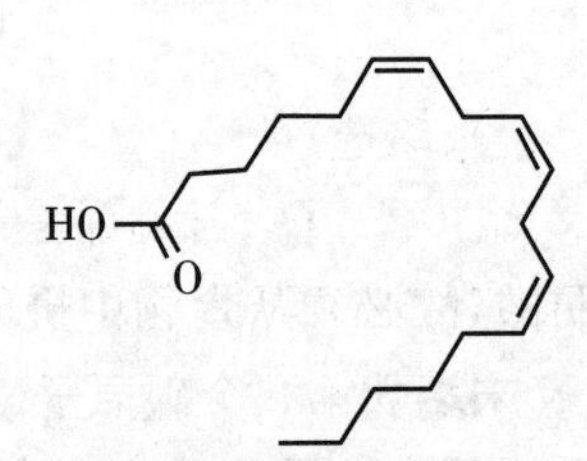

(e) 亚油酸

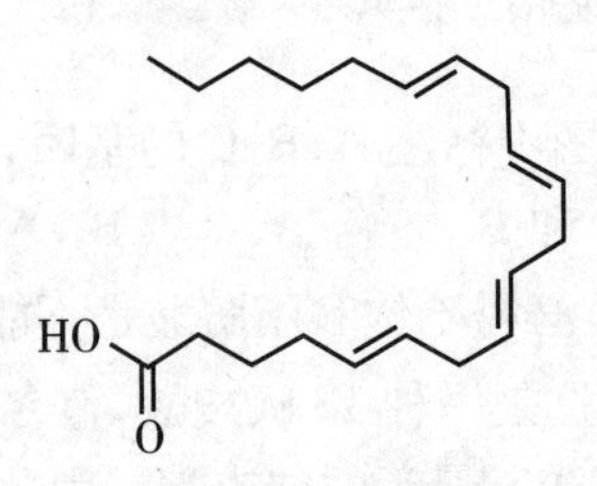

(f) α-亚麻酸。α-亚麻酸在体内不能合成、代谢、转化

(g) γ-亚麻酸。γ-亚麻酸在体内可以由亚油酸代谢转化生成，但是其转化率很低，且当脱氢酶不足、肥胖、矿物质不足、维生素 B_6 缺乏之时，γ-亚麻酸的合成将受到阻碍，从而引起动脉硬化、血栓病、风湿病、痛风、高血压、糖尿病、肥胖、过敏疾病、生理失调、便秘、皮肤粗糙等种种疾病

(h) 花生四烯酸

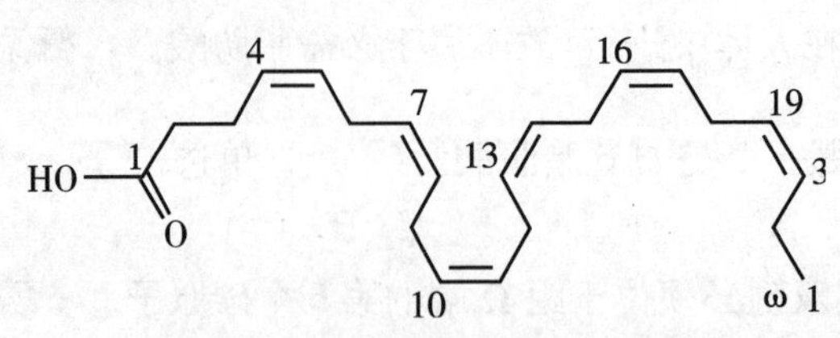

(i) DHA（docosahexaenoic acid，docosa 是希腊语 22 的意思）

图 20

140 下列哪个选项是识别不饱和脂肪酸分子的标志？(　　)(单选)

A. 有若干碳原子没有完全被氢原子饱和

B. 氧元素的含量较低

C. 由一个脂肪酸和一个乙醇形成的酯，而非由一个脂肪酸和一个丙三醇形成的酯

D. 有硬脂酸系列里的直链脂肪酸的掺入

解析 存在不饱和键(C没有完全与H成键)即为不饱和脂肪酸。 答案：A。

希望通过节食减肥的人会发现一开始节食的时候体重很容易降低，但是越到后面体重越难降低。根据上述信息，回答141～145题。

141 刚开始容易减重的原因是(　　)。(单选)

A. 饥饿状态下，代谢减慢，机体首先燃烧储存的糖原，然后逐渐消耗脂肪和不重要的肌肉组织

B. 饥饿状态下，机体分泌更多的甲状腺素，使人精神萎靡，促进人进食

C. 饥饿状态下，机体释放出所有的脂肪，并且用水代替，体重维持不变

D. 上述选项都不对

解析 停止进食后，机体进入饥饿应答状态。通常，机体率先燃烧脂肪，再消耗肌肉和其他组织满足能量需求。要注意的是，在燃烧脂肪之前，机体首先要耗竭消化道里的食物和肝脏、肌肉中储存的糖原。这是一个缓慢的过程。脂肪含有大量的能量，只需要分解一小部分脂肪就可以满足全身一天的能量需求。在漫长的饥饿后，身体开始利用蛋白质作为能量来源。 答案：A。

142 美国心理学家 William Herbert Sheldon 提出人类体格可分为三种，分别以胚胎发生时的三胚层命名。下面哪项描述是正确的？(　　)(单选)

A. 外胚层型：特征是肌肉不发达、肢体瘦长，脂肪储存量低。通常认为是瘦弱。外胚层型不利于脂肪储存和增肌

B. 中胚层型：特征是中等骨骼，身体硬朗，脂肪水平低，肩宽腰窄。通常认为是肌肉发达。中胚层型有利于增肌但不利于脂肪储存

C. 内胚层型：特征是脂肪储存增加，骨架大，腰围大。通常认为是肥胖。内胚层型利于脂肪储存

D. 上述选项都正确

解析 上述选项都是正确的。William Herbert Sheldon 发展出了体质心理学，将体格类型和人类情绪联系起来。外胚层型神经系统发达，中胚层型肌肉系统发达，内胚层型消化系统发达。内胚层脂肪的代表为肠油，是指由于过多脂肪堆积在肠道表面而形成的脂肪团。人体中的脂肪只存在于皮下、内脏、大脑神经系统和血液中。肠道是人体五脏之一。当人体过多摄入脂肪，又无法燃烧掉和排出体外时，就在肠壁内形成肠系膜下脂肪组织。 答案：D。

143 一种古老、已经废弃的减肥方法是服用代谢解偶联剂。这些药物的作用机理是(　　)。(单选)

A. 抑制脂肪向脂肪组织转运，使机体不再储存脂肪

B. 加速脂肪组织释放脂肪的速度，燃烧脂肪而非葡萄糖产生 ATP

C. 转运质子跨过线粒体膜，消耗大量能量的同时，还不产生 ATP

D. 上述选项都不对

解析 从名字中我们就可以推断，解偶联剂将氧化磷酸化和 ATP 合成分裂开来，它可以转运质子跨过线粒体膜，在消耗大量能量的同时还不产生 ATP。这类药物的代表是二硝基酚，在 20 世纪 30 年代广泛应用于减肥药中。 答案：C。

144 不再使用这些药物作为减肥药的原因是(　　)。(单选)

A. 它们可以抑制脂肪向脂肪组织沉积,从而导致动脉中大量脂质积聚,造成心脏病发作而死亡

B. 它们可以加速脂肪组织释放脂肪的速度,燃烧脂肪而非葡萄糖,因此使用者会产生类似糖尿病的症状

C. 它们可以消耗大量能量,而不产生ATP,使用者可因体内产热过多死亡

D. 上述选项都不对

解析 解偶联剂让质子可以透过线粒体内膜,绕过ATP合酶的辅助。这使得ATP合成的效率大大下降。因此,一部分细胞呼吸产生的本应该用来合成ATP的能量就变成了热量。这种能量的消耗与服用药物的剂量成比例。解偶联剂的剂量增加会导致能量产生效率降低,从而使代谢率增加(燃烧更多的脂肪),弥补那部分能量缺口,满足能量需求。因此,不加控制的过量服用解偶联剂会造成体温过度升高。

答案:C。

145 下列哪些是预防肥胖有效的方法?(　　)(单选)

(i) 少食,规律运动;

(ii) 服用非处方减肥药;

(iii) 接受胃旁路手术;

(iv) 服用处方减肥药;

(v) 接受抽脂手术。

A. 只有(i)　　B. (i)和(ii)

C. 只有(iv)　　D. (iii)和(v)

解析 健康均衡的饮食可以预防健康问题,为你的身体提供充足的维生素、矿物质和其他营养物质。一个人每天的进食量应该和体力活动量相互匹配。啥都不如(i)好。

胃旁路手术全名为“腹腔镜Roux-en-Y胃旁路手术”,是一种改变肠道结构、关闭大部分胃功能的手术。手术将患者的胃分成上下两部分,用于容纳食物的只有原来胃部的1/6～1/10,然后在小胃的切口处开一条“岔路”,接上截取的一段小肠,重新排列小肠的位置,改变食物经过消化道的途径,减缓胃排空速度(体积减小,排空减慢),缩短小肠,降低吸收,从而达到减肥的目的。 答案:A。

146 下列哪个选项表示了人体内蛋白质消化的正确排序?(　　)(单选)

A. 氨肽酶,羧肽酶,胰凝乳蛋白酶,胃蛋白酶

B. 氨肽酶,胃蛋白酶,胰凝乳蛋白酶,羧肽酶

C. 胃蛋白酶,羧肽酶,氨肽酶,胰凝乳蛋白酶

D. 胰凝乳蛋白酶,氨肽酶,羧肽酶,胃蛋白酶

E. 胃蛋白酶,胰凝乳蛋白酶,羧肽酶,氨肽酶

解析 蛋白质从胃内开始消化,接着受小肠的内切酶(消化成短肽)、外切酶(消化成氨基酸)分解。羧肽酶存在于胰液。氨肽酶存在于肠上皮细胞中,肠液中检测到的酶是脱落的细胞成分,所以氨肽酶是最后的。

答案:E。

147 下列哪种氨基酸是生糖兼生酮氨基酸?(　　)(单选)

A. Gly　　B. Ser　　C. Cys　　D. Ile

E. Asp

解析 氨基酸分解代谢详见莱宁格的《生物化学原理》(图 21)。 答案:D。

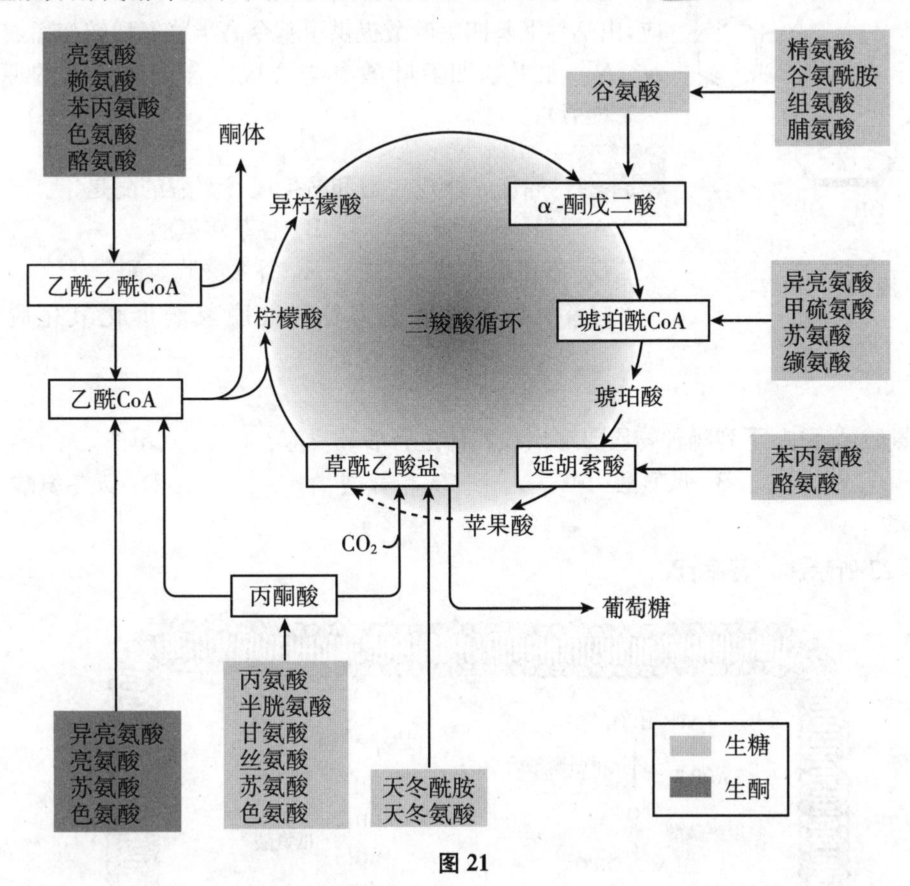

图 21

148 肌肉组织中氨基酸脱氨基的方式主要是( )。(单选)

A. 转氨基 B. 嘌呤核苷酸循环 C. 氧化脱氨基

D. 转氨基与谷氨酸氧化脱氨基联合 E. 丙氨酸-葡萄糖循环

解析 转氨基作用指将一种氨基酸的氨基转移到另一种 α-酮酸上,生成新的氨基酸和 α-酮酸,单独进行不能达到脱氨基目的。肌肉组织中因 L-谷氨酸脱氢酶活性低,难以进行一般的联合脱氨基作用,但肌肉组织中的腺苷酸脱氨酶活性较强,所以肌肉中进行的是嘌呤核苷酸循环脱氨基。丙氨酸-葡萄糖循环指在饥饿的时候,丙氨酸从肌肉组织释放进血液,并在肝细胞内糖异生,以维持血糖浓度。 答案:B。

149 体内氨的主要去路是( )。(单选)

A. 合成尿素 B. 合成谷氨酰胺 C. 合成非必需氨基酸 D. 渗入肠道

E. 肾泌氨排出

解析 人体内的氨主要通过尿素循环合成尿素排出。 答案:A。

150 下列哪组维生素参与联合脱氨基作用?( )(单选)

A. B_1,B_2 B. B_1,B_6 C. 泛酸,B_6 D. B_6,PP

E. 叶酸,B_2

解析 维生素 PP 衍生物辅酶Ⅰ和维生素 B_6 衍生物磷酸吡哆醛分别参与谷氨酸氧化脱氨和转氨基反应。 答案:D。

151 属于 *S*-腺苷甲硫氨酸的功能的是( )。(单选)

A. 合成嘌呤 B. 合成嘧啶 C. 合成四氢叶酸 D. 甲基供体

E. 合成黑色素

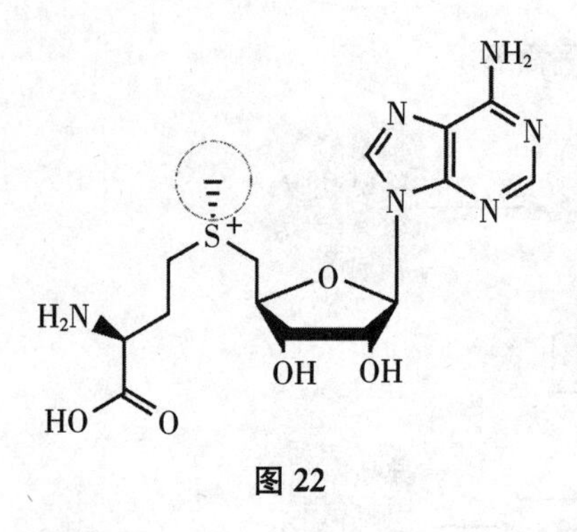

图 22

解析 S-腺苷甲硫氨酸(图 22)作为甲基供体参与体内多种化学反应，由 N^5-甲基四氢叶酸提供甲基令高半胱氨酸转变而成。嘌呤嘧啶由 N^5,N^{10}-亚甲基四氢叶酸参与合成。合成黑色素的原料为酪氨酸。

答案：D。

152 催化 α-酮戊二酸和氨生成谷氨酸的酶是(　　)。(单选)

A. 谷丙转氨酶　　B. 谷草转氨酶　　C. 谷氨酸脱羧酶

D. 谷氨酰胺酶　　E. 谷氨酸脱氢酶

解析 题中的反应为谷氨酸脱氢酶催化氧化脱氨的逆反应。

答案：E。

153 在鸟氨酸循环中，下列哪种物质要穿出线粒体进行后续反应？(　　)(单选)

A. 鸟氨酸　　B. 瓜氨酸　　C. 精氨酸　　D. 天冬氨酸

E. 延胡索酸

解析 如图 23 所示。　答案：B。

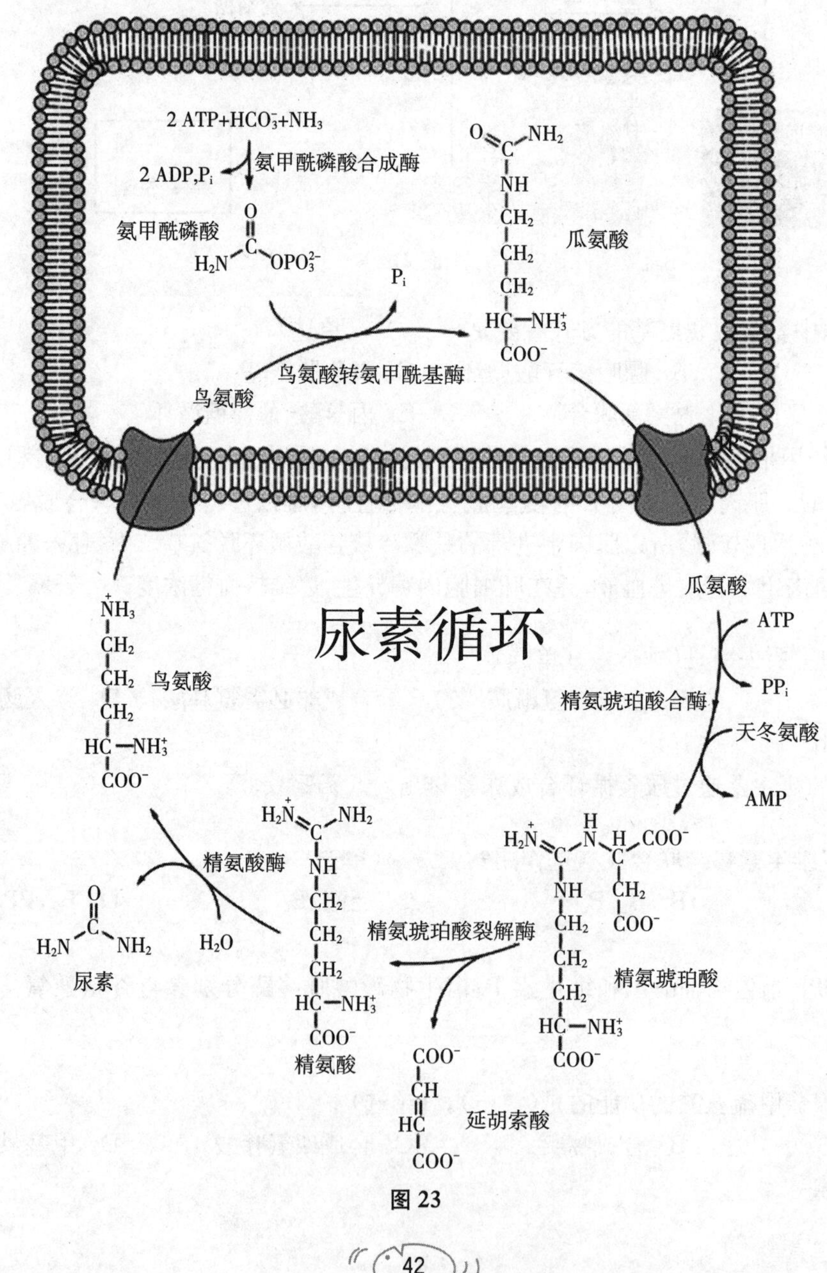

图 23

154 精氨酸酶主要存在于哪种组织？（　　）。（单选）

A. 肝脏　　B. 肾脏　　C. 脑组织　　D. 血浆

E. 小肠

解析 精氨酸酶参与尿素循环，见图24。　**答案：A。**

155 下列哪种物质不是由酪氨酸代谢产生的？（　　）（单选）

A. 苯丙氨酸　　B. 多巴胺　　C. 去甲肾上腺素　　D. 黑色素

E. 肾上腺素

解析 苯丙氨酸是合成酪氨酸的原料，在苯丙氨酸羟化酶的作用下产生酪氨酸。　**答案：A。**

156 血氨升高的主要原因是（　　）。（单选）

A. 体内氨基酸分解增加　　B. 食物蛋白质摄入过多

C. 肠道氨吸收增加　　D. 肝功能障碍

E. 肾功能障碍

解析 血氨升高的主要原因是肝功能受损，尿素合成障碍。　**答案：D。**

157 氨在组织间转运的主要形式有（　　）。（多选）

A. 尿素　　B. 铵离子　　C. 氨　　D. 丙氨酸

E. 谷氨酰胺

解析 肌肉组织产生的氨主要以丙氨酸的形式转运到肝脏，其他组织产生的氨主要以谷氨酰胺的形式转运。　**答案：DE。**

158 蛋白质消化酶中属于内肽酶的有（　　）。（多选）

A. 胃蛋白酶　　B. 胰蛋白酶　　C. 氨基肽酶　　D. 羧基肽酶

E. 弹性蛋白酶

解析 氨肽酶和羧肽酶分别为依次从肽链N端和C端水解肽链的外切酶。　**答案：ABE。**

159 可以激活胰蛋白酶原的是（　　）。（单选）

A. 二肽酶　　B. 肠激酶　　C. 盐酸　　D. 胆汁酸

E. 糜蛋白酶

解析 胰蛋白酶由肠激酶激活，也可以正反馈激活自身，并激活糜蛋白酶等其他蛋白水解酶。　**答案：B。**

160 胞嘧啶的脱氨作用可产生何种分子？（　　）（单选）

A. 5-甲基胞嘧啶(5-methylcytosine)　　B. 2-氨基嘌呤(2-aminopurine)

C. 尿嘧啶(uridine)　　D. 5-溴尿嘧啶(5-bromodeoxyl uridine)

E. 胸腺嘧啶(thymidine)

解析 胞嘧啶脱氨之后产生尿嘧啶，如图24所示。　**答案：C。**

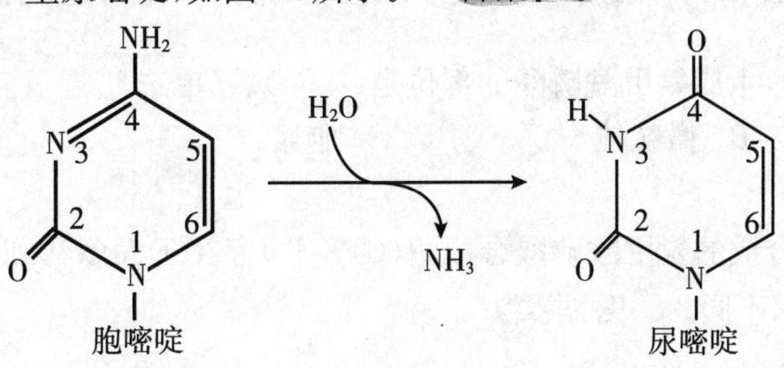

图24

161 下列关于嘌呤核苷酸从头合成的叙述哪些是正确的？（　　）(单选)

A. 嘌呤环的氮原子均来自氨基酸的 α 氨基

B. 合成过程中不会产生自由嘌呤碱

C. 氨甲酰磷酸为嘌呤环提供氨甲酰基

D. 由 IMP 合成 AMP 和 GMP 均由 ATP 供能

E. 次黄嘌呤鸟嘌呤核糖转移酶催化 IMP 转变成 GMP

解析　嘌呤核苷酸是在 PRPP 基础上形成 β-*N*-糖苷键后逐步形成的，与嘧啶环合成不同，没有游离阶段。嘌呤环上的 N 还有来自谷氨酰胺的侧链的 N。氨甲酰磷酸参与嘧啶环合成。IMP 转变成 AMP 由 GTP 供能，反之转变为 GMP 由 ATP 供能，交叉使用可以有效调节体内 GTP 与 ATP 的比例，避免浓度失调。次黄嘌呤鸟嘌呤核糖转移酶催化鸟嘌呤/次黄嘌呤分别与 PRPP 反应产生 GMP/IMP + ppi，完成补救合成。　答案：B。

162 体内进行嘌呤核苷酸从头合成的最主要的组织是（　　）。(单选)

A. 胸腺　　B. 小肠黏膜　　C. 肝　　D. 脾

E. 骨髓

解析　哺乳动物从头合成嘌呤核苷酸的最主要的器官是肝。脑和骨髓缺乏嘌呤核苷酸从头合成的酶系，主要通过补救途径合成嘌呤核苷酸。　答案：C。

163 人体内嘌呤核苷酸分解代谢的主要终产物是（　　）。(单选)

A. 尿素　　B. 肌酸　　C. 肌酸酐　　D. 尿酸

E. β-丙氨酸

解析　人体内嘌呤核苷酸代谢的终产物为尿酸，其他生物体中可能在其他酶促反应作用下转化为尿囊素、尿囊酸、尿素、NH_4^+ 等产物。　答案：D。

164 细菌中嘧啶核苷酸生物合成途径的反馈抑制是由于控制了下列哪种酶的活性？（　　）(单选)

A. 二氢乳清酸酶　　B. 乳清酸磷酸核糖转移酶

C. 二氢乳清酸脱氢酶　　D. 天冬氨酸转氨甲酰酶

E. 胸苷酸合成酶

解析　细菌中的嘧啶核苷酸合成主要通过对天冬氨酸转氨甲酰酶活性的控制来调节，此为细菌中嘧啶核苷酸合成反应的限速酶，可以 CTP、UTP 作为反馈抑制剂。哺乳动物中的限速酶为 CPS-Ⅱ，受 UDP 和 UTP 的反馈抑制。　答案：D。

165 5-氟尿嘧啶的抗癌作用机理是（　　）。(单选)

A. 合成错误 DNA　B. 抑制尿嘧啶的合成　C. 抑制胞嘧啶的合成　D. 抑制胸苷酸的合成

E. 抑制二氢还原酶

解析　5-氟尿嘧啶(5-FU)在细胞内由补救途径变为 5-氟尿苷酸(5-FUMP)，是胸苷酸合酶的自杀型底物，不可逆地抑制此酶，阻断体内胸苷酸的合成，使癌细胞缺乏复制原料而达到抑癌效果。　答案：D。

166 嘧啶核苷酸合成中，生成氨甲酰磷酸的部位是（　　）。(单选)

A. 线粒体　　B. 微粒体　　C. 胞浆　　D. 溶酶体

E. 细胞核

解析　参与嘧啶核苷酸合成的氨甲酰磷酸合成酶(CPS-Ⅱ)存在于大多数细胞质基质，与 CPS-Ⅰ的细胞定位、调节机制和氨基供体都不同。　答案：C。

167 阿糖胞苷作为抗肿瘤药物的机理是通过抑制下列哪种酶而干扰核苷酸代谢的？（　　）(单选)

A. 二氢叶酸还原酶　B. 核糖核苷酸还原酶　C. 二氢乳清酸脱氢酶　D. 胸苷酸合成酶
E. 氨甲酰基转移酶

解析 阿糖胞苷是由胞嘧啶和阿拉伯糖结合成的核苷，与脱氧胞苷结构相似，以至于能少量掺入DNA，然而结构的不同又使得DNA无法复制，从而杀死受影响的细胞。阿糖胞苷还能够影响DNA聚合酶、RNA聚合酶及核苷酸还原酶等重要酶类。　答案:B。

168 下列化合物作为IMP和UMP的共同原料的是(　　)。(单选)

A. 天冬酰胺　B. 磷酸核糖　C. 甘氨酸　D. 甲硫氨酸
E. 一碳单位

解析 IMP合成在产生PRPP时和UMP合成在产生乳清苷酸时都需要磷酸核糖原料。　答案:B。

169 关于动物中的天冬氨酸转氨甲酰酶的下列说法中错误的是(　　)。(单选)

A. UTP是其反馈抑制剂　B. 由多个亚基构成
C. 是变构酶　D. 服从米氏方程

解析 动物中的尿嘧啶核苷酸合成途径的前三个酶CPS-Ⅱ、ATC和二氢乳清酸酶组成多功能酶，由三条亚基组成，每一个亚基都包含总共三个反应的活性中心。可由产物UDP或UTP反馈抑制，是别构酶，不符合米氏方程。　答案:D。

170 PRPP参与的代谢途径有(　　)。(多选)

A. 嘌呤核苷酸的从头合成　B. 嘧啶核苷酸的从头合成
C. 嘌呤核苷酸的补救合成　D. NMP→NDP→NTP

解析 嘌呤、嘧啶的从头合成需要PRPP参与，补救合成中也可由碱基与PRPP在嘌呤或嘧啶磷酸核糖转移酶催化下合成相应核苷酸。　答案:ABC。

171 对嘌呤核苷酸合成产生反馈抑制作用的化合物有(　　)。(多选)

A. IMP　B. AMP　C. GMP　D. 尿酸

解析 嘌呤核苷酸从头合成的限速步骤为5-磷酸核糖胺的形成，该反应由谷氨酰胺PRPP氨基转移酶催化，受中间产物IMP和终产物AMP、GMP反馈抑制。此外该代谢通路的其他酶(如PRPP合成酶)同样受到反馈调节。　答案:ABC。

172 叶酸类似物抑制的反应有(　　)。(多选)

A. 嘌呤核苷酸的从头合成　B. 嘌呤核苷酸的补救合成
C. 胸腺嘧啶核苷酸的生成　D. 嘧啶核苷酸的补救合成

解析 嘌呤、嘧啶从头合成的嘌呤环上的C2位由N^{10}-甲酰-四氢叶酸提供一碳单位；胸腺嘧啶核苷酸的合成为N^5,N^{10}-亚甲基四氢叶酸提供一碳单位将dUMP甲基化。叶酸类似物会抑制以上反应。　答案:AC。

第2章　细胞生物学

1　请将下述①～⑥根据体积从小到大排列，并从A～E中选出排列正确的一项：(　　)。(单选)

① 人类红细胞；② 大肠杆菌；③ 鳉鱼；④ 草履虫；⑤ 果蝇；⑥流感病毒。

A. ②—①—⑥—④—③—⑤　　B. ⑥—①—②—④—⑤—③

C. ②—⑥—④—①—③—⑤　　D. ⑥—②—①—④—⑤—③

E. ①—④—②—⑥—③—⑤

解析　人类红细胞的直径为6～8 μm；大肠杆菌的直径为0.4～0.7 μm，长2.0～3.0 μm；鳉鱼是银汉鱼目(Afherinoformes)中的一个庞大家族，最小的体长也有几厘米；草履虫的体长约200 μm；果蝇的身长3～4 mm；流感病毒的直径为80～100 nm。　答案：D。

2　下列哪个选项既是细菌的特征也是真菌的特征？(　　)(单选)

A. 细胞壁，单细胞，线粒体　　B. 细胞壁，DNA，细胞膜

C. 细胞核，细胞器，单细胞　　D. 细胞质膜，多细胞，高尔基体

E. 细胞核，RNA，细胞壁

解析　细菌没有线粒体、高尔基体和细胞核。　答案：B。

3　一些不同尺寸的人造细胞被制造出来。下列哪种尺寸的细胞对于扩散是最有利的？(　　)(单选)

A. 表面积为10，体积为30的细胞　　B. 表面积为8，体积为2的细胞

C. 表面积为40，体积为30的细胞　　D. 表面积为20，体积为10的细胞

E. 表面积为5，体积为5的细胞

解析　比表面积越大对扩散越有利。　答案：B。

4　下列有关细胞超微结构的说法中错误的是(　　)。(单选)

A. 真核生物的不动纤毛一般由9个排成环的二联体微管构成，中心没有中央单微管(“9+0”)

B. 细菌的鞭毛由9个排成环的二联体微管构成，中心还有2个微管(“9+2”)

C. 真核生物的可动纤毛一般由9个排成环的二联体微管构成，中心还有2个微管(“9+2”)

D. 中心粒由9个排列成环的三联体微管构成

E. 真核生物的鞭毛基体由排列成环的9个三联体微管构成

解析　真核生物一般的纤毛和鞭毛结构(可动)是“9+2”型的微管结构，也就是由9个排列成环的二联体微管构成，中心有2个中央单微管。至于不动纤毛，中间则没有中央单微管(其实二者均有特例，在此未考虑)。中心粒和基体都是微管组织中心，都是由9个排列成环的三联体微管构成的。细菌的鞭毛结构则与真核生物的鞭毛结构大不相同。　答案：B。

5　有报道称在电子显微镜下观察到了一种新的超微型细胞器(0.01 μm长)。另一名生物学家表示质疑，认为该细胞器是在显微镜制样过程中由于化学物质的沉积而形成的。下面哪个过程最适合检验这个假设？(　　)(单选)

A. 用化学手段分析这些细胞，看它们是否含有假设中提及的化合物

B. 用光学显微镜观察活细胞

C. 搜索文献，看是否有其他科学家报道过这个细胞器

D. 用不同的电子显微镜制样过程观察相同细胞，看是否还能观察到相同的结构

E. 用不同的制样过程制备其他类型的细胞，看是否也能制备出相同细胞器

解析 既然假设是制样造成的，那换个制样方法是最恰当的选择，当然需要选用相同的细胞。 答案：D。

6 线虫 *C. elegans* 由于其通体透明，并且成虫细胞数少，经常被用于发育生物学的研究。图1是4细胞期胚胎细胞的模式图，胚中的不同细胞用不同的记号表示。下列关于 *C. elegans* 的叙述1～3中哪些是正确的？哪些是错误的？请从A～H中选出正确地标出了正误的一项：(　　)。(单选)

叙述1：若在受精后阻断RNA聚合酶Ⅱ，则胚胎虽然可以正常发育至26细胞期，但之后的发育将出现异常。这表明26细胞期后的发育需要有新的基因进行表达。

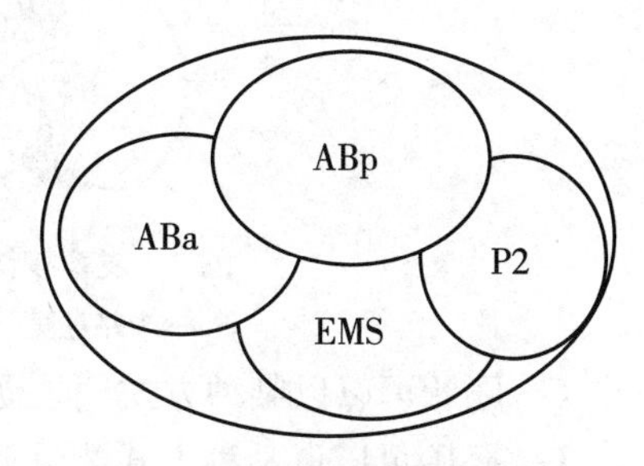

图1　4细胞期的胚胎模式图

叙述2：向P2细胞分裂两次后形成的P4细胞中注入某种荧光蛋白，并继续培养这个胚胎，结果发育成的个体中所有生殖细胞都带有荧光，但其他种类的细胞却没有荧光。这一结果显示，P4细胞的所有子细胞都发育为了生殖细胞，而生殖细胞全来自P4细胞的子细胞。

叙述3：消化管的细胞来自EMS细胞，但将EMS细胞与其他细胞分离培养却无法产生消化管细胞。若在培养时只将EMS细胞与AB细胞(ABa或ABp)接触，也无法产生消化管细胞，但若培养时EMS细胞与P2细胞接触，则分化为消化管细胞。这一结果表明，AB细胞可以抑制EMS细胞向消化管细胞的分化。

A. 叙述1正确；叙述2正确；叙述3正确　　B. 叙述1正确；叙述2正确；叙述3错误

C. 叙述1正确；叙述2错误；叙述3正确　　D. 叙述1正确；叙述2错误；叙述3错误

E. 叙述1错误；叙述2正确；叙述3正确　　F. 叙述1错误；叙述2正确；叙述3错误

G. 叙述1错误；叙述2错误；叙述3正确　　H. 叙述1错误；叙述2错误；叙述3错误

解析 这是一道有关线虫的细胞分化的问题。虽然需要一些相关领域的专业知识，但是除此之外，只需要认真阅读各叙述，并判断其是否合理即可。

对于叙述1，只要知道基因转录和RNA聚合酶Ⅱ的关系，就可知是“正确”的。

对于叙述2，只要能从中得知生殖细胞皆产生于P4细胞，就可知是“正确”的。

对于叙述3，由于将EMS细胞与其他细胞分离培养无法产生消化管细胞，但是将其与P2细胞接触(也就是胚胎的正常状态下)培养则分化为了消化管细胞，与叙述相矛盾，因此可判断为“错误”。 答案：B。

7 非洲爪蟾的胚胎在发育初期，最初的12次细胞分裂中所有卵裂球同步进行。但是自囊胚期中期的第13次细胞分裂开始，之后的卵裂不再具有这一同步性，不同卵裂球的分裂时间发生错位。而此时，RNA的转录被激活，细胞获得运动能力。这一现象被称为中期囊胚转换。为了研究胚胎如何确定中期囊胚转换的时间点，进行了下述实验。

实验1：令受精卵在添加有阻断转录的药物的培养液中发育，发现仍是前12次卵裂同步进行，并从第13次分裂开始，细胞分裂的时期发生错位。另外，通过其他实验证明了转录的确受到了阻断。

实验2：在发育过程中施加可以阻碍肌动蛋白组装的药物(即DNA复制和核分裂照常进行，但不发生胞质分裂)，发现当作为对照的正常发育的受精卵开始激活转录时，实验组也基本在同一时段激活转录。

实验3：如图2所示将卵结扎，并在有核的一侧进行了两次细胞分裂并进行第3次分裂时，令分裂所得的8个核中的一个进入没有核的一侧，从而使一侧的发育比另一侧晚两个细胞周期。令这样的胚胎继续发育，发现分裂领先的一侧在分裂11次后，卵裂球的分裂失去同步性。而分裂落后的一侧又进行了两次分裂后，卵裂球的分裂才失去同步性。

从上述实验结果中可推断出细胞是以何种机制确定中期囊胚转换的时间点的，请从A～F中选择正确的一项：(　　)。(单选)

A. 胚胎可以以某种方式记录受精后的核分裂次数，并在到达12次时，进行中期囊胚转换

B. 胚胎可以以某种方式记录受精后的DNA复制的次数，并在到达12次时，进行中期囊胚转换

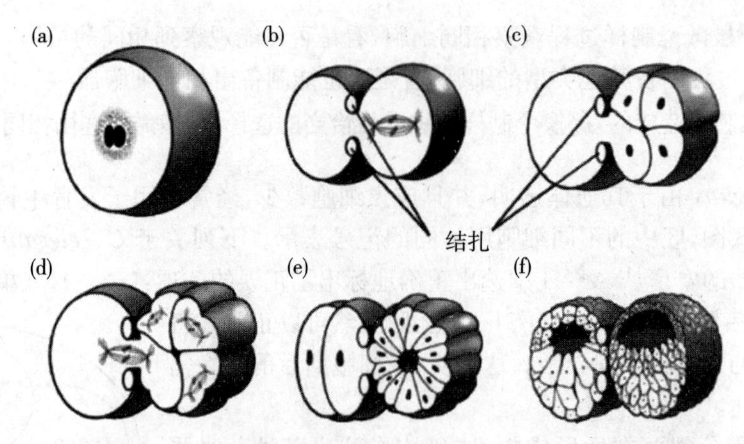

图2　发育按(a)→(f)的顺序进行。从(c)到(d),右侧进行两次细胞分裂,并在第三次分裂后有一个核进入左侧

C. 胚胎可以以某种方式记录受精后的胞质分离次数,并在到达12次时,进行中期囊胚转换

D. 胚胎可以以某种方式测量DNA与某种细胞因子的含量之比,并在其超过一定数值时,进行中期囊胚转换

E. 在胚胎中,RNA转录的时间点被定为细胞分裂12次之后,在转录开始后,开始中期囊胚转换

解析 本题要求考生选出实验无法否定的命题。基本上来说,科学就是在命题的否定中不断进步的。

对于选项A,由于在实验3中,两侧的核在受精后分裂的次数相同,但中期囊胚转换的时期却不同,因此可以否定。

同理也可否定选项B。

对于选项C,由于在实验2中即使胞质分裂停止,中期囊胚转换也在正常的时期进行,因此可以否定。

选项D无法通过上述实验否定。

对于选项E,从实验1可知中期囊胚转换的开始并不依赖于转录的起始,因此可否定。　**答案:D。**

8 表皮外胚层和间充质细胞相互作用,共同形成牙齿的结构。其中,表皮外胚层形成牙釉质,间充质细胞形成牙本质(如图3(a))。虽然现在普遍认为,鸟类在8000万年前失去了牙齿这一结构,但是通过下述实验,证明了鸟类仍保留有部分形成牙齿的能力。

实验:将小鼠中将形成臼齿的间充质细胞与家鸡口腔的表皮外胚层细胞共同培养,结果形成了具有牙釉质和牙本质的牙齿(如图3(b)),其形状与始祖鸟的牙齿较相似,而非小鼠的牙齿。

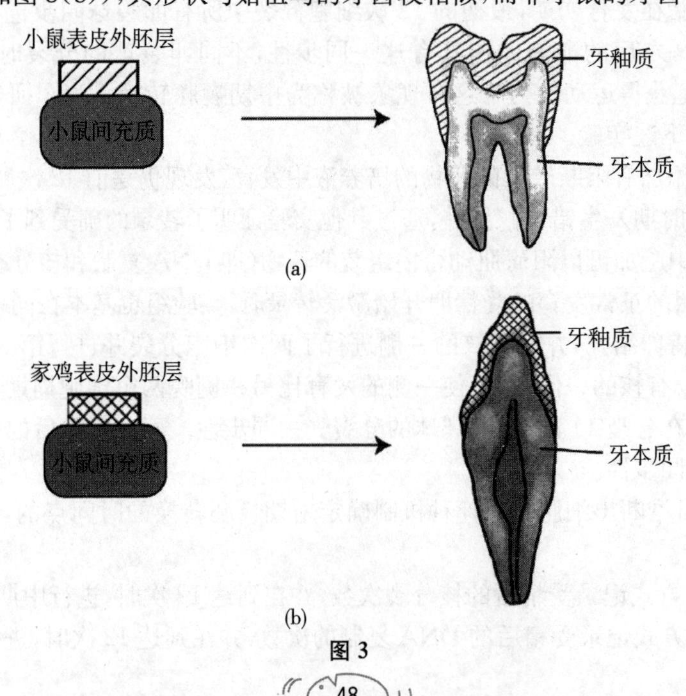

图3

下列选项中，哪些是可以通过这一实验的结果推断出来的？（　　）（多选）

A. 可推测，鸟类之所以失去了牙齿，是因为间充质细胞的性质发生了变化

B. 可推测，鸟类之所以失去了牙齿，是因为表皮外胚层细胞的性质发生了变化

C. 在图3(b)所示的混合培养试验中，必须确认牙釉质层是由家鸡细胞形成的

D. 在图3(b)所示的混合培养试验中，必须确认牙本质是由小鼠细胞形成的

E. 作为对照试验，应先将家鸡口腔的表皮外胚层细胞与间充质细胞分离，再将其重新与家鸡间充质细胞混合培养

F. 若将始祖鸟表皮外胚层细胞和小鼠间充质细胞混合培养，则无法形成正常的牙本质

解析　从实验中可推测出，由于家鸡的间充质细胞无法发挥正常的诱导作用，才导致牙齿无法发育。而在混合培养试验中，确认牙齿形成并非因为小鼠的间充质细胞中混入了表皮外胚层细胞是非常重要的。为了排除家鸡的表皮外胚层细胞是因为间充质细胞的抑制作用解除才形成了牙釉质，选项E中的对照实验是必不可少的。考虑到始祖鸟有牙齿，因此可推测在选项F的假想实验中，将会形成具有牙釉质和牙本质的牙齿。　答案：ACE。

9　病毒无法在其宿主细胞外生活及繁殖。现有一植物发生病害，若要证明该病由病毒所引起，则正确的实验顺序是（　　）。（单选）

甲：将生病植物组织搅碎；

乙：取得沉淀物；

丙：加入抗生素；

丁：以0.2 μm孔径滤膜过滤；

戊：再次感染植物，观察发病情形；

己：经高速离心取得上清液。

A. 甲丙乙己戊　　B. 甲己乙丁丙　　C. 甲乙丁己戊　　D. 甲己丁丙戊

E. 甲乙丁丙戊

解析　标准实验流程为选项D。0.2 μm孔径滤膜仅病毒能过，再加抗生素确保细菌抗原被杀死，如果仍然发病，则病原体为植物病毒。　答案：D。

10　细菌及蓝藻类(蓝细菌)和动植物最大的区别是哪些特征？（　　）（多选）

A. 自身不产生酶，无法独立进行生命代谢　　B. 遗传物质是RNA

C. 没有细胞膜　　D. 没有线粒体

E. 没有核膜　　F. 没有核糖体

解析　原核生物没有线粒体，没有核膜。　答案：DE。

11　两亲分子是指具有（　　）特征的分子。（单选）

A. 具有两个镜面对称的构型　　B. 一个氨基

C. 一个亲水端和一个疏水端　　D. 一个正电性端和一个负电性端

E. 极少在细胞膜中发现

解析　磷脂就是一种两亲分子，它既有亲水部分又有疏水部分。　答案：C。

12　磷脂是细胞膜的重要组成部分，原因是什么？（　　）（单选）

A. 磷脂在水中完全不溶　　B. 磷脂很容易被ATP磷酸化

C. 磷脂可以运输钠离子和钾离子穿膜　　D. 磷脂可构成一种层状结构，与水形成两个界面

E. 磷脂形成一种脂双层，其疏水面朝外

解析　磷脂分子具有双亲性质，亲水面朝外，双层膜与水形成两个界面，成为细胞边界。　答案：D。

13 下列哪项不是细胞壁或者细胞膜的成分？（　　）（单选）

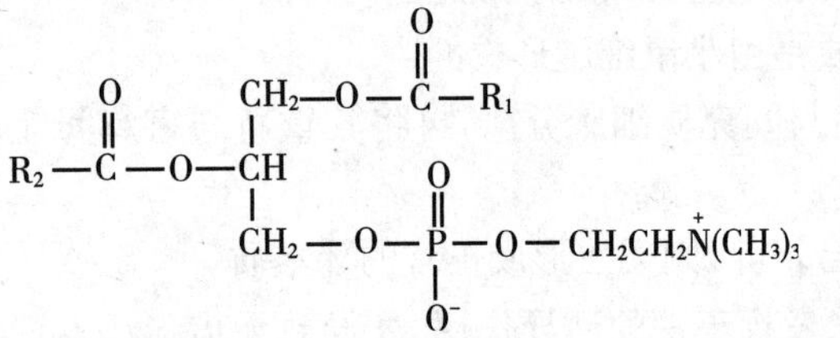

O O
CH₂—O—C—R₁
R₂—C—O—CH O
CH₂—O—P—O—CH₂CH₂N⁺(CH₃)₃
O⁻

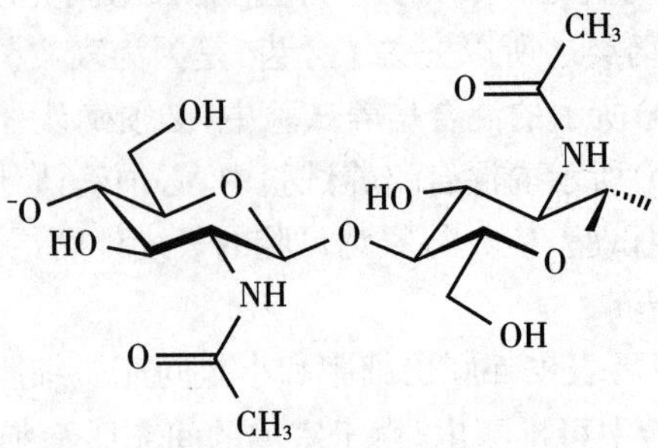

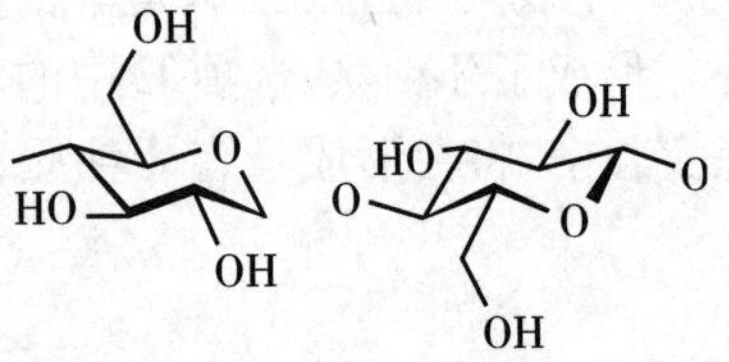

A.

CH₃ O NH OH O ⁻O HO O HO O HO O NH OH O CH₃

B.

OH HO O HO OH OH HO O O OH O OH

C.

OH H H₂N O OH

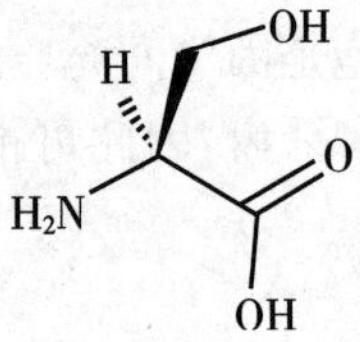

D.

H H H H HO

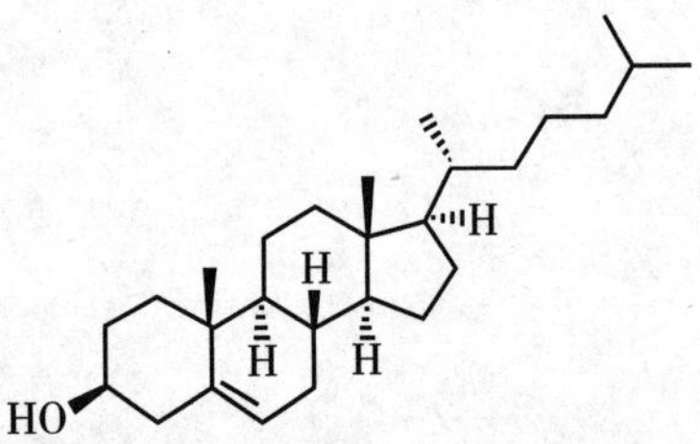

E.

解析 植物的细胞壁由纤维素构成，节肢动物的细胞壁由几丁质构成，细菌的细胞壁由肽聚糖构成。细胞膜通常包含蛋白质和磷脂，一些也含有胆固醇、糖脂和糖蛋白。D 选项是唯一一个单体（氨基酸），因此它不是细胞壁和细胞膜的成分。 答案:D。

14 有些罕见的生命体没有脂质双分子层，而是脂质单分子层。下列结构中，哪个有可能是它们用来构成脂单层的结构？（　　）（单选）

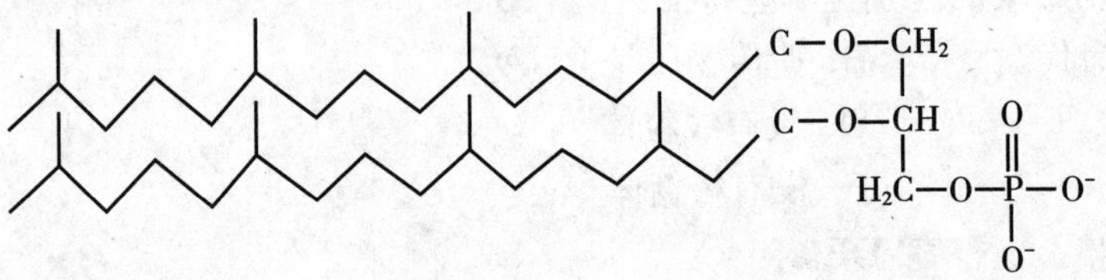

C—O—CH₂
C—O—CH O
H₂C—O—P—O⁻
O⁻

A.

H₃C CH₃ CH₃ CH₃ CH₃ CH₃ CH₃ H₃C H₃C H₃C CH₃ CH₃ CH₃ CH₃

B.

OH H₃C P O O H₃C O H₃C Cl⁺

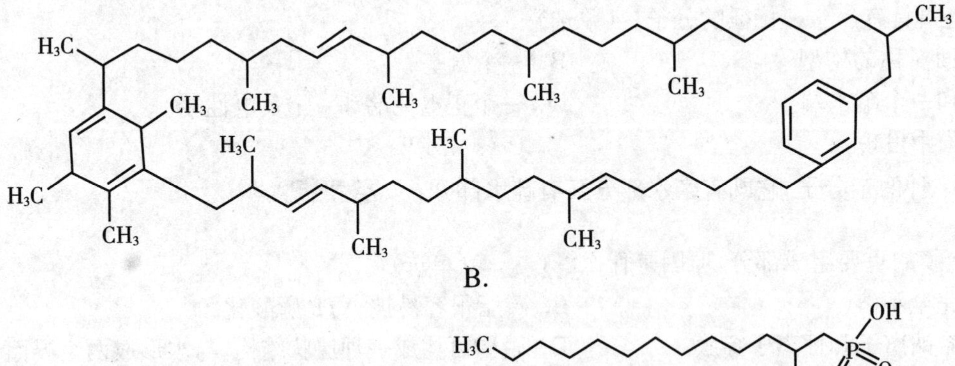

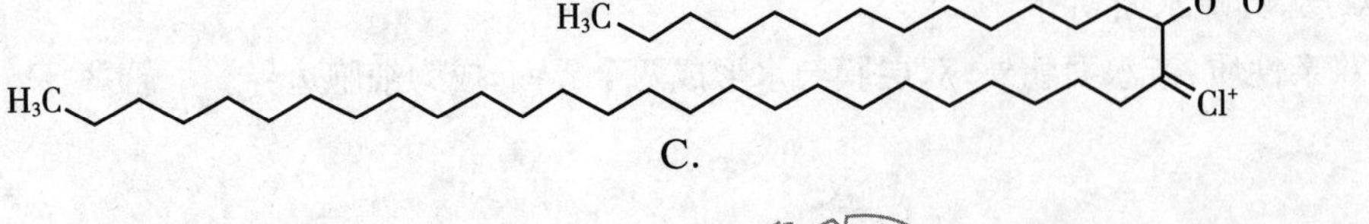

C.

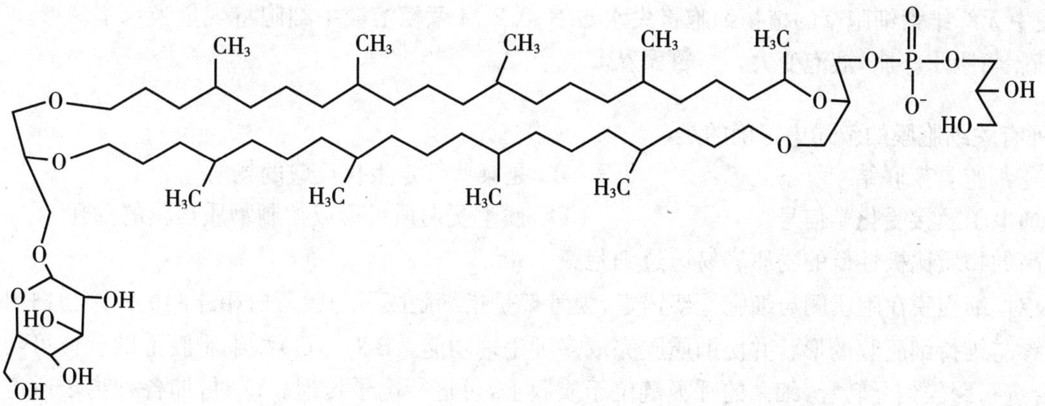

D.

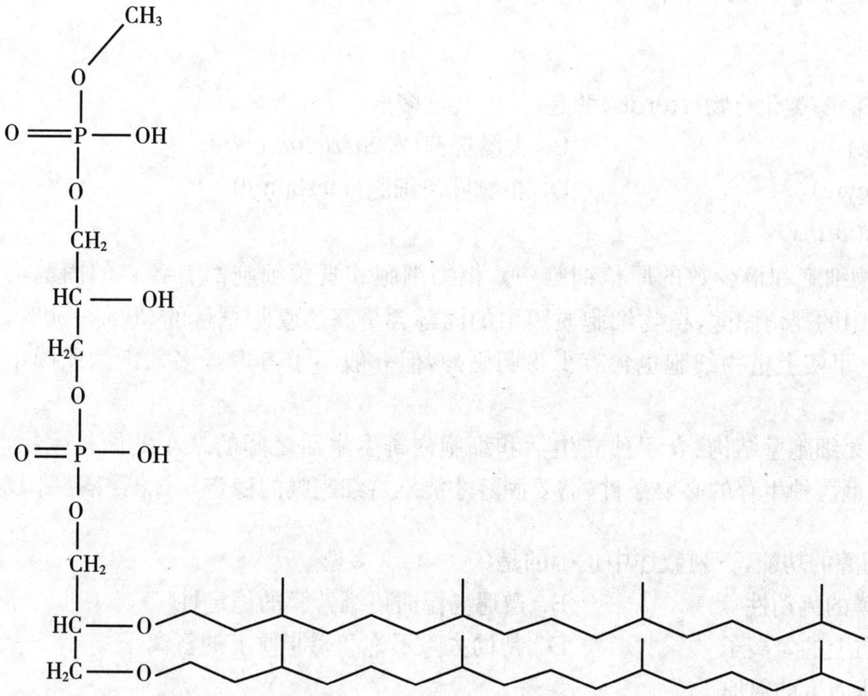

E.

解析　质膜无论是单分子层的还是双分子层的，其要在溶液中稳定地存在，必须在与溶液的接触面呈现出亲水性，才能够与水比较好地相互作用，从而保持稳定。本题中只有选项D的分子的两头均是亲水性的。选项B的分子的两头都是苯环和烷烃链，所以都是疏水性的。选项C的分子的结构不存在。其实选项D就是古细菌的细胞膜构成成分。　答案：D。

15　脂质双分子层的流动性会被下列哪个选项增强？（　　）（单选）

A. 降温
B. 增加脂肪酸链的不饱和度
C. 增加极性头基团的不饱和度
D. 增加脂肪酸链的饱和度
E. 增加脂肪酸链的长度

解析　增加脂肪酸链的不饱和度会增加流动性，降温、增加脂肪酸链的饱和度和长度都会降低流动性。答案：B。

16　将植物细胞壁用纤维素酶分解后，下列叙述中正确的是（　　）。（多选）

A. 细胞放在1 M蔗糖溶液中，不会改变其外形
B. 细胞放在1 M蔗糖溶液中，液泡会变大
C. 细胞放在0.2 M蔗糖溶液中，外形呈球形
D. 细胞放在0.2 M蔗糖溶液中，外形变成不规律
E. 细胞放在0.1 M蔗糖溶液中，液泡会变大

解析　植物的等渗溶液通常为0.33 mol/L的蔗糖溶液，相当于质量分数为11.3%的蔗糖溶液。因此

1 M 蔗糖溶液中无纤维素细胞壁的植物细胞将失水皱缩；0.2 M 蔗糖溶液中细胞将少量吸水呈球形；0.1 M 蔗糖溶液中细胞将吸水膨胀，液泡变大。 **答案：CE。**

17 下列有关细胞膜的叙述中正确的是(　　)。(多选)

A. 可以与细胞骨架联结
B. 是某些特定生化反应的场所
C. 可传递电子及接受化学信号
D. 膜上蛋白质可形成控制物质运输的筛孔
E. 极性高的物质比极性低的物质容易透过细胞膜

解析 A对，细胞膜在胞质侧与细胞骨架锚定，膜骨架是指细胞膜下与膜蛋白相连的由纤维蛋白组成的网架结构，它参与维持细胞膜的形状并协助质膜完成多种生理功能。B对。C对，细胞膜上的受体可与特定化学分子结合进行跨膜信号转导，细菌的呼吸链位于质膜上，可进行电子传递。D对，如各种离子通道和水孔蛋白。E错，细胞膜的主要结构为磷脂双分子层，本身极性低，对极性高的物质有排斥作用。 **答案：ABCD。**

18 下列细胞膜中具有固醇类化合物(sterols)的是(　　)。(多选)

A. 支原体(mycoplasma)
B. 大肠杆菌(*Escherichia coli*)
C. 人类肝细胞(hepatocyte)
D. 植物叶肉细胞(mesophyll)
E. 枯草杆菌(*Bacillus subtilis*)

解析 胆固醇存在于动物细胞和极少数的原核细胞中。植物细胞和真菌细胞都有各自的固醇类化合物，如植物中的豆固醇、真菌中的麦角固醇，植物细胞质膜中的固醇含量高达膜脂总量的30%～50%，但一般认为植物细胞不含胆固醇(事实上植物细胞也含有少量胆固醇，但一般不予考虑)，多数细菌质膜中不含有胆固醇成分。

A选项的支原体是一类无细胞壁结构、介于独立生活和细胞内寄生生活之间的最小的原核生物，胆固醇是支原体以及其他柔膜菌纲菌种生存的必要条件(需要固醇才能维持细胞膜的稳定)。 **答案：ACD。**

19 有关细胞膜内胆固醇的功能，下列叙述中正确的是(　　)。(多选)

A. 遭遇低温时可保持膜的流动性
B. 遭遇高温时可维持膜的稳定性
C. 帮助去除饱和磷脂质上的氢离子
D. 帮助去除不饱和磷脂质上的氢离子
E. 帮助去除不饱和磷脂质上的氧原子

解析 胆固醇分子既有与磷脂疏水的尾部相结合，使其更为有序、相互作用增强及限制其运动的作用，也有将磷脂分子隔开，使其更易流动的功能。一般来说，在细胞膜遭遇低温时，胆固醇起到防止膜脂由液相变为固相，以保证膜脂处于流动状态的作用；在细胞膜遭遇高温时，限制膜脂的流动，维持膜的稳定性。胆固醇是中性不带电的，也不能作为氧化还原剂，故C、D、E都是错误的。 **答案：AB。**

20 下列哪项是主动运输比扩散更依赖于氧浓度的原因？(　　)(单选)

A. 能量
B. 浓度梯度
C. 无氧呼吸
D. 上述选项都不对

解析 主动运输是细胞主动将溶质分子通过细胞膜从浓度低的一侧运输到浓度高的一侧，是一需能过程。正常情况下，溶液中的溶质会顺着渗透压从细胞膜浓度高的一侧被动移动到浓度低的一侧。浓度梯度是被动扩散发生的动力。而主动运输则扭转了这一趋势，在细胞需要转运提供能量的营养物质时，可以对抗浓度梯度进行物质转运。 **答案：A。**

21 传递细胞有很多的线粒体，这一事实可以支持一个论断：传递细胞传递物质可能是通过(　　)方法。(单选)

A. 张力或压力
B. 易化扩散
C. 简单扩散
D. 主动运输
E. 迁移

解析 消耗能量是主动运输的特点。线粒体作为产能的细胞器，在消耗能量大的细胞中数量较多属于

合理现象。 **答案:D。**

22 离子借助通道蛋白从浓度高的一边跨膜移动到浓度低的一边属于下列哪种扩散方式？(　　)(单选)

A. 简单扩散　　B. 协助扩散　　C. 主动运输　　D. 渗透作用

解析 本题考查经典协助扩散概念。 **答案:B。**

23 按照下列分子穿过质膜的难易程度将它们从易到难的排序：(　　)。(单选)

Ⅰ. CO_2；Ⅱ. Cl^-；Ⅲ. 蔗糖；Ⅳ. 甘油。

A. Ⅰ,Ⅲ,Ⅳ,Ⅱ　　B. Ⅱ,Ⅳ,Ⅲ,Ⅰ　　C. Ⅲ,Ⅱ,Ⅳ,Ⅰ　　D. Ⅰ,Ⅳ,Ⅲ,Ⅱ

E. Ⅱ,Ⅰ,Ⅲ,Ⅳ

解析 分子穿过质膜的难易程度主要取决于两方面的因素：其一是分子的大小，其二就是分子的疏水性。分子越小，越容易通过质膜；分子疏水性越强，也越容易通过质膜。

分子的疏水性与非极性并不完全等同。疏水性可以理解为与水之间形成氢键的能力，比如说 NO 是疏水性分子，但它也是极性分子。而我们平常所说的烷烃类分子更严格地来说大部分是极性的(虽然很弱)，但却是疏水的。

从疏水性和分子大小两个因素来考虑的话，前者更重要。因为分子在通过质膜的时候要脱掉与外面的水膜之间的氢键，疏水性弱的分子这些键更多，要断开这些键的难度也就更大。题目中 CO_2 疏水性强，分子小，所以最易通过；甘油分子较大，疏水性较弱，次之；蔗糖随后，已经需要载体；Cl^- 虽然分子很小，可是带有电荷，且亲水性强，透过性最低。 **答案:D。**

24 下列营养物质在小肠上皮的运输是被动扩散的是(　　)。(单选)

A. 丙氨酸　　B. 果糖　　C. 葡萄糖　　D. 谷氨酸

E. 以上都是

解析 在小肠上皮，无机盐的吸收是主动运输；葡萄糖和半乳糖以及氨基酸的吸收是主动吸收，它逆着浓度差进行，其动力来自 Na^+ 泵，属于继发性主动转运；果糖则不同，它以易化扩散的方式被吸收；脂肪酸、水、酒精等是自由扩散吸收的。 **答案:B。**

25 下列哪些说法是正确的？(　　)(单选)

① 渗透作用可以用来测量高分子的质量。

② 水通道蛋白影响水运输穿过膜的速率。

③ 抗利尿激素(ADH)控制水通道蛋白和水分在肾脏的再吸收。

④ 反渗透作用是利用比渗透压更高的压强促使溶剂从半透膜溶液浓度高的一边向另一边渗透的过程。

⑤ 植物细胞膜中的被动质子泵建立了质子梯度。

A. 只有说法①、③和④是正确的　　B. 只有说法⑤、②和③是正确的

C. 只有说法①、②和③是正确的　　D. 只有说法①、②、③和④是正确的

E. 所有说法都是正确的

解析 质子泵是主动运输的，⑤不对。其余都是正确的。

渗透作用测分子量的方法如下：分子溶液和溶剂被一个半透膜隔开时，半透膜两边溶剂的化学势不同，溶剂池中的溶剂将通过半透膜流向溶液池，使溶液池液面高出溶剂池，在达到平衡时，这个压差就是渗透压。理想状态下的渗透压公式为

$$\frac{\pi}{c}=\frac{RT}{M}$$

当高分子溶液很稀时，渗透压和数均分子量有以下关系：

$$\frac{\pi}{c}=RT\left(\frac{1}{M}+A_2c+A_3c^2+\cdots\right)$$

式中 π 为渗透压；R 为气体常数；T 为温度；A_2 为第二维利系数(热力学状态方程按密度展开的第二项系数)；c 为浓度。经典的膜渗透压法中大多采用自然平衡法，实验时间长。目前商品仪器利用电子伺服机构能自动升降溶液池液面，直到找到渗透压为止，或者利用压力传感器迅速测量渗透压。

反渗透又称逆渗透，是一种以压力差为推动力，从溶液中分离出溶剂的膜分离操作。因为它和自然渗透的方向相反，故称反渗透。 **答案**:D。

26 载体协助扩散穿过细胞膜的速率(　　)。(单选)

A. 可以增加到最大值

B. 一直与基质浓度成比例

C. 在单向转运(uniporter)中比在同向协同转运(symporters)中快

D. 不取决于载体的饱和度

E. 随基质浓度而变化，与简单扩散一样

解析 载体协助扩散具有饱和效应，速度不会一直与浓度正比，且明显快于简单扩散。单向转运与同向协同转运的速度也不能直接比较。当逆浓度时只有协同才能实现运输。 **答案**:A。

27 如果主动运输被抑制了，钠离子和钾离子的被动跨膜通量仍然是偶联的。是什么使得这两种阳离子通量互相依赖？(　　)(单选)

A. 钾离子通道

B. 钠/钾 ATP 泵的泵出比

C. 膜中胆固醇对磷脂质的比值

D. 膜电势

E. 钠离子与钾离子的化学势相对于氯离子的化学势的值

解析 钠离子往内运后膜内的电位会变正，促使钾离子外移(而且钾离子的细胞内浓度本来就高)，这样膜电势和化学势之差导致钠离子和钾离子的运输在被动的情况下仍然是成对的，但是这与氯离子的化学势没有关系。 **答案**:D。

28 下列选项是关于氧气、钠离子和葡萄糖进出毛细血管的描述，请选择表述最准确的一项：(　　)。(单选)

A. 氧气和葡萄糖通过内皮细胞膜扩散；钠离子通过细胞间的孔道扩散

B. 氧气和钠离子通过内皮细胞膜扩散；葡萄糖通过细胞间的孔道扩散

C. 氧气通过内皮细胞膜扩散；钠离子和葡萄糖通过细胞间的孔道扩散

D. 氧气、钠离子和葡萄糖都通过内皮细胞膜扩散

E. 氧气、钠离子和葡萄糖都通过内皮细胞之间的孔道扩散

解析 请记住，氧气是非极性小分子，可以随意穿过磷脂双分子层。相反，钠离子是一个带电粒子，极性很强(因为水化层)，不能穿过磷脂双分子层。葡萄糖也不能穿过磷脂双分子层，但不是因为带电，而是因为它是较大的分子，不能穿透磷脂层，因此需要运输蛋白(GLUT)。 **答案**:C。

29 与大多数多肽激素不同，类固醇激素的独特之处在于(　　)。(单选)

A. 类固醇激素激活基因转录

B. 类固醇激素通过自由扩散跨膜

C. 类固醇激素可以与蛋白质结合

D. 类固醇激素可以作为治疗药物

解析 类固醇激素是脂溶性激素，它与多肽类激素最大的不同是可以自由扩散，通过细胞膜时无需任何载体协助。其他三点均是多肽类激素也具有的特征。 **答案**:B。

30 下列选项中能自由通过细胞膜的双脂质层的是(　　)。(多选)

A. 氧分子

B. 胆固醇

C. 钾离子

D. 葡萄糖

E. ATP

解析 分子以自由扩散的方式透过脂双层膜中，首先分子溶解在膜脂中，再从膜脂一侧扩散到另一侧，

最后进入细胞质水相中。因此，其通透性主要取决于分子大小和分子极性，小分子比大分子容易穿膜，非极性分子比极性分子容易穿膜。疏水分子如O_2、CO_2和小的不带电荷的极性分子如H_2O、尿素、甘油、乙醇易以自由扩散的方式通过细胞膜；大的不带电荷的极性分子如葡萄糖、蔗糖、ATP和离子如H^+、Na^+不易自由扩散，需要借助跨膜蛋白的帮助。 **答案：AB。**

31 下列与钾离子通过动物细胞膜的运输有关的是(　　)。(多选)

A. 细胞内钠离子浓度的高低　　B. 细胞内钾离子浓度的高低

C. 能量，如ATP　　D. 质子梯度(proton gradient)

E. 细胞膜的膜蛋白与糖分子结合

解析 钾离子的跨膜运输蛋白既有主动运输的钠钾泵、氢钾泵，也有被动运输的离子通道。钠钾泵使得细胞保持内部高钾离子、外部高钠离子的状态以保持静息电位；氢钾泵将氢离子泵入细胞，钾离子泵出细胞。二者转运钾离子的过程需要消耗ATP。而对于钾离子通道来说，钾离子只能够由高浓度向低浓度转运，且不需要消耗能量，离子通道的开启和关闭受生理条件的影响。膜蛋白与糖结合跟钾离子运输无关。

答案：ABCD。

32 下列过程中必须消耗能量的是(　　)。(多选)

A. 抗体分子离开浆细胞时　　B. 肺泡中的氧进入红细胞时

C. 血液中的葡萄糖进入红细胞时　　D. Na^+离开小肠绒毛的上皮细胞时

E. 小肠腔中的葡萄糖进入小肠绒毛的上皮细胞时

解析 A属于胞吐，D属于主动运输(依靠Na^+-K^+泵)，E属于同向协同运输，都是耗能的。B是氧气的自由扩散，C是通过葡萄糖转运蛋白的被动运输，不消耗机体能量，动力来源是化学梯度势。

答案：ADE。

33 什么细胞结构中能发现多层电子供体与受体？(　　)(单选)

A. 线粒体的内层褶皱膜　　B. 叶绿体的基粒

C. 肌原纤维　　D. 神经元的无髓鞘轴突

解析 基粒是多层垛叠的结构，其上存在大量电子供体与受体。 **答案：B。**

34 下列有关叶绿体的叙述中正确的是(　　)。(多选)

A. 叶绿体含有DNA　　B. 叶绿体含有RNA

C. 叶绿体内的DNA复制方式与原核细胞相似　　D. 叶绿体内的DNA是在细胞核内合成后再输入的

E. 叶绿体内的蛋白质都是以叶绿体内的mRNA为信息所合成的

解析 A、B对，叶绿体基质中含有环状DNA(通常靠近或附着在叶绿体内膜上)、RNA(rRNA、tRNA、mRNA)、核糖体、脂滴、植物铁蛋白、淀粉粒等。C对，D错，叶绿体DNA(ctDNA)呈双链环状，可进行自我复制，也是以半保留方式进行的，其复制仍受核的控制，复制所需的DNA聚合酶由核DNA编码，在细胞质核糖体上合成。E错，参与叶绿体组成的蛋白质来源有三种：①由ctDNA编码，在叶绿体核糖体上合成；②由核DNA编码，在细胞质基质核糖体上合成；③由核DNA编码，在叶绿体核糖体上合成。

答案：ABC。

35 科学家从分析叶绿体的构造与其DNA获得一些结论，认为真核细胞的叶绿体(　　)。(多选)

A. 源自原核细胞

B. 也存在于原核生物中

C. 是真核细胞经过突变与自然淘汰而在演化过程中自己出现的

D. 具有环状的DNA分子

E. 一般具有双层原生质膜的构造

解析 由于内共生假说，以及原核生物本身不具有叶绿体，因此B、C不对，选A、D、E。 答案：ADE。

36 下列有关线粒体的叙述中正确的是（ ）。（多选）

A. 通过氧化磷酸化反应进行能量转化，提供细胞各项活动所需的能量

B. 真核细胞均具有线粒体

C. 外膜上具有孔蛋白(porin)贯穿单位膜，作为分子通过的管道

D. 内膜上分布有许多组成电子传递链所需的酶

E. 线粒体内进行蛋白质合成所需的RNA来自细胞质

解析 ① 线粒体外膜上分布有孔蛋白构成的桶状通道，直径为2～3 nm，可根据细胞的状态可逆性地开闭，因为孔蛋白的通透性很高，膜间隙的离子环境几乎与胞质相同，C正确；② 线粒体内膜向内延伸成嵴，从而增加内膜的表面积，线粒体内膜是氧化磷酸化的关键场所，给细胞提供能量，能量需求较多的细胞中线粒体嵴的数量也较多，A、D正确；③ 并不是每个真核细胞均具线粒体，某些特殊的细胞，比如哺乳动物成熟的红细胞没有线粒体，一些单细胞的类单鞭滴虫也不存在线粒体，B错误；④ 线粒体DNA上有细胞色素b、细胞色素氧化酶亚基、ATP酶亚基、rRNA(16S和12S)和tRNA编码的区域，线粒体内进行蛋白质合成所需的RNA来自细胞质和线粒体，E错误。 答案：ACD。

37 水稻叶片上的叶绿体与线粒体所共有的特性有哪些？（ ）（多选）

A. 源自原核细胞　B. 具有双层膜　C. 电子传递链在膜上　D. 进行氧化还原反应

E. 利用H^+浓度梯度合成ATP

解析 A指的是叶绿体和线粒体的内共生学说，该学说认为线粒体和叶绿体分别起源于原始真核细胞内共生的行有氧呼吸的细菌和行光能自养的蓝细菌。

线粒体的电子传递链在内膜上（可以看做是内共生细菌的质膜），叶绿体的电子传递链在类囊体膜上（可以看做是内共生蓝细菌的光合片层）。线粒体电子传递的结果是氧气接受NADH的氢形成水，而叶绿体电子传递的结果是水裂解成氧气和氢，氢由NADPH携带，都发生了氧化还原反应。 答案：ABCDE。

38 ATP合酶复合体位于植物细胞何处？（ ）（多选）

A. 叶绿体的类囊体膜　B. 细胞膜　C. 核膜　D. 线粒体的内膜

E. 线粒体的外膜

解析 植物细胞同时具有氧化磷酸化和光合磷酸化，氧化磷酸化的ATP合酶位于线粒体内膜的嵴上，光合磷酸化的ATP合酶位于叶绿体的类囊体膜上。 答案：AD。

39 下列有关线粒体的叙述中正确的是（ ）。（多选）

A. 增殖的方式为二分裂法

B. 线粒体的分裂与细胞分裂同步

C. 细胞质中合成的线粒体蛋白质必须利用信号肽进入线粒体

D. 线粒体无法合成出本身的蛋白质

E. 线粒体具有棒状染色体

解析 线粒体以缢裂的方式分裂繁殖，且分裂与细胞分裂不同步，这体现了线粒体的半自主性。细胞质合成的线粒体蛋白的输入是后翻译转运，通过线粒体蛋白N端的导肽被胞质分子伴侣识别，再转运到线粒体中。线粒体基因组编码2种rRNA、22种tRNA和13种多肽，都是线粒体功能正常运行必需的物质。绝大多数真核细胞的线粒体DNA呈双链环状，分子结构与细菌的DNA相似，平均每个线粒体都携带一个以上的mtDNA。 答案：AC。

40 动物的什么细胞中，高尔基体数量最丰富？（ ）（单选）

A. 横纹肌　B. 血红细胞　C. 腺细胞　D. 未受精的卵细胞

解析 需要完成蛋白质合成加工与分泌的腺细胞拥有最为丰富的高尔基体。 答案:C。

41 将会被蛋白酶体降解的蛋白质通常被以下哪类蛋白标记?(　　)(单选)

A. 半胱天冬蛋白酶　B. 激酶　C. 蛋白酶　D. 泛醌
E. 泛素　F. 泛醇

解析 蛋白酶体是一种大型蛋白质聚合体,切断细胞中不需要的蛋白质。将会被蛋白酶体所降解的蛋白质通常被泛素短链标记。 答案:E。

42 假设你尝试用差速离心法将乙醛酸循环体和过氧化物酶体从一些细胞器混合物中分离出来。经过一些离心步骤后,你认为你已经得到了相对较纯净的悬浮物。请问你如何确定你得到的悬浮物确实包括了你想要的细胞器?(　　)(单选)

A. 做一个对过氧化氢酶的检测　B. 做一个对琥珀酸脱氢酶的检测
C. 做一个对核酸的检测　D. 用显微镜检查双膜细胞器
E. 不能用实验的方法确定

解析 检测这两种过氧化物酶体自然应该检测其特征酶——过氧化氢酶。 答案:A。

43 下列选项中,哪项不是细胞避免损坏或畸形的蛋白质聚集的方法?(　　)(单选)

A. 分子伴侣蛋白　B. 泛素化　C. 核苷酸切除修复　D. DNA 合成酶的校对修正
E. 核酸酶 Dicer

解析 核酸酶 Dicer 将双链 RNA(dsRNA)和 RNA 前体(pre-miRNA)切割成短的双链 RNA 碎片,分别称为小分子干扰核糖核酸和微核糖核酸。选项 A、B 是直接针对蛋白的,而选项 C、D 是针对 DNA 的方法。

RNAi 技术可以通过阻断某些突变基因的表达达到疾病治疗的目的。用合成的仅 21 个核苷酸组成的 siRNA 分别作用于四种相关蛋白的突变基因,阻断疾病的发生。因此,通过 RNAi 技术阻断与阿尔兹海默病发病有关的基因的表达,可达到预防和治疗阿尔兹海默病的目的。但是不能认为细胞自身会动用 Dicer 酶解决蛋白聚集问题。 答案:E。

在细胞的细胞膜受到损伤后,会有溶酶体聚集到损伤处并与细胞膜融合,从而修复细胞膜。为了探究这一修复机制的原理,进行了下述实验。

实验:在含有与荧光色素结合的葡聚糖(荧光葡聚糖)的缓冲液中,用针尖刺伤海胆的卵细胞,并观察荧光葡聚糖向细胞内运动的状况和之后的受精及卵裂的过程。上述实验在 Ca^{2+} 存在和不存在的情况下分别进行。已知荧光葡聚糖不会诱导细胞死亡。

结果:① 在 Ca^{2+} 存在的情况下,基本没有观察到有荧光葡聚糖流入细胞。之后,卵细胞正常受精并开始卵裂。

② 在 Ca^{2+} 不存在的情况下,荧光葡聚糖流入细胞,细胞最后死亡。

③ 若不用针刺伤细胞,则不论 Ca^{2+} 是否存在,荧光葡聚糖都没有流入细胞内部。

根据以上内容,回答 44、45 题。

44 下列关于溶酶体的叙述中,哪一项是正确的?(　　)(单选)

A. 其内部呈疏水性环境,含有多种水解酶　B. 内部呈碱性环境,含有多种氧化还原酶
C. 是拥有双重膜的细胞器　D. 可和胞内体结合,进行胞内消化
E. 其内部拥有自身的 DNA,可进行转录

解析 溶酶体内部是亲水环境,A 不对;溶酶体呈酸性,B 不对;溶酶体只有一层膜,C 不对;溶酶体可与胞内体结合进行细胞内消化,D 是正确答案;溶酶体无 DNA,E 不对。 答案:D。

45 从上述实验中可知,修复受损伤的细胞膜时 Ca^{2+} 是必不可少的。除此之外,还能得出什么结论?请从下列选项中选择正确的一项:(　　)。(单选)

A. 细胞可以在损伤诱导细胞死亡之前完成细胞膜的修复

B. 只要没有荧光葡聚糖,即使没有 Ca^{2+},细胞也可迅速修复细胞膜

C. 荧光葡聚糖在细胞膜的修复中有重要的作用

D. 即使不修复受损的细胞膜,细胞也可正常受精

E. Ca^{2+} 可以活化细胞对荧光葡聚糖的吸收

解析 A是通过题干可以得到的结论;B不对,没有钙离子,细胞无法完成膜的修复,荧光葡聚糖只是一种表征手段而已;C同B,葡聚糖仅具指示作用;D不对,细胞会死;E也不对,有钙离子的时候葡聚糖进不去,另外这也不是细胞吸收的问题,而是膜损坏会不会漏进去的问题。 答案:A。

46 假设一个植物细胞发生了变异,使得高尔基体不起作用了。下列哪项过程将不会在细胞内发生?(　　)(单选)

A. 细胞呼吸作用　　B. 光合作用　　C. DNA复制　　D. 细胞有丝分裂

E. 细胞壁形成

解析 细胞壁的形成与高尔基体密切相关。细胞有丝分裂是在两个子细胞间形成细胞板,此后发育形成细胞壁。但是注意,细胞壁上的纤维素微纤丝是在质膜表面上合成的,因为纤维素合成酶分布在质膜上。纤维素前体物质由原生质合成后运到细胞表面之后才在纤维素合成酶催化下聚合成微纤丝。这中间也有高尔基体的参与。

至于细胞壁中的其他物质,如果胶,也是一类多糖,它主要由半乳糖醛酸聚合而成,并具有其他糖类修饰的侧链基团。果胶是由多种酶进行合成的,包括半乳糖醛酸转移酶、鼠李糖基转移酶等,合成的部位被认为是高尔基体分泌小泡。 答案:E。

47 在庞培氏病(Pompe's disease)中,肝脏由于积累了大量糖原而受损。下列哪个细胞器最有可能丧失了功能?(　　)(单选)

A. 内质网　　B. 高尔基体　　C. 溶酶体　　D. 细胞核

E. 液泡

解析 庞培氏病又称为酸性 α-葡萄糖苷酶缺乏症或糖原贮积症Ⅱ型(GSDⅡ)。溶酶体内缺乏酸性 α-葡萄糖苷酶(acidalpha-glucosidase, GAA),使糖原及麦芽糖不能转化为葡萄糖而被利用,以致体内大量糖原在骨骼肌、心肌和平滑肌等组织细胞内聚积而致病。 答案:C。

48 下列哪些功能是蛋白质在内质网及高尔基体内进行糖化作用(glycosylation)的目的?(　　)(多选)

A. 延长蛋白质的半衰期　　B. 参与细胞间的识别功能

C. 使蛋白质固着在细胞膜上　　D. 使蛋白质形成正确的二级构造

E. 使新合成的蛋白质运送到适当的细胞器

解析 蛋白质的半衰期与其结构和功能有关,比如N端的氨基酸序列将影响其泛素化过程(N端规则)。不过糖基化也可调控蛋白质在细胞中及分泌后的寿命。如 *N*-糖基化就延长了人类生长激素的循环半衰期。A正确。

多数细胞膜上的膜蛋白和分泌蛋白都是糖蛋白。糖基在很多糖蛋白的功能中起重要作用,特别是作为其他大分子相互作用的位点。寡糖链参与细胞间的分子识别(如淋巴细胞归巢)和细胞与基质间的作用。B正确。

高尔基体还可以将一至多个氨基聚糖链通过木糖安装在核心蛋白的丝氨酸残基上,形成蛋白聚糖。这类蛋白有些被分泌到细胞外,形成细胞外基质或黏液层,有些锚定在膜上。通过与糖的连接被锚定在膜脂上的蛋白质主要通过短的寡糖与包埋在脂双层外叶中的糖基磷脂酰肌醇(glycosylphophatidylionositol, GPI)相连而被锚定在质膜的外侧。C正确。

蛋白质的糖基化还能监控蛋白质是否正确折叠(三级结构),未正确折叠的蛋白会被加上糖基,从而被

重新折叠或直接被降解。蛋白质的二级结构是由氢键维持的局部规则构象，糖基的修饰与二级结构的形成无直接联系。D 错误。

糙面内质网上合成的大多数蛋白在内质网和高尔基体中发生了糖基化，但糖蛋白寡糖链的合成和加工都没有模板，其糖基化首要的作用就是为各种蛋白质打上不同的标志，以利于高尔基体的分类和包装，同时保证糖蛋白从糙面内质网至高尔基体膜囊单方向进行转移。E 正确。　答案：ABCE。

参考文献

[1] Flintegaard T V, Thygesen P, Rahbek-Nielsen H, et al. N-Glycosylation Increases the Circulation Half-life of Human Growth Hormone[J]. Endocrinology, 2010, 151(11): 5326.

49　下列哪些细胞器在分泌性细胞内的含量特别多？(　　)(多选)

A. 线粒体　B. 核糖体　C. 高尔基体　D. 光面内质网

E. 粗面内质网

解析　分泌性细胞产生分泌蛋白需要大量粗面内质网和高尔基体作为制造工厂，同时还需要大量线粒体进行有氧呼吸产生能量。　答案：ABCE。

50　下列有关过氧化物酶体(peroxisome)的叙述中正确的是(　　)。(多选)

A. 可以分解脂肪酸及氨基酸　B. 含有内膜，是细胞呼吸的场所

C. 能帮助细胞内有机物质的再循环　D. 含有能够将过氧化氢分解的酶

E. 与肝脏或是肾脏中分解酒精的毒性有关

解析　过氧化物酶体是由单层膜围绕的、内含一种或几种氧化酶类的细胞器，是一种异质性的细胞器。过氧化物酶体是可以直接利用分子氧的细胞器，它含有依赖于黄素(FAD)的氧化酶和过氧化氢酶(占过氧化物酶体中酶的 40%)，前者将底物氧化形成过氧化氢，后者将过氧化氢分解形成水和氧气。其主要功能是催化脂肪酸的β氧化，将极长链脂肪酸分解为短链脂肪酸。在肝细胞和肾细胞中，过氧化物酶体可氧化分解血液中的有毒成分，其解毒作用还体现在饮进的酒精几乎半数是在过氧化物酶体中氧化成乙醛的。　答案：ACDE。

51　以胰岛素为例，蛋白质从基因表达到分泌至细胞外，经过哪些细胞器？(　　)(多选)

A. 线粒体　B. 细胞核　C. 内质网　D. 吞噬小体

E. 高尔基体

解析　蛋白质在从基因表达至分泌到胞外的过程中，依次经过细胞核(DNA 转录成 mRNA)、细胞质基质(mRNA 出核并与细胞质基质中的核糖体结合，开始翻译)、糙面内质网(mRNA-核糖体复合物移至糙面内质网表面继续翻译，合成的肽链进入糙面内质网进行修饰加工)、高尔基体(肽链经膜泡转运至高尔基体进一步加工)、膜泡、细胞膜(分泌泡与质膜融合，释放分泌蛋白)、胞外。吞噬小体是一种在胞吞作用中在被吞噬物质周围形成的囊泡，由细胞膜向内凹陷产生。　答案：BCE。

52　下列关于溶酶体的叙述中正确的是(　　)。(多选)

A. 是由高尔基体所产生的小囊　B. 在动物细胞中比在植物细胞中多

C. 溶酶体内常可发现部分水解的线粒体　D. 溶酶体的膜破裂时可造成细胞的凋亡

E. 蝌蚪尾巴的消失是因为溶酶体自溶而使细胞解体

解析　A 对，初级溶酶体是在高尔基体的成熟面以出芽的形式形成的。B 对，溶酶体几乎存在于所有的动物细胞中，植物细胞内也有与溶酶体功能类似的细胞器，如圆球体、糊粉粒以及植物细胞的中央液泡，典型的动物细胞约含数百个溶酶体，远远多于植物细胞中类似溶酶体的细胞器数量。C 对，自噬溶酶体是包围了部分损伤或衰老细胞器(线粒体、内质网碎片等)的吞噬泡与初级溶酶体融合后形成的次级溶酶体，内含细胞器碎片。D 对，特殊情况下溶酶体破裂释放出水解酶，细胞在溶酶体酶的作用下被降解，如溶酶体膜破坏会引发人纤维原细胞凋亡。E 对，蝌蚪尾巴的蜕化也是溶酶体中一种组织蛋白酶消化作用的结果，细胞自溶后释放该酶，从而将尾部细胞破坏，使尾部消失。　答案：ABCDE。

参考文献

[1] Brunk U T, Dalen H, Roberg K, et al. Photo-oxidative Disruption of Lysosomal Membranes Causes Apoptosis of Cultured Human Fibroblasts[J]. Free Radic Biol Med., 1997, 23(4): 616.

53 下列选项中为细胞合成睾酮的是(　　)。(单选)

A. 溶酶体　　B. 核糖体　　C. 高尔基体　　D. 光面内质网

E. 粗面内质网

解析 雄激素主要在睾丸间质细胞中的光面内质网上合成。　答案:D。

54 植物细胞经常使用钙离子作为第二信使,钙离子可储存在(　　)。(多选)

A. 液泡　　B. 微管　　C. 线粒体　　D. 滑面内质网

E. 粗面内质网

解析 液泡和滑面内质网是植物细胞内主要的钙离子库,其钙离子含量为 10^{-3} mol/L。线粒体也可储存钙。胞内钙库上的钙信号产生途径主要有 IP_3/DAG 途径和 Ca^{2+} 诱导的 Ca^{2+} 释放通道。答案:ACD。

55 下列有关高尔基体功能的叙述中正确的是(　　)。(多选)

A. 脂质的修饰　　B. 蛋白质的修饰　　C. 蛋白质的分泌　　D. 细胞壁的形成

E. 染色体复制后的分离

解析 高尔基体的主要功能如下:① 蛋白质加工(糖基化等修饰)和分选、分泌;② 糖类(果胶、半纤维素)合成;③ 水解蛋白为活性物质;④ 参与形成溶酶体等细胞器;⑤ 参与植物细胞壁的形成;⑥ 参与精子顶体的形成。

除此以外,高尔基体内还含大量糖基转移酶,可使脂质糖基化;蛋白质的棕榈酰化修饰也可以发生在内质网、高尔基体以及细胞膜上,因此A也正确。E选项的功能由纺锤体实现,纺锤体是细胞分裂过程中与染色体分离直接相关的细胞器,植物细胞无中心体,但是能形成无星纺锤体介导植物细胞的核分裂。答案:ABCD。

参考文献

[1] Stanley P. Golgi Glycosylation[J]. Cold Spring Harb. Perspect Biol., 2011, 3(4): a005199.

56 很多蛋白质通过囊泡在细胞内运输。下列哪个选项决定了囊泡运输的专一性和方向性?(　　)(单选)

A. 网格蛋白　　B. v-SNARE 和 t-SNARE

C. 翻转酶(flippase)　　D. 豆蔻酰化(十四酰化, myristoylation)作用

E. 疏水区域

解析 网格蛋白(clathrin)是一种进化上高度保守的蛋白质,由分子量为180 kDa的重链和分子量为35~40 kDa的轻链组成二聚体,三个二聚体形成包被的基本结构单位——三联体骨架(triskelion),称为三腿蛋白(three-legged protein),在细胞中起运输的作用。生物分子激素、神经递质、膜蛋白等物质都可通过网格蛋白进行运输。介导运输的路径为:高尔基体→胞内体/溶酶体;细胞膜→胞内体。

运输小泡在细胞内的运输是高度有序的,每一种运输小泡对其靶膜有高度选择性和专一性。在运输小泡表面按其来源和运送货物的类型有着不同的标志,而在靶膜上有相应的受体可识别小泡表面的标志。这种特异的识别过程主要由两类蛋白质来执行,它们是SNARE蛋白和Rab蛋白。SNARE蛋白的作用是提供运输小泡与靶膜的专一性识别,并和Rab蛋白一起进一步保证运输小泡在靶膜上停靠和融合的专一性。

SNARE是一类跨膜蛋白,它们是SNAP(soluble NSF-attachment protein)的受体。*N*-乙基顺丁烯二酰亚胺敏感性的融合蛋白(*N*-ethylmaleimide-sensitive fusion protein, NSF)是一种ATP酶,SNAP与NSF结合可增加NSF的ATP酶活性。

动物细胞中有 20 多种不同的 SNARE 蛋白，每一种 SNARE 与一种细胞器或细胞区室相联系。每一种 SNARE 都以一对互补的形式存在，其中一个存在于运输小泡膜上，称 v-SNARE；另一个存在于靶膜上，称 t-SNARE。v-SNARE 和 t-SNARE 有特征性的螺旋形结构域，两者相互作用时一个 SNARE 的螺旋形结构域环绕另一个 SNARE 的螺旋形结构域形成一个稳定的反式复合体，把两层膜锁在一起。SNARE 相互作用的专一性决定了小泡运输的专一性，并以这种方式保证了小泡运输的有序进行。

在小泡芽生过程中，v-SNARE 与衣被蛋白一起装配在运输小泡膜中，当运输小泡到达靶膜时即与其中的 t-SNARE 互相结合形成反式复合体，使小泡膜与靶膜融合。结合在一起的 v-SNARE 和 t-SNARE 必须分开后再循环使用，NSF 在反式 SNARE 复合体解离过程中起主要作用。NSF 在结构上与伴侣蛋白相似，它利用 ATP 水解释放的能量，在一些接头蛋白(adaptor protein)的参与下，使缠绕在一起的 SNARE 螺旋状结构域解离。

Rab 蛋白的功能是在小泡运输过程中帮助和调节小泡停靠的速率以及使 v-SNARE 和 t-SNARE 相配。SNARE 可能起着这种关键作用，v-SNARE 与 t-SNARE 的螺旋状结构域相互缠绕形成复合体的过程起着绞车的作用，释放出的能量使两膜的脂双层靠近，并把水分子挤出界面。当两膜非常靠近时，脂分子可在两个脂双层的内侧单层间流动，彼此融合形成两个柄，而两个外侧单层相互靠近形成新的脂双层，最后新的脂双层断裂，完成融合过程。除了 SNARE，还可能有一些其他蛋白与 SNARE 合作，一起启动膜的融合过程。

目前一般认为 SNARE 蛋白的融合过程保证了膜泡运输的专一性与方向性。因此选项 B 正确。但自 2011 年以来，新的研究文献表明内质网-高尔基体与高尔基体-内质网顺反两方向运输都有 SNARE 蛋白的存在。真正帮助确保方向是内质网→高尔基体，防止反向运输的其实是 Sec23p(以及 TRAPPI 与 Hrr25p)，如图 4 所示。

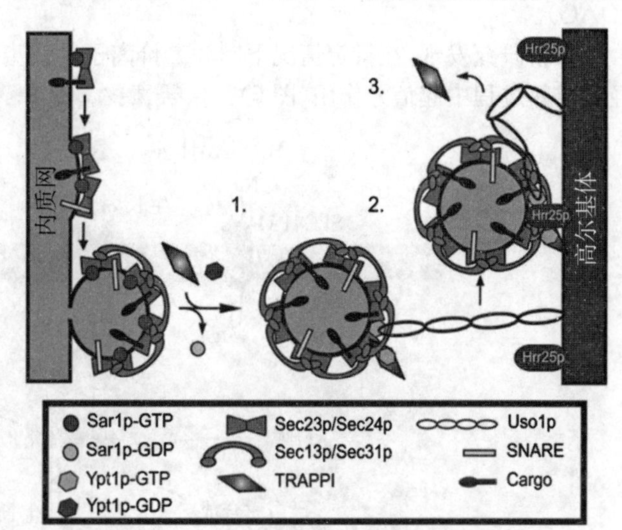

图 4 Sec23p 确保内质网-高尔基体交通的方向

翻转酶(flippase)又称磷脂转位蛋白(phospholipid translocator)，是将磷脂从膜的一侧翻转到另一侧的酶(图 5)，是一个蛋白家族，实际又可分为内翻酶(flippase)与外翻酶(floppase)。内翻酶可消耗 ATP，逆浓度梯度从膜外侧向膜内侧转运磷脂酰丝氨酸(PS，主)与脑磷脂(PE，次)；外翻酶可消耗 ATP，逆浓度梯度从膜内侧向膜外侧转运卵磷脂(PC)、鞘磷脂(SL)与胆固醇；磷脂爬行酶/混杂酶(scramblase)不消耗 ATP，双向介导各种膜脂双向顺浓度梯度运输。

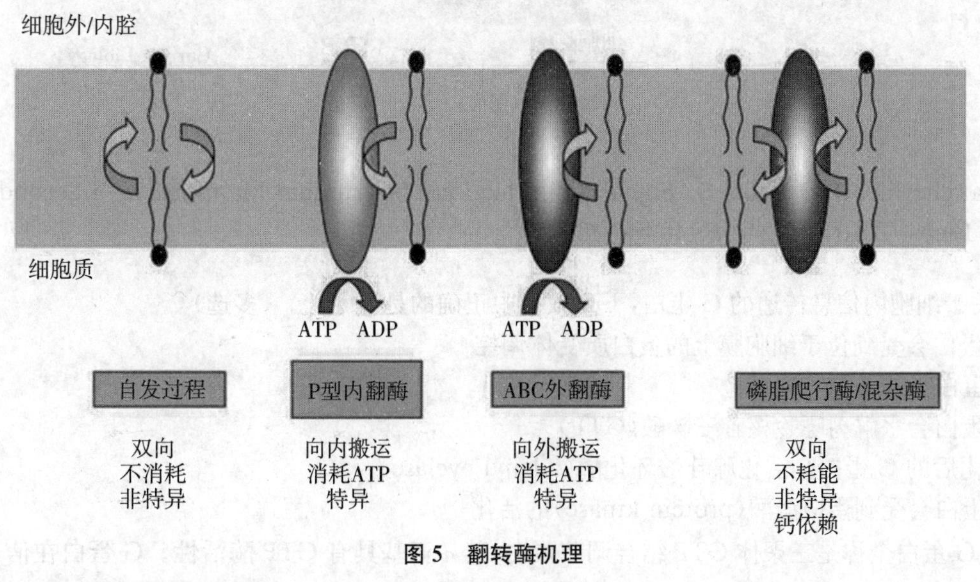

图 5 翻转酶机理

蛋白质豆蔻酰化（myristoylation）指真核细胞中豆蔻酰基在豆蔻酰 CoA：蛋白质 N 端豆蔻酰转移酶（myristoyl CoA：protein N-myristoyltransferase，NMT）的催化下，从豆蔻酰 CoA 转移至蛋白质 N 端甘氨酸残基并形成酰胺键的一种蛋白质脂酰基修饰方式，为翻译偶联的不可逆过程，在蛋白质-蛋白质、蛋白质-脂质相互作用及细胞信号传导中起重要的作用。D 选项与囊泡运输也没有关系，不对。

E 选项明显不对。 **答案：B。**

参考文献

[1] Lord C，Bhandari D，Menon S，et al. Sequential Interactions with Sec23 Control the Direction of Vesicle Traffic[J]. Nature，2011，473(7346)：181.

57 下列选项中是第二信使的有（　　）。（多选）

A. 钙离子（Ca^{2+}）　B. 镁离子（Mg^{2+}）　C. 二酰基甘油（DAG）　D. 肌醇三磷酸（IP_3）

E. 环腺苷酸（cAMP）

解析 许多细胞信号通路中利用了小的、非蛋白质的、水溶性的分子或者离子，称为第二信使（细胞外信号分子结合在膜受体上属于“第一信使”通路）。因为第二信使又小又具备水溶性，它们可以通过扩散轻易快速地穿行于细胞内。第二信使的例子有环腺苷酸（cAMP）、钙离子（Ca^{2+}）、肌醇三磷酸（IP_3）、二酰基甘油（DAG）。

最新研究发现，在特定情况下同为二价离子的镁离子也可以作为第二信使使用，如在 GABA 介导的神经元成熟过程中起信号作用（图 6）。 **答案：ABCDE。**

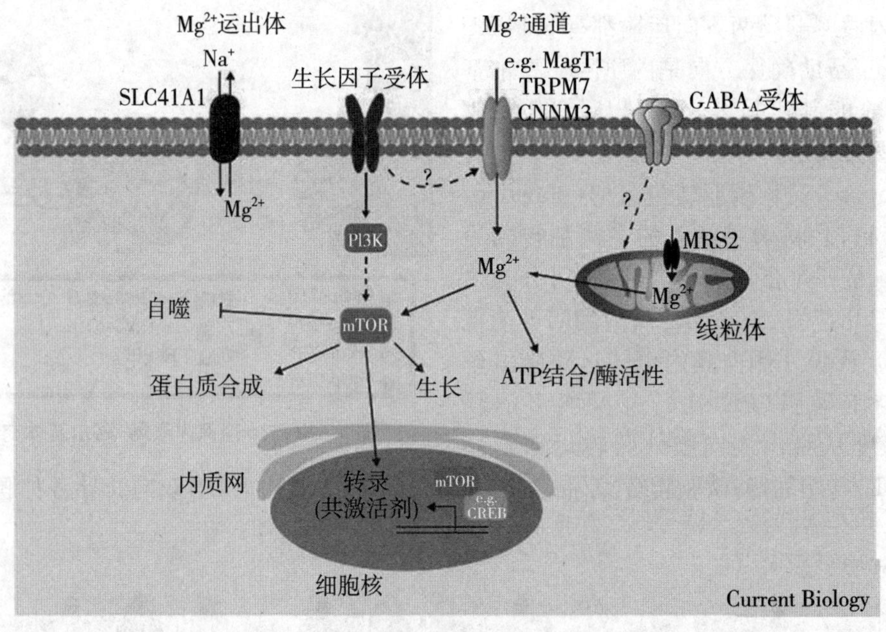

图 6

参考文献

[1] Stangherlin A，O'Neil J S. Signal Transduction：Magnesium Manifests as a Second Messenger[J]. Curr. Biol.，2018，28(24)：R1403-R1405.

58 关于细胞内信息传递的 G 蛋白，下列叙述中正确的是（　　）。（多选）

A. G 蛋白会受到位于细胞膜上的蛋白质受体调控

B. G 蛋白会与鸟嘌呤结合

C. G 蛋白会水解鸟嘌呤核苷三磷酸（GTP）

D. 活化后的 G 蛋白会活化腺苷酸环化酶（adenyl cyclase）

E. G 蛋白会受到蛋白激酶（protein kinase）的活化

解析 G 蛋白全称是三聚体 GTP 结合调节蛋白，其 α 亚基具有 GTP 酶活性。G 蛋白在信号转导中起

着分子开关的作用，当胞外配体与受体结合形成复合物时，导致受体胞内结构域与G蛋白α亚基偶联，并促使α亚基结合的GDP被GTP交换而被活化，即处于开启状态，A、B、C选项正确。G蛋白可分为Gs和Gi，Gs可活化腺苷酸环化酶，Gi可抑制腺苷酸环化酶。G蛋白本身可被某些细胞毒素修饰，引起功能紊乱。蛋白激酶对G蛋白并无直接作用。　**答案：ABC。**

59　下列生物分子中，会出现在动物细胞的细胞膜上的是(　　)。(多选)

A. 补体(complement)　　B. 受体(receptor protein)

C. 组蛋白(histone)　　D. 运输蛋白(transport protein)

E. 免疫球蛋白(immunglobulin)

解析 补体是指存在于正常人体或高等动物体液中及细胞表面的一组非特异性血清蛋白(主要成分是β-球蛋白)，由于它在免疫反应中具有扩大和增强抗体的"补助"功能，故称补体。补体的本质是一类酶原，能被任何抗原-抗体复合物激活，激活后的补体就能参与破坏或清除已被抗体结合的抗原或细胞，发挥其溶胞作用、病毒灭活、促进吞噬细胞的吞噬和释放组胺等免疫功能。

受体是信号系统的重要组成成分，有胞外受体和胞内受体，胞外受体分布在细胞质膜上，胞内受体分布在细胞质或者细胞核中。

组蛋白是真核生物体细胞染色质中的碱性蛋白质，与DNA构成染色质。

运输蛋白如载体和泵自然可以出现在细胞膜上。

免疫球蛋白是由B淋巴细胞产生的位于血液等体液中及B细胞膜表面的蛋白质。　**答案：ABDE。**

60　哪种类型的细胞骨架纤维是真核生物纤毛和鞭毛的主要构建材料？(　　)(单选)

A. 肌动蛋白微丝　　B. 中间丝　　C. 角蛋白丝　　D. 微管

E. RNA

解析 请记住：微管可以组成纤毛和鞭毛。　**答案：D。**

61　细胞内主要有三种构成细胞骨架的蛋白质，分别为微丝、微管及中间纤维。微丝即肌动蛋白，负责细胞收缩与移动，目前已知有6种微丝蛋白，分布在肌肉及其他细胞；微管会形成纤毛、鞭毛、纺锤丝及细胞器移动的轨道，不同功能的微管由不同的微管蛋白所组成；中间纤维则协助细胞承受机械压力，以及细胞间的接合，不同细胞有不同的中间纤维蛋白。现已知秋水仙素可阻碍微管的形成，请问细胞用秋水仙素处理后，会产生何种结果？(　　)(多选)

A. 抑制细胞分裂　　B. 干扰细胞移动　　C. 抑制肌肉收缩　　D. 影响鞭毛摆动

E. 抑制胞吞作用

解析 细胞有丝分裂和减数分裂中的纺锤体和一些其他的结构(如星体微管、极微管等)都由微管构成。因此用秋水仙素处理后纺锤体无法形成，无法牵引姐妹染色单体或减数第一次分裂中的同源染色体移向细胞两极；极微管无法形成，中心体无法分离；在动物细胞中，星体微管无法形成还会造成分裂沟无法形成，导致细胞质无法缢裂。A正确。

纤毛和鞭毛中的主要结构大多是9(2)+2的微管，因此秋水仙素处理会干扰以纤毛和鞭毛运动的细胞，比如精子的运动能力就受秋水仙素的影响，但这是在*in vitro*(体外)实验中，浓度比实际用药时血液中的浓度高3000倍的秋水仙素才能造成影响；此外，嗜中性粒细胞的运动也受秋水仙素影响，这是它可用于治疗痛风的基本药理——秋水仙素通过解聚微管影响细胞的力学性质、变形能力，从而影响嗜中性粒细胞穿过小孔迁移，这也与细胞的移动相关。故B也是对的。

肌肉收缩是通过粗肌丝和细肌丝之间的相对移动造成的。细肌丝由肌动蛋白构成，而粗肌丝由肌球蛋白构成。两者都不是微管，因此不会受秋水仙素的影响。C错。

真核细胞的鞭毛是典型的由微管形成的细胞结构，其最常见的结构一般记做9(2)+2，即外侧为九组二联体微管(A管由13根原纤丝构成，B管由10根原纤丝构成，附着在A管上)，中间是两根由中央鞘所包围的中央微管(图7)。二联体微管中的A管伸出两个动力蛋白臂，它是一种ATP酶，可使相邻的两组微管之间发生相对移动，从而使鞭毛弯曲。D正确。

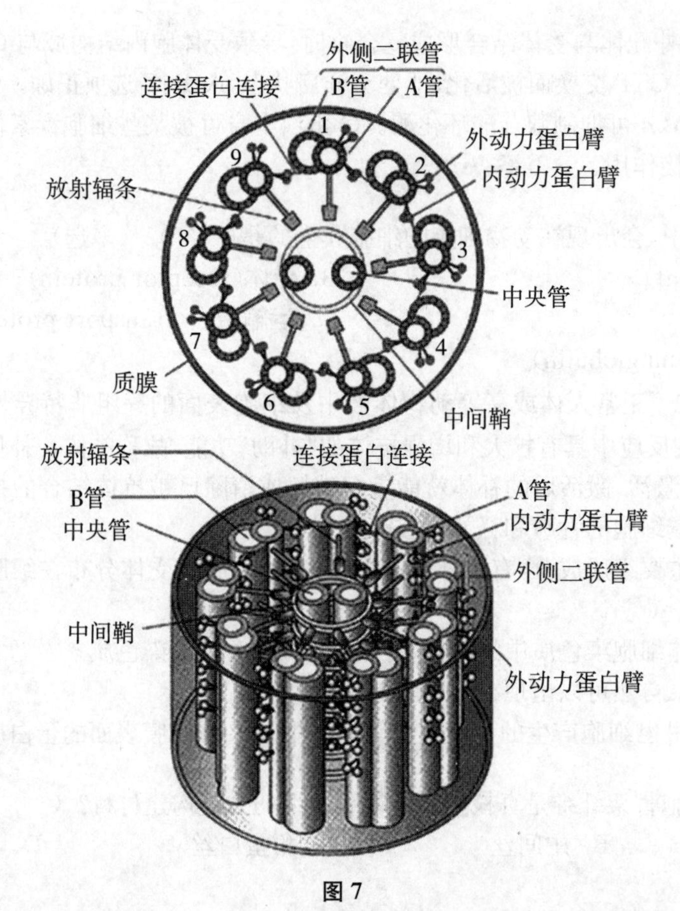

图 7

胞吞作用主要涉及细胞膜性状的改变，而与细胞膜密切相关的细胞骨架为微丝。细胞内大部分微丝都集中在紧贴细胞质膜的细胞质区域，并有微丝交联蛋白交联成凝胶态三维网络结构，称为细胞皮层。细胞的多种运动，如胞质环流、变形运动、胞吞等，都与皮层内肌动蛋白的溶胶态-凝胶态转化相关。E 错。

答案：ABD。

参考文献

[1] Halmov-Kocliman R，Ben-Chetrit E. The Effect of Colchicine Treatment on Sperm Production and Function：A Review[J]. Hum. Reprod.，1998，13(2)：360.

[2] Paschke S，Weidner A F，Paust T，et al. Technical Advance：Inhibition of Neutrophil Chemotaxis by Colchicine is Modulated through Viscoelastic Properties of Subcellular Compartments[J]. J. Leukoc. Biol.，2013，94(5)：1091.

62 鞭毛和纤毛的屈伸运动、染色体的运动、渗透压调节、活细胞内细胞器的运动这 4 种生命活动中，哪些是有微管参与的？请从下面选项中选出标示正确的一项。其中○表示参与，×表示不参与。（　）（单选）

A. ○○○×　　B. ○×××　　C. ○○×○　　D. ××○×

E. ×○○○

解析 鞭毛和纤毛运动依靠微管组成的 9×2＋2 结构，染色体运动靠中心体（9×3）发出的纺锤丝，细胞器可以通过马达蛋白沿着微管运动，细胞膜调控渗透压，与微管关系不大。本题选 C。但事实上对于草履虫等单细胞生物，其渗透调控的伸缩泡亦有微管参与活动。本题不太严谨。　**答案：C。**

63 你在暑期研究中发现一种药物会抑制微管蛋白（tubulin）组成微管，若将一群细胞浸泡在此药物溶液内 24 h 后，试问你将观察到下列哪种现象？（　）（单选）

A. 不同细胞表现出不同分裂速度　　B. 多数细胞停留在细胞分裂中期

C. 细胞融合形成多核的细胞　　D. 细胞溶解（lysis）死亡

E. 细胞加速分裂

解析 可以破坏微管动态组装的药物有秋水仙素、诺考达唑(如图 8 所示)、紫杉醇等,它们可以影响细胞内微管或纺锤体的结构,前两者使微管解聚,后者促进微管聚合和稳定已聚合的微管。

纺锤体在分裂期中组装形成来介导染色体的运动,纺锤体微管包括动粒微管、极微管和星体微管:动粒微管连接染色体动粒与位于两极的中心体;极微管从两极发出,在纺锤体中部赤道区相互交错重叠;星体微管从中心体向周围呈辐射状分布。

有丝分裂过程中染色体的运动有赖于纺锤体微管的组装和去组装,因而细胞浸润在像低浓度的秋水仙素等抑制药物中时,多数细胞停留在细胞分裂中期。 答案:B。

图 8

64 水蕴草叶片细胞的胞质环流是借下列哪种构造而运行的?(　　)(单选)

A. 叶绿体　　B. 细胞骨架　　C. 内质网　　D. 纤维素

E. 液泡

解析 胞质环流均与微丝的活动有关,在细胞上施以抑制微丝的药物可增强膜的流动、破坏胞质环流,而微丝是细胞骨架的一种,因此选 B 选项。

在植物细胞和其他细胞中,细胞质的流动是围绕中央液泡进行的环形流动模式,这种流动称为胞质环流(cyclosis)。在胞质环流中,细胞周质区(cortical region)的细胞质是相当稳定的不流动的,只是靠内层部分的胞质溶胶在流动。在能流动和不流动的细胞质层面有大量的微丝平行排列,同叶绿体锚定在一起。胞质环流是由肌动蛋白和肌球蛋白相互作用引起的。在胞质环流中,肌动蛋白的排列方向是相同的,正向朝向流动的方向,肌球蛋白可能沿着肌动蛋白纤维的(−)端向(+)端快速移动,引起细胞质的流动(图 9)。胞质环流对于细胞的营养代谢具有重要作用,能够不断地分配各种营养物和代谢物,使它们在细胞内均匀分布。

除此之外,胞质环流还与微管相关,细胞器移动的黏滞力带动了细胞质运动。微丝、微管导致的胞质环流一快一慢:微丝 75 μm/s,微管 150 nm/s。 答案:B。

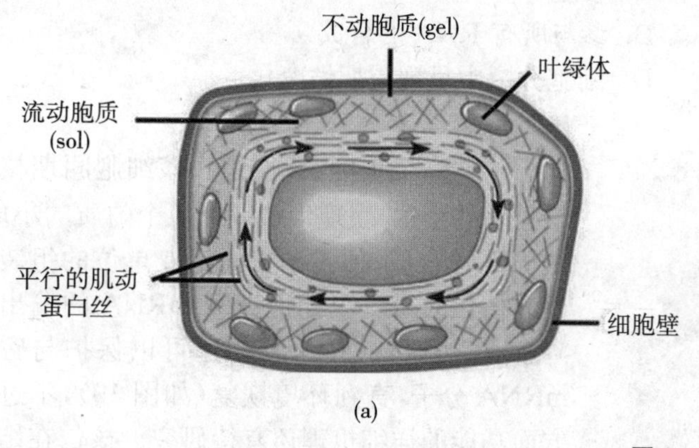

(a)

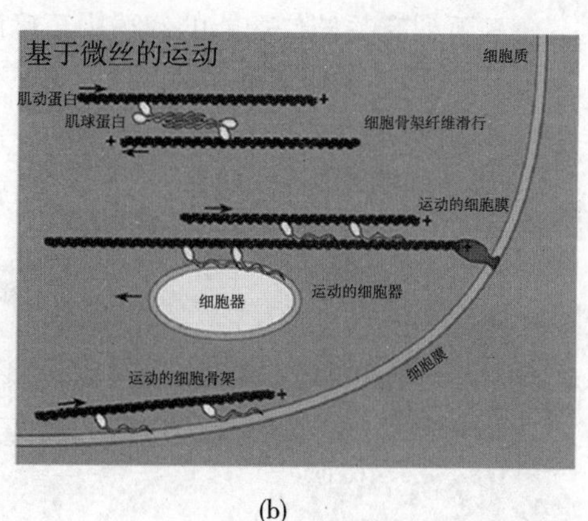

(b)

图 9

65 有关利用秋水仙素(一种阻断微管聚合药物)处理培养中的细胞,下列叙述中正确的是(　　)。(多选)

A. 会改变细胞形态　　B. 会改变细胞器在细胞内的分布

C. 会降低细胞移动的速率　　D. 会降低翻译(translation)效率

E. 有丝分裂与减数分裂将无法进行

解析 秋水仙素可以与微管蛋白亚基结合,而当结合秋水仙素的微管蛋白亚基组装到微管末端之后,其他微管蛋白亚基就很难再在该处进行组装,但秋水仙素在微管末端的结合并不影响该微管的去组装,从而导致细胞内微管网络的解体。微管参与细胞骨架构建,维持细胞一定的形态,也是细胞内细胞器移动的“轨道”,细胞分裂时的纺锤体也由微管组成,所以 A、B、E 都正确。细胞移动主要跟伪足相关,是微丝的功能,但微管对向迁移前缘传递新的膜成份和信号分子及黏附受体的回收至关重要,秋水仙素也会降低细胞移动的速率。因此C正确。 答案:ABCE。

参考文献

[1] Forbes A,Lehmannt H. Microtubules in Cell Migration[J]. Essays in Biochemistry, 2019,63(5):509.
[2] Yang H,Ganguly A, Cabral F. Inhibition of Cell Migration and Cell Division Correlates with Distinct Effects of Microtubule Inhibiting Drugs[J]. J Biol Chem.,2010,285(42):32242.

66 下列细胞内构造中,会受到秋水仙素(colchicine)与细胞松弛素B(cytochalasin B)作用,而影响细胞周期的是(　　)。(多选)

A. 微管(microtubulin)
B. 微丝(microfilament)
C. 中心粒(centriole)
D. 神经元纤维(neurofilament)
E. 波形蛋白中间纤维(vimentin)

解析 秋水仙素特异地作用于微管结构,与微管蛋白亚基结合,当结合秋水仙素的微管蛋白亚基组装到微管末端之后,其他微管蛋白亚基就很难再在该处进行组装,而秋水仙素在微管末端的结合并不影响该微管的去组装,从而导致细胞内微管网络的解体。

D、E选项的神经元纤维和波形蛋白中间纤维属于中间纤维。 答案:ABC。

67 为体现功能,大部分线性染色体至少具有(　　)。(单选)

A. 两个端粒,一个着丝粒,大量的复制起点
B. 一个端粒,两个着丝粒,大量的复制起点
C. 两个着丝粒和一个复制起点
D. 一个着丝粒和一个复制起点
E. 两个端粒和一个复制起点

解析 真核生物线性染色体通常在两端各有一段端粒,为一段短的正向重复序列,功能是保证染色体的独立性和遗传稳定性。在染色体的中间部分有一段着丝粒片段,与染色体的分离有关,在细胞分裂过程中与纺锤丝结合,确保染色体能被平均分配到2个子细胞中去。在染色体上有大量的复制起点,确保DNA复制的效率。 答案:A。

68 下列有关核仁功能的叙述中正确的是(　　)。(多选)

A. 与核糖体的组装有关
B. 参与所有RNA的合成
C. 数目固定为2
D. 细胞分裂中呈现周期性变化
E. 属于膜状细胞器

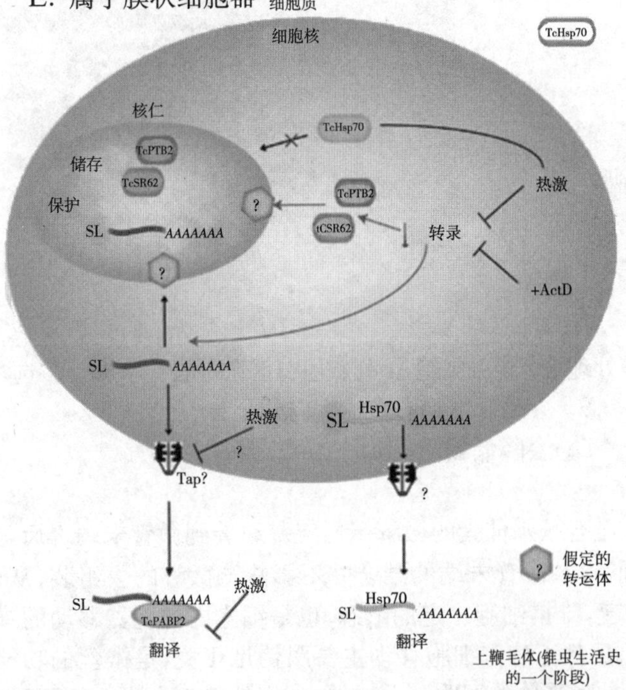

图10

解析 A正确,核仁是真核细胞间期核中最显著的结构,表现为单一或多个匀质的小球,是rRNA合成、加工和核糖体亚单位的组装场所。核仁的另一个功能涉及mRNA的输出与降解,在热激状态下,核仁还可以保护与暂存mRNA分子,直到环境恢复(如图10),不过这方面功能的详细机理还有待研究。核仁在结构上分为纤维中心、致密纤维组分、颗粒组分三个部分。

B错误,核仁主要参与rRNA的合成。C错误,核仁数目不定,可以为1到多个。D正确,核仁在细胞周期中也存在周期性的变化。E错误,核仁只是细胞核内的一个结构,无膜包裹,只是一些DNA、RNA、蛋白质的聚集体。

答案:AD。

参考文献

[1] Schneiter R, Kadowaki T, Tartakoff

A M. mRNA Transport in Yeast：Time to Reinvestigate the Functions of the Nucleolus[J]. Mol. Biol. Cell，1995，6(4)：357.

[2] Ideue T，Azad A K，Yoshida J，et al. The Nucleolus is Involved in mRNA Export from the Nucleus in Fission Yeast[J]. J. Cell Sci.，2004，117(14)：2887.

[3] Pederson T. The Nucleolus[J]. Cold Spring Harb. Perspect. Biol.，2011，3(3)：a000638.

[4] Názer E，Verdún R E，Sánchez D O. Severe Heat Shock Induces Nucleolar Accumulation of mRNAs in *Trypanosoma cruzi*[J]. PLoS One，2012，7(8)：e43715.

69

下列哪个是在染色体上，并具有稳定染色体形状的功能？(　　)(单选)

A. 着丝点(kinetochore)　　B. 中心粒(centriole)

C. 端粒(telomere)　　D. 卫星体(satellite)

E. 次缢痕(secondary constriction)

解析 着丝点即动粒，是着丝粒的组成部分之一。动粒的超微结构可以分为三个区域：一是与着丝粒中央结构域相联系的内板；二是中间间隙，电子密度低，呈半透明区；三是外板。

着丝粒即主缢痕，是连接两个染色单体的结构，将染色单体分为两臂：长臂和短臂。着丝粒包括动粒、中央结构域(是着丝粒区域的主体，由串联重复的卫星 DNA 组成)和配对结构域(位于着丝粒内表面，代表中期姐妹染色单体相互作用的位点)。

中心粒是中心体的组成成分，广义植物不具有中心粒。中心粒不具备膜结构，由蛋白质组成，呈颗粒状。一个中心粒由 9 组三联管组成，通常靠近细胞核，这些小管是微管蛋白。一个中心体共含有两个中心粒，两者呈空间垂直状态(两者异面)。

端粒是染色体两个端部特化结构，通常由富含鸟嘌呤核苷酸(G)的短的串联重复序列 DNA 组成，伸展到染色体的 3' 端。端粒的生物学作用在于维持染色体的完整性和独立性，可能还与染色体在核内的空间排布有关，一旦端粒消耗殆尽，细胞将会立即激活凋亡机制，即细胞走向凋亡。

次缢痕是染色体上除了主缢痕外的其他浅染缢缩部位，其数目、位置、大小是某些染色体特有的形态特征，因此可以作为鉴定染色体的标记。　**答案：C。**

70

下列有关核糖体的叙述中正确的是(　　)。(多选)

A. 附着于核膜外膜的表面　　B. 附着于线粒体外膜的表面

C. 附着于内质网膜上　　D. 游离存在于细胞质内

E. 附着于高尔基体表面

解析 在真核细胞中，核糖体分为游离核糖体和附着核糖体，附着核糖体附着在糙面内质网膜和核膜外侧上；原核细胞中也有一部分核糖体附着在质膜内侧。事实上，研究表明核糖体也以离散团簇形式与线粒体外膜结合。高尔基体没有附着核糖体。　**答案：ACD。**

参考文献

[1] Lesnik C，Golani-Armon A，Arava Y. Localized Translation Near the Mitochondrial Outer Membrane：An Update[J]. RNA Biol.，2015，12(8)：801.

[2] Gold V A，Chroscicki P，Bragoszewski P，et al. Visualization of Cytosolic Ribosomes on the Surface of Mitochondria by Electron Cryo-tomography[J]. EMBO Rep.，2017，18(10)：1786.

71

下列具有 70S 核糖体的是(　　)。(多选)

A. 白细胞的粗面内质网　　B. 金黄色葡萄球菌

C. 榕树的叶肉细胞　　D. 人类肝细胞

E. 艾滋病毒

解析 真核细胞的细胞质核糖体沉降系数为 80S，原核细胞的核糖体沉降系数为 70S，真核细胞的线粒体的核糖体沉降系数为 55S～56S，叶绿体的核糖体沉降系数为 70S。病毒没有细胞结构，故不会有核糖体这种细胞器。 答案:BC。

72 终末分化细胞最有可能在细胞周期中的哪个阶段被发现?( )(单选)

A. G_0 B. G_1 C. G_2 D. M

E. S

解析 终末分化细胞脱离了细胞周期(G_1、S、G_2、M),不算在细胞周期内,一般认为属于周期之外的 G_0 期。G_0 期存在三种状态,分别是可逆的静止态(quiescent)、不可逆/部分可逆的衰老态(senescent)和终末分化态(differentiated)。 答案:A。

参考文献

[1] Cheung T H, Rando T A. Molecular Regulation of Stem Cell Quiescence[J]. Nat. Rev. Mol. Cell Biol., 2013, 14 (6): 329-340.

73 理论上每一个表皮细胞与神经细胞内所含DNA的质与量是一样的,为何所含蛋白质的质与量不一样?( )(多选)

A. 不同细胞的基因经过不同的重组,所以合成的蛋白质不一样

B. 不同细胞的基因数量不一样多,所以合成的蛋白质不一样

C. 不同细胞被活化的基因不一样多,所以合成的蛋白质不一样

D. 不同细胞被去活化的基因数量不一样,所以合成的蛋白质不一样

E. 不同细胞的基因复制速度不同,所以合成的蛋白质不一样

解析 本题与基因的选择性表达有关。除了部分物种的少部分细胞在生长发育过程中会发生基因删除、基因扩增和基因重排等改变基因组的现象,大多数细胞在生长发育中基因组不会发生变化,即同一个个体的所有细胞的基因组完全相同。生物体在发育的不同时期和部位,通过基因水平、转录水平等的调控,表达基因组中不同的部分,形成了形态结构和生理功能不同的细胞,如本题的表皮细胞与神经细胞。此时细胞之间的差异是基因的选择性表达的结果,即在不同细胞中不同基因被活化(如组蛋白乙酰化等),不同基因被抑制(如DNA甲基化等)。

基因的活化和去活化是影响基因的表达的普遍方式,C、D选项正确。体细胞重组一般发生于淋巴细胞的发育中,用于形成可表达于B细胞和T细胞膜上的免疫球蛋白的功能性基因,A选项错误。同一生物体内不同体细胞的基因数量相同,B选项错误。基因复制速度的不同与某特定时间段内特定细胞表达蛋白质的种类和数量无关,仅与表达总量有关,E选项错误。 答案:CD。

某科学家将已形成三胚层的老鼠胚胎用蛋白质分解酶处理,形成分离的单细胞悬浮液,并进行以下两项实验,试回答74、75题。

74 实验一:将可分化形成肝脏、心脏和眼睛的干细胞分别分离出来,再混合在一起,经一段时间培养后会有哪种结果?( )(单选)

A. 肝脏细胞在外层,心脏细胞在中间,眼睛细胞在内层的细胞团

B. 肝脏细胞在外层,眼睛细胞在中间,心脏细胞在内层的细胞团

C. 心脏细胞在外层,眼睛细胞在中间,肝脏细胞在内层的细胞团

D. 眼睛细胞在外层,肝脏细胞在中间,心脏细胞在内层的细胞团

E. 眼睛细胞在外层,心脏细胞在中间,肝脏细胞在内层的细胞团

解析 眼睛的干细胞属于脊椎动物的外胚层,心脏的干细胞属于中胚层,肝脏的干细胞属于内胚层。不同胚层细胞的再聚集有一个规律,就是它们在细胞团中的最终位置与它们在胚胎中的位置相似。因而当三个胚层的细胞放在一起培养时,细胞迁移发生,来自同一胚层的细胞聚集在一起,与其他胚层分离开来,按外胚层至内胚层由外至内排列(图11),培养一段时间后的结果是形成眼睛细胞在外层,心脏细胞在中间,肝脏细胞在内层的细胞团,这种现象的发生是胚胎细胞具

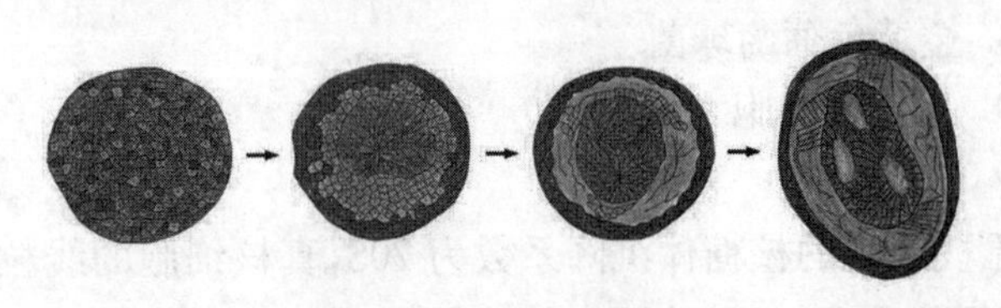

图11

有选择亲和力的缘故。　**答案:E。**

75

实验二:将这些分离的细胞培养在基膜(basal lamina)上,则下列哪种细胞可存活?(　　)(单选)

A. 表皮细胞　　B. 肌肉细胞　　C. 骨骼细胞　　D. 神经细胞

E. 血液细胞

解析 不同细胞生存的微环境不同。脊椎动物的胚胎细胞可分为上皮细胞和间充质细胞。上皮细胞排列紧密,细胞之间靠连接复合体结合在一起,呈片状或管状;间充质细胞是一类多突起的细胞,细胞之间连接松散,肌肉细胞、骨骼细胞、血液细胞属于间充质细胞,因为其性质不同,其组织培养所需条件也有所区别。上皮细胞可以在基膜(基底质)上生长,基膜是一种位于上皮细胞基底面与结缔组织的膜状结构,它具有支持和连接作用,也是物质通透的半透膜,便于上皮组织与结缔组织进行物质交换。　**答案:A。**

76

以下有关细胞分化的叙述中正确的是(　　)。(多选)

A. 发生在所有的多细胞动物

B. 分化过程牵涉选择性的基因表达

C. 分化之后,不同的细胞具有不同的基因

D. 分化过程可由细胞因子(cytokine)调控

E. 细胞在细胞周期(cell cycle)中同时进行细胞分化

解析 多细胞有机体是由各种不同类型的细胞组成的,而这些细胞通常是一个受精卵细胞经增殖分裂和细胞分化衍生而来的后裔,A 正确。细胞分化的关键在于不同类型细胞中特异性蛋白质的合成,而特异性蛋白质合成的实质是基因在特定的时间和空间中的选择性表达,并不是说细胞在分化后就丢弃了不表达的基因(除了马蛔虫与小麦瘿蚊这样具有 DNA 删除现象的特例),B 正确,C 错误。细胞激素(cytokine)即细胞因子,是由多种细胞产生的、具有广泛调节细胞功能作用的多肽分子(如白细胞介素/interleukin/IL)。细胞因子不仅作用于免疫系统和造血系统,还广泛作用于神经、内分泌系统,对细胞间相互作用、细胞的增殖分化和效应功能有重要的调节作用(图 12),D 正确。细胞周期是指分裂细胞从一次分裂结束到下一次分裂结束所经历的时期和顺序变化。一般来说,分化细胞的表型要保持稳定,以执行特定的功能。细胞的分裂能力随着分化程度的提高而有所下降,高度分化的细胞往往不再进行分裂,如神经细胞、成熟红细胞、表皮细胞,它们都是在分化过程中和结束后不进行细胞周期的细胞,E 错误。　**答案:ABD。**

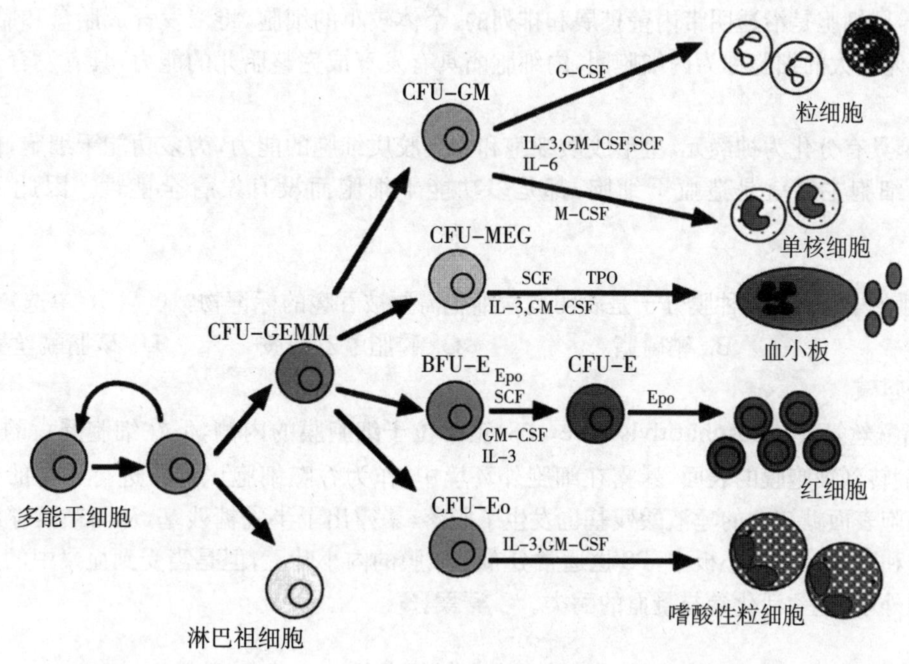

图 12

参考文献

[1] Socolovsky M, Lodish H F, Daley G Q. Control of Hematopoietic Differentiation: Lack of Specificity in Signaling by Cytokine Receptors[J]. Proc. Natl. Acad. Sci. USA, 1998, 95(12): 6573.

77 下列哪些有关造血干细胞的叙述是正确的?(　　)(多选)

A. 多功能干细胞(pluripotent stem cells)为一种具完整潜能性(totipotent)的干细胞

B. 骨髓干细胞(myeloid stem cells)可进一步分化为巨核细胞(megakaryocyte)

C. 多功能干细胞可进一步分化为骨髓干细胞和淋巴干细胞(lymphoid stem cells)

D. 淋巴干细胞可进一步分化为所有种类的白细胞(leukocytes)

E. 骨髓干细胞可进一步分化为红细胞(erythrocytes)

解析 多功能干细胞能够发育成多种组织,但是失去发育成完整个体的能力,全能干细胞能发育成一完整个体,A错误。

淋巴干细胞进一步分化为B淋巴细胞集落形成单位和T淋巴细胞集落形成单位,最后发育为B淋巴细胞和T淋巴细胞,而中性粒细胞、单核巨噬细胞、嗜酸性粒细胞、嗜碱性粒细胞由粒红巨核巨噬系集落形成单位分化而成,D错误。　答案:BCE。

78 下列有关干细胞(stem cell)的叙述中正确的是(　　)。(单选)

A. 能杀死所有入侵的病原体

B. 胚胎时的滋养层细胞(trophoblast layer)为胚胎干细胞

C. 同一次分裂能产生一个干细胞和一个分化细胞

D. 神经干细胞为全潜能干细胞(totipotent stem cell)

E. 造血干细胞比脐带血干细胞具有更多样的分化潜能

解析 干细胞不能杀死病原体,这是免疫细胞的功能,即使是免疫细胞也不能保证杀死所有入侵病原体,因此A不对。

干细胞是具有自我复制能力的、能分化成其他种类细胞的细胞。干细胞根据所处的发育阶段分为胚胎干细胞和成体干细胞,根据发育潜能分为三类:全能干细胞、多能干细胞和单能干细胞。干细胞分裂可能产生两个干细胞,也可能产生一个干细胞和一个分化细胞。C是正确的。

胚胎的滋养层细胞是沿透明带内壁扩展和排列的、个体较小的细胞,将来发育成胎盘和胎膜;而聚集在胚胎的一端、个体较大的细胞称为内细胞团,内细胞团具有发育成完整胎儿的能力,具有发育全能性。因此B不对。

神经干细胞具有分化为神经元、星形胶质细胞和少突胶质细胞的能力,为多功能干细胞,但没有发育全能性;脐带血干细胞主要就是造血干细胞,都是多功能干细胞而没有发育全能性。因此D、E均不对。

答案:C。

79 在细胞外侧,下列哪种膜分子是表明凋亡细胞需要被吞噬的标记物?(　　)(单选)

A. 糖脂类　　B. 鞘磷脂　　C. 磷脂酰乙醇胺　　D. 磷脂酰丝氨酸

E. 磷脂酰胆碱

解析 磷脂酰丝氨酸(phosphatidylserine, PS)正常位于细胞膜的内侧,但在细胞凋亡的早期,PS可从细胞膜的内侧翻转到细胞膜的表面,暴露在细胞外环境中,作为吞噬细胞识别并进行吞噬的标志。而在衰老的细胞中,细胞表面糖链中的唾液酸残基也发生了脱落,暴露出了半乳糖残基,从而被巨噬细胞识别并捕获,进而被吞噬和降解。在血小板中,PS也通常分布于质膜的内小叶上,但是当受到血浆中的某些因子刺激后,很快翻转到外小叶上,活化参与凝血的酶类。　答案:D。

80 下列哪个选项正确描述了蛋白质寿命是如何被调节的?(　　)(单选)

A. 一个蛋白质如果有被非翻译区所编码的部分序列,那么意味着这个蛋白质将会被降解

B. 被称为泛素的巨大的蛋白质复合体在细胞中待了一段时间后会摧毁蛋白质

C. 随着时间的推移，蛋白质逐步被甲基化；严重甲基化的蛋白质被蛋白酶体降解

D. 蛋白质被泛素标记，泛素能被蛋白酶体识别；蛋白酶体降解蛋白质

E. 被甲基基团标记的蛋白质被泛素摧毁

解析 泛素是一种普遍存在于真核生物的有76个氨基酸的小蛋白。泛素化降解的具体过程如下：泛素化修饰是涉及泛素激活酶E1、泛素结合酶E2和泛素连接酶E3的一系列反应，首先在ATP供能的情况下，酶E1黏附在泛素分子尾部的Cys残基上，激活泛素；接着E1将激活的泛素分子转移到E2酶上；随后E2酶和一些种类不同的E3酶共同识别靶蛋白，对其进行泛素化修饰。根据E3与靶蛋白的相对比例不同，可以将靶蛋白单泛素化修饰和多聚泛素化修饰。E3酶的左侧结构域决定靶蛋白的特异性识别，右侧结构域定位E2酶以转移泛素分子。蛋白质泛素化的结果是使得被标记的蛋白质被蛋白酶体分解为较小的多肽、氨基酸以及可以重复使用的泛素。

泛素化的功能主要是蛋白质降解，泛素-蛋白酶体途径是先发现的，也是较普遍的一种内源蛋白降解方式(一般在分子伴侣感到无可救药之后泛素就会出马)。需要降解的蛋白先被泛素化修饰，然后被蛋白酶体降解。不过后来又发现，并非所有泛素化修饰都会导致降解。有些泛素化会改变蛋白的活性，导致其他的生物效应。 答案：D。

81 下列哪些细胞或组织在发育过程会有细胞编程性死亡(apoptosis)的现象？( )(多选)

A. 海星的腕　　B. 胎儿的手指

C. 蝌蚪的尾部　　D. 鸟类的红细胞

E. 人类的淋巴细胞

解析 程序性细胞死亡(PCD)指的是发育过程中发生的某类细胞(例如肌肉细胞)的大量死亡，而这种细胞死亡要求一定的基因表达。幼体器官的缩小和退化如蝌蚪尾的消失是通过PCD实现的；成人体内骨髓和肠每小时有10亿个细胞凋亡；脊椎动物的神经系统在发育过程中约有50%的细胞凋亡用以调节神经细胞的数量；还有胎儿手和足的成形过程，胚胎时期的手和足呈铲状，以后指和趾之间的细胞凋亡，才逐渐发育成成形的手和足；淋巴细胞的克隆选择过程中也有细胞凋亡，另外各种杀手免疫细胞对靶细胞的攻击并引起的死亡也是细胞凋亡。

海星的腕并非中间部分细胞凋亡形成的。鸟类的红细胞无排核过程，因此与细胞凋亡并无关系。 答案：BCE。

82 下列哪些是细胞衰老的特征？( )(多选)

A. 细胞无限分裂　　B. 水分减少，体积变小

C. 结构出现畸形　　D. 酶活性降低

E. 色素积累　　F. 易分散转移

G. 呼吸速度减慢　　H. 膜透性改变

解析 细胞在衰老的过程中会发生一系列功能和结构的退行性变化，如水分减少，体积变小；多数酶活性降低；脂褐素积累；呼吸速率减慢；膜透性改变，物质运输能力降低等。细胞衰老时结构改变但非畸形。A、C、F选项为癌细胞的特点。 答案：BDEGH。

83 Hayflick界限是指( )。(单选)

A. 细胞最大分裂次数　　B. 细胞最大分裂速度

C. 细胞最小分裂次数　　D. 细胞最适分裂次数

解析 Hayflick界限与细胞分裂中线性DNA链末端的端粒区域长度缩短有关。随着细胞分裂中DNA复制的次数增多，端粒不断缩短，直到不足以继续维持稳定，将导致细胞无法分裂，开始凋亡，即端粒起到分裂时的分子钟作用。一般正常的人类胎儿细胞体外培养的最多分裂次数为40～60次。当细胞恶性转化时可突破Hayflick界限。 答案：A。

84 细胞中合成的caspase以无活性的酶原形式存在，它们如何被切割并活化？（　　）(单选)

A. 将N端的肽段切除　　B. 从两个亚基连接区的天冬氨酸位点切割

C. 将C端的肽段切除　　D. 从两个亚基连接区的赖氨酸位点切割

解析 Caspase指含半胱氨酸的天冬氨酸蛋白水解酶(cysteinyl aspartate specific proteinase)，在激活后能在靶蛋白特异天冬氨酸残基部位进行切割。细胞中存在起始凋亡和执行凋亡的不同caspase，在没有被激活时以酶原的形式存在。在激活过程(图13)中，起始胱天蛋白酶(initiator caspase)N端的接头蛋白结合域与接头蛋白结合，促使无活性的单体起始胱天蛋白酶二聚化，导致其C端蛋白酶功能域被切割活化(在天冬氨酸位点上切割产生大小亚基，然后组装成有活性的异源四聚体)。之后通过类似的切割方式完成下游caspase级联激活。**答案：B。**

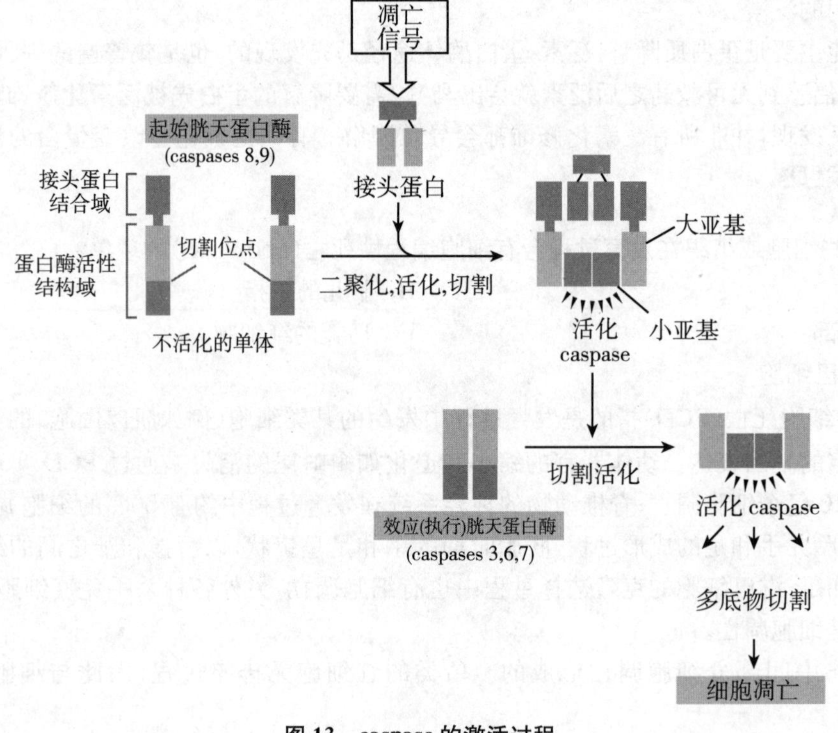

图13　caspase的激活过程

85 细胞凋亡的一个重要特点是（　　）。(单选)

A. DNA随机断裂　　B. DNA发生核小体间的断裂

C. 70S核糖体中的rRNA断裂　　D. 80S核糖体中的rRNA断裂

解析 凋亡细胞中核酸内切酶活化，将核小体核心外的较裸露的连接DNA可控降解，以约200 bp长度为单位切割DNA，电泳条带成特征性梯状条带。作为单选题，本题选B。但事实上，研究表明，酵母暴露于已知凋亡诱导物(如过氧化氢)中时，核糖体大亚基的25S、8.5S rRNA也会广泛降解。因此D也对。**答案：B。**

参考文献

[1] Mroczek S, Kufel J. Apoptotic Signals Induce Specific Degradation of Ribosomal RNA in Yeast [J]. Nucleic Acids Res., 2008, 36(9): 2874.

86 与衰老无关的是（　　）。(单选)

A. 自由基　　B. 端粒　　C. 代谢废物沉积　　D. DNA随机降解

E. 抑癌基因

解析 与细胞衰老有关的学说包括代谢废物沉积、自由基攻击、端粒钟、衰老基因以及重复基因失活等。抑癌基因可以控制细胞周期进程，在一定病理条件下使细胞不可逆脱离分裂周期，走向衰老。DNA随机降

解与衰老无关，是细胞坏死的特征。　**答案：D。**

87　自由基在体内有解毒作用，但更多的是有害作用，主要表现为(　　)。(多选)

A. 使生物膜的不饱和脂肪酸发生过氧化，形成氧化脂质，使膜的流动性降低

B. 使 DNA 发生氧化破坏或交联，使核酸变性，扰乱 DNA 的正常复制与转录

C. 与蛋白质发生交联变性形成无定形沉淀物，降低酶活性和导致机体自身免疫

D. 加速细胞衰老

解析 自由基反应可如选项所述导致脂质过氧化、DNA 损伤、蛋白质沉积等，导致衰老以及人体正常机能损害等。　**答案：ABCD。**

88　下面有关 *p53* 的描述中错误的是(　　)。(单选)

A. *p53* 是肿瘤抑制基因，产物主要存在于细胞核中

B. *p53* 基因是人肿瘤有关基因中突变频率很高的基因

C. 将 *p53* 重新导入已转化的细胞中，可能使生长阻遏，也可以使细胞凋亡

D. 细胞凋亡肯定依赖于 *p53* 基因产物积累

解析 *p53* 是重要的抑癌基因，在 50%以上的癌症病例中发现该基因的突变，主要作为转录调节因子起作用，可使有死亡或病变危险的细胞停止分裂或走向凋亡。*p53* 产物的积累可以促进细胞凋亡通路中的 BH3-only 蛋白如 Puma、Noxa 等合成，加速细胞凋亡，但不是细胞凋亡的必要条件。　**答案：D。**

89　心肌中，钙离子可以通过下列哪个选项在毗邻细胞间自由移动？(　　)(单选)

A. 紧密连接蛋白　　B. 细胞间隙连接　　C. 钙泵　　D. 胞间连丝

解析 间隙连接(gap junction)，或称缝隙连接，是一种细胞与细胞之间的连接。它连接细胞的胞质，允许较小的分子自由通过。形成间隙连接的细胞膜上各有一个连接子(connexon)，相对而形成一个对称的结构。动物细胞的间隙连接与植物细胞的胞间连丝相似，但并非胞间连丝结构！间隙连接在心肌中扮演重要角色。通过电耦合，心肌的所有肌细胞可同步动作。心肌中的钙离子是通过间隙连接在细胞间移动的。　**答案：B。**

90　一些古细菌具有叫做"插管"(cannulae)的结构，这种结构是由连接着细胞的糖蛋白构成的中空小管。有推测认为，这些插管允许营养物质和通信因子在古生菌的细胞间交换。如果事实确实如此，下列哪个选项与插管的情况最为类似？(　　)(单选)

A. 细菌的微管　　B. 古细菌的钩子(hami)

C. 动物细胞中的紧密连接　　D. 植物细胞中的胞间连丝

E. 动物细胞的微管

解析 胞间连丝使直接的、可控的、共质体的细胞间的物质运输成为可能。

插管(cannulea)是古细菌表面直径 25 nm 的空心管道，是细胞之间交流的通道。

钩子(hami)是古细菌表面细胞膜上锚定的钩子，用于附着在各种基质上。插管和钩子都是古细菌具有而细菌没有的结构。　**答案：D。**

91　组织具有自由面，细胞之间形成紧密连接的为哪种组织？(　　)(单选)

A. 上皮组织　　B. 疏松结缔组织　　C. 神经组织　　D. 肌肉组织

E. 血液

解析 上皮组织由密集的细胞和少量细胞间质组成，在细胞之间又有明显的连接复合体，一面向着外界和腔隙，称为游离面，另一面则借着基膜与深部结缔组织连接。因游离面与基底面的结构、分化不同，故上皮细胞具有极性。　**答案：A。**

92　下列有关动物细胞细胞外基质(extracellular matrix，ECM)与细胞黏附分子(cell-adhesion molecules，CAM)的叙述中正确的是(　　)。(多选)

A. CAM 能作为细胞的表面受体　　B. CAM 会参与发炎反应的发生

C. ECM 具有加强组织韧性与强度的功能　　D. ECM 的主要成分包括纤维蛋白(fibronectin)

E. ECM 的成分会诱导细胞分化(differentiation)发生

解析 细胞黏着分子(CAM)是细胞识别和黏着的分子基础，它们都是整合膜蛋白，介导细胞与细胞之间的黏着或细胞与胞外基质的黏着。CAM 中的整合素(integrins)可作为细胞的表面受体，接受外来分子刺激影响胞内环境，进而影响细胞变化，因此 A 正确。选择素参与白细胞与血管内皮细胞之间的识别与黏着，帮助白细胞经血流进入炎症部位，因此 B 正确。

细胞外基质是由细胞分泌的蛋白质和多糖构成的细胞外结构。动物细胞的胞外基质成分主要有三种类型：① 纤维结构蛋白，包括胶原和弹性蛋白，分别赋予胞外基质强度和韧性；② 蛋白聚糖，由蛋白质和多糖共价形成，具有高度亲水性，从而赋予胞外基质抗压的能力；③ 粘连糖蛋白，包括纤连蛋白和层粘连蛋白，有助于细胞粘连到胞外基质上。因此 C、D 正确。

研究表明 ECM 的硬度/弹性可以诱导间充质干细胞(mesenchymal stem cells, MSC)向神经细胞、肌细胞、脂肪细胞、骨细胞等方向分化(图 14)，其对环境硬度/弹性(剪切模量/弹性模量)的感知是通过细胞骨架尤其是微丝来实现的，因此 E 也正确。　答案：ABCDE。

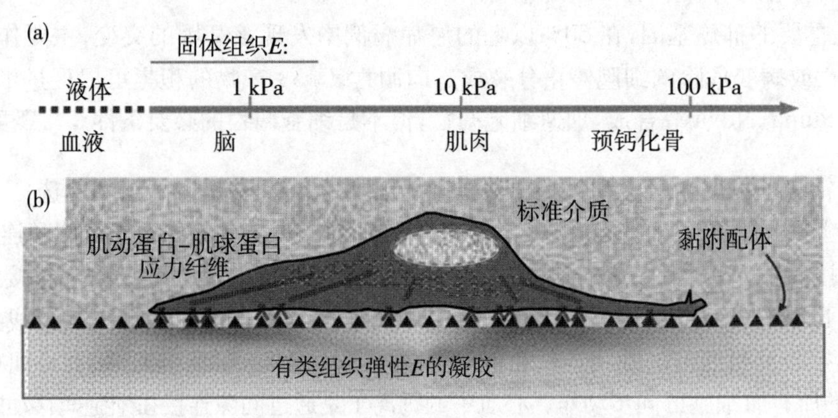

图 14

参考文献

[1] Du J, Chen X, Liang X, et al. Integrin Activation and Internalization on Soft ECM as a Mechanism of Induction of Stem Cell Differentiation by ECM Elasticity[J]. PNAS, 2011, 108(23): 9466.

[2] Zajac A L, Discher D E. Cell Differentiation through Tissue Elasticity-Coupled, Myosin Driven Remodeling[J]. Curr. Opin. Cell Biol., 2008, 20(6): 609.

[3] De Santis G, Lennon A B, Boschetti F, et al. How Can Cells Sense the Elasticity of a Substrate? An Analysis Using a Cell Tensegrity Model[J]. Eur. Cell Mater., 2011, 22: 202.

93 位于上皮基底层细胞基底部的细胞连接是(　　)。(单选)

A. 紧密连接　　B. 黏合带　　C. 桥粒　　D. 半桥粒

E. 间隙连接

解析 上皮基底层基底部通过半桥粒与胞外基质基膜连接，将上皮细胞锚定在基膜上。　答案：D。

94 使组织具有抗压性的细胞外基质成分是(　　)。(单选)

A. 胶原　　B. 蛋白聚糖　　C. 弹性蛋白　　D. 纤粘连蛋白

E. 层粘连蛋白

解析 胶原蛋白作为多数组织中细胞外基质的骨架提供刚性和抗张力；弹性蛋白赋予细胞外基质弹性；蛋白聚糖能结合大量的水分子形成多孔水合胶体，填充到细胞外基质中，使组织具有抗压、保水的作用。答案：B。

95 胶原分子中构成 α 螺旋肽链的三肽重复序列是(　　)。(单选)

A. 甘氨酸—脯氨酸—羟赖氨酸或羟脯氨酸　B. 甘氨酸—赖氨酸—脯氨酸

C. 甘氨酸—蛋氨酸—脯氨酸　D. 色氨酸—蛋氨酸—精氨酸

E. 精氨酸—甘氨酸—天冬氨酸

解析 胶原纤维的基本结构单位为原胶原,原胶原由 3 条 α 链右手螺旋盘绕成三股螺旋结构。α 链的氨基酸序列独特,具有 Gly—X—Y 三肽重复序列,其中 X 常为脯氨酸,Y 常为羟脯氨酸或羟赖氨酸。

答案:A。

96 在下列连接方式中,哪一个不具有细胞通信作用?(　　)(单选)

A. 桥粒连接　B. 间隙连接　C. 胞间连丝　D. 化学突触

E. 电突触

解析 间隙连接即电突触,和植物中的胞间连丝一样可直接沟通相邻两细胞的细胞质。化学突触没有形成细胞的直接连通,通过电信号转化学信号再转电信号的方式完成信息传递。以上都为通信连接。桥粒连接为锚定连接,没有通信功能。　**答案:A。**

97 下述哪些细胞间存在丰富的紧密连接?(　　)(多选)

A. 各种腔道和腺体的上皮细胞间　B. 心肌细胞间

C. 脑组织的毛细血管内皮细胞间　D. 睾丸组织的支持细胞间

E. 肝细胞间

解析 紧密连接常存在于上皮细胞间,阻止可溶性物质从上皮细胞层一侧扩散到另一侧,同时维持上皮细胞的极性。此外还存在于血管内皮细胞间,尤其在大脑毛细血管形成血脑屏障,阻止可溶性水分子、离子、药物等进入大脑,保持大脑内环境稳定。同理在睾丸组织的基底膜之间形成紧密连接,与基底膜、管周细胞共同形成血睾屏障,起到类似的维持曲细精管内环境稳定的作用。　**答案:ACD。**

98 有关黏合斑的描述正确的是(　　)。(多选)

A. 位于细胞与细胞外基质间　B. 黏合斑的跨膜连接蛋白为整联蛋白

C. 连接的细胞骨架成分为肌动蛋白　D. 属于封闭连接

E. 属于锚定连接

解析 黏合斑由整联蛋白作为跨膜蛋白介导细胞与胞外基质间的结合,细胞内连接的细胞骨架成分同黏着带一样,都是肌动蛋白,属于锚定连接。　**答案:ABCE。**

99 能观察到核仁的是下列选项中哪一时期的细胞?(　　)(单选)

A. 减数分裂中的细胞　B. 高度木质化的植物细胞

C. 凋亡中的细胞　D. 老化的动物细胞

E. 正在伸长生长的植物细胞

解析 减数分裂的细胞核仁消失了;高度木质化的细胞一般变成了死细胞,没有核和核仁;凋亡中的细胞核质浓缩,核膜、核仁破碎;老化的动物细胞核仁也比较小,因为核仁的大小和细胞新陈代谢的旺盛程度有关系,蛋白质合成旺盛、活跃生长的细胞(如分泌细胞、卵母细胞)的核仁大,而新陈代谢不旺盛的细胞(如肌肉细胞、休眠的植物细胞)的核仁很小;E 选项是生长中代谢旺盛的细胞,所以是正确答案。　**答案:E。**

100 当对比植物细胞和动物细胞的有丝分裂时,下列选项中,哪项总结了主要的区别?(　　)(单选)

A. 植物细胞通常不经历细胞分裂的后期

B. 植物细胞和动物细胞的有丝分裂阶段没有什么区别

C. 植物细胞的有丝分裂在中期和后期的时间比动物细胞长

D. 动物细胞的有丝分裂在中期的时间比植物细胞长,而且动物细胞缺少植物细胞具有的纺锤丝

E. 植物细胞在有丝分裂末期与动物细胞不同，而且不用中心体形成纺锤体系统

解析 植物细胞有丝分裂不同于动物细胞，有如下特点：没有中心体，不形成星状体。植物细胞有细胞壁，所以胞质分裂不能形成分裂沟。取而代之的是细胞板在末期形成，在原中期赤道面的位置横跨细胞。在末期，来源于高尔基体的膜性囊泡迁移至细胞中心，即曾经的赤道面，后融合形成细胞板。生长中的细胞板与已有的细胞质膜融合，产生两个子细胞，每个有自己的细胞质膜，一个新的细胞壁在细胞板的两层膜之间形成。

动、植物细胞有丝分裂的不同见表1。

表1 动、植物细胞有丝分裂的不同

动物细胞的有丝分裂	植物细胞的有丝分裂
1. 中心体有参与	1. 大多无中心体
2. 形成星状体	2. 没有星状体形成
3. 胞质分裂通过细胞质的缢裂发生	3. 胞质分裂通过细胞板的形成发生
4. 全部组织体都发生	4. 主要发生在分生组织中

答案：E。

101 将某种哺乳动物的细胞培养在适当条件下时，其细胞周期约为 24 h，其中 G_1 期为 10 h，G_2 期为 4 h，M 期为 2 h。但是，观察这一细胞集团后，发现其中含有不同时期的细胞。将这些细胞在含有可阻断 DNA 聚合酶的阿非迪霉素的培养基中培养 24 h，之后将其转移到不含阿非迪霉素的培养基中。请推测在将细胞转移到不含阿非迪霉素的培养基中后，经过多长时间，大多数细胞中将会出现凝聚的染色体。请从 A～G中选择最可能的时间：(　　)。(单选)

A. 2 h　　B. 4 h　　C. 8 h　　D. 10 h
E. 12 h　　F. 14 h　　G. 24 h

解析 细胞周期的顺序是 $G_1 \to S \to G_2 \to M$。S 期是 DNA 合成期，DNA 合成需要 DNA 聚合酶。加入阿非迪霉素阻断 DNA 聚合酶的作用后，处于 G_1、G_2、M 期的细胞进入 S 期后中止细胞周期。之后，若再将其放到没有阿非迪霉素的培养基中进行培养，这些细胞就会进入 S 期，再经 G_2 期到 M 期。出现浓缩的染色体的是 M 期(分裂期)的前期。由题干可知，整个细胞周期为 24 h，G_1 期为 10 h，G_2 期为 4 h，M 期为 2 h，因此 S 期是 8 h。于是将细胞转移到没有阿非迪霉素的培养基中进行培养后，从进入 S 期到出现浓缩染色体的 M 期前期共需要 $8+4=12$ h。　答案：E。

利用流式细胞仪，测定人工培养的增殖中的人类细胞(Hela 细胞)中各细胞的 DNA 含量，将单个细胞中所含的 DNA 量与细胞中 DNA 含量为这一值的细胞总数的关系表示在图 A 中。在一般条件下培养的 Hela 细胞虽然细胞周期并不同步，但细胞周期的长度固定在 16 h(即任何一个细胞完成一个细胞周期都需要16 h)。回答 102、103 题。

102 药物阿非迪霉素可以抑制 DNA 聚合酶的活性。向含有 Hela 细胞的培养体系中连续 24 h 施加阿非迪霉素后，上述单个细胞的 DNA 含量与细胞总数将呈现什么样的关系？请从图 A～F 中选择最恰当的一项：(　　)。(单选)

103 长春碱可以令细胞中的纺锤体保持在染色体排列于赤道面时的形态。向含有 Hela 细胞的培养体系中连续 24 h 施加长春碱后，上述单个细胞的 DNA 含量与细胞总数将呈现什么样的关系？请从图 A～F 中选择最恰当的一项：(　　)。(单选)

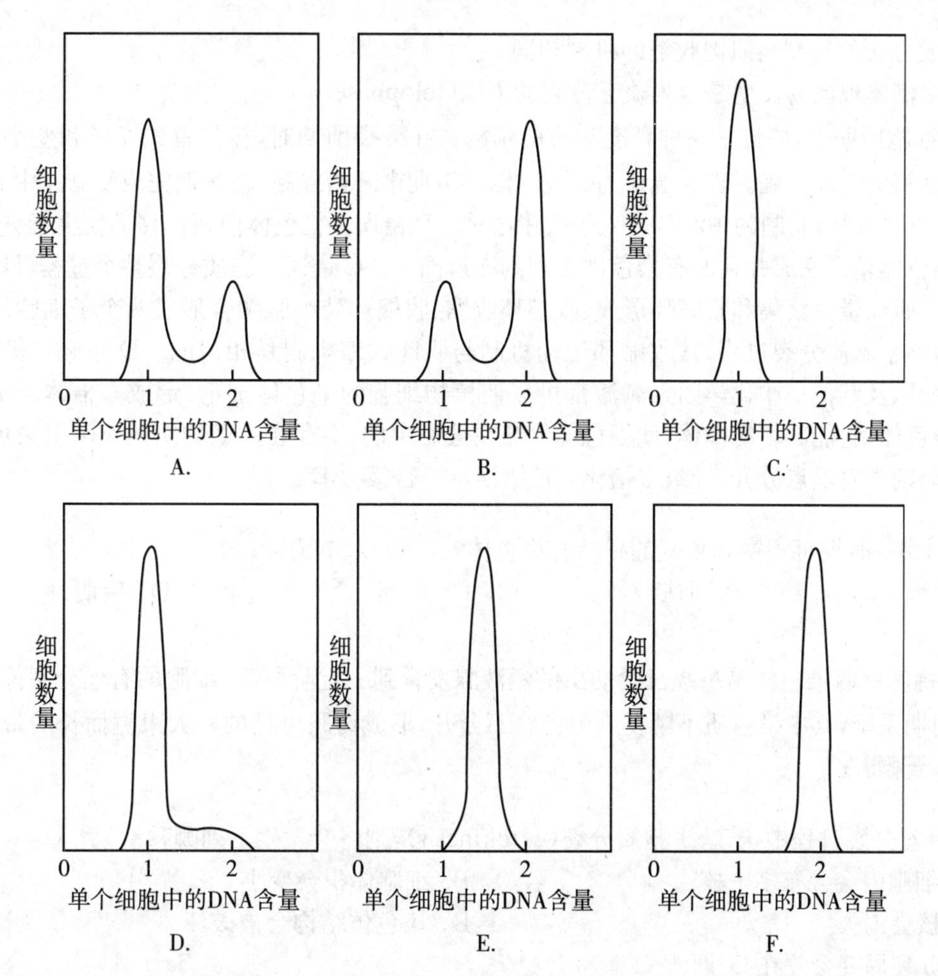

解析 题中的图表示的是用流式细胞仪分析得到的单个细胞中所含的DNA量与相应细胞数量的关系。在图A中,DNA相对含量为1的细胞处于细胞周期的G_1期,为1～2的处于S期,为2的处于G_2期到M期。

102题中的阿非迪霉素可以抑制DNA聚合酶的活性,从而阻碍DNA的复制。因此,在施加药物时处于S期的细胞会因DNA复制不完全而立刻中断细胞周期,导致DNA相对含量停留在1～2之间。而在施加药物时处于G_1期或G_2期到M期的细胞的细胞周期会继续进行,并在将要进入S期的时间点停止。因此,图会变为如图D所示。

103题中的长春碱可以令细胞中的纺锤体保持在M期中期染色体排列于赤道面时的形态。在施加药物时,不论细胞处于细胞周期哪一时间点,细胞周期都会继续进行并最终停止在M期。因此,图将会变为如图F所示。　答案:102.D;103.F。

104　已分化的肝细胞处于细胞周期中的哪个时期?(　　)(单选)

A. G_1　　B. G_2　　C. G_0　　D. M

E. S

解析 G_0期细胞也称静止期细胞,指暂时离开细胞周期,停止细胞分裂,去执行一定生物学功能的细胞。一旦收到信号指令,G_0期细胞又会快速返回细胞周期,分裂增殖。如结缔组织中的成纤维细胞。
答案:C。

105　下列有关动物细胞分裂的叙述中正确的是(　　)。(多选)

A. 核仁会在细胞分裂的前期(prophase)分散消失

B. 中心粒的复制发生于分裂的前期

C. 染色体向两极移动发生于分裂的中期(metaphase)

D. 细胞质分裂的机制与肌肉收缩的机制相同

E. 细胞多倍体现象的发生是因为缺乏分裂的末期(telophase)

解析 在细胞周期中,核仁是一种高度动态的结构。在分裂前期时,核仁首先变形和变小,然后随着染色质凝集,核仁消失。A正确。现普遍认为,中心体在G_1期末开始复制,在S期完成复制。中心体复制完成后,在G_2期分离,半保留复制的中心粒进入子代中心体。B错误。染色体向两极移动发生于分裂的后期,中期的标志是染色体整列完成并且所有染色体排列到赤道面上。C错误。胞质分裂整个过程可以归纳为分裂沟位置的确立、肌动蛋白聚集和收缩环形成、收缩环收缩、收缩环处细胞融合形成两个子细胞。肌动蛋白和肌球蛋白参与整个胞质分裂过程,其收缩环运动机制与肌肉收缩机制是相似的。D正确。机械损伤、射线辐射、温度骤变以及其他一些化学因素刺激都可以使植物细胞的染色体加倍,形成多倍体。实验中常用秋水仙素加倍染色体,它能破坏纺锤体,使染色体停滞在分裂中期,不存在后期的纺锤丝牵引染色体到细胞两极,到下一个周期中着丝点分开,导致多倍化。E错误。 答案:AD。

106 下列哪一时期可观察到果蝇的唾液腺染色体?(　　)(单选)

A. 间期　　B. 前期　　C. 中期　　D. 后期

E. 末期

解析 果蝇唾液腺染色体是果蝇三龄幼虫的唾液腺发育到一定阶段后,细胞的有丝分裂停留在间期,构成一个永久间期系统,其中染色质不断复制但产物不分开,形成肉眼可见的一大束宽而长的带状物,又称多线染色体。 答案:A。

107 在有丝分裂过程中,若缺少胞质分裂(cytokinesis),则将会发生下列哪种结果?(　　)(单选)

A. 单一细胞内会含有多个核　　B. 细胞体积会变小

C. 细胞核会消失　　D. 染色体结构会被破坏

E. 细胞分裂周期会停在G_1期

解析 有丝分裂分为核和染色体的分裂与胞质分裂。有丝分裂中染色体复制并在有丝分裂后期完全分离,形成两个和原细胞核相同的新细胞核,此时如果没有进行胞质分裂,后果是两个核会存在于一个细胞内。这种现象在生物界很常见,如植物胚乳发育中的核型胚乳的形成(在胚乳发育早期,只有细胞核分裂而不形成新的细胞壁,会形成一个拥有很多个核的细胞)和果蝇早期胚发育(精卵细胞核融合后,细胞核很快连续同步有丝分裂,但是这些细胞核处在同一细胞膜里,可以说这是个多核细胞胚胎)。 答案:A。

108 端粒酶具有(　　)端粒尺寸的作用,并且其功能通常在癌变中(　　)。(单选)

A. 维持,减弱　　B. 维持,增强　　C. 缩小,减弱　　D. 缩小,增强

解析 端粒酶可以通过逆转录延长端粒序列,抵消复制导致的末端缺失,因此具有维持端粒尺寸的作用。癌变后组织细胞的端粒酶活性增强,细胞获得永生(无限增值能力)。 答案:B。

109 在多种癌细胞中,*p53* 基因的功能都丧失了。野生 *p53* 基因最有可能是一种(　　)。(单选)

A. 原癌基因　　B. 抑癌基因

C. 细胞周期的正调节蛋白　　D. DNA复制所需基因

解析 抑癌基因也称为抗癌基因,是正常细胞中存在的基因。在被激活的情况下它们具有抑制细胞增殖的作用,但在一定情况下被抑制或丢失后可减弱甚至消除抑癌作用。正常情况下它们对细胞的发育、生长和分化的调节起重要作用。根据题意,*p53* 就是这样的抑癌基因。事实上,抑癌基因 *p53* 在大多数的人类癌症如白血病、淋巴瘤、肉瘤、脑瘤、乳腺癌、胃肠道癌及肺癌等中呈失活现象,其突变可见于高达50%以上的人类癌症之中,它是人类恶性肿瘤中最常见的基因改变。 答案:B。

110 当一个细胞的DNA受损后,该细胞分裂时有可能发展成为癌细胞。下列选项中,哪个在阻止细胞发展成癌细胞的过程中最为重要?(　　)(单选)

A. 细胞分裂周期(cdc)突变　　B. *p53* 基因超突变(hypermutation)

C. 着丝点选择性　　D. G_1/S 和 G_2/M 检测点

E. M 周期检测点

解析　DNA 所受的损害以及其他外部因素会在 G_1 检测点被评估;如果情况不乐观,细胞将不会继续到达分裂间期的 S 期。G_2 检测点确保所有的染色体都被复制,并且复制的 DNA 在细胞进入有丝分裂前不会受损。超突变(hypermutation)指发生非常高频率的点突变。　答案:D。

111　下列有关癌细胞的叙述中正确的是(　　)。(多选)

A. 细胞不再进行分裂　　B. 细胞分裂周期的调控不正常

C. 细胞内信息传递的调控不正常　　D. 细胞内基因的表现与正常细胞不同

E. 细胞内染色体数目一定比正常细胞多

解析　动物体内细胞分裂调节失控而无限增殖的细胞称为肿瘤细胞,具有转移能力的肿瘤称为恶性肿瘤,目前癌细胞已作为恶性肿瘤细胞的通用名称。其主要特征是:① 细胞生长与分裂失控;② 具有浸润性和扩散性;③ 细胞间相互作用改变;④ 蛋白表达谱系或蛋白活性改变;⑤ mRNA 转录谱系改变。因此 B、C、D 对,A 错。癌细胞应为细胞分裂调节失控的细胞,其染色体数目可能发生改变,也可能不变,E 错。答案:BCD。

112　下列有关癌细胞的叙述中正确的是(　　)。(多选)

A. 无法合成 DNA

B. 细胞密度高的环境中,癌细胞仍可继续进行细胞分裂

C. 细胞分裂周期中,缺乏 G_1 时期

D. 细胞分裂周期中,缺乏 G_2 时期

E. 可通过循环系统转移至其他器官

解析　癌细胞是恶性肿瘤细胞的通用名称,其主要特征有:

① 细胞生长与分裂失去控制。癌细胞并非不能合成 DNA,也不是分裂周期缺乏 G_1 或 G_2 时期,而是细胞核质比例加大,分裂速度加快,结果破坏了正常组织的结构与功能。

② 具有浸润性和扩散性。癌细胞的细胞间黏着性下降,具有浸润性和扩散性,易于浸润周围健康组织,或通过血液循环或淋巴转移并在其他部位黏着或增殖。E 正确。

③ 细胞间相互作用改变。在转移过程中,除了会产生水解酶类,还会异常表达某些膜蛋白,以便于别处细胞黏着或继续增殖。

④ 表达谱改变或蛋白质活性改变。

⑤ 体外培养的恶性转化细胞与正常细胞不同的是:正常细胞生长到彼此相互接触时,其运动和分裂活动将会停止,即所谓接触抑制,但癌细胞失去了运动和分裂的接触抑制,在细胞密度高的培养基中,癌细胞仍可以不断分裂。B 正确。　答案:BE。

113　成熟促进因子(MPF)是在(　　)合成的。(单选)

A. G_1 期　　B. S 期　　C. G_2 期　　D. M 期

解析　MPF 促进细胞从 G_2 期向 M 期转变,由 CDK1 和 cyclinB 组合而成,其中 cyclinB 在 G_2 期积累。答案:C。

114　当 DNA 损伤时,以下哪一种蛋白作为转录因子,能引起 *p21* 的表达(p21 抑制 G_1-S 期 CDK 的活性,使细胞周期阻断)?(　　)(单选)

A. cdc28　　B. p53　　C. Rb　　D. E2F

解析　DNA 损伤可激活 p53,促进 *p21* 基因转录,阻止细胞周期进程(图 15)。正常情况下有活性的 Rb 会抑制 E2F,在激活的 G_1-CDK 的作用下,Rb 失活,释放出 E2F,推动细胞周期向 S 期转变。Cdc28 为

芽殖酵母中参与调节 G_1/S 和 G_2/M 转换的 CDK。 答案:B。

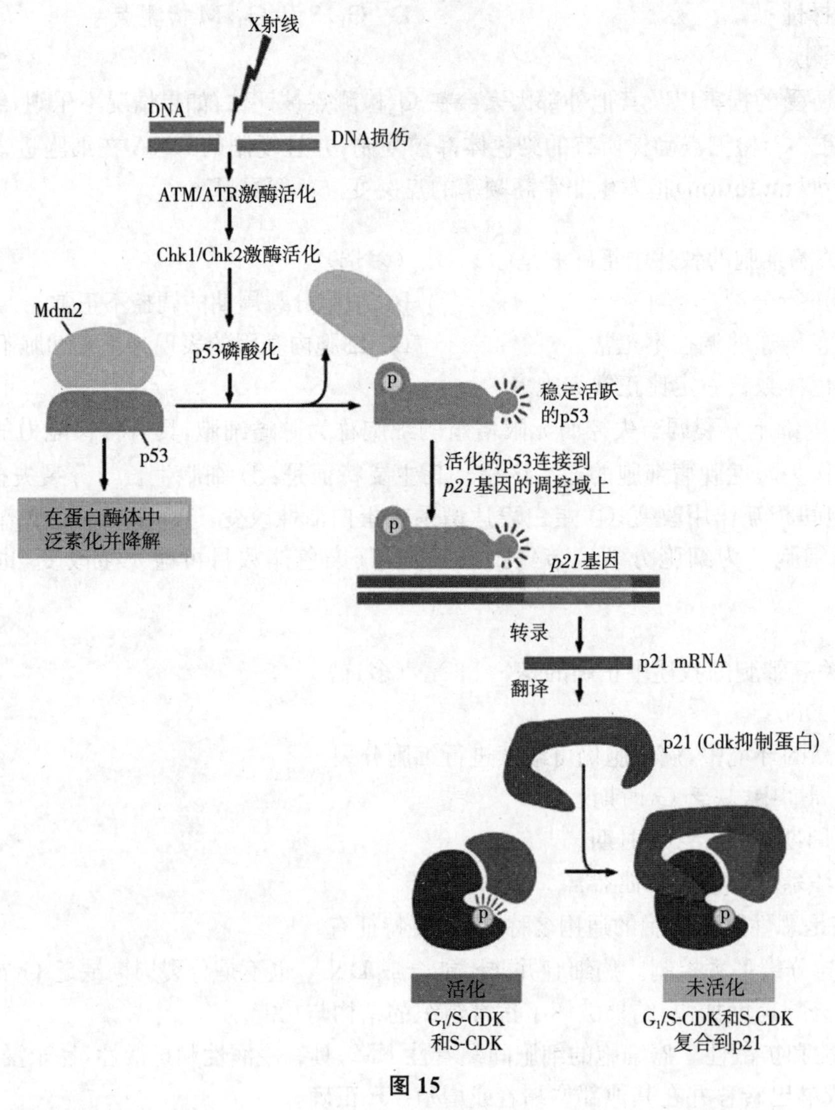

图 15

115 CDK1 激活的条件是(　　)。(多选)

A. 结合 cyclin B　　B. Thr14 和 Tyr15 磷酸化
C. Thr14 和 Tyr15 去磷酸化　　D. Thr161 磷酸化
E. Thr161 去磷酸化

解析 CDK1 和 cyclinB 组装在一起构成 M-CDK,推动细胞周期进入 M 期,并主要通过磷酸化调节激酶活性。当 CDK1 与 cyclinB 结合时,CDK1 部分激活,活性位点旁 161 位 Thr 磷酸化时全面激活。此外当 Thr14 和 Tyre15 被磷酸化抑制后,整个 M-CDK 无活性,所以只有当 CDK1 结合 cyclinB,并加上激活性磷酸化,去掉抑制性磷酸化时才能被完全激活。 答案:ACD。

116 cdc25 表达不足,细胞将(　　)。(单选)

A. 过度生长　　B. 过早分裂　　C. 分裂速度过快　　D. 脱离细胞周期

解析 cdc25 的作用为解除 M-CDK 抑制性磷酸化,推动细胞周期进程,表达不足将导致细胞进入 M 期延后,生长过度。 答案:A。

117 将 MPF 注射到 G_1 期的细胞内,则 G_1 期细胞的染色体开始(　　)。(单选)

A. 解旋　　B. 复制　　C. 凝缩　　D. 分离

解析　MPF 导致早熟染色体凝聚，使细胞分裂间期的染色质发生不同程度的凝集。　**答案：C。**

118　原癌基因的哪些突变可以引起肿瘤？(　　)(多选)

A. 基因删除　　B. 基因扩增　　C. 低甲基化　　D. 点突变

E. 强启动子或增强子插入基因调控区　　F. 易位到活跃转录基因的下游

解析　所有可能提高原癌基因表达量或表达产物活性的突变都可以。　**答案：BCDEF。**

119　下列属于细胞癌变的机理的是(　　)。(多选)

A. 原癌基因发生突变　　B. 抑癌基因发生突变

C. 都是由致癌因子诱导的　　D. 是衰老的必然结果

解析　细胞癌变的根本原因是原癌基因与抑癌基因的突变，DNA 的突变可以由致变剂诱导，也可以是自发突变，衰老不必然导致癌变。　**答案：AB。**

第3章 微生物学

1 列文虎克是什么学科的鼻祖？(　　)(单选)

A. 现代植物学　　B. 微生物学　　C. 分子生物学　　D. 纳米技术

解析 列文虎克(1632～1723)是商人、科学家,生于荷兰代尔夫特。他被尊为“微生物学之父”,是第一个微生物学家。他的贡献包括改良了显微镜,建立了微生物学科。使用自己手工制作的显微镜,列文虎克首先观察并描述了单细胞生物。他也是第一个记录肌肉纤维、细菌、精子和毛细血管血流显微结构的人。 答案:B。

2 生物分类的最高阶层是域(domain)。目前将所有生物区分为细菌域(Bacteria，甲)、古细菌域(Archaea，乙)和真核生物域(Eukarya，丙),此三域间的亲缘关系如图1所示,据此判断下列叙述中正确的是(　　)。(多选)

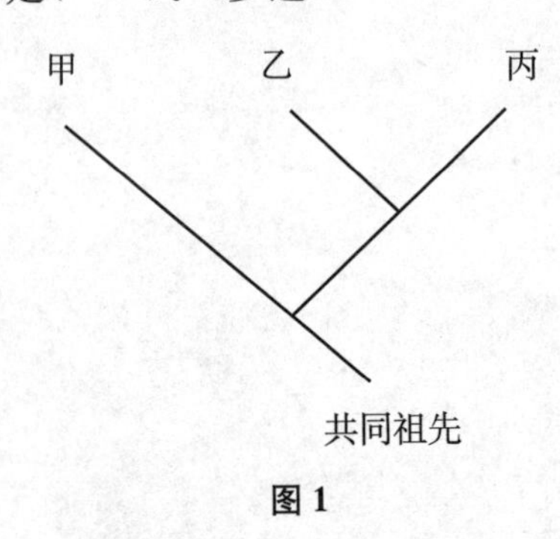

图1

A. 甲和乙同为原核生物,亲缘较近

B. 相对于共同祖先,乙和丙较晚分歧,亲缘较近

C. 由图可推知,真核生物与细菌的亲缘较远

D. 此研究的比较特征应是细胞骨架等特性

E. 比较三域生物的RNA序列,应可得到与此相似的关系

解析 乙与甲的分家较丙来的早,因此亲缘关系较远,A错,B正确。C正确,真核生物域与细菌域关系较远,与古细菌域关系较近。细菌、古细菌(如古细菌肌动蛋白,crenatin,cdvABC)和真核生物中都有细胞骨架,但是亲缘关系一般由比较rRNA确定,D错,E正确。 答案:BCE。

参考文献

[1] Fink G, Szewczak-Harris A, Löwe J. SnapShot: The Bacterial Cytoskeleton[J]. Cell,2016, 166(2):522.

3 古细菌在细胞构造上属于原核细胞形态,但是在分类上却被独立划分为古细菌域(Domain Archaea)。下列是古细菌独具的特征的是(　　)。(单选)

A. 细胞内具有内质网

B. 都是嗜高温菌(thermophiles)

C. 仅存于上古时代,现今地球上已无此类生物

D. 可产生内孢子(endospore)度过恶劣的外在环境

E. 细胞壁不含肽聚糖,而是由一种假性胞壁质(pseudomurein)构成

解析 古细菌有许多嗜极种类,如极端嗜热菌、极端嗜盐菌、极端嗜酸菌、极端嗜碱菌、产甲烷菌、嗜热细菌、嗜盐细菌等,并不全都是嗜高温菌,也有产甲烷高温古细菌(*Methanosarcina acetirorans*)。

内孢子又称芽孢,是某些种类的细菌在生长的一定阶段,细胞内形成的圆形或椭圆形、厚壁、含水量低、抗逆性强的休眠构造。能产生芽孢的主要是革兰氏阳性菌的芽孢杆菌属和梭菌属,其他属也有少数种类能产生芽孢。但是古细菌都不产芽孢。

假肽聚糖(pseudomurein)是甲烷杆菌等部分古细菌细胞壁的主要成分。其多糖骨架由*N*-乙酰葡糖胺和*N*-乙酰塔罗糖胺糖醛酸以β-1,3糖苷键交替连接而成,连在后一氨基糖上的肽尾,由L-Glu、L-Ala和L-Lys三个L型氨基酸组成,肽桥则由L-Glu一个氨基酸组成(图2)。

古细菌也没有膜细胞器,现今仍然存在。它还有一些性状是独一无二的,比如由依赖醚键构成的单层细胞膜,是非皂化的四醚,比细菌的脂双分子层更为稳定(后发现部分细菌也存在甘油四醚),流动性比脂双

层弱，适应于高温极端环境。 答案：E。

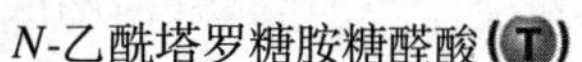

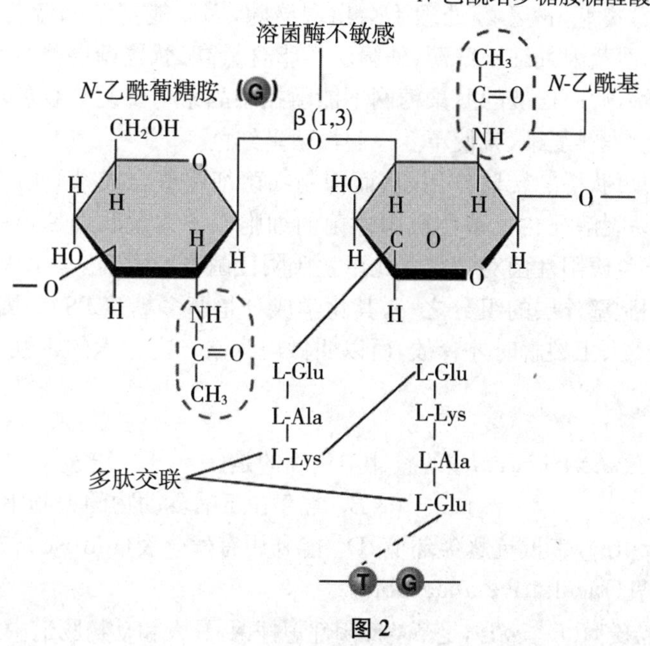

图 2

4 抗菌药物（也就是广为人知的抗生素）通过靶定细菌中的细胞组件来抑制细菌生长。下列细胞组件中，哪项不是有效抗菌药物的靶标？（　　）（单选）

A. 中心体　　B. 核糖体　　C. 细胞壁　　D. RNA 聚合酶

E. DNA 聚合酶

解析 中心体是一种真核生物细胞器，起动物细胞的主要微管形成中心的作用，并作为细胞周期进程的调节器。细菌中没有中心体，自然不能作为抗菌靶标。 答案：A。

5 下列有关于原核生物细胞的叙述中正确的是（　　）。（单选）

A. 原核生物的染色体呈直线状，且和组蛋白（histone）连接在一起

B. 原核生物缺少内膜系统

C. 原核生物的细胞结构比真核生物的细胞结构复杂

D. 原核生物的核糖体在细胞质中为 70S，在细胞器中为 80S

解析 A 选项描述的是真核生物的染色体，原核生物的 DNA 多为环状，但是由蜱传播的莱姆病（Lyme disease，LD）的病原体伯氏疏螺旋体（*Borrelia burgdorferi*，*BB*）等疏螺旋体属原核生物含线性 dsDNA。C 选项说反了。原核细胞没有细胞器。 答案：B。

6 原核细胞以有氧呼吸产生能量的过程发生在哪些部位？（　　）（多选）

A. 线粒体　　B. 细胞质　　C. 细胞膜　　D. 核糖体

E. 细胞壁

解析 原核生物无线粒体，有氧呼吸时酵解产能在细胞质基质，之后的 TCA 电子传递以及氧化磷酸化均在细胞膜进行。 答案：BC。

7 有关革兰氏阴性菌的描述中正确的是（　　）。（多选）

A. 不具细胞壁　　B. 革兰氏染色后细胞呈现红色

C. 对青霉素（penicillin）非常敏感　　D. 细胞崩解后会释出“内毒素”

E. 在细胞外具有一层外膜（outer membrane）

解析 革兰氏染色:通过结晶紫初染和碘液媒染后,在细胞壁内形成了不溶于水的结晶紫与碘的复合物。革兰氏阳性菌由于其细胞壁较厚、肽聚糖网层次较多且交联致密,故遇乙醇或丙酮脱色处理时,因失水反而使网孔缩小,再加上它不含类脂,故乙醇处理不会出现缝隙,因此能把结晶紫与碘复合物牢牢留在壁内,使其仍呈紫色;而革兰氏阴性菌因其细胞壁薄、外膜层类脂含量高、肽聚糖层薄且交联度差,在遇脱色剂后,以类脂为主的外膜迅速溶解,薄而松散的肽聚糖网不能阻挡结晶紫与碘复合物的溶出,因此通过乙醇脱色后仍呈无色,再经沙黄等红色染料复染,就使革兰氏阴性菌呈红色。

青霉素抑制肽聚糖合成中短肽桥的转肽作用,从而抑制细菌细胞壁合成,因此产生原生质体或球状体之类的细胞壁缺损的细菌,容易裂解死亡。革兰氏阳性菌的细胞壁含大量肽聚糖,革兰氏阴性菌肽聚糖含量较少,且不存在短肽桥,故革兰氏阳性菌对青霉素比革兰氏阴性菌更加敏感。

内毒素是革兰氏阴性菌细胞壁外层的组分之一,其化学成分是脂多糖(LPS)。因它在活细胞中不分泌到体外,仅在细菌死亡后自溶或人工裂解时才释放,所以叫做内毒素。内毒素的毒性一般比外毒素低很多。

答案:BDE。

8 下列有关大肠杆菌(*Escherichia coli*)的叙述中正确的是(　　)。(多选)

A. 是一种革兰氏阴性菌　　B. 常存在于哺乳动物的大肠中

C. 可产生内孢子(endospore),来抵抗恶劣环境　　D. 能利用有丝分裂(mitosis)快速地进行细胞繁殖

E. 代谢方式属于兼性厌氧(facultative anaerobic)

解析 大肠杆菌即大肠埃希氏菌(*E. coli*),是革兰氏阴性短杆菌,是人和动物肠道中的正常栖居菌。周身鞭毛、能运动,无芽孢(内孢子),代谢方式为兼性厌氧。分裂方式为横二分裂,有丝分裂是真核细胞的分裂方式。

芽孢是某些细菌的抗逆性休眠体结构,不是繁殖体,是在细胞内形成的厚壁、脱水的构造。能产生芽孢的细菌主要是革兰氏阳性的芽孢杆菌属(*Bacillus*)、梭菌属(*Clostridium*)等,大肠杆菌无芽孢。　答案:ABE。

9 下列有关放线菌(actinomyces)的叙述中正确的是(　　)。(多选)

A. 多存在于土壤,但有些会感染人类

B. 可产生细长分枝的菌丝,是真菌界(Kingdom Fungi)的成员之一

C. 目前临床上用的抗生素大部分来自放线菌

D. 所产生的抗生素可以用来治疗植物的疾病

E. 链霉素(streptomycin)和土霉素(terramycin)均由放线菌所产生,能抑制细菌细胞壁的合成

解析 放线菌是一类主要呈丝状生长和以孢子繁殖的革兰氏阳性菌,是原核生物而不是真菌(Fungi),广泛分布于含水量较低、有机物较丰富的土壤中,土壤特有的泥腥味就主要由放线菌产生的土腥味素引起。放线菌绝大多数属有益菌,极少数放线菌能引起人和动、植物病害,比如放线菌引起的慢性化脓性肉芽肿性疾病,如图3所示,病原体为以色列放线菌(*Actinomyces israelii*)。许多抗生素、抗癌剂、酶抑制剂、免疫抑制剂等都是放线菌的次生代谢产物。因此A、C正确,B不对。

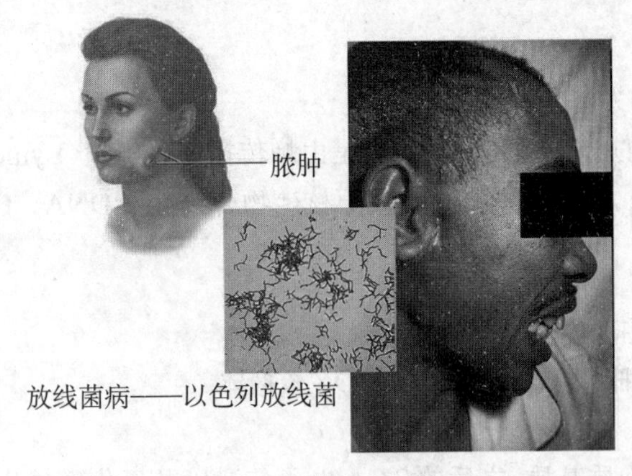

图3

抗生素如青霉素、链霉素等常常也是花卉疾病的克星,对于常见的花卉疾病如炭疽、褐斑、根茎腐病等均有效用,因此D正确。

链霉素是氨基糖苷类抗生素,与细菌30S核糖体结合,抑制肽链延伸。土霉素和30S核糖体结合,阻止氨酰-tRNA进入核糖体A位,从而抑制蛋白质合成,E错误。　答案:ACD。

参考文献

[1] Mcmanus P S, Stockwell V O, Sundin G W, et al. Antibiotic Use in Plant Agriculture[J]. An-

nu. Rev. Phytopathol., 2002, 40: 443.

10 下列分子或构造与细菌内毒素(endotoxin)有关的是( )。(多选)

A. 肉毒杆菌毒素　　　　B. lipid A

C. 革兰氏阴性菌外膜　　　　D. 革兰氏阳性菌细胞壁

E. 荚膜(capsule)

解析 内毒素是革兰氏阴性菌细胞壁外膜的组分,化学成分是脂多糖。脂多糖由类脂A、核心多糖、O-特异侧链三部分组成。内毒素在细菌死亡裂解后释放发挥毒性。

A选项肉毒杆菌毒素属于外毒素,毒性远大于内毒素,一般由革兰氏阳性菌在生活状态下释放。不过肉毒杆菌毒素是特殊的外毒素。在菌体细胞内先产生无毒的前体毒素,在细菌死亡或自溶后前体毒素游离出来,经肠道中的胰蛋白酶或细菌产生的蛋白酶激活后方具有毒性。荚膜也是多糖类物质,虽然在细菌性疫苗特别是革兰氏阴性菌为基础的荚膜多糖疫苗制品中经常会混杂脂多糖类内毒素,但荚膜本身不是内毒素。 答案:BC。

11 在下列有关"菌"的描述中,哪些说的是真菌?( )(多选)

A. 经常被用于制造酒精饮料的酵母菌　　　　B. 经常被用于食醋酿造的醋酸杆菌

C. 经常被用于制造酸奶的乳酸杆菌　　　　D. 经常被用于制造纳豆的纳豆菌

E. 导致脚气的白藓菌

解析 近代,人们认为生物分为古细菌、真细菌和真核生物三个域,其中古细菌和真细菌是没有核和线粒体等细胞器的原核生物,而拥有细胞核和线粒体等细胞器的真核生物又分为原生生物界、动物界、植物界和真菌界。植物界的特征是可以自己合成有机物,营自养生活,而动物界和真菌界的生物需要从外界获取养分。动物通过摄食获取食物并将其在消化器官内消化吸收,而真菌界的生物,例如常见的霉菌、蘑菇和酵母等,都是通过向体外分泌酶而将周围的有机物分解并吸收。真菌的身体一般由菌丝构成,但酵母菌例外,它是单细胞生物,其细胞的一部分会形成小的突起并长大,最后形成新的个体,这被称为出芽生殖。酵母菌可以进行酒精发酵,自古以来就经常被用于酒类和面包等的制造。真菌中还有能寄生在其他生物的种类,如导致脚气的白藓菌可以寄生在皮肤的角质层中。很多真菌可以引起植物类的疾病。真菌虽然和植物一样拥有细胞壁,但植物的细胞壁的主要成分为纤维素,而真菌的细胞壁的成分主要为几丁质。乳酸菌、纳豆菌和醋酸杆菌都属于细菌。乳酸菌可以通过分解葡萄糖产生乳酸获得能量(乳酸发酵)。纳豆菌是枯草杆菌的一种,被用于制造纳豆。枯草杆菌的特征是可以产生十分耐热的内生孢子。醋酸杆菌可以通过将酒精氧化为醋酸获得能量(醋酸发酵)。 答案:AE。

12 经常被用于清酒和味噌酿造的黄曲霉(*Aspergillus flavus*)是一种真菌。其菌丝可以向空气中生长,其顶端可膨大为顶囊。之后,顶囊细胞只发生核的有丝分裂而不发生胞质分裂。结果,黄曲霉的顶囊细胞将会发生什么变化?请从A~E中选择正确的一项:( )。(单选)

A. 形成无数个只含有一个细胞核的小细胞,并最终形成孢子

B. 多个染色体聚集形成巨大染色体

C. 由于无法形成核膜,因此会形成一个看似无核的巨大的细胞

D. 形成含有100多个核的巨大的顶囊细胞

E. 形成多个无核细胞

解析 真核生物的细胞在分裂时,核膜消失,形成染色体,细胞两端形成的中心体伸出管会将各染色体牵引向细胞两端,最后核膜重构,形成两个新核(有丝分裂)。同时,细胞质发生分裂,形成各自拥有一个核的两个子细胞。如果不进行胞质分裂而只进行核分裂,最后将会形成含有多个核的巨型细胞。

Aspergillus 属的霉菌可以在伸向空气中的菌丝顶端形成如图4

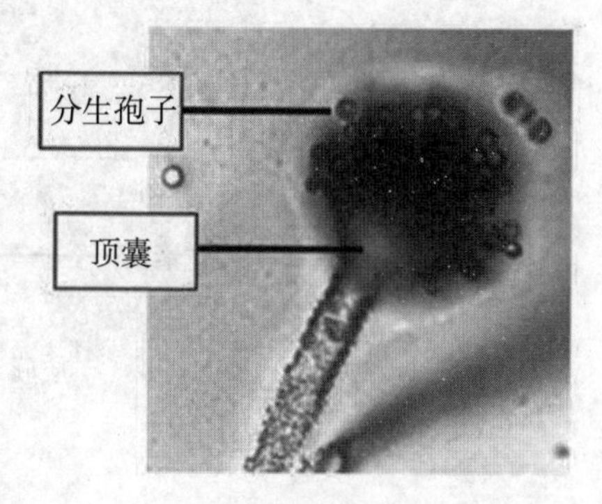

图4

所示的分生孢子头。拥有多个核的顶囊细胞会最终形成分生孢子。分生孢子虽然被称为孢子，但由于其没有经过有性生殖，因此其基因组成和亲代的细胞完全相同。成熟的分生孢子会飞散到空气中，在其他地方发芽。用于食物酿造的霉菌通常被称为曲霉，其中包括黑曲霉、白曲霉、红曲霉等。常被用于清酒、味噌和酱油酿制的黄曲霉(有时直接被称为“曲霉”)的分生孢子为黄绿色。 答案:D。

13 匍枝根霉(黑色面包霉，一种结合菌)的食物来源越来越少了。下列哪种情况最有可能由此而发生？(　　)(单选)

A. 接合孢子囊形成

B. 菌丝更多地进行无性生殖

C. 菌丝产生分生孢子(一种有色的单倍体孢子)

D. 根霉菌形成与有根植物相互作用的菌根

E. 根霉菌形成带鞭毛的游动孢子，通过水流传播

解析 我们知道，在环境比较恶劣的时候进行有性生殖可以提高种群的变异程度，从而提高种群继续存活下去的可能性，所以匍枝根霉在此时可以通过形成接合孢子囊而进行有性生殖。

匍枝根霉的生活史如下：

孢子落在基质上，萌发形成大量的匍匐菌丝。紧贴基质处的菌丝生出的假根伸进基质内吸取营养，同时假根上生出1至数条直立的孢囊梗，上面膨大形成孢子囊；孢子囊中的原生质分裂成块，每块原生质体具有2～10个核(这些核来自于孢子囊的基部的细胞)，从而形成具有多核的孢囊孢子(一种静孢子)。

有性生殖为异宗配合，在两个不同宗的菌丝一端形成多核的原配子囊，其基部具有一短的囊柄，具亲和力的+－两个配子囊相互接触，发生质配和核配，形成多数二倍体的细胞核，这个融合后的细胞称为接合孢子。

接合孢子在适宜条件下萌发，经减数分裂后形成芽管破壁而出，芽管伸长后其顶端发育成新的孢子囊，新孢子囊又称为芽孢子囊或减数分裂孢子囊，其内形成+－两种孢子，囊壁破裂后放出孢子，分别发育为±的匍枝根霉菌丝体。 答案:A。

14 下列有关真菌的叙述中错误的是(　　)。(单选)

A. 真菌通常由丝状的菌丝构成

B. 真菌细胞不具有细胞器，故近代分类多将其归属于原核生物界

C. 真菌不具有叶绿体，营寄生或腐生生活，故为生态系统中重要的分解者

D. 真菌和植物一样具有细胞壁，但细胞壁的组成成分不同

E. 黑霉菌、青霉菌和酵母菌等都是真菌

解析 真菌是真核生物，有细胞器，B选项错，其余选项均正确。真菌细胞壁一般含几丁质，植物细胞壁主要含纤维素。

此外，酵母菌细胞壁的化学组分比较特殊，主要由“酵母纤维素”组成，它类似三明治，外为甘露聚糖，内层为葡聚糖(β-1,3与β-1,6葡聚糖)，间层为一层蛋白质分子，此外壁上还含有少量类脂和几丁质(图5、图6)。 答案:B。

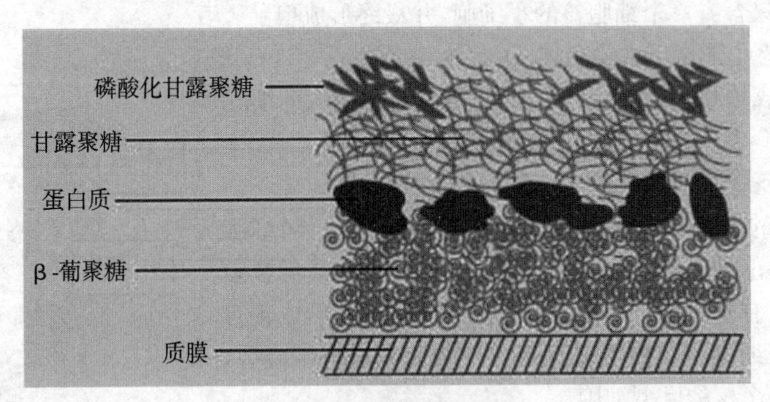

图5　酵母菌的细胞壁结构

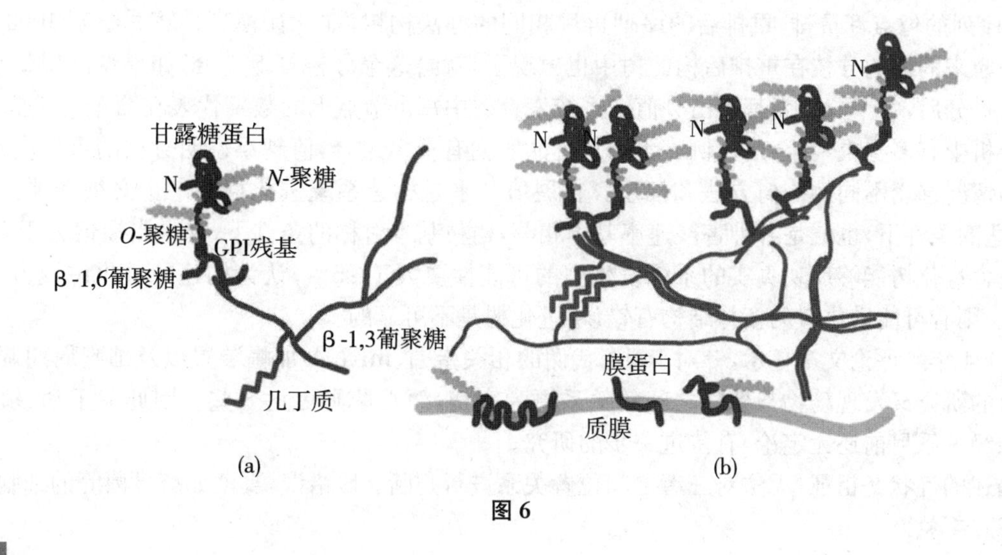

图6

参考文献

[1] Lipke P N, Ovalle R. Cell Wall Architecture in Yeast: New Structure and New Challenges[J]. J. Bacteriol., 1998, 180(15): 3735.

15 真菌被认为演化上接近于动物，而不与植物相近，其可能的原因有(　　)。(多选)

A. 真菌的细胞壁成分与植物不同，但和某些动物的部分结构成分相同

B. 真菌和动物在营养上都是异养生物，而植物是自养生物

C. 在细胞骨架的DNA序列上，真菌与动物很相像，而与植物大不相同

D. 真菌和动物都没有叶绿体或叶绿体的DNA残迹

E. 真菌和动物的细胞都没有液泡

解析　A正确，真菌细胞壁与甲壳类动物的外骨骼中都含有几丁质。B错误，植物也有寄生性的菟丝子等，并非全都是自养生物。C正确，分子系统研究表明，真菌-动物之间的亲缘关系大于真菌-植物和动物-植物，图7(a)(b)分别为α-微管蛋白与β-微管蛋白的系统图(An＝动物，Fu＝真菌，Pr＝原生生物，Pl＝植物)，其中α-微管蛋白的自展值(bootstrap)评估为100%，β-微管蛋白的为85%(未在图中显示的肌动蛋白为28%)。自展值是由Felsenstein(1985)引入分子分类领域的，现已成为分析分子树置信区间最常用的方法，可用来检验所计算的进化树分支可信度。自展值是这样计算的：先根据所选的统计计算模型，设定初始值

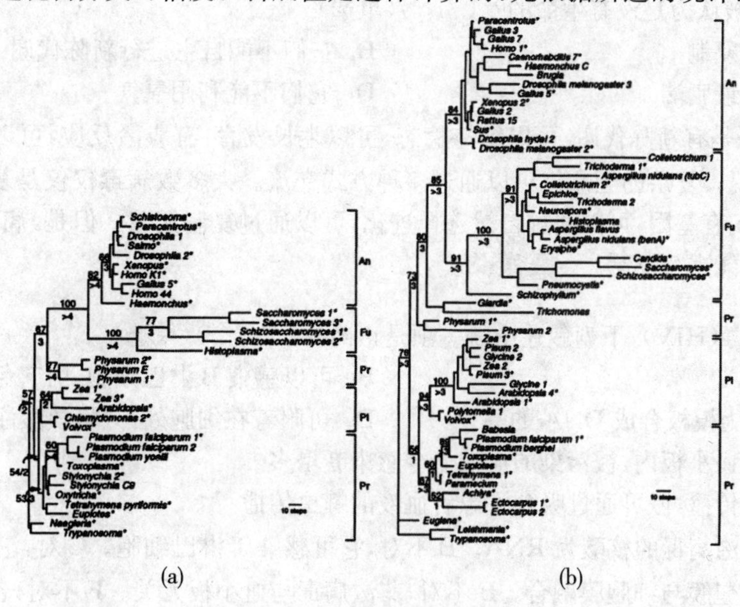

图7

1000 次，把序列的位点都重排，重排后的序列再用相同的办法构树，如此让模型计算并绘制 1000 株系统发育树。如果原来的树的分枝在重排后构的树中也出现了，就给这个分枝打上 1 分，如果没出现就给 0 分，这样给进化树打分后，每个分枝就都得出分值。系统发育树中每个节点上的数字代表在命令阶段要求的 1000 次进化树分析中有多少次，常会用比例表示。重排的序列有很多组合，值越小说明分枝的可信度越低，最好根据数据的情况选用不同的构树方法和模型。自展值几乎是构建系统进化树的一个必须选项。模拟研究表明，在合适的条件下，也就是各种替换速率基本相等，树枝基本对称的条件下，如果自展值大于 70，那么所得的系统发育进化树能够反映真实的系统发生史的可能性要大于 95%，认为构建的进化树较为可靠；如果自展值太低，则有可能进化树的拓扑结构有错误，进化树是不可靠的。

不过 2004 年的评论文章显示，针对 RNA 代谢的相关蛋白、mRNA 加帽装置以及细胞周期调控中的几个关键成分的研究又发现动物与植物之间的关系更为密切，而真菌则更远一些。因此关于动、植物以及真菌之间的亲缘关系目前还无定论，有待进一步的研究。

D 所描述的性状是祖征，无法对三者之间位置关系进行判断。E 错误，真菌如酵母菌等的细胞内含有液泡。 **答案：AC。**

参考文献

[1] Baldauf S L, Palmer J D. Animals and Fungi are Each Other's Closest Relatives: Congruent Evidence from Multiple Proteins[J]. PNAS, 1993, 90(24): 11558.

[2] Matsutani S. Question of the Animal-Plant-Fungal Divergence[J]. Genomics Proteomics Bioinformatics, 2004, 2(2): 69.

[3] Gouy M, Li W H. Molecular Phylogeny of the Kingdoms Animalia, Plantae, and Fungi[J]. Mol. Biol. Evol., 1989, 6(2): 109.

16 酵母菌(*Saccharomyces cerevisiae*)为一良好的模式生物，可用来探讨许多生命现象。下列可以使用酵母菌来进行研究的是(　　)。(多选)

A. 能量代谢　　B. 细胞运动　　C. 细胞分裂　　D. DNA 的突变与修复

E. 减数分裂

解析 A 对，酵母菌可用来研究糖酵解和柠檬酸循环。B 不对，酵母菌是多形的、不运动的单细胞微生物。C、E 对，酵母菌经减数分裂，成为遗传学研究很好的模式生物。D 对，酵母菌没有会造成研究困难的高比例非编码 DNA。 **答案：ACDE。**

17 病毒为什么被认为是没有生命的？(　　)(单选)

A. 它们不能自我复制　　B. 它们不能自主进行新陈代谢

C. 它们在食物链最底端　　D. 它们不能利用氧气

解析 生物的特征是有新陈代谢，可以维持稳态，可以生长发育，有应激反应，可以繁殖，还可以通过自然选择适应生存的环境。复杂的生命体可以通过多种方式交流。大多数病毒仅仅是复制者，而不具有典型生命具有的特征。它们有基因，可以通过自然选择进化，可以通过复制繁殖。但是，病毒不能自主进行新陈代谢，需要宿主细胞才能进行复制。 **答案：B。**

18 关于艾滋病毒(HIV)，下列叙述中哪一项是正确的？(　　)(单选)

A. 其核酸为 DNA　　B. 可以感染 B 淋巴细胞，引起免疫缺陷

C. 拥有以 RNA 为模板合成 DNA 的酶　　D. 可附着在细胞外，只将核酸注入细胞内

E. 由于可隐藏在血小板内，被污染的血液会令感染者增多

F. 无法通过蚊子传播，但可通过吸食了患者血液的蜱虫传播

解析 A 不对，艾滋病毒的核酸为 RNA。B 不对，它可感染 T 淋巴细胞。C 对，它具有逆转录酶。D 不对，艾滋病毒通过病毒包膜与细胞膜融合。E 不对，艾滋病毒与血小板无关。F 不对，包括蚊子、蜱虫在内的吸血昆虫在吸血时从不会把之前吸过的血吐出来，且艾滋病毒无法在蚊子、蜱虫体内繁殖，所以病毒数量远

远达不到能感染的水平。再者,吸血昆虫吸完一人血后需要长时间的消化过程,在该过程中艾滋病毒几乎都失去了活性,再次吸取他人血液时发生感染可能性较小。　**答案:C。**

请阅读下文,并回答19～21题。

令T4噬菌体感染培养的大肠杆菌,并用电子显微镜观察得到的溶菌液。绘制了如图8所示的模式图。A是野生型的噬菌体,由头部、尾鞘和尾丝构成。尾鞘由一条中心管道和包围着管道的外鞘构成。B～H是拥有单一变异的噬菌体感染大肠杆菌后产生的溶菌液中可观察到的电子显微结构。其中,脱离尾鞘并且呈白色的头部中没有DNA。而C～H的溶菌液自身并没有感染性,但若将其中任意两种溶菌液混合,便可从中检测出有感染性的噬菌体。

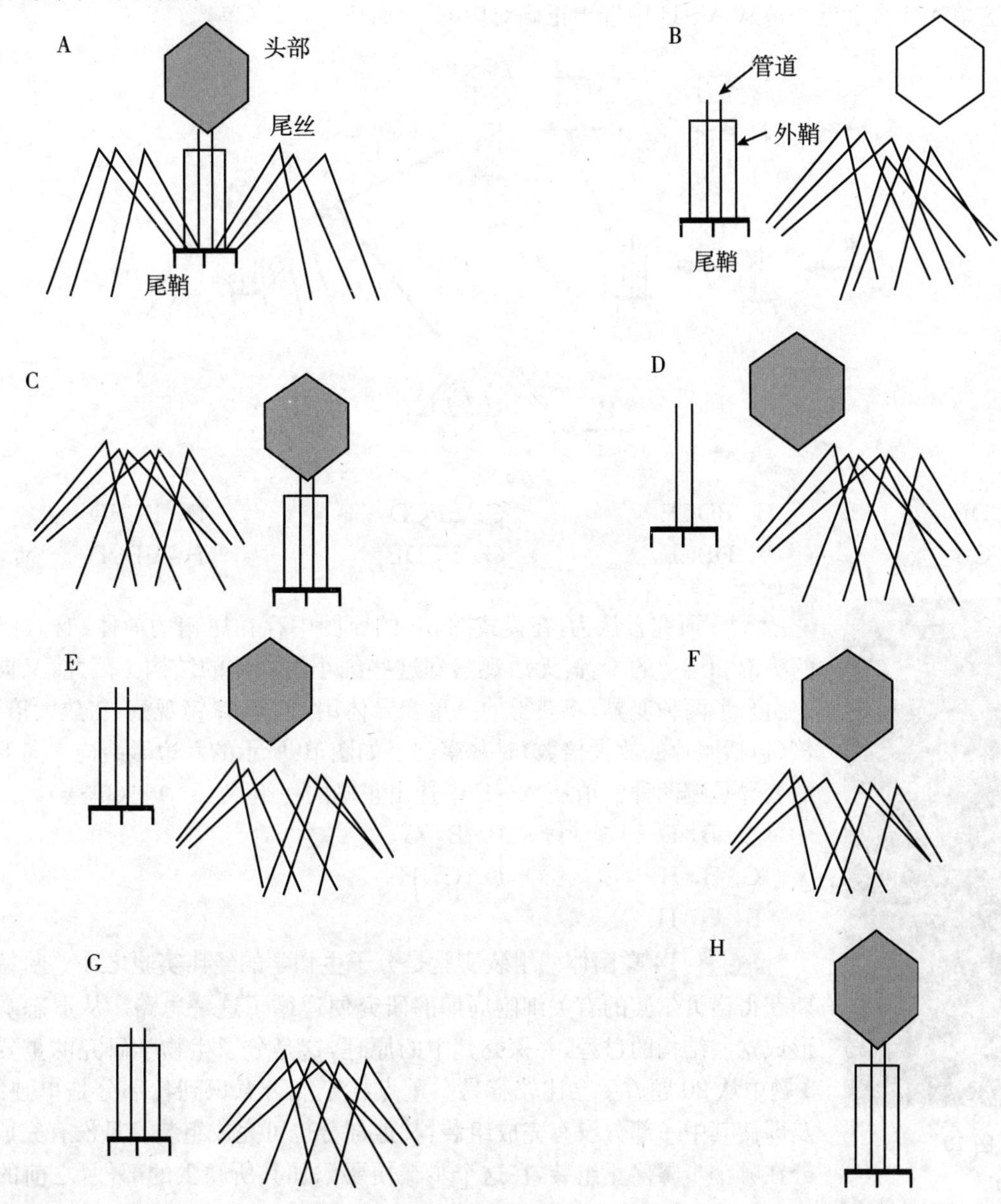

图8

19　下面的描述都是对T4噬菌体组装过程的推测。但是,其中有些猜测仅根据图8的实验结果是无法得到的,有些则明显是错误的。请从A～H中选择正确的一组推测:(　　)。(单选)

① 在头部完成组装之前不形成其他部分。

② 只要头部里面有DNA,它就可以和尾鞘结合。

③ 在尾鞘的形成过程中,先形成中央管道,之后形成鞘。

④ 即使没有头部,尾丝也可与尾鞘结合。

⑤ 头部、尾鞘和尾丝都是各自独立形成的。

⑥ 尾鞘的外鞘对于其和头部、尾丝的结合都是必不可少的。

⑦ 每种变异体的溶菌液中,除了因变异而有缺陷的成分外,其他成分均存在。

A. ①②⑥　　B. ①③⑤　　C. ②⑤⑦　　D. ②④⑥

E. ③④⑤　　F. ③⑤⑦　　G. ③⑥⑦　　H. ④⑥⑦

20 现提出,T4 噬菌体的组装过程如图 9 所示。各个箭头所表示的步骤分别对应于上一题中的变异体 B～H,如果相应步骤发生问题就会有图 8B～H 所示的中间体积累。图 9 中各箭头处的方框内(编号为 1～4)依次应填入什么字母?请从 A～H 中选出正确对应的一项:(　　)。(单选)

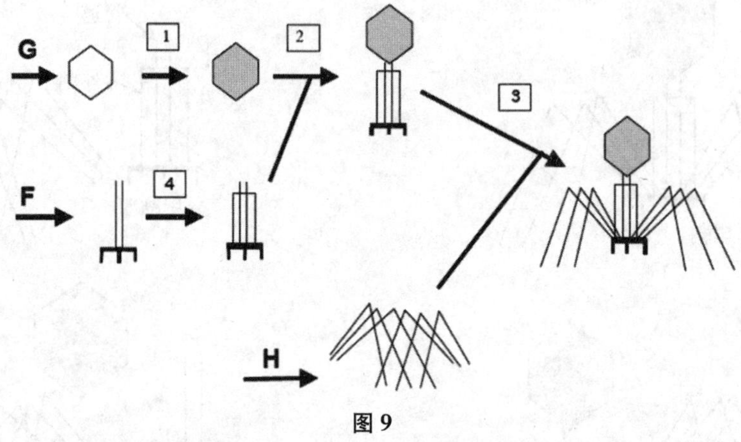

图 9

A. BCDE　　B. BDCE　　C. BECD　　D. BCED

E. DECB　　F. DBCE　　G. ECDB　　H. EBCD

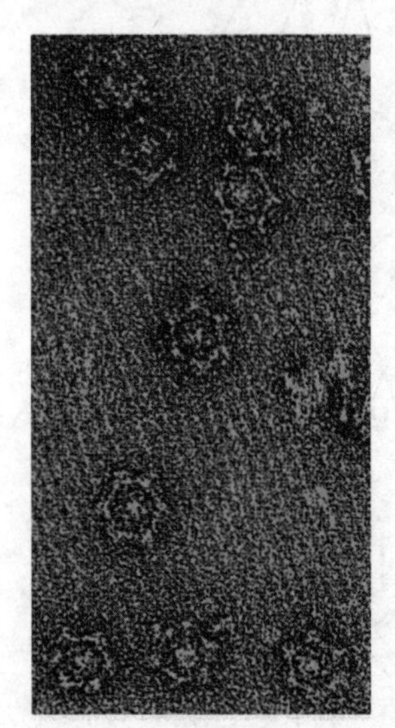

图 10

21 研究者认为,在模式图 8F 的原图中存在尾鞘的前体结构,但由于成型的头部和尾丝的干扰,无法观察到这些细小的前体的结构。因此,又向变异体 F 中引入了两种变异,将获得的三重变异体用电子显微镜观察,在放大倍数为 25 万倍(包括照片的放大倍数)时观察到了如图 10 所示的六边形结构。向 F 中新引入的变异是哪两种?请从 A～E 中选出正确的一组:(　　)。(单选)

A. B, D　　B. B, G

C. B, H　　D. C, H

E. G, H

解析 T4 噬菌体的组装实验是分子生物学的经典实验之一。哈特维尔和纳斯获得诺贝尔奖的有关细胞周期的研究便遵循了这一思路。从形态观察上推断形成这些结构的过程,并探究其中的原理,这是分子生物学研究的重要手段。这 3 题中从 20 题着手会比较容易。重点在于能否意识到各部分是单独组装的,以及即使其中一部分没有完成组装,其他部分也可完成组装。且没有完成组装的部分在哪个步骤停止组装,在这个步骤便要添加其所缺少的部件,之前的组装也都已完成。例如,当关注头部组装时,G 缺少构成头部的部件,B 中有空的头部,因此是 G—B—E—C 的顺序。在这些头部缺陷的图片中,尾鞘和尾丝已经组装完成,这点十分重要。尾鞘的最初形态应该是 F,接下来是 D,最后是 E,也就是 F—D—E—C 的顺序,在这些图中头部也是完整的。G—B 和 F—D 最终汇合于 E。不能形成尾丝的是 H,顺序应该为 H—C—A。　**答案**:19. F;20. C;21. E。

根据下面的题干,回答 22～24 题。

黄热病是一种急性病毒性出血性疾病。黄热病病毒通常通过一种名叫埃及伊蚊的晨昏性雌蚊传播,好发于南美洲和非洲的热带地区。目前对该病还没有有效的治疗方法,但有一种抗病毒疫苗——“疫苗 17D”,它是 1937 年由南非微生物学家 Max Theiler 发明的,当时他在洛克菲勒协会工作。

22 晨昏性动物在哪个时刻最活跃？(　　)(单选)

A. 白天　　B. 傍晚或黎明　　C. 夜间　　D. 上述选项都不对

解析 晨昏性动物是在"暮光"中(黎明或黄昏时分)最活跃的动物。相应的英文词crepuscular来源于拉丁语crepusculum,乃"晨光/暮光"之意,因此晨昏性动物和夜行动物或日间动物不同。晨昏性动物在月光明亮的夜间也很活跃。这种行为模式被认为是一种逃避捕食者的适应。许多捕食者在夜间最活跃,有的捕食者在日间阳光最强烈的时候才能看清猎物。所以晨昏性活动可以减少被捕食的概率。除此以外,在炎热地区,晨昏性活动可以在有光的同时,避免高温带来的压力。　答案:B。

23 "疫苗17D"依然通过以下哪种方式生产？(　　)(单选)

A. 鸡胚培养减毒病毒活疫苗　　B. 感染黄热病病毒的小鼠大脑中提取病毒

C. 感染并存活的黄热病患者血清　　D. 上述选项都不对

解析 "疫苗17D"是由在鸡胚中培养的减毒黄热病活病毒株17D制成的。从20世纪50年代起,"疫苗17D"就上市投入使用了。17D病毒株毒性减弱以及免疫形成的机制还不明了。不过它十分安全,副作用极少,截至目前已经接种了超过百万例,其中90%在第一次接种后都产生了显著的免疫反应。　答案:A。

24 另一种出血性疾病叫做埃博拉。它是由什么引起的？(　　)(单选)

A. 埃博拉病毒,丝状病毒科　　B. 埃博拉病毒,弹状病毒科

C. 埃博拉病毒,副粘病毒科　　D. 埃博拉菌,与结核分枝杆菌同属一科

解析 埃博拉出血热是丝状病毒科的埃博拉病毒引起的出血热。病毒的名称是以刚果共和国埃博拉河谷命名的,1976年的首次大爆发就在附近一所军队医院。病毒破坏覆盖血管内表面的内皮细胞和凝血系统。一旦血管内皮细胞被破坏,血小板便无法聚集凝结,患者将出现低容量性休克。埃博拉通过体液传播,结膜接触病毒也可以造成传染。该病的死亡率极高,甚至可以高达90%。　答案:A。

根据题干回答25～31题。

HIV是一种逆转录病毒,可致获得性免疫缺陷综合征(AIDS)。患者的免疫系统持续衰竭,使致命的机会致病菌和癌症得以肆虐,最终患者死亡。

25 免疫系统的三道防线包括(　　)。(单选)

A. 皮肤黏膜屏障、固有免疫和获得性免疫

B. 急性、慢性和未分类免疫反应

C. 非特异性免疫、特异性免疫和未分类免疫反应

D. 上述选项都不对

解析 免疫系统通过三层越来越特异的机制保护机体不受感染侵害。简单来说,物理和化学屏障防止细菌和病毒侵入机体。这些屏障包括皮肤、胃酸、咳嗽、喷嚏、流泪和唾液中的酶。

如果病原体突破了这些屏障,固有免疫系统可以快速反应,但不具有特异性。其特点包括通过细胞介导的炎症反应和吞噬作用分离并分解破坏"入侵者"。

如果病原体抵挡住了固有免疫的攻击,脊椎动物还拥有第三道防线特异性免疫可以抵御病原体的进攻。特异性免疫由固有免疫激活,免疫系统通过调整,更好地识别病原体。病原体被清除后,这种反应仍然能保留,成为免疫记忆,使得免疫系统在下一次相同病原体入侵时能够更快、更强地抵抗入侵。

特异性免疫的细胞是特殊类型的白细胞,称为淋巴细胞。淋巴细胞分两种:B细胞和T细胞,都从骨髓中的造血干细胞分化而来。B细胞和T细胞都携带着可以特异性识别目标的受体分子。B细胞分泌抗体。每一个抗体都能专一地识别特定抗原。通过结合特异的抗原,抗体可以介导抗原-抗体复合物的聚集和沉积,协助巨噬细胞或其他细胞吞噬,封闭病毒受体,刺激其他免疫反应,例如补体系统。

T细胞主要分两类:细胞毒性T细胞和辅助T细胞。细胞毒性T细胞杀死被病毒(或其他病原体)感染的细胞或被破坏、功能不全的细胞。辅助T细胞可以调节固有免疫和特异性免疫,协助机体针对不同病原

体选择合适的免疫应答方式。这些细胞没有细胞毒性作用，并不能杀死受感染的细胞或直接清除病原。它们通过协调其他细胞达到调节免疫的作用。

正常菌群与宿主之间、正常菌群之间通过营养竞争、代谢产物的相互制约等因素维持着良好的生存平衡。在一定条件下这种平衡关系被打破，原来不致病的正常菌群中的细菌可成为致病菌，这类细菌称为机会性致病菌，也称条件致病菌。 **答案：A。**

26 免疫系统中的哪种细胞会被 HIV 杀死？（　　）（单选）

A. 辅助 T 细胞、肝细胞和网织红细胞　　B. 辅助 T 细胞、巨噬细胞和树突状细胞

C. 辅助 T 细胞、血小板和白细胞　　D. 辅助 T 细胞、脂肪细胞和成骨细胞

解析 HIV 感染人类免疫系统中的重要细胞，例如辅助 T 细胞（尤其是 $CD4^+$ T 细胞）、巨噬细胞和树突状细胞。网织红细胞（reticulocytes）是尚未完全成熟的红细胞，在周围血液中的数值可反映骨髓红细胞的生成功能。 **答案：B。**

27 HIV 感染会导致 $CD4^+$ T 细胞的减少，下列哪些不是导致细胞减少的机制？（　　）（多选）

A. 直接杀死被感染细胞　　B. 增加被感染细胞凋亡的速度

C. $CD8^+$ T 细胞识别并杀死被感染的细胞　　D. 抑制骨髓造血功能

E. 诱导血液系统肿瘤（白血病），导致细胞快速死亡

解析 CD4 和 CD8 是 T 淋巴细胞上的抗原蛋白质，其中 $CD4^+$ T 细胞称为辅助性 T 细胞，$CD8^+$ T 细胞称为细胞毒性 T 细胞。HIV 感染导致 $CD4^+$ T 细胞水平下降的机制主要有三种：第一，直接杀死被感染细胞；第二，增加被感染细胞凋亡的速度；第三，$CD8^+$ T 细胞识别并杀死被感染的细胞。当 $CD4^+$ T 细胞降至危机值以下时，细胞免疫就消失了，机体会对条件致病菌变得易感。 **答案：DE。**

28 下列哪项最能代表接触并感染 HIV 的“每次行为风险”高低？（　　）（单选）

A. 输血＞母婴传播＞吸毒分享针头＞性交　　B. 输血＞性交＞吸毒分享针头＞母婴传播

C. 输血＞吸毒分享针头＞母婴传播＞性交　　D. 母婴传播＞性交＞吸毒分享针头＞输血

解析 总体来说，被感染的血液接触任何开放伤口都能传播 HIV。这种传播方式的风险是最高的，虽然所有的血制品均需经过 HIV 检测，但这仍是接受输血者感染 HIV 的主要途径。母婴传播可以发生在孕期、生产过程中和产后哺乳。如果不加干预，母婴传播的概率很高。不过，联合抗逆转录病毒治疗和剖宫产可以大大降低母婴传播的概率。产后母婴传播可以通过不予母乳喂养进行预防，但是这种方法有明显的死亡率。和输血一样，吸毒时分享未经消毒的针头也有极高的风险。绝大多数的 HIV 感染是通过无保护性行为获得的。虽然性交感染 HIV 的“每次行为风险”较低，但是 HIV 的懈怠（complacency）导致性交成为 HIV 最主要的传播方式。当感染者的体液接触另一方的生殖器、口腔或直肠黏膜时就可能传播病毒。使用避孕套、忠于伴侣或禁欲可以大大降低性交传播的风险。因此整体而言，按照单次行为风险来算的话，输血最高，母婴其次，针头接触较少，排第三，性交最低（表 1）。

表 1　与感染源接触后（单次行为）获得 HIV 的风险概率估计*

感染途径	估计感染概率
输血	90%
分娩（传给胎儿）	25%
注射性毒品共用针头	0.67%
经皮针扎	0.30%
肛交受方	0.50%
肛交插入者	0.07%

（续表）

感染途径	估计感染概率
阴茎阴道交媾女方	0.10%
阴茎阴道交媾男方	0.05%
口交接受者	0.01%†
口交插入者	0.01%†

* 假设未使用安全套。

† 来源为对一个男性的口交。

答案：A。

参考文献

[1] Antiretroviral Postexposure Prophylaxis After Sexual, Injection-Drug Use, or Other Nonoccupational Exposure to HIV in the United States[EB/OL]. https://www.cdc.gov/mmwr/preview/mmwrhtml/rr5402a1.htm#tab1.

29 下面是HIV进入人体后的生命周期：(i) 病毒结合细胞膜上的受体；(ii) 病毒包膜与细胞膜融合；(iii) 病毒核衣壳释放进入细胞；(iv) 逆转录；(v) 病毒双链DNA转位至核内；(vi) 插入宿主基因组；(vii) 利用宿主资源转录并翻译；(viii) 复制并包装；(ix) 出芽与成熟。使用避孕套可以预防哪些步骤？(　　)(单选)

A. 只有(i)　　B. (i)和(ii)　　C. 所有步骤　　D. 上述选项都不对

解析 一旦病毒进入机体，避孕套就不能防止病毒的复制了。只有抗逆转录病毒药物才能做到这一点。但是使用避孕套可避免HIV感染者传染其他人，或是感染其他类型的HIV。　**答案**：D。

30 奈韦拉平和AZT可以抑制上题中病毒生命周期的哪一步？(　　)(单选)

A. (i)　　B. (iv)　　C. (ix)　　D. 上述选项都正确

解析 AZT(齐多夫定，azidothymidine)是一种核酸类似物，为逆转录酶的竞争性抑制剂(nucleoside analog reverse transcriptase inhibitor, NRTI)。在逆转录(通过RNA合成DNA)过程中，病毒的逆转录酶将AZT错误地插入延伸的DNA链中，但是AZT的脱氧核糖上的羟基被叠氮基团替代，致使DNA链停止延长，逆转录被阻断。与细菌或真核细胞的DNA多聚酶不同，逆转录酶不需要校对功能，因此不能切除错误插入的AZT，更不能用正确的核酸代替。

奈韦拉平(nevirapine)，中文又称维乐命，属于非核酸逆转录酶抑制剂(non-nucleoside reverse transcriptase inhibitor, NNRTI)，是由柏林格-英格尔海姆公司研发的一种高选择性、非竞争性的HIV-1病毒逆转录酶抑制剂。核酸与非核苷逆转录酶抑制剂的靶点都是逆转录酶。与核酸类逆转录酶抑制剂不同，NNRTI异构结合在远离活性位点的NNRTI袋处。　**答案**：B。

31 29题中HIV生命周期中的哪些步骤可以被马拉维若(maraviroc)和恩夫韦地(enfurvitide)抑制？(　　)(单选)

A. (i)(ix)　　B. (i)(ii)(iii)　　C. (vii)(ix)　　D. 上述选项都正确

解析 马拉维若是一种阻断HIV进入细胞的药物。具体来说，它是CCR5受体的负性异构调节剂，存在于某些人类细胞的表面。趋化因子受体CCR5对大多数HIV病毒株而言是非常重要的协同受体，在病毒进入宿主细胞的过程中是必需的。药物结合CCR5，阻断HIV上的gp120蛋白与受体结合，阻止HIV进入T细胞或巨噬细胞。因为HIV还可以利用另一种协同受体CXCR4，因此在使用药物之前需要进行病毒趋向性分析，明确药物是否有效。

恩夫韦地通过干扰HIV与细胞膜融合的最后阶段，防止正常细胞感染HIV。它是一种多肽类药物，结构与HIV融合所需组分相似，通过替代正常的组分，防止HIV与细胞膜融合。HIV上的gp41跨膜蛋白结

合 $CD4^+$ T 细胞上的受体，随即构象改变，协助病毒包膜与宿主细胞膜融合。恩夫韦地结合 gp41，防止病毒核衣壳进入细胞的孔道形成，让病毒无法进入细胞。 答案：B。

32 HIV 感染的进展程度根据下列哪个检验指标决定？（　　）（单选）

A. 白细胞　　B. 红细胞　　C. 血红蛋白　　D. 血小板

解析 从 HIV 感染开始到最终进展成为艾滋病需要很长的时间。HIV 感染者的病情进展需要通过某些指标（与疾病进展和临床表现相关的实验室检查结果）反映，例如身体免疫抑制到一定程度表明疾病进展到了一定程度。这些疾病指标包括 $CD4^+$ T 细胞数量的进行性下降，这种细胞是 HIV 感染时主要受到破坏的细胞。患者 $CD4^+$ T 细胞的数量越低，表示免疫系统受抑制的程度越高。 答案：A。

33 HIV 感染者会出现免疫抑制，罹患艾滋病。下列哪项对这一阶段的描述更准确？（　　）（单选）

A. 患者更容易患感染性疾病　　B. 患者可以将病毒传染给其他人

C. 患者体内产生更多的白细胞　　D. 患者产生抗体的种类减少，但总数很大

解析 获得性免疫缺陷综合征（AIDS）是人类免疫缺陷病毒（HIV）感染人体免疫系统引起的疾病。该病可以逐渐损伤免疫系统，令患者容易患机会性感染和肿瘤。HIV 可以通过黏膜直接接触传播，还可以通过血液与含有病毒的体液（如血液、精液、前列腺液、阴道分泌物、乳汁）接触传播。艾滋病是 HIV 感染后最严重的疾病形式。HIV 是逆转录病毒，主要感染宿主免疫系统中的重要细胞，如 $CD4^+$ T 细胞、巨噬细胞和树突细胞。HIV 直接或间接破坏 $CD4^+$ T 细胞，一旦该细胞血液浓度小于 200/μL，人体的免疫力就会丧失，机会致病菌便会入侵人体。 答案：A。

34 牛海绵状脑病的病原体是（　　）。（单选）

A. 细菌　　B. 病毒　　C. 朊病毒　　D. 真菌

解析 牛海绵状脑病（BSE），俗称疯牛病，是一种致命的神经退行性疾病，可以造成牛脑和脊髓的海绵样病变。疯牛病的潜伏期很长，约 4 年，发病高峰是牛 4～5 岁，所有种类的牛均易感。人们认为疯牛病的病原体是一种特定的错误折叠的蛋白质，称为朊病毒。朊病毒可以在牛之间传播疯牛病，造成脑的损伤。英国一项对疯牛病的研究表明，该病的流行原因是：正常的牛为草食性的，但在饲养过程中，饲料中混合了病牛的肉和骨头，造成了疾病的传播。科学家们认为，如果人类食用了病牛的脑或骨髓就可以感染该病。人类所患的海绵状脑病称为克-雅氏病，到 2009 年 10 月，该病已造成英国 166 人死亡，世界其他地区 44 人死亡，而且因为该病潜伏期长，所以死亡人数还会继续攀升。 答案：C。

35 Max Theiler 是一位南非裔美国病毒学家，他于 1951 年因发明黄热病疫苗获得诺贝尔生理学或医学奖。黄热病是（　　）。（单选）

A. 一种急性出血性疾病，病原体是 RNA 病毒，通过埃及伊蚊叮咬传播

B. 一种原生生物导致的肝脏疾病，患者皮肤黄疸，高热不退

C. 一种中枢神经系统细菌感染，病原菌是军团菌，导致黄疸、发热和干咳

D. 上述选项都不对

解析 黄热病是一种急性病毒性出血性疾病，通常通过埃及伊蚊和其他生物传播，好发于南美洲和非洲的热带地区。黄热病病毒是黄病毒科的一种，RNA 病毒，大小为 40～50 nm。该病毒已知的宿主是灵长类和蚊。黄热病的主要症状包括发热、恶心、疼痛，几天后消退。一些患者会继续出现中毒期，出现肝脏损伤和黄疸，导致死亡。 答案：A。

36 健康、强壮的小明从中非共和国旅行回来后就生病住院并去世了。在旅行过程中，他无意中喝了一罐储存时被鼠尿污染的可乐。他死亡的原因可能是（　　）。（单选）

A. Weil 病，一种严重的、可致命的鼠类传播的细螺旋体病

B. 腺鼠疫，一种鼠蚤传播的由耶尔森氏菌引起的疾病

C. 眼镜蛇毒在鼠尿中富集。鼠类可以抵抗蛇毒,以尿液的形式将其排出体外

D. 黄曲霉毒素在鼠尿中浓缩,中非的老鼠喜食花生

解析 细螺旋体病是一种动物传播的传染病,病原体是钩端螺旋体属,可以感染人类及其他多种动物,如哺乳类、鸟类、两栖类和爬行类动物。1886年,Adolf Weil首次描述了该病,他报道了一例"急性感染性疾病伴脾大、黄疸、肾炎"的患者。钩端螺旋体病通过感染动物的尿液传播,只要尿液没有蒸发就有传染性。大鼠、老鼠和田鼠是主要的宿主,其他动物如狗、鹿、兔、刺猬、牛、羊、浣熊、负鼠、臭鼬和一些海洋哺乳动物可以作为第二宿主携带并传播该病。人类可以通过接触被尿液污染的水、食物和土壤而感染该病,途径为经口传播或皮肤接触传播。该病的主要症状有脑膜炎、疲劳、听力障碍、呼吸窘迫和肾脏、肝脏功能衰竭。该病的重型称为Weil病。 **答案:A。**

37

一般病毒的大小用哪种单位表示?必须要放大多少倍率才能被我们的肉眼看到?( )(单选)

A. cm;100× B. mm;400× C. μm;1000× D. nm;5000×

E. nm;15000×

解析 病毒的直径多数在20~200 nm,约为细菌细胞的1/10。人肉眼的分辨率在0.1~0.2 mm,因此将病毒放大15000倍后直径为0.3~3 mm,才能被肉眼观察到。目前已知的最大病毒为潘多拉病毒,直径为1 μm;而最小的病毒是猪圆环病毒(PCV)和长尾鹦鹉喙羽病毒(PBFDV),直径为17 nm,以及一级口蹄疫病毒,属于微核糖核酸病毒科鼻病毒属,最大颗粒直径为23 nm,最小颗粒直径为7~8 nm。 **答案:E。**

38

下列有关病毒的叙述中正确的是( )。(多选)

A. 具有自己的分解酶

B. 使用宿主产生能量的机制

C. 具有蛋白质外壳(coat)

D. 具有遗传物质DNA或RNA

E. 只有遗传物质会被送入宿主细胞内

解析 A错,B对,病毒既无产能酶系,一般也无蛋白质和核酸合成酶系(不过也有自带合成酶的,如HIV内含有逆转录酶),只能利用宿主活细胞内现成代谢系统合成自身的核酸和蛋白质成分。C对,病毒由核酸和衣壳组成,衣壳是包围在核酸外面的蛋白质外壳。D对,每一种病毒只含一种核酸,不是DNA就是RNA。E错,采用膜融合侵入方式的包膜病毒是包膜与细胞膜融合而病毒粒进入细胞内,采用细胞内吞侵入方式的病毒则是细胞膜内陷形成吞噬泡,使整个病毒粒进入细胞。 **答案:BCD。**

39

下列有关禽流感的叙述中正确的是( )。(多选)

A. 是由感冒病毒所引起的呼吸道传染疾病

B. 曾在20世纪造成传播最广、死亡人数最多的一次疫病

C. 属于A型流感病毒,感染后通常会产生抗体

D. 造成禽流感的H5N1病毒株与造成流感的病毒均起源自鸟类的病毒

E. H5N1禽流感病毒株是由流行性感冒病毒突变而来的

解析 普通感冒俗称"伤风",是由多种病毒引起的上呼吸道感染。研究显示超过200种不同的病毒类型感染与普通感冒有关,其中相当部分(30%~50%)是由某种血清型的鼻病毒引起的,这是一种小核糖核酸病毒,含单链正链RNA,共有99种血清型;而流感则是由流感病毒引起的,多为球形,基因组为单链负链RNA,是分段基因组,有包膜。因此A不对。

禽流感病毒属于甲型流感病毒,又称A型流感病毒,在动物中广为分布,能造成世界流感大流行,C正确。(又有说法认为感染鸟类、猪等其他动物的流感病毒的核蛋白的抗原性与人甲型流感病毒相同,但是由于甲型、乙型和丙型流感病毒的分类只是针对人流感病毒的,因此通常不将禽流感病毒等非人类宿主的流感病毒称作甲型流感病毒。)

禽流感病毒由于血凝素结构等特点,一般感染禽类。病毒在复制过程中发生基因重排,致使结构发生改变,获得感染人的能力后,才可能造成人感染禽流感病毒的发生。至今发现能直接感染人的禽流感病毒亚型有H5N1、H7N1等亚型,其中高致病性H5N1亚型和2013年3月在人体中首次发现的新禽流感H7N9

亚型尤为引人关注，有人认为禽类是流感病毒的基因库。因此 D 正确。

20 世纪曾暴发 3 次流感大流行。发生在 1918～1919 年的"西班牙流感"由 H1N1 亚型毒株引起，导致 4000 万～5000 万人死亡，是 20 世纪传播最广、死亡人数最多的一次疫病。现在对西班牙流感毒株的鉴定有些分歧，最初认为 1918 年毒株可能是适应了人类的禽流感病毒，B 正确。（最新研究认为 1918 年毒株可能是由当时流行在人或猪的人流感病毒株和其他哺乳动物流感病毒株重配而来的，这有待进一步去证实。）

人流感主要是甲型流感病毒和乙型流感病毒引起的。甲型流感病毒经常发生抗原变异，可以进一步分为 H1N1、H3N2、H5N1、H7N9 等亚型。E 正确。 **答案：BCDE。**

40 某一新型禽流感病毒既能传染禽类也能传染人类，请问此病毒具有下列何种特性？（　　）（单选）

A. 同时具有禽流感病毒颗粒和人类流感病毒颗粒

B. 同时具有环状遗传物质和链状遗传物质

C. 同时具有禽流感病毒和人类流感病毒的重组型基因组

D. 同时具有单一基因组和多基因组

E. 同时具有 RNA 基因组和 DNA 基因组

解析 目前 H5N1 型禽流感病毒因基因突变、重组，造成了可传染人的状况。禽类和人类细胞在许多方面有所不同，病毒能感染禽类和人类，必定有能与禽类和人类细胞受体吸附的结构蛋白，还有可以侵入和合成病毒大分子的一系列完整的分子系统。最可能的情况便是该病毒是禽类和人类流感病毒的重组型，因此具备两个系统，可以感染两类细胞。 **答案：C。**

41 下列有关病毒的叙述中正确的是（　　）。（多选）

A. 通常会用光学显微镜来观察病毒颗粒

B. 除 T 细胞外，HIV 也会感染巨噬细胞（macrophage）

C. HIV 会感染并杀死辅助 T 细胞（helper T cell），进而影响免疫功能

D. A 型肝炎病毒为一种 RNA 病毒，B 型肝炎病毒为一种 DNA 病毒

E. DNA 病毒较易产生突变，会改变表面抗原而逃避免疫系统的攻击

解析 光学显微镜的最大分辨率是 0.2 μm，而病毒的直径多数在 100 nm 即 0.1 μm 上下，所以观察病毒必须借助电镜。

HIV 即人体免疫缺陷病毒，HIV 选择性地侵犯带有 CD4 分子的细胞，主要有 T4 淋巴细胞、单核巨噬细胞、树突状细胞等（图 11）。HIV 专攻人体的免疫细胞并导致免疫功能衰竭，使得人体易被其他病菌感染，常死于次生疾病。

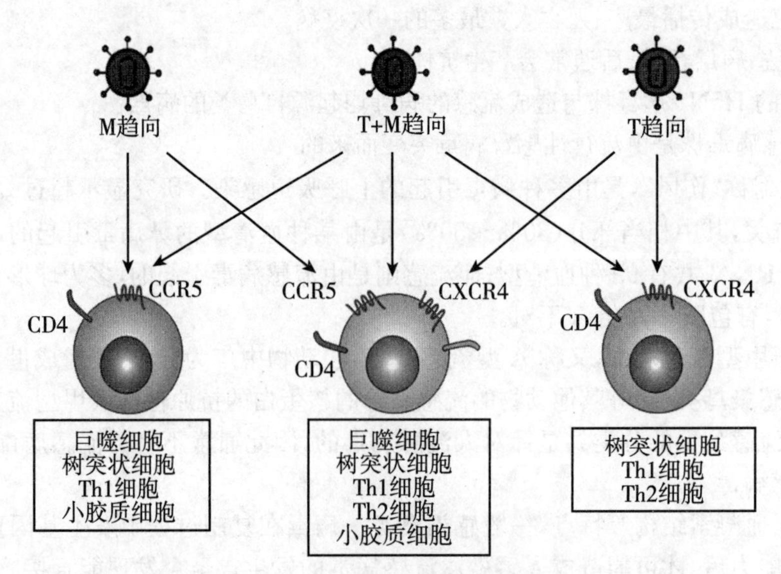

图 11　HIV 的趋向性由协同受体介导

甲型肝炎病毒的基因组是单链正链 RNA，乙肝病毒的基因组是部分双链环状 DNA。由于 RNA 的化学性质比 DNA 更不稳定，而且是单链结构，所以更容易产生突变，典型例子如流感病毒，其经常改变表面抗原以逃避体内免疫系统的攻击。　**答案：BCD。**

请回答下列有关营养突变型细菌的 42、43 题。

42　一般营养突变型的细菌主要失去合成哪一种物质的能力？（　　）（单选）

A. 辅因子　　B. 营养物的原料　　C. 酶　　D. 维生素
E. 糖类

解析 营养缺陷型（营养突变型）菌株是指野生型菌株由于基因突变，致使细胞合成途径出现某些缺陷，丧失合成某些物质的能力，如氨基酸、维生素、碱基等的合成能力出现缺陷，必须在基本培养基（只能满足野生型菌株最低营养要求）中添加合成能力出现缺陷的营养物质（补充培养基）才能正常生长的一类突变株。营养突变型菌株往往是有关物质合成酶系中的一种或几种酶的基因发生突变，导致无法合成该酶。**答案：C。**

43　下列为筛选营养突变型细菌的四个步骤，请排列先后顺序。（　　）（单选）

甲：将野生型亲代置于 UV 光下照射一段时间。
乙：由原始培养皿上挑选在缺乏营养物的培养皿上呈现空白的菌落。
丙：将野生型亲代涂抹于培养基，使单一的菌落均匀分散于培养基上。
丁：利用消毒过的绒布，将原始培养皿上的菌落印到缺乏营养物的培养基上。

A. 甲→丙→乙→丁　　B. 甲→丙→丁→乙　　C. 丙→甲→丁→乙　　D. 丙→乙→丁→甲
E. 甲→丁→乙→丙

解析 将野生型菌株接种在培养基上后，用紫外线（UV 光）照射诱变，培养基上的细菌会发生不同方向的基因突变，其中有一定概率产生具有特定营养缺陷型菌株。为将营养缺陷型菌株筛选出，须将这些菌株接种于缺乏营养物的培养基上，不能生长的即为营养缺陷型菌株。而“用消毒过的绒布，将原始培养皿上的菌落印到缺乏营养物的培养基上”这一步骤是为了将两个培养基中的菌落相互对应，以在之前的培养基上找到特定菌落（在新培养基上无法生长的菌落）。除此方法外，常用的方法还有：将第一个培养基中的菌落编号，再用消毒过的牙签将这些菌落依次接种到新的培养基上。　**答案：C。**

44　某细菌有四种营养缺陷型的突变株，分别在基因 1、2、3、4 上发生突变，它们不能合成生长所需的营养物质 G。当添加中间产物 D、E 或 F 于培养基中，测试其生长情形时，结果列于表 2，+ 表示能生长，− 表示不能生长。下列参与控制此营养物质 G 合成路径的基因顺序正确的是（　　）。（单选）

表 2

突变株	添加物			
	D	E	F	G
1	−	+	−	+
2	−	+	+	+
3	−	−	−	+
4	+	+	+	+

A. 3→4→1→2　　B. 1→4→3→2　　C. 1→2→3→4　　D. 4→2→1→3
E. 4→3→2→1

解析 产物的合成最后一步得到 G，因而可以这样分析：若能使突变株重新合成 G 的添加物的合成顺序越靠前（或能使突变株重新合成 G 的添加物的种类越多），则该突变株突变的基因在合成顺序中也靠前，这样可以排序出基因顺序为 4→2→1→3。　**答案：D。**

45 一些非光合的单细胞生物体内存在伸缩泡，它从细胞质中收集水分并将其排出细胞。如果你打算在一个实验室内培养这种生物，你会选择在稀释的、含水的营养液里添加下列哪一种物质，使之最接近这种生物的自然栖息环境？(　　)(单选)

A. 补充 1 mol/L 氯化钠
B. 补充 1 mol/L 蔗糖
C. 补充 1 mol/L 葡萄糖
D. 补充 1 mol/L 氯化钾
E. 不需要特殊的补充物质

解析 本题主要考查细胞对环境水势的适应。从题干中可以看出，该单细胞生物会通过特定的细胞器把体内多余的水分排出体外，这就说明了这种单细胞生物会从外界环境中接收水分，即细胞的水势要低于外界环境中溶液的水势，也即外界环境是低渗的，所以要想营造这种生物的自然栖息环境，不需要补充额外的溶质以增加溶液的浓度，只要淡水就好。　答案：E。

酵母在氧气充足的环境下会进行好氧呼吸，但当氧气变得不足后就会开始进行酒精发酵，其反应式如下所示，其中各元素原子量分别为 C = 12，H = 1，O = 16：

好氧呼吸：$C_6H_{12}O_6 + 6O_2 \longrightarrow 6H_2O + 6CO_2$

酒精发酵：$C_6H_{12}O_6 \longrightarrow 2C_2H_5OH + 2CO_2$

现测定一定时间内酵母的气体交换量，结果在消耗 128 mg 的氧气的同时，产生了 352 mg 的二氧化碳。据此回答 46、47 题。

46 这段时间内，酵母的好氧呼吸消耗了多少葡萄糖？(　　)(单选)

A. 64 mg
B. 120 mg
C. 128 mg
D. 240 mg
E. 720 mg

解析 O_2消耗量为 4 mmol，CO_2的产生量为 8 mmol，因此好氧呼吸消耗了葡萄糖 2/3 mmol。葡萄糖的分子量为 180，因此质量是 120 mg。　答案：B。

47 这段时间内，酵母共产生了多少酒精？(　　)(单选)

A. 46 mg
B. 88 mg
C. 92 mg
D. 128 mg
E. 184 mg

解析 好氧呼吸产了 4 mmol CO_2，因此另外 4 mmol CO_2 是酒精发酵产生的，所以酒精产量也是 4 mmol，质量为 46×4 = 184 mg。　答案：E。

48 下列选项中为微生物发酵后产物的是(　　)。(多选)

A. 丙酮酸
B. 酒精
C. 乳酸
D. 醋酸
E. 葡萄糖

解析 微生物的发酵指的是在无氧等外源氢受体的条件下，底物脱氢后所产生的还原力[H]未经呼吸链传递而直接由某一内源性中间代谢物接受，以实现底物水平磷酸化产能的一类生物氧化反应。发酵的类型很多，下面分为四类讨论：① 由 EMP(糖酵解)途径中的丙酮酸出发的发酵，有同型酒精发酵、同型乳酸发酵、丙酸发酵、混合酸发酵、丁酸型发酵、2,3-丁二醇发酵等，产物可能有乙醇、乳酸、丙酸、乙酸、2,3-丁二醇、丁醇、2-丙醇等。② 异型乳酸发酵，产物有乳酸、乙醇、乙酸和二氧化碳等多种。③ 细菌酒精发酵。④ Stickland 反应，由氨基酸发酵产能，是通过部分氨基酸(如丙氨酸等)的氧化与一些氨基酸(如甘氨酸等)的还原相偶联的发酵方式，每分子氨基酸仅仅产 1 个 ATP。　答案：BCD。

为了在比生物体更加简单的实验环境中研究生命现象，通常要将细胞从动物组织中分离出来，并在容器中培养，也就是我们平常所说的细胞培养。请回答 49～51 题。

49 为了避免混入细菌或病毒，用于细胞培养的培养基必须经过灭菌才能使用。下列选项是一些常用的灭菌方法。在对含有受热易分解物质的培养基进行灭菌时，应用哪些灭菌方法？请选择正确的方法。

( )(多选)

A. 高温高压灭菌　　B. 干热灭菌法　　C. 过滤灭菌法　　D. 紫外线灭菌法

解析 含有受热易分解物质的培养基不能用高温干热方式灭菌,因此只能选择C、D选项两种方法。

答案:CD。

50 培养基灭菌方法之一的过滤灭菌法是利用薄膜滤器对培养基进行过滤。这种方法可以完全除去细菌、霉菌和酵母菌等微生物,但却无法完全除去病毒和支原体。通常所用的薄膜滤器的孔径是下列选项中的哪一项?( )(单选)

A. 20 μm　　B. 2 μm　　C. 0.2 μm　　D. 0.02 μm

解析 支原体的大小约为0.2 μm。因为薄膜滤器无法去除病毒和支原体,但一般细菌、霉菌和酵母都可除去,因此孔径大约也是0.2 μm。 答案:C。

51 在细胞培养中,经常会用到DMEM培养基。请根据表3中所列出DMEM培养基的成分,选出下列叙述中正确的一项:( )。(单选)

A. 由于无法在细胞内合成构成蛋白质的20种氨基酸,因此在进行细胞培养之前还应添加所有的20种氨基酸

B. 由于配料表中没有作为能量来源的糖类,因此在进行细胞培养之前还要加入糖类

C. 由于配料表中没有维生素,因此在进行细胞培养之前还要加入维生素

D. 表中的成分不足以令细胞增殖,因此在进行细胞培养之前还要加入细胞生长因子

表3 DMEM培养基的成分(mg/L)

成分	含量	成分	含量
无水氯化钙($CaCl_2$(anhyd.))	200.00	L-甲硫氨酸(L-methionine)	30.00
硝酸铁($Fe(NO_3)_3\cdot 9H_2O$)	0.10	L-苯丙氨酸(L-phenylalanine)	66.00
氯化钾(KCl)	400.00	L-丝氨酸(L-serine)	42.00
硫酸镁($MgSO_4\cdot 7H_2O$)	200.00	L-苏氨酸(L-threonine)	95.20
氯化钠(NaCl)	6400.00	L-色氨酸(L-tryptophan)	16.00
碳酸氢钠($NaHCO_3$)	3700.00	L-酪氨酸(二钠盐)(L-tyrosine(disodium salt))	104.20
磷酸二氢钠($NaH_2PO_4\cdot H_2O$)	125.00	L-缬氨酸(L-valine)	94.00
葡萄糖(D-glucose)	1000.00	D-泛酸钙(D-Ca pantothenate)	4.00
丙酮酸钠(sodium pyruvate)	110.00	氯化胆碱(choline chloride)	4.00
L-精氨酸盐酸(L-arginine · HCl)	84.00	叶酸(folic acid)	4.00
L-胱氨酸二盐酸(L-cystine · 2HCl)	62.57	肌醇(inositol)	7.00
L-谷氨酸(L-glutamine)	584.00	烟酰胺(nicotinamide)	4.00
甘氨酸(Glycine)	30.00	吡哆醛盐酸(pyridoxal · HCl)	4.00
L-组氨酸盐酸(L-histidine · HCl · H_2O)	42.00	核黄素(riboflavin)	0.40
L-异亮氨酸(L-isoleucine)	105.00	盐酸硫胺素(thiamine · HCl)	4.00
L-亮氨酸(L-leucine)	105.00	苯酚磺酞	15.00
L-赖氨酸盐酸(L-lysine · HCl)	146.00		

解析 DMEM是一种含各种氨基酸和葡萄糖的培养基,是在MEM培养基(minimum essential medium)的基础上研制的。与MEM比较增加了各种成分用量,同时又分为高糖型(低于4500 mg/L)和低糖型(低于1000 mg/L)。高糖型有利于细胞停泊于一个位置生长,适于生长较快、附着较困难的肿瘤细胞等。其特点主要包括以下:

(1) 氨基酸含量为依格尔培养基的 2 倍，且含有非必需氨基酸，如甘氨酸等；

(2) 维生素含量为依格尔培养基的 4 倍；

(3) 含有糖酵解途径中的重要物质丙酮酸；

(4) 含有微量的铁离子。

由于氨基酸是蛋白质的组成部分，因此它们是所有已知细胞培养基的必需成分。培养基中必须包含必需氨基酸，因为细胞不能自身合成。这些是细胞增殖必需的，其浓度决定了可达到的最大细胞密度。而非必需氨基酸也可加入到培养基中，以替代那些在生长过程中已被耗尽的成分。培养基中补充非必需氨基酸能够刺激生长，延长细胞的生存。

所以 A 中的描述是不对的，细胞并不是 20 种氨基酸都不能合成，DMEM 还添加了一部分非必需氨基酸，且并不是 20 种氨基酸都添加了。DMEM 培养基成分中含有葡萄糖，所以 B 也是错的。培养基中还含有泛酸（维生素 B_5）、叶酸（维生素 B_9）、肌醇（维生素 B-h 由其衍生）、烟酰胺（维生素 B_3）、磷酸吡哆醛（维生素 B_6）、核黄素（维生素 B_2）、硫胺素（维生素 B_1）等维生素，因此 C 不对。各 B 族维生素参见表 4。正确答案是 D，从配方上看，DMEM 培养基并无生长因子成分，需要单独添加。

表 4

维生素名称	化学名或别称	说明
维生素 B_1	硫胺素	
维生素 B_2	核黄素	构成 FMN、FAD
维生素 B_3	烟酸、维生素 PP	构成 NAD、NADP
维生素 B_4	腺嘌呤	
维生素 B_5	泛酸	构成 CoA
维生素 B_6	吡哆醇类、吡哆醛	
维生素 B_7	生物素（维生素 H）	
维生素 B_8	腺嘌呤核苷酸	
维生素 B_9	蝶酰谷氨酸 、叶酸	
维生素 B_{10}	对氨基苯甲酸	也被称为维生素 R
维生素 B_{11}	水杨酸	也被称为维生素 S
维生素 B_{12}	钴胺素、氰钴胺、辅酶 B_{12}	
维生素 B_{13}	通常为乳清酸	
维生素 B_{14}	甜菜碱	维生素 B_{10} 和维生素 B_{11} 的混合物
维生素 B_{15}	泛配子酸、潘氨酸	
维生素 B_{16}	*N*,*N*-二甲基甘氨酸	
维生素 B_{17}	苦杏仁苷	
维生素 B_{22}		是芦荟提取物中的一种成分
维生素 B-h	环已六醇、肌醇	
维生素 B-x	对氨基苯甲酸	

答案：D。

下面的话是传奇拳击手“拳王”阿里对年轻人提出的建议：

“一定去上大学接受教育，并且坚持到最后。如果霉菌里都能提取出青霉素，那你肯定能更有成就！”

根据这段话，回答 52～55 题。

52 青霉素是从哪种霉菌里分离出来的？（　　）（单选）

A. 沙门柏干酪青霉菌(*Penicillium camemberti*)

B. 娄地青霉菌(*Penicillium roqueforti*)

C. 产黄青霉(*Penicillium chrysogenum*)

D. 马尔尼菲青霉(*Penicillium marneffei*)

解析 产黄青霉是温带和亚热带常见的真菌,在室内环境中最常见,尤其是阴湿的建筑中,也可在腌制的海产品上找到。最初这种青霉菌叫做特异青霉(*Penicillium notatum*)。它是多种β-内酰胺类抗生素的来源,其中青霉素是最著名的。

沙门柏干酪青霉菌(*Penicillium camemberti*)是一种用来生产干酪的真菌,它会在奶酪上形成白色的硬块,并赋予奶酪特有的味道。

娄地青霉菌(*Penicillium roqueforti*)是自然界中分布极广的真菌,在土壤、腐败有机物和植物上都能找到它的身影。这种真菌最常见的用途是制作蓝奶酪。

马尔尼菲青霉(*Penicillium marneffei*)发现于1956年,是唯一的一种温度二象性青霉菌,可以导致致命的全身感染,伴有发热和贫血。该真菌发现于越南的竹鼠,喜好东南亚的热带气候。它主要感染该地区免疫缺陷的患者(HIV患者)。但是,出国旅行和移民的热潮使该菌成为世界范围内艾滋病患者的致病菌,并且正在受到重视。 答案:C。

53 青霉素的抗菌机制是( )。(单选)

A. 抑制细菌细胞壁中的肽聚糖相互连接

B. 抑制DNA多聚酶,使细胞死亡

C. 阻断细菌的所有转录因子,抑制蛋白质合成

D. 上述选项都不对

解析 青霉素是β-内酰胺类抗生素的一种,用于治疗已感的革兰氏阳性菌。一般认为是苏格兰科学家Alexander Fleming碰巧发现了青霉素,但是在他之前已经有人发现了青霉素的抗菌作用。青霉素的化学结构是20世纪50年代早期由Dorothy Crowfoot Hodgkin首先阐明的,这使得合成青霉素成为可能。牛津大学由澳大利亚人Howard Walter Florey、Ernst Boris Chain和Norman Heatley领导的一支研究队伍发现了大规模生产青霉素的方法。Florey、Chain和Fleming因此分享了1945年的诺贝尔生理学或医学奖。至今,青霉素已经成为使用最广的抗生素,并仍然应用于一些革兰氏阳性菌的治疗中。其抗菌机制是抑制细菌细胞壁中的肽聚糖的相互连接。 答案:A。

54 青霉素G的前体是哪两种氨基酸?( )(单选)

A. 缬氨酸、半胱氨酸　　B. 异亮氨酸、蛋氨酸

C. 脯氨酸、半胱氨酸　　D. 脯氨酸、蛋氨酸

解析 青霉素G的结构如图12所示。

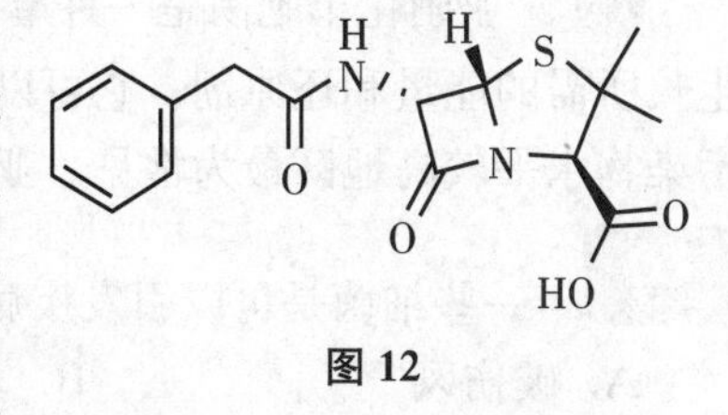

图12

青霉素G生物合成的第一步是三种氨基酸(L-氨基己二酸、L-半胱氨酸、L-缬氨酸)聚合成三肽,其中半胱氨酸在S处,缬氨酸在右侧。该反应是由δ-(L-α-氨基己二酸)-L-半胱氨酸-D-缬氨酸合成酶催化的。在聚合前,L-缬氨酸首先需要异构形成D-缬氨酸。第二步是三肽氧化、成环,形成双环结构。这一步是由异青霉素N合成酶催化进行的。最后一步是支链基团改变,青霉素N转化为青霉素G。再通过异青霉素N乙酰基转移酶(IAT)的催化,异青霉素N上的己二酸支链被苯乙酰基替代。 答案:A。

55 一些细菌可以产生β-内酰胺酶,因此对青霉素有耐药性。该酶是如何让青霉素失效的?( )(单选)

A. 打开青霉素中的四元环　　B. 打开青霉素中的五元环

C. 氧化青霉素G中的硫　　D. 上述选项都不对

解析 细菌经常通过产生β-内酰胺酶获得对青霉素的耐药性，这种酶可以攻击β-内酰胺环(四元酰胺环)。为了克服耐药性，β-内酰胺酶类抗生素通常和β-内酰胺酶抑制剂(例如克拉维酸)合用。克拉维酸是自然合成的物质，包含β-内酰胺基团，和青霉素结构相似。当与青霉素合用时，克拉维酸钾和细菌中的β-内酰胺酶结合，形成稳定的酶复合物(不可逆反应)，从而防止β-内酰胺酶破坏青霉素，保证抗菌效力。答案:A。

细菌是一群种类繁多的单细胞原核微生物，分布于地球上的各个角落。它们可以生活在土壤中、酸性的温泉中、放射性废料中、水中和地层深处，也可以在生活或死亡的动、植物上繁衍。根据上述信息，回答56～63题。

56 一些细菌是兼性厌氧菌，意思是(　　)。(单选)

A. 氧气充足时，这些细菌进行有氧呼吸产生ATP，氧气不足时可以转换为糖酵解

B. 这些细菌在有氧环境下会死亡

C. 在这些细菌的氧化磷酸化过程中，氧气不是最终的电子受体

D. 这些细菌可以通过还原水分子生成氧气和氢气，维持自然界中的氢氧平衡

解析 兼性厌氧菌在氧气充足时可以进行有氧呼吸产生ATP，氧气不足时可以转换为糖酵解。相反，专性厌氧菌在有氧环境下会死亡。 答案:A。

57 细菌的新陈代谢有三种不同的营养类型，分别是(　　)。(单选)

A. 光能营养型、无机营养型和有机营养型　　B. 异养型、自养型和无机营养型

C. 异养型、自养型和光能营养型　　D. 异养型、自养型和有机营养型

解析 细菌代谢划分为不同营养类型的主要标准有三:生长所需的能量类型、碳源和电子源。

① 光养型细菌从日光中获取能量。如果碳源来自有机物，则称光能异养型；如果利用CO_2为碳源，则称光能自养型。

② 无机营养型细菌从无机化合物中获取能量。如果碳源来自有机物，则称无机异养型；如果利用CO_2为碳源，则称无机自养型。

③ 有机营养型细菌从有机物中获取能量。如果碳源来自有机物，则称化能异养型；如果利用CO_2为碳源，则称化能自养型。

一般我们只分光能自养、光能异养、化能自养、化能异养细菌。此处分得更细，把碳源也区分开了，故一共分了六类，碳源来自无机、有机的细菌各自存在自养、异养两种类型。 答案:A。

58 细菌在物质循环中的多个环节都起到了关键作用。下列哪种细菌参与了氮循环?(　　)(单选)

A. 大肠杆菌　　B. 亚硝化单胞菌　　C. 醋酸杆菌　　D. 绿脓杆菌

解析 亚硝化单胞菌是一种革兰氏阴性菌，为专性化能无机自养菌，可以氧化氨为亚硝酸盐，从中获取生长所需的能量和还原剂。它可以在土壤、污水、清洁水源、墙壁和纪念碑的表面生活，尤其在空气中含氮污染物水平较高地区最为常见。亚硝化单胞菌在工业废水处理中有重要作用。 答案:B。

59 一些细菌是可以引发疾病的寄生生物。下列哪项不是细菌引起的疾病?(　　)(单选)

A. 破伤风　　B. 军团菌病　　C. 克罗恩病　　D. 上述选项都正确

解析 破伤风(tetanus)的临床表现为骨骼肌纤维持续性收缩。该症状是破伤风毒素引起的，这是破伤风梭状芽孢杆菌产生的神经毒素。破伤风毒素等细菌分泌的神经性毒素实际上是一类特殊的蛋白酶，能够选择性地降解SNAREs，从而阻断神经传导。因为毒素抑制的是运动神经元前抑制性突触的GABA释放，故反而导致肌肉痉挛。

军团菌病(Legionnaires' disease)是能够致命的感染性疾病，病原菌是一种革兰氏阴性需氧菌，称为肺炎军团菌。临床表现为发热和肺炎。该病因1976年美国费城召开退伍军人大会时暴发流行而得名。病原菌主要来自土壤和污水，由空气传播，自呼吸道侵入。

克罗恩病(Crohn's disease)是一种肠道的炎症性疾病，可以影响从口到肛门的全部消化道，造成一系列症状。克罗恩病被认为是一种自身免疫性疾病，即免疫系统攻击自身的消化道，引起炎症。 答案:C。

60 细菌是很多疾病的元凶，但是它们也可以产生有益人类的药物。下列哪种药物不是来自细菌的？(　　)(单选)

A. 链霉素，用来治疗结核　　B. 利福平，用来治疗结核

C. 博莱霉素，用来治疗癌症　　D. 格列卫，用来治疗癌症

解析 链霉素是一种广谱抗生素，是第一个被发现的氨基糖苷类药物，来源于灰色链霉菌。链霉素是蛋白质合成抑制剂，它可以与细菌核糖体 30S 亚基中的 16S rRNA 结合，干扰 tRNA 与 30S 亚基的结合，造成密码子错读，抑制蛋白质合成，最终杀死微生物。

利福平是利福霉素类的杀菌药物。它是从拟无枝酸菌(一种放线菌)中提取的**半人工合成**药物。利福平可以结合细菌中 DNA 依赖 RNA 聚合酶上的β亚基，抑制其作用，阻碍 RNA 的转录和翻译。

博莱霉素是糖肽类抗生素，由轮丝链霉菌产生。博莱霉素代表了一系列结构相似的化合物，用来治疗癌症的化疗药物是博莱霉素 A2 和 B2，其作用机制是造成 DNA 断裂，杀死所有分裂迅速的细胞。

格列卫(伊马替尼)是第一个作用于某些癌细胞中特定酶的新型药物，而非不加选择地杀死一切分裂迅速的细胞。它是通过药物设计技术，完全由人工合成的药物，是其他针对酪氨酸激酶的靶向药物的原型。 答案:D。

61 一些细菌可以用来进行食品加工，例如制作酸奶、奶酪和酒。下列哪种细菌在食品加工中没有作用？(　　)(单选)

A. 干酪乳杆菌　　B. 酒类酒球菌　　C. 溶藻弧菌　　D. 上述选项都不对

解析 干酪乳杆菌是人类肠道和口腔中自然定植的细菌。它是乳酸菌的一种，因可以将乳糖和其他糖类转化成乳酸而得名。干酪乳杆菌最常见的用途是乳制品加工。

酒类酒球菌是革兰氏阴性菌，可以完成乳酸发酵过程。在制酒业中这种细菌被用来产生丁二酮(双乙酰)。丁二酮与 3-羟基-2-丁酮一样，是使黄油带上其独特口感的化合物，天然奶油也含有少量的丁二酮。正因如此，食品生产商在人造黄油或类似油类食品终产品中添加丁二酮与 3-羟基-2-丁酮(同时添加β-胡萝卜素以增加黄色)，虽然这些添加剂是无味的。低度酒精饮料如啤酒或葡萄酒中少量添加丁二酮有助于增加滑溜的口感，且可赋予葡萄酒坚果和焦糖的口味。随着添加量的增多，高浓度的丁二酮则会产生浓烈的黄油或奶油的味道。

溶藻弧菌(*Vibrio alginolyticus*)是一种革兰氏阴性水生菌，为嗜盐性弧菌之一。溶藻弧菌在《伯杰氏细菌鉴定手册》第 8 版被列为副溶血性弧菌的一个生物型，第 8 版以后又单独立种。它可以导致耳炎和伤口感染，因此具有临床意义。它还生活在一些动物体内，例如河豚产生的剧毒神经毒素——河豚毒素也有该细菌的参与。 答案:C。

62 某些革兰氏阳性菌属可以形成抵抗力极强的休眠结构，称为内生孢子(或芽孢)。下列哪种细菌不能产生芽孢？(　　)(单选)

A. 炭疽杆菌　　B. 破伤风杆菌　　C. 枯草杆菌　　D. 上述选项都不对

解析 芽孢是细菌产生的休眠结构，对环境的抵抗力极强，暂时不能繁殖。它是细菌的“缩水版”，细菌可以从这种休眠状态恢复正常形态。通常在营养缺乏时细菌会形成芽孢，这种特性常见于革兰氏阳性菌，尤其是杆菌和梭菌属。芽孢形成时细菌在细胞壁内部分裂，其中一个细胞包裹另一个细胞。芽孢可以休眠很长时间，甚至长达一个世纪。它们可以不需要任何营养物质而存活，可以抵御紫外线、脱水、高温、严寒和化学杀菌剂。A、B、C 均产芽孢，因此选 D。 答案:D。

63 抗菌药物可根据不同的作用机制、化学结构和抗菌谱进行分类。下列哪项不是抗生素的作用机制？(　　)(单选)

A. 抑制肽聚糖合成　　B. 抑制蛋白质合成　　C. 抑制脂质合成　　D. 抑制微管解聚

解析 A、B明显是正确的，C也是对的，比如由天蓝链霉菌产生的浅蓝霉素（cerulenin）就是一种脂肪酸合成酶的抑制剂，对大肠杆菌的脂类合成，泰乐菌素、柱晶白霉素内酯环的合成具有抑制作用。

细菌是原核生物，没有微管。微管是细胞骨架的一部分，微管蛋白聚合形成这些绳索一般的结构，长25 μm，一直处在动态变化中。微管可以维持细胞结构，为细胞内物质运输提供轨道，在有丝分裂时形成纺锤体，还参与其他的细胞重要功能。

值得注意的是：细菌长期以来被认为是没有细胞骨架的，如今发现它们也具有类似细胞骨架的结构（包括肌动蛋白和非肌动蛋白这两类在真核生物中出现的蛋白质）。目前为止，人们已经在细菌中发现的FtsZ、MreB和CreS依次与真核细胞骨架蛋白中的微管蛋白、肌动蛋白丝和中间丝类似。FtsZ能在细胞分裂位点装配形成Z环结构，并通过该结构参与细胞分裂的调控；MreB能形成螺旋丝状结构，其主要功能有维持细胞形态、调控染色体分离等；CreS存在于新月柄杆菌中，它在细胞凹面的细胞膜下面形成弯曲丝状或螺旋丝状结构，该结构对维持新月柄杆菌细胞的形态具有重要作用。　**答案：D。**

64 现有三种抗生素P、Q、R，皆对野生型大肠杆菌有效。P、Q、R中，有一种可以阻碍新细胞壁的合成，有一种可以与核糖体结合，引起翻译错误，还有一种可以与核糖体可逆结合，阻碍其从tRNA接受氨基酸，从而使蛋白质合成停止。现利用对上述三种抗生素皆敏感的大肠杆菌菌株进行下述实验。

实验1：取培养在营养丰富的培养液并且正在增殖中的大肠杆菌，向其中加入P、Q、R中的某一种，发现加入P后大量大肠杆菌破裂，但加入Q、R后没有观察到明显的形态变化。

实验2：用过滤的方式收集添加了Q或R的大肠杆菌，并将其分别培养在不含抗生素的新鲜培养基上，发现添加了Q的大肠杆菌马上开始增殖，但是添加了R的大肠杆菌基本上失去了增殖能力。

请根据上述试验结果推断P、Q、R的作用原理。阻碍新细胞壁的合成、导致翻译错误、令蛋白质合成停止的依次是哪个？请从A～F中选出正确的一组：(　　)。（单选）

A. P　Q　R　　B. P　R　Q　　C. Q　P　R　　D. Q　R　P

E. R　P　Q　　F. R　Q　P

解析 虽然在解答本题时，并没有必要知道P、Q、R具体是什么抗生素，但我们仍要在这里介绍一下在本题中出现的这些抗生素及其作用机制。

抗生素P：青霉素是在1929年，由A. Fleming在青霉的培养液中发现的。这一抗生素可以阻碍新细胞壁的合成，因此对静止不分裂的菌体没有影响，但分裂中的菌体的细胞壁将会发生破裂。为了令这一抗生素对大肠杆菌等革兰氏阴性菌也管用，对其结构进行部分改造后得到了氨苄青霉素。

抗生素Q：四环素是在1984年，从放线菌的培养液中发现的。它可以与细菌核糖体的30S亚基发生可逆性结合，并阻止携带氨基酸的tRNA与50S亚基结合，从而阻碍多肽链的延长。当四环素浓度降低时，结合在核糖体上的四环素便会脱离，蛋白质的合成就会重新开始。

抗生素R：链霉素是在1944年，由S. A. Waskman等在放线菌培养液中发现的。它可以和细菌核糖体中30S亚基与50S亚基结合的区域结合，不仅可以阻碍翻译的起始，还可以影响核糖体对tRNA的选择，从而引起翻译错误，令有害的异常蛋白质在菌体中积累，阻碍细菌增殖。　**答案：B。**

65 表5列出了一些疾病及其病原体。从中选择适合使用抗生素治疗的疾病：(　　)。（多选）

表5

疾病	病原体
流感	病毒
食物中毒	细菌
癣菌病	真菌
疟疾	原虫

A. 流感　　B. 食物中毒　　C. 癣菌病　　D. 疟疾

解析 抗生素是一种可以抑制微生物生长或杀灭微生物的化学物质，可以对细菌、真菌或原虫产生作用。抗生素最初指代所有可干扰生物生命过程的化学物质，但现在抗生素指抗细菌、抗真菌或抗寄生虫的化学药物。第一代抗生素是从生物活体中提取的，例如从青霉菌属中提取的青霉素，从链霉菌属中提取的链霉素。随着有机化学的发展，可以通过化学合成制备抗生素，例如磺胺类药物就是人工合成的抗生素。许多抗生素是小分子物质，分子量一般小于2000。米诺环素(minocycline)等四环素类抗生素可通过抑制顶质体(顶复门寄生虫内与叶绿体同源的细胞器)中的70S核糖体而起到治疗疟疾的效果。

因此除病毒外，其余选项都对。本题是多选题。　答案：BCD。

参考文献

[1] Gaillard T, Madamet M, Pradines B. Tetracyclines in Malaria[J]. Malar J., 2015, 14: 445.

66 下列选项中与细菌群落的遗传多样性有关的是(　　)。(多选)

A. DNA突变　　B. 转化作用(transformation)

C. 转导作用(transduction)　　D. 分裂增殖

E. 接合作用(conjugation)

解析 D选项是细菌的繁殖方式，与遗传多样性无直接关系。

DNA突变(基因突变)能直接改变基因的碱基序列，所以形成多种多样的突变基因或突变表型。

转化作用指细胞通过摄取外源遗传物质(DNA或RNA)而发生遗传学改变的过程。在转化过程中，转化的DNA片段称为转化因子，受体菌只有处在感受态时才能够摄取转化因子，转化因子通常是质粒DNA。

转导作用指因病毒(即噬菌体)入侵而将一个细菌的DNA片断转置到另一细菌中的过程，亦可指通过病毒载体把外来DNA带入到细菌中的过程。

接合作用指的是两个细菌之间发生的一种遗传物质交换现象，属于细菌有性生殖的一个重要阶段。在接合现象发生时，两个细胞直接接合或者通过类似于桥一样的通道接合，并且发生基因的转移。接合经常被认为是细菌中有性生殖，相当于动物间的交配，因为它涉及基因的交换。在接合过程中供体细胞提供了一种结合或者可移动的遗传成分，这些成分一般是质粒或转座子。　答案：ABCE。

67 如果一个细菌细胞缺乏限制性内切酶，请你推测将会发生下列哪种结果：(　　)。(单选)

A. 噬菌体可以轻易地感染并溶解这个细胞　　B. 这个细胞将产生不完整的质粒

C. 复制将不可能发生　　D. 细菌将变为专性寄生菌

E. C和D都正确

解析 限制性内切酶在细菌中的作用就是用来切外来的噬菌体DNA，而其自身的DNA则可以因为甲基化而被保护起来，不能被切割(这是限制性内切酶的特性)。所以说，如果细菌失去了限制性内切酶，而其体内又没有其他防御系统(如引领基因工程革命的CRISPR-Cas9系统)时，就会很容易被噬菌体感染，并造成溶解(当然，也有可能以溶源状态存在哦)。

CRISPR(clustered regularly interspaced short palindromic repeats)即规律成簇间隔短回文重复，实际上就是一种基因编辑器，是细菌用以保护自身对抗病毒的一个系统，也是一种对付攻击者的基因武器。CRISPR/Cas9系统通过将入侵噬菌体和质粒DNA的片段整合到CRISPR中，并利用相应的CRISPR RNAs(crRNAs)来指导同源序列的降解，从而提供免疫性。后来，研究人员发现，它似乎是一种精确的万能基因武器，可以用来删除、添加、激活或抑制其他生物体的目标基因，这些目标基因包括人、老鼠、斑马鱼、细菌、果蝇、酵母、线虫和农作物细胞内的基因。这也意味着基因编辑器是一种可以广泛使用的生物技术。

CRISPR簇是一个广泛存在于细菌和古细菌基因组中的特殊DNA重复序列家族，其序列由一个前导区(leader)、多个短而高度保守的重复序列区(repeat)和多个间隔区(spacer)组成。前导区一般位于CRISPR簇上游，是富含A和T、长度为300～500 bp的区域，被认为可能是CRISPR簇的启动子序列。重复序列区长度为21～48 bp，含有回文序列，可形成发卡结构。重复序列之间被长度为26～72 bp的间隔区隔开。间隔区由俘获的外源DNA组成，类似免疫记忆，当含有同样序列的外源DNA入侵时，可被细菌机体识别，并进行剪切使之表达沉默，达到保护自身安全的目的。

通过对CRISPR簇的侧翼序列分析发现，在其附近存在一个多态性家族基因。该家族编码的蛋白质均含有可与核酸发生作用的功能域(具有核酸酶、解旋酶、整合酶和聚合酶等活性)，并且与CRISPR区域共同发挥作用，因此被命名为CRISPR关联基因(CRISPR associated)，缩写为Cas。目前发现的Cas包括Cas1～Cas10等多种类型。Cas基因与CRISPR共同进化，共同构成一个高度保守的系统。

CRISPR工作原理：当细菌抵御噬菌体等外源DNA入侵时，在前导区调控下的CRISPR被转录为长RNA前体(pre RISPR RNA，pre-crRNA)，然后加工成一系列短的含保守重复序列和间隔区的成熟crRNA，最终识别并结合到与其互补的外源DNA序列上发挥剪切作用。

目前发现的CRISPR/Cas系统有三种不同类型，即Ⅰ型、Ⅱ型和Ⅲ型，它们存在于大约40%已测序的真细菌和90%已测序的古细菌中。其中Ⅱ型的组成较为简单，以Cas9蛋白以及向导RNA(gRNA)为核心组成，也是目前研究中最深入的类型。

在Ⅱ型系统中pre-crRNA的加工由Cas家族中的Cas9单独参与。Cas9含有在氨基末端的RuvC和蛋白质中部的HNH 2个独特的活性位点，在crRNA成熟和双链DNA剪切中发挥作用。此外，pre-crRNA转录的同时，与其重复序列互补的反式激活crRNA(trans-activating crRNA，tracrRNA)也转录出来，并且激发Cas9和双链RNA特异性RNase Ⅲ核酸酶对pre-crRNA进行加工。加工成熟后，crRNA、tracrRNA和Cas9组成复合体，识别并结合于crRNA互补的序列，然后解开DNA双链，形成R-loop，使crRNA与互补链杂交，另一条链保持游离的单链状态，接着由Cas9中的HNH活性位点剪切crRNA的互补DNA链，RuvC活性位点剪切非互补链，最终引入DNA双链断裂(DSB)。CRISPR/Cas9的剪切位点位于crRNA互补序列下游邻近的PAM区(protospacer adjacent motif)的5'-GG-N18-NGG-3'特征区域中的NGG位点，而这种特征的序列在每128 bp的随机DNA序列中就重复出现一次。研究结果表明，Cas9还可以剪切线性和超螺旋的质粒，其剪切效率堪比限制性内切酶。

由于crRNA参与并且起到精确导向的作用，所以CRISPR/Cas9打靶系统也被称为RNA导向(RNA guided)打靶系统。 答案：A。

68 下列生物中可进行有性生殖的是(　　)。(多选)

A. 破伤风杆菌　　　　B. 念珠藻(一种蓝绿藻)

C. 酵母菌　　　　D. 人类艾滋病毒

E. 草履虫

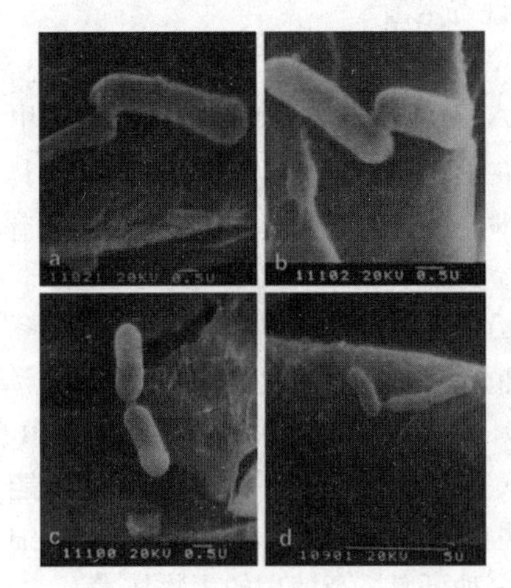

图13

解析 A错，破伤风杆菌只生活在厌氧条件下并进行分裂繁殖。B错，念珠藻产生厚壁孢子进行无性繁殖或者产生藻殖体进行营养繁殖，目前尚未发现蓝藻有真正的有性生殖，只存在有准性生殖(parasexuality)。D错，病毒进行复制来繁殖。

蓝藻的准性生殖包括转化(transformation)、病毒介导的转导(transduction)以及接合(conjugation)，在20世纪下半叶均有报道，其中接合过程也通过接合管(conjungation tube)完成，自然条件下频率非常低(10^6个细胞中才有1例)，如图13所示。 答案：CE。

参考文献

[1] Doolittle W F. The Cyanobacterial Genome, Its Expression, and the Control of That Expression[J]. Adv. Microb. Physiol., 1979, 20: 1.

[2] Kumar H D, Ueda K. Conjugation in the Cyanobacterium *Anacystis nidulans*[J]. Mol. Gen. Genet., 1984, 195(1): 356.

69 图14为真菌细胞生长情形与抗生素青霉素制造量之间的关系。参考图14,则下列叙述中正确的是(　　)。(单选)

A. 真菌死亡时才释放出青霉素

B. 真菌的生长受到青霉素的抑制

C. 真菌的生长减缓后,青霉素的分泌量开始增加

D. 真菌生长速率达最高峰时,青霉素的分泌量最高

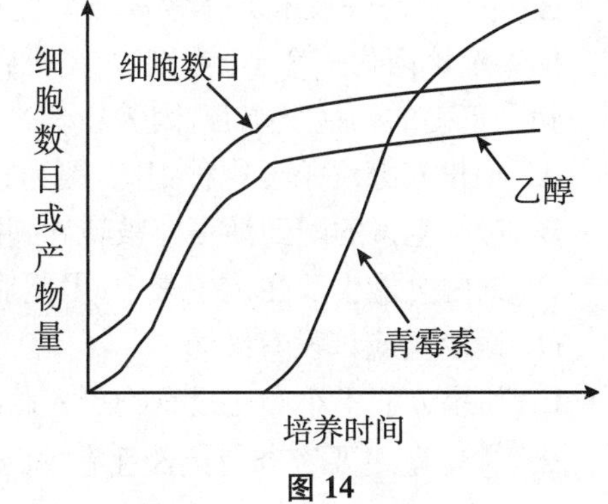

图14

解析 青霉素是真菌的次生代谢产物,一般在菌丝成熟之后产生,其作用是杀死革兰氏阳性菌。从图可见,当真菌生长减缓后青霉素的分泌开始增加,真菌此时的生长速率已经很低了,但生长放缓出现在分泌青霉素之前,不能认为真菌生长受其抑制,机理上也不对。

在发酵过程中,产黄青霉的生长发育可分为6个阶段:

① 分生孢子的Ⅰ期;

② 菌丝繁殖,原生质嗜碱性很强,有类脂肪小颗粒产生为Ⅱ期;

③ 原生质嗜碱性仍很强,形成脂肪粒,积累贮藏物为Ⅲ期;

④ 原生质嗜碱性很弱,脂肪粒减少,形成中、小空泡为Ⅳ期;

⑤ 脂肪粒消失,形成大空泡为Ⅴ期;

⑥ 细胞内看不到颗粒,并有个别自溶细胞出现为Ⅵ期。

其中Ⅰ～Ⅳ期称为菌丝生长期,菌丝的浓度增加很多,但产生的青霉素较少,处于该时期的菌丝体适于用做发酵的种子。Ⅳ、Ⅴ期是青霉素的分泌期,此时菌丝体生长减缓,并大量产生青霉素。Ⅵ期是菌丝体的自溶期。 答案:C。

70 当污染指标菌出现时,表示水已被人类或其他温血动物的粪便污染。请问大肠杆菌(*E. coli*)比其他肠道菌更适合作为水污染指标菌的原因是(　　)。(多选)

A. 大肠杆菌出现时,病原菌一定出现

B. 大肠杆菌在水中出现的量与水受到污染的程度相关

C. 大肠杆菌在水中存活的时间比一般病原菌长

D. 大肠杆菌是人类或其他温血动物粪便中含量最多的正常菌丛

E. 不论是否在污染的水中,大肠杆菌都会出现

解析 大肠杆菌群并非致病菌,但因数量多,其生存条件与肠道病菌相近,所以用它以反映其他病原菌存在的数量。

水体中的病原微生物主要来自人畜粪便,而人畜粪便中含有大量的大肠杆菌。当我们在水体中检测出大肠杆菌数量超标之后,我们就有理由相信,水体已经被人畜粪便污染了,且大肠杆菌在水中出现的量与水受到污染的程度具有相关性。当然这时候水体中还会有很多尚未被检测出的病原微生物,但大肠杆菌的存活时间要比其他大肠菌群长,检测技术也相对简单方便,因此常选用大肠杆菌作为监测指标。

注意:不能说有大肠杆菌就一定有病原菌。如果无论水体是否被污染都有大肠杆菌,那么这个指标就没有意义了。 答案:BCD。

71 下面的选项中,细菌与(　　)无关。(单选)

A. 动物疾病　　B. 分解腐殖质

C. 在土壤中对氮元素的处理　　D. 动物对于食物的消化

E. 啤酒酿造中酒精的产生

解析 动物疾病中有一些就是由细菌导致的,如破伤风、肺结核等,所以A选项正确。细菌在生态系统中扮演着分解者的角色,负责分解生物体的残骸,所以B选项正确。硝化作用和反硝化作用以及固氮作用

都需要用到细菌，所以C选项正确。食草动物肠道内，纤维素的消化就需要用到细菌，所以D选项正确。在啤酒酿造中，酒精的产生是酵母细胞内糖酵解的作用，和细菌无关，所以E选项错误。　答案：E。

72　一个医院技术员在做常规微生物培养时注意到，一种细菌能够在含有三种抗生素的培养基中生长。他鉴定该菌为一个不会引起人类疾病的菌种，但他还是将他观察到的报告了医院管理者。下列陈述中哪一句是正确的？他很担心，因为（　　）。（单选）

A. 他没有办法杀死这种细菌，因为它对所有抗生素具有耐药性

B. 对抗生素的耐药性可能被转导到能够引起疾病的细菌中

C. 细菌可能生长在抗生素中，因此能在服用这些药物的人中生长

D. 医院里应该没有细菌

E. 如果人们不小心通过食物摄入此细菌，他们会对抗生素产生耐药性

解析　本题主要考查与抗药性有关的知识。抗药性指生物（尤指病原微生物）对抗生素等药物产生的耐受和抵抗能力。抗药性的产生使正常剂量的药物不再发挥应有的杀菌效果，甚至使药物完全无效，从而给疾病的治疗造成困难，并容易使疾病蔓延。目前，多认为抗药性的产生是微生物基因突变造成的。抗药性变异一旦产生，就可以传给后代，并可以转移给原来没有抗药性的敏感菌，使抗药菌逐年增加。由此可见，如果这种细菌的三种抗药性横向传递给致病菌就会使得致病菌难以控制。　答案：B。

73　下列哪项不是抗生素？（　　）（单选）

A. 促红细胞生成素　　B. 氨苄西林　　C. 链霉素　　D. 青霉素

解析　促红细胞生成素是一种糖蛋白激素，可以控制红细胞的生成。它是一种可以刺激骨髓中红细胞前体细胞的细胞因子。促红细胞生成素是肾脏肾小管旁毛细血管内皮细胞合成的。除了促进红细胞生成外，它还有其他生理功能，例如它对脑部神经损伤修复有重要作用，还参与伤口愈合的过程。　答案：A。

74　结核病的治疗通常需要联合用药并持续几个月的时间才能完全治愈，原因是（　　）。（单选）

A. 结核病的病原菌结核杆菌的分裂速度很慢，因此可以抵抗短期的抗生素冲击治疗

B. 结核菌素的分离速度很快，子代细胞可以抵抗短期抗生素冲击治疗，并继续繁殖

C. 抗结核药物在人体内的半衰期都十分短暂，因此需要长时间给予大剂量才能有效

D. 上述选项都不对

解析　结核病的病原菌是结核杆菌，是一种小型厌氧的不能活动的杆菌。结核杆菌的含脂量很高，是结核病许多典型临床表现的原因。结核杆菌每16～20 h分裂一次，其他细菌平均1 h分裂一次，因此结核杆菌较其他细菌分裂速度极慢。结核杆菌可以抵抗较弱的消毒剂，可以在干燥环境中生存数周。不过，人们可以在实验室中培养出结核杆菌。

结核病的治疗方法是应用抗生素杀死细菌。有效的结核病治疗很难实现，因为结核杆菌细胞壁的结构和化学组成很特殊，可以使许多抗生素失效，或干扰抗生素进入细菌胞体内。最常用的四种抗生素是利福平、异烟肼、乙胺丁醇和环丝氨酸。除了特殊的药物以外，要想完全杀灭结核杆菌，不能像治疗其他细菌感染那样短期应用抗生素，而是需要长期进行抗结核治疗（通常为6～24个月）。结核病潜伏期的治疗通常只需一种抗生素，活动期结核的治疗应联合用药以减少细菌出现耐药性的风险。　答案：A。

75　霍乱是由霍乱弧菌引起的一种小肠感染，通常经污染的水和食物传播。在小肠中，霍乱弧菌会（　　）。（单选）

A. 产生霍乱毒素，这是一种由6个蛋白质亚基组成的寡聚合物，它可以造成水、钠离子、氯离子、钾离子和碳酸氢根离子分泌到肠腔，导致严重腹泻和快速失水

B. 产生霍乱毒素，这是一种混合物，可以造成水、钠离子、氯离子、钾离子和碳酸氢根离子分泌到肠腔，导致严重腹泻和快速失水

C. 产生霍乱毒素，这是一种强效抗生素，可以杀灭肠腔中的菌群，导致腹泻

D. 产生霍乱毒素，这是一种肾毒素，可以破坏肾功能，并导致腹泻，使之成为机体唯一的排泄方式

解析 霍乱毒素是由6个蛋白亚基(1个A亚基，5个B亚基)靠二硫键连接组成的寡聚合物。5个B亚基组成5元环，可以和小肠上皮细胞膜上的GM1神经节苷脂结合。A亚基中A1亚基是一种G蛋白核糖化酶，A2亚基插入B亚基组成的环中。与细胞膜结合后，霍乱毒素通过受体介导的胞吞进入细胞，随后二硫键被打破，A1亚基释放，与细胞中的一种伴侣蛋白(ADP核糖化因子6)结合。结合后的A1亚基活性位点暴露，可以永久性核糖化G蛋白的α亚基，导致持续的cAMP的生成，从而刺激细胞分泌水、钠离子、钾离子、氯离子和碳酸氢根离子到肠腔，导致快速失水。 答案:A。

76

下列关于猪流感和疟疾的流行情况的组合中正确的是(　　)。(单选)

A. 地方性;流行性　　B. 大流行;散发　　C. 散发;地方性　　D. 大流行;地方性

解析 流行病学是研究疾病在人群中的传播方式和特点，以及影响疾病传播的因素的学科。传染病从轻到重分五级，分别为散发/零星的(sporadic)、地方性(endemic)、高度地方性(hyperendemic)、流行性(epidemic)和大流行(pandemic)。H1N1病毒感染引起的猪流感在世界范围内的发生率极高，这种疾病称为大流行。疟疾和黄热病等疾病则是地方性疾病，因为它们只在一定时间的一定区域内发生。2019～2020年全球爆发的新冠肺炎(COVID-19)疫情也属于大流行。 答案:D。

77

普通的水传播疾病是什么？(　　)(单选)

A. 哮喘、伤寒和肺结核　　B. 石棉肺、霍乱和艾滋病

C. 血吸虫病、疟疾和肺气肿　　D. 伤寒、霍乱和血吸虫病

解析 哮喘一般遗传而不传染，但可受空气影响(接触可吸入动植物过敏原/变态原、空气污染、呼吸道感染，尤其是病毒和支原体感染)。肺结核通过空气传播。石棉肺也通过空气粉尘传播。艾滋病通过性传播和血液传播。

肺气肿有的传染有的不传染。非传染性肺气肿:这是指终末细支气管远端(呼吸细支气管、肺泡管、肺泡囊和肺泡)的气道弹性减退，过度膨胀、充气和肺容积增大或同时伴有气道壁破坏的病理状态，属于器质性病变，没有病原体，发病后也具备免疫性，不符合传染病的特征，所以大部分肺气肿是不会传染的。传染性肺气肿:肺气肿发病时多合并感染，其中又以绿脓杆菌为代表。当肺气肿患者合并感染时，肺气肿便具备了传染性，能通过饮食、空气传播，但这种传染并不是直接让感染者患上肺气肿。

伤寒是一种急性肠胃道传染病，传播途径有多种。在日常生活中，伤寒最常见的传播途径是通过污染水或食物、日常生活接触、苍蝇或蟑螂等媒介传递病原菌而传播。

霍乱是因摄入的食物或水受到霍乱弧菌污染而引起的一种急性腹泻性传染病，最常见的感染原因是食用被患者粪便污染过的水。霍乱弧菌能产生霍乱毒素，造成分泌性腹泻，即使不再进食也会不断腹泻，洗米水状的粪便是霍乱的特征。

血吸虫病主要通过接触血吸虫疫水，尾蚴(血吸虫感染期幼虫)经接触部位的皮肤、黏膜钻入人体而造成感染。感染方式有游泳、洗澡、洗衣、洗菜、淘米、捕鱼捉蟹等方式，赤足经过钉螺受染区亦可能造成感染。感染的程度取决于侵入人体的尾蚴的数量，接触部位的皮肤面积越大、时间越长、次数越多，则侵入人体的尾蚴数量也越多。理论上输血也会传染血吸虫病。 答案:D。

78

表6罗列了许多疾病和病原体。请选择可以用阿莫西林治疗的疾病:(　　)。(单选)

表6

疾病	病原体
风疹	披膜病毒科
伤寒	伤寒杆菌
皮癣	头癣
疟疾	疟原虫

A. 风疹和疟疾　　B. 伤寒
C. 皮癣和伤寒　　D. 疟疾

解析 阿莫西林是一个适用范围适中、杀菌的β-内酰胺抗生素,用于治疗由敏感微生物引起的细菌感染。它通常是同类商品中备选药品,因为其口服后比其他β-内酰胺抗生素的药物被更好地吸收。阿莫西林通过抑制细菌细胞壁的合成发挥作用,它很容易被β-内酰胺酶生成细菌降解,这种细菌对β-内酰胺类抗生素具有广泛的抗药性(如青霉素)。出于这个原因,它通常与克拉维酸(一种β-内酰胺酶抑制剂)结合使用,克拉维酸通过提高阿莫西林对β-内酰胺酶的抗性来增加有效性。

风疹也称为德国麻疹,是由病毒引起的。因此不能用阿莫西林治疗。

疟疾由原生生物引起,可以用其他抗生素如四环素治疗,它通过不同于阿莫西林的作用方式杀死病原体。四环素类抗生素是一个广效抗生素(broad-spectrum antibiotic)药物家族的泛称,因其氢化并四苯母核而得名。本类药物抗菌谱广,对革兰氏阴性菌、革兰氏阳性菌、螺旋体、衣原体、立克次氏体、支原体、放线菌和阿米巴原虫都有较强的作用。四环素还可以与线粒体70S亚基结合,抑制线粒体蛋白质的合成。四环素与真核细胞核糖体80S亚基的结合能力相对较弱,因此抑制真核细胞蛋白质合成的能力也较弱。研究人员推测这可能是四环素类对细菌作用能力强,而对人类副作用小的原因。四环素对寄生虫均有抑制作用,但对无线粒体的寄生虫的作用机制和目标位点目前还无从知晓。

伤寒由伤寒杆菌引起,这是一种棒状、有鞭毛、需氧的革兰氏阴性菌,可以用阿莫西林治疗。

皮癣是由人类皮肤的真菌感染而引起的临床病症。它可以用抗真菌剂如咪康唑治疗,通过抑制真菌细胞膜的重要组成部分麦角固醇的合成来进行治疗。　答案:B。

79 一般人感染麻疹后就终生不再感染,为何感染流行性感冒后,却仍会再感染?(　　)(单选)

A. 流行性感冒病毒的外壳容易发生变异　　B. 流行性感冒病毒破坏免疫系统
C. 流行性感冒病毒阻止身体产生抗体　　D. 流行性感冒病毒不会引起免疫反应

解析 流行性感冒病毒简称流感病毒,是一种造成人类及动物患流行性感冒的RNA病毒。RNA为单链,易变异,所以产生的抗体不能对付变异了的抗原。而在流感病毒的结构中,抗原性最强的要数其蛋白质外壳上的血凝素(hemagglutinin)和神经氨酸酶(neuraminidase)(图15),由RNA上的基因编码决定。

答案:A。

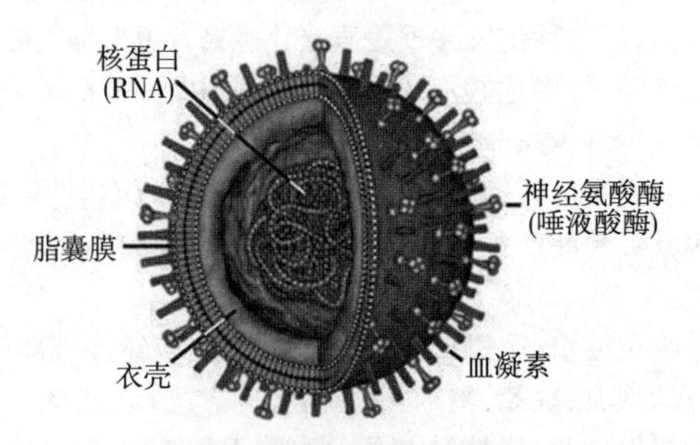

图15　流感病毒解剖结构

80 通常新的抗生素效果良好,但使用过一段时间效果逐渐降低。其原因可能是(　　)。(单选)

A. 后来生产的抗生素质量较差　　B. 对抗生素有抗药性的细菌大量繁殖
C. 细菌对抗生素产生抗体　　D. 因与以前的抗生素混合而减低效果

解析 B为抗药性产生的原因,A、D不对。

C不对,细菌为原核生物,不产抗体,抗体到脊索动物才具有。

2016年,中国科学家发现,人类免疫抗体重排机制的起源可追溯至在地球上存活了6亿年的被称为"活化石"的文昌鱼(图16),这一发现为人类抗体重排的转座子起源假说提供了最强有力和直接的证据。

答案:B。

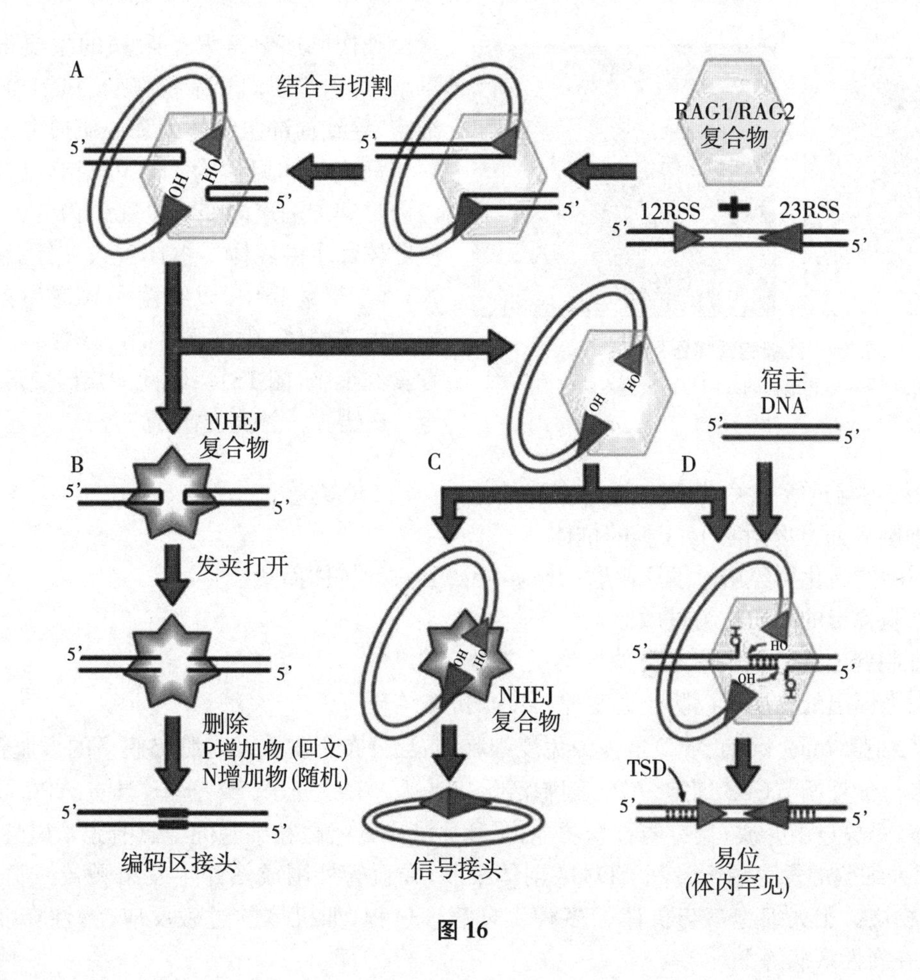

图 16

参考文献

［1］ Huang S，Tao X，Yuan S. Discovery of an Active RAG Transposon Illuminates the Origins of V(D)J Recombination［J］. Cell，2016，166(1)：102.

81　下列何种疾病的病原体能在细胞内寄生生活？(　　)(多选)

A. 疟疾　　　　B. 登革热　　　　C. 艾滋病　　　　D. 破伤风

E. 阿米巴痢疾

解析 疟疾的病原体是疟原虫，属于原生动物门孢子纲。疟原虫可寄生在人体的肝细胞和红细胞中。现在认为，疟原虫在红细胞内存在于胞吞泡中，即虫体外包有一层红细胞的膜。因此一些人认为疟原虫在红细胞内的寄生为胞间寄生。A 正确。

登革热的病原体为登革热病毒，属于黄病毒科中的黄病毒属，是单链正链 RNA 病毒。登革热病毒寄生于白细胞、单核细胞等免疫细胞中。所有的病毒均营胞内寄生生活。B 正确。

艾滋病(AIDS)的病原体为人类免疫缺陷病毒(HIV)。HIV 为 ssRNA 病毒，具有囊膜。其 RNA 为两条正链 RNA。HIV 寄生于具有 CD4 受体的细胞，主要为辅助性 T 细胞(Th 细胞)，除此之外还有单核巨噬细胞、树突细胞等。C 正确。

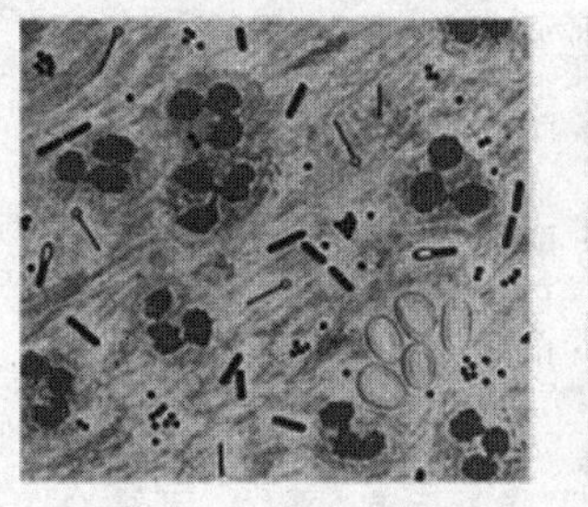

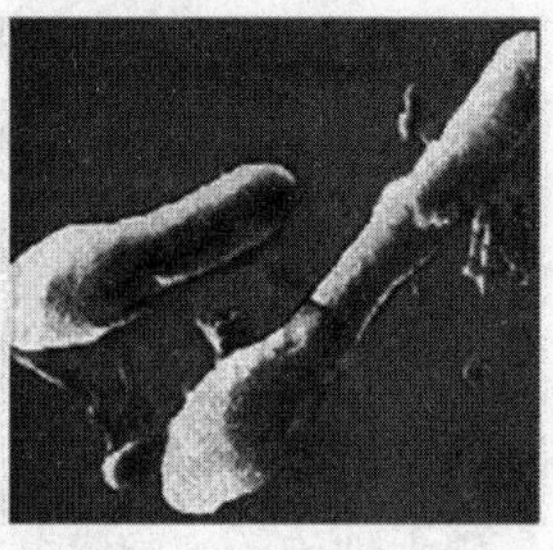

图 17　破伤风梭菌

左：来自混合厌氧的感染的脓液，至少存在 3 种不同的梭菌。
右：营养生长的破伤风梭菌的电子显微镜图像。

破伤风的病原体为破伤风梭菌(*Clostridium tetani*，图 17)，是一种可以产生内生芽孢的革兰氏阳性菌，专性厌氧。破伤风梭菌生活在侵入部位附近，营细胞间寄生。破伤风梭菌可产生两种剧毒的外毒素——破伤风溶血毒素和质粒编码的破伤风痉挛毒

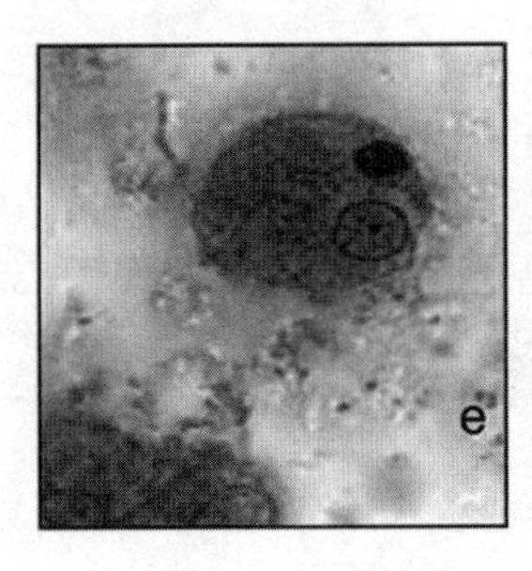

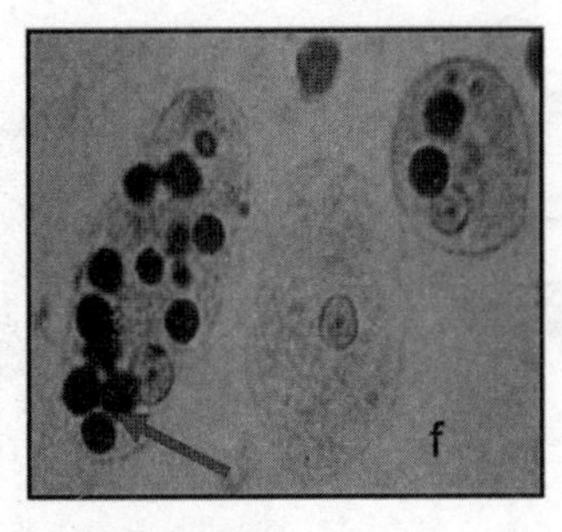

图 18　红细胞吞噬作用

痢疾内变形虫的滋养体和摄入的红细胞。被摄入的红细胞为深色包含物。

素。破伤风痉挛毒素是致病的主要毒素，属于神经毒素，可引起肌肉痉挛；而破伤风溶血毒素可溶解红细胞，导致局部组织坏死和心肌损害。D 错。

痢疾的病原体为痢疾内变形虫，属于原生动物门肉足纲。痢疾内变形虫在体内的营养阶段分为大滋养体和小滋养体。虫体侵入人体后先成为小滋养体，寄生于肠腔中，以细菌和碎屑为食；小滋养体后变为大滋养体，生活于小肠的黏膜下层，溶解组织，吞食红细胞(图 18)。因此痢疾内变形虫为细胞间寄生。E 错。　答案：ABC。

82　肥大细胞与过敏有关，下列叙述中正确的是(　　)。(多选)

A. 肥大细胞表面可以附着 IgG 类的抗体

B. 肥大细胞的活化可经由过敏原串联(cross-link)其表面抗体而达成

C. 肥大细胞释出的物质称为过敏原

D. 肥大细胞释出的物质会引起类似发炎反应的症状

E. 肥大细胞释出的物质可以防止过敏原再度与抗体结合

解析 肥大细胞(mast cell，MC)是一种免疫细胞，广泛分布于皮肤及内脏黏膜下的微血管周围，分泌多种细胞因子，参与免疫调节(TB 细胞、APC 细胞活化)，表达 MHC 分子、B7 分子，具有 APC 功能；表达大量的 IgE Fc 受体，释放过敏介质；具有弱吞噬功能，是和血液中的嗜碱粒细胞同样具有强嗜碱性颗粒的组织细胞(图 19)。肥大细胞的发育源于骨髓 $CD34^+$ 前体细胞，在血管外围成熟并生发出颗粒。肥大细胞可释放多种生物活性物质。肥大细胞参与机体的多种生理病理过程，如机体的过敏反应、慢性炎症、组织损伤修复、宿主免疫、肿瘤性疾病等。

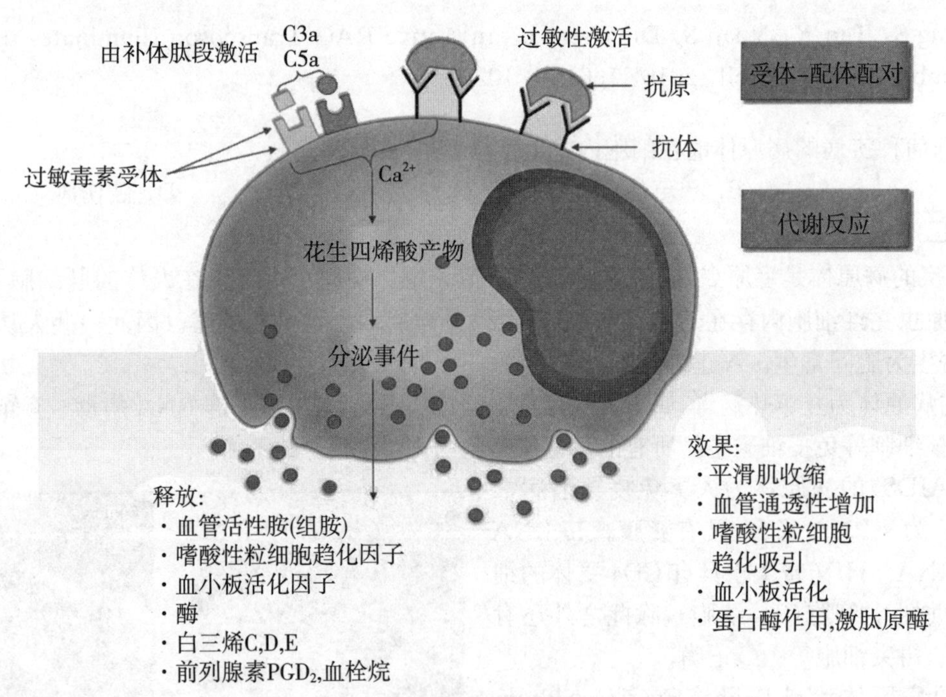

图 19　肥大细胞

肥大细胞的细胞膜上具有 IgE Fc 受体，可结合 IgE 抗体的 Fc 结构域。因此其附着的是 IgE 而非 IgG。A 错。

肥大细胞表面具有 IgE 的高亲和性受体 FcεR。当多价变应原(具有多个抗体结合位点的能引起变态反应的抗原)与多个 IgE 结合时，IgE 与 FcεR 结合导致肥大细胞表面的 FcεR 聚集，这个过程称为交联(cross-link)。交联导致肥大细胞活化,释放物质,称为脱颗粒。B选项正确。

肥大细胞释放的物质主要为组胺。组胺是一种活性胺化合物,可以影响许多细胞的反应,包括过敏、炎性反应、胃酸分泌等,也可以影响脑部神经传导。而过敏原是引起过敏的抗原,如花粉、青霉素等。组胺不是抗原,因此不是过敏原。C错。

肥大细胞释放的组胺可以舒张血管、增加血管壁的通透性,使免疫细胞大量进入过敏区域的组织,造成炎症反应。D正确。

炎症因子介导过敏反应,不能防止抗原与抗体的结合,故无此功能。E错。 答案:BD。

83 根据小儿麻痹病毒的感染途径与致病机制,推测预防小儿麻痹病毒的最佳疫苗特性为( )。(多选)

A. 口服性疫苗 B. 注射性疫苗 C. 引起IgG产生 D. 引起IgM产生
E. 引起IgA产生

解析 脊髓灰质炎病毒感染首先从口进入,在咽、肠等部位繁殖。随后进入血液,侵犯中枢神经系统,沿着神经纤维扩散。病毒破坏了刺激肌肉、使之保持活力的神经细胞,这些神经细胞不能再生,从而使其控制的肌肉失去正常功能。根据脊髓灰质炎病毒的感染途径,防疫措施主要是服用脊髓灰质炎疫苗(图20)。现在我国使用的糖丸疫苗是由减毒的脊髓灰质炎病毒制成的,使幼儿的分泌液(唾液、胃肠液)中产生特异型的分泌IgA,使病毒不能在消化道中繁殖,防止病毒侵入血流,进行下一步感染。 答案:AE。

图20

84 澳洲医生马歇尔(Barry J. Marshall)和华伦(J. Robin Warren)在人胃中发现一种细菌,因而得到2005年诺贝尔生理学或医学奖,下列有关此细菌的叙述中正确的是( )。(多选)

A. 是螺旋体的一种 B. 革兰氏染色为阴性
C. 此菌证明人的胃液不能防卫微生物的入侵 D. 可引起发炎反应,造成消化性溃疡
E. 此菌与其他哺乳动物胃中细菌的亲缘关系非常接近

解析 幽门螺旋杆菌是一种螺旋形、微厌氧、对生长条件要求十分苛刻的革兰氏阴性杆菌,B正确。幽门螺旋杆菌引起的疾病包括由幽门螺旋杆菌感染引起的胃炎、消化道溃疡、淋巴增生性胃淋巴瘤等,67%～80%的胃溃疡和95%的十二指肠溃疡是由幽门螺旋杆菌引起的,D正确。它是杆菌而非螺旋体,A错误。幽门螺旋杆菌是目前所知能够在人胃中生存的唯一微生物种类,从这可以看出大多数致病菌很难生活于低pH的胃液环境下,人的胃液能够有效抵御微生物的入侵,C错。其他哺乳动物胃中的细菌,以瘤胃中微生物为例,多是纤维素分解菌(如白色瘤胃球菌)、淀粉分解菌(如反刍月形单胞菌)等可以分解有机物的厌氧菌,其与幽门螺旋杆菌的亲缘关系较远,E错。 答案:BD。

85 下列有关细菌的叙述中正确的是( )。(多选)

A. 致命的细菌可被应用在医疗上 B. 肉毒杆菌在复制时会释放毒素
C. 细菌可由其他不同种的细菌得到抗药性 D. 奶酪上的空洞是细菌发酵产生的气体所造成的
E. 不同属的细菌间可利用质粒进行遗传信息的交换

解析 A正确,比如肉毒毒素是种神经麻醉剂,能使肌肉暂时麻痹,目前已用于治疗各种局限性张力障碍性疾病,近期有文章尝试用炭疽毒素蛋白结合化疗药物起抗肿瘤效果。B错,肉毒杆菌毒素并非由活着的肉毒杆菌释放,而是先在肉毒杆菌细胞内产生无毒的前体毒素,在肉毒杆菌死亡自溶后前体毒素游离出来,经肠道中的胰蛋白酶或细菌产生的蛋白酶激活后才具有毒性。C正确,细菌不但可以将突变的基因遗传给下一代,还可以通过直接接触、质粒传递等方式把耐药性传递给异种菌株。D正确,奶酪上的洞是牛奶在制作成奶酪时微生物发酵释放二氧化碳所造成的。E正确,质粒可携带遗传信息在不同株、不同种的细菌中传播,现在已作为广泛使用的基因工具。 答案:ACDE。

86 内毒素是微生物所产生的一种可引发人类体温升高的毒素，下列有关内毒素的叙述中正确的是(　　)。(单选)

A. 具有高度的抗原性，非常容易诱发免疫系统产生抗体

B. 细菌都可以产生内毒素

C. 对外界的温度敏感，加热到 100 ℃可被破坏

D. 是一种位于细菌外膜上的脂多糖类

E. 通常在细胞快速成长期开始分泌到细胞外

解析 内毒素是革兰氏阴性菌细胞壁外膜的组分之一，其化学成分是脂多糖(LPS)。革兰氏阳性菌很少产生，代表如苏云金芽孢杆菌，化学本质也是伴孢晶体蛋白，与革兰氏阴性菌迥异。它在活细胞中不分泌到体外，仅在细胞死亡后自溶或人工裂解时才释放，故称内毒素。内毒素进入温血动物或人体内后，会刺激宿主细胞释放内源性的热源质，通过它对大脑控温中心的作用，引起动物或人体发高烧。

内毒素具有极强的化学稳定性(250 ℃下干热灭菌 2 h 才完全失活)。由于内毒素的化学成分是脂多糖，故免疫原性不强，反而外毒素由于大部分是蛋白质所以免疫原性很强。　**答案：D。**

87 人类的许多疾病是经由接触到带有致病病原的家禽家畜、宠物或野生动物所导致的。这些病原能够在某些种类的动物(这些种类的动物称作疾病的最终宿主)个体间流传与持续存活，之后直接传给人类，或者由最终宿主先传给其他种类动物，再间接传给人类。确认哪些动物是最终宿主相当重要，因为如此一来即能够通过降低最终宿主的数量，或减少人类接触最终宿主的机会，来降低受感染的人数。SARS(严重急性呼吸综合征)于 2002 年出现在中国广东。最初研究人员在广东传统市场内，对被装在一起的笼子里的各种动物一一进行采样，最后在白鼻心体内发现引发 SARS 的病毒，白鼻心因此被认为是 SARS 病毒的最终宿主，随即有超过一万只的白鼻心被扑杀。这些在市场贩卖的白鼻心源自人工养殖场，研究人员在不久之后针对养殖场里的白鼻心进行检测，却都没发现 SARS 病毒。根据以上信息，下列哪些推论正确？(　　)(多选)

A. 白鼻心为 SARS 病毒的最终宿主

B. 减少白鼻心数量可以大幅降低人类病例

C. 白鼻心可能在市场里被其他动物传染 SARS 病毒

D. SARS 病毒的最终宿主必定出现在市场内

E. 市场里动物混杂放置可能会增加 SARS 病毒的散播机会

解析 白鼻心是果子狸的别称，又叫做白鼻狗、花面棕榈猫等。果子狸是珍贵的毛皮和肉用的野生动物。SARS 病毒的最终宿主为人类，题目中说了捕杀果子狸之后没有检测到病毒，说明果子狸应该是被市场中的别的动物传染的(主犯其实是蝙蝠)。　**答案：CE。**

88 下列疾病中，哪些是以蚊子为病毒传播的媒介？(　　)(多选)

A. 中东呼吸综合征(Middle East respiratory syndrome；MERS)

B. 疟疾(malaria)

C. 基孔肯雅热(chikungunya fever)

D. 裂谷热(Rift Valley fever)

E. 西尼罗热(West Nile fever)

解析 A 不对，中东呼吸综合征(MERS)是由“中东呼吸征合症冠状病毒”(MERS-CoV)引发的呼吸道疾病，2012 年在沙特阿拉伯被首次报导。MERS-CoV 的传染源尚不明确，但怀疑可能来自动物。阿拉伯半岛的骆驼和一种蝙蝠身上均曾检测到 MERS-CoV，但骆驼、蝙蝠和其他动物是否在传播 MERS-CoV 中发挥了作用还需进一步的研究。所以我们应当避免接触骆驼、饮用生骆驼奶或骆驼尿液，或进食尚未彻底煮熟的骆驼肉。

B 不对，疟疾的传播媒介是蚊子，但病原是疟原虫。C 对，基孔肯雅热是由基孔肯雅病毒所引起的急性

传染病，经由蚊子传播，主要症状为关节疼痛或关节炎。D对，裂谷热为裂谷热病毒所引起的人畜共通传染病，媒介为吸血昆虫。E对，西尼罗热通常造成患者持续约一周以内的发热症状，症状类似登革热。

答案:CDE。

89 下列何种疾病的病原体可以在活的细胞内繁殖？(　　)(多选)

A. 沙眼　　B. 黑死病　　C. 黑热病　　D. 斑疹伤寒

E. H1N1 流感

解析 沙眼是由沙眼衣原体引起的。衣原体有细胞结构，但是缺少产生能量的酶系，营严格细胞内寄生。

黑死病即鼠疫，是由鼠疫杆菌借鼠蚤传播的烈性传染病。鼠疫杆菌是一种革兰氏阴性球杆菌，在细胞外生活。

黑热病是由利什曼原虫(黑热病原虫)引起的传染病。利什曼原虫在巨噬细胞中生长发育，营细胞内寄生生活。

斑疹伤寒是由斑疹伤寒立克次氏体引起的传染病。立克次氏体含有细胞结构，存在不完整的产能代谢途径，不能利用葡萄糖或有机酸，寄生于蚤、虱等节肢动物的消化道上皮细胞和人体的血细胞中，并产生内毒素。

H1N1 流感是由流感病毒引起的烈性传染病，H 表示血凝素，N 表示神经氨酸酶，H1N1 是品种代号。流感病毒经常发生抗原变异。　答案:ACDE。

90 古细菌(archaeans)在分类上较接近真核生物，下列预测中合理的是(　　)。(多选)

A. 具内含子(intron)　　B. 具单链 DNA

C. 不具细胞壁　　D. 染色体(chromosomes)无蛋白质结合

E. RNA 聚合酶的结构较接近真核生物

解析 古细菌与细菌、真核生物的区别和相似处如表 7 所示。

表 7

与细菌相同	与真核生物相同	古细菌独有
没有细胞核和膜包裹细胞器	没有肽聚糖	独特的细胞壁结构
环状基因组	DNA 与组蛋白结合	细胞膜由醚键构成
基因组成操纵子	翻译从甲硫氨酸 Met 起始	鞭毛蛋白结构
没有转录后修饰	相似的 RNA 聚合酶、启动子以及其他转录机制	核糖体结构
多顺反子 mRNA	相似的 DNA 复制与修复	tRNA 的序列和代谢
细胞大小(远小于真核生物)	相似的 ATP 酶	没有脂肪酸合酶

三者 RNA 聚合酶组成与结构如表 8 和图 21 所示。

表 8　RNA 聚合酶亚基

RNA 聚合酶	Pol Ⅰ	Pol Ⅱ	Pol Ⅲ	细菌	古细菌
十亚基核心	A190	Rpb1	C160	β′	A′/A″
	A135	Rpb2	C123	β	B
	AC40	Rpb3	AC40	α	D
	AC19	Rpb11	AC19	α	L
	AC12.2	Rpb9	C11		X

（续表）

RNA 聚合酶	Pol Ⅰ	Pol Ⅱ	Pol Ⅲ	细菌	古细菌
	Rpb5(ABC27)	Rpb5	Rpb5		H
	Rpb6(ABC23)	Rpb6	Rpb6	ω	K
	Rpb8(ABC14.5)	Rpb8	Rpb8		
	Rpb10($ABC10_{xx}$)	Rpb10	Rpb10		N
	Rpb12(ABC10b)	Rpb12	Rpb12		P
Rpb4/7 亚复合体	A14	Rpb4	C17		F
	A13	Rpb7	C25		E
Pol Ⅲ-特定亚复合体	—	—	C82		
	—	—	C34		
	—	—	C31		

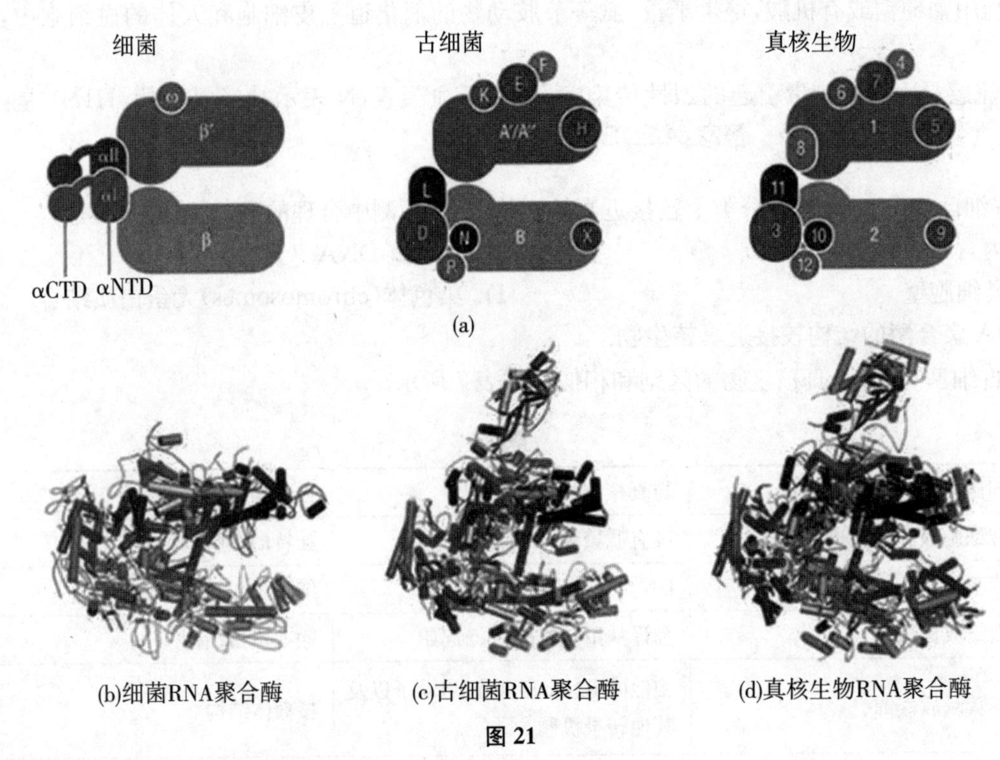

(a)

(b)细菌RNA聚合酶　(c)古细菌RNA聚合酶　(d)真核生物RNA聚合酶

图 21

答案：AE。

91 下列有关酵母菌与黑霉菌共同性的叙述，哪些正确？（　　）（多选）

A. 属于真菌　B. 具有细胞核与细胞壁

C. 可进行无性与有性生殖　D. 在二倍体($2n$)时期，仅进行减数分裂

E. 孢子囊仅产生具有单倍体(n)细胞核的孢子

解析　黑霉菌即黑根霉，是接合菌纲的丝状真菌。酵母菌同属真菌，故 A、B、C、E 正确。

部分酵母菌营养体能以单倍体或二倍体形式存在，在二倍体时期，营养细胞可以不断出芽繁殖，也可以形成子囊进行减数分裂。故 D 不对。　答案：ABCE。

92 下列哪些为大肠杆菌、蓝细菌、酵母菌、单胞藻细胞所共同具有的特征？（　　）（多选）

A. 线粒体　B. 细胞壁　C. 细胞膜　D. 叶绿体

E. 核糖体

解析 线粒体和叶绿体是真核细胞才具有的细胞器，而大肠杆菌、蓝细菌都是原核生物，所以没有这两个结构。所有生活细胞（除了少数特殊分化细胞如筛管）都具有核糖体，因为需要制造蛋白质以完成生命活动。 答案：BCE。

93 你打开冰箱想做个三明治，却发现你放了3个星期的番茄已经变成湿糊状。母亲告诉你，番茄必定已经感染了细菌。下面哪种做法将是最好的证明？（　　）（单选）

A. 拿一点糊状番茄分析它的DNA

B. 在电子显微镜下检查番茄组织，寻找具有细胞壁和质膜、无内质网的小细胞

C. 把一块烂番茄（使用防腐技术）放在微生物培养基中，并寻找毛茸茸的微生物群

D. 看看烂番茄是否比健康番茄需要更多的氧气

E. 在光学显微镜下观察番茄组织并寻找小的多面体颗粒

解析 本题主要考查细菌的特征鉴定。分析DNA看有无细菌麻烦且间接，所以A选项错误。因为细菌具有细胞壁和细胞膜，但不具有内质网等细胞器，所以B选项可以用来鉴定有无细菌。把烂番茄放在微生物培养基中，长出毛茸茸的微生物群的应该是霉菌，所以C选项错误。D选项也无法区分是有细菌还是有霉菌。E选项形容的是病毒。 答案：B。

第4章　生物信息学

1　Bioinformatics 的含义是(　　)。(单选)

A. 生物信息学　　B. 基因组学　　C. 蛋白质组学　　D. 表观遗传学

解析 其他选项的单词如下:基因组学 Genomics;蛋白质组学 Proteomics;表观遗传学 Epigenetics。

答案:A。

2　DDBJ 的含义是(　　)。(单选)

A. 美国国家生物信息中心　　B. 欧洲分子生物学实验室

C. 日本 DNA 数据库　　D. 中国基因组研究中心

解析 常用核酸序列数据库综合了 DNA 和 RNA 序列数据,其数据源于众多研究机构和核酸测序小组以及科学文献。数据库中的每条记录代表着一条单独的、连续的、附有注释的 DNA 或 RNA 片段。国际上三大常用核酸序列数据库为 EMBL、GenBank 和 DDBJ。其中欧洲分子生物学实验室(European Molecular Biology Laboratory, EMBL)是一个分子生物学研究机构。GenBank 序列数据库是所有可公开获得的核苷酸序列及其蛋白质翻译的开放数据库,该数据库由美国国家生物技术信息中心(National Center for Biotechnology Information, NCBI)作为国际核苷酸序列数据库协作(International Nucleotide Sequence Database Collaboration, INSDC)的一部分运行和维护(国家生物技术信息中心是美国国家卫生研究院的一部分)。日本的 DNA 数据库(DNA Data Bank of Japan, DDBJ)是收集 DNA 序列的核酸序列数据库,位于日本静冈县的国家遗传学研究所(National Institute of Genetics, NIG)。并无中国基因组研究中心这一单位,相关单位有国家人类基因组北方研究中心与国家人类基因组南方研究中心等。　**答案:C。**

3　数据库常用的数据检索工具有(　　)。(多选)

A. Entrez　　B. SRS　　C. DBGET　　D. FASTA

解析 Entrez 是美国国家生物技术信息中心所提供的在线资源检索器,将 GenBank 序列与其原始文献出处链接在一起,是由 NCBI 主持的一个数据库检索系统。

SRS(Sequence Retrieval System)是 EMBL 研制的一个基于 WEB 的查询系统,也是目前国际上最有影响的生物分子数据库查询系统之一。

DBGET 是日本京都大学化学研究所提供的 GenomeNet 数据库检索序列的工具。

FASTA 程序是第一个广泛使用的数据库相似性搜索程序,是用来进行序列比对的。　**答案:ABC。**

4　下列哪个数据库属于生物大分子结构数据库?(　　)(单选)

A. GenBank　　B. PDB　　C. NCBI　　D. DDBJ

解析 GenBank 是美国国家生物技术信息中心(NCBI)所维护的、供公众自由读取的、带注释的 DNA 序列的总数据库。

PDB 是蛋白质结构数据库。

NCBI 是综合数据库。

DDBJ 是日本国立遗传学研究所建立的 DNA 核酸序列的序列数据库。　**答案:B。**

5　你有一段核酸序列,想将其与一个核酸序列数据库相比较,请问使用下列哪个程序?(　　)(单选)

A. Blastp　　B. Blastx　　C. Tblastn　　D. Blastn

解析 各名词解释如表1所示。

表1　主要的BLAST程序(功能)

程序名	查询序列	数据库	搜索方法
Blastn	核酸	核酸	在核酸数据库中比对核酸序列
Blastp	蛋白质	蛋白质	在蛋白质数据库中比对蛋白质序列
Blastx	核酸	蛋白质	在蛋白质数据库中比对待检的核酸序列(用所有6种可读框翻译)
Tblastn	蛋白质	核酸	在核酸数据库(用所有6种可读框翻译)中比对待检的蛋白质序列
Tblastx	核酸	核酸	在核酸数据库(用所有6种可读框翻译)中比对待检的核酸序列(也用所有6种可读框翻译)

答案:D。

6 下列关于数据库的描述中错误的是(　　)。(单选)

A. GenBank、EMBL、DDBJ都是核酸数据库

B. GenBank/NCBI、EMBL-Bank/EBI和DDBJ这三个核酸数据库几乎在任何时候都享有相同数据,被称作"国际核酸序列数据库(INSD)"

C. 一个数据库记录一般由原始序列数据和相关的注释组成,注释和序列数据同样重要

D. PIR、SWISS-SPROT、TrEMBL、PDB均属于蛋白质序列数据库

解析 INSD即国际核酸序列数据库(International Nucleotide Sequence Databank),由日本的DDBJ(DNA Databank of Japan)、欧洲的EMBL(European Molecular Biology Laboratory)和美国的GenBank三家各自建立和共同维护。因此A、B均正确。

一个数据库记录(entry)一般由两部分组成:① 原始序列数据(sequence data);② 描述这些数据生物学信息的注释(annotation)。注释中包含的信息与相应的序列数据同样重要和有应用价值,故C正确。

蛋白质信息资源(Protein Information Resource, PIR)由乔治城大学建立,网址为http://pir.georgetown.edu,是一个集蛋白质信息学的公共信息源及支持服务于一体的资源网站。除了PIR,另一个重要的蛋白质序列数据库是SWISS-PROT(Protein Sequence Database)(http://www.expasy.ch/sprot/sprot-top.html)。该数据库由瑞士日内瓦大学生化系A. Bairoch于1986年创建,目前由瑞士生物信息学研究所(Swiss Institute of Bioinformatics, SIB)和欧洲生物信息学研究所(EBI)共同维护和管理。蛋白质序列数据库TrEMBL(Translated EMBL Nucleotide Sequence Data Library)是瑞士生物信息学研究所的蛋白质序列数据库SWISS-PROT的一个增补本,TrEMBL增加了一些SWISS-PROT数据库中没有的欧洲分子生物学实验室核苷酸序列。蛋白质结构数据库(Protein Data Bank, PDB)是美国纽约布鲁克海文国家实验室于1971年创建的。PDB是结构数据库而不是序列数据库,因此D不对。　答案:D。

7 GenBank数据库的基本信息单位是(　　)。(单选)

A. FASTA　　B. GBFF　　C. GCG　　D. ASN.1

解析 FASTA是一种用于记录核酸序列或肽序列的文本格式,其中的核酸或氨基酸均以单个字母编码呈现。该格式同时还允许在序列之前定义名称和编写注释。这一格式最初由FASTA软件包定义,但现今已是生物信息学领域的一项标准。

GBFF(GenBank flatfile)是GenBank数据库的基本信息单位,是最为广泛使用的生物信息学序列格式之一。

GCG是Genetics Computer Group公司开发的Wisconsin软件包,是一组综合性的序列分析程序,使用公用的核酸和蛋白质数据库。

ASN.1是一种国际标准组织(ISO)数据表示格式,用于实现平台之间的互操作性。NCBI使用ASN.1存储和检索数据,如核苷酸和蛋白质序列、结构、基因组、PubMed记录等。它允许所有类型的计算机和软件

系统可靠地交换数据结构和内容。 答案:B。

8 关于基因文库的解释,正确的一项是( )。(单选)

A. 一个基因文库包含一种生物的绝大部分基因

B. 基因文库有利于获得基因工程所需受体细胞

C. 是通过 DNA 测序储存于计算机中的碱基序列

D. 是一组含有某种生物完整基因组的克隆细胞

解析 基因文库其实就是养着的一堆大肠杆菌。基因文库包括基因组文库和部分基因文库。将含有某种生物不同基因的许多 DNA 片段导入受体菌的群体中储存,各个受体菌分别含有这种生物的不同的基因,称为基因文库。如果这个文库包含了某种生物的所有基因,那么这种基因文库叫做基因组文库。如果这个文库只包含某种生物的一部分基因,那么这种基因文库叫做部分基因文库。例如 cDNA 文库,首先得到 mRNA,再反转录得 cDNA,形成文库。cDNA 文库与基因组文库的区别在于 cDNA 文库在 mRNA 拼接过程中已经除去了内含子等成分,便于 DNA 重组时直接使用。 答案:D。

9 最适合揭示各类生物亲缘关系的是( )。(单选)

A. 脂多糖成分分析 B. 内含子序列 C. 启动子序列 D. 16/18S rRNA 序列

解析 常用作基因的进化标志的是 16/18S rRNA。

对基因而言,内含子比外显子更易突变,而作为进化的标杆,还需要稳定的进化频率。16S rRNA 基因是细菌上编码 rRNA 的 DNA 序列,存在于所有细菌的基因组中。16S rRNA 具有高度的保守性和特异性,且该基因序列足够长(包含约 50 个功能域)。

rRNA 参与生物蛋白质的合成过程,其功能是任何细胞型生物都必不可少的,而且在生物进化的漫长历程中保持不变,可作为生物演变的分子钟。在 16S rRNA 分子中,不但含有高度保守的序列区域,而且有中度保守和高度变化的序列区域,因而它适用于进化距离不同的各类生物亲缘关系的研究。16S rRNA 的分子量大小适中,约 1540 bp,含有足够多的信息以便于亲缘关系研究,5S 太短,而 23S 的序列对于当时的测序技术来说显得有点过长。 答案:D。

10 在某只鸟的一窝灰壳蛋中发现一枚绿壳蛋,有人说这是另一种鸟的蛋。若要探究这种说法是否成立,下列做法中,不可能提供有效信息的是( )。(单选)

A. 以绿壳蛋蛋清与该鸟血浆蛋白为材料做亲子鉴定

B. 该绿壳蛋孵出小鸟后观察其形态特征

C. 将该绿壳蛋与已有的鸟蛋标本进行对比

D. 观察该鸟是否将该绿壳蛋啄毁或抛掉

解析 B、C 为形态学鉴定,D 为鸟类保护其后代的动物行为学举动,均有一定可信性。A 中两个蛋白不一样,所以不能用。 答案:A。

11 继人类基因组计划之后,全世界各地的科学家开始为所有蛋白质分类建立蛋白质组。现在加拿大国际基因调控研究联盟(Canadian-led International Regulome Consortium)正在挑战破解调节人类基因组的 30000 个基因的生化调控物质。他们最有可能研究下列什么类型的蛋白质?( )(单选)

A. 转录因子 B. 蛋白酶 C. 氧化还原酶 D. 结构蛋白

E. 神经递质

解析 本题主要考查基因调控的相关知识。基因表达的主要过程是基因的转录和信使核糖核酸(mRNA)的翻译。基因调控主要发生在三个水平上,即:① DNA 水平上的调控、转录控制和翻译控制;② 微生物通过基因调控可以改变代谢方式以适应环境的变化,这类基因调控一般是短暂的和可逆的;③ 多细胞生物的基因调控是细胞分化、形态发生和个体发育的基础,这类调控一般是长期的,而且往往是不可逆的。转录因子就是调控基因转录的一些因子,因此本题选择 A 选项。 答案:A。

12 同源蛋白的进化信息通常位于该蛋白的哪个位置？(　　)(单选)

A. 不变残基　　B. 可变残基　　C. 结构域　　D. 活性位点

解析 同源蛋白质的氨基酸序列中有许多位置的氨基酸残基对所有已研究过的物种来说都是相同的，因此称为不变残基(invariant residue)。但其他位置的氨基酸残基在不同物种中有相当大的变化，因而称为可变残基(variable residue)。例如各种有机体的细胞色素 c 中可变氨基酸残基顺序的差异和分歧时间就提供了进化信息。　答案:B。

13 有关生物基因组的特点，下列说法中正确的是(　　)。(多选)

A. 凡是具有细胞形态的所有生物的遗传物质都是 DNA

B. 一般来说物种的复杂程度越高，基因组含量越大

C. 编码 DNA 序列负责蛋白质氨基酸组成的信息，在基因组中占有很高的比例

D. 非编码 DNA 序列并不是没有功能的，它们起重要的调节作用

解析 病毒虽然能以 RNA 为遗传物质，但其没有细胞形态，A 正确。B 中虽然有 C 值悖论并且非常普遍，但前面说了"一般来说"，因此可以算对。编码 DNA 所占比例很低，仅 1%，C 不对。D 是对的。答案:ABD。

14 基因芯片的测序原理是 DNA 分子杂交，即通过与一组已知序列的核酸探针杂交进行核酸序列测定。先在一块基片表面固定序列已知的八核苷酸的探针，当溶液中带有荧光标记的靶核酸序列与基因芯片上对应位置的核酸探针产生互补匹配时，通过确定荧光强度最强的探针位置，获得一组序列完全互补的探针序列。据此可重组出靶核酸的序列 TATGCAATCTAG(过程见图 1(a))。若靶核酸序列与靶核苷酸的探针杂交后，荧光强度最强的探针位置如图 1(b)所示，请分析溶液中靶序列为(　　)。(单选)

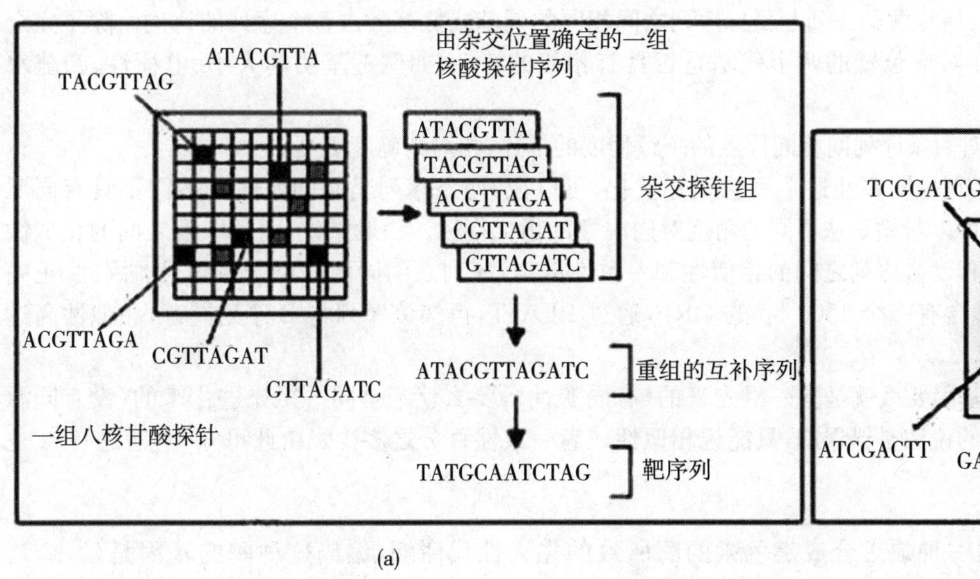

(a)

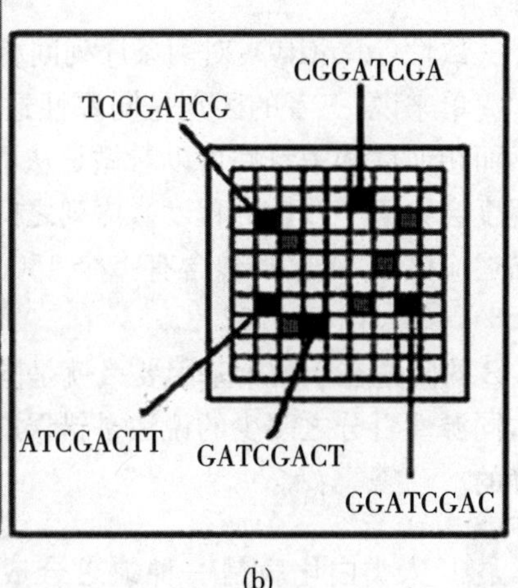

(b)

图 1

A. AGCCTAGCTGAA　　B. TCGGATCGACTT

C. ATCGACTT　　D. TAGCTGAA

解析 仿照图(a)将序列拼在一起，得到重组的互补序列：TCGGATCGACTT，再得到靶序列。答案:A。

15 ORF 的含义是(　　)。(单选)

A. 调控区　　B. 非编码区　　C. 低复杂度区域　　D. 开放阅读框

解析 ORF(open reading frame)即开放阅读框，从起始密码子开始，是 DNA 序列中具有编码蛋白质

潜能的序列，结束于终止密码子。 **答案：D。**

16 下列有关同源基因的叙述中，哪一项(或哪一些)是正确的？(　　)(单选)

A. 同源基因是那些起源于一个共同的祖先的基因

B. 两个基因可以是90%同源的

C. 同源性相当于序列相似性

D. 同一个个体中无法找到两个同源基因

解析 本题主要考查同源基因的相关知识。现代分子生物学中的同源性描述的是基因与基因之间的相似关系，它表明的是两个相比较的序列之间的匹配程度。一般来说，如果两条基因序列相似性达80%，就可以把它们称为同源基因。同源基因分为以下几种：

① 直系同源基因/直向同源基因。直系同源基因又称"垂直同源基因""直向同源基因"，是指从同一祖先垂直进化而来的基因。或者说，一个祖先物种分化产生两种新物种，那么这两种新物种共同具有的由这个祖先物种继承下来的基因就称为直系同源基因。例如人α-珠蛋白基因与小鼠α-珠蛋白基因。

② 旁系同源基因。旁系同源基因又译为"横向同源基因"，是指由于基因重复而产生的同源基因。例如人γ-珠蛋白基因和β-珠蛋白基因。基因重复后，进化选择压力变小、其中一条基因丢失或发生沉默都是促使旁系同源基因分化产生新特性或新功能的原因。如鼠α-珠蛋白和鸡β-珠蛋白基因。

③ 异源同源基因。异源同源基因是由基因在不同物种间的横向转移而产生的。异源同源基因在原核生物中研究得比较多。最近研究表明，异源同源基因的原位取代是细菌进化的强大推动力。

关于同源、相似与一致的概念辨析如下：

同源性(homology)：进化过程中源于同一祖先的分支之间的关系。同源性是描述物种之间的进化关系的，所以在同源性的表达中只能用"有"或者"无"，对于有同源性的物种可以描述为"部分同源"或者"完全同源"。

相似性(similarity)：所检测的序列与目标序列之间相同的碱基或氨基酸占整个序列的比例。除了完全相同的残基外，还包括在对应位置的两个残基是否具有相似的特性，如侧链基团的大小、电荷性、亲疏水性等。

一致性(identity)：对两条序列间相同位点的一致程度的描述，相对精确度更高。

简单来说，三者的区别是同源性这个概念不能量化，可以说"两条序列具有同源性"或者"不具有同源性"，而相似性和一致性可以看做是从不同的角度对同源性的量化指标。一般来说，两条序列之间的相似性的程度会大于一致性的程度。序列之间的相似性和一致性越高，序列之间同源的可能性越大。因此，正确的描述应该是"A序列包含有一个1500 bp的ORF，通过BLAST，得知该序列与B序列同源，相似性高达94.3%，一致性达89.6%"。

B的问题在于两个基因要么就是同一祖先来的(有同源性)，要么就不是同一祖先进化来的(没有同源性)，同源性百分之多少的说法是错误的，只能说相似性或者一致性百分之多少。由此可知，本题只有A是正确的。 **答案：A。**

17 人类白化病是一种缺乏合成黑色素的酶所致的先天性代谢病，编码这种酶的基因是(　　)。(单选)

A. 微效基因　　B. 假基因　　C. 调节基因　　D. 结构基因

解析 缺少一种合成黑色素的酶的基因，整个人就变白了，说明肯定不是微效基因，因为微效基因需要多个基因积累起来发挥作用，相应的遗传病属于多基因病。而白化病明显属于单基因病，所以不可能是A。

有些基因在碱基序列上与相应的正常功能基因基本相同，但是却没有功能，这些失活的基因统称为假基因。许多假基因与具有功能的亲本基因相连锁，而且在编码区有高度的同源性。这类基因被认为是含有亲本基因的若干复制片段串联重复而成的。假基因并不是没有用，有些时候它们能进行转录，转录成反义RNA，抑制mRNA的表达；也可以生成非编码RNA，介导DNA的甲基化和异染色质化等。

调节基因可以编码调节蛋白，与操纵基因结合，控制结构基因的表达。

结构基因是一类编码蛋白质或 RNA 的基因。　答案:D。

18　甲硫氨酸的密码子是 AUG,酪氨酸的密码子为 UAU、UAC。甲硫氨酸与酪氨酸之间的替换代价为(　　)。(单选)

A. 1　　B. 2　　C. 3　　D. 4

解析 如果变化 1 个碱基使某些氨基酸的密码子改变为另一些氨基酸的密码子,则替换代价为 1;如果需要 2 个碱基的改变,则替换代价为 2;Met 到 Tyr 的转变是仅有的密码子 3 个位置都发生变化的转换。氨基酸突变代价矩阵见图 2 和表 2。

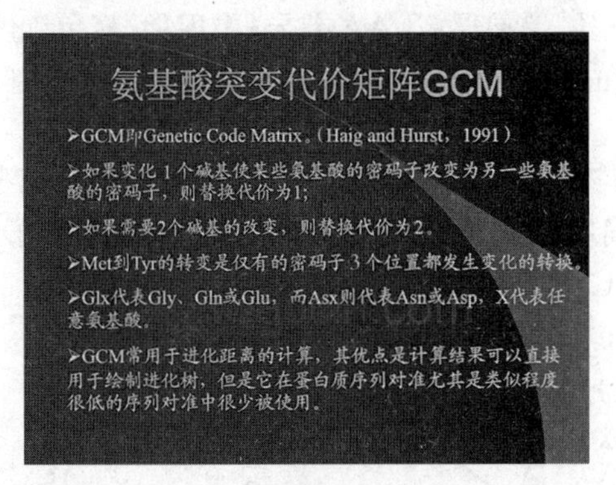

图 2

表 2　氨基酸突变代价矩阵

	A	S	G	L	K	V	T	P	E	D	N	I	Q	R	F	Y	C	H	M	W	Z	B	X
Ala = A	0	1	1	2	2	1	1	1	1	1	2	2	2	2	2	2	2	2	2	2	2	2	2
Ser = S	1	0	1	1	2	2	1	1	2	2	1	1	2	1	1	1	1	2	2	1	2	2	2
Gly = G	1	1	0	2	2	1	2	2	1	1	2	2	2	1	2	2	1	2	2	1	2	2	2
Leu = L	2	1	2	0	2	1	2	1	2	2	2	1	1	1	1	2	2	1	1	1	2	2	2
Lys = K	2	2	2	2	0	2	1	2	1	2	1	1	1	1	2	2	2	2	1	2	1	2	2
Val = V	1	2	1	1	2	0	2	2	1	1	2	1	2	2	1	2	2	2	1	2	2	2	2
Thr = T	1	1	2	2	1	2	0	1	2	2	1	1	2	1	2	2	2	2	1	2	2	2	2
Pro = P	1	1	2	1	2	2	1	0	2	2	2	2	1	1	2	2	2	1	2	2	2	2	2
Glu = E	1	2	1	2	1	1	2	2	0	1	2	2	1	2	2	2	2	2	2	2	1	2	2
Asp = D	1	2	1	2	2	1	2	2	1	0	1	2	2	2	2	1	2	1	2	2	2	1	2
Asn = N	2	1	2	2	1	2	1	2	2	1	0	1	2	2	2	1	2	1	2	2	2	1	2
Ile = I	2	1	2	1	1	1	1	2	2	2	1	0	2	1	1	2	2	2	1	2	2	2	2
Gln = Q	2	2	2	1	1	2	2	1	1	2	2	2	0	1	2	2	2	1	2	2	1	2	2
Arg = R	2	1	1	1	1	2	1	1	2	2	2	1	1	0	2	2	1	1	1	1	2	2	2
Phe = F	2	1	2	1	2	1	2	2	2	2	2	1	2	2	0	1	1	2	2	2	2	2	2
Tyr = Y	2	1	2	2	2	2	2	2	2	1	1	2	2	2	1	0	1	1	③	2	2	1	2
Cys = C	2	1	1	2	2	2	2	2	2	2	2	2	2	1	1	1	0	2	2	1	2	2	2
His = H	2	2	2	1	2	2	2	1	2	1	1	2	1	1	2	1	2	0	2	2	2	1	2
Met = M	2	2	2	1	1	1	1	2	2	2	2	1	2	1	2	③	2	2	0	2	2	2	2
Trp = W	2	1	1	1	2	2	2	2	2	2	2	2	2	1	2	2	1	2	2	0	2	2	2
Glx = Z	2	2	2	2	1	2	2	2	1	2	2	2	1	2	2	2	2	2	2	2	1	2	2
Asx = B	2	2	2	2	2	2	2	2	2	1	1	2	2	2	2	1	2	1	2	2	2	1	2
??? = X	2	2	2	2	2	2	2	2	2	2	2	2	2	2	2	2	2	2	2	2	2	2	2

答案:C。

19 一个生物学家对一系列动物的细胞色素c氧化酶进行测序,并且比较了两两物种之间的氨基酸(AA)差异。下面的对比结果哪个最符合现代系统分类学?(　　)(单选)

A. 黑猩猩/猕猴 23 AA 差异;马/黑猩猩 2 AA 差异;黑猩猩/鲨鱼 8 AA 差异
B. 黑猩猩/猕猴 23 AA 差异;马/黑猩猩 23 AA 差异;黑猩猩/鲨鱼 23 AA 差异
C. 黑猩猩/猕猴 12 AA 差异;马/黑猩猩 8 AA 差异;黑猩猩/鲨鱼 3 AA 差异
D. 黑猩猩/猕猴 2 AA 差异;马/黑猩猩 12 AA 差异;黑猩猩/鲨鱼 23 AA 差异
E. 黑猩猩/猕猴 2 AA 差异;马/黑猩猩 23 AA 差异;黑猩猩/鲨鱼 12 AA 差异

解析 在进化上,两个物种之间的差异越大,则这两个物种之间的氨基酸差异也就越大。　答案:D。

20 下列片段是三个不同的物种中同一基因的DNA序列。根据这些DNA序列信息,请判断下列物种进化分枝图中,哪一项能最准确地表示X、Y和Z关系:(　　)。(单选)

物种X:A A C T A G C G C G A T;
物种Y:A A C T A G C G C C A T;
物种Z:T T C T A G C G G T A T。

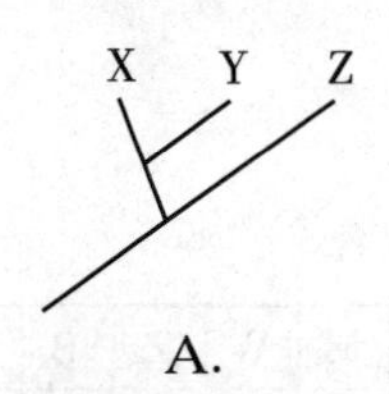

A.

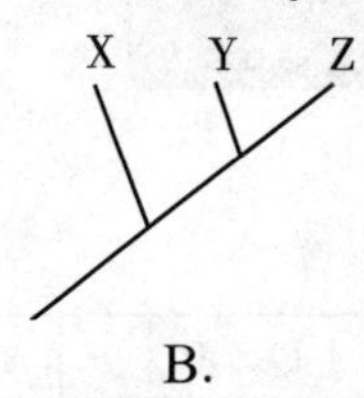

B.

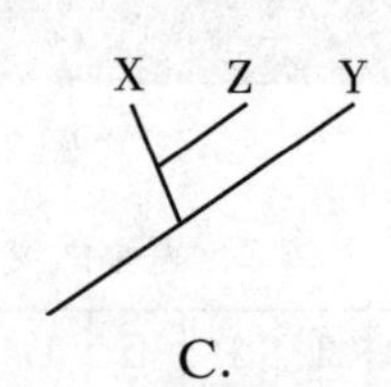

C.

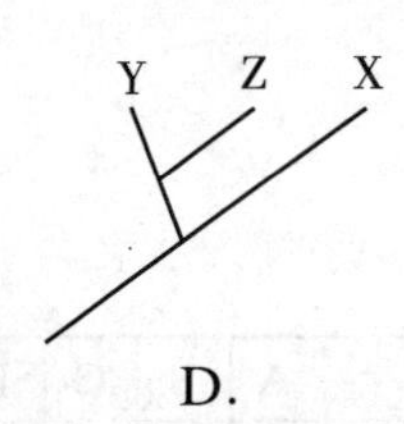

D.

解析 本题主要考查进化分枝图的相关问题。进化树在生物学中用来表示物种之间的进化关系。生物分类学家和进化论学者根据各类生物间的亲缘关系的远近,把各类生物安置在有分枝的树状图表上,简明地表示生物的进化历程和亲缘关系。在进化树上每个叶子结点代表一个物种,如果每一条边都被赋予一个适当的权值,那么两个叶子结点之间的最短距离就可以表示相应的两个物种之间的差异程度。本题可以通过DNA碱基序列的差异来构建进化分枝图。因为X物种与Y物种之间的差距最小,而二者与Z物种的差距都比较大,因此本题选择A选项。　答案:A。

第5章　植　物　学

1　下列关于构成栅栏组织、海绵组织、导管、筛管、形成层、茎尖、茎中的薄壁组织等植物各组织的细胞的描述中，正确的是哪一项？各标志的含义如下所示。（　　）（单选）

□：由活细胞构成，其中有分裂旺盛的细胞。

○：由活细胞构成，但基本不进行细胞分裂。

×：由死细胞构成。

A. □□×○□□×　　B. □□×○□○□　　C. □□○×○○×　　D. ○○×○□□○

E. ○○○×○□×

解析 导管是死细胞，形成层和茎尖分裂旺盛，其余都是普通生活细胞。　**答案：D。**

2　下列植物身体部位中，哪一部位不进行旺盛的细胞分裂？（　　）（单选）

A. 茎尖　　B. 根尖

C. 花器官中已受精的胚的内部　　D. 活跃地进行着光合作用的叶片组织内部

解析 茎尖、根尖与胚都在旺盛地分裂，但叶的同化组织不再具有旺盛分裂能力。　**答案：D。**

3　假设你在显微镜下观察一片叶子的横截面，发现很多松散的细胞。这些细胞有很多叶绿体并且细胞壁相当薄。那么这些细胞是（　　）。（单选）

A. 厚角组织细胞　　B. 内皮层细胞　　C. 薄壁组织细胞　　D. 厚壁组织细胞

E. 木质部细胞

解析 薄壁组织细胞具有初生细胞壁，相对较薄且易弯曲。薄壁组织细胞通常被描述为“典型的”植物细胞，因为它们通常特化最少。由薄壁细胞构成的组织可能不含或者含有很多气腔，并且这些细胞可能含有也可能不含叶绿体。含有叶绿体的薄壁细胞通常被称为同化组织。　**答案：C。**

4　下列关于植物结构的描述中正确的是（　　）。（单选）

A. 厚壁细胞支撑着整个植物体　　B. 厚角细胞可能形成植物的外细胞层

C. 木质部是由之前的表皮细胞形成的　　D. 气孔是根部用来输入营养物质的小孔

E. 薄壁细胞的细胞壁比其他植物细胞的厚

解析 薄壁细胞相对来说不易特化，并且其初生细胞壁比较薄和易弯曲。厚角细胞拥有增厚不均匀的初生细胞壁，并且为正在生长的植物提供支撑。厚壁细胞为支撑植物而异化，长出因有木质素而更坚硬的次级细胞壁，它们在植物功能成熟时死去，而且比厚角细胞更加坚硬。成熟的厚壁细胞不能延长。它们通常出现在植物已经停止生长伸长的部位。气孔是叶片表面用以气体交换的小孔。　**答案：A。**

5　下列哪种植物组织细胞具有储藏养分、伤口愈合与再生的功能？（　　）（单选）

A. 维管束形成层细胞　　B. 木栓形成层细胞

C. 厚壁细胞　　D. 薄壁细胞

解析 薄壁细胞的细胞壁只是很薄的初生壁，它具有大型液泡，进行合成、分解、贮藏等重要的生理作用。薄壁组织细胞具有潜在的细胞分裂能力，而且在细胞间多具发达的细胞间隙，在一定的外界因素刺激下，细胞能发生脱分化，恢复分生能力，转变为分生组织（meristem），促使植物的创伤愈合、再生，形成不定根或不定芽。　**答案：D。**

6　下列有关导管细胞和筛管细胞的比较中正确的是（　　）。（单选）

A. 导管由管胞协助运输水分,筛管则由伴细胞协助运输养分

B. 导管细胞壁加厚,筛管则无细胞壁

C. 均无细胞膜

D. 均无细胞核

解析 筛管是活细胞,有细胞膜也有细胞壁,但是没有细胞核。导管运输水分不需要管胞协助。答案:D。

7 下列对维管束内木质部与韧皮部相对位置的叙述中正确的是(　　)。(多选)

A. 玫瑰茎部维管束的木质部向内,而韧皮部则向外

B. 玉米茎部维管束散生,因此木质部可能向内或向外

C. 玫瑰叶脉的木质部朝向上表皮,而韧皮部则朝向下表皮

D. 玉米叶脉的木质部朝向下表皮,而韧皮部则朝向上表皮

解析 玫瑰茎部具有无限维管束,木质部向内,韧皮部向外;玉米茎部维管束有限散生,也是木质部向内,韧皮部向外(均为外韧维管束);玫瑰与玉米叶脉均为木质部向上表皮(近轴),韧皮部向下表皮(远轴)。因此A、C正确。

图1为玉米叶片的横切面,注意具有导管的木质部在上,韧皮部在下。　答案:AC。

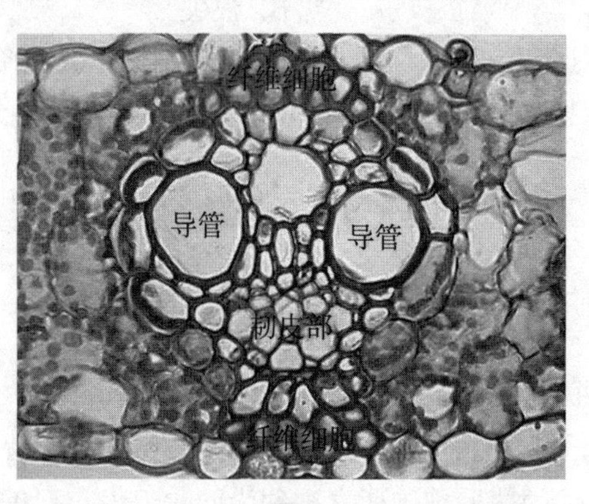

图1

8 下列有关植物分生组织的叙述中正确的是(　　)。(多选)

A. 叶片及茎的各部构造主要是由茎顶分生组织分化而来的

B. 花来自侧芽的分生组织,与茎顶分生组织不同

C. 维管束内的形成层是次级分生组织,是由薄壁细胞再分化而成的

D. 根部的周鞘(中柱鞘)具有生成侧根的功能,所以也是分生组织的一种

E. 树皮的木栓形成层主要是由皮层的细胞再分化而成的

解析 A选项正确,叶片来自茎尖的叶原基,由顶端分生组织而来。茎端的分生组织分化为原表皮、原形成层和初生分生组织,进而分化成茎的各个结构。

B选项错误,花芽可以是顶芽(有限花序),也可以是侧芽(无限花序)。

C选项不对,维管束的束中形成层本质是初生的,而束间形成层才是次生的,但它们后来的活动是次生性质的,所以是次生分生组织。

D选项正确,侧根起源于中柱鞘(周鞘)。中柱鞘一般为分化程度较低的薄壁细胞,在少数单子叶植物中为厚壁。中柱鞘保持潜在的分生能力,可以形成侧根、木栓形成层和部分维管形成层,因此也可以算是一种分生组织。

E选项正确,木栓形成层也是一种次生形成层,可分化成为木栓层和栓内层。木栓形成层往往处于不停的产生和脱落的过程中。最初的木栓形成层往往形成于皮层,随着栓内层的不断产生,木栓形成层向外移动,最终脱落,同时在内部形成新的木栓形成层,如此循环。其形成位置最深可达次生韧皮部。

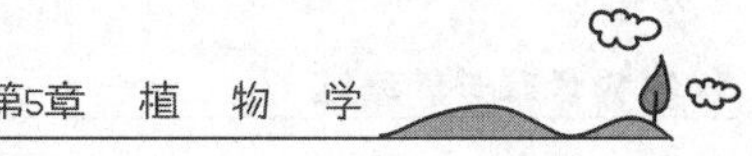

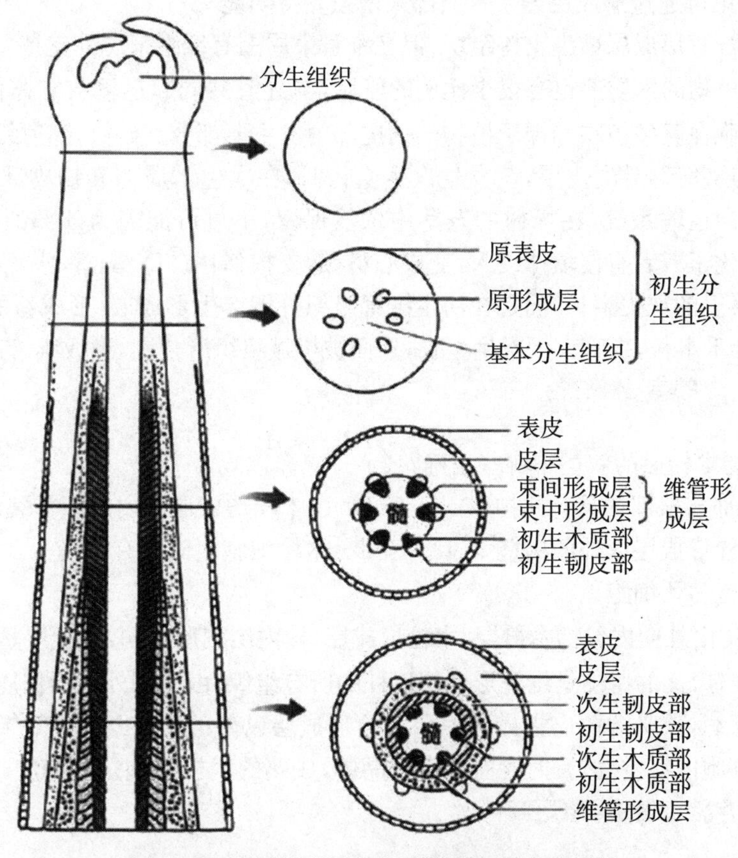

图 2　茎尖的纵切面和不同部位横切面结构图解

植物的茎尖纵切面和不同部分横切面见图 2。　答案:ADE。

9　下列各种植物的组织中具有薄壁细胞的是(　　)。(多选)

A. 毛茛根部顶端分生组织　　B. 玉米的叶肉组织

C. 马铃薯的块茎　　D. 樟树的木质部

E. 樱桃的内果皮细胞

解析　薄壁细胞普遍存在于植物体的各个部分,并且形成了一种连续的组织系统,它们组成了根和茎中的皮层及髓、维管组织中的薄壁组织、叶肉中的叶肉细胞、花器官的各部分以及果实的果肉,由于功能的不同,可特化为同化组织、贮藏组织、贮水组织和通气组织。毛茛根部顶端分生组织、玉米的叶肉组织、马铃薯的块茎和樟树的木质部中都存在起不同功能的薄壁细胞,樱桃的内果皮细胞是多层厚壁石细胞组成的核。

答案:ABCD。

10　有一植物的木质素生成的相关基因发生突变,试问下列哪种组织最受影响?(　　)(单选)

A. 薄壁组织　　B. 厚角组织　　C. 分生组织　　D. 纤维组织

E. 分泌组织

解析　薄壁组织、厚角组织、分生组织和分泌组织一般为初生壁细胞,不木质化。纤维组织的细胞壁明显地次生增厚,木质化程度不一,从不木质化到强烈木质化的都有,是成熟植物体中主要的支持组织,因此当木质素基因突变时最受影响。　答案:D。

11　下列有关被子植物维管束的构造与功能的叙述中哪些正确?(　　)(多选)

A. 樟树的木质部由导管、管胞、薄壁细胞及纤维所组成

B. 樟树的韧皮部由筛管、伴胞、薄壁细胞及纤维所组成

C. 樟树的老茎中,髓射线因形成层大量增生木质部组织而不再存在

D. 椰子树的维管束可通过形成层增生木质部来增强支持功能

E. 稻米的维管束没有形成层增生支持组织，但在维管束周围有纤维来协助支持

解析 A对，被子植物的木质部也有很小比例的管胞，与导管共同起运输与支撑作用。B对，被子植物韧皮部一般无筛胞，筛胞在蕨类植物和裸子植物的韧皮部中占主要部分。C错，髓射线作为中央的髓部辐射状向外引伸的部分，内连髓部，外通皮层，茎发生次生生长时，在次生木质部和韧皮部会发生维管射线与髓射线相连，构成茎的径向运输系统，在樟树的老茎中依然保留，不过可能因为外部的次生维管组织不断增长，髓和髓射线功能弱化了或者有侵填体侵入，变成心材，起支撑作用。D错，椰子树为热带单子叶植物，维管束没有经历传统意义上的次生生长，而是在初生维管组织外侧产生形成层，形成新的维管组织(次生维管束)。E对，稻属单子叶禾本科，维管束无次生生长，外面被机械组织所包围，形成维管束鞘，在基本组织中也有厚壁细胞帮助支撑。 答案:ABE。

12 下列有关植物木栓层的叙述中哪些正确？(　　)(多选)

A. 裸子植物的茎部与根部均具有此构造

B. 由木栓形成层向内逐渐分裂而成

C. 树皮即包含木栓形成层以外的构造

D. 木栓细胞内储存有淀粉

E. 成熟的木栓细胞为死细胞

解析 B错误，周皮由外向内包括木栓层、木栓形成层、栓内层三层结构，木栓层是由木栓形成层向外逐渐分裂形成的。C错误，广义的树皮是维管形成层以外的所有组织，由内到外包括韧皮部、皮层、周皮以及木栓层以外的所有死亡组织，狭义的树皮指最内一层木栓形成层以外的所有组织。D错误，木栓组织一般没有胞间隙，细胞壁薄，细胞内有空气，有时含有单宁或晶体，成熟的木栓细胞是死细胞，是保护组织而不是贮藏组织，故没有淀粉储存。 答案:AE。

13 下列哪些组织的生成属于植物的次级生长？(　　)(多选)

A. 茎中维管束形成层所生成的新组织

B. 树皮中的木栓层组织

C. 树皮中的皮层组织

D. 根的木栓层组织

E. 根中中柱鞘所形成的侧根

解析 次生生长是指植物的初生生长结束之后，由于次生分生组织——维管形成层和木栓形成层有强大的分裂能力和分裂活动，特别是维管形成层的活动，不断产生新的细胞组织所导致的生长。

皮层组织是由基本分生组织发育而成的，属于初生生长；侧根是由中柱鞘突出而形成的，经过了先初生生长后次生生长的过程。 答案:ABD。

14 植物的基本组织包括薄壁组织、厚角组织与厚壁组织，下列相关叙述中正确的是(　　)。(多选)

A. 此三种组织细胞成熟时，均具有初生的细胞壁

B. 此三种组织细胞成熟时，均具有次生的细胞壁

C. 就细胞分裂能力而言，薄壁组织＞厚角组织＞厚壁组织

D. 维管束形成层分裂形成的子细胞仅可分化为薄壁或厚壁组织细胞

E. 成熟的薄壁与厚角组织细胞均具有原生质体，而所有厚壁组织细胞均不具有

解析 ① 薄壁组织是构成植物体各种器官的基本成分，在植物体内所占比例最大，故又称为基本组织。薄壁组织细胞的主要特点是:细胞壁薄，液泡较大，有细胞间隙，分化的程度较浅，有潜在的分裂能力，即在一定条件下，部分细胞可以进一步特化为其他组织，或产生分裂能力而转化为分生组织。

② 厚角细胞为长棱柱形的生活细胞，在横切面上常呈多边形，具有细胞核，常含叶绿体，并有一定的分裂潜能。最显著的特征是具有不均匀加厚的初生壁，通常多在细胞角隅处增厚明显。

③ 厚壁细胞具有较均匀增厚的次生壁，并有层纹和纹孔，细胞腔很小，大都木质化，所以成熟时没有生活的原生质体，没有细胞核，为死细胞。

只有厚壁细胞有次生细胞壁，因此A正确，B错误。分裂能力与分化程度负相关，排序的确是薄壁＞厚

角>厚壁，因此C正确。维管形成层向外分裂形成次生韧皮部，向内分裂形成次生木质部，子细胞除了可以分化为薄壁细胞和厚壁组织细胞（如纤维等）外，还分化为输导组织细胞，但输导组织本质上不是薄壁细胞就是厚壁细胞，因此D正确。E错在只有成熟的厚壁组织细胞才不具有原生质体。 答案：ACD。

15 下列有关维管束构造的叙述中正确的是（ ）。（单选）

A. 木质部、韧皮部及维管束形成层是维管束的三大必备组成
B. 导管中的穿孔板有利于水分的纵向输送
C. 筛管侧壁上的筛板有利于养分的横向输送
D. 维管束形成层产生的次生木质部会将初生木质部向外排挤
E. 在木质部中，导管负责输送水分，管胞负责支持植物体

解析 A错误，初生生长的维管束中没有维管形成层。

C错误，筛管与伴胞之间的侧壁有许多胞间连丝，伴胞为筛管提供能量和运输物质。筛板是上下相邻的两个筛管分子连接的横壁，有许多小孔，称为筛孔，细胞间有粗的原生质丝穿过，有利于物质纵向运输。

D错误，维管形成层在木质部和韧皮部之间形成，向外分裂产生次生韧皮部，向内分裂产生次生木质部，所以次生木质部是产生在初生木质部之外的，次生韧皮部才会将初生韧皮部向外排挤，最后只剩一薄层。

E错误，管胞是蕨类植物和裸子植物唯一的输水组织。在多数被子植物中，管胞和导管同时存在于木质部中。管胞口径较小，壁较厚，同时也具有支撑植物体的功能，但是输水能力不及导管。 答案：B。

16 下列有关植物细胞与组织的叙述中正确的是（ ）。（多选）

A. 成熟的筛管细胞与伴胞之间具有胞间连丝
B. 成熟管胞与导管细胞的壁孔内的细胞壁消失
C. 顶端分生组织与维管束形成层的细胞均为薄壁细胞
D. 次生韧皮部的细胞均为薄壁细胞，利于输送养分
E. 次生木质部的细胞均为厚壁细胞，利于输送水分

解析 筛管细胞与伴胞的侧壁上有许多胞间连丝，伴胞给筛管细胞提供营养和帮助其运输物质。管胞与导管细胞相互连接的端壁上有许多利于水分运输的纹孔，导管还有特化的穿孔板结构，上有端壁溶解形成的穿孔；而纹孔并不是细胞壁溶解的结果，只是在次生壁形成时，初生壁上不产生次生壁的区域，形成孔状结构，因此细胞壁并未消失。不管是次生韧皮部还是次生木质部都是由薄壁细胞、输导组织、机械组织构成的，故既有薄壁细胞（如木薄壁细胞、韧皮薄壁细胞）也有厚壁细胞（如纤维细胞），但是分生组织的细胞是薄壁的（分化程度小）。 答案：AC。

17 下列关于种子的选项中哪个是正确的？（ ）（单选）

A. 种子含有胚胎和储存的养分，是胚珠受精后形成的结构
B. 种子是保护花苞的结构
C. 种子是花的雌蕊中含有雌性配子的结构
D. 种子是花雌蕊膨大的部分，其内含有胚珠

解析 受精后，胚珠很快发育为种子。种子含有一个多细胞胚胎，可以发育为一棵新植株。外包种皮，可以保护种子不受负面环境条件和其他生物的伤害。种子可以休眠，在环境适应时才发芽，长成新植株。当环境条件适宜时，种子中储存的养分可以让胚胎生长发育。 答案：A。

18 哪种因素不是种子发芽所必需的？（ ）（单选）

A. 水 B. 光 C. 氧气 D. 热量

解析 发芽是指种子、孢子或者其他生殖体的出芽，通常是在休眠期之后。种子发芽取决于很多因素，有内部的也有外部的。最重要的外部因素包括水、氧气、温度、光（这个因素对许多植物在初期阶段最不关

键，乃至有许多种子在发芽期是厌光的）和正确的土壤条件。每一个品种的种子需要一组不同的变量来保证成功的发芽。这在很大程度上取决于种子的品种，并与植物的自然栖息地的生态条件紧密相关。发芽有时会发生在发育的早期阶段，如红树林（红树属）胚芽在胚珠内发育，穿过依旧连接着的花挤出肿胀的主根。在豌豆和玉米中，子叶（种子的叶）仍然在地下；在其他物种（豆类，向日葵等）里，下胚轴生长到地面以上几厘米处，带出子叶见到阳光，在这一过程中子叶变绿并长得像叶子一样。 答案：B。

19 下列有关种子的叙述中正确的是（　　）。（单选）

A. 维管束植物均形成种子以度过恶劣环境，故能适应陆地生活

B. 种子由雌配子囊发育形成

C. 种子内的胚由胚囊经过多次细胞分裂发育而成

D. 被子植物种子内的胚乳由极核受精后经多次细胞分裂发育而成

解析 只有种子植物形成种子，维管植物中蕨类不形成种子，仅具有孢子，A 不正确。种子由受精卵及受精极核在珠被与胚囊中发育而来，不是简单地由雌配子囊（胚囊）发育而来，也不是胚囊经过多次细胞分裂发育而来，B、C 不正确。被子植物胚乳来自受精极核，D 正确。 答案：D。

20 下列有关莴苣种子发芽的叙述中正确的是（　　）。（多选）

A. 受光的影响，但与激素无关

B. 红光可促进发芽，但远红光抑制发芽

C. 受光敏素的调控

D. 照射红光与远红光时，受两种不同色素分子的调控

E. 必须经过低温处理，方可发芽

解析 光对一般植物种子的萌发没有什么影响，但有些植物的种子萌发是需要光的，这些种子称为需光种子，如莴苣、烟草和拟南芥等植物的种子。还有一些种子萌发是不需要光的，称为需暗种子，如西瓜属和黑种草属植物的种子。需光种子的发芽受光敏色素的调控，红光促进发芽，远红光抑制发芽，两种光下光敏色素发生结构变化，但仍然是同一种色素，因此 D 不对。

种子的发芽与水、空气、温度有关，也与生长素等植物激素有关。春化作用（vernalization）是低温需求型植物成花所必需的发育阶段。在植物成花诱导中，低温是一个重要物理因子，而春化作用是一种受遗传控制的生理过程，是需低温春化植物成花诱导的关键，由外界环境条件和内部物质条件等共同作用。实验表明，莴苣为高温感应型作物，春化阶段一般不要求低温，前期（种子阶段）低温处理不会使其提前开花。因此 A、E 不对。 答案：BC。

参考文献

[1] 张利利，郝敬虹，韩莹琰，等. 温度对叶用莴苣春化的影响[J]. 应用生态学报，2016，27(11)：3600.

21 下列有关植物种子发芽的叙述中正确的是（　　）。（多选）

A. 受到环境以及植物本身内在因子的影响

B. 豌豆种子发芽时，子叶会露出土表

C. 某些松树的种子在森林大火后仍可发芽

D. 赤霉素可调控淀粉水解酶的合成而影响种子发芽

E. 休眠种子无法发芽是环境因子造成的

解析 子叶留土植物的种子萌发时，上胚轴伸长，下胚轴不伸长，子叶留在土壤里。双子叶植物中种子无胚乳的如蚕豆、豌豆、荔枝、柑橘和种子有胚乳的如核桃、橡胶树及单子叶植物如小麦、玉米、水稻等都属于子叶留土植物。因此 B 不对。

子叶出土植物的种子萌发时，下胚轴伸长，上胚轴不伸长，子叶露出地面。双子叶植物中种子无胚乳的如大豆、花生、棉花、油菜、各种瓜类和种子有胚乳的如蓖麻都属于子叶出土植物。

影响种子发芽的外界条件有氧气、温度、水分，有些种子还受光的影响。除此之外，种子结构是否完整、种子内部的激素含量也是影响发芽的因素。因此E不对。 答案：ACD。

22 下列哪些选项组成了植物的维管组织？（　　）（多选）

A. 纤维和石细胞　　B. 根毛和根冠

C. 厚角组织和厚壁组织　　D. 筛管和管胞

解析 维管组织是一种由木质部和韧皮部组成的复合组织，主要是输导组织，也包括机械组织（纤维、石细胞），可输送水分和营养物质，并有一定的支持功能，因此A、D均对。 答案：AD。

23 图3所示的细胞最可能是一个什么细胞？（　　）（单选）

A. 伴胞

B. 导管分子

C. 筛管分子

D. 石细胞

E. 纤维

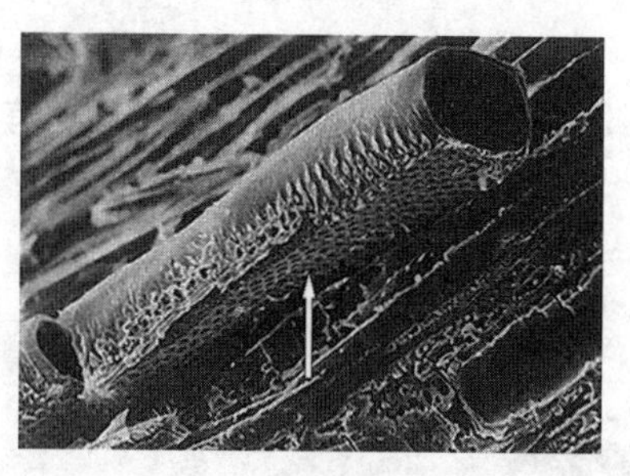

图3

解析 看图即可，中空管状、相互连接成长管的死细胞是导管分子，表面有不均匀加厚的次生壁。 答案：B。

24 下面关于谷物、蔬菜或果实的描述中，哪一项是正确的？请从A～F中选择正确的一项：（　　）。（单选）

A. 马铃薯中我们平常食用的部分是膨大的根部

B. 草莓中我们平常所食用的部分是膨大的子房

C. 洋葱中我们平常所食用的部分是由叶片变化而来的

D. 大豆和蚕豆在胚乳中储存养分

E. 萝卜和胡萝卜都是由须根中的一根膨大而成的，在它们接近地表的部分生长着许多细小的须根

F. 莲藕是莲的根部膨大形成的，其中的孔洞是导管的残留

解析 红薯的食用部位是由根部膨大而来的，而马铃薯的食用部位是由茎变化而来的。A错。植物学上所说真果指的是由子房膨大形成的果实。虽然多数水果的可食用部位的确是子房壁膨大形成的，但草莓的可食用部位是由其花托膨大形成的。苹果的可食用部位也是花托变化而来，我们将这种果实称为假果。草莓真正的果实是附着于其上的一个个小粒。这些小粒虽然经常被认为是种子，但其实它们是在种子外面包了一层薄薄的果皮形成的果实，这样的果实被称为瘦果。B错。洋葱的可食用部分被称为“鳞状叶”，是由叶片变化而成的。C正确。大豆和蚕豆这样的豆科植物的种子胚乳退化，而发芽所需的营养被储存在子叶中，这样的种子被称为无胚乳种子。D错。萝卜和胡萝卜都是双子叶植物，其根系不是须根系而是直根系。平时所食用的部分是主根膨大形成的，仔细观察会发现其上还附有细小的侧根。E错。莲藕是莲的地下茎，由于泥土中氧气不足，其中有孔洞与地上部分相连，由此进行气体交换。F错。 答案：C。

25 通常来说，在哪儿能发现环孔材中的导管？（　　）（单选）

A. 靠近维管形成层　　B. 在夏季的木材中

C. 在春季的木材中　　D. 在周皮中

E. 在年轮中分散分布

解析 大多数树种春、夏季生长较快，秋季生长较慢，冬季多处于冬眠状态。春、夏期间生长较快的细胞一般都壁薄、腔大，称为早材。秋、冬季生长的细胞则细胞壁较厚，胞腔较小，称为晚材（其实从夏季开始就偏小了）。由于早材和晚材的紧密程度不同，于是每年围绕树干中心形成两层疏密不同的环状结构，称为年轮。其中较疏松部分为早材（或春材），较紧密部分为晚材（夏材或秋材）。

在双子叶植物次生木质部的横切面上,生长轮中的导管管孔分布相当均匀,或从早材到晚材的管孔大小逐渐变化,这种木材称散孔材,例如毛白杨。环孔材是指双子叶植物的次生木质部中,早材的导管管孔明显地比晚材大,因而在横切面上形成清楚的同心环状排列,例如水曲柳。介于之间的为半环孔材,如黑胡桃木。裸子植物(如松、杉、柏、银杏等)的木质部没有导管亦即管孔(它的输导组织为管胞),故称为无孔材。

木材的环孔和散孔与其树种、生长地区有关系,与其家具性能、稳定性关系不大。高贵的紫檀、黄花梨等都是散孔材,但因其稀有而名贵,其家具性能并非最好;而环孔材中的橡木、榆木、水曲柳都是广泛使用的制作家具的上好材料。

根据题意,环孔材的导管主要存在于早材中,尤其是春季的木材。 **答案:C。**

26 蔡子星老师的父母在他 8 岁的时候为他建造了一个树屋,这时他身高 1.2 m。树屋被放置在一枝离地 1.5 m 高的树枝上,这棵树有 6 m 高。蔡老师 27 岁的时候长高到了 1.6 m,而树长高到了 15 m。请问那枝放置了树屋的树枝此时离地有多高?(　　)(单选)

A. 1.2 m　　B. 1.5 m　　C. 5.2 m　　D. 6 m

E. 10 m

解析 除了竹子等少数植物具有居间生长以外,木本植物都是顶端生长,长高的原因是顶芽的不断生长。所以已经长出的树枝高度是不再发生变化的。 **答案:B。**

27 苗老师发现了一大块化石木头并带着它去让一位古植物学家鉴定。古植物学家认为这是一块棕榈木(单子叶植物)。请问认定这个结论的基础是什么?(　　)(单选)

A. 样品里只有薄壁组织和分散的维管束

B. 样品里有大量的细小年轮

C. 样品具有大量的芯材,几乎没有边材

D. 在每年的生长中,春季木材与夏季木材的生长量几乎相等

E. 维管形成层只出现在维管束内

解析 单子叶植物具有散生维管束。棕榈树等单子叶植物可以长得较大,是由于其茎端含有的初生加厚分生组织不断分裂分化的缘故。维管束的进化过程中薄壁组织提供了新的储存功能并实现了内外部分的沟通,散生的维管束已足够完成其纵向输导与支撑功能。

边材指树木次生木质部的外围活层,功能为将水及矿物质输送到树冠。其细胞中水分较心材多,且无心材中常见的深色沉积物质。色浅,较软,在横切面(如树桩)上一般易于辨认。各种树木的心材与边材的比例和形态差异的明显程度各异。

通常制作家具使用的红木都是整截木干的中心部分,叫做心材。心材是相对边材而言的,颜色略深,质地一般比边材坚实、致密。 **答案:A。**

28 下列有关根毛的叙述中正确的是(　　)。(单选)

A. 可用以吸收土壤中的有机养分　　B. 主要位于伸长区,以吸收水分促进细胞延长

C. 为单细胞的构造　　D. 直根具有根毛,须根则不具有根毛

解析 根毛主要吸水,为细胞壁的延伸,主要位于成熟区,直根和须根均具有。 **答案:C。**

29 叶表皮的气孔分布与植物的生长习性及环境有关,下列植物中叶片下表皮几乎没有气孔的是(　　)。(多选)

A. 玉米　　B. 玫瑰　　C. 荷花　　D. 睡莲

E. 水稻

解析 睡莲为浮水植物,下表皮与水面接触,几无气孔,气孔仅分布在上表皮。注意,荷叶是挺水的,但其气孔也在上表皮大量存在,而下表皮上则发育较差,在成熟期逐渐退化消失(如图 4、图 5),因此 C、D 均

正确。

有意思的是，荷叶中心存在一个圆碟结构，如同脐点一般，被称为“心碟”(central plate)，其面积约为150 mm²，因为缺少含叶绿素的绿色组织而颜色较浅。荷叶叶面和心碟上的气孔存在差别，叶面上的气孔密集、较小，每平方毫米400～450个；叶心碟上的气孔稀疏、较大，每平方毫米仅60个左右，但大小为正常气孔的3倍。当荷叶叶心凹陷处存在积水时，常可见有气泡冒出，这便是因为心碟处的气孔和叶柄以及根茎(藕)关联，存在空气循环，有利于生长在缺氧淤泥中的根茎呼吸。　答案：CD。

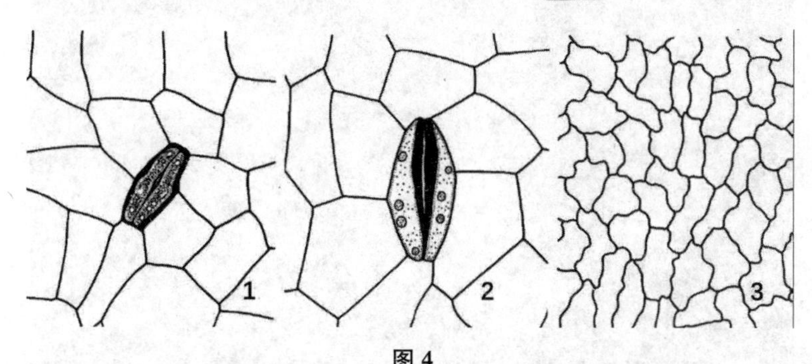

图4

1、2为中国莲(*Nelumbo nucifera*)失去功能的下表皮气孔，3为其缺乏气孔的成熟下表皮。

图5

A、C、D为中国莲(*N. nucifera*)的花与叶，B、E、F为美国莲(*N. lutea*)的花与叶，可以看到叶中心的心碟。

参考文献

[1] Gupta S C, Paliwal G S, Ahuja R. The Stomata of *Nelumbo Nucifera*: Formation, Distribution and Degeneration[J]. Amer. J. Bot., 1968, 55(3): 295.

[2] Li Y, Awasthi N, Nosova N, et al. Comparative Study of Leaf Architecture and Cuticles of *Nelumbo changchangensis* from the Eocene of Hainan Island, China, and the Two Extant Species of *Nelumbo* (Nelumbonaceae)[J]. Bot. J. Linn. Soc., 2016, 180(1): 123.

[3] Philip G D, Roger S. Stomata Actively Regulate Internal Aeration of the Sacred Lotus *Nelumbo nucifera*[J]. Plant Cell Environ., 2014, 37(2): 402.

30　植物茎部维管束起源于已分化的初生木质部与韧皮部之间，下列叙述中正确的是(　　)。(单选)

A. 初生木质部分化的方向为向心式，而韧皮部则为离心式

B. 初生木质部分化的方向为离心式，而韧皮部则为向心式

C. 初生木质部分化的方向为离心式，而韧皮部亦为离心式

D. 初生木质部分化的方向为向心式，而韧皮部则为向心与离心式

E. 初生木质部分化的方向为向心与离心式，而韧皮部则为离心式

解析 茎的维管束初生木质部分化为内始式(endarch),也就是所谓的离心式;初生韧皮部分化为外始式(exarch),也就是所谓的向心式。根的初生结构木质部、韧皮部分化均为外始式。 答案:B。

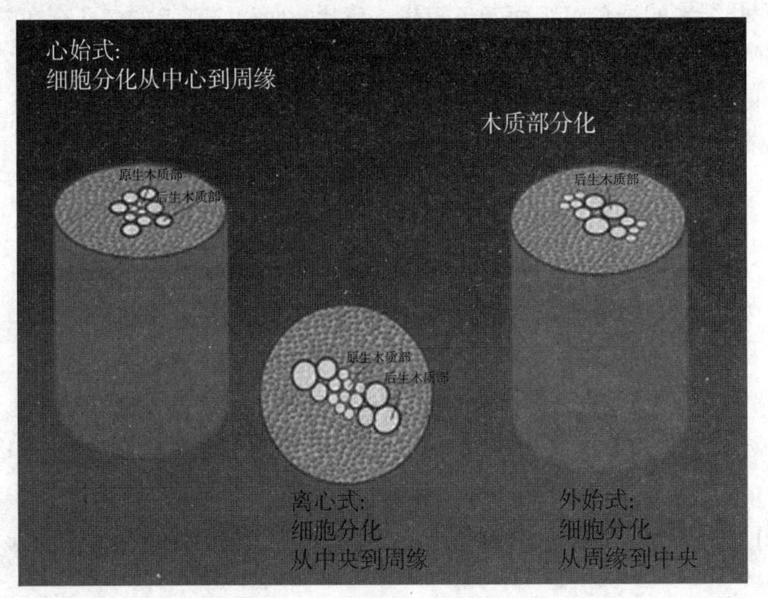

图 6

31 下列有关植物根部构造的相关叙述中正确的是(　　)。(多选)

A. 木栓形成层位于维管束形成层的外围

B. 侧根形成的位置较根毛区接近根尖

C. 内皮层的凯氏带位于内皮细胞紧邻细胞膜内的位置

D. 根部较早成熟的木质部组织较接近根的中心

E. 较老的根冠(root cap)细胞位于较接近根尖的部位

解析 A对。B错,根毛区更接近根尖,侧根的发生在根毛区已开始,但突破表皮露出母根外却在根毛区以后的部分,以避免破坏根毛。C错,凯氏带在细胞膜外的细胞壁上。D错,根的初生木质部发育方式为外始式,由外向内逐渐成熟。E对,较老的根冠细胞应位于根尖最外延处。 答案:AE。

32 下列有关植物营养繁殖的叙述中正确的是(　　)。(多选)

A. 为需要营养的有性生殖方式　　B. 为无性生殖方式

C. 可借由组织培养的方式进行　　D. 在野外自然环境下可以进行

E. 逆境明显的地区较易进行

解析 B对,营养繁殖是植物无性繁殖的方法之一,是由根、茎、叶等营养器官形成新个体的一种繁殖方式。植物各个营养器官均有一定的再生能力,如枝条能长出不定根,根上能产生不定芽等,从而长成整体。C对,人工的营养繁殖方法包括扦插、压条等,在实验室中则是以组织培养的方式。D对,苔藓、蕨类和低等植物以营养体断裂的方式进行营养繁殖也很普遍。自然的营养繁殖是植物求生方式的一种。有些植物在气候良好时积累食物,储存在营养繁殖的器官中。这类器官通常是变异的根或茎。当环境不宜时,原先的植物死去。气候转好后,营养繁殖的器官便会生出枝叶,继续生长。因此E不对。 答案:BCD。

33 下列植物细胞、组织或器官在发育过程中均具光合作用与呼吸作用能力的是(　　)。(多选)

A. 保卫细胞　　B. 反足细胞　　C. 卷须　　D. 果荚

E. 花萼

解析 A对,除了沉水植物,一般表皮细胞没有叶绿体,但保卫细胞有比叶肉细胞稍大的叶绿体,其生理活动可以控制气孔的开闭。B错,反足细胞在胚囊中,没有条件接收光源,因而不具叶绿体。C、D、E均对,这些结构通常呈绿色,具同化组织。 答案:ACDE。

34 下列有关植物的腋芽(axillary buds)的叙述中哪些是正确的?(　　)(多选)

A. 位于茎部顶端分生组织的部位
B. 位于根部顶端分生组织的部位
C. 位于茎部的节
D. 位于植物的支根
E. 其可形成分枝、花朵或花序

解析 腋芽是生在叶腋或者枝条节间处的芽,也称侧芽。在一个叶腋内通常只有一个腋芽,腋芽不止一个。从茎尖生长点出现新的叶原基后,不久其幼叶原基的腋芽原基即行分化,而且一般都是稍发育后才休眠。腋芽可以是花芽、叶芽或者混合芽,发育成枝条或者花。　**答案:CE。**

35 相对于强光下生长的叶子,同一植株被遮蔽的叶子的构造通常具有下列哪些特征?(　　)(多选)

A. 外形较大且薄
B. 表皮组织所占的叶片体积较大
C. 栅状组织的层数较多
D. 叶肉组织所占的叶片体积较小
E. 角质层分布较均匀且厚

解析 背阳叶与向阳叶相比,特点为叶片大而薄,即表皮组织与整个叶体积之比大,叶肉组织与整个叶体积之比小,表皮细胞有时具叶绿体,角质层薄,气孔数目较少,叶肉内栅栏组织不发达,胞间隙较发达,叶绿体较多且大。　**答案:ABD。**

36 下列有关植物根部的叙述中正确的是(　　)。(多选)

A. 木本植物的根部均为轴根系,以利植株的固着
B. 单子叶植物的不定根不会形成支根,而形成须根系
C. 双子叶植物根的伸长区可形成支根,以利植株固着与水分吸收
D. 顶端分生组织可朝根端的方向行细胞分裂而形成根冠(rootcap)
E. 维管束形成层可朝内与外的方向行细胞分裂而形成次生组织

解析 A项的反例如油棕,它属多年生单子叶植物,是热带木本油料作物,植株高大,茎直立,不分枝,须根系。类似的单子叶木本植物都是如此,如椰子、竹子。故A不对。

单子叶植物的初生根和不定根都有支根,因此B不对。

双子叶植物的根在成熟区才开始有侧根发生,C也不对。

D、E都是对的。　**答案:DE。**

37 花的雌蕊是(　　)。(单选)

A. 雄性器官,产生精细胞
B. 雌性器官,由柱头、花柱和子房组成
C. 产生激素的部分
D. 包围在花苞外面保护花瓣的轮生体

解析 雌蕊是花的雌性器官。被子植物花的雌蕊一般位于花的最内部,周围被雄蕊环绕,最外层由花被(花冠和花萼)环绕。　**答案:B。**

38 如果把果实定义为成熟的子房,那么下列哪项不符合果实的定义?(　　)(单选)

A. 栗子　　B. 苹果　　C. 西瓜　　D. 上述选项都不对

解析 一般而言,果实就是植物新鲜或干燥的成熟子房,包裹着种子。因此,杏、香蕉、葡萄、豆荚、玉米、西红柿、黄瓜以及带壳的橡果和杏仁都是典型的果实。但是严格来说,子房下位的栗子、苹果、西瓜不是果实。　**答案:D。**

39 “单孢子型”发育的植物的胚乳含有72个染色体。卵细胞有多少个染色体?(　　)(单选)

A. 24　　B. 28　　C. 72　　D. 98
E. 120

解析 单孢子型胚囊发育的植物的胚乳是三倍体,所以卵细胞(单倍体)含有24个染色体。　**答案:A。**

40 下列哪项不是自花授粉植物的性质？(　　)(单选)

A. 最常见于生长在新栖息地的生存期较短的物种和植物中

B. 包括同花授粉和同株异花授粉

C. 限制了后代的多样性和植株的活力

D. 自花授粉植物的雄蕊通常比雌蕊高

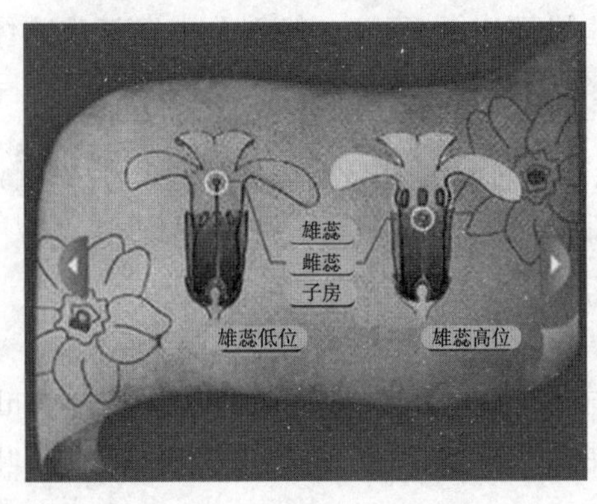

图 7

解析 自花授粉是指同一花内雄蕊和雌蕊间进行授粉或同一株个体内的不同花间进行授粉。人们认为自花授粉是在授粉者不能有效传粉的情况下的进化结果，最常见于生活在新栖息地的、生存期短的一年生植物中。本题中的自花授粉包括同花授粉，意指在同一花内雄蕊和雌蕊间进行授粉；还包括同株异花授粉，是指在同一植株不同花间进行授粉。自花授粉植物的雄蕊和雌蕊的长度相似。能够通过自花授粉产生可存活的后代的植物称自体可育。而无法通过自花授粉产生可存活后代的植物称自体不可育，这使这些植物产生后代时必须异花授粉。一般而言，具有雄雌蕊位置高低不同的两型花的植物适应于异花授粉。如图 7 所示，高位花的花粉无法授予高位花，而只能授给低位花；反过来，低位花也只能授粉给高位花。所以本题只有 D 是不对的。　答案：D。

41 昆虫传粉的植物有什么特点？(　　)(单选)

A. 花粉粒小、轻、光滑　　B. 花粉量很大

C. 雄蕊与雌蕊垂在花外面　　D. 雄蕊和花粉很黏

解析 依靠昆虫传粉称为虫媒传粉。最重要的传粉昆虫是蜜蜂、鳞翅类昆虫(蝶和蛾)、苍蝇和甲虫。虫媒传粉的植物通常进化出能够吸引昆虫的特征，例如鲜艳的色彩、芳香的花朵和花蜜、吸引昆虫的形状和模样。虫媒传粉植物的花粉粒常常比风媒传粉植物的要大，而且更有营养价值，昆虫在进食这些花粉的同时不可避免地会把这些花粉传给其他植株。蜂可能是最重要的传粉者，它们基本依靠花蜜生存，将花粉和蜂蜜饲喂给幼虫。为了获得食物，它们进化出了明显的生理和行为特点，例如长达 2.5 cm 的口器、多毛的身体和特殊的花粉篮。通过蜂类传粉的植物在白天开花，用鲜艳的颜色还有特殊的形状和香气吸引这些“昆虫客人”。

许多靠蜂类传粉的花有一个宽阔低矮的平台，可以让蜜蜂在进入花内部接触雄雌蕊前有一个着落点。大多数花都雌雄同体，这可以让传粉效率更高，因为这样可以同时提供并接受花粉，让授粉者不会“空车上路”。不过，这类植物的花都只能允许一次传粉。一些花的花粉粒很黏，而且有小刺或是有特殊形状，保证花粉粒可以牢固地附着在蜜蜂的身体上。由于一只蜜蜂身上的花粉足以使许多花授粉，因此大多数靠蜂类传粉的植物可以产生许多种子。　答案：D。

42 种子植物的花分为风媒花和虫(鸟)媒花。下列叙述中，有哪些是正确的？(　　)(多选)

A. 风媒花的植物多是生长较快的植物

B. 风媒花的花粉比虫媒花的花粉更容易引起花粉过敏

C. 风媒花的花粉一般比虫媒花的花粉大

D. 比起虫媒花，风媒花中分雌雄花的种类较少

E. 芒草和三裂叶豚草的花都是风媒花

解析 虫媒花的花粉形状倾向于长球，个体普遍比风媒花的花粉大。其外壁较粗糙，一级雕纹深刻，大多具次级雕纹。有些虫媒花的花粉具有刺状或疣状突起，有的植物(杜鹃)的花粉外壁具有粘丝。而风媒花中除了具气囊的松型花粉较大外，花粉个体普遍比较小，形状倾向于球形。其外壁比较光滑，一级雕纹大多较浅，为微弱或模糊的细网状或细颗粒状雕纹，基本上无明显的次级雕纹。因此，花粉形态的特征使虫媒花

的花粉有利于黏附在昆虫身体上传播,而使风媒花的花粉有利于逸散到空气中传播(空气动力学)。

芒草(*Miscanthus*)是各种芒属植物的统称,含有 15～20 个物种,属禾本科。原生于非洲与亚洲的亚热带与热带地区。三裂叶豚草(*Ambrosia trifida* L.)是菊科的一年生粗壮草本植物。原产北美,在中国东北已驯化,常见于田野、路旁或河边的湿地。恶性杂草,其名中的“豚”可能来自日本,与猪可能有关。二者均为风媒植物,其花粉可引起严重的过敏(过敏原太多)。

总而言之,风媒花一般而言花粉较小,以量取胜。通常是雌雄异花或异株,花被常消失,不具香味和色泽,但是这些并非是必要的特征。有的风媒花照样是两性的,也具花被,如禾本科植物的花是两性的,枫、槭等树的花也具花被。虫媒花的花粉较大,数目少,花有单性的(如黄瓜)也有两性的。二者的划分与植物的生长速度无太大关系。所以只有 B 和 E 的描述是正确的。 答案:BE。

43 比起虫媒花,风媒花一般都显得很不起眼。请从下列选项中选出造成这一现象的原因:(　　)。(多选)

A. 为了形成能吸引昆虫的显眼的花朵,虫媒花需要消耗更多的同化产物

B. 虫媒花更高等,因此能开出显眼的花朵,对其传粉更加有利

C. 花瓣和叶片基本相同,因此也可以进行光合作用

D. 虫媒花产生的花粉比风媒花多,因此需要消耗更多的的同化产物

E. 风媒花比较不起眼,可由此减少被植食动物取食的可能

解析 虫媒花需要有吸引昆虫的特征,诸如花瓣这类结构并无光合能力,反而要消耗同化产物,所以 A 对,C 不对。虫媒花花粉大,但数目较少,故 D 也不对。至于虫媒与风媒谁更高等,不同学说有不同的认定。基于真花学说的哈钦松系统和别的现代分类系统一样,认为花的进化是由虫媒到风媒,即风媒比虫媒进化。当然花粉传播方式只是诸多性状中的一个,并不可得出风媒植物都比虫媒植物高等的结论。菊科和兰科作为哈钦松系统单、双子叶植物各自最高等的类群都是以虫媒为主。但是基于假花学说的恩格勒系统则认为无花瓣、单性、木本、风媒传粉等是原始的特征,而有花瓣、两性、虫媒传粉等是进化的特征。然而随着分子技术的发展,原有的系统分类学已被极大颠覆,目前谁高等谁低等都不是那么简单可以界定的,因此 B 不对。E 的说法有一定的道理。所以准确的解释只有 A 和 E。 答案:AE。

44 大多数花的四个基本结构是什么?(　　)(单选)

A. 花瓣、萼片、雌蕊和雄蕊　　B. 花萼、花冠、胚珠和花粉

C. 雄蕊、雌蕊、花粉和种子　　D. 花瓣、雄蕊、子叶和雌蕊

解析 本题考查基本知识,花的完整结构包括花萼、花瓣(这二者可合称花被)、雄蕊、雌蕊。 答案:A。

45 下列哪项不是花朵的一部分?(　　)(单选)

A. 花粉囊　　B. 花萼　　C. 种子　　D. 子房

解析 种子在花朵消失很久之后,在成熟的子房中出现。花朵是被子植物(一般称为开花植物)的生殖部分。作为广泛使用的术语,“花”这个词尤其用在这些生殖结构具有显著的颜色和形状时。基本上,每朵花由花轴和附属的器官构成,花轴上承载着主要的生殖器官(雄蕊和雌蕊),附属器官有萼片和花瓣。附属器官可能有助于吸引传粉的昆虫和保护重要的器官。花轴是茎的变态。不同于营养茎要承担叶片,它通常是缩短的,从而使花朵部分挤在茎端花托处。花朵部分通常旋转(或周期)排列,但也可以螺旋状排列,特别是当轴细长的时候。

通常花朵有四个分明的轮:(1)萼片构成外面的花萼;花萼里有(2)花冠,由花瓣构成;再往内是(3)雄蕊,或雄蕊群;在中心部是(4)雌蕊群,由雌蕊构成。萼片和花瓣一起构成花被。萼片通常是绿色的,而且往往类似缩小的叶片,而花瓣通常是绚丽多彩的。萼片和花瓣有时候难以区分,例如百合花和郁金香,都称为花被。雄蕊群由雄蕊构成,每个雄蕊由一个支持丝状物和一个花药构成,里面产生花粉。雌蕊群由雌蕊构成,每个雌蕊由一个子房构成,子房向上延伸,顶端是柱头,用来接受花粉。子房包含胚珠(或潜在的种子)。雌蕊可以很简单,由一个单心皮(承托胚珠的变态叶)构成,或者是由多个心皮接在一起的复合体。

一朵花具有萼片、花瓣、雄蕊和雌蕊被称作是完整的；缺少一个及以上这些结构被称作是不完整的。并非所有的花里雄蕊和雌蕊都一起出现。两者一起出现的花被称为完全花，或者两性花，这里不考虑其他任何部分的缺失使得花朵不完整。一朵花没有雄蕊便被称为雌花，而没有雌蕊的话则被称作雄花。当同一植物承载了两种性别的单性花朵时，它被称为雌雄同株(例如球根秋海棠、榛树、橡树、玉米)；当雄花和雌花在不同的植物上时，这种植物是雌雄异株的(例如枣椰子、冬青、杨树、柳树)；当同一株植物上既有雄花、雌花，又有双性花时，这种植物叫做杂性花(polygamous)。 **答案**:C。

46 在不开花的植物里，什么结构相当于开花植物中的胚珠？(　　)(单选)

A. 裸子植物的雌球花　　B. 蕨类植物的孢子囊

C. 苔藓植物的颈卵器　　D. 苔藓植物的卵细胞

解析 胚珠(ovule)是珠被包裹的大孢子囊。孢子叶球是高等植物生有孢子囊的叶或叶状结构，其形态与营养叶有所不同。在产生异形孢子的植物中，有大、小孢子叶之分。着生大孢子囊的为大孢子叶，着生小孢子囊的为小孢子叶。雌球花除了孢子囊以外还包括保护性的叶结构。而颈卵器、卵细胞则都是配子体世代的结构。 **答案**:B。

47 在植物的配子形成过程中，雌性配子即卵细胞形成时，大孢子母细胞会减数分裂为4个大孢子。其中，只有1个大孢子会存留下来，其他3个会退化消失。下列配子形成过程中，哪一个符合上面的描述？请从A～G中选择：(　　)。(单选)

A. 百合雄性配子(精细胞)的形成　　B. 松树雌性配子(卵细胞)的形成

C. 松树雄性配子(精细胞)的形成　　D. 紫蕨雌性配子(卵细胞)的形成

E. 紫蕨雄性配子(精子)的形成　　F. 大金发藓雌性配子(卵细胞)的形成

G. 大金发藓雄性配子(精子)的形成

解析 松树是裸子植物，虽然不会发生被子植物那样的双受精，但两者的雌配子形成过程却有某些相似之处，都是大孢子囊中染色体数为$2n$的大孢子母细胞经过减数分裂，变为4个染色体数目为n的大孢子。但是，其中只有1个会变为雌配子体，另外3个会退化消失。之后，在雌配子体内将形成2～3个颈卵器，各颈卵器中形成1个卵细胞，与精细胞结合受精。

在大金发藓等苔藓植物和紫蕨等蕨类植物中，孢子体的孢子囊中通过减数分裂形成大量孢子。在这一阶段，1个母细胞形成4个孢子，之后这4个孢子全部发育为配子体。在大金发藓中，不同孢子形成雄配子体和雌配子体，并在雄配子体的精子器中形成精子，雌配子体的颈卵器中形成卵细胞。在蕨类植物中，孢子发育成的配子体(原叶体)上可以形成精子器或颈卵器。 **答案**:B。

48 下列有关种子的说法中错误的是(　　)。(单选)

A. 单子叶植物的种子中可以发现胚根鞘　　B. 单子叶植物和双子叶植物的种子都有胚根

C. 单子叶植物和双子叶植物的种子都有果皮　　D. 只有单子叶植物的种子中可以发现胚芽鞘

E. 只有双子叶植物的种子中可以发现糊粉层

解析 A正确。胚根鞘(coleorhiza)是高等植物胚的器官之一。位于原胚轴下端的组织中、从内部形成的幼根进一步生长时，原来组织中的一部分包围着幼根的茎部而残留下来，这部分称为胚根鞘。胚根鞘在禾本科(Gramineae)、十字花科(Cruciferae)中都可清楚地看到。

B与C是显然的。裸子植物和被子植物的一个很大区别就是裸子植物的种子没有果皮包被，而被子植物有。

D正确。胚芽鞘(coleoptile)为单子叶植物所特有，特别是禾本科植物胚芽外的锥形套状物，是一个鞘状结构。胚芽鞘是植物叶片的保护组织，有保护胚芽中更幼小的叶和生长锥的作用。胚芽鞘还有一个很重要的作用就是顶土能力强，种子在种植得较深的情况下，也能顶土出芽。

E不对。糊粉层是储存蛋白质的结构，在单子叶植物和双子叶植物中均存在。单子叶植物的例子有小麦、玉米；双子叶植物的例子有蓖麻。 **答案**:E。

49 下列花朵的特征中，哪个特征对花朵利用动物帮助授粉并没有意义？(　　)(单选)

A. 花朵基部产生花蜜　　B. 存在叶子状的萼片

C. 明亮的颜色和显眼的花瓣　　D. 强烈的腐败肉类的气味

E. 只有紫外光下可见的图案(patterns)

解析 适应昆虫传粉的花一般具有以下特征：

① 虫媒花多具特殊的气味以吸引昆虫。不同植物散发的气味不同，所以趋附的昆虫种类也不一样，有喜芳香的，也有喜恶臭的。

② 虫媒花多半能产蜜汁。蜜腺或是分布在花的各个部位，或是发展成特殊的器官。花蜜经分泌后积聚在花的底部或特有的距内。花蜜暴露于外的，往往为甲虫、蝇和短吻的蜂类、蛾类所吸取；花蜜深藏于花冠之内的，多为长吻的蝶类和蛾类所吸取。昆虫取蜜时，花粉粒黏附在昆虫体上而被传播开去。

③ 虫媒花的另一特点是花大而显著，并有各种鲜艳色彩。一般昼间开放的花多红、黄、紫等颜色，而晚间开放的多纯白色，只有夜间活动的蛾类能识别，帮助传粉。

④ 虫媒花在结构上也常和传粉的昆虫形成相互适应的关系，如昆虫的大小、体型、结构和行为与花的大小、结构和蜜腺的位置等都是密切相关的。

⑤ 虫媒花的花粉粒一般比风媒花的要大；花粉外壁粗糙，多有刺突；花药裂开时花粉不为风吹散，而是粘在花药上；昆虫在访花采蜜时容易触到，附于体周；雌蕊的柱头也多有黏液分泌，花粉一经接触，即被粘住；花粉数量也远较风媒花少。

在多种蜂媒传粉植物中发现花蜜可吸收紫外光而被昆虫敏锐觉察，花蜜反射荧光的式样和光谱范围为传粉昆虫提供了花蜜的存在和丰富程度的信息。这种机制提高了昆虫的觅食效率，减少对已传粉花的访问，同时提高了传粉效率。

而叶子状的萼片不利于彰显花朵，对吸引动物当然没什么好处。　答案：B。

50 下列食物和水果中，哪个不是一种果实或者不是果实的一部分？(　　)(单选)

A. 玉米　　B. 辣椒　　C. 食用大黄　　D. 南瓜　　E. 西红柿

解析 大黄是多种蓼科大黄属的多年生植物的合称，也是中药材的名称。在中国的文献里，“大黄”指的往往是马蹄大黄。在中国，大黄主要作药用。但在欧洲及中东，大黄往往指另外几个作食用的大黄属品种，其特点是茎红色，气清香，味苦而微涩，嚼之粘牙，有砂粒感。秋末茎叶枯萎或次春发芽前采挖。除去细根，刮去外皮，切瓣或段，用绳穿成串干燥或直接干燥。所以大黄食用的是茎而不是果实。其余选项均不对。

答案：C。

51 科学家已经确定了控制花的四个部分生长的三种基因A、B和C。这四个部分分别是萼片、花瓣、雄蕊和心皮。基因A和C相互抑制。基因B则不受基因A和C的影响。表1是野生花的四个部分的基因表达情况，其中+ + +代表基因活性。

表1

	花的部分			
	萼片	花瓣	雄蕊	心皮
基因A	+ + +	+ + +		
基因B		+ + +	+ + +	
基因C			+ + +	+ + +

如果基因C发生了突变，致使其表达被影响，将导致下列哪种发育结果？(　　)(单选)

A. 萼片—花瓣—雄蕊—心皮　　B. 萼片—花瓣—花瓣

C. 萼片—花瓣—花瓣—萼片　　D. 萼片—花瓣—花瓣—心皮

E. 萼片—花瓣—雄蕊

解析 题中的模型是经典的花结构发育ABC模型。C基因突变后，萼片和花瓣不受影响，仍为萼片和花瓣。没有C基因的抑制作用，A基因活性增强，雄蕊发育为花瓣。同样，心皮在A基因活性增强的条件下发育为萼片。 答案:C。

52 A、B、C是有关花朵发育的基因，当发生突变使C基因被移除后，下列选项哪些是正确的？（　　）（多选）

A. 此花将拥有正常的花萼　　　　B. 此花将拥有正常的花冠

C. 此花将拥有正常的雌蕊　　　　D. 此花将拥有正常的雄蕊

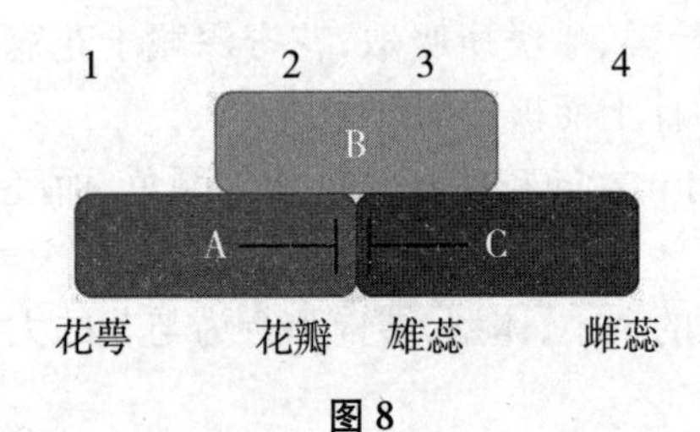

图8

解析 图8表明了ABC假设原理：如果没有基因C的功能，那么就没有雄蕊和雌蕊。

花萼是花朵最外面的部分。花冠由层层的花瓣组成。C、D选项不对，花朵拥有花瓣和花萼，因为基因A和基因C是相互拮抗的。 答案:AB。

拟南芥是十字花科的植物，在自然状态下可自体受精。野生型拟南芥的花朵从外向内依次为花萼、花瓣、雄蕊、雌蕊。现在已经发现了很多花结构异常的变异体，这些变异体经常被用于科研。变异体中，除了有在种植中偶然发现的种类，还有通过诱变剂处理得到的。

在对花形态变异体的研究中，人们提出拟南芥的花形态由3种不同的基因(A、B、C)的相互作用决定(如图9所示)，这一被称为ABC模型的理论被广泛接受。根据ABC模型，在区域Ⅰ中，只有A基因起作用，形成“花萼”；在区域Ⅱ中，A和B同时起作用的部位形成“花瓣”，B和C同时起作用的部位形成“雄蕊”；在区域Ⅲ中，只有C基因起作用，形成“雌蕊”。变异体中花形态的异常便可用A、B、C基因的缺陷来解释。在这个ABC模型中，A基因和C基因会相互竞争，例如，若A基因不起作用，则在区域Ⅰ～Ⅲ中，皆有C基因起作用。

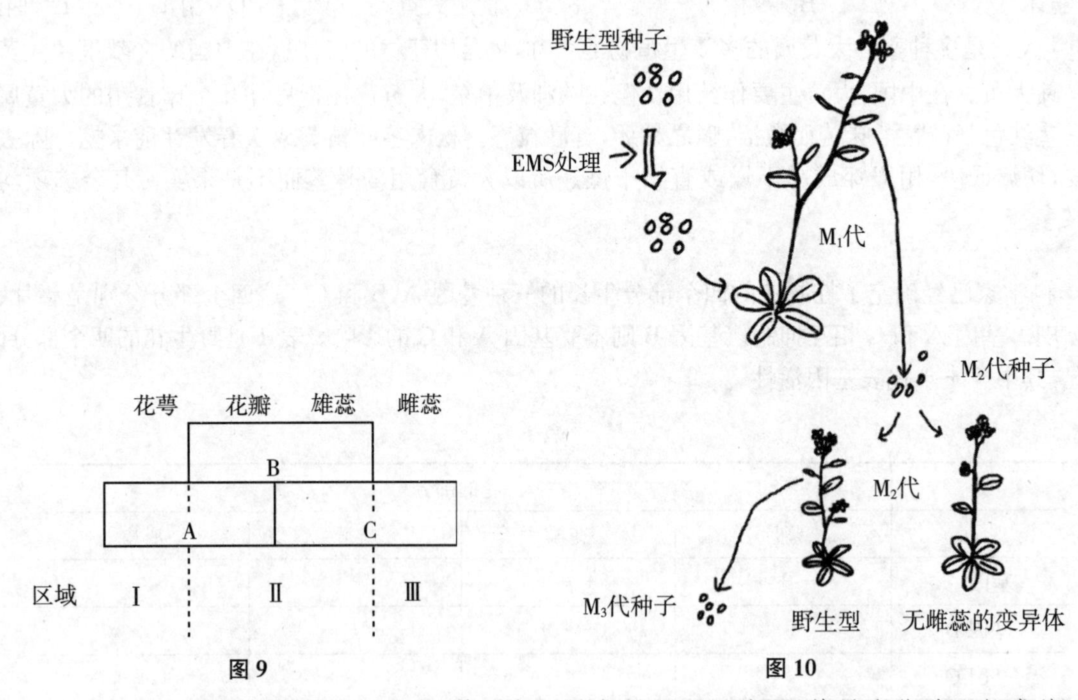

图9　　　　图10

实验：令大量野生型拟南芥的种子吸水，并马上用诱变剂(EMS)处理，结果这些种子长成的后代(M_1代)皆为野生型。接下来再令M_1代自体受精，产生种子M_2代，并将其种下得到M_2代个体。某个M_1个体产生的M_2个体中，除了野生型个体还有无雌蕊的变异体(如图10所示)。分析这些变异体后，发现其C基因发生了突变。

根据以上内容，回答53～56题。

53 关于无雌蕊的变异，下列哪项描述是正确的？（　　）（单选）

A. 相对有雌蕊是显性性状　　B. 相对有雌蕊是隐性性状

C. 这种变异要延迟两代才能表现出来　　D. 由于它来源于突变，因此其遗传特性不明确

解析　本题背景：被子植物花发育的ABC模型由E. Coen和E. Meyerowitz在1991年提出。这个模型是以对花器官发育有缺陷的突变体的观察为基础的。ABC模型概括了在花的不同部位中，不同类型的转录因子是怎样起作用或不起作用，从而控制了花部器官的发育的。

两个关键发现导致了ABC模型的提出：第一，同源异型突变使在正常情况下应发育某种器官的部位发育出了另一种器官。比如野生蔷薇只有5枚花瓣和众多的雄蕊，然而园艺蔷薇却具有一个同源异型基因，使一些本应发育成雄蕊的组织发育成了花瓣。第二，每一个能影响花部器官的决定基因都可以同时影响两种花部器官，或者是影响花瓣和萼片，或者是影响花瓣和雄蕊。

花部器官决定基因因而可以根据它们所影响的器官而分成三类：A类基因的突变影响萼片和花瓣；B类基因的突变影响花瓣和雄蕊；C类基因的突变则影响雄蕊和心皮。所有这三类基因都是可转录成蛋白质的同源异型基因。由这些基因编码的蛋白质都含有一个MADS盒区（MADS的命名由四个基因的第一个字母组合而成，即酵母MCMI，拟南芥Arabidopsis AG，金鱼草DEFA和动物血清应激因子SRF，它们都是转录调控蛋白，在结构上具有同源性。），使蛋白质可以和DNA相结合，从而在DNA转录时起到调控子的作用。这些基因都是调控其他控制器官发育的基因的主控基因。

ABC模型认为，萼片的发育是由A类基因单独决定的，花瓣的发育则是A类基因和B类基因共同决定的，心皮的发育是由C类基因单独决定的，而C类基因和B类基因一起决定了雄蕊的发育。B类基因这种双重的效能是通过其突变体的特征获知的。一个有缺陷的B类基因可导致花瓣和雄蕊的缺失，在其位置上将发育出多余的萼片和心皮。当其他类型的基因发生突变时，也会发生类似的器官置换。

小结：

A类基因的表达诱导萼片的发育。

A类基因和B类基因共同表达诱导花瓣的发育。

B类基因和C类基因共同表达诱导雄蕊的发育。

C类基因的表达诱导心皮的发育。

具体在本题中，EMS诱变剂（甲基磺酸乙酯）处理后M_1为野生型，自交才能获得突变M_2后代，因此该突变为隐性突变。　**答案：B。**

54 图10中所示的M_1个体产生的M_2个体中，无雌蕊的变异体所占的比例大约为多少？假设变异体的生长能力和野生型基本相同。（　　）（单选）

A. 20%以下　　B. 25%　　C. 50%　　D. 75%

E. 80%以上

解析　图中M_1为杂合子，自交后代中aa的比例为25%。　**答案：B。**

55 下列方法中，哪一种方法可以维持无雌蕊变异体的种系？（　　）（单选）

A. 挑选出后代（M_2）中既有野生型也有变异体的M_1个体，从其产生的野生型个体（M_2代）上获得M_3代种子。M_3代之后重复上述操作，便可维持变异种系

B. 用相同的方式对野生型种子进行诱变，产生M_1，再通过自体受精获得M_2，从中筛选变异体来维系变异种系

C. 将野生型的茎嫁接到无雌蕊个体的茎上，以此来获得种子

D. 因为无法从无雌蕊个体上获得种子，所以无法维持这一变异种系

解析　A是可行的，M_1后代中野生的M_2占75%。其中25%是纯合野生，重复自交后后代不会分离出突变种，整株淘汰；留下杂合子，维持变异种系。B方法每一代都要重新诱变，麻烦，且后代突变率低，筛选低

效。C不对，嫁接后产生的种子仍然为野生型，与突变个体无关。D不对，因为A就实现了通过杂合子携带维持变异种系。 答案:A。

56 根据ABC模型，下列变异体中哪一种是不可能存在的？请从A～E中选择不可能存在的一项。+表示有这一器官存在，-表示缺少这种器官。(　　)(单选)

A. 花萼+，花瓣+，雄蕊-，雌蕊-
B. 花萼-，花瓣-，雄蕊+，雌蕊+
C. 花萼+，花瓣-，雄蕊-，雌蕊+
D. 花萼-，花瓣+，雄蕊-，雌蕊+
E. 花萼-，花瓣-，雄蕊-，雌蕊+

解析 根据图9我们可以看出，C基因丧失将出现A选项状况；A基因丧失将出现B选项状况；B基因丧失将出现C选项状况；A、B基因同时丧失则会出现E选项状况；只有D选项这样正常突变间隔排列的状况是无法出现的。 答案:D。

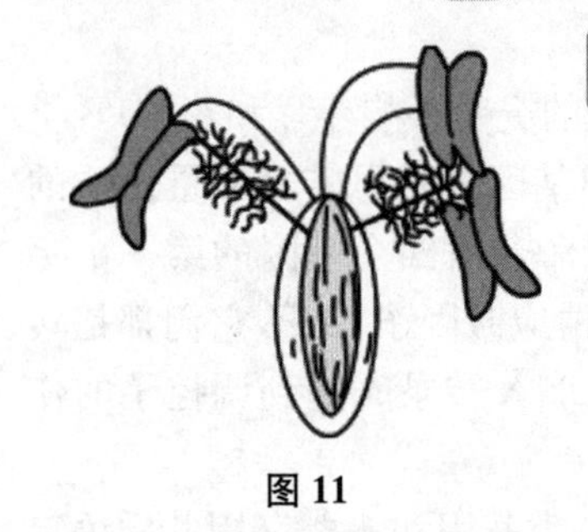
图11

57 如图11所示为某种植物的花，此种植物最有可能的传粉媒介为(　　)。(单选)

A. 鸟
B. 虫
C. 风
D. 水

解析 图中的花具有羽状的柱头、大型的花药、花丝细长等特征，故推测为风媒花。 答案:C。

58 下列花的各部分构造中哪个不是叶子的特化？(　　)(单选)

A. 雌蕊　　B. 雄蕊　　C. 花瓣　　D. 花托

解析 花柄对花起支持作用，是输送营养物质的通道，属于枝条的一部分；而花托则是花柄顶端略为膨大的部分，花的其他部分着生在花托上，都为叶变态或特化而来。 答案:D。

59 下列有关果实和种子的叙述，哪一项正确？(　　)(单选)

A. 玉米穗为果实，我们吃的是其种子
B. 蒲公英的种子具有绒毛状附属物，能借助风力散播
C. 银杏种子外具白色果皮包裹，俗称白果
D. 香蕉可不经受精作用而发育为果实

解析 玉米吃的是颖果，整个穗子是肉穗花序，丝状的部分是花柱与柱头；蒲公英是瘦果，借花萼形成的冠毛依靠风力散播；银杏是裸子植物，没有果皮，种皮三层：外种皮肉质、中种皮骨质、内种皮膜质。 答案:D。

60 下列有关果实的叙述中正确的是(　　)。(多选)

A. 椰子借水流散播，其果皮厚，不易腐烂而伤及幼胚
B. 一般所称的瓜子实际上是向日葵的果实，是由胚珠发育而来的
C. 松树的球果有翅，可随风散布
D. 鬼针草果皮表面有刺状突起，可附于动物体表传播
E. 苹果主要食用的部分是由子房发育而来的

解析 椰子果实内部具有空腔，可漂浮在水面，借水流传播；其中果皮疏松，富含纤维，适应在水中漂浮；内果皮致密坚厚，可防止水分侵蚀，不易腐烂而伤及幼胚。椰子的种子属于顽拗性种子，采收后不久便可自动进入萌发状态。一旦脱水(即使含水量仍很高)，即影响其萌发过程的进行，导致生活力迅速丧失。

葵花子是向日葵的果实，属于下位瘦果(或菊果)，由2心皮的下位子房发育而成。由胚珠发育来的是其

内部的种子。被子植物中花的各部分发育成的结构如图 12 所示。

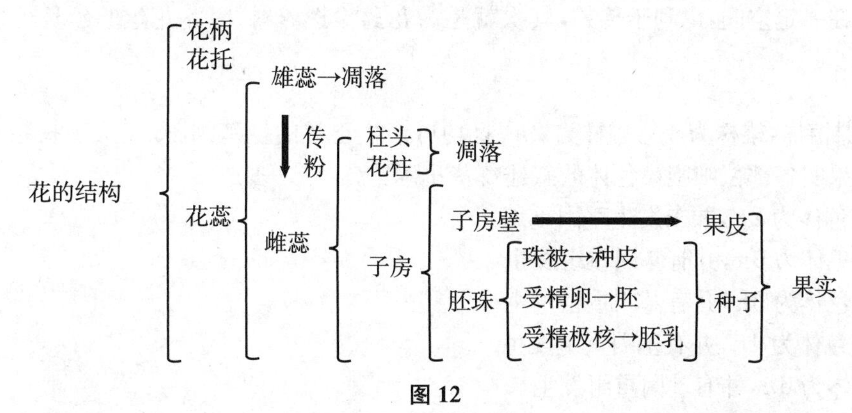

图 12

松树的球果又称孢子叶球，种子生于雌球果中。松科的种子大多具翅，可随风散布，而不是球果具翅。图 13(d)为雌球果，图(c)为种子，图(a)(b)为种子在种鳞上着生的位置。

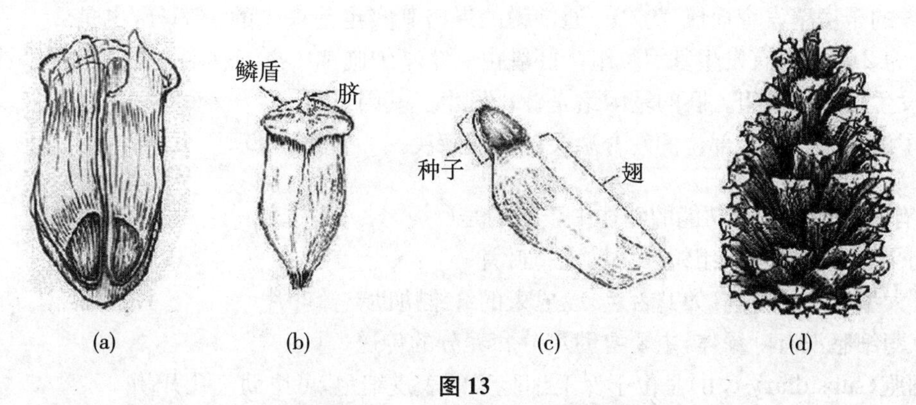

图 13

鬼针草属于菊科，其下位瘦果黑色条形，长 7～13 mm，上部具稀疏瘤状突起及刚毛，顶端芒刺 3～4 枚，具倒刺毛，可附于动物体表传播。图 14 为鬼针草的果实。

图 14

苹果是梨果，属于典型的假果，由被丝托(萼筒)和子房愈合共同发育而成。 答案：AD。

61 下列有关花与果实的构造与功能的叙述中正确的是(　　)。(单选)

A. 花的组成包括花萼、花瓣、雄蕊和雌蕊，缺一不可

B. 果实的构造主要是由雌蕊的子房壁发育而来的

C. 花萼通常是绿色的，故其功能是进行光合作用，而不是保护花苞

D. 花瓣可吸引传粉者前来访花，是直接参与有性生殖作用的构造

E. 雄蕊的花药中产生花粉，而花丝的延长可协助花粉散布

解析 一朵完整的花可分为花柄、花托、花被、雄蕊群和雌蕊群，不完全花可以缺少其中 1～3 部分，如南瓜花、黄瓜花缺雄蕊或雌蕊，柳树花缺萼片、花瓣、雄蕊或雌蕊，A 错误。果实由子房发育而来，子房壁发育成果皮，B 错误。花萼主要在花朵开放前起保护花的作用，同时也含叶绿体，但很少像叶子一样分化栅栏组

织和海绵组织，C错误。直接参与有性生殖作用的构造是雌蕊和雄蕊，D错误。花丝的主要作用就是支持花药，并把花药托展在一定空间，以利于传粉，其次就是为花药输送养料，因此花丝的延长可协助花粉散布，E正确。 答案：E。

62 假设两棵植株，雄株为$4n$，雌株为$2n$，且均可产生正常的生殖细胞，当人工授精后成功地发育为果实，下列有关此果实各部位细胞染色体的叙述哪些正确？（ ）（多选）

A. 果皮的染色体为$2n$，并未发生基因重组

B. 果肉的染色体为$6n$，并有基因重组发生

C. 种皮的染色体为$3n$，并有基因重组发生

D. 胚乳的染色体为$4n$，并有基因重组发生

E. 胚的染色体为$6n$，并有基因重组发生

解析 因为雌株的基因组是$2n$，所以卵细胞为n，中央细胞是$2n$（每个核是n，有两个核），雄株为$4n$，故产生$2n$的精细胞。

果皮由雌株的子房壁发育而成，为$2n$；通常说的果肉其实也是果皮的一部分，也是$2n$。种皮由雌株的珠被发育而成，为$2n$，并没有发生基因重组。胚乳由一个精细胞和中央细胞融合形成的受精极核发育而成，故为$4n$，并且发生了基因重组。胚的基因组是$3n$，发生了基因重组。

本题只要了解了果实每个部位的发育源头就能够解决。 答案：AD。

63 下列有关叶的构造与功能的叙述中正确的是（ ）。（多选）

A. 主脉周围有较多的厚角组织以协助支持叶片

B. 有些具大型叶片的植物（如龙舌兰）以成束的纤维协助支撑叶片

C. 维管束鞘细胞没有叶绿体，主要协助水分和养分的传送

D. 副卫细胞(subsidiary cell)是位于保卫细胞旁的表皮细胞，可协助气孔开闭

E. 栅栏组织排列致密，通常没有细胞间隙，以利于光合作用的进行

解析 C_4植物的维管束鞘细胞大而具有叶绿体，是C_4途径必需的结构，所以C选项错误。

栅栏组织紧位于上表皮之下，由一层或几层长柱形的薄壁细胞组成，其长轴与上表皮垂直，细胞内含有较多的叶绿体，是光合作用的主要细胞，细胞排列整齐如栅栏。栅栏组织排列紧密但并不代表没有细胞间隙，因为光合作用的进行需要叶肉细胞与外界有丰富的物质（如CO_2）交换。

副卫细胞是保卫细胞外两个或多个与表皮细胞形状不相同的细胞，与保卫细胞由同一个细胞分裂而来，二者同源。 答案：ABD。

64 下列有关花的构造与功能的叙述中正确的是（ ）。（多选）

A. 花由枝条特化而来，是被子植物的生殖构造

B. 花瓣由叶特化而来，有保护雌、雄蕊及吸引虫媒等功能

C. 雄蕊由叶特化而来，是产生雄性生殖细胞的构造

D. 雌蕊相当于大孢子叶，是产生雌性生殖细胞的构造

E. 胚珠内含大孢子囊，是产生雌性生殖细胞的构造

解析 典型的被子植物的花通常由花梗、花托、花萼、花冠、雄蕊群和雌蕊群等部分组成。花梗是连接茎与花的小枝，起着支持和输导作用；花托是花梗顶端略为膨大的部分；花萼位于花的最外面，由若干萼片组成，常为绿色，其结构与叶相似，具有保护花蕾和光合作用的功能；花冠、雄蕊也是叶的变态，雌蕊（心皮）相当于裸子植物的大孢子叶。 答案：ABCDE。

65 减数分裂可在何种器官或组织中的细胞内进行？（ ）（多选）

A. 叶　　B. 根　　C. 胚珠　　D. 果实

E. 花粉囊

解析 高等植物的减数分裂是孢子母细胞产生孢子时发生的,在胚珠中大孢子母细胞减数分裂形成大孢子,大孢子发育成胚囊;在花粉囊中小孢子母细胞减数分裂形成小孢子,小孢子发育成花粉粒。

答案:CE。

66 下列有关常见水果的发育的叙述中正确的是( )。(多选)

A. 西瓜由具有多胚珠(ovule)的子房(ovary)发育而来

B. 橘子的外果皮(exocarp)革质,源自子房壁;而内果皮(endocarp)多汁,源自珠被(integument)

C. 凤梨由许多花与花序轴(inflorescence axis)共同愈合发育而成

D. 草莓由许多花与花序轴共同愈合发育而成

E. 苹果的果肉主要由花萼筒(hypanthium)发育而来

解析 根据子房发育成果实,胚珠发育成种子,西瓜一个果实内有很多种子,所以是具有多胚珠的子房发育而来的,食用部位是侧膜胎座。

B错误,果皮均源自子房壁,珠被发育成种皮。

C正确,凤梨是单子叶植物纲凤梨科植物,果实为聚花果,由一整个花序包括花序轴发育而成。

D错误,草莓属于聚合果,由着生于一膨大花托上的许多离生心皮发育而成,食用部分为花托。

答案:ACE。

67 下列有关植物花粉管的叙述中哪些正确?( )(多选)

A. 可提供胚珠水分和养分

B. 不具细胞核

C. 是精细胞与卵细胞结合的场所

D. 可输送精细胞到达胚珠内

E. 花粉管的生长与蔗糖有关

解析 花粉管中的酶除了对花粉本身起作用外,还分泌到花柱,使花粉管生长,A错,它和胚珠营养无关。花粉落在柱头上后吸水胀大,花粉内壁及细胞质从萌发孔向外突出,形成花粉管,即花粉管原身是花粉的营养细胞,具细胞核(1个管核/营养核,1~2个精子/生殖核),B错。两个精细胞是被释放到胚囊内分别与极核和卵细胞结合的,C错,不过两细胞型的花粉中两个精子是在花粉管中分裂形成的。花粉管可起运输精细胞进入胚囊进行受精的作用,D对。蔗糖可作为花粉管生长的重要营养物质,以拟南芥为例,其花粉管膜上蔗糖转运体(arabidopsis sucrose transporter, AtSUC1)的缺失将影响离体(*in-vitro*)和在体(*in-vivo*)的花粉管生长,导致分离畸变,因此E对。

补充两点:

① 实验表明胚珠会分泌糖和钙为主的向化性物质,使得花粉管得以定向向珠孔生长(图15),其中糖类主要为阿拉伯半乳聚糖(arabinogalactan),最先研究它的实验室给它取名为AMOR(activation molecule for response-capability),取拉丁文"爱"之意。此外也有研究表明,通过对西红柿进行转基因操作,以RNAi方式抑制了其花粉管细胞壁转化酶(功能为水解蔗糖)抑制蛋白(INVINH1)的作用时,花粉的萌发率增高,延长更长,这说明蔗糖的确也参与了对花粉管生长的调节。不过这是离体培养实验的结果,还有待进一步在体实验的确认与检验。

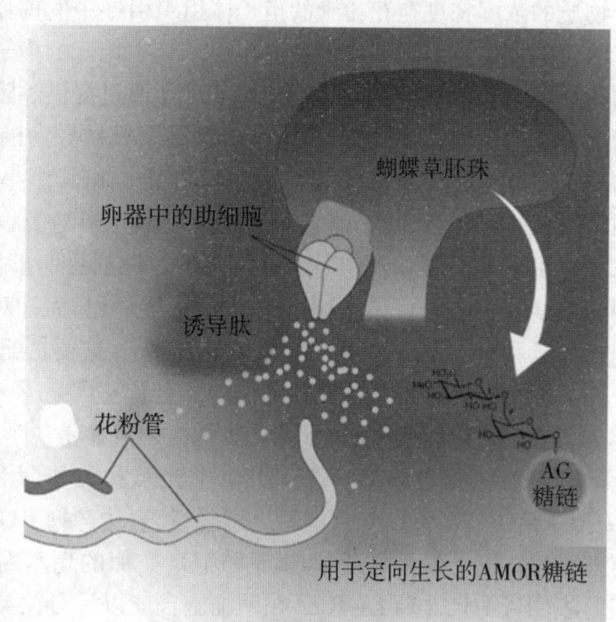

图15

② 被子植物大约有192科的植物在花粉粒成熟以前,生殖细胞未分裂,这样花粉粒含有营养细胞和生殖细胞,称二细胞型花粉粒,如棉花、桃、李、茶、杨、橘等;另外约115科的植物在花粉粒成熟以前,生殖细胞还要再分裂一次,形成两个精子,这样花粉

粒含有营养细胞和两个精子，称三细胞型花粉粒，如水稻、大麦、小麦、玉米、油菜等。　**答案：DE。**

参考文献

[1] Sivitz A B, Ward R J M. Arabidopsis Sucrose Transporter AtSUC1 is Important for Pollen Germination and Sucrose-Induced Anthocyanin Accumulation[J]. Plant Physiology, 2008, 147(1): 92.

[2] Reinders A. Fuel for the Road-Sugar Transport and Pollen Tube Growth[J]. J. Exp. Bot., 2016, 67(8): 2121.

[3] Mizukami A, Inatsugi R, Jiao J, et al. The AMOR Arabinogalactan Sugar Chain Induces Pollen-Tube Competency to Respond to Ovular Guidance[J]. Curr. Biol., 2016, 26(8): 1091.

68 下列有关被子植物花粉管的叙述中正确的是(　　)。(多选)

A. 属于雄配子体(male gametophyte)

B. 是从花粉粒萌发而来的

C. 对于不兼容的花粉，柱头上的糖类可刺激花粉管的生长

D. 在植物体外培养的延伸速度远高于在花柱内

E. 在同种植物授粉后，花粉管在花柱内的延伸可受某种多肽化学物质的引导

解析 花粉管是萌发的花粉粒内壁突出，通过花粉壁上的萌发孔(或萌发沟)伸出的细管，主要作用是将雄配子体携带的精细胞和其他内容物运达卵器或卵细胞处，以利于受精作用，故 B 正确。由于成熟花粉粒就是成熟的雄配子体，所以花粉管属于雄配子体，A 正确。

花粉落在柱头上是否能萌发长出花粉管最终完成受精过程，要看花粉与柱头的相互作用，即花粉壁的蛋白质和柱头细胞表面的蛋白质表膜之间是否亲和，如果不亲和则花粉不萌发或产生的花粉管很短或长至一定长度。自交不亲和可以分为孢子体型自交不亲和(SSI)和配子体型自交不亲和(GSI)，前者与雌蕊的类受体蛋白激酶有关，后者与雌蕊的 S-核酸酶有关(能进入花粉管，把不亲和的花粉管里的 RNA 降解，使之生长停滞)。C 中所谓糖类刺激不兼容的花粉管生长的说法显然是错误的，应该是抑制。

花粉管的生长方式是顶端生长，生长仅局限于花粉管顶端区。花粉管生长时，细胞质集中于顶端区，而管的基部则被胼胝质堵住。花粉管向子房生长的过程中经过柱头细胞间隙进入花柱的引导组织与它的胞外基质(ECM)紧密接触。ECM 由复杂的蛋白质混合物组成，常具有引导组织特异糖蛋白和其他小分子物质的浓度梯度，这些分子所形成的信号转导具有刺激花粉生长和引导花粉管向子房生长的功能。

花粉管引导主要分为孢子体引导和配子体细胞引导两个主要过程。雌蕊中不同蛋白分子和其他小分子物质的浓度梯度在花粉管的孢子体组织引导中发挥作用，胚囊中不同类型的细胞及其相关基因与蛋白在花粉管的配子体细胞引导中发挥作用。其中雌蕊的孢子体组织对花粉管的生长具有机械导向作用，如百合的花柱中空，充满营养丰富的 ECM，ECM 通过提供黏附分子，使得花粉管能够沿既定的路径在最小阻力的情况下快速延伸；雌蕊的孢子体组织除提供机械导向的作用以外，其引导组织中的蛋白分子和其他小分子物质也在此过程中发挥作用。这些蛋白分子和其他小分子物质包括小碱性蛋白 Chemocyanin、γ-氨基丁酸、花柱道特异的阿拉伯半乳糖蛋白(transmitting tissue specific protein, TTS)、一氧化氮(NO)、钙离子(Ca^{2+})和环腺苷酸(cAMP)等。不过体外实验证明，外源的钙离子与 γ-氨基丁酸对花粉管并无珠孔导向作用，这说明这些物质只起了孢子体内的引导作用，而针对胚珠的花粉管引导依赖的则是种属特异的因子，并非钙离子和 γ-氨基丁酸等一般意义上的分子，这便是配子体引导的环节。

第一个被鉴定出来的花粉管诱导化合物基因是 *ZmEA1*(2005 年)，该基因主要在玉米的卵细胞和助细胞中表达，而在受精后表达下调。该基因的产物是一个含 94 个氨基酸残基的多肽，它分泌到成熟胚囊珠孔端的珠心细胞壁中。2009 年，日本科学家发现并命名蓝猪耳草(玄参科)花粉管诱导化合物的基因为 *LURE1* 和 *LURE2*(lure 有诱惑之意)。其表达产物 LUREl 和 LURE2 是富含半胱氨酸的蛋白多肽，分别含有 62 个与 70 个氨基酸残基，属于防卫素类似的超基因家族 CRPs(cysteine-rich polypeptides)。免疫定位实验表明，LUREl 和 LURE2 在助细胞合成以后分泌到丝状器。体外实验研究进一步发现，纳摩尔级的重组 LURE 蛋白就能够引导成熟花粉管的定向生长。在成熟胚囊中，利用显微注射技术注射 *LURE* 基因的

反义寡聚物,能够显著削弱胚囊对花粉管的引导作用,进一步证实了 *LURE1* 和 *LURE2* 基因编码花粉管诱导化合物。也就是说,对蓝猪耳草而言,指引花粉管定向生长的诱导化合物就是这两种富含半胱氨酸的蛋白多肽。具体诱导过程如下,图 16 显示了参与花粉-柱头识别、孢子体引导与配子体引导过程的蛋白多肽、小分子各有哪些(括号中为非蛋白多肽类分子),而图 17 详细展示了配子体诱导的过程,因此 E 是正确的。

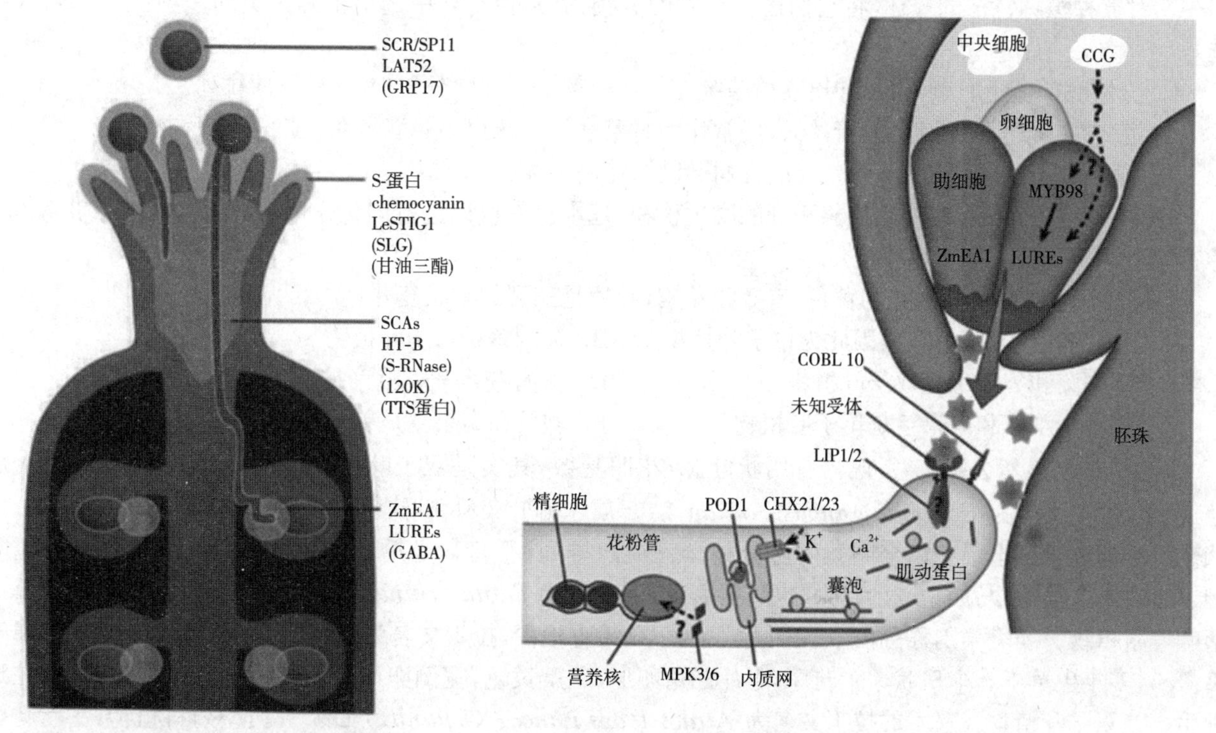

图 16　　　　图 17

花粉萌发慢、花粉管伸长慢是裸子植物花粉管生长的普遍特征,如黑松花粉水合 12 h 后萌发,花粉管生长速率为 1.1~2.3 μm/h。被子植物花粉萌发与花粉管生长则较快,如玉米花粉在其丝状花柱上 5 min 后即可萌发,花粉管以 1 cm/h 的速度伸长。因为雌蕊中存在诱导与促进花粉管伸长的物质,所以一般在花柱内花粉管的生长速度更快。D 说反了。 **答案:ABE。**

参考文献

[1] 蒋晶晶,曹家树.花粉管引导机制的研究进展[J].中国细胞生物学学报,2011,33(9):1022.

[2] Marton M L, Cordts S, Broadhvest J, et al. Micropylar Pollen Tube Guidance by Egg Apparatus 1 of Maize[J]. Science, 2005, 307(5709): 573.

[3] Okuda S, Tsutsui H, Shiina K, et al. Defensin-like Polypeptide LUREs are Pollen Tube Attractants Secreted from Synergid Cells[J]. Nature, 2009, 458(7236): 357.

[4] Higashiyama T. Peptide Signaling in Pollen-Pistil Interactions[J]. Plant Cell Physiol., 2010, 51(2): 177.

[5] Higashiyama T, Takeuchi H. The Mechanism and Key Molecules Involved in Pollen Tube Guidance[J]. Annu. Rev. Plant Biol., 2015, 66: 393.

[6] 李国平,黄群策,杨鹭生,等.黑松花粉体外萌发与花粉管生长的研究[J].林业科学研究,2007,20(2):224.

[7] Taylor L P, Hepler P K. Pollen Germination and Tube Growth[J]. Annu. Rev. Plant Physiol. Plant Mol. Biol., 1997, 48(1): 461.

69

下列哪种植物具有维管组织但是没有种子?(　　)(单选)

Ⅰ. 苔藓植物;Ⅱ. 蕨类植物;Ⅲ. 裸子植物。

A. Ⅰ　　B. Ⅱ　　C. Ⅲ　　D. Ⅱ和Ⅲ

解析 苔藓植物没有维管组织与种子，裸子植物既有维管组织也有种子，只有蕨类属于维管植物但非种子植物。 答案：B。

70 在进行生物分类的时候，不应太拘泥于生物的名称，而是应正确理解各自的特征。请根据下列①～⑤对五种植物特征的描述，将它们进行正确的分类，并从A～F中选出正确归类的一项：（ ）。（单选）

① 金刚藤的茎上有刺，可以伸出卷须缠绕在其他植物上。叶脉分枝少，并呈纵向排列。

② 苍术的花为头状花序，开于秋天，经常作为野菜食用。花很小并聚集在一起，为筒状花。

③ 柳兰常见于山地或亚高山带，拥有网状叶脉，花瓣为4枚。

④ 肉果兰是生长于有腐殖质累积处的腐生植物，基本没有可以进行同化作用的叶子。有3枚花瓣和3片花萼。

⑤ 委陵菜在春天开花，花为黄色，有5枚花瓣，叶片是三裂的掌状复叶。

A. 柳兰名字中有“兰”字，因此为单子叶植物　B. 金刚藤是双子叶植物

C. 金刚藤和委陵菜是双子叶植物　D. 只有苍术和委陵菜是双子叶植物

E. 只有金刚藤和肉果兰是单子叶植物　F. 柳兰和肉果兰是单子叶植物

解析 柳兰虽然名字有兰，但具有网状叶脉，花四基数，其实是双子叶植物。它的别名有铁筷子、火烧兰、糯芋，拉丁文名为 *Epilobium angustifolium* L.。属于柳叶菜科柳叶菜属，多年粗壮草本，直立，丛生；根状茎广泛匍匐于表土层上。金刚藤叶脉分枝少且纵向排列（平行），是单子叶植物。它的别称分别有金刚刺、乌鱼刺、铁菱角、马加勒或山归来，也叫菝葜，拉丁文名为 *Smilax china* L.。百合科菝葜属，多年生藤本落叶攀附植物。委陵菜别称翻白草、白头翁、蛤蟆草、天青地白，拉丁文名为 *Potentilla chinensis* Ser.。属于蔷薇科，多年生草本。伞房状聚伞花序，萼片三角卵形，花瓣黄色，宽倒卵形，顶端微凹，比萼片稍长；花柱近顶生。是双子叶植物。苍术的拉丁文名为 *Atractylodes Lancea*（*Thunb.*）DC.。典型菊科植物，头状花序单生茎枝顶端，但不形成明显的花序式排列，植株有多数或少数（2～5个）头状花序，也是双子叶植物。最后肉果兰别称爪哇山珊瑚，拉丁文名为 *Cyrtosia javanica* Bl.。为兰科，小草本，肉质。块根圆筒状或棒状，肉质，肥厚，成簇生长。综上，双子叶植物有柳兰、委陵菜、苍术，单子叶植物有金刚藤、肉果兰。 答案：E。

71 下列有关植物世代交替的叙述中正确的是（ ）。（单选）

A. 凡有性生殖的植物其生活史中均有世代交替的现象

B. 有性生殖的世代为二倍体，无性生殖的世代则为单倍体

C. 苔藓类植物的配子体世代需依附于孢子体生活

D. 维管束植物的孢子体世代渐趋发达，配子体世代渐趋退化

E. 平常所见种子植物的个体均为其配子体世代

解析 只有孢子减数分裂的有性生殖才对应存在世代交替，A不对。有性生殖世代才是单倍体，无性生殖世代是二倍体，B不对。苔藓植物配子体发达，C不对。平常所见种子植物均为孢子体世代，E不对。

答案：D。

72 对校园植物进行分类，下列哪一项较能反映出植物间的可能的亲缘关系？（ ）（单选）

A. 黄金葛与榕树的叶片皆为革质且具网状脉，故其关系比黄金葛与百合花的关系近

B. 大王椰子与玉米的叶脉平行，故其关系比大王椰子与榕树的关系近

C. 苏铁与大王椰子皆有羽状复叶，故其关系比苏铁与二叶松的关系近

D. 黄金葛与牵牛花的叶呈心形，且皆为藤蔓植物，故其关系较黄金葛与玉米的关系近

E. 玫瑰、百合及睡莲皆有明显花瓣，但玫瑰是木本，而百合和睡莲是草本，故后二者关系较近

解析 A不对，榕树为桑科双子叶植物，黄金葛即绿萝，为天南星科单子叶植物，百合为百合科单子叶植物，虽然绿萝具网状脉，但跟百合关系更近。B正确，大王椰子属于棕榈科，玉米属于禾本科，二者均为单子叶植物。C错误，苏铁和二叶松都是裸子植物，大王椰子为被子植物。D不对，牵牛花为旋花科双子叶植物，

玉米为禾本科单子叶植物。E错误，玫瑰属于蔷薇科，睡莲属于睡莲科，都是双子叶植物，百合为单子叶植物。 答案：B。

73

下列有关各类植物生殖的叙述中哪些正确？（ ）（多选）

A. 藓类可通过叶状体分裂来完成无性生殖
B. 苔类经由减数分裂产生配子
C. 蕨类原叶体经由减数分裂产生配子
D. 裸子植物的雄配子体是由小孢子发育形成的
E. 被子植物的雌雄配子的结合发生在胚珠中

解析 A对，藓类的叶状体是其营养体，可以产生胞芽、珠芽等繁殖体进行无性繁殖，是藓类生殖的主要方式。B错，苔类直接由单倍体的营养体（配子体）上产生生殖托，生殖托上产生颈卵器和精子器，有丝分裂产生卵子和精子。C错，原叶体是蕨类的一种绿色心形状的单倍体的配子体，配子体上细胞有丝分裂产生雄配子和雌配子。D对，裸子植物配子体极度退化，是在孢子壁内产生的。E对，被子植物的雌雄配子在胚珠内结合形成合子，以后发育成胚。 答案：ADE。

74

下列哪个选项最佳地描述了绿藻中孢粉素的功能？（ ）（单选）

A. 它可以减少裸露的受精卵遭遇干燥的风险
B. 它可以帮助识别同一物种的其他个体
C. 它可以保证叶绿体的光合效率
D. 它可以消化入侵的细菌细胞
E. 它可以阻止食草动物的捕食

解析 孢粉素是孢子和花粉外壁主要成分，为类胡萝卜素和类胡萝卜素酯的氧化衍生物。它的性质稳定，具抗酸、抗干燥、抗生物分解的特性。

绿藻中的叶楯藻（Phycopeltis）和绿球藻（Chlorella）细胞壁中也具有孢粉素。这两类绿藻均为气生、亚气生藻类。针对其生活环境，孢粉素在这里的作用显然不再是抗酸（自然生活状态下一般不会碰到酸），而是可以减少水分的蒸发，从而保护个体免受干燥，同时也可免受微生物伤害，不过消化微生物的功能还是不会有的。所以选A最为准确。 答案：A。

75

绿藻为何能生长在游客众多的山洞中？（ ）（单选）

A. 山洞中氧气和水源充足
B. 山洞中光照和水源充足
C. 山洞中二氧化碳浓度高，水源充足
D. 山洞中有电灯，二氧化碳和水源充足

解析 藻是原生生物界中的优势物种，是可进行光合作用的水生生物。藻的大小各异，小到直径仅1 μm，如鞭毛虫；大到长度接近60 m的巨藻。地球上绝大部分的氧气是藻类合成的。藻类是几乎所有水生生物的食物基础，还是原油的来源，为人类提供了无数的食物、药物和工业资源。藻类有多种生命周期类型。其光合作用的色素相比其他植物有很大不同，它们的细胞也具有植物和动物细胞没有的特点。某些种类的藻类十分古老，也有其他刚刚进化出的种类。有关藻类的新发现越来越多，藻类的分类学也正在发生着翻天覆地的变化。关于藻类的研究称为藻类学，藻类学家研究藻类。

作为自养生物，藻类需要光源、二氧化碳和水满足生长需求。在由人工照明供游客游览的山洞中，藻类是可以生长的。 答案：D。

76

下列有关蓝绿藻（蓝藻）的叙述中正确的是（ ）。（多选）

A. 所有蓝绿藻均含有藻蓝素及叶绿素，故常呈现蓝绿色
B. 细胞中没有核膜及叶绿体等细胞器，故与细菌的亲缘关系较为接近
C. 蓝绿藻在生活史中多行无性生殖，但环境不利时亦可行接合生殖
D. 常见的蓝绿藻有颤藻、念珠藻及单胞藻等
E. 有些蓝绿藻可固定氮元素

解析 蓝藻含藻蓝素、叶绿素，A正确。蓝藻为原核生物，繁殖方式有两类：一类为营养繁殖，包括细胞直接分裂（即裂殖）、群体破裂和丝状体产生藻殖段等几种方法；另一类为某些蓝藻可产生内生孢子或外生孢子等，以进行无性生殖，孢子无鞭毛。目前尚未发现蓝藻有真正的有性生殖，因此B正确，C不对。不过

通过基因工程技术可以建立蓝藻的接合转移系统，这一接合是借助于细胞和细胞的接触将基因转移，通过广谱接合质粒将基因从一种细菌（通常是大肠杆菌）移入另一种细菌（如蓝藻）的过程。蓝藻中的基因转移技术已经打开了一扇深入研究这种独一无二的微生物的大门，让我们可以深入地研究其光合系统、氢固定、异形胞形成以及代谢等。单胞藻包括硅藻、衣藻等，属于真核生物，因此D不对。念珠藻具有异形胞，可以固氮，因此E正确。　**答案：ABE。**

参考文献

[1] 陈翠丽，郭俊霞，宗伟，等．蓝藻接合转移系统以及相关因素[J]．北京联合大学学报（自然科学版），2007，21(4)：38.

77 下列有关藻类的叙述中正确的是（　　）。（单选）

A. 藻类是单细胞所聚集而成的群落

B. 藻类生活史简单，不具有世代交替的现象

C. 藻类外形多变，可能随着不同生长阶段而有不同的形态

D. 由于生长在水中，其生殖细胞直接释放于水中，只通过水流漂送

E. 藻类构造简单，生殖细胞只有一种形态

解析 藻类植物是一类植物体简单、无根茎叶分化、具有光合作用色素、自养的低等植物的总称，有单细胞藻类，也有多细胞藻类。藻类外形非常多样化，并随着发育阶段或环境不同而变化。藻类生活史和生殖方式十分多样，有营养生殖、无性生殖、有性生殖（有不具世代交替和具世代交替的种类），有性生殖的种类有雌雄配子相似的，也有雌雄配子差异大的。藻类在自然界中几乎到处都有分布，不仅在水中，也在潮湿的土壤中、岩石上等生存，它的生殖细胞要适应其环境而传播。综上，C正确。　**答案：C。**

78 真菌丝状体组成的部位称为（　　）。（单选）

A. 菌丝　　B. 菌丝体　　C. 孢子囊　　D. 孢子

解析 典型的真菌结构是由坚硬细胞壁围成的分支管状菌丝组成的菌丝团。这些丝状体称为菌丝（hypha），不断分支，形成错综复杂的网络，称为菌丝体（mycelium），组成典型真菌的营养体。一些真菌（以酵母为典型）没有菌丝体，只有一个细胞，以出芽或分裂的方式进行繁殖。菌丝体汲取环境中的营养进行生长发育，到达一定程度时，直接形成或通过特殊的子实体形成生殖细胞，称为孢子。孢子释放后，通过多种主动或被动机制散播到各处。如果环境适宜生长，孢子就会发芽，伸出菌丝，逐渐增长、分支，形成新的菌丝体。真菌的生长受到菌丝尖端的限制。　**答案：B。**

79 菌根是根系和下列哪项的联合体？（　　）（单选）

A. 细菌　　B. 真菌　　C. 蕨类　　D. 藻类

解析 菌根是真菌的菌丝与植物根的共生体。这种共生体是互惠关系，可以增加宿主植物和共生真菌的营养摄取。某些植物的生长发育依赖于菌根，如柑橘属、兰花属和松属；有些植物没有菌根可以生存，但无法繁茂。菌根主要分两种，一种叫做内生菌根，真菌在根内生长；另一种称为外生菌根，真菌在根外形成鞘。利用这些自然的共生体可以对林业、园艺业和其他植物业产生益处。　**答案：B。**

80 许多真菌寄生于植物、动物（包括人类），甚至其他真菌上。下列哪项不是真菌引起的疾病？（　　）（单选）

A. 肺囊虫肺炎　　B. 大米、小麦、黑麦的枯萎病

C. 小麦、大麦、黑麦的铁锈病　　D. 艾滋病患者所患卡波氏肉瘤

解析 肺囊虫肺炎由一种类似酵母菌的肺囊虫属杰氏肺囊虫菌引起。该菌是一种重要的人类病原体，尤其是对免疫抑制的患者来说。在被确定为一种人类特异性的病原体前，杰氏肺囊虫被称为卡氏肺囊虫，属于真菌类。

枯萎病是一种植物真菌“稻瘟病菌”引起的疾病。它可以感染重要谷类作物，包括小麦、黑麦、大麦和珍

珠黍。

铁锈病是一种植物真菌病，可以累及小麦、大麦和黑麦的茎叶和谷粒。其病原菌是柄锈菌属铁锈病菌，其中小麦叶锈菌导致"黑锈病"；隐匿柄锈菌导致"棕锈病"；条锈菌导致"黄锈病"。它是最流行的小麦锈病，在世界所有小麦种植区都会发生。

卡波氏肉瘤是人疱疹病毒8(HHV8)引起的肿瘤，该病毒亦称卡波氏肉瘤相关疱疹病毒(KSHV)。该病最初由维也纳大学任职的一名匈牙利皮肤科医生于1872年率先描述。在20世纪80年代，该病作为艾滋病的特征并发症被人们所熟知。1994年，造成该疾病的病毒被发现。该病早期皮肤病损没有特征性，表现为轻微血管增生。斑点期血管数量增加，形状不规则，可将真皮上部网状层的胶原纤维分隔开。血管走行方向一般和表皮平行，增生的部位经常在血管周围和附属器周围。病变中混杂有少量淋巴细胞和浆细胞。常见红细胞位于血管外和血管周围含铁血黄素沉积。斑块期所有斑点期病变进一步加重。血管增生更加弥漫，血管腔隙的轮廓呈锯齿状，淋巴细胞和浆细胞浸润更加明显，有大量血管外红细胞和含铁血黄素。常可发现玻璃样小球。结节期交叉排列的只有轻度异型性的梭形细胞束形成界限清楚的结节，以及大量含有红细胞的裂隙状腔隙。病变外周部分有扩张的血管。许多梭形细胞有分裂活性。梭形细胞内外存在玻璃样小球。淋巴结内病变可为单灶性或多灶性，可完全被肿瘤组织取代。内脏器官病变因受累器官的结构而异，沿血管、支气管、肝脏门脉等结构扩散，而后累及周围器官实质。 答案：D。

81 下列有关面包霉的生长与繁殖的叙述中正确的是(　　)。(多选)

A. 一般看到的面包发霉就是飘在空中的孢子落下而长成菌丝的结果

B. 面包霉的孢子是由菌丝减数分裂而产生的

C. 菌丝生长活力有限，故生长至一段时间后，菌丝便会形成弯曲的构造，此时其内的单套染色体的细胞核两两结合而成双套染色体的生殖构造，再生成孢子

D. 菌丝虽然外形相似，但其内细胞核染色体有单套与双套之别

E. 来自不同个体的菌丝可结合，此为一种有性生殖

解析 面包霉(图18)又称为根霉。它通常进行无性生殖，菌丝体在基质(面包)中蔓延。无性生殖时，菌丝向上长出黑色球状的孢子囊，待孢子囊成熟破裂即散放出大量透明的小孢子，随空气飘浮四处散布，孢子落下长成菌丝，继续繁衍下去，A正确。根霉属于接合菌亚门，有性生殖为异配生殖，不常见，不同宗的菌丝顶端发生的配子囊在接触处囊壁溶解，不同宗的两个配子囊的原生质混合，细胞核成对地融合，形成1个具多数二倍体核的接合孢子，然后二倍体核经减数分裂产生单倍体的孢子，孢子释放后萌发形成新一代的菌丝体，菌丝在交配时没有形成弯曲的构造，C错误，E正确。根霉菌丝只有单倍体形式，D错误。

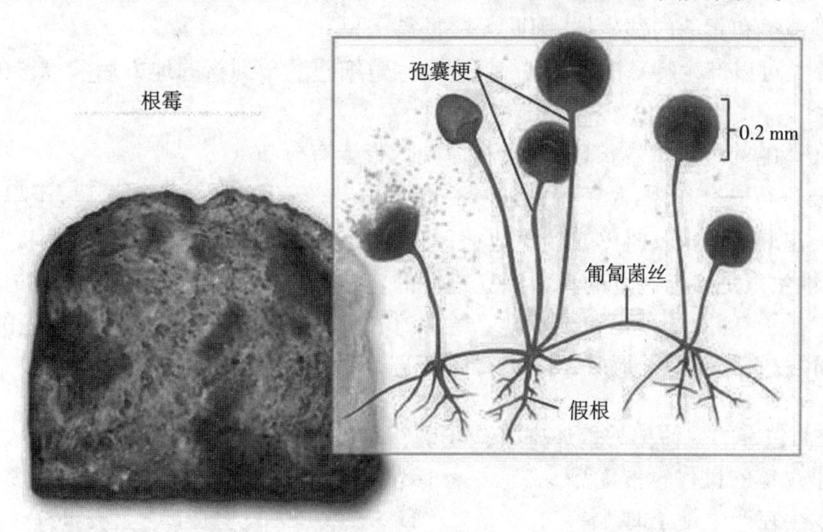

图18

注意：面包霉/黑面包霉/匍枝根霉(*Rhizopus stolonifer*)和红色面包霉/红色脉孢霉/红色链孢霉(*Neurospora crassa*，图19)不是同一个物种，后者是子囊菌。而C、D选项描述的是担子菌，在整个发育过程中，

产生两种形式不同的菌丝：一种是由担孢子萌发形成具有单核的菌丝，这叫做初生菌丝；另一种是以后通过单核菌丝的接合，核并不即时结合而保持双核的状态，这种菌丝叫次生菌丝。 答案：AE。

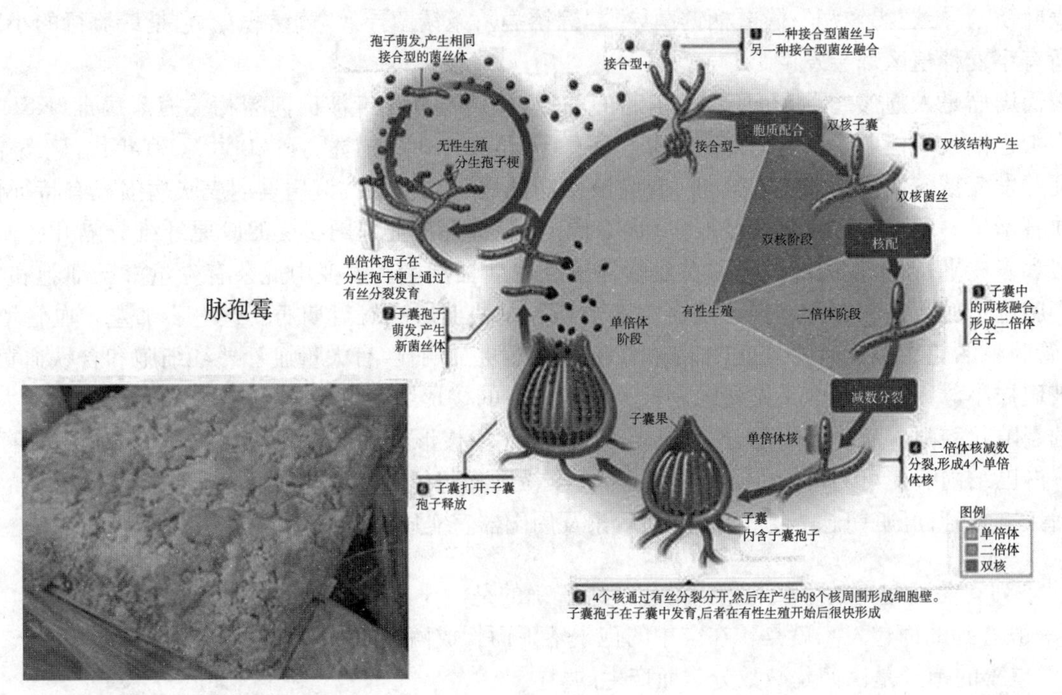

图 19

82 地衣是由真菌和原生生物构成的。原生生物最有可能是下列哪项？（　　）（单选）

A. 绿藻或者红藻　　B. 海绵

C. 绿藻或者蓝藻　　D. 苔藓或者褐藻

E. 苔藓或者蓝藻

解析 地衣是一种真菌与藻类的共生生物。构成地衣的藻类主要是蓝藻和绿藻。蓝藻主要是念珠藻属，绿藻主要是共球藻属。 答案：C。

83 地衣是真菌和藻类的共生体。下列叙述中，哪些正确描述了地衣的特征？（　　）（多选）

A. 地衣中的藻类要进行光合作用，因此无法在暗处生长

B. 由于地衣是藻类和真菌的共生体，因此无法抵御干旱

C. 地衣中的藻类可以产生特殊的生殖细胞，这些生殖细胞散布到新的地方后和周围的真菌一起形成新的地衣

D. 地衣可以在严酷的环境中生长，从冻土苔原到热带皆有分布

解析 地衣需要进行光合作用，A 正确。地衣一般生长慢，但可以忍受长期干旱，干旱时休眠，雨后恢复生长，因此可以生长在峭壁、岩石、树皮或沙漠地上；地衣耐寒，因此高山带、冻土带和两极都有分布，B 不对，D 正确。地衣的有性生殖是参与共生的真菌独立进行的，在担子衣中为子实层体，包括担子和担孢子；在子囊衣中为子囊果，包括子囊腔、子囊壳和子囊盘。通常地衣真菌从孢子萌发开始，与相应的光合共生生物相遇后，就进入共生阶段，直到新孢子形成。因此 C 不正确。 答案：AD。

84 下列有关面包霉的生活史的叙述中哪些正确？（　　）（多选）

A. 具单倍体染色体的世代较占优势　　B. 具二倍体染色体的世代较占优势

C. 减数分裂发生在产生配子时　　D. 减数分裂发生在产生孢子时

E. 减数分裂发生在合子萌发时

解析 面包霉又称匍枝根霉，属于接合菌，产生接合孢子（$2n$）和孢囊孢子（n）。减数分裂类型为合子减数分裂（减数分裂发生在合子萌发时），即两株菌的菌丝相互融合产生合子即接合孢子，接合孢子萌发时进

行减数分裂，故合子是面包霉生活史中唯一的二倍体阶段。 **答案：AE。**

85 下列选项哪个是苔藓植物和其他陆生植物的主要差异？(　　)(单选)

A. 具有会游动的精子
B. 孢子体不能独立生活，需依附于配子体
C. 植物体表面不具有角质层
D. 有配子囊保护雌雄配子

解析 一般来说，苔藓植物配子体发达，而其他高等陆生植物孢子体发达。苔藓植物配子体上产生配子的器官称为配子囊，但蕨类植物也有颈卵器（雌配子囊）和精子器（雄配子囊），是一样的。蕨类植物也有游动精子，苔藓植物也有角质层。 **答案：B。**

86 下列有关苔藓植物的叙述中正确的是(　　)。(多选)

A. 苔藓类多生长于潮湿之处，但体表仍有防止水分散失的角质层
B. 苔藓类通常无法繁衍于较干旱之处，主要因其配子结合需要水作为媒介
C. 苔藓类的配子是由减数分裂形成的，孢子则是由有丝分裂形成的
D. 除非环境非常恶劣，否则苔藓类通常不进行有性生殖
E. 苔藓类的配子体必须生活于孢子体上

解析 高等植物体表都具有角质层，用于防止水分散失，适应陆生生活。印度、非洲和日本发现的费氏藻（*Fritshiella tuberosa Iyengar*）作为高等陆生绿藻，体表也有角质层。苔藓植物配子体具有角质层，主要成分是脂类，但角质层比较薄，厚度约 0.1 μm，其作用是防止水分散失，能有效阻拦水分流失。A 正确。

苔藓植物和蕨类植物的配子结合需要水作为媒介，因此无法生长于干旱的环境。而种子植物由于雄配子体（花粉）可以传播，无需配子在体外受精，因此完全摆脱了生殖对水的依赖。B 正确。

所有具有世代交替的植物的配子都由单倍的配子体有丝分裂形成，孢子由二倍的孢子体减数分裂形成。配子和孢子均为单倍体细胞。C 错。

低等的藻类植物往往有有性生殖、无性生殖和营养生殖三种生殖方式。而高等植物都具有世代交替现象，有性和无性生殖的部分都在世代交替中。因此除非通过营养繁殖的方式，若通过正常的生命周期繁殖，则有性生殖和无性生殖都需经历。D 错。

苔藓植物是高等植物中唯一一个配子体（n）比孢子体（$2n$）发达的类群，孢子体寄生于配子体上。蕨类植物的孢子体和配子体都可以独立生活，而种子植物的配子体寄生于孢子体上。E 错。 **答案：AB。**

87 下列有关各类植物的世代交替（alteration of generations）的说法中正确的是(　　)。(单选)

A. 蕨类的原叶体（prothallus）可独立生活，是占优势的孢子体（sporophyte）
B. 苔藓类的配子体（gametophyte）与孢子体皆可独立生活
C. 蕨类的孢子体在产生配子（gamete）时，进行减数分裂（meiosis）
D. 种子植物的雌配子体完全依赖孢子体生活
E. 苔藓类的原丝体（protonema）是幼小的孢子体

解析 A 错，原叶体是蕨类的幼小配子体，有叶绿体、有假根，能独立生活。

B 错，苔藓植物配子体占优势，孢子体寄生于配子体上。

C 错，高等植物都属于居间减数分裂，在产生孢子时减数分裂，孢子发育成配子体，配子由配子体有丝分裂产生。

E 错，原丝体是苔藓植物的幼小配子体，也叫叶状体，能独立生活，发育成成熟配子体。 **答案：D。**

88 在蕨类植物的生命周期中，占主导的世代是(　　)。(单选)

A. 单倍配子体　B. 二倍配子体　C. 单倍孢子体　D. 二倍孢子体

解析 在蕨类植物的世代交替过程中，孢子体与配子体都可以独立生活，其中二倍体的孢子体占主导。 **答案：D。**

89 下面关于蕨类植物生活史的描述中，错误的是哪一项？(　　)(单选)

A. 原叶体发育为配子体　　　　B. 受精的时候需要水
C. 配子体来自减数分裂　　　　D. 配子体形成精子器和颈卵器
E. 精子具有鞭毛

解析 C中配子体由孢子有丝分裂形成，孢子才是孢子体减数分裂产生的。其余选项均是正确的。答案：C。

90 在下列哪种环境下种植蕨类作物最好？(　　)(单选)

A. 开阔、有风的地方　　　　B. 阳光充足、干燥的地方
C. 干燥、庇荫的地方　　　　D. 潮湿、庇荫的地方

解析 蕨类植物的栖息地、形态和繁殖方式各式各样。单说植株大小，蕨类植物小到2～3 mm高，大到10～25 m高。有的蕨类植物是盘旋的藤蔓，有的在池塘中漂浮。大多数蕨类植物喜温湿的土壤。纬度越高，湿度越低，蕨类就越稀疏，在热带地区，蕨类是最繁茂的。少数蕨类植物生长在干燥、寒冷的环境。蕨类的栖息地主要有四种：潮湿、庇荫的森林，避光的岩缝中，酸性的湿地（如沼泽和泥沼），还有热带雨林。在热带雨林里，大多数蕨类植物是附生植物。　答案：D。

91 下列哪项是维管束植物最先演化出来的器官？(　　)(单选)

A. 根　　B. 茎　　C. 叶　　D. 花

解析 最早拥有茎的植物为现已绝种的库氏裸蕨/顶囊蕨（*Cooksonia*），而现存最早有茎的植物则是松叶蕨（*Psilotopsida*），但它们都没有真正的根、叶。因此在维管束植物/导管植物中，最早出现的器官是茎，根、叶则是由茎演化而成的。　答案：B。

92 松叶蕨、石松、卷柏及木贼等合称为拟蕨类，下列有关此类植物的叙述中正确的是(　　)。(单选)

A. 都具有小型叶
B. 配子体都具有维管束
C. 生活史中都具有构造简单的配子体世代，必须依附于孢子体生活
D. 以上皆非

解析 根据顶枝学说，蕨类植物的叶根据形态、结构可分为小型叶（microphyll）和大型叶（macrophyll）（图20）。小型叶为石松类的典型叶类型，叶片具单一叶脉（single vein），叶迹自中柱边缘分出，延生起源，无叶隙和叶柄，为原始类型的叶，由单个顶枝扁化而成。大型叶为典型的真叶植物叶类型，具有叶柄（stipe），叶片具复杂分支的脉序（branching veins），叶迹自中柱分出时形成叶隙（leaf gap）或没有叶隙，由多数顶枝联合扁化形成，存在于真蕨类和木贼类等中。因此A不对。

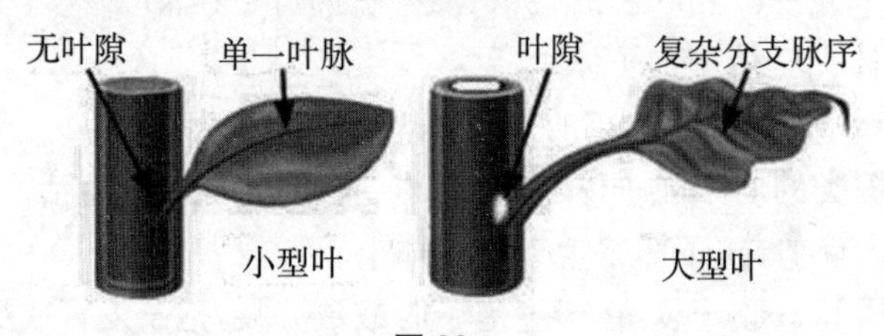

图 20

图21为小型叶（小翠云卷柏 *Selaginella kraussiana*）和大型叶（汤氏膜叶蕨 *Hymenophyllum tunbrigense*）的结构对比。这里需要注意的是，小型叶和大型叶并不是看叶的大小，而是从结构上有无叶隙以及进化历程上看的。木贼类（Horsetails，*Equisetum*）虽然看起来叶很少，且只有一条简单叶脉，似小型叶，但化石记录说明其祖先有明显的大型叶，具复杂的脉序，现有种是次生性简化的结果。实际上，如图22所示，除了石松类之外，其余维管植物均为大型叶，包括叶退化的松叶蕨类，这是与国内教材不太符合的地方。

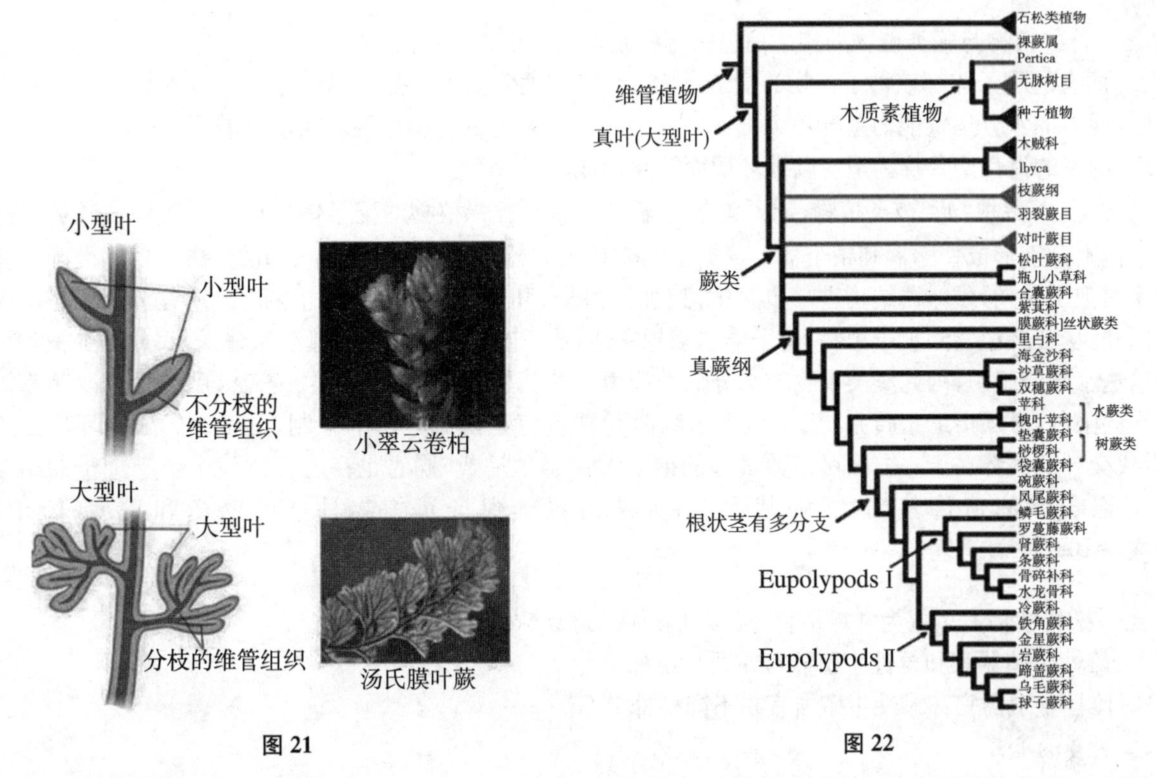

图 21　　图 22

这些蕨类植物配子体简单,但一般可以独立生存(但卷柏配子体极度退化,在孢子壁内发育),不具有维管束,因此B、C也不对。故本题最后选D。 **答案:D。**

参考文献

[1] Taylor T N. Paleobotany, The Biology and Evolution of Fossil Plants[M]. 2nd Edition. Academic Press, 2009.

[2] Vasco A, Moran R C, Ambrose B A. The Evolution, Morphology, and Development of Fern Leaves[J]. Front Plant Sci., 2013, 4: 345.

93 下列有关蕨类植物生殖的叙述中正确的是(　　)。(单选)

A. 蕨类植物的配子体非常退化,需依附于孢子体生活

B. 蕨类植物的配子属于同型配子

C. 蕨类植物的配子结合已不需依赖水为媒介

D. 蕨类植物的雌雄配子分别受到颈卵器和精子器的保护

E. 蕨类植物的配子体通常为雌雄异株

解析 蕨类植物如真蕨类的配子体为原叶体,可独立生活,仅有水韭、卷柏是依附于孢子体的,A不对。蕨类植物的配子多为异型配子,B不对。蕨类植物的精卵结合仍然依赖水,C不对。原叶体往往是雄雌同株的,但水韭存在雄雌配子体分化,E不对。 **答案:D。**

94 小苗老师找到一株草本植物,其具有根、茎、羽状复叶及羽状脉,但不具叶鞘,此株植物可能为下列哪种植物?(　　)(多选)

A. 苔藓植物　　B. 蕨类植物　　C. 裸子植物　　D. 双子叶植物

E. 单子叶植物

解析 根据有根茎可排除苔藓。蕨类植物的真蕨类具有扁平大型羽状复叶,但是叶片分裂成羽片,叶的中脉呈羽状或掌状,不同于具小型叶的石松、楔叶、松叶蕨等其他蕨类植物。双子叶植物中有多种植物具羽状复叶(豆科)和羽状脉(樟科),羽状脉属网状脉;单子叶植物一般为全缘单叶,多具平行脉。 **答案:BD。**

95 苔藓植物与蕨类植物的相关描述中哪些是对的？(　　)(多选)

A. 两者的配子体都较种子植物的配子体大　　B. 通常后者的孢子体远比前者的高大

C. 两者的水分运输能力差异不大　　D. 两者的受精作用均在水中进行

E. 两者的世代交替均为适应陆地环境而演化形成

解析 从苔藓植物到被子植物，配子体是逐渐退化的。苔藓植物的配子体在世代交替中占优势，在雌、雄配子体上分别形成颈卵器和精子器。蕨类植物亦具颈卵器和精子器。到种子植物，裸子植物的配子体完全寄生在孢子体上，颈卵器结构进一步简化；到被子植物，胚囊即雌配子体，通常胚囊只有7个细胞。A正确。同样，从苔藓植物到被子植物，孢子体越来越发达，B正确。蕨类植物具管胞来输送水分，苔藓植物没有专门输送水分的组织，因此蕨类植物的水分输送能力比苔藓植物要强，C错误。苔藓、蕨类植物受精都没有摆脱水的限制，必须借助水传播，到了被子植物时受精就完全摆脱了水的限制，D正确。陆地环境更为多变，世代交替的优势在于一方面可借数量多的孢子大量繁殖后代，同时也在有性世代中由于配子的结合而丰富了孢子体的遗传基础，加强其适应性，从而更加保证了植物种族的繁衍和发展，E正确。

答案：ABDE。

96 松科植物大多数为常绿植物，且雌雄异体。这意味着(　　)。(单选)

A. 雌性生殖器官和雄性生殖器官在同一植株上

B. 雌性生殖器官和雄性生殖器官在不同植株上

C. 种子有心皮

D. 上述选项都不对

解析 雌雄异体植物的单个植株只能产生一种配子，分为雄株和雌株。雌雄异体这个术语只适用于植物。雌雄异体植物同一植株上不能同时出现雌雄两种配子，因此不能自身传粉。　答案：B。

97 下列哪个选项不是苏铁植物的特点？(　　)(单选)

A. 从维管形成层形成的次生生长　　B. 会结果实

C. 真叶　　D. 昆虫授粉

E. 植物组织中存在神经毒素和致癌物

解析 苏铁是裸子植物。裸子植物均有次生生长，因此都会形成维管形成层，从而进行次生生长。裸子植物的种子外面没有果皮的包被，自然也就没有果实的概念。真叶是植物真正意义上的叶子，一般由托叶、叶柄、叶片构成(也可以只有其中一部分)。但是植物的叶子形态千差万别，是很复杂的。真叶与子叶相对应，裸子植物是有真叶的。苏铁的传粉：在自然生长中，苏铁类植物是靠虫媒传粉的，但人工培养时也可由人工传粉。

苏铁的药理作用有两种：

① 致癌作用：苏铁的致癌原是所含的氧化偶氮类甙-苏铁苷(cycasin)和新苏铁苷(neocycasin)A、B。苏铁苷长期或一次喂饲或灌肠，可使大鼠发生乳腺癌、肝癌、肾癌和肠癌，使小鼠发生肺腺瘤，也能使豚鼠、田鼠发生肿瘤。一般认为苏铁苷本身并无毒性或致癌性，需经肠道内细菌的β-糖苷酶水解，生成甲基氧化偶氮基甲醇(即苏铁苷元)，再转化为亲电子的中间物，形成能与核酸等生物活性物质起反应的活性甲基。因此，非口服途径一般不能致癌。只是在新生小鼠、新生田鼠、新生大鼠的皮肤中存在β-D-糖苷酶，所以皮下用药亦能诱发肿瘤。苏铁苷具有水溶性，用水充分洗涤后可以除去。

② 神经毒性：牛食苏铁种子，可引起麻痹，且常发生肌萎缩性脊髓侧索硬化；薄束及脊小脑背束产生髓鞘脱失，并有嗜锇性物质沉积。大鼠或金田鼠有胎仔在母体内接触苏铁苷元，产后而形成小头症(microencephaly)，骨性颅顶盖变狭，但生存时间仍相当长；有些大鼠在13～15个月后，有神经胶质瘤。小鼠口服大剂量苏铁苷后无立即中毒现象，但经12～18 h后出现呼吸困难、呼吸肌麻痹死亡。小鼠灌胃的半数致死量为1.67 g/kg，豚鼠为1.0 g/kg，大鼠腹腔注射的最小致死量(MLD)为44 mg/kg。苏铁苷对呼吸、血压、心脏、血管、肠和子宫作用甚微。

综上,本题应当选 B。 答案:B。

98 松树产生的花粉粒数量多、重量轻、形状小,且在花粉壁上有两个突起的囊状构造,此构造的功能是( )。(单选)

A. 增加表面积,以便掉落在柱头上
B. 充满空气,以助传播
C. 充满水分,以利萌发
D. 仅是附属物,没有特殊功能
E. 储存代谢废物

解析 松树花粉利用风传播,本题选 B。 答案:B。

99 下列有关裸子植物(松树)的构造与生活史的叙述中错误的是( )。(多选)

A. 提供种子萌芽所需养分的细胞,其染色体数为 $3n$
B. 具有翅果,可协助种子的散布
C. 针叶的气孔呈下陷型,可减少水分散失
D. 木材组成中只有假导管作为垂直输送水分的管道
E. 成熟的花粉粒是小孢子发育而来的幼小配子体

解析 裸子植物的种子是由 3 个世代的产物组成的,即胚是新的孢子体世代($2n$),提供种子萌发养分的胚乳是雌配子体世代(n),种皮是老的孢子体($2n$),A 错误。松树种鳞(大孢子叶)的部分表皮分离出来形成种子的附属物翅,但它并不是翅果,翅果是果皮延展呈翅状,如榆树的果实,松树不具果实,B 错误。假导管即管胞,裸子植物一般只有管胞(麻黄和买麻藤类例外),韧皮部不具伴胞,D 正确。松树针叶具有旱生结构,表现为叶狭窄,角质层发达,表面积与容积之比小,气孔下陷等,以减少水分散失,C 正确。单胞花粉粒是小孢子,成熟的花粉粒是雄配子体,E 正确。 答案:AB。

100 下列哪些植物的精子具有鞭毛或纤毛而会游动?( )(多选)

A. 水蕴草
B. 木贼
C. 苏铁
D. 银杏
E. 松树

解析 蕨类植物的受精过程尚不能脱离水环境,精子多鞭毛。裸子植物的受精已经能摆脱水环境,精子由花粉管送入胚珠,但苏铁和银杏均有具纤毛的游动精子,是受精时需水的遗迹,是原始性状,松树的精子为无鞭毛的不动精子。水蕴草为水鳖科的单子叶被子植物,虽然是水生植物,但其雄花成熟时花柄伸出水面,进行传粉。 答案:BCD。

101 下列哪些选项是大部分现生裸子植物与被子植物所共有的特征?( )(多选)

A. 导管与筛管细胞
B. 异型孢子(heterospory)
C. 精子器与颈卵器
D. 花粉
E. 双重受精

解析 裸子植物除买麻藤纲具导管外,其他类群具管胞,被子植物具导管,另外裸子植物具筛胞,被子植物具筛管和伴胞,A 错误。裸子植物和被子植物的精子和卵子形态大小均不同,为异型孢子,B 正确。裸子植物除买麻藤纲不具颈卵器之外,其他类群均具颈卵器,被子植物不具颈卵器,其胚囊中助细胞和卵子合称卵器,是颈卵器的残余,C 错误。不过裸子植物和被子植物均具花粉,即小孢子,D 正确。只有被子植物才有双重受精,精子与卵子结合生成受精卵,中央细胞与精子结合发育形成胚乳,E 错误。 答案:BD。

102 下列哪些选项是裸子植物与被子植物所共同具有的构造?( )(多选)

A. 异型孢子
B. 花粉
C. 子叶
D. 导管与筛管
E. 胚囊

解析 孢子是由孢子母细胞减数分裂产生的单倍体细胞,将来发育成配子体。被子植物和裸子植物都是孢子异型的;蕨类植物中卷柏目、水韭亚门、少数真蕨亚门种类为孢子异型,其余为孢子同型。大部分裸

子植物仅具有管胞和筛胞，只有买麻藤纲出现了导管，而被子植物具有导管和筛管。

胚囊指被子植物的雌配子体，由胚囊细胞分裂形成，包括卵细胞、助细胞、反足细胞、中央细胞，呈“七胞八核”结构。而裸子植物成熟的雌配子体包括颈卵器和胚乳两部分，一般具有2～7个颈卵器和大量胚乳；但是买麻藤纲植物的许多种类有多核胚囊而无颈卵器，是进化的性状。 答案：ABC。

103 被子植物受精过程的一个独有的特征是下列哪项？(　　)(单选)

A. 这是一个双受精过程：一个精子使卵子受精，另一个精子与极核或融合核结合

B. 精子可能会随风飘至雌配子体处

C. 花粉管一次输送两个精子核到雌配子体中

D. 化学诱导剂指引精子去卵子那里

E. 精子细胞靠鞭毛来移动

解析 被子植物与裸子植物或其他植物不同，是双受精的，其中一个是精子和卵子结合成受精卵；另一个是精子与一个双融合核或者两个极核在它们还未溶解前的融合。第二个融合过程导致一个三融合核的形成，将来会形成胚乳。精子不会被风带去雌配子体处，但是雄配子体或花粉可以。两个精子通过花粉管进入雌配子体，但这个过程并不是被子植物特有的，也会发生在裸子植物中。化学诱导剂在所有植物受精过程中都会出现。裸子植物的精子没有鞭毛(低等类群有保留，如苏铁、银杏)。 答案：A。

104 下列哪项中水果不都是柑橘属的？(　　)(单选)

A. 脐橙和枸橼

B. 柠檬、酸橙和柑橘

C. 橘柚和葡萄柚

D. 橘、蜜橘和野生西瓜(tsamma)

解析 柑橘属为芸香科的一属，产生的果实有果肉，均被厚实的果皮包裹。该属的植物包括柠檬、柑橘、酸橘、蜜橘、柚、枸橼、文旦等。

野生西瓜被认为是葫芦科西瓜的祖先。其果实的果肉坚硬色白，难以生食，常腌渍或制作蜜饯。因其富含胶质，故常用来制作蜜饯。这种瓜可能产自非洲卡拉哈里沙漠，即便在沙漠中，也生长茂盛。其分类是：植物界，木兰门，木兰纲，葫芦目，葫芦科，西瓜属，西瓜。 答案：D。

105 下列有关被子植物的叙述中正确的是(　　)。(多选)

A. 被子植物进行双重受精的有性生殖

B. 其世代交替都是孢子体占优势

C. 单子叶植物没有无性生殖的方式

D. 其配子体不具维管束构造

E. 双子叶植物的种子中没有胚乳

解析 双受精是指被子植物的雄配子体形成的两个精子，一个与卵融合形成二倍体的合子，另一个与中央细胞的极核(通常两个)融合形成初生胚乳核的现象。

高等植物中除苔藓植物外，都是孢子体在世代交替中占优势。

世代交替中都有无性生殖过程。如果把营养繁殖也算无性繁殖的话，单子叶植物还可借助于块根、鳞茎(百合、水仙等)、球茎(慈姑、荸荠等)、块茎、根状茎(竹、姜等)等变态器官进行生殖。

被子植物的雄配子体为花粉，仅具有3或4个细胞；雌配子体为胚囊，一般只有8个细胞。被子植物中配子体极度退化，寄生在孢子体上，无维管束。

很多双子叶植物在种子发育的过程中，胚乳被子叶吸收了，营养物质储藏在子叶里，结果种子里就没有胚乳。但有些双子植物胚乳不被子叶吸收，仍保留了胚乳，如蓖麻。 答案：ABD。

106 下列有关单子叶与双子叶植物的叶片与相关维管束的叙述中错误的是(　　)。(多选)

A. 单子叶植物茎的每个节上仅有一片叶子，双子叶植物茎的每个节上有一至多片叶子

B. 单子叶植物叶片具平行脉，通常彼此间并没有维管束相连；双子叶植物叶片具网状脉，彼此间有维管束相连

C. 单子叶与双子叶植物叶片的维管束均与茎部的维管束相连接

D. 成熟胚的子叶与胚轴通常已具维管束组织,以供萌芽时水分与养分的输送

E. 花萼、花瓣、种皮与果皮内均具有维管束组织

解析 单子叶植物一般为互生叶序,双子叶植物互生、对生、轮生都有,但也存在特例,比如百合科的黄精就是轮生的(图23),因此A不对。

图23

双子叶植物叶片是网状叶脉,其具有明显的主脉,主脉分出侧脉,侧脉一再分枝,形成细脉,最小的细脉互相连接形成网状;单子叶植物叶片是平行叶脉,多数主脉不显著,各条叶脉从叶片基部大致平行伸出,直到叶尖再汇合。但是这个规律存在例外,比如双子叶植物中伞形科的柴胡、藤黄科的胡桐就是平行脉,而单子叶植物中天南星科的花叶芋/五彩芋、龟背竹/麒麟叶、半夏、异叶天南星,百合科的玉簪、紫萼、七叶一枝花、延龄草以及薯蓣科的植物等则是网状脉,因此B不对。

茎上着生叶的位置叫节,两节之间的部分叫节间,因此不论是哪种植物,其叶片维管束必与茎的维管束在节处汇合,C正确。子叶与胚轴通常也已具维管束组织,D也是正确的。

花萼、花冠均是叶的变态,种皮、果皮分别由珠被、子房壁发育而来,珠被上有合点,是珠柄维管束进入胚囊的位置,子房壁由角质化的表皮和许多薄壁细胞及维管束等构成(追溯到子房由心皮组成,心皮是叶的变态,子房包括子房壁和胚珠就好理解了)。虽然大豆等种子的种脊(种脐到合点之间隆起的脊棱线)内含维管束,但并非所有种皮均具维管组织,比如禾本科植物(玉米、小麦等)的种皮由于外珠被被破坏,内珠被挤压变形,紧贴果皮并与之愈合,最后种皮萎缩解体,因此E不对。 答案:ABE。

107 下列哪些植物具有双重受精(double fertilization)?(　　)(多选)

A. 石松(club moss)　　B. 松树(pine)

C. 空心菜(water spinach)　　D. 红豆杉(yew)

E. 蝴蝶兰(orchid)

解析 双受精指的是受精作用发生时,两个精细胞分别与胚囊中的卵细胞和中央细胞结合,形成受精卵和受精极核,是被子植物特有的特征。

石松属于蕨类植物石松亚门,松树属于裸子植物松柏纲,红豆杉属于裸子植物红豆杉纲。空心菜即蕹菜,属双子叶植物旋花科;蝴蝶兰属单子叶植物兰科。 答案:CE。

108 植物在进化的过程中,为了适应陆地环境,必须在哪一方面做出巨大的改变?请从下列叙述中选出最恰当的一项:(　　)。(单选)

A. 身体表面的构造　　B. 光合作用的机制

C. 呼吸机制　　D. 细胞内部的结构

解析 植物适应陆地的表现在于表面角质层的出现,减少了蒸腾作用造成的水分缺失。其余选项都不准确。 答案:A。

109 下列结构中,被子植物中存在而裸子植物中不存在的结构是哪一个?(　　)(单选)

A. 果皮　　B. 种子　　C. 子叶　　D. 次生木质部

E. 维管形成层

解析 被子植物具有果皮,裸子植物没有。其余特点都是二者均有的。 答案:A。

110 哪种结构在被子植物中有而裸子植物却没有?(　　)(单选)

A. 心皮　　B. 柱头　　C. 花粉管　　D. 胚珠

解析 裸子植物的大孢子叶相当于心皮,但是不包裹胚珠,柱头是一定没有的。 答案:B。

111 植物可以为人类提供食物、建筑材料和药物,因此十分重要。下列哪个药物不是从植物中提取的?

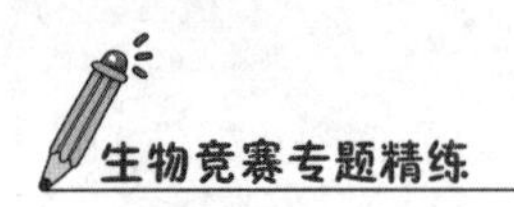

(　　)(单选)

A. 长春新碱,一种抗肿瘤药　　B. 吗啡,一种强效镇痛药

C. 博莱霉素,一种抗肿瘤药　　D. 筒箭毒碱,一种手术麻醉药物

解析 长春新碱(vincristine)是从马达加斯加长春花(*Catharanthus roseus*)中提取的含氮有机物。该物种是一种常青灌木,一直被用作草药,它的花从白色到深粉色,因此又是观赏植物。长春新碱可抑制微管蛋白的聚合,干扰蛋白质代谢及抑制RNA聚合酶的活力,并抑制细胞膜类脂质的合成和氨基酸在细胞膜的转运,能选择性集中在癌组织,可使增殖细胞同步化,进而使抗肿瘤药物增效。

注意:长春花碱(vinblastine)同样从长春花中提取,但跟长春新碱不是一个化合物,前者分子相比后者有一个醛基被甲基取代了。长春花碱与秋水仙碱相似,主要抑制微管蛋白的聚合,可引起细胞核崩溃、呈空泡状固缩;也能作用于细胞膜,干扰细胞膜对氨基酸的运转,抑制蛋白质的合成。它可通过抑制RNA聚合酶的活力而抑制其合成,将细胞杀灭于G_1期。长春新碱抗癌的疗效比长春花碱约高10倍。

吗啡(morphine)是阿片中含量最多的碱类,在罂粟(*Papaver somniferum*)还未成熟的豆荚上划一道浅浅的口,流出来的汁液风干形成的胶状物质就是阿片。吗啡是第一个从植物中纯化得到的活性物质,是罂粟中50余种不同类型的生物碱的一种。吗啡属于阿片受体激动剂。杜冷丁(哌替啶/唛啶/地美露/盐酸哌替啶)为苯基哌啶衍生物,是人工合成阿托品样类似物时发现的具有吗啡样作用的人工合成镇痛药。盐酸美沙酮(简称美沙酮)为μ阿片受体激动剂,药效与吗啡类似,具有镇痛作用,并可产生呼吸抑制、缩瞳、镇静等作用,与吗啡比较,具有作用时间较长、不易产生耐受性、药物依赖性低的特点,是二战期间德国合成的替代吗啡的麻醉性镇痛药。20世纪60年代初期发现此药具有治疗海洛因依赖脱毒和替代维持治疗的药效作用。

筒箭毒碱(tubocurarine)是从南美洲一种叫南美防己(箭毒木)的藤本植物中提取的单季胺碱,可与乙酰胆碱发生竞争性的拮抗而抑制兴奋传导。直到西班牙征服南美洲后这种植物才传到欧洲。南美洲土著民利用筒箭毒碱制作有毒的箭头捕猎,而且他们可以放心大胆的食用被毒素污染的肉,因为筒箭毒很难透过黏膜。

注意:箭毒蛙产生的箭毒蛙毒素(batrachotoxin, BTX)干扰的是肌肉细胞和神经细胞中的钠离子通道,与箭毒木不是一回事。　**答案:C。**

112 哪种植物有维管组织,但不能产生种子?(　　)(单选)

A. 藓类　　B. 蕨类　　C. 裸子植物　　D. 被子植物

解析 藓类是无维管类植物,它们与苔类植物相似,通过它们的假根可以进行区分。其他与苔类的区别不是普遍存在的,但是有明显分化的茎叶、叶片缺少节段和三级排列都是藓类植物的特征。

地球上有12000多种蕨类植物。它们有木质部和韧皮部。与其他维管植物相同,它们有茎、叶和根。但是蕨类植物没有种子或者花,它们通过孢子繁殖。

种子是被种皮包裹的植物胚胎和一些储存的营养。它是裸子植物或被子植物胚珠受精发育后形成的结构,合子细胞形成胚胎,胚珠珠被形成种皮。种子的形成代表着种子植物繁殖的结束。种子是开花植物繁殖以及播散的重要角色,就像更加原始的植物(如蕨类、苔藓)一样,只不过它们用其他方式播散。也因此,种子植物统治了大片陆地,不论气候寒冷或是炎热。　**答案:B。**

113 以下哪项植物不属于蔷薇(玫瑰)科?(　　)(单选)

A. 西红柿　　B. 苹果　　C. 桃　　D. 杏仁

解析 蔷薇科是植物中的一个大科,有3000~4000种,100~120属。传统上,它被分为四个亚科:蔷薇亚科、绣线菊亚科、苹果亚科和梅亚科。这些亚科主要通过果实的结构来辨别,尽管这个方法用的并不普遍。近来的工作确定了传统的四个亚科并非都是单系,但是这科的结构仍有待完全解决。已确定的分支包括:

蔷薇亚科:传统上由那些是小果实的属构成,每个小果实要么是瘦果,要么是小核果,以及果实的肉质部分(例如:草莓)通常是萼筒或者花托托着果瓣。这个亚科的界定现在缩小了(不包括例如仙女木族),但

依然还有许多组，包括五六个族和20多个属。常见植物有玫瑰、黑莓、覆盆子、草莓、委陵菜属和水杨梅属。

绣线菊亚科：传统上这些属的果实是非肉质的，由5个小囊构成。现在这个亚科可能仅限于绣线菊属和珍珠梅属以及它们各自的亲缘种。

苹果亚科：传统上包括这些属（苹果、栒子属、山楂、梨、花楸、白面子树等），它们的果实由肉质内果皮里的5个小囊（叫做果心）构成，被成熟的萼筒组织包裹。这种果实叫做梨果。加上木本的 *Lindleya* 和 *Vauquelinia*，它们有单倍体染色体，数目是17；以及结梨果的属 *Kageneckia*，染色体数目为15；还有草本的二叶雪草属，染色体数目为9，它是剩余的苹果亚科的成员。

梅亚科（或桃亚科、李亚科）：传统上包含这些属，它们的果实由带条缝的单个核果构成，缝旁有两条纹理，对着缝还有一条。现在这个亚科包括5个属：白鹃梅属、臭樱属、*Oemleria* 属、扁核木属以及李属（李、桃、扁桃仁、樱桃、杏）。

番茄是茄科中的一种植物，包括醋栗番茄。茄科是典型的民族植物，即被人类广泛利用。它是重要的食材、香料和药物。但是，茄科的物种富含生物碱，对人体或动物的毒性从轻微刺激到微量致命的都有。茄科包括曼陀罗属植物、茄子、曼德拉草、颠茄、辣椒（红辣椒，红番椒）、土豆、烟草、番茄和矮牵牛花。

答案：A。

114 下列哪个科的植物是单子叶植物？（　　）（单选）

A. 菊科　　B. 豆科　　C. 桃金娘科　　D. 兰科

E. 蔷薇科

解析 兰科是仅次于菊科的一个大科，是单子叶植物中的第一大科，其余选项均为双子叶植物。

答案：D。

115 目前人们普遍认为，陆地植物都是从相同的祖先分化而来。下列选项中，哪些正确描述了陆地植物的生活史？（　　）（多选）

A. 在蕨类植物中，配子体比孢子体大

B. 在形成孢子（或与其拥有相同功能的细胞）时都会发生减数分裂

C. 被子植物中，大孢子成为花粉，小孢子形成胚囊

D. 产生卵细胞或精子（或与其具有相同功能的结构）的配子体为单倍体

E. 种子植物的花粉将会长出花粉管

F. 被子植物中，两个精细胞中有一个与中央细胞的核结合

解析 轮藻被认为是与陆地植物最接近的藻类，但是两者之间仍有许多不同的特征。陆地植物拥有顶端分生组织、世代交替、产生于孢子囊的孢子、多细胞的配子体、独立存在的多细胞胚等特征，这是轮藻所不具有的。在所有陆地植物的生活史中，都有两种不同的多细胞世代交替出现（世代交替），即可以产生孢子的孢子体世代和可以产生精子与卵的配子体世代。孢子体的孢子囊中发生减数分裂，产生孢子。因此，配子体是单倍体，而孢子体是二倍体或多倍体。

苔藓植物中，孢子发芽形成原丝体，继而长成配子体，而配子体产生卵和精子并发生受精，产生孢子体，配子体的体积比孢子体大。蕨类植物的孢子发芽形成配子体（原叶体），而配子体产生卵和精子并发生受精，产生孢子体，配子体的体积比孢子体小。在种子植物中，配子体继续变小，并存在于孢子体体内。在被子植物中，减数分裂产生的孢子有大孢子和小孢子之分。作为雌性的大孢子成为胚囊，雄性的小孢子成为花粉。种子植物的花粉可长出花粉管。被子植物中，花粉管中分裂产生两个精细胞，其中只有一个可以使胚囊中的卵细胞受精产生受精卵，再发育成胚，而另一个精子与胚囊中的中央细胞的两个核融合产生胚乳核，并最后发育为胚乳。如上所述，被子植物中发生两次受精，这被称为双受精。　答案：BDEF。

116 下列有关陆生植物的世代交替的说法中正确的是（　　）。（单选）

A. 配子体通过减数分裂产生单倍体细胞

B. 在无维管植物（苔藓植物）中，配子体阶段占主导地位

C. 孢子体产生二倍体孢子后发生减数分裂

D. 配子体阶段是二倍体

E. A和D都正确

解析 减数分裂发生在孢子囊中产生孢子的过程中，而配子体本来就是单倍体，其再产生配子经过的是有丝分裂，所以可知A、C、D、E均错误。在苔藓植物中，配子体高度发达，可以独立生存，孢子体寄生在配子体上；而在蕨类植物中，孢子体和配子体都能够独立生存，但后者趋于退化；在种子植物中，则仅有孢子体可以独立生存，配子体极度退化，寄生在孢子体上。所以B是对的。 答案：B。

117 下列关于无种子植物生命周期的说法中，哪项是正确的？（　　）（单选）

A. 在轮藻目藻类(Charales)中，孢子体世代发达

B. 在苔藓植物门(Bryophyta)中，配子体世代发达

C. 在地钱纲(Marchantiopsida)中，主导的世代是二倍体

D. 在石松纲(Lycopodiopside)中，主导的世代是单倍体

E. 在蕨类植物(Polypodiopside)中，单倍体世代退化为单个细胞

解析 苔藓植物(藓纲、苔纲和角苔纲)配子体(单倍体的)发达，因此是其生命周期中最为人熟悉的阶段。在其他陆生植物(维管植物，包括蕨类和石松类)中，孢子体(二倍体的)发达，是主导世代。轮藻属于藻类植物中的轮藻门，不具有世代交替。 答案：B。

118 下列选项中，哪个是植物的雌性生殖结构？（　　）（单选）

A. 被子植物的大配子体

B. 被子植物的胞间连丝

C. 裸子植物的小配子体

D. 苔藓植物的精子器

E. 蕨类植物的孢子囊群

解析 大配子体即一种从具异型孢子的植物产生的大孢子发育而成的雌配子体。 答案：A。

119 下列哪种农作物不是草本植物？（　　）（单选）

A. 黄瓜　　B. 高粱　　C. 甘蔗　　D. 小麦

解析 禾本科属于开花植物百合纲，是对人类经济影响最大的植物类型，包括世界范围内重要的农作物和谷物，例如玉米、大米、小麦、燕麦、黑麦、大麦和高粱。

甘蔗也是草本植物，是食用蔗糖的主要来源。其他草本植物可以为牛羊等家畜提供草料和饲料，间接为人类提供了食物来源。

草本植物也可以用来装饰草坪。竹子也是一种草本植物，在亚洲被广泛用于建筑。世界文明是建立在驯化草本农作物上的。

黄瓜属葫芦科，在世界范围内均有种植。黄瓜是一种藤本植物，成熟时结圆柱形可食用的果实。葫芦科属于双子叶植物，叶片形态各异，单性花，雌雄异株或雌雄同株。 答案：A。

120 维管植物共有除下列哪项之外的特征？（　　）（单选）

A. 世代交替

B. 产生种子

C. 孢子体是主导世代

D. 细胞壁里有木质素

E. 有木质部和韧皮部

解析 维管植物包括蕨类植物(羊齿类植物)、裸子植物和开花植物(被子植物)。某种程度上来说，以上所有植物都有运输有机物的韧皮组织和传导水分的导管及木质化的纤维细胞；所有植物都有配子体和孢子体的世代交替，其中孢子体是主要的世代，独立于配子体而存在(苔藓植物孢子体寄生在配子体上)。但是它们并不都会产生种子，蕨类植物不产种子，裸子植物和被子植物才产种子，它们也被称为种子植物。

答案：B。

121 陆地植物被分为苔藓植物、蕨类植物、种子植物等。苔藓植物中不存在，而存在于蕨类植物和种子

植物中的特征是下列中的哪些？(　　)(多选)

A. 有发达的维管束　　B. 有双受精现象
C. 拥有以纤维素为主要成分的细胞壁　　D. 同时拥有叶绿素 a 和叶绿素 b
E. 孢子体发达,可以独立生活　　F. 有根、茎、叶的分化

解析　A、E、F 都是对的。B 只有被子植物有,蕨类植物、裸子植物没有;而 C、D 陆地植物都有。

答案:AEF。

122　从哪种树上能收获软木？(　　)(单选)

A. 枫树　　B. 栎树　　C. 金合欢树　　D. 猴面包树

解析　软木是一种叫做栓皮栎(为栎属)的常青型栎树的树皮,原产于地中海。软木由形状不规则的、薄壁的、表面覆盖蜡的细胞构成,这种细胞构成了桦树和其他许多树的剥离的树皮,但是按照这个词的严格的商业意义来说,只有栓皮栎的树皮被指定用作软木。栓皮栎在葡萄牙、西班牙、法国和意大利南部地区以及北非大量地生长。这种树通常 18 m 高,有着宽阔的圆顶形的树冠和光滑的绿色的、像冬青树叶的叶子。软木是原始粗糙外皮去除之后,由栓内皮形成树皮的新外壳获得的。然后外壳可以被剥离并再次形成。不像内树皮,栓外皮或软木对树木的生存和功能来说并非必不可少,其作用仅是保护树木不受地中海夏天的干热风的侵袭。软木的重复剥离是可能的,因为栓皮栎的栓内皮发展出了一种特别均匀和连续的再生组织。栓外皮剥离后,这种组织向外增殖出足够多的软木细胞,因此,在一株健康的树里,3～10 年时间可形成 2.5～5 cm均匀的新树皮。剥下这层再生层来生产商用软木块。

软木的独特性来源于它填充着空气的细胞结构,每个细胞包括一个不漏水的可弯曲的隔间。这些细胞集体构成了一个非常有效的绝缘体,不透漏液体。因为内部的气穴阵列,软木也是天然物质中比较轻的,密度只有水的五分之一。尽管特制塑料和其他人造材料已经在软木的许多传统用途里取代了软木,但是软木塞作为葡萄酒和其他酒精饮品瓶塞的重要传统依然保留。栓皮栎的平均寿命是 150 年。前 20 年几乎不产软木,第一次剥离树皮大约是在 25 岁的时候,树皮粗糙不平,几乎没有什么商用价值。第二次(几年后)剥离的树皮质量要更好,之后树会继续生产软木几十年。剥离由手工完成,包括先小心地撬动外树皮,使之松动,然后再用各种杠杆和锲子剥离外树皮,以及切割外树皮的狭缝。要小心,不能伤害内树皮的更深的形成层。剥离下来的软木被煮或者蒸,以此除去可溶的鞣酸,来增加其柔韧性,并且其粗糙的木质表面能用手刮干净。之后就可以准备商用了。　答案:B。

123　图 24 为植物的演化关系图,下列特征中有哪些是在 B、C 之间演化形成的？(　　)(多选)

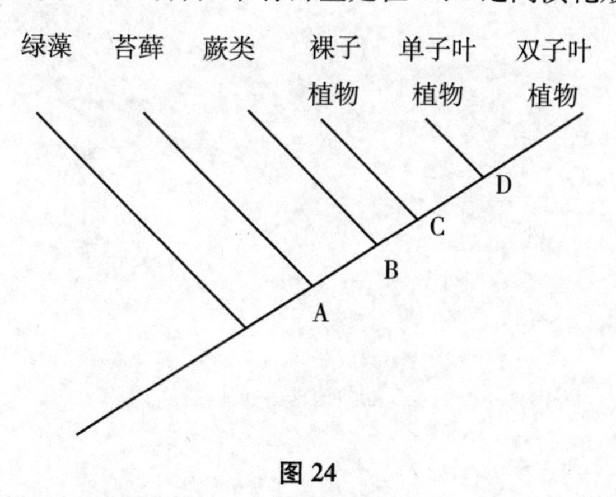

图 24

A. 维管束　　B. 双受精　　C. 花粉管　　D. 果实
E. 种子

解析　在 B 和 C 之间产生的特征为藻类、苔藓和蕨类不具有,而种子植物具有的特征。

维管束产生于蕨类植物(A、B 之间)。苔藓植物仅部分高等类群具有类似输导组织的细胞群,但不具有维管束。

花粉管和花粉同时产生于种子植物(B、C之间)。蕨类植物以下的植物的有性生殖方式为:配子体产生精子器和颈卵器,分别产生精子和卵子,通过水进行受精。而种子植物的雄配子体演化为花粉,可以传播至雌配子体处,将精子通过花粉管直接送至雌配子体内。

种子是携带营养的部分发育的胚,产生于裸子植物(B、C之间)。因此裸子植物和被子植物合称种子植物,而蕨类植物以下合称为孢子植物。 **答案:CE。**

124 承接上题,下列特征中有哪些是在C、D之间演化形成的?(　　)(多选)

A. 维管束　　B. 双受精　　C. 花粉管　　D. 果实

E. 种子

解析 双受精产生于被子植物(C、D之间)。裸子植物不具有双受精现象,其胚乳直接来自雌配子体细胞;而被子植物的胚乳来自双受精产生的三倍体受精极核。

果实产生于被子植物(C、D之间)。裸子植物的种子是裸露的,外面无真正的果实包被。而被子植物的种子则包被在果实中。 **答案:BD。**

第6章 植物生理学

1 植物细胞中,细胞膜两侧的 pH 相差很大。细胞膜内侧的细胞质基质中的 pH 大约为7,基本为中性,但在细胞膜外侧的细胞壁和细胞间隙中,pH 大约为5,呈弱酸性。在细胞中,液泡中为弱酸性,pH 大约为5.5。这样的不同区域间的 pH 的差别将对不同区域间物质的运动造成巨大的影响。

低分子化合物 α 拥有苯环和羧基,虽然是亲脂性化合物,但在水中也有一定的溶解度。在水溶液中 α 呈弱酸性,其平衡常数 K_α 为 $10^{-5.2}$。将 α 的化学式记为 RCOOH(除羧基以外皆记为 R),用[ ]表示浓度,则可得到下列表达式:

$$\mathrm{RCOOH} \rightleftharpoons \mathrm{RCOO^-} + \mathrm{H^+}$$

$$K_\alpha = \frac{[\mathrm{RCOO^-}][\mathrm{H^+}]}{[\mathrm{RCOOH}]} = 10^{-5.2}$$

将 α 的稀溶液施加给植物叶片,当经过足够长时间后,α 将主要以何种形式存在?请从下列 A~F 中选择正确的一项。假设植物细胞没有可以转运 α 的通道或载体,也没有可以将 α 代谢掉的酶,并且植物组织各区域的 pH 不会因微量的 α 发生变化。( )(单选)

A. 以 RCOOH 的形式存在于细胞壁和细胞间隙　B. 以 $\mathrm{RCOO^-}$ 的形式存在于细胞壁和细胞间隙

C. 以 RCOOH 的形式存在于细胞质基质中　D. 以 $\mathrm{RCOO^-}$ 的形式存在于细胞质基质中

E. 以 RCOOH 的形式存在于液泡中　F. 以 $\mathrm{RCOO^-}$ 的形式存在于液泡中

解析 弱酸在低 pH 的环境下基本不电离,而在高 pH 的环境下容易电离。生物膜对不带电的亲脂性分子通透性高,而带电的物质几乎无法通过。这是本题的两个考点。下面是详细的说明。

首先,没有电离的 α 即 RCOOH 可以透过膜,因此经过足够长时间,所有区域的 α 浓度都会相等。下面我们来估计一下平衡时 $\mathrm{RCOO^-}$(这一形式带电荷,因此无法通过生物膜)在各区域的浓度。大体上来说,在 pH 最高的细胞质基质中 α 的电离程度最高,$\mathrm{RCOO^-}$ 含量也最大。若要定量计算,则由于细胞膜外的 pH 为5,$\mathrm{H^+}$ 浓度为 10^{-5},因此

$$\frac{[\mathrm{RCOO^-}]\cdot 10^{-5}}{[\mathrm{RCOOH}]} = 10^{-5.2}$$

$$\frac{[\mathrm{RCOO^-}]}{[\mathrm{RCOOH}]} = 10^{-0.2} \approx 0.63$$

由此可知,细胞膜外的 $\mathrm{RCOO^-}$ 浓度比 RCOOH 低。在细胞内部,由于细胞质基质为中性,因此

$$\frac{[\mathrm{RCOO^-}]\cdot 10^{-7}}{[\mathrm{RCOOH}]} = 10^{-5.2}$$

$$\frac{[\mathrm{RCOO^-}]}{[\mathrm{RCOOH}]} = 10^{1.8} \approx 63$$

$\mathrm{RCOO^-}$ 浓度为 RCOOH 的数十倍。而在液泡中,

$$\frac{[\mathrm{RCOO^-}]\cdot 10^{-5.5}}{[\mathrm{RCOOH}]} = 10^{-5.2}$$

$$\frac{[\mathrm{RCOO^-}]}{[\mathrm{RCOOH}]} = 10^{0.3} \approx 2.0$$

$\mathrm{RCOO^-}$ 浓度为 RCOOH 的大约两倍。

因此,经过足够长时间后,大部分的 α 都以 $\mathrm{RCOO^-}$ 的形式分布在细胞质基质中(图1)。虽然不同区域 α 的含量之比与各区域的体积也有一定关系,但只要细胞质基质的体积没有远小于其他区域,上述结论仍适用。 **答案:D。**

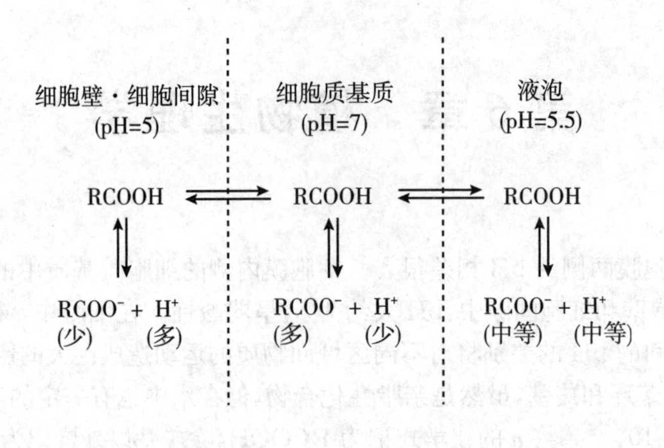

图 1

2 通常情况下，被陆地植物的根吸收的大部分水分的去向是什么？请从下列叙述中选择正确的一项：(　　)。(单选)

A. 从叶片蒸发掉　　B. 被用于光合作用

C. 用于细胞呼吸　　D. 保留在细胞内

解析 大部分水被蒸腾作用蒸发了，尤其是从叶片蒸发。　**答案：A。**

3 下列哪种物质可以用来发现蒸腾作用已经发生？(　　)(单选)

A. 二氯化钴　　B. 氢氧化钾　　C. 石蕊　　D. 石灰水

解析 氯化钴吸水由蓝转粉。　**答案：A。**

4 下列哪项不是对失水的适应？(　　)(单选)

A. 叶片上的绒毛　　B. 叶片下表面的气孔

C. 可耐受的温度范围很小　　D. 昆虫坚硬的外骨骼

解析 陆生动植物可以适应相对干燥、缺水的环境。干旱耐受性是指生物对干旱、缺水的耐受程度。脱水耐受性是对极端干旱的耐受。天生可以耐受干旱的植物称为旱生植物(xerophytes)。干旱耐受性好的植物在光合反应中通常利用 C_4 途径和 CAM 途径进行碳固定。这两种途径比最常见但最基础的 C_3 途径的产能效率更高。CAM 途径更适用于干旱环境，原因是 CAM 途径可以在夜间吸收二氧化碳，从而气孔可以在炎热的白天关闭，减少水分的流失。许多对干燥环境的适应是结构性的，包括：① 气孔结构改变以减少失水，例如减少气孔数量、蜡质叶面；② 地上的肉质部分或块茎储存水；③ 根系的结构改变，增加水的吸收；④ 叶片上有绒毛吸收周围环境中的水分。

节肢动物(如昆虫、蜘蛛、多足类和甲壳类动物)的外骨骼含有坚硬的成分，具有保护、排泄、感觉、支持、捕食和防止脱水(对于陆生生物)等作用。哺乳动物对栖息环境的适应能力也很强。例如，生活在加拿大、美国、墨西哥的干旱、半干旱环境中的更格鲁鼠具有强大的肾脏功能，它们的肾单位有很长的髓袢，逆流倍增效应很强，可以建立更大的髓质渗透梯度。因此，这些啮齿动物产生的尿液可以浓缩到 6000 mosm/L，比人类可以浓缩的最大程度 1200 mosm/L 大数倍。肾脏强大的浓缩能力让更格鲁鼠几乎完全不用饮水，食物氧化反应产生的水(食物和氧气生成二氧化碳、水和能量)就可以基本满足机体需求。更格鲁鼠的失水量极少，它们可以从身体代谢反应中获取身体所需的 90% 的水，剩下 10% 的水可以通过很少的饮水补充。更格鲁鼠主要通过呼吸时蒸发失水。　**答案：C。**

5 肥料施用过多导致植物枯萎并在两天内死亡的原因是(　　)。(单选)

A. 细胞膜无法透过水分子　　B. 土壤的水势低于根毛细胞液泡的水势

C. 根毛细胞吸收过多的肥料　　D. 肥料增加了土壤的水势

解析 肥料是为了促进植物生长而施用的土壤补充剂。肥料中主要的营养物质包括氮、磷、硫、钙、镁、

钾等常量营养元素和氯、锰、铁、锌、铜、钼、硒等微量营养元素。肥料可以分为两类:有机肥料和无机肥料。通常直接将肥料施用在土壤中。肥料过量和肥料不足一样可以对植物产生坏处。肥害是指施肥过量引起的植物叶片枯黄,通常是氮盐过多的结果。肥害的原因是土壤渗透压过高引起植物脱水。可以向土壤中灌水冲掉过多的肥料缓解肥害。应用稀释或控释的肥料可以预防肥害的发生。 答案:B。

6 大量的化肥加入到一盆盆栽植物中。下列哪个选项正确描述了这些化肥对根系吸水和叶子细胞的膨胀度的影响?( )(单选)

A. 根系吸水增加,叶子细胞的膨胀度增加　B. 根系吸水增加,叶子细胞的膨胀度下降
C. 根系吸水下降,叶子细胞的膨胀度增加　D. 根系吸水下降,叶子细胞的膨胀度下降

解析 高渗环境下植物脱水萎蔫。 答案:D。

7 下列哪个选项会导致气孔关闭?( )(单选)

A. 叶子细胞间隙内的二氧化碳浓度降低　B. 气孔保卫细胞的光合作用活跃
C. 气孔保卫细胞里的糖类转化为淀粉　D. 气孔保卫细胞的 pH 增加

解析 淀粉-糖转化学说认为,植物在光下,保卫细胞的叶绿体进行光合作用,导致 CO_2 浓度下降,引起 pH 升高(约由 5 变为 7),淀粉磷酸化酶促使淀粉转化为葡萄糖-1-P,细胞里的葡萄糖浓度升高,水势下降,副卫细胞(或周围表皮细胞)的水分通过渗透作用进入保卫细胞,气孔便开放。黑暗时,光合作用停止,由于呼吸积累 CO_2 和 H_2CO_3,使 pH 降低,淀粉磷酸化酶促使糖转化为淀粉,保卫细胞里的葡萄糖浓度低,于是水势升高,水分从保卫细胞排出,气孔关闭。实验证明,叶片浮在 pH 高的溶液中,可引起气孔张开;反之,则引起气孔关闭。 答案:C。

8 下列哪种情况会使植物的蒸腾作用减慢?( )(多选)

A. 高温　B. 高湿度　C. 强风　D. 日光照射更长

解析 蒸腾作用是植物通过叶上的气孔失去水分的过程。气孔由叶片表面的两个保卫细胞围成,它们可以根据不同的环境刺激控制气孔的开合:黑暗、植物自身缺水、极端温度下气孔关闭,减少蒸腾作用;光照、水供应充足、适宜温度下气孔打开,增加蒸腾作用。目前蒸腾作用的准确作用受到争议,原因是其为植物体内水的运输提供动力并通过蒸发散热的作用受到了挑战。气孔使二氧化碳能够进入叶片表面,也令光合作用产生的氧气可以排出。因此,一些专家认为,蒸腾作用只不过是气孔真正功能以外不可避免的附加作用。具体到本题,高温与强风会导致气孔关闭,高湿度减小叶内外蒸汽压差,抑制水分扩散。因此 A、B、C 都可能使蒸腾作用减慢。其实日照时间更长导致温度升高,也会关闭气孔,减慢蒸腾。 答案:ABC。

9 水在植物内的运输有多种方式。但长距离运输主要依靠下列哪种方式?( )(单选)

A. 根系压力　B. 蒸腾作用
C. 从木质部导管到叶子细胞的主动运输　D. 叶子细胞中的水势相对于根部细胞来说更高
E. 水分进入木质部导管的主动运输

解析 水的长距离运输还是靠蒸腾。 答案:B。

10 一个渗透势是 −0.8 MPa 的植物细胞浸入渗透势是 −0.25 MPa 并且置放在一个开放容器的溶液中时,保持其体积不变。从上述信息中,我们可以得知:( )。(单选)

A. 这个细胞的压力势为 +0.55 MPa　B. 这个细胞的压力势为 +0.25 MPa
C. 这个细胞的压力势为 +0.8 MPa　D. 这个细胞的水势为 −0.8 MPa
E. 以上答案均不正确

解析 典型植物细胞水势(Ψ_w)组成为 $\Psi_w = \Psi_m + \Psi_s + \Psi_p$($\Psi_m$为衬质势,$\Psi_s$为渗透势,$\Psi_p$为压力势)。细胞体积不变说明总的来说没有水分进出细胞,也就是说细胞内外水势相等,而细胞外水势就是其渗透势,所以代入公式,得压力势为 +0.55 MPa。 答案:A。

11 下列有关植物气孔的说法中正确的是(　　)。(单选)

A. 当保卫细胞被水充满并且膨胀时,气孔关闭

B. 纤维素微纤丝是沿着保卫细胞的长轴方向延伸的

C. 气孔在关闭到某个程度之后,其关闭是不可逆的

D. 随着保卫细胞主动吸收 K^+,气孔打开

E. 只有 CO_2 的消耗才有助于气孔的打开

解析 保卫细胞被水充满并且膨胀时,气孔开放。A 错。

在肾形的保卫细胞中,细胞壁各部分是不均等加厚的,其内壁、外壁(次生壁)非常厚,腹壁(孔壁)稍微加厚,而背部细胞壁(与表皮细胞相接触的细胞壁)则相对较薄;哑铃形保卫细胞的长轴两端壁薄,中间加厚。两端微纤丝呈辐射排列。

肾形保卫细胞吸水,膨压加大时,较薄的外壁(也就是上面说的壁较薄的背壁)易于伸长,但微纤丝难以伸长,于是微纤丝将拉力传递到内壁,将内壁拉离开来,气孔就张开。哑铃型保卫细胞吸水膨胀时,微纤丝限制两端胞壁纵向伸长,而改为横向膨大,这样就将两个保卫细胞的中部推开,于是气孔张开。

由上可知微纤丝辐射状不沿长轴延伸。B 错。

气孔的开放和关闭一直都是可逆的。C 错。

保卫细胞膜上存在 H^+-ATPase,水解 ATP,将 H^+ 运输出保卫细胞,导致膜超极化,激活内向 K^+ 通道,K^+ 顺电势梯度进入。Cl^- 可能通过共运输途径进入。这样总体来说,细胞内的 K^+ 和 Cl^- 浓度比外面的 H^+ 浓度上升更多,于是渗透压增大,细胞就吸水膨胀。D 正确。

影响气孔开放的环境因素有:

① 光促进气孔张开(景天科植物除外),尤其以红光和蓝光的作用最为明显。

② 低浓度 CO_2 促进气孔张开,高浓度 CO_2 使气孔迅速关闭。

③ 水分和湿度:水分亏缺时,气孔开度变小或关闭。

被动脱水关闭(hydropassive closure):空气干燥,保卫细胞水分蒸发过快,水分运输不足以补充水分损失时,气孔关闭。

主动脱水关闭(hydroactive closure):整个叶片或根缺水时,保卫细胞可以通过其代谢过程减少细胞内的溶质提高细胞水势,水分离开保卫细胞,气孔关闭。这与植物激素 ABA 作用有关。

④ 温度:气孔开度随温度上升而增加,30 ℃左右时最大,超过 30 ℃或低于 10 ℃,气孔部分关闭。温度对气孔的调节可能主要通过影响酶活性。

⑤ 植物激素:CTK 和 IAA 促进气孔张开,ABA 促进气孔关闭。

故 E 错。　答案:D。

12 你发现了一株枯萎的室内植物。除了正在枯萎之外,这株植物还表现出发干的症状,以及它的叶子边缘有黄色的条斑。下列选项中,哪个最有可能导致这些症状?(　　)(单选)

A. 这株植物被过度浇水,它的细胞不能维持足够高的膨胀压。此外,它还有镁缺乏症

B. 这株植物被过度浇水,它的细胞不能维持足够高的膨胀压。此外,它还有钾缺乏症

C. 这株植物浇水不够,它的细胞不能维持足够高的膨胀压。此外,它还有钾缺乏症

D. 这株植物浇水不够,它的细胞不能维持足够高的膨胀压。此外,它还有镁缺乏症

E. 这株植物被过度浇水,它的细胞不能维持足够高的膨胀压。此外,它还有氮缺乏症

解析 膨胀压是由于水分子冲击细胞壁而产生的压力。这种压力只在植物和细菌细胞中发现,能帮助植物保持坚硬和竖直。失去膨胀压的植物会发生细胞脱水,经历质壁分离,最终它们失去硬度并且开始枯萎。

患有钾缺乏症的叶子卷曲,老叶变黄。

营养物质分为两类:常量营养素和微量营养素。需要量少的无机盐称为微量营养素,需要量大的则称为常量营养素。表 1 罗列了各种营养素(无机元素)的缺乏和中毒症状,以及每种元素缺乏症的相应治疗方

法。 答案:C。

表1

元素	功能	缺乏症状	中毒症状	治疗缺乏症的方法
微量元素				
B(硼)	促进细胞壁和花朵的形成,细胞分裂和授粉;糖的运输	根系腐烂;生长点死亡;成熟不均匀;幼叶变红、棕或者变焦;幼芽死亡	叶子的边缘和尖端会变棕色,然后死亡	使用家庭用硼砂,调配比为11 L水加上一大汤匙硼砂
Fe(铁)	豆类植物固定氮元素的必需元素;调节植物细胞的呼吸作用;帮助叶绿素的形成;保持酶的活性	坏疽斑;叶子褪色;幼叶发生萎黄病,叶脉黄化;果实颜色不佳	叶子古铜色,还有棕色斑点	添加铁的络合物、骨粉、铁的硫酸盐或者无机土壤改良剂
Cu(铜)	调节细胞壁构建、细胞生长和分裂;提高酶的活性,使氮和碳水化合物新陈代谢顺利	叶子尖端区域变棕色;小叶子有坏疽斑;根系生长停滞;植物发育不良,叶子呈暗绿色	根系生长停滞;可能引起铁缺乏症	使用富含钙的肥料,例如硫酸钙,生成碳酸钙沉淀,改变土壤碱性,利于铜离子吸收利用;叶施液体硫酸铜;用铜的化合物处理种子
Mn(锰)	提高酶的活性;增进能量循环;帮助叶绿体生成;促进根系生长和果实成熟	叶子显得发焦,并且宽度减小;幼叶或者叶脉间整体发黄	表现出铁缺乏症的症状;老叶子出现棕色斑点;叶子组织有疤痕	添加硫酸锰无机土壤改良剂
Mo(钼)	帮助固氮,减少吸收的硝酸盐转化为氨;蛋白质合成和增强光合作用的必需元素	花椰菜等十字花科植物表现为细长的扭曲的叶子;头部不能形成;花朵形成受限制	不常见。如果摄入过量将表现为铜或者铁缺乏症症状	播种前加点石灰
Zn(锌)	用于叶绿体的合成;刺激酶的活性;对植物内激素平衡起根本作用,尤其是植物生长素	新叶小且黄;根部可能顶端枯死;节间短小;叶片消失;末端叶子可能有树脂	非常少见。表现出铁缺乏症的征兆	用陈年有机肥、酸度产生肥料和锌的螯合物这样的有机物等
常量元素				
N(氮)	氨基酸和蛋白质合成以及细胞分裂时的必需元素。叶绿体的主要成分	老叶发黄;新叶尺寸小;分枝减少;植物成熟早且发育不良	植物颜色变得深绿,而且容易倒伏;植物易受干旱侵袭;不会结果;二级根系发育不良	短期:喷洒鱼乳(一种用鱼油和鱼粉加工成的有机肥料);使用含氮量高的肥料。 长期:用有机物覆盖土壤;使用陈年堆肥;用大豆粉和肥料每年春季施肥一次
P(磷)	细胞分裂、糖和淀粉形成、能量转移的必需元素。增强茎秆;开花和结果的必需元素;帮助植物抵抗疾病和害虫	植物生长缓慢;老叶变深绿色或者红紫色;叶子尖端发焦;茎秆变细	呈现出像锌、铁、镁缺乏症的表象	短期:喷洒鱼乳;使用陈年堆肥或者含磷量高的肥料,例如过磷酸盐或者骨粉。 长期:将土壤和磷酸盐混合

(续表)

元素	功能	缺乏症状	中毒症状	治疗缺乏症的方法
Ca(钙)	细胞壁形成、细胞生长、叶子和根系发育的必需元素	新叶形状不规则或者扭曲;西红柿发生花蒂腐病;生长中的叶子和根系颜色变棕;像卷心菜这样的一些植物尖端发焦;植物在成熟前脱落;叶子可能粘在一起	高钙可能导致很多微量元素沉淀,使得这些元素对植物无用;植物可能表现出镁缺乏症的症状	添加有机物、农业石灰(酸性土壤中)
K(钾)	对酶的活性、气孔张开、根系发育、糖分形成、电解质平衡和蒸腾作用起作用。也增强植物对疾病的抵抗力	植物看起来像生病了;叶子卷曲;老叶变黄,看起来像烧焦了;果实尺寸小;叶子可能变棕;分枝和茎秆脆弱;结果和开花不良	导致植物出现氮缺乏症;植物表现出镁和钙缺乏症的症状	短期:喷洒鱼乳;使用肥料,例如:硫酸钾、西红柿种子。长期:使用海藻、花岗石灰、肥料或者绿砂。随时可用硬木灰
Mg(镁)	帮助产生 ATP 和合成叶绿体。对酶的活动起作用	老叶变黄,同时叶脉保持绿色;生长缓慢;叶子尖端变扭曲	表现出缺钙或缺钾的征兆;老叶出现坏疽斑;老叶的叶脉可能变棕	使用叶片镁
S(硫)	作为酶的催化剂和辅酶;对根系生长起作用	根系发育不良;新叶是黄色的;根茎显小	早老症	添加硫黄或者硫酸钾

13 生长于干旱环境的禾本科植物,其叶片表皮因有内含大液泡的泡状细胞,故植株水分过度散失时,叶片会向上卷起,下列叙述中正确的是(　　)。(多选)

A. 泡状细胞彼此相连成列,并与叶脉平行,因此叶片会由两边向上卷起

B. 泡状细胞因内含大的液泡,为防止叶片水分过度散失,故均分布于下表皮

C. 泡状细胞因内含大的液泡,故大都形成较厚的细胞壁与角质层,以防止其水分过度散失

D. 泡状细胞失水,叶片卷起,而当植株再获得水分时,泡状细胞会再充满水分,叶片因而打开

E. 植株叶片水分过度散失时,因泡状细胞大的液泡内仍含水分,故为叶片进行光合作用的场所

解析 禾本科植物叶的上表皮细胞的不少地方有一些特殊的大型薄壁细胞,被称为泡状细胞或运动细胞(motor cell)。其长轴与叶脉平行,在叶片上排列成若干纵列,有的分布于两个叶脉之间的上表皮中。当叶片蒸腾失水过多时,泡状细胞变得松弛,而能使叶子折叠或内卷,以减少蒸腾;当蒸腾减少时,它们又吸水膨胀,于是叶片又平展。 **答案:AD。**

14 光照引起气孔开孔运动,照光后保卫细胞内部的变化顺序为(　　)。(单选)

(1) 保卫细胞进行光合作用,提供能量,启动离子通道。

(2) 水分进入保卫细胞。

(3) 保卫细胞的膨压增加,气孔打开。

(4) 保卫细胞的水势下降。

(5) 保卫细胞的水势上升。

(6) 细胞内溶质浓度增加。

(7) 细胞内溶质浓度下降。

A. (1)→(2)→(7)→(5)→(3)　　B. (1)→(5)→(6)→(2)→(3)

C. (1)→(7)→(4)→(2)→(3)　　D. (1)→(6)→(4)→(2)→(3)

E. (1)→(5)→(7)→(2)→(3)

解析 根据无机离子吸收学说,保卫细胞的渗透势是由钾离子浓度调节的。光合作用产生的 ATP 为保卫细胞膜上的质子泵提供能量(实际依赖于磷酸丙糖穿梭而非 ATP 直接运出叶绿体),将质子运出保卫细胞。产生的质子梯度推动钾离子通过钾离子通道进入保卫细胞(H^+-K^+ 交换),进而进入液泡;同时氯离子和一些有机酸(如苹果酸)根离子也进入保卫细胞;还可以促进淀粉水解,增加胞内溶质浓度,使得保卫细胞水势下降,水分进入保卫细胞,其细胞壁形变拉动细胞内的微纤丝,使气孔张开。 答案:D。

15 下列关于植物蒸腾作用的叙述中正确的是( )。(多选)

A. 蒸腾作用有助于植物散热
B. 蒸腾作用有助于植物根部吸收水分
C. 蒸腾作用可调节植物木质部的运输效率
D. 多数植物叶片气孔分布在下表皮,可防止水分过度蒸腾
E. 多数植物的气孔在夜晚关闭,则蒸腾作用停止

解析 A、B、C 对,蒸腾作用的生理意义主要有:① 蒸腾失水所造成的水势梯度产生的蒸腾拉力是植物被动吸水和运输水分的主要驱动力,尤其高大的植物;② 蒸腾作用借助于水的高汽化热特性,能够降低植物体和叶片温度,使其避免高温强光灼伤;③ 蒸腾作用引起的上升液流有助于根部从土壤吸收的无机离子和有机物及根中合成的有机物转运到植物体的各个部分。D 对,E 错,植物的蒸腾作用按部位可分为整体蒸腾(幼小植物)、皮孔蒸腾和叶片蒸腾,叶片是蒸腾作用的主要部位,又分为气孔蒸腾和角质膜蒸腾两种。气孔关闭后蒸腾作用并非完全停止。 答案:ABCD。

16 红桧植物体内的水分在运送时,会通过下列哪些构造或部位?( )(多选)

A. 壁孔 B. 细胞间隙 C. 气孔 D. 穿孔板
E. 原生质丝

解析 壁孔是指导管细胞细胞壁侧壁上的孔,根据其形状将导管分为环、螺、梯、网、孔型导管,壁孔可行水分水平运输。穿孔板是指上下两个导管细胞端壁接触处溶解形成的结构,其上很大的孔是穿孔,而红桧是柏科的裸子植物,不具有导管,D 不对。植物体内的水分运输主要有两种方式:质外体运输和共质体运输。质外体运输包括在细胞间隙中、在导管和管胞中等的水分运输,共质体运输指的是水分通过胞间连丝跨越细胞进行运输。 答案:ABCE。

17 南美洲每年都会生产大量的化肥。农民使用化肥以求增加土壤中植物所需的营养。植物最需要的营养物质是( )。(单选)

A. 氮、磷、钾 B. 氮、磷、钙 C. 氮和磷 D. 氮

解析 植物是一种自养生物,它们可以利用光能进行光合作用,将二氧化碳和水合成糖。它们还可以利用光合作用固定的碳和从环境中获取的碳为原料,合成氨基酸和维生素。要想让这些复杂的代谢反应发生,某些重要的元素是必需的。不同的元素所需的量完全不同。为满足生长所需的相对较多的元素称为宏量元素,共有 9 种:碳、氢、氧、氮、钾、钙、镁、磷和硫。另有其他 7 种元素需要的量相对较少,称为微量元素。它们是铁、氯、锰、硼、铜、钼和锌。不同种类、不同基因型、不同年龄、不同生长环境的植物所需的元素的量也不同。

宏量元素以宏量营养素的形式被植物的根系摄入。例如,氮的来源是硝酸根离子。大气中的二氧化碳提供了植物所需的碳和 2/3 的氧。从土壤中摄取的水提供了另外 1/3 的氧和大部分的氢。土壤中的矿物质、岩石和腐败的有机物提供了其他的宏量和微量元素。

现代的化肥含有三种植物所需的最重要的元素:氮、磷、钾。重要程度其次的是硫、镁和钙。氮是蛋白质必需的组分。氮元素缺乏通常引起生长停滞。磷对植物的生物能十分重要。作为 ATP 的原料,将光能转化为化学能时必须有磷的参与。磷通过磷酸化调节酶的活性,还可以参与细胞信号传导。因为 ATP 参与了许多生物大分子的合成,所以磷对植物的生长、开花和种子形成有至关重要的作用。钾可以通过钾离子泵调节气孔的开闭。由于气孔的作用是调节植物的含水量,足够的钾可以减少水分从叶子丢失,增强植物对

于干旱的耐受程度。钾缺乏可能导致坏死或萎黄病。 **答案:A。**

18 植物的螯合作用可以通过下列哪项过程实现?( )(单选)

A. 根细胞释放 H^+ 到土壤中

B. 在土壤酸碱性不合适的情况下保持一些金属离子在溶液中

C. 根细胞释放有机酸到土壤中

D. A和C都可以

E. 以上选项都正确

解析 根系分泌的有机酸可以通过对根际难溶性养分的酸化、螯合、离子交换作用及还原作用等提高这些根际土壤养分的有效性,增加植物对根际养分的吸收,从而促进植物的生长发育。 **答案:C。**

19 一个农场主想试验不同肥料在小麦生产过程中的效果。他将一块四公顷的土地分成四块,每块地一公顷。第一块地没有加任何肥料,第二块地只加了氮肥,第三块地只加了磷肥,第四块地既加了氮肥又加了磷肥。每个月他都统计每块地的产量。图2呈现了每块地的数据。依据这些数据,下面哪个选项的说法是正确的?( )(单选)

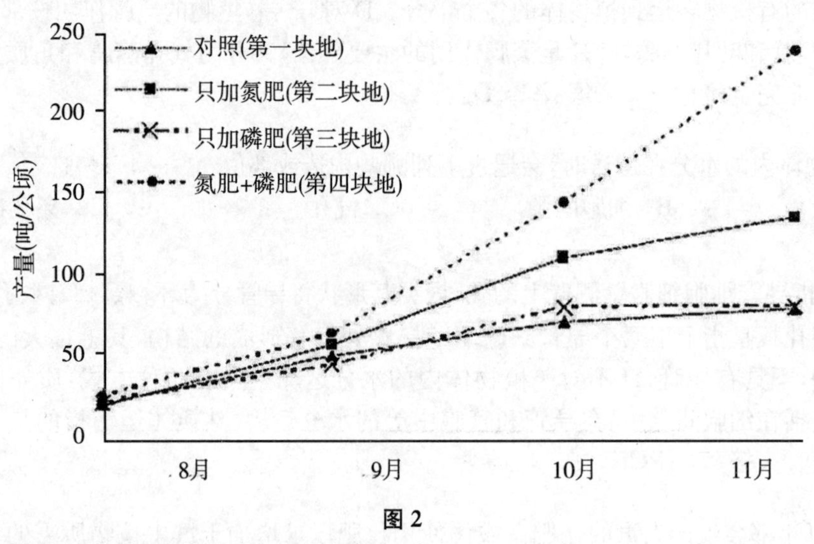

图2

A. 磷元素是最重要的限制性营养素,然后是氮元素

B. 氮元素是最重要的限制性营养素,然后是磷元素

C. 磷元素是限制性营养素,但是氮元素不是

D. 氮元素是限制性营养素,但是磷元素不是

E. 氮元素和磷元素都不是限制性营养素

解析 根据图像,只加磷肥增产不多,但增加氮肥增产显著。故氮是主要的限制性营养素,磷次之。 **答案:B。**

20 有一湖沼学家在研究甲藻对水中化学物质的需求时,他发现最有可能成为其限制因子的化合物应为下列哪项?( )(单选)

A. Si化合物　　B. K化合物　　C. P化合物　　D. S化合物

E. C化合物

解析 磷是藻类生长的一种必不可少的营养元素,甲藻生长需要大量磷源的连续供应。但是自然水体中磷既有颗粒态也有溶解态,颗粒态磷很难被吸收利用,溶解态磷才是甲藻生长最重要的营养源。因此磷是水域的浮游性生物生长的限制性因子。 **答案:C。**

21 下列哪一过程发生于光合作用中?( )(单选)

A. NADP 被还原为 NADPH　　B. 捕获光能

C. 产生 ATP　　D. 上述选项都正确

解析 光合作用的光反应过程中，一分子叶绿素吸收一个光子，丢失一个电子。丢失的电子与一种化学修饰的叶绿素（脱镁叶绿素）结合，然后被传递到一个醌类分子上，从而启动电子传递链，最终电子传递到 NADP，形成 NADPH。除此以外，这一过程在叶绿体膜两侧建立起了质子浓度梯度，ATP 合酶可以利用质子浓度梯度合成 ATP。叶绿素分子通过光分解，利用水分子分解生成氧气，同时补充丢失的电子。非循环光合磷酸化的方程是

$$2H_2O + 2NADP^+ + 3ADP + 3P_i + 光 \longrightarrow 2NADPH + 2H^+ + 3ATP + 3H_2O + O_2$$

答案:D。

22 关于光合作用的哪一个说法是不正确的？(　　)(单选)

A. 主要需要水、二氧化碳、叶绿素和阳光

B. 在叶片的叶肉中的栅栏组织细胞的叶绿体基粒中进行

C. 有的植物可以在 5 ℃下进行光合作用，有的则可以在 70 ℃下进行

D. 主要的两个阶段是糖酵解和 Krebs 循环

E. 产物是氧气、葡萄糖、蔗糖和淀粉

解析 光合作用的两个阶段是光反应（水的光解和光合磷酸化）和暗反应（Calvin 循环），糖酵解、Krebs 循环（三羧酸循环）和氧化磷酸化是有氧呼吸的组成阶段。　答案:D。

23 在积极生长的幼小植物中，用来评估光合作用速率的最佳数据是什么？(　　)(单选)

A. 吸收的二氧化碳转化为氧气的速率　　B. 鲜重的增加量

C. 干重的增加量　　D. 碳水化合物的增加量

解析 幼小植物还在积极生长，取重量评估破坏大，可以直接测 CO_2 与 O_2。　答案:A。

24 在光合作用的相关实验中，通常用单位时间内氧气的释放量来衡量反应速率，其原因是下列哪个选项？(　　)(单选)

A. 氧气很容易与大部分物质结合　　B. 氧气是一种容易测量的产物

C. 氧气是光合作用的重要产物　　D. 植物不断地释放氧气

解析 以放氧量表征光合强度。　答案:C。

25 管理温室的人会把玻璃涂成白色，目的是为了(　　)。(单选)

A. 反射尽可能多的太阳光　　B. 吸收并储存热量

C. 防止温室效应　　D. 吸引更多的昆虫进行授粉

解析 温室是墙壁或屋顶用玻璃或塑料制成的建筑，为娇嫩或过季植物提供保护和生长场所。

温室可以控制温度、湿度和光照，为农作物（例如西红柿）的生长创造最理想的外界条件。自然光足以满足植物生长的需求，但是在秋冬季节，需要用人工光源补充自然光的不足；而在夏季，需要把窗玻璃刷成白色，减少入射阳光，也减少热量。　答案:A。

26 "破译"植物光合作用机制的科学家是(　　)。(单选)

A. 梅尔文·埃利斯·卡尔文(1911.4.8～1997.1.8)

B. 威廉·汤姆孙·开尔文(1824.6.26～1907.12.17)

C. 约翰·加尔文(1509.7.10～1564.5.27)

D. 威廉·H.卡尔文(1939.4.30～)

解析 以下是瑞典皇家科学院诺贝尔化学奖委员会委员 K. Myrback 教授于1961 年的部分陈词："梅尔文·卡尔文教授，您关于植物光合作用的研究揭示了生物化学领域中的难题。您发现了碳在光合作用中的

变化过程，阐明了这一复杂但对地球上的生命无比重要的反应体系。” 答案：A。

27 下列哪项关于光合作用的叙述是不正确的？(　　)(单选)

A. 水、二氧化碳、叶绿素和阳光是光合作用的必需元素

B. 光合作用发生在叶肉组织栅栏细胞中叶绿体的叶绿体基粒中

C. 一些植物可以在5℃低温或70℃高温的情况下进行光合作用

D. 光合作用分两个阶段：糖酵解和三羧酸循环

解析 绿色植物可以捕获光能，并利用光能将水、二氧化碳和矿物质转化为氧气和储备能量的有机物。从化学上讲，光合作用是光供能的氧化还原反应(氧化反应是指分子丢掉电子；还原反应是指分子得到电子)。在光合作用中，光能驱动水的氧化，产生氧气、氢离子和电子。大多数的氢离子和电子会被二氧化碳接受，转化为有机物。另一部分氢离子和电子被用来还原硝酸盐和硫酸盐，分别产生氨基酸和氨基酸中的巯基，为蛋白质合成提供原料。大多数的植物细胞中，碳水化合物，特别是淀粉是光合作用的主要产物。光合作用生成碳水化合物大致的反应式是

$$CO_2 + 2H_2O \xrightarrow[\text{绿色植物}]{\text{光}} (CH_2O) + O_2 + H_2O$$

(CH_2O)代表碳水化合物。 答案：D。

图3

28 你在瑞典首都斯德哥尔摩的Fridhemsgatan镇散步，突然有冲动想吃一块比萨。你看见一家Bella Vista餐厅，就走进去并决定点一份他们的特产——Bella Vista，如图3所示。作为一个生物学学生，你就着这份比萨的原材料考查自己，其中哪种材料不是通过光合作用生产出来的？(　　)(单选)

A. 纸盒

B. 植物油

C. 蘑菇

D. 洋葱

E. 调味汁(如酱油)

解析 蘑菇是真菌，非自养真核生物，不能进行光合作用生产有机物。酱油来自植物的发酵。 答案：C。

29 下列哪项是春季二氧化碳水平高于夏季的原因？(　　)(单选)

A. 动物呼吸的速率下降　　B. 光合作用速率升高

C. 光合作用速率降低　　D. 动物呼吸的速率升高

解析 二氧化碳是动物呼吸、工业排放、化石燃料燃烧等释放到大气中的气体。正常情况下，这些气体被植物吸收进行光合作用。落叶植物是每年在秋冬寒冷季节不适于生长时规律落叶的植物。春季是这些植物重新抽芽长叶的季节，因此春季的光合作用比夏季的光合作用要少，使得春天的二氧化碳水平比夏天的要高。 答案：C。

30 下列哪个方程总结了光合作用的暗反应？(　　)(单选)

A. $12H_2O + 12NADP^+ + nADP + nPi \longrightarrow 12NADPH_2 + 6O_2 + nATP$

B. $6CO_2 + 12NADPH_2 + nATP \longrightarrow C_6H_{12}O_6 + 12NADP^+ + 6H_2O + nADP + nPi$

C. $12NADPH_2 + 6O_2 + nATP \longrightarrow 12H_2O + 12NADP^+ + nADP + nPi$

D. $6CO_2 + 12H_2O + nATP \longrightarrow C_6H_{12}O_6 + 6O_2 + 6H_2O + nADP + nPi$

解析 A是光反应，D是全反应，C是不对的。 答案：B。

31 请从A～F中选择一组填入下文(a)和(b)中最恰当的数字。

光合作用的效率非常高。通常情况下，叶绿素 a 吸收 1 个光子，就可发生 1 次光反应，传递 1 个电子。光反应系统Ⅱ中，2 分子水完全分解形成 1 分子氧气，需要吸收（a）个光子。而暗反应需要光反应系统Ⅰ中形成的还原性物质（还原型辅酶）NADPH 来将固定的二氧化碳转化为葡萄糖。每形成 1 分子 NADPH，光反应系统Ⅰ就需要吸收（b）个光子。在光合作用的电子传递链中，光反应系统Ⅱ和光反应系统Ⅰ串联，水分子给出的电子将 $NADP^+$ 还原。因此，在两个光反应系统的协同作用下，将 2 个水分子分解，产生 1 个氧分子和 2 个 NADPH 一共需要(a) + 2×(b)个光子。（　　）（单选）

A. 1,1　　B. 2,2　　C. 4,1　　D. 1,2

E. 2,1　　F. 4,2

解析 从 2 分子水中产生 1 分子氧气，需要 4 个电子。而如题干中所示，$NADP^+$ 的还原反应为 $NADP^+ + 2e^- + H^+ \longrightarrow NADPH$，也就是需要 2 个电子。在光反应系统Ⅰ中，进行两次反应需要 2 个光子。因此要得到 2 个 NADPH 和 1 个氧分子，共需要 8 个光子。　**答案：F。**

图 4 是某种藻类叶绿体内光合膜上的光合作用系统的模式图。含有光合色素的两个反应系统(a)和(b)由另一个反应系统(c)相连，电子通过(c)向(a)传递，(c)末端附有细胞色素 c。回答 32～35 题。

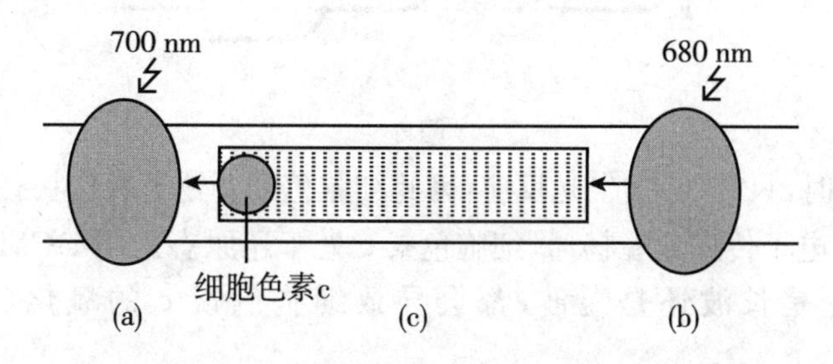

图 4

32

下列哪一个细胞器中含有和(c)一样的反应系统？（　　）（单选）

A. 细胞核　　B. 内质网　　C. 中心体　　D. 核糖体

E. 溶酶体　　F. 线粒体

解析 线粒体与叶绿体都存在电子传递链。　**答案：F。**

33

在反应系统(a)中发生的反应和在反应系统(b)中发生的反应各是什么？（　　）（单选）

(1)ATP 的合成。(2)NADP 的还原。(3)二氧化碳的固定。(4)水的分解。

A. (1)(4)　　B. (4)(1)　　C. (2)(4)　　D. (4)(2)

E. (2)(3)　　F. (3)(1)　　G. (3)(2)　　H. (3)(4)

解析 (b)中发生水光解，(a)中发生 NADP 还原。　**答案：C。**

反应系统(a)和(b)分别在吸收波长为 700 nm 和 680 nm 的光后被活化。而在某种红藻中，反应系统(a)和(b)周围的色素还可吸收波长为 560～570 nm 波段的光，活化这两个反应系统。用 700 nm 和 562 nm 的光分别照射这种红藻，并测定细胞色素 c 的氧化还原状态。如图 5 所示。

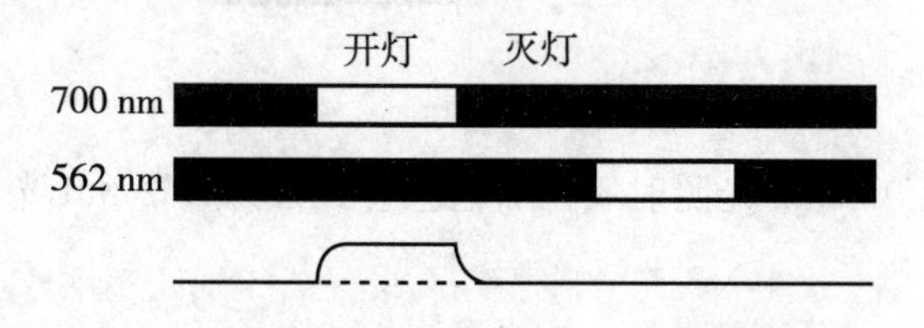

图 5

用 700 nm 光照射时，只有反应系统(a)被活化并从细胞色素 c 中得到电子，细胞色素 c 被氧化；但用 562 nm 光照射时，反应系统(a)和(b)都被活化，细胞色素 c 失去的电子得到补充。回答 34、35 题。

34 被用作除草剂的DCMU(二氯苯基二甲脲)可以阻断反应系统(c)的反应。在DCMU存在时,同上用700 nm和562 nm的光照射,则细胞色素c将会呈现什么样的氧化还原状态?请从图6中选择。(　　)(单选)

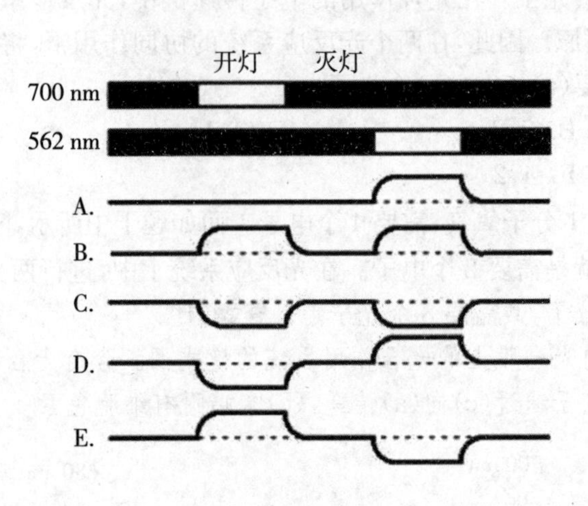

图6

解析 700 nm光照射时,只有(a)发生光反应,因此细胞色素c处于氧化状态;而562 nm光可以通过天线色素激发(a)与(b),所以电子传递途径畅通,细胞色素c处于还原态。用DCMU处理后,(c)路径被阻断了,在这样的条件下,无论是长波还是短波,都会导致细胞色素c的氧化(得不到传递来的电子)。答案:B。

35 如图7所示,在用700 nm光照射时,同时给予562 nm光照。在没有DCMU存在时,细胞色素c将会呈现什么样的氧化还原状态?请从图中选择。(　　)(单选)

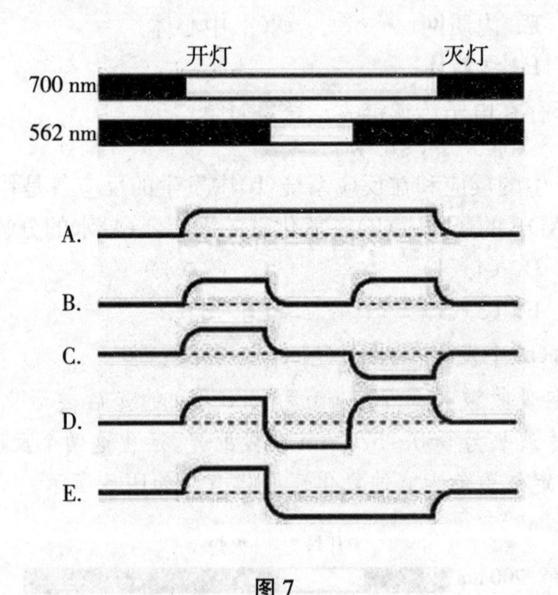

图7

解析 在没有DCMU时,700 nm光照射氧化细胞色素c,加入562 nm光的一段电子途径(c)又将其还原。 答案:B。

36 与一般植物不同,玉米等植物在进行卡尔文循环之前,会先令二氧化碳和磷酸烯醇式丙酮酸(PEP)反应,产生四碳的有机酸。拥有这种代谢系统的植物被称为C_4植物,而普通的植物被称为C_3植物。C_4植物拥有一种叫做PEP羧化酶的酶,拥有比卡尔文循环中固定二氧化碳的Rubisco更高的二氧化碳亲和性。下列关于C_4植物的生态特征的描述中,哪一项是正确的?(　　)(单选)

A. 多分布在森林的底部　　　　B. 多分布在高原草甸

C. 多分布在湿润的地域　　　　D. 多分布在热带的干燥地域

解析　C_4 植物适应干旱气候，即使为保持水分气孔关闭，CO_2浓度受限，也能很好生存。　答案：D。

37　根据光合作用中 CO_2固定方式的不同，可将植物分为 C_3植物、C_4植物和 CAM 植物。下面描述的是区分这些植物时所依据的特征，其中哪一项是错误的？请从 A～F 中选择：（　　）。（单选）

A. CO_2固定后的初期产物在 C_3植物中为 3-磷酸甘油酸，而在 C_4植物和 CAM 植物中为苹果酸等四碳有机物

B. CAM 植物的叶片在积累苹果酸后会变酸，消耗了苹果酸后会变甜

C. CO_2固定过程中初期的反应发生的部位在 C_3植物中为叶绿体内，而在 C_4植物和 CAM 植物中为细胞质内

D. C_4植物和 CAM 植物的维管束鞘细胞内有叶绿体，但 C_3植物中却没有

E. 给予放射性同位素标记的$^{14}CO_2$并跟踪，发现 C_3植物和 C_4植物在昼间发生 CO_2的固定，而 CAM 植物在夜间发生 CO_2的固定

F. C_3植物中可以观测到光呼吸，但 C_4植物中观测不到

解析　准确地说，C_4植物和 CAM 植物碳固定中的第一个产物为草酰乙酸，但能检测出来的是苹果酸等，而在高中的教科书中也写的是苹果酸。维管束鞘细胞中长有叶绿体的是 C_4植物，而 CAM 植物没有这一结构。CAM 植物中液泡比较发达。在夜间，CAM 植物张开气孔吸收 CO_2，在细胞质中将其固定在苹果酸中并大量储存于液泡。因此，其叶片的酸性会在夜间逐渐增强。而在白天，CAM 植物利用光合电子传递链产生的 ATP 和 NADPH 将苹果酸中游离出的 CO_2和呼吸产生的 CO_2在卡尔文循环中再次固定。当苹果酸消耗完后，CAM 植物将打开气孔吸收 CO_2。此时，光合产物以蔗糖为主，叶片会变甜。将 CO_2固定在 3-磷酸甘油酸上的酶 Rubisco 存在于叶绿体内，而合成草酰乙酸的 PEP 羧化酶则在细胞质中。D 错在 CAM 不具含叶绿体的维管束鞘。　答案：D。

38　在 C_4型光合作用中，光合作用的反应过程被分为两个阶段，并且在不同细胞中进行，因此只要观察植物的叶绿体便可判断它是不是 C_4植物。请从 A～E 中选择，具体应该观察哪一方面：（　　）。（单选）

A. 看绿色叶片的表皮细胞中是否有叶绿体

B. 看绿色叶片的维管束中的筛管细胞中是否有叶绿体

C. 看绿色叶片中包围维管束的细胞中是否有叶绿体

D. 看绿色叶片中包围着气孔的保卫细胞中是否有叶绿体

E. 看绿色叶片的栅栏组织的细胞中是否有叶绿体

解析　通常情况下，表皮和维管束的细胞中并没有叶绿体。在 C_4植物中，维管束周围的细胞（维管束鞘细胞）中存在叶绿体（但没有垛叠的基粒），C_3植物的维管束鞘细胞中连叶绿体都没有。C_3和 C_4植物的气孔保卫细胞中都有叶绿体，气孔开合时所需的能量由光合作用供给。栅栏组织和海绵组织中有高度发达的叶绿体。但是，C_4植物的叶肉细胞中没有明确的栅栏组织和海绵组织之分。　答案：C。

39　1,5-二磷酸核酮糖（RuBP）的利用和三磷酸甘油酸（PGA）的形成在（　　）过程中。（单选）

A. 糖酵解　　　　B. 三羧酸循环

C. 光合作用的光反应　　　　D. 光合作用的暗反应（卡尔文循环）

解析　$RuBP + CO_2 \longrightarrow 2PGA$ 是暗反应的第一步 CO_2的固定。　答案：D。

40　下列关于光合作用的暗反应（卡尔文循环）的说法中正确的是（　　）。（单选）

A. 暗反应需要利用氧气　　　　B. 暗反应需要利用二氧化碳

C. 暗反应产生蔗糖　　　　D. B 和 C 都正确

解析　暗反应利用二氧化碳，生成的是三碳醛糖三磷酸甘油醛。之后会转化为葡萄糖，进一步合成用于

储存的淀粉或用于运输的蔗糖。但不能说蔗糖是暗反应产生的。光合作用释放氧气，只有光呼吸是需要利用氧气的，暗反应不用。　答案：B。

41 绿色植物的叶绿体是光合作用的场所。叶绿体中含有叶绿素 a、叶绿素 b 和类胡萝卜素三种色素，各自有着不同的吸收光谱。在光合作用中，被吸收的光能转换为 ATP 和 NADPH 中的化学能，并利用这一化学能将二氧化碳转换为糖。用特定波长的光照射某一突变体植物的叶绿体，并通过测定氧气的生成，测定其光合作用速率。将光合速率相对波长进行拟合，并与野生型作比较。结果如图 8 所示，与野生型相比，突变体在短波光照射下光合作用速率受到抑制。突变体的叶绿体与野生型有何区别？请从 A～F 中选择正确的一项：（　　）。（单选）

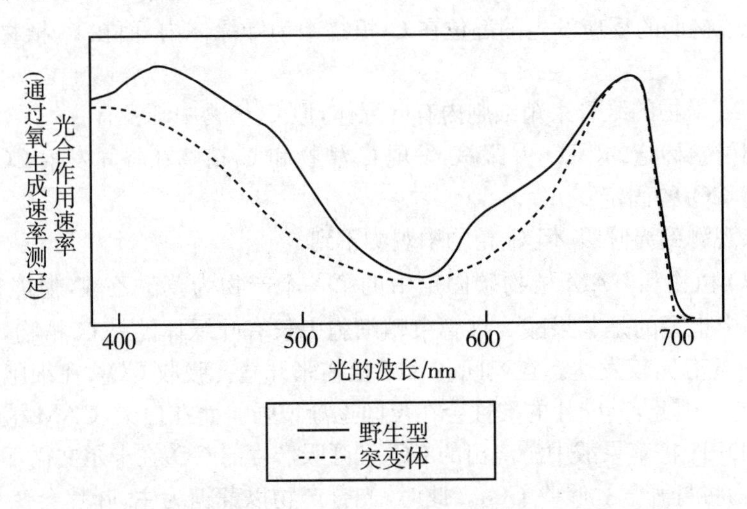

图 8

A. Rubisco（RuBP 羧化酶）的活性不同
B. PEP 羧化酶的活性不同
C. 叶绿素 a 的含量不同
D. 叶绿素 b 的含量不同
E. 叶绿体中 DNA 的含量不同
F. 叶绿体中类囊体的量不同

解析　在类囊体膜上发生的光反应中，水分子被光能分解为氢和氧气。主要存在于类囊体中的光系统Ⅱ的反应中心中含有叶绿素 a，它虽然结构和叶绿素 b 基本相同，但因为某些官能团的不同，两者的吸收光谱也稍有不同。比起叶绿素 a，叶绿素 b 对短波光的吸收更强，并且也发现了相关的突变体。在红光下，这种叶绿素 b 的突变体的光合作用并不受到明显影响，但在波长较短的蓝紫光下，其光合作用将受到抑制。而对于叶绿素 a，由于它比叶绿素 b 更靠近反应中心部位，因此其相关突变体基本无法存活。　答案：D。

42 卡尔文循环的还原阶段相当于下列哪个过程的逆过程？（　　）（单选）

A. 电子传递链
B. 三羧酸循环
C. 光合作用的光反应
D. 糖酵解的能量投入期
E. 糖酵解的能量收获期

解析　卡尔文循环是一种类似三羧酸循环的代谢途径，在此过程中，起始物质会在分子进入后再生然后离开循环。糖酵解由 10 个步骤组成，可以分为两个时期：能量投入期和能量收获期。在能量投入期，细胞利用 ATP 使葡萄糖分子磷酸化。在能量收获期，ATP 在底物水平磷酸化和 NAD^+ 被还原成 NADH 时产生。

答案：E。

43 下列哪个选项没有嵌入类囊体膜内？（　　）（单选）

A. 与二氧化碳固定有关的酶
B. 叶绿素 a 和叶绿素 b 分子
C. P_{700} 和 P_{680} 分子
D. ATP 合酶的质子通道
E. 铁氧化还原蛋白-$NADP^+$

解析　叶绿素分子、ATP 合酶、铁氧化还原蛋白都在类囊体膜上，而二氧化碳的固定酶系在叶绿体基质

内。　答案:A。

从生物化学上讲,植物可以分三类:C_3植物、C_4植物、CAM植物。根据该信息,回答44～49题。

44　什么是C_3植物?(　　)(单选)

A. 直接利用空气中的CO_2,将其和二磷酸核糖转化为3-磷酸甘油酸

B. 利用苹果酸结合CO_2,将其和二磷酸核糖转化为3-磷酸甘油酸

C. 耐受干旱,可以在沙漠中生存的植物

D. 裸子植物

解析　C_3途径是光合作用碳固定的一种途径,CO_2与二磷酸核糖在Rubisco的催化下反应生成3-磷酸葡萄糖。这一反应是所有植物卡尔文循环的第一步。C_4植物从苹果酸中分离CO_2,而非直接利用空气中的CO_2。C_3植物适宜在光照适中、温度适中、CO_2浓度大于或等于200 ppm且水源充沛的环境中生存。代表植物有小麦和大麦。C_3植物无法在炎热的地区生存,因为高温使Rubisco将二磷酸核糖过度氧化。这会导致光呼吸作用,使碳、氮元素丢失,限制植物生长。　答案:A。

45　下面哪一种环境适宜C_4植物生存?(　　)(单选)

A. 干旱、高温、碳元素和氮元素有限

B. 光照、温度适宜、CO_2浓度大于或等于200 ppm且水源充沛

C. 水源充沛、温度寒冷、阳光充足

D. 干燥、炎热、有风、每天至少4 h强日光照射

解析　C_4途径是C_3途径的变体。C_4和CAM途径克服了高温下Rubisco无法固定碳,反而固定更多的氧,进行光呼吸的限制。脉间细胞利用更高效的酶固定CO_2,然后通过苹果酸或天冬氨酸转运CO_2至维管束鞘细胞。在这些细胞里,Rubisco与大气中的氧隔离,苹果酸或草酰乙酸被脱羧酶催化释放出的CO_2可以与Rubisco充分结合。而这些额外的步骤是需要ATP供能的,也正因为此,C_4植物在某些特定的环境下才能高效地固定CO_2,C_3途径则在其他环境下较为高效。C_4代谢方式可以回溯到草本植物从阴郁的森林中转移到开阔地带的时候,强烈的阳光让C_4途径取代了C_3途径。干旱不一定是这种改变的必要因素,不过对缺水的耐受力提高确实是C_4途径的另一优势,这可以让植物在干燥地带更好地生长。　答案:D。

46　C_4植物和CAM植物最大的不同在于(　　)。(单选)

A. CAM植物夜间将CO_2以苹果酸的形式储存,白天再释放到Rubisco周围;C_4植物持续固定CO_2,让维管束鞘细胞中的Rubisco一直有足够的碳源

B. C_4植物夜间将CO_2以苹果酸的形式储存,白天再释放到Rubisco周围;CAM植物持续固定CO_2,让维管束鞘细胞中的Rubisco一直有足够的碳源

C. 因为CO_2需要被固定两次,第一次被四碳有机酸固定,第二次被Rubisco固定,所以C_4途径消耗的能量更多

D. CAM植物直接从空气中固定CO_2,C_4植物间接从苹果酸中获取碳源

解析　CAM植物可以储水以适应干燥的生存环境。在夜间,CAM植物的气孔打开,让CO_2进入植物,并将其固定形成有机酸,储存在液泡中。在白天,气孔关闭(因此可以避免水分流失),碳被释放到卡尔文循环中,启动光合作用。　答案:A。

47　下列对植物的分类中哪项是正确的?(　　)(单选)

A. 菠萝(CAM)、水稻(C_3)、玉米(C_4)　　B. 白菜(C_4)、水稻(CAM)、仙人掌(C_3)

C. 菠萝(C_4)、水稻(C_3)、玉米(C_4)　　D. 白菜(CAM)、水稻(C_4)、仙人掌(C_3)

解析　C_4途径在双子叶植物中比在单子叶植物中更少见。但是,单子叶植物中只有3个科使用C_4途径,双子叶植物中则有15个科利用C_4途径。几乎半数的草本植物都利用C_4途径进行碳固定,占C_4植物总数的61%。它们包括食用谷物玉米、甘蔗、黍和高粱。白菜(双子叶植物)和其他科是C_4植物。菠萝和仙人

掌都是 CAM 植物，水稻是 C_3 植物。 答案：A。

48 C_3 植物占地球上所有植物的 95%，原因是（ ）。（单选）

A. C_4 植物从根吸收的水中，97%都通过蒸腾作用丢失了

B. C_3 植物出现于中生代和古生代，早于 C_4 植物

C. C_4 植物出现于中生代和古生代，早于 C_3 植物，在上一个冰河世纪，大部分 C_4 植物都灭绝了

D. C_3 植物固定 CO_2 的能力更强，因此占据了大多数

解析 C_3 植物出现于中生代和古生代，早于 C_4 植物，占地球上植物的 95%。C_3 植物从根吸收的水 97%都通过蒸腾作用丢失了。C_3 植物的代表有大麦和小麦。 答案：B。

49 有人认为 C_4 植物比例增加可以极大地减轻温室效应，原因是（ ）。（单选）

A. C_4 植物形成的化石燃料比 C_3 植物形成的化石燃料更清洁

B. C_3 植物体内可以贮藏更多的水，令海水蒸发的速度加快，以维持大气的含水量

C. C_4 植物需水量很大，但是生长速度很快，而且是清洁的能源

D. 上述选项都不对

解析 目前 C_4 植物占地球植物总数的 5%，约占已发现植物总数的 1%。虽然数目较少，但是陆地上 30%的二氧化碳都是它们固定的。增加 C_4 植物的比例可以促进 CO_2 的生物利用，是避免气候改变的一种方法。C_4 植物主要集中在热带，那里的高温使 Rubisco 的氧化活力增加，因此 C_3 植物的光呼吸水平增加。 答案：D。

50 将下列过程按照 C_4 植物中光合作用的正确顺序排序：（ ）。（单选）

Ⅰ. ATP 用来将丙酮酸转化为磷酸烯醇丙酮酸（PEP）。

Ⅱ. 叶肉细胞通过胞间连丝将 C_4 产物（例如：苹果酸）输出到维管束鞘细胞。

Ⅲ. PEP 羧化酶将二氧化碳加到 PEP 上，产生草酰乙酸。

Ⅳ. 二氧化碳在卡尔文循环中被用来生成 G-3-P。

Ⅴ. 二氧化碳被释放到含有二磷酸核酮糖羧化酶的细胞中。

A. Ⅱ，Ⅴ，Ⅳ，Ⅰ，Ⅲ　　B. Ⅴ，Ⅱ，Ⅲ，Ⅳ，Ⅰ

C. Ⅰ，Ⅲ，Ⅴ，Ⅱ，Ⅳ　　D. Ⅰ，Ⅲ，Ⅱ，Ⅴ，Ⅳ

E. Ⅰ，Ⅴ，Ⅲ，Ⅱ，Ⅳ

解析 ① 在叶肉细胞叶绿体中，经丙酮酸磷酸二激酶（PPDK）催化和 ATP 作用，生成磷酸烯醇式丙酮酸（PEP）。

② PEP 在烯醇丙酮磷酸羧激酶（PEPC）催化下，固定 HCO_3^-，生成草酰乙酸（OAA）。草酰乙酸再加氢变成苹果酸。

③ 苹果酸通过胞间连丝进入维管束鞘细胞，通过脱羧酶的作用释放 CO_2。

④ 释放出来的 CO_2 在维管束鞘细胞叶绿体内经二磷酸核酮糖羧化酶作用，进入卡尔文循环。

⑤ 苹果酸脱羧后形成的 C_3 酸再运回叶肉细胞，进入叶肉细胞叶绿体，重新开始循环。 答案：D。

51 下列哪个选项中的物质没有参与光合作用过程中的光反应？（ ）（单选）

A. PSⅠ　　B. PSⅡ

C. 二磷酸核酮糖羧化酶　　D. ATP 合酶

E. 细胞色素复合物

解析 光反应包括原初反应、电子传递和光合磷酸化三个过程。其中的原初反应和电子传递需要 PSⅠ和 PSⅡ以及细胞色素复合物 b_6f 的直接参与；而光合磷酸化则需要 ATP 合酶的直接参与。当然这整个过程的完成和持续进行需要四种复合物一起合作。至于 Rubisco（二磷酸核酮糖羧化酶）则是在暗反应中作用，具体过程请参照《植物生理学》。 答案：C。

52 从一种海藻中提取到一种红色色素。下列哪个选项能够支持该色素与光合作用有关的假说？(　　)(单选)

A. 该红色色素的吸收光谱与叶绿素的相似

B. 该红色色素也在陆生植物中被发现

C. 该红色色素具有的一种分子结构与叶绿素相似

D. 该红色色素含有铁元素，这是与镁元素相似的一种过渡元素

E. 该红色色素的吸收光谱与该海藻光合作用的吸收光谱相似

解析 E才是最为直接的证据。　**答案：E。**

53 在第一个实验中，一株植物在特殊水平的光照和特定二氧化碳浓度的环境中生长。随着二氧化碳指数和光照强度逐步增加到预设水平，氧气产量增加到一个点，然后降低。如果光照增加到超过预设值，氧气产量也不会增多。在第二个实验中，光照的增量规则相同，但是提供更多的二氧化碳。氧气产量在第二个实验中持续增加，超过了第一个实验中的拐点值。从以上现象中，你可以总结出的结论是(　　)。(单选)

A. 光照是唯一的限制因素

B. 二氧化碳浓度是唯一的限制因素

C. 整个反应进程中，光照和二氧化碳浓度都是限制因素

D. 光照在拐点前是限制因素，而拐点后二氧化碳浓度成为限制因素

E. 光照和二氧化碳浓度都不限制氧气产量

解析 增加光照使氧气释放增多的阶段表明二氧化碳是足量的，光照是限制因素。之后增加光照，氧气释放也不变，而提供更多二氧化碳，产氧量进一步提高，表明后一阶段光已饱和，二氧化碳成为限制因素。**答案：D。**

54 一般认为绿藻为陆生植物的祖先，下列选项为其理由的是(　　)。(多选)

A. 绿藻具有和陆生植物相同的叶绿素a和b

B. 绿藻具有和陆生植物相同的胡萝卜素和叶黄素

C. 绿藻光合作用的最终产物和陆生植物相同，均为淀粉

D. 绿藻具有原始陆生植物的特征，如角质层和假根

解析 绿藻没有角质层，部分具有假根。如石莼目植物，藻体是多细胞，为两层细胞组成的片状叶状体；其基部的细胞延伸出假根丝，假根丝生在两层细胞之间，并向下生长伸出植物体外，互相紧密交织，构成假薄壁组织状的固着器，固着于岩石上。因此D不正确，A、B、C均正确。　**答案：ABC。**

55 若香瓜的光合作用的最适温度为25～30 ℃，要在温室内培育出又大又甜的香瓜，就温度的设定条件而言，下列哪些设定较差？(　　)(多选)

A. 白天25 ℃，晚上30 ℃　　B. 白天25 ℃，晚上35 ℃

C. 白天25 ℃，晚上20 ℃　　D. 白天30 ℃，晚上25 ℃

E. 白天30 ℃，晚上20 ℃

解析 希望果实又大又甜，即希望果实中积累的有机物(糖分)较多。植物白天进行光合作用和呼吸作用，总体表现为积累有机物；夜晚进行呼吸作用，消耗有机物。而呼吸速率随温度升高而升高，因此夜晚温度较低有利于有机物的积累。

A和B中的夜晚温度高于白天温度，有机物消耗速率高于白天，有机物积累较慢甚至无法积累有机物，因此是较差的培养条件。　**答案：AB。**

56 下列关于光合作用的光反应的原料与产物的叙述中正确的是(　　)。(单选)

A. 原料是光，产物是NADH　　B. 原料是光，产物是电子

C. 原料是二氧化碳，产物是 ATP

D. 原料是水，产物是糖

E. 原料是水，产物是 NADPH

解析 光合作用分两个阶段：光反应是以水为原料，在光能的驱动下产生同化力（NADPH 和 ATP）和氧气，在类囊体上进行；暗反应是利用光反应产生的同化力固定 CO_2形成糖，在叶绿体基质中进行。 答案：E。

57 下列关于 C_4植物的叙述中正确的是（　　）。（多选）

A. 维管束鞘细胞围住维管束

B. 叶肉细胞靠近表皮细胞

C. 叶肉细胞可合成葡萄糖

D. 维管束鞘细胞的二氧化碳浓度比叶肉细胞高

E. C_4是指四碳有机酸

解析 C_4途径因固定 CO_2的最初产物是四个碳的二羧酸而得名，CO_2在叶肉细胞质中形成苹果酸或天冬氨酸，转运至维管束鞘细胞脱羧释放 CO_2，再合成糖。维管束鞘细胞中高浓度的 CO_2能有效抑制 Rubisco 的加氧反应，提高 CO_2同化速率。C 错误，葡萄糖只在维管束鞘细胞中合成，叶肉细胞在 C_4植物中的作用是进行光反应和二氧化碳吸收反应。其他选项均正确。 答案：ABDE。

58 下列关于水稻叶片保卫细胞的叙述中哪些正确？（　　）（多选）

A. 具有离子通道

B. 叶绿素与电子传递蛋白均在类囊膜上

C. 具有离层酸的受体

D. 可检测到 NADH 与 NADPH

E. 具有跨膜电位差

解析 B 对，保卫细胞含叶绿体，叶绿体与气孔的开闭也有关系，具明显的基粒构造，其他方面与一般叶绿体无异。A、E 对，气孔的开闭与保卫细胞内外离子浓度差有关，其膜上有氢泵、钾离子通道等。C 对，脱落酸（离层酸）在脱水根系中产生，通过木质部运到地上部，与保卫细胞膜受体结合，促进保卫细胞膜上钾离子外流通道开启，减少钾离子向内流动量，从而使细胞膨压下降，气孔导度减小。D 对，苹果酸代谢学说认为 NADH 与 NADPH 参与了苹果酸与草酰乙酸的转换，再通过一系列反应改变细胞水势来使气孔开闭。 答案：ABCDE。

59 C_4 植物与 CAM 植物的光合作用适应特性有哪些相似之处？（　　）（多选）

A. 气孔均在夜间开启

B. 第一阶段固碳作用的酶均与 C_3 植物不同

C. 第一阶段固碳作用的物质均为四碳有机酸

D. 第二阶段固碳作用均与 C_3 植物一样进行卡尔文循环

E. 两者几乎没有进行光呼吸作用

解析 三类植物比较如表 2 所示。 答案：BCDE。

表 2

特征	C_3植物	C_4植物	CAM 植物
植物类型	典型温带植物	典型热带或亚热带植物	典型干旱地区植物
花环式结构	无	有	无
CO_2固定途径	只有卡尔文循环	在不同空间分别进行 C_4途径和卡尔文循环	在不同时间进行 CAM 途径和卡尔文循环
最初 CO_2接受体	RuBP	PEP	光下 RuBP，暗中 PEP
CO_2固定的最初产物	PGA	草酰乙酸	光下 PGA，暗中草酰乙酸
主要 CO_2固定酶	Rubisco	Rubisco 和 PEP 羧化酶	Rubisco 和 PEP 羧化酶
气孔张开	白天	白天	晚上
光呼吸	强	弱	弱

60 下列关于甘蔗光合作用的叙述中正确的是(　　)。(多选)

A. 进行C_4循环

B. 保卫细胞呈哑铃形

C. 气孔聚集且深陷于表皮

D. 气孔调节方式类似落地生根这种植物

E. 部分杀草剂对它的影响在于阻断电子传递链

解析 甘蔗是C_4植物,属于单子叶植物纲禾本科。禾本科植物叶片的表皮细胞形状比较规则,往往沿叶的长轴成行排列,从叶片的顶面观有两种形态不同的细胞类型,即长细胞和短细胞,短细胞又分为硅细胞和栓细胞两种。绝大多数禾本科植物叶片上、下表皮上都分布有气孔器,常与长细胞一起排成纵行。气孔器除由两个哑铃形的保卫细胞构成外,其两侧还有一对近似菱形的副卫细胞。

C选项描述的是旱生植物如夹竹桃的叶,其气孔聚集在下表皮的部分区域,这些区域凹陷形成气孔窝,其中有许多毛状结构(用于减少蒸腾)。

D选项中的落地生根为双子叶植物纲景天科多年生肉质草本植物(CAM),其气孔器形状和开放机制都与禾本科的气孔器不相同。　**答案:ABE。**

61 下列有关植物光合作用的叙述中正确的是(　　)。(多选)

A. 吸收光能的色素主要是叶绿素,其次是类胡萝卜素

B. 光反应中心由不同的色素组成,以增加光能吸收的效率

C. 光系统Ⅱ电子的补充主要来自水分子的裂解

D. 光合作用所需的酶皆位于类囊体膜(thylakoid)上

E. 光合作用的产物主要以葡萄糖的方式运送

解析 光系统的光反应中心都是由一对叶绿素a分子构成的,称为反应中心色素分子,B错误。

光合作用原初反应:聚光色素分子将光能吸收和传递到反应中心后,使反应中心色素(P)激发而成为激发态(P^*),放出电子给原初电子受体(A),同时留下一个空位,称为“空穴”。色素分子被氧化(带正电荷,P^+),原初电子受体被还原(带负电荷,A^-)。由于氧化的色素分子有“空穴”,可以从原初电子供体(D)得到电子来填补,于是色素恢复原来状态(P),而原初电子供体却被氧化(D^+)。这样不断地氧化还原(电荷分离),就不断地把电子从原初电子供体送给原初电子受体,这就完成了光能转换为电能的过程。电子供体的电子来自水的裂解,电子传给$NADP^+$。C正确。

光合作用电子传递链和ATP合酶位于类囊体膜上,参与CO_2固定反应的酶都位于叶绿体基质。D错误。

光合产物在白天以淀粉的形式储存在叶绿体中,在晚上转化为蔗糖运输。E错误。　**答案:AC。**

62 玉米(maize)与水稻(rice)光合作用(photosynthesis)的相关叙述中错误的是(　　)。(多选)

A. 两者均在叶肉细胞(mesophyll cells)进行卡尔文循环(Calvin cycle)

B. 两者均有明显的光呼吸(photorespiration)作用

C. 玉米的光补偿点(light compensation point)较低

D. 玉米的光饱和点(light saturation point)较高

E. 在温带地区玉米有较高的光合效率(photosynthesis efficiency)

解析 玉米是C_4植物,水稻是C_3植物。

C_4植物在叶肉细胞中用PEP羧化酶初步将CO_2固定成OAA,之后转移到维管束鞘细胞,再由Rubisco固定CO_2进行卡尔文循环,故A错误。由于C_4植物的卡尔文循环在维管束鞘细胞中进行,之前的CO_2初步固定形成了维管束鞘细胞的高CO_2低O_2的环境,使Rubisco羧化酶活性强于加氧酶活性,所以光呼吸降低,B错误。

C_4植物由于光合效率较高、光呼吸低,故光补偿点较低,而光饱和点一般比C_3植物高,有的C_4植物在自然光强下甚至测不到光饱和点(如玉米的嫩叶),如图9(a)所示,A曲线为C_4植物,B曲线为C_3植物,故C、D正确。需要注意的是,一般都是比较C_4植物与C_3植物的CO_2补偿点与饱和点,比较光补偿点与饱和点较为

少见，实际上C_4植物往往都是阳生植物，所以在光补偿点上也有可能较稍微耐阴一些的C_3植物高，如图9(b)所示。所以C选项应该是考虑了水稻也是典型阳生植物，故仍是正确的。

C_4植物通常分布在热带地区，因此在温度较低和光照强度较低时水稻的净光合效率较高；但在高温和干旱的条件下玉米的净光合效率却比水稻高，E错误。 **答案：ABE。**

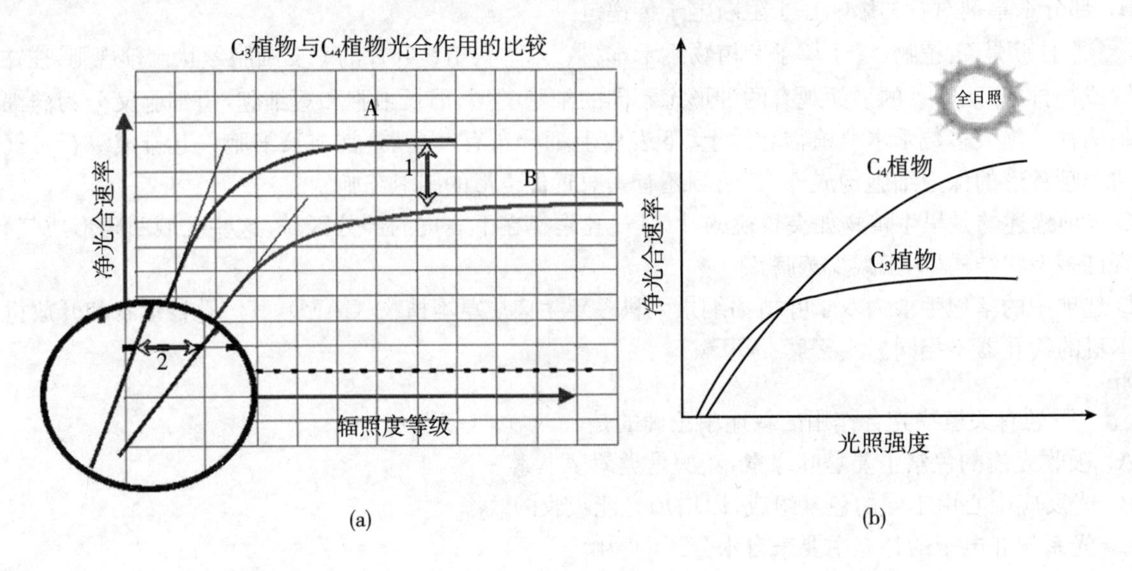

图9

63 下列有关水稻光合作用的叙述中正确的是(　　)。(多选)

A. 光系统Ⅰ(PSⅠ)的电子由光系统Ⅱ补充

B. 光系统Ⅱ(PSⅡ)的电子由产氧反应补充

C. ATP是光系统Ⅰ通过电子转交给ATP合酶(ATPase)而形成的

D. NADPH是光系统Ⅰ通过电子转交给$NADP^+$还原酶(reductase)而形成的

E. 红光与远红光同时照射比分别单独照射的光合效率明显要高

解析 正常情况下植物以非环式电子传递为主，电子传递路线为H_2O—PSⅡ—PQ—Cytb$_6$f—PC—PSⅠ—Fd—FNR—$NADP^+$，可见PSⅠ的电子是由PSⅡ补充的，实际上是PSⅡ和PSⅠ共同受光激发，串联起来推动电子传递，从水中夺取电子并将电子最终传递给$NADP^+$，产生O_2和$NADPH+H^+$。故A、B、D正确。

C错误，光合作用中ATP的产生需要经过光合磷酸化的作用。叶绿体通过电子传递建立起跨类囊体膜的质子动力势(PMF)，之后ATP合酶将质子动力势中蕴含的能量转化为ATP的高能磷酸键中活跃的化学能。

E正确，这种两种波长的光协同作用而增加光合效率的现象叫做增益效应或爱默生效应，原因是植物体中存在两种色素系统(即PSⅠ和PSⅡ)，各有不同的吸收峰，进行不同的光反应。 **答案：ABDE。**

64 我国台湾省的嘉南沿海地区常有海水倒灌的情形，下列有关其对植物影响的叙述中正确的是(　　)。(多选)

A. 海水倒灌后，植物有缺水现象

B. 海水倒灌后，植物的光合作用增加

C. 海水倒灌后，植物的呼吸作用增加

D. 若植物能将盐分堆积至老叶，则其存活的机会增加

E. 若植物细胞的液泡内能堆积一些有机或无机物质及可溶性糖类，则其存活的机会增加

解析 海水倒灌造成高渗胁迫，会使得植物缺水、生理干旱、气孔关闭、CO_2吸收受阻；此外盐胁迫还会使得类囊体膜成分与超微结构发生改变，破坏了膜的光合特性；而且会影响叶绿素的含量与基粒类囊体的垛叠，使其数目质量下降，影响两个光系统之间激发能的分配；最后盐胁迫还会抑制光合作用有关酶的活性，尤其是Rubisco和PEP羧化酶，最终使得光合作用下降，因此A正确，B不对。

一般来说，低盐浓度下植物的呼吸增强，蛋白质合成受到促进（主动抗逆），植物的生理活动朝着有利于其适应盐胁迫的方向发展，所以经过一段时间在低盐环境下的锻炼后，一些植物可以忍受较高盐浓度的胁迫。而在高盐浓度下，植物的呼吸作用受到损害，蛋白质合成也被抑制，加上光合作用被抑制，植物的生长受到更严重的阻碍。因此盐分过多时总的趋势是呼吸消耗量多，净光合生产率低，不利于植物生长，故C正确。D、E均为植物在盐胁迫时的抗逆策略。　**答案：ACDE。**

参考文献

[1] 许祥明，叶和春，李国凤. 植物抗盐机理的研究进展[J]. 应用与环境生物学报，2000，6(4)：379.

65　植物运输水的组织称为(　　)。(单选)

A. 木质部　　B. 韧皮部　　C. 树皮　　D. 木髓

解析 维管植物有含有木质素的组织，可以向植物全身运输水分、矿物质和光合作用产物。维管植物包括蕨类、石松、绿色开花植物和针叶树。从土壤中吸收的养料和水分与叶片中产生的有机物分别通过木质部和韧皮部运输到植物各处。木质部将土壤中的养料和水分运输到植物的高处。韧皮部运输光合作用产生的蔗糖等其他物质，为植物的发育、结果提供能量。木质部由管胞组成，是死亡的厚壁中空细胞，紧密排列形成微小的管道，进行水分的运输。管胞壁含有木质素多聚体。韧皮部则由活细胞（称为筛管细胞）组成。筛管之间是筛板，有空隙，可以让分子透过。筛管缺少细胞核、核糖体等细胞器，但是周围的伴胞可以维持筛管的生存。　**答案：A。**

66　凯氏带可以在下列哪个选项中被发现？(　　)(单选)

A. 木质部导管　　B. 韧皮部筛管　　C. 内皮层细胞　　D. 根部中柱鞘

解析 凯氏带在内皮层。　**答案：C。**

67　将附着在油菜上的蚜虫在头部和胸部之间切断，结果从吻中流出了植物体内的液体。关于这一现象，下列叙述中正确的是哪一项？(　　)(单选)

A. 流出的是筛管中的液体，其中富含蔗糖
B. 流出的是导管中的液体，其中富含蔗糖
C. 流出的是薄壁组织细胞的细胞液，其中富含蔗糖
D. 流出的是薄壁组织细胞的细胞质基质，其中富含蔗糖
E. 流出的是筛管中的液体，其中富含无机盐类
F. 流出的是导管中的液体，其中富含无机盐类
G. 流出的是薄壁组织细胞的细胞液，其中富含无机盐类
H. 流出的是薄壁组织细胞的细胞质基质，其中富含无机盐类

解析 题干叙述的是韧皮部有机物质运输研究的经典方法——蚜虫吻刺法，因此选A。　**答案：A。**

68　树皮损伤可以导致树木因缺乏什么物质而死亡？(　　)(单选)

A. 水　　B. 有机物　　C. 氧气　　D. 矿物质

解析 木本植物的树皮包裹在植物维管形成层的外面，有时树皮泛指木质部外面的所有组织。树皮柔软的内层称为韧皮部，是维管形成层发育而成的，其中含有次生韧皮部，可以将叶片中产生的养料输送到植物各部分。树皮外层大多是死细胞，是木栓形成层的产物。衰老、死亡的树皮外层又叫落皮层。死亡的木栓细胞上面覆盖一层栓质，这是一种脂类物质，可以令水分和空气无法透过外皮。木栓层中形似海绵的皮孔是被皮包裹的根茎气体交换的场所。树皮一般比根茎的木质部薄。树皮内层（次生韧皮部）和木质部都是维管形成层细胞产生的；树皮向外细胞逐渐衰老、脱落，而木质部则向内逐渐积累死亡的组织。**答案：B。**

现利用柿子树的茎进行了以下实验1和2。请根据下述实验步骤和现象回答69、70题。

实验1：将幼嫩的柿子树茎的皮做环切，并将外侧部分去除。放置一段时间后，如图10(a)的③所示，切

口上部的皮将变厚。而将皮剥掉的树枝②上的叶片和作为对照的没有剥皮的树枝①上的树叶一样,并没有枯萎掉。

实验2:将树枝①剪掉,并插在滴有几滴红墨水的水中。过一段时间后,用显微镜观察树枝①的横截面切片,观察到了被墨水染红的部位。图10(b)表示的是茎横截面的一部分。

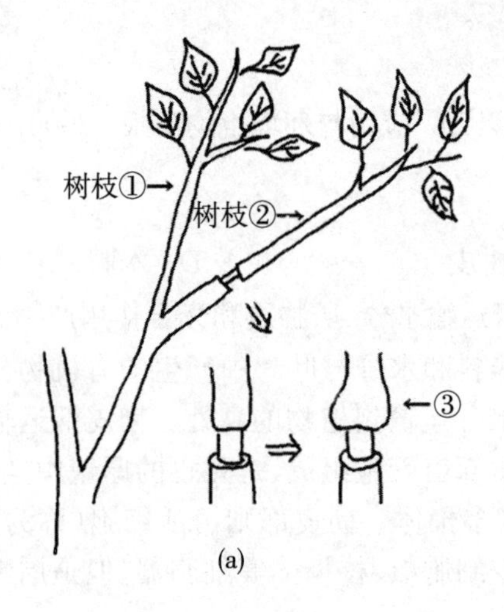

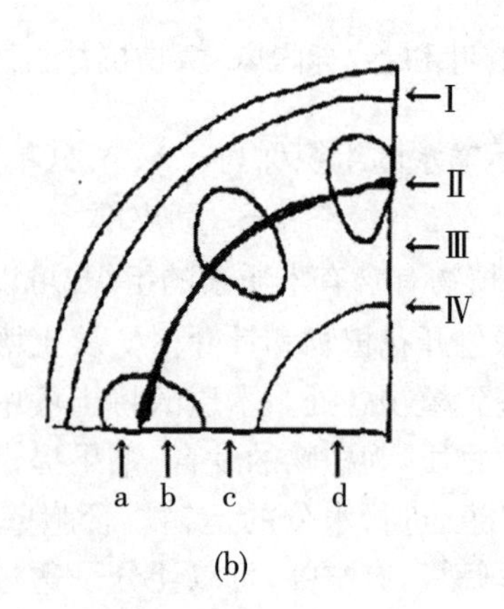

图10

69 在实验1中,将茎皮环切掉后,会如图10(a)中的③那样变厚的是图10(b)中Ⅰ~Ⅳ哪一部位?请从A~D中选择正确的一项:( )。(单选)

A. Ⅰ　　B. Ⅱ　　C. Ⅲ　　D. Ⅳ

70 实验2中,被红墨水染红的是图10(b)中a~d哪一部位?请从A~D中选择正确的一项:( )。(单选)

A. a　　B. b　　C. c　　D. d

解析 这种将茎的形成层以外的部分剥去的实验方法被称为“环状剥皮法”。由于69题中,导管部分虽然仍是相连的,但运输同化产物的筛管被切断,因此会发生如③中所示的膨大。

在70题中,由于水分是由导管运输的,因此形成层内部的导管会被染色。　答案:69. B;70. B。

71 植物通过下列哪一结构运输自身合成的养料?( )(单选)

A. 韧皮部　　B. 木质部　　C. 形成层　　D. 皮质

解析 叶片和其他可以进行光合作用的部位产生的养料运输到植物各处的过程称为物质转运。高等植物的韧皮部是一维管组织,可以运输糖类和其他合成的养料到植物需要或是储存养料的部位。韧皮部位于纵行的维管束,其内还有运输水的木质部。　答案:A。

72 根部有最大延伸率的区域有什么特征?( )(单选)

A. DNA复制　　B. 细胞分裂　　C. 细胞液泡的形成　　D. 细胞分化

解析 最大延伸率发生在伸长区,有液泡形成。　答案:C。

73 下列哪项植物组织和功能是不相配的?( )(单选)

A. 表皮—保护　　B. 木质部—矿物质与水的转运

C. 分生组织—生长　　D. 薄壁组织—有机物的运输

解析 薄壁组织是最常见的基本组织。它形成茎的皮层和髓、根的皮层、叶肉、果肉和种子的胚乳。薄壁组织依然具有分生能力,意味着细胞成熟后依然可以分裂。薄壁组织细胞的细胞壁薄且软,通常为立方形,排列不紧密。细胞中央有一个大液泡,可以储存营养和水分。薄壁细胞功能多样:① 在叶片中,薄壁组

织组成叶肉，主管光合作用和气体交换；② 储存；③ 分泌(树脂管的上皮)；④ 愈合；⑤ 其他特殊功能。薄壁组织有不同的形态以适应不同的功能。叶片的上皮样薄壁组织似桶状，没有叶绿体，它们起屏障作用，保护内部结构不受损伤。叶肉部分的薄壁组织为球形，排列稀松，细胞间隙很大。这些细胞和气孔的保卫细胞一起构成了气室系统，调节气体交换。有机养料的运输是通过韧皮部进行的。　**答案**:D。

74　如果一棵树的树皮受到损伤，下列哪种物质的运输会受到影响？(　　)(单选)

A. 有机养料　　B. 氧气　　C. 水　　D. 矿物质

解析 茎分两种：木质茎和非木质茎(或称草质茎)。草质茎外覆一层表皮细胞，其上有气孔，可以进行气体交换。木质茎的表皮被树皮代替，由多层死细胞构成，其上的开口称为皮孔，可以进行气体交换。

木本植物的茎由木质组织支持，木质组织占据了茎的大部分。木质茎由木质部组成，并由形成层细胞分裂形成的次生纤维加厚。木质部和韧皮部组成了茎的维管束。木质部更靠近中心，韧皮部位于外周。因此树皮损伤时可能累及韧皮部。这样，植物将光合作用合成的养料转运至植物各部分时就会出现问题。

答案:A。

75　一只海狸围绕着一棵树的树干啃穿了内外树皮。为什么这种情况最后通常会导致树木死亡？(　　)(单选)

A. 树叶和根部之间的糖类物质运输被切断了　　B. 树木对害虫和真菌性疾病更加敏感了

C. 给树叶的水和矿物质的供给不再可能了　　D. 树叶和细枝之间的糖类物质运输被切断了

E. 顶端分生组织细胞不再分裂了

解析 伤了树皮韧皮部，即切断了茎叶与根之间有机物的运输。　**答案**:A。

76　下列哪个选项是植物以水滴的形式失水的正确解释？(　　)(单选)

A. 湿度低、根压高　　B. 湿度高、根压高

C. 湿度低、根压低　　D. 湿度高、根压低

解析 吐水作用是植物通过叶片边缘的水孔以水滴的形式排出水分的过程。根压和这一过程密切相关。吐水作用通常在夜间发生，湿度很高时也可以在白天发生。因此，根压高、湿度高是导致吐水作用的两大主要因素。

蒸腾作用是水分以水蒸气的形式从叶片的气孔排出的过程。蒸腾作用主要取决于天气干燥时叶片的水势大小及其变化趋势。　**答案**:B。

77　下列哪项是根毛为了更好地从土壤中吸收水分而产生的结构性适应？(　　)(多选)

A. 细胞中有大液泡，降低细胞液中的水含量　　B. 细胞壁很薄，可以透过水分子

C. 有丰富的气孔　　D. 根毛细胞延长

解析 根有三个主要功能：① 吸收水分和无机营养；② 将植株锚定于土壤中；③ 储存食物和营养物质。根据不同的营养物质浓度，根还可以合成细胞因子，作为信号分子控制抽芽的速度。根还可以储存食物和营养物质。维管植物的根和某些真菌共生，形成菌根；其他微生物，如细菌也与植物根系密切相关。根的构造包括：根冠、表皮、皮层、木质部、韧皮部、根毛、形成层。根毛细胞的表面积相对于其他细胞很大，有利于吸收水分和矿物质。　**答案**:ABD。

78　如果在植物的根毛表面涂上凡士林，植物会(　　)。(单选)

A. 吸收的水分增加　　B. 吸收的水分减少

C. 丢失更多的水分　　D. 吸收水的速率增快

解析 在根表面涂抹水不能透过的物质，会阻碍水的扩散进入根内。在干旱地区生长的植物的叶片上有一层蜡质，防止水通过蒸腾作用过度丧失。　**答案**:B。

79　在维管植物中，哪种物质被限制单向移动？(　　)(单选)

A. 筛管中的蔗糖　　B. 成长中的组织里的植物生长素

C. 发芽的幼苗中储备的氨基酸　　D. 成长中的组织里的赤霉素

解析 生长素的运输方向是单向的，一般只能从植物的形态学上端向形态学下端运输，而不能反过来运输，说明其运输是极性运输。由于极性运输是从植物的形态学上端向形态学下端运输，其运输方式是主动运输，该运输需要载体、消耗能量，所以该运输方式是载体蛋白的特点所致的。

韧皮部筛管运输有机物是可上可下双向运输＋侧(横)向运输，故运输蔗糖和氨基酸是双向的，无限制。赤霉素(GA)在植物体内的运输也没有极性，可以双向运输。根尖合成的GA通过木质部向上运输，而叶原基(植物枝芽端)产生的GA则通过韧皮部向下运输，其运输速度与光合产物相同，为50～100 cm/h。

答案:B。

80 下列有关植物体中蔗糖与淀粉的叙述中哪些正确？(　　)(多选)

A. 均可经由筛管从叶部运送至根

B. 在白天时因光合作用旺盛，蔗糖可迅速运送至非光合作用组织

C. 叶肉细胞中的淀粉体在下午时段比清晨容易辨别

D. 蔗糖与淀粉的转换常发生在晚上

E. 淀粉均是直链型，很容易溶于水中

解析 韧皮部里运输的物质主要是水，其中溶解了许多物质，蔗糖占了90%，某些植物的筛管汁液里有少量棉子糖、水苏糖、毛蕊花糖等，各种植物激素(除了乙烯)都有，也有各种无机离子。淀粉不能通过韧皮部进行转运，A错误。

韧皮部的运输在白天和黑夜都在进行。在白天由于光合作用旺盛，产生的光合产物大部分在叶绿体基质中形成淀粉储存起来，等到晚上再以磷酸丙糖的形式转运到细胞质基质，转变为蔗糖运输到非光合器官。所以B错误，C、D正确。

淀粉分为直链淀粉和支链淀粉，直链淀粉难溶于水而支链淀粉易溶于水，直链淀粉和碘作用呈深蓝色，而支链淀粉呈紫色到紫红色。E错误。　答案:CD。

81 下列有关植物糖类运输的叙述中正确的是(　　)。(单选)

A. 糖类均由叶片送出　　B. 糖类不可能由茎秆送入叶片

C. 任何时期的种子均为糖类运输的目的地　　D. 根部不会把糖类送至茎部

E. 源(source)器官一定会把糖类送至库(sink)器官

解析 A错误，幼苗和一些植物的茎、萼片、未成熟花瓣等都可以进行光合作用，也能够成为营养物运输的源。

B错误，幼叶生长时就是营养物运输的库。

C错误，种子萌发时种子作为源给新生幼体提供营养物质。

D错误，如块根上的芽萌发时块根就会把营养物质运输到茎部。　答案:E。

82 下列有关植物体内营养物质运输的叙述中正确的是(　　)。(多选)

A. 韧皮部中物质的运输是双向的

B. 部分矿物盐在根部组织可完全通过共质体(symplast)运输

C. 韧皮部中运输的物质包括蛋白质

D. 植物根总是作为“库(sink)”，无法作为“源(source)”

E. 最普遍运输的糖类是葡萄糖

解析 现在能证实同一维管束邻近的不同筛管可以双向运输，但是单一筛管能否同时进行双向运输蔗糖这一问题至今尚未解决。A正确。

共质体系统是指由胞间连丝将细胞原生质联系起来的连续系统。根部成熟区吸收矿质元素有两条途径，一条是质外体途径，另一条是共质体途径。质外体途径的离子运输方式是扩散，速度快，但是当离子从

皮层到达内皮层时，内皮层的凯氏带阻止离子从质外体直接扩散入中柱；不过根尖的凯氏带尚未完全发育好，内皮层没有完全栓质化，离子和水可能通过凯氏带破损处进入中柱。共质体途径运输速度慢，因为细胞与细胞之间的共质体径向运输要经过胞间连丝。B 正确。

根据蚜虫吻刺法获取韧皮部汁液分析得，在韧皮部里运输的物质主要是水，其中溶解许多糖类（主要是非还原糖，如蔗糖、棉子糖、水苏糖、毛蕊花糖，也有部分还原糖，如葡萄糖、果糖、甘露糖，因为非还原糖化合物的活性比还原糖化合物稳定，所以非还原糖是韧皮部主要的运输物质）、部分氨基酸、蛋白质、一些离子（如钾离子、镁离子、磷酸根离子）。C 正确。

储藏根供给发出新芽的过程可以作为源，D 不对。

如前所叙，主要是蔗糖，E 不对。　**答案：ABC。**

83　下列化合物或者化合物的衍生物中，哪个不是花色的主要决定因素？（　　）（单选）

A. 黄酮醇　　B. 类胡萝卜素　　C. 花青素　　D. 植物抗毒素

E. β-花青苷

解析　构成花色的蓝、紫、红等色素物质为水溶性、多是溶于细胞液中的花色素类或β-花青苷类以及黄酮醇类；而黄、橙、红色等色素物质是非水溶性的，绝大多数是在有色体中含有的类胡萝卜素类。

至于植物抗毒素是指病原菌侵入寄生时，两者相互作用，宿主细胞产生抑制病原菌生长的物质，即与植物抵抗病害反应有关的物质，比如说酚类，与花色当然没有什么关系。　**答案：D。**

84　植物的生长素拥有令茎弯曲的功能。关于这一功能，下列叙述中哪一项是正确的？（　　）（单选）

A. 当用光照射茎的一侧时，被光照射的一侧生长素浓度将会升高

B. 将茎剪断再重新接上后，生长素无法通过这一断面

C. 生长素可以令茎中的细胞纵向伸长生长

D. 生长素是通过导管运输的

E. 生长素是从茎的基部向尖端运输的

解析　一般认为光照射的一侧生长素浓度下降，A 不对。断茎接上后生长素是可以通过的，嫁接有效，B 不对。C 是对的。生长素是有机物，运输通过韧皮部的薄壁细胞进行，D 也不对。E 说反了，极性运输是从形态学上端到形态学下端（尖端向基部）。　**答案：C。**

85　假设你在向东的窗边种下一株正在生长的幼苗，请问这株植物的哪边会积累植物生长素？（　　）（单选）

A. 北边　　B. 南边　　C. 东边　　D. 西边

E. 植物的周边均匀分布

解析　室内生长的植物倾向于沿光线生长。如果旋转该植物，它很快将沿着它原来生长方向的反方向生长，这样它的终端部分依旧向着窗口。植物生长素是一种促进植物茎部伸长、根系生长和细胞分裂的植物激素。对被子植物来说，植物生长素在其背光部分积累，并促进细胞延长，这样背光部分长得比向阳部分快，使得整株植物朝向光线弯曲。　**答案：D。**

86　已知九层塔或茶树的顶芽生长均比侧芽优势，摘除顶芽则可促进侧芽的生长。据此，下列叙述中正确的是（　　）。（多选）

A. 顶芽能合成生长素，故比侧芽生长优势

B. 顶芽可合成脱落酸以抑制侧芽生长

C. 摘除顶芽后，植物会因受伤分泌乙烯而促进侧芽的生长

D. 摘除顶芽时侧芽的细胞分裂素会增加

E. 在摘除顶芽处涂抹生长素可促进侧芽的生长

解析　植物的顶端优势的原因是其腋芽生长所需的最适生长素（IAA）浓度远低于茎伸长所需的浓度，

产生于顶芽并流向植株基部的IAA流虽然维持着茎的伸长生长，却足以抑制腋芽的发育；切去顶芽以除去IAA的来源，对侧芽的抑制效应就会消失。生长素不是唯一控制顶端优势的因素，细胞分裂素(CTK)在顶端优势中能够拮抗IAA的作用。细胞分裂素是在根中合成的，而顶芽产生的生长素可能控制细胞分裂素的运输，由于顶芽的生长素通过极性运输传递给侧芽，故顶芽生长素浓度低于侧芽生长素浓度，成为输入物质的库，比侧芽优先得到细胞分裂素。侧芽因生长素浓度高，得不到足够的细胞分裂素，因此生长受到抑制。当摘除顶芽时，侧芽的细胞分裂素会增加。 答案：AD。

87 下列植物的表现与植物激素无直接关联的是(　　)。(单选)

A. 枫树黄化落叶　B. 含羞草触发运动　C. 西红柿果实成熟　D. 豌豆苗向光运动

E. 菊花的开花

解析 A错误，黄化落叶受脱落酸调控。B正确，含羞草的触发运动属于感震运动，由细胞膨压(水分)的变化引起，与植物激素无直接关联。C错误，与乙烯等植物激素有关。D错误，向光运动由生长的不均匀性引起，受生长素调控。E错误，菊花(短日植物)的开花受赤霉素和开花素等激素调控。 答案：B。

88 下列有关植物茎部向光生长的叙述中正确的是(　　)。(多选)

A. 是一种抗睡眠运动

B. 作用点在茎顶的成熟区

C. 与生长素有关

D. 背光面的细胞生长较向光面快

E. 此作用受绿光的刺激

解析 A错，向光性是向性运动的一种，指生物的生长受光源的方向影响，与睡眠运动无关，睡眠运动是植物可逆的感性运动，与生物钟有关。B错，向光性的主要作用点为嫩茎尖、胚芽鞘和暗处生长的幼苗。C、D对，传统的观点认为，植物的向光性反应是由生长素浓度的差异分布引起的，由于光照下生长素自顶端向背光侧运输，背光侧的生长素浓度高于向光侧，使背侧生长较快而导致茎叶向光弯曲。E错，对向光性起主要作用的光是420～480 nm的蓝光，可推测其光敏受体为蓝光受体。 答案：CD。

89 下列有关水稻叶片在稻穗即将成熟的快速枯黄期前后的叙述中哪些正确？(　　)(多选)

A. 叶片枯黄期启动前的蛋白质含量较高

B. 叶片枯黄启动开始时乙烯含量较高

C. 叶片枯黄启动开始时呼吸作用较弱

D. 叶片枯黄时糖类含量较低

E. 枯黄的叶片中各种矿物盐含量较低

解析 A对，叶片衰老时，蛋白质合成能力减弱，分解加快，总的来说蛋白质含量显著下降，因此在叶片枯黄期的启动期是其蛋白质含量最高的时候。B对，植物的五大类内源激素都与植物衰老有关，一般情况是：IAA、GA和CTK在衰老期逐步下降，而ABA和乙烯在衰老期含量较高，乙烯可以增加膜透性，使物质消耗增多。C错，线粒体的衰老没有叶绿体的变化那么快，但呼吸作用在衰老过程中是逐步下降的，因此衰老初期是整个时期呼吸作用较高的时间段。D对，在衰老过程中，可溶性单糖和可溶性氨基酸因为多糖和蛋白质的分解作用而增加。E错，枯黄的叶片中不可转移的盐含量高，可转移的盐含量低。 答案：ABD。

90 下列有关植物脱落酸(abscisic acid，ABA)的叙述中哪些正确？(　　)(多选)

A. 通常在环境不佳时产生，故又称逆境激素，可抑制细胞的老化

B. 当气温下降时，芽内ABA浓度升高，造成芽呈休眠的状态

C. 作物种子发育成熟时，ABA的含量下降

D. 可抑制赤霉素的生理功能，使种子无法发芽

E. 在叶子中合成，与缺水时气孔关闭有关，但与离层的形成无关

解析 脱落酸是植物最重要的生长抑制剂，因为其抑制核酸和蛋白质的生物合成，主要作用如下：促进脱落，促进植物体进入休眠，促进气孔关闭，提高抗逆性(脱落酸又叫逆境激素或应激激素)，脱落酸能提高植物对低温、干旱、水涝和盐渍等不良条件的适应能力。故这种题目只要知道成熟、脱落、衰老、逆境等时候植物体内的脱落酸含量会上升就能解决。

A错误，应当是促进细胞的衰老。C错误，应当是含量上升，因为脱落酸能促进种子进入休眠。E错误，植物体根、茎、叶、果实、种子都能合成脱落酸，脱落酸促进气孔关闭，也能促进分解细胞壁的酶的分泌，还能抑制叶柄内生长素的传导，所以促进器官脱落。　**答案：BD。**

91　依据如图11所示的实验结果，下列叙述中正确的是（　　）。（多选）

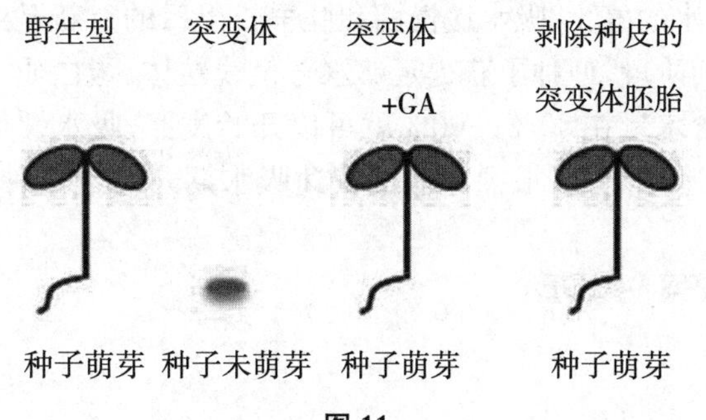

图 11

A. 突变体（mutant）无法萌芽（germination）可能是种皮（seed coat）限制（restriction）的缘故

B. 突变体因为赤霉素（gibberellin，GA）不足，所以无法萌芽

C. 突变体因为休眠（dormancy）的缘故，所以无法萌芽

D. GA可改变种皮的限制，让种子萌芽

E. 突变体因为缺少淀粉水解酶（starch hydrolase），所以无法发芽

解析　本题是看图推理题。A正确，根据突变体不发芽，而剥除种皮后的突变体发芽，可以猜测可能是种皮限制导致突变体不能发芽。B正确，根据突变体不发芽，而经过GA处理的突变体发芽，可以猜测突变体由于GA不足而不能发芽。D正确，结合A、B可猜测GA能够解除种皮对突变体种子的限制，让种子发芽。C、E无法从图中推出。

一般认为，包括种皮的机械阻碍、不透水性、不透气性以及种皮中存在抑制萌发的物质等原因，用物理、化学方法破坏种皮或去除种皮即可解除休眠；而赤霉素能诱导产生水解酶，使种子中的贮藏物质由大分子分解为小分子，从而为胚所利用，促进胚后熟，有利于萌发。　**答案：ABD。**

92　下列植物不同的生理反应由生长素所引起的是（　　）。（多选）

A. 顶端优势　　B. 细胞延长　　C. 向光性　　D. 向地性

E. 果实成熟（ripening）

解析　顶端优势指由于顶芽分泌的生长素抑制了侧芽的生长，造成顶芽优先生长而侧芽受抑制。

细胞延长是生长素引起的，同时细胞分裂素也可以促进细胞分裂和扩大。

向光性是植物的上部分受光照影响生长趋向于光照一侧的现象，生长素被运输到光照射的背面，促进其生长，引起茎尖生长趋向于光照。

向地性是植物由于重力作用所做出的生长反应。根的向地性是生长素的快速重新分布的生理过程。

促进果实成熟的激素是乙烯。　**答案：ABCD。**

93　下列有关种子萌芽生理（germination physiology）的叙述中正确的是（　　）。（多选）

A. 其水势（water potential）由渗透势（osmotic potential）、压力势（pressure potential）和衬质势（matric potential）组成

B. 其快速吸水期即为萌芽起始期

C. GA可促进淀粉（starch）储存型的种子的萌芽

D. 油脂（lipid）储存型的种子需将油脂转变成碳水化合物（carbohydrate）作为营养源

E. 根毛（root hair）是幼苗水分和矿物盐（mineral salts）吸收的主要场所

解析　植物的水势包括渗透势（溶质势）、压力势、衬质势。A正确。渗透势是由于溶质颗粒的存在，降

低了水的自由能，因而其水势低于纯水的水势，一般为负值；压力势是由于细胞壁压力的存在而增加的水势，原生质体膨胀挤压细胞壁，从而对原生质体产生反作用力，一般为正值；衬质势是细胞胶体物质亲水性和毛细管对自由水束缚而引起水势降低的值，一般为负值。

人们常把胚根突破种皮作为种子萌发的标志。种子萌发过程基本上包括种子吸水，储存组织内的物质水解和运输到生长部位合成细胞组分，细胞分裂，胚根、胚芽出现等过程。其中种子吸水又分为三个阶段，即急剧的吸水/快速吸水期、吸水的停止/吸水缓慢期和胚根长出后的重新迅速吸水。最初的快速吸水是物理吸胀作用的结果，属于发芽前阶段，使种子获得足够水分供线粒体、蛋白质、酶等进行生化反应，吸水量因作物种类而异，一般蔬菜种子含水量在30%～60%就可以开始发芽；吸水缓慢期吸收水分使种子生化系统活化，主要表现在呼吸作用急速提高；胚根裸露后的快速吸水期开始进入种子发芽后的生长发育期，故B错误。

C、D、E均是正确的。 **答案：ACDE。**

根据图12，回答94、95题。

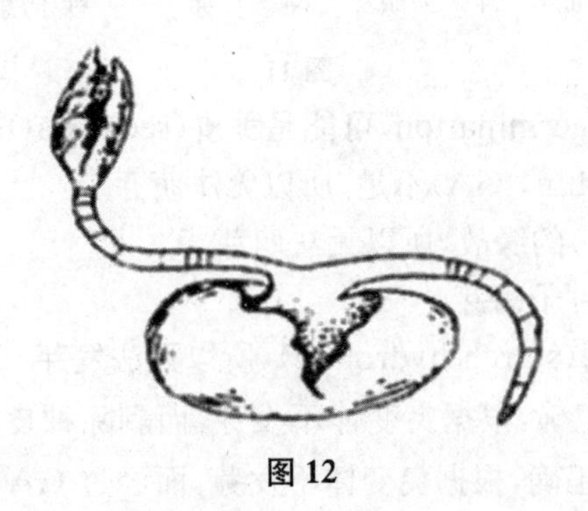

图 12

94 图中的根展示了什么特性？（　　）(单选)

A. 正趋光性　　B. 正趋重力性　　C. 逆趋重力性　　D. 趋水性

解析 趋重力性是植物或真菌对重力适应产生的生长方式。根有正趋重力性，茎有逆趋重力性，即根向着重力方向生长(向下)，茎向着重力的反方向生长(向上)。根向重力生长是靠植物生长激素的运动调节的。植物生长激素浓度升高会抑制根细胞的伸长，因此植物生长激素在根中的分布不同会改变根的伸长部位，最终导致根的弯曲。 **答案：B。**

95 图中的茎展示了什么特性？（　　）(单选)

A. 正趋光性　　B. 逆趋光性　　C. 逆趋重力性　　D. 正趋水性

解析 详见上题的解析。在根和茎中，植物生长激素都会受重力影响，在近地侧聚集。这会抑制根近地侧的伸长，造成根向重力的方向弯曲(正趋重力性)。而在植物茎中，植物生长激素浓度越高，植物细胞生长越快，因此，茎近地侧生长加快，使芽向上弯曲。 **答案：C。**

96 下列有关植物的生长反应哪项是正确的？（　　）(单选)

A. 根有趋重力性和逆趋水性　　B. 芽有逆趋光性和趋重力性

C. 芽有趋光性和逆趋重力性　　D. 根有逆趋重力性和趋光性

解析 趋向性是植物或某些低等动物对外界某个方向上的刺激作出的反应，可以通过主动移动和结构改变实现趋向运动。趋向性包括趋光性、趋重力性、化学趋向性、趋水性、趋力性、趋伤性和趋电性。大多数趋向运动是正趋向性运动，即向刺激来源的方向。斜趋向运动是运动方向和刺激来源方向成一定角度。横趋向运动是运动方向和刺激方向成直角。具体而言，芽趋光、逆趋重力，根趋重力、趋水、逆趋光，故C正确。

答案：C。

97 根向下生长被称为(　　)。(单选)

A. 逆趋光性　　B. 整复　　C. 顶端优势　　D. 趋重力性

解析 详见上题解析，根趋重力。　答案：D。

请阅读下面关于某植物种子发芽的实验，回答98、99题。

实验：在培养皿中铺上用水打湿的滤纸，令种子在滤纸上吸水，并在黑暗中放置12 h后，置于表4所示的环境条件下。其中，R表示红光的短时间照射，FR表示近红外光的短时间照射。之后，在将种子放回黑暗环境中，于50 h后统计种子的发芽率(%)，结果如表3所示。

表3

实验	光照顺序	种子发芽率(%)	
		18 ℃	26 ℃
1	暗处(无光照)	78	6
2	R	72	70
3	R→FR	75	6
4	R→FR→R	77	76
5	R→FR→R→FR	76	6
6	R→FR→R→FR→R	75	74
7	R→FR→R→FR→R→FR	78	9

98 下面选项中，哪一项正确描述了本实验中26 ℃下种子发芽率和光照的关系？(　　)(单选)

A. 一开始的红光的照射可以促进种子发芽　　B. 最后的近红外光的照射可以促进种子发芽

C. 后面的照射可以取消前面的光照效果　　D. 红光的照射可以被累积

E. 近红外光的照射可以被累积

解析 本题是光形态建成相关题目。最后一次光照起决定性作用。26 ℃下红光促进发芽，近红外光抑制发芽，但是并不是一开始的光起作用，所以A、B均不对；C是正确答案；光照不可被积累，D、E均不对。答案：C。

99 在这些种子发芽的时候，红光和近红外光以及温度都对其有何影响？请从下面选出正确的一项：(　　)。(单选)

A. 温度高促进发芽，红光可以抑制发芽　　B. 温度高促进发芽，近红外光可以抑制发芽

C. 温度高抑制发芽，红光可以促进发芽　　D. 温度高抑制发芽，近红外光可以促进发芽

E. 温度越高，交替照射影响发芽的效果越大

解析 当温度为18 ℃时，无论光照条件如何，都较容易发芽，因此高温抑制发芽。由上题可知，红光促进发芽。综合知C是正确答案。并不能从题目中看出交替照射有何影响。　答案：C。

100 用绿篱机修剪绿篱使其高度降低，会刺激绿篱长得浓密，原因是什么？(　　)(单选)

A. 因为会刺激乙烯气体的产生

B. 因为移除了顶端分生组织会产生更多的植物生长素，从而刺激侧枝枝芽的生长

C. 因为移除了顶端分生组织会减少植物生长素的生成，从而允许侧枝生长

D. 因为移除了顶端分生组织会导致乙烯减少，从而刺激侧枝生长

E. 因为移除了侧芽，在细胞分裂素的影响下导致了顶端优势

解析 破除顶端优势。　答案：C。

101 下列哪个术语可以形容叶子或者花朵在晚上的关闭行为？(　　)(单选)

A. 偏上性　　B. 感夜性　　C. 感震性　　D. 感热性

E. 感触性

解析 偏上性指在形态上或生理上具有正反面的植物器官(叶和侧枝等)的向上生长(向轴侧)快于向下(背轴侧)生长,从而显示向上凸出的弯曲现象。与此相反的现象称为偏下性生长。

感夜性运动主要是由昼夜光暗变化引起的。有此行为的主要是一些豆科植物(如大豆、花生、合欢等),还有酢浆草等其他科的植物,白天叶片张开,夜间合拢或下垂,其原因是叶柄基部叶枕的细胞发生周期性的膨压变化。如合欢的叶片是二回偶数状复叶,它有两种运动方式,一是复叶的上(昼)下(夜)运动,二是小叶成对的展开(昼)与合拢(夜)运动。在叶枕和小叶基部上下两侧,其细胞的体积、细胞壁的厚薄和细胞间隙的大小都不同,当细胞质膜和液泡膜因感受光的刺激而改变其透性时,两侧细胞的膨压变化也不相同,使叶柄或小叶朝一定方向发生弯曲。白天,叶基部上侧细胞吸水,膨压增大,小叶平展;而晚上,上侧细胞失水,膨压降低,小叶上举。

此外,三叶草和酢浆草的花以及许多菊科植物的花序昼开夜闭,月亮花、甘薯、烟草等花的昼闭夜开,也是由光引起的感夜运动。

植物体能感受机械刺激,并产生反应的性质为感震性。

感热性指由温度变化使器官背腹两侧不均匀生长引起的运动。如郁金香和番红花的花,通常在温度升高时开放,温度降低时闭合。这些花也能对光的变化产生反应,例如,将花瓣尚未完全伸展的番红花置于恒温条件下,光照时花开,在黑暗中则闭合。

感触性(thigmonasty)是由接触刺激引起的向性运动。典型例子是在茅膏菜属(*Drosera*)的捕虫叶顶部,可以看到有分泌黏液的触毛(tentacle)。叶周边的触毛是非常敏感的,例如用细灯心草轻轻地摩擦它的顶部,便立即引起其处的负电位变动,此时多数的活动电位开始沿触毛柄向下方传递,而柄则向上弯曲。这种运动是一种生长运动,不久弯曲便得到恢复。以后仍然能产生同样的反应。 **答案:B。**

将烟草茎端的芯部取出,在加入了植物激素 a 和 b 的琼脂培养基中培养,结果长出了不规则的细胞团(愈伤组织)。再将这些愈伤组织转移到含有不同浓度的两种激素的培养基中进行培养,结果分化出根和芽,最终成长为完整的植物体(如图 13 所示)。

用 c 将植物细胞的细胞壁分解,便可得到缺少细胞壁的球状细胞。这种细胞被称为 d,在适当条件下也可培养成完整的植物体。另外,d 不光在同种细胞间,还能在异种细胞间发生 e,利用这一特性从马铃薯和番茄中培育出了两者的混合体植物。

根据以上内容,回答 102~104 题。

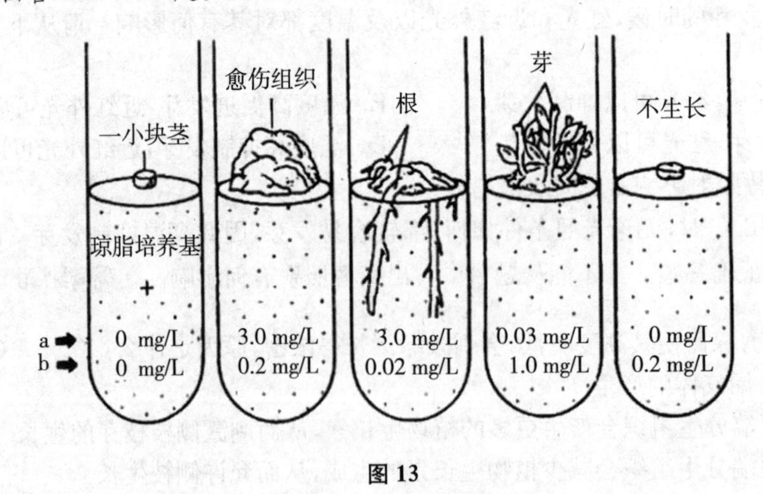

图 13

102 上文以及图 13 中的 a 和 b 各表示的是什么植物激素?请从下列选项中选出正确的一组:(　　)。(单选)

A. 生长素,乙烯　　B. 脱落酸,细胞分裂素

C. 细胞分裂素,赤霉素　　D. 生长素,细胞分裂素

E. 赤霉素,生长素

解析 在组织培养过程中,生长素和细胞分裂素的含量配比非常重要。生长素用量与细胞分裂素用量

的比值高时有利于根的分化、抑制芽的形成；比值低时，有利于芽的分化，抑制根的形成；比例适中时，促进愈伤组织的生长。据此可知 a 是生长素，b 是细胞分裂素，合适的比例是 3.0 mg/L ∶ 0.2 mg/L。

答案：D。

103　上文中的 c 是下面的哪一项词语？(　　)(单选)

A. 淀粉酶　　B. 逆转录酶　　C. 纤维素酶　　D. 蛋白酶

E. 磷酸酶

解析　水解细胞壁的是纤维素酶。　答案：C。

104　上文中的 d 是下面的哪一项词语？(　　)(单选)

A. 造粉体　　B. 原生质体　　C. 叶绿体　　D. 多细胞

E. 单细胞

解析　水解掉细胞壁后得到的是原生质体。　答案：B。

105　被子植物中，哪个器官最可能从明显成熟的内部组织再度分离？(　　)(单选)

A. 叶子　　B. 花朵

C. 从主干长出的支干　　D. 从主根长出的侧根

解析　侧根是由根的内部组织形成的，故称为内起源。　答案：D。

106　水稻基因组的相关研究显示，水稻总共拥有 X、Y、Z 三种光敏素基因。光敏素是植物体内的一种光受体，对红光和近红外光较敏感，而 X、Y、Z 各自都参与了红光和近红外光的相关生物反应。将野生型，感光异常的水稻变异体 A、变异体 X、变异体 Y 各自给予红色光(R)、近红外光(FR)以及 R 和 FR(R/FR)的光照脉冲，观察其胚芽鞘的伸长生长，观察结果如图 14 所示。

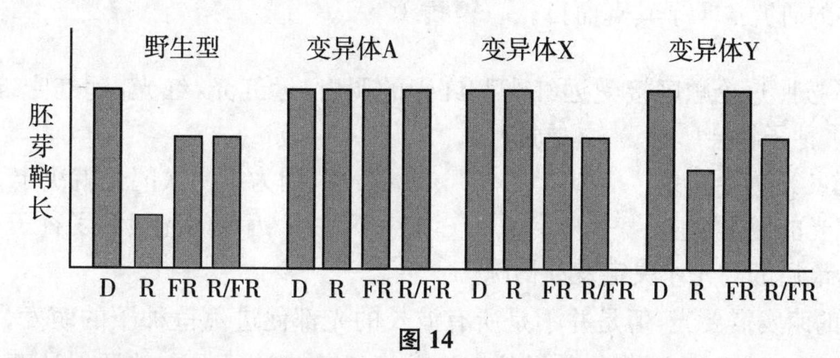

图 14

野生型是正常种系。

播种后，先在黑暗状态种植 2 天，再给予 15 min(或 15 min + 15 min)的光照脉冲，之后在黑暗中种植 3 天后测量胚芽鞘长度。

结合上面的结果，推测了究竟是什么基因导致了变异体 A 的异常。请从 A～E 的推测中选出正确的一项。图中的 D 表示在没有光照的黑暗环境中的观察结果。(图中并没有表现出偏差。)(　　)(单选)

A. 导致变异体 A 性状异常的基因在接收红光或近红外光信号并调节胚芽鞘伸长时不是必需的

B. 导致变异体 A 性状异常的基因可能是光敏素 Y 的基因

C. 导致变异体 A 性状异常的基因可能是与光敏素发色团的合成系统有关的基因(发色团指能够吸收可见光的小分子化学物质)

D. 导致变异体 A 性状异常的基因可能是蓝紫光受体隐花色素基因(隐花色素是一种拥有与光敏素不同发色团的光受体，主要吸收蓝紫光)

E. 本实验没有观察变异体 Z，因此无法推测究竟是什么基因导致变异体 A 性状异常

解析　由于此变异体对红光脉冲和近红外光脉冲都没有反应，可知它的 3 个光敏素基因的功能全部都有缺陷。因此，答案是 C。本题需要考生知道蛋白质接收可见光时需要发色团的参与。　答案：C。

107 令双子叶植物在白色光下发芽，则茎(准确地讲是胚轴)仍然保持很短的长度，而两片子叶则会展开并长大，并发育为绿色。而如果令其在黑暗下发芽，则茎会长得又长又细，而两片子叶仍保持闭合，不会长大，并且呈浅黄色。用人工方式获得双子叶植物拟南芥的多种突变体，并筛选出即使在白色光照下发芽也会长出细长的茎并且子叶不变绿的两种突变体(设为 a 和 b)。在后续的研究中发现，a 和 b 中各有一个基因功能缺失。白光是由多种颜色(波长)的光混合而成的，在这些单色光下种植所筛选出的突变体，发现 a 在蓝光下发芽时茎不长长而叶片呈绿色，但在绿色光和红色光下仍然长出细长的茎，并且叶片不变绿；b 在红色光下发芽时茎不长长而叶片呈绿色，但在其他颜色光下仍然长出细长的茎，并且叶片不变绿。从这些实验现象可以得出什么样的结论？请从 A～E 中选择最适当的一项：(　　)。(单选)

A. 植物中只有识别红色光的蛋白质

B. 植物中只有识别蓝色光的蛋白质

C. 植物拥有不同的蛋白质，分别识别红色光和蓝色光

D. 植物中存在既可以识别红色光也可以识别蓝色光的蛋白质

E. 从上述实验结果中无法推测植物中是否存在识别不同颜色的光的蛋白质

解析 要弄清某一生物现象背后的机制，研究这一现象异常的突变体是最直接的方法。本题中提到的现象是高等植物发芽之后对周围光环境的适应现象，这一现象将会触发幼芽的光合作用，其营养模式也从消耗储存在种子中的营养转化为依靠光合作用的自养方式。在专业术语中，将植物中的这一现象以及其他在成长中表现出的对光环境的适应现象统称为“光形态建成”。

光形态建成时植物感受光后发生一系列反应，因此植物体内一定存在可以感受(吸收)光的物质(光受体)。研究突变体正是为了弄清光受体的真面目。检测后发现，导致突变体 a 不能感受红光的基因是光敏素，而突变体 b 之所以无法感受蓝光是因为其隐花色素的基因受到了破坏。光敏素是在进行这一系列研究之前就已知的蛋白质。而关于隐花色素，从 19 世纪开始人们就猜测存在类似的光受体，但是直到 1993 年人们才终于通过突变体的研究揭示了其真面目。　答案：C。

108 莴苣的种子按照这个顺序接受远红光和红光的照射：远红光，红光，远红光，红光，红光，红光，红光，远红光。那么这个种子将会(　　)。(单选)

A. 发芽，因为远红光诱导发芽

B. 发芽，因为第一次闪光就决定了发芽

C. 发芽，因为红光的照射更多

D. 不发芽，因为闪光毁坏了种子

E. 不发芽，因为最后的闪光才决定发芽情况

解析 莴苣种子的萌发需要光，但是并不是所有波长的光都促进莴苣种子的萌发。促进莴苣种子萌发最有效的光是红光，而远红光则抑制莴苣种子的萌发。至于莴苣种子在交替照射这两种光之后是否萌发，取决于最后所照的光是红光还是远红光：如果是红光，则萌发；如果是远红光，则不萌发。更深层次的原因则是远红光会使得光敏色素发生从 Pfr 到 Pr 的转变，而后者是没有促进莴苣种子萌发的效果的，前者才有，红光照射会使 Pr 转变为 Pfr。　答案：E。

109 下列关于植物生长素的选项中哪个是不正确的？(　　)(单选)

A. 植物生长素几乎不刺激生长

B. 植物生长素是造成植物向光性的主要因素

C. 植物生长素刺激根系生长

D. 植物生长素延迟果实衰老

E. 植物生长素对木质部和韧皮部的形成和组织化有贡献

解析 植物生长素在植物生长周期中对很多生长和行为过程的协调起主要作用，对植物躯干发育也至关重要。植物生长素产生于顶芽，抑制侧芽生长并刺激根系生长。

植物生长素是植物体内发现的一类激素，主要在顶芽和根系尖端产生，并且可以扩散到芽和根系的其他部分。它能改变植物细胞的延长率，控制它们长到多长。对于高浓度的植物生长素，芽和根做出的反应不同：芽细胞生长多，根细胞生长少。

向光性：在芽中，阴面含有更多的植物生长素。这意味着阴面部分长得更长，导致芽朝着光源弯曲。根

系细胞对植物生长素反应更为敏感，细胞伸长在高浓度下被抑制。所以根系阴面含有更多的植物生长素，反而长得比阳面更慢。这导致根是背着光源弯曲的。

向地性：植物生长素也与向地性有关。在一个水平放置的根部中，下部比上部包含更多的植物生长素。这导致下部比上部长得慢，使得根部向重力方向弯曲。在一个水平放置的芽中，下部比上部包含更多的植物生长素，使得下部长得比上部快，导致芽朝克服重力的方向生长。

生长素的产生点主要是叶原基、分生组织、成熟中的种子，尽管全部植物细胞都可以产生少量这种激素。

植物生长素是植物中才有的激素，其运输是单向性的。其运输通过维管实质细胞（维管薄壁细胞）发生，可能是由上往下的——由高端的部分（根和茎）向基底部分运输；也可能是由下往上的——由低端的部分向高端运输。植物生长素也可能通过韧皮部细胞进行非单向性的运输。

生长素的效用有：使分生组织分化形成维管组织；促进叶子形成和排列；引起开花；抑制叶子脱落；抑制侧芽生长（通过刺激生长尖端的"营养衰竭"，这导致顶端优势）；刺激中柱鞘产生侧根（尽管高浓度的植物生长素对已经在生长的根系来说将会抑制它们的生长）；促进果实发育和成熟（通过成熟中的种子里产生的植物生长素）。（单性结果的或者无种子的果实可以通过施加植物生长素催熟，并且一些突变了的商品水果会在它们的组织里产生植物生长素用于催熟，不需要种子的帮助。） 答案：A。

110 含羞草叶子的触发作用与下列哪项有关？（　　）（单选）

A. 神经系统　　B. 植物激素　　C. 水分膨压　　D. 二氧化碳浓度

解析 含羞草叶子的运动是机械门控离子通道开放，引起钾离子内流，小叶叶枕水分膨压变化最终导致的（图15）。 答案：C。

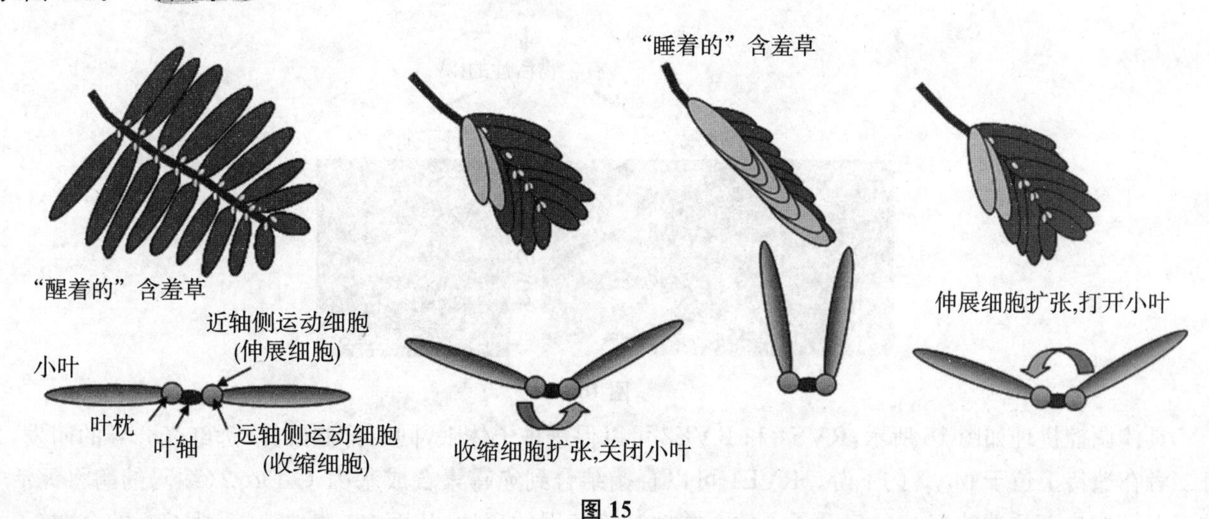

图 15

111 下列哪个选项为植物在缺水压力下的表现？（　　）（单选）

A. 进行睡眠运动　　B. 赤霉素增加

C. 叶片细胞内淀粉的堆积增加　　D. 脱落酸增加

E. 以上皆非

解析 脱落酸（ABA）为抗逆激素，在缺水条件下，植物叶子中ABA的含量增多，引起气孔关闭。这是由于ABA促进钾离子、氯离子和苹果酸离子等外流，从而促进气孔关闭。用ABA水溶液喷施植物叶子，可使气孔关闭，降低蒸腾速率。因此，ABA可作为抗蒸腾剂。 答案：D。

112 下列关于一般种子萌芽的叙述中正确的是（　　）。（多选）

A. 植物营自养，因此萌芽时光照是必需的

B. 种子萌芽时需要足够的水分，应将种子浸泡在水中，直到发芽

C. 种子萌芽时需要足够的空气，因此最好不要放在密闭的盒子内

D. 欲促使休眠中的莴苣种子发芽,添加赤霉素是可行的方法之一

E. 欲促使休眠中的莴苣种子发芽,照射远红光是可行的方法之一

解析 A选项错误,植物的种子中储存有大量有机物以提供萌发时的能量和营养,因此种子萌发时不需要光合作用合成有机物。植物种子按萌发时是否需要光分为需光种子、中光种子和需暗种子。大部分种子属于中光种子,即光对种子的萌发没有影响;需光种子的萌发需要光照诱导,如一些储存有机物较少的种子,只有当它们处于土表接受光照时才能发芽,从而及时伸出土表,迅速进行自养生长,如果在处于光不能穿透的土层中的黑暗处发芽,则伸出土表的过程中将会消耗大部分有机物储备;而需暗种子的萌发受光的抑制,因此自然条件下必须覆土才能萌发。

B选项错误,水分是种子萌发的必要条件。然而将种子浸泡在水中会导致氧气不足,种子无法萌发。

C选项正确,氧气也是种子萌发所需的条件。因此最好不要放在密闭的盒子内,否则导致氧气不足。

D选项正确,赤霉素是打破种子休眠的重要激素,可以诱导α-淀粉酶、β-淀粉酶、蛋白水解酶等生成,促进种子萌发。

E选项错误,远红光(730 nm)抑制种子萌发,红光(660 nm)促进种子萌发。其光受体为光敏色素,有Pr和Pfr两种结构,Pfr促进种子的萌发。红光使Pr转变为Pfr,远红光使Pfr转变为Pr。因此远红光抑制种子萌发。这个现象使人们发现了光敏色素,这是植物生理学研究的一个里程碑事件。

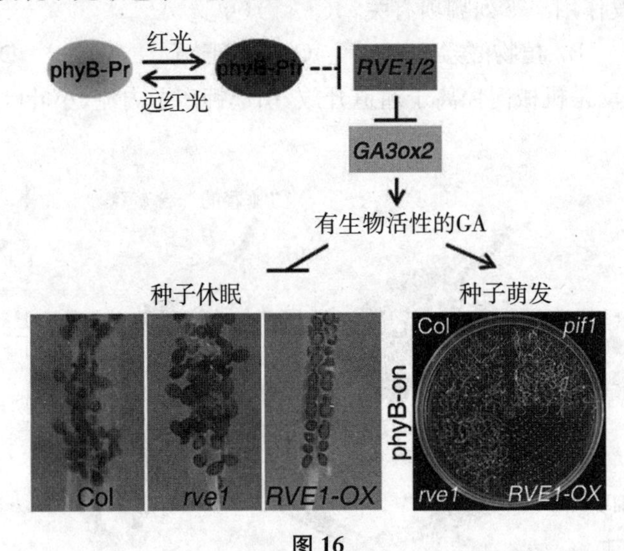

图 16

具体调控机理如图16所示,RVE1和RVE2可以促进种子休眠,同时抑制红光/远红光介导的萌发,并且二者在遗传上位于phyB的下游。RVE1可以直接结合到赤霉素合成基因 *GA3ox2*(编码的酶将无活性的GA转变为有活性的GA)的启动子元件上并抑制该基因的表达,从而专一性抑制活性GA的合成(不影响ABA的合成),进而促进休眠和抑制萌发。 答案:CD。

参考文献

[1] Jiang Z, Xu G, Jing Y, et al. Phytochrome B and REVEILLE1/2-mediated Signalling Controls Seed Dormancy and Germination in *Arabidopsis*[J]. Nat. Commun., 2016, 7: 12377.

113 下列有关植物萌芽时养分来源的叙述中错误的是(　　)。(多选)

A. 洋葱种子萌芽时,养分主要来自鳞叶

B. 绿豆种子萌芽时,养分主要来自子叶

C. 银杏种子萌芽时,养分主要来自雌配子体

D. 百合花粉萌芽时,养分主要来自花粉管细胞

E. 铁线蕨孢子萌芽时,养分主要来自孢子囊

解析 洋葱肉质鳞叶是叶的变态,主要起储存营养的作用,洋葱种子属于有胚乳种子,种子萌发时,由种

子胚乳提供营养,A错误。绿豆属于无胚乳种子,其萌发时所需的营养主要来自子叶,B正确。银杏种子萌芽营养由胚乳供给,其胚乳由原雌配子体部分发育而来,C正确。百合的雌蕊在花柱中形成一中空的通道,即花柱道,花粉管生长时借助自己的营养代谢沿着花柱道表面下伸,D正确。要补充的是当植物花柱不存在花柱道时,有些花粉管在花柱中生长可以从花柱组织中吸收养料。孢子囊是植物或真菌制造并容纳孢子的组织,铁线蕨的孢子囊是薄孢子囊,薄孢子囊只有一层壁,内含多个孢子,下有柄细胞,孢子萌发借助的是本身的营养,E错误。　**答案:AE。**

114　下列有关种子萌发的叙述中正确的是(　　)。(多选)

A. 大豆与水稻种子萌发所需养分的供给部位不同

B. 种子萌发的必要条件是水、温度与氧气

C. 植物激素中GA、ABA均会影响种子的萌发

D. 光对种子的萌发均有促进的效果

E. 植物种子必须经过休眠才能萌发

解析　A对,大豆是无胚乳种子,萌发时利用子叶里的营养;水稻是有胚乳种子,萌发时利用胚乳的营养。B对,种子在经过休眠期后,在充足的氧气、适宜的温度和适量的水分下可以萌发。C对,种子萌发过程中激素变化调节代谢进程和生长。通常种子吸水后先形成GA,从而促进胚对胚乳营养的利用;ABA对诱导种子休眠和维持吸胀种子的休眠状态有积极调控作用,种子需要降低体内ABA水平或对ABA的敏感性才能萌发。D错,光对于需光种子比如烟草、苦苣苔、槲寄生来说是萌发必需的;对于西瓜属和黑种草属等需暗种子来说,光照可使它们的发芽受到抑制;但大部分种子的萌发对光不敏感。E错,不是所有的种子都有休眠期的。种子的休眠期是植物长期生存中进化出来的一种自我保护的方式,目的是为了在相对较好的节气中萌芽生长。而在温暖多湿的热带地区,气候条件比较温和,种子的休眠期短或没有休眠期,因为在这样的地区时常有种子发芽和幼苗生长的环境条件。　**答案:ABC。**

115　下列有关向性的相关描述哪些是错误的?(　　)(多选)

A. 向性的表现均与植物激素有关

B. 向光性与向地性均与光线有关

C. 与向光性有关的植物激素为细胞分裂素

D. 向触性受光线影响有日夜差异性

E. 向性均与细胞伸长有关

解析　向性运动都是由于生长不均匀引起的,属于生长性运动,所以一定会涉及有关细胞生长的激素在其中起作用,A正确,E正确。其中,向光性是由光线引起的,单方向光照引起植物生长素分布不均,从而不同部分生长速度不均;植物中感受重力的物质是根冠中的平衡石,向地性导致的弯曲生长也是由生长素的不均匀分布引起的,与光线无关,B错误。向光性的例子有所谓的太阳追踪,有些植物如向日葵、棉花、花生的顶端在一天中随阳光而转动,与光线有关,现推测生长素参与了其转向的内部动力机制,如图17所示,C错误。向触性是一种因接触刺激而引起的向性生长运动,如植物卷须卷成许多圈呈盘旋状,其不受光线影响,而与植物不同部位组织对生长素的灵敏度有关,D错误。　**答案:BCD。**

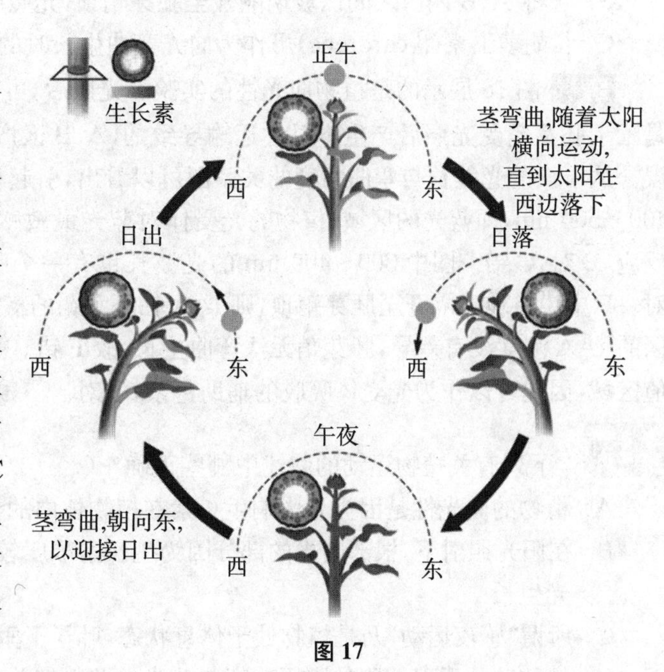

图17

参考文献

[1] Briggs W R. How Do Sunflowers Follow the Sun—and to What End? [J]. Science, 2016, 353 (6299): 541.

116 根据图 18,下列有关植物向光性的叙述中正确的是(　　)。(多选)

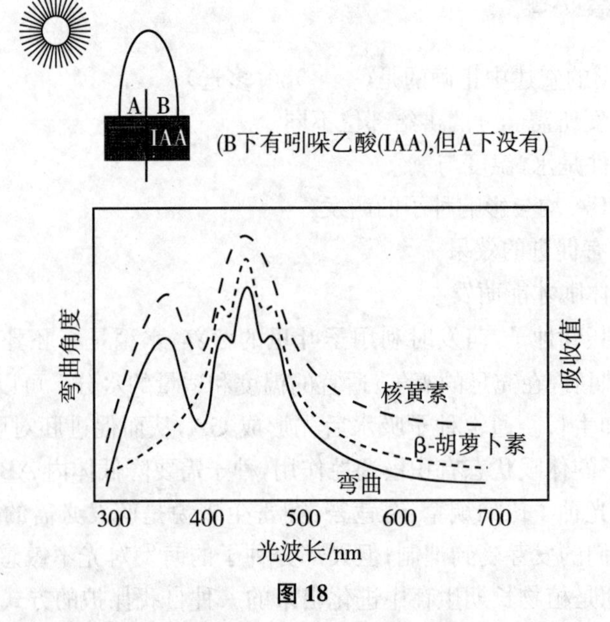

图 18

A. 光照后,玉米胚芽鞘 A、B 两区所含的生长素(auxin)量相同

B. 造成向光弯曲生长最有效率的光是蓝光

C. 红光亦可影响玉米胚芽鞘的向光弯曲生长

D. 可当作植物光受体(photoreceptors)的物质吸收光的特性一定与核黄素(维生素 B_2, riboflavin)类似

E. 可当作植物光受体者可能不止一种

F. 若将 A、B 两区之间以玻璃隔开至胚芽鞘顶,光照后所得的弯曲曲线与图中所示者相同

G. β-胡萝卜素(β-carotene)可作为向光弯曲生长时的辅助色素

解析 图 18 展示的是植物向光性的实验。光照后,可见玉米胚芽鞘 B 区下方有吲哚乙酸(生长素),这是玉米胚芽鞘受光照后产生不对称运输导致的,A、B 区产生的生长素差异是植物向光性生长的关键,A 错误。从下面的光波长与弯曲角度的关系图可以看出,引起植物向光性,即促进 IAA 产生最有效的光波长是 400~500 nm,即蓝光的区域,植物的光受体对蓝光最敏感,600~700 nm 波长的光即红光几乎不引起向光反应,B 对,C 错。图中 300~400 nm 的光波长也有一个吸收的峰值,则可能有另外一种光受体的存在,E 对。F 中说将玻璃隔开至胚芽鞘顶,则 IAA 在胚芽鞘的横向运输通道被阻断,无法在 B 区聚集,胚芽鞘 A、B 区的 IAA 浓度没有差异,胚芽鞘无法弯曲生长,故 F 错。β-胡萝卜素吸收蓝紫光,正好位于光受体吸收的峰值区域,因此可以作为光受体吸收的辅助色素,G 对。　**答案**:BDEG。

117 下列有关植物运动的叙述中哪些正确?(　　)(多选)

A. 植物的向光性是因为光影响生长素在植物体内的分布,使生长素大多集中在背光部分,故向光生长

B. 在阳光照射下,根部向光的部分因为生长素浓度较小,所以生长较快,背光部分生长较慢,于是负向光生长

C. 所谓"感夜运动"乃是植物处于休息状态,叶子下垂,叶柄基部的膨压降低的缘故

D. 植物叶片保卫细胞的膨压改变与蓝光的照射有关,而与钾离子无关

E. 感震运动、感夜运动与叶片追踪太阳等膨压改变导致的运动现象是可逆的

解析　D错，保卫细胞的开闭和钾有很大关系，存在钾离子积累学说，即在光照下保卫细胞叶绿体通过光合磷酸化合成ATP，活化了质膜氢泵，使钾离子主动吸收到保卫细胞中，钾浓度增高引起渗透势下降，水势降低，促进保卫细胞吸水，气孔张开。其他选项正确。

在植物的向性研究中通常认为茎具有向光性和趋地性，根具有向重性，而根对光不敏感或不具有向光性。直到20世纪90年代，Okada和Shimura用单侧光照射培育在透明的琼脂培养基中的拟南芥时，发现野生型拟南芥的根会向背光方向倾斜45°生长（如图19），而失去向重性的拟南芥突变体的根会背光水平生长，这时根的负向光性的存在才开始受到人们的注意。植物根的负向光性反应与向重性一样，可促使根系向土中生长，是植物对环境的一种适应性。植物根产生负向光性的机制可能与向重性机制类同（如图20），即根冠细胞膜上的光受体接受光信号后，进一步激发下游的信号转导，通过一系列的信号转导调控生长素载体产生极性运输，于是向光侧和背光侧的IAA含量发生差异，即背光侧的IAA含量大于向光侧。

答案：ABCE。

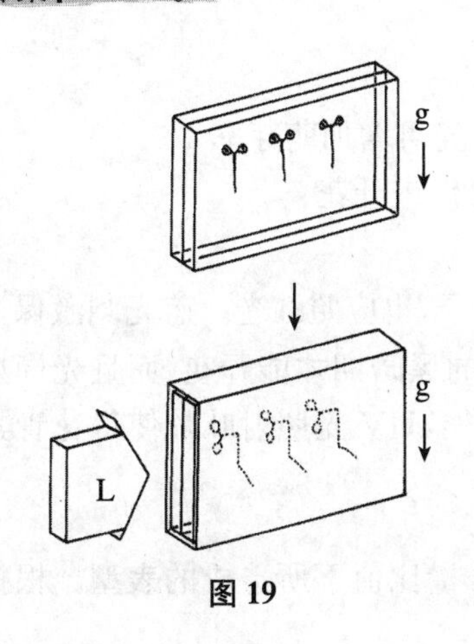

图19

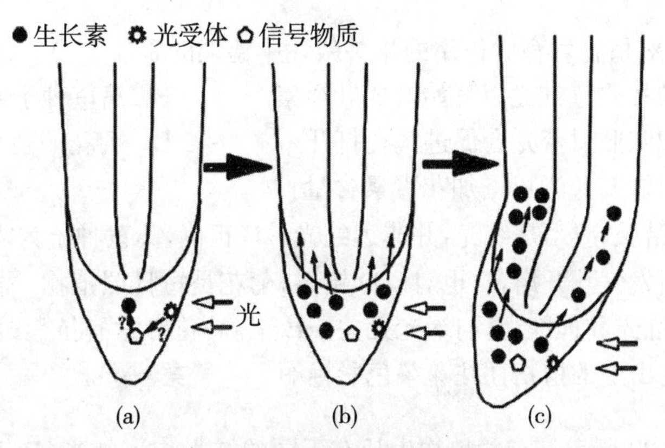

图20　负向光性产生的机制示意

(a) 根冠中的蓝光受体接受光信号，诱发某种目前尚未清楚的信号转导；(b) 引发生长素横向运输蛋白将向光侧的生长素向背光侧运转，使向光侧生长素浓度低于背光侧；(c) 背光侧重超量的生长素抑制背光侧根尖细胞的生长，从而产生负向光性生长。（莫亿伟，2003）

参考文献

[1] Okada K, Shimura Y. Mutational Analysis of Root Gravitropism and Phototropism of *Arabidopsis thaliana* Seedlings[J]. Aust. J. Plant. Physiol., 1992, 19(4): 439.

[2] 陈娟，王忠，孔妤，等．植物根负向光性反应[J]．植物生理学通讯，2009，45(3)：299.

118　图21是有关某植物单独以远红光、红光或同时以远红光与红光照射后，光合作用的相对效率的实验结果，据此判断下列叙述中正确的是（　　）。（多选）

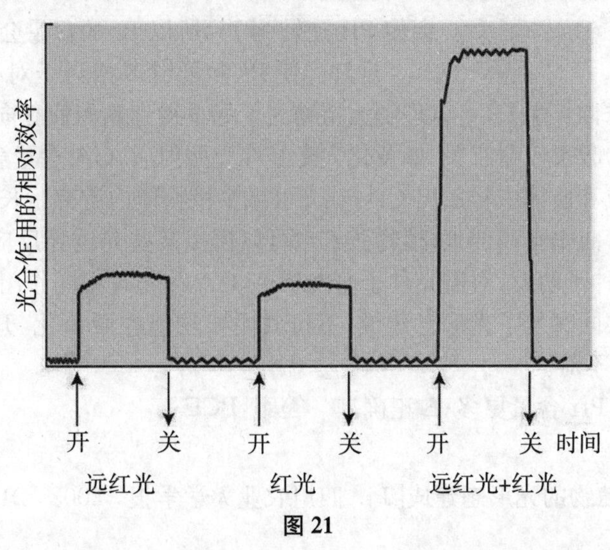

图21

A. 该植物具有3个光系统

B. 不同的光系统对最适当波长的吸收稍有不同

C. 吸收远红光时,相对效率的增加是因为产生强还原剂

D. 吸收红光时,其相对效率的增加必须经过远红光的照射

E. 该植物的每个光系统对远红光与红光的吸收具有同等的效率

解析 图21显示了植物具有远红光和红光两个光系统,只有同时给予远红光和红光时光合作用的相对效率才较高,说明需要两个吸收峰不同的光系统合作,故B正确。

PSⅠ的反应中心色素是P_{700},被光子激发后使结合态的铁氧还蛋白还原,最终使$NADP^+$还原成NADPH(强还原剂),丧失电子的P_{700}则由来自PSⅡ的电子还原。其实无论照射远红光还是红光,PSⅠ与PSⅡ都可以一起吸收两种光,只是两种光一起照射时两者都能吸收到最佳波段(PSⅠ为远红光,PSⅡ为红光),相对效率提高更多(大于二者单独之和),因此C对,D、E不对。 答案:BC。

119 光线对植物发育的作用的相关叙述中错误的是(　　)。(多选)

A. 白化苗接受远红光以开始合成叶绿素

B. 莴苣种子照射红光可增加萌芽率

C. 保卫细胞照射蓝光会促进气孔打开

D. 菊花照射绿光可促进开花

E. 叶片照射UV光可增加花青素含量

解析 A错误,应当是红光,并非远红光。B正确,莴苣种子为需光种子,也应照红光。蓝光刺激保卫细胞蓝光受体,引发气孔开启,C也对。D错误,菊花是短日照植物,需要长的黑暗期才能开花,而且光周期现象需要的光是红光和远红光,与绿光无关。E正确,花青素有抗紫外线功能,UV光照射叶片使得花青素含量增加,所以高山上的植物往往花朵色彩艳丽。 答案:AD。

120 如图22所示是有关植物生长在不同的红光与远红光(R/FR)含量比值下所造成的表型。根据图判断下列叙述中正确的是(　　)。(多选)

图22

A. R/FR=0.18的光照条件下,植株茎部的延长乃是由于光敏素(phytochrome)Pfr型增加的缘故

B. R/FR=0.18的光照处理与受遮阴时的植株表型类似

C. 所观察到伸长表型的相关性状至少有两种不同植物激素的参与

D. 隐花色素(cryptochrome)也参与植株伸长表型的形成

E. 植物在R/FR=2.28的光照下所含光敏色素Pfr型的量比在R/FR=0.18时高

解析 R/FR=0.18表示远红光处理远多于红光,而远红光会使Pfr逆转为Pr,所以Pr的含量会高于Pfr,故A错误。

远红光使Pr含量增多相当于对植物进行了黑暗处理,故植物产生暗生长反应——植株伸长生长(可以理解为植物为了尽早得到光而疯狂向上生长),B正确。

光敏色素与植物体内的激素代谢有关,如黄化大麦经红光照射后,GA含量急剧上升,Pfr型光敏色素可促进卷曲幼叶中GA的形成和质体中释放出GA;红光可减少植物体内游离生长素的含量;光照下乙烯生物合成受阻而使幼苗下胚轴弯曲张开和伸直;植物激素也可以模拟某些光诱导反应,如GA、CTK可替代或部分替代光的作用,使光休眠种子萌发,对需光种子萌发来讲,GA和光有相同作用。C正确。

隐花色素与光敏色素共同参与了光形态建成,不过其主要功能在脱黄化、开花调控以及生物钟和基因表达的光调节方面,因此D不对。

如前所述,R/FR高时,Pfr含量更多,E正确。 答案:BCE。

参考文献

[1] 叶珍.隐花色素与植物的光形态建成[J].四川农业大学学报,2003,21(3):267.

121 高等植物中,有些种类可以通过感受一天中的日照时间(即日长),来决定开花的时机。根据形成花芽时所需的日长的不同,可将植物分为短日照植物、长日照植物和日中性植物。将短日照植物苍耳(*Xanthium strumarium*)在12 h连续光照(及12 h连续黑暗)或14 h连续光照(及10 h连续黑暗)的环境下种植,不论哪种情况下都形成了花芽。为了证明苍耳是短日照植物,应该在以下哪一种光照条件下进行栽培实验?(　　)(单选)

A. 10 h　　B. 12 h　　C. 13 h　　D. 14 h
E. 16 h

解析 短日照植物指在日照时间短于某一临界值时会形成花芽的植物,而与此相反的长日照植物便是指在日照时间长于某一临界值时会形成花芽的植物。因此,并不是说当处于日照时间较长的环境时会形成花芽的植物便是长日照植物。短日照植物中,比较广为人知的苍耳的临界日长为15.5 h,在日照时间短于15.5 h的环境下,如当日照时间为15 h时,苍耳就可形成花芽。临界日长会因物种不同而不同。
答案:E。

122 下列哪个选项的表述是可接受的?(　　)(单选)

A. 一株短日照植物,如果超过半天黑暗被非常短时间的光照打断,则这株植物将会开花
B. 一株长夜植物,如果超过半天黑暗被非常短时间的光照打断,则这株植物将会开花
C. 一株长日照植物,如果超过半天黑暗被非常短时间的光照打断,则这株植物将会开花
D. 一株长日照植物,如果超过半天处在黑暗中,则这株植物会开花
E. 一株短日照植物,如果白天时间短于16 h,则这株植物会开花

解析 一株短日照(长夜)植物当夜间时间超过临界夜长时就会开花。短时间的光照打断黑暗会阻止植物开花。一株长日照(短夜)植物只有夜间时间短于临界夜长时才会开花,夜间可以通过短时间光照被人为地缩短。　答案:C。

123 风媒花一般具有(　　)。(单选)

A. 大花瓣　　B. 浓烈的香气
C. 大量较干燥的花粉　　D. 在花冠内部的雄蕊和柱头
E. 颜色鲜艳的花瓣

解析 风媒花不需要吸引传粉者的注意,所以不需要大而艳丽的花瓣和浓郁的香气。而且为了更方便散发和接受花粉,其花药和柱头一般露出花冠外,甚至没有花冠。花粉量一般也较多。　答案:C。

124 有些植物的花可不经由授粉而直接发育成果实,这种现象称为单性结实。下列有关单性结实的叙述中正确的是(　　)。(多选)

A. 此种果实不含成熟种子
B. 可利用植物激素促进单性结实的发生
C. 食用的无籽西瓜就是利用单性结实的方法育成的
D. 此种果实的细胞仅含有单套染色体
E. 单性结实的单子叶植物的果实内部亦含有大量胚乳,但胚乳细胞的染色体为单倍体

解析 单性结实一般可使用生长素处理子房实现,此时不存在成熟的种子,A、B正确。无籽西瓜是通过三倍体育种得到的,C不对。果实细胞为母本体细胞,正常二倍体就含两套染色体,因此D不对。胚乳在种子内部,一般为三倍体,与单性结实无关,E也不对。　答案:AB。

125 下列有关树木生长的叙述中错误的是(　　)。(多选)

A. 椰子树的加粗是靠维管束形成层的生长
B. 松树的加粗是靠维管束形成层的生长

C. 樟树的加粗是靠维管束形成层的生长

D. 桧木上的纹路是木材细胞不同生长速率的结果

E. 木材纹路中颜色较浅区域的细胞较小

解析 椰子树属于棕榈科，属于单子叶植物。棕榈植物的茎皆为初生组织，而无次生组织，仅有散生的管状维管束，负责输送养分，没有维管形成层存在，其生长顺序也有别于其他植物，先完全发展茎干部的粗度，然后才进行增高生长，一旦进入增高生长，茎干的粗度便不会再增大。松树和樟树茎具次生生长，其加粗是靠维管束形成层的生长。桧木上的纹路是次生生长速度不均导致的年轮。春季或湿季形成层活跃，形成的细胞径大而壁薄，生成的区域质地比较疏松，颜色稍淡；冬季或干季形成层不活跃，形成的细胞径小而壁厚，生成的区域颜色较深。 答案：AE。

126 某长日照植物的临界夜长为 9 h，下列在 24 h 周期的哪种处理可防止开花？（　　）（多选）

A. 16 h 光照—8 h 黑暗

B. 14 h 光照—10 h 黑暗

C. 15.5 h 光照—8.5 h 黑暗

D. 4 h 光照—8 h 黑暗—4 h 光照—8 h 黑暗

E. 9 h 光照—2 h 黑暗—3 h 光照—10 h 黑暗

解析 长日照（短夜）植物要延迟开花，则持续的夜长时间不能短于 9 h，从分子机制上看，是要给光敏素 Pfr 充足的时间在暗处转变回光敏素 Pr，抑制长日照植物的开花。 答案：BE。

127 某短日照植物于夜间施以下列短暂处理，箭头代表处理顺序，试问哪些会抑制开花？（　　）（多选）

A. 红光→远红光

B. 红光→远红光→红光

C. 红光→远红光→白光

D. 白光→远红光

E. 红光→远红光→白光→红光→白光

解析 短日照植物本质是长夜植物，临界暗期比临界日长对其开花更为重要，因而夜间用闪光可以延迟短日照植物开花。暗期间断效果最好的是红光，如果在红光照过之后立即再照以远红光，就不能发生暗期间断的作用，也就是被远红光的作用所抵消，这个反应可以反复逆转多次，而开花与否决定于最后照射的是红光还是远红光。结合题目来看，B、C、E 最后都是红光或白光（白光包含红光，因此也有抑制效果，稍弱于红光）照射，可以起抑制开花的作用。 答案：BCE。

128 某家商店把装有橙子和还没完全成熟的香蕉的大水果篮放在收银机旁边。由于有太多香蕉，篮子已经装不下，所以他们决定把剩下的香蕉装在贮藏室中。第二天，他们发现在篮子里的香蕉已经成熟，但在贮藏室里的香蕉却没有成熟。对于这一现象，下列哪一项解释最合理？（　　）（单选）

A. 商店里的热量会加速香蕉的成熟过程

B. 橙子释放赤霉素到空气中，促进香蕉的成熟

C. 橙子释放的细胞分裂素通过与香蕉接触的地方扩散到香蕉里，促进香蕉的成熟

D. 橙子释放的生长素通过与香蕉接触的地方扩散到香蕉里，促进香蕉的成熟

E. 橙子释放乙烯到空气中，促进香蕉的成熟

解析 本题主要考查各种植物激素的作用。各种植物激素的作用如下：

细胞分裂素：细胞质分裂、细胞横向伸长，解除顶端优势，芽分化，抑制茎伸长，抑制叶绿素分解，气孔开放，解除休眠，叶绿体发育，叶片扩大，抗寒。

生长素：增加雌花、单性结实、子房壁生长、细胞分裂、维管束分化、光合产物分配、叶片扩大、茎伸长、偏上性、乙烯产生、叶片脱落、形成层活性、伤口愈合、不定根的形成、种子发芽、侧根形成、根瘤形成、种子和果实生长、坐果、顶端优势。

赤霉素：促进茎的生长（促进整株植物的生长、促进节间的伸长而不是促进节数增加）。诱导开花，若对未经春化的植物施用 GA，则不经低温过程也能诱导开花，且效果很明显，此外，GA 也能代替长日照诱导某些长日照植物开花，但 GA 对短日照植物的花芽分化无促进作用。对于花芽已经分化的植物，GA 对其花的

开放具有显著的促进效应。打破休眠,GA 可以代替光照和低温打破休眠,这是因为 GA 可诱导 α-淀粉酶、蛋白酶和其他水解酶的合成,催化种子内贮藏物质的降解,以供胚的生长发育所需。促进雄花分化。GA 还可以加强 IAA 对养分的动员效应,促进某些植物坐果和单性结实、延缓叶片的衰老等。此外,GA 也可以促进细胞的分裂和分化,GA 促进细胞分裂是由于缩短了 G_1 期和 S 期。但 GA 对不定根的形成却起抑制作用,这与生长素的作用又有所不同。

脱落酸:促进叶、花、果实的脱落,气孔关闭,侧芽、块茎休眠,叶片衰老,光合产物运向发育着的种子,果实产生乙烯,果实成熟;抑制种子发芽、IAA 运输、植株生长。

乙烯:促进解除休眠、地上部和根的生长和分化、不定根形成、叶片和果实脱落、某些植物花的诱导形成、两性花中雌花形成、开花、花和果实衰老、果实成熟、茎增粗、萎蔫,抑制某些植物开花、生长素的转运、茎和根的伸长生长。　**答案:E。**

129 经历寒冷冬天的植物通常会改变其细胞膜和/或细胞质的组成,以此在寒冷条件下生存。下列哪些分子通常在这种情况下浓度增大?(　　)(多选)

A. 胆固醇　　B. 糖　　C. 盐离子　　D. 不饱和脂肪酸

解析 寒冷条件下植物中的糖分增多,降低冰点,防止冻害;同时不饱和脂肪酸含量升高,胆固醇含量下降,提高细胞膜的流动性。其实盐离子在一定程度上也可以提升植物耐盐与抗冻的能力。不过细胞质中高盐会影响蛋白活性,故盐离子将运至液泡,而胞质中的浓度是低的。　**答案:BD。**

参考文献

[1] Fan W, Deng G, Wang H, et al. Elevated Compartmentalization of Na + into Vacuoles Improves Salt and Cold Stress Tolerance in Sweet Potato (Ipomoea batatas)[J]. Physiol Plant. 2015,154(4): 560.

第7章　动　物　学

1　一个研究员在对眼虫属的生物进行研究时，发现伸缩泡停止工作时，其余机体部分看起来还是健康有活性的。下列哪个选项最佳地解释了伸缩泡的停止工作？（　　）（单选）

A. 将眼虫属从明亮的环境移动到黑暗的环境　B. 将眼虫属从淡水环境移动到海水环境
C. 将眼虫属从海水环境移动到淡水环境　D. 介质的pH从7.0降低到6.5
E. 介质的温度从20 ℃降低到15 ℃

解析　淡水产原生动物必然有伸缩泡，而海产和体内寄生的种类中，除了纤毛类以外，多半没有伸缩泡，就是与这种调节功能有关。伸缩泡的主要功能是排除细胞内多余的水分，所以说如果把眼虫移动到海水环境中，它便不再会通过渗透吸水，从而也可使伸缩泡停止工作。这时，其余机体部分看起来还是健康有活性的。　**答案**：B。

游仆虫是与草履虫近缘的原生生物（纤毛纲下毛目）。纤毛纲的特征之一是拥有两类细胞核，即与营养繁殖相关的大核和只在有性生殖时活动的小核。用醋酸地衣红对游仆虫的核进行染色，出现了如表1所示的4种着色方式（类型①～④）。这些分别对应细胞分裂的4个时期。

在类型①的细胞中，除了大核以外，还有1个小核。类型②的细胞中，细胞中央发生凹陷（如箭头所指），而存在2个小核。类型③的细胞中，小核有1个，而大核中出现了条带状的染色较浅的部位。已知在这一结构中，含有放射性同位素标记的胸腺嘧啶。类型④的细胞体积远大于类型①和类型③的细胞，特别是和类型①相比，类型④的细胞体积近乎是其2倍。另外，大核变粗变短，小核只有1个。

现在任意挑选了500个细胞进行观察，并将各类型细胞出现的次数表示在了表1中。据此回答2、3题。

表1　游仆虫细胞核的着色类型及各类型细胞出现的次数

	类型①	类型②	类型③	类型④
细胞形态与核的形状	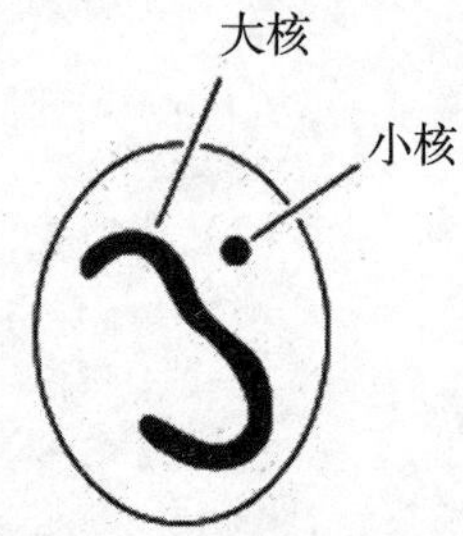 大核 小核	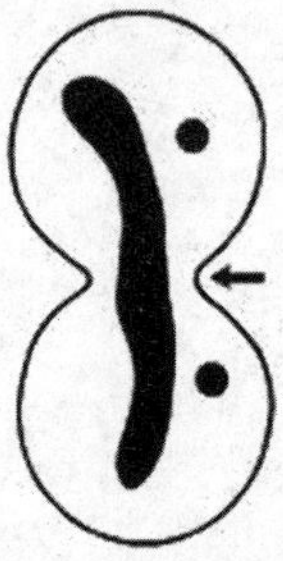	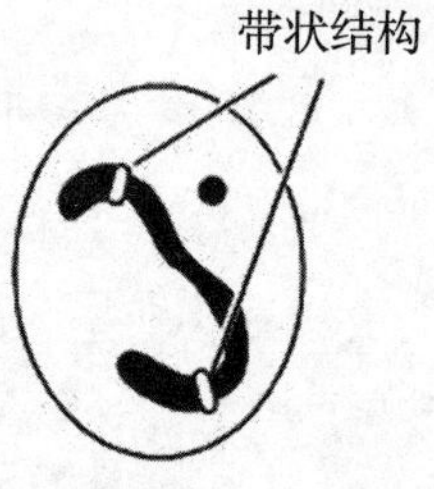 带状结构	
所观察到的细胞数	291	24	139	46

2　类型①～④的细胞中，各自的大核处于细胞周期哪一时期？请从A～J中选择正确的一组：（　　）。（G_1期：DNA合成前期，S期：DNA合成期，G_2期：DNA合成后期，M期：分裂期）（单选）

A. ①—G_1期，②—S期，④—G_2期，③—M期　B. ①—G_1期，③—S期，④—G_2期，②—M期
C. ②—G_1期，①—S期，④—G_2期，③—M期　D. ②—G_1期，④—S期，①—G_2期，③—M期
E. ③—G_1期，①—S期，②—G_2期，④—M期　F. ③—G_1期，②—S期，①—G_2期，④—M期
G. ③—G_1期，④—S期，①—G_2期，②—M期　H. ④—G_1期，②—S期，①—G_2期，③—M期
I. ④—G_1期，③—S期，①—G_2期，②—M期　J. ④—G_1期，③—S期，②—G_2期，①—M期

3　在类型③的细胞中，带状结构首先在大核两端形成，并以一定速度移向中央部位。两个带状结构

最终在大核中央汇合,之后消失。假设带状结构从形成到消失大约需要 5 h,那么游仆虫完成一个细胞周期需要多长时间?请从 A～J 中选择正确的一项。假设这一细胞集团中,各细胞的细胞分裂相互独立。( )(单选)

A. 5 h B. 7 h C. 9 h D. 12 h
E. 15 h F. 18 h G. 21 h H. 24 h
I. 27 h J. 30 h

解析 游仆虫是属于纤毛纲的原生生物,和草履虫属于同一个纲。纤毛纲生物的一大特征是拥有大核和小核两种细胞核,而本题正是针对大核的复制和细胞周期相关知识进行设问。2009 年获得诺贝尔奖的 Greider 和 Blackburn 正是利用一种与游仆虫近缘的纤毛虫——四膜虫发现了端粒酶的存在。在端粒和端粒酶的相关研究中,纤毛虫是较理想的一种实验材料,因此游仆虫也作为研究核内基因再分配的理想模式生物之一而备受瞩目。纤毛虫的大核分裂时没有分裂装置的组装,因此是无丝分裂的一种。而在 S 期形成特殊的 DNA 合成结构(复制带)这一点也和多细胞动植物不同。但是,在细胞周期按照 $G_1 \rightarrow S \rightarrow G_2 \rightarrow M$ 的顺序进行这一点上却和其他生物类群没有多大区别。本题中所提及的这种生物的特点是:在细胞周期的不同时期(G_1 期、S 期、G_2 期、M 期),细胞核的形状会明显不同,可以通过简单的显微镜观察确认其细胞分裂的时期。因此,用游仆虫作为材料的实验,其结果十分清晰易懂。也正因为这一点,相关实验在海内外的多所大学中被应用于基础教育课程的生物课实验中,而且也在逐渐进入日本高中教学的课堂。

类型③中的带状结构是出现在 S 期大核中的"复制带"结构。由于这一部分含有标记的胸腺嘧啶,可知这一部分发生了 DNA 复制。因此可判断这一时期为 S 期。类型②的细胞轮廓出现了凹陷,可知这是 M 期。类型④的细胞从其体积可看出这一细胞即将分裂,即处于 G_2 期。因此,剩下的类型①的细胞处于 G_1 期。细胞周期的不同时期详见表 2。

S 期细胞所占比例为 $139 \div 500 = 0.278$,而又由于 S 期为 5 h,因此整个细胞周期为 $5 \div 0.278 \approx 18$ h。

答案:2. B;3. F。

表 2 细胞周期的缩写

时期	缩写	原型	时期	缩写	原型
DNA 合成前期	G_1 期	Gap 1	DNA 合成后期	G_2 期	Gap 2
DNA 合成期	S 期	Synthesis	分裂期	M 期	Mitosis

4 原生生物界分类的主要依据是( )。(单选)

A. 生殖 B. 运动 C. 体制 D. 形状

解析 一般地,原生动物门根据运动胞器、细胞核以及营养方式可以分成 4 个纲:

(1) 鞭毛纲:运动胞器是一根或多根鞭毛,例如绿眼虫、衣滴虫。

(2) 肉足纲:运动胞器是伪足,伪足兼有摄食功能,例如大变形虫。

(3) 孢子纲:没有运动胞器,全部营寄生生活,例如间日疟原虫。

(4) 纤毛纲:运动胞器是纤毛,有两种细胞核,即大核和小核,大核与营养有关,小核与生殖有关,例如尾草履虫。 答案:B。

5 有关锥虫(*Trypanosoma brucei*, gambiene)的叙述中正确的是( )。(多选)

A. 具有鞭毛 B. 可引起昏睡病
C. 为一种原核细胞 D. 胞内寄生生活
E. 动基体(kinetoplast)含有核外 DNA

解析 锥虫(图 1(a))属于原生动物门鞭毛纲动鞭亚纲,运动主要靠鞭毛和波动膜,多生活于脊椎动物的血液中,行胞外寄生。寄生于人体的锥虫能侵入脑脊髓系统,使人发生昏睡病,故又名睡病虫。

动基体(图 1(b))是包括杜氏利什曼原虫、锥虫在内的所有动基体目原虫(kinetoplastids)所共有的形态学特征。动基体类生物尽管只有一个线粒体，但体积却变得很大，在特定条件下可占据细胞体积的 13%，因而这种线粒体被专门称为动基体，这类生物也因此而得名。动基体的基因组占到细胞总 DNA 量的 30%，由两种相互联结的大小环组成，称为 kDNA。其中大环编码线粒体蛋白及线粒体 rRNAs；小环则编码引导 RNA 参与对大环转录基因的编辑。动基体随外界营养条件的改变而变化，在葡萄糖丰富的环境中变得很小，与另一细胞器——酵解体成此消彼长的变化。

动基体内丰富的 DNA 及普遍存在的 RNA 编辑与其发育阶段相关，因为寄生虫在不同的宿主中可发生能量代谢的切换，线粒体因此发生相应的结构改变。 答案：ABE。

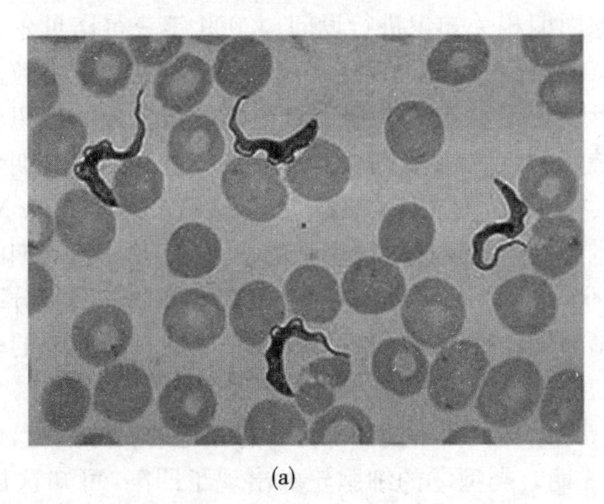
(a)

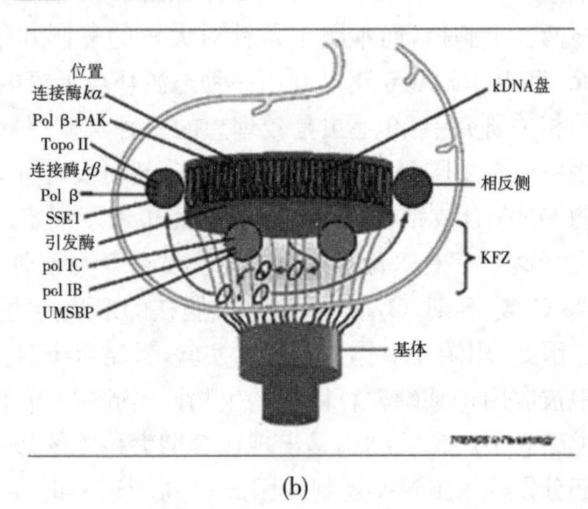

(b)

图 1

参考文献

[1] Liu B, Liu Y, Motyka S A, et al. Fellowship of the Rings: the Replication of Kinetoplast DNA [J]. Trends Parasitol, 2005, 21(8): 363.

[2] Yatawara L, Le T H, Wickramasinghe S, et al. Maxicircle (Mitochondrial) Genome Sequence (partial) of Leishmania Major: Gene Content, Arrangement and Composition Compared with Leishmania Tarentolae[J]. Gene, 2008, 424(1-2): 80.

6 下列疾病中，有哪些病原体为真核细胞？(　　)(多选)

A. 疟疾　　B. 黑死病

C. 昏睡病(sleeping sickness)　　D. 禽流感

E. 葡萄霜霉病(downy mildew)

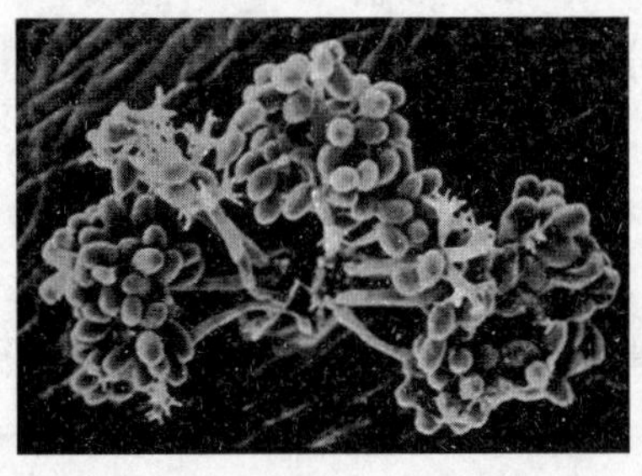
图 2

解析 A 对，疟疾的病原体是疟原虫，属于原生生物门。B 错，黑死病的病原体是鼠疫杆菌，是细菌。C 对，昏睡病的病原体是锥虫，属原生动物门。D 错，禽流感由禽流感病毒引起。E 对，葡萄霜霉病的病原体是葡萄生轴霜霉(*Plasmopara viticola* (Berk. & M.A. Curtis) Berl. & De Toni)，是一种真菌，如图 2 所示。 答案：ACE。

参考文献

[1] Naqvi S A M H. Diseases of Fruits and Vegetables Vol. Ⅰ [M]. Kluwer Academic Publishers, 2004.

7 下列哪项和两侧对称无关？(　　)(单选)

A. 头的发生　　B. 灵活的运动

C. 三胚层结构　　D. 无法对各个方向的应激产生相同速度的反应

解析 对称性是指身体各部在对称轴两侧或周围的大小、形态和相对位置的一致性。除了辐射对称，身体外形和身体内部构造的关系很小，不同的动物对称性可能外形相同，但解剖结构可以有天壤之别。某些

动物——尤其是海绵动物和阿米巴样原生生物——缺乏对称性，这些动物每个个体的形态不一，或是个体的形状可以任意改变。但大多数动物则有绝对的对称性。动物的对称性有四种：球形对称、辐射对称、两辐射对称和两侧对称。

球形对称只存在于原生动物门放射虫目和太阳虫目中，它们的身体呈球形，沿中心点向外放射状排列。这种动物的身体没有末端或两侧，通过中心的平面可以将它等分成两部分。球形对称只存在于结构简单的微小生物，因为球形的内部质量相对于表面积很大，在身体体积增大、结构变得复杂的情况下，就无法有效地行使正常功能。

辐射对称动物通常呈长短不一的圆柱形或桶形，身体结构相对中心轴放射状排列或沿中心轴以相同的方式排列。身体的主轴有两端之分，即身体两端不相同，一端有口，称前端；一端有肛门，称后端。因此，这种动物的主轴又称为口-对口轴，或前后轴。除了奇数个身体结构单元按圆形分布的动物以外，任何过主轴的平面都能将辐射对称的动物分成对称的两半。而由 3、5、7 个结构单元按圆周分布的辐射对称生物也有对称性，它们的对称性称为三辐射对称、五辐射对称、七辐射对称，以此类推，只有几个特定的平面才能将这些动物分成完全对称的两部分。辐射对称常见于腔肠动物和棘皮动物。

两辐射对称的动物除了前后轴以外，还有另外两个对称轴或对称面：矢状轴（正中垂直长轴）和水平轴（横轴），这些轴线互相垂直。这些动物除了有两端，还有两对互相对称的部分。两辐射对称动物只有两个对称平面，一个过前后轴和矢状轴，另一个过前后轴和水平轴。两辐射对称见于栉水母。

从扁形动物开始，动物的身体出现了两侧对称的体制。两侧对称动物和两辐射对称动物一样有三个轴，但只有一对对称的部分，即左右两侧；而另外两部分（腹侧和背侧）是不相同的。因此，只有一个对称面将两侧对称动物分为对称的两部分，这个对称面称矢状面或正中垂直面。这使得动物的身体有了明显的背腹、前后和左右之分。两侧对称是大多数动物拥有的对称方式，包括昆虫、鱼类、两栖类、爬行类、鸟类、哺乳类动物和大多数甲壳动物。两侧对称可以使身体呈流线型，动物的运动从不定向趋向定向，神经系统和感觉器官也逐渐集中于身体前端，这有利于中枢神经系统的发生，这些变化促进了动物头部化的产生（cephalization），即发展成一个头部区域，这也使得动物对外界环境的反应更加迅速、准确，增加了活动的灵活度。两侧对称是脊索动物和无脊椎动物的共同特征。

因此，A、B、D 都是对的。三胚层和两侧对称确实同时出现于扁形动物，由中胚层形成复杂的肌肉层，增强了运动机能，再加上两侧对称的体型，使动物有可能在更大的范围内摄取更多的食物。但这二者之间并不存在必然的直接联系。 **答案：C。**

8 以下关于（甲）海绵、（乙）海胆、（丙）海星、（丁）海鞘、（戊）海百合的叙述中正确的是（　　）。（多选）

A. 乙、丙胚胎时期的原口之后会发育成肛门　　B. 丁、戊为雌雄同体但大多为异体受精繁殖

C. 甲、丁均具碳酸钙形成的内骨骼　　D. 乙、戊幼生时期身体呈两侧对称

E. 丙、丁具有简单头化的脑神经

解析 A 对，后口动物的第一个开口（胚孔）会变成肛门，而原口动物的原口则变成了嘴巴。海胆跟海星为棘皮动物，属于后口动物。B 不对，海鞘为尾索动物（后口），属于雌雄同体，而海百合为棘皮动物，多为雌雄异体。C 不对，多孔动物和棘皮动物的内骨骼多为碳酸钙所组成，但海鞘属于脊索动物。D 对，海胆和海百合皆为后口动物（棘皮动物），为两侧对称动物的演化枝之一。尽管成年为辐射对称，但胚胎和幼年时期皆属两侧对称。E 不对，棘皮动物的神经系统明显和其他两侧对称的动物不相同；其分散不集中，且无脑或头向端的构造。对成年为辐射对称的动物来说，分散的安排比较有利，因为这样可使它们对来自不同方的刺激产生反应。而海鞘幼体有眼有脑泡，几小时后尾部神经管也退化，只留下一个神经节。因此二者均没有头化，E 不对。 **答案：AD。**

9 通常所说的珊瑚由什么组成？（　　）（单选）

A. 死鱼的骨骼　　B. 小动物的碳酸钙外骨骼

C. 分解者分泌的矿物质
D. 小动物储存的硅
E. 饱和海盐溶液的沉淀

解析 通常所说的珊瑚是由腔肠动物门的珊瑚虫分泌的石灰质(碳酸钙)外骨骼组成的。 答案:B。

10 下列有关珊瑚的叙述中正确的是(　　)。(单选)

A. 珊瑚的生长速率十分缓慢,大约每 10 年仅增长 1 cm 左右
B. 白化的珊瑚反映出珊瑚正在老化中
C. 珊瑚是通过触手进行体内受精来繁殖的
D. 珊瑚通常生长在海岸边水流比较平缓静止的区域
E. 珊瑚和水母的关系比珊瑚和海参的关系接近

解析 珊瑚是珊瑚虫分泌出的外壳,其化学成分主要为碳酸钙。珊瑚虫是刺胞动物门珊瑚纲海生无脊椎动物,水母属于刺胞动物门水母纲,海参属于棘皮动物门海参纲,E 正确。珊瑚白化就是珊瑚颜色变白的现象,原因是珊瑚的颜色来自体内的共生藻类,珊瑚依赖体内的微型共生海藻光合作用提供能量而生存,如果共生藻离开或死亡,则珊瑚因失去营养而直接死亡,B 错误。珊瑚虫的卵和精子由隔膜上的生殖腺产生,经口排入海水中,受精通常发生于海水中,有时亦发生于胃循环腔内,C 错误。珊瑚通常分布在水深 100~200 m 的平静而清澈的岩礁、平台、斜坡和崖面、凹缝中,而非海岸边,D 错误。大多数滨珊瑚的年骨骼生长率为 0.4~2.5 cm,且浅层珊瑚生长率大于深层珊瑚生长率,A 错误。 答案:E。

11 绦虫不会被宿主体内的酶消化的原因是(　　)。(单选)

A. 其表皮可以抵抗胃酸
B. 可以分泌化学物质中和消化酶
C. 其表皮含有不能被消化的纤维素
D. 其表皮含有与昆虫外骨骼相似的几丁质

解析 绦虫属于扁形动物门绦虫纲,是一类扁平的寄生虫,有超过 3000 种成员。绦虫在世界各地都有发现,长度从 1 mm 到 15 m 不等,是体内寄生虫,可以感染无脊椎动物和脊椎动物(包括人类、家畜和其他食用动物,如鱼类)的消化道和肝脏。某些绦虫在生命周期中只攻击一个宿主,某些绦虫则需要 2~3 个中间宿主和终宿主。绦虫造成的疾病称为绦虫病。绦虫是两侧对称的。某些绦虫仅由一个长体节组成,其他绦虫由头节和许多相似的节片构成。头节上有吸盘和钩,可以附着在宿主上。身体表面有一层坚固的角质层,可以吸收养分。绦虫体表无纤毛,无杆状体,没有口,也没有消化道。

绦虫是一种肠道寄生虫,故 A 不对。扁形动物没有纤维素也没有几丁质(线虫的卵有)。几丁质是一个分布广泛且有重要生物学意义的氨多糖。无脊椎动物特别是节肢动物(昆虫、甲壳动物)体内含有大量几丁质;而软体动物、环节动物和线虫中相对较少。几丁质是昆虫表皮和围食膜等几丁-蛋白复合体的主要结构性成分,同时还是真菌(除卵菌外)和一些藻类细胞壁的整合成分,但不存在于植物和脊椎动物中。因此 C、D 也不对。绦虫的皮层具有较强的抵抗宿主消化酶的作用,原因可能是由于皮层细胞的分泌物能在宿主消化道内抑制胰蛋白酶、胰凝乳蛋白酶(糜蛋白酶)等的作用。因此虫体虽然浸没在宿主的消化道中,却不会被宿主的消化酶消化掉,如膜壳绦虫(*Hymenolepis*)就可以分泌胰蛋白酶和胰凝乳蛋白酶的抑制剂分子,除此以外,其体表将维持在 pH 为 5.0 左右,使得胰酶活性丧失;细粒棘球绦虫(*Echinococcus granulosus*)可以产生一种类似 α1-抗胰蛋白酶的蛋白,抑制弹性蛋白酶活性和中性粒细胞趋化性。 答案:B。

12 下列哪种动物没有完善的中枢神经系统?(　　)(单选)

A. 鲨鱼　　B. 蝗虫　　C. 沙蚕　　D. 涡虫
E. 蚯蚓

解析 涡虫有梯状神经系统(图 3),蚯蚓、沙蚕与蝗虫都是链状神经系统,具有咽上神经节(脑),鲨鱼更是已经有五部脑(大脑比硬骨鱼发达)的脊椎动物。

涡虫的梯状神经系统中,已有很多神经细胞集中在头部,形成了"脑"。但这个脑只是形态学的脑,作为一个传送信息的中转站而存在,并没有真正的脑功能。涡虫的神经系统其实还保留着网状的特性,细胞分

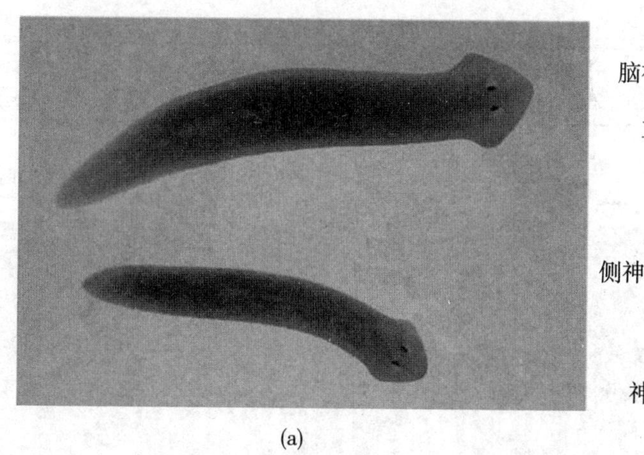

(a)

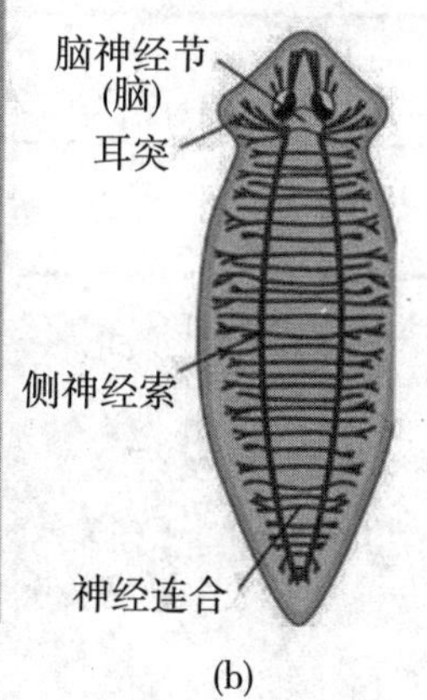

(b)

图 3

散，并以突触相连。因此本题选 D。　答案：D。

13　请问以下哪些生物会在成长时脱皮(ecdysis)？(　　)(多选)

A. 线虫动物门(Nematoda)　　B. 缓步动物门(Tardigrada)

C. 有爪动物门(栉蚕动物门，Onychophora)　　D. 节肢动物门(Arthropoda)

E. 环节动物门(Annelida)

解析　蜕皮动物具有一个三层结构的表皮，由有机物构成，成长时蜕掉，故名。

蜕皮动物包括如下门：节肢动物门、有爪动物门、缓步动物门、动吻动物门、鳃曳动物门、铠甲动物门、线虫动物门和线形动物门；其他一些门类，比如腹毛动物门，曾被认为可能是其中的一员，但因其缺乏蜕皮动物的主要特征，现在通常被划出。　答案：ABCD。

14　以下哪些动物为两侧对称动物？(　　)(多选)

A. 环节动物(Annelida)　　B. 腕足动物(Brachiopoda)

C. 苔藓动物(Bryozoa)　　D. 缓步动物(Tardigrada)

E. 有爪动物(Onychophora)

解析　从扁形动物门开始出现两侧对称，这种体型对于动物的进化具有重要的意义，因为分出了前后、左右、背腹。体背面发展了保护的功能，腹面发展了运动的功能，向前的一端总是首先接触新的外界条件，促进了神经系统和感觉器官越来越向体前端集中，逐渐出现了头部，使得动物的感应更为准确、迅速而有效，使其适应的范围更广泛，因此两侧对称是动物由水生发展到陆生的重要条件(图 4、图 5)。答案：ABCDE。

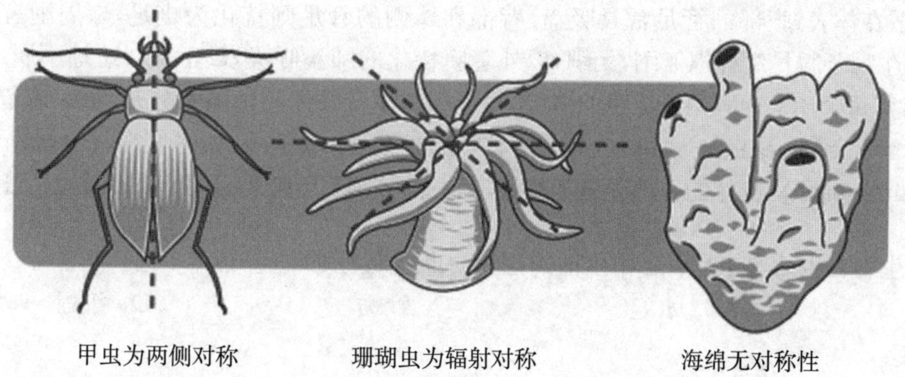

图 4

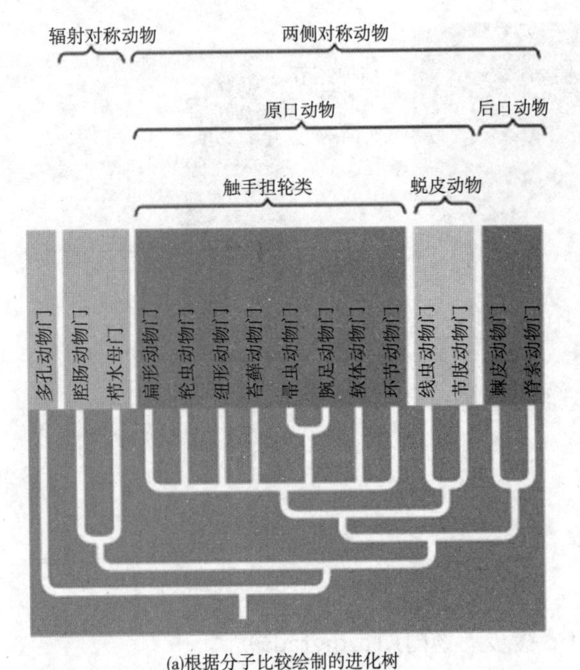

(a)根据分子比较绘制的进化树

(b)根据外形比较绘制的进化树

图 5

15 刚毛是(　　)。(单选)

A. 环节动物身体上的毛,负责运动
B. 环节动物的排泄器官
C. 扁虫的运动器官
D. 环节动物的消化器官

解析 环节动物的表面有一层薄的角质层,上有孔,表皮腺通过这些孔分泌黏液。一些水生环节动物的表皮腺可以分泌羊皮纸样的物质或含钙的物质,形成一个管道,虫体可以居住其中。蚯蚓和水蛭生殖带的特殊表皮腺可以分泌一层茧。除了水蛭以外,环节动物共同的特点是拥有刚毛,但形态不一。刚毛核心是单个细胞分泌的,侧面包围的细胞可以分泌物质加粗加固刚毛。刚毛可以帮助蚯蚓附着于表面,防止蠕动时向后滑。不能将蠕虫直接从地面上拽起来的原因就是存在这些刚毛。 **答案:A。**

16 下列有关动物及其特征的叙述,哪些是正确的?(　　)(多选)

A. 涡虫:肛门
B. 海参:管足
C. 蜗牛:外套膜
D. 蚯蚓:假体腔
E. 昆虫:雌雄同体

解析 涡虫消化系统与一般腔肠动物相似,通到体外的开孔既是口又是肛门,没有口或肛门的分化,仅单咽目涡虫有临时肛门,为特例,A 错误。管足是棘皮动物的运动器官,兼有呼吸、排泄及辅助摄食的功能,海参的管足分散在体表,腹部的管足常具吸盘,背部和体侧的管足则特化为疣足,口周围有管足特化的触手,B 正确。蜗牛属于腹足纲肺螺亚纲,无鳃,以外套膜特化的肺囊呼吸,C 正确。蚯蚓不属于假体腔动物,蚯蚓具真体腔,其每个体节内有两侧成对的体腔,每个相邻体节的体腔由隔膜分开,每一体节的左右体腔由背、腹系膜分开,D 错误。昆虫绝大多数为雌雄异体,不过存在少数例外,如寄生蜂(*Parasitica*)中就存在雌雄嵌体(gynandromorph),身体的一部分属于雄性,另一部分则属于雌性,因此 E 错误。 **答案:BC。**

17 下列生物在生活史中具有自由生活的担轮幼虫时期的是(　　)。(多选)

A. 龙虾
B. 水蛭
C. 牡蛎
D. 蚯蚓
E. 多毛类

解析 龙虾在卵内经历无节幼体(nanplias)及溞状幼体(protozoeal),孵出即糠虾(mysid)。蚯蚓为直接发育,无幼虫期。水蛭亦无幼虫期。牡蛎的个体发育中经历担轮幼虫时期和面盘幼虫时期,担轮幼虫的形态与环节动物中的多毛类的幼虫近似。 **答案:CE。**

18　章鱼是头足纲的一种，头足纲动物的典型特点是什么？(　　)(单选)

A. 触手、喷水推进运动、无鳃

B. 喷出墨汁进行防御、植食性、智力高

C. 喷水推进运动、可以变色、骨骼为软骨

D. 具有符合流体静力学的骨骼和足、身体两侧对称、头部发达

解析 头足纲是软体动物门下的一纲，身体两侧对称，头部发达，足部变成肌性的腕或触手，为海洋肉食性动物。头足纲被认为是无脊椎动物中智力最发达的动物，具有发达的感觉系统，脑容量比腹足纲更大。头足纲具有发达的视力，可以利用平衡囊感知重力，还具有多种化学感受器。章鱼利用触手探索周围环境，感知深度等信息。头足纲是唯一具有封闭循环系统的软体动物。它们有两个分支形的心脏，可以让血液流过鳃部的毛细血管。然后一个体循环心脏将氧合的血液泵向全身。和大多数软体动物相同，头足纲利用含铜离子的血蓝蛋白运输氧气。头足纲的鳃位于身体的顶部，海水流过鳃进行气体交换。

头足纲中，鹦鹉螺具硬壳，没有变色能力，但又有符合流体静力学的骨骼和触须。　**答案:D。**

19　动物界有一门动物，其特征是具有发达的头部，头上长有口和感觉器官，通常也有触手。口中有一个这门动物特有的构造，这个构造基本上是一个带状的膜，膜上长有许多列尖端朝后的细齿。而在口的后方，则是这些动物主要的运动器官。由以上有关该动物门的叙述，下列选项中正确的是(　　)。(单选)

A. 此门动物仅生活于淡水和海水中

B. 此门动物是危害严重的寄生虫

C. 此门动物是人类重要的食用动物

D. 此门动物是真体腔后口类动物

E. 此门动物至少在幼体期具有鳃裂

解析 根据题述推测其为软体动物，头部有口、触角、眼等器官，是感觉和摄食的中心，其生有细齿的带状膜是软体动物特有的齿舌，起刮取食物的作用。软体动物的足是其身体腹侧发达的肌肉质器官，主要通过肌肉伸缩和内血窦压力的变化而运动，头足类的足的一部分特化成触手，为捕食器官。软体动物广泛分布于湖泊、沼泽、海洋、山地等各种环境中，适应于不同的生境，A 错误。腹足类和双壳类经常成为寄生虫的宿主，比如华支睾吸虫的第一中间宿主是沼螺，B 错误。同样，腹足类的田螺，双壳类的河蚌、花蛤等，头足类的乌贼等多种软体动物是人类重要的食物来源，C 正确。软体动物为原口动物，真体腔极度退化，仅残留围心腔、生殖腺和排泄器官的内腔，D 错误。至少在幼体期具有鳃裂是脊椎动物的特征，E 错误。　**答案:C。**

20　掠食性的螃蟹有时能将螯伸入猎物的口盖中把肉夹出，而完全不会把猎物的壳损坏。这可以在两种情况下发生:第一是螃蟹的螯很小;第二是猎物的口盖很大，即便是大型的螯也能毫无阻碍地伸入取食。上文中的口盖是指(　　)。(单选)

A. 硬骨鱼的鳃盖

B. 海胆的口器

C. 腹足纲的开口

D. 二枚贝的开口

E. 鲨鱼的口

解析 螃蟹属于杂食性动物，可以捕食蚌、螺、小杂鱼虾等。题文中的口盖应指腹足纲的厣，又称口盖，它是着生于后足上面的板状结构，软体部缩入贝壳内后借此堵封壳口，起到保护内部柔软脏器的作用。

答案:C。

21　下列构造或特征为软体动物腹足类(Gastropoda)所特有的是(　　)。(单选)

A. 螺旋形的外壳

B. 明显的头和眼

C. 口内具有齿舌(radula)

D. 具有面盘幼虫(veliger larva)

E. 胚胎期的扭转作用(torsion)

解析 头足纲的鹦鹉螺也具有螺旋形的外壳，故 A 并不是腹足纲特有的。

头足纲有明显的头和发达的眼。

齿舌在无板纲的某些种类、多板纲、腹足纲、掘足纲、头足纲都存在。

面盘幼虫是软体动物除了头足类之外的其他物种继担轮幼虫之后的幼虫。

胚胎期的扭转作用是腹足纲特有的特征，导致内脏器官不对称（多只有一个）、侧脏神经节之间的神经连索呈“8”字形。　答案：E。

22　以下对软体动物门的叙述中正确的是（　　）。（多选）

A. 为海生动物中的第一大门　　B. 皆具有壳

C. 具外套膜　　D. 体具分节现象（segmentation）

E. 具两对触角

解析　动物界最大的门是节肢动物门，其次是软体动物门，节肢动物陆生种类很多，故A正确。软体动物的外套膜由身体背侧皮肤褶向下伸展而成，常包裹整个内脏团，外套膜与内脏团之间形成的腔叫做外套腔。软体动物大多具壳，但也有无壳或壳退化的种类，如无板纲、一些腹足类和头足类等。软体动物体制的差异很大，但有共同的特征，如体柔软而不分节。但是触角并非均为两对，腹足纲具有1～2对触角（如田螺1对，蜗牛2对），双壳纲则头部退化，无触角及感官。　答案：AC。

23　为什么把蟑螂的头浸到水里不会令它死亡？（　　）（单选）

A. 蟑螂已经存在了许多世纪，对各种危险都能耐受

B. 蟑螂可以在缺氧的条件下生存几个小时

C. 蟑螂并非通过头上的孔道呼吸空气

D. 蟑螂没有血液，进行无氧呼吸

解析　蟑螂和其他昆虫一样，通过气管系统进行呼吸。昆虫的器官系统与气门相连，头部没有气门开口。因此，所有的昆虫，包括蟑螂，可以不靠头部呼吸。当昆虫体内二氧化碳浓度升高时，气门开放，二氧化碳通过气管排出体外，氧气通过气管扩散进入体内。气管系统反复分支，最终形成极细的管道和每个细胞相接触，因此气管系统可以直接将氧气供应给所有细胞，让氧气直接进入气管上皮以下的细胞中。二氧化碳也可以从细胞中直接弥散进入气管。昆虫没有肺脏，因而无需像脊椎动物那样主动呼吸。但是，某些体型较大的昆虫中，仅靠单纯的氧气扩散不能满足机体所需的氧气量，因此它们会有节律地收缩身体的肌肉，让空气流动，而且这可以称为呼吸。　答案：C。

24　为了生存，蝴蝶需要经常停下来。哪一个选项不是这种行为的原因？（　　）（单选）

A. 它们需要经常摄入水分，水分对于飞行能力很重要

B. 它们需要经常摄入葡萄糖，飞行会消耗较多能量

C. 它们不能储存大量的水分和食物

D. 雌性需要在较大的一片区域产卵

E. 为花传粉

解析　蝴蝶从来不是有意要为花传粉的，所以这不会是蝴蝶任何行为的原因。　答案：E。

25　蜱虫在哪里度过它们生活史中的大部分时间？（　　）（单选）

A. 在高草上等待宿主　　B. 在卵内

C. 在宿主身上　　D. 以幼体状态待在沙中

E. 以幼体状态待在水中

解析　蜱是一种无脊椎动物，寄螨目，目前已发现825种。蜱是大型野生动物和家畜的主要寄生虫，也是许多严重疾病的携带者。虽然人类不是蜱虫的终宿主，但是蜱虫偶尔可以攻击人类。硬蜱（如美洲犬蜱）黏附在宿主的身上吸取血液，度过为期数日的不同生命阶段。

雌虫吸血后与雄虫交配，就会从宿主身上脱离，找到合适的地点产卵后就会死去。卵孵育出三对足的幼虫，爬上叶片的边缘，等待合适宿主经过。哺乳类动物释放出的丁酸的气味可以刺激蜱幼虫落到并黏附在宿主的身上。吸食血液后，幼虫脱落并蜕皮，变成四对足的若虫。若虫和幼虫一样等待并黏附在合适的

宿主身上，等到它们也吃饱了，它们也会脱落，并蜕皮成为雌性或雄性成虫。

成虫一般需要花三年的时间等待宿主。大多数硬蜱生活在田野和树林中，少数硬蜱（如棕色犬蜱）是家庭害虫。软蜱和硬蜱的区别在于：软蜱一直生活在宿主体表，多次吸血，多次产卵，经历多期若虫阶段。硬蜱对宿主的伤害主要包括：吸食大量血液；分泌神经毒素，可导致瘫痪和死亡；传播疾病，如莱姆病、德克萨斯热、无浆体病、落基山斑点热、兔热病、出血热和脑炎等。软蜱也是许多疾病的携带者。蜱成虫的体长可达 30 mm，但平均小于 15 mm。蜱虫的第一对足末节有感觉凹，可以通过该特点区分蜱虫的近亲螨。蜱虫可有眼。蜱虫在世界各地均有分布，一般分三个科：隐喙蜱科，即软蜱；纳蜱科和硬蜱科，同属于硬蜱。纳蜱科的代表是一种生活在非洲的罕见物种。

蜱虫的生活史见图 6。 **答案：A。**

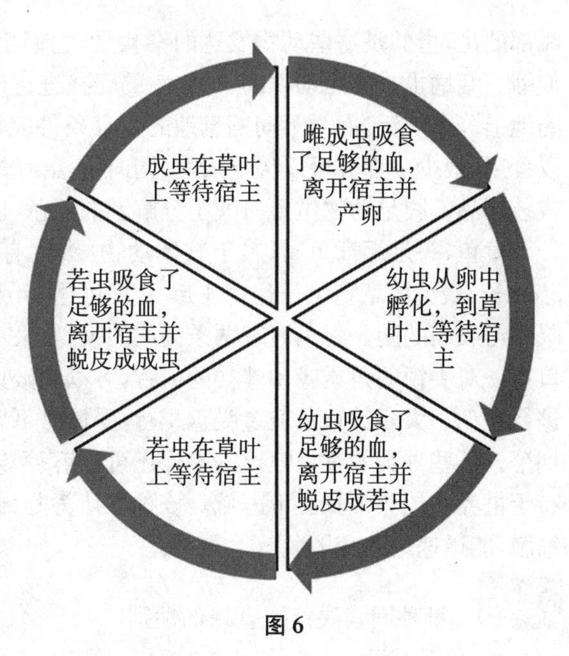

图 6

26 什么可以刺激蜱虫附着在宿主身上？（　　）（单选）

A. 血液的味道　　B. 哺乳动物的体温

C. 哺乳动物散发出的丁酸味道　　D. 上述选项都不对

解析 哺乳动物的汗香来自于体表汗腺的分泌物，汗腺的分泌物本来没有气味，只是在与皮肤接触后，加上细菌的“酿造”，气味才产生出来，谓之汗香，所蕴藏的主要气味物质是丁酸酯类。一旦皮肤卫生状况不良，细菌又以皮肤分泌的油脂为食，随着油脂的分解，气味就会变得令人不快，汗香就成了汗臭。夏季蚊子追着人走、警犬用嗅觉追寻逃犯都是汗香的影响。

性香则不同，产生此种气息的物质乃是人体分泌的外激素，这些外激素由腋窝、头面部、前胸以及生殖器等部位的外分泌腺“制造”产生，又称为信息素。美国科学家已从人体皮肤细胞中分离出了 11 种信息素，这些神秘物质无形中影响着人的基本行为，例如两性之间的相互吸引。每个人有各自独特的信息素，就像每个人都有各自独特的指纹那样。另外，人体在新陈代谢过程中释放出来的东西也可产生某种气味。据专家测定，这些气味物质有 900 多种，其中呼吸排出的有 149 种，粪便中有 196 种，汗中有 151 种，通过皮肤排出的达 271 种之多。正是这些气味物质混合成为“男人味”或“女人味”。 **答案：C。**

27 什么动物最应对人类的死亡负责？（　　）（单选）

A. 鳄鱼　　B. 蛇　　C. 蚊子　　D. 凯普水牛

解析 蚊子是疟疾的媒介。疟疾是一种人类中严重的、复发性的感染，特征是周期性的寒战和发热、贫血、脾脏肿大，并伴有致命的并发症。它是由通过蚊虫叮咬传递给人类的疟原虫属的单细胞寄生虫引起的。疟疾可发生在温带地区，但它最常见于热带和亚热带地区。在撒哈拉以南非洲的许多地方，整个人口或多或少地被不断感染。疟疾也在中美洲、南美洲的北半部以及南亚和东南亚常见。此病也发生在两国边境接壤的地中海国家以及中东和东亚。在欧洲、北美与东亚的发达国家，疟疾依然会被那些从热带感染地区旅游回来的旅客遇到。每年全世界的疟疾病例估计为 2.5 亿例，在非洲造成超过 100 万人死亡，其中大多数是儿童。 **答案：C。**

28 下列哪项是甲壳动物？（　　）（单选）

A. 蝲蛄、螃蟹　　B. 章鱼、螃蟹　　C. 蜗牛、螃蟹　　D. 上述选项都正确

解析 甲壳动物是指所有节肢动物门甲壳亚门的无脊椎动物，全世界有超过 39000 种物种。螃蟹、龙虾、蝲蛄和潮虫是最常见的甲壳动物，因此本题选 A。

腹足动物是指所有腹足纲的成员，是软体动物门最大的类别，有大约 65000 种物种。腹足的直接解释是

腹部的足，指的是这些动物发达的锥状足，它们依靠腹足爬行。蜗牛就属于腹足动物，身体被壳，可以自由伸缩。蛞蝓也是腹足动物的一种，它的壳在进化过程中逐渐缩入体内或完全消失。腹足动物在海洋、淡水、陆地上分布广泛，因为不同栖息地的生存条件完全不同，腹足动物的特征很难统一概括。一些腹足动物可以食用，很少一部分可以传播疾病(同时传播人畜共患疾病的更少)，人们可以用某些动物的贝壳制作珠宝或装饰品。腹足动物主要扮演了分解者的角色，以死亡的动植物遗体为食，也扮演了捕食者的角色。

章鱼，头足纲章鱼属，属于软体动物，头上有八腕。章鱼的体型各异，最小的章鱼是乔木状章鱼，只有5 cm长，最大的章鱼可长达5.4 m，腕展可达9 m。典型的章鱼体呈囊状，头与躯体分界不明显，头上有大的眼和可收缩的腕。每条腕有两条肉质的吸盘，吸力极强。腕的基部与称为裙的蹼状组织连接，其中央有口。口有一对尖锐的角质喙和锉样的齿舌，可以钻破贝壳，刮食其肉。章鱼将水吸进体内，然后快速喷出虹吸管进行运动。大多数章鱼通过吸盘爬行，受惊时可以喷水做快速退游。遇到危险时，章鱼可以喷出墨汁，作为烟幕。某些种类的章鱼喷出的墨汁还可以麻痹攻击者。最被人熟知的章鱼是普通章鱼，体型中等，广泛分布于世界各地热带及温带海域。该种被认为是无脊椎动物中智力最高者。普通章鱼有高度发达的含色素细胞，能迅速地改变体色。 **答案：A。**

29 哪种因素决定了蜜蜂的性别？(　　)(单选)

A. 蜂后物质　　B. 染色体机制

C. 幼虫的喂养　　D. 幼虫和蛹在其中发展的蜂巢的类型

解析 蜜蜂的性别由染色体的单二倍体决定。蜂后物质(queen substance)又称 royal pheromone，是一种性外激素，由蜂后的大颚腺分泌，可吸引雄蜂交配、工蜂喂食并抑制工蜂的卵巢发育，其主要成分为9-羰基-(E)-2-癸烯酸(9-oxo-2-decenoic acid，9-ODA)与9-羟基-(E)-2-癸烯酸(9-hydroxydec-2-enoic acid，9-HDA)等(图7)。蜂后物质的合成过程如图8所示。 **答案：B。**

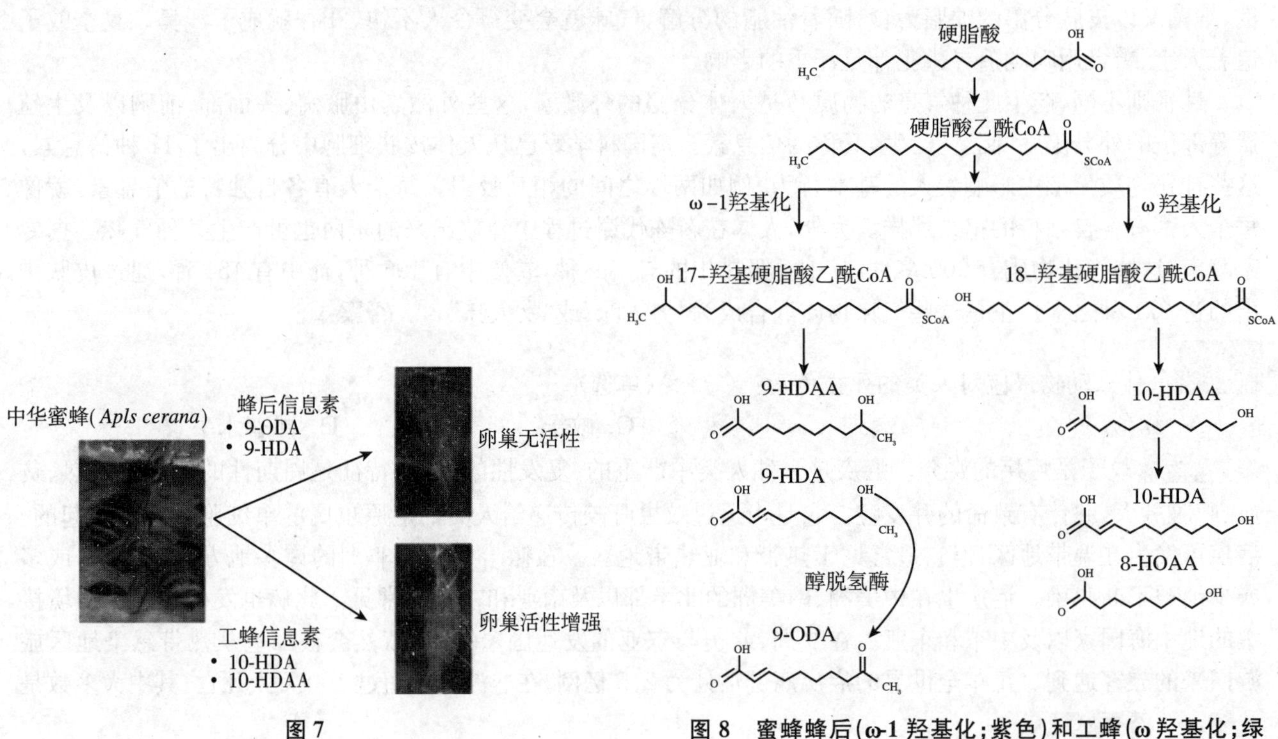

图7

图8　蜜蜂蜂后(ω-1羟基化；紫色)和工蜂(ω羟基化；绿色)下颌腺主要的脂肪酸的合成途径。9-HAD到9-ODA的氧化还原反应由醇脱氢酶催化

参考文献

[1] Tan K, Liu X, Dong S, et al. Pheromones Affecting Ovary Activation and Ovariole Loss in the Asian Honey Bee *Apis cerana*[J]. J. Insect Physiol., 2015, 74: 25.

[2] Mumoki F N, Pirk C W W, Yusuf A A, et al. Reproductive Parasitism by Worker Honey Bees

Suppressed by Queens through Regulation of Worker Mandibular Secretions[J]. Sci. Rep., 2018, 8: 7701.

30 一些动物的发育过程中会经历幼虫阶段，从幼虫变为成虫的过程称为(　　)。(单选)

A. 变态　　B. 受精　　C. 分化　　D. 生长

解析 变态是指动物孵化或出生后，结构形态经历的一系列剧烈变化。不同物种变态的激素调控基本相同，都是靠蜕皮激素或保幼激素进行调节。结构的改变和生长、分化同时伴随着动物生理、生化、行为的改变。未成熟的个体称为幼虫，居住环境和生活方式与成虫完全不同。这些差别可能避免了幼虫和成虫对同一种食物或生存环境产生竞争。

变态的例子有蝌蚪，它是蛙的幼体，营水生生活，变态后成为成体。海星及其他棘皮动物的幼虫是两侧对称，经过变态后，变成辐射对称。甲壳动物(如螃蟹、龙虾)和软体动物(如蜗牛、蛤蜊)等动物的变态方式已经十分明了。尾索动物(如海鞘)的幼虫和蝌蚪一样可以自由游动，成虫则固着，结构退化。昆虫变态过程的研究最清楚，因为昆虫的发育过程各不相同，所以可以根据结构转变的方式将昆虫分成不同的类别：不变态、不完全变态和完全变态。在不变态发育中，幼虫到成虫只有体型的不断增加。这种发育方式见于蠹鱼、弹尾虫和其他原始昆虫。更高级的昆虫(如蝗虫、白蚁、蝽)有不完全变态。不完全变态的生命周期经历受精卵、若虫、成虫三个阶段。若虫(或称幼虫)与成虫的饮食习惯和身体结构相似，只是体型大小、身体比例和颜色排布不同。若虫有幼稚的翅，向体外生长。若虫通过蜕皮逐渐生长、发育，蜕皮后成为成虫。完全变态是甲虫、蝴蝶、蛾、苍蝇和黄蜂的特征。它们的生命周期包括四期：卵、幼虫、蛹、成虫。幼虫和成虫的形态完全不同。幼虫没有翅，其形态和生活习性适于生长发育，而不是生殖。幼虫向成虫的转变发生在休眠静止的蛹阶段。在蛹中，幼虫的翅膀发育，成虫的身体结构开始出现。复变态是完全变态的一种，见于某些甲虫、蝇和其他昆虫，特点是有多个幼虫阶段。　**答案：A。**

31 下列哪种动物没有鳞片覆盖皮肤？(　　)(单选)

A. 鸟　　B. 蛇　　C. 鱼　　D. 昆虫

解析 鳞片可以保护皮肤不受环境影响或捕食者破坏。鱼鳞是皮肤或深部的骨骼形成的。软骨鱼类(如鲨鱼)有盾鳞，它们是骨性的棘状突起，表面有一层釉质。硬鳞为硬骨鱼(如鳝鱼和弓鳍鱼)所特有，形态和盾鳞相似，但釉质特殊，称硬鳞质。科学家认为牙齿是从盾鳞而来的。高级的鱼类被圆鳞(如鲤鱼)或栉鳞(如鲈鱼、翻车鱼)，这些是典型的叠覆状鱼鳞。圆鳞是类圆形或椭圆形较大的薄鳞片，上有年轮。栉鳞和圆鳞相似，但边缘有梳状细齿。鳞甲或角化鳞是爬行动物或鸟类腿部由表皮形成的。鳄鱼和一些蜥蜴的鳞片下方是骨化的皮肤。鸟类羽毛是表皮鳞片进化的产物。而哺乳动物似鳞片样的表皮也是鳞片的进化产物，主要由角蛋白构成。虽然哺乳动物的毛发也是角蛋白，但不是鳞片的进化产物。鳞片也可以用来形容一些昆虫的遮盖身体的结构，如蛾，但并非覆盖皮肤。　**答案：D。**

32 鲎和甲壳类等水生节肢动物的血液中的血蓝蛋白是含有铜元素的蓝色蛋白质，可向全身的组织运输氧气。但是陆生节肢动物的血液中却不含血蓝蛋白。下列关于昆虫运输氧气方式的描述中，哪些是正确的？(　　)(多选)

A. 多数昆虫血液中含有血红蛋白，其中有亚铁离子，可运输氧气

B. 多数昆虫的血液不运输氧气，因此没有呼吸色素

C. 多数昆虫在每个体节中都有呼吸器官，负责各自体节内细胞的氧气运输

D. 多数昆虫的呼吸器官都有细小分支，向全身的组织输送氧气

E. 多数昆虫都有翅膀，而且身体表面积大，因此可以从全身的体表吸收氧气

解析 昆虫的呼吸器官气管拥有细小的分支，遍布全身，向全身的组织直接供给氧气。虽然某些情况下，气管通向外界的开口(气门)的确是分布于各体节上，但绝不是每个体节上的气管只供自己体节中的组织呼吸。昆虫全身都被角质层覆盖，因此不可能通过体表获得足够的氧气。血液中虽然有类似血蓝蛋白的蛋白质，但是不含铜离子，呈无色，无法运输氧气。除了摇蚊等特例，大部分昆虫没有脊椎动物或某些环节

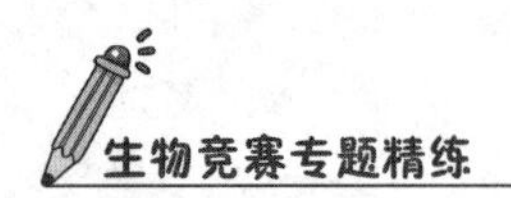

动物那样的红色呼吸色素血红蛋白。因此，A、C、E错误，B和D正确。 答案：BD。

33 节肢动物是动物界中种类最多的一门，其中大部分为昆虫类，而在昆虫类中种类最多的为鞘翅目(独角仙等甲虫类)的昆虫。下列独角仙的特征中，与节肢动物门甲壳纲的克氏原螯虾(俗称小龙虾)共同的特征有哪些？请从A～G中选择正确的选项：(　　)。(多选)

A. 体表被含有几丁质的外壳覆盖　　B. 排泄器官为马氏管
C. 开管式循环系统　　D. 血液(体液)中不含有呼吸色素
E. 用气管进行呼吸　　F. 拥有链状神经系统
G. 视觉器官是复眼

解析 节肢动物的身体被蛋白质和多糖类的几丁质所组成的外骨骼包围，这是其一大特征。其身体分节，体节上附有附肢，每个附肢上有数个关节，正如其名“节肢动物”。体节和附肢的样式多种多样，例如头部附肢形成触角或口器。其神经系统为链状，位于其腹侧，每一体节都有一个或数个神经节，从头到尾的神经节连成一串，头部神经节融合成为脑。至于排泄器官，在昆虫中是马氏管，而在甲壳类中是肾管(触角腺)。节肢动物的循环系统一般为开管式循环，但由于昆虫是依靠气管进行气体交换，其血液中没有可以运输氧气的呼吸色素，而甲壳类或蛛形纲的节肢动物的血液中含有一种叫做血蓝蛋白的呼吸色素，其中含有铜离子而非亚铁离子。呼吸器官在昆虫中为气管，在甲壳类中多为鳃。

甲壳类的排泄器官为肾管(触角腺)，因此B错误。由于甲壳类和蛛形纲的呼吸色素为含铜离子的血蓝蛋白，因此D错误。由于蛛形纲用书肺，而甲壳类多用鳃呼吸，因此E错误。 答案：ACFG。

34 你发现了一种生活在土壤中的蠕虫状生物，具有如下一些特征：身体分节、体表刚毛较少。你认为这种微生物属于下列哪一纲？(　　)(单选)

A. 绦虫纲　　B. 多毛纲　　C. 寡毛纲　　D. 有爪纲
E. 多足纲

解析 题中的描述与以蚯蚓为代表的寡毛纲类似。 答案：C。

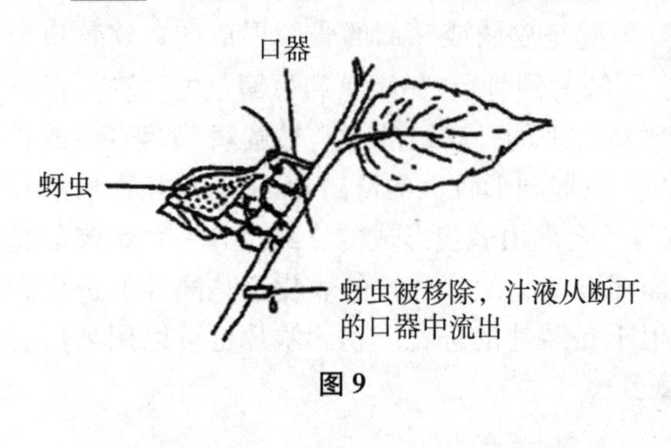

图9

35 蚜虫是一种食用植物汁液的小昆虫。它们的口器呈管状，称刺吸式口器，可以刺入植物表面进入下层。图9所示是汁液通过口器吸入的过程。如果靠近蚜虫头部切断口器，汁液可以持续从口器断端流出。蚜虫按分类地位属于(　　)。(单选)

A. 蛛形纲(蜘蛛、跳蚤、虱)
B. 甲壳纲(螃蟹、蝲蛄)
C. 鞘翅目(甲虫、蛀虫、金龟子)
D. 昆虫纲

解析 蚜虫是小型植食性昆虫。许多蚜虫都是单食性的，但仅占全部蚜虫种类的一部分。其他的蚜虫，例如桃蚜可以食用上百种不同种类的植物。和其他昆虫相似，蚜虫吸食植物韧皮部中的树汁。韧皮部中液体压力很高，口器一穿透韧皮部，液体就会进入口器。在进食时，蚜虫会将植物病毒传播到进食的植物中，可能会造成植物死亡。一些蚂蚁专门“饲养”蚜虫，在蚜虫进食的植物上保护它们的安全，然后取食蚜虫分泌出来的蜜露，这是一种共生关系。蚜虫的蜜露富含碳水化合物，是蚜虫过量进食的树汁。许多蚜虫是一种内共生细菌——布赫纳氏菌的宿主，寄生在蚜虫体内专门的含菌细胞中。这些细菌可以合成韧皮部汁液中缺少的一些必需氨基酸。 答案：D。

36 你发现了一种新的昆虫，它具有如下特征：四个膜状翅膀和又细又长的腹部。你将会把这只昆虫分类到下列哪个目中？(　　)(单选)

A. 膜翅目　　B. 半翅目　　C. 毛翅目　　D. 蜻蜓目

E. 鳞翅目

解析 膜翅两对排除了半翅目、鳞翅目，细长腹部又排除了膜翅目。毛翅目翅具毛，腹部呈纺锤形，新昆虫更似蜻蜓目，所以选 D。 答案：D。

37 有关甲壳类动物的激素和分泌腺(器官)的配对中正确的是(　　)。(多选)

A. 蜕皮激素(ecdysone)—窦腺(sinus gland)　　B. 抑制蜕皮激素—X 器

C. 蜕皮激素(ecdysone)—Y 器　　D. 抑制蜕皮激素—Y 器

E. 抑制蜕皮激素—窦腺(sinus gland)

解析 窦腺是储存和释放多种激素的中心，自身并无分泌功能；X 器是与神经有关的分泌器，位于眼柄中，有些细胞分泌抑制蜕皮的激素，其轴突伸到邻近的窦腺，并在此释放激素；Y 器与神经组织没有直接关系，位于小颚附近，其分泌的激素使动物蜕皮(图 10)。正常情况下，窦腺释放出抑制蜕皮的激素通过血液传到 Y 器，抑制其活动；在一定条件下，窦腺停止释放此种激素，Y 器的细胞分泌蜕皮激素，引起蜕皮(图 11)。 答案：BC。

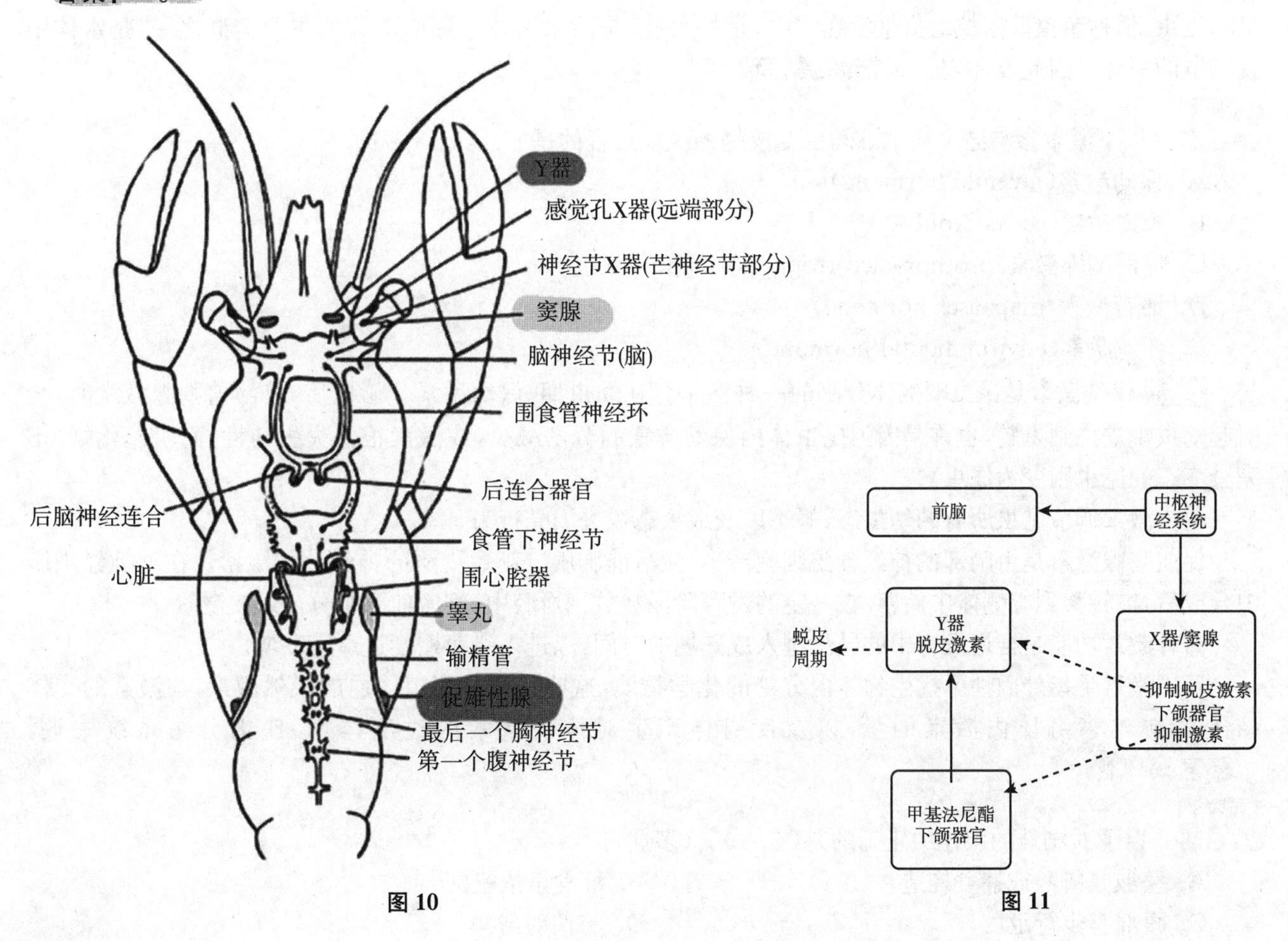

图 10　　图 11

参考文献

[1] Kusk K O, Wollenberger L. Towards an Internationally Harmonized Test Method for Reproductive and Developmental Effects of Endocrine Disrupters in Marine Copepods[J]. Ecotoxicology, 2007, 16(1): 183.

38 动物界中种类最多的一个目，飞行的种类只能使用其膜状的一对后翅，生活史为完全变态。下列哪个选项符合这个叙述？(　　)(单选)

A. 双翅目　　B. 膜翅目　　C. 鞘翅目　　D. 鳞翅目

E. 同翅目

解析 鞘翅目的数量占六足动物的40%和所有动物种类的30%，前翅为鞘翅，坚硬无翅脉，后翅膜质，有少数翅脉，发育为完全变态。 答案：C。

39 有关节肢动物开放式循环系统的叙述中正确的是（ ）。（多选）

A. 血液直接与组织细胞接触　　B. 完全不具血管

C. 血液中具有不同种类与功能的血球　　D. 血液输送具有方向性

E. 不具血红素

解析 节肢动物循环系统为开管式，血液经心脏、动脉流入血腔或血窦，浸润各器官组织，再由心孔回心。由于血液在血腔和血窦中运行，压力较低，当附肢受伤折断时，不至于大量失血，这是对环境的一种很好的适应。另外，用鳃呼吸的节肢动物的血管较发达，以气管呼吸的节肢动物的血管就不发达；前者的血液中含呼吸色素，后者的血液中通常无呼吸色素。其血液中血细胞有多种类型，有的具吞噬作用，有的能凝血和愈合伤口，但均无携带、运送氧的能力。综上，A、C、D正确。

本题有一个地方需要注意，部分节肢动物也是有血红素的！如摇蚊幼虫，体内有血红素，呈血红色，故又名红虫，俗称鱼虫。摇蚊幼虫生活在水中，呈蠕虫状，是淡水水域中底栖动物的主要类群之一，是水体中食物链的一环。因此E不对。 答案：ACD。

40 以下激素参与昆虫从末龄幼虫变成蛹的脱皮过程的是（ ）。（多选）

A. 保幼激素（juvenile hormone）

B. 蜕皮激素（ecdysteroid）

C. 促前胸腺激素（prothoracico-tropic hormone）

D. 滞育激素（diapauses hormone）

E. 环境激素（environmental hormone）

解析 保幼激素是昆虫咽侧体分泌的一种激素。在幼虫期，保幼激素分泌以后，分泌前胸腺激素时，会引起幼虫蜕皮。到末龄，也许是因为昆虫体内保幼激素的分泌减少，或激素很快失去活性，而引起化蛹（不完全变态的昆虫则变为成虫）。

蜕皮激素调节昆虫所有的幼虫态、蛹态以及成虫态蜕去旧壳行为。

促前胸腺激素是由脑部的神经分泌细胞产生，激活前胸腺分泌蜕皮酮的神经肽类激素。在脑神经细胞中合成后，被转移到心侧体中储存，在一定的发育阶段释放到血腔中，刺激前胸腺分泌蜕皮激素。

滞育激素功能是推迟发育中的昆虫进入成熟期的时间，以进入滞育期度过严苛环境。

环境激素是指外因性干扰生物体内分泌的化学物质，这些物质可模拟体内的天然激素，与激素的受体结合，影响本来身体内激素的量，以及使身体产生对体内激素的过度作用，使内分泌系统失调。 答案：ABC。

41 以下对蜘蛛的叙述中正确的是（ ）。（多选）

A. 螯肢是御敌或捕食构造　　B. 捕食全依赖网

C. 腹部有步行足　　D. 有两对触角

E. 头胸部愈合

解析 螯肢是第一对头肢，基部一节膨大，称为螯基，末端一节呈爪状，称为螯爪；螯基内有一毒腺，其输出管连接螯爪内的小管，小管开口于螯爪末端，用于防御和捕食。所有蜘蛛都产丝，但是并不是所有蜘蛛都会织网，游猎型蜘蛛不织蛛网。蜘蛛的足都着生于头胸部，腹部的附肢几乎退化，只剩下纺器，头部无触角，只有一对触肢。蜘蛛的身体构造见图12。 答案：AE。

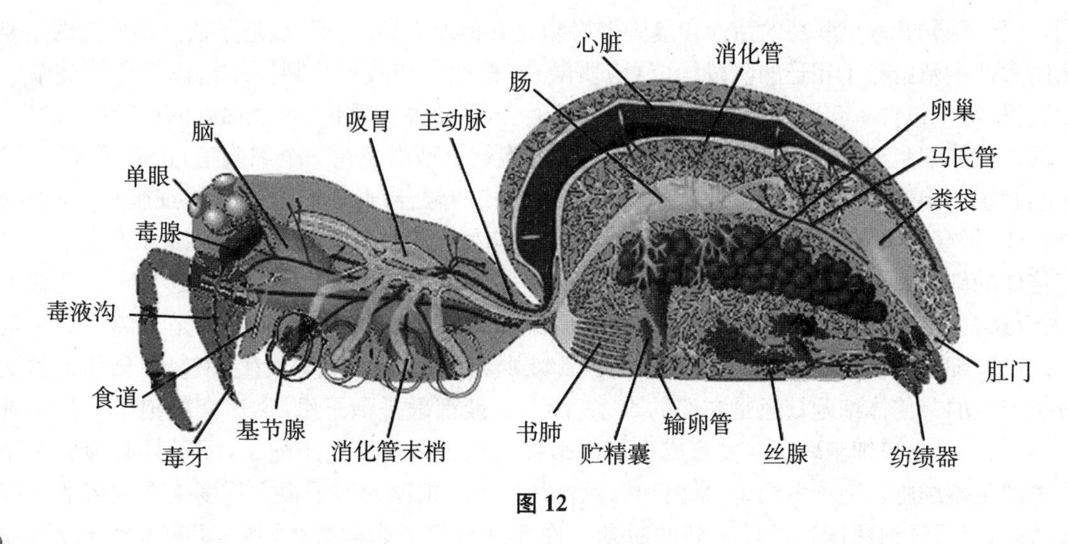

图 12

42 下列构造不存在于棘皮动物身上的是(　　)。(单选)

A. 辐射对称　　B. 两侧对称　　C. 神经管　　D. 内骨骼

E. 管足

解析 棘皮动物大多五辐射对称(次生形成的,由两侧对称体形的幼体发育而来),但也有海参纲是两侧对称的。棘皮动物特有的结构有水管系和管足。体壁由上皮和真皮构成,真皮包括结缔组织、肌肉层和中胚层形成的内骨骼,内骨骼有的极其微小(海参类),有的形成骨片,呈一定形式排列(海星类、蛇尾类、海百合类),也有的骨骼完全愈合成一完整的壳(海胆类)。

神经管是脊椎动物和原索动物的神经胚期所见到的一种最明显的变化。 答案:C。

43 下列选项中哪个是有性生殖的例子?(　　)(单选)

A. 水螅出芽　　B. 水绵分裂

C. 根霉产生接合孢子　　D. 细菌二分裂

解析 水螅是无脊椎淡水动物,属于刺胞动物门水螅纲。这种生物的身体通常由一条细的透明的管构成,能达到大约 30 mm 长,且能剧烈收缩。身体壁由两层细胞构成,被一层薄的不定型的结缔组织分开,这层组织叫做中胶层;消化管道里包含着肠器官。身体的下端是关闭的,上端有开口,既摄入食物又排出残留物。开口周围是一圈 4～25 个触须。卵子和精子分离地出现在膨胀的身体表层的生殖腺里,并且水螅个体通常是雌雄同体的(同一个体拥有两种性别的生殖器官)。配子从身体释放,在水中受精。出芽生殖也常见。体壁的指状突出发展成嘴和触手,最终从基体掐断,形成独立的新个体。水螅的移动是通过匍匐在固着基上前进,或者通过形成环形进行翻筋斗运动,例如,触手粘住基底,身体底部释放开,然后整个身体翻个筋斗,使得身体底部黏住新的位置。这个属的代表物种有 20～30 个,主要不同在于颜色、触手长度和数量,以及生殖腺的位置和尺寸。所有水螅物种以其他的小无脊椎动物为食,例如甲壳纲动物。

水绵是绿藻属生物,只在淡水中发现,通常是自由漂移的。其滑的无支链的细丝由柱状细胞构成,包含一个或更多个漂亮的螺旋状绿色叶绿体,此属因此得名。细胞核通过细小的细胞质丝悬浮在中央液泡里。营养生殖通过这些细丝的碎片进行。有性生殖中,两股边靠边的细胞通过分枝或者接合管相结合,然后一个细胞里的内容物传递扩散并与另一细胞的融合。融合的细胞(接合子)将被一层厚壁环绕,然后过冬,同时植物细丝死亡。在春天或秋天里,大量的水绵在溪流或池塘表面附近漂流,光合作用释放的氧气泡就是浮标。在夜晚,光合作用减弱,大量的水绵就沉下去了。

二分裂是一个独立个体分为两个新个体的再生过程。在二分裂的过程中,生物体复制其遗传物质脱氧核糖核酸(DNA),然后一分为二(胞质分裂),每个新生物体获得一份 DNA。这时在细胞中间会出现分裂隔膜。革兰氏阳性菌的隔膜由细胞膜沿着细胞中央向里生长;革兰氏阴性菌的细胞壁更柔软一些,分裂隔膜作为边向里收缩,将细胞一分为二。为了保证细胞对半分裂,肽聚糖在半球盖和细胞壁的直线部分的结构必须不同，并且不同的壁-交联酶的活性在隔膜处必须比其他地方高。二分裂是原核生物再生的主要方式。

真菌的有性生殖由三个相连的阶段构成：胞质融合、核融合和减数分裂。二倍体染色体被牵引分开进两个子细胞里，每个包含一套染色体（单倍体）。胞质融合，两个原生质体（两个细胞的内容物）发生融合，使两个相容的单倍体细胞核在一起。在这个时候，两个细胞核类型出现在一个细胞里，这个情况叫做双核（菌丝），但是细胞核还未融合。核融合导致这些单倍体细胞核的融合，形成一个双倍体细胞核（一个细胞核包含两套染色体，每套都来自其母代）。核融合产生的细胞叫做接合子。多数真菌里，接合子是整个生命周期中唯一双倍体的细胞。由胞质融合导致的双核阶段通常是真菌里显著的情况，可以延长至好几代。低等真菌里，核融合通常立刻发生在胞质融合之后。更高等的真菌里，核融合与胞质融合是分离的。一旦核融合发生，减数分裂（细胞分裂，每个细胞中染色体的数目减少到一组）通常立即发生，恢复单倍体的情况。无论是减数分裂产生的单倍体细胞核还是它们的直系后代，一般都融进孢子里，称作减数孢子。孢子是生殖细胞，能够不与另一个生殖细胞融合就发育成为新的个体。孢子因此不同于配子，配子是必须成对融合才能产生新个体的生殖细胞。孢子由细菌、真菌和绿色植物产生。细菌的孢子很大程度上在细菌的细胞周期里处于休眠状态，以保证细菌度过条件不利的时期。许多细菌孢子非常持久，甚至几年的蛰伏后还能发芽。真菌里，孢子起类似种子的作用，由可食用的部分产生和释放，例如蘑菇的可食用部分。真菌孢子在适宜的湿度、温度和食物条件下发芽并长成新的个体。

注意：通过无性生殖产生的孢子叫“无性孢子”，如分生孢子、孢囊孢子、游动孢子等；通过有性生殖产生的孢子叫“有性孢子”，如接合孢子、卵孢子、子囊孢子、担孢子等；直接由营养细胞通过细胞壁加厚和积贮养料而能抵抗不良环境条件的孢子叫“厚垣孢子”“休眠孢子”等。本题中根霉产生的是有性的接合孢子。水绵如果有性生殖的话也是接合生殖。　**答案：C。**

44 体外受精被发现存在于（　　）。（单选）

A. 水生生物和一些陆生生物（例如青蛙）

B. 只有水生生物

C. 拥有可以将精子引入雌性体内的器官的生物体

D. 只有陆生生物

解析 体外受精是一种受精的形式，精细胞与雌性所产的卵细胞在双方体外混合。因此，这种受精在体外发生。它不同于体内受精，卵细胞和精子在双方交配之后，在雌性体内融合。在有性生殖里，精子遇到卵子有几种方式。因为精子在有水的环境里是自由运动的，水生生物可以利用它们赖以生存的水。许多水生生物，例如珊瑚或者水螅，卵子和精子同时流进水里，然后精子游向卵子进行受精，这个过程叫做广播受精。许多种鱼，包括鲑鱼，雌性将在基底上产下未受精卵，然后雄性就游到那儿，给卵受精。许多陆地植物也利用体外受精。例如，当蜜蜂和蝴蝶从花朵那里收集花蜜时，它们擦上花粉并把花粉传播到同一物种的另一朵花那里，给植物授粉。　**答案：A。**

45 可根据发育方式的不同将动物界中的生物分为几大类。首先，根据胚层的构成可分为下述(1)～(3)三大类。下列选项从这三类中各举出了一例，举例完全正确的是哪一项？选项中所举的动物名称代表的是多个物种的总称。（　　）（单选）

(1)没有分化出胚层的动物；(2)两胚层动物；(3)三胚层动物。

A. (1)—水母，(2)—蚯蚓，(3)—涡虫　　B. (1)—海绵，(2)—海葵，(3)—蚯蚓

C. (1)—海绵，(2)—蚯蚓，(3)—涡虫　　D. (1)—水母，(2)—海绵，(3)—蚯蚓

E. (1)—涡虫，(2)—海葵，(3)—海绵　　F. (1)—涡虫，(2)—蚯蚓，(3)—海葵

解析 海绵由两层细胞构成：皮层和胃层，不是内胚层、外胚层。　**答案：B。**

46 在系统分类中，45题中的(3)三胚层动物又可分为两大类，一类是像鱿鱼和蚂蚁这样的动物，一类是像人和海胆这样的动物。下面选项中，哪些是这种分类方式的依据？（　　）（多选）

A. 看体腔是由中胚层细胞产生的，还是由原肠中产生的

B. 看卵裂是完全卵裂还是不完全卵裂

C. 看原口最终是成为成体的肛门还是口

D. 看是否有体节的划分

E. 看拥有的骨骼是外骨骼还是内骨骼

解析 1908年,格罗本根据胚孔在胚胎中发育的不同,把两侧对称动物归纳为原口动物和后口动物两大类。

原口动物的胚胎发育为螺旋定型卵裂。在原口两侧的内、外胚层交界处各有一个细胞分裂为很多细胞,形成索状,伸入内、外胚层之间,形成中胚层。原口动物形成中胚层的方法称为端细胞法(又称裂体腔法)。扁形动物门、纽形动物门、线形动物门、环节动物门、软体动物门、节肢动物门均属原口动物,它们在整个动物进化中组成一个大的分支。

后口动物的胚胎发育是辐射不定型卵裂。在原肠期的后期,与原口相反一端的内外两胚层相互贴紧,最后穿成一孔,成为幼虫的口,后口动物因此得名。在这些动物的原肠背部两侧,内胚层向外突出成对的囊状突起,形成体腔囊,体腔囊和内胚层脱离后,在内、外胚层之间逐步扩展成为中胚层。这种形成方法称为肠体腔法。半索动物门、毛颚动物门、棘皮动物门、脊索动物门动物均为后口动物。它们是动物进化的主干。

注意:高等脊索动物反而是裂体腔法形成的体腔,具体过程较为复杂,也是进化中有趣的问题,在此不多讨论。所以原口动物与后口动物的划分主要是看中胚层的产生是裂体腔法还是肠体腔法,以及口与肛门分别来自原口还是后口,即A和C是对的。 答案:AC。

47 原口动物具有(　　)卵裂和(　　)卵裂类型。(单选)

A. 螺旋,定型　　B. 螺旋,不定型

C. 辐射,定型　　D. 辐射,不定型

解析 螺旋、定型、镶嵌型卵裂(spiral, determinate, mosaic cleavage)出现于多数无脊椎动物,如软体、多毛、扁形动物等。特点是第三次横裂成八细胞期时,从动物极观,4个小分裂球与4个大分裂球旋转相交成45°角。卵形成幼虫的那一部分已在卵内定位。在四细胞期时,每个细胞无调整能力。

辐射、不定型、调整型卵裂(radial, indeterminate, regulative cleavage)出现于棘皮、半索等动物。在八细胞期,分裂球对称地分布于4个象限中。四细胞期功能不定位。具调整能力,每个细胞全能。

因此,原口动物具有螺旋、定型的卵裂类型;后口动物的卵裂才是辐射与不定型的。 答案:A。

48 下列哪个是线虫、蚯蚓和甲虫均有的构造或特征?(　　)(单选)

A. 消化道　　B. 假体腔　　C. 世代交替　　D. 身体分节

E. 雌雄同体

解析 线虫假体腔,蚯蚓真体腔,甲虫混合体腔。动物一般不认为有真正意义的世代交替,水螅水母形态的交替与植物世代交替不是一回事,并不涉及核相变化,均为二倍体。线虫身体不分节,蚯蚓甲虫分节。线虫有雌雄同体也有异体,蚯蚓同体,甲虫异体。 答案:A。

49 以下各组动物及构造,哪一组的功能对应关系正确?(　　)(多选)

A. 蝗虫气孔与家鼠鼻孔　　B. 蚯蚓刚毛与海绵骨针

C. 扁虫焰细胞与蜘蛛马氏管　　D. 海星管足与海参触手

E. 鲤鱼鳔与龙虾鳃

解析 A对,蝗虫的气孔是气体进入虫体内在气管末梢完成气体交换的门户,家鼠的鼻孔是嗅觉器官和气体进出鼠体内到肺泡完成气体交换的门户。B错,蚯蚓的刚毛是运动器官,海绵的骨针和海绵质纤维都只起骨骼支撑作用,无运动功能。C对,均为排泄器官。D对,海星的管足是水管系统从辐管分出的管状运动器官,也起一定的呼吸和排泄作用,海参的触手位于口的周围,由管足特化形成。E错,鳔是大多数硬骨鱼类身体密度的调节器官,由原肠突出形成,龙虾的鳃为呼吸器官。 答案:ACD。

50 下列有关动物循环系统的描述中哪些正确?( )(多选)

A. 环节动物(如蚯蚓)具有开放式循环系统以运送血液

B. 节肢动物(如果蝇)具有开放式循环系统以运送血液

C. 扁形动物(如涡虫)具有闭锁式循环系统以运送氧气和营养素

D. 哺乳类动物的心脏具有四个腔室,其肺循环和体循环的分离完全

E. 两栖类动物的心脏只有一个心房,其肺循环和体循环的分离不完全

解析 环节动物(如蚯蚓)的典型循环系统是闭管循环系统,蚯蚓主要的血管包括3条纵行血管、环形血管及微血管网,A错误。节肢动物为混合体腔,混合体腔内充满血液,循环系统为开管式,血液经心脏、动脉流入血腔或血窦,浸润各器官组织,再由心孔回心,B正确。扁形动物没有特殊的呼吸和循环器官,它借助实质组织运送和扩散新陈代谢的产物,C错误。两栖类为不完全双循环系统,心房二,心室一,这就导致了肺循环和体循环的分离不完全,E错误。到鸟类和哺乳类时,心脏完全分隔为左右心房和左右心室,肺循环和体循环的分离完全,D正确。 **答案:BD。**

51 下列有关动物生殖的叙述中正确的是( )。(多选)

A. 涡虫和海星等均可利用断裂生殖方式进行繁殖

B. 蜂和蚂蚁的卵未经受精即可发育成雌性个体

C. 针鼹的胚胎通过脐带和胎盘等构造,自母体的血液中取得发育所需的养分

D. 采用体外受精的生物多通过特定的行为模式或同步生殖信号来增加配子受精的机会

E. 黄体、胎盘和绒毛膜均为人类怀孕期间维持子宫内膜增生的激素的主要来源

解析 涡虫雌雄同体,生殖系统复杂,异体受精;也可以行无性生殖,主要通过横分裂进行;再生能力很强,甚至分割成许多段时每一段都能再生成一完整的涡虫。海星的再生能力也很强,腕、体盘受损或者自切都能再生,但是单独的腕不能再生出完整的身体。因此A选项正确。

蚂蚁和蜜蜂都是膜翅目的昆虫,其性别是由染色体数目决定的:单倍体未受精卵发育成雄性,受精卵发育成雌性(具有生殖能力的是蚁后或蜂后,性腺退化的是工蚁或工蜂),B选项不对。

针鼹和鸭嘴兽都属于哺乳纲原兽亚纲,特点是卵生、乳腺不具乳头,有泄殖腔(故又称单孔类),雄兽不具交配器官,大脑皮层不发达、无胼胝体,C选项不对。

例如鱼类在生殖季节会互相追逐、摩擦身体,最后同时排卵和排精,D选项正确。

黄体释放黄体素,胎盘和绒毛膜放出HCG维持子宫内膜的厚度,E选项正确。 **答案:ADE。**

52 以下结构与动物的配对中正确的是( )。(多选)

A. 外套膜—软体动物

B. 刺丝泡—外肛动物

C. 书肺—蜘蛛

D. 管足—棘皮动物

E. 羊膜—两栖纲

解析 外套膜是软体动物身体背侧皮肤褶向下伸展而成的,包裹整个内脏团。

刺丝泡是原生动物纤毛纲特有的结构,为表膜之下的小杆状结构,有孔开口在表膜上,当动物受到刺激时,刺丝泡射出其内容物,有防御功能。

外肛动物即苔藓动物,特点为具有触手冠。

多数蜘蛛具有两种呼吸器官:一对书肺和一对气管。书肺是蛛形纲特有的,由内陷的100~125个扁平凸起(肺叶)构成,血液不断流经肺叶之间,气体交换通过肺叶壁进行。

管足是棘皮动物特有的结构,具有运动、呼吸及摄食功能。

羊膜卵是从爬行动物开始具有的特征,胚胎在发育期间发生羊膜、绒毛膜、尿囊等一系列胚膜。 **答案:ACD。**

用显微镜观察在海滨实习时收集到的浮游生物,并进行了分类。注意,以下各图的比例尺并不都相同。回答53~55题。

53

如图 13 所示的浮游生物中，属于动物界的多细胞动物都有哪些？(　　)(单选)

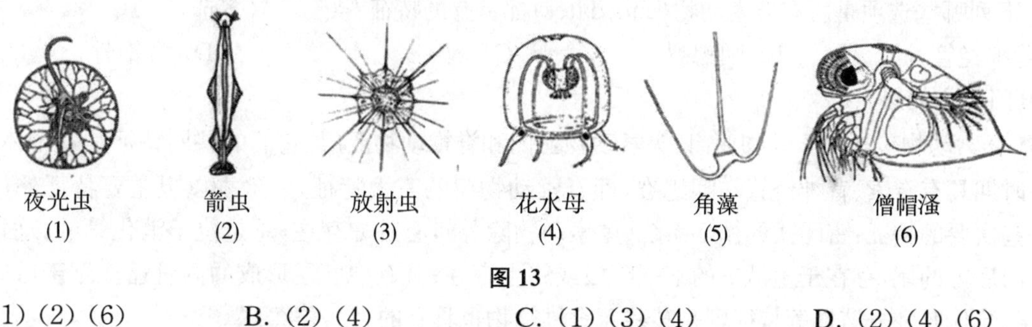

图 13

A. (1) (2) (6)　　B. (2) (4)　　C. (1) (3) (4)　　D. (2) (4) (6)
E. (3) (4) (5)　　F. (2) (5) (6)

解析 (1) (3) (5)为单细胞生物，其中夜光虫属于鞭毛纲，放射虫属于肉足纲，角藻属于甲藻门，或也属于鞭毛纲；(2) (4) (6)为多细胞生物，其中箭虫属于毛颚动物门，花水母属于腔肠动物门，僧帽溞(水蚤)属于节肢动物门甲壳纲。　答案：D。

54

图 14 是一种被称为担轮幼虫的幼虫形态。多种门的生物拥有这种幼虫形态，因此它们被认为在系统分类上是近亲。下列选项所提到的动物中，哪些种类的幼虫是担轮幼虫？(　　)(单选)

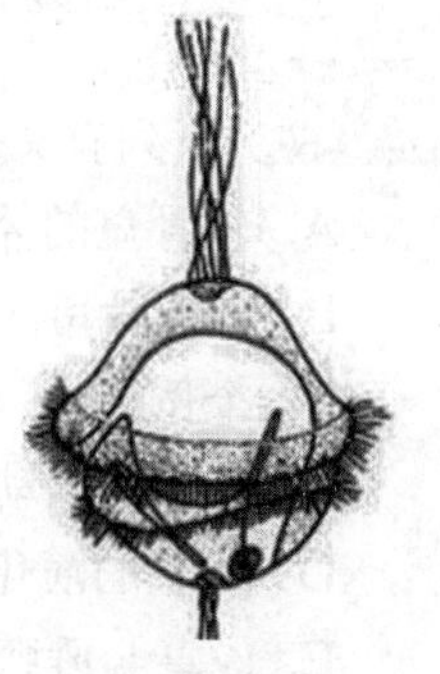

图 14

A. 扁形动物和环节动物
B. 环节动物和节肢动物
C. 环节动物和软体动物
D. 节肢动物和软体动物
E. 扁形动物和软体动物
F. 环节动物、软体动物和节肢动物

解析 环节动物中的陆生和淡水种类为直接发育，不经过幼虫期；海产种类则存在幼虫阶段，即担轮幼虫，经变态发育为成虫。软体动物门和星虫动物门中，海栖的间接发育过程也存在担轮幼虫期。　答案：C。

55

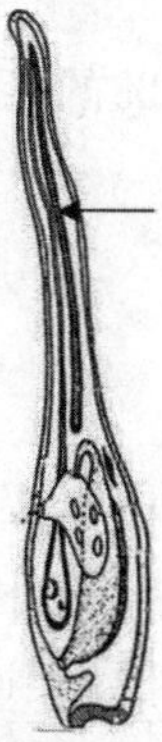

如图 15 所示的像蝌蚪一样的浮游生物是某种动物的幼虫。这种幼虫将来会发生变态，成为成体，但与这种动物同属一个门的生物中，有些会一生都保持这样的形态。下列关于这种幼虫的描述中，正确的是哪一项？(　　)(单选)

图 15

A. 这是海鞘的幼虫，箭头所指的器官是脊索
B. 这是沙蚕的幼虫，箭头所指的器官是脊索
C. 这是海参的幼虫，箭头所指的器官是脊索
D. 这是沙蚕的幼虫，箭头所指的器官是脊髓
E. 这是海鞘的幼虫，箭头所指的器官是脊髓
F. 这是海参的幼虫，箭头所指的器官是脊髓

解析 图 15 为海鞘的幼虫，箭头所指为其脊索，成体时退化。　答案：A。

56

下列哪个选项不是脊索动物的特征？(　　)(单选)

A. 脊索　　B. 脊椎　　C. 咽鳃裂　　D. 肛后尾

解析 脊索动物的三大特征是脊索、咽鳃裂与肛后尾。脊索动物门包括尾索动物亚门(红海鞘)、头索动物亚门(文昌鱼)、脊椎动物亚门。前两种没有形成真正意义上的脊椎，只有脊索。脊椎动物中的圆口索终身保留类脊，其他类群只在胚胎期出现脊索，后来被脊柱所取代，成体的脊索完全退化或保留残余。

答案:B。

57 下列哪些选项是所有脊索动物(chordates)都具有的特征?(　　)(多选)

A. 背神经管　　B. 咽鳃裂　　C. 脑　　D. 脊椎骨

E. 肛门后方的尾

解析 脊索动物包括尾索动物亚门、头索动物亚门和脊椎动物亚门,它们的共同特征是在个体发育全过程或某一时期具有脊索、背神经管和咽鳃裂(即脊索动物门的三大特征)。除去以上主要特征外,脊索动物还具有一些次要的特征:密闭式的循环系统(尾索动物除外),心脏如存在,总是位于消化管的腹面;肛后尾,即位于肛门后方的尾,存在于生活史的某一阶段或终生存在;具有中胚层形成的内骨骼。至于后口、两侧对称、三胚层、真体腔和分节性等特征则是某些无脊椎动物也具有的。　答案:ABE。

58 下列哪些构造为脊索动物的必要特征?(　　)(多选)

A. 脊柱　　B. 脊索　　C. 棘刺　　D. 鳞片

E. 咽鳃裂

解析 详见57题解析。　答案:BE。

59 下列有关脊椎动物的演化的说法中正确的是(　　)。(多选)

A. 软骨鱼的体内有大量的尿酸来维持渗透压,所以软骨鱼没有纯淡水物种

B. 在硬骨鱼演化的历程中发生多次由陆地回到水中的演化事件,例如鲸鱼由陆生祖先进入海洋就是一个例子

C. 只有头索动物和圆口类动物终生具有脊索(notochord)

D. 羽毛的演化起源与飞行有密切的关联

E. 鸵鸟与雁鸭具有阴茎,这表示阴茎是哺乳类与包含鸟类的蜥形类动物(Sauropsida)的共衍征(synapomorphy)

解析 A错,其实存在一些淡水软骨鱼类,如淡水魟鱼。魟鱼遍布全世界的水域之中,其中栖息在淡水中的有江魟科的2属数十种、锯鳐科的1属数种,还有栖息于淡咸水水域中的魟科的1属十几种是最为人们所熟知的。另外鲨鱼中的牛鲨也可以在淡水中活动,它们存在于温暖海洋的沿岸地区、礁区、砂泥底、河流入海口及湖泊,淡水或咸水中都很常见,但这就不属于纯淡水物种了。

D错,早期存在一些不能飞的有羽毛鸟类,其羽毛可能是为了保暖,学术界尚无定论。E错,97%的鸟类是没有阴茎的。　答案:BC。

60 鱼类的哪一个器官可以感知深度和压力?(　　)(单选)

A. 鱼鳔　　B. 侧线　　C. 脑　　D. 鳃

解析 侧线是鱼类和两栖类中,分布于身体两侧和头部的许多感受器组成的网络。这一系统可以探测周围水的运动和压力变化。单个感受器称为侧线器官,或神经丘,由一丛有神经支配的纤毛组成,纤毛外被胶状的凸起(嵴顶器),随水流运动。大多数硬骨鱼的神经丘位于相通的神经管中,管壁间断地与外界相通。

答案:B。

61 世界上体型最大的鱼类是(　　)。(单选)

A. 蓝鲸　　B. 翻车鱼　　C. 鲸鲨　　D. 欧洲鳇

解析 鲨鱼是软骨鱼的一种,全身骨骼均由软骨构成。鲨鱼的种类很多,有超过440个物种,最小的鲨鱼是侏儒角鲨,是一种深水鲨鱼,身长仅为17 cm;最大的鲨鱼是鲸鲨,身长可达12 m,以过滤水中的浮游生物、墨鱼、小鱼为食。

鲸不是鱼类,而是水生哺乳动物。蓝鲸属于须鲸亚目,身长可达33 m,重180 t,是地球上体型最庞大的

动物。

欧洲鳇是鲟形目的一种。生活于里海和黑海水域，亚得里亚海偶有发现。这些鱼类身长可达 8.6 m，重 2.7 t，但是体型庞大的欧洲鳇年龄通常很大。因人类的大量捕杀，欧洲鳇的数量在近几十年中迅速减少。今天，捕捉到的欧洲鳇通常长 142～328 cm，重 19～264 kg。雌性欧洲鳇体型比雄性大 20%。雌鱼的鱼子十分宝贵，因此遭到了人类的大量捕杀。

翻车鱼是世界上**已知最重的硬骨鱼类**。成体翻车鱼体重平均为 1 t，身长为 1.8 m。翻车鱼主要生活于全球热带和温带海域。翻车鱼似仅有头尾部，而无身体。鱼身两侧扁。翻车鱼身高可与身长相等，背鳍和腹鳍极长。 答案：C。

62 鱼类和两栖类在胚胎时期会形成鳃裂，鳃裂通至下列哪个部位？（　　）（单选）

A. 咽　　B. 心脏　　C. 口腔　　D. 胸腔

解析 低等脊索动物在消化道前端的咽部两侧有一系列左右成对排列、数目不等的裂孔，直接开口于体表或以一共同的开口间接地与外界相通，这些裂孔就是咽鳃裂。 答案：A。

63 蝌蚪为蛙类的幼体，一般与淡水鱼有相同的栖息环境和适应方式，下列有关鲤鱼和蛙类蝌蚪的叙述中正确的是（　　）。（多选）

A. 鲤鱼有侧线，蝌蚪没有

B. 鲤鱼体表有鳞片保护，蝌蚪没有

C. 鲤鱼尾部的鳍有鳍条支持，蝌蚪没有

D. 鲤鱼体表可分泌黏液保护，蝌蚪不能

E. 鲤鱼眼睛无眼睑不能闭合，蝌蚪有眼睑可闭合

解析 蝌蚪是部分两栖动物的幼体，有一侧扁的长尾作为运动器官，也有分枝的羽状外鳃(之后长出鳃盖遮蔽起来，外鳃逐渐萎缩而代之以咽部的四对内鳃)执行呼吸功能。蝌蚪在发育后期，长出后肢，然后长出前肢；尾部逐渐变短，最后消失；内鳃逐渐萎缩、消失；体内形成肺，转而用肺呼吸；心脏变为两心房一心室，血循环路线由一条变成两条。最终蝌蚪发育成幼蛙。蝌蚪具有侧线，所以 A 错误；蝌蚪体表也有黏液腺，可以分泌黏液，D 错误；蝌蚪在没有变态前和鱼类很类似，没有眼睑，也不能够眨眼，E 错误。

B、C 是正确的。蝌蚪没有鳞片，图 16 显示了蝌蚪皮肤在变态发育中的重建过程。变态前蝌蚪的皮肤具有三层表皮细胞，下面为胶原蛋白的薄层，不具腺体；变态后形成了明显的真皮层并具有两种不同的腺体存在。图 17 显示了蝌蚪与海鞘蝌蚪状幼体的比较，可见蝌蚪的尾巴中存在脊索，但没有鳍条。 答案：BC。

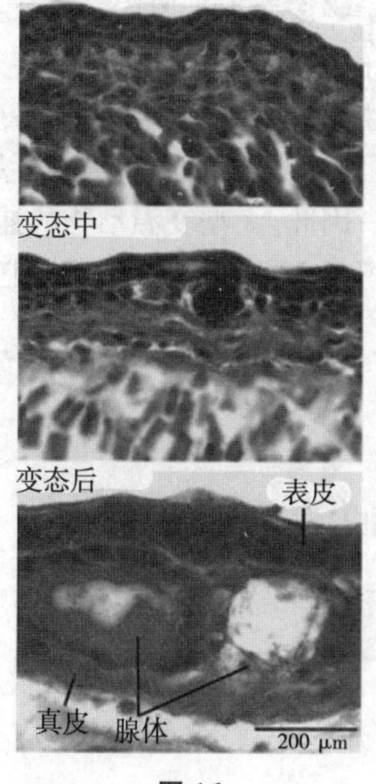

图 16

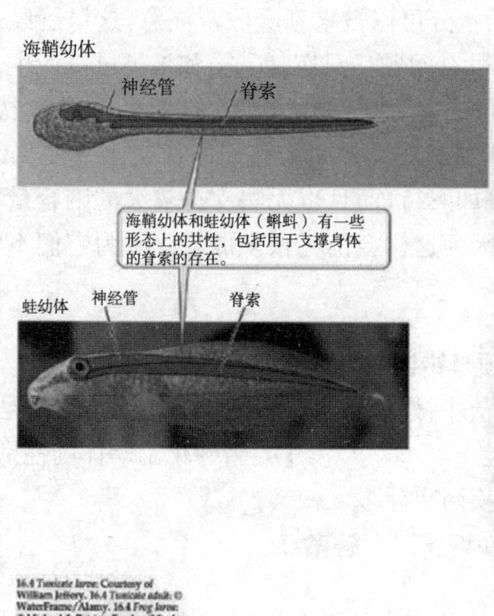

16.4 Tunicate larva: Courtesy of William Jeffery. 16.4 Tunicate adult: © WaterFrame/Alamy. 16.4 Frog larva: © Michael & Patricia Fogden/Minden Pictures. 16.4 Frog adult: © George Grall/National Geographic Society/Corbis.

图 17

参考文献

[1] Brown D D, Cai L. Amphibian Metamorphosis[J]. Dev. Biol., 2007, 306(1): 20.

64 两栖动物是一种脊椎动物,特点是无羊膜,为冷血四足动物。无羊膜意味着(　　)。(单选)

A. 胚胎没有多层膜的保护,且有幼体期　　B. 胚胎有膜的保护和营养支持

C. 体内受精不再需要卵壳保护　　D. 上述选项都不对

解析 羊膜动物是一群四足脊椎动物,可以产生适应陆生生活的卵,包括哺乳动物、爬行动物和鸟类。羊膜胚胎,不论卵生或胎生,都被几层膜保护、支持。在哺乳动物中,例如人类,这些膜围成了胚胎周围的羊膜囊。胎膜、缺乏幼体阶段是羊膜动物和四足两栖类最大的不同。　答案:A。

65 两栖动物目前共有几个目,分别是什么?(　　)(单选)

A. 4个目:无尾目、有尾目、有鳞目和蚓螈目　　B. 3个目:无尾目、蚓螈目、有尾目

C. 3个目:蛙目、蟾目和蝾螈目　　D. 4个目:无尾目、蛙目、蟾目和蝾螈目

解析 两栖动物有3个目:无尾目(蛙和蟾)、有尾目(蝾螈和水螈)、蚓螈目(蚓螈,一种像蛇的无四肢两栖动物)。共有约6500种两栖动物。　答案:B。

66 爬行动物属于爬行纲。它们呼吸空气,产有壳卵(某些蝰蛇和蟒蛇生产幼蛇),皮肤外覆鳞片或甲。下列哪项不是爬行动物的一个目?(　　)(单选)

A. 有鳞目　　B. 龟鳖目　　C. 喙头蜥目　　D. 鸮形目

解析 鸮形目属于鸟纲,由200种鸟类组成,代表动物是猫头鹰。　答案:D。

67 下列哪项对爬行动物的叙述不正确?(　　)(单选)

A. 所有的爬行动物都用肺呼吸

B. 与其他动物一样,爬行动物的肌肉运动可以产热

C. 爬行动物的肾脏无法产生浓缩的尿液

D. 它们是冷血动物,变温的代谢方式具有很高的能量需求

解析 陆生爬行动物的肾脏同样对肾小管中的水分和盐进行重吸收,在干燥环境中多少对血液总量的恒定有所帮助。跟鱼和两栖类一样,它们尿液的浓度总是低于血浆浓度。可是,当它们的尿液进入泄殖腔(消化道和尿道的共同出口)后,多余的水分可以被重新吸收。注意,这里已经是终尿而不是原尿,泄殖腔的吸收也不算肾脏的浓缩。因此C选项没有问题!只有哺乳类和鸟类可以产生比体液高渗的尿液。

变温动物是体温波动极大的动物。恒温动物与之相反,它们可以将体温控制在相对稳定的水平。通常,环境温度的变化会导致变温动物体温的波动。因为它们的代谢水平变化无常且低于恒温动物,所以变温动物通常无法进行高能耗的活动,例如飞行;而且也无法支持较大的脑容量。因此,大型变温动物的捕食策略是"坐等其成",而不是追逐猎物,因为这样会消耗很多能量。因为它们不消耗能量维持体温,所以它们的能量需求水平也较低。　答案:D。

68 关于鳄鱼的说法,下列哪一项是错误的?(　　)(单选)

A. 在南非境内,只在向东流的河流中被发现　　B. 主要的游泳器官是尾

C. 它们可以在水下待一小时以上　　D. 新孵化出幼体的性别由环境平均温度决定

E. 老鳄鱼会饿死,因为鳄鱼只会换两次牙

解析 鳄鱼的牙齿会不停地脱落和更新。　答案:E。

69 一条宠物蛇无法认识并记住它的主人的原因是(　　)。(单选)

A. 蛇只有一个肺,限制了它的氧气摄取量,从而限制了它的学习能力

B. 蛇牙的毒液可以缓慢地杀死其脑细胞,损伤它的认知功能

C. 蛇是一种原始的生物，只为屠杀、进食和生殖而活

D. 蛇的大脑很小，缺失主司认知的部分

解析 一般人认为的脑是端脑(通常代表着智力)，它位于脑干的前方或上方。人类的端脑是脑的五个主要部分里体积最大、发育最完全的。端脑是种系发生中最高等的结构，哺乳动物的端脑体积最大，发育最完全。端脑掌管身体的知觉和运动功能。脑皮质的原始感觉区接受并处理视听觉、本体感觉、味觉和嗅觉信息。这些大脑区域与联合皮质区一起将这些感觉信息合成为我们对周围世界的认知。描述性(显性)记忆信息储存在海马及颞叶内部的有关区域。程序性(隐性)记忆则与基底节有关，例如复杂的运动行为。 答案:D。

70 脊椎动物的皮肤具有各种由表皮衍生来的附属器，请问下列哪个(些)是由表皮(epidermis)衍生而来的？(　　)(多选)

A. 蛇的鳞片　　B. 鱼的鳞片　　C. 人的汗腺　　D. 龟的骨板

E. 鸟的羽毛

解析 脊椎动物为了适应各种不同的生活环境，除其皮肤本身发生变化，形成不同的结构之外，另由皮肤衍生出许多特殊的器官：由表皮形成的衍生物有角质鳞(以爬行类的角质鳞最为普遍)、羽、毛(是哺乳动物特有的构造)、角、爪和皮肤腺，由真皮形成的衍生物有骨板、头骨、锁骨、膝盖骨、多数的鱼鳞以及鱼类的真皮鳍条等，另外还有真皮和表皮共同形成的衍生物，如楯鳞、哺乳类的牙齿。 答案:ACE。

71 下列对龟鳖类动物的叙述中正确的是(　　)。(多选)

A. 陆龟皆为肉食性　　B. 海龟产卵于泥滩

C. 龟鳖皆以肺呼吸　　D. 鳖具有长的吻部

E. 海龟的头尾可缩回壳内

解析 陆龟一般是吃素的，海龟分为草食、肉食和杂食(如玳瑁上喙钩曲似鹰嘴，可以从珊瑚缝隙中找出海绵、小虾和乌贼；绿龟和黑龟的颚呈锯齿状，主要以海草和藻类为食)，A 不对。海龟在繁殖季节会上岸交配和产卵，通常在沙滩产卵，因此没有选 B。鳖的背腹甲骨质，覆有柔软的革质皮肤，吻端尖出成可动的吻突，鼻孔开口于此，D 正确。海龟的头、颈和四肢不能缩入壳内，E 不对。 答案:CD。

72 鸟类(鸟纲)是被覆羽毛、有翼、双足、恒温的卵生脊椎动物。下列哪项对鸟类的叙述不正确？(　　)(单选)

A. 现代的鸟类的喙为无齿喙，代谢率高，四腔心，骨骼重量轻但强度大

B. 许多鸟类每年要长途迁徙

C. 鸟类是社会动物，合作猎食或喂养幼雏，一同抵御猎食者

D. 上述选项都不对

解析 上述对鸟类的描述都是正确的。鸟类的确很多都具有社会组织，至少是松散的聚合体。 答案:D。

73 下列哪项对鸟类解剖和生理的叙述不正确？(　　)(多选)

A. 鸟类的肾脏排泄血中的含氮废物，以尿酸的形式通过输尿管排泄入肠道

B. 鸟类的消化系统很独特，嗉囊可以储存食物，砂囊里有吞入的石头，可以磨碎食物

C. 鸟类有两个泄殖腔，一个行使排泄功能，一个行使生殖功能

D. 鸟类的肺在呼气和吸气时都能保证有充足的新鲜空气供应

解析 泄殖腔是某些动物身体后方肠道、生殖道和泌尿道的共同开孔。所有的鸟类、爬行动物和两栖动物都有这一结构。泄殖腔的功能很多：代谢废物经其排泄，配偶交配经其进行，产卵也通过它。相反，胎盘哺乳动物有 2 个或 3 个分开的孔隙，分别行使排便、排尿和生殖功能。但 A 也是错的，输尿管排入泄殖腔而不是肠道！ 答案:AC。

74 鸟类如何发出声音？(　　)(单选)

A. 当膈肌松弛时，空气从特殊的肺泡中被压迫出

B. 它们有类似人的声带

C. 它们有特殊的气囊和在呼吸道中会振动的膜

D. 空气流经充当共鸣腔体的头盖骨

解析 鸟的发声器官叫做鸣管，是在气管底部的一种骨性结构（不像哺乳动物的喉部是在气管的顶部）。鸟类通过气囊驱动空气通过鸣膜结构发出声音，并在鸣管甚至周围的气囊中发生共鸣。鸟类通过改变鸣膜的张力来控制振动频率，通过改变呼气力度来控制音高和音量。它可以独立地控制气管的两边，这就是为什么有的物种一次可以产生两个音符。膈肌为哺乳类特有的，鸟类靠气囊体积变化行双重呼吸，因而无需膈肌。 答案：C。

75 鸟类里，龙骨突是胸骨的一种延伸，其上附着着强有力的胸部飞行肌肉。下列鸟中最有可能拥有已经比较退化的龙骨突的是哪个？(　　)(单选)

A. 鹱形目　　B. 雁形目　　C. 企鹅目　　D. 鸵形目

E. 鸡形目

解析 龙骨突的发达是与鸟类的飞行能力相关的，所以不会飞的鸵鸟的龙骨突就没必要那么发达了，也就比较退化。企鹅有龙骨突，企鹅的快速滑动与游泳需要发达的胸肌，胸肌要附着在龙骨突上。 答案：D。

76 哪些动物可以回声定位？(　　)(多选)

A. 鲸　　B. 海豚　　C. 蝙蝠　　D. 昆虫

E. 海豹　　F. 鸟类

解析 回声定位是动物（如蝙蝠）发射声波，然后接收远处物体或视线不及的物体反射回来的回声进行定位的生理功能。利用多普勒频移的回声定位可以用于导航、躲避障碍物、捕食和社交。

大多数蝙蝠（所有小蝙蝠亚目和大蝙蝠亚目的果蝠属）、大多数有齿鲸和鼠海豚（长须鲸除外）、某些鼩鼱和来自南美北部的油鸱（Oilbirds）、东南亚的穴居金丝雀（Swiftlets）两种鸟类都有回声定位的功能。威德尔海豹也会利用回声定位来导航和捕食。它是所有哺乳动物中栖息地最靠南的，生活在南极大陆周围冰封的海水中，可通过发出高分贝的尖叫声并聆听回声，在黑暗的水中捕食鱼类。昆虫一般不能回声定位，但一些蛾子可以通过吸收蝙蝠的超声波或发出“咔嗒”声以干扰蝙蝠的定位过程。另外，有俄罗斯的研究者认为，夜蛾（Noctuidae）可以利用这种“咔嗒”声进行回声定位，是唯一一类能回声定位的无脊椎动物，但未得到主流科学界的认可，故D选项仍然存在争议。

回声定位的声波是一段一段短超声波，鸟类使用的频率为1000 Hz，鲸鱼使用的频率至少为200000 Hz。蝙蝠的声波频率为30000～120000 Hz。动物根据不同情况以不同的重复速度发出声波，开始为一秒一次，最快可达到每秒几百次（如蝙蝠接近目标时）。昆虫不能回声定位，但一些蛾子可以通过吸收蝙蝠的超声波从而干扰蝙蝠的定位过程。 答案：ABCEF。

参考文献

[1]Brinkløv S，Fenton M B，Ratcliffe J M. Echolocation in Oilbirds and Swiftlets[J]. Front Physiol.，2013，4：123.

[2]Thomas J A，Moss C F，Vater M. Echolocation in Bats and Dolphins[M]. Chicago：University of Chicago Press，2004.

[3]Jones G. Echolocation[J]. Curr. Biol.，2005，15(13)：R484.

[4] Lapshin D，Vorontsov D D. Activation of Echolocation Signal Emission by Noctuid Moths (Noctuidae，Lepidoptera) in Response to Retranslation of Echo-Like Stimuli[J]. Doklady Biological Sciences，1998，362：448.

表3比较了不同动物利用所摄取的食物进行呼吸运动和生长发育的百分比。研究表中的信息，回答77～79题。

表3

动物	食物类型	所摄取的食物/%	
		呼吸运动	生长发育
毛虫	食草动物	17	23
蜘蛛	食肉动物	57	27
牛	食草动物	39	1
猫头鹰	食肉动物	82	1

77 哪种动物相比呼吸作用利用更多的食物进行生长发育？(　　)(单选)

A. 毛虫　　B. 蜘蛛　　C. 牛　　D. 猫头鹰

解析 毛虫是蝴蝶或蛾的幼虫。毛虫的身体呈圆柱形，分13个节段，胸部有3对真足，腹部有几对肉足。头部每侧有6个小眼睛，触角短，口长。头部的一对触角很短，两侧各有一丛很小的单眼。口前方有一上唇。上唇后方是成对的颚，短而宽，十分有力，可以咀嚼大块的植物。毛虫需要进食大量食物，很多毛虫是农业的害虫。因此，许多蛾的幼虫因为对水果和其他农作物产生严重危害为众人所知。 答案：A。

78 为什么猫头鹰相比其他动物利用更多的食物进行呼吸作用？(　　)(单选)

A. 它进食比其他动物少，大多数的能量用来进行呼吸

B. 它在夜间捕食，需要更多的能量维持体温

C. 它利用许多能量飞行，而不需要太多能量进行生长发育

D. 食物可以在它的消化道内储存，因此它能获得更多的能量

解析 因为鸟类在静息状态下的耗氧量比其他脊椎动物(包括哺乳动物)更高，而且在飞行时耗氧量急剧升高，所以鸟类需要迅速的气体交换。猫头鹰的飞行是稳定地拍打翅膀，维持直线飞行，结尾向上滑行一小段距离站上枝头。捕食时，猫头鹰不需要剧烈运动，通常是从枝头加速而下，从而惊吓地面上的猎物。短耳猫头鹰振翅的速度较慢，宽大的翅膀让轻盈的身躯上下颠簸，它们也可以将翅膀向后竖起成V字形滑翔一段时间。 答案：C。

79 从表3可以得出什么结论？(　　)(单选)

A. 食草动物比食肉动物生长更快

B. 食肉动物呼吸运动消耗的食物比生长发育消耗的食物多

C. 冷血动物比温血动物生长更快

D. 食草动物无时不刻都在进食

解析 食肉动物捕食其他动物，所以站在了食物链的最顶端，是生态系统中最高的营养级。因此，它们是生态环境中维持自然平衡的重要一环。在人类定居地区，食肉动物因为其捕猎特性而被赶尽杀绝，这种精密的平衡也被破坏了。不过，现在人们意识到食肉动物是自然界中不可或缺的一部分，它们可以限制猎物数量在环境容纳量以内，保持猎物群落数量的稳定，从而使它们能获得更好的食物，不易死亡。

食肉动物仅占动物界的一小部分，因为每一只食肉动物一生中必须要消耗许多和其体型相似的其他动物。食肉动物除了拥有可以杀死、撕裂猎物的尖牙和利爪，它们的消化系统中还有可以消化肌肉蛋白的酶，可以将蛋白分解为氨基酸，然后通过小肠黏膜吸收。因此，食肉动物不需要特殊的肠道发酵降解食物。食肉动物还可以利用动物脂肪。如果猎物较小，食肉动物会把骨头一起嚼碎咽下，以获取钙元素。一些食肉动物，尤其是猫科动物，是专性食肉动物，意味着它们不会从植物或微生物界获取生命所需的能量。专性食肉动物缺乏分解植物中胡萝卜素并转化为维生素A的酶，所以它们必须从其他动物的肝获得维生素A。专性食肉动物亦无法合

成长链必需不饱和脂肪酸,其他动物可以利用植物中获取的短链脂肪酸合成这些必需脂肪酸。

本题中由表3只能看出食肉动物呼吸消耗的食物都比生长发育消耗的食物多,至于生长快不快,是不是一直都在进食这是无法直接看出的。 **答案:B。**

80 任何同源构造(称之为特征,如表皮的角质化衍生物)在不同种类的生物中可能出现两种不同的形式(如表皮衍生物为鳞片或为羽毛)。两种形式中,一为祖先未改变的特征,另一为后代经过演化改变后的特征。生物之间的亲缘关系是靠共同拥有改变后的特征决定的。若不同种类的相同形式的特征是未改变的祖先形式,则不能称它们有最近的亲缘关系。

根据以上说明,分类学家分析始祖鸟、暴龙和企鹅三种动物的数个特征后(如表4),认为始祖鸟和企鹅关系较近,和暴龙较远。分类学家是依据下列何种特征而得此结论的?(　　)(单选)

表4

种类	特征一	特征二	特征三	特征四	特征五
暴龙	有牙齿	身被鳞片	有尾	后脚有爪	前脚有爪
始祖鸟	有牙齿	身被羽毛	有尾	后脚有爪	前脚有爪
企鹅	无牙齿	身被羽毛	无尾	后脚有爪	前脚无爪

A. 特征一　B. 特征二　C. 特征三　D. 特征四
E. 特征五

解析 由暴龙和企鹅的进化关系易知暴龙的特征为祖征,而企鹅的特征为衍征。特征二中,始祖鸟与企鹅相似且均为衍征,而与暴龙不同,可知此结论由特征二判断。而特征一、三、五中,始祖鸟和暴龙虽特征相同,但同为祖征,因此不能得出亲缘关系。 **答案:B。**

81 长颈鹿是一种哺乳动物,它有多少节颈椎骨?(　　)(单选)

A. 14　B. 21　C. 7　D. 上述选项都不对

解析 长颈鹿只有7节颈椎骨,但是每一块颈椎骨的长度很长。颈部的厚壁动脉中有特殊的动脉瓣,可以防止抬头时血液回流;当长颈鹿低头时,脑基底部的特殊血管可以控制血压。长颈鹿的步态是同侧的腿一起迈步。奔跑时,长颈鹿的后腿和前腿几乎同时落地,但不会两蹄同时接触地面。颈部稍弯以控制平衡。长颈鹿可以以50 km/h的速度奔跑几千米,短距离奔跑时速度可达60 km/h。 **答案:C。**

82 图18所示是五种脊椎动物一个季度中平均生产的后代数量。兔的后代数量最少的原因是(　　)。(单选)

A. 兔有亲代抚育
B. 兔为体内受精
C. 兔的天敌最少
D. 兔的巢穴可以保障幼崽的生存安全

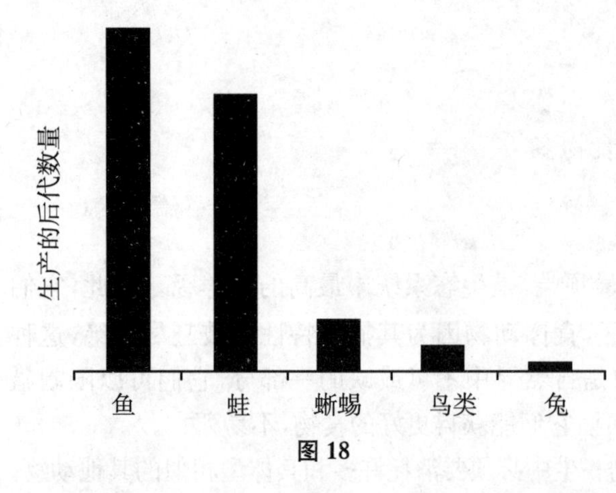

图18

解析 鱼类的繁殖行为千差万别:有卵生(产卵)、卵胎生(卵在体内孵化,直接生产幼体)或胎生(靠脐带连接胚胎与母体,生产幼体)。所有的软骨鱼(如鲨鱼、鳐鱼)为体内受精,产下尺寸较大、硬壳的卵或生产幼体。而更加原始的硬骨鱼的特征是一雌多雄繁殖,它们在开放水域聚集给卵受精,没有亲代的抚育或对受精卵的保护。这一类鱼,如鲱鱼,在繁殖期会杂乱无章地迁徙回繁殖地。这庞大的繁殖队伍其实是由许多个小"单元"组成的,每个单元由一只雌鱼和多只雄鱼配对。

虽然非洲的胎生蟾是真正的胎生,但是大多数两栖动物为卵生。不过某些蝾螈可以在体内孵化卵,直接生产活体幼崽。大多数蛙类和蝾螈没有亲代抚育。蛙每年一次的繁殖在清水中进行。抱对是雄蛙从后

方紧紧抱住雌蛙，受到雌性刺激后，向卵子上排出精子。不同种类的雌蛙产卵的数量从几百枚到几千枚不等，某些蛙卵呈簇或呈片状漂在水中，附着在水中植物的茎干上；某些蛙的卵可以沉到水底。几天到几周后，蝌蚪从卵中孵化，在两个月到三年的时间内经历变态过程成为成蛙。变态过程中，肺脏发育完全，生长出四肢，尾巴被吸收，嘴巴变成成蛙的样子。某些蛙在陆地上产卵，直接孵化出幼蛙。

大多数种类的兔每年可以生产许多后代，资源的匮乏会限制繁殖的速度。诸多因素让兔可以快速繁殖。兔在幼年时就具备了生殖能力，通常一胎可以怀 7 只幼崽，一年生产 4～5 次。除此之外，雌兔可以诱发排卵，它们的卵巢可以受到性交刺激而排卵，而非遵循严格的周期。而且，雌兔可以产后发情，在生育后不久再次怀孕。新生的兔幼崽皮肤赤裸、眼盲、不可独自生存。母兔对幼崽漠不关心，几乎没有抚育，每天只有一次几分钟的护理。为了弥补缺乏的照顾，兔奶中富含营养，几乎是所有哺乳动物中营养含量最高的奶。幼崽生长迅速，一个月之内就可以断奶。雄兔不参与抚育幼崽。

大多数蜥蜴为卵生。一些小型蜥蜴每次的产卵数量十分固定。蜥蜴的卵常为软壳，上有很多孔，可以随着胚胎的发育吸收周围的湿气而扩张。但壁虎的卵是例外，产卵后，卵壳很快变硬，不会出现形状和大小的改变。某些蜥蜴可以直接产下活体幼崽。石龙子科大约有 1/3 的种类直接产下幼崽，多见于生活在热带的物种。蜥蜴的亲代抚育在产卵后很少。许多物种会将卵产在挖开的洞中，其他蜥蜴将卵用树叶覆盖，或在山洞、树木缝隙中产卵。幼体蜥蜴与成年蜥蜴只在体型上有差别，它们没有幼体期或是任何需要亲代抚育的时期。

大多数鸟类筑巢，并将卵产在巢中。鸟巢形态各异：有的是沙地上的一个凹陷，有的是深掘的洞，有的是树干或岩石上的洞，有的可以拿杯子做巢，有的是侧边有入口的球形，或者是精巧编制的悬挂着的巢穴。几乎所有鸟类都孵蛋，例外如家雉利用有机物孵化或外界热量维持温度，杜鹃和八哥将卵产在其他鸟类的巢穴里，让它们帮助孵化。帝企鹅和王企鹅不筑巢产卵，而是将卵放在脚背上孵化。孵化的时间 11～80 d 不等，取决于鸟的大小和孵化时幼鸟的成熟度。亲代对幼鸟的抚育时间各异。家雉在孵化后很短时间内就可以飞行，完全独立于父母生存；信天翁幼鸟需要在巢穴中发育 8 个月的时间才能飞行。获得自主生存能力的时间长度和孵化时幼鸟的大小和成熟度有关。地面筑巢的鸟类所需的时间少于平均水平，洞穴筑巢的鸟类所需时间多于平均水平。　**答案：A。**

83　下列哪项对于哺乳动物的描述不正确？（　　）（单选）

A. 哺乳动物中也有产卵的物种　　B. 有些哺乳动物有育儿袋

C. 雌性哺乳动物的乳腺产生乳汁　　D. 哺乳动物是变温动物

解析 哺乳动物是脊椎动物中的一类，因母体分泌乳汁为幼体哺乳而得名。除了哺乳以外，哺乳动物还有许多不同于其他动物的特征。身体被毛是哺乳动物的一大特点，但是幼鲸成熟后身体上的毛会消失。哺乳动物的下颌与颅骨通过关节连接，而其他脊椎动物通过骨头连接。哺乳动物的中耳中有三块听小骨组成听骨链，传递声音。膈肌将心肺与腹腔隔开。哺乳动物只有左主动脉弓（鸟类有右主动脉弓，爬行类、两栖类和鱼类有两个主动脉弓）。哺乳动物成熟的红细胞没有细胞核，其他脊椎动物的红细胞有细胞核。除了单孔目（一种产卵的哺乳动物，包括鸭嘴兽、针鼹），所有的哺乳动物均为胎生。在胎盘哺乳动物（包括人类）中，胚胎在母体子宫中发育，在出生前达到相对成熟的阶段。有袋类（袋鼠、负鼠等）新生幼崽没有完全发育成熟，需要在出生后进一步发育，这些幼崽固定在母体靠近乳腺的地方。有袋类有育儿袋或皱褶，保护哺乳的幼崽。　**答案：D。**

84　袋鼠等有袋类是（　　）。（单选）

A. 胎盘哺乳动物　　B. 产卵，因此是爬行动物的一种

C. 有育儿袋　　D. 变温哺乳动物

解析 有袋目包括逾 250 个物种，是后兽亚纲的一目。其幼崽出生时发育不全，雌兽乳头处有袋囊供幼崽继续发育。育儿袋，或称囊袋，是皮肤的反折，覆盖乳头，有袋目也因此得名。虽然有袋类中的许多物种育儿袋十分明显，但是这并不是它们共有的特征，某些物种的乳头完全暴露，还有的仅仅被育儿袋的残余稍

覆盖。幼崽紧紧地抱在母体乳头周围，时间和胎盘动物发育后期所需的时间相近。胎盘是多数哺乳动物妊娠时连接母体和婴儿的富含血管的器官。它可以在胚胎和子宫之间建立紧密的联系，从而控制两者间的物质交换，行使营养、呼吸和排泄功能。有袋目和单孔目动物没有真正的胎盘。　答案：C。

85 人类的阑尾和鲸类的髋骨有何相同点？（　　）（单选）

A. 是同源器官　　B. 是同类器官

C. 是退化的残留结构　　D. 是相似的结构

解析 阑尾是一根蚓状盲管，与盲肠相连，在胚胎发育过程中，阑尾从盲肠发出。盲肠是结肠的一部分，似袋状。阑尾就位于小肠和大肠相接处的附近。因为阑尾感染可以导致死亡，而且切除阑尾对人体的健康没有影响，所以人们认为阑尾是没有功能的器官。阑尾依然存在于人体的一个解释是它是失去功能的残留结构。

和其他哺乳动物一样，鲸类呼吸空气，是温血动物，用乳汁哺育后代。鲸类的皮肤下有一层脂肪层，称为鲸油，可以储存能量，保持热量。鲸类有脊柱、一个退化的骨盆和一个四腔心。颈椎一般完全融合，牺牲灵活性，换取游泳时的稳定。鲸类通过头顶的气孔呼吸空气，在呼吸时身体的大部分依然浸没在水下。　答案：C。

86 哺乳动物有三种足部形态：跖行类、趾行类和蹄行类。这三种类别的代表动物分别是（　　）。（单选）

A. 熊、猫、马　　B. 驴、狗、狒狒　　C. 狒狒、熊、猫　　D. 长颈鹿、马、狗

解析 足是陆生脊椎动物腿部的末端结构，支持身体站立。大多数双足和四足动物中，踝以下的足由足跟、足弓、足趾组成，包含跗骨、跖骨和趾骨等骨骼。趾行动物和有蹄动物的足末端一般有一个或多个足趾。足的主要功能是运动。哺乳动物有三种足部形态：① 跖行类，运动时足底完全接触地面（如人类、狒狒、熊）；② 趾行类，运动时只有足趾接触地面，足踝和腰部抬高（如猫、狗）；③ 蹄行类，用蹄（1～2个足趾尖）行走，是擅长奔跑的动物的特点（如马、鹿）。灵长类动物的足和手相似，都有甲保护足趾的尖端，足底也有增加摩擦力的皱褶和纹路。大多数灵长类的足主要行使抓握的功能，第一趾和其他足趾间有一定角度。除了攀爬、跳跃和行走外，足还可以用来操作。人类的足是没有抓握功能的，这是对双足行走的适应性改变，使得人类可以大步行走，在一只腿落后于身体纵轴时也能保持平衡，达到事半功倍的效果。　答案：A。

87 啮齿动物不停啃咬物体的原因是（　　）。（单选）

A. 它们的切牙持续生长，磨牙是保持切牙长度的唯一方法

B. 它们的牙齿中有感觉细胞，可以识别食物

C. 它们通过磨牙削尖牙齿，进行自卫

D. 它们没有汗腺，只能通过有许多孔的牙齿散热

解析 啮齿目是哺乳动物的一目，其特征为上颌和下颌各有两颗持续生长的门牙。哺乳动物中超过40%的物种都属于啮齿目，在除了南极洲以外的世界各地都有分布。常见的啮齿动物包括老鼠、大鼠、松鼠、豪猪、水獭和豚鼠。啮齿动物的门牙十分锋利，可以啃食木头、切碎食物、咬伤捕食者。大多数啮齿动物以种子和植物为食，一些啮齿动物为杂食性。某些啮齿动物是害兽，专吃人们储存在仓库里的种子，还会传播疾病（例如腺鼠疫和 Weil 病）。　答案：A。

88 在哺乳动物的胚胎中，第一个与子宫壁发展关系的结构是什么？（　　）（单选）

A. 羊膜　　B. 绒毛膜　　C. 尿膜　　D. 滋养层

解析 绒毛膜由滋养层和胚外中胚层的壁层构成。胚泡植入子宫内膜后，在胚泡表面形成许多绒毛样的突起，以细胞滋养层为中轴，外裹合体滋养层，称初级干绒毛。胚外中胚层长入初级干绒毛的中轴，使初级干绒毛变成了次级干绒毛。当绒毛膜的胚外中胚层内形成血管网和结缔组织，并与胚体内的血管相通时，次级干绒毛改称三级干绒毛。三级干绒毛末端的细胞滋养层细胞形成细胞滋养层壳。随着胚胎发育，

从密绒毛膜与基蜕膜共同构成了胎盘，而平滑绒毛膜则和包蜕膜一起逐渐与壁蜕膜融合。 答案:B。

89 衍征是由原始特征(祖征)衍生而来的新性状，共衍征是一个生物类群内所有成员共同具有的衍征。下列特征为哺乳类的共衍征的是(　　)。(多选)

A. 中耳具有三块听骨　　B. 内耳具有三个半规管

C. 胚胎发生具有羊膜保护　　D. 母体经由胎盘供给胚胎营养

E. 具有乳腺，母体以乳汁哺育幼儿

解析 A对，哺乳类中耳鼓室内有三块听小骨，由锤骨(malleus)、砧骨(incus)和镫骨(stapes)(见图19)构成。镫骨与耳柱骨同源，是两栖类、爬行类、鸟类的唯一听小骨。砧骨和锤骨为哺乳类特有，分别与低等脊椎动物的方骨和关节骨同源。

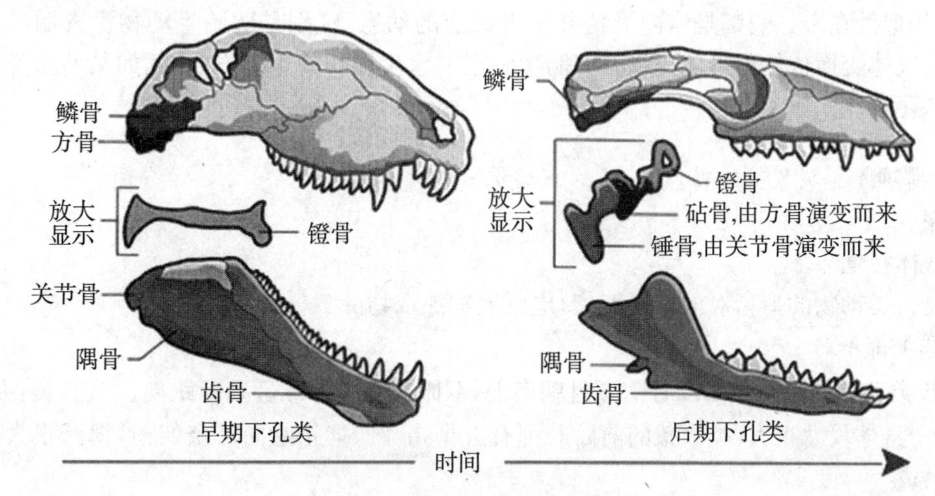

图19　哺乳动物听觉的演化

B错，圆口类已经出现了半规管。C错，羊膜动物(爬行类、哺乳类、鸟类)的胚胎发生具有羊膜保护。D错，胎盘是后兽类和真兽类哺乳动物妊娠期间胚胎和母体共同产生的器官，单孔类不具胎盘。E对，哺乳动物能通过身体的乳腺产生乳汁给后代哺乳。 答案:AE。

90 下列哪项是残余的退化结构?(　　)(单选)

A. 人类的尾骨　　B. 雄性哺乳动物的乳头

C. 某些人类的第六个手指　　D. 人类的膝盖

解析 残留结构是某一物种在进化过程中最初具有一定功能的器官。人类的残留结构包括阑尾、尾骨(尾巴残留)、内眼角的半月襞(瞬膜的残留)、耳朵中的肌肉和其他身体部分。 答案:A。

91 鸟类和哺乳动物具有除哪项之外的其他共同特征?(　　)(单选)

A. 羊膜卵　　B. 脊索　　C. 双重呼吸　　D. 恒温

E. 四腔心脏

解析 双重呼吸是鸟类特有的特征。因此本题选C。

鸟类吸气的时候，后气囊和前气囊同时扩张，新鲜空气沿着中支气管大部分直接进入后气囊储存起来，并且一部分会进入三级支气管，从而在微气管处进行气体交换，而以前的一部分未呼出的气体(残留在三级支气管和微气管中)则会进入前气囊;呼气时，后气囊和前气囊同时收缩，于是上一次呼吸残留的气体从前气囊中呼出，而这次吸入的还在三级支气管中的气体直接呼出来，还在后气囊中的气体进入三级支气管中，成为这次呼吸过程中的残留气体，下次呼吸过程中才能被排出。 答案:C。

92 食草动物中最常见的牙是(　　)。(单选)

A. 切牙　　B. 尖牙　　C. 磨牙　　D. 剪牙

解析 动物牙齿的形状由饮食习惯决定。例如，植物很难消化，所以食草动物有很多磨牙碾碎食物。食肉动物则需要尖牙杀死猎物，撕开皮肉。杂食动物，例如人类，有四种不同的牙齿：切牙、尖牙、前磨牙和磨牙。 答案：C。

93 卵胎生有哪些特点？（　　）（单选）

A. 受精前，雌性动物产卵，之后雄性动物在产的卵上留下精子

B. 体内受精，胚胎在母体内发育，与胎盘连接，直到出生

C. 在脱离母株前，种子就开始发芽了

D. 胚胎在卵中发育，并在母体中保留到孵化

解析 卵胎生是动物的一种生殖类型，胚胎在卵中发育，但卵在孵化前一直保留在母体中。卵胎生动物和胎生动物的相似处在于它们都是体内受精并生下成活的幼崽，区别是卵胎生动物没有胎盘，胚胎的营养来源于卵黄，但气体交换依然由母体提供。卵胎生是很多水生动物的生殖方式，例如某些鱼类、爬行类和无脊椎动物。 答案：D。

94 下列哪项不是灵长类的特点？（　　）（单选）

A. 脑容量大

B. 依赖立体视觉

C. 某些灵长类动物的拇指对向其余四指，尾巴能够抓取物品

D. 上述选项都不对

解析 灵长类动物的眼睛位于颅骨前方且朝向前，双眼视觉可以准确判断距离。灵长类，尤其是类人猿的脑容量相对于身体尺寸很大，类人猿的前后肢都有五个指/趾，拇指对向其余四指，拇趾很大，胸前有一对乳腺。 答案：D。

95 下列哪个选项不是所有哺乳动物都具有的特征？（　　）（单选）

A. 背神经管　　B. 恒温　　C. 有肺　　D. 有乳腺

E. 有胎盘

解析 哺乳类动物首要的特征是它们有乳腺，用来产奶。哺乳动物其他特征还有：有毛发，有四室的心脏，有肺，有不同尺寸和形状的牙齿，以及身体恒温。但有一些哺乳动物没有胎盘，比如单孔目动物和有袋目动物。

注：肺从部分鱼类（肺鱼）开始就有，两栖动物成体普遍具有肺，但也存在不具有肺的特例。如无肺螈科（Plethodontidae），是有尾目现存属种最多的科，其成员完全无肺而用皮肤呼吸，有一对自鼻孔至上唇缘的鼻唇沟（司嗅觉）。 答案：E。

96 对大多数脊椎动物来说，尿液浓缩对它们的生存至关重要。下列哪类脊椎动物不是通过上述机制来维持体内平衡的？（　　）（单选）

A. 鸟纲　　B. 鳞龙次亚纲（Lepidosauria）

C. 哺乳纲　　D. 淡水硬骨鱼

E. 龟鳖目

解析 硬骨鱼分为淡水硬骨鱼与海水硬骨鱼。其中淡水鱼类生活在淡水中，体液相对周围水环境是高渗的，水将不断由鳃和体表进入鱼体内，同时消化道还会吸收一部分水分。为了维持体内高渗透压，淡水硬骨鱼肾脏会排出过多水分并大量吸收各种离子，即没有浓缩，反而排大量稀尿，同时鳃主动吸收钠离子、氯离子。

海水硬骨鱼体液相对周围水环境是低渗的，那就和其他动物一样了。需要抵抗水分由鳃和体表流失，得吞饮大量海水并由鳃丝上的氯细胞排出大量氯化钠，肾脏排出大量镁离子、硫酸根与钙离子及极其少量的水分来维持身体的低渗透压。海水软骨鱼则通过在血浆中积累大量含氮废物来实现的渗透调节。

因此 D 不对，淡水硬骨鱼不是这种机制。

补充一点，现存爬行类分为无孔亚纲（Anapsid，如龟鳖目）与双孔亚纲（Diapsid，含初龙次亚纲和鳞龙次亚纲），此外尚有已经灭绝的单孔亚纲（Synapsid，下孔亚纲，即类哺乳类爬行动物）与上孔亚纲（Euryapsid，海生爬行动物）。这里的孔指的是颞颥孔（颞孔），是爬行动物进化出的一种特殊的孔穴，位于眼睛后面，主要附着咬合肌。哺乳动物包括现代人类也继承了下颞颥孔，即太阳穴。其中鳞龙次亚纲（Lepidosauria）是原始的双孔类，头骨有两个颞颥孔，被眶后骨和鳞骨形成的骨棒分开。含三目，包括现存的蛇、蜥蜴和仅见于新西兰几个小岛的罕见的喙头蜥，以及一些古生代和中生代原始的已绝灭的小型爬行类。

四类爬行动物颅骨特征及系统树如图 20、图 21 所示。 答案：D。

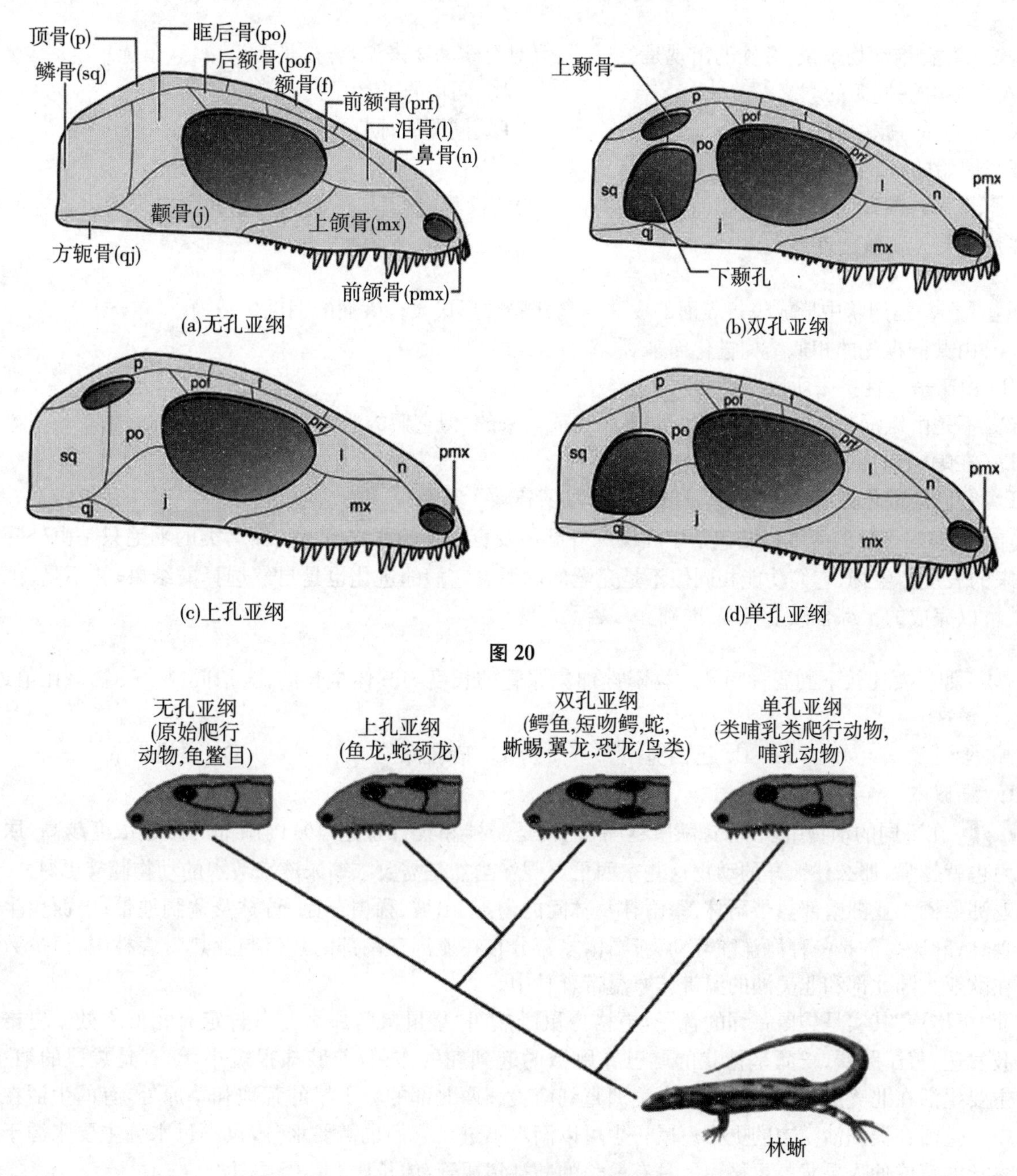

图 20

图 21 四种主要的爬行动物(根据颞孔分类)

参考文献

[1] de Iuliis G, Puler D. The Dissection of Vertebrates[M]. Academic Press, 2011.

97

海豚作为哺乳动物拥有其世系（lineage）中有别于其他类群（class）的衍征，这些特征是下列哪些？

(　　)(多选)

A. 有四个腔室的心脏和高效的循环系统　　B. 有体毛,皮肤下有脂肪层

C. 有四种胚外膜的羊膜卵　　D. 有乳腺

E. 钙质的内骨骼

解析 本题应该是在考查哺乳动物在脊椎动物类群中的衍征。四种胚外膜即卵黄囊、羊膜、浆膜(也称绒毛膜)、尿囊膜。大部分鲸和海豚刚出生的时候吻部都有胎毛,出生一两周的海豚的吻部还能看见清晰的毛孔。长大以后这些毛会褪掉,只有一小部分鲸类长大后还有毛,比如座头鲸和抹香鲸。B和D都是哺乳动物特有的,C与E不是,A是无法与鸟类区分开的。　答案:BD。

98 对脊椎动物来说,脊柱的出现是(　　);但对脊索动物来说,脊柱是(　　)。(单选)

A. 同功的;同源的　　B. 同功的;衍生的

C. 衍生的;原始的　　D. 同源的;同功的

E. 原始的;衍生的

解析 脊柱对于所有脊椎动物而言是共有的原始的性状,然而对于脊索动物而言它是衍生出来的性状(祖征/衍征)。　答案:E。

99 在蝙蝠翅膀中形成飞行表面的皮肤与鸟翅膀中形成飞行表面的羽毛(　　)。(单选)

A. 由共同祖先的相似结构进化而来

B. 由于适应性扩张所以二者不同

C. 不是由蝙蝠和鸟的胚胎中的相同来源发展而来的,但它们的功能相同

D. 在蝙蝠和鸟中表现出不同的功能

E. 它们的进化是得益于成年鸟和蝙蝠的"切身需要"

解析 蝙蝠飞行的薄膜皮肤包括中胚层和外胚层发育而来的真皮、表皮,而鸟类的羽毛只是由外胚层发育而来的表皮衍生物,它们功能相同但不是完全的同源。它们的进化也是自然选择的结果,并不是"由于需要"就可以完成的。综合以上,C最准确。　答案:C。

100 如果要比较下列各种哺乳动物髓袢加集尿管的长度与其体全长的比,请问哪个动物该比值最高?(　　)(单选)

A. 亚洲象　　B. 巴西兔　　C. 麻斑海豹　　D. 更格卢鼠

E. 鼯鼠

解析 在不同的动物中发现,肾髓质越厚(也就是髓袢和集合管越厚),内髓部的渗透浓度越高,尿的浓缩能力也就越强,那么什么样的动物这些东西更厚呢?当然是需要浓缩尿液来节水的动物髓袢更厚。

亚洲象栖于亚洲南部热带雨林、季雨林及林间的沟谷、山坡、稀树草原、竹林及宽阔地带;巴西兔生活在南美森林;麻斑海豹是一种海洋哺乳动物;鼯鼠多数分布在亚洲东南部的热带与亚热带森林中,仅少数几种分布在欧亚大陆北部和北美洲的温带与寒温带森林中。

而"更格卢"其实是袋鼠一词的音译,更格卢鼠既然叫"袋鼠鼠",那么二者肯定有相似之处。更格卢鼠的后肢发达,善于跳跃,长而呈穗状的尾巴在跳跃时起到舵的作用,前肢却很短小,简直是袋鼠的缩小版。它们主要生活在北美洲西部、墨西哥、中美洲直到南美洲西北部的较干旱的荒地和草原处,有的生活在热带森林中。生活在美洲沙漠中的更格卢鼠一生可以滴水不进。它们也需要水分,只不过水分主要来源于平时吃的多汁的草或仙人果浆。更格卢鼠具有最长的髓袢集尿管/体长比。　答案:D。

101 尽管很多鱼是变温动物,但有一些鱼是恒温动物。下列哪些鱼很可能是恒温动物?(　　)(多选)

A. 金枪鱼　　B. 鲑鱼　　C. 大白鲨　　D. 鲫鱼

解析 本题涉及一些科普常识。有些金枪鱼,例如蓝鳍金枪鱼可以利用泳肌的代谢,使体内血液的温度高于外界的水温。这项生理功能使金枪鱼能够适应较大的水温范围,从而能够生存在温度较低的水域。生

活在水中的鱼类的体温通常和周围水温一样，但大白鲨的体温要比周围水温高得多，最多时高出15 ℃，高体温可以帮助它游得快，而且有助于消化良好。至于鲑鱼，没有证据表明它具有控制温度能力。

补充：变温动物的产热能力不强，皮肤的热传导率高，低温时易把体热传给环境，且自己不能产生足够多的热量，所以与环境温度一致；高温时同样如此。因此变温动物身体的温度总是与环境一致。

答案：AC。

102 菲克扩散定律中的哪个物理量用来解释鱼鳃相对于哺乳动物肺的通气情况的优势是最好的？(　　)(单选)

A. 扩散系数　　B. 扩散梯度　　C. 表面积　　D. 扩散距离

E. 温度

解析 早在1855年，菲克就提出：在单位时间内通过垂直于扩散方向的单位截面积的扩散物质流量(称为扩散通量 diffusion flux，用 J 表示)与该截面处的浓度梯度(concentration gradient)成正比，也就是说，浓度梯度越大，扩散通量越大。这就是菲克第一定律，它的数学表达式如下：

$$J = -D\frac{\mathrm{d}C}{\mathrm{d}x}$$

式中，D 称为扩散系数($\mathrm{m^2/s}$)，C 为扩散物质(组元)的体积浓度(原子数/$\mathrm{m^3}$ 或 $\mathrm{kg/m^3}$)，$\mathrm{d}C/\mathrm{d}x$ 为浓度梯度，“－”号表示扩散方向为浓度梯度的反方向，即扩散组元由高浓度区向低浓度区扩散。扩散通量 J 的单位是 $\mathrm{kg/(m^2 \cdot s)}$。

鱼的鳃中水流方向与血流方向是相反的，这样的话可以更慢地达到平衡，也就是说扩散梯度可以维持更久，造成最终鳃中的氧分压相对上升更大(逆流交换)；而在哺乳动物中，这二者是同向的，或者说没有很明显的方向关系。鱼鳃(鸟肺也是逆流)与肺毛细血管中的氧分压和空气中的氧分压在气体交换过程中的变化分别如图22(a)(b)所示。　**答案**：B。

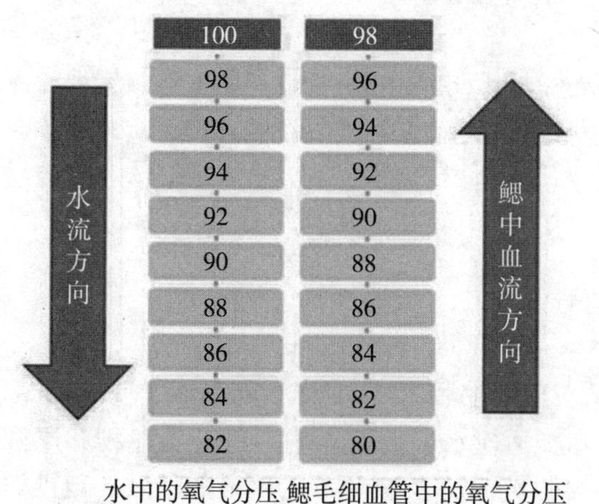

水中的氧气分压 鳃毛细血管中的氧气分压

(a)

空气中的氧分压 肺中的氧分压

(b)

图22

103 人类与其他现存的脊椎动物都具有闭锁式循环系统，下列动物在循环系统上演化成同时具有体循环与肺循环的是(　　)。(多选)

A. 鱼类　　B. 两栖类　　C. 爬行类　　D. 鸟类

E. 哺乳类

解析 鱼类的循环系统为单循环：从心室泵出的缺氧血在鳃部进行气体交换成为多氧血后，汇合进入背大动脉，再被送入全身组织细胞。气体交换后的缺氧血由静脉流回心脏的静脉窦，进行下一次循环。

两栖类出现了初步的双循环：心房被分隔成左心房和右心房，但心室仍无分隔。左心房和右心房分别接收来自肺循环和体循环的血液，流入心室混合后进入动脉圆锥，远端逐渐分为肺动脉、体动脉和颈动脉。属于不完全双循环。

爬行类的双循环开始完善：心室大多出现不完全的分隔，仅鳄类的心室出现完整的室间隔。当心室收缩时，不完全的间隔可以将来自两个心房的血液瞬间隔开。血液循环方式与两栖动物类似。

哺乳类和鸟类为完全的双循环：心室被完全分开，来自肺循环的多氧血和来自体循环的缺氧血不会混合。

鱼类、两栖类、爬行类、哺乳类和鸟类的循环系统如图23所示。 答案：BCDE。

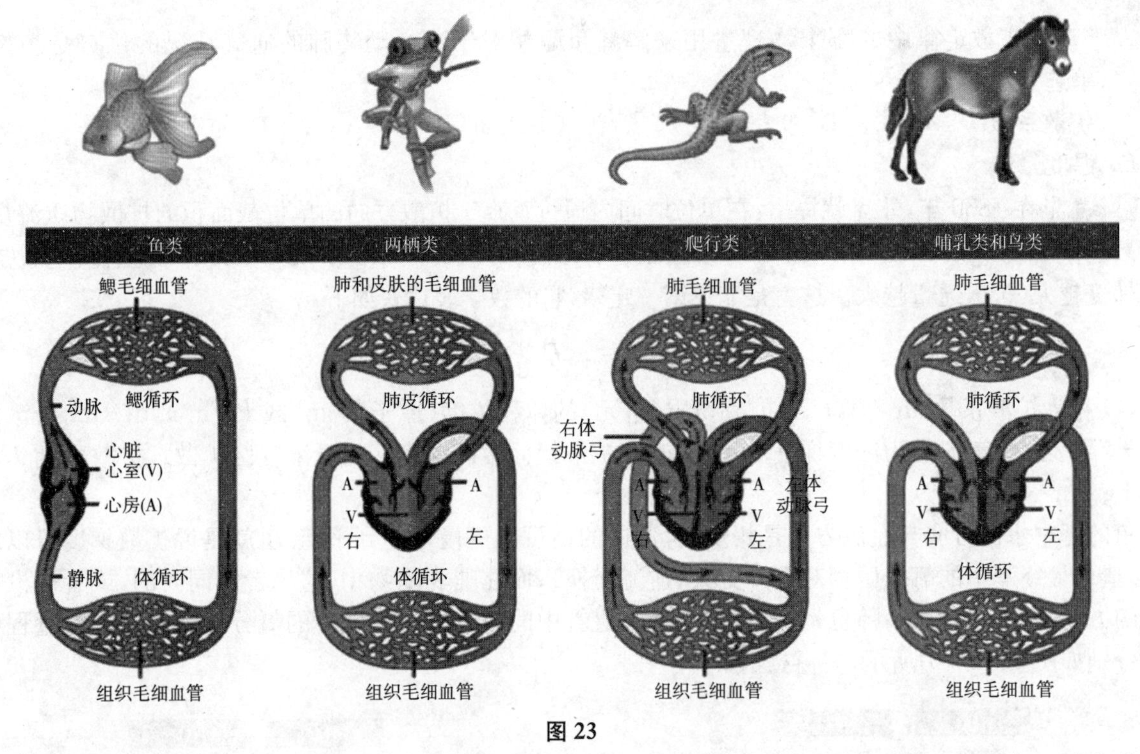

图 23

104～106题的题目背景如下所述。脊椎动物的脊柱(vertebral column)从头端至尾端由一连串的脊椎骨(vertebra)组成，分成颈椎、胸椎、腰椎、荐椎和尾椎五种脊椎骨。由于有对抗地心引力和运动时支撑身体之需，经常会有多块脊椎骨彼此愈合(融合)到一起的现象。

104 下列哪个选项的腰椎彼此会愈合？(　　)(单选)

A. 软骨鱼　　B. 硬骨鱼　　C. 青蛙　　D. 鸽子

E. 人类

解析 D对。鸟类脊柱的分区与爬行类相同，但由于适应飞翔生活，变异较大，其最后一个胸椎、全部腰椎、荐椎和前面几个尾椎完全愈合成一个整体，称综荐骨。鱼类适应水中生活，脊柱仅分化为躯椎和尾椎两部分。两栖类的脊柱分化为颈、躯、荐、尾4区，胸部因两栖类肋骨不发达，并不成为明显的区域。爬行类的脊柱分为颈、胸、腰、荐、尾5个区域。人类的脊柱包括颈椎7块、胸椎12块、腰椎5块、荐椎5块(愈合为1块，称骶骨)和尾椎3～5块(后愈合成1块尾骨)。 答案：D。

105 下列哪些选项的荐椎彼此会愈合？(　　)(多选)

A. 软骨鱼　　B. 硬骨鱼　　C. 青蛙　　D. 鸽子

E. 人类

解析 D、E对。鸟类因适应飞翔生活，其最后一个胸椎、全部腰椎、荐椎和前面几个尾椎完全愈合成一个整体，称综荐骨，后肢的腰带和综荐骨相连，形成甚为坚固的腰荐部。人类因适应直立行走，其原本的5块荐椎愈合为1块，称髋骨。 答案：DE。

106 下列哪些选项的尾椎彼此会愈合？(　　)(多选)

A. 软骨鱼　　B. 硬骨鱼　　C. 青蛙　　D. 鸽子

E. 人类

解析 有尾两栖类尾椎明显，无尾两栖类只有一块尾杆骨。在变态末期，无尾两栖类的尾椎骨与底索愈合成尾杆骨，目的是适应陆生生活方式。虽然无尾两栖类蝌蚪的荐后椎的数目是多样的，但在变态过程中，荐后椎愈合形成尾杆骨体现了无尾类成体骨骼发育的保守性，以及由水栖到陆栖环境转换的骨骼系统形态重塑和生态适应特征。鸟类因适应飞翔生活，其最后一个胸椎、全部腰椎、荐椎和前面几个尾椎完全愈合成一个整体，称综荐骨。人类尾部退化，尾椎愈合为1块尾骨。　答案：CDE。

参考文献

[1] 桑洲娴，王宏元，王秋梦，等．中华大蟾蜍蝌蚪变态过程中脊椎骨化次序[J]．动物学杂志，2014，49(1)：87.

107 身体表面有角质化的构造、上下颚无齿、所有种类为卵生。下列选项中符合这个叙述的是(　　)。(多选)

A. 鳄鱼　　B. 有鳞类　　C. 鸟类　　D. 龟鳖

E. 哺乳类

解析 A、B错，鳄类、有鳞类均具齿。C对，鸟类皮肤外面具有由表皮所衍生的角质物，如羽毛、角质喙、爪和鳞片等，现代鸟类均无齿，卵生。D对，龟鳖类体背和腹面具有坚固的甲板，甲板外被角质鳞板或厚皮，不具齿而代之以角质鞘，卵生。E错，绝大多数哺乳类为胎生，且有齿。　答案：CD。

108 以下哪些动物类群含有幼期具外鳃(external gills)的种类？(　　)(多选)

A. 无足目(Gymnophion)　　B. 有尾目(Caudata)

C. 辐鳍鱼纲(Actinopterygii)　　D. 龟鳖目(Chelonia)

E. 喙头目(Rhyncocephalia)

解析 两栖类幼体、部分两栖类成体、鲨、肺鱼、少数辐鳍鱼类的胚胎具有外鳃。外鳃是一类特殊的呼吸器官，是由鳃区向体外突出的总状或羽状的鳃，缺少支持骨。　答案：ABC。

109 下列构造为同源的是(　　)。(单选)

A. 草履虫的大核和小核　　B. 犀牛的角和牛的角

C. 蜘蛛的丝腺和蚕的丝腺　　D. 哺乳类的盲肠和鸟类的盲肠

E. 雄蜥蜴的交配器官和乌龟的交配器官

解析 同源器官指不同生物的某些器官在基本结构、各部分和生物体的相互关系以及胚胎发育的过程彼此相同，但在外形上有时并不相似，功能上也有差别。

草履虫有一大核、一小核，大核主要管营养代谢，为多倍体，小核主要管遗传。大、小核是由祖先的一个核分裂而来分别行使不同的功能的结构，属于同源构造，A正确。

犀牛角是上皮的衍生物，属于毛角，又称角质纤维角，是由表皮产生的角质毛状纤维黏合而成的实心角，位于鼻骨上方的一个粗糙区域；而牛的角是洞角，又叫虚角，这种角有一个真皮形成的骨质心，外面是表皮形成的内有一空腔的角质鞘，B不对。

蜘蛛的丝腺位于腹腔内，蜘蛛吐丝依赖纺器，纺器共三对，是由附肢演变而来的结构；鳞翅目幼虫的丝腺位于体内胃的左右两侧，可分为产丝、储丝和吐丝三部分，产丝部从血液中吸收可形成丝的物质，储丝部储存丝浆，吐丝部吐出丝浆，使之凝固成蚕丝，因此二者非同源，C不对。我国科学家2018年利用基因定点替换的方法，在家蚕丝腺和蚕茧中大量表达了蜘蛛丝蛋白，拓展了家蚕丝腺生物反应器的应用，为利用家蚕大量生产新型纤维材料及表达其他高附加值蛋白提供了新的策略(图24)。

爬行类在小肠和大肠之间首次出现了盲肠(cecum)，鸟类和哺乳类都有盲肠，但是鸟类的盲肠是保留下来的祖先爬行动物的性状，而哺乳动物的盲肠是独立进化而来的，所以并非同源结构，二者的相似是协同进化的结果，因此D不对。图25从左向右分别是人类、兔子与鸡的消化系统解剖示意图，可以看到盲肠结构的差异。

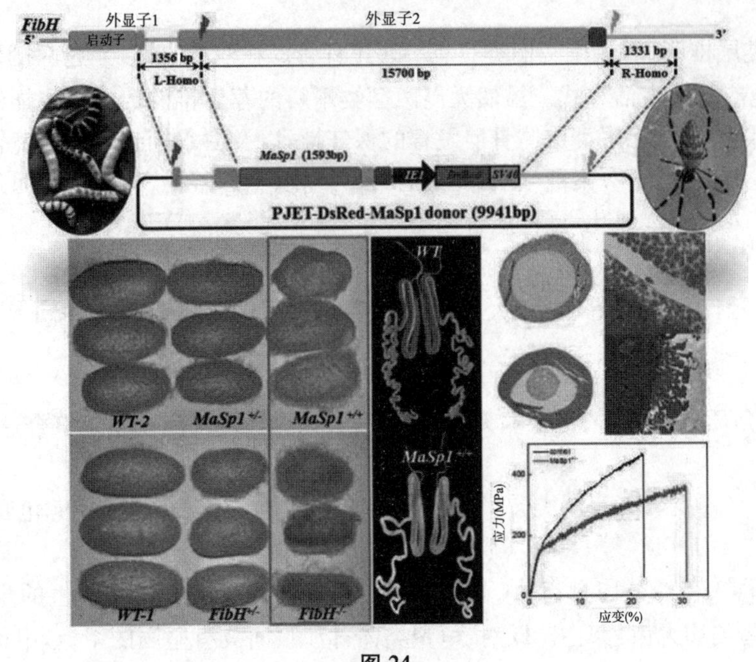

图 24

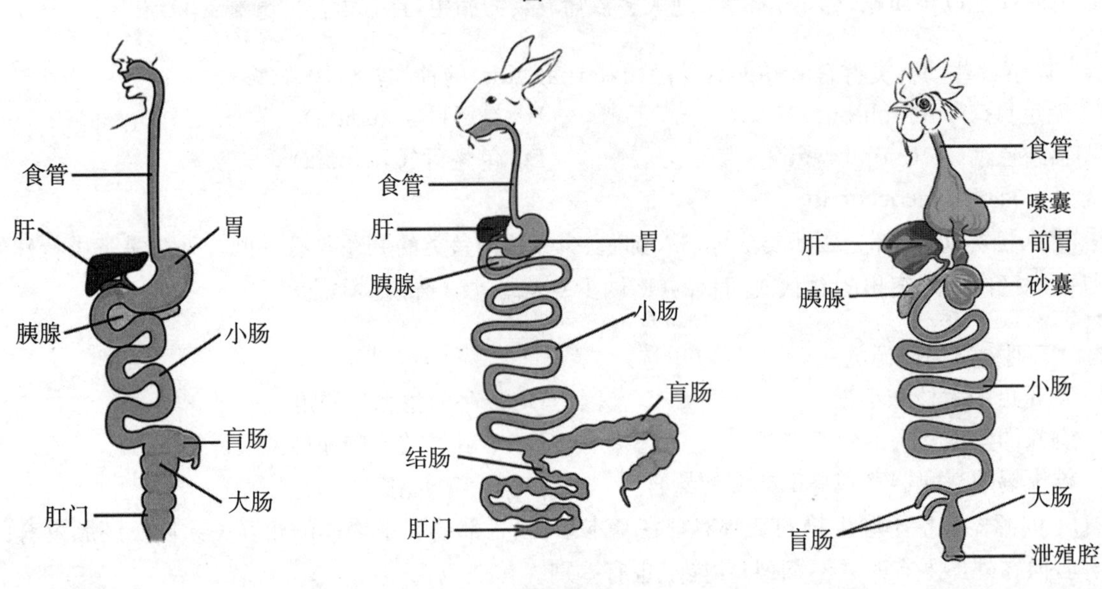

图 25

蛇和蜥蜴(有鳞目)的雄性交配器是一对半阴茎(hemipenes),平时不显露体外,藏在泄殖腔后方而位居尾基腹面2个肌质的阴茎囊中;而雄性龟鳖类的泄殖腔腹面有单个交配器,称为阴茎(penis),内有海绵体,能充血勃起伸出体外交配。

发育生物学的研究表明,有鳞类的半阴茎与其他羊膜动物的阴茎起源于两团不同的细胞:半阴茎起源于后侧的细胞,而鳄类和龟鳖、鸟类、哺乳动物的阴茎则起源于泄殖腔前侧的细胞,因此二者其实不是同源结构,E不对。

那么为何半阴茎要成对出现呢?以蛇为例,蛇的性二型是比较少见的,但雄蛇一般要长一点,尾巴粗一些,就是为了放下一对半阴茎;而雌蛇则具有储精囊,可将精子储存长达五年甚至更久(图26)。所以如果雌蛇与多条雄蛇交配的话,其一窝后代就很可能会有多个不同的爸爸。这种延迟受精的方式与神秘的雌性配偶选择使得蛇类的精子面临着比交配后快速受精的物种更为激烈的竞争。实际上雄蛇的两个半阴茎是相互独立的,各自只连通一侧的睾丸。雄蛇在交配过程中不仅要传递精子,还需要防止被别的雄蛇"戴绿帽",因此雄蛇在交配时还会产生凝胶样的交配栓,给雌蛇装上"贞操带"。精子与交配栓的形成需要材料准备的时间,因此成对的半阴茎能保证每次交配后另一边还有"弹药",持续多次的交配可以提高其受孕率,就像双

筒猎枪在填弹上比单筒猎枪更具有优势，因而被保留了下来。有意思的是，两个半阴茎中，蛇总是使用右边的那一个，看来它们也多是右撇子。

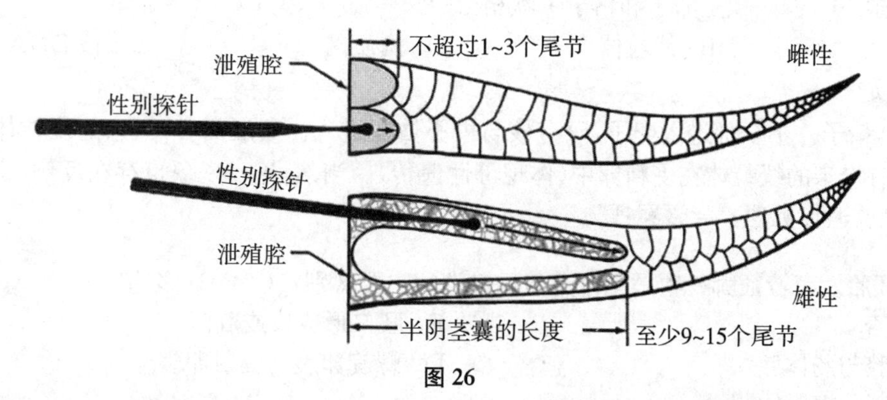

图 26

半阴茎形态各异，不同种类有鳞目之间得以实现很好的生殖隔离（机械隔离），图 27 由上至下分别为以下三类蛇的半阴茎：山烙铁头（*Ovophis monticola*）、横斑钝头蛇（*Pareas macularius*）、泰国眼镜蛇（*Naja samarensis*）（摄影：Sjon Hauser）。图 28 显示了羊膜类动物阴茎的演化关系，从左往右分别是有鳞目、喙头目、龟鳖目、鳄目、鸟纲与哺乳纲的生殖器。　答案：A。

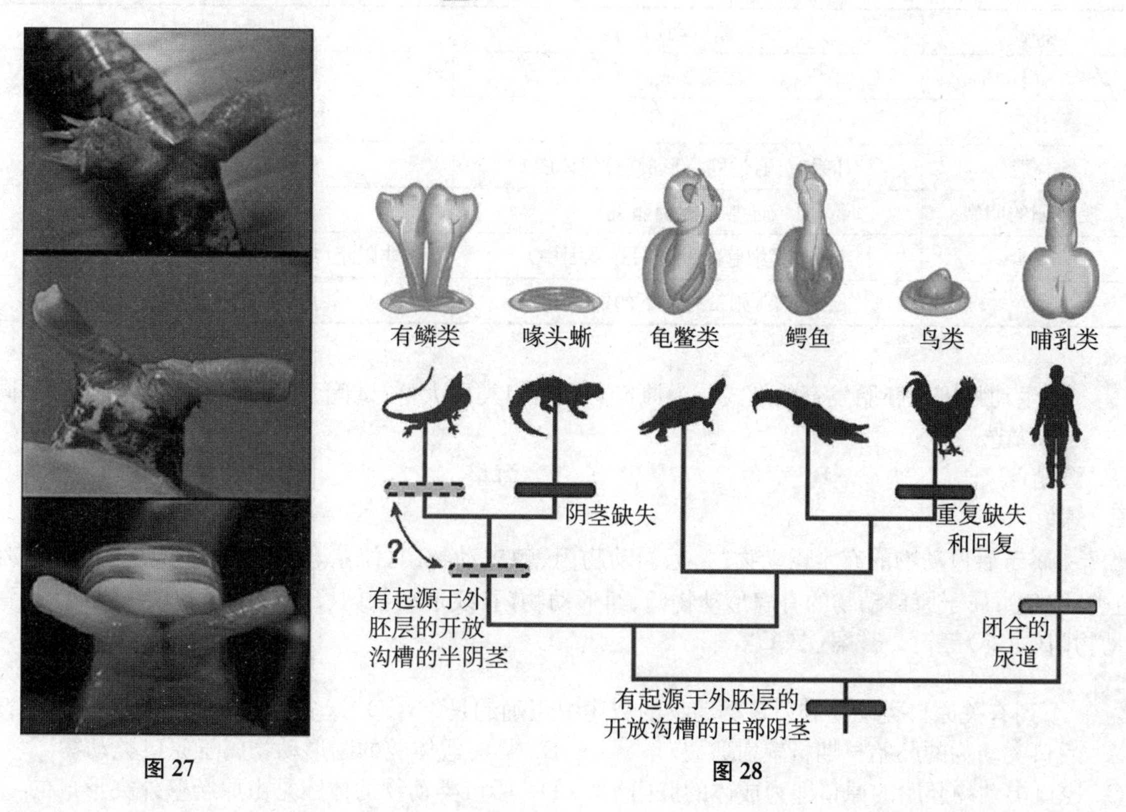

图 27　　图 28

参考文献

［1］ Xu J, Dong Q, Yu Y, et al. Mass Spider Silk Production through Targeted Gene Replacement in *Bombyx mori*［J］. PNAS, 2018, 115(35): 8757.

［2］ Smith H F, Fisher R E, Everett M L, et al. Comparative Anatomy and Phylogenetic Distribution of the Mammalian Cecal Appendix［J］. J. Evol. Biol., 2009, 22(10): 1984.

［3］ Laszlo J. Probing as a Practical Method of Sex Recognition in Snakes［J］. Inter. Zoo Yearbook, 1975, 15: 178.

［4］ Leal F, Cohn M. Development of Hemipenes in the Ball Python Snake *Python regius*［J］. Sex Dev., 2015, 9(1): 6.

[5] Brennan P L R. Evolution: One Penis After All[J]. Curr. Biol., 2016, 26(1): PR29.

110 下列选项中,哪一项是卵子和精子贡献相当的?(　　)(单选)

A. 细胞质　　B. 线粒体　　C. 内质网　　D. 核 DNA

E. 营养物质

解析 注意,精子并不全部进入卵子,只有核与中心体能进入。一般而言,父亲的线粒体对子代的细胞质没有贡献,只有母亲的线粒体在受精卵中(体现母性遗传)。当然,这一现象也存在反例,也有父性遗传与双亲遗传的细胞质遗传机理。　**答案:D。**

111 下列胚胎发育特征哪一项是原口类与后口类的主要区别?(　　)(多选)

A. 蜕皮与否　　B. 胚口形成口或肛门

C. 分裂体腔与肠体腔　　D. 螺旋卵裂与辐射卵裂

E. 对称体制与辐射体制

解析 表5是原口与后口动物的主要区别,B、C、D 正确。原口动物中既有蜕皮的也有不蜕皮的,既有辐射对称的也有两侧对称的,不能作为原、后口区别。　**答案:BCD。**

表 5

特征	原口动物	后口动物
口	胚孔形成的	新形成的
肛门	新形成的	由胚孔形成
体腔	如果有,通过腔裂形成(分裂体腔)	由肠裂形成(肠体腔)
受精卵的卵裂	通常是螺旋卵裂	辐射卵裂
发育	有限定(细胞的发育写在基因中)	非限定(细胞的发育受所处环境影响)
幼虫	如果有,则带有向下的纤毛带	幼虫体上有向上的纤毛带

112 现生动物可依胚胎发育的形式分为原口类和后口类两大群,试问下列动物哪些与鱼类属于同一类群?(　　)(多选)

A. 海鞘　　B. 章鱼　　C. 海星　　D. 龙虾

E. 鲸鱼

解析 属于后口动物的有半索动物门、毛颚动物门、棘皮动物门(海星、海胆和海参等)、脊索动物门(海鞘、鱼类、鲸鱼);属于原口动物的有扁形动物门、纽形动物门、线形动物门、环节动物门、软体动物门(章鱼)、节肢动物门(龙虾)等。　**答案:ACE。**

113 下列有关原口类动物和后口类动物的叙述中正确的是(　　)。(多选)

A. 后口类动物的胚胎早期行辐射卵裂　　B. 具有假体腔的圆形动物属于原口类动物

C. 原口类动物胚胎的原口即为成体的肛门　　D. 后口类动物的体腔是由原肠壁外突形成的

E. 八细胞期的后口类动物胚胎的每个细胞均可培养为正常的个体

解析 原口动物和后口动物的差别如111题解析。　**答案:ABDE。**

114 下列有关原口动物与后口动物的陈述中正确的是(　　)。(多选)

A. 原口动物的卵在八细胞期时行螺旋卵裂,而后口动物行辐射卵裂

B. 原口动物的体腔形成来自中胚层的分裂,而后口动物来自原肠的内陷

C. 原口动物和后口动物都是单系群

D. 后口发育与头部专化有密切的关系

E. 海星和刺胞动物都是辐射对称,因此刺胞动物应该比较接近后口类

解析 单系群包括的物种只有一个共同祖先,而且这个单系群就包括这个共同祖先的所有后代。后口

动物和原口动物都符合这个定义。

原口的扁形动物就已经出现头部，而后口的棘皮动物反而没有头部，因此D的说法是不准确的。

海星是棘皮动物，而刺胞动物即腔肠动物，腔肠动物是原口动物，其辐射卵裂的发育体制是独立发展而来的，E不对。 **答案：ABC。**

115 你观察一个动物早期的发育情况。受精卵辐射状地分裂成8个细胞。如果你将这些细胞分离开，每个细胞都能成功发育长成各自的动物个体，而且体腔是由原肠内折形成的。下列哪个选项是你正在观察的动物？( )(单选)

A. 鲎(螯肢亚门) B. 果蝇(昆虫纲) C. 海胆(海胆纲) D. 蜗牛(腹足纲)
E. 蚯蚓(寡毛纲)

解析 后口动物和原口动物的区别：后口动物的卵裂是辐射型卵裂，发育初期的细胞的发育命运并没有被决定，所以仍然有发育成一个完整个体的能力；原口动物是螺旋形卵裂，发育初期的细胞的发育命运由于螺旋式这样一种不对称的卵裂，所以已经被决定了，不再有发育成完整个体的能力。后口动物的体腔是通过肠体腔法形成的(也就是原肠内折，但是实际情况可能更为复杂，也会有裂体腔法，但是海胆肯定是肠体腔法)，而原口动物都是裂体腔法。 **答案：C。**

116 发育中的果蝇胚胎的极性由什么决定？( )(单选)

A. 分割蛋白(segmentation protein) engrailed的蛋白梯度
B. 由母系mRNA表达而来的bicoid蛋白的蛋白梯度
C. 间隙蛋白hunchback的蛋白梯度
D. 整个胚胎的分割蛋白engrailed的表达
E. 整个胚胎的间隙蛋白hunchback的表达

解析 本题涉及的内容较为深入。果蝇早期胚轴形成涉及一个由母体效应基因产物构成的位置信息网络。在这个网络中，一定浓度的特异性母源性RNA和蛋白质沿前-后轴和背-腹轴的不同区域分布，以激活胚胎的合子基因组的程序。

有4组母体效应基因与果蝇胚轴形成有关，其中3组与胚胎前-后轴的决定有关，另一组基因决定胚胎的背-腹轴。

决定前-后轴的3组母体效应基因包括：前端系统(anterior system)决定头胸部分节的区域，后端系统(posterior system)决定分节的腹部，末端系统(terminal system)决定胚胎两端不分节的原头区和尾节。另一组基因即背腹系统(dorsoventral system)，决定胚胎的背-腹轴。

在卵子发生过程中，这些母体效应基因的mRNA由滋养细胞合成转运至卵子，定位于卵子的一定区域。这些mRNA编码转录因子或翻译调控蛋白因子，它们在受精后立即翻译且分布于整个合胞体胚盘中，激活或抑制一些合子基因的表达，调控果蝇胚轴的形成。

这些母体效应基因的蛋白质产物又称为形态发生素(morphogen)。对于调节胚胎前-后轴的形成有4个非常重要的形态发生素：BICOID(BCD)和HUNCHBACK(HB)调节胚胎前端结构的形成，NANOS(NOS)和CAUDAL(CDL)调节胚胎后端结构的形成

与果蝇胚轴形成有关的4组母体效应基因中，背-腹系统最为复杂，涉及约20个基因。其中*dorsal*(*dl*)等基因的突变会导致胚胎背部化，即产生具有背部结构而没有腹部结构的胚胎。与此相反，*cactus*等基因的突变则引起胚胎腹部化，产生只具有腹部结构的胚胎。

具体作用机制：前端系统至少包括4个主要基因，其中*bicoid*(*bcd*)基因对于前端结构的决定起关键的作用。BCD(*bcd*基因编码的蛋白)具有组织和决定胚胎极性与空间图式的功能，*bcd*是一种母体效应基因，其mRNA由滋养细胞合成，后转运至卵子并定位于预定胚胎的前极。

BCD蛋白是一种转录调控因子，*hunchback*(*hb*)是其靶基因之一，控制胚胎胸部及头部部分结构的发育。*hb*在合胞体胚盘阶段开始翻译，表达主要位于胚胎前部，HB蛋白从前向后形成一种浓度梯度。*hb*基因的表达受BCD蛋白浓度的控制，只有BCD蛋白浓度达到一定临界值才能启动*hb*基因的表达。*Hunchback*(也是间隙基因的一种)又可开启一些缺口基因如*giant*、*krüppel*和*knips*等的表达。缺口基因按一定

顺序沿前-后轴进行表达。

BCD蛋白也可以激活其他合子基因(在受精之后才开始表达的基因,与之相对的是,母体效应基因在受精前就已经开始表达了,只是没完成)的表达,不同靶基因的启动子与BCD蛋白具有不同的亲和力,BCD蛋白的浓度梯度可以同时特异性地启动不同基因的表达,从而将胚胎划分为不同的区域。

至于分割蛋白就是更下游的表达基因了。

综上,发育图式的形成是从母体效应基因开始的,继而激活下游合子基因来协同调节。 答案:B。

请回答有关海胆的发育和系统分类的117~119题。

117 下面关于棘皮动物的描述中,a~c处各应填入什么内容?请从A~E中选择正确的一组:( )。(单选)

海胆属于棘皮动物。棘皮动物动物的身体为(a)对称,曾经和水母等一起被称为放射对称动物。但是,其被称为(b)的幼虫期呈左右对称,并且原口最终发育为肛门,因此现在被归于与我们脊椎动物亲缘关系较近的(c)动物的一员。

A. a:八辐射;b:长腕幼虫;c:后口
B. a:八辐射;b:担轮幼虫;c:后口
C. a:六辐射;b:担轮幼虫;c:原口
D. a:五辐射;b:长腕幼虫;c:后口
E. a:五辐射;b:蚤状幼虫;c:原口

解析 棘皮动物是五辐射对称的(并不一定,有时候会出现6条腕的),其幼虫有羽腕幼虫、短腕幼虫、长腕幼虫、海胆幼虫、蛇尾幼虫、樽形幼虫、耳状幼虫、五触手幼虫等多种,属于后口动物。 答案:D。

118 海胆在16细胞期呈现8个中型卵裂球、4个大型卵裂球和4个小型卵裂球。幼虫的骨片来自由这4个小裂球发育成的中胚层形成的初级间充质细胞。将幼虫骨骼形态不同的两个物种的初级间充质细胞移植,观察最终幼虫会产生什么样的骨骼。结果,将A种的初级间充质细胞移植到除去了初级间充质细胞的B种胚胎中后,幼虫发育出了和A种十分相似的骨骼。下列选项中,哪些是可以根据这个实验结果得出的结论?( )(多选)

A. 海胆幼虫中,外胚层细胞可以影响骨骼的形态
B. 海胆幼虫中,即使没有外胚层也可形成骨骼
C. 海胆幼虫骨骼的形态由初级间充质细胞的遗传特性决定
D. 从本实验结果可知,若将B种的初级间充质细胞移植到除去了初级间充质细胞的A种胚胎中,幼虫会发育出和A种十分相似的骨骼
E. 从本实验结果可知,若将B种的初级间充质细胞移植到除去了初级间充质细胞的A种胚胎中,幼虫会发育出和B种十分相似的骨骼

解析 从题干可知,骨骼发育是由初级间充质细胞决定的,与在哪个胚胎内、与外胚层并无关系,但无法得出没有外胚层也可形成骨骼的结论,所以只有C、E是对的。 答案:CE。

119 如图29所示,海胆幼虫骨片的形态多种多样。下列关于海胆幼虫骨片多样性的叙述中,哪些是正确的?注意,图中表示的是不同种海胆幼虫左半身骨片形态和这些海胆之间的系统关系。( )(多选)

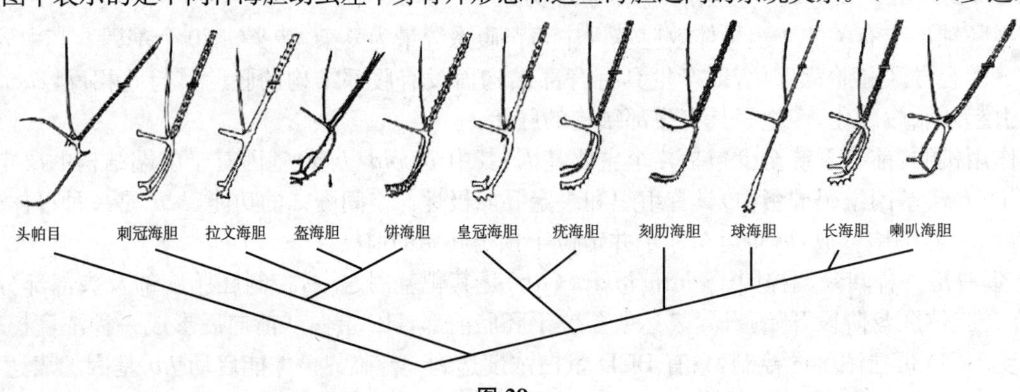

图29

A. 由于幼虫的形态直接影响到成体的形态，因此不会发生适应性进化

B. 由于幼虫也有捕食等选择压力，因此幼虫的形态会发生适应性进化

C. 正如"个体发生会重演系统发生的过程"所描述的，幼虫的骨骼的形态在近亲间会表现出相似性

D. 幼体的骨片有物种差异，说明形成骨骼形态的基因程序也有种间差异

解析 图29的出处文献中展现了不同海胆幼虫骨片的多样化差异，并认为这是古生代后棘皮动物幼虫形态平行进化、适应辐射的后果。故幼虫形态存在适应性进化，骨片差异源自基因的趋异。本题与重演律并无关系。 答案：BD。

参考文献

[1] Wray G A. The Evolution of Larval Morphology during the Post-Paleozoic Radiation of Echinoids[J]. Paleobiology, 1992, 18(3): 258.

观察某种海洋动物胚胎的初期发育过程，将其模式化表示如图30所示。从8细胞期到其中各细胞分裂后形成的16细胞期，观察到了7种细胞。根据细胞的种类的性质，将它们用不同花纹(a～h共8种)表示。其中a分裂后形成b和c，f分裂后成为g和h，这引起了研究者的兴趣。为了研究其中的机制，进行了下列研究。

为了揭示各细胞在8细胞期的发育结果是如何决定的，从胚中取出细胞a、d各两个，在它们仍然接触(粘连)的情况下放于海水中培养，结果和正常胚胎中一样，在16细胞期分裂为4个细胞，其中包括3种(b、c、d)细胞(实验Ⅱ)。之后，从胚中取出细胞a、d各两个并将它们分开，分别在海水中培养，结果形成的4个细胞只包含两种(b和d)细胞(实验Ⅰ)。同样，胚中取出细胞e、f各两个，在它们仍然接触(粘连)的情况下放于海水中培养，结果和正常胚胎中一样，在16细胞期分裂为4个细胞，其中包括3种(e、g、h)细胞(实验Ⅲ)。之后，从胚中取出细胞e、f各两个并将它们分开，分别在海水中培养，结果形成的4个细胞只包含两种(e和h)细胞(实验Ⅳ)。从实验Ⅰ～Ⅳ的结果中，提出了假说1：由于分离a和d时实验操作造成的刺激，导致实验Ⅰ中没有分化出c，只分化出了b。据此回答120～122题。

120 从图30的观察结果可推测，这一假说是假命题。为了证明这一点，只要在8细胞期，将实验(①)的a和d(②)进行培养便可。结果分化出了b和c，因此可判断这一假说为假命题。这时，作为对照的是实验(③)。上文中的①～③中应填入什么内容？请从A～F中选择正确的一组：(　　)。(单选)

A. ①：Ⅰ；②：接触；③：Ⅰ

B. ①：Ⅰ；②：接触；③：Ⅰ和Ⅱ

C. ①：Ⅰ；②：接触；③：Ⅱ

D. ①：Ⅱ；②：分离；③：Ⅰ

E. ①：Ⅱ；②：分离；③：Ⅰ和Ⅱ

F. ①：Ⅱ；②：分离；③：Ⅱ

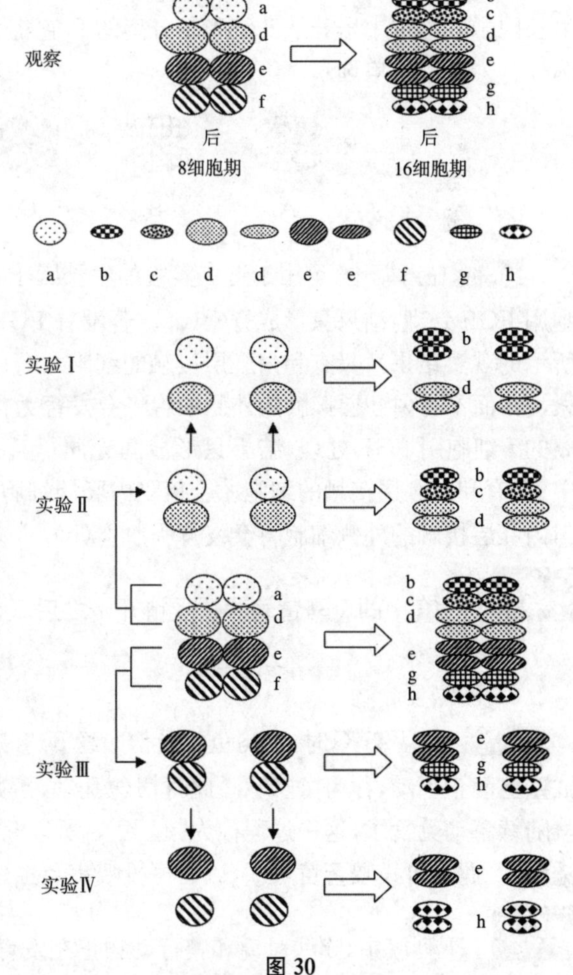

图30

解析 本题以及之后的两题都以海鞘的初期发育作为背景。在海鞘的32细胞期胚胎中，由于前端的内胚层细胞的诱导，与这部分内胚层接触的细胞在分裂后(于64细胞期)将会向神经索和脊索发育。同时，由于后端内胚层细胞的诱导，与这部分内胚层细接触的细胞将在分裂后向肌肉和间充质发育。在本题中，为了简化问题，在模式图中将32细胞期转化为了8细胞期，将64细胞期转化为了16细胞期。但是在诱导发生的模式上和实际的海鞘发育是相同的。本题中，细胞与其发育方向的关系为：前端内胚层：d，神经索：b，脊索：c，后端内胚层：e，间充质：g，肌肉：h。

如果因为实验操作导致的损伤，刺激实验Ⅰ中产生了两个 b 细胞，则在实验操作“在 8 细胞期，令实验Ⅰ中的 a 和 d 再次接触进行培养”中，也对细胞造成了损伤，因此也应形成 2 个 b 细胞。但是结果并不是这样，而是在 16 细胞期分化为 b 和 c，因此假说 1 为伪命题。这时所需的对照组为作为阳性对照的实验Ⅰ和作为阴性对照的实验Ⅱ。如果是由于损伤导致形成了两个 b 细胞，则必须在本实验中再现这一现象，因此实验Ⅰ是必不可少的。同时，还要确认没有损伤细胞的实验Ⅱ中将会形成 b 和 c。 答案：B。

121 之后，研究者提出了假说 2：8 细胞期时，d 所发出的分化诱导信号刺激了 a，使其分裂后分化为了 b 和 c。同时注意到，对于胚胎后部的细胞 e 和 f 也可提出类似的假说。虽然在 a、b、c、f、g、h 各细胞的基因表达等性质中观察到了明显的差别，但在 d 和 e 却始终没有观察到明显的区别。如果 d 和 e 是性质完全相同的细胞，则应用相同的花纹表示，因此又提出了假说 3：d 和 e 皆分泌相同的分化诱导物质，刺激 a 和 f。如果这一假说正确，那么(a)。在实际实验中，的确观察到了预期的结果。上文中的 a 中应填入什么内容？请从 A～E 中选择正确的一项：(　　)。(单选)

A. 如果令 8 细胞期分离的 a 和 f 接触并培养，则 a 将在细胞分裂后发育为 b 和 c

B. 如果令 8 细胞期分离的 a 和 e 接触并培养，则 a 将在细胞分裂后发育为 g 和 h

C. 如果令 8 细胞期分离的 a 和 d 接触并培养，则 a 将在细胞分裂后发育为 b 和 c

D. 如果令 8 细胞期分离的 d 和 f 接触并培养，则 f 将在细胞分裂后发育为 g 和 h

E. 如果令 8 细胞期分离的 d 和 e 接触并培养，则 a 将在细胞分裂后发育为 b 和 c

解析 正确的组合如下所示，第二条对应选项 D。

将 8 细胞期分离的 a 和 e 接触培养，a 分裂后分化为 b 和 c；

将 8 细胞期分离的 d 和 f 接触培养，f 分裂后分化为 g 和 h。 答案：D。

122 研究者猜想，假说 3 中所提到的物质可能是某种生长因子。如果这一猜想正确，那么在含有这一生长因子的海水中培养从 8 细胞期分离的 f，它将会在 16 细胞期发育为什么样的细胞？请从下图 A～F 中选择：(　　)。(单选)

解析 在海鞘中，运用于这一实验的生长因子为 FGF。将 32 细胞期(在本题中为 8 细胞期)分离的 a 细胞用 FGF 处理，结果只形成脊索(c)。若没有 FGF，则只形成神经索(b)(实验Ⅰ)。在正常发育中(如图 30 所示的观察结果)，只有和内胚层接触的细胞才会接受内胚层细胞表面的 FGF 样生长因子的影响，分化为脊索(c)，而不与内胚层接触的外侧细胞将会发育为神经索(b)。同样，将 32 细胞期(在本题中为 8 细胞期)分离的 f 细胞用 FGF 处理，结果只形成间充质(g)。若没有 FGF，则只形成肌肉(h)(实验Ⅳ)。在正常发育中，只有和内胚层接触的细胞才会接受内胚层细胞表面的 FGF 样生长因子的影响，分化为间充质(g)，而不与内胚层接触的外侧细胞将会发育为肌肉(h)。 答案：B。

123 发育中的斑马鱼幼体从受精开始之后 5 d 内的主要营养来源是什么？(　　)(单选)

A. 卵黄囊　　B. 幼鱼专用食物片

C. 不需要食物　　D. 草履虫

解析 水温 25 ℃时，斑马鱼的受精卵经 36 h 孵出幼体。幼体刚生出来时形状大小如头发丝，一般贴在缸壁上静止不动，称为“挂壁”。此时切勿乱动，否则极易导致幼体死亡。待吸收完卵黄囊的营养之后幼体就陆续游动觅食了，这一过程称为“起飞”。所以 5 d 内主要还是依靠卵黄囊中的营养，7～8 d 的幼体就开始觅食了，此时可投喂蛋黄灰水，以后再投喂小鱼虫(比如说丰年虫、草履虫)。 答案：A。

124 下列膜中，哪些对鸟和爬行动物正在发育的羊膜卵的呼吸作用起主要作用？(　　)(单选)

A. 羊膜　　B. 尿囊膜　　C. 绒毛膜　　D. A和C

E. B和C

解析 羊膜卵的卵外包有卵壳，是石灰质的硬壳或不透水的韧性纤维质厚膜，可以防止卵的变形、损伤和水分的蒸发，但是同时卵壳也有透气性，不影响胚胎发育时的气体交换。

卵生种类丰富的卵黄可以为发育的胚胎提供丰富的养料。羊膜腔中的羊水可以使胚胎浮在液体环境中，防止水分蒸发和机械损伤。尿囊则外壁与绒毛膜紧贴，二者上有丰富的血管，便于呼吸和排泄器官，所以答案为E。

羊膜卵在适应陆地环境方面的重大意义使得爬行类在生殖上终于摆脱了对于水环境的依赖，从而成为了真正的陆生生物。 答案:E。

125 下列哪些分子在神经系统中涉及引导轴突的生长？(　　)(单选)

A. 细胞黏附分子(CAM)　　B. 神经生长因子-1(Netrin-1)

C. 神经轴突导向分子(Slit)　　D. B和C

E. A、B和C

解析 本题深入考查神经分子发育。轴突导向过程中涉及多种调控“标签”，其中最具有代表性的有四类：Netrins家族(神经生长因子)、Slits家族(轴突导向分子)、Semaphorins家族(信号素)、Ephrins家族(受体酪氨酸激酶配体蛋白)。细胞黏附分子(CAM)在轴突生长锥的导向生长和细胞内信号诱发过程中也起到了重要的作用。至于具体的机理就不详细介绍了。 答案:E。

126 下列有关动物胚胎发育的叙述中正确的是(　　)。(多选)

A. 动物的骨骼是由中胚层(mesoderm)分化而来的

B. 动物胚胎发育的过程包含许多凋亡(apoptosis)的步骤

C. 同卵双胞胎的形成原因是一个卵子同时与两个精子受精

D. 神经系统与皮肤细胞一样，皆是由外胚层(ectoderm)分化而来的

E. 受精卵发育到胚泡(blastocyst)阶段时，外围的细胞为一种滋养细胞，内层的细胞团(inner cell mass)是胚胎干细胞的主要来源之一

解析 A对，在三胚层动物的胚胎发育过程中，中胚层发育为躯体的真皮、肌肉、骨骼及其他结缔组织和循环系统，还有肾脏、生殖腺(不包括生殖细胞)等。B对，比如人的胎儿手的发育过程中，五个手指最初是愈合在一起的，后来随着指间细胞凋亡，才发育为成形的手指；还有，脊椎动物胚胎发育中产生了过量的运动神经元，它们竞争肌细胞所分泌的神经生长因子，只有接受了足够量神经生长因子的神经元才能生存，并与靶细胞建立连接，其他的则发生凋亡。C错，同卵双胞胎是因为一个受精卵在发育初期分裂成两个胚胎。D错，外胚层形成皮肤的表皮和附属结构、神经系统和感觉器官，皮肤的真皮由中胚层分化而来。E对，胚泡由滋养层、胚泡腔和内细胞群三部分构成，构成泡壁的细胞层叫滋养层，与以后从母体摄取胎儿营养有关，细胞团块称为内细胞群，胚胎干细胞便来源于以后形成胚体的内细胞群，胚泡的内腔称为胚泡腔。 答案:ABE。

127 下列构造中源自外胚层的神经嵴细胞(neural crest)的是(　　)。(多选)

A. 脾脏　　B. 脑垂体前叶　　C. 肾上腺髓质　　D. 胃壁上的平滑肌

E. 脊神经的背根神经节

解析 神经嵴细胞是一种胚胎发育过程中的过渡性多能细胞，可分4个主要功能区域：头颅/脑神经嵴、躯干神经嵴、心脏神经嵴以及迷走和尾骶神经嵴。如图31所示，它们分化成的组织及细胞有：

① 神经系统组织：施万细胞，面神经的膝状节，舌咽神经的上节和迷走神经颈节，一些植物性神经节如睫状神经节、筛神经节、蝶腭神经节和颌下神经节，神经节内神经元周围的卫星细胞，脑膜。

② 内分泌组织：甲状腺的滤泡旁降钙素细胞、颈动脉体的化学感受器细胞和颈动脉窦的压力感受器细胞、肾上腺髓质。

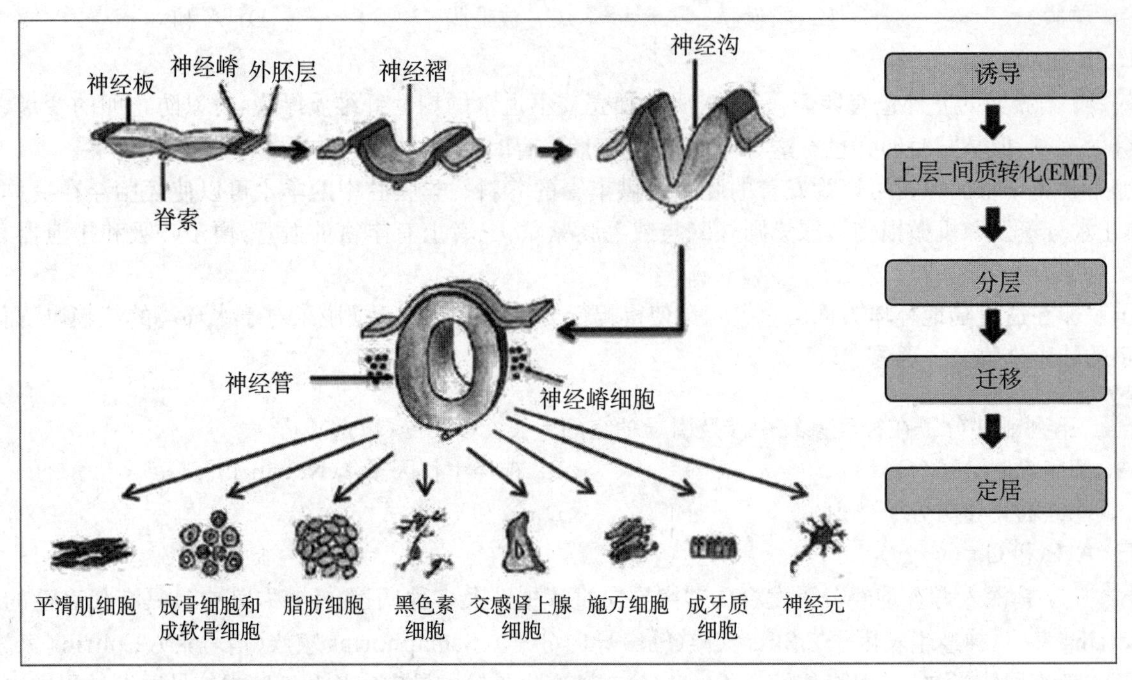

图 31

③ 结缔组织：头面部的大部分结缔组织来源于神经嵴细胞，由于它们起源于外胚层的神经嵴细胞，所以这些结缔组织又称外胚间叶组织或外间充质。它们包括面部所有的骨、颅骨、鳃弓软骨、牙本质、牙骨质、牙髓、牙周膜、血管周细胞、血管平滑肌。横纹肌、腺体及皮肤脂肪组织的周围组织也来自神经嵴细胞。此外，还包括眼角膜、巩膜和睫状肌以及甲状腺、甲状旁腺、泪腺和涎腺的结缔组织。

④ 皮肤组织：皮肤及黏膜的黑色素细胞、真皮及其平滑肌。

本题中，脾脏来自中胚层间充质；垂体前叶为腺垂体，来自外胚层口腔上皮细胞；胃壁平滑肌来自中胚层；而肾上腺髓质与背根神经节来自躯干神经嵴迁移中的腹侧途径。 答案：CE。

参考文献

[1] Shyamala K，Yanduri S，Girish H，et al. Neural Crest：The Fourth Germ Layer[J]. J. Oral Maxillofac. Pathol.，2015，19(2)：221.

128 下列关于发育的描述中，哪一项是正确的？(　　)(单选)

A. 所有哺乳类都是卵子所携带的染色体类型决定受精卵发育成的个体的性别

B. 所有脊椎动物的性别都是由染色体决定，且不受环境因素的影响

C. 在两栖类的初期发育过程中，卵裂时每个细胞所分到的染色体的量都是相同的

D. 在两栖类的初期发育过程中，卵裂时每个细胞所分到的细胞质的量都是相同的

解析 多数哺乳动物决定性别的是精子中的 Y 染色体，所以 A 不对。爬行类中的龟鳖蛇蜥等是由温度来决定性别的，故 B 不对。两栖类的受精卵属于偏黄卵，绝大多数蛙类和蝾螈的卵裂是辐射对称型卵裂。但两栖类的卵子中含有的卵黄比棘皮动物的多，这些卵黄主要分布于植物半球。卵黄对卵裂起阻碍作用，因此，卵裂从动物极开始缓慢地伸及植物极，动、植物极卵裂球大小相差较多。例如美西螈卵裂时，动物半球的卵裂速度为 1 mm/min；而进入植物半球后速度减缓，快接近植物极时，速度仅为 0.02～0.03 mm/min。由此可见，每个细胞分到的细胞质的量不相同，但染色体一定是相同的，所以 D 不对。 答案：C。

129 软骨发生是指胚胎发育的哪一阶段？(　　)(单选)

A. 血管发育　　B. 器官发育　　C. 骨骼发育　　D. 软骨发育

解析 软骨发生是致密间叶组织形成软骨的过程，间叶组织分化出软骨细胞，分泌软骨细胞外间质。在婴儿发育早期，大部分骨骼均为软骨。这些软骨是暂时性的，逐渐被骨骼代替，这一过程在青春期后停止。

不过，关节中的软骨终生不会骨化，因此永久软骨。 答案：D。

请回答有关非洲爪蟾发育的130～132题。

130 非洲爪蟾的卵在受精后，将如图32所示，卵外侧的一层转动大约30°，结果，精子进入的地方的对侧会形成一个叫灰色新月区的区域。之后随着卵裂的进行，植物极靠近灰色新月区的部位形成原口。蛙类的身体如图33所示，拥有头尾、背腹和左右三个体轴。下列关于非洲爪蟾发育的描述中，哪些是正确的？(　　)(多选)

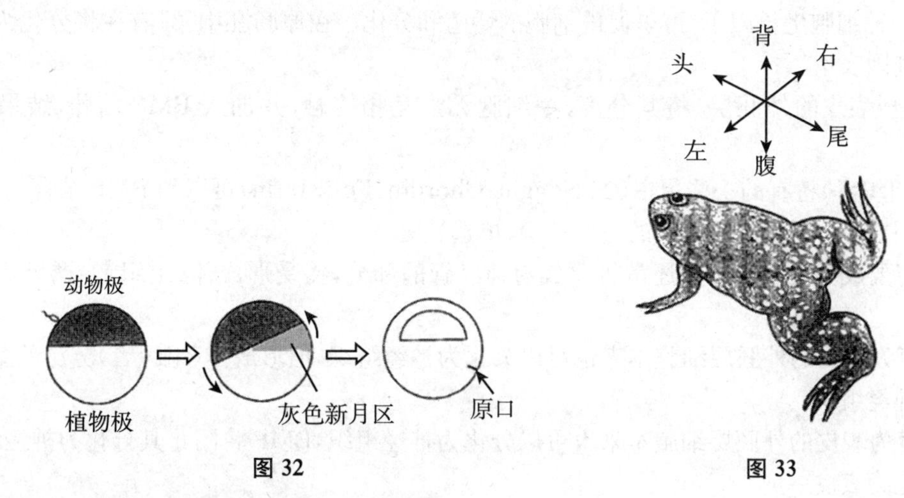

图32　　　　图33

A. 卵形成的时候，头尾轴和背腹轴就已经确定了

B. 一旦受精，头尾轴和背腹轴就马上确定了

C. 原口陷入的时候头尾轴和背腹轴确定

D. 灰色新月区的部分将来会成为脊索

E. 灰色新月区的部分将来会成为神经管

解析 由题干可知，爪蟾头尾、背腹轴的确定是在受精之后由精子进入的位置确定的；而卵刚形成时只有动物极、植物极之分，并未确定头尾背腹。所以A、C不对，B对。至于灰色新月区，其实脊索和神经管均由其发育形成。可能是由于脊索先出现，然后再诱导背神经管形成，相对而言脊索的发育更为直接地来自灰色新月区，本题最终选B、D。

灰色新月区的产生是由于卵在卵黄膜内的变位，卵表层的黑色素颗粒与表层原生质的流动共同作用所致。该过程在发育生物学中被称为胞质定域(cytoplasmic localization)：形态发生决定子在卵细胞质中呈一定形式分布，受精时发生运动，被分割到一定区域，进而进入不同的分裂球中决定分裂球发育命运的现象。以柄海鞘为例，其中动物极区将发育为表皮；灰色新月区将发育成脊索和神经管；黄色新月区含有黄色细胞质，称为肌质(myoplasm)，将发育成肌细胞；灰色卵黄区(植物极其他区域含灰色卵黄)将发育为幼虫的消化道。 答案：BD。

131 近些年来的研究表明，多种蛋白质参与了两栖类中胚层和神经管的诱导作用，并且诱导和形态建成的机制也逐渐变得明了。现将某蛋白质称为X。下列实验方式和结果中，能证明蛋白质X的确参与了胚层分化和发育诱导的是哪三项？(　　)(多选)

A. 检测蛋白质X，发现其含量在卵形成的时候会激增，而当卵黄的蛋白结合、发育开始后将逐渐减少

B. 从囊胚期的动物极附近取一部分即将发育为外胚层的组织，加入蛋白质X培养后发育为中胚层组织

C. 将蛋白质X的mRNA注入本来不会发育为神经管的部分，结果这个部分产生了次生胚

D. 向本应形成神经管的部位注入阻断蛋白质X作用的蛋白质，结果没有形成神经管

E. 形成神经管后，神经管中旺盛地合成蛋白质X的mRNA，并且蛋白质X积累

解析 要证明蛋白质X参与了胚层分化需要直接的因果证据，而不仅仅是相关性证据。B、C、D中X蛋白或其mRNA的加入直接导致了原本不会发生的胚胎发育，而蛋白阻遏物的加入则抑制了该过程，这是

诱导发育的明证。至于A和E只展示了X蛋白的量与发育时间之间的关系,并不能直接说明问题。

答案:BCD。

132 形成体(发育组织中心/组织者,spemann organizer)会诱导外胚层背侧的部分形成神经管。关于这一现象,现已得到了下列实验结果:

① 取出将形成表皮的外胚层并培养,结果形成了表皮。

② 取出将形成表皮的外胚层,将其分离,令细胞无法互相接触,培养后形成了神经细胞。

③ BMP是一种细胞生长因子,可以促进细胞的增殖和分化。在原肠胚中,只有在将分化为表皮的细胞中才有BMP的基因表达。

④ 取出将形成表皮的外胚层,将其分离,令细胞无法互相接触,并加入BMP培养,结果形成了表皮细胞。

⑤ 形成体(组织者)特有的一些蛋白(如Noggin、Chordin、Follistatin)可以和BMP结合。

则下列选项中,哪一项描述是正确的?(　　)(单选)

A. 不论是将要成为表皮的部分还是将要成为神经管的部分,接受形成体(组织者)诱导后都会发育为表皮

B. 本应发育为表皮的外胚层细胞本来也可以分化为神经组织,但形成体(组织者)分泌的蛋白质阻止其分化为神经组织

C. 本应发育为表皮的外胚层细胞本来也可以分化为神经组织,BMP将阻止其分化为神经组织,因此会最终分化为表皮

D. 形成体(组织者)的特有蛋白会令BMP活化并产生神经组织

解析 神经诱导机制的研究起始于20世纪20年代德国胚胎学家Hans Spemann的胚胎移植实验。Spemann在蝾螈原肠运动时期将其胚孔的背唇移植到另一含不同色素的蝾螈腹侧,继续培养则产生一个具有两个体轴的胚胎,并且发现第二体轴几乎所有的神经组织都来自受体细胞,而不是供体的移植部分。这一经典实验促使Spemann提出了著名的神经诱导假说,即移植的背唇组织可以诱导受体胚胎的腹侧表皮外胚层发育分化为神经组织。进一步的研究发现,在大部分脊椎动物早期胚胎中都存在类似的具有神经诱导功能的组织,统称为“组织者(organizer)”。在不同种属的胚胎之间,组织者也具有完全的神经诱导能力,表明神经诱导的机制在脊椎动物中是保守的。为寻找组织者中的神经诱导分子,科学家们进行了不懈努力。直到20世纪90年代才发现,背唇组织表达并分泌三种具有神经诱导功能的因子:Noggin(头蛋白)、Chordin(腱蛋白)和Follistatin(卵泡抑素)。进一步的研究表明,这些因子是通过与BMP蛋白的结合,抑制BMP信号而起到神经诱导作用的。与此相一致的是,BMP蛋白自身也可以抑制神经诱导过程,促进胚胎外胚层向表皮分化。在此基础上,人们提出了神经诱导的“default model”假说,即原始外胚层中的多潜能干细胞具有自发分化为神经组织的默认趋向,而这一神经分化潜能则被BMP信号所抑制。在将要发育为神经组织的区域,背唇分泌的BMP抑制因子阻断BMP信号,使其发育分化为神经组织。其中BMP即骨形态发生蛋白(bone morphogenetic proteins)。简而言之,神经诱导的中心信条是外胚层细胞如果不被BMP诱导为表皮细胞,就会发育为神经细胞。这意味着在BMP的下游存在着转录抑制因子来阻止神经特异性基因的表达。至于Noggin、Chordin和Follistatin,它们都是BMP蛋白的抑制物。胞外Noggin等拮抗剂可与BMP结合以抑制后者与受体相互作用,从而弱化BMP信号的激活。

从题干中可知,将发育成表皮的细胞将来的发育还会受到其他细胞的影响。如果它们相互接触,则会发育成表皮,但相互分离就变成了神经细胞;该过程与细胞生长因子BMP的表达有关,如果BMP表达,则发育成表皮,不表达就发育成神经细胞。因此A不对。B、C类似,但起到阻止作用的不是发育组织中心分泌的别的蛋白,而是生长因子BMP,因此B不对,C对。BMP活化后细胞分化为表皮而不是神经组织,D不对。　答案:C。

133 下列哪个选项不是由神经嵴细胞形成的?(　　)(单选)

A. 外周神经　　B. 中耳骨　　C. 牙齿的一部分　　D. 颌骨

E. 面部肌肉

解析 人胚在第3周在脊索的诱导下出现了由神经外胚层构成的神经板，神经板逐渐长大形成神经沟，而后神经沟闭合成管，闭合过程向头、尾两端进展。在由神经沟愈合为神经管的过程中，神经沟边缘与表面外胚层相延续的一部分神经外胚层细胞游离出来，形成左右两条与神经管平行的细胞索，位于表面外胚层的下方，神经管的背外侧，称神经嵴。

和其他细胞不同，神经嵴细胞的特征之一就是在发育的过程中可以发生迁移。神经嵴细胞的迁移是长距离的，所有的神经嵴细胞都要离开背部的神经管迁移到腹侧。

神经嵴细胞是多潜能的。体内实验已经证明，神经嵴细胞的衍生物遍及外、中、内三个胚层的衍生结构，包括外周神经系统的神经元及所有的神经胶质细胞、中枢神经系统的一小部分神经元、色素细胞、滤泡旁细胞、嗜铬细胞、肾上腺髓质细胞、部分中胚层衍生物（脑脊膜、骨骼、牙乳头、牙囊）等。这些举例中有平滑肌，但并没有面部的骨骼肌。 答案：E。

134 在人类的胚胎发育过程中，哪个进程导致了三胚层的形成？（　　）（单选）

A. 原肠胚形成　　B. 神经胚形成　　C. 桑葚胚形成　　D. 头部形成

解析 人类胚胎发育经历的主要阶段如下：受精卵→桑葚胚→囊胚→原肠胚→神经胚→胚胎→胎儿→孕体→原基→婴儿。其中原肠胚的发育中出现了中胚层，因此该进程导致了三胚层的形成。（神经胚时期神经管的形成需要中胚层脊索的诱导。） 答案：A。

请阅读下文，并回答135～137题。

脊椎动物的牙齿由内部的牙本质和外部的牙釉质构成。在多种脊椎动物的胚胎发育中，牙齿的形成过程基本为：将成为牙龈的部分中，内侧结缔组织分泌的牙本质伸向外侧的上皮组织，两者接触后，上皮组织分泌的牙釉质包裹住牙本质的前端。但是，在现代鸟类的胚胎中，其他脊椎动物中将发育成牙龈的部分的结缔组织不分泌牙本质，上皮组织也不分泌牙釉质，因此不形成牙齿。

为了研究为什么鸟类不能形成牙齿，取出家鸡和小鼠的胚胎组织进行培养，进行了下列4个有关牙齿形成的实验。注意，在这4个实验中，培养液的温度和pH等培养条件均相同。

实验1：

取小鼠胚胎中将要发育为牙龈的部分的结缔组织和上皮组织，将两者共同培养，结果和正常发育时一样，结缔组织形成牙本质，上皮组织在牙本质表面形成牙釉质，形成基本完整的牙齿。

但是，若取家鸡胚胎中将要发育为牙龈的部分的结缔组织和上皮组织，将两者共同培养，结果和正常发育时一样，结缔组织不分泌牙本质，上皮组织也不分泌牙釉质，因此不形成牙齿。

实验2：

将小鼠胚胎中将发育为牙龈的部分的结缔组织和上皮组织与家鸡胚胎中同其相对应的部分的结缔组织和上皮组织取出，将这些组织分别培养，结果结缔组织都没有形成牙本质，上皮组织也都没有形成牙釉质。

实验3：

将小鼠胚胎中将发育为牙龈的部分的上皮组织和家鸡胚胎中与其相应的部分的结缔组织混合培养，结果家鸡的结缔组织不形成牙本质，小鼠上皮组织也不形成牙釉质，最终没有牙齿形成。

实验4：

将小鼠胚胎中将发育为牙龈的部分的结缔组织和家鸡胚胎中与其相应的部分的上皮组织混合培养，小鼠结缔组织形成了牙本质，家鸡的上皮组织在这层牙本质的表面形成了牙釉质，最终形成了很小的牙齿。

135 从实验1的结果中能得出下列结论中的哪两个？（　　）（多选）

A. 在实验1中，小鼠和家鸡的组织在牙齿形成这一方面的表现与正常发育中相同，因此下面的实验2～4可以在与之相同的实验条件下进行

B. 在实验1中，小鼠和家鸡的组织在牙齿形成这一方面的表现与正常发育中相同，因此可将其作为牙齿形成过程中上皮组织和结缔组织行为的模型

C. 虽然在实验1中，小鼠和家鸡的组织在牙齿形成这一方面的表现与正常发育中相同，但这是在人工

培养条件下所得的结果，因此不能作为正常牙齿形成过程的模型

D. 虽然在实验 1 中，小鼠和家鸡的组织在牙齿形成这一方面的表现与正常发育中相同，但由于家鸡组织没有形成牙齿，因此不能作为正常牙齿形成过程的模型

E. 在实验 1 中，小鼠和家鸡的组织在牙齿形成这一方面的表现与正常发育中相同，因此可以省略掉实验 1

解析 在实验 1 的培养条件中，牙齿的发育和正常发育条件下所观察到的现象相同，因此可以将实验 1 视作正常发育的模型，而实验 2 及之后的实验可认为是控制变量的实验。因此 B 正确而 C 和 E 不正确。由于要比较实验结果，因此实验 2 及之后的实验必须在相同培养条件下进行，故 A 正确。实验 1～4 的目的是探究为什么家鸡不发育出牙齿，而不是要用家鸡牙齿的形成过程作为牙齿形成的模型，因此 D 不正确。

答案：AB。

136 从实验 1 和 2 的结果中能得出下列结论中的哪两个？(　　)(多选)

A. 实验 1 中小鼠的结缔组织之所以能形成牙本质，是因为有上皮组织存在

B. 实验 2 中家鸡的结缔组织之所以没能形成牙本质，是因为有上皮组织存在

C. 实验 1 中小鼠的结缔组织之所以能形成牙本质，和上皮组织是否存在无关

D. 实验 2 中家鸡的上皮组织之所以没能形成牙釉质，是因为有结缔组织存在

E. 实验 1 中小鼠的上皮组织之所以能形成牙釉质，是因为有结缔组织存在

解析 实验 2 中，将小鼠或家鸡的上皮组织和结缔组织单独培养，结果没有形成牙齿。若 B 正确，则在实验 2 中家鸡的结缔组织应该形成牙本质；若 D 正确，实验 2 中家鸡的上皮组织应形成牙釉质；若 C 正确，实验 1 和 2 中的小鼠结缔组织都应该形成牙本质。A 和 E 都符合实验 1 和 2 的现象。 答案：AE。

137 从实验 1～4 的结果中能得出下列结论中的哪两个？(　　)(多选)

A. 只有小鼠或家鸡的上皮组织存在时，小鼠的结缔组织才能形成牙本质

B. 只有小鼠或家鸡的上皮组织存在时，家鸡的结缔组织才能形成牙本质

C. 小鼠的上皮组织形成牙釉质时，需要的是家鸡的结缔组织，而不是小鼠的结缔组织

D. 小鼠的结缔组织形成牙本质时，需要的是家鸡的上皮组织，而不是小鼠的上皮组织

E. 家鸡的上皮组织形成牙釉质时，需要的是小鼠的结缔组织，而不是家鸡的结缔组织

解析 实验 4 中将家鸡的上皮组织和小鼠的结缔组织混合培养，结果前者产生牙釉质，后者产生牙本质。这不仅说明这两类组织可相互诱导，还说明家鸡的上皮组织不仅可以诱导小鼠的结缔组织产生牙本质，还可以接受小鼠结缔组织的诱导形成牙釉质。B 和 C 可根据实验 1 和 3 证伪，而 D 可根据实验 4 证伪。

答案：AE。

第 8 章 动物生理学

1 请选出以下选项中关联不正确的一项：( )。(单选)

A. 脑—松果体—褪黑素—生物节律(昼夜周期)

B. 下丘脑—脑垂体后叶—催产素—卵巢和卵泡的生长

C. 肾脏—肾上腺—肾上腺皮质(皮层的)—管理压力和焦虑—提高血压和血糖水平并且降低免疫反应

D. 胰腺—胰高血糖素—提高血糖水平

E. 甲状腺—降血钙素—刺激造骨细胞以及钙离子在骨骼沉积

解析 后叶催产素，全称为垂体后叶催产素，简称催产素，是一种垂体神经激素，由下丘脑视上核和室旁核的巨细胞制造，经下丘脑-垂体轴神经纤维输送到到垂体后叶分泌，再释放入血。后叶催产素作为大脑产生的一种激素，男女都有。催产素能够促进分娩过程中子宫的收缩，并因此得名。它与卵巢卵泡生长无关，那是促性腺激素的功能。其他选项都对。 **答案：B。**

2 一个小孩服用了过量的对乙酰氨基酚(一种代替阿司匹林的解热镇痛药)，导致了急性肝功能衰竭。他表现出严重的黄疸症状，还有腹部肿胀。下列过程中哪个不是直接受影响的？( )(单选)

A. 胆汁的合成

B. 胆红素的葡萄苷酸化

C. 血清白蛋白的产生

D. 红细胞生成素的合成

E. 糖原的生成

解析 既然是急性肝功能衰竭，所以与肝有关的过程肯定都会受到直接的影响。

胆汁酸是在肝内由胆固醇直接转化而来的，人胆汁中有 3 种胆汁酸，如图 1 所示。脱氧胆酸是胆酸在肠道内经过细菌形成的。由于在肠道内的胆汁酸会被重吸收并通过肠肝循环又回到肠内，所以这三种胆汁酸都会在肠道中出现。胆汁的主要成分是胆盐(胆汁酸与甘氨酸或牛磺酸结合后形成的钠盐或钾盐)。胆汁都是在肝中合成的。

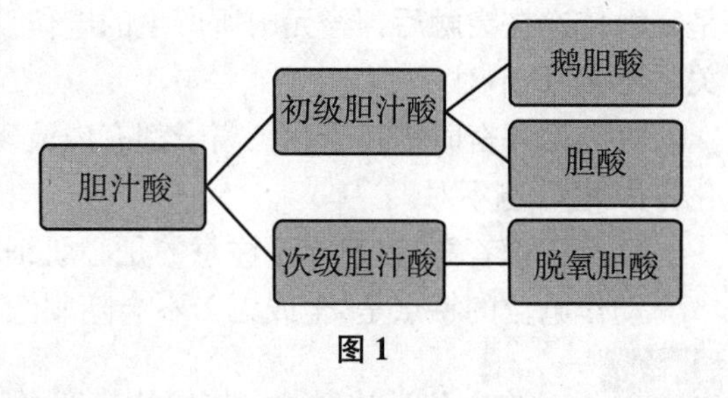

图 1

血浆蛋白分为白蛋白(清蛋白)、球蛋白和纤维蛋白，其中只有 γ 球蛋白(抗体)不是由肝脏合成的。

胆红素进入肝以后形成结合胆红素，结合胆红素主要是胆红素双葡萄糖醛酸酯。另外有一部分结合胆红素为胆红素硫酸酯。这种胆红素的特点是水溶性强，能从肾脏排出。

肝脏可形成肝糖原，而红细胞生成素则是在肾脏中形成的。 **答案：D。**

3 一名 54 岁的男子在公园散步时脚底打滑跌倒，并且一条腿着了地。他感到非常疼痛，但还能开车回家，然后他就回去睡觉了。第二天早上，他被疼醒了，并让一位朋友送他去当地急诊室。医生发现，他的侧面小腿肿胀、变色并且剧痛，请问你觉得原因最有可能是下列哪项？( )(单选)

A. 坐骨神经撕裂

B. 髋关节脱位

C. 腰疝

D. 骨筋膜室综合征

E. 股骨骨折

解析 小腿肿胀剧痛，就可以排除其他选项了。

坐骨神经撕裂的症状是脚无力、无知觉、发麻痹、走路跛、不能坐太久，不会有肿胀现象。髋关节脱臼和股骨骨折都发生在大腿。疝气即人体内某个脏器或组织离开其正常解剖位置，通过先天或后天形成的薄弱点、缺损或孔隙进入另一部位，俗称“小肠串气”。常见的疝有脐疝，腹股沟直疝、斜疝，切口疝，阴囊疝等。

其中腰疝是在12肋及髂嵴之间,腹腔内脏经腹壁或后腹膜的突出(lumbar hernia)。

骨筋膜室由骨、骨间膜、肌间隔及深筋膜所构成。骨筋膜室综合征是指骨筋膜室内的肌肉和神经因急性缺血、缺氧而产生的一系列早期综合征,又称急性筋膜间室综合征、骨筋膜间隔区综合征。最多见于前臂掌侧和小腿,是四肢外伤的严重并发症。症状:创伤后肢体持续性剧烈疼痛,且进行性加剧,为本征最早期的症状,是骨筋膜室内神经受压和缺血的重要表现。神经组织对缺血最敏感,感觉纤维出现症状最早,必须对此予以足够重视,及时诊断和处理。至晚期,当缺血严重,神经功能丧失后,感觉即消失,即无疼痛。指或趾呈屈曲状态,肌力减弱。被动牵伸指或趾时,可引起剧烈疼痛,为肌肉缺血的早期表现。患室表面皮肤略红,温度稍高,肿胀,有严重压痛,触诊可感到室内张力增高。 答案:D。

4 当刺激传到动物的感受器后,会按照传入神经、反射中枢和运动神经的顺序传递。下列选项中正确的是哪一项?(　　)(单选)

A. 当神经细胞没有兴奋的时候,钠离子、钾离子和氯离子可自由穿过其细胞膜

B. 感受器电位和突触后电位都是由氢离子的跨膜运输产生的

C. 神经元兴奋的时候,只有钠离子通过细胞膜

D. 神经元上之所以会产生动作电位,是因为钠离子从细胞外进入细胞内

E. 刺激强度越大,产生的动作电位越大

解析 当神经细胞没兴奋时,静息电位主要由钾离子的扩散决定。钠离子虽然也参与了静息电位的形成,但其并不能自由穿过细胞膜。钙离子浓度很低,且细胞膜对其通透性也很低,它的作用可以忽略。氯离子倒是需要注意一下,它确实是可以跨膜移动的,但它的移动是被动的,跨膜电位是其扩散的动因而不是结果,所以虽然静息电位与其平衡电位接近,但它的跨膜移动对电位形成贡献不大。至于有机负离子(蛋白质、核酸)一般比较大,几乎不通透膜,不存在跨膜扩散。综合以上,A不对。

感受器电位(receptor potential)是指感受器由感觉刺激引起的渐变的非传导性的电位变化,主要由钠离子或钙离子等跨膜引起。突触后电位(postsynaptic potential,PSP)也可称突触电位(synaptic potential),是突触传递在突触后神经元中所产生的电位变化,主要是钠离子或氯离子等跨膜引起的。总之都和氢离子关系不大,B不对。

神经元兴奋时钠离子和钙离子都有内流现象,导致去极化;钾离子和氯离子的外流会导致复极化、超极化。因此C也不对。

D是正确答案,当然需要注意的是心肌细胞的动作电位中钙离子跨膜也起到了重要作用。

动作电位的特点是"全或无",不会随刺激强度的增大而增大,因此E不对。 答案:D。

5 动作电位沿神经轴突传导的速度可因髓鞘的存在而增快。在外周神经系统中,轴突髓鞘是由什么细胞构成的?(　　)(单选)

A. 少突胶质细胞　　B. 星形胶质细胞

C. 施万细胞　　D. 小胶质细胞

解析 髓鞘是包裹在神经细胞轴突外面的一层绝缘膜,由髓鞘细胞的细胞膜组成。髓鞘组成中的蛋白质主要是白明胶一类的硬蛋白,脂质则包括磷脂质(卵磷脂、脑磷脂、鞘磷脂等)、糖脂质和胆甾醇等。髓鞘在神经纤维的一些间断部位缺失,这一部分称为郎飞结,两个结之间称结间节(interannular segment)。神经细胞之间的信号传递是跳跃式的,即从一个郎飞结节到下一个结节,这样的传递方式快速而节能。中枢神经系统和周围神经系统的髓鞘来源不同。其中在中枢神经系统形成髓鞘的细胞包括星形胶质细胞、少突胶质细胞和无突胶质细胞;在周围神经系统中形成髓鞘的细胞为施万细胞和卫星细胞。一个少突胶质细胞可以形成多条髓鞘,包裹在邻近多个神经元的多根神经纤维上,就是说,不同神经纤维上的髓鞘可能来自不同的少突胶质细胞,也可能来自同一个少突胶质细胞。

小胶质细胞(microglia)是胶质细胞中最小的一种。胞体细长或椭圆,核小,扁平或三角形,染色深。细胞的突起细长有分支,表面有许多小棘突。小胶质细胞的数量少,约占全部胶质细胞的5%。中枢神经系统损伤时,小胶质细胞可转变为巨噬细胞,吞噬细胞碎屑及退化变性的髓鞘。血循环中的单核细胞亦侵入损

伤区，转变为巨噬细胞，参与吞噬活动。由于小胶质细胞有吞噬功能，有人认为它来源于血液中的单核细胞，属单核吞噬细胞系统。　答案：C。

6　下列关于神经元上兴奋的传导和传递的叙述中，哪一项是正确的？（　　）（单选）

A. 在有髓神经纤维的轴突中，可以观察到神经冲动在没有髓鞘包围的部位跳跃式传导

B. 所有突触中的神经递质都是乙酰胆碱

C. 能阻断胆碱酯酶的神经毒素可以令突触部位无法分泌乙酰胆碱

D. 有髓神经纤维的髓鞘导电性高，因此其上的兴奋传导速度比无髓神经纤维快

解析　A是正确的。B不对，也有以其他物质如去甲肾上腺素、γ-氨基丁酸为递质的突触。神经毒素的作用是让乙酰胆碱无法水解，持续性起作用，C也不对。D不对，髓鞘绝缘，传导速度高的原因是郎飞节的存在与跳跃式传导。　答案：A。

请阅读并回答关于肌肉收缩的7、8题。

7　脊椎动物的肌肉分为横纹肌和平滑肌。下列关于横纹肌和平滑肌的叙述中，哪一项是正确的？（　　）（单选）

A. 横纹肌主要进行好氧呼吸，平滑肌主要进行厌氧呼吸

B. 不论是横纹肌还是平滑肌，都是依靠肌球蛋白和肌动蛋白这些收缩性蛋白质进行收缩的

C. 横纹肌都是随意肌，平滑肌都是不随意肌

D. 不论是横纹肌细胞还是平滑肌细胞都和其他组织的细胞一样，一个细胞中只有一个核

E. 横纹肌和平滑肌在接受刺激后，从收缩到放松的过程中所用时间是差不多的

解析　相对而言，剧烈运动时横纹肌反而会更多地采用无氧呼吸，故A不对。B是正确的。一般而言横纹肌是随意肌，平滑肌是不随意肌肉。但有少量例外，如耳壳肌在解剖学上是正规的骨骼肌（横纹肌），但已基本失去随意运动的能力；而眼的调节肌（睫状肌）则是平滑肌，但有时却可作一种随意运动；至于大家都熟悉的膈肌，它是横纹肌，但随意不随意取决于你的呼吸是有意识还是无意识的过程，大多时候是取决于脑干的不随意运动，少数时候是皮层控制的随意运动，没有交感、副交感作用。因此C不对。D不对，横纹肌是多核的。E不对，横纹肌一般收缩时程短，平滑肌收缩时程较长。　答案：B。

8　将肌肉长时间浸泡在50%甘油溶液中制成的肌肉标本叫做甘油肌。在甘油肌中已经没有内质网等结构。未处理的肌肉被电刺激后将会收缩，但甘油肌在接受电刺激后将不会收缩。但是，在钙离子存在的情况下，加入ATP后甘油肌将会收缩。以下关于肌肉收缩机制的描述中，最恰当的是哪一项？（　　）（单选）

A. 钙离子进入内质网会引起肌肉收缩

B. 肌肉的收缩性蛋白质可以通过代谢产生ATP

C. 分解ATP的酶只存在于肌肉的内质网中

D. 肌肉的收缩性蛋白质可以调节钙离子的量

E. 肌肉的收缩性蛋白质可以分解ATP

解析　肌肉的内质网特化成肌质网，钙离子在肌肉收缩过程中起着重要的作用，所以甘油肌受电刺激不能收缩。A不对，因为肌肉收缩是钙离子从内质网释放出来所引起的。B不对，肌肉收缩消耗而不是生成ATP。C不对，因为ATP水解发生在细胞质，不在肌质网。D不对，并不是收缩蛋白调节钙离子，而是钙离子调节收缩。　答案：E。

9　为什么鞘磷脂在神经系统中很重要？（　　）（单选）

A. 鞘磷脂允许信号沿着轴突更快速地传递，因为去极化作用仅在有髓鞘的区域发生

B. 鞘磷脂允许信号沿着轴突更快速地传递，因为去极化作用仅在无髓鞘的区域发生

C. 鞘磷脂将毗邻神经的树突捆束在一起

D. 鞘磷脂增大了跨细胞膜电容，这可以帮助电信号离开轴突

E. 鞘磷脂捕获神经递质，增大它们在突触间隙中的浓度

解析 髓鞘会减少那些在动作电位沿轴突传递时必须打开的通道的数量。髓鞘是由施万细胞膜先形成筒状环绕在神经纤维上，随后施万细胞本身环绕纤维多次，从而形成一个多层的脂质鞘。膜电容决定式为 $C=\varepsilon S/(4\pi kd)$，因此髓鞘使得膜电阻增大约5000倍，而使膜电容下降（膜内和鞘外电荷间距离增大）为1/50。 答案：B。

10 下列有关神经细胞、静息电位和动作电位的描述中正确的是(　　)。(多选)

A. 神经细胞的静息电位为−70 mV，细胞膜内的电位较高

B. 动作电位的大小会随着刺激的大小而改变

C. 动作电位有“全或无”现象

D. 动作电位的产生主要与钠、钾离子的通透性改变有关

E. 动作电位不会随着传送距离的增加而渐渐衰减

解析 静息电位记录的细胞内电位是以细胞外为零电位的膜电位，静息电位为负值时，证明细胞膜内的电位较低，A错误。动作电位的幅度是由膜电位、Na^+通道和Na^+电流间的反馈过程决定的，外加刺激仅起触发这一过程的作用，因此动作电位的大小不会随着刺激的大小而改变，并表现出“全或无”的特征，B错误。动作电位期间，膜的钠离子电导首先迅速增加，随即又发生衰减，在钠离子电导衰减的同时钾离子电导增加。另外，由于动作电位的传导其实是沿着细胞膜不断产生新的动作电位，因而动作电位可以不衰减地沿细胞膜传导至整个细胞。 答案：CDE。

11 神经在前一次动作电位发生之后极短的时间内，不管给予多大的刺激均无法再形成另一次动作电位，称为绝对不应期(absolute refractory period)。请问造成这种现象的原因和下列哪种离子通道有关？(　　)(单选)

A. 钠离子通道　　B. 钾离子通道　　C. 钙离子通道　　D. 氯离子通道

E. 乙酰胆碱(Ach)离子通道

解析 绝对不应期是细胞在兴奋之后最初的一段时间内不论给予多大的刺激也不能引起再次兴奋的时期，此时细胞的阈值无限大。原因是此时大部分钠通道进入失活态，不可能接受刺激而再次激活，而兴奋的产生依赖于钠通道产生的内向电流。 答案：A。

12 如何区分心肌和普通肌肉？(　　)(单选)

A. 心肌有线粒体　　B. 心肌收缩更快

C. 心肌没有休息时间　　D. 心肌有分支状纤维

解析 心肌要适应对疲劳的高抵抗力：它有大量的线粒体，能够持续进行有氧呼吸；有很多的肌红蛋白(储氧色素)和大量的血液供给，来提供养分和氧气。心脏如此倾向于有氧代谢是因为它在无氧条件下不能有效地泵血。在基础的代谢速率下，约1%的能量来源于无氧代谢；在适当的缺氧条件下，该值可增加到10%；但是在更加缺氧的条件下，没有足够的能量可以从乳酸产物释放出来维持心室收缩。不像响应神经刺激而收缩的骨骼肌，心肌在右心房入口处有专门的起搏细胞(窦房结)，表现出自动性的现象且是肌源性的，意味着它们是自发兴奋的，不需要来自中央神经系统的电脉冲。心肌纤维有分枝，并互相连接；其连接处称闰盘，心肌各细胞通过该处的间隙连接传导动作电位。心肌不同于骨骼肌之处在于，它存在有规律的收缩，而且它的纤维分支。心脏每分钟泵出的血量(心输出量)随外围组织(肌肉、肾脏、脑部、皮肤、肝脏、心脏和胃肠道)的代谢需求而不同；心输出量由心脏肌肉细胞(肌细胞)的收缩力以及它们活动的频率(节奏性)决定；影响心脏肌肉收缩频率和力度的因素对心脏正常的泵送性能和需求改变时的响应非常重要。 答案：D。

请阅读下面的文章，并回答13、14题。

实验：将青蛙的骨骼肌制成甘油肌标本，并将其安装在如图2所示的装置中，测定肌肉标本收缩时产生的力。准备几组钙离子浓度和ATP浓度不同的溶液，作为浸泡肌肉标本的溶液。实验以Ca^{2+}浓度较高但不含ATP的溶液开始，更换溶液类型，直到以Ca^{2+}浓度较低而含有ATP的溶液结束，记录实验中肌肉的牵

张力。其结果如图3所示。

有活性的骨骼肌接收运动神经元的信号收缩并放松的过程中的事件可描述如下：运动神经元中的动作电位传导到运动神经末梢后，会传递到骨骼肌中，而骨骼肌中也会产生动作电位。这个膜电位的变化传到肌肉细胞中，肌肉细胞的肌质网释放Ca^{2+}，令肌球蛋白和肌动蛋白反复结合和脱离，使肌肉收缩。之后，Ca^{2+}通过主动转运被重新吸收，肌肉便会放松。其中，肌肉的收缩和放松分别由图3中的(①)和(②)引起。

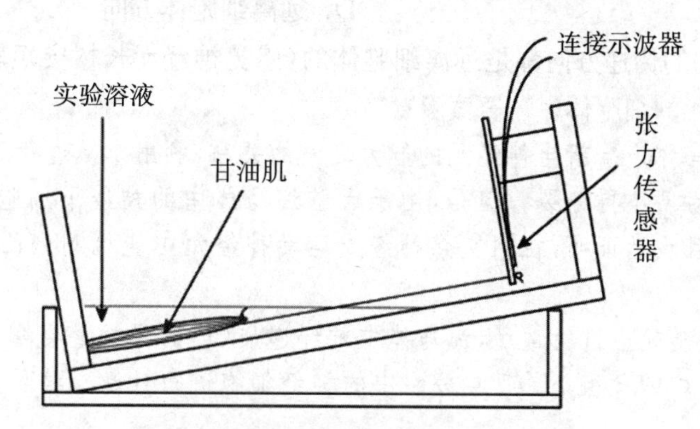

图2　测量甘油肌收缩时的牵张力的装置

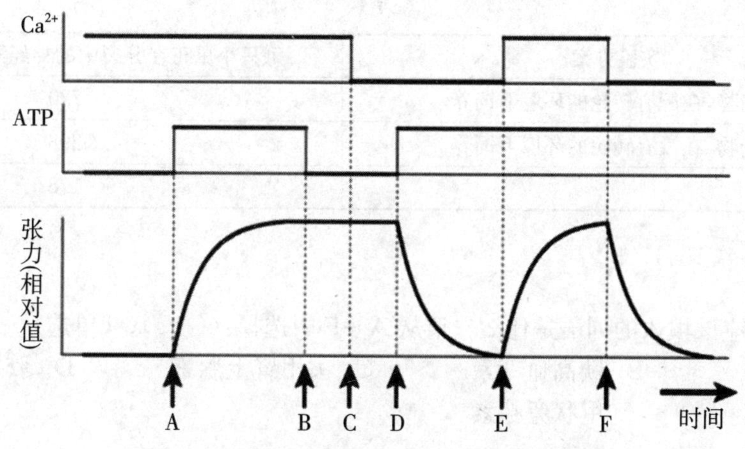

图3　不同Ca^{2+}和ATP条件下甘油肌的张力

13　有时在动物死后，由于肌动蛋白和肌球蛋白无法分离，肌动蛋白和肌球蛋白保持结合的状态，肌肉变得僵硬，这种状态被称为肌肉僵直。在如图2所示的实验中，开始出现僵直的是哪一时间点？请从图3的A～F中选择：(　　)。(单选)

解析　在有活性的肌肉细胞中，ATP的浓度被保持在一定水平。当肌质网释放Ca^{2+}将肌动蛋白活化后，肌肉开始收缩。肌细胞的细胞质中的Ca^{2+}的浓度在肌肉收缩时依然小于细胞外和肌质网中的浓度。收缩时从肌质网中释放的Ca^{2+}将会被肌质网膜上的钙离子泵利用ATP的能量从肌细胞的细胞质中主动运输回肌质网中(《生物学Ⅱ》的内容)。动物死后，ATP将会枯竭。由于ATP的缺乏，肌质网无法通过主动转运将Ca^{2+}从细胞质中运回肌质网中。图3的A～F中，ATP耗光的点为B，因此僵直开始的时间点也应为B。虽然在时间点B，ATP将会耗光，但张力的大小仍被维持，可知此时肌动蛋白和肌球蛋白的反复结合与分离停止在了结合的状态。　答案：B。

14　上文中的①和②分别对应的是图3中A～F哪一时间点？请选出正确对应的一项：(　　)。(单选)

A. ①A，②E　　B. ①A，②D　　C. ①A，②F　　D. ①E，②D
E. ①E，②F

解析　在有活性的肌细胞中，ATP的再生系统调节并保持着胞内的ATP浓度(《生物学Ⅱ》的内容)。在这种情况下，Ca^{2+}浓度增加，肌细胞发生收缩；Ca^{2+}浓度减少，肌细胞便放松(《生物学Ⅱ》的内容)。因此，

①为E,②为F。由于在大部分高中课本所描述的甘油肌实验中,施加ATP会令甘油肌收缩,因此有些考生会认为①是A,但只要根据生物学知识冷静思考就不会犯这种错误。 答案:E。

15 感觉神经元中,轴突的神经冲动沿什么方向传递?(　　)(单选)

A. 朝向树突方向　　B. 朝向细胞体方向
C. 远离效应器方向　　D. 远离细胞体方向

解析 轴突的神经冲动的传递方向都是远离细胞体的(感觉神经元长树突短轴突):感受器→树突→细胞体→轴突→效应器神经元的细胞体。 答案:D。

为探究神经递质和海马体产生新生神经元的能力之间的关系,利用小鼠进行了下述实验。

小鼠的神经元在出生后便不再分裂。但是,由于大脑海马体中的神经干细胞的分裂,即使在出生后也会有新的神经元产生。并且现已证明,在副交感神经或运动神经元中能检测到的神经递质(1)可以促进海马体中神经元的增殖。

另一方面,若令小鼠在转轮上进行运动,海马体中神经递质(1)的释放量会增多。为了探究这一现象和神经元再生的关系,对表1中的3组小鼠正在分裂中的神经细胞进行计数。结果显示,运动可以通过(1)引起神经元的再生。

表1

	实验方案	每只小鼠正在分裂中的神经元数目(平均值)
Ⅰ	不施加任何药物,在配有转轮的环境下饲养	720
Ⅱ	不施加任何药物,在没有转轮的环境下饲养	298
Ⅲ	2	178

根据以上内容,回答16、17题。

16 空白处1所应该填入的词语是什么?请从A~F中选择:(　　)。(单选)

A. 胰岛素　　B. 胰高血糖素　　C. 去甲肾上腺素　　D. 胶原蛋白
E. 乙酰胆碱　　F. 甲状旁腺素

17 请根据下划线处的探究结果,推断出空白处2应填入的内容,并从A~F中选择正确的一项:(　　)。(单选)

A. 施加神经递质,并在配有转轮的环境中饲养
B. 施加神经递质,并在没有转轮的环境中饲养
C. 施加神经递质功能促进剂,并在配有转轮的环境中饲养
D. 施加神经递质功能促进剂,并在没有转轮的环境中饲养
E. 施加神经递质功能抑制剂,并在配有转轮的环境中饲养
F. 施加神经递质功能抑制剂,并在没有转轮的环境中饲养

解析 现已知,乙酰胆碱对海马体有着多种作用,而神经元再生便是其中之一。如果能令海马体自身生产的乙酰胆碱增多,而不是依靠外部施加来增加乙酰胆碱的量,便可将其应用到多种疾病的预防与治疗中。上面的实验便是其中一种尝试。

比较Ⅰ和Ⅱ中的小鼠,Ⅰ中小鼠神经元的再生明显更加活跃。为了确定这一现象是否是由乙酰胆碱导致的,就需要另取一群小鼠,阻断其乙酰胆碱的作用,并在与Ⅰ相同的条件下饲养,只要得到与Ⅱ近似的结果,就可以确定这一现象的确是由乙酰胆碱导致的。上文就是在列出了实验结果后,对实验条件进行设问。由于需要在和Ⅰ相同的条件下饲养,因此环境中必须有转轮,并且要阻断乙酰胆碱的作用,故E的条件是恰当的。 答案:16. E;17. E。

18 与人体条件反射有关的传入(感觉)神经细胞位于(　　)。(单选)

A. 后根脊神经节　　B. 前根脊神经节　　C. 脊神经　　D. 脊髓灰质

解析 传入神经元即周围神经系统的一个感觉神经元，位于后根脊神经节处，是一种假单极神经元(pseudounipolar neuron)。这类神经元包含一个长的树突和一个连接到脊髓的短的轴突。从胞体发出一个突起，在离胞体不远处呈T形分为两支，因此称假单极神经元。　答案:A。

19 当一个运动员脱水时，其体内哪个控制中心将会活跃起来？(　　)(单选)

A. 小脑　　B. 大脑　　C. 脑胼胝体　　D. 脑垂体

解析 脱水会导致ADH的产生(垂体)。神经垂体不含腺体细胞，不能合成激素。所谓的神经垂体激素，是指在下丘脑视上核、室旁核产生而储存于神经垂体的升压素(抗利尿激素)与催产素，在适宜的刺激作用下，这两种激素由神经垂体释放进入血液循环。　答案:D。

20 神经元的哪一部分可以让损伤的神经元再生？(　　)(单选)

A. 髓鞘　　B. 轴突　　C. 施万细胞　　D. 神经膜

解析 神经元(或称神经细胞)是脊椎动物和比腔肠动物(如珊瑚、水母)高等的无脊椎动物的神经系统的基本组成部分。典型的神经元包括一个含有细胞核的胞体和两条以上的纤维。神经冲动从树突传递到胞体，在高级神经系统中，只有一条纤维，称轴突，可以将神经冲动传出胞体。不同胞体的传出纤维通过结缔组织结合成一束，组成神经。脊椎动物的神经可以长达1～2 m。感觉神经传输感受器发出的神经冲动(比如听觉和视觉)到更高级的神经中枢(如脊髓和大脑)。运动神经将神经冲动从神经中枢传递到效应器(比如肌肉)。

髓质是白色的绝缘鞘，包裹在许多神经轴突周围，由脂肪、蛋白质和水组成。髓鞘由施万细胞组成，层层包裹中枢和外周的神经纤维。髓鞘之间有郎飞结隔开，神经冲动可以在相邻两结之间跳跃传递，从而加速神经传导的速度，称为跳跃传导。

施万细胞(又称神经鞘细胞)以德国生理学家西奥多·施万的名字命名，是一类胶质细胞，主要存在于有颌类脊椎动物的外周神经系统，在轴突周围产生髓质。脊椎动物神经需要髓鞘的绝缘，减小细胞膜的电容，从而实现跳跃传导，无需增加轴突的直径就可以加快神经冲动传递速度。非成髓鞘施万细胞可以营养轴突，对神经元的存活至关重要。包绕小股轴突组成C类神经纤维(Remak束)。外周神经的施万细胞对应中枢的胶质细胞。

神经膜(neurolemma)是外周神经系统神经纤维的最外层。它是施万细胞组成的细胞鞘，包裹在轴突的髓鞘(myelin sheath，在施万细胞和轴突之间的另一外鞘)外。与轴突和髓鞘不同，神经膜在神经纤维被切断后不会死亡，有保护轴突的作用，神经膜形成的中空管道对神经再生有指导作用。神经纤维受到损伤，在有施万细胞包裹的情况下，细胞体能再生出新的轴突。要注意的是，不是所有的轴突都有髓鞘，直径在2 μm的轴突大多没有髓鞘。中枢神经系统(脑和脊髓)中的轴突没有神经膜而有髓鞘，这里的髓鞘不是施万细胞的一部分(中枢神经系统中没有施万细胞)，而是来自另一种细胞，即少突胶质细胞。　答案:D。

21 观察图4，并指出图中的一处错误:(　　)。(单选)

A. C是神经管，不是中央管

B. B是白质，不是灰质

C. A是感觉神经，不是中间神经

D. 标示神经冲动传导的箭头方向不正确

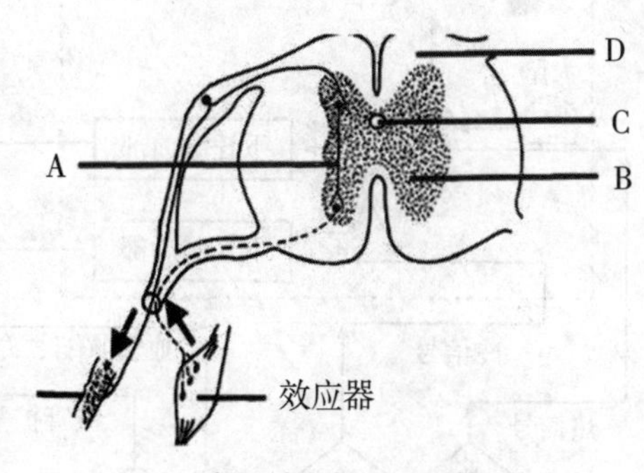

A—中间神经元；B—灰质
C—中央管；D—感受器

图4

解析 神经系统中，传入神经将感受器发出的神经冲动传递给中枢神经系统，并与特定的中间神经元建立连接。传出神经又称运动神经或效应器神经，将神经冲动从中枢系统传递给效应器，如肌肉和腺体。中间神经元是一种多极神经元，将传入神经与传出神经相连，形成神经通路。中间神经元和运动神经元的胞体位于中枢神经系统。背根(或称后根)是脊髓的感觉传入神经根。其中的神经轴突很细，无髓鞘或仅有薄层髓鞘。它们可以传递全身的痛觉、温度觉。腹根(前根)是脊髓的运动神经根。 答案:D。

22 下列哪项是副交感神经系统支配的?(　　)(单选)

A. 加快思考速度　　B. 肌肉的张力　　C. 血管的舒张　　D. 减少肠道血流

解析 副交感神经系统可以调节内脏器官功能,例如各种腺体的分泌。副交感神经系统不会像交感神经应激时那样整体激活。副交感神经虽然可以控制许多器官,但是它不是维持生命所必需的。副交感神经系统的排布和交感神经系统十分相似,其运动部分包括节前神经元和节后神经元。节前和节后神经元都分泌乙酰胆碱作为神经递质,但是和交感神经节细胞相同,它们也含有其他协同递质,具有神经兴奋功能。副交感神经纤维可以控制眼睛的睫状肌和晶状体。头部的众多腺体也受副交感神经的控制,包括泪腺(向角膜分泌泪液)、唾液腺(舌下腺、下颌下腺和腮腺)(产生唾液)和鼻腔黏膜腺体(分泌黏液湿润鼻道)。控制这些腺体的副交感神经细胞起自延髓的网状结构。第10对颅神经(迷走神经)中的副交感神经节前纤维从延髓的两个不同部位发出。减慢心率的神经元起自延髓腹侧的疑核,而控制胃肠道功能的神经元发自背侧迷走神经核。迷走神经出延髓后,到达效应器官,和包被在器官内的神经节形成突触。迷走神经中还有内脏传入神经,将颈(咽喉、气管)、胸(心脏、肺脏)、腹(胃、肠道)的内脏感觉传入延髓的孤束核中。副交感神经系统可以激活消化功能,交感神经抑制消化功能。交感神经抑制消化主要通过两方面:一是收缩胃远端的幽门括约肌、小肠远端的回盲瓣括约肌和直肠远端的肛门内括约肌,从而减慢食物从口腔到肛门的运输;二是抑制肠道全长的运动神经元。副交感神经的作用正相反,可以刺激肠壁肌肉的运动神经。

A、B均非植物性神经控制。交感神经可以舒张血管也可以收缩血管,具体而言,交感神经对腹腔脏器的血管和皮肤的血管均具有显著的收缩作用;对骨骼肌的血管,既有收缩血管的交感神经支配,又有舒张血管的交感神经支配;对冠状循环的血管,交感神经的直接作用是使血管收缩,但其间接作用则是使血管舒张;对外生殖器官血管则起收缩作用;脑和肺的血管虽也接受交感神经支配,但作用很弱。而副交感神经则使得唾液腺、胃肠血管舒张,增加腺体分泌与脏器供血,除此以外还有使生殖血管扩张的作用。 答案:C。

23 大脑额叶由什么构成?(　　)(单选)

A. 大脑半球的每个大脑中最后的叶　　B. 脑干中连接延髓和丘脑的部分

C. 传递感知信息和担当痛觉中心的灰质　　D. 与行为、学习、品格和自主行动相关的区域

解析 大脑额叶是哺乳动物大脑中的一块区域,位于每个大脑半球的前部,在顶骨叶前方,在颞叶上方。它通过主运动皮层从顶骨叶分离出,控制身体特定部位的随意运动。额叶包含大多数在大脑皮质的多巴胺敏感神经元。多巴胺系统与奖励、注意力、长期记忆、规划和内驱力相关联。 答案:D。

24 如果现在考场里的温度很冷,你会发抖;如果太热,你会出汗。这些生理反应是哪个脑结构支配的呢?(　　)(单选)

A. 延髓　　B. 垂体　　C. 脑桥　　D. 上述选项都不对

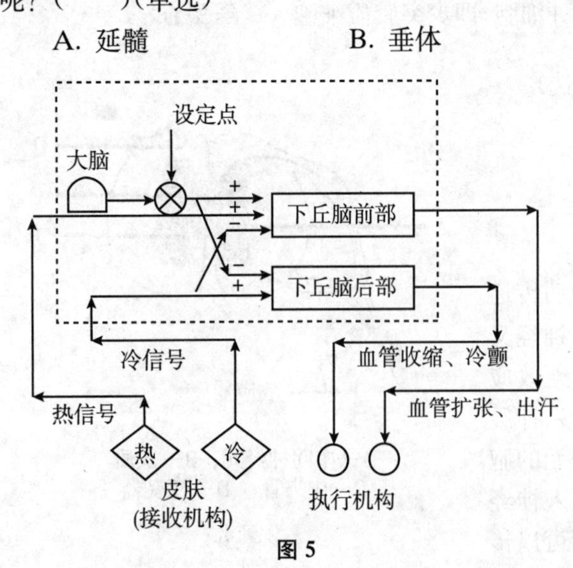

图5

解析 控制这些生理反应的是大脑皮层(大脑感觉,下丘脑反馈执行,见图5)。大脑皮层是哺乳动物大脑最外面的一层神经组织。它主管记忆、注意、感知觉、思维、语言和意识。

延髓是脑干的下半部分,包含循环、呼吸、呕吐和血管舒缩中枢,支配自主神经系统和非自主运动,例如呼吸、心跳和血压。

脑桥中的核团连接前脑和小脑,另有部分核团主管睡眠、呼吸、吞咽、膀胱功能、听觉、平衡觉、味觉、眼动、面部表情、面部感觉和身体姿态。

垂体是大脑基底部下丘脑下方的内分泌腺,分泌9种激素,调节稳态。 答案:D。

25 以下哪个选项不是神经系统中副交感神经系统的功能？(　　)(单选)

A. 肺部细支气管的收缩　　B. 眼部瞳孔的收缩
C. 减慢心跳频率　　D. 刺激肾上腺髓质
E. 刺激胃肠蠕动

解析 副交感神经的活跃会减缓心跳频率，使眼部瞳孔收缩，刺激唾液腺，使肺部细支气管收缩，刺激胃肠蠕动，刺激胰腺、胆囊，促进膀胱的排泄和生殖器的勃起。

注意，当人受到惊吓时，受交感神经作用，瞳孔是放大而不是缩小，看到喜欢的人时也是。　**答案：D。**

26 脑的哪个部分参与空间记忆，并可以为鸟类导航？(　　)(单选)

A. 海马　　B. 小脑　　C. 延髓　　D. 下丘脑

解析 海马是人类和其他哺乳动物的脑的重要组成部分。它属于边缘系统，在长期记忆和空间定位功能中起到了重要作用。和大脑皮层相同，海马左右各一，而且都和大脑皮层密切相连。人类和其他灵长类动物的海马位于颞叶的内部，在皮质深部。导航亦与海马区相关。

小脑是控制运动的脑区，同时还具有认知功能，如注意和语言功能，还可以调节情绪，控制恐惧和压力反应。但其运动控制功能被研究得最清楚。小脑并不发动运动，而是控制运动的协调、准确和恰当的时机。它可以接受感觉系统、脊髓和其他脑区的信息，整合这些信息，进而调节精细的运动。因为小脑的功能是运动调节，所以一旦小脑受到损伤，患者不会瘫痪，而是出现精细运动、平衡、姿态和动作学习的障碍。

下丘脑由许多小神经核组成，具有很多功能。最重要的功能之一是通过垂体，将神经系统和内分泌系统联系起来。下丘脑可以控制体温、饥饿感、渴感、疲劳感和昼夜节律。

延髓位于脑干的下半部。在神经科学和相关领域中，为了简便起见，延髓可以直接写作"medulla"，不会引起异议。延髓是控制循环、呼吸、呕吐和血管收缩的中枢，在呼吸、心率和血压调节中起重要作用。**答案：A。**

27 脑部哪两个中心是控制哺乳动物的呼吸作用的？(　　)(单选)

A. 延髓和黑质　　B. 延髓和脑桥　　C. 延髓和红核　　D. 黑质和红核
E. 红核和脑桥

解析 延髓(medulla oblongata)也叫延脑。居于脑的最下部，与脊髓相连，上接脑桥。其主要功能为控制基本生命活动，如控制呼吸、心跳、消化等。在脑桥的头端1/3区域内，有调整延髓呼吸中枢节律性活动的神经结构，叫做呼吸调整中枢，它能抑制延髓吸气中枢的紧张性活动，使吸气向呼气转化。

黑质(substantia nigra，拉丁语意为"黑色的物质")是中脑的一个神经核团。黑质位于中脑背盖部(tegmentum)和大脑脚之间。黑质致密部的多巴胺神经元在动物获得的奖励大于预期时发放冲动。这些冲动可以用来更新动物对于奖励的期望。黑质致密部多巴胺神经元的凋亡可导致帕金森病。

红核(red nucleus)位于中脑上丘高度的被盖中央部，黑质的背内侧，上端延伸至间脑尾部。此核主要接受来自对侧半小脑新皮质及小脑中央核经小脑上脚传入的纤维。其传出纤维在上丘下部平面，被盖的腹侧部交叉至对侧形成被盖腹侧交叉(ventral tegmental decussation)，然后下行组成红核脊髓束(rubrospinal tract)，终止于脊髓颈段的前角运动细胞，以调节屈肌的张力和协调运动。　**答案：B。**

28 从下面列出的各种神经系统组成部分中，按照提示顺序选出正确的答案：(　　)。(单选)

① 运动神经元；② 大脑；③ 小脑；④ 感觉神经元；⑤ 下丘脑；⑥ 延髓。

提示：睡眠的调节中枢、呼吸的调节中枢、掌管平衡和肌张力、向效应器传递神经冲动、掌管视觉和听觉、位于中枢神经系统以外。

A. ②⑤③⑥①④　　B. ④⑤⑥②①③
C. ②③⑥⑤①④　　D. ⑤⑥③①②④

解析 小脑是脑的一部分，主司运动调节，还参与某些认知功能，如注意和语言功能，也可以调节情绪，控制恐惧和压力反应。

大脑，或称端脑，与间脑一起组成前脑。端脑是最前方的脑，人类的端脑尤其明显，而且是脊椎动物神经系统最高级的中枢。端脑掌管身体的自主运动，接收并处理视觉、听觉、本体感觉、内脏感觉和嗅觉信息。端脑还是记忆、学习、语言中心。

下丘脑含有许多小核团，功能各异。其中一个最重要的功能是通过垂体将神经系统与内分泌系统相连。下丘脑可以调控体温、饥饿感、渴感、疲劳感和昼夜节律。

延髓位于脑干的下半部，内有控制循环、呼吸、呕吐和血管收缩的中枢，在呼吸、心率和血压调节中起重要作用。

运动神经元的胞体位于中枢神经系统，发出轴突离开中枢神经系统，直接或间接控制肌肉运动。运动神经元常称为传出神经元、一级神经元或 α 运动神经元。

感觉神经元可以将外界环境刺激转换成为内部神经冲动。感觉信息(如视觉、触觉、听觉等)可以激活感觉神经，发出神经信号到脑或脊髓。与中枢神经系统神经元不同，感觉神经是由物理因素如光、声音和温度激活的。 **答案:D。**

29 前额叶皮质受损很可能导致下列哪种问题？(　　)(单选)

A. 丧失长期记忆　　B. 体重下降　　C. 听力下降　　D. 脱水

E. 判断力、排序、主动性受损

解析 前额叶皮质(prefrontal cortex，以下简称前额叶)通常被称为脑部的命令和控制中心。决策和自控等较高层次思考就在这里进行。从进化上来讲，前额叶是最晚发展的皮质结构之一，在人类尤其发达。人类的前额叶约占大脑皮质总面积的三分之一，直到青春期才渐趋成熟。前额叶与其他脑部结构的纤维非常复杂，功能繁多，但大致说来，前额叶参与部分记忆功能(工作记忆等，如记电话号码)，主要负责高级认知功能，比如注意、思考、推理、决策、执行任务等。

Gage 的故事：1848 年 9 月 13 日，25 岁的铁路建筑工头 Phineas Gage 在实施地面爆破时，因疏忽大意，在助手向炸药上覆盖沙子之前，便直接用铁夯捣在炸药上。悲剧瞬间发生，直径 3 cm、长达 1 m 余、末端尖锐的铁夯被巨大的爆炸冲击力迅猛抛起，穿过 Gage 的头颅后飞向半空，最后落在距他数十米之外的地面上。遭到如此致命的创伤，在旁人看来 Gage 是必死无疑。然而，奇迹却发生了：片刻之后，他恢复了意识，可以与旁人交谈，甚至可以在工友的搀扶下行走。接管 Gage 的 John Harlow 医生详细记录了这个特殊的病人受伤之后的情况，并将文章发表在当年的《波士顿内科与外科学杂志》(即现在的《新英格兰医学杂志》)上。

重伤之后的 Gage 恢复得一度颇为艰难，颅内感染就曾差点要了他的命。在 Harlow 医生的帮助下，他终于幸运地活了下来。然而，半年之后，亲友们渐渐发现，受伤后的 Gage 已经不是从前那个勤奋、易于相处、富有责任心的 Gage 了。尽管在某种意义上，Gage 似乎已经完全康复：他的运动、语言、学习与记忆能力没有受到损害，智力方面也是聪明如前；但是在另一种意义上，Gage 变得举止粗鲁、缺乏责任感、做事反复无常，以至因此丢掉了工作。遗憾的是，关于 Gage 受伤前后的记录资料十分有限，因此很难更深入地分析脑部创伤对他行为与个性的影响。11 年之后，为人所厌的 Gage 悄无声息地死去。

从目前的分析来看，Gage 的情况属于开放性颅脑贯通伤(既有“入口”又有“出口”)，虽然失血较多，却不会发生闭合性损伤或者颅内出血时那种压迫生命中枢的致命的脑疝。铁夯穿颅而过，只破坏了左侧前额叶，但是令上矢状窦得以幸免，这样既避免了大量失血，又避免了空气栓塞。因此，Gage 能够生存下来并且成为前额叶功能研究的“范本”，还真要“归功”于那根穿过他头颅的铁夯。 **答案:E。**

30 如果一个人遭受了神经毒气的危害，通常给其服用阿托品来抵消影响。为什么？(　　)(单选)

A. 阿托品结合神经毒气并与其相互作用

B. 阿托品与乙酰胆碱酯酶相互作用并允许更多的乙酰胆碱穿过突触间隙

C. 阿托品阻断了乙酰胆碱受体，该过程会阻止过量的乙酰胆碱徘徊在突触间隙

D. 阿托品阻碍神经毒气反应的位点

E. 阿托品刺激某种酶的产生，这种酶能够分解神经毒气

解析 神经毒气机理是抑制胆碱酯酶活性，而阿托品可阻断乙酰胆碱受体，这样就阻止了过量乙酰胆碱在突触间隙持续作用的毒害。

神经性毒剂属有机磷或有机磷酸酯类化合物(organophosphorus compounds，organopos-phates)。这类毒剂特别对脑、膈肌和血液中乙酰胆碱酯酶(acetylcholinesterase，AchE)活性有强烈的抑制作用，致使乙酰胆碱(acetylcholine，Ach)在体内过量蓄积，从而引起中枢和外周胆碱能神经系统功能严重紊乱。

阿托品(atropine)是从植物颠茄、洋金花或莨菪等提出的生物碱，也可人工合成。天然存在于植物中的左旋莨菪碱很不稳定；在提取过程中经化学处理得到稳定的消旋莨菪碱，即阿托品，其硫酸盐为无色结晶或白色结晶性粉末，易溶于水，是第3号抢救药。为阻断M胆碱受体的抗胆碱药，能解除平滑肌的痉挛(包括解除血管痉挛，改善微血管循环)；抑制腺体分泌；解除迷走神经对心脏的抑制，使心跳加快；散大瞳孔，使眼压升高；兴奋呼吸中枢。 答案:C。

31 人的心情反应在脸上，这些表情是脸部的表情肌收缩造成的。试问表情肌是由下列什么脑神经支配的？(　　)(单选)

A. 第五对脑神经　　B. 第六对脑神经　　C. 第七对脑神经　　D. 第八对脑神经
E. 第九对脑神经

解析 面神经即第七对脑神经，由感觉、运动和副交感神经纤维组成，分别管理舌的味觉，面部表情肌运动与舌下腺、下颌下腺和泪腺的分泌。 答案:C。

32 下列关于人类大脑结构与功能的叙述中正确的是(　　)。(多选)

A. 大脑分为左、右大脑半球，彼此间以灰质连接，便于互相协调
B. 大脑分为左、右大脑半球，彼此间以白质连接，便于互相协调
C. 大脑半球又分为额叶、顶叶、枕叶、颞叶及岛叶
D. 听觉中枢位于颞叶
E. 视觉中枢位于枕叶

解析 连接左右大脑半球的胼胝体是最大的连合纤维束，位于大脑纵裂的底部，是由横行纤维组成的宽厚白质。因此A不对。大脑半球分为左右两个半球，这两个半球又各分为五个叶(如图6，岛叶在图6(b)，其余在图6(a))，分别是额叶、顶叶、枕叶、颞叶、岛叶。颞叶位于外侧裂下方，由颞上沟和颞下沟分为颞上回、颞中回、颞下回，负责处理听觉信息，也与记忆和情感有关；枕叶负责语言、动作感觉、抽象概念及视觉。
答案:BCDE。

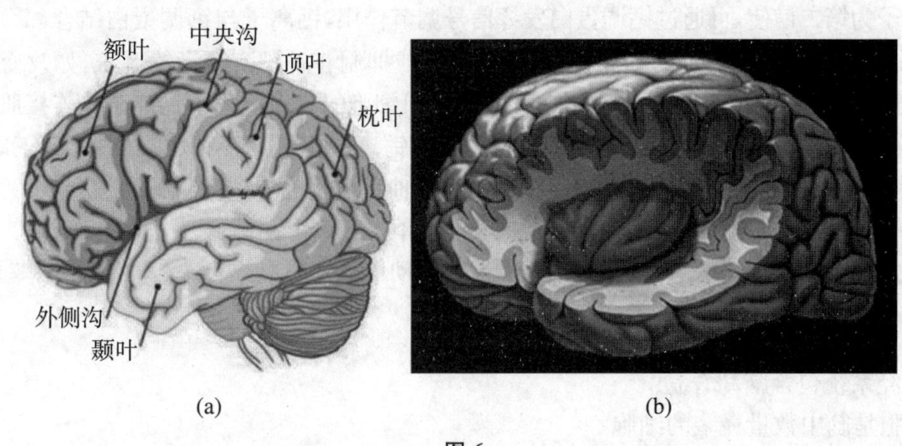

图6

33 神经元为形状不规则的细胞，通常具有一个细胞体(含细胞核的部位)、一个轴突及一个至数个树状突，它们会分布在神经系统的各部位中。下列哪些部位主要由细胞体构成？(　　)(多选)

A. 大脑半球皮质　　B. 脊髓神经腹根
C. 脑干灰质　　D. 脑干白质

E. 脊髓神经背根的神经节

解析 脑或脊髓的剖面有明显的颜色分区,浅色称为白质,深色称为灰质。灰质主要由神经元的细胞体构成,白质主要由神经纤维构成。在脊髓和延脑,外围主要是白质,内部是灰质;在大脑和小脑以及脑干,情况相反,外围是灰质,内部是白质。大脑的灰质即为大脑皮层。

脊髓神经腹根由运动神经元的轴突组成,其胞体位于脊髓灰质内。脊髓神经背根由感觉神经元构成,其突出的神经节为胞体所在的位置,两侧分别为轴突和树突(图7)。 答案:ACE。

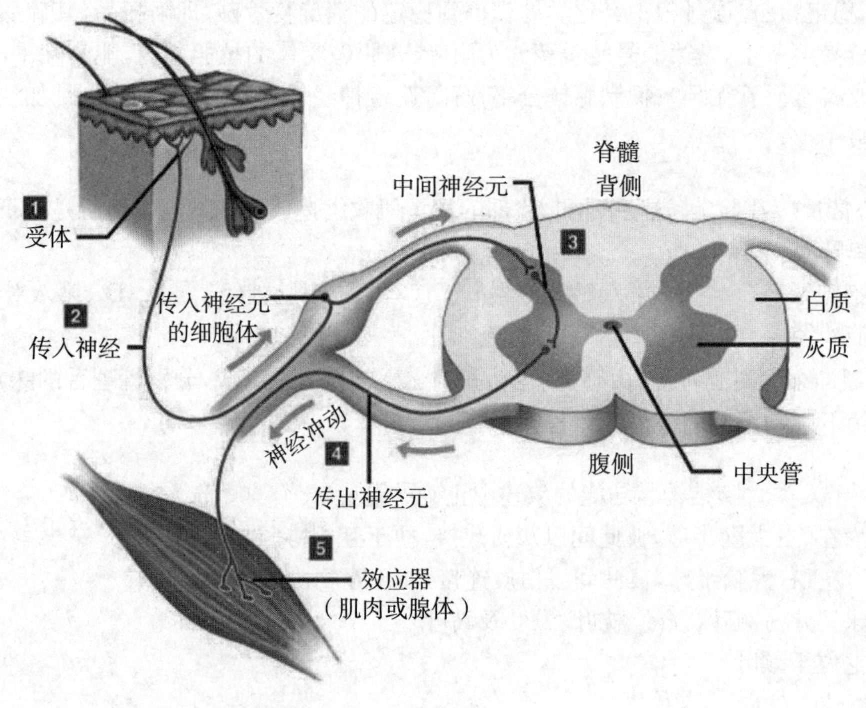

图7

34 人体中的钙离子具备下列哪些功能?(　　)(多选)

A. 可当作信号分子(signal molecule)　　B. 与骨骼肌的收缩有关

C. 与神经递质(neurotransmitters)的释放有关　D. 为骨骼的主要成分之一

E. 与神经细胞动作电位的形成有关

解析 钙离子为第二信使,可通过钙调蛋白发挥信号调节作用,钙离子与钙调蛋白结合,活化钙调蛋白,再与靶酶结合,将其活化。依细胞类型的不同,钙离子可激活或抑制各种靶酶和运输系统,如改变膜的离子通透性、诱导膜的融合或改变细胞骨架的结构和功能,A正确。肌细胞的收缩过程中钙离子是连接肌肉兴奋与收缩的重要偶联因子,B正确。同样,骨骼肌细胞含大量钙离子,钙离子主要储存在肌质网中,D正确。在神经-肌接头处兴奋传递的过程中,当神经冲动沿神经纤维传导时,轴突末梢电压门控式钙通道开放,钙从细胞外液进入轴突末梢,进而使大量囊泡向接头前膜内侧移动并融合,释放出Ach进入接头间隙,C正确。神经细胞动作电位的形成与钠离子和钾离子有关,E错误。钙离子与心肌动作电位的形成有关。 答案:ABCD。

35 下列有关人类中枢神经系统的叙述中正确的是(　　)。(多选)

A. 中枢神经系统包含脑和脊髓

B. 神经细胞是脑中数量最多的细胞

C. 脊髓在胚胎发育过程中是由外胚层细胞分化而来的

D. 脑主要由神经细胞以及胶质细胞(glia cell)组成

E. 施万细胞(Schwann cell)包围脑中的神经轴突而形成髓鞘

解析 神经系统分为中枢神经系统和周围神经系统两部分,前者包括脑和脊髓,后者则为脑和脊髓之外的部分。神经系统中除了有神经细胞,还有神经胶质细胞,脑神经胶质细胞与神经元数量比例大约为1∶1,

总体积与神经元的总体积相差无几(神经元约占45%,神经胶质细胞约占50%)。

施万细胞是周围神经系统中的神经胶质细胞,包裹周围神经系统中的神经元形成髓鞘结构;中枢神经系统中的髓鞘结构由少突神经细胞形成。 **答案:ACD。**

参考文献

[1] von Bartheld C S, Bahney J, Herculano-Houzel S. The search for true numbers of neurons and glial cells in the human brain: A review of 150 years of cell counting[J]. J. Comp. Neurol., 2016, 524:3865.

36 交感神经如何影响心跳?(　　)(多选)

A. 分泌大量乙酰胆碱,使心肌收缩力上升　B. 分泌大量肾上腺素,使心跳增加
C. 分泌大量乙酰胆碱,使心跳变慢　D. 分泌大量肾上腺素,使心肌收缩力上升
E. 分泌大量乙酰胆碱,使冠状动脉扩张

解析 心交感神经的节前神经元的神经末梢释放乙酰胆碱,激活节后神经元的N_1型胆碱能受体,然后节后神经元的神经末梢释放去甲肾上腺素,作用于心肌细胞膜的β肾上腺能受体,引起心肌收缩力加强、心率加快和传导性增加,这些效应分别称为正性变力作用、正性变时作用和正性变传导作用。 **答案:BD。**

37 下列哪项和身体的平衡有关?(　　)(多选)

A. 半规管　B. 椭圆囊　C. 耳蜗　D. 耳郭

解析 平衡觉是一种生理感觉。平衡觉可以帮助人类或其他直立动物在行走和站立时不会摔倒。平衡是身体一系列器官共同合作的结果,眼睛(视觉系统)、耳朵(前庭系统)和本体感觉必须完好才能维持平衡。前庭是内耳的一部分,紧邻耳蜗,半规管在这里汇合。

前庭系统与视觉系统合作,可以在头部活动时保持眼睛对物体的聚焦。这称为前庭眼反射。因为我们的运动有旋转和平移两种,前庭系统也相应有两个部分:半规管(与旋转运动有关)和耳石(球囊、椭圆囊)(与线性加速度有关)。前庭系统主要向控制眼球运动以及维持身体直立的神经区域发放神经信号。 **答案:AB。**

38 中耳中负责维持压力、引流黏液的管道称为(　　)。(单选)

A. 输卵管　B. 支气管　C. 咽鼓管　D. 上述选项都不对

解析 咽鼓管是连接咽部和中耳的管道。成人咽鼓管长约35 mm。咽鼓管的外语名称是以16世纪意大利解剖学家Bartolomeo Eustachi的名字命名的。正常情况下,人类的咽鼓管是关闭的,当中耳压强与大气压强不等时,咽鼓管开放,空气可以自由流通,平衡中耳和大气的压强。咽鼓管还可以引流中耳的黏液。上呼吸道感染或过敏可以使咽鼓管肿胀,阻挡细菌的引流,造成耳部感染。中耳炎常见于儿童,原因是儿童的咽鼓管呈水平方向,长度短,开口小且松弛,使得液体的流动不畅。

咽鼓管作为连接鼓室和咽部的唯一通道,它具有重要的作用。

① 保持中耳内外压力平衡:当鼓室内气压与外界大气压保持平衡时,有利于鼓膜和听骨链的振动,维持正常听力。调节鼓膜两侧气压平衡的功能由咽鼓管完成。咽鼓管骨部管腔为开放性的;但软骨部具有弹性,一般处于闭合状态。当吞咽、打哈欠、咀嚼或打喷嚏时,通过其周围的肌肉收缩作瞬间开放,外界大气得以进入鼓室。

② 引流中耳分泌物:鼓室和咽鼓管黏膜所产生的黏液可借咽鼓管黏膜上皮的纤毛运动不断地向鼻咽排出。

③ 防止逆行性感染:咽鼓管平时处于闭合状态,仅在吞咽等的瞬间才开放,来自鼻腔的温暖、洁净、潮湿的空气在鼻咽与口咽隔离的瞬间经过一个无菌区——咽鼓管再进入中耳。咽鼓管软骨部的黏膜皱襞具有活瓣作用,加上黏膜上皮的纤毛运动,可防止鼻咽的液体、异物等进入鼓室。

④ 阻声和消声作用:在正常情况下,咽鼓管的闭合状态可阻隔说话、呼吸、心搏等自体声响的声波经鼻咽、咽鼓管而直接传入鼓室。咽鼓管异常开放的患者的咽鼓管在说话时不能处于关闭状态,这种阻隔作用消失,声波经异常开放的咽鼓管直接传入中耳腔,产生自听过响症状。此外,呼吸时引起的空气流动尚可通

过开放的咽鼓管自由进入中耳腔而产生一种呼吸声，这种呼吸声还可掩蔽经外耳道传导的外界声响。另外咽鼓管骨部通常处于开放状态，呈逐渐向内变窄的漏斗形，且表面有黏膜皱襞，这些结构在某种程度上类似于消声器，有利于吸收因圆窗膜和鼓膜振动所引起的鼓室内的声波。

输卵管是雌性哺乳动物身体两侧连接卵巢与子宫的纤细管道，管内覆盖纤毛上皮细胞。卵子可以通过这条管道从卵巢到达子宫。输卵管由几个部分组成：输卵管伞、输卵管壶腹、输卵管峡部、输卵管子宫部。卵巢中的卵细胞发育过程中位于卵泡内，卵细胞成熟后，卵泡和卵巢壁破裂，释放出成熟卵子。卵子被输卵管末端的输卵管伞捕获，被运输到输卵管壶腹部，受精通常在此发生。受精卵借助上皮细胞的纤毛摆动和肌肉的运动，接着向子宫运动。大约 5 d 后胚胎进入子宫腔，并于约 1 d 后植入。

脊椎动物的气管是连接咽喉与肺脏的管道，让空气可以进入肺部。气管的内皮是纤毛细胞和黏液细胞。黏液细胞分泌黏液，黏液可以黏附进入气管的异物，然后通过纤毛的摆动排出气管，进入咽喉后，可以咳出成为痰液，也可以吞咽进胃部。无脊椎动物的气管是开放的呼吸系统，由气门、气管和细支气管组成，陆生节肢动物通过气管系统将气体吸入呼出。细支气管是最小的气管，在细胞间穿行，水分、氧气和二氧化碳可以在气管与细胞间弥散。气体的流动通过自主通气和被动弥散实现。 **答案:C。**

39 从明亮的环境突然进入黑暗环境时会经历短暂的失明，其原因是(　　)。(单选)

A. 晶状体形状改变　　B. 睫状肌和睫状体发生改变
C. 悬韧带改变　　D. 瞳孔直径改变

解析 闪光盲是视网膜色素过度激活（“漂白”）所导致的。当色素水平降至正常后，视力会恢复。在日光下，适应黑暗的瞳孔会缩小，减少进入眼球的光线。在夜间，瞳孔会扩大，此时闪光盲的效应更强，持续时间更久。瞳孔是虹膜的开口，光线通过瞳孔，进而通过晶状体，聚焦到视网膜上。瞳孔的大小由虹膜的肌肉控制，暴露在日光下时，瞳孔缩小；在黑暗中，瞳孔扩张。第三对颅神经（动眼神经）发出副交感神经纤维支配收缩瞳孔的肌肉，而交感神经纤维控制扩张。瞳孔在聚焦近物时也会缩小，视远物时扩大。

其实本题中失明的原因就是简单的进光量减少。D 选项是在解释“短暂”。因为很快通过扩大瞳孔，进光量增加，视觉就又回来了。 **答案:D。**

人类的视网膜上有视锥细胞和视杆细胞两类视细胞。

图 8(a)表示人类右眼中视锥细胞（所有 3 种视锥细胞）和视杆细胞的分布。纵轴表示视细胞的数目，横轴表示位置，其中将视网膜中心定为 0°。

图 8(b)表示人视锥细胞（感红色光）和视杆细胞对不同波长光的敏感度。纵轴表示相对视觉敏感度，横轴表示光波长。

图中，实线表示视锥细胞，虚线表示视杆细胞。

根据以上内容，回答 40、41 题。

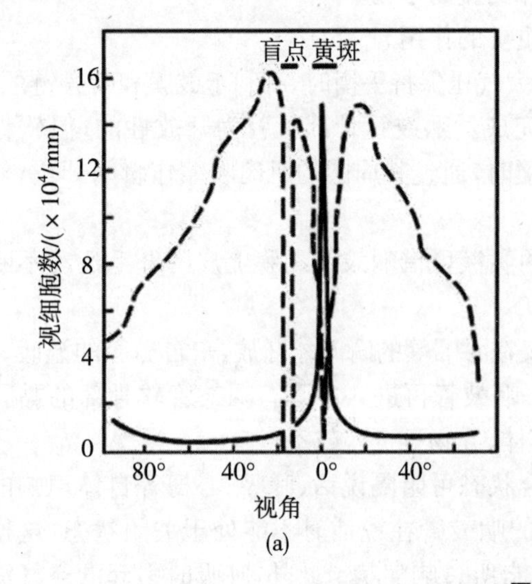

(a)

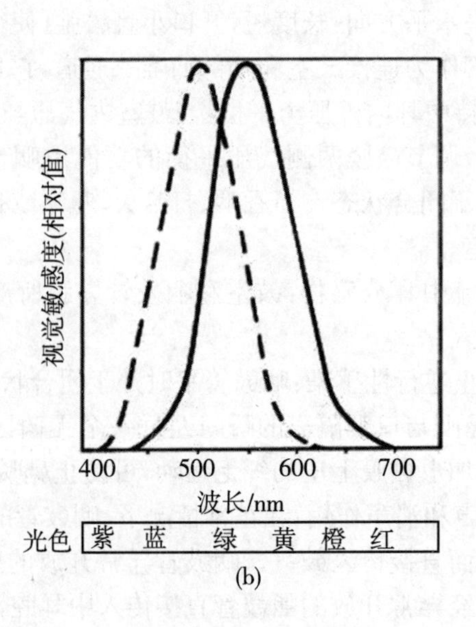

(b)

图 8

40　关于人类在光线较弱处的视觉，下列叙述中哪一项是正确的？(　　)(单选)

A. 由于视杆细胞的作用，可以较清楚地看见视野边缘的事物的颜色

B. 由于视锥细胞的作用，可以较清楚地看见视野中央的事物的轮廓

C. 所看到的红色较暗淡，蓝色较明亮

D. 看加上了红色滤光片的光源会感觉很耀眼

解析　A不对，视杆细胞不能看见颜色，只能感光。B不对，视锥细胞主要用于辨色而不是看清轮廓。综合一下，正确的描述应该是光线较弱处因为有视杆细胞，才可以看清视野近中央处事物的轮廓。C是正确的，因为感光的视杆细胞相对而言吸收峰偏向蓝色，红光与蓝光相比引起响应较低。D不对，加上红色滤光片后只能过红光，视杆细胞对此不甚敏感。　**答案**：C。

41　图9表示人的暗适应过程。横轴表示人从明处进入暗处后的时间，纵轴表示视网膜的相对光阈值。光阈值指给予视网膜大范围的白光时，能引起视网膜感觉的最小光强。则人从光线较弱处移动到暗处后的暗适应过程将是下面的哪一项？此处忽略瞳孔大小变化的影响，各图中的点线表示图中的光阈值变化过程。(　　)(单选)

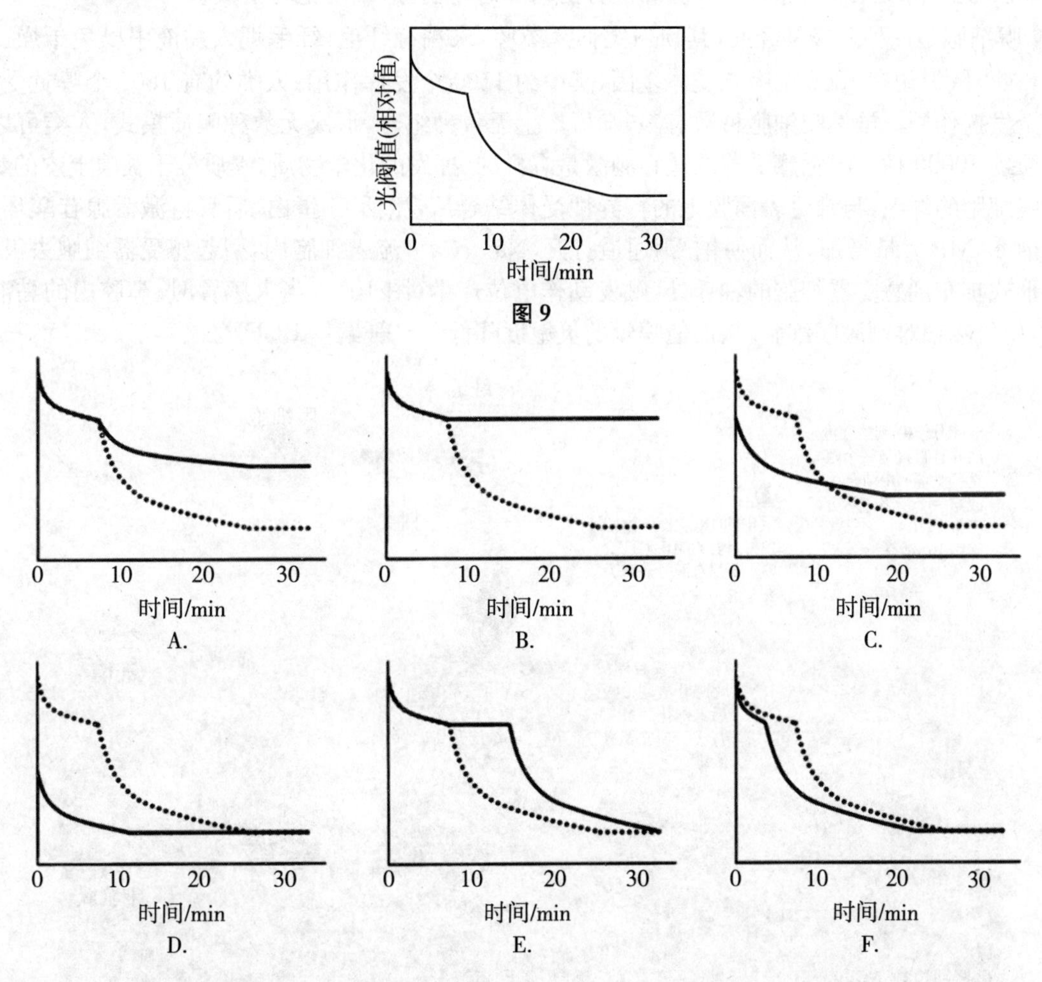

图 9

解析　因为开始的时候便是在光线弱处，所以起点阈值本身便要低一些，最终稳定后的阈值应该与图9相同。综合以上，D是最符合题意的答案。　**答案**：D。

42　下列哪项关于人眼的叙述是正确的？(　　)(多选)

A. 角膜有屈光作用

B. 脉络膜有许多血管

C. 巩膜是眼睛的最内层

D. 盲点位于视网膜上

解析　眼球壁由三层膜组成，包裹着透明的眼内容物。最外层膜由角膜和巩膜组成。角膜是眼球最前

方透明的结构，覆盖虹膜、瞳孔和前房。角膜和后方透明的晶状体可以折射光线，占眼屈光功能的2/3。眼球壁中间层是脉络膜、睫状体和虹膜。最内层是可以感光的视网膜，利用检眼镜可以观察。光线打在视网膜上，可以引起一系列化学和电生理级联反应，最终产生神经冲动。神经冲动通过视神经传递到脑部主管视觉的不同脑区。巩膜又叫眼白，是眼球最外层不透明的纤维组织，可以保护眼球，其内含有胶原和弹性纤维。生理性盲点是视野中没有感光细胞的一小块区域，是神经穿过视网膜的地方。 答案：ABD。

43 2004年，Richard Axel和Linda Buck二人因为对嗅觉感受器（odorant receptor）对嗅觉感知的精辟研究得到诺贝尔生理学或医学奖，下列关于嗅觉系统的描述中正确的是（　　）。（多选）

A. 每个嗅细胞（olfactory cell）只有一种嗅觉感受器

B. 每一种嗅觉感受器可以接受一种以上的气味（odorant）作用而产生反应

C. 人类大约只有350种嗅觉感受器

D. 嗅觉感受器与气味分子结合之后会启动信息传递路径，经由cAMP的产生打开嗅觉感觉神经元上面的阳离子通道而被兴奋

E. 嗅觉细胞面对鼻腔的一侧特化成许多纤毛（cilia）的结构，这些纤毛上面具有很多嗅觉感受器并且浸润在一层黏液之中，当感冒时鼻腔黏液分泌增加时，就会造成嗅觉的不敏感

解析 嗅细胞是一种双极神经元，其顶树突伸入鼻腔，末端有纤毛，纤毛埋入黏液中以免干燥。遗传学研究表明，在小鼠中约有1300个嗅觉受体基因，其中约1100个发挥作用；人类约有1000个嗅觉受体基因，只有350个发挥作用。虽然嗅细胞种数有限，却可产生无数种组合，形成无数种嗅质模式，人类可以分辨和记忆的嗅质约10000种。嗅觉感受器的适宜刺激是有机的、挥发的化学物质，嗅质分子被嗅上皮的黏液吸收并扩散到嗅细胞的纤毛，与纤毛表面膜上的特异性受体结合后，激活G蛋白，后者再激活腺苷酸环化酶，结果引起胞内cAMP大量增加，从而使钠/钙通道打开，Na^+、Ca^{2+}流入细胞内，引起感受器细胞去极化，并以电紧张的形式扩布到感受器细胞的轴丘处，触发动作电位产生（图10）。当人感冒时，鼻腔内的黏液覆盖在嗅细胞上，使气味很难刺激嗅细胞，从而使嗅觉的灵敏度降低。 答案：ABCDE。

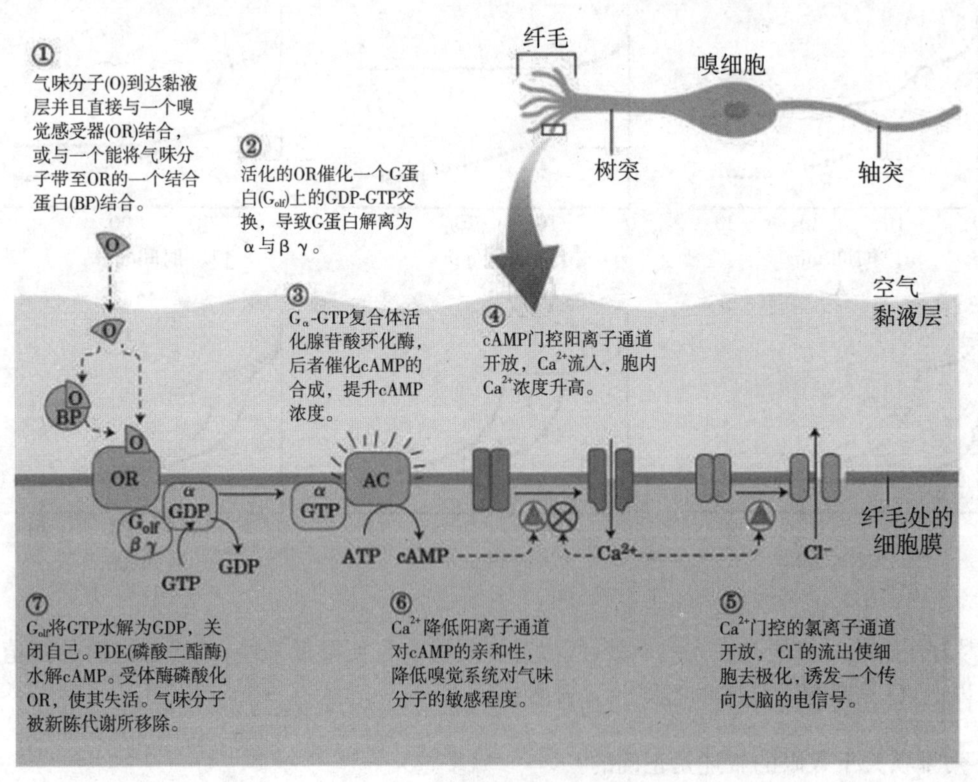

图10

参考文献

[1] Glusman G, Yanai I, Rubin I, et al. The Complete Human Olfactory Subgenome[J]. Genome

Res.，2001，11(5)：685.

44　下列人体细胞类型中，哪项在参与剪接作用时包含最少量的RNA？（　　）(单选)

A. 淋巴细胞　　B. 淋巴母细胞　　C. 成熟红细胞　　D. 有核红细胞

E. 肝细胞

解析　红细胞是成熟的血红细胞，不包含细胞核，所以它们没有DNA，也不承担转录功能。剪接作用是转录后的修饰过程，所以没有转录功能的红细胞不需要任何RNA进行剪接。　答案：C。

45　下列哪个选项触发血液凝结？（　　）(单选)

A. 血管内皮组织受到了机械的或者化学的损伤　B. 淋巴细胞对病原体做出反应

C. 纤维蛋白原向纤维蛋白进行转化　D. 血友病因子Ⅷ

E. 凝血因子Ⅰ的释放

解析　完整内皮细胞化是最好的抗凝血方法，表面血管内皮组织是天然的抗凝血组织。内皮细胞膜上有天然的抗凝血成分，比如肝素、前列腺素(PGI)、一氧化氮等，内皮细胞能够合成和分泌多种内皮衍生舒张因子。损伤血管内皮细胞会使胶原纤维暴露，激活内源性凝血过程。这是该反应的触发点。　答案：A。

46　输血中心储存的袋装血不会凝结的原因是（　　）。(单选)

A. 血液不与氧气接触　B. 血液温度恒定为体温

C. 血液中加入了肝素等物质　D. 血液中加入了凝血酶

解析　肝素是一种抗凝药，可以用来防止术中或术后血栓形成，治疗多种因血栓导致的心脏、肺和循环系统疾病。1922年，美国生理学家William Henry Howell发现了肝素，这是一种自然存在于人体肝脏和肺脏中的黏多糖混合物。大多数商用肝素是从牛肺或猪小肠中提取的。肝素最初用来防止化验用的血液标本凝结，1940年左右才开始使用肝素治疗静脉血栓患者，1970年开始使用低剂量肝素治疗肺栓塞和其他血栓疾病高风险的患者。凝血是指不稳定的血小板凝集块通过一系列相互作用的酶介导反应被更稳定的血凝块替代的过程，该过程最终生成一种血清蛋白酶，即凝血酶，它可以将可溶的纤维蛋白原转化为不可溶的纤维蛋白，还可以介导其他凝血相关的反应。凝血分为内源性和外源性两种途径，活化机制不同，但最终产生凝血酶的途径互相重合。血液中凝血相关的物质足以启动并完成整个凝血过程，而这种只依靠血液中凝血因子的途径是内源性凝血途径。该途径中，组织损伤使一系列蛋白、酶在细胞膜表面发生反应，最终形成纤维蛋白的血凝块。　答案：C。

47　采珠者可以不佩戴潜水设备在水下作业超过4 min。他们从哪里获得呼吸作用所需的氧气？（　　）(单选)

A. 他们的肺　B. 水中　C. 血浆　D. 他们有大量的红细胞

解析　经常潜水，长时间屏气可以使人体产生更多的红细胞获取氧气。高海拔训练与此相似，耐力比赛运动员要在高海拔地区(海拔通常超过2500 m)训练几周的时间。高海拔下，虽然空气中氧气的浓度依然是20.9%，但是大气压强和氧分压均下降。机体通过增加红细胞和血红蛋白的浓度，适应相对缺氧的状态。高海拔训练的倡导者认为，回到海平面以后，运动员体内较高红细胞浓度可以维持10～14 d。

20世纪前，采珠的主要方式仍然是人工搜集水底的牡蛎，并将它们打开寻找珍珠。自由潜水者经常需要一次下潜到超过30 m的水底，直面危险的动物、水浪和从深水上升时昏迷而溺水的危险。正因为这些危险，采珠者通常是奴隶或社会地位很低的人。因为潜水十分困难，而且牡蛎自然产珠的情况难以预测，当时的珍珠十分稀少而且质量参差。今天，采珠已经被大规模人工珍珠养殖所取代。日本企业家御木本幸吉首先发展了珍珠养殖技术，该技术将颗粒植入蚌中刺激珍珠形成，提高珍珠产率。今天的珍珠养殖业每年可以产生上百万的优良珍珠。

研究发现，能潜水的动物的肌肉中的肌红蛋白也具有特殊性质。这种肌红蛋白的特征是分子表面正电荷数量更多，正电荷数量的增加导致这些蛋白具有更强的储存氧气的能力。2013年6月14日《科学》杂志上有数篇论文探讨氧气携带进化的问题，其中有一篇论文针对130多种动物肌红蛋白表面电荷进行分析，结果发现存在非常有规律的改变。参与研究的学者对这一研究进行的形象描述为：肌红蛋白会使肌肉呈现红色，海洋哺乳动物体内的肌红蛋白浓度非常高，以至于肌肉颜色红得发黑。通常情况下，蛋白浓度越高就越容易"黏"在一起，储氧能力会减弱。而海洋哺乳动物体内的肌红蛋白储氧能力却明显不受影响，这可能是因为这些肌红蛋白已进化出了"不黏"的特性。研究人员发现，深潜海洋哺乳动物体内的肌红蛋白表面电荷增加(图11中的Z轴即肌红蛋白净表面电荷Z_{Mb})，这导致肌红蛋白相互排斥，而不是"黏"在一起，这和磁铁同性相斥是一个道理。这种"不黏"特性的结果是，鲸和海豹这些"潜水能手"体内肌红蛋白浓度越来越高，而储氧能力却不受影响，从而支持它们在水下长时间活动。 答案：D。

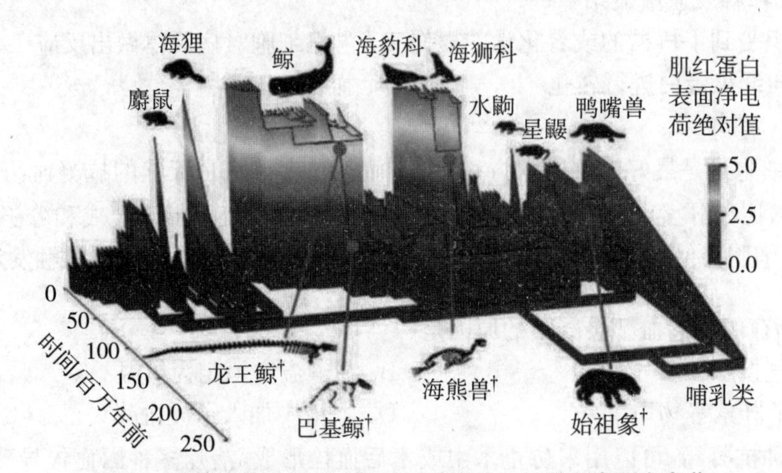

图11 演化重构陆生和水生哺乳动物的肌红蛋白表面净电荷

这张图揭示了一个分子特征：在所有现存善于潜水且有着长期水生历史的哺乳动物家系中，肌红蛋白的表面净电荷都提高了(较高的轮廓)。这个特征被用来推断出现在哺乳动物进行陆生向水生转变时的已灭绝物种(以†标出)的潜水能力。

参考文献

[1] Mirceta S, Signore A V, Burns J M, et al. Evolution of Mammalian Diving Capacity Traced by Myoglobin Net Surface Charge[J]. Science, 2013, 340(6138): 1303.

48 在高海拔地区训练的跑步运动员可以获得更好的成绩，其原因是(　　)。(单选)

A. 腿部肌肉可以更加轻松地收缩、松弛　　B. 身体可以耐受失水

C. 肺活量增加　　D. 血液的携氧能力增强

解析 高海拔训练传统上称为高海拔训练营，现在通常使用高海拔模拟舱或模拟面罩模拟缺氧环境。耐力比赛运动员要在高海拔地区(海拔通常超过2500 m)训练几周的时间。高海拔下，虽然空气中氧气的浓度依然是20.9%，但是大气压强和氧分压均下降。机体通过增加红细胞和血红蛋白的浓度，适应相对缺氧的状态。高海拔训练的倡导者认为，回到海平面以后，运动员体内较高红细胞浓度可以维持10～14 d。一些运动员一直生活在高海拔地区，只在比赛时回到正常海平面，他们的训练因低氧而十分艰苦。红细胞的浓度增加可以为肌肉提供更多的氧气，保障它们的运动。红细胞总数的增加是促红细胞生成素(EPO)刺激的结果。身体可以自主产生EPO调节红细胞总数，不要与禁药人工EPO相混淆。人工EPO注射剂是比赛违禁药物，因为它们可以使运动员的红细胞数量超出正常限度。这种增加和高海拔诱导的红细胞增加完全不同，红细胞过多可以使血液变得黏稠，可能造成心力衰竭。人体的EPO由肾脏分泌，高海拔训练时分泌的量会增加，但是身体可以分泌的EPO有限，因此不会产生违禁药物可引起的副作用。 答案：D。

49 艾滋病的进展程度主要通过下列哪项的异常计数反映？(　　)(单选)

A. 白细胞　　B. 红细胞　　C. 血红蛋白　　D. 血小板

解析 HIV的主要目标是免疫系统中一种十分重要的白细胞，称为辅助T淋巴细胞，或辅助T细胞。辅助T细胞又称为$CD4^+$ T细胞，因为这些细胞表面存在一种称为CD4的蛋白。辅助T细胞在正常免疫应

答中起到了中枢作用,它可以产生激活免疫系统其他细胞的细胞因子。这些免疫细胞包括:B淋巴细胞,可以产生抗体,抵御感染;细胞毒性T细胞,可以杀死病毒感染的细胞;巨噬细胞和其他效应细胞,可以攻击入侵人体的病原体。

艾滋病主要是人体内辅助T细胞大量减少引起的。人免疫缺陷病毒(HIV)可以破坏特定的辅助T细胞。HIV是一种逆转录病毒,是一种遗传物质是RNA而非DNA的特殊类型病毒,周围包裹着脂蛋白被膜。HIV不能自行复制,必须依赖宿主细胞的酶产生新的病毒个体。HIV感染辅助T细胞的途径是利用被膜中的gp120蛋白进入细胞。一旦病毒感染了T细胞,就会启动RNA复制,经逆转录酶催化合成一股双链DNA,这一过程称为逆转录,因为它和正常基因转录的顺序相反。逆转录酶缺少大多数DNA合成酶所具有的校正功能,因此在病毒复制时会发生很多突变,进一步阻止了免疫系统抗击病毒。这些突变可以让病毒迅速进化,比人类基因组快大约100万倍。迅速的进化让病毒可以逃避抗病毒免疫反应和抗逆转录药物的效果。病毒生命周期的下一步是病毒DNA整合到宿主DNA上。病毒DNA可以整合到宿主DNA的任何部分,并且永久保留。在适合的条件下,这些基因转录成为病毒RNA分子。某些病毒RNA分子组合成新的病毒颗粒,其他RNA翻译合成病毒蛋白。病毒蛋白排列在细胞膜上,和病毒RNA组合成新的颗粒,以出芽的方式从细胞膜离开细胞,将宿主的一部分细胞膜当作自身的被膜。被膜中镶嵌着gp120/gp41蛋白复合体,可以在新一轮感染中让病毒附着在新的辅助T细胞上。大多数被感染的细胞迅速死亡。辅助T细胞因直接感染或因其他机制被破坏的数目超过免疫系统新生成的T细胞数量,最终导致辅助T细胞总数的下降。

医生可以通过测量血液中辅助T细胞($CD4^+$ T细胞)的数量追踪疾病的进程。这一检查称为$CD4^+$细胞计数,可以反映免疫系统的状态。医生还可以测量血液中的病毒数量,也就是病毒载量,获得病毒复制速度和T细胞破坏速度的信息。因为HIV基因的突变率极高,每个感染者体内的病毒不完全相同。根据HIV的基因差异,可以将HIV分成几个主要亚型,有不同的地域分布特点。病毒整个基因组均可发生突变,但最常见于编码gp120的基因。通过持续改变表面蛋白的结构,病毒可以逃避免疫系统产生的抗体的识别。 **答案:A。**

50 将碳粒子注射到老鼠的血液中,该老鼠体内最有可能检测到碳粒子的部位是(　　)。(单选)

A. 肾小球滤液中
B. 肝脏的脂肪组织中
C. 脾脏的单核细胞中
D. 骨髓浆细胞中
E. 肾髓袢(亨利袢)中

解析 白细胞是吞噬防御细胞的一部分(利用白细胞吞噬入侵有机体),其中单核细胞占白细胞总数的5%。新的单核细胞在血液中循环仅几个小时,然后移入组织液中长成巨噬细胞。淋巴系统中捕获外来分子和颗粒的器官是脾脏、淋巴结、腺体、扁桃体、阑尾和小肠淋巴集结(派尔斑)。 **答案:C。**

51 目前没有血友病的治愈方法,但是一些治疗措施可以控制疾病。下列哪项可以用作治疗方法?(　　)(单选)

A. 规律输入凝血因子:血友病A患者输入凝血因子Ⅷ,血友病B患者输入凝血因子Ⅸ
B. 规律服用阿司匹林,可有抗炎、抗血小板的作用,减少心脏病的发作
C. 规律服用华法林和维生素K、凝血过程需要的物质
D. 上述选项都不对

解析 虽然血友病目前还没有治愈方法,但是可以通过规律输注凝血因子控制病情,如血友病A患者输入凝血因子Ⅷ、血友病B患者输入凝血因子Ⅸ。治疗用的凝血因子可以从人血清提纯,还可以重组产生,也可以同时使用两种方法获得的因子。一些血友病患者可以产生输入凝血因子的抗体,因此需要增加输入量,或使用非人类的凝血因子提取物,如猪的凝血因子Ⅷ。

抗凝药物(如肝素和华法林)是不能在血友病患者中使用的,因为这些药物可以加重凝血功能障碍。另外,能“稀释血液”的药物也不能使用,如含有阿司匹林、布洛芬、萘普生等的药物。

华法林是香豆素类抗凝剂的一种,在体内有对抗维生素K的作用,机理为抑制环氧化物还原酶,可抑制

维生素 K 参与的凝血因子Ⅱ、Ⅶ、Ⅸ、Ⅹ在肝脏的合成，对血液中已有的凝血因子Ⅱ、Ⅶ、Ⅸ、Ⅹ并无抵抗作用。因此，不能作为体外抗凝药使用，体内抗凝作用也需有活性的凝血因子消耗后才能起效，起效后作用和维持时间亦较长。主要用于防治血栓栓塞性疾病，可以用做老鼠药(抗凝血型杀鼠灵)。维生素 K 主要是作为凝血因子谷氨酸羧基羧化的辅酶，导致凝血因子切除前肽活化；而此过程中维生素 K 自身氧化为环氧形式，需要还原酶进行还原。华法林、二苯茚酮、双香豆素、醋硝香豆素等都是维生素 K 还原所需酶的竞争性抑制剂。 **答案：A。**

52 正常人血液中含有数种白细胞，哪些细胞离开血管，进入血管外面的组织后，会吞噬入侵的微生物及坏死的细胞？（　　）(多选)

A. 嗜中性粒细胞　　B. 嗜酸性粒细胞　　C. 嗜碱性粒细胞　　D. 单核球

解析 嗜碱性粒细胞一般不具有吞噬功能，但可以参与过敏反应，收缩平滑肌，扩张毛细血管，使腺体分泌增加，具有趋化作用等功能。其他三种细胞均可执行吞噬功能，其中嗜酸性粒细胞的吞噬不如另外二者常见，涉及的主要是对抗寄生虫的功能，其对小型寄生虫/细菌具吞噬作用，而对大型寄生虫的杀伤则主要是通过细胞毒作用来实现的(图 12)。 **答案：ABD。**

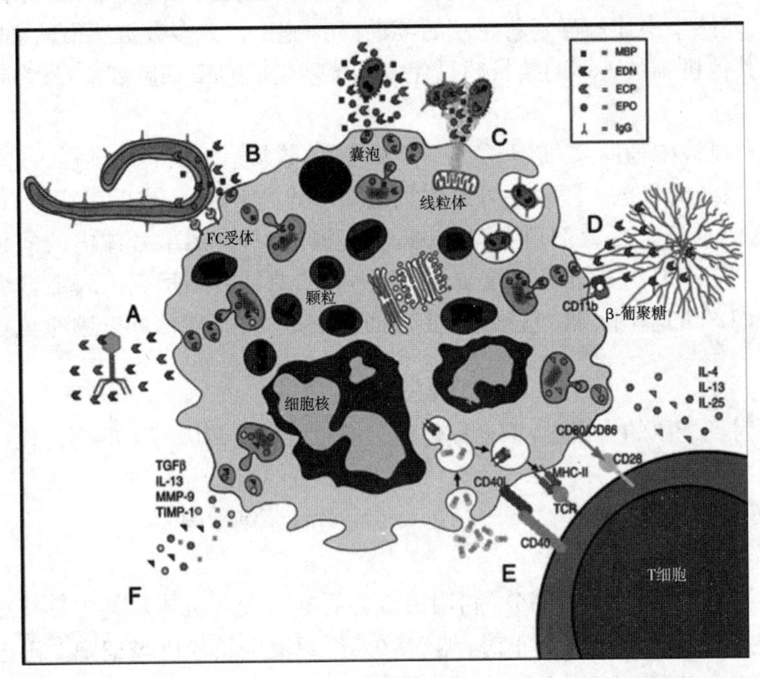

图 12

参考文献

[1] Shamri R, Xenakis J J, Spencer L A. Eosinophils in Innate Immunity: An Evolving Story[J]. Cell & Tissue Res., 2011, 343(1): 57.

53 下列哪些因素或物质会影响血液中氧合血红素的饱和百分比？（　　）(多选)

A. 体温　　B. 肾上腺素

C. 血液中二氧化碳的浓度　　D. 促肾上腺皮质激素(ACTH)

E. 血液中 2,3-二磷酸甘油酸(2,3-DPG)的浓度

解析 多种因素会影响 Hb 和氧的结合与解离。血液中 H^+ 浓度或二氧化碳浓度升高，使去氧 Hb 的分子构型稳定，Hb 对氧的亲和力降低，氧解离曲线右移，这又称玻尔效应，C 正确。运动或发热时体温升高，Hb 对氧的亲和力降低，氧解离曲线右移，A 正确。另外，2,3-DPG 是红细胞内无氧酵解的产物，在高原上其含量增加可使氧解离曲线右移，有利于释放氧供给组织利用，E 正确。B、D 均不能直接影响血氧饱和度。

答案：ACE。

54 下列关于促红细胞生成素(EPO)的叙述中正确的是(   )。(多选)

A. 为一种固醇类的生长激素
B. 大量失血将抑制 EPO 生成
C. 体内含氧量多寡与促红细胞生成素分泌无关
D. 迁移至高海拔时会促进促红细胞生成素分泌
E. 由肾脏产生

解析 促红细胞生成素是一种糖蛋白激素,其控制红细胞生成,A 不对。在骨髓中它是红细胞前体细胞的一种细胞因子(蛋白质信号传导分子)。人体的促红细胞生成素由肝脏和肾合成分泌,其中婴幼儿时期主要由肝脏合成,成年后主要由肾脏(肾皮质的成纤维细胞)合成。组织缺氧是促进 EPO 分泌的生理性刺激因素:当外周血中红细胞数量减少和血红蛋白浓度降低时,红细胞携氧能力下降,血液和组织内的氧分压降低,刺激肾脏产生和释放 EPO(任何引起肾脏氧供应不足的因素如贫血、低氧或肾血流量减少均可促进 EPO 的合成和分泌),因此 B、C 不对。 答案:DE。

55 主动脉基部的瓣膜是(   )。(单选)

A. 三尖瓣
B. 二尖瓣
C. 半月瓣
D. 僧帽瓣
E. 冠状瓣

解析 三尖瓣位于右房室口,二尖瓣(即僧帽瓣)位于左房室口,肺动脉基部也是半月瓣,冠状瓣即冠状窦进入右心房入口处的瓣膜。 答案:C。

56 动脉壁比静脉壁厚的原因是(   )。(单选)

A. 动脉运输含氧血
B. 动脉分支形成小动脉
C. 动脉的血压大
D. 动脉将血液输送到身体各处

解析 除了肺动脉以外,人类的动脉是运输含氧血的血管,从心脏发出,营养全身组织。肺动脉则将缺氧血运输到肺部,并在肺部重新氧合,排出二氧化碳。动脉是肌性的弹性管道,心脏将血液泵入动脉,因此动脉必须承受很高的压力。透过皮肤可以触摸到靠近皮肤的动脉的脉搏,脉搏是心脏每次将血液泵入主动脉时,动脉随心脏搏动间歇收缩、扩张而形成的。主动脉分出大动脉,然后逐渐分出管径更小的动脉,直到小动脉便不再分支。线状的小动脉输送血液进入毛细血管网,为组织提供氧气和营养,同时带走废物和二氧化碳。最大的动脉称主动脉,从心脏左心室发出。主动脉先短暂向上再弓形向下,贴近脊柱行走。供应头部、颈部和上肢的动脉从主动脉弓发出,并向上走行。主动脉沿脊柱下降的过程中不断发出许多大动脉,供应胸部的器官。进入腹腔后,主动脉分成两支,分别供应一侧的腿。每一根动脉,无论大小,其壁都有三层膜。最内层是内膜,由一层内皮细胞、一层极薄的结缔组织和一层多孔的弹力纤维膜构成。中膜主要由平滑肌和弹力纤维螺旋形排列构成。外膜是胶原纤维构成的坚硬外壁,起支持作用。大动脉与中动脉的结构不同,大动脉的内膜更厚,外膜也更厚。 答案:C。

57 下列针对哺乳动物血液循环系统中脉搏相关因素的说法最为准确的是(   )。(单选)

A. 脉搏传播速率取决于心率与动脉中的血流速率
B. 静脉没有脉搏表明血液的推动靠的是许多其他因素而不是心脏跳动
C. 每个脉搏的能量暂时地储存在动脉的弹性壁中
D. 毛细血管阻力的降低可以增加脉搏的压力、振幅和传播速率

解析 脉率(pulse rate)是每分钟脉搏的次数,正常情况下与心率一致。脉搏波的传播速度与血流速度是两种性质完全不同的生理现象。当心室收缩射血到主动脉时,长长的血柱以 0.2~0.5 m/s 的速度沿着动脉系统各分支流动,流动速度以主动脉最快,到微动脉、毛细血管网流速最慢,可以减速到停滞状态,而脉搏波的传播速度则因各段动脉的管壁弹性不同而异。主动脉管壁的弹性纤维最丰富,因而其扩张性和弹性最大,脉搏波的传播速度最慢,一般为 3~5 m/s。中等管径的动脉如桡动脉和股动脉,其管壁的弹性纤维较少,扩张性和弹性较小,脉搏波传播速度较快,约为 7~10 m/s。小动脉弹性更小,传播速度显著加快,约为 15~35 m/s。动脉硬化时,脉搏波的传播就更快。所以不管是脉率还是脉搏传播速率,都不可能与动脉血流

速率相关,A 不对。B 明显是错的。毛细血管阻力降低可以改变脉搏波形,导致其切迹位置降低,但并不影响振幅、压力和传播速率,D 不对。主动脉波速率主要受年龄影响,这项发现也许对老年人心血管风险的评估很重要。 **答案:C。**

表 2 列举了进行高强度运动时身体各部分的血流速度。研究表中的信息,并回答 58～60 题。

表 2

身体组织	血流量/(cm^3/min)			
	休息	轻度运动	高强度运动	最大强度运动
脑	750	750	750	750
皮肤	500	1500	1900	600
心肌	250	350	750	1000
骨骼肌	1200	4500	12500	22000
肾	1100	900	600	250
小肠	1400	1100	600	300
其他	600	400	400	100

58 根据表 2 中的结果,下列哪项结论是正确的?(　　)(单选)

A. 高强度运动时,人脑的活动水平下降

B. 高强度运动时,代谢废物产生减少,经肾脏滤过减少

C. 高强度运动时,流向肌肉的血流增多,消化道的血流减少

D. 高强度运动时,向肌肉中运输的氧气比向肺脏中运输的氧气多

解析 脑中的神经元需要持续的能量供给。虽然大脑仅占身体重量的 2%,但它接受了心搏出量 15% 的血液,消耗了 20%的氧气和 25%的葡萄糖。因此,脑的血供绝不能缺。表 2 中的数据也证实了这一点。

生理的氧化反应可以产生大量的热,在高强度的运动中身体的产热更多。血流对热量的分布和配置起到了重要作用:循环的血流可以将温热的血液送至体表,让热量可以散失到外界环境中,从而将体温维持在相对稳定的范围内。下丘脑的体温调节中枢就像一个恒温器,可以感知流经下丘脑的血流温度,对温度的改变做出应答,发送神经冲动控制皮肤血管的管径,调节皮肤的血流量和温度。皮肤温度升高可以加速经皮肤的散热。热量还可以通过皮肤和肺部的水蒸气离开身体,汗腺分泌汗液越多,散热越快。汗腺的功能是由神经系统的体温调节中枢调控的。这些控制散热速度的机制可以最终实现体温的恒定。 **答案:C。**

59 高强度运动时,皮肤血流增加的原因是(　　)。(单选)

A. 使汗腺更加活跃　　B. 使散热减少

C. 增加运动中产生的代谢废物的排泄　　D. 摄取更多的氧气

解析 作为和外界环境的接触面,皮肤可以保护机体不受外界病原体的侵犯。皮肤的其他重要作用还包括:绝缘、调节体温、感觉、合成维生素 D。人体拥有大约 200 万～500 万个汗腺,平均每平方厘米的皮肤上有 150～340 个汗腺。手掌和足底的皮肤汗腺分布最多,其后依次是头、躯干和四肢的皮肤。一些人的汗腺可能比普通人多,但男性和女性之间没有显著差别。汗腺的作用是分泌汗液,汗液蒸发可以降低皮肤温度。手掌和足底的汗腺可以保持皮肤表面的湿润,防止角质层的脱落和变硬,维持触觉的敏感度。手部皮肤干燥可能影响抓握和感觉。因而,汗腺可以分成两类,一类可以对温度刺激产生反应,主要作用是调节体温;另一类对神经刺激产生反应,保持摩擦面的湿润。当皮肤温度升高时,交感神经系统刺激汗腺分泌汗液到皮肤表面,汗液蒸发降低体温。汗液分泌是调节体温的重要机制。在极端条件下,人体可以在 1 h 内分泌几升的汗液。 **答案:A。**

60 哪根血管将动脉血从肺脏输送到心脏?(　　)(单选)

A. 主动脉　　B. 肺动脉　　C. 肺静脉　　D. 冠状动脉

解析 静脉是将缺氧血(静脉血)运输到右心房的血管,但有四个例外。这四个例外是四根肺静脉,它们将含氧血(动脉血)从肺脏运输到左心房。大多数静脉收集毛细血管的静脉血,先进入小静脉,然后汇入更大的静脉。和动脉相似,静脉壁也有三层结构:内膜、中膜和外膜。静脉比动脉的数量多,静脉血压低,故静脉管壁更薄。通常静脉与同名动脉伴行。　答案:C。

61 一种二尖瓣狭窄的并发症(二尖瓣局部堵塞)是在扩大的左心房内形成血栓。在第一次通过循环系统(在回流到右心房之前)时,从心房间隔阀的左侧脱落的血栓会产生除哪项外的下列所有结果?(　　)(单选)

A. 由于阻断了股深动脉,左腿后部会产生坏疽

B. 由于阻断了左冠状动脉,会导致心肌梗死

C. 由于阻断了右肾动脉的一个分支,会产生肾梗死

D. 由于阻断了基底动脉,会导致中风

E. 由于阻断了右肺动脉,会产生肺栓塞

解析 只有右肺动脉是右心室出来的,其余部位均在左心室出来回右心室之前。　答案:E。

62 下列有关心动周期的说法中正确的是(　　)。(单选)

A. 在心动周期中,二尖瓣和主动脉瓣从不同时打开

B. 在左心室射血期间,左心房的压力超过左心室的压力

C. 个体在休息时,心室舒张的充盈量主要依靠的是心房的收缩

D. 第二心音与左心房和心室瓣膜的关闭有密切关联

E. 第一心音是湍流的结果,与心室充盈有关

解析 心室射血时压力超过心房;心音是瓣膜开启与关闭时产生的湍流造成的震动波,或由心肌收缩、心脏瓣膜关闭和血液撞击心室壁、大动脉壁等引起的振动。第一心音是心缩期由于房室瓣闭合而产生的,此时心室收缩。第二心音是心舒期由于动脉瓣关闭造成的。B、D、E 都不对。心房收缩前,全心舒张期的回心血量约占心室总充盈量的 70%;而心房收缩期进入心室的血量仅占 25% 左右,因此 C 也是错的。答案:A。

63 固定是一种实验室用来防止生物组织腐败的技术。整只动物形态完整是实验者最期望的,因此心脏固定术是首选的方法。实验者应该把固定剂从何处注入动物体内来确保得到最佳效果呢?(　　)(单选)

A. 右心房　　B. 腹腔　　C. 右心室　　D. 左心房

E. 左心室

解析 固定剂的使用会迅速杀死动物,而动物细胞死亡后会发生自溶,这就是固定时一定要避免的,所以固定的完成一定要迅速(固定后就不会自溶了)。如果直接注入左心室的话,就可以快速地对全身进行固定,防止全身细胞的自溶,这样的效果自然最好;如果先注入的是右边,还要先经过肺,此时由于全身其他细胞可能已经死亡,而发生自溶,就不会有这么好的效果了。　答案:E。

64 如果我们跟随着人类红细胞顺血管路径运动,那么请问从十二指肠的动脉开始,在到达心脏的右心室之前,该细胞最可能穿过几个毛细血管网?(　　)(单选)

A. 1　　B. 2　　C. 3　　D. 4

E. 5

解析 十二指肠的动脉→十二指肠毛细血管→肝门静脉→肝毛细血管网→静脉→右心房→右心室,所以应该经过 2 个毛细血管网。门静脉的特点是前后都是毛细血管网,肝门静脉将消化道吸收的营养物质先送去肝脏解毒,故经过了两个毛细血管网。

肾门静脉是另一种普遍存在的门静脉,是在低等动物内存在的一种肾血流形式。从尾部来的静脉进入

肾脏形成肾门静脉，分支成毛细血管而形成毛细血管网，以后又集合成静脉，将血液引回心脏。

在鱼类中，尾静脉分成两支后形成肾门静脉进入肾脏，然后由主静脉出肾；在两栖类中，由肾脏出来的血液一部分经后主静脉，大部分经后大静脉引入心脏；在爬行类中，由于后主静脉退化，故从肾脏出来的血液便靠后大静脉运输；在鸟类中，由尾及骨盆部来的静脉血进入左、右肾门静脉，其中一小部分进入肾脏的毛细血管，大部分一直前行与各侧的髂静脉合并，以后左右连合形成后大静脉（肾门静脉系统不完全）；在哺乳类中，只在胎儿期存在肾门静脉系统，以后便退化、消失，由下腔静脉在股部分为两支进入腿部，在此之上分支进入左右两肾。回流心脏的血液由下腔静脉负责，所以肾门静脉消失也没有影响。 答案：B。

65 “血脑屏障”是管制血液中物质进入中枢神经的调节机制。已知二氧化碳可以，但是氢离子不容易穿透过血脑屏障。此外，延脑的中枢化学感受器与动脉管的周边化学感受器均受氢离子浓度的改变调节。下列叙述中正确的是（　　）。（多选）

A. 血液中二氧化碳浓度升高时，对延脑的化学感受器无影响

B. 血液中二氧化碳浓度升高时，活化动脉管的化学感受器

C. 血液中二氧化碳浓度升高时，活化延脑的化学感受器

D. 血液中氢离子浓度增加时，对延脑的化学感受器无影响

E. 血液中氢离子浓度增加时，活化动脉管的化学感受器

解析 二氧化碳可以与水可逆化合为碳酸，从而电离出氢离子。当血液中二氧化碳浓度升高时，二氧化碳可通过血脑屏障，从而使脑脊液中二氧化碳浓度也升高。二氧化碳在血液和脑脊液中转化为碳酸，电离出氢离子，从而可以分别刺激动脉和延髓的化学感受器。而血液中氢离子浓度增加，氢离子无法透过血脑屏障（血液中氢离子升高的程度一般无法大量产生二氧化碳透过血脑屏障），从而只能刺激动脉的化学感受器，对延髓的化学感受器无影响。 答案：BCDE。

66 下列关于血管结构及功能的描述，哪些是正确的？（　　）（多选）

A. 动脉含有瓣膜可以防止血液的逆流

B. 静脉由内皮细胞、平滑肌及结缔组织构成

C. 微血管的结构组成中并没有平滑肌

D. 动脉、静脉及微血管三者中以静脉的血压最低

E. 动脉、静脉及微血管三者结构的最内层（管腔）都是由内皮细胞所组成的

解析 A 选项描述的是大静脉，大静脉具有静脉瓣，作用是防止血液的逆流，因此 A 不对。

动脉壁和静脉壁由内向外依次分为内膜、中膜和外膜，内膜由内皮细胞和内皮下层组成，中膜由血管平滑肌、弹性纤维和胶原纤维组成，外膜是包裹在血管外的疏松结缔组织。因此 B 正确。所有血管管腔内层都是内皮细胞，E 也正确。

微血管指的是毛细血管，毛细血管壁只有一层内皮细胞和一层结缔组织，没有平滑肌结构。因此 C 正确。

血压一般由主动脉开始，到大动脉、小动脉、微动脉、毛细血管、微静脉、小静脉、大静脉（腔静脉）逐渐降低，构成一个完整的循环。故静脉的血压在三者中最低。因此 D 正确。 答案：BCDE。

67 下列有关人类心脏结构的叙述中正确的是（　　）。（多选）

A. 心房收缩时，房室瓣会关闭

B. 心室收缩时，半月瓣会关闭

C. 心脏具有自发性节律收缩的特性，窦房结（SA node）是这种节律性产生的原因

D. 心脏的肌细胞间具有通信连接（communication junction），可以使动作电位迅速地在细胞之间传递而造成心肌的同步收缩

E. 心脏细胞收缩时，所需要的氧气和养分由冠状动脉供应，常见的心肌梗死（myocardial infarction）即由冠状动脉阻塞造成

解析 房室瓣位于心房和心室之间，只朝向心室开；半月瓣指的是分隔心脏瓣膜中的主动脉瓣及肺动脉瓣，因其瓣膜形状为半月形而得名。心房收缩时，血液从心房流入心室(但是心室充血的主要动力是心室的主动舒张)，房室瓣朝心室开放；心室收缩时，血液从心室射入大动脉，故半月瓣开放。

窦房结是心脏活动的正常起搏点，由窦房结起搏而形成的心脏节律称为窦性节律，窦房结通过抢先占领、超速驱动压抑等机制控制潜在起搏点。

心肌细胞之间有闰盘结构，闰盘处的肌膜中存在较多的缝隙连接，形成沟通相邻细胞的亲水性通道，使动作电位能从一个心肌细胞传给与之相邻的另一个心肌细胞，从而实现细胞间的信号传导。

心脏自身的血液供应主要来自冠状循环，仅心内膜最内侧厚约 0.1 mm 范围的心肌才直接利用心腔内的血液供应。　答案：CDE。

68 人类呼吸道中纤毛的主要功能是(　　)。(单选)

A. 促进二氧化碳的释放　　B. 分泌黏液

C. 清除黏液　　D. 增大气体交换的表面积

E. 对吸入的气体进行加湿加温

解析 呼吸道纤毛都朝一个方向摆动，目的是把呼吸道内壁的黏液不断往喉的方向运输，以清除黏液中粘住的尘埃等。　答案：C。

69 与经鼻呼吸相比，下列哪项是经口呼吸的缺点？(　　)(单选)

A. 空气可以保持湿润　　B. 空气可以保持温暖

C. 空气不能被过滤　　D. 空气可以加热加湿

解析 鼻是嗅觉器官，也是呼吸器官和发声器官。鼻道的边缘有硬毛突入鼻腔，可以过滤、阻挡吸入的空气中的异物，例如阻挡随呼吸的气流进入的灰尘和昆虫。

嘴是大多数动物都有的一个开口，是食物的入口，也是发声和交流的器官。由于嘴里没有毛发，无法对空气进行过滤，经口呼吸会吸入一些异物。　答案：C。

70 一只动物由于其动脉血中酸碱失衡导致酸中毒。为将其血液 pH 提升到正常值，其换气次数应该增加还是减少？改变后其血液中二氧化碳的分压会如何变化？(　　)(单选)

A. 换气次数增加，动脉血中 p_{CO_2} 增加　　B. 换气次数增加，动脉血中 p_{CO_2} 减少

C. 换气次数减少，动脉血中 p_{CO_2} 增加　　D. 换气次数减少，动脉血中 p_{CO_2} 减少

E. 以上都不正确

解析 酸中毒时换气增多可以排除血液中的 CO_2，从而增加 pH，使本来较低的血液 pH 恢复到正常水平，但过度换气也会导致血液中 p_{CO_2} 过低，pH 过高，从而导致呼吸性碱中毒。　答案：B。

71 血红蛋白是一种红细胞中的含铁蛋白，可以结合氧气分子。肌红蛋白是一种肌肉中的蛋白质，用来储存氧气。请你推测血红蛋白和肌红蛋白对氧气的相对亲和力：(　　)。(单选)

A. 肌红蛋白对氧气的亲和力强于血红蛋白　　B. 血红蛋白对氧气的亲和力强于肌红蛋白

C. 两种蛋白对氧气的亲和力差不多　　D. 两种蛋白对氧气都没有特别的亲和力

E. 这两种蛋白不好比较，因为一个是结合氧气，一个是储存氧气

解析 高浓度的氧气储存蛋白肌红蛋白在肌肉中。红细胞缺少细胞核，在狭小的细胞内留出了更多的空间给血红蛋白这种运输氧气的含铁蛋白质。当血液流过肌肉时，红细胞运输的氧气优先地结合到肌红蛋白，因为肌红蛋白的氧气亲和能力更强，只有这样它才能从血液中获取氧气提供给肌细胞使用。同样，胎儿的血红蛋白亲和氧的能力也强于成人。　答案：A。

72 蓑羽鹤和斑头雁这些候鸟可以飞越高 8000 m 的喜马拉雅山脉。这里的氧气浓度只有地面附近的 1/3，因此这些鸟类的血红蛋白拥有独有的特征，以应对这样的环境。下列哪一项描述的是血红蛋白的一般

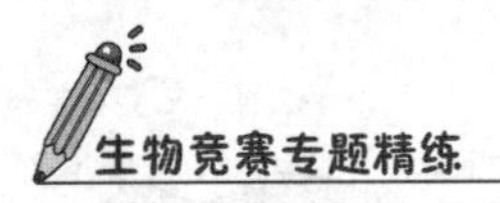

特征？(　　)(单选)

A. 血红蛋白中的血红素拥有和植物的叶绿素相似的化学结构

B. 哺乳类的血红蛋白中，含有铁元素的血红素和核酸结合

C. 和氧气结合后，血红蛋白会成为暗红色

D. 哺乳类的血红蛋白与氧气和一氧化碳的亲和力相同

E. 在相同的氧分压下，胎儿血红蛋白对氧气的亲和力低于其母亲

解析 A是对的，二者均具有卟啉环。B不对，血红素与组氨酸结合。C不对，氧合血红蛋白为鲜红色，去氧血红蛋白才为暗红色。D不对，血红蛋白与一氧化碳亲和力更大。E不对，胎儿血红蛋白对氧气的亲和力高于母亲。 答案:A。

73 鼻窦(nasal sinus)又称副鼻窦，它们为鼻腔周围骨头内部的腔隙，借着管子通至鼻腔。下列哪个是最大的鼻窦？(　　)(单选)

A. 额窦　　B. 筛窦　　C. 上颌窦　　D. 蝶窦　　E. 冠状窦

解析 鼻窦又称鼻旁窦、副鼻窦，是鼻腔周围多个含气的骨质腔。如图13所示，它们均隐蔽在鼻腔旁边，上颌窦(4)位于鼻腔两旁、眼眶下面的上颌骨内；额窦(1)在额骨内；筛窦(2)位于鼻腔上部的两侧，由筛管内许多含气小腔组成；蝶窦(3)在鼻腔后方的蝶骨内。因此本题选C。

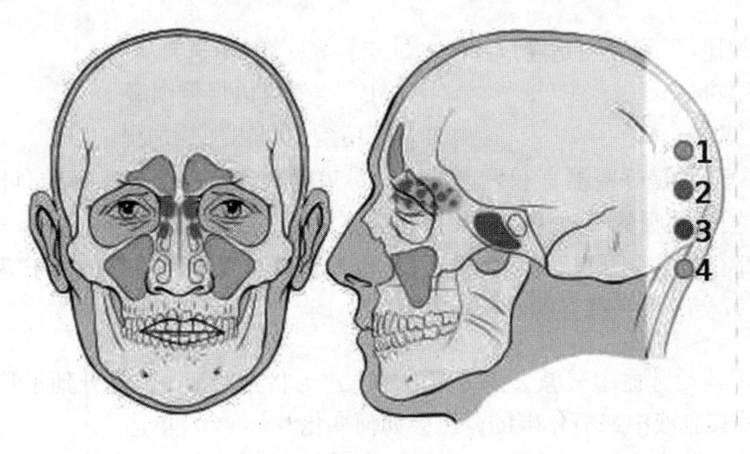

图13

鼻窦的作用包括：给头部减重、塑造脸型；增强发声共鸣；缓冲头部所受的冲击(要碎先碎外侧，释放应力)；内含空气、实现隔热，保护牙龈、眼球免受气温波动损伤；加热加湿进入肺部的空气，保护呼吸系统。

至于冠状窦则属于心血管系统，位于心后面的冠状沟内，左侧起点是心大静脉和心房斜静脉注入处，起始处有静脉窦，右侧终端是冠状窦口。心的静脉血约有90%由冠状窦流入右心房。注入冠状窦的主要静脉有心大静脉、心中静脉和心小静脉。

心脏冠状动脉循环：主动脉→冠状动脉窦→左右冠状动脉→心脏毛细血管→心静脉→冠状窦→右心房。具体如图14所示。 答案:C。

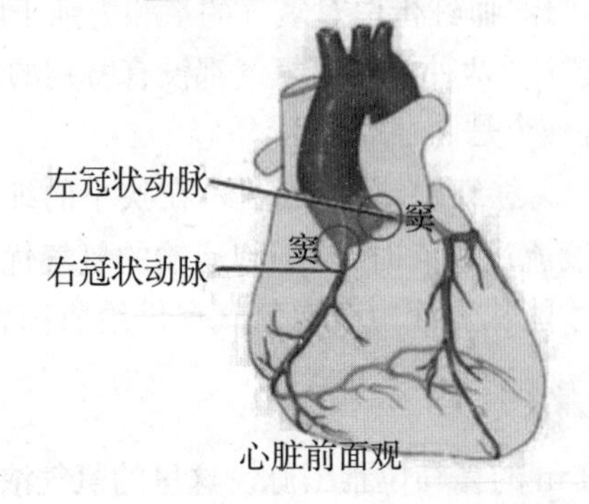

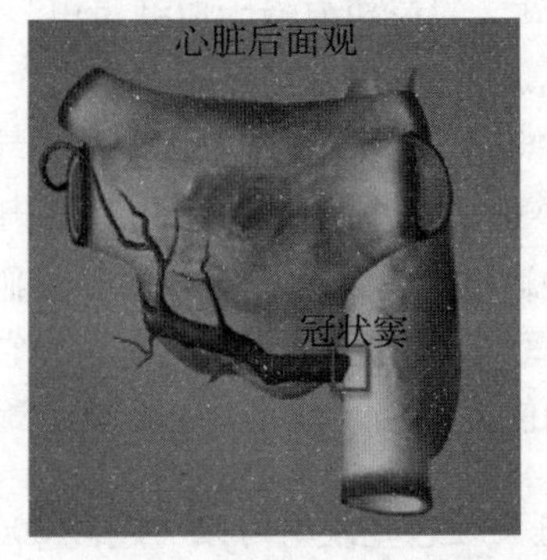

图14

74

动物的呼吸与其气体交换的方式有关，下列有关动物与其呼吸方式或器官的配对中正确的是(　　)。(多选)

A. 毛蟹—鳃　　B. 涡虫—扩散

C. 蚯蚓—皮肤　　D. 蟑螂—马氏管

E. 非洲大蜗牛—肺

解析 D错，蟑螂属于节肢动物门昆虫纲蜚蠊目，呼吸器官是气管系统，马氏管是其排泄器官。另外非洲大蜗牛的"肺"是外套膜特化而成的肺囊，本身无鳃。　**答案:ABCE。**

75

下列有关人类呼吸的叙述中错误的是(　　)。(单选)

A. 肺泡中氧气扩散入微血管　　B. 调控呼吸的中枢位于脑干

C. 吸气时肋骨上升、横膈下降　　D. 血液中二氧化碳浓度增多会增快呼吸速率

E. 血液中二氧化碳主要与红细胞结合来进行运送

解析 血液中的CO_2约5%以物理溶解的形式运输，其余95%则以化学结合的形式运输，化学结合的形式主要是碳酸氢盐和氨基甲酰血红蛋白，前者占88%，后者则占7%。　**答案:E。**

76

新生儿出生后要裹在温暖的襁褓里的原因是(　　)。(单选)

A. 新生儿易感疾病，襁褓是细菌的屏障　　B. 新生儿习惯封闭的空间，不习惯开放空间

C. 新生儿表面积体积比很大，散热很快　　D. 新生儿表面积体积比很小，散热很快

解析 细胞或身体的表面积与体积的比值对生物的影响很大。例如，许多水生微生物增加表面积以增加阻力，从而减慢下沉的速度，让它们不需耗费过多能量就能保持在水面周围。

如果你有三个立方体，边长分别是2 cm、1 cm、0.5 cm，那么它们的表面积与体积之比逐个加倍增大：边长2 cm的立方体的比例为3∶1(立方体表面积是长×宽×6=2×2×6=24 cm^2，体积则为8 cm^3)，边长1 cm的立方体的比例为6∶1，边长0.5 cm的立方体的比例为12∶1。

人类不需要整个身体进行物质交换，但是扁虫和水蛭体积很小，因此全身都可以进行物质弥散。表面积/体积值越大，与外界环境的接触面越大。水母和水螅的触手就是增加表面积，从而协助捕食的例子：表面积更大可以从更多的水中筛取食物。动物的器官也利用了增大表面积协助行使功能：肺部有无数的分支，极大地增加了表面积，使氧气可以更快地进入血液，二氧化碳可以更快地排出；小肠的内表面有精细的皱褶，增加了肠道与食物接触的表面积，更好地吸收营养。肺脏表面积的增加可以增加氧气和二氧化碳的交换速率，小肠黏膜上的绒毛可以增加表面积，增加营养的吸收速率。细胞可以通过变得瘦长(神经)或是迂曲(微绒毛)升高表面积与体积之比。表面积增加也可能造成一些问题，如细胞或器官与外界环境接触面越大，水和溶质的丢失就越迅速；表面积与体积之比过大还会引起恶劣条件下的体温调节不力。　**答案:C。**

77

脑的主要能源是下列哪项？(　　)(单选)

A. 阿拉伯糖　　B. 肌酸　　C. 果糖　　D. 葡萄糖

E. 丝氨酸

解析 脑最重要的能量来源是葡萄糖，也能利用少量的酮体。　**答案:D。**

78

海豚的鳍直接暴露于冷水中，游离于身体主干之外，并使用逆流热交换系统。下列说法中错误的是(　　)。(单选)

A. 鳍里的每条动脉周围都围绕很多条静脉，使得热交换效率高

B. 只要存在温度差异，热量就会从温度高的血管传递到温度低的血管

C. 最冷的血液在海豚鳍的尖端处

D. 海豚是已知哺乳动物中唯一使用逆流热交换系统的

E. 一旦动脉血的温度降低到某一点，将不再传递热量给静脉

解析 为了减少热的损失，血管系统具有特殊的排列，使动脉血与静脉血之间进行逆流热交换。海豚等海兽的鳍或尾上的动脉和静脉互相接触，在末梢部分极度冷却的静脉血由动脉血的热所温暖，然后流向身体的中心部分。这样虽使末端的温度降低，但防止了热向体外传导。

逆流热交换的机制不仅限于水生动物，就是人类四肢的动静脉安排也利用了这种机制。人四肢的主要动脉位于深部，而静脉却有深部平行静脉和表浅静脉两种。在寒冷的环境条件下，大部分四肢静脉的血液是通过深部静脉回心的，很好地保存了热量，在热环境下则反之。 答案：D。

79 骆驼在沙漠中，白天体温能升高到 41 ℃；晚上最多能将体温降至 34 ℃。研究发现，白天升高体温能减少水分流失；而且前一晚体温降得较多时，更可以忍受隔天白天的热。下列叙述中正确的是（　　）。（多选）

A. 白天升高体温可增加排汗
B. 白天的体温高，将身体水分用于散热的量减少
C. 夜晚体温低时，骆驼能吸收空气中水分
D. 夜晚体温愈低，第二天升高到骆驼白天可到达的体温的时间愈久
E. 骆驼身上的毛能阻隔外界高温，而不使体温上升太快

解析 白天体温升高，根据体温调定点学说，骆驼在体温达到调定点之前，产热活动加强，散热活动降低。而白天当环境温度达到一定的值后，机体会开始发汗用于散热，因此白天散热活动降低可减少水分的流失，B 选项正确。夜晚骆驼体温降得越低，第二天白天体温上升到调定点的时间就越长，骆驼白天需要忍耐的高温时间变短，从而对高温能耐受的更久，更有利于保水，D 选项正确。骆驼的毛有保温作用，使体温不至于上升太快，既有利于机体保护，也增加体温上升时间，利于保水，E 选项正确。 答案：BDE。

80 下列哪一种体液在成分上与其他选项不同？（　　）（单选）

A. 淋巴　　B. 唾液　　C. 组织液　　D. 血浆

解析 淋巴液颜色乳白，经淋巴管流经人体各个器官组织，可以维持液体平衡，并将细菌引流出健康组织。淋巴液中含有大量淋巴细胞和巨噬细胞，它们是免疫系统的初级防御细胞，可以抵御外界微生物的入侵。淋巴液通过淋巴管进入静脉系统，途中被淋巴器官（胸腺和脾脏）和淋巴结过滤。淋巴系统的首要作用是将蛋白质和液体回输入血，此外其免疫作用常常是许多感染性疾病和某些非感染性疾病造成淋巴结肿大的原因。细菌、过敏性颗粒和癌细胞进入淋巴结可以刺激淋巴细胞增生，从而造成淋巴结肿大。淋巴管道受阻可以导致液体蓄积在组织中，造成该淋巴管引流区域的淋巴水肿。

血浆是血液的液体成分。其作用是将营养物质输送到全身各处，并将细胞产生的代谢废物送至肾脏、肝脏和肺脏进行处理、排泄。血浆还是血细胞的载体，而且是维持血压的关键。热量通过血浆的循环分配到全身，稳态、酸碱平衡也靠血浆稳定。从全血中将红细胞、白细胞和血小板分离出去就可以得到血浆。血浆 90%～92%都是水，但其溶质对维持健康和生命至关重要。重要的电解质包括钠、钾、氯、碳酸氢盐、镁和钙，除此还有微量的氨基酸、维生素、有机酸、色素和酶。内分泌系统将胰岛素、皮质激素和甲状腺素等激素分泌入血。血浆激素浓度需要精确调节才能保障正常的生理功能。一旦肾脏功能衰竭，血浆中的含氮废物（如尿素和肌酐）就会猛增。血浆中蛋白占 6%～8%。其中重要的凝血蛋白和纤溶蛋白是由肝脏合成的。凝血反应激活后，血液中循环的纤维蛋白原被转化成纤维蛋白，在血管破裂出血处形成稳定的血凝块。抗凝血蛋白可以防止异常的凝血过程，还可以分解已经形成的血凝块。

血凝块形成时，纤维蛋白原转变为纤维蛋白，将血液中的细胞成分一同凝集，剩下的清亮液体称为血清。血浆和血清的生化检查是现代医学诊断和治疗中重要的组成部分。血浆或血清中的葡萄糖浓度可以帮助诊断一系列疾病，如糖尿病和低血糖。癌肿分泌入血的物质可以提示潜藏的恶性疾病，例如前列腺特异性抗原（prostate-specific antigen，PSA）的升高可能提示未被发现的前列腺癌。抗血清是一种含有多克隆抗体的血清，从接触了某种疾病并产生了特异性抗体的人或动物的血清中制备，可用来保护人体不受该疾病的侵袭。

组织间液（组织液、细胞间液）是多细胞动物体内包围细胞的液体环境。它是细胞外液的主要组成部

分，其他组成部分是血浆和跨细胞液。血浆和组织间液很相似。血浆是血液的主要组成部分，它可以通过内皮细胞上的孔或细胞间的缝隙与组织间液进行自由的物质交换。组织间液是氨基酸、糖类、脂肪酸、辅酶、激素、神经递质、无机盐和细胞代谢废物组成的水溶液。组织液的成分取决于组织细胞和血液之间的物质交换。这意味着不同组织、不同身体部位的成分也不尽相同。并非血液中的所有物质都能自由进入组织液，故组织液和血液不一样。红细胞、血小板和血浆蛋白是无法通过毛细血管壁的，能够通过的是除去血浆蛋白的血浆。组织液还含有某些白细胞，可以抵抗感染。淋巴也是一种组织间液，淋巴系统可以将蛋白质和额外的组织液运输回血液循环。

唾液是人类和其他脊椎动物口腔中黏稠、无色、半透明的液体。它由水、黏液、蛋白质、无机盐和淀粉酶组成。在口腔循环的过程中，唾液可以冲刷食物残渣、细菌和白细胞。每天大约有1～2 L的唾液会分泌到口腔中。三对主要的唾液腺和许多小唾液腺分布在脸颊、嘴唇、舌和上颚，控制着唾液的分泌。唾液的分泌是持续的，进食或食物的气味，甚至想到食物都可以迅速增加唾液的分泌量。唾液的作用很多，首先它可以润滑口腔，协助发音，可以将食物变为液体或半固体的形态，帮助咀嚼和吞咽。唾液可以控制机体的水平衡，如果身体缺水，唾液腺失水，分泌减少，导致口干，引发渴感和饮水的欲望。唾液可以通过冲洗食物残渣、死细胞、细菌和白细胞，预防牙齿龋坏和感染的发生。唾液还含有少量的消化酶，可以分解碳水化合物。　**答案:B。**

81　根据齿式图(图15)，下列哪项推断是错误的？(　　)(单选)

A. 牙齿总数为32颗

B. 上颌有4个切牙

C. 下颌有4个前磨牙

D. 下颌有3个磨牙

$$\frac{2\ 1\ 2\ 3}{2\ 1\ 2\ 3}$$

图15

解析　哺乳动物除了单口目、贫齿类、鳞甲目、鲸目以外，有4种不同的牙齿，分别是切牙、尖牙、前磨牙和磨牙。牙齿不同的哺乳动物称为异齿型，牙齿种类一致的哺乳动物称为同齿型。根据口腔一侧每种牙齿的数量可以写出齿式图，上列代表上颌牙齿，下列代表下颌牙齿。牙齿的总数是牙序图中总数的2倍。在齿式图中，第一个数字代表切牙数量，后面的数字依次分别是尖牙、前磨牙和磨牙数量。例如，上牙的序列为2.1.2.3，意思是2个切牙，1个尖牙，2个前磨牙，3个磨牙。所以D不对，一共有6个磨牙。　**答案:D。**

82　食草动物牛的胰液中所含有的消化酶与人类胰液中所含的消化酶基本相同。下列物质中，牛的胰液无法分解的是哪一项？(　　)(单选)

A. 蛋白质　　B. 纤维素　　C. 脂肪　　D. DNA

E. 淀粉　　F. 麦芽糖

解析　人类和牛的胰液中含有可以分解蛋白质、脂肪和糖类的酶，也有分解DNA和RNA的酶，用于核酸的消化。纤维素不能被胰液中的消化酶消化，但可以被肠内的细菌和牛的瘤胃中的微生物分解。**答案:B。**

83　人体消化系统产生的哪种物质包含可以促进整个蛋白质分子水解的酶？(　　)(单选)

A. 幽门腺分泌物　　B. 胰液　　C. 淋巴　　D. 肠液

解析　胰蛋白酶原进入小肠以后，在小肠液中的肠激酶的作用下激活为胰蛋白酶。胰蛋白酶又可以迅速将其余大量的胰蛋白酶原激活为胰蛋白酶，也可以将糜蛋白酶原激活为糜蛋白酶。胰蛋白酶和糜蛋白酶共同作用于蛋白质，蛋白质就被分解为多肽和少量氨基酸。当胰液缺乏时，即使其他消化液的分泌都很正常，食物中的蛋白质仍然不能完全消化，故最重要的消化液是胰液。　**答案:B。**

84　人体中，肝门静脉中什么物质的浓度比其他静脉中的都要高？(　　)(单选)

A. 葡萄糖　　B. 尿素　　C. 二氧化碳　　D. 氧气

解析　肝门静脉从肠道毛细血管运送营养物质去肝脏转化储存。　**答案:A。**

85　一位接受了胆囊切除手术的患者最可能发生的问题是(　　)。(单选)

A. 产酸受阻　　　　　　　　　　　B. 尿素排泄受阻

C. 脂肪分解障碍　　　　　　　　　D. 矿物质吸收不足

解析 胆汁酸和胆汁酸盐可以乳化肠道中的脂肪，促进消化。肝脏通过一系列反应向胆固醇的B环和C环上引入羟基，将D环上的酰基支链缩短到五个碳，并将最后一个碳转变为羧基，从而生成胆汁酸。这一系列反应的终产物包括胆酸(cholic acid)和去氧胆酸(deoxycholic acid)等，它们支链上的羧酸常与牛磺酸(taurine)和甘氨酸(Gly)结合形成盐，如图16所示。这些表面活性物质通过胆道从肝脏释放到胆囊中储存，分泌时胆汁再从胆囊进入肠道。在乳化脂肪，完成消化功能后，胆汁酸在低位小肠被重吸收，运输到肝脏被重新利用。这一循环称为肝肠循环，每天可以回收20～40 g胆汁酸，一小部分不会进入循环，通过粪便排出体外。这是胆固醇排泄的主要方式，另一小部分胆固醇随皮肤死细胞脱落而丢失。　**答案：C。**

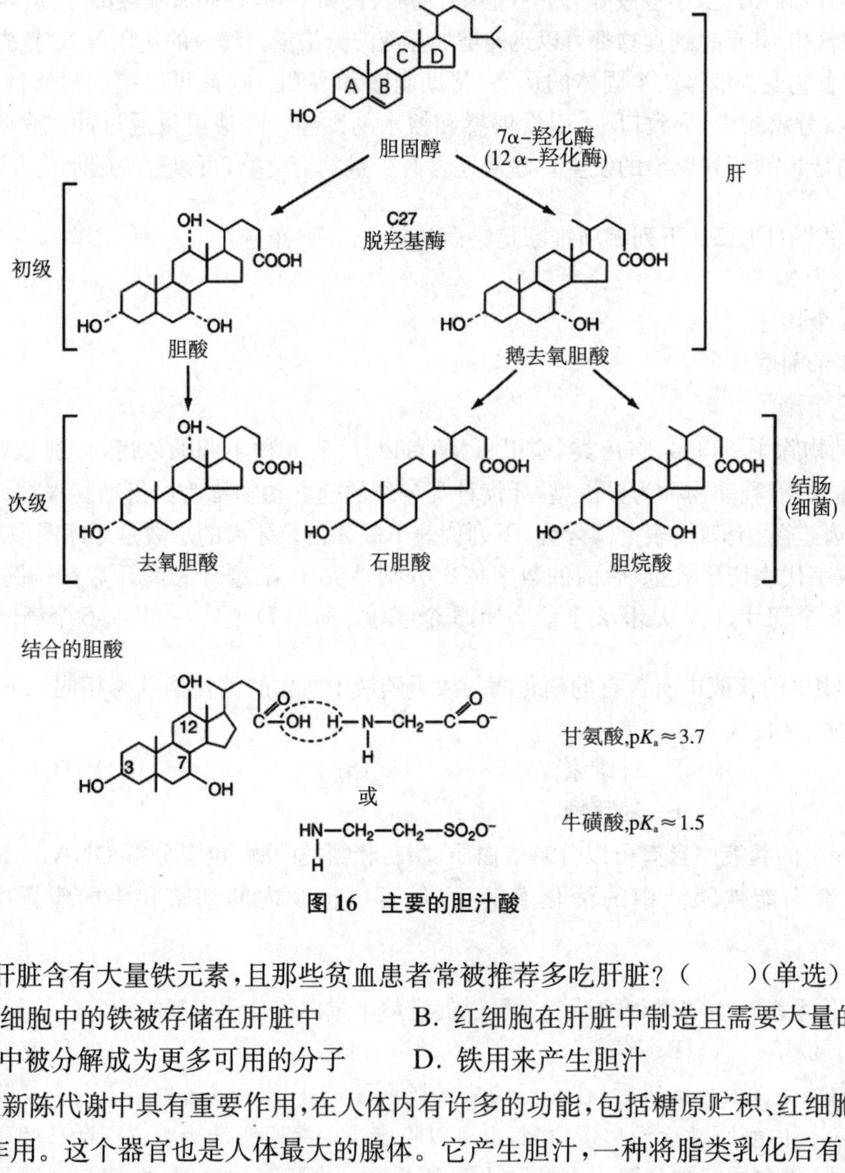

图16　主要的胆汁酸

86 为什么肝脏含有大量铁元素，且那些贫血患者常被推荐多吃肝脏？(　　)(单选)

A. 分解的红细胞中的铁被存储在肝脏中　　B. 红细胞在肝脏中制造且需要大量的铁

C. 铁在肝脏中被分解成为更多可用的分子　　D. 铁用来产生胆汁

解析 肝脏在新陈代谢中具有重要作用，在人体内有许多的功能，包括糖原贮积、红细胞分解、血浆蛋白质合成以及解毒作用。这个器官也是人体最大的腺体。它产生胆汁，一种将脂类乳化后有助于消化的碱性物质。它也完成和调控很多的需要非常特殊组织的大容量生化反应。肝脏的多种功能由肝细胞完成。

肝脏在碳水化合物的新陈代谢方面有很多作用：① 糖异生(由特定氨基酸、乳酸或者甘油来合成葡萄糖)；② 肝糖分解(糖原分解成葡萄糖，肌肉组织也能这么做)；③ 糖原生成(从葡萄糖形成糖原)；④ 胰岛素和其他激素的分解。肝脏是蛋白质新陈代谢的主要器官。肝脏也在脂类新陈代谢中起多种作用：① 胆固醇合成；② 生成甘油三酯(脂肪)。肝脏产生凝血因子Ⅰ(纤维蛋白原)，凝血因子Ⅱ(凝血素)，凝血因子Ⅴ、Ⅶ、Ⅸ、Ⅹ和Ⅺ以及蛋白质C，蛋白质S和抗凝血酶。

肝脏分解血红蛋白，生成代谢物(胆红素和胆绿素)作为色素进入胆汁。肝脏通过药物代谢过程分解有

毒物质和大部分的药物产物。当代谢产物比前体毒性更强的时候，可能会导致中毒。肝脏将氨转化为尿素。肝脏存储很多物质，包括葡萄糖（以糖原的形式）、维生素 B_{12}、铁以及铜。肝脏还承担免疫功能，肝脏的网状内皮组织系统含有许多免疫活性细胞，针对那些经由门静脉系统携带到网状内皮组织的抗原充当“筛子”的作用。肝脏产生白蛋白，这是血清的主要渗透成分。红细胞平均预期寿命是 120 d。因为红细胞不能合成蛋白质，不可能有修复性的过程。在红细胞的老化的过程中，各种损耗将导致它们中的一些蛋白质流失和必要酶的活性降低。死红细胞在肝脏中被网状内皮组织细胞破坏。蛋白质（包括血红蛋白）被破坏且其组分氨基酸通过血浆被转移，用于新蛋白质的合成。铁元素从红细胞移出，又回到血浆里，并被转移到骨髓，在那里它们被用来合成新形成的红细胞中的血红蛋白。除此之外，多余的铁被储存在网状内皮组织细胞里，但是只要有需要，它便可以被释放并再次被身体利用。

在红细胞的分解中，并没有蛋白质或铁的损失，它们几乎是要么被储存要么被重复使用。相反地，血红蛋白的卟啉环（就是连接铁的化合物分子）却经历了一系列化学变化，被从人体内排泄出去。这个反应把铁卟啉（一种红色色素）转化成为了胆红素（一种黄色色素）。红细胞被摧毁后，从网状内皮组织细胞里释放的胆红素通过血浆传达到肝脏里，在这里它进一步变化，准备进入胆汁。胆红素的产生量以及进入胆汁的量由被摧毁的血红蛋白的量决定。当红细胞破碎的速率超过肝脏处理胆红素的速率时，这种黄色色素就会在血液中聚集，导致黄疸。　答案：A。

87　人类的胰脏具有外分泌功能，外分泌组织分泌胰液，通过一连串管子，最后经由主胰管及副胰管而排入消化道，下列叙述中正确的是（　　）。（多选）

A. 主胰管通入胃　　　　B. 副胰管通入十二指肠

C. 主胰管通入空肠　　　　D. 主胰管通入十二指肠

解析 本题考核解剖生理细节。

（1）主胰管：又称魏氏管（Wirsung 管），从胰尾开始贯穿胰的全长，沿途汇集由胰尾、胰体来的许多小导管，使主胰管逐渐变粗。主胰管大多位于胰腺背侧上 1/3 处，至胰颈后即折而向下，再折向右，因此呈弧形走向，至十二指肠降部，与胆管相连，形成一个短而稍扩张的管道，称之为瓦氏（Vater）壶腹。后者开口于十二指肠降部内侧壁的十二指肠乳头，外有胆管口括约肌纤维围绕。十二指肠乳头距胃幽门 8～10 cm，在其上方有数条环形皱襞横跨而过，紧靠乳头上方的环形皱襞叫缠头皱襞，乳头往下有一纵行皱襞，十二指肠副乳头下方无纵行皱襞。认清此处解剖方位有助于鉴别十二指肠主、副乳头，在进行纤维十二指肠镜逆行胰胆管造影时，能快而准地将导管插入。此外，主胰管汇集从胰头的后下部和钩突而来的小导管。主胰管的管径差异很大，一般在头、体、尾部最大管径分别为 5 mm、4 mm、2 mm，但尾部胰管若宽于头部胰管，即使管径在正常范围，亦属异常。

（2）副胰管：又称杉氏管（Santorini 管），此管较短而细，由胚胎发育时期背胰管的近段未消失而形成。位于胰头上部，主要引流胰头上部及其腹侧的胰液。它的一端通常和主胰管转折之前的部分相连，水平向右行进，开口于距乳头上前方约 2 cm 的十二指肠小乳头。副胰管直径约在 0.2 cm 以下，长度变异很大，发生率为 47%～99%，女性低于男性，故有人认为这是女性胰腺炎发生率高的一个因素。

图 17 为胰脏解剖示意图。　答案：BD。

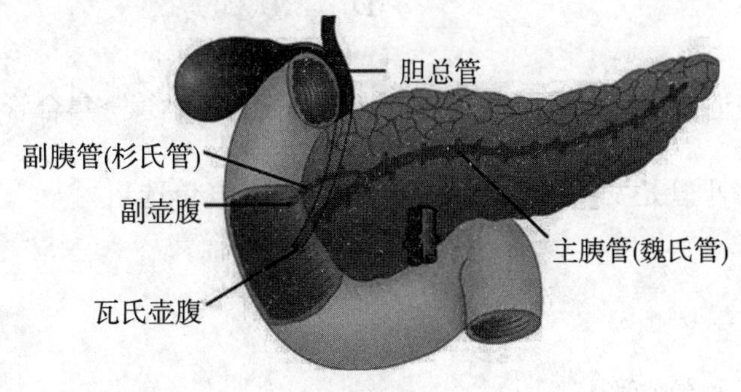

图 17

参考文献

[1] Hammer G D, McPhee S J. Pathophysiology of Disease: An Introduction to Clinical Medicine [M]. 7th ed. McGraw-Hill Medical, 2014.

88 考拉吃桉树叶、不喝水、一天有 20 h 是静止不动的。根据这些习性推测考拉生理和构造上的特性为(　　)。(多选)

A. 很长的盲肠　　B. 膀胱退化　　C. 代谢率高　　D. 粪便含水量很低
E. 肠内有可分解纤维素的酶

解析 考拉属于哺乳类,盲肠位于小肠与大肠的交界处,草食性种类的盲肠特别发达,在细菌的作用下,有助于植物纤维质的消化,是肠内共生菌群而非肠内有酶帮助分解纤维素,A 正确,E 错误。考拉由于一天有 20 h 不动,因而机体代谢率低,C 错误。又因为不喝水,因此大肠对水的重吸收率很高,粪便含水量很低,D 正确。代谢率低、不喝水并不代表考拉不产生排泄废物,B 错误。 答案:AD。

89 下列有关脊椎动物消化系统特征的叙述中正确的是(　　)。(单选)

A. 草食动物具有较发达的大肠和较短的小肠
B. 猪的唾液同时含有淀粉酶(amylase)和脂解酶(lipase)
C. 狼具有较发达的犬齿(canine teeth)和门齿(incisor)
D. 反刍动物的食糜会在四个胃中进行氧化作用后再由小肠进行消化
E. 肉食动物的门齿(incisor)和臼齿(molar)较草食动物发达

解析 草食动物具有发达的小肠、盲肠(用于分解植物类食物中的纤维素)和大肠,以增加消化道表面积,A 错误。

哺乳动物的唾液含有唾液淀粉酶、溶菌酶等,唾液腺还能分泌唾液脂肪酶,是一种极为有效的脂肪酶。猪为杂食动物,这两种酶在唾液均具有,人也存在舌脂肪酶,B 正确。

狼是肉食性的哺乳类,犬齿发达(作用是杀死、撕裂猎物),门齿不发达;马等食草动物的门齿发达(用于切割草料),臼齿齿冠加高,形成高冠齿,C、E 错误。

反刍动物的胃分为瘤胃、网胃、瓣胃和皱胃,只有皱胃是真正的胃(能产生主要的胃液),前三者都是食管膨大形成的。食物进入瘤胃和网胃中后,在细菌和原生动物的影响下发酵,使植物性纤维、蛋白质分解,D 错误,并未有氧化作用。 答案:B。

参考文献

[1] Nadeem A, Mohsen J, Sullivan B P, et al. An Efficient Method for Saliva Collection from Mature Pigs to Determine Their Enzymatic and Electrolytic Profiles[J]. J. Vet. Med. Sci., 2018, 80(1): 147.

90 进入肾脏的血液被肾小囊过滤。过滤经过肾单元的不同结构的顺序是怎样的?(　　)(单选)

① 髓袢升支;② 远曲小管;③ 髓袢降支;④ 近曲小管;⑤ 集合管。

A. ①③④②⑤　　B. ②①③④
C. ②③①④⑤　　D. ④①③⑤
E. ④③①②⑤

解析 过滤时的顺序是近曲小管→髓袢降支→髓袢升支→远曲小管→集合管。 答案:E。

91 K^+ 分泌物进入肾小管是发生在下列哪处地方?(　　)(单选)

A. 近端小管　　B. 髓袢的降支
C. 髓袢的升支　　D. 远端小管
E. 集合管

解析 钾离子的分泌在远端小管。

肾小管各段功能如表 3 所示。 答案:D。

表 3

	上皮细胞	特点	功能
近端小管	单层立方上皮	最长最粗，游离面有刷状缘，细胞分界不清，丰富的质膜内褶，顶部胞质有小管和小泡，基底面和侧面质膜上有钠泵	重吸收大部分水、Na^+、Cl^-；重吸收所有氨基酸、葡萄糖和 50% 的碳酸氢盐；分泌 H^+、NH_3、肌酐、尿酸
髓袢细段	单层扁平上皮	管壁薄	水和无机盐类可以通透
远端小管	单层立方上皮	基底面纵纹明显，质膜内褶发达，基底面和侧面质膜上有钠泵	受醛固酮调节，重吸收 Na^+ 和 Cl^-，排出 K^+，尿液浓缩，分泌 H^+、NH_3
集合管	单层立方上皮	分弓形集合小管、皮质集合小管和髓质集合小管，上皮由集合管细胞和闰细胞构成	受抗利尿激素和醛固酮的调节，具有重吸收水和 Na^+，排出 K^+ 的功能，分泌 H^+

92 肾脏是人体的渗透调节器官。下列哪种营养物质的消耗将导致最大量的渗透调节需求？（　　）（单选）

A. 纤维素　　B. 脂肪　　C. 植物油　　D. 蛋白质

E. 淀粉

解析 渗透调节是生活在高渗透压环境、低渗透压环境或者陆生生物用来调节体内水分平衡的过程。渗透调节同时也直接维持血液中（以及间接维持组织液中）一些溶质的浓度在适当水平。肾脏有两处特殊区域：外层的皮质和内层的髓质，二者遍布肾脏各处。肾由肾小球和肾小囊（鲍曼囊）构成。肾小球囊包含渗透性的毛细血管，可以渗透水和小分子溶质。蛋白质是大分子，一般不能渗透。血液中高浓度的蛋白质会导致高渗透压。肾脏的渗透调节能够维持人体的水分平衡和血液中的溶质浓度。（由于饥饿而导致水肿便是由于蛋白质被消耗的缘故。蛋白消耗导致血浆蛋白含量锐减，组织液中原本蛋白较少，结果相对含量升高，水分渗出，组织水肿。）　**答案：D。**

93 假设活动开始前的其他条件都相似，下列哪个活动之后人会产生最浓的尿液？（　　）（单选）

A. 一场紧张的橄榄球比赛　　B. 在冷水里游了 1 h 泳

C. 在一个凉快的早上休息了 1 h　　D. 喝下 1 L 冷水

解析 比赛后大量失水，尿量减少，浓度升高。　**答案：A。**

94 蔡子星与他的学生们在生物实验室里进行一个试验。第一组学生喝下1 L水，第二组学生喝下 1 L 咖啡，第三组学生喝下 1 L 浓盐水。几小时后，测定所有学生的排尿体积。监测期最后，哪一组学生排尿总量最多，哪一组最少？（　　）（单选）

A. 排尿最多的组是喝咖啡的组，最少的是喝水的组

B. 排尿最多的组是喝咖啡的组，最少的是喝盐水的组

C. 排尿最多的组是喝盐水的组，最少的是喝水的组

D. 排尿最多的组是喝盐水的组，最少的是喝咖啡的组

E. 三个组的排尿量没有区别

解析 溶质浓度高的溶液比浓度低的溶液具有更高的渗透压。按照浓度梯度，水是含有溶质最少的液体，而浓盐水的溶质浓度最高。因此，浓盐水的渗透压最高，而水的渗透压最小。综上所述，咖啡比盐水的溶质浓度要低，喝咖啡的组员比喝盐水的组员排尿更多。盐水的渗透压比人的体液大，因此使得人体内液体留滞体内。

此外，咖啡中含有的咖啡因反而还具有利尿功能。咖啡因利尿的可能机制如下：咖啡因作为激活剂可激活 RyR 钙离子通道，导致 Ca^{2+} 从内质网释放，从而影响 ADH 通过 cAMP 使管腔侧胞质的囊泡的 AQP2 插入管腔膜增加水重吸收的过程。如图 18 所示，一方面胞内 Ca^{2+} 可以激活 PDE，负调控降低 cAMP 浓度；

另一方面胞外Ca^{2+}还可以通过膜上的钙敏感受体(calcium-sensing receptor，CaR)，经PLC-IP_3间接升高细胞内Ca^{2+}浓度，同时影响微丝，直接减少AQP2通过囊泡的插入管腔膜，最终导致远曲小管和集合管对水的通透性变化，重吸收与尿浓缩功能下降，出现利尿结果。 答案：B。

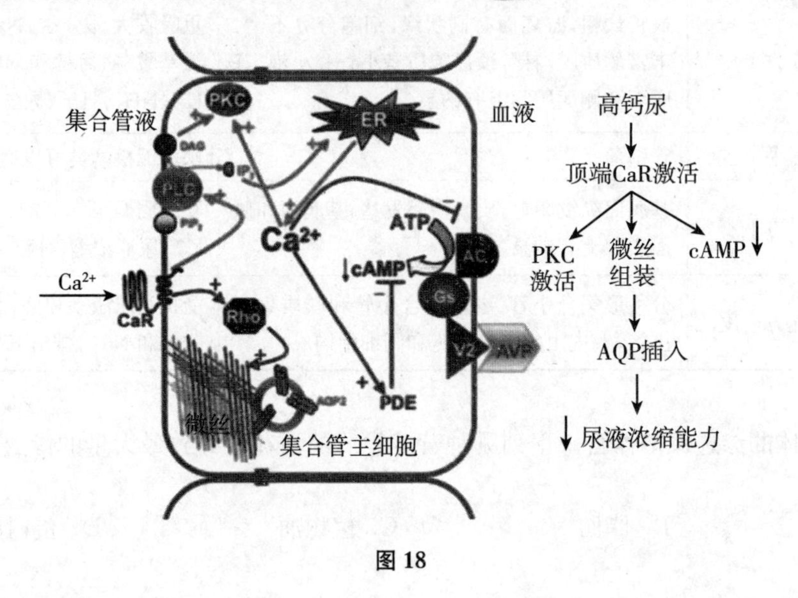

图18

参考文献

[1] Osswald H, Schnermann J. Methylxanthines and the Kidney[J]. Handb. Exp. Pharmacol., 2011, 200: 391.

[2] Procino G, Carmosino M, Tamma G, et al. Extracellular Calcium Antagonizes Forskolin-Induced Aquaporin 2 Trafficking in Collecting Duct Cells[J]. Kidney Int., 2004, 66(6): 2245.

95 在哺乳动物肾脏的肾小球中，有效滤过压会因下列哪项而下降？(　　)(单选)

A. 滤液被肾小管重吸收　　B. 血浆里蛋白质分子的尺寸

C. 血浆蛋白的渗透势　　D. 体内毛细血管的外围阻力

解析 血浆胶体渗透压将水分拉回肾小球动脉，故导致有效滤过压降低。肾小球的有效滤过压=(肾小球毛细血管压+肾小囊内液体胶体渗透压)-(血浆胶体渗透压+肾小囊内压)。肾小囊内液体中蛋白质浓度极低，其胶体渗透压可忽略不计。因此，肾小球的有效滤过压=肾小球毛细血管压-(血浆胶体渗透压+肾小囊内压)。 答案：C。

96 下列哪种情况发生会增加肾小球过滤速率？(　　)(单选)

A. 肾结石阻碍了输尿管　　B. 出球小动脉出现扩张

C. 血浆蛋白质浓度下降　　D. 致密斑细胞释放了ATP

E. 细胞外体积减缩

解析 结石会导致囊内压增高，降低肾小球滤过率；出球小动脉扩张，与入球小动脉的压差减小，滤过率也降低；血浆蛋白质浓度下降，血浆胶体渗透压下降，滤过增加。

管-球反馈是肾血流量和肾小球滤过率自身调节的重要机制之一。当肾血流量和肾小球滤过率增加时，到达远曲小管致密斑(macula densa，MD)的小管液流量增加，致密斑发出信息，使肾血流量和肾小球滤过率恢复至正常。相反，肾血流量和肾小球滤过率减少时，流经致密斑的小管液流量就下降，致密斑发出信息，使肾血流量和肾小球滤过率增加至正常水平。这种小管液流量变化影响肾血流量和肾小球滤过率的现象称为管-球反馈(TGF)。

有人认为致密斑主要感受小管液中的NaCl含量改变而不是小管液的流量。ATP是管-球反馈机制中的信息传递物质，肾间质的ATP浓度随着MD细胞刺激信号的变化而变化，并调节肾血管的阻力值，ATP是TGF效应中的信息传递物质。ATP介导的入球小动脉收缩在TGF效应起重要作用，ATP的血管收缩

作用是通过激活化学门控离子通道,使膜去极化,并激活电压门控 Ca^{2+} 通道,Ca^{2+} 内流。ATP 选择性作用于入球小动脉,而不影响出球小动脉,因此认为 ATP 在肾血流量的自身调节机制中起重要作用,致密斑细胞释放 ATP 将导致滤过率的降低。 答案:C。

97 下列哪个选项最佳地解释了髓袢的升支比降支厚?( )(单选)

A. 升支中的许多细胞水孔蛋白

B. 升支得到了更多的血液供应

C. 升支里的三重泵($Na^+/K^+/Cl^-$)消耗大量 ATP 并且需要很多线粒体

D. 升支周围有不明缘由的细胞增生

E. 降支已进化完全,而升支的厚是遗留特征

解析 髓袢升支粗段对 NaCl 进行主动重吸收,其顶端膜上有 Na^+-K^+-$2Cl^-$ 同向转运体,该转运体使小管液中 1 个 Na^+、1 个 K^+、2 个 Cl^- 同向转运至上皮细胞内。Na^+ 进入细胞是顺电化学梯度(此梯度来源于基底膜的 Na^+-K^+ 泵)的,同时将 2 个 Cl^- 和 1 个 K^+ 一起转运至细胞内。主动重吸收需要很多 ATP,也就需要很多线粒体,所以升支粗段显得更厚是合理的。 答案:C。

98 依表 4 的数据判断,选出正确的叙述:( )。(多选)

表 4

实验时程	实验内容	血液中的尿素浓度/(mg/(100 mL))
AM 7:00	采少量狗的血液	7.2
AM 8:00	将狗的肝脏切除并采少量的血液	7.2
PM 1:00	再采少量手术后的狗的血液	2.5
PM 5:00	再采少量的血液	2.0
PM 8:00	再采少量的血液	1.5
PM 10:00	狗死亡	

A. 狗因为被切除肝脏而促使肾脏大量排出尿素

B. 狗因为被切除肝脏而无法合成尿素

C. 手术后的狗因采血次数过多,使尿素浓度下降

D. 如果手术后的狗给予良好的保温和补充营养剂等最佳照顾,但是最后依然死亡的话,则最主要的死因是氨中毒

E. 手术过程刺激过多,使狗的体力衰退太快,尿素合成酶不足

解析 狗在肝脏切除后血液中的尿素浓度明显降低,切除本身不引起血中尿素浓度下降,由此说明肝脏是合成尿素的器官,肝切除与肾脏无关,A 不对。在组织细胞中,氮元素的代谢废物为氨,氨以氨基酸或酰胺的形式运送至肝脏后才被合成为尿素。因此尿素无法合成会导致氨大量堆积,从而引起氨中毒;脑组织中大量氨与 α-酮戊二酸结合成谷氨酸时会导致三羧酸循环障碍,还会干扰神经细胞膜的离子转运,严重时导致中枢神经系统不可逆的损伤,最后使动物死亡,因此 B、D 正确。采血量很少,不会对血量产生明显影响,更不会对血中尿素浓度产生大的影响,C 不对,E 也是不对的。 答案:BD。

99 心房钠利尿因子是一种心房细胞分泌的激素,主要生理功能是降低肾脏对水分与钠离子的再吸收。根据这些描述,下列情况中,哪些项使心房钠利尿因子的分泌增加?( )(多选)

A. 血液体积增加　　B. 脱水　　C. 盐分摄取过量　　D. 胰岛素分泌减少

E. 水分摄取过量

解析 心房钠尿肽(ANP)又称心房钠尿因子,是由心房肌细胞合成并释放的肽类激素,人的 ANP 由 28 个氨基酸残基组成。ANP 的主要作用是使血管平滑肌舒张和促进肾脏排钠、排水。当心房壁受牵拉时(如

血量过多、头低足高位、中心静脉压升高和身体浸入水中)均可刺激心房肌细胞释放 ANP。

血液体积增加和水分摄取过量都会造成血液的静水压升高。而降低肾脏对水分的重吸收可以减少血量、排出多余的水分,恢复血液的静水压。因此从稳态的角度分析,A 和 E 会导致 ANP 的分泌增加。

盐分摄取过量会导致钠离子过量,血浆晶体渗透压升高。而降低肾脏对钠离子的重吸收可排出过多的钠离子,从而降低血浆渗透压。因此从稳态的角度分析,C 会导致 ANP 的分泌增加。

B 和 A、E 相反,易知错误。

胰岛素可以通过磷脂酰肌醇 3 激酶 (phosphatidyl inositol 3 kinase, PI3K)和酪氨酸激酶(tyrosine kinase)途径增加心房 ANP 分泌;糖尿病性心肌肥大大鼠的心房 ANP 分泌增多与胰岛素受体上调有关,这提示胰岛素可以使 ANP 的水平升高,而增加的 ANP 对糖尿病性心肌肥大起着重要的保护作用(循环激素,快速利尿、利钠和扩血管,使心脏前后负荷降低,减少血流动力学因素对心肌肥大的刺激;还可通过自分泌或旁分泌的途径在心肌组织发挥直接的抑制过度心肌细胞生长和胶原增生作用)。所以 D 使得 ANP 分泌减少而非增加。 **答案:ACE。**

参考文献

[1] 张凤,周广海,王尧,等. 心房钠尿肽与心肌肥大的关系[J]. 中华高血压杂志, 2008, 16(8): 763.

[2] Bai G Y, Piao F L, Kim S Y, et al. Augmentation of Insulin-Stimulated ANP Release through Tyrosine Kinase and PI 3-kinase in Diabetic Rats[J]. Peptides, 2006, 27(11): 2756.

图 19 为肾单位的示意图,箭头为液体流动方向。回答 100~102 题。

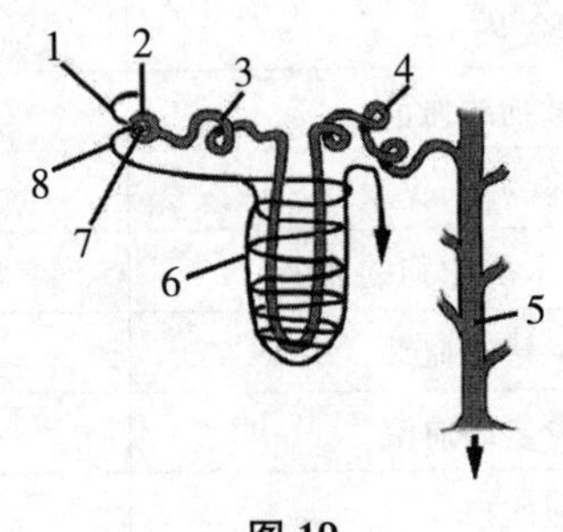

图 19

100 下列哪一项内含有高浓度(hyperosmotic)溶液?( )(单选)

A. 1　　B. 2　　C. 3　　D. 4

E. 5

解析 图 19 中的数字 1~8 依次表示的是:入球小动脉、肾小囊(鲍曼囊)、近曲小管(若算上降支粗段则是近端小管)、远曲小管(若算上升支粗段则是近端小管)、集合管、肾毛细血管网、肾小球、出球小动脉。结合来看题目,集合管中的终尿浓度要远大于前面结构内的原尿浓度。 **答案:E。**

101 下列哪一项会进行与小管液重吸收相关的主动运输(active transport)?( )(多选)

A. 2　　B. 3　　C. 4　　D. 6

E. 7

解析 肾小球中的物质可以通过被动运输"滤过"进入肾小囊之间,排除 A、E。近端小管、远端小管还有集合管都可以进行物质的主动运输,不过它们对不同的物质吸收的程度不同,所采取的转运蛋白也不尽相同。 **答案:BC。**

102 下列哪一项为肾单位的一部分?( )。(多选)

A. 2　　B. 3　　C. 4　　D. 5

E. 7

解析 肾单位包括肾小体和肾小管,肾小体由肾小球(7)和肾小囊(2)组成,肾小管分为近端小管(3)、细段和远端小管(4)三部分。 **答案:ABCE。**

103 下列有关动物排泄的叙述中正确的是(　　)。(多选)

A. 扁形动物具有称为肾管的排泄器官

B. 海绵动物可通过体表以扩散方式排出废物

C. 胆色素为血红素的代谢产物,可通过肝及消化道排出

D. 不易取得水分的生物多利用尿酸形式排出含氮废物

E. 人类尿液形成的过程中的分泌作用主要发生于近曲小管及亨利袢

解析　扁形动物开始出现原肾管结构,是由身体两侧外胚层陷入形成的,由焰细胞(帽细胞和管细胞)组成盲管。肾管一般指后肾管,因此A不对。

B是客观事实。对于C,有人认为通过消化道算排遗,但其实这也可算是含氮代谢废物的排泄过程。

两栖动物和哺乳动物排尿素,鸟类和爬行动物排尿酸,因此D正确。

远曲小管和集合管可以分泌氢离子(闰细胞)、钾离子(主细胞)、NH_3等,因此E不对。　**答案:BCD。**

104 下列有关渗透压渴觉(osmometric thirst)的叙述,哪些是正确的?(　　)(多选)

A. 其诱发的原因与体内水分流失有关　　B. 其血压无明显的变化

C. 需要ADH及血管收缩素的参与　　D. 体液总量无明显的变化

E. 排尿量会明显地减少

解析　渗透压渴觉(osmometric/hyperosmotic thirst)(图20(b))是指血浆渗透压升高时(血压和循环血量变化较小),下丘脑终板血管区(organum vasculosum laminae terminalis, OVLT)和穹隆下器官(subfornical organ, SFO)处渗透压感受器受刺激,引起ADH释放,同时引起的渴觉(图21)。

除了血浆渗透浓度升高之外,有效循环血量的降低也能引起渴觉和饮水,这便是容量性渴觉(volumetric/hypovolemic thirst)(图20(a))。除了ADH分泌之外,血容量的降低还将通过神经反射机制引起交感神经活动增强,使得近球细胞分泌肾素(renin),再通过肾素-血管紧张素-醛固酮系统(renin-angiotesin-aldosteron system, R-A-A)收缩血管产生渴觉(也与OVLT和SFO有关),保钠排钾减少水分流失。

因此渗透压渴觉与水量无直接联系,有关的是容量性渴觉,故A不对。有血管收缩素(血管紧张素)参与的也是容量性失水,所以C也不对。排出的尿量的确会因为ADH的释放而减少,但显著减少更可能是容量性失水,故E也没有选。而B、D是对的,血压、体液总量变化都是容量性失水的结果。　**答案:BD。**

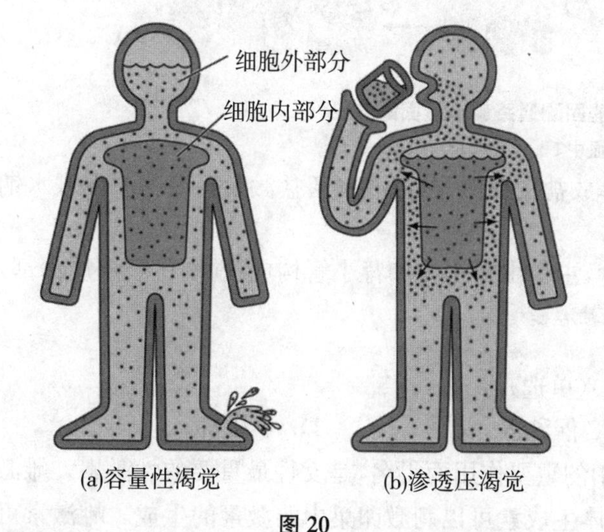

图20

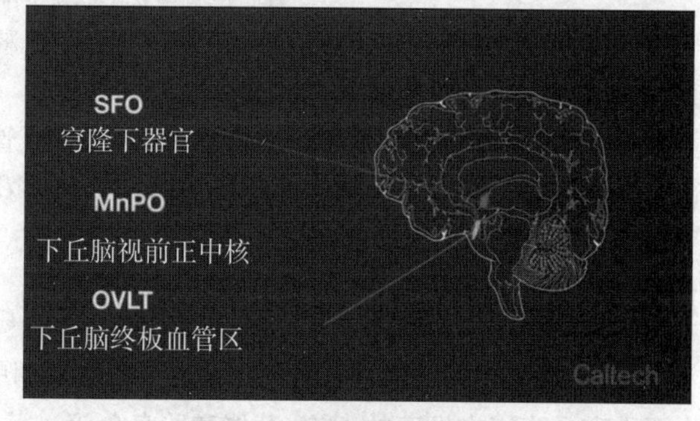

图21　大脑处理渴的三个区域

105 下列关于肾脏对水分的过滤调节以及血压调节机制的叙述中正确的是(　　)。(多选)

A. 延脑(medulla)有渗透压感受器(osmoreceptor),可以感受血液的渗透压改变

B. 血液渗透压的降低会导致脑下垂体(pituitary gland)释放抗利尿激素(antidiuretic hormone, ADH)

C. 进入丝球体(glomerulus)的入球动脉当血压下降时,会导致近肾小球体(肾小球旁器)(juxtaglomerular apparatus, JGA)释放血管张力素Ⅱ(angiotensin Ⅱ)

D. 血管张力素Ⅱ会刺激肾上腺释放留盐激素(aldosterone)

E. 丝球体位于肾脏的皮质

解析 下丘脑第三脑室的室周器中有渗透压感受器,是一些对细胞外液渗透浓度的改变敏感的细胞。当细胞外液的渗透浓度升高时,渗透压感受器受到刺激,引起神经垂体释放血管升压素(抗利尿激素,VP/ADH)。而 medulla 是脊髓的意思,故 A 错误。

应当是渗透压升高使渗透压感受器受到刺激,引起 ADH 释放,故 B 错误。

肾素-血管紧张素-醛固酮系统是调节肾脏排钠的重要的体液系统。如图 22 所示,肾素(renin)能够作用于血浆的血管紧张素原,产生血管紧张素Ⅰ,后者在血管紧张素转换酶的作用下成为血管紧张素Ⅱ,血管紧张素Ⅱ能够刺激肾上腺皮质球状带分泌醛固酮,血管紧张素Ⅱ还能进一步变成血管紧张素Ⅲ,同样能刺激肾上腺皮质合成和释放醛固酮。致密斑可以感受小管液中的 NaCl 浓度,当小管液中 NaCl 浓度降低时,通过致密斑的 Na^+ 量减少,肾素的释放就增加。当有效循环血量减少时,入球小动脉壁的张力降低,球旁细胞释放肾素就增加。C 错误,球旁细胞只能释放肾素,而不是血管紧张素Ⅱ。

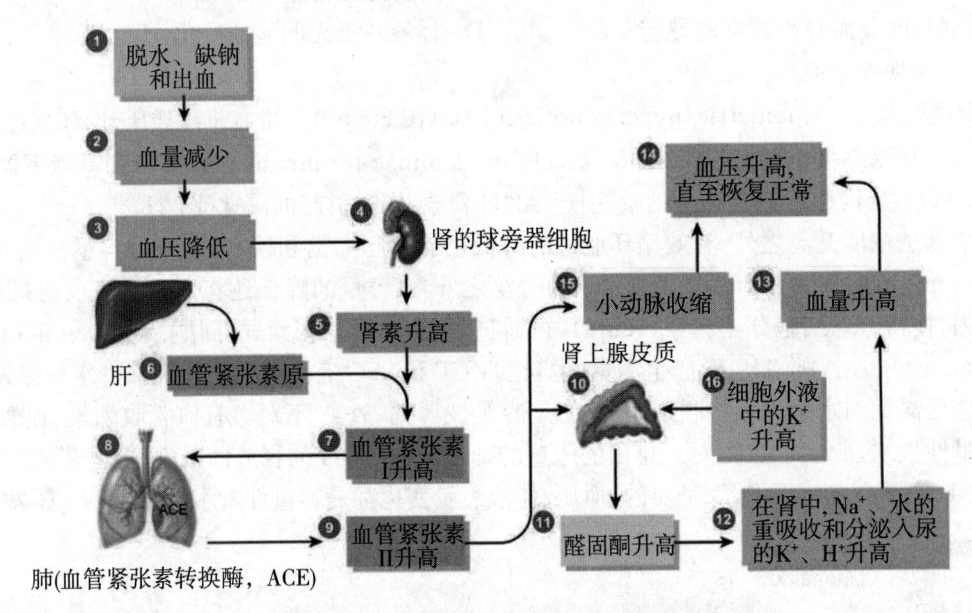

图 22 通过肾素-血管紧张素-醛固酮通路调节醛固酮分泌

醛固酮帮助调节血量、血压和血中 Na^+、K^+、H^+ 的量。

如上所述,血管紧张素Ⅱ作用于肾上腺皮质,使之释放盐皮质激素醛固酮(留盐激素),该物质促进水钠潴留,使血容量增加,血压上升,故 D 正确。

肾脏分为皮质和髓质,皮质位于髓质表层,富有血管,主要由肾小体和肾小管构成;髓质位于皮质深部,血管较少,由 15~25 个肾锥体构成。E 正确。 **答案:DE。**

106 下列哪种激素不参与月经周期的调控?(　　)(单选)

A. 雌激素　　B. 卵泡刺激素　　C. 催乳素　　D. 孕激素

解析 雌激素是一种甾体类激素,因其在雌性周期中的重要作用而得名,是女性最重要的性激素。雌激素主要由卵巢中正在发育的卵泡、黄体和胎盘分泌。黄体生成素可以刺激卵巢中雌激素的生成。雌激素可以促进女性第二性征的成熟,可以使子宫内膜增厚,还可以参与月经调节中的其他步骤。

孕激素是一种甾体类激素,在女性月经周期调节、妊娠和胚胎发育中都有重要的作用。孕激素在卵巢(排卵后的黄体)、肾上腺(靠近肾脏的腺体)中产生,妊娠过程中主要由胎盘产生。

卵泡刺激素(FSH)是一种糖肽类激素,由垂体前叶的促性腺激素细胞合成分泌。卵泡刺激素可以调节女性的生长、发育、性成熟和生殖过程。FSH 和黄体生成素在生殖过程中有协同作用。

催乳素是一种多肽激素，主要由垂体前叶分泌，与女性泌乳有关。在哺乳过程中，婴儿吮吸乳头时可以刺激催乳素的产生，激发泌乳反应，使乳汁充盈，为下一次哺乳做准备。催产素也会释放，刺激乳汁分泌。

答案：C。

107 胰岛素释放会导致除下列哪一项之外的生理效应？（　　）（单选）

A. 降低肝脏细胞中的肝糖原的储量

B. 上调肝脏细胞中的葡萄糖载体

C. 提升脂肪组织中甘油和高级脂肪酸向油脂转化的量

D. 抑制糖原磷酸化酶

E. 刺激糖原合成酶

解析 胰岛素会促进肝糖原合成，A 错误。其余都是对的。

胰岛素的主要生理作用是调节代谢过程。对糖代谢：促进组织细胞对葡萄糖的摄取和利用，促进糖原合成，抑制糖异生，使血糖降低；对脂肪代谢：促进脂肪酸合成和脂肪储存，减少脂肪分解；对蛋白质：促进氨基酸进入细胞，促进蛋白质合成的各个环节以增加蛋白质合成。总的作用是促进合成代谢。胰岛素是机体内唯一降低血糖的激素，也是唯一同时促进糖原、脂肪、蛋白质合成的激素。作用机理属于受体酪氨酸激酶机制。　**答案：A。**

108 下列哪种激素可以用来避孕，其机理是什么？（　　）（单选）

A. 黄体刺激素—防止卵泡发育

B. 孕激素—欺骗身体进入假妊娠周期

C. 促甲状腺素—防止身体产生雌激素，抑制子宫内膜增厚

D. 肾上腺素—使精原细胞不稳定

解析 孕激素由卵巢、肾上腺产生，妊娠时由胎盘产生，可以维持妊娠，对胎儿的生长发育有重要作用。孕激素可以诱导子宫内膜进入分泌期，准备胚胎植入。同时孕激素刺激阴道上皮和宫颈黏膜，分泌稠厚黏液，防止精子进入。如果妊娠没有发生，孕激素的水平会下降，导致月经。正常的月经出血是孕激素减少引起的出血。　**答案：B。**

109 下列哪个选项不是肾上腺素或者去甲肾上腺素的作用？（　　）（单选）

A. 糖原水解为葡萄糖

B. 促进胃动力和分泌

C. 增高血压

D. 增大心跳速率

E. 促进唾液分泌

解析 肾上腺系统类似交感神经，主应激，胃动力与分泌属副交感神经主导。故选 B。E 虽然不受激素调节，但是受到交感/副交感神经调控。交感神经兴奋产稠的唾液，主要含黏蛋白（保护功能）；副交感神经兴奋产稀的唾液，主要含酶与水（消化功能）。　**答案：B。**

110 如果血浆甲状旁腺素水平升高了，那么将导致下列哪种结果？（　　）（单选）

A. 活性造骨细胞数量增加

B. 骨骼对钙离子的摄取量增加

C. 维生素 D 的合成量下降

D. 肾脏对钙离子的重吸收量增加

E. 肠内钙离子的吸收量下降

解析 甲状旁腺激素（parathyroid hormone）是甲状旁腺主细胞分泌的碱性单链多肽类激素，简称 PTH。甲状旁腺激素是由 84 个氨基酸组成的，它的主要功能是调节脊椎动物体内钙和磷的代谢，促使血钙水平升高，血磷水平下降。

PTH 对肾脏的直接作用是促进肾小管对 Ca^{2+} 的重吸收，因而减少 Ca^{2+} 从尿中排泄。PTH 通过活化维生素 D_3 间接使肠道吸收的 Ca^{2+} 增加。PTH 的分泌主要受血浆 Ca^{2+} 浓度的调节。如果 PTH 的分泌过于旺盛，骨形成与骨销蚀的平衡遭到破坏，被增强的破骨活性占优势，长期下去会引起骨钙质的销蚀而易于骨折

或骨畸形,并因血钙量过高而导致一系列恶果。若 PTH 的分泌不足,则肾脏的磷酸盐排泄量减少,磷酸钙沉积于骨。

调节体内钙代谢的另一重要激素是降钙素,它是由甲状腺滤泡旁细胞分泌的一种肽类激素。降钙素可以降低血钙水平。 **答案:D。**

111 皮质醇分泌的减少将会导致下列哪种情况?( )(单选)

A. 肾上腺素合成的减少
B. ACTH(促肾上腺皮质激素)合成的减少
C. 血糖浓度的增加
D. 血压的增高
E. 身体质量指数(BMI)的增加

解析 皮质醇减少,ACTH 增多,血糖降低,血压降低,肥胖症状减轻,BMI 降低。皮质醇可诱导多巴胺羟化酶和苯基乙醇胺-*N*-甲基转移酶(phenylethanolamine-*N*-methyl transferase, PNMT)表达,促进儿茶酚胺的合成。因此皮质醇减少使肾上腺素合成减少。 **答案:A。**

112 压力刺激引起大量的生理反应。下列有关压力相关激素的描述和相关激素的配对中,哪个不正确?( )(单选)

A. 肾上腺素—刺激糖原分解生成葡萄糖
B. 盐皮质激素—增加血压和血量
C. 糖皮质激素—降低免疫系统活性
D. 去甲肾上腺素—增加呼吸速率
E. 促肾上腺皮质激素—刺激肾上腺髓质分泌激素

解析 肾上腺素:刺激肝糖原分解和糖异生,脂肪分解也增加。

盐皮质激素:保水保钠排钾,从而可以增加血量和血压。

糖皮质激素:有抑制炎症反应和免疫反应的作用以及抗过敏作用。

去甲肾上腺素:既然也是一种应急反应的激素,所以增加呼吸速率是很正常的。

促肾上腺皮质激素:当然是促进肾上腺皮质激素分泌的,但正常情况下醛固酮(盐皮质激素)不受其调控,只有血液中的 ACTH 非常高时才有一定的促进作用,而正常情况下只有糖皮质激素才受其调控。**答案:E。**

113 紧急避孕药是指在行房后立即服用可以避免怀孕的药物。这些药物的作用是( )。(单选)

A. 抑制新产生的受精卵有丝分裂
B. 诱发月经
C. 在受精前杀死精子
D. 防止排卵、受精和受精后的植入

解析 紧急避孕药的作用机制是防止排卵、受精和受精后的胚胎植入。人工流产是在胚胎植入后进行的,与紧急避孕药的作用不同。紧急避孕药中含有与普通避孕药相同的激素(雌激素、孕激素),但含量更高。在无保护性交或避孕失败后服用,药物中的高浓度激素可以避免怀孕。米非司酮是一种人工合成的类固醇,可以用作紧急避孕药。更高剂量的米非司酮可以干扰植入,而且甚至可以终止妊娠,这比左炔诺孕酮的药物作用要强烈。因此,根据用药的时机在受精卵植入前后,米非司酮既可以用作紧急避孕药,也可以用作流产药物。 **答案:D。**

114 抗利尿激素(ADH)对肾脏发挥作用的主要机制是什么?( )(单选)

A. 肾小球的足细胞之间形成不透水的细胞连接
B. 降低经过近球小动脉的循环流量
C. 提高肾髓质的渗透压至约 1500 mosm/L
D. 增加远曲小管里水通道蛋白的表达
E. 髓袢升支里的阳离子泵合成的增加

解析 抗利尿激素与远曲小管和集合管上皮细胞管周膜上的 V2 受体结合后,激活膜内的腺苷酸环化酶,使上皮细胞中 cAMP 的生成增加;cAMP 生成增加激活上皮细胞中的蛋白激酶,蛋白激酶的激活,使位于管腔膜附近的含有水通道的小泡镶嵌在管腔膜上,增加管腔膜上的水通道,从而增加水的通透性。当抗利尿激素缺乏时,管腔膜上的水通道可在细胞膜的衣被凹陷处集中,后者形成吞饮小泡进入胞浆,称为内移(internalization)。因此,管腔膜上的水通道消失,对水就不通透。这些含水通道的小泡镶嵌在管腔膜或从

管腔膜进入细胞内，就可调节管腔内膜对水的通透性。基底膜则对水可自由通过，因此，水通过管腔膜进入细胞后自由通过基侧膜进入毛细血管而被重吸收。如大量饮清水后，血液稀释，晶体渗透压降低，抗利尿素分泌减少，肾小管、集合管对水的重吸收减少，结果排出大量低渗尿，将体内多余的水排出体外，此现象称水利尿(water diuresis)。　**答案：D。**

115　下列哪个腺体是由通向它的神经给出的信号直接控制的？(　　)(单选)

A. 肾上腺皮质　　B. 肾上腺髓质　　C. 垂体前叶　　D. 睾丸

E. 卵巢

解析　肾上腺髓质与交感神经节的胚胎发生同源，因此它实际是交感神经系统的延伸部分，功能上相当于轴突交感神经节后神经元。其嗜铬细胞(铬离子与还原性氨反应着色)分泌产物为肾上腺素(E)与去甲肾上腺素(NE)，E∶NE＝4∶1。血中NE除来自髓质外主要来自肾上腺能纤维，E主要来自肾上腺髓质。肾上腺髓质受交感神经节前纤维的支配，因此只要交感神经系统兴奋，即可引起肾上腺髓质分泌。交感神经冲动可提高嗜铬细胞中合成酶系的活性，促进儿茶酚胺类激素的合成。

其他腺体的分泌大多数情况都是通过体液调节，而非神经调节，当然下丘脑的激素分泌往往会受到神经调节。　**答案：B。**

116　下文是关于有关肿瘤坏死因子TNF(tumor necrosis factor)-α的实验的介绍。

TNF主要由巨噬细胞合成，并分泌到血液中。由于脂肪细胞也可以分泌TNF-α，这一因子和糖尿病的关系也日益受到关注。现在，将导入了人TNF-α的DNA的细胞移植到裸鼠皮下(裸鼠没有胸腺，不会对移植的细胞有排斥反应)。移植28 d后，其血液中的TNF-α浓度分别为0.5～3.8 ng/mL(移植组)和低于能检测出的最小浓度(对照组)。对照组裸鼠移植的是没有导入人TNF-α的DNA的细胞。

而在这期间，不论是移植组还是对照组的体重都有所增加，并且增加的量在两组中没有显著差别。移植后第28 d进行了血糖的测定，但也没有观察到明显变化。另外，在空腹时，移植组血液中的胰岛素浓度高于对照组。

在喂食糖分后，测定其血糖值和血液中胰岛素浓度。没有观察到明显的血糖值差异，但移植组血液中的胰岛素浓度较高。

以下是关于TNF-α的功能的描述。其中能用于解释上述试验结果的有哪些？请从A～H中选择正确的选项：(　　)。(多选)

A. TNF-α可以在升高血液中胰岛素浓度的同时促进胰岛素的功能

B. TNF-α可以在降低血液中胰岛素浓度的同时促进胰岛素的功能

C. TNF-α可以在升高血液中胰岛素浓度的同时抑制胰岛素的功能

D. TNF-α可以在降低血液中胰岛素浓度的同时抑制胰岛素的功能

E. TNF-α可以在升高血液中胰岛素浓度的同时又通过其他途径升高血糖值

F. TNF-α可以在降低血液中胰岛素浓度的同时又通过其他途径升高血糖值

G. TNF-α可以在升高血液中胰岛素浓度的同时又通过其他途径降低血糖值

H. TNF-α可以在降低血液中胰岛素浓度的同时又通过其他途径降低血糖值

解析　胰岛素是胰脏中的胰岛所分泌的激素之一，在血糖的调节中起着重要的作用。血糖上升后，胰岛素释放，以降低血糖。胰岛素经常被用于糖尿病的治疗。但是，某些病人对胰岛素有抵抗性，因此即使注射胰岛素，血糖也不会有显著的下降。TNF-α被认为是导致胰岛素抵抗的原因之一。

本实验便是研究胰岛素抵抗的实验之一。在本题的移植实验中所用的裸鼠是一种因遗传因素天生缺少胸腺的小鼠品种，经常被用于各式各样的移植实验。

实验结果中，由于移植组血液中的胰岛素浓度较高，可知TNF-α拥有提高血液中胰岛素浓度的功能。但是，移植组和对照组的血糖值没有明显差别，说明有可能是由于胰岛素的作用受到了阻碍，因此若不提高血液中胰岛素浓度，就无法降低血糖值。这种状态下便是发生了胰岛素抵抗。

从本实验中还没有办法推测出TNF-α会对血糖值会造成什么直接的影响，但是可猜想，TNF-α可能会通过除影响胰岛素功能以外的途径使血糖值上升，这一作用与胰岛素的降糖作用相互拮抗，从而保持血糖值的动态平衡。如果要做另外的实验对其进行研究，可考虑向血糖浓度和胰岛素浓度都相同的小鼠施加TNF-α，观察其反应。 **答案：CE。**

117 去甲肾上腺素可抑制消化道平滑肌收缩，却促进血管平滑肌收缩。若比较两处平滑肌的差异，以推测原因，则下列选项中较合理的是（　　）。（单选）

A. 受体的种类不同　　B. pH值不同

C. 酶的含量不同　　D. 肌肉的构造不同

E. 激素的浓度不同

解析 受体不同，下游信号通路不同。肾上腺素与小肠平滑肌肌膜上的β肾上腺素能受体结合，使膜超极化，抑制动作电位的产生和收缩活动；与血管平滑肌膜上的α肾上腺素能受体结合，使膜去极化，发生收缩。 **答案：A。**

118 生活于自然界的野生动物在一年当中通常会受气候影响，在某些月份进行生殖活动，例如生活于温带的金仓鼠，当春夏长日照时，生殖器官很发达；到了秋冬短日照时，生殖器官则萎缩，失去生殖功能。下列哪个内分泌腺具有抑制性腺的功用？（　　）（单选）

A. 脑下腺　　B. 甲状腺　　C. 肾上腺　　D. 松果腺

E. 胸腺

解析 松果体（松果腺）细胞交替性地分泌褪黑激素和5-羟色胺，有明显的昼夜节律，白昼分泌5-羟色胺，黑夜分泌褪黑激素，褪黑激素可能抑制促性腺激素及其释放激素的合成与分泌，对生殖起抑制作用。因此本题选D。所以儿童若受过多的光线照射，会减少松果体褪黑激素的分泌，引起睡眠紊乱后就可能导致卵泡刺激素提前分泌，从而导致性早熟。 **答案：D。**

119 解剖学家发现，海鸟的肾上腺皮质较一般鸟类宽而厚。下列说明哪一项比较合理？（　　）（单选）

A. 海鸟多肉食性，一般鸟类则多素食　　B. 海鸟生活环境较一般鸟类危险，容易受惊

C. 海鸟的食物的含盐浓度较高　　D. 海鸟多有迁移行为，一般鸟类则否

E. 海鸟体型较一般鸟类大

解析 肾上腺皮质主要生产糖皮质激素与盐皮质激素，调节糖分与水盐代谢。本题说的是海鸟，它与一般鸟类的关键差异在于食物的含盐度高。 **答案：C。**

120 下丘脑属于中枢神经，可分泌促甲状腺激素释放激素（TRH），TRH可促进腺垂体分泌促甲状腺激素（TSH），TSH可促进甲状腺细胞的增生和分泌甲状腺素（T_4）。当T_4过量时会抑制TSH和TRH的分泌，以维持浓度的恒定。下列有关甲状腺疾病的叙述中正确的是（　　）。（多选）

A. 甲的血液中TRH、TSH比常人多，而T_4比常人少，有怕热、大脖子等现象

B. 乙的血液中TRH、TSH和T_4都比常人多，有心跳过快，容易紧张、失眠等现象

C. 丙的血液中TRH、TSH比常人少，而T_4比常人多，有怕热、代谢过低等现象

D. 丁的血液中TRH、TSH和T_4都比常人多，而有代谢过低的现象，这可能是丁患有自体免疫疾病，使T_4的受体不正常

解析 A选项错误。甲的TSH比正常人多，而TSH可促进甲状腺细胞增生，因此会有大脖子病的现象；同时T_4也会偏多，由于甲状腺素具有促进代谢、增加产热的功能，因此甲状腺功能亢进会导致怕热，而甲状腺素较少不会怕热。

B选项正确。甲状腺激素对心血管活动具有加快心率、增加心肌收缩力和心输出量的功能；对神经系统可以易化儿茶酚胺类递质，使交感神经系统兴奋，中枢神经系统的兴奋性上升，有拟交感作用。甲亢患者常多愁善感、喜怒无常、失眠多梦、注意力不集中等，符合题目所述的症状。

C选项错误。高水平的T_4可能抑制了TRH、TSH的合成，使其水平较低，但高水平的T_4会增强能量代

谢、增加产热的功能，因此甲状腺素比常人多的患者不会代谢过低。

D选项正确。甲状腺素可促进代谢，而患者TRH、TSH和T_4都在较高水平，却代谢过低，说明甲状腺素在细胞内造成的下游信号通路被阻断。可能原因为甲状腺素受体不正常，无法执行功能；而受体有可能是被自身的免疫系统错误识别为抗原，从而被攻击造成的。　**答案：BD。**

121 下列激素中会影响血液中葡萄糖(glucose)的浓度的是(　　)。(多选)

A. 醛固酮　B. 升糖素　C. 胰岛素　D. 肾上腺素

E. 甲状旁腺激素

解析 胰岛素是人体内唯一具有降血糖作用的激素。人体内升高血糖的激素较多，比如胰高血糖素、肾上腺素、生长激素、肾上腺糖皮质激素、甲状腺素等都可影响。醛固酮主要增进肾脏对离子及水分的再吸收。甲状旁腺激素则与维持钙和磷质在体内的平衡有关。　**答案：BCD。**

122 下列哪些物质由肾上腺所制造及释放？(　　)(多选)

A. 乙酰胆碱(Ach)　B. 皮质醇(cortisol)

C. 多巴胺(dopamine)　D. 肾上腺素(epinephrine)

E. 促肾上腺皮质激素(ACTH)

解析 肾上腺皮质分泌类固醇激素，如醛固醇、皮质醇和性激素，肾上腺髓质分泌儿茶酚胺类激素(肾上腺素和去甲肾上腺素)，B、D正确。多巴胺是下丘脑和脑垂体腺中的一种关键神经递质，可影响人的情绪。

答案：BD。

123 下列有关激素的叙述中正确的是(　　)。(多选)

A. 胰岛素(insulin)由胰脏的β细胞所分泌

B. 胰高血糖素(glucagon)由肝脏的α细胞所分泌

C. 1型糖尿病起因于病人体内无法产生所需要的胰岛素

D. 肾上腺髓质所分泌的肾上腺素具有促进肝糖水解的作用

E. 糖尿病起因于肾脏无法对葡萄糖再吸收，进而导致葡萄糖出现在尿液中

解析 B错，胰高血糖素由胰岛的α细胞分泌而不是肝脏。胰高血糖素和肾上腺素有协同作用，都能促进血糖升高，一是促进肝糖原分解，二是促进非糖类物质(比如脂质、氨基酸)转化。E错，糖尿病起因于体内胰岛素分泌不足(1型糖尿病)或者胰岛素分泌正常但是身体细胞对胰岛素存在抵抗(2型糖尿病)，与肾脏重吸收无关。　**答案：ACD。**

124 妊娠中胎盘的作用是(　　)。(单选)

A. 产生激素维持妊娠　B. 进行营养和废物交换

C. 将胎儿与母体免疫系统隔离　D. 上述选项都正确

解析 胎盘连接胎儿与母体子宫壁，是胎儿从母体血液中摄取营养、排泄废物、进行气体交换的通道。在胚胎植入前，子宫内膜经历蜕膜化，蜕膜螺旋动脉重新塑形，螺旋减少，管径增加。管径增大使供应胎盘的血流增加，阻力减小，剪切力减小。压力较高的母体血进入绒毛间隙，胎盘绒毛就漂浮在绒毛间隙的血液中。气体交换就在这里进行。随着压力降低，不含氧血回流进入子宫内膜静脉。胎儿的不含氧血通过脐动脉进入胎盘。

在脐带与胎盘连接处，脐动脉迅速分支成为绒毛动脉。绒毛动脉在进入绒毛之前也不断分支。绒毛中有着复杂的毛细血管网，让胎儿血与母体血靠得很近，但绝不会相互混合。绒毛间隙中充盈的母体血可以为胎儿提供营养和氧气，还可以帮助胎儿排出代谢废物和二氧化碳。胎盘细胞上有转运蛋白，可以被动或主动转运营养物质。

胎盘和胎儿是母亲体内的同种异体外来物，因此必须避免母体免疫系统的攻击。胎盘有几种机制可以实现这一目的。其中一个机制是胎盘可以分泌神经激肽B，含有磷酸胆碱分子；胎儿体内有一种免疫抑制细

胞,可以抑制母体细胞毒性 T 细胞对白介素-2 的反应。 答案:D。

125 精巢中有可以形成精子的干细胞——精原细胞。精原细胞首先分化为精母细胞并分裂增殖,再进行减数分裂形成精细胞,最后成熟为精子。图 23 是将精原细胞形成精子的过程中分阶段标出的示意图。将导入绿色荧光蛋白基因的细胞 a 移植到一只大鼠的精巢中。将这只大鼠饲养数月后,取出其精巢,观察其中带绿色荧光的细胞。请从下面选项中选出最可能的观察结果:( )。(单选)

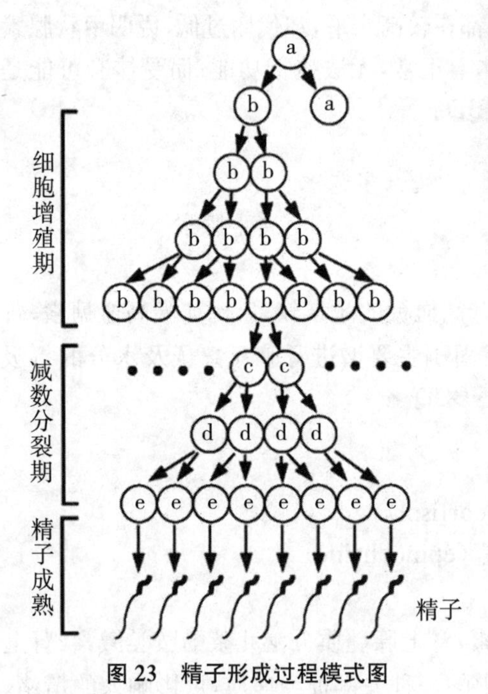

图 23 精子形成过程模式图

A. 只有 1 个细胞 a 产生绿色荧光
B. 只有 8 个精子产生绿色荧光
C. 只有 64 个精子产生绿色荧光
D. 可以观察到多个细胞 b、细胞 c、细胞 d、细胞 e 以及精子产生绿色荧光,但是观察不到产生绿色荧光的细胞 a
E. 可以观察到多个细胞 a、细胞 b、细胞 c、细胞 d、细胞 e 以及精子产生绿色荧光
F. 可以观察到 14 个细胞 b、2 个细胞 c、4 个细胞 d、8 个细胞 e 以及 8 个精子产生绿色荧光

解析 细胞 a 是精原细胞。正如图中所示,由于精原细胞是干细胞,其分裂产生的两个子细胞中,有一个会分化为细胞 b 并最终分化为精子,而另一个仍保持着干细胞的特性。这一干细胞再分裂,便又会产生一个精原细胞和一个细胞 b。也就是说,不论细胞 a 分裂几次,细胞 a 仍继续存在,因此雄性在整个生命过程中都可以不断地产生精子。由此可知,即使只移植了一个细胞 a,也可以源源不断地产生能分化为精子的细胞 b 和细胞 c,最后会产生大量的精子和将要分化为精子的细胞,这就是干细胞的分裂特性。在血细胞等需要源源不断地提供新细胞的部位,也存在着拥有类似功能的细胞。 答案:E。

126 下列哪些选项可以通过胎盘?( )(多选)

A. 母体抗体　　B. 母体淋巴细胞　　C. 酒精　　D. 病毒
E. 红细胞

解析 详见 124 题解析。

在人类和某些动物如兔,IgG 是唯一能从母体通过胎盘转移到胎儿体内的免疫球蛋白,因为它们的胎盘母体侧滋养层细胞具有 IgG 的 Fc 受体,进而通过细胞的外排作用,将 IgG 分泌到胎盘的胎儿侧进入胎儿的循环系统,成为胎儿和新生儿抗感染免疫的主要物质基础。但是,淋巴细胞和红细胞是不可以通过胎盘的,因此 A 正确,B、E 不对。

酒精小分子可以自由扩散过膜,C 正确。临床实践证明,有许多种病毒也可以通过胎盘危害胎儿,实现母婴传播,如艾滋病毒、乙肝病毒,D 正确。 答案:ACD。

127 异位妊娠的意思是( )。(单选)

A. 胚胎或胎儿在输卵管等异常部位发育　　B. 人工授精后的妊娠
C. 孕育同卵双胞胎　　D. 孕育异卵双胞胎

解析 异位妊娠是一种产科疾病,是胚胎在子宫以外的部位植入导致的异常妊娠。异位妊娠的胚胎一般不会成活,罕见成活胚胎。异位妊娠对于孕妇十分危险,内出血是其主要并发症。大多数异位妊娠发生在输卵管内,也可以发生于宫颈、卵巢和腹腔等其他部位。异位妊娠是潜在的急症,如果诊治不当,可能会导致死亡。 答案:A。

128 在怀孕初期的 6～8 周内,雌性激素和黄体酮的主要来源是下列哪项?( )(单选)

A. 卵泡　　B. 黄体　　C. 胎盘　　D. 垂体前叶

E. 垂体后叶

解析 排卵前的雌激素主要由卵泡内膜分泌，排卵后的雌激素和孕激素主要由黄体细胞分泌，其分泌的功能随着卵巢功能周期性变化而波动。卵巢主要合成雌二醇和雌酮两种雌激素。如果怀孕，绒毛膜促性腺激素(hCG)则能刺激卵巢黄体转变成妊娠黄体，继续分泌两种激素。但妊娠黄体的寿命只有10周左右，以后便发生退缩，hCG能够维持黄体，直至孕后第7～9周后胎盘可以完全分泌孕激素和雌激素才萎缩。

答案：B。

129 下列哪个选项是睾丸在阴囊里，在体腔外的优势？(　　)(单选)

A. 更多的精子可以储存在阴囊里

B. 精子的形成在比正常体温低的温度下更有效率

C. 睾丸在阴囊里比在体腔里更好地被保护

D. 前列腺分泌物花更多的时间进入精子

解析 精子必须在低于正常体温3～5 ℃的温度下产生，即一般来说，最适合男性睾丸的温度在34～35.5 ℃，只有这样才能产生大量健康的精子。如果睾丸的温度达到36 ℃或高于36 ℃，一定会让精子先生中暑，从而影响精子的质量，甚至造成男性不育。阴囊的设计包含了逆流交换系统与更好的散热，故可以确保精子发育所需的低温；同时提睾肌可提拉睾丸接近身体，有利于温度的调节。

注意：并不是所有的哺乳动物都有这样的特点，鳍足类动物(海豹和海狮)、鲸类动物(鲸和海豚)与大象的睾丸都在身体里面。

事实上，为何阴囊有这样的特征是一个很有争议的问题，因为显然，这是一种非常脆弱的糟糕设计(你懂的)。第一种解释是：可能像孔雀的羽毛一样，这是雄性哺乳动物在通过吊垂的睾丸向雌性哺乳动物发出信号，告诉她们自己有良好的基因。然而这个假设绝大部分情况下是不正确的，因为除了草原猴等少数物种以外，大多哺乳动物并没有色彩鲜艳的阴囊，事实上它们绝大部分也是色盲。

进化心理学家G. Gallup提出了一种新的理论，称为激活假说。根据他的假设，当精液中的精子细胞进入阴道时，它们感受到了温度的突然上升，因为女性生殖道的温度在体温(37 ℃)。这一温度激活了精子，使它们暂时活化，能够增加其运动能力，令其可通过子宫颈到达输卵管。因此，睾丸的较低温度是用于防止精子的过早活化。而睾丸的极端敏感和疼痛感则是为了提醒雄性动物在此情况下需要注意保护睾丸。这可以解释为什么海洋哺乳动物并不需要保持睾丸在体外阴囊中，因为虽然它们在体内，但其接近皮肤的位置和外界的水温可保持它们足够凉爽。不过，这并不说明大象情况。

第三种解释是南非进化生物学家B. G. Lovegrove所提出的内温跃变假说(endothermic pulses hypothesis)。所谓内温跃变指的是新生代地质时期因气候原因及奔跑习性出现等导致哺乳动物体温升高的适应过程。该理论认为外置睾丸(阴囊)的出现源自哺乳动物的一支叫北方真兽(Boreoeutherian)的分支，包括大部分灵长总目(啮齿目和灵长目)和劳亚总目(食肉目、翼手目、鳞甲目、奇蹄目)，比如兔子、仓鼠、老鼠、猫、狗、狐狸、狼、蝙蝠、马、猴子、猿、人等。这支哺乳动物大部分起源于三叠纪的劳亚大陆(Laurasia，又称北方大陆)，故而得名。它们的祖先体型小如仓鼠，睾丸比例较大，因此选择外置；外置时温度较低，精子形成过程中减数分裂时DNA的突变概率也较低，这在进化上是有利的。这一过程导致相关酶如DNA聚合酶及其他重组酶活性也适应了稍低于体温的体外温度环境。随着气候的变化，哺乳动物的运动能力增强，体温逐步升高，然而精子发育的最佳温度却因为早期已"固定"而在整个新生代保持在了较低水平。因此当北方真兽类动物开始适应性辐射演化成不同体型的动物时，它们体内的正常精子生成依然需要稍低于体温的体外温度环境，这些动物只好仍然要将睾丸置于体外。而其他非北方真兽类的哺乳动物如单孔类鸭嘴兽、犰狳、树懒、大象等在进化上有不同起源，故都是内置睾丸。这一假说由此可以解释为什么大象没有外部睾丸。

至于哺乳动物和鸟类的差异，可能主要是因为二者实际产生精子所需的时间长短不同。相比哺乳动物，鸟类产生精子非常迅速并在相当短的繁殖季节内就释放出去了，精子暴露在体内高温的时间是短暂的，所受到的损伤可能较小。部分哺乳动物其实也不是时时刻刻都把阴囊挂在外边，它们通常隐藏在腹部的皮肤褶中，只有在生殖季节才会降下来。　答案：B。

130 从卵巢被排到体腔内的蛙卵细胞(体腔卵)被细胞外膜(卵膜)包围着。卵细胞进入输卵管后,在通过输卵管的过程中会有一层胶冻状的膜包裹到卵膜周围。被胶质膜包裹的卵细胞被排到体外,在体外受精并发育。为了研究在卵细胞正常受精并开始发育的机制中输卵管有着什么样的作用,进行了下述实验1～4。

实验1及其结果:取已被排出体外的卵,去除其周围的胶质膜,将其置于与池塘水成分相同的盐溶液中并添加精子,发现没有开始发育。若将其置于溶解的胶质膜(胶状液)中并添加精子,发现开始发育。

实验2及其结果:将体腔卵置于胶状液中并添加精子,发现并没有开始发育。

实验3及其结果:将输卵管的某一部分去除并碾碎,并用此液体处理体腔卵。将处理后的体腔卵清洗干净并置于胶状液中并添加精子,发现其开始发育。

实验4及其结果:去除体腔卵的卵膜,置于胶状液中并添加精子,发现其开始发育。

根据上述实验结果做出了下述推测。其中错误的是(　　)。(单选)

A. 要使精子能通过卵膜,在卵细胞通过输卵管的过程中卵膜必须发生某种变化

B. 输卵管合成可以促进受精成功的物质

C. 输卵管的功能只是在卵膜周围包裹一层胶质膜

D. 精子无法通过体腔卵的卵膜使其受精

解析 卵细胞和精细胞相遇并发生受精的过程中,需要解决许多问题。如果一个卵子中进入了多个精子,将会引起异常的发育,最终导致胚胎死亡。如果与其他物种的精子发生了受精,则由于基因不匹配,也会导致异常并最终死亡。为了防止这些问题发生,出现了防止重复受精的机制和精子识别的机制。在这些机制中,胶质膜和卵膜起着重要的作用。从实验1可知,胶质膜中的某种成分在受精过程中必不可少。但是,从实验2可知,即使对看起来只是少了层胶质膜的体腔卵进行相同的操作也不会发生受精。从这两个实验中可知C的结论不正确。而从实验3中可知,输卵管的作用并不只是在卵外面加上一层胶质膜。在实验4中,之所以体腔卵不受精,是因为其卵膜出了问题。综上所述,推论A、B和D正确。我们可以看出,输卵管的功能不仅仅是将卵巢排出的卵细胞从体腔内运输到体外,还保证着卵细胞和精子能正常受精。

答案:C。

为了研究细胞受精的机制,利用海胆进行了下述实验。

实验1:将海胆的卵放在盛满海水的容器中,并滴入精子。此时所滴入的精子的量可以保证,在第一个精子到达卵的10 s后下一个精子到达卵。2 h后进行观察,发现卵正常发育。

实验2:在受精前,通过用电极测得细胞膜内相对细胞膜外的电位差(即膜电位)为－70 mV。之后,进行与实验1相同的实验操作,并在滴入精子后定时测定膜电位的变化,得到如图24所示的实线。

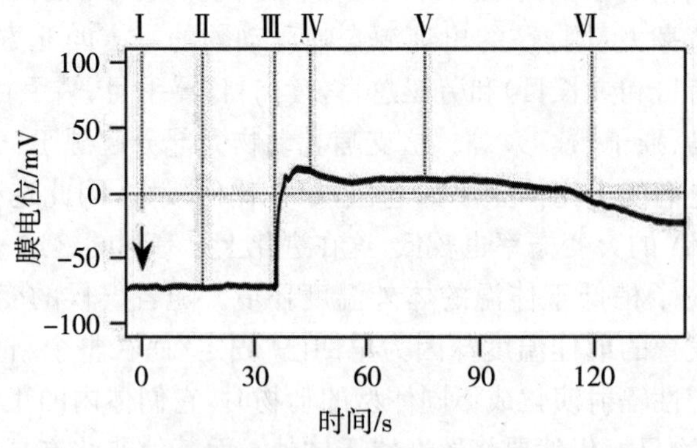

图24　滴入含有精子的液体后海胆的卵的膜电位变化

箭头所指为滴入精子的时间点。

实验3:在进行实验前,利用人工手段使膜电位保持在＋5 mV,并进行与实验1相同的操作,发现滴入精子后,卵并没有受精。

实验4:和实验2一样,滴入精子后定时测定膜电位,并在膜电位变为正数时立即通过人工手段令膜电位变为－20 mV。结果发现,10 s后第二个精子进入卵内。之后,这个卵开始了异常的细胞分裂。

根据以上内容,回答131、132题。

131 精子和卵的受精发生在图24中的Ⅰ～Ⅵ哪一时间点？请从A～F中选择：(　　)。(单选)

A. Ⅰ　　B. Ⅱ　　C. Ⅲ　　D. Ⅳ

E. Ⅴ　　F. Ⅵ

132 从这些实验结果可以做出哪些推论？请从下列选项中选择最恰当的一项：(　　)。(单选)

A. 卵可以通过改变膜电位，控制进入其中的精子的数目

B. 海胆的卵中进入了多个精子后，开始正常的发育

C. 若在受精后令膜电位改变，则无法形成受精膜

D. 为了成功受精，卵的膜电位必须保持在－70 mV左右

E. 若在与实验1相同的条件下，在放有海胆的卵的容器中滴入含有精子的液体，则在10 s后第一个精子到达卵

解析 在多细胞动物的有性生殖中，卵细胞和精子的细胞核通过受精相互融合，并开始胚胎发育。若在这时多个精子同时进入卵细胞，则会引起染色体数目异常，导致异常的发育。因此，在多种多细胞动物中都有相应机制，以保证只有一个精子进入卵细胞。

受精膜的形成便是这一机制的其中一个环节。受精膜形成后，其他精子就无法通过这一层膜。但是，受精膜形成需要数分钟，而在这期间仍有多个精子可以到达卵细胞表面。

防止其他精子在受精膜形成前进入卵细胞的是卵细胞膜电位的变化。从实验3可知，只要膜电位转变为正值，精子就无法进入卵内。正是这一膜电位的变化，防止了除第一个到达的精子外的精子进入卵细胞。但是，若在受精后经过十几秒膜电位才发生改变，那么在实验1的条件下，在膜电位变化前第二个精子就会到达并进入卵细胞。另外，膜电位变化后卵细胞就无法受精了。由此可知，卵细胞在受精之后马上发生膜电位变化，或者至少要在受精后数秒内就完成膜电位的改变。而在131题的选项中，满足这些条件的受精时段就只有C。　答案：131. C；132. A。

133 成年女性在未怀孕情况下，每个月有3～5 d排出月经，请问月经由什么器官的部分黏膜组织碎片组成？(　　)(多选)

A. 阴道　　B. 子宫　　C. 卵巢　　D. 输卵管

解析 月经血中除血液外，还含有子宫内膜脱落的碎片、子宫颈黏液及阴道上皮细胞等。　答案：AB。

134 一只小哺乳动物P被移植了一块皮肤，皮肤取自另一只小哺乳动物Q身上的相同部位。移植受到了排异。从另两只动物R和S上移植的皮肤随后试验在了P身上，结果如下：

① 从R移植：很快排异；

② 从S移植：很慢才排异。

那么要给Q移植的话，选择的供体应当是下列哪项？(　　)(单选)

A. 选择R，因为它最容易被P排异

B. 选择S，因为它最可能被Q接受

C. 既不选R也不选S，因为它们最终都会被P排异

D. 既不选R也不选S，因为结果是与P相关的而非Q

解析 从题干只能知道P身体的抗体抗Q，抗R(快)，也抗S(较慢)；但不知道Q的抗体对R与S的反应如何，无法判断。　答案：D。

135 脾脏的主要生物学功能是(　　)。(单选)

A. 抵御感染　　B. 产生胆汁，增加维生素在肠道中的摄取

C. 产生激素，调节皮肤松紧　　D. 监测并调节血液中的白细胞数量

解析 脾脏是几乎所有脊椎动物都具有的器官，对红细胞和机体免疫系统有重要作用。脾脏可以清除

血液中衰老的红细胞，重新利用铁元素，还可以储存部分血液，在失血性休克时起到代偿作用，这一点在马中最明显(人类脾脏这一作用不大)。脾脏的白髓可以合成抗体，可以清除血液和淋巴中被抗体包被的细菌和被抗体包被的红细胞。最近，研究发现脾脏的红髓中储存了身体内一半的单核细胞，在组织损伤(如心肌损伤)时，这些单核细胞随血流进入损伤组织，转变为巨噬细胞和树突状细胞，参与愈合过程。脾脏是网状内皮系统的中心，可以认为脾脏相当于一个大型的淋巴结，切除脾脏会令身体易患某些感染。 答案：A。

136 过敏反应是由于下列哪类免疫球蛋白的抗原引起的？(　　)(单选)

A. IgA　　B. IgD　　C. IgE　　D. IgG

E. IgM

解析 人血浆内的免疫球蛋白大多数为丙种球蛋白(γ-球蛋白)。丙种球蛋白可分为五类，即免疫球蛋白G(IgG)、免疫球蛋白A(IgA)、免疫球蛋白M(IgM)、免疫球蛋白D(IgD)和免疫球蛋白E(IgE)。其中IgG是最主要的免疫球蛋白，约占人血浆丙种球蛋白的70%，分子量约15万，含糖2%～3%。IgE主要由呼吸道、消化道黏膜固有层淋巴组织中的B细胞合成，存在于血中，是正常人血清中含量最少的免疫球蛋白，可以引起Ⅰ型超敏反应。IgE有能够与肥大细胞和嗜碱性粒细胞结合的免疫功能，为过敏反应的介导因素。 答案：C。

137 南非医疗研究院生产抗毒血清治疗各地区黑曼巴蛇咬伤的患者。抗毒血清是如何生产的？(　　)(单选)

A. 从獴的血液中分离

B. 将稀释后的毒液注射进山羊体内，使山羊产生抗毒素抗体，然后从血液中提取抗体

C. 将毒液注入鸡胚，然后从孵育出的幼鸡血液中提取抗体

D. 将曼巴蛇毒液的基因克隆到细菌中，使其产生毒液和抗毒抗体

解析 生产抗毒血清需要从产生毒液的蛇、蜘蛛或昆虫中获取毒液，然后将毒液稀释，并注射进马、绵羊、山羊或猫的体内。接受注射的动物会经过对毒液的免疫应答，产生抗毒抗体。之后就可以从它们的血液中提取抗体，用于治疗中毒的患者。国际上，抗毒血清需要满足WHO药典的标准。注入鸡胚是培养病毒的做法。 答案：B。

138 你看到一则测试广告，目的是通过检测你的IgG水平来呈现你的隐藏性过敏反应。你知道这个测试是一个骗局，请在下列选项中选择理由：(　　)。(单选)

A. IgG参与黏膜的局部防御，而IgE参与过敏反应

B. IgG参与调理作用(opsonization)、中和作用和抗原的交联，而IgA参与过敏反应

C. IgG参与克隆选择，而IgD参与过敏反应

D. IgG参与调理作用、中和作用和抗原的交联，而IgE参与过敏反应

E. IgG参与黏膜的局部防御，而IgA参与过敏反应

解析 假设一个花生过敏的人吃了一个花生。体内的B细胞暴露在花生抗原下。B细胞开始制造IgE抗体来抵抗花生的入侵。这些IgE抗体是特意制造用来抵抗花生的。IgE抗体结合到花生分子或者过敏原上。

在暴露于花生之后，IgE抗体也可以结合到肥大细胞上。在那里IgE抗体等待下一个花生暴露。当下一个花生暴露后，IgE抗体给肥大细胞信号，释放组胺和其他化合物。组胺和这些化合物是过敏症状(例如瘙痒和炎症)的诱因。所有这些通常发生在消化过敏原的几分钟之内。IgE过敏可以用药物阻止组胺的释放来治疗。

调理作用(opsonization)又称调理素作用，是指抗体、补体与吞噬细胞表面结合，促进吞噬细胞吞噬细菌等颗粒性抗原的作用。 答案：D。

免疫反应分为细胞免疫与体液免疫。细胞免疫中，在胸腺中成熟的T细胞识别抗原后直接攻击抗原；而在体液免疫中，B细胞向血液中释放可以和抗原结合的抗体。回答139、140题。

139 下列疾病和病症中，由细胞免疫引起的是哪一项？(　　)(单选)

A. Rh 血型引起的血型不合　　B. 杉树或桧树引起的花粉症

C. 卡介苗接种反应　　D. 花生或蜱虫引起的过敏

E. 蜂蜇引起的过敏性休克

解析　A 为体液免疫。B 中的花粉过敏是Ⅰ型超敏反应，是由抗体 IgE 介导的，属于体液免疫。C 中结核分枝杆菌是胞内感染菌，机体对结核分枝杆菌虽能产生抗体，但抗体只能与释出的细菌接触起辅助作用。接种卡介苗是用无毒卡介菌(结核菌)人工接种进行初次感染，经过巨噬细胞的加工处理，将其抗原信息传递给免疫活性细胞，使 T 细胞分化增殖，形成致敏淋巴细胞。当机体再遇到结核菌感染时，巨噬细胞和致敏淋巴细胞迅速被激活，执行免疫功能，引起特异性免疫反应，属于细胞免疫。D 与 E 中的过敏同样属于体液免疫。　答案：C。

140 关于抗体，下列叙述中哪一项是正确的？(　　)(单选)

A. 一个抗体分子中有两个和抗原结合的部位

B. 抗体是免疫球蛋白，由蛋白质和脂质构成

C. 抗体分子中可变部分的氨基酸序列大约有 150 种

D. 马的抗体无法在人类体内和抗原结合

解析　A 是正确的，参见抗体结构。B 不对，抗体没有脂质成分，但是具有糖基化修饰。C 不对，可变区通过基因重排可实现成千上万种不同的氨基酸序列，大约可实现 10^{12} 种抗体的形成，远远不止 150 种。D 不对，马抗体在人体内可以与抗原反应，早期的抗毒血清就是这样制造的。具体制作过程是：将蛇毒、病原菌产的毒等小量多次地注射到兔子、马血管内，每日慢慢加大注射量。一定时间后，动物体内产生抗体，经检测，达到一定效价后，就可以抽血。从血液分离出血清后再经提纯，就成了抗毒血清，可以用来救人。

注意：马抗体对于人体而言，自身也是抗原，会引起免疫反应，但因为中毒，它首先要结合掉毒素，而抗血清是其他动物针对毒素蛋白质产生的特异性抗体，结合迅速，所以仍可用此方法注射治疗。而人类机体想排除异己的马抗体，需要激活一个相对漫长的免疫过程，产生相应的抗体，最终的蛇毒抗原与马抗体形成的复合体也是会被机体识别排除的。　答案：A。

141 利用两个种系的小鼠(纯系 A 和纯系 B)进行了下述实验。小鼠中，脏器或组织移植所引起的排斥反应只由主要组织相容性抗原(MHC)的不一致引起，MHC 由单基因控制(位于常染色体上)，遵从孟德尔遗传法则。当纯系 A 和 B 拥有不同的 MHC 基因时，下列选项中哪一项的实验操作与结果是正确对应的？(　　)(单选)

A. 将纯系 A(成体)的皮肤移植给纯系 B(成体)，结果没有发生排斥反应。反过来也没有发生排斥反应

B. 将纯系 A(成体)的脾脏组织(含 T 细胞)注射给纯系 B(新生儿)。纯系 B 成熟后移植纯系 A(成体)的皮肤，发生了排斥反应

C. 令纯系 A 和纯系 B 交配，产生 F_1，从亲本给子代移植皮肤，结果发生了排斥反应

D. 将纯系 A(成体)的皮肤移植给去除了胸腺的纯系 B(成体)，结果没有发生排斥反应

解析　MHC 具有重要的生物学功能，主要包括参与胸腺对胸腺细胞的选择作用、对机体免疫应答的遗传控制、参与免疫细胞相互识别、对免疫细胞相互作用的遗传限制等。A 中两个纯系的 MHC 不一致，将会发生排斥反应，不正确。B 中纯系 B 的新生儿接受了纯系 A 的脾脏组织，其 T 细胞表面包含有 MHC 抗原，诱导了 B 系成年小鼠对 A 系小鼠皮肤移植物的耐受，故不会有排斥反应。C 中 MHC 基因的表达方式是共显性的，因此 F_1 具有父母双方的 MHC，从亲本向子代移植皮肤不会发生排斥反应。D 中因为纯系 B 去除了胸腺，因此不会发生排斥反应，是正确的。　答案：D。

142 加强接种疫苗的剂量有助于(　　)。(单选)

A. 通过增加效应细胞的数量来增加血液中抗体的水平

B. 通过减少抑制性 T 细胞的数量来增加血液中抗体的水平

C. 通过增加效应细胞来增加主要组织相容性复合体(MHC)的识别位点

D. 维持较高的单核白细胞数量

E. 减少单核白细胞的数量

解析 免疫中的初次应答指的是身体第一次接触抗原后产生的免疫过程。从最初的抗原侵入、选择出相应淋巴细胞到产生最大量的效应细胞,需要 10～17 d 的时间。(记忆细胞寿命较长,携带有该抗原的特异性受体;效应细胞寿命较短,可直接对抗该特异抗原。)如果一个个体隔一段时间之后再次被同一个抗原所感染,机体反应会变快,大概只需 2～7 d,并且反应更剧烈、更持久,这便是再次应答。一个接种过疫苗的人遇到病原体时,会与曾经得过此病的人一样有着快速和基于记忆细胞的再次应答过程。 答案:A。

143 一个人若产生了额外的皮质醇,这将会对其免疫系统有怎样的影响?(　　)(单选)

A. 刺激免疫系统
B. 由血液 pH 决定是刺激还是抑制免疫系统
C. 抑制免疫系统
D. 增强 B 细胞活性
E. 没有影响

解析 皮质醇可削弱免疫系统的活动,妨碍 T 细胞的繁殖等。它具有下列作用:

① 稳定溶酶体,防止其破坏自身组织;

② 抑制单核-巨噬细胞功能,减弱其抗原加工递呈作用;

③ 一般剂量可抑制初次免疫应答,大剂量则溶解淋巴细胞;

④ 抗炎作用,减少中性粒细胞等炎症细胞的积聚和炎性渗出;

⑤ 皮质醇可抑制淋巴细胞产生 IL-2、MHC-Ⅱ类分子和 IFN-γ 等,还可阻断巨噬细胞表面表达 Ia 分子,抑制 NK 细胞活性。

综合可见,它对特异/非特异性免疫都有抑制作用。 答案:C。

144 蔡子星感染了耶尔森氏鼠疫杆菌(一种病原菌)。这些细菌具有一种Ⅲ型分泌系统,涉及一种注入体(一种蛋白质注射器),该注入体可将外膜蛋白(Yop)毒素注入蔡子星的一系列特定细胞。这种外膜蛋白阻止这些人体细胞进行吞噬作用,阻止细胞生产有毒的(可杀死细菌的)氧形式,还阻止细胞生产细胞因子。请问蔡子星的哪些细胞被细菌靶定了?(　　)(单选)

A. 细胞毒性 T 细胞
B. 树突细胞
C. 小神经胶质细胞
D. B 细胞
E. 巨噬细胞

解析 微生物分泌系统:致病菌为了在宿主体内生存、繁殖和扩散,必须分泌一些蛋白性质的毒力因子;而一些非致病菌为了适应其生活环境,也向外分泌一些蛋白质。革兰氏阳性(G^+)菌具有单一胞浆膜,胞浆膜外是一层厚厚的由肽聚糖组成的细胞壁;而革兰氏阴性(G^-)菌则有两层生物膜,即内膜(胞浆膜)和外膜,内膜和外膜之间为一层薄的肽聚糖层和外周质间隙(periplasmic space)。细菌依赖分泌通路进行蛋白质的跨胞浆膜转运的系统称为分泌系统。

2013 年已经发现了 6 种细菌分泌系统,按其分泌是否利用 Sec 转位酶可分为两大类:一类是利用 Sec 转位酶(translocase)和 N 末端信号序列进行蛋白转运的,包括Ⅱ型(T2SS)和 V 型分泌系统(T5SS);另一类则不依赖 Sec 转位酶,如Ⅰ型(T1SS)、Ⅲ型(T3SS)、Ⅳ型(T4SS)和Ⅳ型分泌系统(T6SS)。

耶尔森氏菌有 3 种效应蛋白干扰细胞骨架动力学,其中 YopH 引起局部黏附部位几种蛋白去磷酸化,从而导致这些复合物解离,引起细胞骨架重组;YopE 可修饰巨噬细胞蛋白,破坏细胞的功能,使巨噬细胞不能够吞噬和杀伤细菌。

志贺氏菌属利用 2 个效应蛋白作用于细胞骨架,使菌细胞进入非吞噬细胞,如侵入大肠的黏膜上皮细胞并在其中繁殖,起定居作用。

沙门氏菌属 SPⅠ-1 和 SPⅠ-2 基因编码的产物可使宿主细胞产生细胞因子,可诱导巨噬细胞凋亡,还可以促使在细菌表面装配与宿主细胞相接触的侵袭小体等附属结构。

故本题选巨噬细胞。

最后补充介绍一下这几种细胞。抗原提呈细胞是B淋巴细胞、巨噬细胞和树突细胞。吞噬细胞包括中性粒细胞、巨噬细胞和嗜酸性粒细胞。神经胶质细胞(glial)包括星状胶质细胞(astrocyte)、少突胶质细胞(oligodendrocyte)以及小胶质细胞(microglia)。其中小神经胶质细胞是一种神经胶质细胞,是脑脊髓部位的定居巨噬细胞,担任中枢神经系统(CNS)的首道和主要的免疫活性屏障。

细胞毒性T淋巴细胞(CTL)是杀死其他(目标)细胞的淋巴细胞。靶标包括:病毒感染的细胞(例如:HIV感染的$CD4^+$ T细胞);胞内细菌或原生寄生虫感染的细胞;同种异体移植物,如移植的肾脏、心脏、肺等;癌细胞。(肿瘤浸润淋巴细胞(TIL)有一些用于癌症治疗的可能性,包括CTL细胞。)

还有一些事实表明CTL在一些自身免疫性疾病中是活动的,例如:帮助摧毁朗格汉斯岛(胰岛)的β细胞,导致1型糖尿病。CTL细胞有细胞质颗粒,包括颗粒酶和穿孔蛋白两种蛋白质。当CTL细胞连接到它的靶标上后,细胞质颗粒的部分会通过胞外分泌排出。

十多个穿孔蛋白分子嵌入靶标细胞的细胞膜内,形成孔道,使得颗粒酶能够进入细胞。颗粒酶是丝氨酸蛋白酶,最丰富的两种是颗粒酶A和颗粒酶B。颗粒酶A一旦在细胞内,它会进入线粒体并分裂开电子传递链的复合体Ⅰ(NADH脱氢酶)的子单元,产生活性氧自由基,从而杀死细胞。颗粒酶B一旦在细胞内,它会继续切割半胱天冬酶的前体,继而刺激它们并导致细胞通过凋亡自我毁灭。

B细胞结合完整的抗原(如白喉类毒素,一种通过DTP疫苗注入人体内的蛋白质)。这些可能是存在细胞外液中的可溶性分子;B细胞从抗原提呈细胞(比如巨噬细胞和树突细胞)表面拔下的完整分子。

结合抗原分子通过受体介导细胞吞噬作用被B细胞吞食。抗原被消化成碎片,然后在位于Ⅱ型组织相容性分子的细胞表面处排列。这种结构特异的辅助T细胞(如具有互补的T细胞受体/TCR)结合B细胞并且分泌淋巴因子,从而刺激B细胞进入细胞周期并通过重复的有丝分裂发展成为与这些细胞相同的克隆细胞;将作为内在膜蛋白的合成BCR转化为可溶性的;分化成为分泌这些可溶性BCR的浆细胞,这些可溶性BCR也就是我们现在称作的抗体。 **答案:E。**

145 如果将甲品系老鼠在幼年期就切除胸腺,则下列叙述中正确的是( )。(单选)

A. 此老鼠无法排斥乙品系老鼠的皮肤
B. 此老鼠会产生抗体对抗自己的组织
C. 此老鼠B淋巴细胞数目明显不足
D. 此老鼠不会发生炎症反应

解析 胸腺与T淋巴细胞相关。B、C是关于B淋巴细胞的,它在骨髓发育成熟。炎症反应主要与中性粒细胞、单核细胞相关,过敏则与嗜碱性粒细胞、嗜酸性粒细胞都有关系。 **答案:A。**

146 肥大细胞(mast cells)与过敏有关,下列叙述中正确的是( )。(单选)

A. 肥大细胞表面可附着任何B细胞产生的抗体
B. 肥大细胞表面的抗体称为过敏原
C. 肥大细胞释出的物质引起类似发炎反应的症状
D. 肥大细胞释出的过敏原造成气管平滑肌收缩
E. 肥大细胞释出的物质防止过敏原再度与抗体结合

解析 过敏原又称为致敏原或变应原,是指能够使人发生过敏的抗原。与过敏原结合引起过敏反应的主要是肥大细胞表面附着的IgE抗体,因此A不对,B也不对。肥大细胞表达大量的IgE Fc受体,当其上结合的IgE抗体和抗原接触时,将使细胞崩坏,释放颗粒以及颗粒中的过敏介质,含有肝素、组织胺、5-羟色胺、白三烯等,可在组织内引起速发型过敏反应(炎症)。白三烯是使气管平滑肌收缩的主要物质,而不是过敏原,过敏原也并非肥大细胞释放。 **答案:C。**

147 我们每天吃进的食物中都含有许多的微生物,当这些微生物通过胃时,会因为胃壁分泌的盐酸而造成数目剧降。请问为什么?( )(多选)

A. 盐酸会将微生物溶解
B. 盐酸会降低胃内环境的酸碱度,提高胃蛋白酶的活性,杀死微生物

C. 盐酸会降低胃内环境的酸碱度,促进微生物的代谢,杀死微生物

D. 盐酸会降低胃内环境的酸碱度,抑制微生物的代谢,杀死微生物

E. 盐酸会降低胃内环境的酸碱度,促进抗体的产生,杀死微生物

解析 盐酸直接破坏细菌和病毒的能力并不强,但胃蛋白酶在低 pH 下激活,具有一定杀菌能力;此外细菌一般不太耐酸(相比真菌),低 pH 影响酶活性,抑制微生物代谢,也可以杀死微生物。 答案:BD。

148 致病微生物侵入后破坏组织细胞引起疾病时,大量的中性粒细胞(又称为小吞噬细胞,microphage)迅速移出血管,到达病灶,攻击微生物并吞噬。数天后病灶又出现一种大型的吞噬细胞,称为巨噬细胞(macrophage),一起吞噬微生物与死亡的细胞。下列哪种白细胞需要数天才能发展成为巨噬细胞?( )(单选)

A. 嗜中性粒细胞　　B. 淋巴细胞

C. 单核细胞　　D. 嗜伊红性粒细胞

E. 嗜碱性粒细胞

解析 巨噬细胞起源于骨髓干细胞,其发育过程为:骨髓干细胞→单核母细胞→原单核细胞→单核细胞→巨噬细胞。单核细胞由骨髓释放入血,在血中 3~4 d 后进入组织,活化转变成巨噬细胞。单核细胞和组织中的巨噬细胞共同组成了单核-巨噬细胞系统,行使吞噬消化、分泌淋巴因子、呈递抗原等功能。答案:C。

149 有关动物的防御系统,下列组合中正确的是( )。(多选)

A. 过敏—自体免疫反应　　B. 吞噬作用—嗜碱性粒细胞

C. 疫苗接种—被动免疫反应　　D. 发炎反应—非特异性免疫反应

E. 活化特异性辅助性 T 细胞—抗原呈现细胞

解析 炎症是机体对病原体的侵入或其他损伤的一种保护性反应,白细胞、红细胞、组胺和 5-羟色胺在发炎早期有着重要的作用,属于非特异性免疫反应,D 正确。

人工接种死/活疫苗或类毒素后获得的特异性免疫属于主动免疫反应,人工注入免疫血清、抗毒素、丙种球蛋白或淋巴细胞获得的特异性免疫才属于被动免疫反应,C 错误。

能吞噬杀死病原微生物的吞噬细胞主要有粒细胞中的嗜中性粒细胞、以巨噬细胞为代表的各种单核吞噬细胞,还有分布于淋巴液和脾中的树突细胞,就连嗜酸性粒细胞都具有一定的吞噬能力,嗜碱性粒细胞内含组织胺等活性物质,主要与Ⅰ型超敏反应有关,B 错误。

过敏反应是指已产生免疫的机体在再次接受相同抗原刺激时所发生的组织损伤或功能紊乱的反应,是免疫系统对无害物质的过度应答导致的自体免疫反应,A 正确。

抗原呈递细胞(APC)是指能够摄取、加工处理抗原,并将处理过的抗原呈递给 T、B 淋巴细胞的一类免疫细胞,主要包括单核-吞噬细胞、树突细胞、B 细胞以及内皮细胞等,E 正确。 答案:ADE。

150 在下列各种疾病中,哪项的病原体可以在活细胞内繁殖?( )(多选)

A. 疟疾　　B. 肺结核　　C. 登革热　　D. 破伤风

E. 流行性感冒

解析 疟疾是由疟原虫引起的,疟原虫在人体中的发育需经历肝细胞和红细胞内两个时期。

肺结核是由结核分枝杆菌引起的疾病,结核分枝杆菌是胞内感染菌,可侵犯全身各器官,但以肺结核最为多见。

登革热是登革病毒经蚊媒传播引起的急性虫媒传染病。病毒必须在活细胞内寄生复制,一旦离开活细胞,便完全没有生命迹象。

破伤风是破伤风梭菌经由皮肤或黏膜伤口侵入人体,在缺氧环境下生长繁殖,产生毒素而引起肌痉挛的一种特异性感染。其免疫方式为体液免疫,破伤风梭菌不进入活细胞内繁殖。

流行性感冒由流感病毒引起,人体在感染流感病毒后或疫苗接种后可产生特异性的细胞免疫和体液

免疫。

综上，除D选项，其他都正确。 **答案：ABCE。**

151 下列有关ABO血型鉴定的叙述中正确的是（ ）。（多选）

A. 要观察血细胞凝集的反应

B. 要使用抗A和抗B两种血清

C. A型的血细胞表面有糖蛋白，B型的没有

D. 需将血液与抗血清混合，不可加抗凝血剂

E. A型者有抗B抗体，B型者有抗A抗体，O型者两种抗体皆具有，AB型者两种抗体皆无

解析 ABO血型物质的化学本质是构成血型蛋白的糖蛋白或糖脂，血型的特异性主要取决于血型抗原糖链的组成，即凝集原。C错，B型血液的血细胞上有B抗原。ABO血型鉴定时通常只用抗A和抗B两种抗血清，观察血液的凝集反应，即可将群体分为四种血型。如表5所示。 **答案：ABDE。**

表5

血型	红细胞表面抗原	血清中抗体
A	A抗原	抗B抗体
B	B抗原	抗A抗体
AB	A抗原、B抗原	无
O	H抗原	抗A抗体、抗B抗体

152 图25所示为在疫苗注射前后不同时间采血所测得的抗体效价表现。下列叙述中正确的是（ ）。（箭头为疫苗注射时间）（多选）

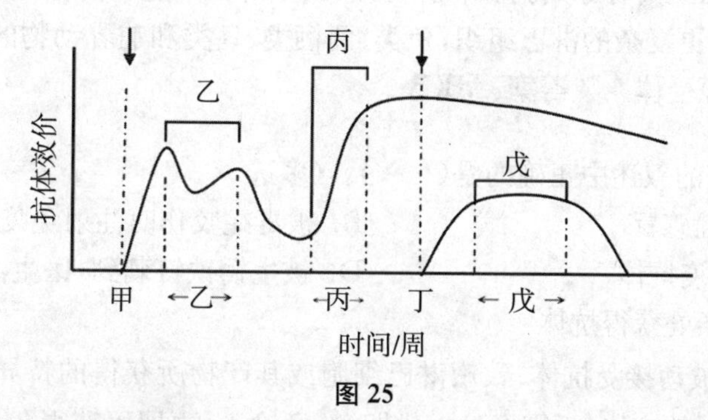

图25

A. 甲与丁时间所注射的为不同种疫苗

B. 乙与戊时期所测到的免疫球蛋白主要是IgG

C. 丙时期测到的免疫球蛋白主要是IgM

D. 识别甲与丁时间所注射疫苗的B细胞的专一性不同

E. 在乙与丙时期产生抗体的B细胞的专一性相同

解析 由图可知，两支疫苗注射后所引起的效价高峰形态并不相同，第一支疫苗刚注射时引起的抗体效价有两次高峰期（乙），第二支疫苗引起的抗体只有一次高峰期（戊），因此二者注射的疫苗不同，产生的抗体也不一样，A正确。

乙与戊是初次免疫应答，因此主要抗体是IgM而不是IgG，B不对。反而丙应该是个体接触到相同抗原引起了二次免疫应答，主要抗体才是IgG（图26），C也不对。

甲与丁注射的疫苗属于不同抗原，最终对应的B细胞自然专一性不同；乙与丙对应同一类抗原产生的不同类型抗体（IgM与IgG），B细胞的专一性却是相同的，因此D、E正确。 **答案：ADE。**

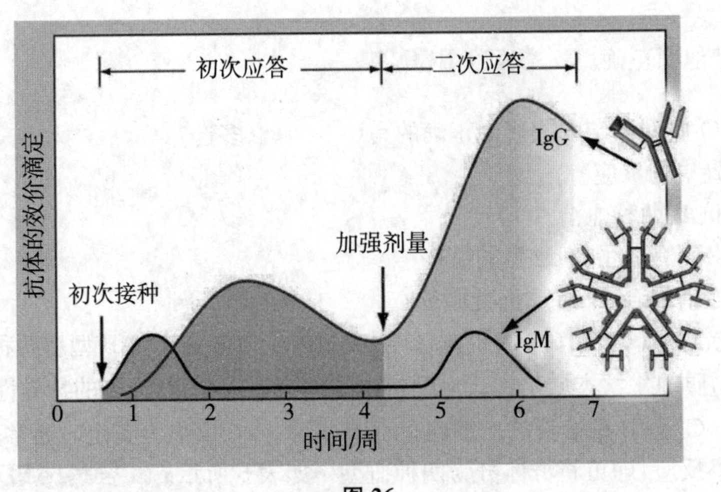

图 26

参考文献

[1] Slonczewski J L, Foster J W. Microbiology: An Evolving Science[M]. 4th ed. W. W. Norton & Company, Inc, 2017.

153 在免疫系统的演化过程中，下列哪些动物演化出具有以淋巴细胞为主的免疫系统？(　　)(多选)

A. 硬骨鱼　　B. 无颌鱼　　C. 哺乳动物　　D. 棘皮动物

E. 多孔动物

解析 无脊椎动物的免疫能力一般只表现在吞噬细胞的吞噬作用，它们没有淋巴器官，免疫细胞的类型主要是变形细胞、白细胞、体细胞和初级的淋巴细胞。脊椎动物则出现了各种淋巴器官和逐步完备的免疫机能，圆口类(无颌类)动物已经具有原始胸腺和脾，可以产生淋巴细胞。总体来说，脊椎动物免疫系统都有T淋巴细胞和B淋巴细胞或更复杂的淋巴组织，鱼类、两栖类、鸟类和哺乳动物的淋巴细胞存在机能上的异质性，免疫细胞有明确的抗原受体。　答案:ABC。

154 下列有关被动免疫的叙述中正确的是(　　)。(多选)

A. 接种疫苗抵抗流行性感冒　　B. 被毒蛇咬伤时注射免疫球蛋白

C. 得过水痘后，产生免疫抗体　　D. 被生锈铁钉刺到，医生注射破伤风抗体

E. 胎儿经由脐带从母亲处获得抗体

解析 被动免疫是机体被动接受抗体、致敏淋巴细胞或其产物所获得的特异性免疫能力。它与主动产生的自动免疫不同，其特点是效应快，不需经过潜伏期，一经输入，立即可获得免疫力，但维持时间短。被动免疫分为天然被动免疫和人工被动免疫，前者如母亲的抗体通过胎盘或乳汁传给婴儿；后者如抗毒素、抗病毒血清、抗菌血清、免疫球蛋白制剂等特异性免疫治疗剂和免疫调节剂等非特异性免疫治疗剂。

A属于人工主动免疫，C属于天然主动免疫。　答案:BDE。

155 下列哪项解释了为什么指甲和毛发是相似的？(　　)(单选)

A. 它们都不是角蛋白加强形成的　　B. 指甲和毛发都是皮肤的变形

C. 它们都有静止期　　D. 它们的生长速度相同

解析 皮肤是覆盖在身体外表面的保护器官，在身体的各个孔裂依然与消化道和其他管道的黏膜延续不中断。皮肤形成一道保护屏障，抵抗物理、化学和微生物的侵袭。同时，皮肤中还含有感觉终末纤维，可以产生触觉、温度觉和痛觉。

皮肤由内外两层组成，分别为表皮和真皮。表皮的最上面一层由含有角蛋白的死细胞组成，指甲和毛发也由硬蛋白质组成。

在皮肤的某些部位，皮肤的构造改变形成毛发和甲。皮肤的厚度各异，眼睑的皮肤很薄，仅为0.5 mm，

手掌和脚掌的皮肤可厚达 4 mm。 答案:B。

156 动物的身体由四种组织(上皮组织、结缔组织、肌肉组织、神经组织)构成。下列身体部位中,哪些部位不含有结缔组织?请选出正确的选项:( )。(多选)

A. 真皮　B. 头盖骨　C. 跟腱　D. 蛇蜕
E. 汗腺

解析 结缔组织几乎存在于身体的各处,并且呈现出不同的形态,承担着不同功能。皮肤的真皮、软骨、硬骨都是结缔组织。肌腱是包裹着肌肉的肌纤维膜末端加厚而附着在骨骼上的部分,这也是结缔组织。因此 A、B、C 错误。蛇蜕是脱落的表层表皮,汗腺是表皮的分泌上皮伸入真皮上层中形成的结构,两者皆为上皮组织。 答案:DE。

157 在尿道内表面,也就是尿液在体内存在时经过的管道,排列着下列哪种上皮细胞?( )。(单选)

A. 立方形细胞　B. 单层鳞状上皮细胞
C. 单层柱状上皮细胞　D. 复层柱状上皮细胞
E. 复层鳞状上皮细胞

解析 复层柱状上皮:由数层细胞组成,其深部为一层或几层多边形细胞,浅部为一层排列较整齐的矮柱状细胞。这种上皮主要分布于结膜、男性尿道和一些腺的大导管处。

单层鳞状上皮细胞及单层扁平上皮如血管内皮(延展);复层鳞状(扁平)上皮如皮肤表皮(更结实);单层柱状上皮如甲状腺、肾小管上皮,有分泌吸收作用(扩散容易)。 答案:D。

158 分散在细胞外基质中由蛋白质纤维分泌细胞构成的组织类型通常在下列哪项中?( )(单选)

A. 心肌　B. 树突　C. 皮肤表面　D. 肺气囊(肺泡)内衬
E. 肌腱

解析 结缔组织细胞外基质丰富。 答案:E。

159 软骨基质中的蛋白质是什么?( )(单选)

A. 纤维蛋白原　B. 软骨膜　C. 心包膜　D. 软骨胶

解析 软骨胶是构成软骨基质的成分。其化学组成包括糖蛋白的软骨黏蛋白(chondro-mucoid)、软骨素(chondroi-tio)硫酸和富含硫黄的硬蛋白等。纤维蛋白原是一种由肝脏合成的具有凝血功能的蛋白质。另外两个选项并不是软骨基质内的蛋白质,而是结缔组织膜。 答案:D。

根据图 27 回答 160～162 题。

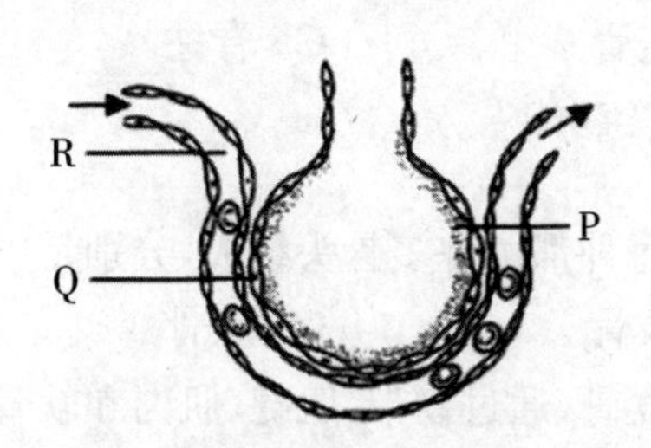

图 27　人体气体交换系统局部示意

160 Q 所指的细胞称为( )。(单选)

A. 柱状上皮细胞　B. 鳞状上皮细胞　C. 纤毛上皮细胞　D. 立方上皮细胞

解析 肺泡是解剖学术语,指的是肺脏中的含气小空腔。肺泡腔呈球形,是与血液进行气体交换的场所。肺泡是哺乳动物肺脏特有的结构,其他脊椎动物的气体交换器官各有不同。肺泡壁中含有胶原纤维和弹性纤维,壁内覆盖一层上皮细胞。弹性纤维使肺泡在充气时扩张,然后反弹回去,将二氧化碳浓度高的气体呼出体外。肺泡壁是气体交换屏障。人类肺部含有约3亿个肺泡，每个肺泡70%的面积被毛细血管网包裹。成人的肺泡直径为200～300 μm，吸气时直径扩张。肺泡壁中主要有三种细胞：(1)Ⅰ型上皮细胞(鳞状上皮细胞)，是肺泡壁的主要组成部分；(2)Ⅱ型上皮细胞，分泌肺表面活性物质，降低表面张力，增加气体交换效率，肺表面活性物质通过胞吐的方式持续分泌；(3)巨噬细胞，破坏外来物质，如细菌。 答案:B。

161 R标示的血管是哪根血管的分支？(　　)(单选)

A. 肺静脉　　B. 肝门静脉

C. 肝静脉　　D. 肺动脉

解析 肺静脉是输送肺部的血液到左心房的大血管，左右各一，分别从两肺发出。肺静脉中是含氧血，而一般静脉中都是缺氧血。肺动脉分支形成肺泡毛细血管，毛细血管网汇合形成肺叶静脉，再汇合形成肺静脉。肺动脉将血液从心脏输送进肺，是唯一运输缺氧血的动脉。 答案:D。

162 P标示的物质有什么功能？(　　)(多选)

A. 避免细胞脱水　　B. 防止机械性损伤

C. 令气体以溶解的状态扩散　　D. 协助呼吸运动

解析 肺表面活性物质是覆盖在所有肺泡内表面的薄层液体，由磷脂和蛋白质混合而成，可以使呼气后肺泡重新充气变得更容易。这层液体还可以协助肺泡气与血液之间的气体交换。表面活性物质是肺颗粒细胞合成的。 答案:ABCD。

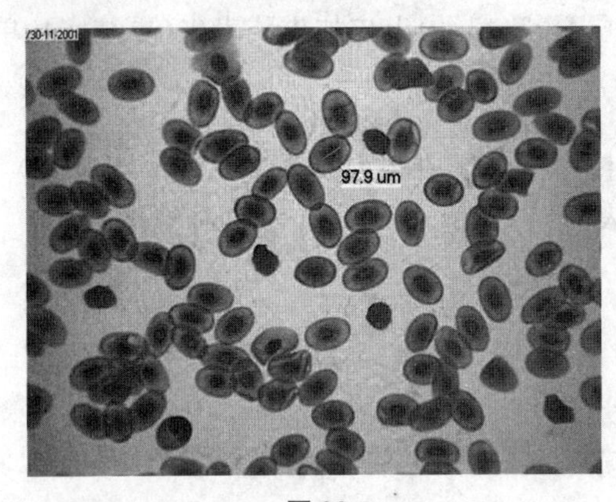

图28

163 图28描述了什么？(　　)(单选)

A. 发育中的人体精子细胞

B. 人体血液涂片

C. 人体肺部切片

D. 青蛙卵细胞

E. 青蛙血液涂片

解析 图28看起来细胞排列比较分散，且没有规则，所以不可能是肺的切片或者是蛙的卵细胞(再说卵细胞应该是圆形的)，而极有可能是血涂片。我们看到，椭圆形的细胞如此之多，所以应该是红细胞；而且有核，所以不可能是哺乳动物的红细胞，只能是蛙的血液涂片。 答案:E。

164 枕骨大孔能形成下列哪个选项的一部分？(　　)(单选)

A. 下肢　　B. 头盖骨　　C. 脊柱　　D. 上肢

解析 枕骨大孔在头盖骨上。 答案:B。

165 人类的骨骼可以分为两种，每种都由许多骨头组成，分别是中轴骨和(　　)。(单选)

A. 中央骨　　B. 附肢骨　　C. 软骨　　D. 滑膜

解析 人类骨骼中有融合骨和独立骨，通过韧带、肌腱、肌肉和软骨连接并加强。骨骼像脚手架一样，支持人体的器官，为肌肉提供锚定点，保护心、脑、肺等重要器官。人体中最长、最重的骨是股骨，最小的骨是中耳镫骨。成人的骨骼占全身重量的20%。融合骨有骨盆和颅骨。骨头不都和其他骨头直接相连：中耳中有六块听小骨，一侧三块，互相形成关节，不与其他骨头相连；颈部的舌骨为舌头提供附着点，不与其他骨头形成关节，由肌肉和韧带支持。

人类骨骼可以分为中轴骨和附肢骨。中轴骨组成了人体的头部和躯干，共80块骨骼。分5个部分：头骨、听小骨、舌骨、胸部和脊柱。附肢骨由126块骨头组成，实现身体的运动功能，还可以保护消化、排泄和生殖器官。“附肢”一词是指连接在身体主干上的肢体，例如人体的上下肢。 答案:B。

166 骨骼的基质是由特定的细胞(成骨细胞)和胶原纤维形成的。许多骨骼中间有中空的腔,内有骨髓。成骨细胞、胶原纤维和骨髓的作用分别是(　　)。(单选)

A. 分泌酶;提供韧性;产生血细胞

B. 提供韧性;锚定;产生血细胞

C. 产生软骨;提供韧性;分泌抗体

D. 分泌钙盐,沉积于骨质,提供强度和硬度;提供韧性;产生血细胞

解析 成骨细胞是骨祖细胞分化形成的单核成骨细胞。成骨细胞可以形成胶原骨架,分泌钙盐、镁盐和磷酸根,在胶原纤维组成的骨架中结晶成为羟基磷灰石。羟基磷灰石的强度很高,但韧性较差,意味着其抗压力强,但抗拉力弱。成骨细胞还可以合成激素,例如前列腺素,可以作用于骨骼本身。成骨细胞也可以产生碱性磷酸酶,参与骨骼的矿化。虽然骨骼看起来十分易碎,但是它有很强的弹性,这种韧性来源于胶原纤维。骨髓位于骨骼内部,具有造血功能,可以产生血细胞。　**答案:D。**

167 下列哪个选项组成了附肢骨骼的一部分?(　　)(单选)

A. 颅骨　　B. 肩带　　C. 胸腔　　D. 脊柱

解析 肩带属于附肢骨。　**答案:B。**

168 人类的哪部分脊椎骨发生了融合?(　　)(单选)

A. 骶椎　　B. 颈椎　　C. 胸椎　　D. 腰椎

E. 寰椎和枢椎

解析 人类有五块骶椎,从出生开始逐渐相互愈合为一块,称为骶骨。　**答案:A。**

169 人类骨架中最长的骨是(　　)。(单选)

A. 股骨　　B. 肱骨　　C. 胫骨　　D. 尺骨

E. 腓骨

解析 股骨是人体最长、最结实的长骨,其长度约占身高的1/4。　**答案:A。**

170 一种新的化学品被发现可以抑制肌肉功能,在足够高的剂量下会导致麻痹。下列哪个选项不是该化学品作用的可能机理?(　　)(单选)

A. 抑制在周围运动神经元的突触间隙中的乙酰胆碱酯酶

B. 抑制乙酰胆碱在周围运动神经元的释放

C. 抑制钙离子在周围运动神经元的释放

D. 抑制肌肉细胞中肌凝蛋白头与肌动蛋白丝的连接

E. 抑制肌肉细胞中肌质网上的钙离子释放通道

解析 乙酰胆碱酯酶抑制剂(通常缩写为AChEI)或者抗胆碱酯酶是一种化合物,抑制乙酰胆碱酯酶分解乙酰胆碱,从而增加神经递质乙酰胆碱的含量和作用时间。　**答案:A。**

171 在翻掌(supination)过程中,(　　)。(单选)

A. 由于肱三头肌的运动,肱部是侧向弯折的

B. 由于三角肌的运动,肱部是内收的

C. 由于肱二头肌的运动,桡骨是旋转的

D. 由于肱肌的运动,尺骨是旋转的

E. 尺骨和桡骨通过旋后肌和喙肱肌的共同作用而围绕对方旋转

解析 肱二头肌(musculus biceps brachii)位于上臂前侧,整肌呈梭形。肱二头肌有长、短二头,故名。长头起于肩胛骨的盂上粗隆处,短头起于肩骨喙突处。它是使得手臂弯曲的肌肉,连接肩胛骨和前臂的桡

骨,收缩使得前臂弯曲。

旋后肌是肘后一块小肌肉,起始于尺骨上端后方桡侧,止于桡骨上段桡侧,分为深浅两层。功能是使前臂旋后。

喙肱肌位于肱二头肌上半部的内侧,头的深面。起于肩胛骨的喙突,止于肱骨中部内侧。近固定时,使上臂屈和内收。是肩关节水平屈的原动肌,功能是拉上臂向上内方。

翻掌过程中桡骨(radius)绕着尺骨(ulna)在旋转。依靠的主要肌肉是旋后肌,其次是肱二头肌,与喙肱肌无关。所以需要健身的朋友可以做哑铃弯举时的翻掌动作,从掌心向内或掌心向下翻至掌心向上,这样能更好地锻炼肱二头肌。 答案:C。

172 哈氏管里可以发现什么?(　　)(单选)

A. 骨细胞　　B. 骨基质

C. 骨基质和血管　　D. 血管和神经纤维

解析 在内、外环骨板层之间为哈氏骨板,它是骨密质的主要组成部分,由许多骨单位组成。每一个骨单位为圆筒状,与骨干的长轴呈平行排列,中央有一细管,称哈氏管(Haversian canal),也叫中央管,内含有毛细血管、神经和骨膜组织。骨单位内的骨小管开口于中央管。 答案:D。

173 某些身体特征(例如指纹和手形)是不会改变的,但是其他特征(例如手上的纹路)每天都会改变。导致这些改变的根本原因是什么?(　　)(单选)

A. 饮食和锻炼　　B. 饮食和气体交换

C. 疾病和锻炼　　D. 锻炼和气体交换

解析 指纹是手指末端乳头状凸起的嵴留下的痕迹。指纹是万无一失的身份识别信息,因为每个人的指纹都是独一无二的。指纹学家 Kevin Leak 认为,指纹和手形是不会改变的,但是手上的其他纹路是可以改变的。应激、饮食和锻炼会造成这些纹路的改变。人们相信永久的特征(比如指纹)可以反映出一个人的长期特征,而可以改变的特征则反映出了一个人目前的状态。 答案:A。

174 下列哪个选项是腰椎的特点?(　　)(单选)

A. 没有椎体　　B. 没有神经棘

C. 横突充当肌肉的附着处　　D. 没有神经管

解析 腰椎(lumbar vertebrae)的椎体较大;棘突(神经棘)呈板状,水平伸向后方,相邻棘突间间隙宽,可作腰椎穿刺用,关节突的关节面呈矢状位。横突尖部附着肌肉、韧带、腱膜。 答案:C。

175 下列关于骨骼肌的说法中不正确的是(　　)。(单选)

A. 单个肌肉收缩的长度(距离)取决于肌浆网中钙离子的浓度

B. 肌节较短的肌肉的收缩比肌节较长的肌肉的收缩更快(二者长度一样时)

C. 肌肉收缩的速率取决于肌球蛋白-ATP 酶的活性

D. 强直收缩是很短时间间隔内重复刺激造成的

E. 死后僵直出现在当细胞质中钙离子浓度很高,而 ATP 缺乏的时候

解析 A 错。肌肉收缩的最大限度取决于两条肌动蛋白链之间的距离,近的话可收缩程度就不高,而与钙离子的浓度无关。肌浆网中的钙离子浓度不是肌肉收缩的限制因素,细胞质中的才是。

B 正确。肌节较短,肌肉总体长度一样,就有更多的肌节同时收缩,结合肌肉收缩时肌球蛋白是同步性活动,需要所有肌球蛋白同时活动,且一次只能移一个单位长度(无论你有多少的肌球蛋白),从而更多的肌节的收缩速度会更快。

C 正确。肌球蛋白-ATP 酶活性高,那么完成一次收缩所需要的时间就比较短,收缩自然就快。

D 正确。肌肉强直收缩也就是短时间内的大量刺激所造成的肌肉紧张性收缩。破伤风的典型症状是肌紧张基础上的肌肉阵发性痉挛。

E正确。在肌肉收缩过程中，肌球蛋白的头部离开肌动蛋白需要ATP的结合，所以如果ATP缺乏，那么肌球蛋白一直与肌动蛋白结合，形成僵直状态，而钙离子的存在则允许这种结合状态持续下去。

答案：A。

176 如果骨骼肌腱被切断，肌肉会变得完全松弛无力。这是因为什么？（　　）（单选）

A. 肌肉牵张感受器不再受刺激　　B. 持续的等长收缩不再可能发生

C. 运动神经一定已被破坏　　D. 破伤风已不再可能发生

解析 牵张感受器(stretch receptor)亦称张力感受器，是与肌肉牵张度（张力）有关的感受器，作为动物姿势反射的起点而起着重要的作用。在脊椎动物中，肌梭和腱梭即为这种感受器。切断后无反馈，肌无力。

答案：A。

177 鳄鱼需要很长时间才能从激烈活动（例如捕捉、溺死猎物等活动）中恢复过来，其原因是（　　）。（单选）

A. 它们需要无氧呼吸供应活动的能量，因此需要时间代谢产生的乳酸

B. 含氧血灌入骨骼肌，造成暂时性的、但可能致命的高血压

C. 下颚的肌腱在捕杀大型猎物时过度伸展，需要时间才能恢复到正常长度

D. 上述选项都不对

解析 鳄鱼和史前动物形态相似，但其实是一种复杂的爬行动物。鳄鱼拥有其他爬行动物没有的大脑皮质、四腔心和功能类似膈肌的结构。鳄鱼的形态还提示了它们的水性和食肉性。鳄鱼的形态特点令其成为成功的捕猎者。它们的身体呈流线型，游泳的速度很快。游泳时，鳄鱼还会将四肢贴紧身体，最大限度减少水的阻力。它们有脚蹼，可以启动、快速转弯、突然改变动作，但是不能推进前进。鳄鱼短距离游泳的速度很快，短距离奔跑的速度也很快。因为鳄鱼捕猎时需要咬住猎物，它们进化出了锋利的牙齿和强有力的肌肉，可以紧紧咬住并撕裂猎物。它们的腭可以产生巨大的压力，是已知咬合力最大的动物。鳄鱼捕猎时伺机而动，等待鱼类或陆地生物进入其攻击范围，突然出击捕获猎物。鳄鱼依靠无氧呼吸支持如此激烈的活动。作为冷血动物，鳄鱼的代谢过程很慢，因此可以长时间不进食。　答案：A。

178 下列哪些原因与骨质疏松症有关？（　　）（多选）

A. 骨骼内生骨细胞（成骨细胞）的活性下降　　B. 骨骼内破骨细胞（蚀骨细胞）的活性下降

C. 女性激素分泌量急速下降　　D. 从来不运动、不晒阳光也不喝牛奶

E. 运动伤害引起骨折和脂肪太少不能储存维生素D

解析 成骨细胞是骨形成的主要细胞，负责骨基质的合成、分泌和矿化。而破骨细胞则溶解骨骼，将钙质释放进血液。骨不断地进行着重建，骨重建过程包括破骨细胞贴附在旧骨区域，分泌酸性物质溶解矿物质，分泌蛋白酶消化骨基质，形成骨吸收陷窝；其后，成骨细胞移行至被吸收部位，分泌骨基质，骨基质矿化而形成新骨。破骨与成骨过程的平衡是维持正常骨量的关键。因此成骨细胞活性下降会导致骨的合成受抑制，而破骨细胞继续溶解骨骼，从而造成骨质疏松。A正确，B错误。

雌激素可以促进成骨细胞活动，抑制破骨细胞活动，加速骨骼生长，促进钙盐沉积和骨骺愈合。因此雌激素分泌量的下降会使成骨细胞活动下降，破骨细胞活动增加，从而导致骨质疏松。C正确。

骨骼对外界施加的应力可做出反应。当运动负荷增加时，骨的应变增加，使骨量增加，骨结构也产生变化，从而使骨骼不容易发生骨质疏松。牛奶中钙的含量较高，为骨骼的生长提供了原料。而阳光可以促进维生素D的合成：紫外线可使皮肤中的7-脱氢胆固醇转化为维生素D原，进而经过一系列转化变为1,25-二羟维生素D_3。1,25-二羟维生素D_3可以促进钙在骨中的沉积，并促进小肠对钙的吸收和肾小管对钙的重吸收。D正确。

骨折是退行性骨质疏松症最常见和最严重的并发症，并不是说骨折导致骨质疏松。维生素D作为一种脂溶性维生素，可以储存在脂肪中。超重或肥胖时，身体过多的脂肪会降低血液维生素D水平，原因是维生素D具有脂溶性特点，身体脂肪越多，就越容易被“截留稀释”。因此超重或肥胖人群可能需要补充更多的

维生素D。E错误。 **答案:ACD。**

参考文献

[1] Wortsman J, Mastuoka L Y, Chen T C, et al. Decreased Bioavailability of Vitamin D in Obesity[J]. Am. J. Clin. Nutr., 2000, 72(3): 690.

[2] Pereira-Santos M, Costa P R F, Assis A M O, et al. Obesity and Vitamin D Deficiency: A Systematic Review and Meta-Analysis[J]. Obes. Rev., 2015, 16(4): 341.

179 淋巴液沿着淋巴管移动最主要依赖于以下的哪一种动力?( )(单选)

A. 周围肌肉和瓣膜系统的不规则压力　　B. 淋巴结的活动

C. 血浆从毛细血管穿过进入淋巴管的压力　　D. 胸导管进入颈静脉时的负压

解析 低等脊椎动物中,有些硬骨鱼和两栖动物的淋巴系统有搏动的淋巴心,可以作为淋巴流动的动力之一。高等动物如哺乳动物的淋巴心退化,而且除较大淋巴管外其余淋巴管无平滑肌层,不能收缩,因此,淋巴流动主要依靠外力的推动,其主要动力为淋巴管所在部位的骨骼肌的收缩活动和淋巴管不同部位之间的静水压梯度,此外还有一些次要的辅助动力。

骨骼肌收缩:使淋巴管受到挤压,从而推动淋巴的流动。人体内的中等大小的淋巴管在骨骼肌进行中等程度的运动时,淋巴流动速度约为1.5 mL/min。骨骼肌收缩的影响是如此之大,以致在睡眠时骨骼肌的紧张性活动也能保持淋巴的正常流动。相反,长时间站立不动会使下肢淋巴回流困难,导致下肢水肿。这是由于淋巴缺少流动的动力,形成淋巴、组织间液停滞。

静水压梯度的作用:从毛细淋巴管到一般淋巴管,最后到左、右淋巴导管,淋巴的静水压逐步下降,形成压力梯度。到锁骨下静脉附近可以降为负压。这种压力梯度提供了淋巴流动的另一动力。例如,小鼠和家兔的毛细淋巴管静水压约为1.9 cmH_2O,一般淋巴管静水压平均约为1.4 cmH_2O,到大的淋巴管可降为0.58 cmH_2O。吸气时胸腔扩大,胸膜腔内压下降,产生负压,淋巴导管静水压也随之下降,进一步加大了压力梯度,淋巴导管被动地扩张,像一个吸吮器的作用,把胸部上、下的淋巴吸入淋巴导管。

其他推动淋巴流动的因素:较大的淋巴管壁有平滑肌层,接受交感神经支配,当交感神经兴奋时,可使平滑肌层收缩,推动淋巴流动。1976年盖顿发现小淋巴管也经常处于持续的节律性收缩状态,会产生抽吸作用,导致微弱的负压,对吸走组织间液有利,说明淋巴流动并非完全被动,而有其微弱的主动的因素。

由此可见,A是主要的动力,C、D也通过静水压梯度起到了一定作用。作为单选题,本题选A。**答案:A。**

小分子碱性化合物组织胺有令毛细血管扩张、增加血管壁的通透性以及促进胃酸分泌等多种作用。肥大细胞可通过一步酶促反应从组氨酸合成组织胺,并将其储存在细胞内,在接受外来压力等刺激后将其释放。释放出的组织胺会和靶细胞的受体结合并将其激活。作用后的组织胺会迅速被组织胺分解酶分解。回答180~182题。

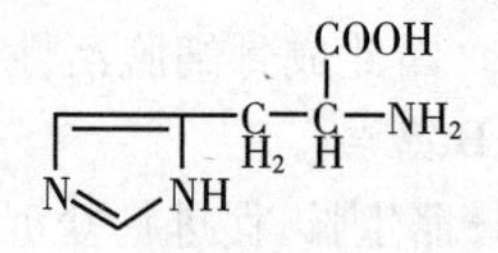

图29 组氨酸的结构式

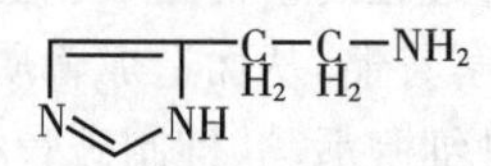

图30 组织胺的结构式

180 图29为组氨酸的结构式,图30为组织胺的结构式。可从组氨酸合成组织胺的酶叫什么?请从下面A~E中选择:( )。(单选)

A. 组氨酸脱氨酶　　B. 组织胺-*N*-甲基转移酶

C. 组氨醇脱氢酶　　D. 二胺氧化酶

E. 组氨酸脱羧酶

解析 组氨酸脱羧酶令组氨酸脱去羧基,形成组织胺。组氨酸脱氨酶会令组氨酸脱去氨基,无法产生组织胺。组织胺-*N*-甲基转移酶和二胺氧化酶都是分解组织胺的酶。组氨醇脱氢酶是从组氨酸的前体物质组

氨醇合成组氨酸的酶。　答案:E。

现发现,物质a、b、c、d分别可以阻断组织胺反应途径中的一种特定作用分子。通过了利用动物进行的安全性试验后,招募了①起荨麻疹、皮肤红肿的患者,②由于花粉过敏而眼睛红肿的患者以及③胃酸过多引起胃溃疡的患者作为志愿者进行了临床实验,得到了表6中的结果。

已知,一般情况下,当毛细血管的通透性增大后,血管中渗出的水分将积累在皮下,形成肿胀。如果毛细血管扩张,脸和眼睛将会变红。胃的内壁会经常修复被胃酸腐蚀的部位,但当修复的速度跟不上腐蚀的速度时便会引起胃溃疡。

根据以上内容及表6,回答181～182题。

表6

患者	化合物a	化合物b	化合物c	化合物d
① 荨麻疹	症状恶化	症状减轻	没有变化	症状减轻
② 花粉过敏	症状恶化	症状减轻	没有变化	症状减轻
③ 胃溃疡	症状恶化	症状减轻	症状减轻	没有变化

181　化合物a和b都分别阻断哪种分子的作用？请从A～F中选择正确的一项:(　　)。(单选)

A. 化合物a阻断组织胺合成酶,化合物b阻断组织胺分解酶
B. 化合物a阻断组织胺合成酶,化合物b阻断血管内皮细胞上的受体
C. 化合物a阻断组织胺合成酶,化合物b阻断胃壁细胞上的受体
D. 化合物a阻断组织胺分解酶,化合物b阻断组织胺合成酶
E. 化合物a阻断组织胺分解酶,化合物b阻断血管内皮细胞上的受体
F. 化合物a阻断组织胺分解酶,化合物b阻断胃壁细胞上的受体

182　化合物c和d都分别阻断哪种分子的作用？请从A～F中选择正确的一项:(　　)。(单选)

A. 化合物c阻断胃壁细胞上的受体,化合物d阻断组织胺合成酶
B. 化合物c阻断胃壁细胞上的受体,化合物d阻断组织胺分解酶
C. 化合物c阻断胃壁细胞上的受体,化合物d阻断血管内皮细胞上的受体
D. 化合物c阻断血管内皮细胞上的受体,化合物d阻断组织胺合成酶
E. 化合物c阻断血管内皮细胞上的受体,化合物d阻断组织胺分解酶
F. 化合物c阻断血管内皮细胞上的受体,化合物d阻断胃壁细胞上的受体

解析　当毛细血管通透性增加、水分积蓄在组织中时会引发荨麻疹。花粉过敏时眼睛之所以会变红是因为眼中的毛细血管扩张。而胃溃疡是因为胃壁细胞所分泌的胃酸将胃壁细胞自己溶解。组织胺可与血管内皮细胞上的受体结合,令毛细血管扩张,并令血管的通透性升高。而另一方面,组织胺与胃壁细胞的受体结合会促进胃酸分泌。

化合物a是组织胺分解酶阻断剂,化合物b是组氨酸合成酶阻断剂,化合物c是胃壁细胞受体的阻断剂,化合物d是血管内皮细胞受体的阻断剂。化合物b可令所有症状减轻,可知它会抑制组织胺的合成(组织胺合成酶)。化合物a令所有症状恶化,说明多余的组氨酸没有办法被分解而继续作用,可知化合物a可阻断组织胺分解酶的作用。花粉过敏症和荨麻疹对这四种化合物的反应相同,但化合物c和d对胃溃疡的效果并不完全相同。注意到花粉过敏和荨麻疹是由血管内皮细胞的作用导致的,因此有相同的受体参与,而胃溃疡是由胃壁细胞上的受体导致的,可知化合物c和化合物d阻断的是不同的受体。

事实上,阻断胃壁细胞受体的化合物c是H2受体阻断剂(可阻断组织胺H2受体),作为治疗胃溃疡的药物(较常见的有呋喃硝胺)在市面销售。而阻断血管内皮细胞受体的化合物d常作为抗组织胺的抗过敏药物在市场上销售。

像这样能阻断特定细胞上的受体的物质经常能作为某些疾病的有效药物,因此世界各国的制药公司都

在努力地探索并进行着不懈的研究。 **答案**:181. D;182. C。

183 血液量和血浆渗透压在维持身体内环境的稳态上十分重要,因此有多种因素共同作用,保持其稳定性。在身体的水分进出方面,主要的"入口"是由"口渴"这一动机引发的主动饮水,而"出口"是通过肾脏的尿液的排出。饮水主要由血浆渗透压和血管紧张素调节,而尿量主要由抗利尿激素调节。当血液量减少时血管紧张素增加,而抗利尿激素在血浆渗透压上升时被释放。根据这一调节系统,进行了下列实验。

实验:将体重基本相同的健康成年人分为2组,令他们进行长跑,直到体重减少2 kg。之后,令第1组的人摄取2 L纯水,令第2组摄取2 L 0.5%食盐水,并要求他们将渴觉的变化用1至5的数值打分。

结果1:摄取纯水的第1组在饮水后的15 min内,渴觉从饮水前的5.0降为1.2,但在3 h后又上升到了4.1。

结果2:摄取0.5%食盐水的第2组在饮水后的15 min内,渴觉从饮水前的5.0降为1.8,但在3 h后仍然只有2.1。

下列叙述中哪些可以解释上述现象?请从A~F中选出恰当的选项:(　　)。(多选)

A. 饮水15 min后,第1组血浆中的抗利尿激素浓度低于第2组
B. 饮水15 min后,第1组血浆中的血管紧张素浓度高于第2组
C. 饮水15 min后,第1组和第2组的血浆渗透压都不变
D. 饮水3 h后,第1组血浆中的抗利尿激素浓度高于第2组
E. 饮水3 h后,第1组血浆中的血管紧张素浓度高于第2组
F. 饮水3 h后,第1组血液量少于第2组

解析 长跑后分泌的汗液虽然和血浆等渗,但呼吸的时候只会失去水分,因此血液量减少,血浆渗透压上升。血液量减少后血浆中的血管紧张素将增加,血浆渗透压升高,将会分泌抗利尿激素。血浆渗透压上升和血管紧张素增加会引起强烈的渴觉,抗利尿激素会减少尿量。

如果这时饮用的是纯水,虽然因为血浆渗透压和血管紧张素减少,口渴的感觉将会消失,但因为抗利尿激素减少,尿量增多,好不容易恢复的血液量将会再次减少。因此血浆中的血管紧张素增加,再次引起渴觉。

如果饮用的是0.5%食盐水,血液量恢复,血浆中的血管紧张素减少,但血浆渗透压几乎不下降,因此和饮用纯水时比,对渴觉的抑制效果没有那么明显。但是,由于血浆渗透压保持在正常值,因此抗利尿激素不会减少,尿量也不会增加,恢复了的血液量将会被保持,此时血管紧张素不会增加,也不会感觉口渴。

答案:AEF。

第9章　生　态　学

1　即使在像沙漠这样严酷的环境，也有生物适应了环境并生存下来。例如栖息在沙漠的蛙类，在干燥时休眠，只在下雨时出外活动。沙漠中的适应方式可大体分为两种。下列选项中，和所举的例子的适应方式相同的都有哪些？（　　）（多选）

A. 沙漠中有很多拥有发达储水组织的肉质茎植物

B. 更格卢鼠可以从食物中获得需要的水分

C. 沙漠植物多为一年生植物

D. 沙漠动物多为夜行性

解析　所举方式是主动回避不利时间的调节方式（躲避），相对而言与C、D更为相似，后二者也是只在特定时间生存生活；而A是被动抵抗干旱（硬扛），B是通过觅食选择补充水分，均与选择适当时机无关。

答案：CD。

请阅读下文，并回答2、3题。

我们如今关注的蚊类中，大部分的幼虫（孑孓）和它们的共同祖先一样，都栖息在淡水的水池或水洼中，而在高渗透压的环境（含盐量较高的水中）无法生存，这是一种较原始的特征。但是，在长期进化过程中，某些蚊类的幼虫具有了可以在河口或盐湖等含盐量较高的水中生存的能力。这些幼虫在其祖先的身体渗透压调节的机制的基础上，又进化出了新的调节机制。为了研究这一新机制，利用栖息于河口的种a与栖息于盐湖的种b进行了下述实验。

将种a和b的幼虫培养在将海水稀释或浓缩得到的不同渗透压的溶液中（外部环境液体），并测定其血淋巴的渗透压，结果在种a的细胞膜上发现了能够根据体液渗透压的变化调节细胞内部渗透压转运装置，可以将细胞体积保持在一定水平。而在种b的体内发现了可以横穿上皮细胞从体内向体外进行主动转运钠离子的机制，已知钠离子常被用于体液渗透压调节。

下面是多种水生无脊椎动物的体液渗透压。将每种动物置于横轴所示的渗透压的外部环境液体中，其体液的渗透压将会变为粗实线所示的值。每种动物都无法在自身对应的图中粗实线所示的值以外的渗透压下存活。将海水的渗透压作为参考值1。

2　下列图中，哪一个正确表示了种a体外环境的液体渗透压和体液（血淋巴）渗透压的关系？请从A～F中选择正确的一张：（　　）。（单选）

3　下列图中，哪一个正确表示了种b体外环境的液体渗透压和体液（血淋巴）渗透压的关系？请从A～F中选择正确的一张：（　　）。（单选）

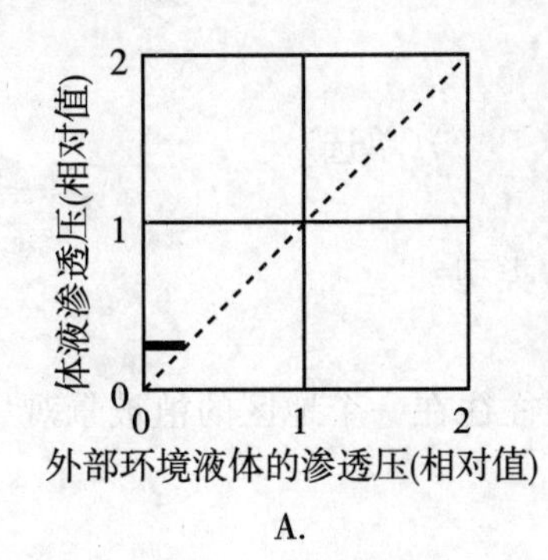

A.

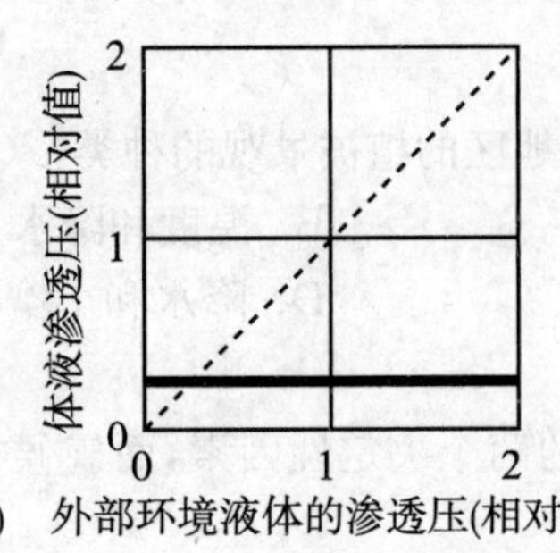

B.

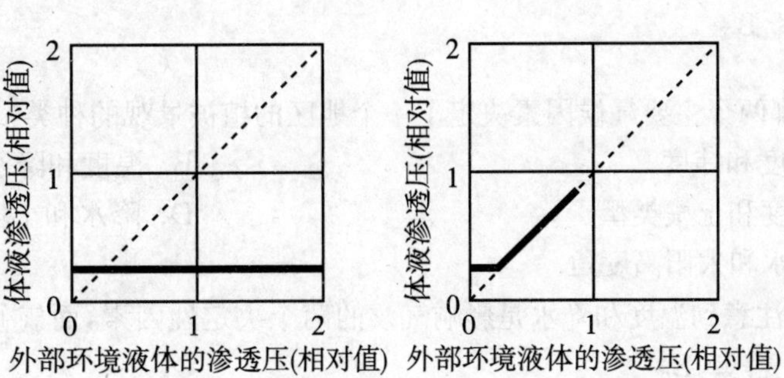

C.

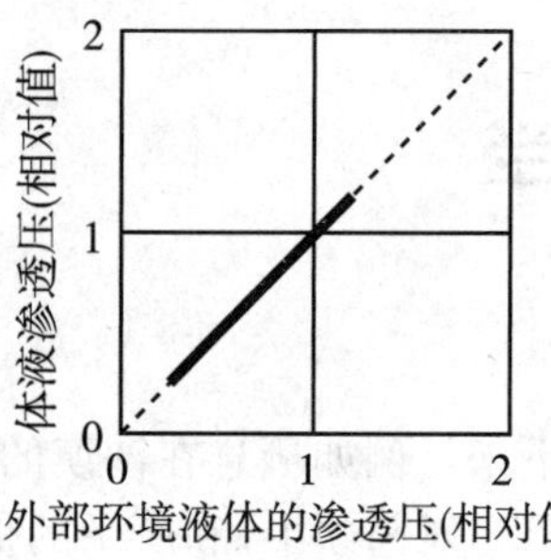

D.

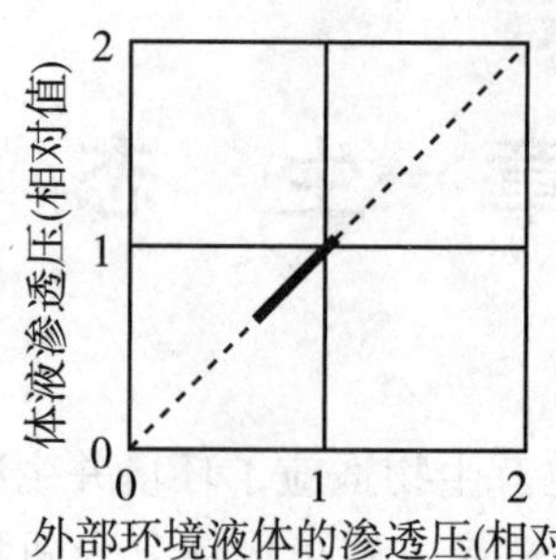

E.

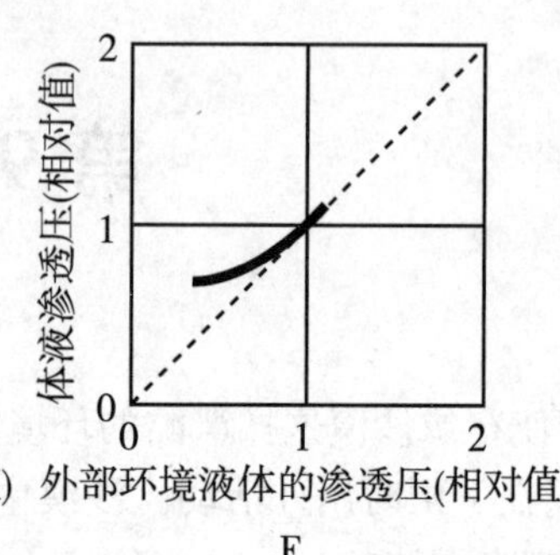

F.

解析 图 A~F 所示的动物中，可以生活在淡水中的为 A~C。从题干可知，不论是哪种蚊，其幼虫都与其祖先一样可以通过主动转运的方式从外界吸收盐分，从而将自身的渗透压保持在比外界高的水平，因此可以生活在淡水中，故答案肯定都在这三个选项内。其中，A 可以在外部环境液体的渗透压低于自身渗透压时维持自身的渗透压，但是无法在高于这一值的环境中生存，而题中两种幼虫可以在高渗透压的环境中生存，因此可将 A 排除。C 在高渗透压环境下呈渗透压适应型(osmoconformer)，其体液渗透压可以随外部环境液体渗透压的变化而变化。题干中，种 a 可以根据体液渗透压的变化主动调节细胞内的渗透压，以保持细胞体积，因此 C 为种 a 的图。B 在高渗透压环境下呈渗透压调节型(osmoregulator)，而种 b 在高渗透压的环境下可调节自身的体液渗透压，因此 B 是种 b 的图。 **答案:2. C;3. B。**

4 更格卢鼠几乎不用喝水，但是却能正常生活。其原因是(　　)。(单选)

A. 它们可以适应干旱环境，利用代谢反应生成的水就可以满足需求

B. 它们的细胞膜极薄，饮用水会导致严重的内出血

C. 它们是转基因老鼠，接受了基因工程改良，清除了对水的需求

D. 它们是骆驼的近亲，胚胎时期在驼峰中储存水，并可以持续终生

解析 更格卢鼠是生活在北美洲的小型啮齿类动物。因其双足行走，形似袋鼠而得名。和非洲、亚洲沙漠、澳大利亚的跳鼠相似，具有发达的后肢，生活在深洞里，保护它们不受沙漠的炙烤，减少失水。更格卢鼠的水代谢效率很高，可以完全利用代谢反应产生的水满足机体对水的需求。其他哺乳动物，例如人类，将氧化还原反应产生的水通过呼吸排出体外。这些适应让更格卢鼠可以生活在干旱的环境中。 **答案:A。**

5 地球上四种主要的陆生生物群系(biomes)是什么？(　　)(单选)

A. 森林、针叶林、草原、沙漠

B. 森林、草原、苔原、沙漠

C. 森林、草原、热带草原、沙漠

D. 热带草原、森林、草原、苔原

E. 热带草原、针叶林、草原、河口

解析 生物群系是指陆地植被结构或外貌及其环境的主要性状，以及它们动植物群落的某种特征上都相似的群落类型。不同学者对生物群系的理解不一：有人在陆地生态系统之下，划分出森林、草原、荒漠、稀树草原和冻原等 5 个生物群系；或划分出热带雨林、热带季雨林、热带稀树草原等 12 个，甚至 20 个生物群系。 **答案:B。**

6 哪两个主要气候因素决定了一个地区的植被景观的种类？(　　)(单选)

A. 温度和纬度

B. 温度和降水

C. 温度和土壤类型

D. 降水和土壤类型

E. 降水和太阳高度角

解析 注意到温度和降水是影响气候的两个决定性因素，而气候往往在一个地区的植被景观中起决定性作用。 **答案:B。**

7 为了进行光合作用，植物必须适应不同光强的环境。图 1 表示的是两种草本植物群落中的相对光强和累积叶面积指数的关系。其中，将群落顶端的光强视为 1，累积叶面积指数指测定光强的部位上方的叶片总面积与所调查的总面积之比,因此,最顶端的累积叶面积指数为0。请读图并指出,与群落b相比,群落a都有哪些特征?(　　)(单选)

A. a群落植物的叶片更水平,在向阳处的光合速率较高

B. a群落植物的叶片更水平,在向阳处的光合速率较低

C. b群落植物的叶片更水平,在向阳处的光合速率较高

D. b群落植物的叶片更水平,在向阳处的光合速率较低

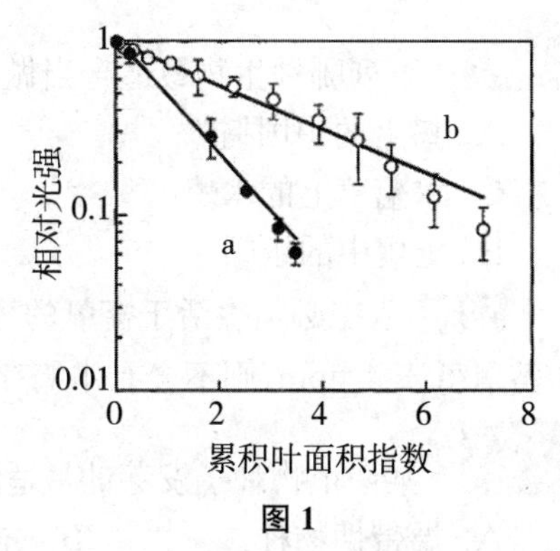

图1

解析 植物群体内的相对光强自上而下呈指数函数递减,基本上遵循Beer-Lambert定律,可以用群体消光系数表示:

$$\ln\frac{I}{I_0}=-KF \quad 或 \quad I=I_0e^{-KF}$$

式中,I表示F层叶的水平光照强度;I_0表示群体冠层表面的光强;K为消光系数;F为群体自上而下的累积叶面积指数。

国内外大量研究表明,叶片较狭长、直立的禾本科作物群体的K值为0.3～0.7,而豆科等叶片较宽而呈水平配置的作物群体的K值为0.7～1.5。依据门司和佐伯的计算,水平叶与垂直叶接受光量的比值为0.44∶1,即越是水平的叶片相互遮光越厉害,叶面积指数越低,光合效率也越低。根据图可知,a在相同光强下叶面积指数较小,即a是水平叶,效率低,因此选B。 答案:B。

8 在低海拔同一溪流中,分别从上游、中游、下游、河口各处,取同样大小的一颗底石来检视其着生藻类的种类。试问来自何处的石头的着生藻类的种类可能较多?(　　)(单选)

A. 上游　　B. 中游　　C. 下游　　D. 河口

解析 溪流上游和中下游以及河口相比,深度较浅,能够提供充足的阳光;而后三者底石所在位置深度较大且水体不够清澈,不利于藻类的附着与生长。因此本题选A。 答案:A。

9 只分布于某一特定地理区域内的物种被称为特有种。它们只存在限定范围内的合理解释是(　　)。(单选)

A. 天敌特别多　　B. 环境限制因子特别多

C. 该特定地域与其他地理区长时间隔离　　D. 资源特别丰富

解析 特有种(endemism/endemic species)指某一物种因历史、生态或生理因素等原因,造成其分布仅局限于某一特定的地理区域或大陆,而未在其他地方出现。特有种之所以会发生,主要的原因是原本属于某个物种的一部分群体由于地理或其他因素造成了某种程度的隔绝(isolation),使得它们和别的群体失去了互相交配的机会。原本属于同一个物种的这两个群体各自继续演化,终于演变成两个不同的物种。生物学家通常把造成物种分离的原因称之为"隔离机制(isolation mechanism)"。 答案:C。

10 水稻幼苗经短时间高温处理后,往往可增加其日后在高温逆境下的存活能力,这种作用为(　　)。(单选)

A. 改变基因组成的适应作用　　B. 生理调节的驯化作用

C. 降低敏感的减敏作用　　D. 与温度有关的温室效应

E. 与能量有关的同化作用

解析 该过程不改变基因,与温室效应、同化作用无关,也不是所谓的减敏(这是与动物免疫相关的概念)。驯化是指给予植物一定的非致死的胁迫处理,植物体会产生一些有效的变化来应对随之而来的更恶劣的逆境,与未经驯化的植物相比其耐逆性增强,因此B正确。 答案:B。

11 恒温动物在以下哪项特性的表现上,比同体型的爬行动物差?(　　)(单选)

A. 速度快　　B. 基础代谢能量消耗少

C. 活动持续力强　　D. 可生活在寒带地区

E. 子代存活率高

解析 恒温动物要维持恒温,基础代谢能量消耗大。 答案:B。

12 下列哪种生物最适合当做环境中氧含量变化的指标?( )(单选)

A. 树上的中国树蟾　　B. 嫩芽上的蚜虫
C. 水蕴草上的水螅　　D. 水笔仔茎基部的玉黍螺
E. 土壤中的蚯蚓

解析 水螅必须生活于富氧的环境。一般而言,当环境溶氧低于 5 ppm 时,水螅数量将随之递减;若水中溶氧低于 4 ppm,则不会有水螅存在。因此水螅是环境中氧含量变化的指标。 答案:C。

13 某一植物种子发芽的最适温度范围广,10～30 ℃均合适,则此一植物应为( )。(单选)

A. 温带性物种　　B. 先驱物种　　C. 热带性物种　　D. 嗜干燥环境的物种

解析 D 与最适温度无关,排除。热带物种最适温度较高,C 排除。即使是温带物种,也没有这么宽的最适温度范围,A 也不对。而先驱物种一般生态位较宽,最适温度范围广,故本题选 B。

温度对植物生长的影响具有最低、最适和最高温度三基点。植物只能在最低温度与最高温度范围内生长。虽然生长的最适温度就是指生长最快的温度,但这并不是植物生长最健壮的温度。因为在最适温度下,植物体内的有机物消耗过多,植株反倒长得细长柔弱。因此在生产实践上培育健壮植株,常常要求低于最适温度的温度,这个温度称协调的最适温度。

不同植物的温度三基点不同。这与植物的原产地气候条件有关。原产热带或亚热带的植物的温度三基点偏高,分别为 10 ℃、30～35 ℃、45 ℃;原产温带的植物的温度三基点偏低,分别为 5 ℃、25～30 ℃、35～40 ℃;原产寒带的植物的温度三基点更低,北极的或高山上的植物可在 0 ℃或 0 ℃以下的温度生长,最适温度一般很少超过 10 ℃。

同一植物的温度三基点还随器官和生育期而异。一般根生长的温度三基点比芽的低。例如苹果根系生长的最低温度为 10 ℃,最适温度为 13～26 ℃,最高温度为 28 ℃,而地上部分的温度三基点均高于此。在棉花生长的不同时期,最适温度也不相同,初生根和下胚轴伸长的最适温度在种子萌发时为 33 ℃,但几天后根的最适温度下降为 27 ℃,而下胚轴伸长的最适温度上升为 36 ℃。多数一年生植物从生长初期经开花到结实这三个阶段中,生长最适温度是逐渐上升的,这种要求正好同从春到早秋的温度变化相适应。播种太晚会使幼苗过于旺长而衰弱。同样如果夏季温度不够高,也会影响生长而延迟成熟。 答案:B。

14 北美某种木本植物在冬天雪季期间,植物体内淀粉含量减少而可溶性糖增加,这种表现的原因是( )。(多选)

A. 控制水分的平衡　　B. 受到伤害的表现
C. 淀粉合成酶受到破坏　　D. 可溶性糖可当防冻剂
E. 光合作用速率增加

解析 溶质增多是因为冬天温度低,淀粉磷酸化酶活性高,淀粉磷酸解,可溶性糖增多,一方面从渗透上可以保水,另一方面溶质降低水的蒸气压,可以防冻。 答案:AD。

15 在溪头孟宗竹林底下,往往看不到其他植物生长,其原因最有可能是( )。(单选)

A. 土壤中缺少某种养分　　B. 阳光不足
C. 缺少菌根生长　　D. 竹子落叶腐烂分解释放出毒素
E. 动物啃食

解析 孟宗竹又称毛竹、江南竹,禾本科竹亚科刚竹属植物,大型常绿植物,喜温暖湿润气候,在肥沃、排水良好的酸性土壤上生长。若土壤中缺乏某种养分,则孟宗竹生长也会受到影响,A 选项错误。光照不足不会导致没有植物生长,如苔藓植物就多生于阴湿的环境中,B 选项错误。一般来说,没有植物生长很可能是环境中存在某种致命的因素抑制了植物生长,而不是光照、水分等生长必需因素的缺乏,因为总存在能适

应高旱、阴暗等条件的植物,D选项正确,事实上毛竹浸提液的确含有化感物质(成分未知),能抑制其林下物种生长和影响种子萌发。的确存在菌根减弱假说,对毛竹林扩张导致周边林分枯亡并抑制林下幼苗更新的机制进行了解释,即毛竹林的成功扩张是由于毛竹蔓延引起森林群落的菌根系统紊乱,使宿主植物与菌根真菌的共生关系受到干扰,进而影响了宿主植物的分布与更新,不过该假说没有获得实验的支持,C选项错误。一个群落中消费者与生产者的数量是相互影响的,动物啃食不会导致没有植物生长,只会影响植物数量,E选项错误。 答案:D。

参考文献

[1] Chou C H, Yang C M. Allelopathic Research of Subtropical Vegetation in Taiwan Ⅱ. Comparative Exclusion of Understory by *Phyllostachys edulis* and *Cryptomeria japonica*[J]. J. Chem. Ecol., 1982, 8(12): 1489.

[2] 白尚斌,周国模,王懿祥,等. 毛竹入侵对常绿阔叶林主要树种的化感作用研究[J]. 环境科学, 2013, 34(10): 4066.

[3] 潘璐,牟溥,白尚斌,等. 毛竹林扩张对周边森林群落菌根系统的影响[J]. 植物生态学报, 2015, 39(4): 371.

16 以下哪种特性不是生物对热带雨林生态系统环境产生的适应?(　　)(多选)

A. 昆虫色彩变暗　　B. 有休眠现象

C. 植物长出藤状茎且叶片集中于上层　　D. 草本植物多呈一年生状态

E. 叶片变硬

解析 热带雨林以巨大的植物和动物多样性而著称。因捕食者众多,昆虫多具有较暗或偏绿的色彩进行伪装以保护自身。因此A是对的。

有些动植物在不良环境条件下生命活动极度降低,进入昏睡状态,称为休眠。等不良环境过去后,又重新苏醒过来,继续生长活动。动物界的休眠大致有两种类型,一类是严冬季节时(低温和缺少食物)进行的冬眠,如青蛙、刺猬等;一类是酷暑季节进行的夏眠,如一些龟类、肺鱼等。热带雨林长年气候炎热,雨量充沛,季节差异极不明显,因此动物不进行休眠。B不对。

热带雨林中植物长得又高又绿又稠密,为了争夺阳光,木本植物努力往高长,将叶片集中于上层有阳光的部分。一些植物也选择通过藤状茎附生在高大的乔木上,以生长到高处获得阳光。C正确。

一年生的植物往往在季节性很强的环境中生存:在适合生长的季节完成生活周期,以种子度过环境严酷的季节。而热带雨林的气候没有季节性,因此没有一年生植物。D不对。

叶片变硬是地中海气候中常绿硬叶林的特征。地中海气候的特点是夏季高温少雨,冬季温和多雨。在炎热干燥的夏季,为了减少水分的蒸发,叶片一般较厚,植被的叶子上长有一层厚厚的蜡质层,很硬,故被称为亚热带常绿硬叶林。而热带雨林全年炎热多雨,不需减少蒸腾,因此叶片不会变硬。E不对。 答案:BDE。

17 植物会接受环境的刺激产生反应,下列哪种与光线有关?(　　)(多选)

A. 向日性　　B. 向地性　　C. 春化作用　　D. 光敏素　　E. 光周期

解析 向光性(向日性)是指植物随光照入射的方向而弯曲的反应。蓝光是诱导向光弯曲的最有效的光谱。一般来说,地上部器官有正向光性,根部有负向光性。向重力性(向地性)就是植物在重力影响下,保持一定方向生长的特性,有顺着重力方向向下生长的正向重力性(根),也有相反的负向重力性(茎)。其机制与根中的平衡石、内质网中的钙离子和生长素都有关。光敏素是吸收红光-远红光可逆转换的光受体(色素蛋白质),与植物的光周期有关。春化作用是低温诱导植物开花的过程。 答案:ADE。

18 下列哪些是沙漠植物的特色?(　　)(多选)

A. 根系深长　　B. 根系浅广

C. 气孔白天开放以吸收二氧化碳　　D. 风媒花

E. 开花季节规律明显

解析 沙漠植物具以下特性：① 地下部分干重与地上部干重之比相当大，这要求至少根系具有很强的吸水能力。植物为了使从土壤中获得生长发育所需水分和养分的效率最大化，随着不同类型的沙地土壤条件的不同，根系可能出现多分布在表层、范围广的情况，也可能出现根系深长的情况，A、B 正确。② 沙漠植物通常在干旱时休眠，有雨水时迅速吸收水分重新生长，并开放出艳丽的花朵。开花的限制因子主要是水分，其季节规律表现不明显。其传粉主要通过昆虫，风媒导致的异株传粉作用可以忽略，D、E 错误。③ 它们的叶子变异成细长的刺或白毛，可以减弱强烈阳光对植株的危害，减少水分蒸发。④ 茎秆变得粗大肥厚，具有棱肋，既保护了植株表皮，又有散热降温的作用。⑤ 气孔晚上开放，白天关闭，减少水分散失，C 错误。正是这些形态结构与生理上的特性，使沙漠植物具有惊人的抗旱能力。 答案：AB。

19 有一种水栖无脊椎动物具有扁平的身体，需要水中溶氧高的生活环境，它最可能出现在下列哪种水域？（　　）（单选）

A. 溪流上游　　B. 溪流中游　　C. 溪流下游　　D. 富营养化的湖泊

E. 贫营养化的湖泊

解析 A 正确，溪流上游水流湍急，溶氧量高，动物在水底活动时，扁平的身体可减小被急流冲走的风险。B、C 错误，越往溪流中下游，水流越平缓，溶氧量越低。D 错误，富营养化的湖泊易滋生微生物群体，消耗氧气，使水中溶氧降低。E 错误，贫营养化的湖泊中的溶氧虽比富营养化的高，但水底的溶氧量仍不及溪流上游，且水流平缓，动物不必进化出扁平的身体来躲避急流。 答案：A。

20 研究发现：仙人掌科植物原产于美洲大陆，且由具有大型绿色叶片的木麒麟属植物（*Pereskia* spp.）演化而来。因此在本科植物中，叶呈大型、可进行光合作用的绿色片状为祖征；叶呈细而坚硬、不进行光合作用的针刺状则是衍征。据此说明判断下列推论正确的是（　　）。（多选）

A. 叶呈绿色片状有利于植物在干旱中生存　　B. 叶呈针刺状有利于植物在干旱中生存

C. 木麒麟的茎不能进行光合作用　　D. 木麒麟可能生长在潮湿的热带雨林中

E. 同为仙人掌科的昙花，其绿色片状构造由叶演化而来

解析 "叶大型，行光合作用，绿色片状"是祖征，而仙人掌的"叶细而坚硬，不行光合作用，针刺状"是在干旱的环境中进化出来的衍征，之所以产生这种衍征是因为针刺状的叶更利于植物在干旱中生存，因为极大地减少了水分散失。而仙人掌的叶退化，茎代行光合作用，表层呈绿色。

C 错误，仙人掌的茎绿色，行光合作用，但是并不能说明其祖先木麒麟的茎不能行光合作用。E 错误，昙花没有叶子，平常所看到的"叶"其实是昙花的叶状变态茎，是叶状侧扁的小枝，扁平、含有叶绿素、能行光合作用。没有叶子的特点使其可以进一步地减少水分蒸发，以便于适应热带干旱沙漠地区的生存环境。答案：BD。

21 两个个体在什么情况下最可能是同一物种？（　　）（单选）

A. 有不同数量的染色体　　B. 可以交配并产生大量后代

C. 在同一时间繁殖　　D. 表型不同

解析 物种定义的关键是没有生殖隔离。 答案：B。

22 植物长期存活最主要取决于对什么的竞争？（　　）（单选）

A. 水分　　B. 空气　　C. 矿物质　　D. 阳光

E. 以上都正确或者都不正确

解析 植物冠层中占优势的植物减少了竞争对手进行光合作用的阳光辐射，进而可以影响植物根部吸收营养物质和水分的能力。植物间不存在对于空气的竞争，空气中的 CO_2 一般都是足够的。 答案：D。

23 一片森林中，一个由所有枫树组成的群体可以被称为什么？（　　）（单选）

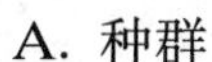

A. 种群　　　B. 群落　　　C. 生态系统　　　D. 生物群系

E. 以上都正确或者都不正确

解析 种群指在一定时间内占据一定空间的同种生物的所有个体。我们把在一定生活环境中的所有生物种群的总和叫做生物群落，简称群落。生态系统指在自然界的一定的空间内，生物与环境构成的统一整体。生物群系指陆地植被结构或外貌及其环境的主要性状，以及它们的动植物群落的某种特征上都相似的群落类型，本质上是群落的集合，而生态系统包括环境。 答案：A。

24 为了调查构成三裂叶豚草种群的个体在生长中会呈现什么样的变化，将发芽时和成熟期的个体的生物量从小到大排列，用横轴表示其排名，纵轴表示小于这一排名的所有个体生物量之和，将两者进行拟合。这种曲线被称为洛伦兹曲线。请根据图2，从下面选项中选择正确的一项：(　　)。(单选)

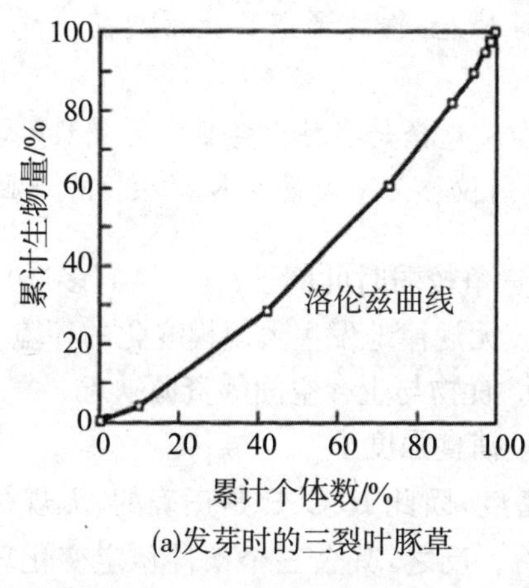

(a)发芽时的三裂叶豚草

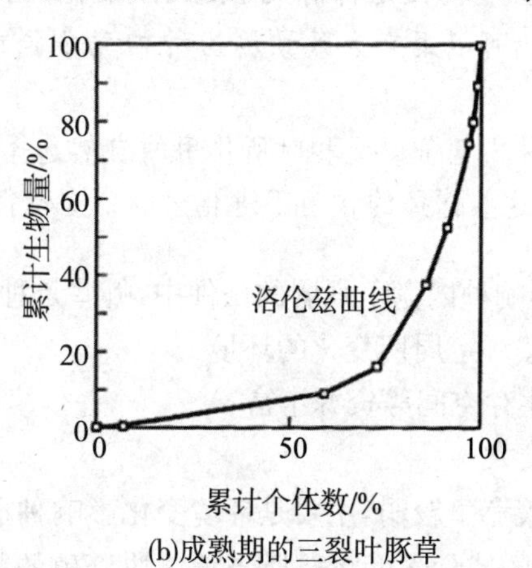

(b)成熟期的三裂叶豚草

图 2

A. 随着个体的生长，三裂叶豚草个体间的生物量之差会变大

B. 随着个体的生长，三裂叶豚草个体间的生物量之差会缩小

C. 在三裂叶豚草发芽的时候，生物量较小的个体基本上都会死亡，存活到成熟期的个体大小都基本相同

D. 在三裂叶豚草发芽的时候，生物量较大的个体基本上都会死亡，存活到成熟期的个体大小都基本相同

E. 三裂叶豚草的个体生物量在成长过程中会整体增长，其他方面没有太大变化

解析 洛伦兹曲线(Lorenz curve)也译为“劳伦兹曲线”，这一概念更多使用在经济学领域之中。经济学里它指的是在一个总体(国家、地区)内，以“从最贫穷人口计算起一直到最富有人口”的人口百分比对应各个人口百分比的收入百分比的点组成的曲线。为了研究国民收入在国民之间的分配问题，美国统计学家(或说奥地利统计学家)M. O. 洛伦兹(Max Otto Lorenz，1876～1959)于1907年(或说1905年)提出了著名的洛伦兹曲线。相关概念中更为著名的是“基尼系数”，即将洛伦兹曲线与45°线之间的部分的面积 A 叫做“不平等面积”，当收入分配达到完全不平等时，洛伦兹曲线成为折线OHL，OHL与45°线之间的面积 $A+B$ 叫做“完全不平等面积”。不平等面积与完全不平等面积之比称为基尼系数，是衡量一国贫富差距的标准。基尼系数 $G=A/(A+B)$。显然，基尼系数不会大于1，也不会小于0。

根据图中信息结合以上概念，我们很容易知道，洛伦兹曲线偏离对角线越远，表明个体差异越大。所以A的描述是正确的，B错误，C、D、E与描述不相符合。 答案：A。

25 如果一个种群的数量超过了环境容纳量，下列哪项必将发生？(　　)(单选)

A. 种群会马上崩溃　　　B. 依然可以无限维持稳定

C. 如果种群有领地，种群数量会继续增长　　　D. 种群数量最终会下降

解析 环境容纳量是指环境能长期维持的种群最大数量(或最大密度)。种群大小低于容纳量时将会升高，高于容纳量时则因资源缺乏而降低。某一区域内，因为不同物种需要的食物、庇护所和群体行为不同，

所以不同的物种有其特定的环境容纳量。

在本题中,种群虽然不至于马上崩溃,但也不会在无限超过 K 值情况下维持稳定,D 才是正确答案。

答案:D。

26 种群大小总维持在接近环境容纳量(资源限制)附近,这一特征被称为(　　)。(单选)

A. r 选择　　B. p 选择　　C. Q 选择　　D. K 选择

解析 K 选择的 K 指的便是逻辑斯谛模型中的环境容纳量 K。有一类个体大、寿命长、存活率高、适应稳定栖息环境的物种,它们一般不具有较大的扩散能力,但有着较强的竞争力,种群密度较为稳定,如乔木、大型肉食动物等。这种物种的适应机制便被称 K 选择或 K 对策,具有这种适应机制的生物被称为 K 对策者。K 选择的一大特点便是种群大小随时间变化,但平衡点始终处在或接近于环境的 K 值。　答案:D。

r-K 选择理论可以用来大致预测当种内竞争强或弱时,生物的形态和生活史将会呈现什么样的进化特征。

r 选择是在种内竞争较缓和时所作用的自然选择,而 K 选择是当种内竞争变得激烈时,选择其中的胜者的自然选择。在这些选择的作用下进化出的一套特征分别被称为 r 对策或 K 对策。据此回答 27、28 题。

27 下列影响种内竞争强弱的条件中,哪些是种内竞争较弱时的例子?(　　)(多选)

A. 稳定或按一定周期变化的环境　　B. 无规律地发生大规模变化的环境

C. 食物与生存空间等资源丰富　　D. 食物与生存空间等资源缺乏

E. 捕食强度大　　F. 捕食强度小

解析 r 对策竞争较弱,主要是环境变化影响种群密度,因此 B、C、E 是正确的,无规律变化的环境、丰富的资源与较大的捕食强度将选择弱竞争快繁殖的策略。反之,其余三个条件稳定变化环境、资源匮乏与弱捕食适合于发展种内竞争,选择 K 对策。　答案:BCE。

28 与 K 对策者相比,r 对策者都有哪些特征?(　　)(单选)

A. 增长快,成体的体型大,寿命长　　B. 增长快,成体的体型大,寿命短

C. 增长快,成体的体型小,寿命长　　D. 增长快,成体的体型小,寿命短

E. 增长慢,成体的体型大,寿命长　　F. 增长慢,成体的体型大,寿命短

G. 增长慢,成体的体型小,寿命长　　H. 增长慢,成体的体型小,寿命短

解析 r 对策者增长快,体型小,寿命短,故选 D。　答案:D。

29 以下哪个因素最有可能加剧特定区域中田鼠的内部竞争?(　　)(单选)

A. 捕食者老鹰的数目增长　　B. 田鼠的生殖率增长

C. 温度升高　　D. 食物供给增多

E. 鼠群中鼠疫盛行

解析 在拥挤的种群内,资源限制会导致种群生长被抑制。食物减少、种群密度增加会加剧种内竞争,导致较低的出生率。　答案:B。

30 巴哈马列岛中的各个小岛上栖息着黄金蜘蛛的一种 *Argiope argentata*。在某一小岛上长期记录这种蜘蛛的种群动态(个体数随时间的变化),发现种群在某一年灭绝后,第二年又重新出现。据推测可能是其他岛上的个体借助网随风飘到这个岛上后,产生了新的种群。也就是说,多个岛屿上的 *Argiope argentata* 种群通过迁入和迁出相互关联。像这样,多个种群通过个体的移动分散相互关联时,这些种群被称为一个"集合种群"。不光是 *A. argentata*,许多动植物都是以集合种群的形式存在于自然界中的。下面选项是关于集合种群和构成集合种群的各种群的描述,其中正确的是(　　)。(多选)

A. 当构成集合种群的各种群的种群动态同步的时候,集合种群才最容易存续

B. 即使某一种群的出生率低于死亡率,这一个体群还是有可能继续存在的

C. 一部分种群的栖息地被破坏,可能导致所有种群全部灭绝

D. 通过形成集合种群,各种群的环境容纳量会增大

E. 通过形成集合种群,各种群的自然增长率会增大

解析 形成集合种群后,即使某一种群灭绝,也可通过其他种群迁入的个体重建这一种群。但是,若所有种群的动态全部同步,则所有种群将会同时灭绝,无法发生种群迁入引发的种群重建,因此这样的集合种群无法存续。A错误。

即使出生率低于死亡率,也可能会因其他种群个体的迁入而维系种群的存在。这种种群被称为汇种群(sink population),将向汇种群提供个体迁入的种群称为源种群(source population)。源种群的出生率必须高于死亡率。B正确。

某些集合种群中,现有种群的灭绝和迁入导致的灭绝种群的重建之间保持着一定的平衡。在这种集合种群中,若某一种群的栖息地被破坏,则无法通过迁入重建种群。而这样一来,存续的种群数目便减少,则其他种群发生灭绝时重建将变得困难。因此,某一部分个体的栖息地被破坏导致种群灭绝和重建的平衡崩溃,从而令集合种群灭绝是很有可能的。C正确。

种群的环境容纳量和种群的栖息地及当地的资源量等环境因素有关,而与个体的迁入和迁出无关。D错误。

种群内的自然增长率和出生率、死亡率有关,与个体的迁入和迁出无关。E错误。 答案:BC。

31 对经济农场里的家禽普遍使用抗生素将会有不利于发展的结果,原因是下列哪项?( )(单选)

A. 易得细菌性疾病的小鸡们可能可以存活

B. 抗生素会在幼鸡们生长过程中杀死它们的细胞

C. 这可能会使得有抗药性的大肠杆菌菌株有选择优势

D. 当暴露于抗生素时,人类逆转录酶病毒会发展的更快

E. 抗生素在通过鸟类循环系统的过程中毒性会增加

解析 抗生素会筛选出有抗药性的菌株。 答案:C。

32 在一个孤立的种群中进行持续的杂种繁殖,将会导致什么结果?( )(单选)

A. 变异增多　　B. 变异减少

C. 突变速率增大　　D. 该种群消失

解析 孤立的小种群遗传变异性的丧失非常大,因此变异会减少。 答案:B。

33 表1表示的为某一生物种群个体数的增长。密度制约因素从什么时候开始起作用?请从A~E中选择:( )。(单选)

表1

	时间						
	1	2	3	4	5	6	7
个体数	10	21	45	70	90	99	101

A. 2~3　　B. 3~4　　C. 4~5　　D. 5~6

E. 6~7

解析 种群增长中的密度制约因素是指:随着种群密度增加,增长率逐渐减少。根据表1中的数据计算不同时间段的种群增长率(某一时刻的个体数除以前一时刻的个体数),得出1~2时间段为2.1,2~3时间段为2.1,3~4时间段为1.6……增长率从3~4时间段开始明显降低。 答案:B。

34 图 3 中，哪个点表示出生率与死亡率相等？（　　）（单选）

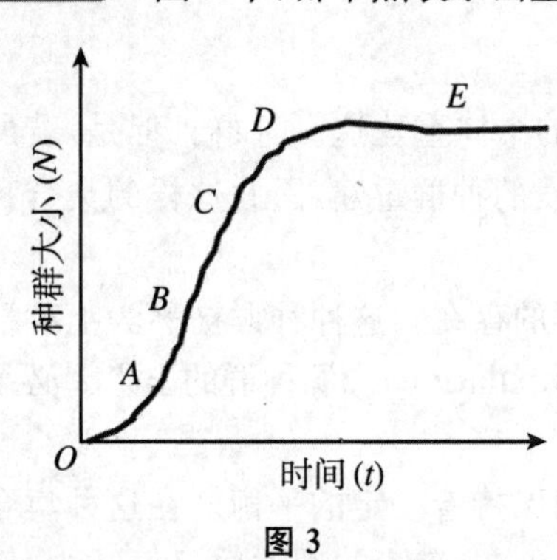

图 3

A. A

B. B

C. C

D. D

E. E

解析 这是一个比较典型的逻辑斯谛增长，其微分方程是 $dN/dt = rN \times (K-N)/K$，其中 N 是种群个体数，r 是种群的自然增长率，K 是环境容纳量，dN/dt 是种群在有环境压力的情况下的真实的增长率。种群增长可以分为大致如下几个阶段：开始→加速→转折→减速→饱和期。

在饱和期，种群增长速度为 0，也就是种群的出生率与死亡率相等；在种群的个体数为 $K/2$ 的时候种群的增长速率最大。 **答案**：E。

35 在图 4 中，哪个点表示在此处可获得最大产量？（　　）（单选）

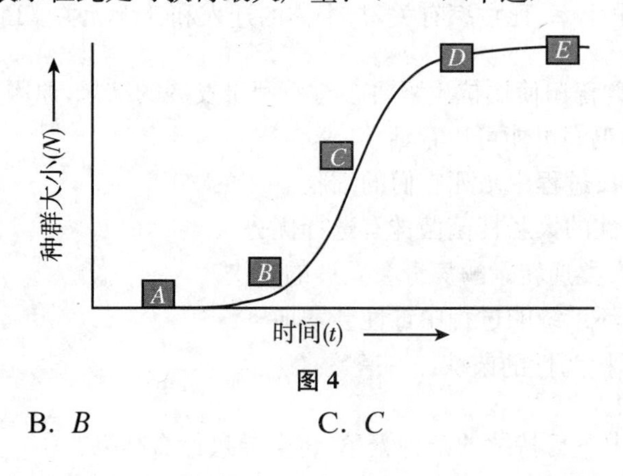

图 4

A. A　　B. B　　C. C　　D. D

E. E

解析 在种群密度的中间值，即一半的环境承载量时，个体繁殖速率可以达到最大。这个点叫做最高持续产量，此时有大量个体盈余可以收获，因为种群增长率在最高点，有大量的新个体繁殖出来。在这点之上，密度制约因子逐渐地限制繁殖，直到种群达到承载能力上限（环境容纳量 K）。在 E 处，没有个体盈余可以收获，并且产量降低到零。而在 B 处，繁殖的个体数还太少。 **答案**：C。

36 图 5 描述了条纹羚在某个特定区域内某一具体时间段里的数量。下列时间段的组合中，哪个正确地表示了图中羚羊数量的变化对应的事件发生顺序？（　　）（单选）

(i) 没有捕食者。(ii) 个体适应环境。(iii) 洪水破坏了栖息地。

A. (iii) → (ii) → (i)

B. (ii) → (i) → (iii)

C. (ii) → (iii) → (i)

D. (i) → (iii) → (ii)

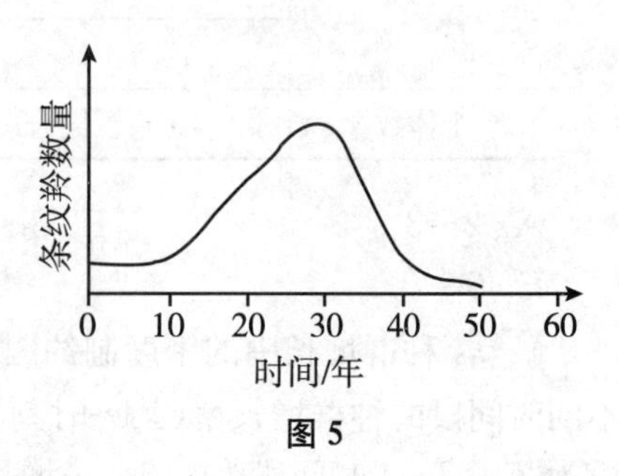

图 5

解析 由图 5 可知，首先是适应环境和没有捕食者，种群数量增长，最后因为洪水破坏栖息地种群数目下降，因此(iii)应该是在结束的位置，只能选 B。 **答案**：B。

37 图 6 中的数字 1、2、3 和 4 指的是四个青蛙的种群，这些种群用圆圈来代表。重叠的部分指的是能够异种繁殖产生大量后代的种群。据此可以做出的合理推测是什么？

(　　)(单选)

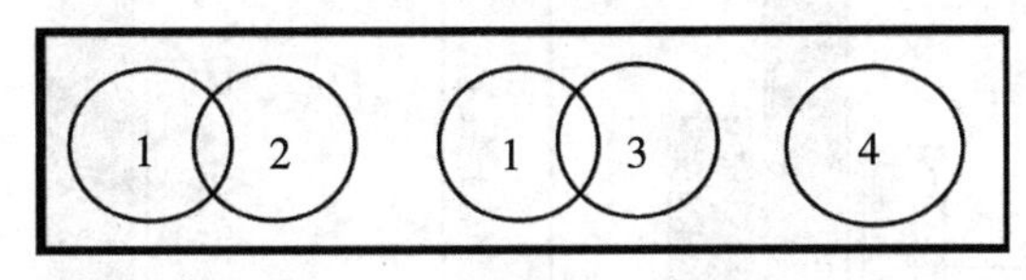

图 6

A. 如果种群 2 和种群 4 都灭绝了,有两种不同的物种依然能存在

B. 种群 1、2、3 和 4 代表四种不同的物种

C. 如果种群 2 灭绝了,有两种不同的物种依然能存在

D. 如果种群 3 灭绝了,只有一种物种能够依然存在

解析 1 与 2、1 与 3 分别不存在生殖隔离,故它们为同一物种,这里一共有两个物种,2 或 3 灭绝仍然有两个物种。 答案:C。

38、39 题需要涉及关于一处山区的图 7。图 7 表示了不同海拔处(x 轴)的冬天平均温度(左边 y 轴)和三种树木的丰度(右边 y 轴)。

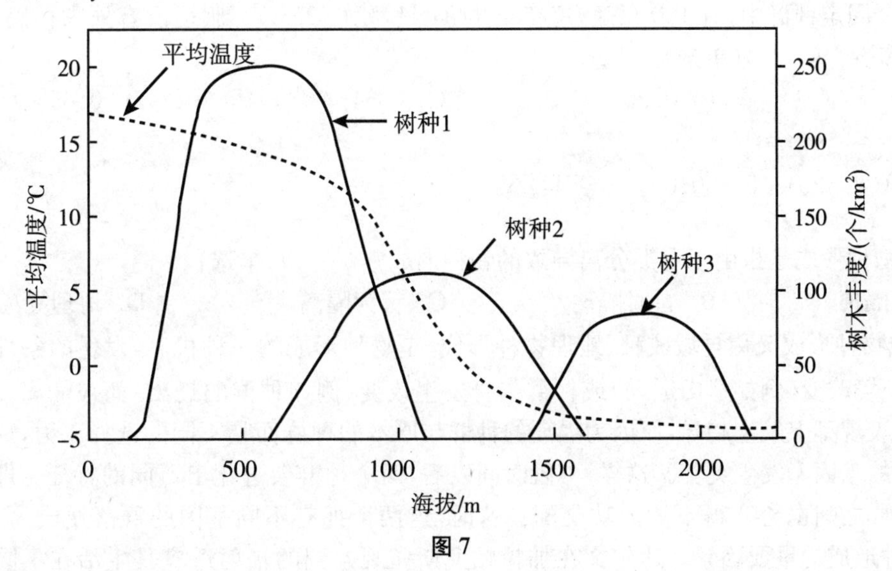

图 7

38 在冬天平均温度低于 0 ℃的地区,通常能发现哪些树种?(　　)(单选)

A. 只有树种 1　　B. 只有树种 2

C. 只有树种 3　　D. 只有树种 1 和树种 2

E. 只有树种 2 和树种 3

解析 读图可知,树种 1 喜温,只能在 0 ℃以上的温度下生存。 答案:E。

39 在海拔低于 500 m 的区域能发现哪些树种?(　　)(单选)

A. 只有树种 1　　B. 只有树种 2

C. 只有树种 3　　D. 树种 1 和树种 2

E. 树种 2 和树种 3

解析 读图可知,低于 500 m 只有树种 1。 答案:A。

40 图 8 表明了在 10 年间,一大群兔子的外表发生的变化情况。下列哪个选项最能合理解释上述变化?(　　)(单选)

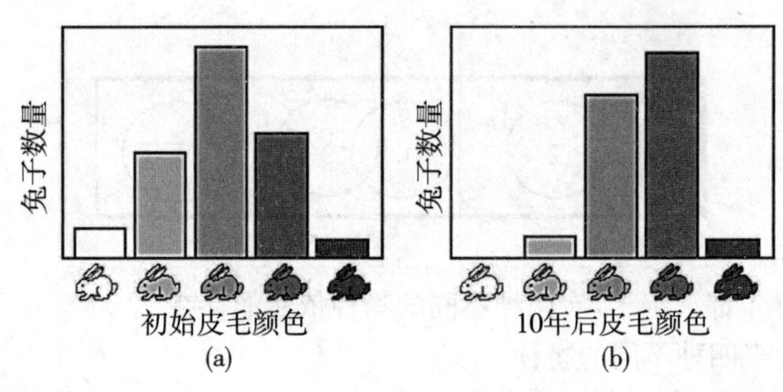

图 8

A. 黑色皮毛的兔子突变概率下降　　B. 白色皮毛的兔子的优势增加了

C. 白色皮毛的兔子的优势下降了　　D. 黑色皮毛的兔子的染色体数目增加了

E. 黑色皮毛等位基因是显性的

解析 定向选择中黑兔占优。　答案:C。

41 在一个固定种群中,有100只鹿,每年出生34只,死亡25只。假设没有外来移民或者迁徙发生,该群的 r 值是多少?(　　)(单选)

A. 0.09　　B. 0.25　　C. 0.34　　D. 0.66

E. 0.90

解析 $r=(34-25)/100=0.09$。　答案:A。

42 异域物种形成是指由于哪类分离导致的物种形成?(　　)(单选)

A. 生态位隔离　　B. 暂时隔离　　C. 行为隔离　　D. 地理隔离

解析 异域物种形成又称异域成种、地理物种形成,是物种形成的一种机制,发生的条件为一个物种的种群因为地理环境改变(例如造山运动)或种群本身发生改变(例如种群的迁出)而被隔离。隔离的种群会在基因型和/或表现型上发生趋异,原因为隔离的种群与原本的种群面临不同的选择压力,或各自发生遗传漂变,又或各自的基因库发生突变。这样,一段时间以后,两个种群会进化出不同的特征。即使地理阻隔后来消失,两个种群之间也会变得不能成功交配。这时,这两个拥有不同基因的群落便成为了不同的物种。地域隔离是物种形成的重要因素。达尔文在加拉帕戈斯雀观察到的辐射适应是生活在不同岛屿的种群之间发生异域物种形成的结果。

实际上,如果细分的话,物种形成可分为四大类:

① 异域成种(异域物种形成):同一物种由于地理隔离,分别演化为不同的物种。

② 同域成种(同域物种形成):同一物种在相同的环境,由于行为改变或基因突变等原因而演化为不同的物种。

③ 边域成种(旁域物种形成):物种形成过程中,一个小种群由于某种原因和原来的大种群隔离。隔离时,小种群的基因经历剧烈变化。当小种群再跟大种群相遇时,已经形成不同物种。

④ 邻域成种(邻域物种形成):两个物种形成中的种群虽然分开,但是相邻。从一极端到另一极端之间的各种群都有些许不同,但彼此相邻的两种群之间仍能互相杂交。不过,在两边最极端的种群已经差异太大而形成不同的物种。　答案:D。

43 某种生物在某一时间点的个体数(N_t)经常和下一时间点的个体数(N_{t+1})有着某种关联。如图9所示的曲线中显示了三种生物(①~③)中这两个数目之间的关联。而虚线X表示的是 $N_{t+1}=N_t$。当初始个体数(N_1)为箭头所示的值时,生物①~③个体数随时间的变动将分别对应图10(a)~(d)中的哪一个?请从A~H中选出正确的一组。注意,此处并没有指定图10(a)~(d)纵轴的单位长度。(　　)(单选)

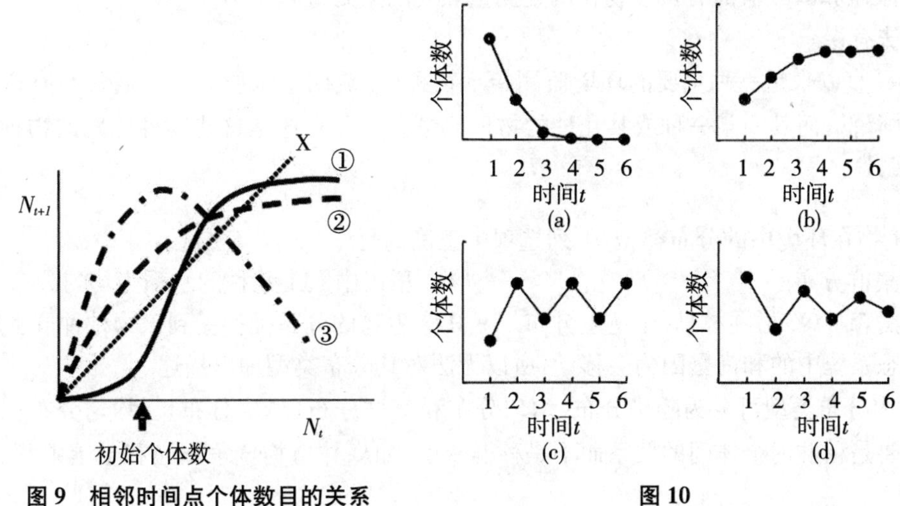

图 9　相邻时间点个体数目的关系　　　　**图 10**

A. ①a,②b,③b　　B. ①a,②b,③c　　C. ①a,②c,③b　　D. ①a,②c,③c
E. ①d,②b,③b　　F. ①d,②b,③c　　G. ①d,②c,③b　　H. ①d,②c,③c

解析 图 9 是将某一非线性增长的生物群体的个体数目变动用相邻两个世代个体数的关系所表示的图。将初始个体数作为横坐标,找到曲线上相应点的纵坐标,则为下一世代的个体数。再用这一数据作为横坐标,通过相同的方式便可找到再下一代的个体数。之后皆同理。例如,在如图 11 所示的关系中,当 $N_1 = 1000$时,$N_2 = 4000$。同理,$N_3 = 2000$,$N_4 = 3000$,$N_5 = 2400$。

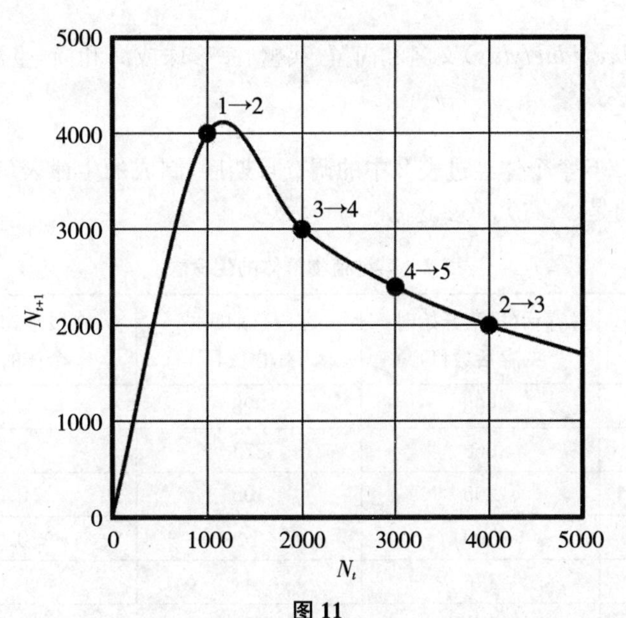

图 11

①中的个体数目将逐渐减小,并走向灭绝,这在稀有物种中十分常见。②会呈现典型的 S 型增长模式(逻辑斯谛增长)。③由于其自身的增长率很大,而具有延迟效应的密度制约因素会有较强的作用,因此会呈现周期性波动。 答案:B。

44 研究者发现,河流中每 1.6 km 内就有 150 种不同的硅藻物种。每种物种不超过种群总量的 5%。第二个发现是:下游 40 km 外,只有 20 种不同的硅藻物种,2 种物种就占总量的 80%。下列选项中对这两个发现最好的解释是(　　)。(单选)

A. 该河流长于 40 km
B. 河流下游的河底性质发生了改变
C. 河流流速改变

D. 富含硝酸盐和磷酸盐的有机废物在两处测量点间的某处进入了河流中

E. 测样方法有误

解析 硅藻一直以来是一种重要的环境监测指示物种，常被用于水质研究。通常在有机污水中能够观察到物种多样性降低，而其中某一种或某几种的物种数量会上升。这是这些物种比别的物种更能忍受废物的结果。 答案：D。

45 关于生物在环境中的分布类型，下列选项中正确的是（　　）。（多选）

A. 藤壶为集群分布

B. 稻田中人工栽种的水稻为均匀分布

C. 雪山的黑森林（冷杉纯林）属于丛生分布

D. 生物的分布类型受到该物种种群密度的影响

E. 河口生态系统中的和尚蟹因为会移动，所以无法对其分布类型加以描述

解析 种群内分布类型可分为随机分布、均匀分布和集群分布（丛生分布）。均匀分布在自然界中较少见，形成原因主要是种群内个体间的关系而不是种群密度，如森林植物竞争阳光和土壤中营养物等，因此D错误。

随机分布是指每一个体在种群领域中各个点上出现的机会是相等的，并且某一个体的存在不影响其他个体的分布。集群分布（丛生分布）是最常见的内分布型，其形成原因有：① 资源分布不均匀；② 植物种子的传播以母株为扩散中心；③ 动物的集群行为。结合题目来分析，藤壶因为固着生活的原因，子代以母代为中心分布，为丛生分布，A 正确。稻田中的水稻因有人工干预，所以在稻田中呈均匀分布，故 B 也是对的。雪山上的黑森林因为海拔高，气候寒冷，空间和土壤营养相对于植物来说是充沛的，因而黑森林属于随机分布，C 错误。种群的分布类型不是根据其移动速度来判断的，而是根据生物最常出现的分布状态来分类，E 错误。

短指和尚蟹（*Mictyris brevidactylus*）又名和尚蟹、兵蟹、海珍珠或海和尚，生活在潮间带沙土的地道中，退潮时出来活动。 答案：AB。

46 某种植物初生的 996 个个体经过表 2 中的调查日期后，制成的生命表（life table）如表 2 所示。有关该种植物的叙述中正确的是（　　）。（多选）

表 2　某种植物群体的生命表

年龄的段落/d	存活（段落开始时的存活数目）	在段落期间的死亡数目	在段落期间每一个个体的死亡率
0～63	996	328	0.329
63～124	668	373	0.558
124～184	295	105	0.356
184～215	190	14	0.074
215～264	176	4	0.023
264～278	172	5	0.029
278～292	167	8	0.048
292～306	159	5	0.031
306～320	154	7	0.045
320～334	147	42	0.286
334～348	105	83	0.790
348～362	22	22	1.000
362～	0	0	0
		996	

A. 此种植物的存活曲线（survivorship curve）接近第Ⅰ型

B. 此种植物很可能是一年生植物
C. 此种植物的存活曲线接近第Ⅱ型
D. 此种植物很可能是多年生植物
E. 此种植物的存活曲线接近第Ⅲ型

解析 此种植物绝大多数个体都能活到生理年龄，早期死亡率极低，但一旦达到一定生理年龄(248～362 d)，短期内几乎全部死亡，符合存活曲线的Ⅰ型(凸型曲线)，注意：存活曲线作图的纵坐标存活数需取对数。362 d 的生理年龄接近一年，该植物很可能不能越冬，为一年生植物。 答案：AB。

47 下列哪些例子属于互利共生？(　　)(多选)
A. 地衣内的藻类和真菌
B. 显花植物与传粉昆虫
C. 白蚁与其肠道内的共生鞭毛虫
D. 生长在树干上的兰花与被附着的树木
E. 疟蚊与疟原虫

解析 可以根据两个互相作用的物种是从相互作用中获利还是受损来判断这种相互作用属于哪类。值得注意的是互利共生是两个物种已经达到密不可分的程度，互惠合作的两方虽然都受益但是没有对方仍然可以生存。注意：B 选项中，蜜蜂与植物其实属于互惠合作，丝兰蛾与丝兰则是互利共生，国外原题对此二类区分不严格。D 选项是偏利共生，E 选项是寄生。 答案：ABC。

48 下列叙述中符合成长速率较快(具有较高的生物潜能(biological potential))的动物种群是(　　)。(多选)
A. 起始种群数量大
B. 第一次开始生殖的年龄早
C. 对幼体照顾的时间长
D. 每一年仅固定一段时间发情
E. 一次生殖多胞胎

解析 生物潜能为在最适合的生长条件下某一生物种群成长的最大速度，种群生长速率快即个体生殖能力强，能够在短时间内产生大量后代，一般对应于 r 对策的生物。典型特点是成熟早(第一次生殖的年龄早)、一次生殖产多个后代、对后代的照顾没有 K 对策生物完善、每年发情的次数较多等，典型生物有田鼠、昆虫。起始种群数量大不一定代表成长速率快。对幼体照顾时间长使得生殖周期长，生物潜能低。
答案：BE。

49 下列有关加拿大雪兔与山猫种群的叙述中正确的是(　　)。(多选)
A. 山猫并非雪兔唯一的掠食者
B. 山猫与雪兔的种群都会不断地波动，两者的种群循环期相似
C. 雪兔的种群波峰永远尾随在山猫的种群波峰之后
D. 雪兔的食物与掠食者都会影响雪兔的种群波动
E. 猎人用陷阱捕捉猎物的记录也可以提供雪兔种群大小变化的信息

解析 对于加拿大雪兔和山猫这一对被捕食者与捕食者来说，捕食者和猎物的相互作用是不对称的——除了山猫对雪兔的影响之外，雪兔还受很多其他因素的影响，如食物、由于数量过多导致的疾病传播等；而山猫由于是特化的捕食者，主要受雪兔的影响。它们的种群数量变动是具时滞的密度制约性调节导致的周期性波动。山猫作为捕食者，其种群数量变动比雪兔晚一点，故波峰永远尾随在雪兔的种群数量波峰之后。

E 选项是去除取样法：在一个封闭的种群里，随着连续地捕捉，种群数量逐渐减少，因而花同样的捕捉努力所取得的捕获数将逐渐地降低。将逐次捕捉数/单位努力作为 Y 轴，捕获累积数作为 X 轴作图，即可得到一个回归线，通过延长回归线观察 X 轴截距，即可以得到种群数量 N 的估计值。 答案：ABDE。

50 如果一个封闭的生态系统中的初级消费者被完全移除，会发生什么？(　　)(单选)
A. 生产者会受到很大损害
B. 次级消费者的数量将增多

C. 食肉动物将会开始死亡　　D. 食草动物的数量将减少

E. 这块生境的环境容纳量将减少

解析 生产者没有了捕食压力，会大量增加，但还是会受到环境容纳量的限制；次级消费者及以上的食肉动物没有了食物来源，当然会饿死。

值得注意的是，在一个生态系统中，只有生产者和分解者是必需的。而即使消费者被完全移除，生态系统也不会崩溃，只是物质循环会被大大减慢。　答案：C。

51 食肉动物以其他动物的肉为食，那么以死亡的生物遗体为食的动物称为(　　)。(单选)

A. 杂食动物　　B. 食腐动物

C. 食草动物　　D. 上述选项都不对

解析 食腐动物又称食碎屑生物，是异养型生物，主要以腐殖质为食获取营养。它们的食性让它们能够完成物质循环中的分解步骤。食腐动物是生态系统重要的组成部分。它们可以在任何有有机物的土壤中生存，甚至还可以在海洋中生存。典型的食腐动物有马陆、粪蝇、许多陆生蠕虫、海星和许多多毛纲生物。多种细菌、真菌和原生生物无法进食大块的碎屑，但在分子层面吸收营养并进行代谢，它们是分解者。分解者一般不包括食腐动物，因为分解者消耗的有机物质更多。　答案：B。

52 竹节虫利用了(　　)。(单选)

A. 保护色　　B. 警戒色　　C. 混淆色　　D. 伪装

E. 拟态

解析 拟态和伪装的区别在于：拟态者有意让其他生物注意到其特征信息，而伪装者则把自己融入环境之中，避免被注意到。　答案：D。

53 哪个营养级最可能累积农业杀虫剂残留下来的污染物？(　　)(单选)

A. 生产者　　B. 食草动物　　C. 食肉动物　　D. 食腐生物

解析 营养级越高，生物富集现象越严重。　答案：C。

54 假设一种生物附着于另一种生物体上生存，如果对一方有益，而对另一方既无益也无害，那么这种关系称为(　　)。(单选)

A. 寄生关系　　B. 共栖关系

C. 互利共生关系　　D. 共生关系

解析 生态系统中，共栖关系是两种生物生活在一起，对一方有利，对另一方无益也无害。共生分三种，包括互利共生(双方均受益)、竞争共生(双方均受害)和寄生(一方受益，一方受害)。人们最熟悉的互利共生的例子是有蹄类动物和胃中细菌的关系。细菌产生的纤维素酶可以帮助有蹄类消化食物，反过来细菌可以从宿主获得稳定的营养支持。寄生的范例是细菌和各种寄生虫(绦虫、钩虫、疟原虫和跳蚤)感染。　答案：B。

55 捕食被认为是一种(　　)相互作用，而互利共生被认为是一种(　　)相互作用。(单选)

A. +/+，+/+　　B. +/0，-/-　　C. -/-，+/+　　D. +/-，+/+

解析 捕食作用是+/-，互利共生是+/+。　答案：D。

在某高中的校园里面进行了下述调查。

调查：在校园某一侧的植物群落中，从球场到操场设置了一系列长 1 m、宽 30 cm 的样方，并将出现在其中的植物按照生长型分类，计算各类生长型的个体数、高度、覆盖度(植物在样方内所占的面积)之和。

结果：观察到了像藜和一枝黄花这样的直立茎的植物(直立型)、像车前草这样茎短并且叶片贴地生长的植物(丛生型)、像三叶草这样茎横向生长的植物(匍匐型)以及牵牛花这样的藤蔓植物。

样方中的环境因素中，土壤硬度从球场到操场依次增高(变硬)，但其他条件基本相同。

从球场到操场,植物的高度和数目逐渐减少。

根据以上内容,回答56、57题。

56 从球场到操场,植物群落的物种组成和生长型结构呈现什么样的变化?( )(单选)

A. 基本不变

B. 植物的种类有变化,但生长型基本不变

C. 在生长型方面,靠近球场的部位直立型的植物较多,靠近操场的部位丛生型和匍匐型的植物较多

D. 在生长型方面,靠近球场的部位丛生型和匍匐型的植物较多,靠近操场的部位直立型的植物较多

解析 土壤紧实度对植物地上部分生长影响的研究有不同的结果。多数研究表明,生长在高紧实度土壤中的植物无论是株高还是地上部干物质的量都较生长在低紧实度的土壤中的低,这种影响甚至在第一片叶完全展开之前,即幼苗生长仍依靠种子储藏物阶段发生。根据题干描述,从球场到操场,植物的高度和数目逐渐减少,故生长型从直立型转向丛生型和匍匐型。 **答案:C。**

57 在光合产物很少时,可以令叶片生长在最高部位的生长型是(a),最适合生长在会被频繁除草的地方的生长型是(b)。请指出这两种生长型各是什么:( )。(单选)

A. 直立型,藤蔓型

B. 直立型,直立型

C. 藤蔓型,直立型

D. 藤蔓型,匍匐型

E. 匍匐型,匍匐型

解析 用少量光合产物实现叶片的高位,最经济的做法是采取藤蔓的形式;经常被除草(化学、机械)的地方,最适合的生长型是匍匐型。 **答案:D。**

58 下列①~④是关于不同水环境中各种生物群系特征的描述。它们描述的分别都是什么样的生物群系?请从A~H中选出描述与生物群系类型匹配正确的一项:( )。(单选)

① 栖息着许多固着藻类和其他营固着生活的生物,物种多样性高,其中有很多通过过滤悬浊物获取食物。

② 浮游植物的量少,但繁殖速度快,夜间还可以观测到多种浮游动物。水体透明度高,物种多样性极高。

③ 生产者以小型浮游植物为主,水体透明度高但有机物生产量低。

④ 浮游植物少,消费者主要以流入该区域的有机物为营养源。

A. 潮间带,珊瑚礁,河流,远洋

B. 潮间带,珊瑚礁,远洋,河流

C. 河流,远洋,珊瑚礁,潮间带

D. 河流,远洋,潮间带,珊瑚礁

E. 珊瑚礁,潮间带,远洋,河流

F. 珊瑚礁,潮间带,河流,远洋

G. 远洋,河流,潮间带,珊瑚礁

H. 远洋,河流,珊瑚礁,潮间带

解析 珊瑚礁通常在干净且温暖的浅海中形成,虽然作为生产者的浮游植物的量很少,却生活着很多动物,是一种神奇的生态系统。实际上,珊瑚虫体内共生着一种叫做褐虫藻(虫黄藻)的藻类,这种藻类作为生产者生产着大量的有机物。如果夏天出现异常的高温,褐虫藻就会从珊瑚中跑出来,导致珊瑚发生白化现象。如果珊瑚中没有褐虫藻,其生长速度将会变为原来的十分之一。褐虫藻通过光合作用固定的能量中大约有90%会被珊瑚利用,其中有一半用于自身的呼吸和生长,剩下的一半以黏液的形式被分泌到体外。珊瑚礁中各式各样的生物都是直接或间接依靠这种黏液生存的。

在河流中,除流速较缓的下游区域或河口区域,其他部位的浮游植物都十分稀少,而以落叶等从外界流入的有机物或附着于岩石上的硅藻为食的水生昆虫却有很多。这些地方的鱼类主要以这些水生昆虫或落入水中的昆虫为食,或像香鱼那样可以直接以硅藻为食。

在潮间带中可以观察到许多以漂来的有机物和浮游生物为食的固着生活的动物。在岩石上有硅藻等多种藻类,因此也有很多以之为食的海胆或贝类。

在远洋中,作为浮游植物营养素的无机盐类会以尸体等形式沉积在海洋底部,所以这里的营养十分匮乏,导致浮游植物非常少,体型也很小,因此水体透明度很高。 **答案:B。**

59 一个群落向顶极群落进化的过程被称为什么？（　　）（单选）

A. 进化变异(evolutionary change)　　B. 演替(succession)

C. 能量流(energy flow)　　D. 动态平衡(dynamic equilibrium)

E. 以上选项都不正确

解析 随着时间的推移，生物群落中一些物种侵入，另一些物种消失，群落组成和环境向一定方向产生有顺序的发展变化，称为演替。演替的最终结果是顶极群落，至于顶极群落是只有1个，还是有多个，不同的学说有不同的看法。单元顶极认为一个地区的所有的群落都会演替成这个地区的气候顶极，它与此地区的气候相适应，而且这样的顶极只有一个；多元顶极认为一个地区的群落会由于这个地区局部的异质性（比如说地形、土壤等因素的不同）而演化成不同的顶极，比如说土壤顶极、气候顶极；而顶极格局假说则是多元顶极论的更深入研究，与多元顶极一样认为会形成很多不同的顶极，但是随着环境梯度的变化，各种类型的顶极群落（如气候顶极、土壤顶极、地形顶极、火烧顶极等）不是截然呈离散状态，而是连续变化的，因而形成连续的顶极类型(continuous climax types)，构成一个顶极群落连续变化的格局。这个格局中，分布最广泛且通常位于格局中心的顶极群落叫做优势顶极（prevailing climax），它最能反映该地区的气候特征，相当于单元顶极论的气候顶极。　**答案：B。**

60 一个群落的生物多样性用下列哪种方式来衡量？（　　）（多选）

A. 植物物种与动物物种的比率　　B. 相对多度

C. 物种丰富度　　D. 给定区域内的总生物量

E. A和B都是生物多样性的度量方式

解析 群落物种多样性的度量包括物种的丰富度和均匀性（是数量分布的均匀性，而不是生物量）两个方面。物种丰富度(species richness)指的是群落中所包含物种数目的多少，也叫分异度；物种多度（abundance）是指群落中该物种的个体数，也叫丰度；相对多度指群落中某一物种的多度占所有物种的多度之和的百分比。其中前者代表了物种数量上的差别，而后者则代表了种间均匀度的差别。

如果以相对多度为横坐标，具有此种相对多度的物种数为纵坐标，就能得到一条曲线，比如说费舍尔对数级数曲线。可以用此来判断群落生物多样性中均匀度的部分，而丰富度则由C给出。其余如动植物比例、总生物量都不是多样性的重点。　**答案：BC。**

61 下列哪个选项是死亡有机体的分解者？（　　）（单选）

A. 真菌　　B. 细菌，真菌，病毒　　C. 真菌，病毒　　D. 细菌，真菌

解析 细菌与真菌可以腐生，作为分解者；病毒寄生，不是分解者。　**答案：D。**

62 在孤立的食物链中，下列哪项的数值是最大的（单位：kJ/m^2）？（　　）（单选）

A. 植物的净生产量　　B. 第一级食肉动物的消耗量

C. 食草动物的同化量　　D. 食草动物的呼吸产能

解析 在独立的食物链中，没有与外界生态环境的动植物交换，一级消费者（食草动物）需要快速繁殖，以补充被食肉动物捕杀的个体。而这取决于食草动物的生命长度、性成熟所需的时间，并非必然事件。最可能的是，食草动物种群数量锐减，最终灭亡，并导致食肉动物的灭亡，只有生产者可以繁荣生长。

食物链是自然界生物关系的过度简化版本。大多数消费者以多种生物为食，也被多种生物捕食。食物网是食物链连接形成的显示能量和物质在生态系统中流动的网络。食物网中的连接代表物种之间的捕食关系。生态系统中的生物多样性可以按纵向和横向进行分布。纵向代表捕食关系，从生产者向上到达最顶级的消费者。横向代表每个食物链环节的生物的特定营养级及其生物量的丰富程度。功能类别主要有自养者（生产者）、异养者（消费者）和分解者（食腐者）。异养者可以再分为不同的营养级，包括严格一级消费者（严格食草动物）、二级消费者（以食草动物为食的食肉动物）、三级消费者。杂食动物不属于任何营养级，因为它们既可以进食植物，也可以捕食动物。　**答案：A。**

63 物种数-面积曲线是指将群落中的物种数对群落所占的地理面积进行拟合所得的曲线。群岛 a 远离某大陆，包含了面积不同的多个岛屿，而群岛 b 则离这一大陆比较近，也包含了多个面积不同的岛屿。调查栖息于这些岛屿上的鸟类的物种数，并绘制各群岛的物种数-面积曲线，以○代表远离大陆的群岛 a 中的岛屿，……表示群岛 a 的回归直线；·代表靠近大陆的群岛 b 中的岛屿，——表示群岛 b 的回归直线，则两群岛的曲线是下面 A～F 中的哪一个？请选出最恰当的一项。注意，本题中所用的数据都是虚构的。(　　)(单选)

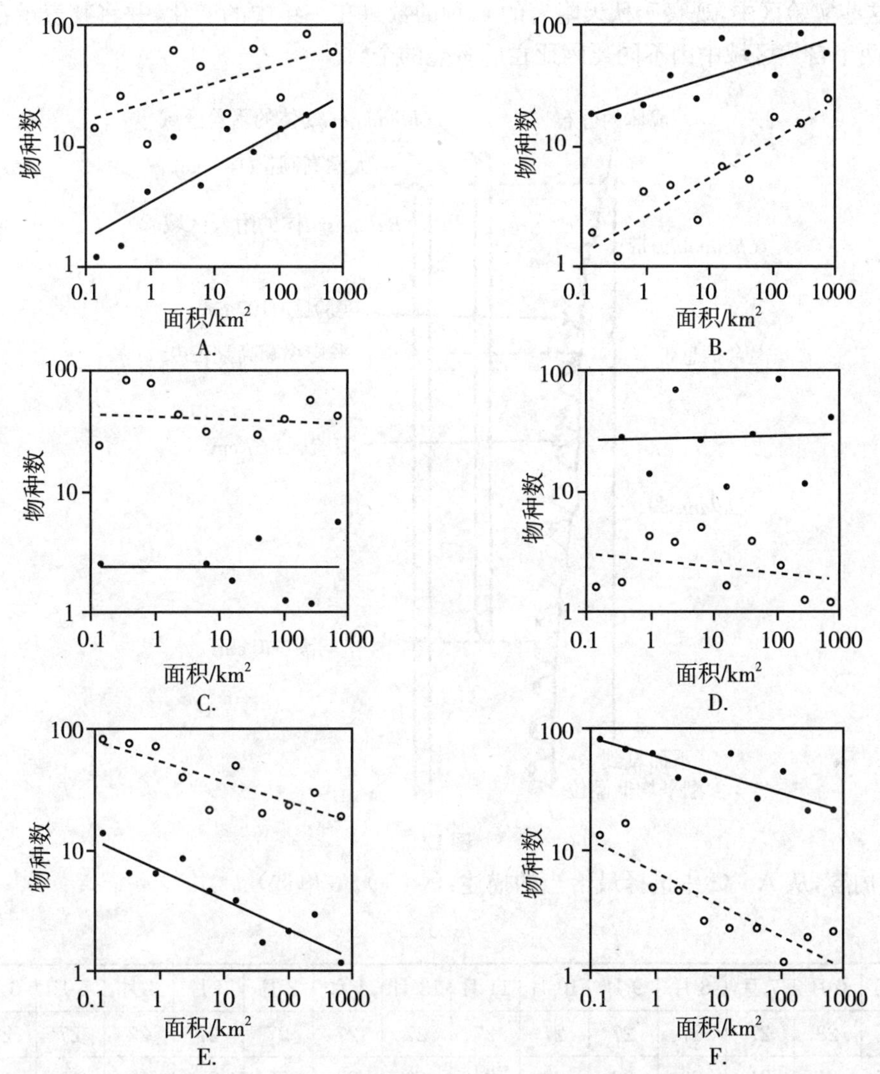

解析 一般来说，面积越大的岛上所生存的物种数越多，物种数-面积曲线的斜率为正。而根据现在较流行的麦克阿瑟与威尔逊提出的岛屿地理生物理论中的平衡模型，越是远离大陆的岛屿，或者岛屿越小，其上的生物种类越少。符合上述理论的只有选项 B。　**答案：B。**

64 麦克阿瑟(Robert MacArthur)和威尔逊(E. O. Wilson)研究岛屿生物地理学并提出岛屿的平衡模型。下列场景中，哪个将导致岛屿 X 比岛屿 Y 有更大的平衡物种数量？(　　)(单选)

A. 岛屿 X 比岛屿 Y 大，两个岛屿与大陆的距离一样远

B. 岛屿 X 比岛屿 Y 离大陆远，两个岛屿面积相同

C. 岛屿 X 比岛屿 Y 大，且离大陆更远

D. 岛屿 X 比岛屿 Y 小，但离大陆更近

E. 岛屿 X 和岛屿 Y 有相同的迁入率和死亡率

解析 麦克阿瑟岛屿平衡假说：岛屿物种不随时间变化，存在动态平衡(迁入替代灭绝)；大岛比小岛维

持更多种数；从近岛到远岛，平衡点种数逐渐降低。故本题选 A。 答案：A。

65 由于岩滩有涨潮和退潮，因此可以观察到生物的分区分布。在英国某海岸，栖息着 *Chthamalus stellatus*（C 种）和 *Balanus balanoides*（B 种）两种藤壶。先调查这两种藤壶的分布区域。藤壶的卵在其亲代体内孵化，成为幼虫后游出，浮游生活，之后再游到岩滩的岩石上，变态为藤壶的成体形态，营固着生活。

图 12 表示的是两种藤壶的区域分布模式和实验区域的设定方式。实验区域 1 为平均潮位的 107 cm 上方，而实验区域 2 是平均潮位上方 67～107 cm。各实验区又分为除去了 B 种（去除区）和没有除去 B 种（自然区）两种。在这些实验区中，观察于秋天附着的 C 种的数目在一年中的变化，并将其表示在了表 3 中。表 4 总结了一年内两个自然区域中因不同死因死亡的藤壶的个数。

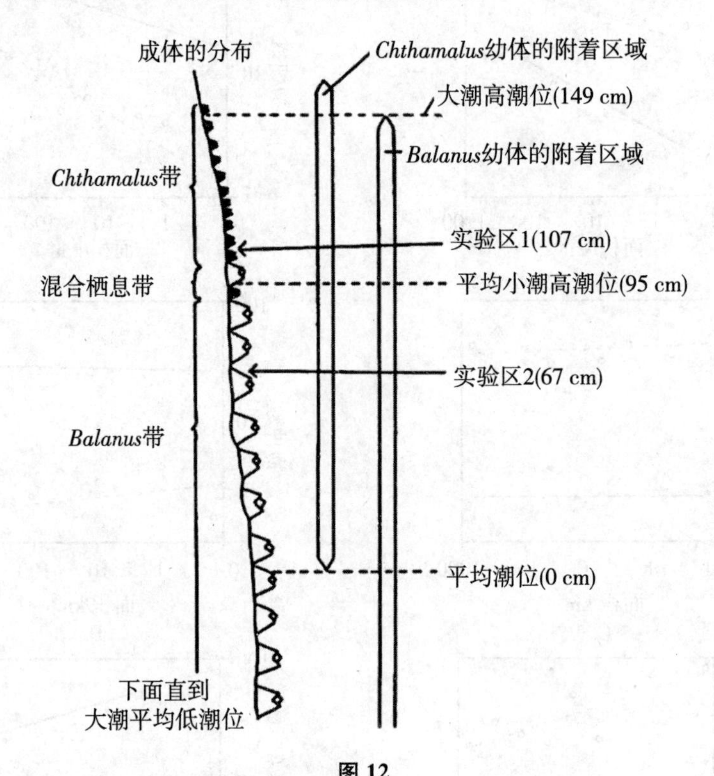

图 12

请根据图表内容，从 A～G 中选择最恰当的描述：(　　)。(单选)

表 3

	实验区	6月	7月	8月	9月	10月	11月	12月	1月	2月	3月	4月	5月	6月	死亡数
1区	自然区	28	27	27	27	27	27	27	27	27	27	27	27	27	1
	去除区	21	21	20	20	20	20	20	20	20	20	19	19	18	3
2区	自然区	47	40	30	22	17	15	13	13	13	13	8	6	5	42
	去除区	50	48	48	48	48	48	47	47	47	47	47	47	47	3

表 4

死因	1区	2区
不明	1	15
被 B 种压扁，窒息而死	0	24
被 B 种挤下岩面	0	2
被 B 种覆盖	0	1

A. 不论是 1 区还是 2 区，去除 B 种后，C 种的个体数都会发生巨大变动

B. 不论是1区还是2区，自然区和去除区中C种的死亡率都有较大的差别

C. 由物理化学性的环境因素决定的C种栖息的最适区域高于平均小潮高潮位

D. C种分布的最低位由平均小潮高潮位带来的物理化学性环境因素直接决定

E. C种分布的最低位由C种与B种的竞争决定

F. B种分布的最高位由B种与C种的竞争决定

G. B种分布的最低位由平均潮位带来的物理性环境因素直接决定

解析 藤壶与虾蟹一样，属于节肢动物门甲壳纲。如本题所举的例子一样，不同种的藤壶经常会附着在不同的地方。那么，它们是根据自身“喜好”来选择附着部位的吗？我们将物理化学性的环境因素决定的生物栖息的最适区域称为生理性最适区域，但是在实际中，这些区域并不一定是这一物种分布最多的区域(称为生态性最适区域)。这是因为生态最适区域还取决于这一物种和其他物种的关系。

从表3中6月份的数据可知，下方的区域2中C种幼体附着的个体数较多。并且，只要将B种去除，其个体数基本不会减少。从这些数据可知，C种的生理最适区域比其实际分布区域靠下，但那里栖息着B种，因此与B种之间的竞争决定了C种分布的下边界。表4中，对2区的死因统计也支持这一结论。另一方面，由于分布的上边界是大潮高潮位，可知对温度和干燥等物理化学性环境因素的耐受力决定了分布区域的上边界。

虽然在C种分布区域的上方没有B种分布，但这可能是B种和C种的竞争导致的，也可能是由于B种的幼体对干燥等物理化学性环境因素的耐受力较弱。但是，本实验中没有除去C种观察B种的分布，因此不能判断究竟是哪一因素导致了这个现象。 **答案**:E。

66 在大多数植物群落中，群落顶部和底部的光照大不相同。现调查了两种草本植物群落的光照条件和叶片生长方式。图13(a)(b)表示的是群落不同高度的相对光强，其中以群落最顶部的光强作为1。图13(c)(d)表示的是群落中不同高度的叶面积指数。其中，叶面积指数指每一高度层的叶面积与土地面积的比值。当叶面积指数=1时，表示这一高度层中的叶面积和土地面积相等。下列关于a、b群落的特征的叙述中，哪些是正确的？(　　)(多选)

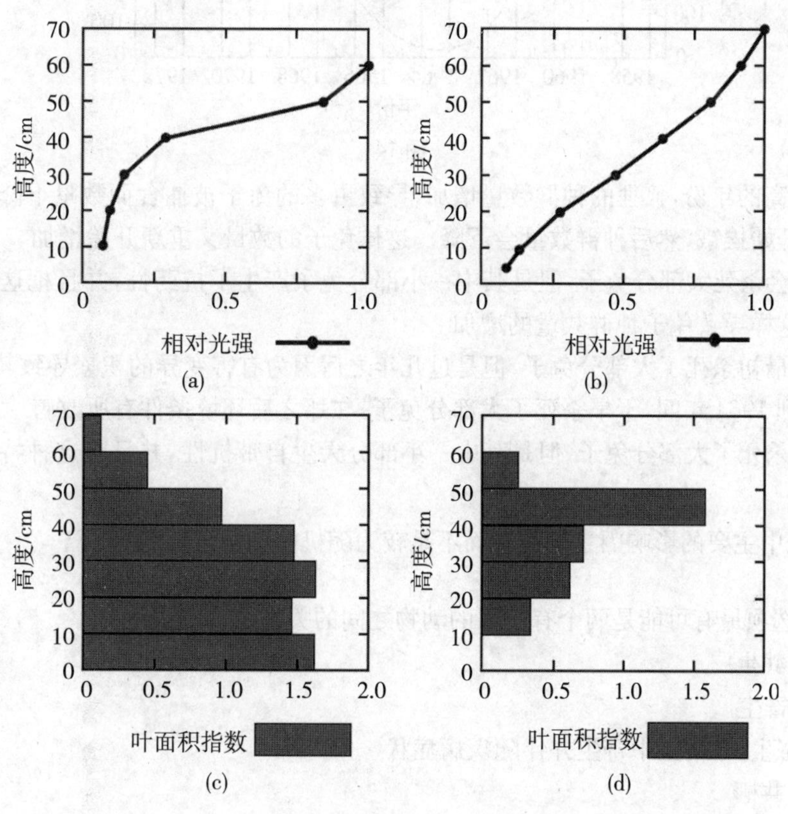

图13

A. 图(c)表示的是 a 群落中高度与叶面积指数的关系

B. 图(d)表示的是 a 群落中高度与叶面积指数的关系

C. a 群落中,叶片几乎呈直立状态,虽然单位面积上吸收光的效率较低,但整体上可以吸收大量的光

D. b 群落中,叶片几乎呈直立状态,虽然单位面积上吸收光的效率较低,但整体上可以吸收大量的光

E. 叶片质量占植物整体质量的比例较大的是群落 a

F. 叶片质量占植物整体质量的比例较大的是群落 b

解析 a(图 13(d))是叶片呈水平状分布于茎上部的植物。虽然叶片可以高效地吸收光,但光却无法透到下层去。另外,由于植物体不进行光合作用的组织(如茎)所占比例较大,因此从整体上来说,叶片所占比例较小。

b(图 13(c))是细小叶片几乎呈垂直状附着于茎上的植物,类似禾本科植物。虽然叶片吸收光的效率较低,但由于光可以到达下层,因此群落内可以拥有多片叶片。从整体上来说,叶片所占比例较大。

答案:BDF。

67 为了控制兔子数量,研究者往兔群里引入了一种黏液瘤病毒。图 14 反映了这个种群的密度,单位是每平方千米的个数,以及 14 年间这个地区的年降雨量(单位是 mm)。下列选项中哪个是这段时期内兔子种群密度变化趋势的最佳解释?(　　)(单选)

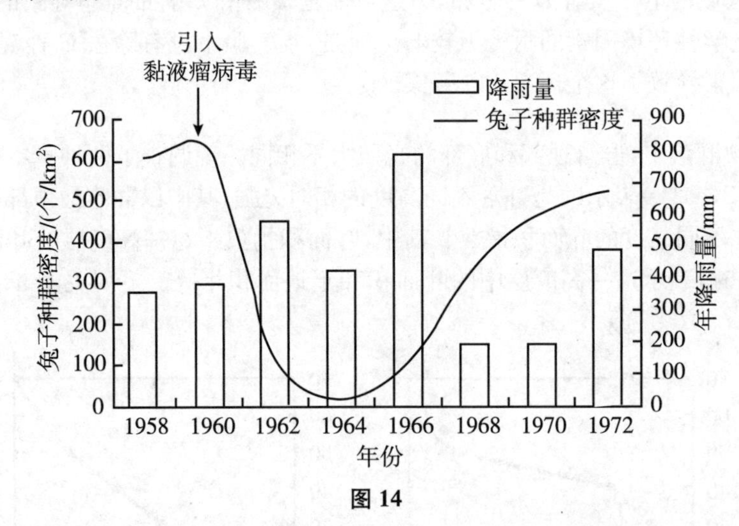

图 14

A. 在降雨量较高的年份,狐狸的种群数量增加,导致更多的兔子被捕食而数量下降。当兔子数量下降后,狐狸们开始挨饿,然后种群数量会下降。这样兔子的数量又重新开始增加

B. 黏液瘤病毒会杀死大部分兔子,但是其中一小部分兔子产生了抗药性,并且把这种特性遗传给了它们的后代,这样导致兔子种群数量的增加

C. 黏液瘤病毒最初杀死了大部分兔子,但是过几年之后因为有害变异的积累导致其丧失了功效

D. 在 1960 年到 1964 年间,干旱杀死了大部分兔子,在那之后环境条件有所改善

E. 黏液瘤病毒杀死了大部分兔子,但是其中一小部分天生自带抗性,并且将这种特性遗传给了它们的后代

解析 在此过程中主要的影响因素是病毒而不是较为随机的降雨。 答案:E。

68 下列哪个选项最有可能是两个有关系的动物之间的关系发展的进程?(　　)(单选)

A. 共栖,寄生,共生

B. 共生,共栖,寄生

C. 共生,容忍寄生,在宿主中寄生并伴随疾病症状

D. 寄生,捕食,共栖

解析 寄生和互利共生都是历史上形成的生物之间在空间上和食物上的联系。寄生关系的起源有三条

途径：

① 由空间联系发展到食物联系。

先有简单的共栖，再过渡到宿主体上，进而进到体内共栖，不同程度的共栖为发展营养联系建立基础。食物联系可能开始时只是一种对一方有利另一方无害的偏利共生。进一步发展可能出现一方依赖于另一方体液来维持生活，即发展为寄生关系；也可能双方彼此利用代谢产物，发展为互利共生关系。

② 通过捕食过渡到寄生。

在自然界中尚保存过渡的痕迹。如欧洲蛭纲中的平扁舌蛭（*Glossiphonia complanata*）是营自由生活的捕食者，整个吞食小无脊椎动物；黄蛭（*Haemopidae*）在吞食小动物时和平扁舌蛭一样，但对大动物的攻击和吸血是暂时的。居住在灌木丛中的山蛭（*Hameadipsa*）不再采用其他营养方式，而只依赖不时吸吮宿主血液的专性、暂时性寄生生活。尺蠖鱼蛭（*Piscicola geometrica*）的全部生命活动均在鱼的体躯上，只在繁殖期离开宿主。

③ 第三条途径是未来的宿生物偶然潜入体内，虽然宿主体内是暂时的生活地点，但对寄生物十分有利，成为兼性寄生物。

寄生关系从上述共栖、捕食和偶然寄生三条途径产生后，可以往不同的方向演化。寄生物和宿主的协同进化常使有害的"负作用"减弱，甚至演变为互利共生关系。宿主和寄生物的协同进化可能有三种模式：

① 相互攻击型模式；

② 精明寄生型模式；

③ 早期互利型模式：宿主和寄生物都进化产生互利的特征，以致能加强相互间的持续存在，这是一种由寄生向互利共生发展的模式。

由上可见，寄生→捕食→共栖与共生→共栖→寄生这样的跨度不太可能，但共栖→寄生→共生是可能存在的。另外一些文献表明，当树木受到不利因素导致衰弱时，植物如松树的菌根中的松菌也可以从共生状态转化为寄生状态。但这种情况可能会导致宿主的死亡，因此较少发生。 **答案：A。**

69 两个共存竞争物种的基础生态位（FN）和实际生态位（RN）之间的关系的最佳描述是下列哪项？（　）（单选）

A. $FN_A = RN_A$；$FN_B = RN_B$
B. $FN_A > RN_A$；$FN_B = RN_B$
C. $FN_A < RN_A$；$FN_B < RN_B$
D. $FN_A > RN_A$；$FN_B > RN_B$
E. $FN_A = RN_A$；$FN_B > RN_B$

解析 两个基本术语均由哈钦森（G. E. Hutchinson，1958）首先使用。基础生态位（fundamental niches）是指一个物种在无别的竞争物种存在时所占有的生态位；实际生态位（realized niches）是指有别的物种竞争存在时的生态位。

哈钦森认为生态位是以环境资源为坐标的多维超型空间。他假定影响一个具体物种的变量与物种有线性关系，每一变量为一个轴（一维），如果有三个以上变量，就构成了多维超型空间。一个物种在无竞争种类存在时的生态位的大小就只决定于物理因素和食物因素。但是在通常情况下总是有别的竞争物种存在而要分享环境资源的，因此生态位的超型空间比它独自占领时的要小，劣势的生物会改变它最原始的需求，从而更好地存活，这就是该物种的实际生态位。两物种共存且存在竞争关系时更不例外。 **答案：D。**

70 下列哪项是共栖关系的例子？（　）（单选）

A. 兰花长在树枝上
B. 开花植物和其授粉者
C. 鲁冰花和蓝蝴蝶
D. 君主蝶和总督蝶

解析 共栖（commensal）是一个生态学术语，用来描述两个生物体之间的关系，其中一个获得好处而另一个没有获得坏处也没有获得什么帮助。注意：共生（symbiosis）是另外一个单词。在共生关系中，一方为另一方提供有利于生存的帮助，同时也获得对方的帮助。

共栖这个词衍生于英语单词 commensal（共生体），意思是食品的共享，用于人类社会交往。这个词来自拉丁语 commensa，意思是共用一张餐桌。共栖可以有几种形式，例如：① 携播（phoresy）：一个动物仅为了运动附着到另一种动物身上。这主要涉及节肢动物，其例子是昆虫（如甲虫、苍蝇或蜜蜂）身上的螨虫。携播可以是专性的也可以是兼性的（由环境条件引起的）。② 偏利共生（commensalism）：使用第二个生物体为外壳。例子是长在树上的附生植物（如许多兰花生长在乔木的枝上，使自己更易获得阳光和根从潮湿的空气中吸收营养），或鸟住在树洞里。③ 互生（即代谢共栖，metabiosis）：一种更间接的依赖，其中第二个生物体使用第一个所创造的东西，但是时间在第一个死后。一个例子是使用腹足动物的壳来保护自己身体的寄居蟹。（不一定真要死一个，只要代谢产物互补就好，微生物互生也广泛存在，如纤维分解菌和固氮菌。）

本题中B是共生关系，通过协同进化实现。C中间的鲁冰花就是羽扇豆，它是蓝蝴蝶幼虫时期的唯一食物，二者应该是单纯的捕食关系。

D是米勒拟态。早年间人们曾经认为君主蝶（monarch butterfly，帝王蝶）是有毒的，然而与它长相类似的总督蝶（viceroy butterfly）却没有毒。在进化过程中，它长得与君主蝶毫无二致，甚至其天敌也已经把这种色彩斑斓的蝴蝶与不愉快的中毒经历联系到一起。因此这属于贝茨拟态。然而1999年《自然》的一篇研究报道表明：当去除翅膀只将蝴蝶腹部给鸟类时，单看味觉总督蝶和君主蝶一样难以下咽，甚至可能更倒胃口。所以它们之间其实是米勒拟态！ **答案：A。**

71 下列有关生态位的说法中哪项是错误的？（　　）（多选）

A. 相似的物种在资源分配后可以在相同的环境中共生

B. 同域物种形成后，两个子物种可以占据相同的生态位，因为它们可以共享遗传血统

C. 由于竞争排除原理，没有两个物种可以在特定的环境中占据相同的生态位

D. 由于竞争排除原理，共享一个环境的两个物种的基础生态位不能有任何重叠

解析 相似的物种在竞争后的结果，要么是发生生态位分化，从而实现稳定的共存，要么是一者在竞争中被淘汰掉，所以在发生了资源分配后（也就是生态位分化后），相似的物种是可能共存的。A是对的

同域物种形成的机制一般都是行为上的选择。比如说某鸟类群体中，通过遗传变异发生了红色羽毛和橙色羽毛的分歧。如果有的雌体特别喜欢红色羽毛，而另一些偏爱橙色羽毛，则雄体的羽色和雌体的偏爱就能够使群体更快地分化。但是这种分化刚刚开始的时候，只是产生了生殖上的隔离，在生态位上并没有什么太大的差异，所以还是可以占据相同的生态位，但它们已经不享有共同的基因库了，所以就不再共享遗传血统。B不正确。

竞争排除原理指的是两个互相竞争的物种不能长期共存于同一生态位。C正确。

生态位还是可以部分重叠的。D也不对。 **答案：BD。**

72 有一种植物属于草本，植株不高，根系比例长，花色鲜艳，叶小有绒毛。请问这种植物可能来自哪个生态系统？（　　）（单选）

A. 落叶林　　B. 沙漠　　C. 冻原　　D. 草原

解析 冻原（tundra）一词源自芬兰语 tunturi，原来指地带性无林景观植被类型。一般可分极地冻原（arctic tundra）和山地冻原（mountain tundra）。极地冻原多位于极地的平原地区，因此又称为平原冻原；山地冻原主要分布在冻原地带的森林和泰加林地带的山地上；而分布在温带针阔叶混交林地带和阔叶林地带山地的森林界限以上高山带的则称高山冻原（alpine tundra）。冻原多有永冻土（permafrost）的存在。由于冻原是指寒冷气候条件下的无林地区，其地面多覆盖着厚苔藓层，故又名苔原。

以山地冻原/高山苔原为例，该地一般气候严寒，而且几乎全年处于大风的袭击下；降雨量虽然不是很大，但蒸发量极小，气候仍是非常湿润的。因此植物既要适应湿润的气候，又要忍受由寒冷造成的生理性干旱。所以高山苔原的植物往往植株矮小，通常不超过10～20 cm，根系却特别发达；包着厚厚蜡层的叶子很小且卷曲，有的叶子上面生着白色的绒毛，可反射太阳的强光，这些均为抗旱耐寒植物的特点。

高山上紫外线丰富，不但容易让山岳摄影者的胶卷曝光过度，而且极易使得皮肤晒伤。幸好，在这些经常需要直接曝晒在大量紫外线下的高山植物、常绿种类的表皮细胞中，具有能够吸收紫外线的物质——黄碱酮/类黄酮的衍生物。这种黄碱酮是花青素、花黄素等植物色素的母体，高山植物通常花色鲜艳，原因可能就在此。高山苔原植物的花朵不仅色彩鲜艳，花序也很大（图15），这也让它们得以更好地去吸引数目稀

少的昆虫为其传粉。

本题题干的描述与沙漠植物也有几分相似，同样是耐旱，根系比例大，也有部分植物可利用绒毛减少蒸腾作用（如蒿属、滨藜属），也有一些花色鲜艳（如仙人掌）。但要同时满足这些描述而且还要比较矮小，那就确定是C选项了。 答案：C。

图 15

参考文献

[1] Moore P D. Tundra[M]. Infobase Publishing, 2007.

73 任何一个生态系统在受到某种有限度的干扰（disturbance）之后，经过不同长度时间的调适消长，又可恢复到类似原来的状态。下列哪个生态系统恢复的时间可能最短？（ ）（单选）

A. 落叶林　　B. 高山冻原　　C. 草原　　D. 针叶林

解析 草原抵抗力稳定性弱，恢复力稳定性强。 答案：C。

74 图16是一大片森林中有一小块开阔草原，请问梅花鹿最有可能出现在哪一区？（ ）（单选）

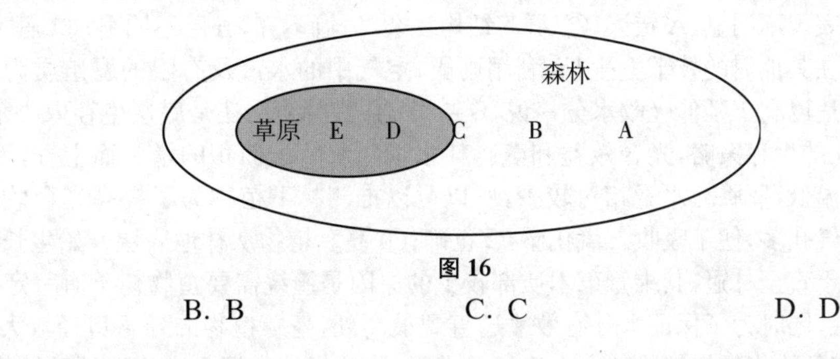

图 16

A. A　　B. B　　C. C　　D. D
E. E

解析 梅花鹿是我国分布最广的鹿种，生活于森林边缘或山地草原地区，以青草树叶为食，好舔食盐碱，季节不同，栖息地也有所改变。因地理位置不同，梅花鹿的生境不尽一致。东北梅花鹿栖息于针阔混交林的林间和山地草原、森林边缘。南方亚种在皖南喜栖息于山丘，不进入林区。梅花鹿在江西的栖息地为高丘地带，植被以草本植物和灌丛为主。四川梅花鹿则生活在高海拔的针阔混交林、林间草地及林带耕作区。

C处于群落交错区。群落交错区指两个不同群落交界的区域，亦称生态过渡带。发育完好的群落交错区可包含相邻两个群落共有的物种以及群落交错区特有的物种。在这里，群落中物种的数目及一些种群的密度往往比相邻的群落大。群落交错区物种的数目及一些物种的密度有增大的趋势，这种现象称为边缘效应。群落交错区的边缘效应也使梅花鹿出现在草原与森林之间的交错区的概率更大。 答案：C。

75 若有一种蛾，成虫只在春天出现，卵在十二月孵化，它有可能在下列何种生态系统栖息？（ ）（多选）

A. 温带落叶林　　B. 地中海型气候带
C. 湿地　　D. 亚热带阔叶林
E. 温带针叶林

解析 蛾卵孵化需要比较高的温度（25 ℃以上），且需要较大的湿度。蛾生活周期分4期：卵、幼虫、蛹和成虫。幼虫分为5龄期，蜕皮4次，一般需要25～28 d；蛹期，茧结好后1～2 d开始化蛹，到成蛾共15～18 d；成虫期，交配、产卵，1～3 d死亡。这种蛾类12月孵化，春天出现成虫，可能为幼虫在冬季生长发育，也可能为幼虫越冬后在春夏秋生长，并以蛹越冬，在来年春天羽化为成虫。因此该地12月气候应该较温暖湿润，成虫生活在1月和2月，是春天。

A选项的温带落叶林冬季较为寒冷，且树木落叶，幼虫没有食物，因此很难存活。

B选项的地中海气候的特点是：夏季炎热干燥、冬季温和多雨，是13种气候类型中唯一一种雨热不同期的气候类型，植被类型为亚热带常绿硬叶林，为常绿林。冬季温和的气候适合幼虫生长，而冬季的树叶可供幼虫取食。

C选项的湿地不是气候类型,只有湿度没有温度信息,无法判断。

D选项的亚热带阔叶林是常绿阔叶林。亚热带温和的气候和冬天不凋落的叶子使幼虫可以在冬天生长。

E选项的温带针叶林一般分布于寒温带,冬季温度较低,不适合动物生长。

因此最有可能的答案为B、D。 答案:BD。

76 下列有关生长在热带雨林中的植物的构造与功能的叙述中错误的是( )。(多选)

A. 树木大多高大,其木材具有明显的年轮

B. 附生植物多,其根部发达以利于延伸吸收水分的表面积

C. 林下植物的叶片表面积大,且气孔多数,提高光合作用效率

D. 蔓藤植物的维管束形成层产生的木质部少,然而其导管口径大,利于水分的运送

E. 生长在容易淹水处的植物多有特化的呼吸根,以避免根部浸水过久而缺氧

解析 热带雨林主要分布于赤道南北纬5°～10°以内的热带气候地区,这里全年高温多雨,无明显的季节区别,相应的气候造就了相应的生物特点。

热带雨林在外貌结构上具有很多独有的特点:① 种类组成特别丰富,大部分都是高大乔木,因为树木一年四季都在生长,年轮表现不明显,A错误;② 群落结构复杂,树冠不齐,分层不明显;③ 藤本植物和附生植物极丰富,其根群附着在其他树的枝干上生长,利用雨露、空气中的水汽及有限的腐殖质为生,根群不接触土壤,也不存在根部发达以利于延伸吸收水分一说,B错误;④ 在林冠层还是底层生存取决于植物忍受阴暗环境的能力和获取阳光的生存策略,光合效益和蒸腾耗水量随着叶子面积的增大而上升,因为林下环境相比起林冠光强度小,叶温低,蒸腾耗水量相对较少,所以可以推测林下植物为了提高光合效益,叶片面积比林冠层叶片面积大,且气孔多,便于吸收二氧化碳,C正确;⑤ 蔓藤植物从林地底层开始生长,但一旦缠绕到邻近乔木,就可缠绕树干直至林冠,其维管束木质部较少的原因是缠绕需要植物树干有一定的柔韧度,木质部组织会减弱其柔韧性,同时为了保证水分有效输送直到最高处,蔓藤植物的导管口径较大,D正确;⑥ 呼吸根是生活在海滩地带的许多红树植物的向上生长的支根,这些根伸出泥土表面以帮助植物体进行气体交换,产生这种变态根的原因是生长在热带海岸低处的海桑和红树经常遇到海水涨落潮的影响,在涨潮时它被淹没在水里,只剩下部分树冠露在海面上,根部易缺氧,因此发育出了呼吸根,E正确。 答案:AB。

77 世界上广大平坦面积的冻原位于( )。(单选)

A. 极地冰帽区　　B. 热带

C. 温带　　D. 亚热带

E. 温带与极地冰帽区之间

解析 极地气候(polar climate)又称寒带气候,包括冰原气候和冻原气候两种类型。

冻原又叫做苔原,是指生长在寒冷的永久冻土上的生物群落,是一种极端环境下的生物群落。主要指北极圈内以及温带、寒温带的高山树木线以上的一种以苔藓、地衣、多年生草类和耐寒小灌木构成的植被带,为典型的寒带生态系统,分布于欧亚大陆和北美大陆的北部边缘地带,形成一条大致连续的冻原地带。

不过苔原冬季的温度不见得非常寒冷,最低气温比东西伯利亚的针叶林还要高一些,但夏季却寒冷而短促,没有针叶林那样可以使树木生长的温暖湿润的夏季。苔原多处于极圈内的极地东风带内,风速极大,且有明显的极昼和极夜现象。苔原降雨量虽然不是很大,但蒸发量极小,气候仍是非常湿润的,植物既要适应湿润的气候,又要忍受由寒冷造成的生理性干旱。

而极地冰帽区属于冰原。冰原带几乎占有南极大陆的全部、格陵兰岛的大部以及极地的许多岛屿。这里全年由冰雪覆盖,气候终年严寒,最暖月的平均温度仅在某些地区高于0℃。植物非常稀少,仅在高出于冰雪之上的岩崖上,才有某些藻类和地衣的生长。冰原带的动物也很贫乏。

因此本题A不对,E正确。 答案:E。

78 密歇根湖因湖水退却逐渐暴露出沙丘,沙丘上首先长出草本植物,而后形成白杨林,最后出现松树林,就不再变化了,整个演替共历时700年。根据此叙述,下列哪些项正确?( )(多选)

A. 此叙述说明生态系统在空间上的连续变化

B. 此为次级演替的叙述

C. 若重复一次相同的演替过程，顶极群落不一定是松树林

D. 若将松树林砍伐后，再经过一次演替的过程形成松树林，所需时间短于700年

E. 出现松树林就不再变化，是因为已经达到生态系统的最大负荷力

解析 这是由于自然环境变化（湖水退却）而发生的初生演替（沙丘上从来没有陆生植物覆盖），B错误。最后出现的松树林是这个地区的顶极群落，因为松树林在这种生境下能够自我繁殖并保持基本稳定，结束演替过程。顶极群落在时间上的变化和空间上的分布都是和生境相适应的，而与生态系统的最大负荷力并没有明显关系，E错误。另外，群落演替过程中存在很多偶然因素，气候以外的因素也可决定顶极的形成，即使在气候顶极中，一般顶极群落多为中生、阴生的植物，但具体是哪一种还与种子迁移以及演替的具体过程有关，因此C说法正确。将松树林砍伐后其再次形成松树林的时间短于700年的原因是演替中的繁殖体（包括松树的种子和活根等）在再次演替开始时都已经存在于该地，处于活动或休眠状态，而演替过程只是这些植物组成的展开，因而比前一次演替的速度快得多，D正确。演替是生态系统在时间上的连续变化而不是在空间上的连续变化，A错误。 答案：CD。

79 下列哪个是初级演替的植物群落中最初出现的生物？（　　）（单选）

A. 蕨类植物　　B. 绿藻　　C. 苔藓植物　　D. 草本植物

E. 木本植物

解析 初级演替的顺序如下：

陆生演替：裸岩—地衣—苔藓—草本—灌木—乔木。在地衣开拓的基础上，苔藓的生长使岩石进一步分解，土层加厚，有机物增多，为草本植物的生长创造条件。

水生演替：自由漂浮植物—沉水植物—浮叶根生植物—直立植物—湿生草本植物—疏林—中生森林。

因此起点分别为藻类与地衣。 答案：B。

80 一般而言，沉水植物必须生长在空旷无荫的水池中，因此沉水植物所获得的光量与下列哪些相似？（　　）（多选）

A. 森林下层的植物　　B. 草原上的高大草本植物

C. 洞穴中生长的植物　　D. 沙漠植物

E. 森林中的高层植物

解析 沉水植物与森林下层、洞穴中的植物类似，所获得的光均较弱，且多为短波光；草原、沙漠和森林中的高层植物因为无遮挡，所获得的光较强。 答案：AC。

81 热带地区拥有较高的生物多样性，下列相关叙述中正确的是（　　）。（多选）

A. 物种的演化由热带地区开始，因而就时间而言，热带地区较有机会演化出不同的物种

B. 热带地区气候稳定，生产量最高，因而就食物链能量转换的角度而言，能够提供较长食物链中各阶层的能量来源

C. 热带地区的水平和垂直生境的多样性高，因而可以提供各种对生境需求不同的动物的安身立命之处

D. 热带地区过去陆续有欧美国家的殖民与移民，不断引入外来种，因而增加了当地的物种丰富度

解析 对低纬度地区的生物多样性高于高纬度地区的解释有不同的学说，主要是从时间、空间、气候、竞争、捕食和生产力6个方面来解释，具体是：

① 热带群落比较古老、进化时间长，且地质年代中环境稳定，群落有足够的时间发展到高多样性的程度；

② 由于物种分布区的扩大需要一定的时间，因此物种从多样性高的热带扩展到多样性低的温带需要足够的时间，而且还需要畅通的道路，温带群落相比起热带来说，仍是未饱和的；

③ 低纬度的热带比高纬度的寒带空间异质性要高很多，而环境复杂度越高，提供的生境越多，导致动植物群落的复杂性也高，从而物种多样性也越大；

④ 生物进化的地质年代中，热带的气候很稳定，通过自然选择出现了大量狭生态位和特化的种类，故物种多样性高；

⑤ 在气候温和而稳定的热带地区，生物竞争成为进化和生态位分化的主要动力，热带生物的食性较为特化，物种之间的生态位重叠也比较多；

⑥ 捕食者的存在降低了被食者的种间竞争，从而允许了更多的被食者种的共存，因此捕食者的存在可以促进物种多样性的提高。

⑦ 群落的生产力越高，生产的食物越多，通过食物网的能流量越大，物种多样性就越高。

综上，A、B、C 正确。 **答案：ABC。**

82 表 5 是生物 1 与生物 2 的相互作用分别对此两种生物所造成的影响，下列叙述中正确的是（+ 表示正面影响，- 表示负面影响，0 表示无影响）（　　）。（单选）

表 5

相互作用类别	生物 1	生物 2
甲	+	+
乙	-	-
丙	+	-
丁	+	0

A. 相互作用甲中，生物 1 有可能是根瘤菌，而生物 2 有可能是豆科植物

B. 相互作用乙有可能是寄生关系

C. 相互作用丙中，生物 1 有可能是小丑鱼，而生物 2 有可能是海葵

D. 相互作用丁中，生物 1 有可能是白蚁，而生物 2 有可能是其肠内的鞭毛虫

E. 竞争的相互作用类别没有列在表中

解析 甲是互利共生，根瘤菌和豆科植物是互利共生的关系，A 正确。乙是竞争，不管是直接竞争还是间接竞争，两者的行为都会给对方带来负面影响，B、E 错。丙是捕食或寄生，小丑鱼和海葵是互利共生关系，C 错。丁是偏利共生，指种间相互作用对一方没有影响，而对另一方有益，白蚁和鞭毛虫是互利共生的关系，白蚁为鞭毛虫提供生存繁殖的场所，为鞭毛虫寻找食物（木屑），鞭毛虫为白蚁消化纤维素，提供白蚁所需的营养，D 错。 **答案：A。**

83 下列哪项是紫外线与平流层中的氧气反应形成的？（　　）（单选）

A. 温室效应　　B. 水蒸气　　C. 臭氧层　　D. 酸雨

解析 臭氧层是大气中富含臭氧的一层，可以保护地球的生物不受太阳紫外线的损伤。太阳发出的紫外线将氧气分子分成两个氧原子，每个氧原子和一个氧气分子（O_2）结合形成臭氧（O_3）。地球大气中大多数的臭氧分布在平流层中。 **答案：C。**

84 虽然灰尘可以污染空气，但是灰尘对地球上的生物十分重要，原因是（　　）。（单选）

A. 形成降雨

B. 使阳光穿透土壤，并反射回大气

C. 防止阳光穿透土壤，大气中的灰尘可以吸收热量，使地面温度下降

D. 使阳光穿透土壤，大气中的灰尘可以吸收热量

解析 灰尘颗粒是有机物和无机物组成的微小颗粒，悬浮在大气中。灰尘的成分有动物和植物纤维、花粉、细菌等。在城市中，空气中的灰尘含有烟雾和柏油、煤灰颗粒。空气中的灰尘具有两个重要的物理特性，分别是：

① 可以使短波长的光线发散，防止阳光中的一些射线进入土壤，从而降低温度；

② 灰尘可以作为水蒸气的凝结核，可以形成雾、霾、烟和云。 **答案：C。**

85 为什么导致全球变暖的气体被称为温室气体？(　　)(单选)

A. 它们可以吸收并释放红外线，阻止热量从地球表面散发，和温室相似，都可以保留热量

B. 它们的颜色是绿色，因此可以吸收绿光，加热地球的大气，也因此温室的屋顶通常是绿色的

C. 这些气体可以促进植物生长，导致呼吸作用的增加，植物的能量以热量的形式丢失，和温室中的植物生长方式相似

D. 这些气体可以起到凝集核的作用，形成更多的云，从而保留地面的热量，这和温室表面有水滴凝集，可以阻隔热量交换是相似的

解析 自然界中最主要的温室气体是水蒸气，其作用占地球温室效应的36%～70%。二氧化碳占9%～26%，甲烷占4%～9%，臭氧占3%～7%。大气的主要成分氮气和氧气不是温室气体，因为同核双原子分子的极性不发生改变，故不会发出红外线。

温室效应的机制如下：阳光照射地球表面，部分热量被地表吸收，使地表温度升高。因为地球的温度远远低于太阳，因此地球发出的热辐射的波长更长。这些地表发出的热辐射被大气中的温室气体吸收，使大气升温。温室气体也可以重新发射长波长射线到太空或回到地表，重新回到地表的这部分能量就产生了温室效应。其实温室效应的产生机制和温室的保温机制完全不同。温室有一个玻璃或塑料的屋顶，有时四周墙壁也是透明的玻璃或塑料。其保温的机制是：阳光照射进温室，使植物、土壤和其他物体升温的速度比温度丧失的速度更快。温室中的空气被加热后，无法从屋顶或墙壁逃逸，因此可以保存热量。 答案：A。

86 科学家认为人类引起的全球变暖比过去自然发生的气候波动对动植物的影响更大，原因是(　　)。(单选)

A. 气温的变化更快　　B. 气温的变化更大

C. 物种的适应能力下降　　D. 生态系统比过去更加复杂

解析 全球变暖是地面和低空大气中二氧化碳、甲烷和其他微量气体增加导致的全球表面平均气温的升高，这一现象称为温室效应。导致地球表面和低空大气平均温度升高的这些气体称为温室气体。由于碳基燃料的使用产生了大量的二氧化碳，全球变暖的严重性和影响引起了科学界和政治界的广泛关注和讨论。全球温度升高将导致海平面升高，增加极端气候的严重程度，改变降水量和降水规律。全球变暖的效应还包括改变农业产量，影响通商航线，造成冰川融化、物种灭绝，增加疾病媒介的生存范围。由于担心这些预测和可能为人类和环境带来的严重结果，从20世纪80年代和90年代开始，世界各国均制定相关政策，控制温室气体的排放。其中一项措施是组织研究人员，定期为政策制定者提供相关实验数据。

为此，世界气象组织和联合国环境规划署于1988年成立了联合国政府间气候变化专门委员会(IPCC)。至今IPCC为政策制定者提供了许多重要的评估结果。2007年2月，IPCC公布了第一份有关气候变化研究的工作报告，随后公布了第四次评估报告。IPCC重申了早期报告的结论，提出过去半个世纪的气候变暖90%的原因是人类活动(工业和交通)导致的温室气体大量排放。2001年，IPCC得出结论，认为过去100年间，地球表面平均温度增加了0.6 ℃，误差范围0.2 ℃。2007年第4次评估中更新的估计是平均气温将升高4.0 ℃。2011年的报告根据温室气体排放的最佳估计值预测，到2100年，平均温度将升高1.4～5.8 ℃。 答案：B。

87 草原森林大火虽然可怕，但却是一个具有重要意义的自然现象。下列哪项不是森林大火的作用？(　　)(多选)

A. 清除死去的生物残骸，为新的植物开辟土地

B. 烧掉种子的壳，帮助它们发芽

C. 烧死害虫的幼虫，控制它们的数量

D. 杀死小型啮齿动物、爬行动物和两栖动物，控制它们的数量

解析 虽然不易被察觉，但是所有动物在生态系统中都扮演着重要角色，大自然也不会故意燃起大火杀死某些物种。在森林大火中死亡的动物也是遭受意外，因火势太大，无法及时逃脱而不幸殒命的。 答案：CD。

88 为什么浮游动物是水圈食物链中的重要一环？(　　)(单选)

A. 它们是营养级更高的生物的重要营养来源　　B. 它们是有机物进入食物链的通道
C. 它们以浮游植物为食，防治藻类过度繁殖　　D. 上述选项都正确

解析 浮游动物是异养型浮游生物。浮游生物是漂浮在海洋、淡水体中的有机生物。浮游动物是一大类动物，范围覆盖小型原生生物到大型后生动物。浮游生物以浮游植物为食，在水圈食物链中起到了十分重要的作用，它们既可以为营养级更高的生物提供营养，又可以将有机物引入食物链中。因为浮游动物的体型很小，所以它们可以对浮游植物的迅猛增长做出迅速反应。　答案：D。

89 请从A～H中选择一组可填入下面括号内的适当的词语：植物的总生产量被分为3部分，分别是生长消耗、(①)和被初级消费者取食的量。从取食量中减去不被消化直接排出的量后，再从所剩的(②)中减去(③)和排泄出去的部分，才是最终被初级消费者利用的量。(　　)(单选)

A. 呼吸量，生长量，死亡量　　B. 呼吸量，生长量，呼吸量
C. 呼吸量，同化量，死亡量　　D. 呼吸量，同化量，呼吸量
E. 枯死量，生长量，死亡量　　F. 枯死量，生长量，呼吸量
G. 枯死量，同化量，死亡量　　H. 枯死量，同化量，呼吸量

解析 净生产量＝生长量＋被取食量＋枯死量。而消费者摄食量和生产量的关系为生产量＝摄食量－不消化被排出的量－呼吸量－排泄量。由于同化量＝摄食量－不消化被直接排出的量，因此，①为枯死量，②为同化量，③为呼吸量。

另外，在稳定的生态系统中，初级消费者的生产量主要转化为被捕食量(移向次级消费者)和死亡量(移向分解者)，而初级消费者的生长量几乎为0。　答案：H。

请阅读下面有关C_3草原和C_4草原的文章，并回答93、94题。

在草原中，有以C_3植物为主的草原和以C_4植物为主的草原。分布于比较凉爽和干燥的温带区域的(①)是C_3草原的代表，而分布于高温干燥的亚热带区域的(②)是C_4草原的代表。

即使在日本那样湿润的温带区域，每年依靠收割而人工维持的草原中，其(③)可观察到季节性的变化。较凉爽的春天到初夏期间为C_3植物占优势，而当夏天来临气温急剧上升后则变为以C_4植物为主。

近几年来，相关领域的一项新发现开始受到人们的关注。研究发现，在新生代气候变冷的过程中，C_4草原的分布区域开始逐渐增大。其中一项证据是，测定了距今700万年以前的食草动物牙齿中碳的稳定同位素^{13}C所占比例后，发现与C_4植物中的比例十分相近。另外，测定了距今2万年前(④)的最繁盛时期前后的湖底沉积物中^{13}C所占比例，发现比起之前所提到的寒冷期，其中C_4植物的优势更加明显。研究者推测，这是因为虽然环境温度下降，但同时大气中的CO_2浓度也开始下降，在(④)的最繁盛时期下降到了180 μL/L左右。由于C_4植物的(⑤)非常低，即使在低浓度的CO_2环境下也可进行活跃的光合作用，而由于C_3植物中的(⑥)十分显著，(⑤)很高，在50 μL/L左右的低浓度CO_2环境下光合作用很弱，因此处于劣势。这表明，决定C_3植物和C_4植物的优劣时，大气中CO_2浓度所起的作用大于温度的作用。

90 上文①、②、③处各应填入什么词语？请从下面选择正确的一组：(　　)。(单选)

A. 冻土苔原，热带草原，物种数　　B. 干燥草原，热带草原，现存量
C. 热带草原，冻土苔原，现存量　　D. 干燥草原，冻土苔原，物种数
E. 冻土苔原，干燥草原，现存量　　F. 热带草原，干燥草原，物种数

91 上文④、⑤、⑥处各应填入什么词语？请从下面选择正确的一组：(　　)。(单选)

A. 间冰期，光补偿点，暗呼吸　　B. 末次冰期，光补偿点，暗呼吸
C. 间冰期，CO_2补偿点，光呼吸　　D. 末次冰期，CO_2补偿点，光呼吸
E. 间冰期，光补偿点，光呼吸　　F. 末次冰期，CO_2补偿点，暗呼吸

解析 本题考查的是C_3植物和C_4植物适应环境方式的不同，其中重点考查的是C_3植物和C_4植物应对温度和大气中CO_2浓度变化的方式的不同，以及这样的差异在面对冰期和间冰期等地质史中的环境变动时，经过了怎样的变化成为今天这个形式。

90题考查的是在如今地球上C_3植物和C_4植物的分布这一基础问题。91题问的是进入新生代后，在冰期和间冰期等的大气CO_2浓度和气温的变化引起C_3植物和C_4植物分布产生什么样的变化，是基于C_3植物和C_4植物光合作用特性的差异提出的问题。其中最重要的是，C_3植物中碳固定过程中的第一个酶Rubisco对参与反应的CO_2有选择性，优先选择含有^{12}C的CO_2，因此只要检测植物体内^{12}C和^{13}C的比例，便可以判断这一植物是C_3植物还是C_4植物。因此，即使是植物残骸也可以判断其类型。

C_3植物中碳固定过程中的第一个酶Rubisco不仅可以与CO_2反应，还可以与O_2反应，这就是所谓的光呼吸。由于C_3植物可以进行光呼吸，作为必然结果，其CO_2补偿点相对较高(约50 μL/L)，因此在大气中CO_2浓度偏低的冰期无法高效率地进行光合作用。

这两题中的研究将同位素检测的手法与检测冰期和间冰期中大气CO_2浓度和气温变化的方法相结合，揭示了C_3植物和C_4植物分布的变迁。 **答案：**90. B；91. D。

92 一个像落叶林这样成熟的生态系统中，占其稳定度最大比例的生物因素是下列哪个选项？( )(单选)

A. 食物链的复杂度　　B. 快速响应环境改变的调节能力
C. 生产者的高生产速率　　D. 分解者释放无机物的低速率

解析 食物网越复杂，生态系统自我调节能力越高，进而生态系统的稳定性越高。一个复杂的食物网是使生态系统保持稳定的重要条件。 **答案：**A。

93 在对木虱物种的生态学研究中，计算土壤因素、小气候、食物偏好、产地和生物体之间的竞争。这研究的是生态学的哪个方面？( )(单选)

A. 环境　　B. 生态系统　　C. 生态位　　D. 进化

解析 生态位(ecological niche)又称小生境、生态区位、生态栖位或是生态龛位，是一个物种所处的环境以及其本身生活习性的总称。 **答案：**C。

94 下列步骤发生在富营养化过程中：① 水生藻类生长迅速。② 细菌用完氧气。③ 过量的氮和磷进入河中。④ 死亡的藻类被细菌分解。⑤ 鱼死于窒息。富营养化的步骤顺序正确的是( )。(单选)

A. 3→4→1→5→2　　B. 5→3→2→4→1
C. 5→2→3→1→4　　D. 3→1→4→2→5

解析 富营养化始于过量氮磷进入水体，接下来藻类暴发、死亡并被细菌分解，耗完氧气，最终导致鱼类窒息死亡。 **答案：**D。

95 请依照图17所示的生物量金字塔选择正确的描述：( )。(单选)

A. 生产者快速繁殖，但也被消耗得非常快
B. 生物量随着营养级的升高而降低
C. 人类代表最低的营养级(金字塔底部)
D. 该生物量金字塔与水华爆发时一致
E. 该生物量金字塔是不可能的

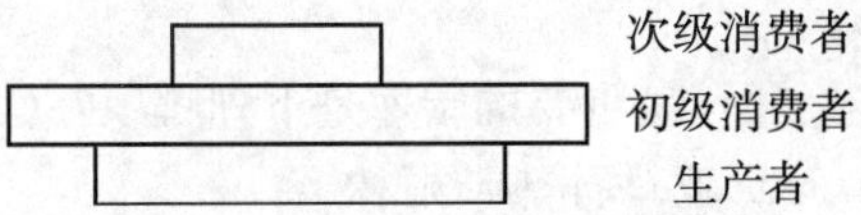

次级消费者
初级消费者
生产者

图17

解析 较低的营养效率可以在生物量金字塔中表示，其中每一层代表每个营养级中的现存量(所有有机体的总净重)。大部分生物量金字塔从基部的初级生产者到顶层的肉食动物(也称为消费者)，营养级间的能量传递是低效的，所以生物量也大体呈金字塔状。但一些生产者生长、繁殖、消耗都很快，它们的生命周期短暂，代表着它们的现存生物量相比于它们的生产力而言很小。能量金字塔是时间段下能量的积分，而生物量金字塔只是某个具体时刻的生物量的值，这便是生物量会出现倒置金字塔的原因。 **答案：**A。

96 下列哪一生物群落的物种多样性最高？( )(单选)

A. 温带雨林　　B. 草原　　C. 温带落叶林　　D. 珊瑚礁

解析 珊瑚礁是珊瑚虫矿化形成的结构，在营养含量较少的海域中常见。大多数健康的珊瑚礁中，矿化

的珊瑚所占的比例更大。珊瑚是珊瑚虫分泌以碳酸钙为主的外骨骼形成的。珊瑚在洁净、阳光充足、流动的浅海区域生长最茂盛。富含矿物质的外骨骼逐渐积累,为活的珊瑚虫提供支撑,同时也为多种动植物提供了生存环境。珊瑚礁占全球洋面的比例小于1%,但是其中却生活着超过25%的海洋生物,包括鱼类、软体动物、棘皮动物和海绵。

雨林是降水充沛的森林,有两种,分别是热带雨林和温带雨林。热带雨林分布于赤道南北各10°的地区,亚洲、大洋洲、非洲、中南美洲有大片的热带雨林,年平均降水量为1750～2000 mm。温带雨林是针叶林或阔叶林,位于温带,年平均气温为4～12 ℃,降水量充沛,年降水量超过1400 mm。温带雨林主要分布在北美与南美、欧洲,全球其他地区也有零星分布。全球40%～75%的物种生活于雨林中,热带雨林中的物种种类更多。热带雨林中有许多天然药物。热带雨林通过光合作用,利用光能将二氧化碳转变为氧气,其氧气生成量占全球氧气生成量的28%。雨林中低矮的植被由于无法获得足够阳光,所以生长受到限制,这方便人类和其他动物步行穿过雨林。 **答案:D。**

97 一个生态系统的能量流动包括很多能量转化。图18是一个概括能量转化过程的极其简化版本,能量最终供给肌肉以保证其活动性。细胞的呼吸作用在上述哪个过程中体现?(　　)(单选)

太阳 ⟹(A) 食物 ⟹(B) ATP ⟹(C) 肌肉活动

图 18

A. 只有过程A　　B. 只有过程B　　C. 只有过程C　　D. 只有过程B和C
E. 过程A、B、C都有

解析 细胞呼吸将食物中的能量转化为ATP。A为光合作用,C为粗细肌丝的相对滑错。 **答案:B。**

98 下列哪个生态系统是最不稳定的?(　　)(单选)

A. 非洲草原　　B. 高山冻原
C. 伯利兹热带雨林　　D. 萨斯喀彻温麦田
E. 莫哈韦沙漠

解析 萨斯喀彻温省(Saskatchewan)被誉为加拿大的"产粮之篮",以牧场和麦田而闻名。

莫哈维沙漠(Mojave Desert)亦译莫哈韦沙漠,为美国西南部的不毛之地,地跨加利福尼亚州、内华达州、亚利桑那州、犹他州4州。以莫哈维人命名。

本题认为人工生态系统是最不稳定的生态系统,甚至超过冻原与沙漠。可以这样理解:由于人类对于生态系统的了解还十分有限,很难创造出一个多方面平衡的生态系统。人工生态系统的元素都是很单一的,受人类影响较大,一旦撤去人的作用,将继续发生演替变化,所以是最不稳定的。而其他各个生态系统几乎都是在其特定气候条件下的顶极,较为稳定。 **答案:D。**

99 最重要的碳库是下列哪项?(　　)(单选)

A. 亚马孙热带雨林　　B. 东南亚热带雨林
C. 西伯利亚地下石油储备　　D. 海洋中进行光合作用的微生物群
E. 火成岩中发现的稳定同位素

解析 碳循环属于大气性循环,最重要的碳库是大气CO_2,其次是海洋与陆地生态系统。化石燃料燃烧与岩石中的碳素虽然也能进入循环流动之中,但相对而言它们多为较难利用的储存库。而海洋与陆地比较,总量是相当的,因此海洋整体比某一片陆地森林体量要大得多。浮游植物在地球生态系统中分布广泛,数量巨大,是海洋生物碳库的主要组成部分,所以D是正确的。 **答案:D。**

100 在大部分的生态系统中,净初级生产力非常重要,原因是它代表了下列哪个选项?(　　)(单选)

A. 可被异养生物获取利用的化学能量储备　　B. 被生产者转化成化学能的太阳能总量
C. 被异养生物在呼吸作用中消耗的能量　　D. 被生产者获取的能量
E. 所有生产者的生物量

解析 净初级生产力是A,B是总初级生产力。 答案:A。

101 下列哪个选项按照正确的顺序,从最少到最多将不同生物系统"每年每平方米的平均净初级生产力(kcal/(m^2·a))"排列了出来?( )(单选)

A. 远洋,热带雨林,热带草原(萨瓦纳),温带森林

B. 热带雨林,远洋,热带草原(萨瓦纳),温带森林

C. 远洋,热带草原(萨瓦纳),温带森林,热带雨林

D. 热带草原(萨瓦纳),热带雨林,温带森林,远洋

E. 远洋,热带雨林,温带森林,热带草原(萨瓦纳)

解析 远洋海域中,底层沉积不易上泛,表层营养物质极为贫乏,所以净初级生产力是最低的。接下来净初级生产力按照热带草原→温带森林→热带雨林逐步升高。热带雨林由于降水丰富、温度较高,净初级生产力最高。 答案:C。

102 在草原生态系统中,下列哪个选项不是一种对草原生活的适应?( )(单选)

A. 草有基部分生组织,使它们能够从植物的基部生长,而不是从尖端处

B. 树木保持它们在地下部分的水分,而且还有缺乏树脂或软木的树皮

C. 草有很深的根系,以此固定自己并储存淀粉

D. 草有泡状细胞,可以改变膨压,以此使植物弯曲叶子并避免气孔直接暴露于空气中

E. 食草动物具有远距离视觉,因为它们的眼睛远高于它们的鼻子

解析 由于草原植物生长在半干旱半湿润地区,生态环境比较严酷,所以才形成了以地面芽为主的生活型。在此气候条件下,草原植物的旱生结构比较明显,如叶面积缩小、叶片内卷、气孔下陷、机械组织和保护组织发达,植物地下部分强烈发育,地下根系郁闭度远远超过地上部分。这是对干旱环境的适应。多数草原植物根系分布较浅,集中在0~30 cm深的土层,细根主要部分位于地下5~10 cm范围内,雨后可以迅速地吸收水分。

对于A,基部生长适应动物的食草作用,不会因为顶端分生组织被吃掉就无法生长。

对于B,没有树脂的话,树体内的水分很容易蒸发而散失,对于其在干旱环境中生存是不利的。

D可以帮助草减少水分的散失,从而适应草原的干旱的环境。

E有利于食草动物在开阔的草原上防御敌害。

至于C,深根系也是对草原干旱生活的适应。

所以本题应该选B。 答案:B。

103 在一个大的玻璃瓶里密封进一些植物、动物和一定量的空气,然后放进一个生态平衡的水族箱里。三个月过后,水族箱里的植物和动物们都活着并且很健康。下列哪个选项是不对的?( )(单选)

A. 没有能量从玻璃瓶外进入瓶内

B. 一种生物体内的能量进入另一种生物体中

C. 水分子中的一些原子变成有机物的一部分

D. 水上方的空气中含有二氧化碳

E. 在这三个月中,植物的平均生物量要大于动物的平均生物量

解析 有光能的进入,因此A不对。B、C、D均是正确的。植物的平均生物量大于动物才能提供足够的能量进入下一营养级,不然动物们不会活得很健康。 答案:A。

104 下列哪个选项表现了温带植物适应环境的特征?( )(单选)

A. 叶子具滴水叶尖 B. 气孔内陷 C. 肉质叶 D. 休眠芽

E. 极浅的根

解析 休眠芽是指温带的多年生木本植物的枝条上近下部的许多腋芽在生长季节里往往不活动、暂时保持休眠状态的现象。滴水叶尖为热带雨林所具有的适应现象,树木大都长有蜡质的叶子,这些叶子具有

光亮的蜡质表面，而且叶子尖端向外突出。因雨林雨水丰盛，顺叶尖流下，就形成了滴水叶尖。同样，浅根也是雨林的特征，因为不需要多长的根系就能得到水分。内陷的气孔与肉质叶则是旱生植物的特点。答案：D。

105 下列哪类生态系统中，每平方千米内通常有更多的物种？（　　）(单选)

A. 温带草原　　B. 北极苔原　　C. 北方针叶林　　D. 珊瑚礁

解析 珊瑚礁多存在于热带、亚热带，温度较高，且空间异质性大，可为海洋生物提供丰富的食物。作为海洋中一类极为特殊的生态系统，珊瑚礁保持有较高的生物多样性和初级生产力，被誉为“海洋中的热带雨林”“蓝色沙漠中的绿洲”，一般认为达到了海洋生态系统发展的上限。选项中没有热带雨林，所以珊瑚礁要比其他几种陆地生态系统多样性都高。　答案：D。

106 火山喷发或者流星冲击会使得大气中漂浮不少灰烬，导致阳光被减弱达 50%，若该情况持续两年时间，下列哪种海洋群落最不易受这种情况影响？（　　）(单选)

A. 底栖生物群落　　B. 珊瑚礁群落

C. 深海热泉口生物群　　D. 河口群落

E. 大洋性生物群落

解析 大洋中脊的火山起源的深海热液喷口生物是一种独特的群居有机体。在黑暗、热、缺氧环境中，食物生产者不是通过光合作用产生有机物。它们是化学自养的原核生物，不需要阳光。它们合成的有机分子供应一条食物链，包括巨型多毛虫、节肢动物、棘皮动物和鱼类。　答案：C。

107 你决定成为一个海洋学家并且研究公海的生产力，因为它们在全球范围内都如此重要。你告知你的朋友这一决定时，你的朋友说：“难道公海的生产力和沙漠的不一样吗？它们怎么可能在全球范围内这么重要？”下列哪个选项的陈述能够解释你和你的朋友都是正确的？（　　）(单选)

A. 因为海洋占地球表面积的比例如此巨大(约 2/3)，所以它能贡献近一半的地球净初级生产力(NPP)

B. 海洋中的周转率或生产率相对生物量的比值($P:B$)更高

C. 海洋中单位面积内几乎没有生物量

D. 海洋中的光合作用群体很大程度上是浮游生物的形式，它们的光合作用效率比陆生植物低

E. 海洋中的氮元素往往被束缚在沉积物中，因此它们不能被光合作用利用

解析 海洋的单位面积生产力的确低，但架不住它的面积大。总的估计，海洋初级生产力每年约 40×10^9 t 碳，与陆地的初级生产力总量相近，A 对。

海水中的浮游植物是随波逐流的单细胞藻类，是海洋中最主要的初级生产者，在全球尺度上影响着海洋碳循环。它们尽管只占地球生物圈初级生产者生物量的 0.2%，却提供了地球近 50%的初级生产量。它们结构简单，无需根茎等功能附属物，水分营养供应便利，呼吸损耗少，光合效率比陆生植物高得多。它们生长迅速，支撑了海洋中从浮游动物到鲸鱼的庞杂食物链，为人类提供了一个生物多样性很高的世界和巨大的食物来源。C、D 不对。

根据 *Marine Ecological Processes*(第 3 版)中的数据，海洋与陆地环境生物量的差异远远大于生产量的差异。海洋中的生物量(0.01 kg/m^2)比陆地(12.2 kg/m^2)低几个数量级，而生产量却在同一量级。因此海洋种的周转率或者 $P:B$ 更高是事实，B 的描述是正确的。然而题目主要讨论生产力本身而非周转过程，A 才是最合适的答案。

在海洋氮循环中，沉积物里的大部分有机氮都可被一系列生物地球化学反应还原为可被生产者利用的无机形式重新进入营养循环，只有一小部分随成岩作用埋藏海底，短期内不再参与循环，因此 E 不对。答案：A。

参考文献

[1] Valiela I. Marine Ecological Processes[M]. 3rd ed. New York: Springer-Verlag, 2015.

[2] 马红波，宋金明. 海洋沉积物中的氮循环[J]. 海洋科学集刊，2001，43(1)：96-107.

108 草原生态系统形成的决定性生态因子是(　　)。(单选)

A. 温度高低　　B. 雨量多少　　C. 土壤肥沃程度　　D. 草食动物的多少

解析 草原生态系统分布在干旱地区,年降雨量很少,水常常是草原生态系统的决定因素。　**答案:B。**

109 食物网由一系列的生产者、消费者和分解者所组成。下列对食物网的叙述中不正确的是(　　)。(单选)

A. 食物网中的成员在生态系统中的重要性不一定相同

B. 取食捕蝇草的毛虫是初级消费者

C. 寄生性昆虫是分解者

D. 在食物网中位置越高者数量越少

解析 A、D 正确。捕蝇草从昆虫获得氮素,仍然进行光合作用,为生产者,因此吃它的毛虫是初级消费者,B 正确。虽然食物链有独立的寄生链,但一定要算的话寄生性昆虫属于消费者,C 不对。　**答案:C。**

110 下列哪种生态塔不会发生上层大、下层小的逆转现象?(　　)(单选)

A. 能量塔　　B. 总生物量塔　　C. 数量塔　　D. 人口塔

E. 以上皆是

解析 能量塔不可倒置,数量塔、生物量塔均可能,如树上的毛虫(数量倒置)、海里的浮游动植物(生物量倒置),而人口塔属于数量塔。　**答案:A。**

111 在以下哪一种情形之下,一特定的初级消费者种群大小变动最为剧烈?(　　)(单选)

A. 生产者生产力有周期性变化　　B. 有利用同一生产者资源的初级消费者同域存在

C. 缺乏次级消费者　　D. 气候有周期性变化

E. 寄生虫的感染

解析 次级消费者对初级消费者的种群有遏制与调节作用。如果缺乏天敌,初级消费者将种群大爆发,然后再崩溃,因此大小波动最为剧烈。想想没有狼的羊群、没有天敌的澳洲兔子,它们都进入了指数增长的爆发状态。　**答案:C。**

112 下列哪个是影响水循环的最重要的因素?(　　)(单选)

A. 气候　　B. 植物　　C. 动物　　D. 化学作用

E. 微生物

解析 水循环是多环节的自然过程,全球性的水循环涉及蒸发、大气水分输送、地表水和地下水循环以及多种形式的水量储蓄(图 19)。

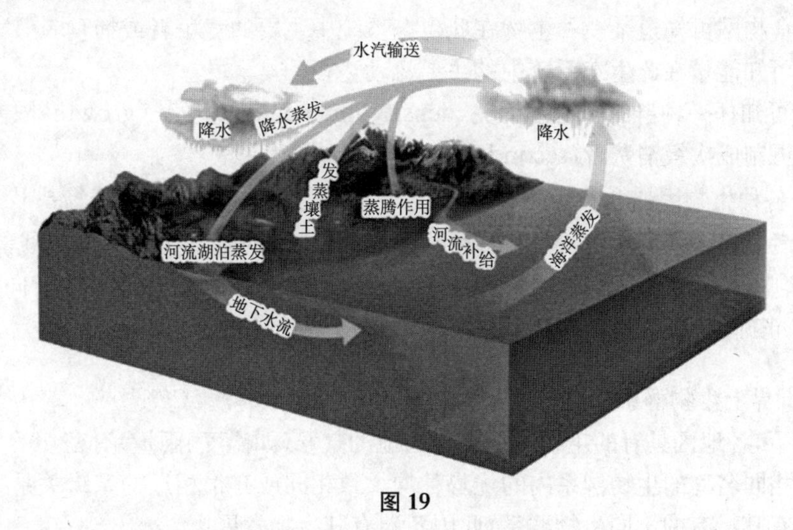

图 19

降水、蒸发和径流是水循环过程的三个最主要环节，这三者构成的水循环途径决定着全球的水量平衡，也决定着一个地区的水资源总量。而其中的降水、蒸发两部分都严重受温度、气流等气候因素的影响，径流也一定程度上受干旱等气候的影响。 答案：A。

113 下列选项中不属于分解者的是（ ）。（单选）

A. 蜘蛛　　B. 蚯蚓　　C. 马陆　　D. 真菌

E. 白蚁

解析 分解者是生态系统中将动植物遗体和动物的排遗物等所含的有机物质转换为简单的无机物的生物，主要包括营腐生生活的细菌、真菌及原生动物、小型无脊椎动物等异养生物，蚯蚓、马陆、白蚁可以通过自己的运动将植物残体粉碎，起着加速有机物在微生物作用下分解和转化的作用，因而也属于分解者。蜘蛛肉食，一般属于消费者。但有文献认为，根据其食物数据，蜘蛛也参与了食碎屑过程。注意：这里的分解者包含了国内食碎屑者的概念，而国内一般将食碎屑者（本题的A、B、C、E）归入消费者行列。不过这都是人为的定义，无需在意，本题最佳答案为A。 答案：A。

参考文献

[1] Kajak A. The Role of Soil Predators in Decomposition Processes[J]. Eur. J. Entomol., 1995, 92(3): 573.

114 下列叙述中正确的是（ ）。（多选）

A. 因为绿色植物进行光合作用，因此世界上每一地区的生态系统中，主要的生产者（producer）是绿色植物

B. 生态系统是指一封闭地区所有的生物经过能量流动和物质循环，与物理环境进行的结合和作用

C. 生态系统中植物完全不以元素的状态从生存的环境中吸收所需的化学物质

D. 通常，生态系统受干扰后，其养分流失率较受干扰前大

E. 在陆生生态系统中，平均净初级生产力（量）最大的是热带雨林

解析 A错，在海底主要的生产者是化能自养细菌。B错，生态系统是开放的系统，允许物质和能量与外界的交流。C错，植物根只能吸收能溶于水的离子态或螯合态的元素，但叶片可以吸收氧气分子。D对，生态系统环境复杂性越强，所能保持的营养就越多，随着复杂的生态平衡被干扰破坏，营养保持率下降。E错，陆地上，由湿地向热带雨林、亚热带常绿林、温带落叶林、北方针叶林、热带稀树草原、温带草原、苔原到荒漠，净初级生产力依次下降。 答案：D。

115 如果一生态系统中的食物网能完整地建立，下列叙述中正确的是（ ）。（多选）

A. 从此完整的食物网可知道哪些生物是主要生产者（producer）

B. 从此完整的食物网可知道某一种生物在此生态系统中主要的竞争者或捕食者

C. 从此食物网可知能量在此生态系统中的主要流动途径

D. 从此食物网可知任一种群的与密度无关（density-independent）生长（growth）限制因子

E. 从此食物网可制成次级消费者（secondary consumer）的生命表

解析 食物网是各种生物因捕食关系而相互连接起来的复杂关系网，连接线箭头代表的是能量的流动方向，指向的是捕食者。连接线的长度没有特殊生物意义，通过不同生物相关的连接线的数量和方向，我们可以找出该生态群落中任一生物的天敌、食物和竞争者，只发出连接线，没有连接线指向它的是该群落的生产者。综上，A、B、C正确，D、E无法获取足够信息。 答案：ABC。

116 下列有关世界上生物群系（biome）的叙述中正确的是（ ）。（多选）

A. 在自然状况下，各地区具有的生物群系多与当地的气候（如温度、雨量）有密切的关系

B. 世界各地凡相同名称的生物群系内的优势种均大致相同或有很相近的亲缘关系

C. 世界各洲各有其特有的不同生物群系，此因各洲有其生物发展史

D. 多数生物群系的名称是反映当地的地质和优势(主要)植被(vegetation)

E. 冻原(或苔原,tundra)和针叶林(coniferous forest)(注:亦称常绿针叶林(evergreen coniferous forest))是地球上的两个生物群系,前者主要分布在北极圈外围;后者主要沿北回归线两侧分布

解析 优势种可能存在趋同进化,B不对。中生代开始,世界存在统一的泛大陆——盘古大陆,陆地生物迅速地传播,使得陆地上的动物得以从南极迁徙到北极,所以现在各大洲的生物群系虽各自走上差异化的演化道路,但都源自相同的远祖,统一于一个共同的生物发展史,C不对。冻原又叫做苔原,主要指北极圈内和温带、寒温带的高山树木线以上的一种由苔藓、地衣、多年生草类和耐寒小灌木构成的植被带;亚寒带针叶林气候带则主要分布在北半球,纬度在北纬50°以北至北极圈附近,因此E不对。 答案:AD。

117 将生态系统中各种不同营养阶层(食性层次)的物种关系以"能量塔"的概念表示。甲、乙两个生态系统的生产者总能量相等,甲生态系统只有初级消费者,乙生态系统有初级、次级和三级消费者。若其他的因素都相同,则下列叙述中正确的是(　　)。(多选)

A. 甲生态系统消费者的总能量小于乙生态系统消费者的总能量

B. 甲、乙生态系统消费者的总能量均小于生产者的总能量

C. 乙生态系统中三级消费者自环境中能够获取的能量较其他各级消费者少

D. 甲生态系统在能量的流动过程中流失的能量较乙生态系统少

E. 乙生态系统能够供养的消费者较甲生态系统少

解析 因为甲、乙生态系统的生产者总能量相等,但乙生态系统的消费者层级多于甲生态系统,能量在传递过程中不可避免会遭受损失,所以不论哪种生态系统,生产者的总能量要大于消费者的总能量。本题中乙生态系统损失的能量要远多于甲生态系统,相应地乙生态系统所能承担的消费者最大总能量要低于甲生态系统,且所处营养级越高,消费者从上一级得到的能量比低营养级消费者所得到的越低,但正常生活所需的单位能量越大,于是营养级越高的消费者数量越少,乙生态系统所供养的消费者数量要小于甲生态系统。 答案:BCDE。

118 海洋是生物圈中碳的最大仓库,海洋中气态的二氧化碳为浮游植物所吸收,下列有关碳循环的叙述中哪几项正确?(　　)(多选)

A. 二氧化碳最大的吸收地区是两极附近夏季的海洋

B. 海洋碳储存量变动最小的是两极地区

C. 海水中含二氧化碳最多的地区是赤道海洋

D. 浮游动物、鱼虾等食物链中的消费者保存了海洋中大量的碳,使总碳量降低

E. 所谓上升流是深海温暖而富含矿物质的海水涌至海面补充碳循环的洋流

解析 CO_2是气体,溶解度随着温度的升高而降低;而两极海水的温度要比其他海洋的海水温度低得多,在这种低温下CO_2被吸收的程度会加重。因此南北两极海域的海水所吸收的CO_2量要比其他地区多,吸收速度更快、海洋酸化的问题也更严重。因此A正确。

大部分地区的海水表层是不饱和的,深层水由于下沉有机物的分解含有较多的CO_2。赤道海域环流和美洲大陆西岸上升流把CO_2带入表层水,因此赤道海域反而是全球海洋最大的CO_2源区,占海洋释放CO_2的60%,故C正确。

占地球海洋面积20%的南大洋是CO_2最重要的汇区,南极辐合带附近海域同样也是CO_2潜在的汇区,40°N以北的北大西洋和挪威-格陵兰海域也是CO_2的强汇区。

两极地区由于冬夏季温差大,所以碳储存量变化很大,B错误。

浮游动物、鱼虾等食物链中的消费者保存了海洋中大量的碳,使总碳量上升,D错误。

上升流又叫涌升流或者上升补偿流,是由于风力和密度差异所形成的洋流,使海水流出的海区海平面降低,底层海水上涌补充的现象,E错误。不过上升流区的一个重要作用是对全世界海水碳循环的贡献。上升流区初级生产量很高,在此无机碳被固定为有机碳,向中、深层输送的碳增多;而且上升流区又可作为溶解有丰富的无机碳的次表层水向表层上浮的场所,在赤道上升流区释放出二氧化碳。次表层水向与大气相

接的表层上浮，无论这一现象是化学的或生物的都与碳循环密切相关(图20)。 答案:AC。

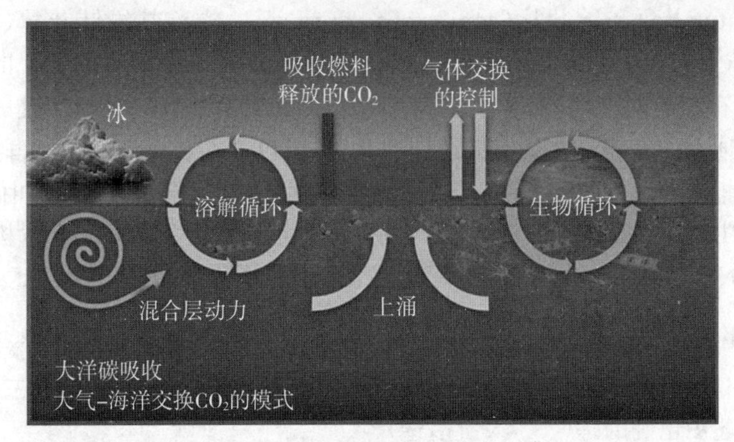

图 20

119 关于生物的营养类型，下列叙述中正确的有(　　)。(多选)

A. 所有的动物都是异养型(heterotrophic)

B. 所有的植物都是自养型(autotrophic)

C. 真菌(fungi)兼具异养型和自养型

D. 原生生物(protists)兼具异养型和化学自养型(chemo-autotrophic)

E. 原核生物(prokaryotes)兼具异养型、化学自养型和光合自养型(photo-autotrophic)

解析 所有动物和真菌都是异养型生物，植物大部分是光能自养型生物，但是也有菟丝子、列当、肉苁蓉等完全寄生植物和桑寄生、槲寄生等半寄生植物。原生动物存在化能异养和光能自养，并不存在化学自养的原生生物。

化能自养生物能以二氧化碳为主要碳源，以无机含氮化合物为氮源，合成细胞物质，并通过氧化外界无机物获得生长所需要的能量，如亚硝化细菌、硝化细菌、硫细菌、铁细菌等，全都是原核生物。 答案:AE。

图21是自1958年以来，在夏威夷岛的莫纳罗亚山上观测到的大气中CO_2浓度变化图。从这张图上可以读出两个重要的特征：第一个特征是CO_2浓度正在逐年上升；第二个特征是CO_2浓度在每年的春季呈最大值，在每年的秋季呈最小值。请根据这张图，回答120～122题。

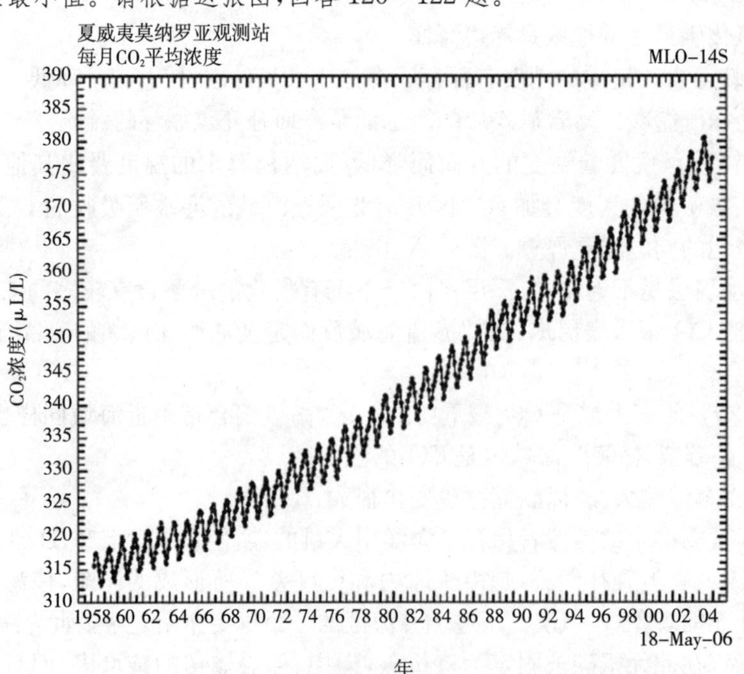

图 21 大气中二氧化碳浓度的变化

120 造成第一个特征的最大原因是人类大量燃烧石油和煤炭等化石燃料，那么在这之后的第二大原因是下列选项中的哪一个？(　　)(单选)

A. 热带雨林的大规模砍伐　　B. 干燥草原上超过草地再生能力的过度放牧

C. 冻土苔原上永久冻土的融化　　D. 南极大陆冰川的融化

解析 在四个选项中，热带雨林植物吸收二氧化碳的能力最强，破坏后影响最大，因此本题选A。虽然整体而言热带雨林是收支平衡的，但破坏其植被后造成的后果最严重(温度高呼吸强，其他生物产二氧化碳剧烈)。 **答案:A。**

121 在第二个特征中，大气中CO_2浓度从春季的最大值向秋季的最小值减少的原因是下列中的哪一项？(　　)(单选)

A. 夏天，北半球的植物缺水，呼吸作用被抑制

B. 夏天，北半球的陆地植物进行活跃的光合作用，固定大量CO_2

C. CO_2浓度较低的南半球大气运动到了北半球

D. 此时，南半球为冬天，海水温度降低，吸收了CO_2

解析 莫纳罗亚山大约在北纬21°左右，因此属于北半球，从春季往秋季经历了夏季，夏季光合作用旺盛、固定大量二氧化碳才是浓度下降的最主要原因，所以选B。C、D均不对。 **答案:B。**

122 大气中的CO_2浓度上升，地球表面温度也会上升。这种温室效应给陆地生态系统带来的影响中，对地球环境最重要的影响是下列中的哪一项？(　　)(单选)

A. 热带雨林的生长速度变快　　B. 温带和亚寒带的森林生长速度变快

C. 植物呼吸和土壤有机物的分解速度变快　　D. 土壤中有机物的积累变快

解析 温室效应对生态系统最大的影响首先是气候变暖使海平面上升、海岸带和海岸生态系统产生变化；其次，温度是影响植物生长、发育和功能的重要环境因子，是调节许多陆地生态系统生物地球化学过程的关键因素之一，如土壤呼吸、凋落物分解、氮的矿化和硝化、细根动态、植物生产力和植物养分吸收都受其影响。陆地生态系统中土壤和植物的根是重要的碳汇，在全球变暖背景下，土壤呼吸作用将增加，从而进一步引起全球性气候变暖。模拟实验表明，土壤的呼吸速率通常随着增温而升高。 **答案:C。**

123 “自然生态系统的一系列基本过程都会影响人类。”下列哪个选项不能支持这一论断？(　　)(单选)

A. 细菌帮助物质的循环

B. 湖泊中的藻类帮助增加水中氧含量

C. 树木帮助增加大气中氧含量

D. 长在石头上的地衣和苔藓帮助粉碎石头，形成土壤

E. 已处理的污水相对于未处理的污水对环境的危害更小

解析 E是人为过程对环境的影响，其余都对。 **答案:E。**

124 在美国，草坪比种植玉米占用了更多的土地。更进一步来说，(　　)。(单选)

A. 种植草坪不需要肥料　　B. 种植草坪可以保护水资源

C. 草坪不会因杀虫剂而受益　　D. 草坪不会导致生境破碎化

E. 种植草坪需要大量的资源

解析 种草坪就不能种玉米，不能种树。相对而言，草坪既浪费水又浪费土地资源，不太实用。 **答案:E。**

125 当温度升高时，下列哪个说法是不正确的？(　　)(单选)

A. 更高温度和更高盐度会使溶氧降低　　B. 当温度超过30℃时，很多珊瑚会死掉

C. 代谢反应很少能达到它们的活化能　　　　D. 海洋能吸收的二氧化碳数量会下降

E. 当温度超过 30 ℃时，虫黄藻(zooxanthella)会从珊瑚中释放出来并茁壮生长

解析 温度与含盐量升高，氧气、二氧化碳在水体的溶解度降低(气体溶解度的盐效应需要用基于德拜-休克尔理论的 NRTL(electrolyte non-random two liquid)模型解释)。因此 A、D 是对的。

珊瑚对海水温度的要求很高，一般在 25～30 ℃之间，它才会大量繁殖。若火山爆发、厄尔尼诺现象发生，珊瑚就会大量死亡。珊瑚需要充足的阳光，因为与藻礁珊瑚共生的虫黄藻(原生生物，甲藻类)必须有充足的阳光才能进行光合作用。　答案:C。

126 煤烟里，哪种物质对生长中的植物最有害？(　　)(单选)

A. 一氧化碳　　　　B. 碳颗粒

C. 二氧化硫　　　　D. 柏油样沉积物

解析 植物受大气污染物的伤害一般分为两类:受高浓度大气污染物的袭击，短期内即在叶片上出现坏死斑，称为急性伤害;长期与低浓度污染物接触，因而生长受阻，发育不良，出现失绿、早衰等现象，称为慢性伤害。

大气污染物中对植物影响较大的是二氧化硫(SO_2)、氟化物、氧化剂和乙烯。氮氧化物也会伤害植物，但毒性较小。氯、氨和氯化氢等虽会对植物产生毒害，但一般是由事故性泄漏引起的，危害范围不大。CO 对于植物而言并无太大毒害，它可以调控缺铁拟南芥中的铁含量，防止黄化。在铁含量较低的情况下，CO 和 NO 对植物的影响存在相互作用。　答案:C。

127 生物地理学中，冈瓦纳物种用来描述分布于下列哪几个大洲的物种？(　　)(单选)

A. 北美洲、南美洲和亚洲　　　　B. 南美洲、北美洲和非洲

C. 大洋洲、非洲和南美洲　　　　D. 亚洲、非洲和欧洲

解析 冈瓦纳古陆是推测存在于南半球的超级大陆。5.7 亿年前～5.1 亿年前，冈瓦纳古陆完成东西大陆的汇合。原始古陆(盘古大陆)分裂，位于北半球的劳亚古陆向北漂移，冈瓦纳古陆向南漂移。冈瓦纳古陆包括现在南半球的大多数大陆，包括南极洲、南美洲、非洲和马达加斯加、澳大利亚和新西兰以及南亚次大陆。生物地理学描述生物分布时，常用到“冈瓦纳”一词，形容生物分布于远古时期相互接合，但现在彼此分离的大陆上。　答案:C。

128 最致命的火山常由下列哪种地质活动形成？(　　)(单选)

A. 侵蚀　　　　B. 保守大陆板块运动

C. 碰撞　　　　D. 俯冲

解析 俯冲是指一板块在汇聚板块边界向相邻板块下方潜入的过程。俯冲带是地球上两板块汇聚并发生俯冲作用的区域。俯冲带可以是大洋板块向大陆板块下方潜入，也可以是大洋板块向另一块大洋板块的下方潜入。俯冲带以强烈的地震、火山活动和造山运动为显著特征。人们对于火山最普遍的认识是火山呈圆锥形，山顶有火山坑，喷出岩浆和有毒气体。但这只是火山许多类型中的一种，称为成层火山。成层火山是喷发时产生的火山碎屑堆积而成的，常见于俯冲带。成层火山由火山灰、沙石、岩浆积累而成，火山灰和火山碎屑相互堆积，高度逐渐增加，顶端岩浆冷却、坚固，使这一过程循环往复。著名的成层火山有日本富士山、意大利维苏威火山。有历史记载以来，成层火山的大爆发对人类文明产生了不可估量的伤害。

答案:D。

129 假如你过去 2000 年一直活在地球上，最后因火山活动死亡，那么最可能的死亡原因是(　　)。(单选)

A. 海啸　　　　B. 岩浆　　　　C. 火山灰　　　　D. 饥荒

解析 火山大爆发将水蒸气、二氧化碳、二氧化硫、氯化氢、氟化氢和灰尘抛向距地球表面 16～32 km 高的大气中。这些抛射物中的二氧化硫形成硫酸，迅速在大气中聚集形成细小的硫酸气溶胶。这些气溶胶将

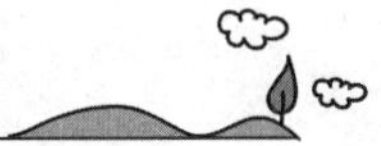

太阳辐射反射回太空，从而降低地球低空大气的温度，形成“火山冬天”，对生命造成极大影响。

1600 年，秘鲁 Huaynaputina 火山爆发，造成 1601 年气温严寒。1601～1603 年，俄罗斯遭遇了最严重的饥荒。1600～1602 年，瑞士、拉脱维亚和爱沙尼亚的冬天极其寒冷。法国 1601 年葡萄的丰收延迟，德国和秘鲁的葡萄酒业全线崩溃。印度尼西亚一座成层火山于 1815 年喷发，使纽约州夏天下霜，新英格兰六月飞雪，1816 年这一年被称为“无夏之年”。 答案：D。

130 农民越来越喜欢在农场周围种一圈灌木篱墙。可能的原因是什么？（ ）（单选）

A. 灌木可以防止土壤流失　　B. 灌木可以为农作物挡风

C. 灌木可以防止野生动物破坏农作物　　D. 灌木可以为农场增添美景

解析 灌木篱墙是一排密集种植的树或者灌木。灌木篱墙最初目的是为了将牲畜与农作物分开。集约化农业将地面上的所有灌木移除，从而获得大片的种植用地，同时为了机械化生产腾出空间。

环境学家建议种植灌木篱墙的原因如下：① 灌木篱墙可以为农村带来美感。② 灌木篱墙可以为生物提供食物和巢穴，增加物种多样性。③ 灌木篱墙可以为捕食者提供掩蔽，控制害虫的生长。④ 灌木篱墙可以遮风，减少风蚀。 答案：B。

第10章 动物行为学

1 为建立赛加羚羊的行为谱,研究者按固定的时间间隔对一组羚羊的行为逐个进行观察记录,这是行为学研究的哪一种取样方法?(　　)(单选)

A. 连续取样　　B. 扫描取样　　C. 目标取样　　D. 行为取样

解析 定时把全群动物快速扫描一遍,看到动物的一瞬间,记录下动物的行为,这属于扫描取样。**答案:B。**

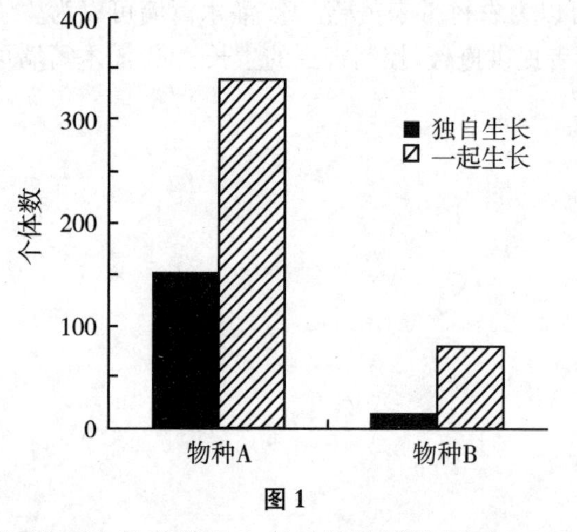

图1

2 对两种昆虫进行了实验。第一组实验是:提供合适的食物来源,两个物种在单独的腔室中独自生长。第二组实验是:在提供与第一组实验相同的食物种类和数量的情况下,这两个物种生长在同一腔室中。图1显示了实验结果(两个实验中每个物种的个体数量)。基于这些结果,这两个物种应被归类为(　　)。(单选)

A. 竞争对手

B. 拮抗关系

C. 互惠/原始合作

D. 捕食者或病原体

解析 本题主要考查数据分析能力。从图1中可以看出,这两个物种单独生存时的数量总是要少于两个物种同时生存时的数量,由此可以推断出这两个物种属于互惠关系。　**答案:C。**

3 对自身有害,但对其他个体有益的行为称为(　　)。(单选)

A. 互惠行为　　B. 学习行为　　C. 社会行为　　D. 利他行为

解析 对别人有好处而对自己没有任何明显益处的行为称利他行为。　**答案:D。**

4 下列哪个选项是贝氏拟态的一个例子?(　　)(单选)

A. 美味可口的副王蛱蝶颜色与味道差的黑脉金斑蝶相近

B. 毒箭蛙的颜色警告捕食者它的毒性

C. 老虎的条纹便于它在自己的栖息地里融入草丛中

D. 小猴子模仿成年猴子学习如何获得食物

E. 蜜蜂和黄蜂都是明亮的黄色和黑色条纹,警告捕食者它们可以刺痛捕食者

解析 贝氏拟态就是无毒的物种模仿有毒的物种从而减少自己被捕食概率的一种拟态,但是如果模拟者的数量太多,甚至超过了被模拟者的数量,就会使捕食动物发生错觉,以为其是可食的,这样就会大大增加捕食动物的取样次数。而米勒拟态则是两种有毒的物种之间相互模仿,双方共同承担捕食动物在学习期间所造成的死亡率,这比每一个物种在不相互模拟时被捕食的概率要低(如果没有相互模拟的话,那么捕食者吃了第一种之后,它还不知道第二种也有毒,于是还试一下第二种,这样就增加了第二种的死亡数,如果二者相互模拟就不会这样了)。

至于警戒色和拟态的区别,虽然说很多拟态模拟的就是警戒色,可是拟态一定要强调模仿的过程,所以说B、E都是警戒色,E也可算米勒拟态。C可以勉强算是一种为了伏击猎物的隐蔽,老虎并不需要警戒色与保护色。而D则是模仿学习(也称社会性学习)。　**答案:A。**

5　当蚁群中有一只蚂蚁死了，活蚂蚁就会把这只死蚂蚁扔出蚁巢。如果一只活蚂蚁X被喷上与死蚂蚁散发出的化学物质相同的化学药剂，那么其他活蚂蚁也会把这只活蚂蚁X扔出蚁巢，直到X身上的气味消散闻不到了为止。下列哪个选项最好地解释了蚁群的这种行为？（　　）（单选）

A. 蚂蚁有排斥化学物质的趋向　　B. 其他蚂蚁只能通过试错学习

C. 蚂蚁体现出了学习的行为　　D. 活蚂蚁会持续这种行为，直到它们习惯化

E. 化学物质是蚂蚁某一固定行为模式的刺激信号

解析　固定行为模式(fixed action pattern, FAP)是习惯行为的结果，本质上很难改变，且通常一旦开始就必须完成。通常由外在的感知刺激引起，譬如信号刺激。研究表明，这一化学物质是油酸。　**答案：E。**

6　图2是N. Tinbergen拍摄的作品，是一只北美红雀在喂几只跑到水面上觅食的米诺鱼。这只鸟儿喂鱼已有数周，可能是因为它的巢被损坏了。对于北美红雀的行为最好的理解是什么？（　　）（单选）

A. 习惯化

B. 印记

C. 固定行为型

D. 联想学习

E. 操作式条件反射

图2

解析　习惯化：由于刺激重复发生而无任何有意义的结果致使个体对这种刺激（例如警报、防御、攻击）的自发反应减弱或消失的现象。改变刺激的形式或结果，可能使习惯化的反应重新发生。

印记：印记学习是指发生在动物生活的早期阶段、由直接印象形成的学习行为。印记学习是一种高度特化、但有局限性的学习方式。这种学习能力的高峰一般时间极短，如灰雁的幼雏在出世后仅有几小时，以后即逐渐减弱。许多印记仅在动物一生中的特定时期才能学习。如将孵出的幼雏关在笼内几天，不让它看到母灰雁或是其他的"代替物"，幼雏便会丧失"承教"能力。这是由于动物的神经系统在早期能够接受这类刺激，在发育过程中，神经系统就不能再进行印记学习了。动物的印记学习行为虽发生在早期，但对晚期行为也具有一定影响。如灰雁幼雏对人形成印记，它会与人长期结伴，甚至在发育成熟期会在人的面前表现出求偶行为。

固定行为型：动物按一定时空顺序进行的肌肉收缩活动，表现为一定的运动形式并能达到一定的生物学目的。它是被一定的外部刺激所引发的，一旦引发就会自动完成而不需要继续给予外部刺激。灰雁回收蛋的行为就是一种典型的固定行为型，当蛋滚出巢外后，灰雁首先伸长脖颈，然后把下颏压在蛋上，把蛋拉回，如果中途有人把蛋拿走，灰雁也将继续完成这一动作。固定行为型本质上是一种先天行为。

联想式学习是指由两种或两种以上刺激引起的脑内两个以上的中枢兴奋，形成联结而实现的学习过程。根据外部条件和实验研究方法不同，分三种类型：尝试与错误学习、经典条件反射和操作式条件反射。三种类型的共同特点是环境条件中那些变化着的动因在时间和空间上的接近性造成脑内两个或多个中枢兴奋性的同时变化，从而形成脑内中枢的暂时联系。因此三种学习模式统称联想式学习，包含外部动因间的联结、刺激-反应联结和脑内中枢间的联结（暂时联系，可以消退）。

操作式条件反射：箱内放进一只白鼠或鸽子，并设一杠杆或键，箱子的构造尽可能排除一切外部刺激。动物在箱内可自由活动，当它压杠杆或啄键时，就会有一团食物掉进箱子下方的盘中，动物就能吃到食物。强化刺激（这里是食物）既不与反应同时发生，也不先于反应，而是随着反应发生。

北美红雀之所以喂鱼，是因为它的巢被破坏了，从而它没有子代可以喂养，于是把鱼当成其子代而进行喂养，这是一种取代对象。所以这是一种出于本能的先天行为，鱼觅食时张开的嘴触发了红雀的固定行为型，应选C选项，其余选项都不对。　**答案：C。**

7　蔡子星研究西北乌鸦吃海螺的行为。图3是乌鸦吃海螺时可能使用的两种飞行途径。请选择乌

鸦最常用的飞行途径,并且解释你的选择:(　　)。(单选)

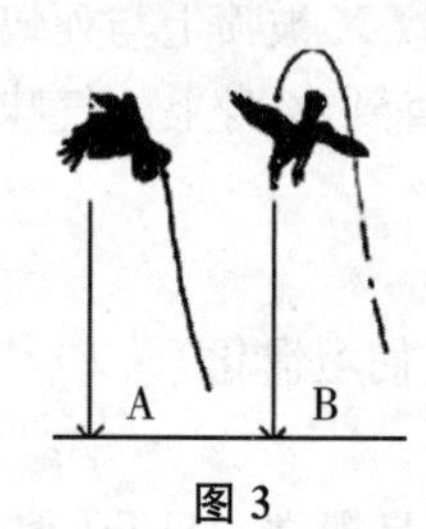

图 3

A. 飞行路径 A:乌鸦使其飞行高度最大化来扔下海螺

B. 飞行路径 A:乌鸦通过飞得更高来给冲着海螺的向下运动加力

C. 飞行路径 A:乌鸦对其周围环境有着更广阔的视野,以确定周围没有第二只鸟儿来偷它的海螺

D. 飞行路径 B:乌鸦可以观察到海螺位于哪儿

E. 飞行路径 B:乌鸦将海螺扔/砸向地面

解析 只有约 15% 的海螺会在飞行的最高点被扔下来,85% 的海螺都是在乌鸦开始向下飞后被扔下的,目的是能够更好地看见海螺的落点。 答案:D。

8 鹭将翅膀像雨伞一样举过头顶是为了(　　)。(单选)

A. 遮挡炙热的阳光　　B. 挡雨

C. 吸引猎物进入阴影中　　D. 伪装自己和巢穴

解析 黑鹭栖息于非洲,体型中等,羽毛黑色,腿脚黄色。黑鹭生活在撒哈拉沙漠以南的地区和马达加斯加,喜开放的浅水湖泊和池塘,也可以在灌木丛、沼泽、河岸、稻田和季节性洪水草原生活。黑鹭的捕猎方式很特别,叫"大棚捕食",黑鹭将翅膀像雨伞一样举过头顶,形成荫凉吸引鱼。有时黑鹭单独捕食,有时可以 50 只黑鹭一同捕食。有报道称最多可有 200 只黑鹭一起捕食。黑鹭在白天进食,但最喜欢在傍晚日落前进食。夜晚,它们共同休息,岸边的鹭群在涨潮时休息。黑鹭的食物基本是小鱼,但它们也食用水中的昆虫和甲壳动物。 答案:C。

9 在一房间内的不同角落,分别悬挂着下列物品,然后将一只已一天没有吃过东西的狐蝠释放。请问它首先最有可能飞向下列哪个(些)物品?(　　)(多选)

A. 香蕉　　B. 活大蝗虫　　C. 活大飞蛾　　D. 十颗栗子

E. 木瓜

解析 狐蝠科成员均为植食性,其中大型种类多以果实为食,小型种类主要食花蜜。狐蝠夜行性。远距离飞行觅食,有时可达 15 km。主要靠嗅觉发现食物,香蕉和木瓜都在其觅食范围内。 答案:AE。

10 猫头鹰平时都在夜间觅食,当它们在清晨捕食草丛中的鼠类时,主要靠什么感官?(　　)(单选)

A. 视觉　　B. 听觉　　C. 嗅觉　　D. 味觉

E. 触觉

解析 鸟类的嗅觉不甚发达,而夜间觅食视觉受到较大的限制,故推测猫头鹰听觉灵敏,眼球光感强而色感弱(视杆细胞占优势)。清晨雾大,且鼠类有保护色,在草丛中不易察觉,故猫头鹰此时主要靠听觉捕食。 答案:B。

11 雄孔雀鱼的体表如果有色彩鲜艳的大型斑点,则较易吸引雌鱼,获得比较多的生殖机会,但同时也比较容易被天敌发现,使被捕食的机会较高。现有来自三条不同河川的雄孔雀鱼,观察其体表的斑点,发现甲河大于乙河,且甲河大于丙河。你认为三条河的状况是(　　)。(单选)

A. 甲河有较多的雌鱼　　B. 丙河有较多的天敌

C. 甲河的水较为混浊　　D. 乙河的河水比较湍急

E. 以上皆是

解析 斑点甲>乙,甲>丙。因此 A 不对,甲河的雌鱼不多时雄鱼性竞争激烈,才会有较大斑点。B 正确,因为丙河生存压力大,盖过了性选择,所以斑点较小。C 不正确,如果水混浊,则斑点大也看不到,起不到吸引异性的效果。D 不对,无法通过题干信息判断水流速度。图 4 是一条孔雀鱼。

答案:B。

图 4

12 图5是根据动物防卫领域所能获得的利益(benefit)与付出的代价(cost)来预测领域行为的产生。就利益与代价的考虑,试问下列叙述中正确的是哪些?(　　)(多选)

A. 随着领域面积增大,所得利益最后会渐趋平缓

B. 随着领域面积增大,所付出的代价越大,是因为防卫较大的领域需要更多的鸣唱、展示、巡视或打斗,需要花费力气

C. 理论上而言,该动物所防卫的领域面积介于X与Z

D. 理论上而言,该动物所防卫的领域面积会介于A与B

E. 理论上而言,该动物最常防卫的领域面积应该接近Y

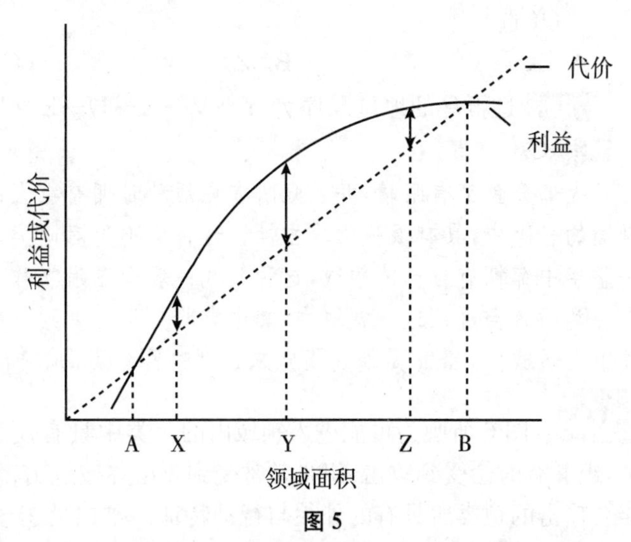

图5

解析 代价与领域面积成直线关系,领域面积越大,代价越高;利益与领域面积成曲线关系,领域面积越大,所得利益增长率愈低,最后趋向一个最大值。因此我们可以找到一个最优的领域面积值,使其净利益(收益减去代价)达到最大。由图5可知最优值接近Y,这是动物所能采取的最优策略。另外,净利益大于零(即A与B之间)的区域也是动物会防御的领域面积。 **答案:ABDE。**

13 地鼠(ground squirrel)在有猛禽猎食危险时,有些个体(大多是雌性)会冒着被捕食的风险发出明显的叫声,警告同伴(大多是发声者的子女)。请问下列有关地鼠的警戒叫声的选项哪些正确?(　　)(多选)

A. 发出警戒叫声是一种利他行为(altruistic behavior)

B. 发出警戒叫声是一种学习行为(learning)

C. 发出警戒叫声的个体牺牲自己不符合演化理论

D. 雌性发警戒叫声较多是因为雌性个体大,跑得快,较易躲避天敌

E. 雄性发警戒叫声较少是因为附近的个体与自己无亲缘关系

解析 警告行为对于做出这个行为的个体并没有好处,甚至有害处,因为增加了自己被捕食的风险,所以属于利他行为。A正确。

这种行为是一种社会性学习行为,即个体模仿群体中其他个体的行为。B正确。

利他行为的确不符合狭义的进化论,但是当提出广义适合度这一概念时就可以解释。适合度衡量生物体或生物群体对环境的适应能力,而广义适合度是个体适合度与根据亲缘关系程度进行加权的亲属适合度之和。可以看做是个体为了延续自己的基因(因为亲属与之具有一定比例的相同基因)而做出的增加自己广义适合度的行为。C错误。

地鼠是一雄多雌制的,雌性产仔之后与自己的幼崽住在一起,而雄性与许多雌性交配,并不一定和自己的幼崽生活在一起,所以雌性身边的"同伴"(多数是子女)与自己的亲缘系数更高,也就是说利他行为对自己的基因传递更有效,所以雌性做出的利他行为会多于雄性。D错误,E正确。 **答案:ABE。**

14 食叶昆虫的隐蔽的形状、隐蔽的颜色以及隐蔽的行为最有可能和下列哪种生物学关系相关?(　　)(单选)

A. 互利共生　　B. 种间竞争　　C. 共栖　　D. 捕食

E. 种内竞争

解析 因为捕食者的存在,被捕食者才会进化出一系列隐蔽性状(例如隐蔽的形状、隐蔽的体色、隐蔽的行为),所以本题中食叶昆虫的那一系列隐蔽性状最有可能和捕食有关。 **答案:D。**

15 下列字母代表一群鸟里的个体,其中,每对鸟里有一只通过啄另一只来占据统治地位:X 啄 U,U 啄 Z,V 啄 X,X 啄 T,Y 啄 V,Z 啄 W,T 啄 W,V 啄 Z。这群鸟里占据第二高统治地位的鸟是哪只?(　　)(单选)

A. X　　B. Z　　C. V　　D. Y

解析 这群鸟的地位顺序为 Y→V→X→U→Z→W,T 在 X 与 W 之间,与 U、Z 关系不明。故选 C。

答案:C。

大部分鱼都有眼睛,并且眼睛在鱼活动时拥有重大的作用。雀鲷科中的 a 栖息在日本本州岛以南海浪汹涌的岩礁中,具有很强的攻击性。这种鱼不光对同类,对某些其他种类的鱼也会进行较激烈的攻击。a 在一整年中都拥有自己的领域,这种领域一般设在附有作为其食物的海藻的岩礁周围 3～7 m^2 的范围内。很多种类的鱼会进入这一领域内,其中有些鱼类会受到攻击而被赶跑,但有些却不会受到攻击,而被允许进入并留在领域内。a 正是通过视觉来识别这些鱼类的。回答 16、17 题。

16 图 6 所画为可能进入领域内的鱼类中具有代表性的 10 类。其中,组Ⅰ中的鱼基本上不会受到攻击,组Ⅱ有时会受到攻击,组Ⅲ常常受到攻击并被赶出领域。下面引号中的内容描述了从图中推断出的 a 可能会攻击的鱼类所具有的外貌与行动特征。空白处①～③中应当依次填入什么内容?请从 A～H 中选择正确的一组:(　　)。(单选)

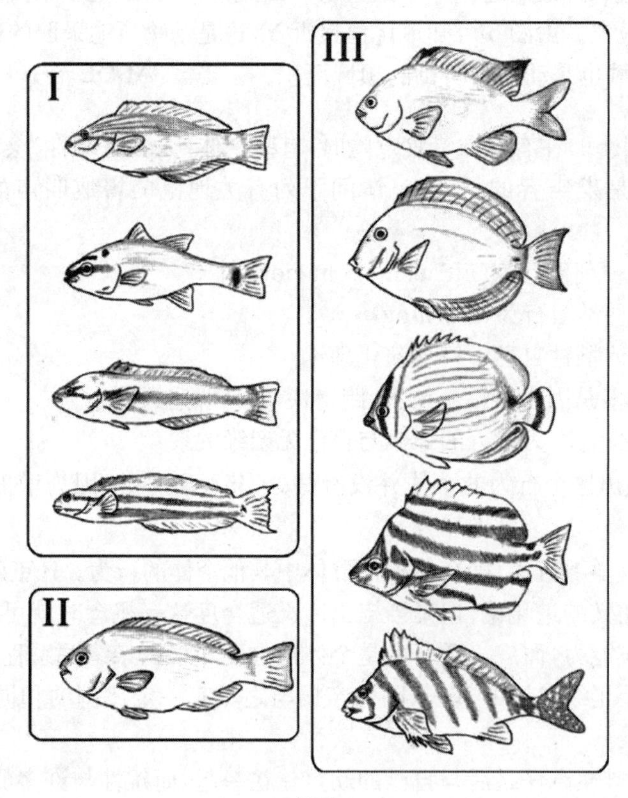

图 6

“从图 6 中可知,a 会攻击体高体长比(身体高度与长度的比)(①)的鱼类。由此可知,这种鱼的攻击行为的(②)是对方鱼类的体高体长比(①)于某个阈值,这将作为一个(③),使其发动攻击。”

A. 小,近期原因,信号刺激　　B. 小,近期原因,条件刺激
C. 小,终极原因,信号刺激　　D. 小,终极原因,条件刺激
E. 大,近期原因,信号刺激　　F. 大,近期原因,条件刺激
G. 大,终极原因,信号刺激　　H. 大,终极原因,条件刺激

17 现调查了 95 种与 a 拥有相同栖息环境的鱼类的食性和体高体长比,并得到了如图 7 所示的结果。

图中的虚线表示的是野外观察所得的 a 攻击的阈值，此时体高体长比为 32。而用白色箭头指出的白色圆圈表示 a 的食性和体高体长比。请从图 6 和图 7 推断，这种鱼的攻击行为的意义是什么？请从 A～G 中选出正确的一项：(　　)。(单选)

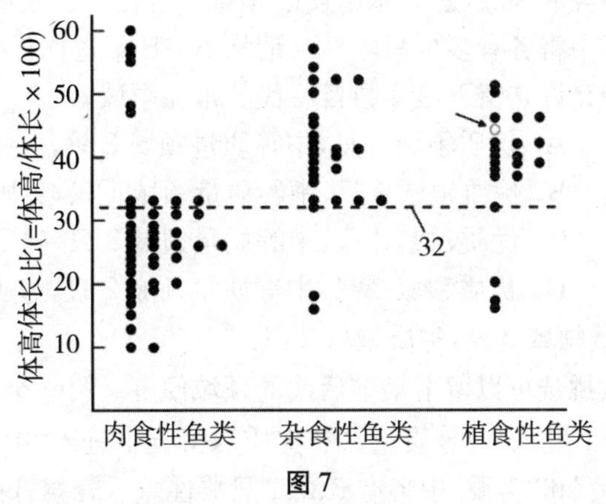

图 7

A. a 的攻击行为保证了自身种类的鱼不会被肉食性的鱼类捕食

B. a 的攻击行为保证了自身种类的雄鱼不会被其他杂食性或植食性的鱼抢走交配对象

C. a 的攻击行为保证了自身种类的雄鱼不会被其他肉食性的鱼抢走交配对象

D. a 的攻击行为保证了自身种类的鱼不用与其他杂食性或植食性的鱼竞争食物

E. a 的攻击行为保证了自身种类的鱼不用与其他肉食性的鱼竞争食物

F. a 的攻击行为令其可以与其他杂食性或植食性的鱼共享食物

G. a 的攻击行为令其可以与其他肉食性的鱼共享食物

解析 在动物行为学中，对近期原因和终极原因进行分辨，并从这两方面进行研究是非常重要的。近期原因指引起某一行为的刺激和其遗传、生理或是结构上的机制，而终极原因指这一行为在进化与适应上的意义。

本题中的 a 是一种叫做羽高身雀鲷的鱼类，顾名思义，是一种体高体长比较大的鱼类。这种鱼取食藻类，在岩礁中划定自己的领域，并为了保证作为食物的藻类资源，会对其他植食性或杂食性的鱼类展开激烈的攻击。与其生活在同一区域的鱼类中，植食性或杂食性鱼类的体高体长比明显高于不取食藻类的鱼类，因此从羽高身雀鲷攻击体高体长比大的鱼类可看出，羽高身雀鲷是想通过攻击植食性或杂食性鱼类，将其赶出自己的领域，从而确保自身的食物资源。

从图 6 可看出，这种鱼的攻击行为的近期原因是高于某一阈值的体高体长比，而从图 7 可知其终极原因是确保食物资源。由于终极原因要求从行为对于生存的意义解释某一行为，因此 16 题的②处不能填终极原因。而由于条件刺激是在条件反射相关叙述中所用的术语，所以③处不能填“条件刺激”。

17 题中，由于肉食性鱼类的体高体长比较小，不会受到攻击，因此可以进入领域内，A 错误。并且因为肉食性鱼类不取食藻类，因此不用担心其抢夺食物资源，E 错误。由于本题没有对生殖行为进行观察，因此 B 和 C 无法判断。由于杂食性和植食性鱼类的体高体长比较大，容易受到攻击，因此无法与 a 共享食物，F 错误。由于 a 的食物和肉食性鱼类不同，因此 G 错误。　**答案：16. E；17. D。**

18　研究发现，成年雄性小家鼠似乎可以根据自己的交配经验评估研究人员放到它笼舍内的幼鼠是否可能是自己的子代，从而表现不同的行为。有哪项交配经验的雄鼠会表现最高百分比的照顾幼鼠行为和最低百分比的杀婴行为？(　　)(单选)

A. 没有交配过　　B. 刚交配过　　C. 交配过 2 天　　D. 交配过 4 周

E. 交配过 10 周

解析 小家鼠的怀孕周期为 3～4 周，可以判断当雄鼠判断其幼鼠是其子代时，会表现出最高百分比的照顾幼鼠行为和最低百分比的杀婴行为。根据家鼠的怀孕周期，可知与雌鼠交配过 4 周的雄鼠表现抚育行为的概率最大。　**答案：D。**

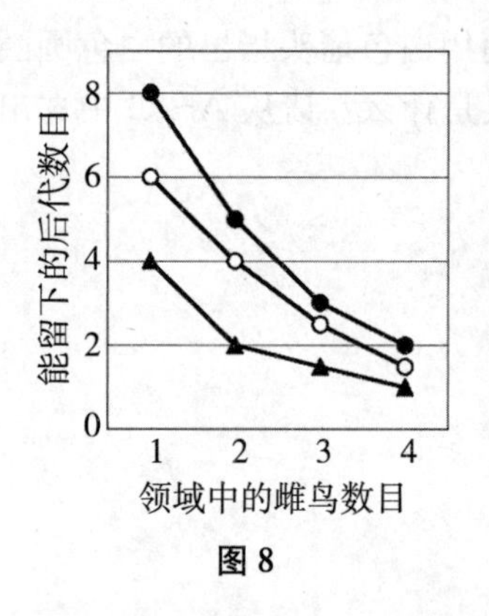

图 8

19 图 8 表示某种一夫多妻制的鸟类中，雄鸟领域内的雌鸟数和领域内每只雌鸟所能留下的后代数目之间的关系。●表示优质的领域，○表示质量中等的领域，▲表示劣质的领域。若在 3 个领域中共有 6 只雌鸟，那么每个领域中将各有多少只雌鸟？请从 A～E 中选择正确的一项。注意，雌性将自由选择允许它留下最多数目后代的雄性领域。(　　)(单选)

A. 优质领域 4 只，中等质量领域 2 只，劣质领域 0 只

B. 优质领域 4 只，中等质量领域 1 只，劣质领域 1 只

C. 优质领域 3 只，中等质量领域 3 只，劣质领域 0 只

D. 优质领域 3 只，中等质量领域 2 只，劣质领域 1 只

E. 优质领域 2 只，中等质量领域 2 只，劣质领域 2 只

解析 只要认为雌性会依次挑选可以留下最多后代的领域便可。第一个进入“优质”，第二个进入“中等质量”，第三个进入“优质”，第四个进入“中等质量”或“劣质”，第五个进入“中等质量”或“劣质”，第六个进入“优质”。因此，“优质”“中等质量”和“劣质”中各有 3、2、1 只雌性。 **答案:D。**

20 当一只雄鼠打败另一只雄鼠，并夺得其配偶后，这只雄鼠通常会杀死原来的幼崽。这一行为代表什么原则？(　　)(单选)

A. 利他主义　　B. 亲缘选择

C. 操作性条件反射　　D. 亲代投资

解析 求偶竞争后的杀婴行为是指竞争胜利者(通常是雄性动物)赢得失败者的配偶，并成为杀手，杀死原来的幼鼠。这是利于杀手，但不利于失败方的行为。杀婴行为是一种求偶竞争，也是竞争双方之间的进化竞争，受害方有自己的适应方式，降低这种行为的成功率。当雄性动物试图争夺配偶时，将和原本的雄性动物进行格斗。如果成功将原来的雄性动物打败，原配和雌兽生产的幼崽就会被杀死。杀婴行为的时间窗仅在占领配偶后的短时间内。这一行为可以减少现任的幼崽和原配的幼崽之间的种内竞争，增加对自己的后代的亲代投资，还可以让雌兽重新进入发情期。这是因为许多雌性哺乳动物在哺乳期不能排卵。这就让杀婴行为更容易理解了:雄兽将幼崽杀死后，雌兽停止哺乳，就可以再次怀孕。雄兽要不停地与其他雄性竞争，保护自己的种群，杀婴行为可以增加自己的基因向下延续的可能性。许多物种都有杀婴行为，包括猴类、鼠类和狮。

亲代投资意思是亲代为了增加某一个后代存活的概率而对后代进行的投资，代价是减少对其他后代的投资。

在行为学，特别在社会进化学中，利他主义是指个体为了增加其他个体的适应性而展示出的行为，同时降低了自身的适应性。

亲缘选择是一种有利于亲缘关系近的个体生存的进化特征，不需要打破种群中交配结构。因此，亲代抚育就是一种亲缘选择和利他行为。亲缘选择的范围可以超出父母和后代的关系。如果个体的能量投资或风险投资可以对亲属产生益处，那么就可以促进利他行为的发生。例如成年斑马会直面猎食者的攻击以保护种群中的幼崽而非逃跑保护自己的生命。

操作性条件反射是利用结果调节行为的发生和形式。操作性条件反射和经典条件反射不同，操作性条件反射与自愿行为有关，由行为的结果所控制，而经典条件反射与非自愿行为有关。

本题中，杀婴是为了让母兽重新发情，接受交配以及更好地获取雌性的亲代投资，所以 D 准确。**答案:D。**

21 下列选项中，关于一雄多雌制的特性，描述不正确的是(　　)。(单选)

A. 雌性为了求偶场的“地位”斗争，而雄性在雌性中间选择

B. 一雄多雌制在那些领域质量有较大波动的版块化(不均匀)的环境中更加普遍

C. 一雄多雌制能在那些具有丰富资源并且雄性不具有领地行为的地方被发现

D. 通过与领袖雄性交配，雌性可以使其后代获得优胜者的基因

E. 以上都不正确

解析 一雄多雌制中，在求偶场争斗的是雄性，具有选择权利的是雌性。这里需要注意的是C选项，一雄多雌制度不一定要与领域行为挂钩。在热带稀树高草草原有一些吃种子的非洲织雀，它们生存的环境资源丰腴，雄性也没有领域行为(可能因为领域行为不会增加食物的获得)。雌鸟不需要雄鸟帮助抚育后代，也不需要双亲共同进行巢穴防卫，因此它们可以随意地选择雄性交配而不用盯着"领域"之类的身外之物看。所以C选项是正确的，只有A是不对的。 答案:A。

22 在许多鸟类和哺乳动物中，雄性经常具有第二性征，例如：鹿的鹿角，或者鸟的有色羽毛，或者是表演精心准备的求偶行为，以此吸引雌性来交配。你认为为什么雌性常被称为"挑剔"的性别？( )(单选)

A. 雄性产生精子比雌性产生卵子付出更多，因此他们在择偶中投入更多时间

B. 胚胎在出生或产卵前通常是在雌性体内发育，这需要大量的能量并导致雌性是挑剔的

C. 雄性产生的精子比雌性产生的卵子多得多，雌性产生配子的有限性使得她们比雄性挑剔

D. A、B和C都正确

E. B和C正确

解析 在动物由水生到陆生的过程中，体内受精代替了体外受精。因为生物体内的资源有限，而且在陆地上生存更加困难，所以分配给繁殖的更少，因此雌性的策略逐渐由"广种薄收"(翻车鱼一次可以产生上亿卵子)转变为"精耕细作"，一生中产生的配子数目逐渐减少。但是，雄性仍仅承担提供遗传物质的责任，因此雄性动物一生中提供的配子数目与体外受精相比并没有太大变化。相对于雌性而言，雄性可提供的配子是远远冗余的。或者说雄性动物所能产生的后代数目不是由其自身决定的，而是由其性伴的数目决定的，其潜力趋近于无穷大。

由于雌性在生殖中的成本和投入的资源要远高于雄性，因此总是挑剔的。为了保证遗传物质能够更顺利地传播下去，雌性总是更倾心于那些强壮的、更有能力、更有生活力的异性。雌性的选择很大程度决定了动物进化的方向。 答案:E。

23 一种小型热带鸟中的雄鸟一年中要花6个月在森林里一小块地上不停跳跃，并在它们落地时展示出亮黄色的颌毛(beard)。雄鸟在产生后代时除了提供精子其他什么也不提供。下列说法中，哪个最能解释雄鸟要用这样显眼的方式展现自己，即便这种方式会让它们很容易成为捕食者的猎物？( )(单选)

A. 雄鸟展示得越频繁，移动得越迅速，能获得越多的交配，因为雌鸟用这种展示能力代表雄鸟的能力，作为她们择偶的基础

B. 雄鸟展示得越频繁，移动得越迅速，能获得越少的交配，因为雌鸟会选择尽量少和慢地展示的雄鸟，这样它们不会被捕食者吃掉

C. 展示这种求偶行为越频繁和迅速的雄鸟能够获得越多的交配，因为这是雄性基因质量优秀、有利于生产健康后代的直接证明

D. 雄鸟之所以展示这样吵闹的、令人吃惊的行为，是因为在热带没有它们的捕食者

E. 展示得越频繁、移动得越快的雄鸟被选择，是因为这种展示提高了它们的生存机会

解析 雄鸟展示得越频繁，移动得越迅速，能获得越多的交配，因为雌鸟用这种展示能力代表雄鸟的能力，作为她们择偶的基础。这种展示虽然可能会降低雄鸟的生存机会，但是这就是性选择这种选择方式的特点：不以生存适合度为选择依据，而是只考虑到繁殖适合度。

性选择往往和自然选择方向是不一致的，C选项将二者直接挂钩是不正确的。 答案:A。

24 性选择是自然选择的一种，是形容一种进化方式不是以适应性导致的可变的存活率作为进化依据，而是以个体的特征是否能成功吸引配偶而导致的可变的生殖率作为进化依据。这些特征被称作第二性征。下列关于第二性征的说法哪个不正确？( )(单选)

A. 孔雀的尾部是第二性征

B. 生殖器官是第二性征

C. 鸟儿的歌声可以用来吸引配偶　　D. 鹿的呼啸声可以用来吸引配偶

E. 性选择可以选择那些降低个体存活率的性状

解析 第二性征是指与生殖系统无直接关系，而可以用来分辨一个物种的性别的特征。马特·里德利在其著作《基因组：人种自传23章》中认为这是在进化过程中，性染色体为了跟对手竞争所演变出来的。与第二性征相对的是第一性征，即以性器官来分辨性别。　答案：B。

25 卵成熟的雌性金鱼可以将卵巢合成的雌激素随尿排到水中。这种雌激素有外激素的功能。下文描述的是雄性金鱼感受到水中的雌激素后发起求偶行为的机制，请从A～F中选出一组填入括号的适当词语。文：雌激素被(①)感知后(②)。(　　)(单选)

A. 鼻；直接对脑起作用　　B. 鼻；首先对精巢起作用，之后对脑起作用

C. 侧线；直接对脑起作用　　D. 侧线；首先对精巢起作用，之后对脑起作用

E. 舌；直接对脑起作用　　F. 舌；首先对精巢起作用，之后对脑起作用

解析 这是激素作为外激素起作用的例子。和昆虫一样，雄鱼通过嗅觉感受这种刺激。雄鱼鼻子中的嗅觉器官感受到刺激后，再作用于大脑。侧线是在水中感受水流和水压变化的器官。鱼类的味觉器官不光有舌头，还有分布于体表某些部位的器官，但是它们都无法感受外激素的刺激。　答案：A。

多种动物中，雌性和雄性在形态和颜色上存在差别。例如，①大猩猩中，雄性的平均体重大约为雌性的1.8倍，鹿和独角仙中只有雄性有角，而在孔雀等鸟类中只有雄性拥有鲜艳的色彩。

长尾寡妇鸟是一种居住在非洲草原上的鸟类，其中雄性的尾羽远长于雌性。雄性长尾寡妇鸟拥有领域，②一旦有雌鸟来到其领域内，雄鸟就会舞动尾羽示爱。雌性会进入多个雄性的领域中，从这些雄性中选择配偶并在其领域内作巢，生育后代。为了研究这种鸟的雄性为什么会进化出这样长长的尾羽，进行了下述实验。

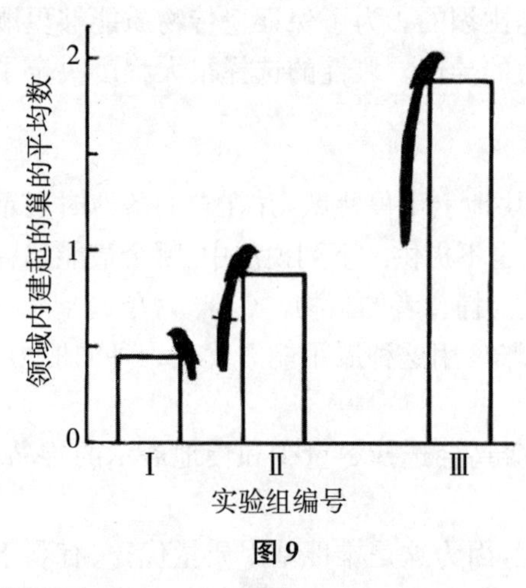

图9

实验方法：在这种鸟类的繁殖期，捕获领域中的巢数基本相近的27只雄鸟，并将其任意分为3组，进行了下述操作：

Ⅰ.从正中间将尾羽剪掉，使尾羽变短。

Ⅱ.从正中间将尾羽剪掉，之后马上用胶水粘回去。

Ⅲ.在原有的尾羽后面用胶水将Ⅰ中剪掉的尾羽粘上，使尾羽变长。

将这3组雄性放回其各自的领域内，统计雌性在各雄性领域内建的巢数。

实验结果：如图9所示。

根据以上内容，回答26～29题。

26 下列选项中的哪些是导致下划线①处所描述的个体差别的原因？(　　)(多选)

A. 为了获得雌性，雄性之间会发生激烈的竞争　　B. 为了获得雄性，雌性之间会发生激烈的竞争

C. 雌性会选择配偶　　D. 雄性会选择配偶

解析 性选择相关。从描述上看是一雄多雌的婚配制度，雄性为获得雌性而斗争，雌性具有选择权，因此A、C正确。　答案：AC。

27 下划线②处所描述的雄性舞动尾羽的行为将引起雌性的交配行为。像这样可以引起某种行为的特定刺激一般被称为什么？(　　)(单选)

A. 条件刺激　　B. 视觉刺激

C. 感觉刺激　　D. 信号刺激(关键刺激)

解析 该刺激为典型的信号刺激。　答案：D。

28 一般将下划线②处所描述的长尾寡妇鸟的行为称为什么？(　　)(单选)

A. 趋性　　B. 本能行为　　C. 学习　　D. 印记

解析 求偶行为是寡妇鸟的本能。　答案:B。

29 从上述实验可得出下列选项中哪些结论？(　　)(多选)

A. 剪掉尾羽时所产生的损伤在雄性寻求配偶时有负面影响

B. 短尾雄性领域中的巢数减少，而长尾雄性领域中的巢数增多

C. 长尾羽有利于雄性的生存，因此受到雌性的喜爱

D. 雌性根据雄性的尾长选择配偶

解析 从实验组Ⅱ看来，剪掉尾羽再粘回去对雄性求偶并无明显负面影响(无对照组不明确)，所以A不对。B与实验结果相符合，是正确的。长尾羽是性选择的产物，一般而言指示着雄性个体的健康(营养好、无寄生虫)，但在生存竞争自然选择方面不一定对雄性个体有利，C不对。D是从实验可以得出的结论。答案:BD。

参考文献

[1] Andersson M. Female Choice Selects for Extreme Tail Length in a Widowbird[J]. Nature, 1982, 299(5886): 818.

30 哺乳类的雌雄拥有性二型性，并且有多种配偶模式，十分有趣。其中包括一夫一妻制、一夫多妻制、一妻多夫制和乱婚制，一妻多夫制十分少见。另一个有趣的现象是，配偶模式和交配时的精子数目有关。我们可以试着从精子之间的竞争方面考虑这一问题。比如我们可以思考，在乱婚制中，一次射精中放出的精子数目多的个体留下的后代多，还是少的个体留下的个体多。其他配偶模式也可以用同样的方式考虑。

图10表示的是灵长类个体的大小和其精巢重量的关系。黑色圆圈和白色圆圈表示的物种各会表现出什么样的交配方式？请从下列A～F的描述中选择最恰当的一项：(　　)。(单选)

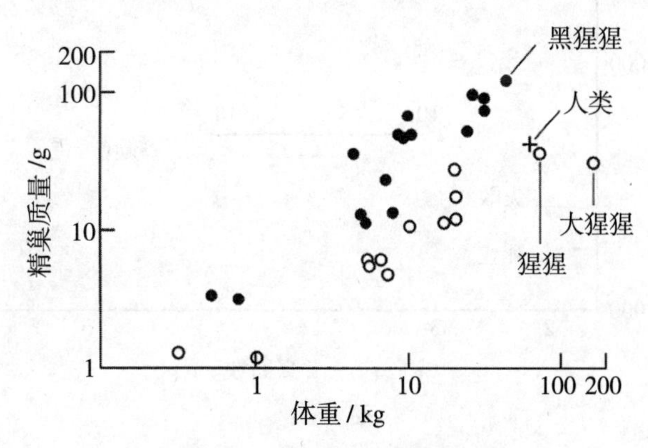

图10　精巢质量和体重的关系

A. 黑色圆圈是乱婚制，白色圆圈是一夫多妻制

B. 黑色圆圈是乱婚制，白色圆圈是一夫一妻制或一夫多妻制

C. 黑色圆圈是一夫一妻制，白色圆圈是乱婚制或一夫多妻制

D. 黑色圆圈是一夫多妻制，白色圆圈是乱婚制或一夫多妻制

E. 黑色圆圈是一夫多妻制或乱婚制，白色圆圈是一夫一妻制

解析 “根据其身体比例，黑猩猩和倭黑猩猩拥有非常大的精巢，但一夫多妻制的大猩猩的精巢则相对较小。英国的罗杰·肖特所提出的精子竞争假说可以解释这一现象。黑猩猩的精子要打败位于同一雌性体内的来自其他数只雄性竞争对手的精子，而将基因一代一代传递下来。在这种设定中，最重要的是精子数量，这就要求雄性长有较大的精巢。而大猩猩在争夺雌性时，是通过捶胸威吓和战斗来竞争的，这避免了

之后在雌性体内发生的精子间的竞争。”理查德·道金斯在其著作《祖先的故事》中如是说道。

因此，乱交的物种拥有比一夫一妻制和一夫多妻制的物种更大的精巢。 **答案：B。**

31 下列的几种情况中，哪几项适合鸟类形成一夫一妻的配对系统？(　　)(多选)

A. 栖息地的食物资源呈块集状(patchy)分布　　B. 有效雌雄性比(operational sex ratio)为1∶1

C. 晚熟性的幼鸟　　D. 雌雄二型性(sexual dimorphism)

E. 留鸟

解析 A不对，食物资源呈块集状分布即斑块状分布，有利于形成资源占领式的一雄多雌制。

C正确，幼鸟晚熟，说明幼鸟的发育需要双亲的抚育，雌雄双方都需要为抚育后代作出生殖努力，形成稳定的一夫一妻制。

D不对，一般一夫一妻制的鸟类雌雄的形态大小、颜色差距都不大，而一雄多雌制的鸟类有明显的雌雄二型性。

E不对，留鸟一般具有领域性，因为长时间在同一个区域活动，容易形成一雄多雌制。 **答案：BC。**

32 雪雁在极地繁殖时依靠体内所储存的能量产蛋与孵蛋，因此其繁殖能力与所储存能量(体重)有关，大多数雪雁产蛋后即立刻孵蛋，若其身体能量不足则会选择弃巢，但有时则会留下直至死亡。图11中的圆形代表其抵达时的平均体重，方块代表产卵时的平均体重，三角形代表较晚孵蛋时间的平均体重，数字代表样本数。根据图11，请问下列叙述中哪些正确？(　　)(多选)

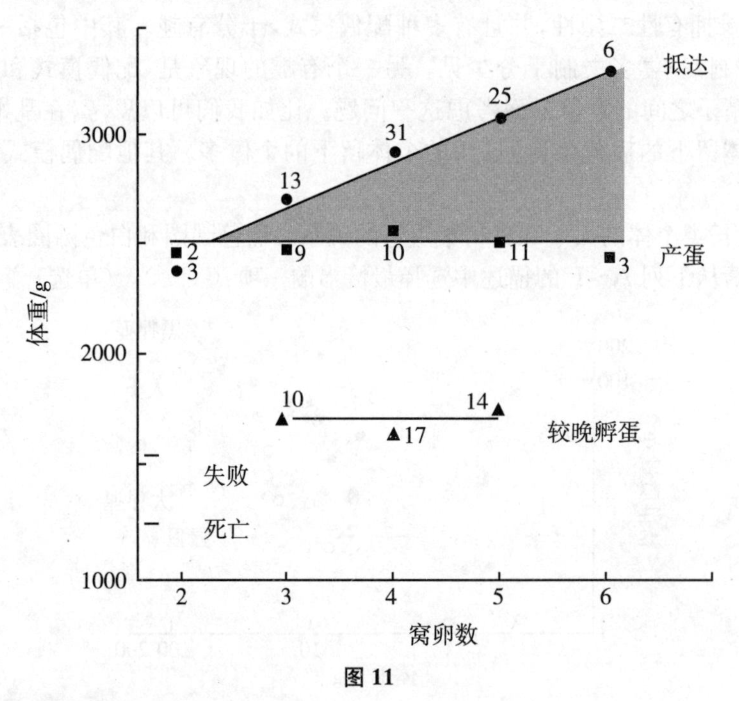

图11

A. 抵达繁殖地时雌鸟体重高于3000 g者多于3000 g以下者

B. 抵达繁殖地时雌鸟体重越重者其窝卵数呈现越高的趋势

C. 较晚孵蛋的个体所产窝卵数的变异性小于较早产蛋的个体

D. 最常出现的窝卵数为5个

E. 孵蛋时体重低于1500 g会造成繁殖失败

解析 A不对。抵达繁殖地时，雌鸟体重高于3000 g的有6+25=31只，而低于3000 g的有31+13+3=47只，所以雌鸟体重高于3000 g者少于3000 g以下者。

从抵达时体重的那条近似直线与横轴的关系可以看出，抵达时体重越大，雌鸟的窝卵数越大，所以B正确。

较早产蛋的个体的窝卵数变异范围为2～6，而较晚孵蛋的个体所产窝卵数的变异范围为3～5，所以C

正确。

从数字明显可以看出最经常出现的窝卵数是4个，D错误。

E这个选项需要看到的是图左下角的“失败”和“死亡”。“失败”左边的横线对应着1500 g的体重，说明低于这个体重的话雌鸟的繁殖就会失败；“死亡”左边的横线对应着1250 g的体重，说明如果低于这个体重的话雌鸟就会死亡（体重低说明一定营养不良等）。E正确。　**答案：BCE。**

33　自然界中有一些寄生性鸟如杜鹃，会选择一些比它体型小的鸟并在繁殖时将蛋产于该鸟的巢中，每巢只产一个蛋，由宿主替它孵卵及育雏，孵化出的杜鹃幼鸟会将宿主亲生的蛋或幼鸟推出巢外，这种行为称为巢寄生。下列叙述中正确的是（　　）。（多选）

A. 杜鹃等寄生的鸟在岛屿上繁殖的机会大于其在大陆繁殖的机会

B. 杜鹃幼鸟将宿主幼鸟推出巢外是一种本能的行为

C. 杜鹃在宿主巢中产卵的最佳时间是宿主尚未开始产卵时

D. 杜鹃在宿主巢中产卵的最佳时间是宿主所有的卵皆已产完后

E. 就杜鹃及被其巢寄生的宿主而言，两者之间是一种共同演化

解析　A不对，在岛屿上此行为会造成宿主数量的快速下降，造成寄生物无法巢寄生。B对，寄生物幼鸟通常会较宿主幼鸟早出生，且出生后便本能地把其他蛋/幼鸟推离巢。C、D不对，在宿主产卵期间进行才最不容易被发现。E对，宿主与寄生物的寄生关系会产生共同演化。　**答案：BE。**

34　许多动物保卫领地的原因是（　　）。（单选）

A. 垄断领地内的资源　　B. 避免猎食

C. 保卫越冬场所　　D. 避免和其他个体相遇

解析　领地是指某种动物防御同种动物或其他动物进犯的地理范围，具有典型领地行为的动物是鸟类和鱼类。这些动物保卫自己巢穴所在的领地，同时为自体和后代保卫充足的食物资源。具体行为很少是直接的争斗，而更多的是明显的表示，可以是视觉、听觉或嗅觉的刺激，包括气味标记等。许多有领地的哺乳动物使用气味标记领地的边界，可以利用尿液、粪便或在物体上摩擦身体留下特殊的气味。例如，狗和其他犬科动物使用尿液和粪便进行气体标记，猫科动物在物体上摩擦面部和躯体留下气味。只有很少的动物具有领地行为。更常见的情况是动物个体或种群有自己栖息区域，但不会当作自己的领地积极地防御，这称为活动范围。不同种群的活动范围可以重叠，在重叠区域内，不同动物会避免互相接触，为非积极地进行争夺。在活动范围内，每个种群都有一个核心区域，这一区域是其他动物不能进入的，但这仍然是躲避而不是防御的结果。行为生态学家认为食物分布决定了物种是否有领地行为。只有当领地中的重点资源足够供应种群或个体，且领地面积较小，不需消耗太多能量就能够防御时，动物才会出现领地行为。

因此，保卫领地是为了垄断所有资源，C不全面，B、D是不对的。　**答案：A。**

35　下列关于领地行为的描述中正确的选项是（　　）。（单选）

A. 入侵者在对抗中赢得绝大多数的胜利　　B. 入侵者最有可能升级一场战斗

C. “领地所有者”主要抵御雄性入侵者　　D. “领地所有者”主要抵御同种个体

E. 竞争几乎不会“仪式化”

解析　领地通常是指一个固定的区域。因物种不同，领地的大小、功能、资源数量都各不相同。领地是通过斗争行为而建立并被防护的。一个获得了一块领地的个体通常很难被驱逐出去。一个领地对于一名拥有者而不是一名入侵者更有价值，因为拥有者已经熟悉了这块领地。拥有者通常比入侵者更容易升级一场战斗。拥有者主要靠抵御与它同种类的个体入侵者来防护它的领地，C选项没有说明雄性是否是同种的。竞争也是可以仪式化的。　**答案：D。**

36　日本树蛙的雄性拥有如图12所示的鸣囊，它们可以利用这一结构产生很大的声音。雄性树蛙可以通过其声音划定领域，并将雌性召唤到领域内进行交配。但另一方面，这一行为也可能会招来捕食者，可

以说既有利也有弊。一般来说，蛙的体型越大，其发出的声波频率越低，但日本树蛙虽体型不大，却可以发出低频的巨大鸣叫声。雄性这种特征可能是在怎样的自然选择下形成的？请从下面的假说A～F中选出最不可能的一项：（　　）。（单选）

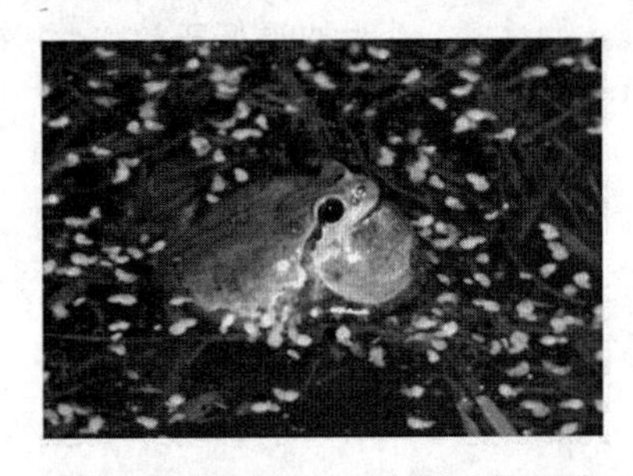

图12　繁殖期中，在水面上鼓起鸣囊发出巨大鸣叫声的日本树蛙

A. 低频率声波可以在空气中传到很远的地方，雄蛙可以借此划定更大的领域面积，从而吸引远方的雌性

B. 雄蛙可以用低频的巨大鸣叫声吓走与自己竞争领域的其他雄性，低频的声音可以给对手造成自己体型很大的错觉

C. 日本树蛙不仅仅靠鼓膜感受声音，还使用包括前肢骨骼的骨传导方式将声音和振动传递到内耳中，因此低频声音更有利于其声音交流

D. 只有在气压低的时候日本树蛙才会大声鸣叫，它们可以通过鼓起鸣囊敏锐地感觉周围气压的变化。低气压时鸣囊变大，因此发出的声波频率降低

E. 由于雌性偏好选择体型较大的雄性进行交配，因此体型不大却发出巨大鸣叫声的雄性便增多了

解析　仍保留有原始特征的东方铃蟾会发出像铃铛一样很小的叫声。雄性铃蟾也会在其繁殖场所划分领域，但与日本雨蛙等不同，它们通过巧妙的方式在水面泛起波澜，拥有领域的雄性间便是利用这样的方法进行交流。在蛙类（两栖类无尾目）的系统划分上有不同的学说，既有以形态特征为依据的，也有以生化特征为依据的。但不论是哪种学说，都认为与它们的共同祖先相比，雨蛙是十分特化的一类。日本雨蛙中，雄性利用巨大的叫声进行交流并划分领域，而雌性根据这一叫声决定交配对象，这些特征在进化中都是为了提高其适合度（适合度越高，产生的后代越多）。在繁殖期中，日本雨蛙会在水体附近的草丛中划定领域，获得交配对象后再进入水中产卵，有时也会在产卵场所划定领域。雌性不会发出巨大的叫声。当与雌蛙抱对的雄蛙并非其选定的交配对象时，雌蛙会发出很小的解除音，这时雄蛙就会停止抱对。这样的交流方式虽然在语法上没有种间差别，但具体使用哪种叫声却因物种而不同，并且即使是同种的蛙也有“方言”存在。

对于A，比起高频的声音，低频的声音在空气中传播时不容易衰减（特别是在传播路径上有障碍物存在时）。但是，因个体大小的差异而产生的声音频率的差别在传播中不会表现出明显的衰减速度的差别，这一点需要注意。

对于B，体型越大，所发出的声波频率越低。如果能发出低频的巨大叫声，可能确实能在雄性之间的领域竞争中胜出，但却无法用叫声吓住捕食者。当蛙在草丛中鸣叫时，如果发觉有人类靠近就会停止鸣叫，如果人类再继续靠近便会跳走。据说蛙类的尾巴之所以会在进化的过程中消失，就是因为防止其在跳跃的时候阻碍腿部的运动。当被捕食者捉住时，雌雄蛙都会发出警告音，但这些声音也比较轻小。有些种类的蛙还会装死，以防御捕食者的进攻。这时，装死的蛙会令自己看起来比实际要大。铃蟾会将四肢扭向背侧，以使对方看见自己腹部橘黄色的警告色，并腹面朝上“冻结”一段时间。

对于C，蛙的内耳中有感受重力和震动的耳石器官。频繁进行声音交流的物种为了能细致地辨别声音的频率，会发育出由其中一对耳石器官形成的蜗管。虽然在蛙类中还并没有形成这样的感音器官，但是根据种的不同用不同的声音进行交流。即使是同种，由于其所栖息的区域不同，用于交流的声音种类也会有所不同，从而导致使用不用“方言”的蛙之间无法互相交流。由于耳石器官位于头骨内部，声音不仅可以通过鼓膜传导，还可以通过骨骼感受声音和振动，后者主要用于从地面的震动感受捕食者的到来。

对于D，如果雨蛙是通过预测下雨而邀请雌性来产卵，那么那些在感受到气压降低时发出鸣叫的雄性将会有较高的适合度。将日本雨蛙放到飞机上，则在飞机升空且舱内气压下降后，雨蛙们就会开始鸣叫。虽然现在并不知道雨蛙是通过什么机制感受气压变化的，但绝对不是通过口腔下部鼓胀的鸣囊来感受气压的微小变动的。而且也并不是只有在气压降低时才开始鸣叫。决定所发出的声音的频率的并不是鸣囊，而是声带。可以与鸣囊发生共鸣的声音频率并不仅仅由鸣囊的大小决定，还与构成鸣囊的皮膜的物理性质有关。我们可以联想一下弦乐的调弦。在弦长不变的情况下，如果改变弦的张力，其发出的声音频率也会发生变化。因此，演奏时会根据所要发出的声音改变手指按压的部位。弦乐器除了弦，还配有类似鸣囊的共

鸣箱。青蛙鸣叫时并不是像人类那样将吸入肺部的空气从口中吐出而发声，而是将肺部呼出的空气储存在鸣囊中，并将其挤回肺部，从而可以连续发声。

对于E，如果雌性拥有令其选择体型较大的雄性作为交配对象的基因，那么雌性将会偏好鸣叫声频率较低的雄性。因此，雄性也会进化出发出低频鸣叫声的机制，使得与发出低频叫声相关的基因在基因库中占据优势。但是，雌蛙也有可能根据叫声的大小选择雄蛙，还可能并不是通过这些模糊的指标，而是直接选择在领域竞争中能够胜出的体型较大的雄蛙进行交配。　答案：D。

37　食虫性蝙蝠在食物缺乏的冬季会到下列哪里冬眠？（　　）（单选）

A. 热带雨林的树洞　　B. 低温的洞穴

C. 高温的洞穴　　D. 干燥的洞穴

E. 以上皆可

解析　蝙蝠对所栖息的洞穴内的光照度、温度、湿度和CO_2浓度等都有一定的要求。尤其在冬季，如果洞穴的温度等环境因子不适合蝙蝠生存，它们会迁飞到其他洞穴冬眠。

一般而言，蝙蝠喜欢温度稳定、湿度较大的洞穴。蝙蝠对湿度的严格要求与其翼膜、鼻叶、耳等处皮肤裸露，水分易于散失有关；而温度影响相对复杂，蝙蝠飞行需要消耗大量能量，因此必须大量捕食才能保证其日常活动所需，当寒冬来临，昆虫数目大量减少时，食虫性的蝙蝠要么迁徙要么冬眠，后者会在洞穴中将体温降至环境温度附近，减慢身体机能，降低约98%的能量消耗。因此本题选B。不过值得注意的是，蝙蝠对最低温度也是有要求的，并非越低越好。如中菊头蝠（*Rhinolophus affinis*）就通常栖息在温度不低于10 ℃、湿度不小于70%的洞穴中。　答案：B。

参考文献

[1] 张成菊，吴毅. 洞穴型蝙蝠的栖息环境选择、生态作用及保护[J]. 生物学通报，2006，41(5)：4.

38　两种生活在草原体型类似的田鼠。甲种是一夫一妻制，即雄性个体与单一雌性交配同居一地。乙种是一夫多妻制，即雄性个体与数只居住在不同处的雌性个体交配。除了配偶制度不同外，假设其他环境条件等均类似，则下列叙述中正确的是（　　）。（多选）

A. 就活动范围而言，甲种雄性比乙种雄性大

B. 就空间的辨识能力而言，甲种雌雄个体间能力的差异较乙种雌雄个体间小

C. 就繁殖的雄性个体而言，甲种的子代数较乙种少

D. 就雌性个体对幼体照顾的投资而言，乙种比甲种大

E. 就领域防卫而言，甲种雄性比乙种雄性花费时间多

解析　雄性采取单配制的原因有：① 在一些情况下，雄性只保卫一个配偶比多个配偶会留下更多的后代；② 在特定条件下，只有雄性提供帮助才能大大促进后代的存活。由题分析，甲、乙分别采取单配制和多配制，则乙种雄性保卫的领域面积与雌性相比的差异要大于甲种的情况，这暗示了乙种的空间识别在雌雄间的差距要大于甲种的，乙种活动范围要大于甲种，保卫领域所花费的时间也大于甲种。从雌性一方面说，单配制中的雄性会比多配制花更多精力在养育后代上。反过来说，乙种雌性相比于甲种来说，需要投资更多才能养育相同数量和质量的后代。　答案：BCD。

39　杜鹃为专一的寄生鸟种，会选择在特定宿主的鸟巢中产下和宿主鸟蛋颜色相仿的蛋。宿主孵蛋的结果是杜鹃雏鸟先行孵化，并将其余的蛋推出巢外，成为巢内唯一的雏鸟。杜鹃的雏鸟体型虽然大于宿主的雏鸟，外形也很不一样，然而宿主仍然育雏，至杜鹃离巢为止。请问下列叙述中哪些是正确的？（　　）（多选）

A. 宿主亲鸟无辨识颜色能力，所以无法辨识杜鹃的蛋与雏鸟

B. 孵化后的杜鹃雏鸟将宿主的蛋推出巢外，是制约的学习行为

C. 宿主亲鸟在育幼期喂食雏鸟的行为来自雏鸟的刺激

D. 杜鹃所产的蛋与宿主鸟蛋的颜色相仿，是经由宿主筛选淘汰的结果

E. 宿主亲鸟喂食杜鹃雏鸟，是本能(与生俱来，无需学习)的行为

解析 A错误，题目已经说了杜鹃的蛋和宿主鸟的蛋是颜色相仿的，所以不能判断宿主鸟没有辨识颜色能力。B错误，“制约的学习行为”即条件反射，而孵化后的杜鹃推开其他幼鸟的行为应当是先天行为，不是学习行为。C正确，鸟类的育雏行为的主要刺激就是来自雏鸟。D正确，杜鹃和宿主鸟一定存在着“军备竞赛”，宿主鸟进化出识别不同的蛋的能力，而杜鹃则使蛋与宿主鸟的蛋越来越相似。E正确，鸟类育雏行为是本能行为。 答案:CDE。

40 当小鱼遇到了捕食者，它们会团聚起来形成一个球。这样做的目的是(　　)。(单选)

A. 避开捕食者　　B. 吸引更少的注意力

C. 看起来像另一个捕食者　　D. 逃跑得更快

E. 迷惑捕食者，使它很难捕捉单独一条鱼

解析 这是防御行为中的次级防御——迷惑捕食者。 答案:E。

41 一群蜜蜂里，蜂王的主导地位通过什么被维持?(　　)(单选)

A. 供给给蜂王幼虫蜂王浆　　B. 蜂王分泌信息素

C. 蜂王产卵　　D. 抑制工蜂的性发育

解析 群居性昆虫中的蚁后和蜂王会通过散发出能让其忠实的工虫不育的化学信号而维持其对生殖的垄断地位。因此关键是信息素的作用，虽然这种化合物的实际作用是抑制蚂蚁、黄蜂及熊蜂等同种工虫的生殖。 答案:B。

42 下列哪项是动物群居的优势?(　　)(多选)

A. 使发现、驱逐、惊吓猎食者的能力增强　　B. 使捕食更加有效率

C. 使成功找到配偶的概率更大　　D. 维持社会联系

解析 通过社会行为，动物可以获得:① 食物和其他资源;② 繁殖优势;③ 庇护所和生活空间。同时动物还可以:④ 避免身体冲突和其他小灾祸;⑤ 避免竞争;⑥ 避免捕食者和其他威胁。动物对食物的需求稍小，对庇护所和生活空间的需求中等或较大;动物对身体冲突的逃避程度不如对捕食者的逃避程度大。群居对于狩猎捕食的价值十分明显。狼、非洲鬣狗、豺、狮、虎鲸、鼠海豚、鸬鹚、白鹈鹕、鹰、鸦可以合作捕食，金枪鱼追猎小型鱼类时也会合作，行军蚁、原始人和现代人以及许多动物都通过合作进行捕食。通过合作，动物可以埋伏、追上、肢解那些强壮快速、体型较大的猎物。科学家们注意到，交配是不同种系之间混合有利基因的方式，如果没有这种交配，这些基因交流的速度很慢。在某些动物种群中，父母的行为可以保护幼崽，还可以深刻影响子代的行为。这需要子女的数目更少。细心的照顾会浪费父母很多时间和能量，还会减少后代的数量，但与不照顾后代、任其消亡的动物相比，这种行为能保障后代的存活率，使基因得以延续。群居行为也对栖息地和庇护所的选择有影响，甚至群居行为可以改善动物栖息的环境。人类、草原土拨鼠、鼠、河狸、一些织巢鸟、黄蜂、蜜蜂、白蚁和许多其他动物可以合作建造巢穴，许多动物共用一个巢穴。群居行为可以帮助动物避免小灾祸，包括酷暑、严寒、干燥、潮湿等环境危害，动物可以互相梳理毛发，清理尘土、寄生虫和其他有害物质。其他例子包括:鹅群呈V字形飞行时，前方的鹅可以为后方的鹅挡风;成鸟筑巢哺育幼鸟，为它们遮阳;蟾蜍一起歇息挨过寒冷的冬夜;狒狒互相梳理毛发，拣出跳蚤。竞争产生的危险可以被竞争行为避免。五种基本的竞争行为包括:威胁、投降、攻击、逃跑和格斗。群居行为的最后一个原因，也是最重要的原因，是避免捕食者和其他危险。动物可以合作捕捉猎物，它们也可以合作一同抵御猎食者。动物在保护幼崽时会对捕食者进行有组织的攻击，在海鸥、海燕、狒狒、蜜蜂、黄蜂和其他许多动物中是十分常见的现象。骚扰是动物防御的一种手段，不求攻击捕食者，只求将捕食者吓退，阻止猎食成功。鸟群的骚扰比零星几只鸟的威力大得多。成群活动还可以迷惑捕食者，因为形状、声音和气味的干扰很多。成群活动的另一个优势在于许多动物更容易发现捕食者的存在。 答案:ABCD。

43 团体捕猎可以有利地影响获取不同食物资源的能力和捕获的效率，是由于下列哪个选项?(　　)

（单选）

A. 减少抓获食物的机会　　B. 当与其他物种竞争时降低成功率

C. 增加捕获大型被猎动物的机会　　D. 增加被猎者有效防御的机会

E. 以上都正确

解析 这是利他行为中的互惠合作式。其余类型还有亲缘选择式、相互回报式以及行为操控式利他。 **答案:C。**

44 一只母羚羊和她的小羊遭遇了一群饥饿的狮子，于是它们沿着平原飞驰逃跑。如果两只羚羊试图一起从狮子魔爪下逃生，将有75%的概率它们一起被抓然后被吃掉，有25%的概率它们一起逃出生天。但是，如果母羚羊牺牲自己成为狮子的猎物，那么她将能给小羊争取额外的逃生时间。在母亲的牺牲后，小羊从狮子那里逃脱的最小概率是多少，以至于母亲的行为是有利于进化的？你可以假设小羊一旦逃脱，将能保证成功活到成为一只可以生育的成年羊，以及这只母羚羊正处于她的生育年龄起始阶段。（　　）（单选）

A. 25%　　B. 33%　　C. 50%　　D. 66%

E. 75%

解析 如果母羚羊试图和小羊一起逃脱，那么有25%的概率两只在生育起始阶段或将要到生育起始阶段的羚羊活下来（1母1小），因此有25%×(1+0.5)的概率母亲的基因可以被保留下去（母亲和小羊之间的亲缘系数是0.5）。而如果母羚羊牺牲自己，且要获得更大的利益，那么母亲的基因被保留下去的概率至少要与第一套方案相等。此时仅有1只小羊逃脱，亲缘系数为0.5，仅为1.5的1/3。因此逃脱概率要至少为原来的3倍。 **答案:E。**

45 哥斯达黎加吸血蝙蝠经常在某些夜晚无法从哺乳动物那获取血液。威尔金森(1984)捕获了一些蝙蝠，整晚没有给它们喂食，然后发现它们会利用某些穴友的反刍血液。基于这个认知，下列哪些观察结果对确认这个物种存在回报是必需的？（　　）（多选）

A. 血液只在亲属之间交换

B. 非亲属之间也交换血液

C. 虚弱的蝙蝠也被频繁喂血，即便它们不能给其他蝙蝠血液

D. 被喂血的蝙蝠会给以前喂血给它的蝙蝠喂血

解析 吸血蝙蝠的喂血行为属于经典的利他行为中的相互回报式利他，即没有血缘关系的生物个体为了回报而相互提供帮助。生物个体之所以不惜降低自己的生存竞争力帮助另一个与己毫无血缘关系的个体，是因为它们期待日后得到回报，以获取更大的收益。从这个意义上说，"互惠利他"类似某种期权式的投资，所以有人把它称为"软核的利他"。

经济学家认为，这类利他行为符合经济学规律。例如，一种生活在非洲的蝙蝠以吸食其他动物的血液为生，如果连续两昼夜吃不到血就会饿死。一只刚刚饱餐一顿的蝙蝠往往会把自己吸食的血液吐出一些来反哺那些濒临死亡的同伴，尽管它们之间没有任何亲属关系。吸血蝙蝠会吐血给没有吸到血的伙伴，这种行为具有很强的目的性，那就是得到回报。比如吸血蝙蝠的吐血行为几乎全部发生在同穴个体之间，目的是防止付出的一次性和单向性。所以此类互惠行为有很多的限制，一般只会发生在稳定的小群体之中。根据"边际效用递减律"，当施惠者与受惠者互相换位时，同样数量的血液将产生更大的边际效用，因此这类行为具有明显的经济学含义。不过，由于施惠与回报存在着时间差，因此这种期权式的投资具有很大的不确定性。于是，"回报利他"必然存在于一种较为长期的重复博弈关系中，而且还要求形成某种识别机制，以便抑制道德风险和个体的机会主义倾向。

如果在蝙蝠种群中存在回报的话，那么付出者一定要得到回报，所以D对，C是错的，从文字的描述来看，这个利他主义系统可以在亲属之间，也可以在非亲属之间，在亲属之间的称为亲缘选择，在非亲属之间则是回报，但一定要有相互识别的机制。

而另外一种互惠合作式的利他行为是个体从合作中的收益大于在合作中付出的代价。比如说杂色鹟鸰在冬季共同占有和保卫一个取食领域，它们之间合作捕食。 **答案:BD。**

银鸥(herring gull)幼鸟会啄亲鸟的嘴喙以获得食物。生物学家想知道其头部的特征与幼鸟乞食行为的关联而设计了以下的实验,探讨哪种特征最能引发幼鸟乞食行为。图13中纵轴表示引发幼鸟乞食反应(啄击)的相对次数。回答46、47题。

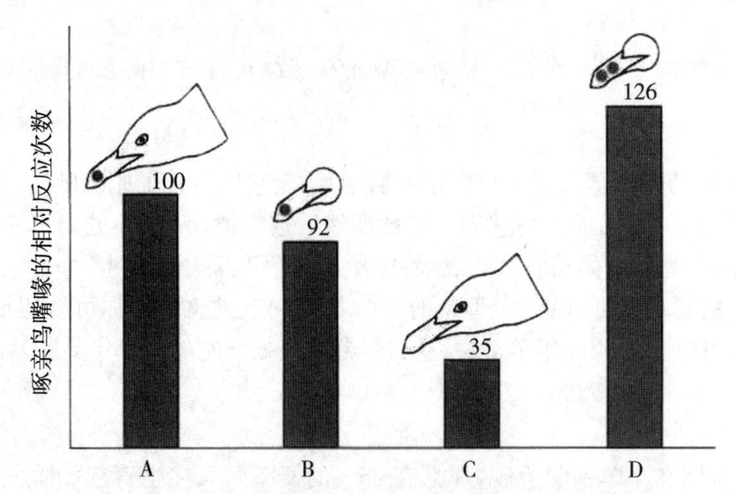

图13　不同视觉刺激引起银鸥幼鸟乞食行为的程度

A、B、C、D为银鸥头部的不同模型,其中A、B及D在黄色的嘴上有红点,C则无。

46 试问下列哪一项与引发幼鸟乞食反应的关联性最大?(　　)(单选)

A. 头部形状　　B. 头部的大小

C. 是否有眼睛　　D. 嘴尖有无红点

E. 黄色的嘴喙

解析　由A组和B组对比可知,头部形状大小与乞食反应关系不大;由A、C组或B、D组对比可知,幼鸟的乞食反应与嘴尖的红点关联性最大。　答案:D。

47 根据上述实验结果,下列所做的推论哪些为真?(　　)(多选)

A. 嘴部有红点的亲鸟较能引发幼鸟乞食反应　　B. 嘴部为单一的颜色引发的乞食反应较少

C. 斑点越多诱发的乞食反应越强烈　　D. 嘴喙颜色和诱发乞食反应无关

E. 头型对引发乞食反应的影响不及红色斑点重要

解析　A、B两项可从图13中A、B、D组各自与C组的比较看出;C项从B、D两组的比较中可以看出;E项从A、B两组的比较中可以看出。D错误,实验中未设置此类实验组研究。　答案:ABCE。

许多鸟在营巢时,若巢内有破蛋,会将蛋壳弃置于巢外。为了解此种行为是否与巢的安全有关,科学家将蛋放于野地上,在其旁放置蛋壳,观察其被天敌吃掉的比例,表1为实验结果。回答48、49题。

表1　蛋壳与蛋的距离和天敌(乌鸦)吃蛋的比例

蛋壳与蛋的距离/cm	被乌鸦吃掉的蛋(颗数)	没有被乌鸦吃掉的蛋(颗数)	被吃掉的比例/%
15	63	87	42
100	48	102	32
200	32	118	21

48 根据上述结果,下列哪些推论为真?(　　)(多选)

A. 蛋与蛋壳的距离不影响天敌吃蛋的比例

B. 蛋壳有助于天敌发现蛋,造成其被捕食的机会大

C. 蛋壳离蛋越远,越可防止细菌滋生,降低蛋被感染的机会

D. 蛋壳离蛋越远,蛋被天敌发现捕食的机会越大

E. 鸟类有此移除蛋壳的行为，可能是天敌的压力所致

解析 由实验数据可看出，蛋与蛋壳的距离越近，被乌鸦吃掉的数量越多，比例越大，因此可推测蛋壳有助于天敌发现蛋。C错误，实验中未能体现这一点。　答案：BE。

49 承上题，栖息在下列哪种环境中的鸟最不可能产生移除蛋壳的行为？(　　)(单选)

A. 森林　B. 草原　C. 沙滩　D. 悬崖

E. 沼泽

解析 在悬崖上筑巢的鸟类在栖息地的选择上就尽量避开了天敌，因此没有移除蛋壳进行隐蔽的必要。答案：D。

50 将在上游生存的孔雀鱼种群迁移(transplant)至有较多掠食性大鱼(large predators)的下游，经过20代之后，此孔雀鱼种群有哪些改变？(　　)(多选)

A. 雌鱼偏好色彩较不鲜艳的雄鱼　B. 雄鱼身上橘斑增加

C. 雌鱼身上橘斑增加　D. 鱼群内紧密度变小

E. 成群数目增加

解析 “掠食性的大鱼”提供了一种选择压力，因为色斑较多的雄鱼更易被掠食者发现，所以色彩较多的雄鱼的适合度较低，故雌鱼将改变原先的性选择偏好，反而选择与色彩较不鲜艳的雄鱼交配，以增加后代的适合度。而集群生活的益处之一就在于可以共同防御敌害，同时稀释(即减少)个体被捕食的概率，所以孔雀鱼在捕食压力大的地方更可能集群生活。　答案：AE。

51 迁徙过程中，一些鸟儿用下列哪项作为参考系？(　　)(多选)

A. 太阳　B. 星辰

C. 地球磁场　D. 金属环志

解析 鸟的迁徙定向行为有多重机制：① 训练和记忆。鸟类具有一种固有的由遗传所决定的方向感。这种方向感随着幼鸟跟随亲鸟迁徙不断地加强对迁徙路线的记忆。② 视觉定向。依靠居留和迁徙途径的地形和景观如山脉、海岸、河流、森林和荒漠等作为标记，并不断地从老鸟学会传统的迁徙路线。③ 天体导航。鸟类能利用太阳和星辰的位置定向。星辰对夜间迁徙的鸟类尤为重要。④ 磁定向。这是鸟类通过感应地球磁场极性的方法进行定向的一种方式。当给信鸽的头上加上一块具有特定极性的人工磁铁后，它飞行时不能进行正确的定向，不加磁场的即使在阴天也能正常返巢。此外，鸟类迁徙还可以借助于风定向、嗅定向等。因此，A、B、C都是对的。金属环志是人给鸟戴的，与鸟自身定位无关，D不对。

注意：大多数鸟类(如食谷鸟类、涉禽、雁鸭类)在迁徙时间上都选择在夜间。因此月亮对鸟类的迁徙十分重要，它关系到鸟类迁徙活动的成败。迁徙过程中，月亮也能为鸟类起到定向、定位的作用。夜间迁徙的好处是：首先，在安全上有了保障，因为肉食性猛禽除猫头鹰外都在白天活动，且猫头鹰飞行高度低，速度慢，又以夜间活动的鼠类为主食。其次，夜间迁徙的鸟类白天可停歇觅食，补充体力，以保证夜间的再度飞行。　答案：ABC。

52 将期待迁徙的候鸟关在有正确星象图的密室中，它会一直向南方走动。若将星象图顺时针旋转270°，预期候鸟会朝哪一方向走动？(　　)(单选)

A. 东　B. 南　C. 西　D. 北

解析 南方顺时针转270°即东方。　答案：A。

53 公鸡早晨的啼叫是一种(　　)。(单选)

A. 求偶行为　B. 攻击行为　C. 警戒行为　D. 护幼行为

E. 避敌行为

解析 公鸡清晨的打鸣是为了吸引雌性的注意，是求偶行为。动物在其生活过程中所进行的一系列有利于它们存活和繁殖后代的活动称为动物的行为，如取食行为、防御行为、繁殖行为、迁徙行为、攻击行为等。公鸡鸣叫是一种求偶行为，类似的如孔雀开屏、夏季蟾蜍昼夜鸣叫等。绝大部分动物都有明显的季节繁殖现象，鸟类常在春季因光照条件的改变和环境景观的改变使体内性激素水平改变，从而产生繁殖行为。公鸡被阉割后不再打鸣，母鸡被施用雄性激素后也有打鸣行为。 **答案：A。**

54 如果海马回的体积与动物个体的空间辨识能力呈正相关，下列叙述中可能正确的是（　　）。（多选）

A. 老鹰雄性个体的海马回较雌性发达

B. 一般而言，一夫一妻制的小型鼠类中雄性的海马回较雌性发达

C. 巢寄生的杜鹃鸟雄性与雌性个体的海马回差异不大

D. 若将动物的海马回破坏，其对温带动物觅食能力的影响大于热带动物

E. 出租车司机的海马回较一般的上班族发达

解析 大量实验表明海马在学习和记忆的过程中发挥着重要的作用，它参与近期记忆的形成，还参与第一级记忆向第二级记忆的转移；另外，它不仅参与空间学习和记忆，还参与情景记忆。在这些功能中，位置细胞(place cell)起着非常重要的作用。

A错，老鹰行单配制，雄性和雌性的空间识别能力区别不大。B错，一般来说，一夫多妻制的动物出于保卫比单配制更大的领域和更多的活动的需要，其雄性的海马回会较雌性发达。C错，杜鹃行一夫多妻制，同理可知。D对，温带地区的食物相较热带来说分布更加分散和贫乏，所以温带动物平均觅食区域要大于热带动物，破坏动物海马回对温带动物的影响更大。E对，出租车司机因为工作需求，长期地对空间辨识能力进行训练强化，自然海马回较一般的上班族发达。 **答案：DE。**

参考文献

[1] 左艳芳，罗非，崔彩莲. 海马位置细胞对空间信息的处理[J]. 生理科学进展，2006，37(1)：6.

55 地球上约有三分之一的鸟是候鸟，具有迁移能力，每年在繁殖地和度冬地之间进行迁移，下列叙述中正确的是（　　）。（多选）

A. 由于人类对环境的开发及破坏，一般而言，候鸟栖息地面临的威胁较留鸟大

B. 候鸟在演化的过程中一般较留鸟晚出现

C. 候鸟对其生存环境的适应性一般比留鸟对其生存环境的适应性要强

D. 影响候鸟迁移的最主要因素是寻找充足的食物提供繁殖机会

E. 候鸟的迁移能力(在空中飞行距离)受到体内脂肪含量的影响

解析 A对，由于候鸟需要更多不同的栖息地，其栖息地受到破坏的机会更高。B对，一个主要理论认为鸟类迁徙的演变是由较小的移动逐渐扩大形成的。那些移动使得有更好生存和繁殖机会的个体能将这种迁徙行为传递给了它们的后代。这些短途旅行随着气候或资源的变化逐渐扩大。C不对，由于留鸟长时间生活在同一地区，对该地区的适应性会较候鸟强。D对，最主要的原因为食物的供给。E对，候鸟长途飞行的主要能量来源是体脂肪：小型非迁移性鸟类的体脂肪约为体重的3%～5%，而长距离迁移的鸟类的体脂肪可达体重的30%～47%。 **答案：ABDE。**

56 生活在海中的动物以下列哪种方式能将信息传递得最远？（　　）（单选）

A. 声音　　B. 气味　　C. 触觉　　D. 色彩

E. 荧光

解析 声波在海水中传播的速度(约为1531 m/s)比在空气中传播的速度快3.5倍，且声波在海水中传播衰减程度远小于电磁波。海洋动物多以声音尤其是超声交流(如鲸、豚)。 **答案：A。**

57 假设动物“沟通”的定义是：发信息者发出信息以改变接收信息者的行为，则下列哪项不属于“沟通”？（　　）（单选）

A. 亲鸟假装翅膀受伤，以吸引天敌的注意，使其远离雏鸟

B. 捕食性萤火虫模仿其他种的发光信号，以吸引该种雄虫前来，将之捕食

C. 母土拨鼠发出警告叫声，使小土拨鼠实时躲避天敌

D. 老鼠在草丛中跑动的声音吸引天敌注意

解析 A、B、C为主动发出的信号，其中A、C为亲缘选择的利他行为，B为佩卡姆拟态（进攻性拟态），都是交流与沟通。但D是不得已的，老鼠反而会试图尽量减小该声音。　答案：D。

58 每个早晨，蔡子星都要冲一杯早安咖啡。他忠实的宠物狗旺财则卧床休息，直到它听到蔡子星往它的饭盆里盛狗粮。当旺财听到第一块狗粮落进饭盆里的声音时，它立刻从它舒适的床上跳起，冲下楼梯去吃它的早餐。这种行为是下列哪个选项的例子？（　　）（单选）

A. 习惯化　　B. 印记　　C. 经典条件反射　　D. 操作学习

E. 成熟

解析 经典条件反射中，动物不需要完成某些特定的操作就能够获得食物，只要其有反应就可以。显然，这只狗的反应是经典条件反射而不是操作性条件反射。　答案：C。

59 某市因其河沿岸道路上聚集的鹅群而闻名，这些鹅在有跑步者或者骑自行车者迅速接近时通常站着不动，而不是飞散逃走。城市条例规定禁止伤害这些鹅。从个人角度来看，鹅的这些行为最可能的解释是什么？（　　）（单选）

A. 这种行为是与生俱来的

B. 这种行为是经典条件反射的结果

C. 这种行为是操作性条件反射的结果

D. 鹅没有观察到其他鹅在事态发展的关键时期飞逃的举动

E. 跑步者或者骑自行车者没有给出信号刺激

解析 有两种学习方式：经典条件反射和操作性条件反射。经典条件反射发生在一个刺激与一个特定的反应联系起来时；操作性条件反射是一个学习过程，涉及通过强化或惩罚来塑造行为。在经典条件反射中，举个例子，如果一只狗在它每次获得食物前都听到铃声，那么这只狗将会把铃声和得到食物联系起来。在操作性条件反射中，举个例子，一个小孩如果在他吃蔬菜以后得到了奖励，他将会继续吃蔬菜。这两种学习方法帮助塑造我们今天的行为。如果这些鹅没有受到伤害，操作性条件作用将不起作用。

术语"固定操作模式"（固定行为型，FAP）有时候用于动物行为学，表示某个物种内相对稳定的或者几乎必然地运行完成的本能的行为顺序。固定操作模式（或者相似的行为顺序）由被称为先天释放机制的神经网产生，对外部感知刺激（信号刺激）做出反应。一旦行为被引出，行为就一定会完成。　答案：E。

60 下列哪个选项是习惯化的例子？（　　）（单选）

A. 黑顶山雀从一个小的群体中转而生活到一个过冬的大群体中时会学会一些新的歌曲

B. 狮子幼崽会悄悄靠近和袭击同窝的狮子幼崽

C. 水螅被轻触时，最初会缩成一团，但很快就停止反应

D. 太平洋金斑鸻每年从北极圈繁殖圈向东南方的南美洲迁徙

E. 母鹰飞在她的幼崽下方，防止孩子跌落

解析 A是一种模仿学习。B是一种玩耍学习及攻击行为（不是习惯化）。D是迁移行为（也是一种先天性行为）。E是先天性繁殖（抚育）行为。根据习惯化的定义，轻触重复发生，但是水螅的反应没有任何意义，所以导致水螅对于其反应减弱，故选C。　答案：C。

61 一个有盖培养皿中培养了雌雄同体的秀丽隐杆线虫成虫，并在其中加入了钠离子或氯离子。那之后很快地又放进一个厌恶刺激，譬如大蒜头。之后检验其趋化性，这些动物回避了与大蒜一起出现的离子。这种情况可以作为下列哪个选项的例子？（　　）（单选）

A. 习惯化　　B. 印记　　C. 联想学习　　D. 空间学习

E. 信息素通信

解析 联想学习包括经典条件反射和操作性条件反射,本例便是一种经典条件反射。 答案:C。

62 去年,小牙医参与了她的五个好朋友组织的一场探险活动:在京郊十渡风景区漂流 4 km。当天傍晚,他们在一处浅滩靠岸,登陆休息和吃晚餐。小牙医决定去探索一下这块地方,找一些野生的草莓。她发现了少量的草莓,并将她看到的所有草莓都收集起来带回去给了她的同伴们,用来做了第二天早餐的草莓煎饼。这次探险过程非常美妙,因此当她的好友蔡子星邀请她再去一次的时候,她毫不犹豫地答应了。他们又一次驶进了去年到达的那处浅滩并从同一处地点上岸,小牙医和蔡子星一同去找草莓。这一次,整个山坡都长满了野生草莓,他们收集了最大最熟的草莓带回去做煎饼。这件事可以作为下列哪个选项的例子?(　　)(单选)

A. 联想学习　　B. 认知思维　　C. 操作条件反射　　D. 最佳觅食

E. 试错法学习

解析 最佳觅食理论认为动物应在投资最少和收益最大的情况下进行觅食或改变觅食行为。题干中当草莓少时小牙医选择全部带回,而草莓丰富时她选择只带最大最熟的回去,所以本题显然是最佳觅食理论的例子。

联想学习是指由两种或两种以上刺激所引起的脑内两个以上的中枢兴奋,形成联结而实现的学习过程。根据外部条件和实验研究方法不同,分三种类型:尝试与错误学习、经典条件反射和操作条件反射。三种类型的共同特点是环境条件中那些变化着的动因在时间和空间上的接近性,造成脑内两个或多个中枢兴奋性的同时变化,从而形成脑内中枢的暂时联系。因此三种学习模式统称联想学习,包含外部动因间的联结、刺激-反应联结和脑内中枢间的联结(暂时联系,可以消退)。

操作式条件反射:箱内放进一只白鼠或鸽子,并设一杠杆或键,箱子的构造尽可能排除一切外部刺激。动物在箱内可自由活动,当它压杠杆或啄键时,就会有一团食物掉进箱子下方的盘中,动物就能吃到食物。强化刺激(这里是食物)既不与反应同时发生,也不先于反应,而是随着反应发生。 答案:D。

63 海蛞蝓(*Aplysia californicus*)有个非自主的缩鳃(及喷水管)反射(aplysia gill and siphon withdrawal reflex/GSWR),这使其在被惊扰时可以缩回水管和鳃。通过试验,研究者发现(　　)。(单选)

A. 敏感化作用是与生俱来的,但是习惯化是基因决定的

B. 反复的刺激会消耗释放的神经递质,并导致脱敏

C. 反复的刺激会减少神经递质的释放,并引起习惯化

D. 反复的刺激会消耗释放的神经递质,并导致敏感化

E. 电击中间神经元会导致习惯化

解析 习惯化是指刺激重复出现时,行为反应逐渐减弱的过程。在本实验中,如果重复轻微地刺激喷水管,就可以见到缩鳃反射逐渐减弱,最终至不出现,这就是习惯化。此过程的感受器为喷水管,效应器为鳃,从感觉神经元到运动神经元还要经历兴奋性和抑制性的中间神经元。当习惯化发生时,感觉神经元释放递质减少。

通过习惯化,动物学会忽视那些不再新奇或已失去意义的刺激,从而能够充分地去注意对生存有利或有意义的刺激。

在实验中,当海蛞蝓对重复刺激喷水管发生缩鳃反射习惯化之后,如果刺激其皮肤(如外套膜等)可以出现强的缩鳃反射,这种由伤害性刺激使原已习惯化的行为得到恢复的表现称为敏感化,或去习惯化。发生敏感化时感觉神经元末梢递质释放量增加,引起运动神经元兴奋性动作电位(EPSP)增大,其机制是由于突触前易化。

脱敏指受体长时间暴露于配体下时发生受体下调(数量减少),从而对刺激应答不灵敏。 答案:C。

64 在巴普洛夫以狗进行条件反应的实验中,在训练的阶段,铃声与食物出现的先后顺序必须是

(　　)。(单选)

A. 先给食物再打铃声　　B. 两者同时出现

C. 先打铃声再给食物　　D. 以上皆是

解析 狗的食物唾液分泌实验是最为常见的条件反射。给狗进食会引起唾液分泌,这是非条件反射,食物是非条件刺激。给狗听铃声不会引起唾液分泌,铃声与唾液分泌无关,称为无关刺激。但是,如在每次给狗进食之前,先给听铃声,这样经多次结合后,铃声一出现,狗就有唾液分泌。这时,铃声已成为进食(非条件刺激)的信号,称为信号刺激或条件刺激。由条件刺激(铃声)的单独出现所引起的唾液分泌称为食物唾液分泌条件反射。可见,条件反射是后天获得的。形成条件反射的基本条件是非条件刺激与无关刺激在时间上的结合,这个过程称为强化。任何无关刺激与非条件刺激多次结合后,当无关刺激转化为条件刺激时,条件反射也就形成。

因此本题选C,因为一旦先获得食物,之后再给任何无关刺激都没用。　答案:C。

65 根据巴甫洛夫(Pavlov)的条件反射实验,学习成功后,单纯铃声的呈现便可引发唾液的分泌,下列哪些叙述是正确的?(　　)(多选)

A. 铃声是一种非条件刺激

B. 该实验中测量的是唾液的分泌量

C. 唾液的分泌是一种非条件反应,同样也是一种条件反应

D. 肉块是一种条件刺激

E. 条件刺激与非条件刺激必须配对呈现

解析 巴甫洛夫的经典条件反射实验中,为了能对反应进行定量分析而在狗面颊开一小口来收集唾液测定其量,B正确。非条件刺激指的是动物对其有着特定的先天反应的刺激,因为动物无需经过学习就会对其做出非条件反应。试验中的非条件刺激是肉块,反之,铃声原本不会引起动物分泌唾液,但它在肉块出现之前多次重复出现后就能引起动物分泌唾液了。因此铃声成为条件刺激,相应的反应称为条件反应。动物分泌唾液既是非条件反应,也是条件反应。条件反射的建立是靠把一个陌生刺激与一种报偿结合在一起,因此可以说是一种正强化作用,条件刺激不能离开非条件刺激的存在,如果没有肉块持续刺激,那么狗对铃声的反应也会消退。C、E正确。　答案:BCE。

66 坎德尔(Eric R. Kandel)利用软体动物所做的一系列研究成果使他与另外两位科学家共同获得公元2000年诺贝尔生理学或医学奖,他的发现主要证明了什么?(　　)(多选)

A. 学习所引发的行为改变与神经系统有关

B. 痛觉传送的神经与化学机制

C. 学习会引起神经网络产生短期及长期的变化

D. 软体动物经由学习所引发的神经网络变化与人类的完全相同

E. 学习所引发的行为改变可遗传至子代

解析 通过对海兔缩鳃反射的研究,坎德尔总结出几条学习和记忆的细胞生物学原则。

首先,突触联系强度的变化足以改变原有的神经网络结构及其信息加工能力,换句话说,经验改变了已经存在的化学连接的强度和效率,也许遗传和发育因素只能通过先天形成的神经通道控制动物的行为潜能,而环境和学习能够改变神经通道的传递效能,从而带来新的行为形式;其次,不同形式的学习可以以完全相反的方式(强化或弱化)改变两神经元间的突触联系;再次,短时记忆存储的时间长短取决于突触强化或弱化的时间长短;最后,突触强度的调控方式分为同突触和异突触两种。　答案:AC。

67 下列有关学习(learning)的叙述中哪些是正确的?(　　)(多选)

A. 鸟类学会同一地区同种鸟的歌声是推理学习(reasoning)的表现

B. 人工抚育濒危鸟种时,要套上该鸟种图像的器具喂食雏鸟是为了避免错误的印记学习(imprinting)

C. 黑猩猩学会用适当的工具敲碎核果是靠社会学习(social learning)

D. 实验动物往往会对实验的刺激逐渐产生疲乏而不反应，是因为习惯化(habituation)

E. 乌鸦学会从瓶中喝水(将石头丢入瓶中使水位上升，而喝到瓶中的水)是经典条件反射(classical conditioning)的表现

解析 A属于社会学习，是从同一种群的其他个体那里学习的。

B正确。印记学习是在动物发育早期的很短一个阶段进行的学习，多见于鸟类认母。

图14

C正确。社会学习对于维持一种文化来说是非常重要的，比如说人类就能够根据之前的技术基础研发新的技术。研究发现，黑猩猩可以通过观察其他黑猩猩用吸管吸食果汁而改变自己的取食策略，采用新的吸食技术表现出了它们的社会学习能力(如图14所示)；另一项研究表明，黑猩猩通过观看录像演示，还可以学会制造工具。由此可见，社会学习对黑猩猩来说是一种很强的力量，以致它们往往通过应用“遵循你看到的”这一规则行动，而不是寻找最适合解决任务的方法。

D正确。习惯化是动物对频繁到来但是影响不大的刺激逐渐不作出反应的学习。

E不对。乌鸦喝水是操作条件反射/工具性条件反射(operant conditioning/instrumental learning)以及使用工具。 答案:BCD。

参考文献

[1] Price E E, Lambeth S P, Schapiro S J, et al. A Potent Effect of Observational Learning on Chimpanzee Tool Construction[J]. Proc. R. Soc. B, 2009, 276(1671): 3377.

[2] Yamamoto S, Humle T, Tanaka M. Basis for Cumulative Cultural Evolution in Chimpanzees: Social Learning of a More Efficient Tool-Use Technique[J]. PLoS One, 2013, 8(1): e55768.

[3] Cheke L G, Bird C D, Clayton N S. Tool-Use and Instrumental Learning in the Eurasian Jay (*Garrulus glandarius*)[J]. Anim. Cogn., 2011, 14(3): 441.

68 当一个人坐着飞机穿越时区时，他感到很疲劳并且分不清方向。下列说法中哪些是正确的? (　　)(多选)

A. 穿越时区引起了体内生物钟和外部世界之间突发的不一致

B. 穿越时区时会使当地授时因子(zeitgeber，确定、修改或使生物体的生物节律同步到地球的24 h昼夜周期和12个月周期的外部或环境诱因)同步

C. 无论从西向东还是从东向西穿越时区，都不影响我们的生物节律

D. 穿越时区增加了飞行操作期间飞行员人为错误的频率和严重性

解析 A正确，B错误，C错误，D正确。

对于C选项，当你从西向东移动时，时差感会更糟糕，因为相对于更长的白天，身体更难适应更短的白天。

对于D选项，时差综合征的确会增大飞行员操作失误的风险。 答案:AD。

69 有证据表明：溯河产卵的动物(譬如鲑鱼)迁徙(即从大洋逆流回河源头)是(　　)。(单选)

A. 主要基于动性

B. 主要基于地球磁场

C. 可能基于安圭拉电鳗(*Anguilla eels*)的电感受器

D. 可能起源于淡水鱼的营养适应

E. 适应河流上游底层的环境

解析 鲑鱼洄游定位靠的是水中的化学物质，既不是动性也不是地磁场。至于洄游的原因，鲑鱼是为了生殖，其后代对于淡水条件下的食物与营养有要求，因此必须回到发源地生产。 答案:D。

70 根据列出的表面积/体积比，下列哪种动物最不可能需要冬眠？（　　）(单选)

A. 0.32 cm^2/cm^3　　B. 0.12 cm^2/cm^3

C. 0.88 cm^2/cm^3　　D. 0.46 cm^2/cm^3

解析 细胞和全身的表面积/体积比对生物有巨大的影响。表面积/体积比越大，说明在环境中暴露得越多。生物具有一系列生理和解剖上的适应以补偿体型不同造成的表面积/体积比的改变。一个例子是小型恒温动物的代谢率更高。因为小型动物的表面积相对体积更大，所以它们比大型动物热量丢失的更快，因此必须产生更多的热量补偿热量的散失。所以，表面积/体积比越小，动物越不可能冬眠，因为小型动物才会因为食物不足而冬眠。　**答案：B。**

71 科学家发表对美洲某种小型雀形目鸟类的研究，该种雀鸟由北美洲经陆路、海路等2条路线迁移至南美洲。在实验笼内铺设白纸，并在鸟类的脚趾底下沾上无毒油墨，观察白纸的各方位脚印数量，以记录鸟类喜好站立的方位，实验得到表2的数据(数字表示各方向的脚印数)，请问以下叙述中哪些正确？（　　）(多选)

表2

	白天				夜晚			
	东	西	南	北	东	西	南	北
A组(平均体脂肪含量<5 g)	6	16	8	6	10	60	30	6
B组(平均体脂肪含量>5 g)	8	10	14	8	12	20	70	6

A. 体脂含量影响迁移时间　　B. 体脂含量与迁移路线有关

C. 体脂含量与迁移路线无关　　D. 体脂含量高者，夜间与白天皆会迁移

E. 该种鸟类以夜间迁移为主

解析 将白天迁徙的数量相加，然后与夜晚迁徙的数量之和进行比较，可以看到这种鸟类以夜间迁徙为主。从迁徙时间来看，体脂含量的高低和白天还是夜晚迁徙无关，但是却影响迁徙的路线，即西方和南方的鸟的数量有变动。因此A、C、D不对，B、E正确。　**答案：BE。**

第11章 遗 传 学

1 下列哪些是子代表型多样性的来源？(　　)(多选)

A. 随机受精　　B. 交叉

C. 减数分裂Ⅰ期时染色体随机分配　　D. 突变

解析 突变、交叉互换、自由组合以及随机受精均可以作为子代表型多样性的来源。 答案:ABCD。

2 下列选项是一些有关配子和受精卵形成的阶段，这些阶段中哪些会导致子代中出现可遗传的表型差异？(　　)(多选)

A. 前期Ⅰ　　B. 前期Ⅱ　　C. 中期Ⅰ　　D. 受精

解析 同上题，前期Ⅰ染色体交叉互换，中期Ⅰ染色体随机分向两边，受精时染色体排列组合。答案:ACD。

3 只有胚胎细胞才能分裂成为胚胎，但是卵细胞不能分裂成为胚胎，原因是(　　)。(多选)

A. 胚胎细胞是特化的细胞　　B. 胚胎细胞含有二倍体染色体

C. 卵细胞不能分化　　D. 卵细胞含有单倍体染色体

解析 卵细胞是雌性生殖细胞，或称配子。卵细胞与精子(雄性配子)结合后可以发育成为一个新的个体，精卵结合的过程为受精。雌性配子和雄性配子都是生殖细胞形成过程中减数第二次分裂产生的细胞。配子是单倍体，它们仅含有一套染色体组，因此不能继续分裂。受精时，雌性配子与雄性配子结合形成合子。合子是二倍体，含有完整的染色体组，父母双方各提供一半。通过有丝分裂，合子分裂成为许多染色体组成相同的子代细胞。注意:每个物种都有特定的染色体数目。 答案:BD。

4 男性比女性更容易患性别连锁的遗传病，例如血友病等。下列哪项是正确的？(　　)(单选)

A. 女性不是这些疾病的携带者

B. 男性总是从母亲获得一条X染色体，可能携带疾病基因

C. 从母亲获得的Y染色体可能携带疾病基因

D. 男性不如女性健康

解析 伴性遗传是指性别差异对性征的遗传产生影响的遗传方式。性别通常由一对染色体决定。内分泌系统异常或其他问题可能影响第二性征的表达，但是不会完全扭转性别。人类女性有23对染色体，每对染色体的形态相似。而人类男性有22对形态相同的染色体，第23对染色体则由两条大小和结构不同的染色体组成。男性和女性染色体中结构相似的22对染色体称为常染色体。

两性中剩下的第23对染色体称为性染色体。女性的两条性染色体相同，称为X染色体。男性的一条性染色体也是X染色体，另一条较短的染色体是Y染色体。配子形成时，女性产生的每一个卵细胞均含有一个X染色体，男性产生的精子则含有X或Y染色体。性染色体是X染色体的卵细胞和含有X染色体的精子结合形成的合子含有两条X染色体，可以发育成为雌性后代。卵细胞和含有Y染色体的精子结合形成的合子产生雄性后代。这一过程在不同的动植物中有些许不同。

人类的Y染色体除了可以决定男性性别外，似乎没有其他的遗传活性。因此，X染色体上的基因在Y染色体上基本没有同源的部分。这些在X染色体上的基因称为性连锁基因，有特殊的遗传特性。例如，一种叫做血友病的疾病的致病基因是性染色体连锁隐性基因(h)。基因型为HH或Hh的女性是正常的，基因型为hh的女性是血友病患者。男性则不会出现杂合子，因为男性只有一条X染色体。当正常男性(基因型为H)与杂合子女性生育时，女性后代都是健康的，但一半是h的携带者；而男性后代要么获得一条H染色

体,要么获得 h 染色体,因此,男性后代中一半是血友病患者。正常情况下,女性携带者的儿子中有一半是血友病患者,女儿有一半是 h 基因携带者。红绿色盲、遗传性近视、夜盲症、鱼鳞病等都是人类的伴性遗传病。 **答案:B。**

5 若一对夫妇计划生三个小孩,则他们的三个小孩中,儿子、女儿都有的概率为(　　)。(单选)

A. 1/4　　B. 3/8　　C. 1/2　　D. 5/8

E. 3/4

解析 他们的每个孩子有 1/2 的概率为男孩,1/2 的概率为女孩。因此三个孩子都是男孩的概率和三个孩子都是女孩的概率均为$(1/2)^3=1/8$。于是男孩、女孩都有的概率为 $1-2\times1/8=3/4$。 **答案:E。**

6 下列有关同源染色体的叙述中正确的是(　　)。(单选)

A. 它们连在同一个着丝点上　　B. 它们所带有的遗传信息完全一样

C. 它们在有丝分裂的后期分开　　D. 它们有相同的基因排列顺序

E. 它们在减数第二次分裂的后期才分开

解析 同源染色体指一对大小、形态、功能相似的染色体,其上的基因排列顺序一般相同(在无染色体结构变异的情况下),一般一条来自父本,一条来自母本。其上相同位置的基因称为等位基因,等位基因不一定完全相同。同源染色体的分离仅发生在减数第一次分裂。

连接在同一个着丝点上的染色体称为一对姐妹染色单体。在没有发生交叉互换和基因突变时,姐妹染色单体上的基因及其排列顺序完全相同。姐妹染色单体在有丝分裂后期和减数第二次分裂后期分离。 **答案:D。**

7 若一个个体的 10 对不连锁基因中,3 对组成基因型的两个等位基因相同,其余 7 对不相同,请问形成配子时可以有几种不同形式的配子生成?(　　)(单选)

A. 49　　B. 100　　C. 128　　D. 1024

E. 131072

解析 3 对纯合的基因不会影响配子的基因型,仅 7 对杂合的基因会影响。配子中的基因来自母细胞一对基因中的一个,因此其种类为 $2^7=128$。 **答案:C。**

8 一种动物染色体的数目为 $16(2n)$,其上所带有的基因总数估计为一万个。如果该种动物产生配子的过程中无互换发生,请问该种动物最多可以有多少种不同的配子产生?(　　)(单选)

A. 2^{10000}种　　B. 2^{16}种　　C. 2^8种　　D. 10000^2种

E. 无限多种

解析 此动物有 8 对染色体。因为该种动物产生配子的过程中无互换发生,即同一条染色体上的所有基因是完全连锁的,所以每一对染色体有两条不同的染色体。根据乘法原理,最多可能有 2^8 种不同配子。 **答案:C。**

9 以下所示为人类精子形成的过程:精原细胞→(染色体复制,着丝点不复制)→初级精母细胞→(减数第一次分裂)→次级精母细胞→(减数第二次分裂)→精细胞→精子(图 1)。下列选项中细胞内的 DNA 含量正确的是(　　)。(单选)

A. 精原细胞>初级精母细胞=次级精母细胞>精细胞>精子

B. 初级精母细胞>精原细胞>次级精母细胞>精细胞>精子

C. 初级精母细胞>精原细胞=次级精母细胞>精细胞=精子

D. 初级精母细胞>次级精母细胞>精原细胞>精细胞>精子

E. 初级精母细胞>次级精母细胞>精原细胞>精细胞=精子

解析 每经一次减数分裂,细胞的 DNA 含量就减半。假设精原细胞的染色体 DNA 含量为 $2n$,则初级精母细胞、次级精母细胞、精细胞、精子的 DNA 含量分别为 $4n$、$2n$、n、n。注意，本题的难点在还需要算上线粒体的 DNA。

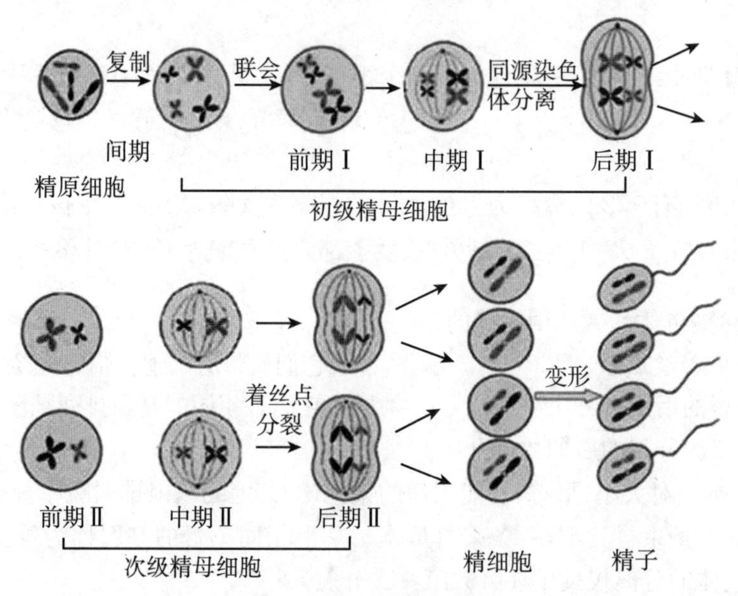

图 1　精子的形成过程

精原细胞发育成初级精母细胞时染色体复制分裂加倍，故初级精母细胞 DNA 含量大于精原细胞。后面的过程存在一些争议，主要在国内的细胞生物学教材一般认为线粒体 DNA 的复制在 S 期与 G_2 期，这样精原细胞和分裂后得到的次级精母细胞就不好比较。然而文献表明，在增殖细胞中，mtDNA 的复制可以发生在细胞周期的任何阶段(包括 G_1 期)，并在有丝分裂后的细胞中继续进行，尽管水平较低。这样的话，刚分裂完成、胞质减半的次级精母细胞的线粒体 DNA 含量就应该低于精原细胞，尽管它们的染色体倍数相同，但精原细胞的 DNA 总含量会大于次级精母细胞；次级精母细胞继续分裂形成两个精细胞，次级精母细胞的 DNA 含量大于精细胞；最后由精细胞变态为精子时受精子容量所限丢掉了多余的线粒体，所以精细胞 DNA 含量大于精子。

最后的排序是初级精母细胞＞精原细胞＞次级精母细胞＞精细胞＞精子，故 B 正确。　答案：B。

参考文献

[1] Magnusson J, Orth M, Lestienne P, et al. Replication of Mitochondrial DNA Occurs throughout the Mitochondria of Cultured Human Cells[J]. Exp. Cell Res., 2003, 289(1): 133.

10　一个受精卵的基因型不同于其亲代，下列哪些现象和此亲代与子代的遗传变异有关？(　　)(多选)

A. 减数分裂发生互换　　B. 基因突变
C. 姐妹染色单体的互换　　D. 配子的随机组合
E. 环境因子

解析　姐妹染色单体的互换可能发生，但一般不会影响遗传变异。　答案：ABDE。

11　人类的性染色体为 X 和 Y，请问下列哪种人的细胞核中可以发现巴氏小体(Barr body)？(　　)(多选)

A. XY　　B. XX　　C. XO　　D. XYY
E. XXY

解析　巴氏小体是失活的 X 染色体，主要作用是在 XY 性别决定的生物中，使性连锁基因在两种性别中有相等的有效剂量的遗传效应。X 染色体的失活是通过 $n-1$ 法则所调控的，即无论有多少条 X 染色体存在，除了一条之外，其他都将失活，故在有两条及以上的 X 染色体的细胞中就会出现巴氏小体，B、E 正确。

答案:BE。

12 骡子是马和驴交配产生的后代,通常是不能生育的,原因为(　　)。(单选)

A. 骡是绝对不能生育的　　B. 马与驴的染色体数目不相同

C. 骡无法交配　　D. 公骡不能产生精子

E. 母骡不能产生卵子

解析 骡子是马和驴的后代。马具有32对染色体,驴具有31对染色体,驴的16号染色体与驴的25号染色体加起来对应马的5号染色体,所以骡子是可以生存的,但是有63条染色体。虽然骡子的染色体是31×2+1,但在减数分裂的时候,它不会简单地将31对染色体彼此分离,然后多余的那条再随机分配。骡的染色体在分离的过程中,趋向于随机分离、自由组合,所以卵子和精子中恰好有31条驴染色体或者32条马染色体的概率是非常低的(可育配子比例仅为$1/2^{62}$),故骡子多数不育。 答案:B。

人类的ABO血型由9号染色体上的ABO血型基因决定。ABO血型基因有A型基因、B型基因和O型基因三种等位基因。A、B型基因相对O型基因都是显性的。拥有A型基因的人将拥有A型抗原,血型为A型;拥有B型基因的人将拥有B型抗原,血型为B型。A型基因和B型基因间没有显隐性关系,因此同时拥有A型和B型基因的人的血型为AB型。回答13、14题。

13 通常情况下,O型和AB型的双亲将会生下什么血型的孩子?(　　)(单选)

A. 只可能是AB型　　B. 只可能是O型

C. 可能是O型或AB型　　D. 可能是A型或B型

E. 什么血型都有可能

解析 I^AI^B与ii的后代只能为I^Ai与I^Bi。 答案:D。

14 在亲子关系的争端中,以血型为原因的争端最多,其中涉及一种叫做cisAB(顺AB型)的现象。cisAB是指A基因和B基因发生连锁,位于同一条染色体的ABO血型基因座上。如果一条染色体上拥有这种基因,则不论另一条染色体基因如何,子代都将会是AB型。当亲代为O型和cisAB型时,其子代的血型可能是什么?(　　)(单选)

A. 只可能是AB型　　B. 只可能是O型

C. 可能是O型或AB型　　D. 可能是A型或B型

E. 什么血型都有可能

解析 因为cisAB型个体的一条染色体为AB,另一条染色体各种可能都有,所以与O型血配偶产生的后代如果获得了AB和i,则为AB型;如果获得的是另一条染色体上的基因与i,则可能为A、B或者O。综合起来,什么血型都有可能。 答案:E。

15 孟德尔对生物学最大的贡献是(　　)。(单选)

A. 他发现了DNA的结构　　B. 他发明了第一个抗生素

C. 他发现了基因　　D. 他发现了细菌可以导致感染

解析 孟德尔生于1822年7月20日,卒于1884年1月6日,是奥地利的神父、科学家,因其对豌豆性状遗传的研究而被尊为现代遗传学之父。孟德尔发现性状的遗传遵循某种规律,后来被称为孟德尔定律。孟德尔的研究成果直到20世纪才被发现具有极大的意义。这些被重新挖掘出来的定律成为了现代遗传学的奠基。注意:孟德尔自己并未提出基因的概念,他管其叫做遗传因子,而基因是约翰逊在1909年提出来的。

答案:C。

16 下列关于孟德尔的工作的叙述中正确的是(　　)。(多选)

A. 他总结出生物的特征是由体内成对的物质(基因)决定的

B. 他总结出每个配子中仅包含成对基因中的一个

C. 他总结出如果基因排列在同一条染色体上，那么它们之间是连锁关系

D. 他总结出单个基因可以与相应的等位基因随机配对

E. 他总结出分离发生于减数第一次分裂

解析 1865年，奥地利的神父孟德尔发现了遗传定律。孟德尔发现把白花和紫花植株杂交，后代的花的颜色不是混合的，而全都是紫花。他受此启发，提出了遗传单位的概念，他将其叫做“遗传因子”，一种为隐性，一种为显性。孟德尔认为遗传因子(后称“基因”)在体细胞里成对出现，但是在性细胞形成时相互分开。成对基因中的两个基因分别进入不同的性细胞。显性基因(例如支配紫花的基因)会掩盖隐性基因(如白花)的表达。孟德尔将 F_1 代自交，获得了 3∶1 的性状数量关系，和自己推理出的三种基因组合不谋而合：AA、aa 和 Aa(大写的 A 代表显性基因，小写的 a 代表隐性基因)，Aa 出现的概率是其他基因型的两倍。

孟德尔认为个体的性状由成对遗传因子(现代科学称为等位基因)控制。两个遗传因子可以相同也可以不同。如果两个等位基因相同，则叫做纯合子；两个基因不同，则称杂合子。

孟德尔将自己的发现总结为两个定律：分离定律和自由组合定律。分离定律认为当个体形成配子时，成对的基因相互分离，每个配子仅含有单个拷贝。配子可以获得等位基因中的任意一个。减数分裂过程的研究为这一定律提供了直接证据。减数分裂中，同源染色体相互分离，其上的等位基因也相互分开进入不同的配子。自由组合定律认为配子形成时，不同的等位基因之间自由组合，但仅仅适用于不连锁基因。

答案：ABD。

17 为了令月季开蓝花，就必须导入月季本身所没有的 F3'5'H 基因。应该用哪种微生物导入基因？请从 A～F 中选择：(　　)。(单选)

A. 苏云金芽孢杆菌　　B. 农杆菌　　C. 大肠杆菌　　D. 放线菌

E. 梭状芽孢杆菌　　F. 双歧杆菌

解析 真核生物的转基因操作中，光将目的基因导入细胞质中是无法发挥其功能的，必须将其插入染色体中才可以。土壤农杆菌的 Ti 质粒中含有被称为 T-DNA 的区域，其中的基因可重组入植物细胞的染色体中。在双子叶植物的转基因操作中，利用土壤农杆菌作为基因重组的工具，这已经逐渐成为了常识。

答案：B。

18 为了筛选成功导入 F3'5'H 的植株，在导入 F3'5'H 基因的同时也导入了卡那霉素抗性基因，并将其在含有卡那霉素的培养基上培养。卡那霉素可以阻碍原核细胞核糖体的蛋白质合成，但由于原核生物和真核生物的核糖体结构大不相同，因此卡那霉素不影响真核细胞的核糖体。但是，没有导入卡那霉素抗性基因的月季组织却无法在含有卡那霉素的培养基上生长。请从 A～F 中选择与这一现象最相关的学说：(　　)。(单选)

A. 突变学说　　B. 一个基因一个酶学说

C. 自然选择学说　　D. 操纵子学说

E. 化学渗透学说　　F. 内共生学说

解析 叶绿体内的核糖体的大小和特性与原核细胞中的核糖体十分相似，这是支持细胞内共生学说的一大证据。

核糖体的大小用沉降系数(S)表示。卡那霉素可以阻碍原核细胞的 70S 核糖体的功能。植物细胞中，虽然其细胞质中的核糖体为 80S，但其叶绿体中的核糖体却为 70S，其蛋白质合成会被卡那霉素阻断。

叶绿体等有色体参与脂肪酸合成、谷氨酸合成中硝酸根的同化、半胱氨酸合成中硫酸根的同化等代谢活动。如果有色体失去正常功能，则植物无法正常生长。因此，即使是在不进行光合作用的愈伤组织状态，也可用卡那霉素筛选出成功导入目的基因的植株。　答案：F。

19 如果孟德尔第一分离定律要实现，那么细胞分裂的哪个过程是必需的？(　　)(单选)

A. 着丝点的分离　　B. 染色体复制

C. 同源染色体配对　　D. 交叉的形成

解析 位于一对同源染色体的等位基因具有一定的独立性，生物体在进行减数分裂形成配子时等位基因会随着同源染色体的分开而分离，非同源染色体上的非等位基因则表现出自由组合的规律，因此同源染色体的配对对孟德尔第一定律和第二定律都是必需的。 答案：C。

20 如果一个孩子的母亲血型是 AB^+，父亲血型是 B^-，那么这个孩子的血型不可能是下列哪项？（　　）（单选）

A. A^+　　B. AB^-　　C. O^+　　D. A^-

E. AB^+

解析 ABO 系统中母亲的基因型是 I^AI^B，父亲的基因型是 I^Bi 或 I^BI^B，所以孩子不可能是 O 型血，可以是 AB 或 B 型；Rh 系统中母亲为 D_，父亲为 dd，后代为 +、- 均可。因此选 C，其余都有可能。 答案：C。

21 一个人口种群的84%的人能够品尝出物质苯基硫脲。与这个相关的基因只有两个等位基因 T 和 t。不能尝出的人是隐性纯合子。隐性基因在这个种群中的频率是多少？（　　）（单选）

A. 0.04　　B. 0.16　　C. 0.40　　D. 0.80

解析 16%的人为 tt，t 的频率为40%。 答案：C。

22 在一个显性基因型和隐性基因型比例相同的基因库里，将每代中隐性的表型都移除将会导致什么结果？（　　）（单选）

A. 对基因型的比例没什么影响　　B. 降低隐性表型的比例

C. 导致隐性表型的消失　　D. 导致隐性基因型的消失

解析 AA∶aa＝1∶1，每次都将 aa 移除，因 Aa 的存在仍有可能生成 aa，故隐性表型和基因型不会消失，但是比例会降低。 答案：B。

23 一株花色和高度双因子杂交的豌豆 X 与一株花色和高度性状是纯合体的豌豆 Y 杂交。豌豆 X 高而且是紫色花朵，而豌豆 Y 矮而且是白色花朵。假设这些基因在不同的染色体上，高相对矮是显性，紫色相对白色是显性，请说出它们后代的表型比率：（　　）。（单选）

A. 1个高紫∶1个矮紫∶1个高白∶1个矮白　　B. 9个高紫∶3个矮紫∶3个高白∶1个矮白

C. 9个高紫∶3个矮紫∶4个矮白　　D. 9个高紫∶7个矮白

E. 9个高紫∶4个矮白

解析 一个两对基因都是杂交的个体植物 X 的基因型是 AaBb，而植物 Y 的基因型是 aabb。植物 X 可以产生四种配子：AB、Ab、aB、ab，而植物 Y 只能产生一种配子：ab。因此，它们的子代有四种类型：AaBb、Aabb、aaBb、aabb，其表型分别是高紫、高白、矮紫、矮白，并且它们的比例是1∶1∶1∶1。 答案：A。

24 假设基因 C 是影响颜色的基因。其显性等位基因的影响是使得后代皮毛有颜色，而隐性等位基因抑制色素形成。在另一个位点，还有另一个基因影响颜色，使黑色对棕色显性。这些基因之间的关系被称作（　　）。（单选）

A. 上位基因　　B. 同源基因　　C. 显性基因　　D. 拮抗基因

解析 经典上位基因的概念。拮抗基因指基因相互对抗，一个基因抑制另一个基因的现象。 答案：A。

25 色盲是伴 X 染色体的隐性遗传性状。一对夫妇，双方都是 A 型血且视力正常。他们的儿子是 O 型血并且是色盲。那么，他们的第二个孩子是女儿且是 O 型血并且视力正常的概率是多少？（　　）（单选）

A. 1/2　　B. 1/4　　C. 1/8　　D. 1/16

E. 可能性为零

解析 父母A型儿子O型，父母正常儿子色盲，故父母基因型分别为I^AiX^HY与$I^AiX^HX^h$。所以第二个孩子是女儿且O型血、视力正常的概率是$1/4\times1/2=1/8$。　答案：C。

26 老鼠的一个基因控制颜色。隐性纯合子老鼠是白色的，显性纯合子老鼠是黑色的，一些不完全显性的杂合老鼠是灰色的。一只灰色雄鼠与一只灰色雌鼠产下一只不明性别的后代。这只小鼠不是白色的可能性是多少？(　　)(单选)

A. 1/4　　B. 1/3　　C. 3/4　　D. 1

E. 1/2

解析 如果一个生物控制某一特征的基因的等位基因是相同的，则该生物被称为纯合子。如果两个等位基因不同，那么其中的显性基因会被表达。完全显性的杂合子中的隐性基因不会在外观被观察到。不完全显性存在于当一个杂交种或者一个杂合子的外表与其两个纯合子亲代品种不一样时。　答案：C。

27 图2是一人类家谱，体现出了一种罕见的遗传病。这种遗传病的遗传形式最有可能是什么？(　　)(单选)

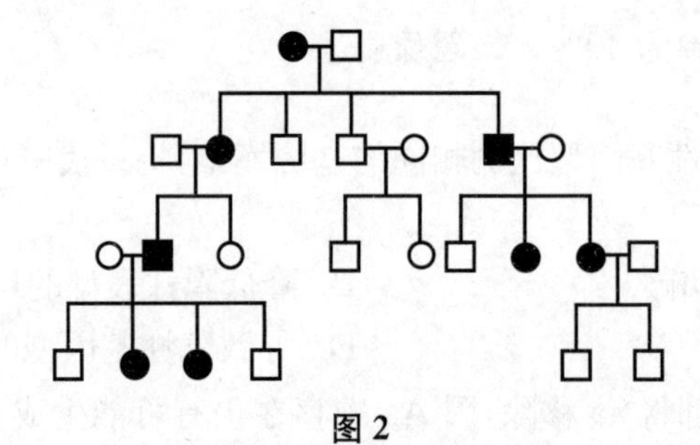

图2

A. 常染色体隐性遗传　　B. 常染色体显性遗传

C. 伴X染色体隐性遗传　　D. 伴X染色体显性遗传

E. 伴Y染色体显性遗传

解析 因为是罕见遗传病，所以认为婚配对象是携带者的可能性较小，女性患者较男性多，综合可判断为伴X显性遗传病。　答案：D。

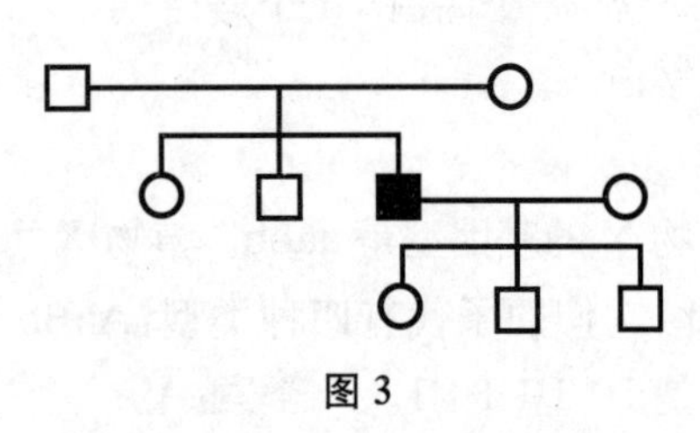

图3

28 图3是某一家族的图谱。下列哪种遗传模式是有可能的？(　　)(多选)

A. 常染色体显性

B. 常染色体隐性

C. X染色体显性

D. X染色体隐性

解析 若为常显，父母不可能都正常；常隐是可能的；若为X显，后代中女儿不可能正常；X隐是可能的。答案：BD。

29 血友病是一种伴X染色体连锁遗传病，下列关于血友病的说法中不正确的是(　　)。(单选)

A. 即便父亲有血友病，但母亲正常且不是携带者，那么她的儿子将不会得血友病

B. 双亲与A选项相同的女儿将是杂合子携带者

C. 男性被认为是半合子

D. 如果一个女性的染色体有一个血友病基因，那么她将不会表现出这种疾病

E. 如果一个儿子的双亲都没有显示出症状，那么他将不会得血友病

解析 本题十分简单，这里就介绍一下半合子的概念。虽然具有两组相同的染色体组，但有一个或多个基因是单价的，没有与之相对应的等位基因，这种合子称为半合子。男性的X染色体上的很多(不包括与Y

的同源区)基因是单价的,所以是半合子。 **答案:E。**

30 图4是某一出现罕见伴性遗传病的家谱图。如果个体1和个体2有了孩子,那么这个孩子(标记为“?”)得病的可能性为( )。(单选)

A. 如果是女孩,可能性为50%;如果是男孩,可能性为50%

B. 如果是女孩,可能性为0;如果是男孩,可能性为50%

C. 如果是女孩,可能性为50%;如果是男孩,可能性为0

D. 如果是女孩,可能性为0;如果是男孩,可能性为0

E. 如果是女孩,可能性为0;如果是男孩,可能性为25%

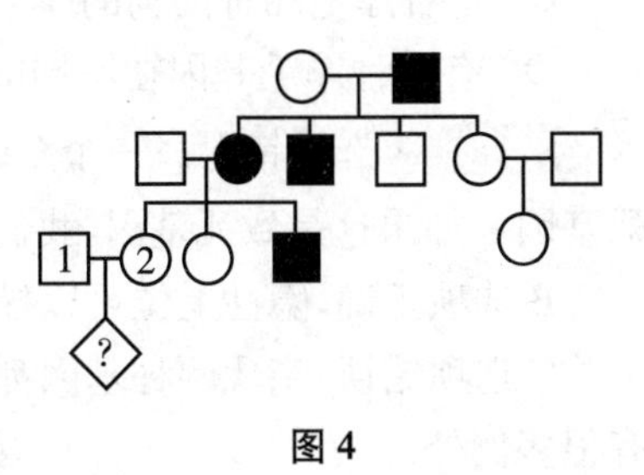

图4

解析 根据以上遗传图谱,可以判断这是一种伴X的隐性遗传病。所以2的基因型是X^AX^a,1的基因型为X^AY。于是后代如果是女孩,一定没病;如果是男孩,一半可能患病。 **答案:B。**

31 老鼠的毛皮颜色特征是由位于不同染色体上的2个基因决定的。基因A的显性等位基因A决定毛皮是黑色的,其隐性等位基因a决定毛皮是白色的。基因B的显性等位基因导致毛皮颜色是白色的,不管等位基因A是否存在。一只显性纯合子老鼠与隐性纯合子老鼠杂交。它们的后代(杂交第一代F_1)再自交繁殖。那么在杂交第二代F_2中白色毛皮的老鼠与黑色毛皮的老鼠的比例是多少?( )(单选)

A. 白色∶黑色=3∶1

B. 白色∶黑色=13∶3

C. 白色∶黑色=5∶3

D. 白色∶黑色=9∶7

E. 白色∶黑色=1∶1

解析 典型抑制基因,符合13∶3规律。 **答案:B。**

32 伴性遗传的等位基因出问题是导致肌肉萎缩症的原因之一。这种病症隐性的受害者几乎一定是男孩,他们在青春期前就会死去。为什么这种病症从不发生在女孩身上?( )(单选)

A. 伴性遗传的等位基因不会由母亲遗传给女儿

B. 不分离现象不会出现在女性中,但是会出现在男性身上

C. 伴性遗传的特征从不在女孩身上发现

D. 携带这种等位基因的男性不会活到可以生殖的时候

E. 这种等位基因位于Y染色体上

解析 对于伴X隐性遗传,女孩患病父亲一定患病。而患该病的男孩在青春期前就夭折了,所以不会传给女儿。D正确,其余选项都不对,比如如果在Y染色体上,就没法传给后代。 **答案:D。**

33 有一对夫妇找一位遗传咨询师咨询。妻子得了一种罕见的眼部疾病,导致青春期时她就失明了。此外,她的兄弟姐妹都有这种疾病。她的母亲和舅舅以及外婆都得了这种疾病,她的父亲和外公没有得这种病。丈夫的家族中没有这种病史。仅凭借以上这些信息,你认为这对夫妇的儿子将会在青春期失明的可能性是多少?( )(单选)

A. 最可能是100%

B. 最可能是50%

C. 最可能是25%

D. 最可能是12.5%

E. 最可能是6.25%

解析 因为妻子的父亲和外公没病,母亲、外婆和舅舅以及兄弟姐妹都有病,所以最可能的是母系遗传的线粒体病。如果这样的话,后代最可能100%会患病。 **答案:A。**

34 一个狗饲养员想培育出毛厚且蓬松的狗。假设这种厚毛性状是隐性的。两只都厚毛且是同一品种的狗进行杂交,可是它们生出的小狗都是短毛的。根据这些现象你可以推测出下列选项中正确的是

(　　)。(多选)

A. 拥有两个厚毛基因是致死的

B. 还有一个基因通过上位基因控制着厚毛基因的表达

C. 这种厚毛品种的狗的厚毛性状从不是纯合性状

D. 有两种厚毛基因在不同的位点;每个亲代是不同基因的双隐性,然后这些基因在子代小狗中互补

解析 A 选项错误。一个个体在它被观察到表达了某种基因对应的性状前就会死亡,这样的基因即致死基因。如果这是致死基因,我们不会得到任何厚毛狗。

B 选项正确,隐性上位可以导致题干的外观。

C 选项错误,亲代两种基因都是纯合子。(注意关键词"从不",这词太绝对了,因为生物界大部分时间里有很多例外)。

D 选项正确,AAbb×aaBB→AaBb,造成后代为双显性性状。　答案:BD。

35 尽管小宝宝可能在出生的时候发生血型转变,但这毕竟是不常见的情况。有一个宝宝,母亲是 O、N、Rh^+ 型血,父亲是 A、MN、Rh^- 型血。下列哪个宝宝最有可能是这对夫妻的孩子?(　　)(单选)

A. AB、MN、Rh^+　　B. B、N、Rh^-

C. A、M、Rh^+　　D. AB、M、Rh^-

E. O、N、Rh^+

解析 血型转变的情况有:

① 婴幼儿期的红细胞尚未成熟,血型抗原未发育完全,可以使血型检验出现差异。

② 有的老年人及恶性肿瘤病人因红细胞的抗原性减弱,可以使血型检验出现差异。

③ 有的人因为接受放射治疗或其他原因引起放射线照射过量,可以导致红细胞系统的基因改变,而使血型改变。

④ 某些患肠梗阻或消化道肿瘤的病人病程中可以发生血型交叉。

⑤ 短期内输入大量右旋糖酐等胶体溶液,能吸附红细胞表面的抗原,可以使原有的抗原性发生改变,从而引起血型的改变。

有趣的是,发生以上血型改变的人当病情好转或者引起抗原性改变的原因消失后,还会变回原来的血型。

本题中,你应当先写下亲代可能的基因型。MN 血型是共显性的,而 ABO 血型涉及多个等位基因,+相对于−是显性的。

因此,母亲可能是 iiNNR_,父亲可能是 I^A_MNrr。我们只针对 MN 血型完成庞氏表(庞纳特(R. C. Punnett)首创的一种棋盘格,是用于计算杂交后代的基因型比例和表型比例的方法),如表 1 所示。

表 1

	M	N
N	MN	NN
N	MN	NN

因此,我们可以排除 C 和 D。

现在,父亲为 A 型血,他可以是 I^Ai,也可以是 I^AI^A。这种情况下,他们的孩子可能是 O 型血也可能是 A 型血。因此我们排除 A 和 B,于是选择 E。　答案:E。

36 一男一女结婚后发现他们都有一种少见的隐性遗传疾病,使得他们很可能得周期性偏头痛。由于担心自己的后代遭受同样痛苦,他们咨询了基因咨询师。咨询师检查了他们的基因序列,向他们保证说他们的后代不会得偏头痛这种病。请问下列哪个选项是咨询师从夫妇的基因序列中得到的信息,以此确信其

后代不会得病？(　　)(单选)

A. 男人和女人的不同基因发生了突变，导致他们表现出相同的周期性偏头痛性状

B. 周期性偏头痛病是一种常染色体隐性遗传病

C. 男人和女人有相关的基因导致表现出相同的周期性偏头痛性状

D. 周期性偏头痛病的基因是在性染色体上

E. 男人和女人的孩子不可能不得病，基因咨询师出错了

解析 遗传异质性指多种基因都可导致相似的表型。先天性耳聋是另一个常见例子。 **答案：A。**

37 1904 年，在孟德尔的工作被重新发现后不久，法国生物学家 Lucien Cuenot 用老鼠做了实验，没有表现出遵循孟德尔遗传定律。他发现当两只黄色老鼠杂交时，通常产下黄色的和灰色的两种幼崽。经过几年，他收集了以下数据：

黄色 × 黄色 → 263 只黄色老鼠和 100 只灰色老鼠

1910 年，W. E. Castle 用类似的实验确认了 Cuenot 的结果。他们的数据结合起来就是表 2。

表 2

	黄色	灰色	总数	黄色比例(%)
Cuenot	263	100	363	72.45
Castle	800	435	1235	64.77
合计	1063	535	1598	66.52

下列选项中，哪个最能解释上述结论？(　　)(单选)

A. 灰色是由两个不同的基因(这俩基因上位相互作用)中的一个或两个的隐性纯合情况导致的

B. 灰色是纯合隐性性状，而黄色可能是纯合的或者杂合的

C. 灰色是纯合性状，黄色是杂合性状，并且黄色等位基因在纯合时是致死基因

D. 黄色是由位于 X 染色体上的隐性基因导致的

E. 灰色老鼠比预期的少是因为基因双交换

解析 在 Cuenot 实验中，263/100 的比例相当于 2.63：1。在 Castle 实验中，800/435 的比例相当于 1.83：1。无论何时遇到一个比例是 2：1，这里都涉及一个致死表型。双交换发生在 3 个以上基因涉及其中的时候，这意味着至少 8 种基因型可以产生。为了计算可能的基因型数量，我们可以用 3^n 这个公式，而用 2^n 这个公式来计算表型，其中 n 代表等位基因对的数量。如果有 3 对基因，表型就是 8 种，虽然本题里不是这种情况。本题中，我们只有 2 个表型，因此可以排除最后一个选项。 **答案：C。**

38 如果黄色老鼠与灰色老鼠杂交，请预计它们后代的表型频率：(　　)。(单选)

A. 1/2 黄色，1/2 灰色　　　　B. 3/4 灰色，1/4 黄色

C. 3/4 黄色，1/4 灰色　　　　D. 7/16 灰色，9/16 黄色

E. 9/16 黄色，7/16 灰色

解析 因为黄色是显性的，而 YY 基因型是致死的，因此可以杂交 Yy×yy，得到 1/2 黄色老鼠和 1/2 灰色老鼠。 **答案：A。**

39 某植物的花色有紫色和黄色两种。将两株开紫花的个体杂交后所得的子代播种于农场 A 区，最后开黄花者有 95 株，开紫花者有 282 株。另外将一株开紫花的个体与开黄花的个体杂交后所得的子代播种于农场 B 区，结果开黄花的有 173 株，开紫花的有 166 株。由上述结果判断，下列叙述中正确的是(　　)。(单选)

A. 黄花为显性，紫花为隐性　　　　B. B 区开紫花者皆为异型合子

C. A区开紫花者皆为同型合子　　　　　　　　D. A区开黄花者皆为异型合子

解析 从题干知,黄花隐性,紫花显性。A区为杂合子Aa自交后代,故比例为3∶1;B区为Aa与aa测交后代,故比例为1∶1。A区紫花的基因型有AA和Aa,B区紫花的基因型均为Aa。　**答案:B。**

40 一只黑身卷翅的雌果蝇和灰身平翅的雄果蝇交配,其子一代果蝇都是黑身卷翅。再把子一代互相交配,则子二代的结果如表3。根据表3的结果判断,下列叙述中正确的是(　　)。(多选)

表3

	性状			
	黑身卷翅	黑身平翅	灰身卷翅	灰身平翅
雌果蝇	35	0	0	11
雄果蝇	36	0	0	12

A. 控制此两种性状的基因位于相同染色体上
B. 这是性连锁遗传
C. 如果相同交配实验的组数增加,则所得子二代就可能出现黑身平翅的果蝇
D. 基因互换是造成选项C结果的原因

解析 从结果可见两性状连锁,但并非X染色体上连锁,A正确,B不正确。假设黑/灰用A/a表示,卷/平用B/b表示,则子一代雄雌都只产生了AB与ab两类配子,因此后代只有3∶1的黑身卷翅与灰身平翅;但其实雄果蝇完全连锁,雌果蝇是可以有交换的,能产生少量的Ab与aB配子,当实验组数增加时,黑身平翅(A_bb)后代作为基因互换的结果就可能在子二代出现了,因此C、D正确。　**答案:ACD。**

41 基因A、B、C生成的三种酶可将一原本无色的物质转变为黑色色素,即无色物质—A—X物质—B—Y物质—C—黑色素。则二异型合子(AaBbCc)的亲代杂交后,出现黑色子代的概率为(　　)。(单选)

A. 1/64　　B. 3/64　　C. 9/64　　D. 27/64
E. 37/64

解析 三基因杂合子自由组合,三显性个体占$(3/4)^3=27/64$。　**答案:D。**

42 某表型(实心符号)为隐性且非性连锁遗传。图5为某家族三代的族谱,○代表女性,□代表男性。根据图5判断,下列叙述中正确的是(　　)。(多选)

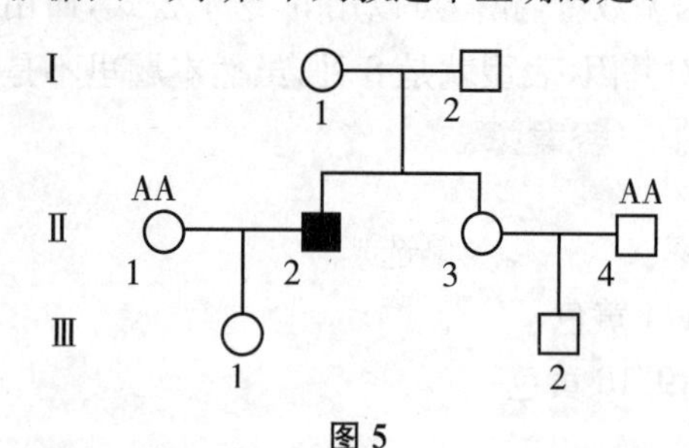

图5

A. Ⅰ-1和Ⅰ-2皆为异型合子
B. Ⅱ-3为异型合子的概率是1/3
C. Ⅲ-2是异型合子的概率是1/2
D. 若Ⅲ-1与Ⅲ-2结婚,则第一胎具有此表型的概率是1/12

解析 由图可知,Ⅰ-1和Ⅰ-2皆为Aa,Ⅱ-2为aa;Ⅱ-3为AA的概率为1/3,而为Aa的概率为2/3;Ⅲ-1为Aa;Ⅲ-2为AA的概率为2/3,为Aa的概率为1/3。因此若Ⅲ-1与Ⅲ-2结婚,则第一胎具有aa表型的概率是1/4×1/3=1/12。　**答案:AD。**

43 镰状细胞贫血症的等位基因中,S为正常,s为异常血红素,二者为等显性。若一对健康夫妇的血液皆可检查到部分镰状红细胞,他们现有的三个小孩都没有镰状细胞贫血症,则生第四个小孩时,此小孩患病的概率是多少?(　　)(单选)

A. 3/4　　B. 1/2　　C. 1/3　　D. 1/4
E. 1/6

解析 夫妇基因型均为Ss,因此第四个小孩患病的概率为1/4。　**答案:D。**

44 如图6所示的族谱中的性状遗传方式应属哪一类遗传？（黑色表示患者，白色表示正常个体，□为男性，○为女性）（　　）（单选）

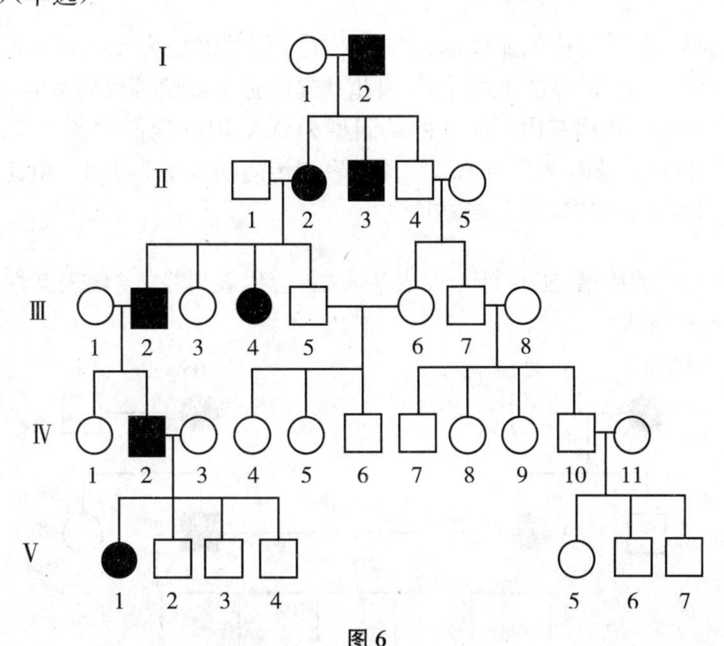

图6

A. 常染色体显性　　B. 常染色体隐性　　C. X连锁显性　　D. X连锁隐性
E. Y连锁显性

解析　简单题。代代有患者，猜显性；男女患者数量差不多，因此选A。有女患者，一定不是Y连锁；Ⅱ-3患病、Ⅲ-5正常，一定不是X连锁隐性。　答案：A。

45 一色盲的男子与一拥有正常视力的女子结婚后生下一男孩。请问此男孩拥有正常视力的概率为（　　）。（单选）

A. 0　　B. 1/2　　C. 1/4　　D. 1/8
E. 条件不够，无法作答

解析　男子为X^bY，但女子可能是X^BX^B也可能是X^BX^b，具体情况与人群携带b基因的频率相关，要用哈迪-温伯格公式算，本题缺乏数据，因此选E。　答案：E。

46 人类X染色体上的红绿色盲基因为隐性，常染色体上的白化病基因为隐性。一正常视觉、患白化病的男性与一色盲、正常肤色的女性婚配，其子女可能出现的表型为（　　）。（单选）

A. 女孩的视觉皆正常　　B. 女孩的肤色皆正常
C. 男孩的视觉皆正常　　D. 男孩的肤色皆正常
E. 男孩与女孩的视觉与肤色皆不正常

解析　父亲为aaX^BY，母亲为$A_X^bX^b$。女孩一定为X^BX^b，视觉正常，但肤色可能为正常或白化；男孩一定为X^bY，必然色盲，肤色同女孩。　答案：A。

47 如图7所示的族谱中实心为具异常性状者，此性状为常染色体隐性遗传。设个体3、6不带突变基因，则个体7和8结婚，他们第一个小孩出现异常性状的概率为（　　）。（单选）

A. 1/2
B. 1/4

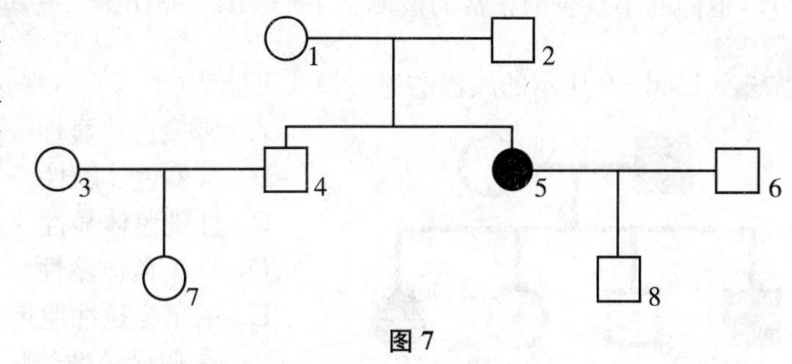

图7

C. 1/8

D. 1/10

E. 1/12

解析 以 a 表示致病基因，其对应的显性基因为 A。则 5 的基因型为 aa。6 不携带突变基因，即基因型为 AA。因此 8 的基因型为 Aa。5 为隐性纯合子，因此其父母必然都携带致病基因，即 1 和 2 的基因型均为 Aa。因此 4 有 2/3 的概率携带致病基因。而 3 的基因型为 AA，因此他们的孩子 7 基因型为 Aa 的概率为 $2/3\times1/2=1/3$。而若 7 和 8 的基因型都为 Aa，则孩子患遗传病的概率为 1/4。由此可得，7 与 8 结婚后，孩子患遗传病的概率为 $1/3\times1/4=1/12$。 答案：E。

48 图 8 为某家族三代的族谱，实心符号代表某表型，□代表男性，○代表女性。根据图 8 判断，下列叙述中哪些正确？（　　）（多选）

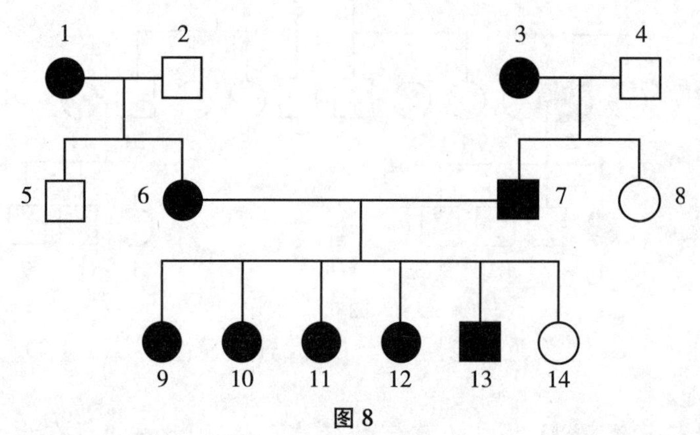

图 8

A. 此表型为隐性且非性连锁遗传

B. 此表型为显性且性连锁遗传

C. 此表型为显性且非性连锁遗传

D. 个体 6 与 7 皆为异型合子

E. 个体 9、10、11、12、13 的基因型可能为同型或异型合子

解析 由 6×7→14 可知该表型为显性遗传（无中生有为隐性，有中生无为显性）。以 A 表示其基因。有女性携带该表型，说明该表型若为性连锁则必为 X 连锁。而若为 X 连锁，则 7 的 X 染色体带有该显性基因，因此 7 的女性后代必然得到来自 7 的带有该显性基因的 X 染色体，即必定表现此表型。而 14 未表现此表型，说明假设不成立，该基因不是性连锁基因。

同时，6×7→14 也说明了 6 和 7 必为杂合子。而杂合子的表现显性性状的后代可能为纯合子或杂合子。 答案：CDE。

49 一对表型正常夫妇，两人的父母中都有一位患纤维囊症这种隐性遗传病。如果该夫妇期望生两个小孩，则两个小孩表型皆正常的概率是（　　）。（单选）

A. 1/2

B. 9/16

C. 1/4

D. 3/16

E. 1/8

解析 纤维囊症是一种常染色体隐性遗传病，假设隐性基因为 a。因为夫妇双方的父母都有一位患纤维囊症，所以夫妇两人都是携带者，夫妇二人均为 Aa。他们的小孩患病的概率是 $1/4\times1/4+1/4\times3/4\times2=7/16$，他们的小孩表型正常的概率是 $1-7/16=9/16$。 答案：B。

50 如图 9 所示的族谱的遗传模式可能为（　　）。（多选）

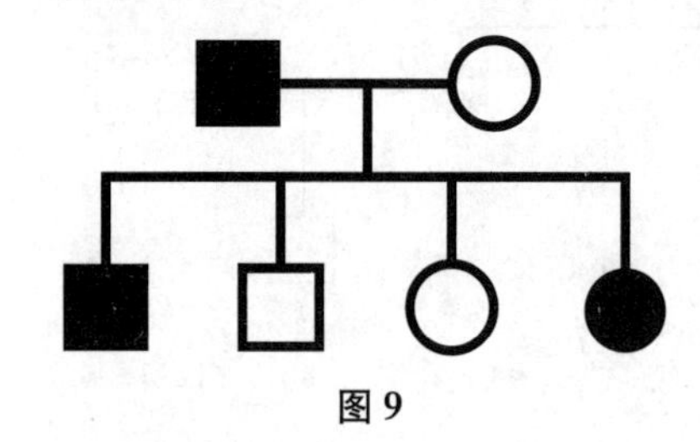

图 9

A. 常染色体显性

B. 常染色体隐性

C. 性染色体显性

D. 性染色体隐性

E. 不完全显性遗传

解析 假设该遗传病显性基因为 A，隐性基因为 a，对于 A、B、D 选

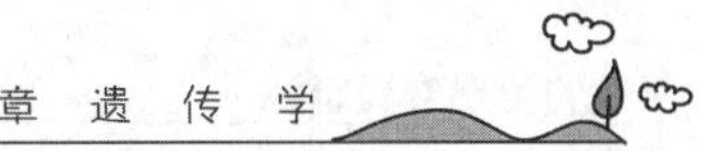

项，可以直接代入，发现至少有一种情况符合条件，不多作叙述。对于C选项，假设是X染色体显性遗传，则子代全部都会患病，矛盾；若为Y染色体显性遗传，则子代中男性都会患病，矛盾。对于E选项，不完全显性是指具有相对性状的纯合亲本杂交后，子代显现中间类型的现象，与图9中"全或无"的遗传形式矛盾，E错误。 **答案：ABD。**

51

一妇女的父亲有败血症（隐性性连锁遗传），此妇人嫁给一位有Marfan症（常染色体显性遗传）的男子，则下列对他们所生儿女的叙述中正确的是（　　）。（多选）

A. 有Marfan症的儿子　　B. 有败血症的儿子
C. 有败血症的女儿　　D. 有Marfan症的女儿
E. 有败血症兼Marfan症的女儿

解析 假设败血症隐性患病基因为X^a，显性基因为X^A，Marfan症显性患病基因为B，隐性基因为b，则父亲有败血症的妇女的基因型为X^AX^abb，有Marfan症的男子的基因型为X^AYBb，两人的后代的基因型及相应比例分别为1/8 X^AX^Abb、1/8 X^AX^ABb、1/8 X^AX^abb、1/8 X^AX^aBb、1/8 X^AYbb、1/8 X^AYBb、1/8 X^aYbb、1/8 X^aYBb。由上易得，A正确，基因型为X^AYBb；B正确，基因型为X^aYbb；D正确，基因型为X^AX^aBb或X^AX^ABb；女儿都不患败血症，C、E错误。 **答案：ABD。**

52

如图10所示的族谱为隐性性连锁遗传。○表女性，□表男性，实心者（●、■）为病症表型。哪些个体可确定为携带者（异型合子、无病症）？（　　）（多选）

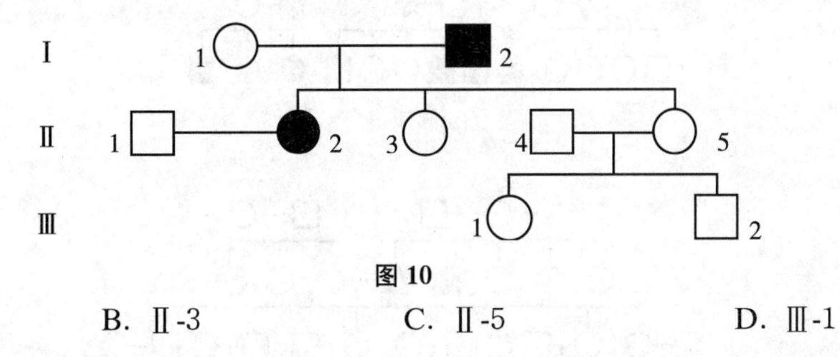

图10

A. Ⅰ-1　　B. Ⅱ-3　　C. Ⅱ-5　　D. Ⅲ-1
E. 以上皆是

解析 由女性Ⅱ-2患病且其父亲Ⅰ-2患病可推测Ⅰ-1一定携带隐性基因。同样，女性Ⅱ-3和Ⅱ-5虽不患病，但由其父亲Ⅰ-2患病可知Ⅱ-3和Ⅱ-5遗传了其父亲的隐性基因，为杂合子。A、B、C正确。另男性Ⅲ-1只有一个X染色体，他表现为正常型的话，X染色体上携带的是显性基因，D错误。 **答案：ABC。**

53

下列有关人类红绿色盲遗传的叙述中，哪些是正确的？（　　）（多选）

A. 表型正常夫妻可生下色盲男孩　　B. 表型正常夫妻可生下色盲女孩
C. 表型正常男孩可能有色盲父亲　　D. 表型正常女孩可能有色盲父亲
E. 男孩女孩出现色盲的概率相当

解析 人类红绿色盲遗传方式为X染色体连锁隐性遗传。假设其隐性基因为X^a，表型正常的夫妻的基因型可能为X^AX^a或X^AX^A和X^AY。他们的后代有表型正常的女孩、患病的男孩和正常的男孩，A正确，B错误。色盲父亲（X^aY）和携带色盲基因的母亲（X^AX^a）可以产生患病的女孩、正常的女孩、正常的男孩和患病的男孩，C、D正确。X染色体连锁隐性遗传的疾病的特征之一就是男性患病概率远高于女性，这与男性只有一条X染色体，更易表现出隐性性状有关，E错误。 **答案：ACD。**

54

图11为某一家族色盲遗传的谱系图，□表示正常男性，■表示色盲男性，○表示正常女性。若B表示正常基因，b表示色盲基因，则甲的基因型为（　　）（由A、B中选一），丙和丁的孩子中，出现色盲的情形为（　　）（由C、D、E中选一）。（多选）

A. BB
B. Bb

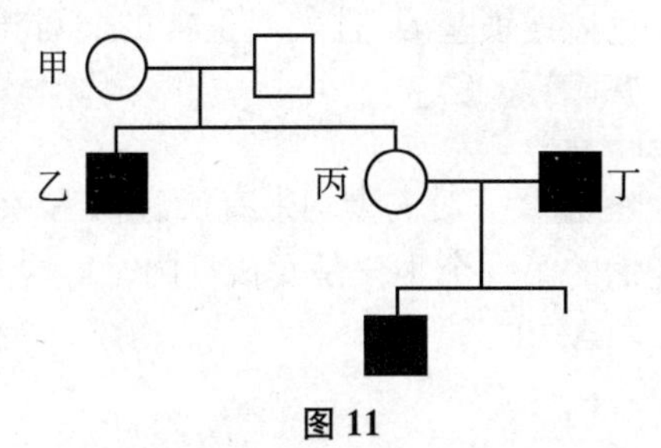

图11

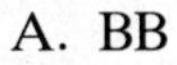

C. 男女孩出现色盲的概率均为 1/2

D. 男孩皆色盲,女孩出现色盲的概率为 1/2

E. 男孩皆色盲,女孩视觉皆正常

解析 色盲基因为 X 染色体隐性遗传,正常男性的基因型只能为 X^BY,而正常女性则有 X^BX^B 和 X^BX^b 两种。由甲与正常男性所生的孩子患病可知,色盲基因来自甲,故甲的基因型为 X^BX^b(Bb);丙和丁所生的男孩患病,但色盲基因在 X 染色体上,只可能来自母亲,所以丙的基因型为 X^BX^b(Bb),而丁为 X^bY,故男孩、女孩出现色盲的概率均为 1/2。 答案:BC。

55 根据图 12 中的 3 个族谱判断,以下哪些叙述是正确的?遗传疾病患者以实心圆圈●(女)和方形■(男)表示。(　　)(多选)

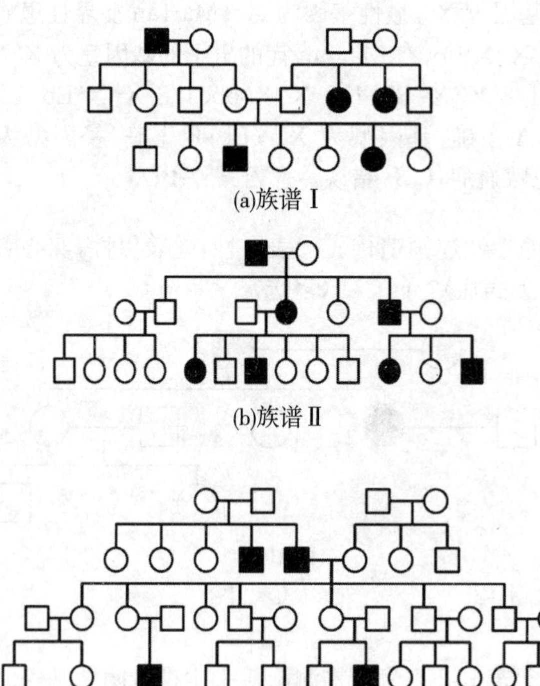

图 12

A. 族谱Ⅰ的遗传疾病为隐性且非性连锁遗传　　B. 族谱Ⅰ的遗传疾病为隐性性连锁遗传

C. 族谱Ⅱ的遗传疾病为显性且非性连锁遗传　　D. 族谱Ⅱ的遗传疾病为显性性连锁遗传

E. 族谱Ⅲ的遗传疾病为隐性性连锁遗传

解析 三个族谱反映了不同的基因遗传方式。族谱Ⅰ中Ⅰ-3 和Ⅰ-4 表现为正常,他们的后代患病,则此为隐性基因。假设该基因在性染色体上:若在 Y 染色体上,因为Ⅰ-1 患病,他的儿子一定患病,矛盾;若在 X 染色体上,因为Ⅱ-6 和Ⅱ-7 为女性患病,所以他们的父亲Ⅰ-3 一定患病,矛盾。因此该疾病基因为常染色体隐性遗传。族谱Ⅱ中Ⅰ-1、Ⅱ-4 还有Ⅱ-6 与正常的配偶的后代有的表现正常,证明此为显性基因。假设该基因在性染色体上,因为Ⅰ-1 和Ⅱ-6 的儿子不患病,所以该基因不在 Y 染色体上,若在 X 染色体上,则Ⅰ-1 和Ⅱ-6 的女儿一定患病,矛盾,因此该基因为常染色体显性遗传。族谱Ⅲ的特点是只有男性患病,推测是 X 染色体连锁基因,且表现正常的父母出现患病后代,推测是隐性基因,该遗传疾病为隐性 X 染色体遗传。 答案:ACE。

56 一对夫妻均带有疾病 A 和疾病 B 的杂合子基因型,这两个遗传疾病都是常染色体的隐性疾病。他们的第一个小孩是女孩且同时得这两种病的概率为(　　)。(单选)

A. 0　　B. 1/32　　C. 1/16　　D. 3/32

E. 9/16

解析 基因型均为 AaBb 的父母亲的后代为 aabb 的概率为 1/4×1/4＝1/16，加上性别因素，后代为患病女孩的概率为 1/32，选 B。 答案：B。

57 一对夫妻均有多指症，且其基因型皆为异型合子，他们生的三个孩子有相同手指数的概率为(　　)。(单选)

A. 1/4　　B. 3/8　　C. 13/64　　D. 7/16

E. 9/16

解析 多指症为常染色体显性遗传，纯合子的多指症表现的病情程度与杂合子相同，三个孩子均不患病的概率为 1/4×1/4×1/4＝1/64，均患病的概率为 3/4×3/4×3/4＝27/64，总计为 28/64，即 7/16。注意：本题未考虑外显率与表现度。 答案：D。

58 枫糖尿症(maple syrup urine disease，MSUD)为一种氨基酸代谢异常疾病，非常稀少。有一对父母均无此种病症，其 3 名子女中有一人得病，而经过饮食营养的配合，3 人都正常发育，可以婚配。如果此位早期有症状的病人与一正常人结婚生子，其后代发生此症状的概率为(　　)。(单选)

A. 25%　　B. 12.5%　　C. 6.25%　　D. 3.125%

E. 概率趋近于 0

解析 枫糖尿症又称槭糖尿病、支链酮酸尿症，是一种常染色体隐性遗传病。分支酮酸脱羧酶的先天性缺陷，致使分支氨基酸分解代谢受阻，因患儿尿液中排出大量 α-酮-β-甲基戊酸(α-keto-β-methylvalerate)，带有枫糖浆的香甜气味而得名。代谢过程如图 13，尿大概是图 14(b)的样子。

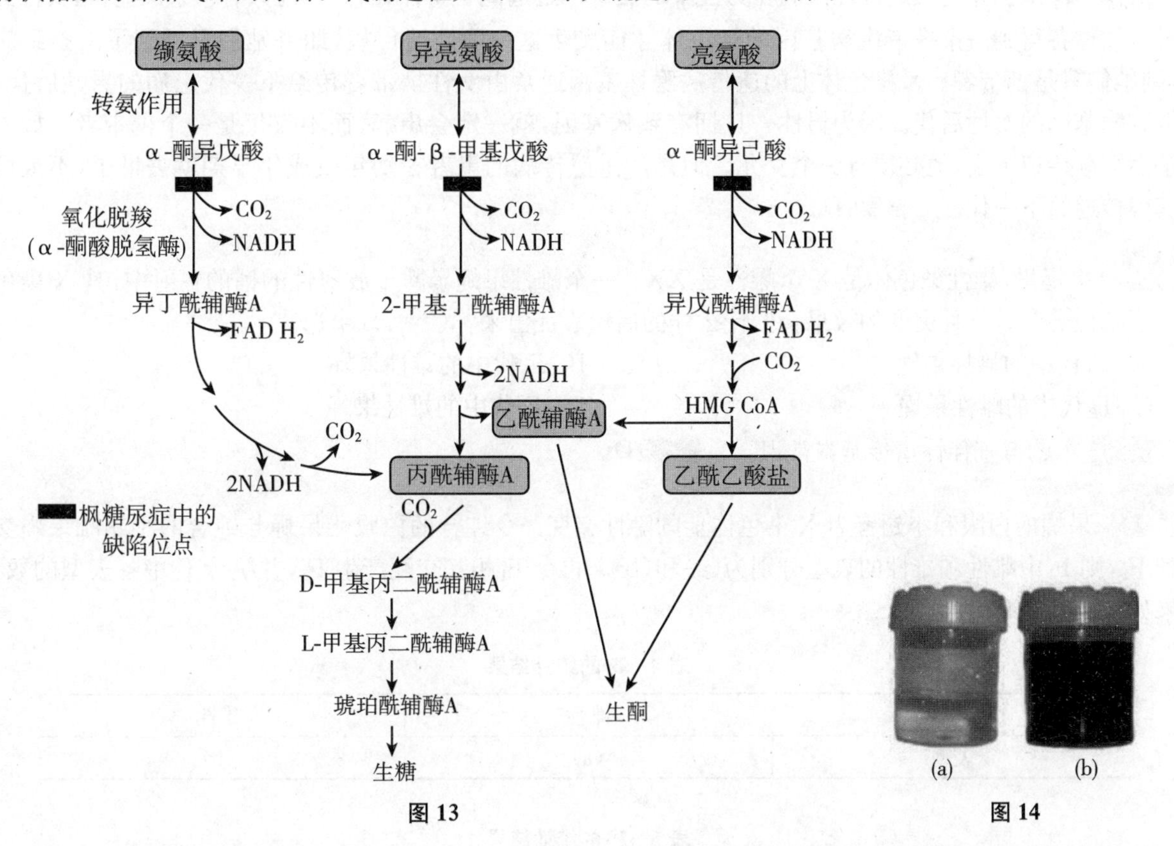

图 13　　图 14

因为这个疾病非常稀少，所以与这个病人结婚的正常人是携带者的概率是很低的，最终后代发生这个症状的概率接近于 0。 答案：E。

59 基因型为 AaBbCc 的植物自体受精后，F_1 的性状分离比如下所示。请从这一数据推断，下面关于基因 A(a)、B(b)、C(c)的描述中正确的是哪一项。请从 A～H 中选择。其中[A]表示表型为 A，[a]表示表型为 a。(　　)(单选)

[ABC]：[ABc]：[AbC]：[aBC]：[Abc]：[abC]＝6：3：2：3：1：1

A. A(a)与B(b)独立遗传，A和C、a和c连锁
B. A(a)与B(b)独立遗传，A和c、a和C连锁
C. A(a)与B(b)独立遗传，B和C、b和c连锁
D. A(a)与C(c)独立遗传，A和B、a和b连锁
E. A(a)与C(c)独立遗传，A和b、a和B连锁
F. A(a)与C(c)独立遗传，B和c、b和C连锁
G. A(a)、B(b)、C(c)全部独立遗传
H. A(a)、B(b)、C(c)全部连锁

解析 分别计算A(a)和B(b)、A(a)和C(c)、B(b)和C(c)的分离比，结果如下：

[AB]：[Ab]：[aB]：[ab] = 9：3：3：1　①

[AC]：[Ac]：[aC] = 8：4：4 = 2：1：1　②

[BC]：[Bc]：[bC]：[bc] = 9：3：3：1　③

从①和③可知，A(a)和B(b)、B(b)和C(c)是相互独立的，而从②可知A和c、a和C是连锁的。

答案：B。

60 血友病是一类遗传性疾病，影响机体控制凝血、在血管损伤时止血的功能。它是一X染色体连锁的隐性遗传病，因此(　　)。(单选)

A. 该病影响女性较严重，因为女性有两条X染色体

B. 该病影响男性较少，因为男性只有一条X染色体，因此异常的基因更少

C. 该病对男女的影响相同

D. 该病更常见于男性

解析 X染色体连锁遗传性疾病在男性中的发病率远远高于女性，因为男性只有一条染色体，女性必须同时从父母各得到一条携带疾病基因的染色体才能发生这一隐性遗传病，如果她们只得到了一条致病基因，则她们只是携带者。X染色体上的遗传病隐性基因通常由女性携带者传给下一代患病的男性后代，或携带致病基因的女性后代。因为男性一旦拥有致病基因，就一定会患病，而不仅仅是一个携带者。如果要让基因继续传递下去，他必须有一个女儿。但是严重遗传病的患者在幼年或成年早期就去世了，不太可能将基因传递给下一代。　答案：D。

61 果蝇里，雄性染色体是XY，雌性是XX。一个雄性果蝇暴露于放射性的镭的辐射中，其X染色体发生了隐性突变。这种突变的效果会由什么样的后代表征出来？(　　)(单选)

A. F_1代中的雌性果蝇
B. F_1代中的雄性果蝇
C. F_2代中的雌性果蝇
D. F_2代中的雄性果蝇

解析 本题考查伴性遗传基本常识。　答案：D。

62 果蝇的白眼和小翅皆为X染色体上的隐性突变。令纯合的白眼雌果蝇与纯合的小翅雄果蝇交配得到F_1，则F_1中雌性和雄性的表型分别为(a)和(b)。再令F_1相互交配产生F_2，并统计F_2中各表型的数目。结果如表4和表5所示。

表4　F_1的统计结果

	雌性	雄性
表型	(a)	(b)

表5　F_2的统计结果

表型	雌性个体数	雄性个体数
白眼	87	62
野生型	115	33
(c)	0	27
(d)	0	78

(a)～(d)中应填入的表型各是什么？请从A～H中选出正确的一组：(　　)。(单选)

A. 白眼；野生型；小翅；白眼、小翅　　B. 白眼；野生型；白眼、小翅；小翅
C. 野生型；白眼；小翅；白眼、小翅　　D. 野生型；白眼；白眼、小翅；小翅
E. 野生型；白眼、小翅；小翅；白眼、小翅　　F. 野生型；白眼、小翅；白眼、小翅；小翅
G. 野生型；野生型；小翅；白眼、小翅　　H. 野生型；野生型；白眼、小翅；小翅

解析 只要对伴性遗传有所理解，就能知道F_1中的雌性是野生型，雄性是白眼。在判断F_2的表型时，虽然需要考虑两个基因的交换重组值，但是和通常使用双隐性雄蝇的测交不同，雌性中只出现了两种表型。因此，当只关注雄蝇的结果时，由于(c)的个体数远少于(d)，因此可知(c)为重组型，即白眼、小翅，而(d)是非重组型的小翅。如图15所示。注：实际上果蝇的Y染色体比X染色体大。 答案：D。

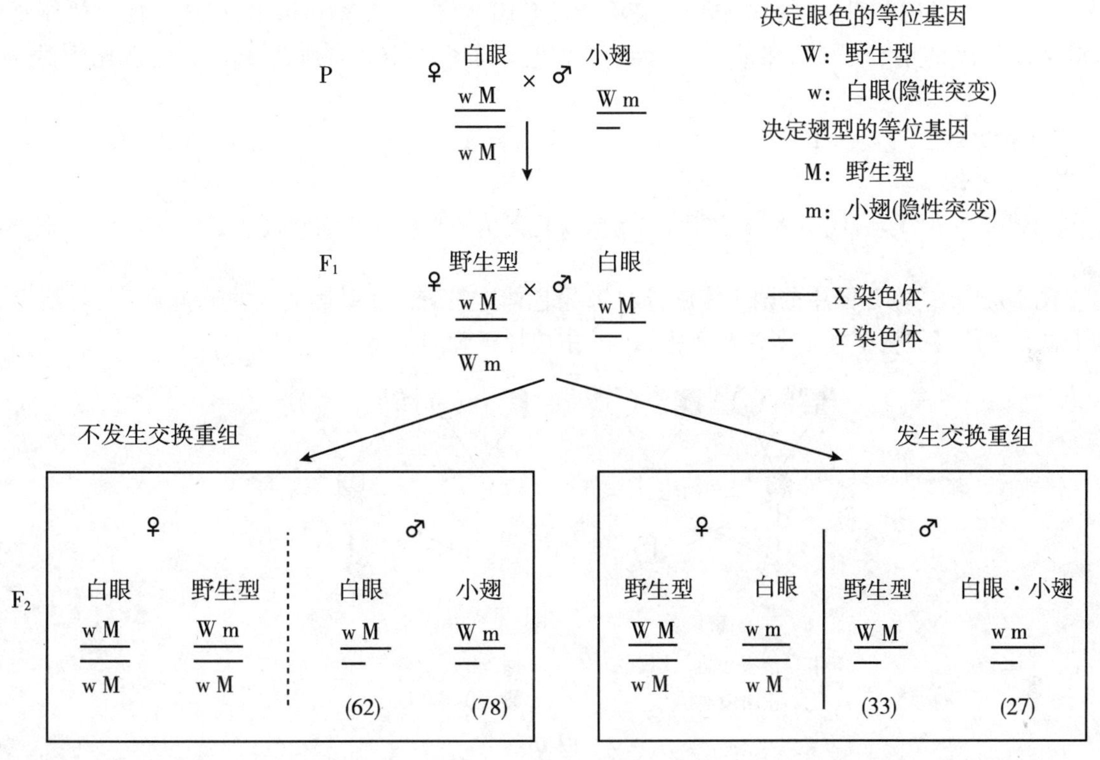

图15

猫的毛色由数对等位基因决定。常染色体上的A基因控制的表型为黄色，a基因控制的表型为黑色。而在另一对同源染色体上，S基因控制的表型为有白斑，s控制的表型为无白斑。上述等位基因都表现出完全显性。例如，AaSS的猫为黄白相间，aass的猫为完全黑色，没有白斑。回答63、64题。

63 黑色无白斑的雌猫生出了黄色有白斑的子代。则根据上文描述，亲代的雄猫是什么毛色？(　　)(单选)

A. 黑色无白斑　　B. 黑色有白斑　　C. 黄色有白斑　　D. 黄色无白斑

解析 黑色无白斑雌猫为aass双隐性个体，后代产生了A_S_的双显性黄白斑后代，故亲代雄猫一定为黄色白斑个体。 答案：C。

64 猫的性别由XY染色体决定，杂合子为雄性。X染色体上O基因控制的表型为棕色毛。O基因是A和a的上位基因，即只要有O的存在，不论另一对基因为AA、Aa还是aa，都将表现出棕色。其等位基因o是隐性基因，不表现出棕色，其存在时A或a基因表达。同时拥有O和o基因的雌猫身体上，这两种基因的表达呈镶嵌状，最后个体会呈现出棕黄相间或棕黑相间。如果再有S基因存在，身体上还会出现白斑。因此，拥有S基因的Oo杂合子的雌猫将拥有三种颜色的毛。请推测为什么在极少数情况下会出现三色的雄猫：(　　)。(单选)

A. 由于精子形成时的基因重组,在极少数情况下 X 染色体上会出现连锁的 O 和 o 基因

B. X 染色体上的 O 基因和常染色体上的 A 或 a 基因发生连锁

C. 由于突变,常染色体上出现 O 和 o 基因

D. 减数分裂时 X 染色体没有分离,结果产生同时拥有 O 和 o 的配子,这种配子再和正常配子受精

E. 在受精卵的发育过程中,由于基因突变,出现了同时拥有 O 和 o 基因的体细胞,在这些细胞中,O 和 o 基因与 S 基因、A 基因共同表达

解析 嵌合体雄猫出现的原因是雄猫染色体构成其实是 XXY。等位基因 O 与 o 并不会发生重组,A 不对;性染色体也不会和常染色体连锁,且与题意无关,B 不对;C 的概率也很小;D 是正确的;E 也不能解释题中现象。 答案:D。

65 人类的某基因 b 是一种纯合胚胎致死的隐性基因,它位于 X 染色体上,因此表现出伴性遗传。设某女性是这种基因的杂合子,她和某个男性结婚并生育了多个子女,则其子女的性别比大约为多少?(　　)(单选)

A. 男 1∶女 1　　B. 男 0∶女 2　　C. 男 1∶女 3　　D. 男 2∶女 3

E. 男 1∶女 2

解析 $X^BX^b \times X^BY$,后代中 X^bY 致死,因此男女比例为 $X^BY:(X^BX^B + X^BX^b) = 1:2$。 答案:E。

66 图 16 所示的家系图中的两个家族皆在 X 染色体上带有源于基因突变的致病基因。这两个家族所生的孩子患有遗传病的概率各是多少?请从 A~F 中选择正确的一项:(　　)。(单选)

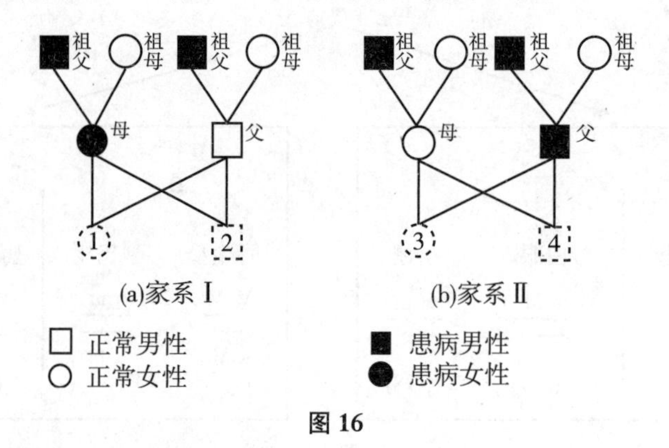

图 16

A. 家族Ⅰ的女孩 1 和男孩 2 的发病概率相同

B. 家族Ⅱ的女孩 3 和男孩 4 的发病概率相同

C. 家族Ⅰ的女孩 1 和家族Ⅱ的女孩 3 的发病概率相同

D. 家族Ⅰ的男孩 2 和家族Ⅱ的男孩 4 的发病概率相同

E. 家族Ⅰ的女孩 1 和家族Ⅱ的男孩 4 的发病概率相同

F. 家族Ⅰ的男孩 2 和家族Ⅱ的女孩 3 的发病概率相同

解析 将正常的 X 染色体记为 X,发生变异的染色体记为 X^*。由于已知此遗传病是由 X 染色体上某一个基因发生变异导致的,因此没有发病的男性的基因型为 XY,发病男性的基因型为 X^*Y。

先看家族Ⅱ。虽然父亲的基因型为 X^*Y,但其 Y 染色体是从其父亲,即祖父那里获得的,而 X^* 染色体是从其母亲,即祖母那里获得的。但是,由于这一家族的祖母并未患病,可知祖母的基因型是 XX^*,且 X^* 为隐性。因此,患有此遗传病的女性的基因型为 X^*X^*(变异基因的纯合体)。

根据上述结论,可推出这两个家族成员的基因型如图 17 所示。因此,家族Ⅰ的女孩 1 的基因型必定是杂合的 XX^*,其表型 100%为正常。家族Ⅰ的男孩 2 的基因型一定为 X^*Y,因此其患病概率为 100%。而家族Ⅱ的女孩 3 虽然会从父亲那里得到 X^* 染色体,但从其母亲那里获得的染色体究竟是 X、X^* 中的哪一个并不确定。因此,家族Ⅱ的女孩 3 患有此病的概率为 50%。家族Ⅱ的男孩 4 会从父亲那里得到 Y 染色体,但从其母亲那里获得的染色体究竟是 X、X^* 中的哪一个也并不确定。因此,家族Ⅱ的男孩 4 患有此病的

概率也为50%。综上所述,正确选项为B。 答案:B。

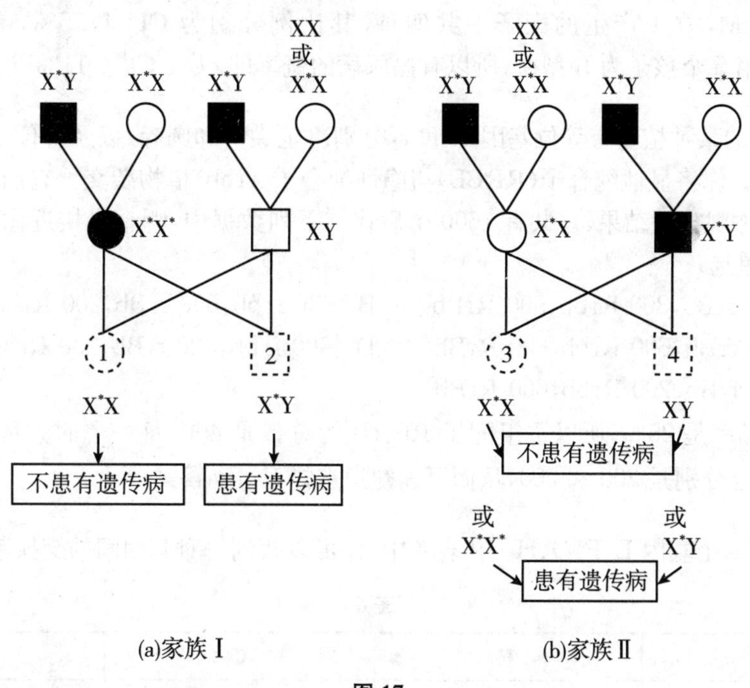

(a)家族Ⅰ (b)家族Ⅱ

图17

67 X连锁丙种球蛋白缺乏症(无丙种球蛋白血症)是一种罕见的伴X染色体隐性遗传的疾病,会干扰身体抵抗传染的能力。一个得了X连锁丙种球蛋白缺乏症的男人与一个正常的女人结婚了。下列哪个选项最佳地预测了他们的孩子遗传有X连锁丙种球蛋白缺乏症的潜在可能性?( )(单选)

A. 他们的所有孩子不论性别都会得X连锁丙种球蛋白缺乏症

B. 他们的所有儿子都将得X连锁丙种球蛋白缺乏症,而他们所有的女儿都会是携带者

C. 他们的女儿中大约50%将得X连锁丙种球蛋白缺乏症,而他们的所有儿子都会是正常人

D. 他们的儿子中大约50%将得X连锁丙种球蛋白缺乏症,而他们的所有女儿都会是携带者

E. 他们的孩子中不会有人得X连锁丙种球蛋白缺乏症,但是他们的女儿会是携带者

解析 抗体可分为IgG、IgA、IgM、IgD和IgE 5种,多数为丙种球蛋白。由于这种疾病是X染色体隐性遗传的,而且是一种罕见的疾病,所以我们可以认为母亲不是携带者,因此母亲的基因型是X^AX^A,而父亲的基因型是X^aY。易得答案为E。 答案:E。

68 黑尿症是人类的一种遗传性氨基酸代谢异常疾病。引起黑尿症的隐性基因在9号染色体上,和决定人类ABO血型的基因连锁。这两个基因的距离是11 cM(厘摩)。图18是黑尿症患者家族的家系图。○表示女性,□表示男性,涂黑表示患有黑尿症,某些个体的血型也在图中标出。如果1和2这对夫妇中,2已经怀了第5个孩子。现在知道这个孩子的血型为B型,则这个孩子患有黑尿症的概率是多少?( )(单选)

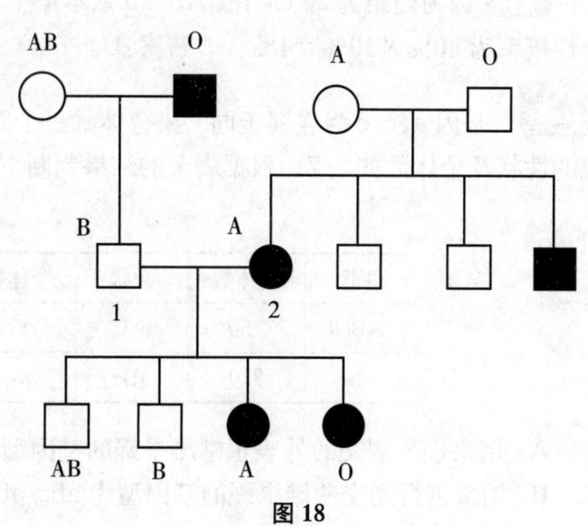

图18

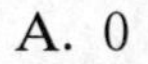

A. 0

B. 11%

C. 25%

D. 50%

E. 100%

解析 根据遗传图谱，可知1的基因型为CcI^Bi，2的基因型为ccI^Ai。因为黑尿病基因C与ABO血型基因连锁且距离为11 cM，故1产生的配子一共四种，其比例分别为CI^B 44.5%，ci 44.5%，cI^B 5.5%，Ci 5.5%。因为已知第5个孩子为B型血，所以有黑尿病的概率即$cI^B : CI^B = 11\%$，选B。 答案：B。

69 你正在研究的某种植物有等位基因R和r，分别决定尖叶和圆叶；以及等位基因B和b，分别决定蓝色花瓣和白色花瓣。你将显性纯合子(RRBB)与隐性纯合子(rrbb)植物杂交。它们的后代再与隐性纯合子(rrbb)植物杂交。你观察了结果，总共有1600个后代。下列数据中，哪个最接近你的推测？已知重组频率是25%。(　　)(单选)

A. 100 rrbb，300 rrBb，300 Rrbb，900 RrBb
B. 600 rrbb，600 rrBb，200 Rrbb，200 RrBb
C. 200 rrbb，200 rrBb，600 Rrbb，600 RrBb
D. 900 rrbb，300 rrBb，300 Rrbb，100 RrBb
E. 600 rrbb，200 rrBb，200 Rrbb，600 RrBb

解析 由于重组频率是25%，所以重组配子Rb、rB的总数是400，每一个的数目是200。于是子代中Rrbb和rrBb的个数也分别是200和200，从而可以知道选择E。 答案：E。

70 你正在研究四个基因E、F、G、H。在表6中，你可以找到每对基因间的交换频率。

表6

	F	G	H
E	22	17	12
F		5	10
G			5

下列哪个选项正确表示了染色体上的基因顺序？(　　)(单选)

A. EGFH
B. EGHF
C. EHGF
D. EFGH
E. EFHG

解析 从表6中可以看出，各个基因的顺序及其图距是E-12-H-5-G-5-F。 答案：C。

71 若连锁于同一染色体上的基因A和B间的互换距离为20 cM，则基因型为AB/ab和Ab/aB的个体杂交后，子代表型皆为隐性性状的概率为(　　)。(单选)

A. 10%
B. 8%
C. 6%
D. 4%

解析 因为图距为20 cM，故AB/ab亲本产生40%的ab配子，Ab/aB亲本产生10%的ab配子，子代双隐性概率为$40\% \times 10\% = 4\%$。 答案：D。

72 基因a、b、c为连锁于同一染色体的三个隐性突变基因。以一只外表正常的雌果蝇进行测交，其子代的性状及个体数如表7。根据表7的结果判断下列叙述中正确的是(　　)。(多选)

表7

性状	个体数	性状	个体数	性状	个体数	性状	个体数
ABC	150	abC	47	AbC	7	aBC	300
Abc	310	aBc	3	ABc	43	abc	140

A. 用来进行测交的外表正常雌果蝇的基因型为ABC/abc
B. 用来进行测交的雄果蝇的基因型为abc/abc
C. 基因a和b的距离是10 cM
D. 基因a和c的距离是30 cM

解析 整理题目表格，如表8所示。

表 8

性状	个体数
Abc	310
aBC	300
ABC	150
abc	140
abC	47
ABc	43
AbC	7
aBc	3

根据三点测交的推断与计算，可知C基因位于中间，亲本雌果蝇基因型为Acb/aCB，亲本雄果蝇基因型为acb/acb，因此不考虑排列顺序的话，A不对，B正确。计算图距得a、c之间的距离为30 cM，b、c之间的距离为10 cM，a、b之间的距离为40 cM。 答案：BD。

73 基因a、b在果蝇X染色体上的距离为7 cM，若一基因型a^+b/ab^+的雌果蝇与野生型的雄果蝇交配，则下列有关其子代的叙述中正确的是（　　）。（多选）

A. 子代雄蝇出现a^+b^+性状的概率为0.07
B. 子代雄蝇出现ab性状的概率为0.035
C. 子代雌蝇出现a^+b^+性状的概率为0.5
D. 子代雌蝇出现ab性状的概率为0
E. 子代雄蝇出现a^+b或ab^+性状的概率为0.5

解析 a、b图距为7 cM，因此子代重组型雄蝇即a^+b^+与ab性状各占0.035，而亲本型雄性a^+b或ab^+性状各占0.465，因此B正确，A、E不对。雌蝇因为父亲提供的X染色体为野生型，所以不会有ab，全为野生型，因此C不对，D正确。 答案：BD。

74 果蝇的灰身对黑身为显性，红眼对褐眼为显性。一只异型合子的灰身红眼果蝇和一只黑身褐眼果蝇交配，其子代如下：灰身红眼721只，黑身褐眼751只，灰身褐眼49只，黑身红眼45只。根据上述结果，下列叙述中正确的是（　　）。（多选）

A. 支配体色与眼色的两个基因位于不同染色体
B. 支配体色与眼色的两个基因连锁在同一染色体
C. 支配体色与眼色的两个基因的距离为3 cM
D. 支配体色与眼色的两个基因的距离为6 cM
E. 支配体色与眼色的两个基因的距离为48 cM

解析 该交配为测交，即子代表型代表异型合子（灰身红眼）亲代所产生的配子的基因型。由子代表型发现，灰身与红眼性状大多同时出现，黑身与褐眼性状大多同时出现，由此可知灰身基因与红眼基因连锁在同一染色体，黑身基因与褐眼基因连锁在同一染色体。两个基因之间的重组率为(49+45)/(49+45+721+751)=6.00%。因此两个基因之间的遗传距离为6 cM。 答案：BD。

75 利用杂交的方法发现下列四个基因的相对距离（以互换单位表示）分别是：A-B=22、B-D=2、B-C=7、C-D=9、D-A=20、C-A=29。下列有关这四个基因的叙述中正确的是（　　）。（多选）

A. 这四个基因不连锁
B. 这四个基因连锁
C. 这四个基因的排列顺序为ADBC
D. 这四个基因的排列顺序为ABCD
E. 这四个基因的排列顺序为CBDA

解析 四个基因之间的重组率不为50%，说明这四个基因连锁。由A-B=B-D+D-A，可知A、B、D的排列顺序为ADB。再由B-D+B-C=C-D可知B、C、D的排列顺序为DBC。综合可知四个基因的排列顺序为ADBC，CBDA与此排列相同。 答案：BCE。

76 测交异型合子 AaBb，若 A(a)和 B(b)位于同一染色体上，且二者相距 25 cM，则测交后代的表型比例应为(　　)。(多选)

A. 1∶1∶1∶1　　B. 1∶2∶2∶1　　C. 2∶1∶1∶2　　D. 1∶3∶3∶1
E. 3∶1∶1∶3

解析 异型合子 AB/ab 的配子基因型和比例分别为 12.5% Ab、12.5% aB、37.5% AB、37.5% ab，测交的后代表型比例与配子表型比例一致，为 1∶1∶3∶3 或 3∶3∶1∶1 或 1∶3∶3∶1 或 3∶1∶1∶3。

答案：DE。

77 若连锁于同一染色体上的基因 A 与 B 间的互换距离为 20 cM，则基因型为 AB/ab 和 Ab/aB 的个体交配后，子代表型皆为隐性性状的概率为(　　)。(单选)

A. 20%　　B. 10%　　C. 6%　　D. 4%
E. 2%

解析 子代表型为隐性性状的基因型是 ab/ab。基因型为 AB/ab 的个体产生 ab 型配子的概率为 0.4，基因型为 Ab/aB 的个体产生 ab 型配子的概率为 0.1，它们结合形成 ab/ab 的概率是 $0.4\times0.1=4\%$，因此选 D。　答案：D。

78 德国和瑞士 18 世纪的文学作品中描述：痛苦就是在亲吻孩子的额头时尝到的咸味，因为这意味着这个孩童被诅咒了，马上就要死去。这里描述的是一种致命的遗传病所导致的婴儿电解质过量丢失的症状，这种疾病是(　　)。(单选)

A. 肌营养不良　　B. 囊性纤维化
C. 亨廷顿舞蹈症　　D. Tay-Sachs 病

解析 囊性纤维化是一种常见的影响全身各系统的遗传病，造成残疾和早夭。囊性纤维化的名字来自该病特征性的胰腺瘢痕形成和囊性变。囊性纤维化的典型表现是患儿皮肤发咸，食欲正常但发育受限，体重较轻，黏液较多，反复肺部感染，咳嗽和呼吸困难。肺部感染时使用抗生素可以控制，但无法治愈，反复发生，最终导致呼吸困难。囊性纤维化是囊性纤维化跨膜转导调节因子(CFTR)基因突变引起的。该基因的功能是制造汗液、消化液和黏液。大多数正常人该基因的两条等位基因均正常，不过只需要一条正常的等位基因就可以预防疾病的发生，只有当两条等位基因均异常时才会发生囊性纤维化。因此，囊性纤维化是常染色体隐性遗传病。　答案：B。

79 物种的遗传变异方式之一是同源染色体的非姐妹染色体之间发生染色体片段的交叉。下列哪个细胞的形成过程中可能发生了染色体交叉？(　　)(单选)

A. 软骨细胞　　B. 配子　　C. 白细胞　　D. 造骨细胞
E. 孢子体

解析 在生殖细胞的减数分裂Ⅰ期的前期，同源染色体发生配对。染色体交叉过程中，非姐妹染色单体可能会在对应点处断开并交换片段。　答案：B。

80 巴西科学家最近发现一株不含咖啡因的咖啡树。经过八年时间的研究，不断用几株隐性性状的咖啡树进行杂交，最终产生了这株独一无二的咖啡树，这证明了(　　)。(单选)

A. 植物的基因库中有着丰富的遗传多样性　　B. 许多年前，可可树是不含咖啡因的
C. 所有的研究都会成功　　D. 咖啡因对人类有害

解析 该研究的细节(图 19)发表在 2004 年 6 月 24 日《自然》的第 429 卷上。这株植物缺乏将可可碱转化为咖啡因的咖啡因合成酶，因此植物体内的可可碱浓度极高。

咖啡是一种用生长在非洲的常青植物——咖啡树的种子作为原料，将其烘烤、碾碎，最终制作而成的饮品。世界范围内有 1/3 的人口饮用或凉或热的咖啡，比其他任何饮料都多。咖啡如此受欢迎是因为它有提

可可碱
咖啡因
2
6
10
14
18
22
26
洗脱时间/min
Cf
Tp
Tb
STDs
AC1
MN

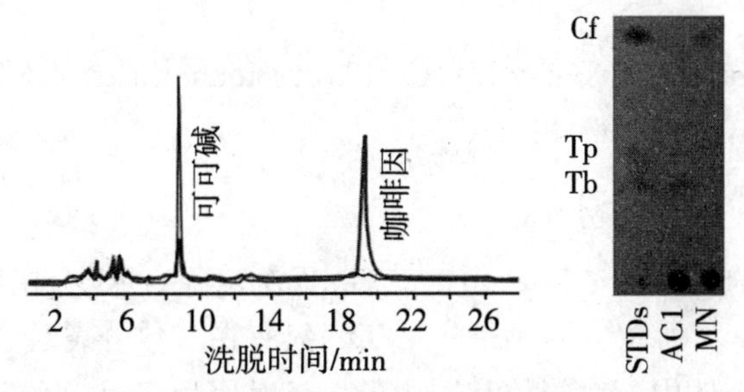

图 19　左图为液相色谱，右图为薄层色谱

图中 STDs 为标准，Cf 为咖啡因，Tp 为茶碱（theophylline），Tb 为可可碱（theobromine），AC1 为新发现的品种（为了纪念遗传学家 Alcides Carvalho），MN 为商用咖啡品种“新世界”（Mundo Novo）；蓝色为 AC1，红线为 MN，显示二者在咖啡因与可可碱含量上的巨大差异。

神的功效，其中咖啡因是它的有效成分。咖啡因是一种碱性激动剂，在阿拉比卡（Arabica）咖啡豆中的含量为 0.8%～1.5%，罗布斯塔（Robusta）咖啡豆中的含量为 1.6%～2.5%。这两种咖啡树满足了世界绝大部分的咖啡需求，其中阿拉比卡咖啡豆煮出来的咖啡比罗布斯塔咖啡豆煮出来的更香醇。阿拉比卡咖啡树生长在中美和南美、加勒比海和印度洋附近，罗布斯塔咖啡树则主要生长在非洲。因为咖啡因有某些不受欢迎的副作用，所以人们尝试了许多方法脱去咖啡中的咖啡因，使用溶剂萃取的方法现在已成为主流。基因工程则始终没能成功产生质量、口味和香气不变而不含咖啡因的咖啡豆，不过，育种学家成功了。

咖啡因的生物合成路径如图 20 所示。　答案：A。

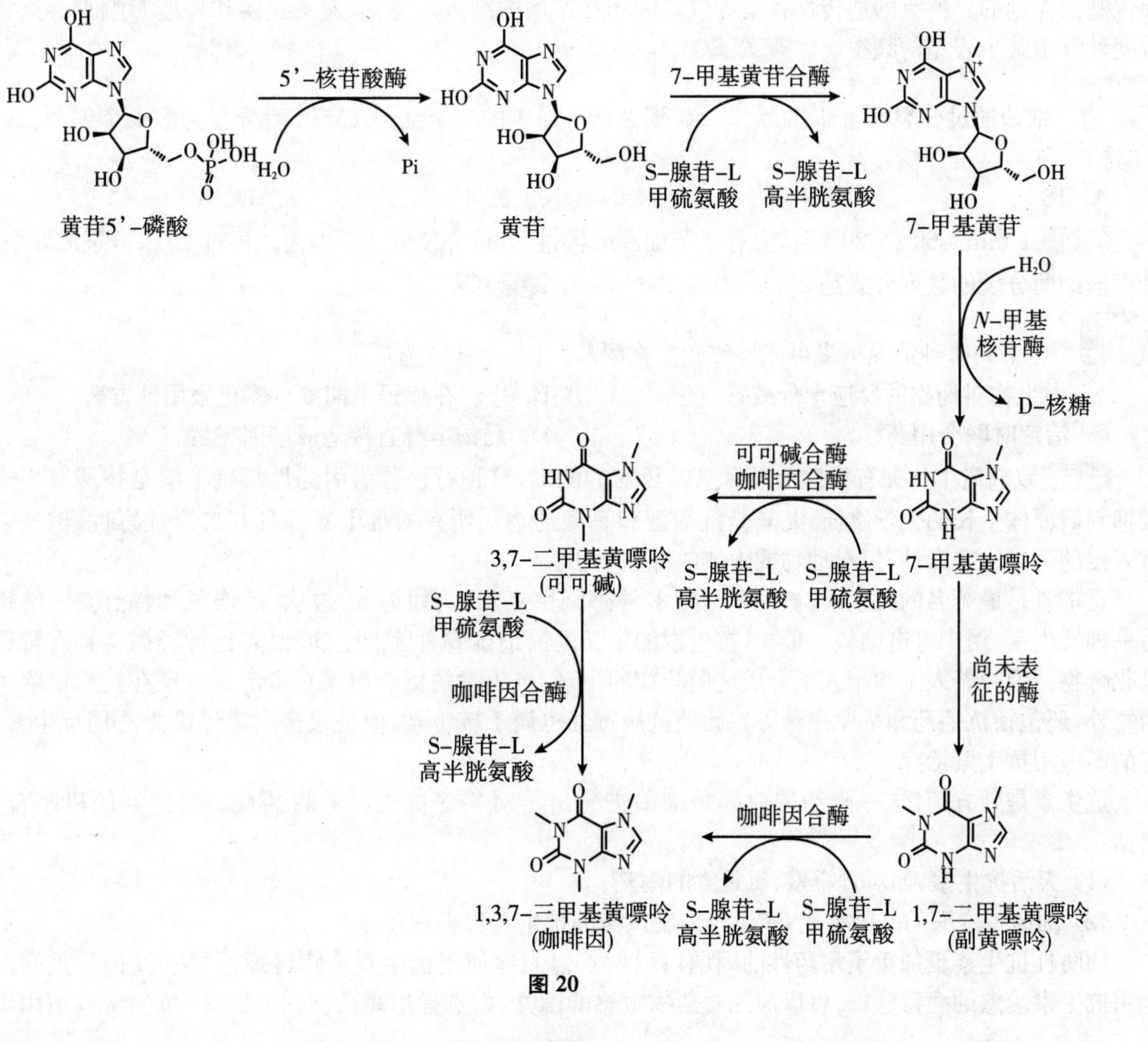

5'-核苷酸酶
H_2O
Pi
黄苷5'-磷酸
黄苷
7-甲基黄苷合酶
S-腺苷-L
甲硫氨酸
S-腺苷-L
高半胱氨酸
7-甲基黄苷
H_2O
N-甲基
核苷酶
D-核糖
7-甲基黄嘌呤
可可碱合酶
咖啡因合酶
S-腺苷-L
高半胱氨酸
S-腺苷-L
甲硫氨酸
3,7-二甲基黄嘌呤
(可可碱)
S-腺苷-L
甲硫氨酸
咖啡因合酶
S-腺苷-L
高半胱氨酸
尚未表
征的酶
1,7-二甲基黄嘌呤
(副黄嘌呤)
咖啡因合酶
S-腺苷-L
高半胱氨酸
S-腺苷-L
甲硫氨酸
1,3,7-三甲基黄嘌呤
(咖啡因)

图 20

参考文献

[1] Silvarolla M B, Mazzafera P, Fazuoli L C. Plant Biochemistry: A Naturally Decaffeinated Arabica Coffee[J]. Nature, 2004, 429(6994): 826.

81 隐性性状的特征是(　　)。(单选)

A. 生物适应环境时产生的
B. 无法清除,一定会在后代中出现
C. 基因由性染色体携带
D. 只有在减数分裂时其基因才能与显性基因分离

解析 隐性遗传是指生物个体中一对等位基因中的一条基因由于另一条基因占主导地位(显性)而无法表达。两条等位基因影响同一遗传特性,但是隐性基因是否存在不能通过简单的观察就能判断,因为即便存在于个体的基因组中,隐性基因控制的表型也不一定表现出来。

显性则是支配某一特性遗传性状的等位基因中一条基因占主导地位的情况。如果一株豌豆的一对等位基因是T和t(T=高植株,t=矮植株),且其高度和等位基因是TT的植株相同,则可以认为等位基因T是完全显性;如果等位基因是Tt的植株高度比等位基因是TT的植株高度矮,但比等位基因是tt的植株高度高,则称T是不完全显性,也就是说T比t的影响更大,但是无法完全遮盖t的表达,这里的t是隐性的。

一个等位基因是指染色体上的基因位点可以出现的两个或多个基因中的一个。等位基因可以成对出现,也可以由多个等位基因共同支配一个表型。如果成对的基因相同,则称该个体是该基因的纯合子;如果不同,则称杂合子。杂合体中的显性等位基因可以掩盖隐性等位基因的遗传效应。而在某些情况下,等位基因存在共显性,也就是说,两个等位基因没有显性、隐性之分。人类的ABO血型系统就是一个例子:AB型血的人的等位基因分别是A和B(没有A也没有B的血型是O型)。等位基因的形式很多(如A、B、O),但是减数分裂时二倍体生物只有两个等位基因在特定的基因位点上。另外,一些性状是由两个及以上的非等位基因控制的。所有的遗传性状是等位基因相互作用的结果。突变、交叉互换和环境影响都会选择性地改变种群中某个表型的频率。　**答案:D。**

82 细菌通过分裂繁殖,间期为20 s。那么培养皿中的一个细菌1 min后分裂为多少个细菌?(　　)(单选)

A. 16　　B. 4　　C. 8　　D. 6

解析 1 min=60 s。20 s后,会有2个细菌。再过20 s,分裂成4个细菌。再过20 s,分裂成8个细菌。计算该细菌分裂的数列公式是2^n($n=0,1,2,\cdots$)。　**答案:C。**

83 在下列哪种情况下最可能导致微生物耐药?(　　)(单选)

A. 微生物对药物的反应十分敏感
B. 患者在疗程中期擅自停止服用处方药
C. 治疗时联合用药
D. 药物本身直接造成基因突变

解析 致病微生物拥有抵抗杀灭病原体药物的能力,这种特性称为耐药性。抗生素是指所有用来杀灭或抑制病原体生长的化学物质,尤其是抗细菌和真菌药物。所有的抗生素都具有选择性毒性,例如它们均对入侵的微生物有毒性,但对动物或人体的毒性较小。

青霉素是最著名的抗生素,被用来治疗多种感染性疾病,例如梅毒、淋病、破伤风和猩红热。链霉素是另一种抗生素,用来打击结核。最初,抗生素的定义是由细菌或真菌产生的、对其他种类微生物有毒性的有机化合物。但随着人工和半人工合成抗菌药物的出现,抗生素的概念越来越广泛了。现在抗生素除了抗菌药物外,还包括抗疟药和抗原虫药等。此外抗病毒药也属于抗生素,但是很多病毒感染无法用抗生素治愈,有的不应用抗生素治疗。

抗生素是处方药,这一限制的原因是细菌进化出了对某些抗生素的耐药性。耐药性的机制有很多,包括:

(1) 灭活抗生素,如对青霉素、氯霉素的耐药;

(2) 细菌特定酶的基因突变,使原先抑制该酶的抗生素失去作用。

预防性抗生素更加重了耐药性的问题,盲目、不恰当地使用抗生素治疗普通感冒和其他常见的但是不能用抗生素治愈的病毒感染,可以清除对药物敏感的菌株,而选择出耐药菌株。因此,抗生素只适用于在疗

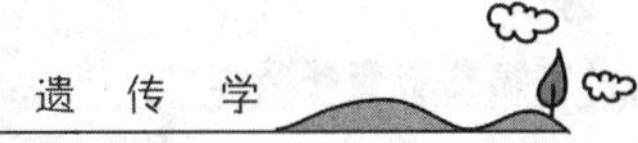

程中使用，一旦开始服用，在整个疗程中都必须持续服用，提早停止治疗将有可能无法将致病细菌全部杀死，导致耐药性。类似地，给家畜和禽类服用抗生素也促进了耐药性的发展，导致肉类被耐药菌，如沙门氏菌污染。 答案：B。

84 一株在医院里培植的菌株被发现拥有一种包含两种基因的质粒：一个是影响性菌毛结构的，一个是影响四环素耐药性的。如果这些细菌与缺乏这种质粒的细菌接合，把质粒转移到另一细菌上，那么结果最可能是下列哪项？（ ）（单选）

A. 产生包含相同质粒的克隆细菌　　B. 四环素耐药性会快速传播到医院中的其他细菌
C. 最初的耐药菌株的四环素耐药性会逐渐丧失　　D. 细菌的后代中产生了芽孢
E. 结合细菌是暂时的二倍体

解析 含有四环素基因的质粒会通过性鞭毛的接合作用在细菌之间大肆传播，最终所有细菌均会产生耐药性。注意质粒的性导与核DNA无关，并不是形成一个细菌的克隆，A不对。 答案：B。

85 下列关于Ti质粒的说法哪个不正确？（ ）（单选）

A. 在农业生产中，它通常用来引导外源基因进入植物细胞中
B. 它是一种肿瘤诱导质粒
C. 它可能引起植物细胞中抗体的产生
D. 它在自然界中被发现存在于根瘤农杆菌（*Agrobacterium tumefaciens*）中
E. 它的片段可以被嵌入进宿主细胞基因中

解析 Ti是在根瘤土壤杆菌（农杆菌）细胞中存在的一种染色体外自主复制的环形双链DNA分子。它控制根瘤的形成，可作为基因工程的载体。Ti是英文肿瘤诱发（tumor-inducing）的缩略式。

植物有植物的免疫机制，但是没有像脊椎动物一样发展出特异性免疫，到目前为止都没有发现植物能产生针对特异性抗原的抗体蛋白。其实不仅是植物，无脊椎动物也不能产生抗体。目前所谓的植物抗体指的是通过基因工程在植物中表达的动物抗体蛋白。 答案：C。

86 甲、乙、丙、丁为大肠杆菌的四个失去合成色氨酸能力的突变体。色氨酸生合成的路径包含数个步骤及中间产物A、B、C、D、E。表9为添加各中间产物于没有色氨酸的培养基后，各突变体的生长情形，“+”表示能生长，“-”表示不能生长。根据表9的结果判断，突变甲的代谢障碍发生在何处？（ ）（单选）

表9

突变体	添加物				
	A	B	C	D	E
甲	+	-	+	-	+
乙	-	-	+	-	-
丙	+	-	+	+	+
丁	-	-	+	-	+

A. D→A　　B. A→B　　C. C→D　　D. B→E

解析 丙只需要添加B以外任何物质都可生长，说明B是合成的第一个前体，依次推出，合成顺序为B→D→A→E→C。具体而言，甲突变在D→A处，乙突变在E→C处，丙突变在B→D处，丁突变在A→E处。 答案：A。

87 在大肠杆菌中，参与乳糖分解的3种酶（下称乳糖分解酶）的基因在培养基中有乳糖的时候将会被转录，但是当培养基中没有乳糖的时候将不会被转录。如图21所示，乳糖分解酶基因上游中的调节基因、操纵基因和启动子参与这一转录的调控。

现发现了乳糖代谢异常的大肠杆菌突变株a、b、c。a的乳糖分解酶基因没有任何异常，但是在含有乳糖的培养基中培养时却没有乳糖分解酶合成。而b和c在没有乳糖的培养基中培养也会有乳糖分解酶合成。为了进一步研究b和c，从野生型大肠杆菌中分离出了含有调节基因、启动子和操纵基因的DNA片段，并将

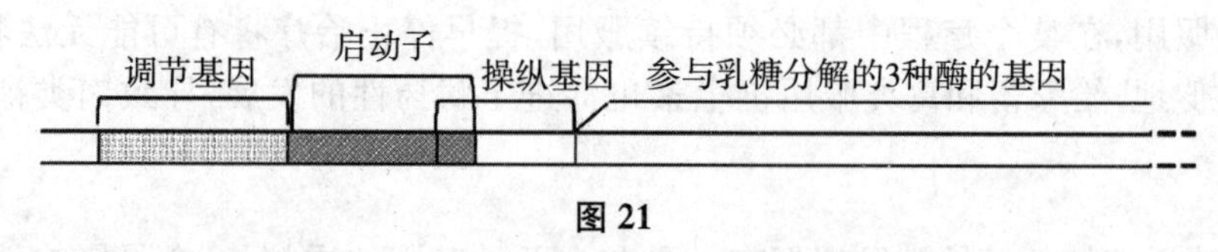

图 21

其导入突变株 b 和 c。结果，b 在不含有乳糖的培养基中不再合成乳糖分解酶，但是 c 在不含有乳糖的培养基中仍然会合成乳糖分解酶。

请根据上述实验结果推测突变株 a、b、c 中分别是调控乳糖分解酶合成的哪一区域发生了突变，并从 A～F中选择正确的一组答案：(　　)。(单选)

A. 调节基因；启动子；操纵基因　　B. 调节基因；操纵基因；启动子

C. 启动子；调节基因；操纵基因　　D. 启动子；操纵基因；调节基因

E. 操纵基因；调节基因；启动子　　F. 操纵基因；启动子；调节基因

解析 突变株 a 无法正常合成乳糖分解酶，同时又知道其乳糖分解酶基因是正常的，因此可以推断出它的转录功能异常，并且是由启动子突变，RNA 聚合酶无法结合造成的。另一方面，b 和 c 总是在不断地合成乳糖分解酶，可知它们调控(抑制)转录的部位发生了突变(图 22)。在导入的 DNA 表达后，b 的转录被抑制，这是因为导入的 DNA 上的调节基因表达出的阻遏物结合在突变株 DNA 的操纵基因上，从而抑制了转录。因此 b 的操纵基因是正常的，而突变发生在其调节基因上。在 c 中，即使导入的 DNA 发生表达也无法抑制其转录，说明突变株 c 的操纵基因发生了突变，导致即使阻遏物存在也无法抑制转录。　**答案：C。**

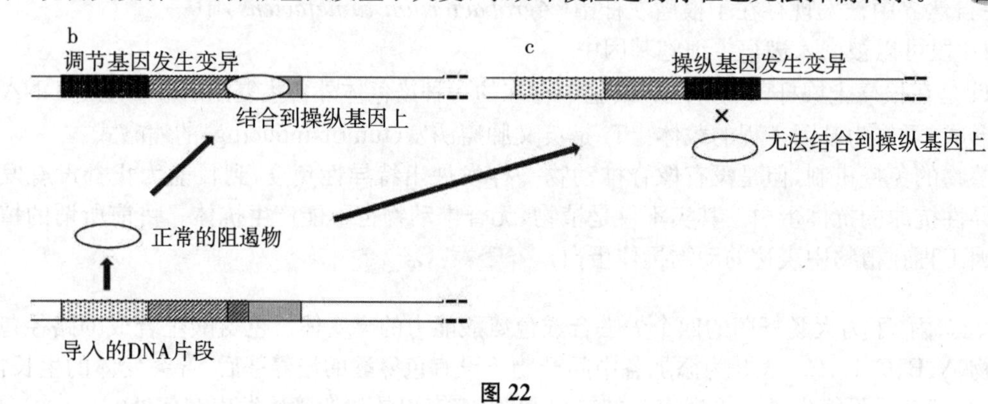

图 22

88 一般来说，食物中毒只要一次摄入的致病菌不超过一定量便不会出现中毒症状。本题中设想一个致病菌引发的食物中毒事件。

现设想一种病原菌 Vader。如果一次摄入的 Vader 超过 10 万个便会引发食物中毒，但是如果摄入量少于 10 万便不会出现中毒症状。在餐厅“星球大战”中发生了食物中毒事件。之前，餐厅的高汤中被发现含有病原菌 Vader，因此本来打算将其处理掉，但是由于发生了操作失误，在中午 12 点提供的 1000 mL 新鲜的肉汤中混入了几滴这一含有病原菌的高汤。根据事后的调查，推断此时混入了 1000 个 Vader。每名客人进食了 100 mL 这一肉汤，结果在晚上 8 点之前进食的客人没有发病，但是晚上 9 点以后进食的客人出现了食物中毒症状。因为这一事件，“星际大战”餐厅被勒令停业。

假设 Vader 进入肉汤后马上开始进行分裂繁殖，并且所有客人都将 100 mL 汤喝完，没有剩余，请计算 Vader 的世代时间，并从下列选项中选出与其最接近的一项。(注意，世代时间是指细菌数目翻倍所需的时间，并假设在被客人进食之前，Vader 都以相同的速度进行分裂。)(　　)(单选)

A. 30 min　　B. 40 min　　C. 50 min　　D. 60 min

E. 70 min

解析 混入 1000 mL 汤中的 1000 个 Vader 要增值为每 100 mL 含 10 万个，就必须增殖到 100 万个。由于 100 万是 1000 的 1000 倍，因此本题所要求解的便是 Vader 的数目增殖为原先的 1000 倍所需的时间。

由于 $2^{10}=1024\approx1000$，细菌分裂 10 次后便会增殖到原先数目的 1000 倍。$2^{10}\approx10^{3}$ 在实际应用中是非常便利的一个近似式，大家应当记住。

要分裂 10 次，若世代时间是 10 min 就需要 1 h 40 min(100 min)，是 20 min 就需要 3 h 20 min

(200 min),是 30 min 就需要 5 h(300 min),是 40 min 就需要 6 h 40 min(400 min),是 45 min 就需要 7 h 30 min(450 min),是 50 min 就需要 8 h 20 min(500 min),是 55 min 就需要 9 h 10 min(550 min),是 60 min就要需要 10 h(600 min)。

中午 12 点混入 Vader 的汤,晚上 8 点摄入的客人没有发病,而晚上 9 点以后的客人出现了食物中毒症状,说明 Vader 分裂 10 次所需要的时间是 8~9 h,因此 Vader 的世代时间大约为 50 min。 **答案:C。**

89 一位微生物遗传学家对大肠杆菌 3 个 Hfr 菌株利用中断交配技术,分别与营养缺陷型 F^- 菌株交配,获得表 10 所示的结果。

表 10

供体位点	进入时间/min		
	HfrP4X	HfrKL98	HfrRa-2
gal+	11	67	70
thr+	94	50	87
xyl+	73	29	8
lac+	2	58	79
his+	38	94	43
ilu+	77	33	4
arg+	62	18	19

利用上述资料,他建立一个大肠杆菌染色体图,以 min 表示的图距,得出了各 Hfr 菌株 F 因子的插入位点及转移方向,并计算了基因位点之间的间距。

关于该实验,以下选项描述正确的有(　　)。(多选)

A. 三个菌株中 P4X 与 KL98 转移方向相同,Ra-2 与前二者相反

B. 相邻两个基因之中,相距最远的是 arg-his,距离为 24 min

C. thr 基因在 ilu 基因与 lac 基因之间

D. 中断杂交实验只能进行距离较远的基因的定位,共转导只适合于距离很近的基因的定位,结合两种方法可进行基因的精确定位

解析 各菌株的供体位点、F 因子的插入位点及转移方向见表 11 和图 23。 **答案:ACD。**

表 11

菌株	供体位点						
HfrP4X	lac+	gal+	his+	arg+	xyl+	ilu+	thr+
HfrKL98	arg+	xyl+	ilu+	thr+	lac+	gal+	his+
HfrRa-2	ilu+	xyl+	arg+	his+	gal+	lac+	thr+

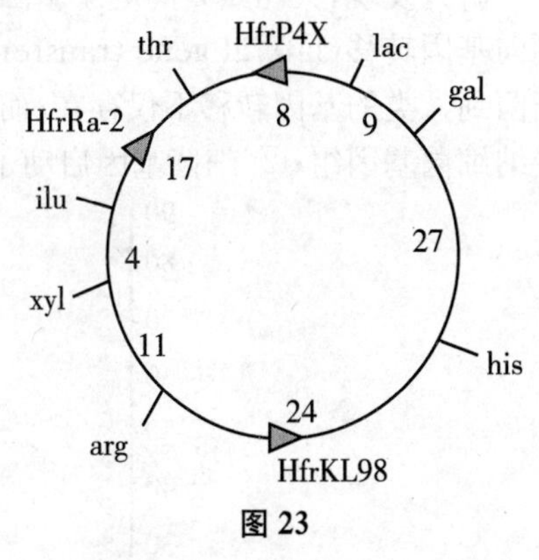

图 23

90 基因型为 $gal^- thr^- azi^r lac^- ton^r mal^- xyl^- leu^-$ 的链霉素抗性(str^r)F^- 菌株跟与前者性状相反的原养型 Hfr 菌株杂交。在接合 60 min 后,将样品转移到含有链霉素的基本培养基上。原来的混合物中有 2×10^7 个 Hfr 和 4×10^8 个 F^-。Hfr 基因发生转移的百分数分别是 72% ton^s,0 mal^+,27% gal^+,91% azi^s,0 xyl^+,48% lac^+,Hfr 菌株转移这些基因最可能的转移顺序是什么?(　　)(单选)

A. —(thr^+ leu^+)—azi^s—ton^s—lac^+—gal^+—str^s—(mal^+ xyl^+)

B. —(thr^+ leu^+)—azi^s—lac^+—gal^+—ton^s—str^s—(mal^+ xyl^+)

C. —(thr^+ leu^+)—azi^s—lac^+—tons—gal^+—str^s—(mal^+ xyl^+)

D. —(thr^+ leu^+)—azi^s—ton^s—gal^+—lac^+—str^s—(mal^+ xyl^+)

解析 顺序为转移起始点—(thr^+ leu^+)—azi^s—ton^s—lac^+—gal^+—str^s—(mal^+ xyl^+)。在经典的中断杂交实验中,已知 thr^+ 最接近 Hfr 的 ori 起点,leu^+ 与其十分接近,因此培养基中一般不含这两种氨基酸,合成苏氨酸(Thr)和亮氨酸(Leu)的基因必须首先进入,才能出现菌落。链霉素可杀死对其敏感的菌株,因此 str^s 基因一定不要进去,故放在最靠后的位置。其余基因的顺序按照转移百分数高低排序即可,因为越先转入的基因,整合进受体菌的概率越大。

注意:位于括号内的基因顺序尚无法确定,其实 str^s 与后两个基因的位置关系也无法确定。 答案:A。

91 将 Hfr(λ)与 F^- 菌株接合,发现仅可得到转移原点与前病毒整合位点之间的基因顺序,请问这可能是什么原因导致的?( )(单选)

A. 在接合时,前病毒通过接合管时会使接合管断裂

B. 在接合时,由于前病毒在 F^- 菌株中没有同源片段,之后的基因无法发生重组

C. 在接合时,当前病毒整合到 F^- 菌株时,会引发溶解断裂

D. A、B、C 都有可能

解析 题目描述的为合子诱导现象。

雅可布和沃尔曼于 1956 年发现了合子诱导(zygotic induction)现象,并利用合子诱导确定了几个 *E. coli* 染色体上原噬菌体的整合位点。他们发现 Hfr(λ)× F^- 所得到的重组子频率要比 Hfr × F^-(λ)或 Hfr(λ)× F^-(λ)低得多。这是由于在 Hfr(λ)× F^- 的杂交中供体菌带有可诱导的原噬菌体,而受体菌株对噬菌体敏感(无阻遏物),染色体从供体到受体开始正常的转移,直到带有原噬菌体的染色体部位进入无免疫的 F^- 细胞,这时原噬菌体立即从染色体部位脱落下来进行自主繁殖,大量复制,最终使合子裂解,因此不易得到重组子。 答案:C。

92 细菌可以通过以下哪些介质、手段传递自己的遗传信息?( )(多选)

A. 噬菌体 B. 同菌株的细菌 C. 不同种的细菌 D. 人宿主

E. 植物宿主

解析 基因的水平转移(侧向转移):噬菌体转导,同菌株的接合,不同种的质粒转化(如大肠杆菌某 Hfr 菌株可将基因传给鼠伤寒沙门氏菌),土壤农杆菌 Ti 质粒转给植物。2013 年,马里兰大学医学院(University of Maryland School of Medicine)的科学家们找到了细菌基因可偶然性地整合至人类基因组中的强力证据。研究发现,大约 1/3 的健康基因组中含有细菌 DNA 序列,而癌细胞中则更高。从而证实了来自细菌的侧向基因转移(lateral gene transfer,LGT)。这项发表在《PLoS Computational Biology》上的研究认为从细菌到人类的基因转移不仅存在,而且以以下某种形式存在而与细胞过度增殖有关:① 癌细胞基因组更易接纳细菌基因组;② 细菌基因启动了健康细胞向癌细胞的转变(图 24)。 答案:ABCDE。

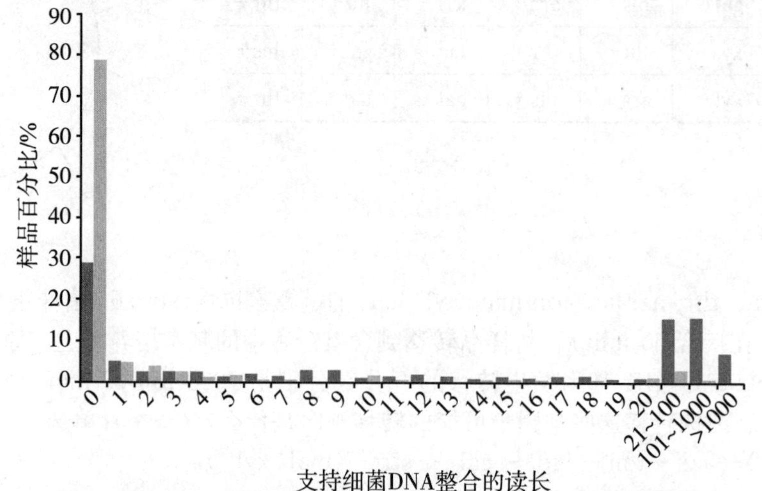

图 24 正常和癌变基因组中支持细菌 DNA 整合的读长分布

样本的百分比展示了给定配对读长下,支持细菌 DNA 整合在肿瘤基因组(粉色)和在正常基因组(绿色)的比例。

参考文献

[1] Riley D R, Sieber K B, Robinson K M, et al. Bacteria - Human Somatic Cell Lateral Gene Transfer Is Enriched in Cancer Samples[J]. PLoS Comput Biol, 2013, 9(6): e1003107.

93 通过基因重组的方式绘制出噬菌体四个基因的遗传图谱，这四个基因间的重组频率如表12所示。这四个基因在同一条染色体上的顺序是什么？(　　)(单选)

表12

	A	B	C	D
A	-	0.18	0.1	0.2
B		-	0.15	0.37
C			-	0.24
D				-

A. ABCD　　B. CBDA　　C. BADC　　D. CABD

E. DACB

解析 本题主要考查根据遗传图谱对基因进行染色体排序。只需要注意重组率和基因在染色体上的位置距离成正比即可得出E选项。 答案:E。

94 下列说法中正确的是(　　)。(多选)

A. 溶源性是指温和噬菌体侵染受体时，不使受体细胞裂解，形成共生状态

B. λ噬菌体通过诱导因素的诱导，可使关闭的基因表达，进入裂解状态

C. 转导是以噬菌体为媒介转移遗传物质进入受体细胞

D. 特殊性转导仅限于原噬菌体附着点附近的基因

解析 转导是以噬菌体为媒介转移遗传物质进入受体细胞，噬菌体感染受体菌后其DNA会开环，以线状形式整合到宿主染色体特定位点上，不使受体细胞裂解，成为共生的溶源状态。当溶源菌被紫外线诱导时可进入裂解状态，此时有极少数前噬菌体发生不正常切离，将插入位点两侧之一的少数宿主基因连接到噬菌体DNA上，误包进噬菌体中，由此完成的转导为特殊性转导，只能使供体一个或少数几个特定基因转移到受体并表达，仅限于原噬菌体附着点附近的基因。 答案:ABCD。

95 为了确定T4噬菌体的h和r位点的重组率，利用大量的h^+r^-和h^-r^+噬菌体对大肠杆菌进行复感染，收集裂解液，分析其基因型，结果是:h^+r^+ 2000;h^+r^- 3000;h^-r^+ 3000;h^-r^- 2000。据此说明两位点间的重组率是(　　)。(单选)

A. 20%　　B. 40%　　C. 50%　　D. 75%

解析 噬菌体h、r位点间的重组率$RF=(h^+r^++h^-r^-)$/总数，即重组型个数/总数，故$RF=(2000+2000)/10000=40\%$。 答案:B。

对两个基因的噬菌体杂交所测定的重组频率如下:

$$a^-b^+ \times a^+b^- \quad 3.0\%$$
$$a^-c^+ \times a^+c^- \quad 2.0\%$$
$$b^-c^+ \times b^+c^- \quad 1.5\%$$

回答96、97题。

96 a、b、c三个基因在连锁图上的顺序如何？(　　)(单选)

A. abc　　B. bac　　C. cab　　D. acb

解析 由题中所给的重组频率可知:b与c最近，a与c次之，a与b最远，所以三因子在连锁图上的次序只能为acb。 答案:D。

97 接上题，假定三因子杂交 $a^-b^+c^- \times a^+b^-c^+$，你预期两种亲本型的频率皆为（ ）。（单选）

A. 48.375%　　B. 48.265%　　C. 48.5%　　D. 46.817%

解析 $a^-c^-b^+ \times a^+c^+b^-$ 会出现 8 种类型：2 种亲本类型 $a^-c^-b^+$ 和 $a^+c^+b^-$，2 种 a、c 之间单交换类型 $a^-c^+b^-$ 和 $a^+c^-b^+$，2 种 c、b 之间单交换类型 $a^-c^-b^-$ 和 $a^+c^+b^+$，2 种双交换类型 $a^-c^+b^+$ 和 $a^+c^-b^-$。

双交换值 $=[(2.0\%+1.5\%)-3.0\%]\div 2=0.25\%$，因此，2 种双交换类型 $a^-c^+b^+$ 和 $a^+c^-b^-$ 出现的频率皆为 $0.25\%\div 2=0.125\%$。

2 种 a、c 之间单交换类型 $a^-c^+b^-$ 和 $a^+c^-b^+$ 出现的频率皆为 $(2.0\%-0.25\%)\div 2=0.875\%$。

2 种 c、b 之间单交换类型 $a^-c^-b^-$ 和 $a^+c^+b^+$ 出现的频率皆为 $(1.5\%-0.25\%)\div 2=0.625\%$。

2 种亲本类型 $a^-c^-b^+$ 和 $a^+c^+b^-$ 出现的频率皆为 $(1-2.0\%-1.5\%+0.25\%)\div 2=48.375\%$。

答案：A。

98 大肠杆菌中的 3 个位点 ara、leu 和 ilvH 位于 2 min 图距内。为了确定三者之间的正确顺序及图距，用转导噬菌体 P1 侵染原养型菌株 $ara^+\ leu^+\ ilvH^+$，然后使裂解物侵染营养缺陷型菌株 $ara^-\ leu^-\ ilvH^-$，对每个有选择标记的基因进行实验，确定其未选择标记频率，获得结果如表 13 所示。

表 13

实验	选择的标记基因	未选择的标记基因
1	ara^+	60%leu^+ 1%$ilvH^+$
2	$ilvH^+$	5%ara^+ 0leu^+
3	$ara^+\ ilvH^+$	0leu^+

下列说法中正确的是（ ）。（多选）

A. ara 基因距 leu 基因比距 ilvH 近　　B. 这 3 个基因中 ilvH 位于中间

C. 共转导频率越高，两基因连锁越紧密　　D. 得到 $ara^-\ leu^+\ ilvH^+$ 的频率最低

解析 共转导频率越高，两基因连锁越紧密。由实验 1 得 ara 基因距 leu 基因近，与 ilvH 基因远；由实验 2 知 ilvH 基因距 ara 基因近，与 leu 基因远，可推三基因排列顺序如图 25 所示。

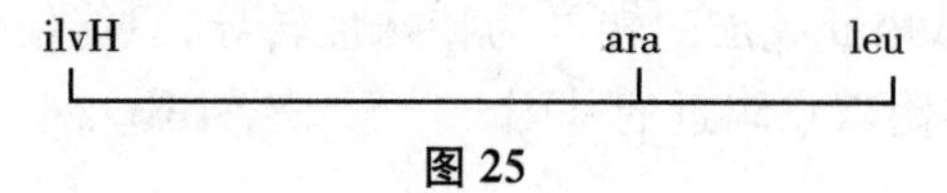

图 25

实验 3 可进一步验证 ilvH 与 ara 之间没有 leu 基因。可见得到 $ara^-\ leu^+\ ilvH^+$ 的频率最低，因为需要发生 4 次交换。 答案：ACD。

99 某一近交系植物的平均高度是 24 cm。其同种另一系植物的平均高度也是 24 cm。当这两种植物杂交时，F_1代也是 24 cm。但是，当 F_1代植物自交时，F_2代植物的高度具有很广的分布范围：大部分像亲一代和 F_1代，但大约 4/1000 只有 12 cm，另 4/1000 有 36 cm 高。那么 F_2代植物中高 27 cm 的植物有多少？（假设决定植物高度的基因的等位基因的贡献是相同的。）（ ）（单选）

A. 3/4　　B. 9/16　　C. 56/256　　D. 没有

E. 无法推断

解析 本题中的植株高度符合数量遗传特征。其中 F_2株高上下限 12 cm 与 36 cm 比例为 4/1000，近似 $1/256=(1/4)^4$，所以该数量性状涉及 4 对基因。因为各基因贡献相同，故其株高分布为 12 cm、15 cm、18 cm、21 cm、24 cm、27 cm、30 cm、33 cm、36 cm，其系数符合 AaBbCcDd 自交的二项式展开，分别为 1、8、28、56、70、56、28、8、1。此时可得出 27 cm 株高的比例系数为 56/256。 答案：C。

现已知，两个不同品系的个体杂交所得的杂种子一代拥有优于其双亲任何一方的特性。谷类中，这一规律经常表现为产量增多。利用这一规律培养出了一些杂交水稻，这些杂种的特性与之前的水稻品种非常不同。请回答 100、101 题。

100 假设水稻的染色体数为 $2n=8$（实际上为 $2n=24$），将某一品系（a 系）所拥有的染色体记为 $A_1A_1B_1B_1C_1C_1D_1D_1$，另一品系（b 系）所拥有的染色体记为 $A_2A_2B_2B_2C_2C_2D_2D_2$，则它们杂交所得子一代 F_1 的染色体构成皆为 $A_1A_2B_1B_2C_1C_2D_1D_2$。但是，在 F_2 中，即使没有发生同源染色体的交叉互换，拥有与 F_1 相同的染色体构成的个体也只有（①）。因此，F_2 个体无法用于下一年的种植，而种植者必须每年都重新购入杂交品种的种子。上文中的①处应当填入什么内容？请从 A～H 中选择：（　　）。（单选）

A. 1/2　　B. 1/4　　C. 1/8　　D. 1/12
E. 1/16　　F. 1/18　　G. 1/24　　H. 1/36

101 下一个要解决的问题是如何保证长期稳定地得到大量的种子。一般为了获得杂交后代，要先将亲本某一方的雄蕊全部剪掉，以防止自体受精，但是在水稻中无法进行这一操作。因此，一般会利用雄蕊上无法产生花粉（雄性不育）的水稻进行杂交。在实际生产中，经常使用细胞质中拥有雄性不育基因，而细胞核中没有雄性不育恢复基因的细胞质雄性不育品系作为母本。

在水稻中，原本就存在既没有雄性不育基因也没有雄性不育恢复基因的品系（图 26 中的品系 a）和既有雄性不育基因也有雄性不育恢复基因的品系（图 26 中的品系 b）。这两个品系都可以进行自体受精，以保持品系的纯正。

用这两个品系中品系 a 的细胞核和品系 b 的细胞质培育雄性不育品系，则应该用什么样的杂交方式？请从 A～F 中选择正确的一项：（　　）。（单选）

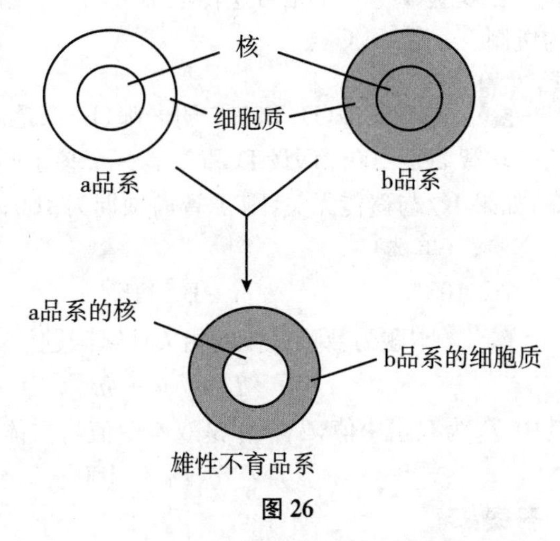

图 26

A. 将 b 品系的花粉授到 a 品系的柱头上，获得杂种。再将 b 品系的花粉授到这一杂种的柱头上得到后代，并重复大约 10 个世代

B. 将 b 品系的花粉授到 a 品系的柱头上，获得杂种。再将这一杂种的花粉授到 a 品系的柱头上得到后代，并重复大约 10 个世代

C. 将 a 品系的花粉授到 b 品系的柱头上，获得杂种。再将 a 品系的花粉授到这一杂种的柱头上得到后代，并重复大约 10 个世代

D. 将 b 品系的花粉授到 a 品系的柱头上，获得杂种。再令这一杂种相互交配得到后代，并重复大约 10 个世代

E. 将 a 品系的花粉授到 b 品系的柱头上，获得杂种。再令这一杂种相互交配得到后代，并重复大约 10 个世代

解析 两个不同品系的个体杂交所得的杂种子一代拥有优于其双亲任何一方的特性，这被称为杂种优势。在实际的作物种植中，玉米和水稻就运用到了这一现象。虽然本题以此为背景，但只要有基本的遗传学知识，即使对杂种优势并不十分了解也可以解题。$F_1(A_1A_2B_1B_2C_1C_2D_1D_2)$ 自交所产生的后代 F_2 中，每一对染色体的分离比（以 A 染色体为例）为 $A_1A_1:A_1A_2:A_2A_2=1:2:1$。因此，每一对染色体和 F_1 相同的概率为 1/2，又因为一共有 4 对，因此全部相同的概率为 $(1/2)^4=1/16$。

在杂交品种的种植中，最大的问题是如何稳定地供给 F_1 的种子。特别在水稻中，为得到 F_1，必须防止自体受精，这时就需要利用雄性不育的品种。101 题便是就如何获得雄性不育品系提问。雄性配子几乎不携带细胞质，因此胞质遗传是母系遗传，而为了得到某一亲代的核基因型，只需将这一亲代与后代反复进行回交便可。只要知道这两点便可轻松解题。

通过 a 品系和 b 品系的杂交得到雄性不育品系，再令其与另一固定品种杂交便可得到所要的杂交种子。由于种植者所收获的水稻是 F_1 所结的种子，因此 F_1 不能是不育品种。因而用于杂交的固定品种不仅应当拥有 a 品系的核和能体现出杂种优势的特性，还应当拥有令 F_1 种子从不育性状中恢复的基因。

答案：100. E；101. C。

102 两个种群的鸡在一样的条件下生长。一个种群基于同种基因背景,另一个种群基于各种各样的背景。第一个种群的生蛋方差是7,第二个是10。请估计在这种条件下,鸡生蛋的遗传力是多少:(　　)。(单选)

A. 70%　　B. 30%　　C. 10%　　D. 20%

E. 100%

解析 种群1基因背景相同,方差为环境方差;种群2方差中环境方差和基因方差都有,是总方差。遗传力为遗传方差占总方差的比,即(10－7)/10×100%＝30%。　答案:B。

103 下列说法中正确的是(　　)。(单选)

A. 基因的非加性遗传效应能稳定地遗传给后代

B. 决定质量性状的是微效多基因

C. 数量性状容易受环境因素的影响

D. 自花授粉作物相比异花授粉作物,其自交后代衰退明显

解析 数量性状由微效多基因控制,对环境敏感,性状的表型值(P)可分为遗传(G)和环境(E)两部分。将控制遗传的基因型值进一步细分时,可将G拆解为累加效应A、显性离差D和互作离差I,除了A以外的非加性效应(D＋I)都是可遗传但不可固定的组分。异花授粉作物自交后代衰退明显,常发展出自交不亲和的机制。　答案:C。

104 邓杨老师(D)和李广明老师(L)都是优秀的数学教师,他俩智商分别是110(D)和120(L)。中国人的平均智商是100。假设D和L有一个孩子叫唐鹏(T),送给了一对杜姓夫妇。夫妇两人想要预测T的智商,如果IQ与遗传无关,则T智商预期为100;但实际上IQ的狭义遗传率为0.4,则唐鹏老师的预期智商是(　　)。(单选)

A. 103　　B. 115　　C. 106　　D. 108

解析 本题为数量遗传的相关计算问题。

$$T_T = \mu + h^2[(T_D + T_L)/2 - \mu] = \mu + h^2(T_P - \mu)$$

其中 T_P 为双亲中值,$T_P - \mu$ 是双亲中值与群体平均值之差,因此

$$T_T = 100 + 0.4 \times (115 - 100) = 106(\text{图 } 27)$$

答案:C。

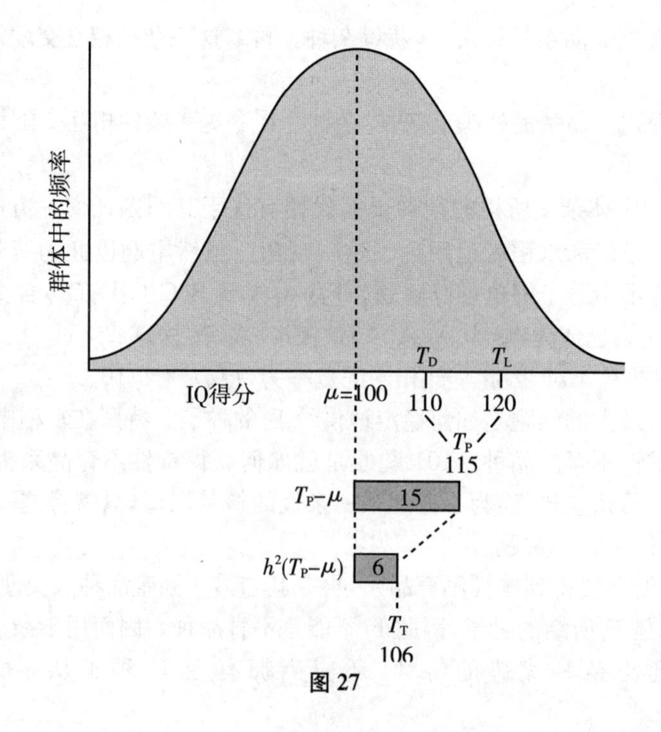

图 27

105 已知小麦抽穗期的早晚为一对数量性状，亲本的早晚抽穗品种的表型方差分别为11.04和10.32，杂交后代F_1的表型方差为5.24。现将F_1代分别与两亲本杂交，得到的表型方差为17.35和34.29。查表可知该性状的狭义遗传率$h_N^2=72\%$，则F_2代预计的表型方差为(　　)。(单选)

A. 25.82　　B. 31.67　　C. 31.48　　D. 40.34

解析 根据公式计算。$h^2=[2V_{F_2}-(V_{B_1}+V_{B_2})]/V_{F_2}$。　答案:D。

106 关于近交与杂交的效应，以下说法中正确的是(　　)。(多选)

A. 近交使基因型纯合，杂交使基因型杂合

B. 近交与杂交对群体的均值并无影响

C. 近交使群体分化，杂交使群体一致

D. 近交降低群体遗传方差，杂交增加群体遗传方差

E. 近交加选择能加大群体间基因频率的差异，从而提高杂种优势

解析 近交使基因型纯合，杂交使基因型杂合；

近交降低群体均值，杂交提高群体均值；

近交使群体分化，杂交使群体一致；

近交加选择能加大群体间基因频率的差异，从而提高杂种优势。　答案:ACE。

107 如果某遗传病是伴X连锁隐性基因决定的，那么某男与其姨表妹婚配和其与舅表妹婚配生出女儿的近交系数分别为(　　)。(单选)

A. 都是1/8　　B. 1/8和3/16　　C. 1/8和0　　D. 3/16和1/8

E. 1/16和1/8

解析 姨表兄妹婚配(图28(a))：

共同祖先P_1等位基因X_1经复制使S纯合X_1X_1所需步骤为3步，概率为$(1/2)^3$。

共同祖先P_2等位基因X_2经复制使S纯合X_2X_2所需步骤为5步，概率为$(1/2)^5$；P_2使S纯合的形式有2种X_2X_2、X_3X_3，概率为$2\times(1/2)^5$。

$$F=(1/2)^3+2\times(1/2)^5=3/16$$

舅表兄妹婚配(图28(b))：

共同祖先P_1等位基因X_1传给B_2时中断。

共同祖先P_2等位基因X_2经复制使S纯合X_2X_2所需步骤为4步，概率为$(1/2)^4$；P_2使S纯合的形式有2种X_2X_2、X_3X_3，概率为$2\times(1/2)^4$。

$$F=2\times(1/2)^4=1/8$$

答案:D。

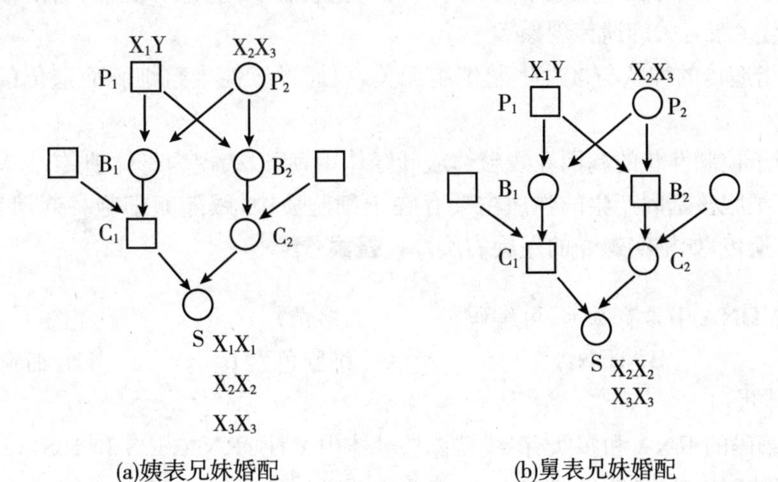

图28

108 在某种螺类中，螺壳的左旋或右旋由一对等位基因D(右旋)和d(左旋)决定，D相对d为显性。在这一遗传现象中，个体的表型并不由其自身的基因型决定，而是由其母亲的基因型决定。例如，左旋纯合子(d/d)的雌性与右旋纯合子(D/D)的雄性交配产生的后代(F_1)虽然基因型为D/d，但由于其表型由其母亲的基因型(d/d)决定，因此它们的螺壳皆为左旋。若令F_1相互交配产生F_2，再令F_2相互交配产生F_3，则F_2和F_3的表型将会是怎样的？请从A～H中选择正确的一项：(　　)。(单选)

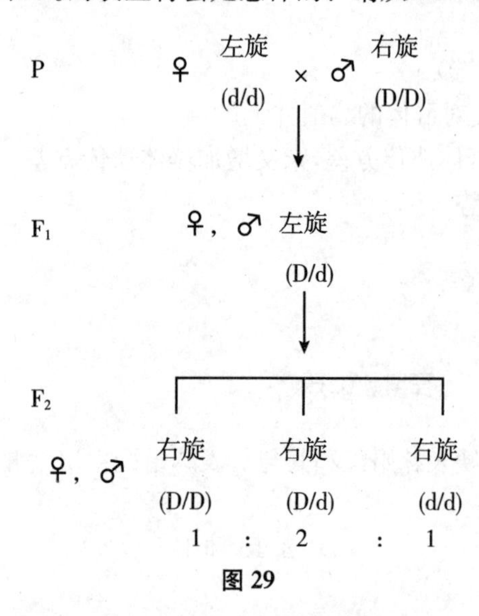

图29

A. F_2为[右旋]：[左旋]=3：1，F_3也为[右旋]：[左旋]=3：1
B. F_2为[右旋]：[左旋]=3：1，F_3也为[右旋]：[左旋]=5：3
C. F_2皆为左旋，F_3皆为右旋
D. F_2皆为左旋，F_3为[右旋]：[左旋]=3：1
E. F_2皆为左旋，F_3为[右旋]：[左旋]=5：3
F. F_2和F_3皆为右旋
G. F_2皆为右旋，F_3为[右旋]：[左旋]=3：1
H. F_2皆为右旋，F_3为[右旋]：[左旋]=5：3

解析 由于子代表型取决于母亲的基因型，因此F_2和F_3中的性状分离比分别与经典的孟德尔遗传中F_1和F_2中的性状分离比相等。

具体来说，由于F_1的基因型是D/d，因此F_2皆为右旋。而由于F_2的基因型为(D/D)：(D/d)：(d/d)=1：2：1，因此以这些基因型的个体为母代的F_3的表型为[右旋]：[左旋]=3：1。

现在已经发现了几种看似不符合孟德尔遗传规律的遗传方式。其中一种便是本题所提到的“母亲的基因型决定子代表型”。这种遗传方式容易和胞质遗传混淆。例如，线粒体拥有自身的DNA，因此在多种生物中，受精的时候只有母亲的线粒体DNA传到子代。而本题的遗传模式与胞质遗传不同，双亲的基因都传递到了子代中。但是，在某些发育过程中会用到卵细胞细胞质中的物质(mRNA或蛋白质)，这时，母亲的基因型就会决定后代的表型。在果蝇的发育过程中，确立体轴的物质便是其中一例。另外还有一种名为遗传印记的效应被广为人知。在遗传印记中，父母双方的基因虽然都传递给子代，但只有来自其中一方的基因会表达。例如，在小鼠的一对胰岛素样成长因子-2的基因中，只有来自父亲的基因会表达。　**答案：G。**

109 母体遗传是指下列何种遗传现象？(　　)(单选)

A. 母亲的染色体所导致的遗传现象
B. 母亲家族的成员所导致的遗传现象
C. 遗传性状与母亲无关的遗传现象
D. 遗传性状与父亲无关的遗传现象
E. 遗传性状只与父亲有关的遗传现象

解析 母体遗传指遗传的性状与雄性生殖细胞无关，只通过雌性生殖细胞而遗传的现象。可以分为细胞质遗传和母体影响。

细胞质遗传是由于控制性状的基因在线粒体或叶绿体中，所以表现为母体遗传；

母体影响是由于细胞核基因产生的物质主要存在于细胞质中，跟随卵细胞一起遗传到下一代，所以表现为延迟遗传的母体遗传，如椎实螺壳的左旋右旋。　**答案：D。**

110 人的线粒体DNA中含有基因，可编码(　　)。(多选)

A. rRNA　　B. tRNA　　C. 细胞色素b　　D. 细胞色素c
E. 线粒体核糖体蛋白

解析 mtDNA编码的RNA和多肽有：线粒体核糖体中2种rRNA(12S和16S)，22种tRNA，13种多肽(每种约含50个氨基酸残基)。现已确定有13个蛋白质编码的区域，分别是细胞色素b、细胞色素氧化酶的3个亚基、ATP酶的2个亚基以及NADH脱氢酶的7个亚基的编码序列。

可见，组成线粒体各部分的蛋白质绝大多数都是由核DNA编码并在细胞质核糖体上合成后再运送到线粒体各自的功能位点上的。正因如此,线粒体的遗传系统仍然要依赖于细胞核的遗传系统。由此,线粒体是半自主性细胞器。　**答案:ABC。**

111　出芽酵母中存在一种小菌落突变体,其细胞会无法进行线粒体氧化呼吸,菌落生长缓慢并停滞在小尺寸。如果将单倍体小菌落突变体与正常单倍体细胞杂交,而后刺激得到的二倍体进行减数分裂形成孢子,则有一定机会得到的子代单倍体细胞全部正常。这说明小菌落突变是(　　)。(单选)

A. 常染色体隐性突变　　B. 常染色体显性突变

C. 与酵母性别连锁的　　D. 与线粒体 DNA 丢失相关

解析　因为此单倍体小菌落突变体与正常单倍体细胞杂交的减数分裂后代全为正常细胞,故不是核基因突变,否则会得到孟德尔分离比;也不是抑制型小菌落,否则得到的二倍体合子减数分裂得到的单倍体细胞全为小菌落突变体。所以题述为中性小菌落,产生的原因是线粒体 DNA 丢失。　**答案:D。**

112　将两种马铃薯白化突变株的原生质体融合,于是得到了花斑型的植株。请问这些突变基因位于什么位置才会造成这种叶绿素的缺失?(新的突变、质体之间的交流和质体 DNA 之间的重组可以被排除)(　　)(单选)

A. 在细胞核里有一个突变,在质体里具有另外一个突变

B. 两个突变都位于细胞核里

C. 两个突变都位于质体里

D. 一个突变在线粒体,一个突变在质体

解析　如果一个在细胞核中,一个在质体里面,则原生质体融合后,细胞核会恢复正常,但是一半质体是白化的,另一半是正常的,这样就会得到花斑型的后代;如果都位于细胞核里的话,原生质体融合后,两个突变的基因互补,不会产生花斑型的后代;如果都位于质体里的话,原生质体融合后的细胞内没有正常质体,后代仍为白化植株。　**答案:A。**

113　图 30 所显示的是某家族的系谱图,这是一种十分罕见的视觉障碍的遗传现象,该疾病导致中心视觉受损,边缘视觉正常。该疾病的遗传方式最可能的是什么?(　　)(单选)

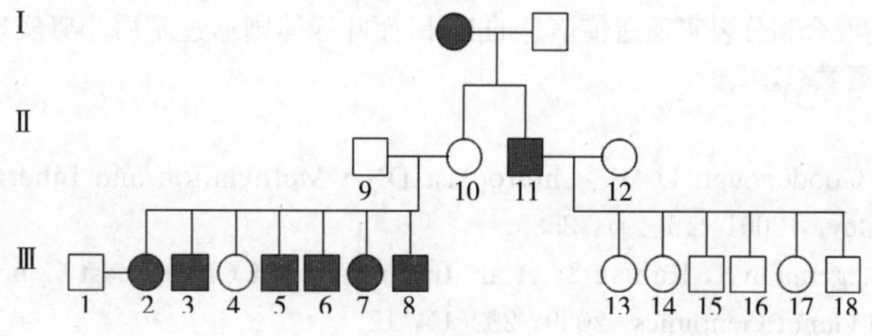

图 30

A. 常染色体显性遗传　　B. 常染色体隐性遗传

C. 线粒体遗传　　D. 伴性遗传

解析　一看描述就应该知道这是 Leber 视神经病,属于线粒体遗传。

如果要从系谱分析也行。因为题干指出是罕见病,故外来个体均为正常且纯合;个体 10 是女性,表现正常,后代却患者一堆,男女都有;个体 11 是男性患者,后代却无事。由此可排除常显、常隐、伴 Y、X 显、X 隐……因此该病最有可能是由线粒体导致的母系遗传病。

至于个体 10 和 4 无病,这是非常正常的现象。因为线粒体遗传并不意味着患者母亲一定有病,有病母亲的后代一定有病。事实上线粒体是细胞内具有广泛异质性(heteroplasmic)的细胞器,当细胞同时含有正常的和异常的线粒体时,胞质分离在后代细胞之间存在极大的偏差。第一代的母亲(个体Ⅰ-1)如果是异质体,她可能凑巧把正常线粒体占优势的细胞质传递给她的女儿(个体 10),因为异常线粒体比例未达到阈值,故个体 10 就很可能表型正常,不患此病。在下一代遗传中,胞质分离有可能又偏向相反的方向,即个体 10

主要将异常的线粒体传递给了她7个孩子中的6个，达到异常比例阈值，导致这6个个体患病，而个体4则再次是那个幸运儿，她没有病。 答案：C。

114 遗传物质主要在细胞核中存储传递，但细胞质中也含有少量遗传物质或是其他物质能够影响后代的性状。下列说法中错误的是（　　）。（多选）

A. 椎实螺的延迟遗传是由卵细胞中影响卵裂方向的物质引起的，是一种持久的母体影响

B. 酵母的中性小聚落突变与野生型杂交后，合子减数分裂产生的孢子所发育成的菌落均是大菌落；而抑制性突变小菌落与野生型杂交，合子减数分裂产生的孢子所发育成的菌落有小菌落，也有大菌落，但没有明显的比例

C. 哺乳动物中，线粒体基因组排列致密，没有内含子，甚至有基因重叠，线粒体中的 mRNA 5′ 也缺失帽结构

D. 叶绿体基因组碱基序列中不含有 5′-甲基胞嘧啶，这一特点可作为鉴定叶绿体 DNA 提纯的标志

E. 有的叶绿体中含有 40～50 个 DNA 分子，而有的叶绿体则不含 DNA，这些叶绿体之间通过频繁的融合分裂以进行 DNA 的交换

解析 酵母的中性小聚落突变与野生型杂交后，合子减数分裂产生的孢子所发育成的菌落均是大菌落。酵母的抑制性突变小菌落与野生型杂交，合子减数分裂产生的孢子所发育成的菌落只有小菌落，这是由于抑制性突变的线粒体 DNA 复制效率比野生型线粒体 DNA 复制效率高；但是如果合子不直接减数分裂而是先进行有丝分裂，则最终再减数分裂产生孢子发育出的菌落都是野生型的大菌落（有丝分裂中野生型 DNA 重新恢复了优势，机理待研究）。B 的描述不够完善。

叶绿体 DNA 存在甲基化的胞嘧啶。无论是在低等藻类（衣藻）还是在高等植物中，叶绿体的 DNA 都普遍存在甲基化（包括 C 甲基化与 A 甲基化）的现象。虽然研究表明，甲基化对 DNA 保护与基因表达 mRNA 转录调控并无太大关系，具体功能还有待进一步研究，但事实就是，它是存在的。D 不对。

的确存在一些植物的叶绿体不含有 DNA。比如无色绿藻 *Polytomella* 的质体里真的没有 DNA。另一个例子是 *Rafflesia lagascae*，因为气味难闻，有时这种植物也被称为尸花。它是一种寄生植物，靠葡萄藤样的热带藤本植物生存。这些植物已经完全丧失了叶绿体基因组，但它们是如何进行质体复制的还是一个值得研究的问题。另一方面，线粒体和叶绿体都是高度动态的细胞器。除了细胞内的分布接受动态的调控以外，线粒体通过频繁的融合和分裂实现遗传信息的互补，而叶绿体则通过基质小管实现个体之间的互相联系。因此 E 不对。 答案：BDE。

参考文献

[1] Umen J G, Goodenough U W. Chloroplast DNA Methylation and Inheritance in Chlamydomonas[J]. Genes & Dev., 2001, 15(19): 2585.

[2] Ahlert D, Stegemann S, Kahlau S, et al. Insensitivity of Chloroplast Gene Expression to DNA Methylation[J]. Mol Genet Genomics, 2009, 282(1): 17.

[3] Smith D R, Lee R W. A Plastid without a Genome: Evidence from the Nonphotosynthetic Green Algal Genus Polytomella[J]. Plant Physiol., 2014, 164(4): 1812.

115 古生物样品中，科学家分离了线粒体 DNA 用来将灭绝了的物种与现存物种进行比较。线粒体 DNA 的哪些特性是对这个分析有用的？（　　）（多选）

A. 线粒体 DNA 是环形的，因此相比于核 DNA 更稳定和降解的更慢

B. 每个细胞有许多拷贝的线粒体 DNA 而细胞核 DNA 只有一个拷贝

C. 线粒体 DNA 不发生重组

D. 线粒体 DNA 序列发生突变的速率更快，因此可以用来研究亲缘关系很近的物种

解析 与 nDNA 相比，mtDNA 在结构和功能上有其独特的特点：

(1) 线粒体是半自主细胞器。绝大部分构成线粒体的蛋白以及 mtDNA 复制、重组、转录等过程所需的酶均由 nDNA 编码，mtDNA 基因的复制、转录和翻译受 nDNA 调控。

(2) 每个细胞平均有 100～1000 个线粒体,每个线粒体内又有多个 mtDNA 拷贝,因此同一个体可以同时存在 2 种或 2 种以上类型的 mtDNA,即线粒体的异质性。突变型 mtDNA 是否在组织中产生表型效应与突变型 mtDNA 和野生型 mt DNA 的相对比例和组织的能量消耗程度有关。

(3) mtDNA 存在多态现象,2 个无关个体的 mtDNA 碱基平均相差 3%。mtDNA 的异质性和多态性与疾病的关系受到越来越多的关注。

(4) mtDNA 基因排列紧凑,除与其复制及转录有关的一小段区域外,内含子序列极少,因此其 DNA 序列利用效率高。一旦 mtDNA 发生突变,往往容易累及其基因组的一些重要功能区域,导致严重后果。

(5) mtDNA 悬挂在线粒体内膜上,与氧化磷酸化和活性氧生成的主要场所相距较近,极易受到活性氧和自由基攻击。同时 mtDNA 复制错误率高且修复机制不完善,部分突变还具有叠加效应。

因此与细胞核 DNA 相比,mtDNA 作为生物体种系发生的"分子钟"(molecular clock)有如下优点:

突变率高,是核 DNA 的 10 倍左右,因此即使是在近期内趋异的物种之间也会很快地积累大量的核苷酸置换,可以进行比较分析。

因为精子的细胞质极少,子代的 mtDNA 基本上都来自卵细胞,所以传统观点认为 mtDNA 是母体遗传(maternal inheritance)的,且不发生 DNA 重组,因此,具有相同 mtDNA 序列的个体必定来自一位共同的雌性祖先。但是,近年来 PCR 技术证实,精子也会对受精卵提供一些 mtDNA,这是造成线粒体 DNA 异序性(heteroplasmy)的原因之一。一个个体生成时,该个体细胞质内 mtDNA 的序列都是相同的,这是 mtDNA 的同序性(homoplasmy);当细胞质里 mtDNA 的序列有差别时,就是 mtDNA 的异序性。异序性对于种系发生的分析研究会造成一些困难。同时,在人类线粒体 DNA 中,也已经检测到重组的存在。重组对 mtDNA 的进化有深远的影响。低频的重组就足以抵消穆勒棘轮效应,挽救 mtDNA,免受有害突变影响。

在分子进化研究中,mtDNA 同样也是十分有用的材料。由于线粒体基因在细胞减数分裂期间不发生重排,而且点突变率高,所以有利于检查出在较短时期内基因发生的变化,有利于比较不同物种的相同基因之间的差别,确定这些物种在进化上的亲缘关系。有人曾从一具 4000 年前的人体木乃伊分离出残存的 DNA 片段,平均大小仅为 90 bp。对于核基因组来说,这么短的 DNA 片段很难说明什么问题,可是这是线粒体基因组 DNA,就可能是某个基因的一个片段,可以进行比较分析。因此,当前的分子进化生物学的研究多半是取材于古生物或化石的牙髓或骨髓腔中残留的线粒体 DNA 作为实验材料。

线粒体基因组中的基因与线粒体的氧化磷酸化作用密切相关,因此关系到细胞内的能量供应。近年来发现人的一些神经肌肉变性疾病如 Leber 遗传性视神经病(主要表现为双侧视神经萎缩,引起急性或亚急性视力丧失,还可伴有神经、心血管及骨骼肌等系统异常)、帕金森病、早老痴呆症、线粒体脑肌病、母体遗传的糖尿病和耳聋等都同线粒体基因有关。也有人指出,衰老可能同 mtDNA 损伤的积累有关。

A 并未被提及,相反,线粒体 DNA 不太稳定,其原因如下:① 线粒体是细胞进行氧化磷酸化的场所,线粒体 DNA 存在于线粒体基质内或线粒体内膜,所以线粒体 DNA 与电子传递系统相接近,而电子传递系统会持续产生活性氧,线粒体中又不能合成谷胱甘肽来清除过氧化物,因此线粒体 DNA 易受到氧化损伤。② 线粒体 DNA 没有组蛋白和染色质结构的保护,暴露于易损伤的环境中,加快了受损进程。③ 线粒体 DNA 与细胞核 DNA 相比,缺少精确的损伤修复能力。④ 线粒体 DNA 分子量小,不存在内含子,所以在整个细胞周期中都处于不断合成的状态,这样的动态过程更易受外界因素的干扰,稳定性差。⑤ 线粒体 DNA 复制采用的 DNA 聚合酶与细胞核 DNA 不同,校对能力差,并且在转运 RNA 的基因部位非常容易形成发夹样结构,因而在复制过程中发生错误的概率要远大于细胞核 DNA。⑥ 线粒体中的脂肪含量要比细胞核高许多,具有嗜脂性的致癌物就会首先在线粒体 DNA 上聚集,线粒体 DNA 在致癌物的作用下发生突变的概率也比细胞核 DNA 大。因此,线粒体 DNA 突变率比细胞核 DNA 高 10～20 倍。 **答案:BCD。**

参考文献

[1] Ladoukakis E D, Zouros E. Evolution and Inheritance of Animal Mitochondrial DNA: Rules and Exceptions[J]. J. Biol. Res. (Thessaloniki), 2017, 24: 2.

116 具有完整功能的插入序列和其他转座子有两个重要的特征:它们都携带编码转座酶的基因,该酶是识别并切割转座子完成转座所必需的;另一个共同特征是它们两端都有(　　)。(单选)

A. 反向重复序列　B. 不同源序列　C. 同源序列　D. 不重复序列

解析 转座子两端的反向重复序列可作为其位置标识，被转座酶识别并在两旁切割，进而完成转座。

答案：A。

117 Mu 噬菌体是一种以大肠杆菌为宿主的温和噬菌体，其基因组上除了含有噬菌体生长繁殖必需的基因外，还含有转座必需的基因，因此它也是最大的（　）。（单选）

A. 噬菌体　B. 插入序列　C. 转座因子　D. 转录因子

解析 Mu 噬菌体 DNA 含有转座必需基因，可作为转座因子在 DNA 分子间转移。插入序列 IS 除了编码转座酶和具有转座酶识别位点之外，不含其他基因。答案：C。

118 转座可以引起的遗传学效应包括（　）。（多选）

A. 引起插入突变　B. 产生新的基因　C. 引起染色体畸变　D. 调节基因的表达

解析 转座子可以在基因组中转移位置，当插入基因的外显子时可引起插入突变，当插入内含子或其他非编码区时可能改变转录本剪接，或并无影响。如果是复制型转座子，还可通过转座产生新的基因。当转座子重新被切除时，可能导致染色体缺失，并且当 DNA 间含有相同或类似的多份转座子序列时，可以通过同源重组引起倒位、易位、重复、缺失等染色体畸变。当转座导致其中携带的基因进入新的表达环境时，比如插入激活子之后，或者是由常染色质区转到异染色质区等都会改变其基因表达。答案：ABCD。

119 以下关于组成复合转座子的旁侧 IS 元件的描述中正确的有（　）。（多选）

A. 同向　B. 反向

C. 可以有 IS 不编码转座酶　D. IS 各自可以独立转座

解析 组成复合转座子两侧的 IS 元件可以同向或反向排列，在 IS 内部各自具有两侧的反向重复序列，能被转座酶识别，可以作为复合转座子转座，也可以独立转座。但不需要两侧的 IS 序列都保留编码转座酶的能力，只要有反向重复序列，就可以在转座酶存在的条件下完成转座。答案：ABCD。

120 在玉米色素基因经典的转座子模型中，Ds 元件（　）。（多选）

A. 是自主转座元件　B. 是染色体断裂的位点

C. 与 Ac 元件相似　D. 内部有缺失

E. 靠复制机制转座

解析 McClintock 以染色体断裂缺失解释玉米籽粒斑点的形成，在玉米 9 号染色体的 Ds 位点（dissociation，意为“分离”）发生断裂，丢失色素合成抑制基因，导致有颜色的斑块产生。Ds 本身不能转座，与能自由转座的 Ac（activator，“激活物”）相似，但内部有缺失，无法编码转座酶，需要在有 Ac 的条件下利用其表达出的转座酶完成非自主转座。Ac-Ds 的转座机制属于非复制型转座，直接从原来的位置切离后插入到新的靶位点。答案：BCD。

121 唐氏综合征是基因组中多余一条 21 号染色体导致的疾病。该病又称（　）。（单选）

A. 21 单体综合征　B. 21 双体综合征　C. 21 杂合体综合征　D. 21 三体综合征

解析 唐氏综合征，又称 21 三体综合征，是一种染色体数目异常导致的病，病因是 21 号染色体完全（21 三体）或部分（21 号染色体异位）多余。唐氏综合征以英国医生 John Down 命名，他于 1866 年首次描述了该疾病。1959 年，Jerome Lejeune 发现唐氏综合征的病因是 21 三体。额外的 21 号染色体在不同人群中的效应千差万别，主要取决于多余染色体的长度、遗传史还有纯偶然性。唐氏综合征可以发生在所有人群中，母亲的年龄是后代是否患病的影响因素，生育年龄越大，风险越高。唐氏综合征可以造成认知功能障碍、发育障碍和一些典型的面部特征。唐氏综合征可以在妊娠中通过羊水穿刺确诊，或在生产后确诊。唐氏综合征患者的认知功能低于平均水平，常有轻到中度发育障碍。一小部分患者的精神功能有严重缺陷。

答案：D。

122 下列选项中,哪个是克氏综合征(Klinefelter's syndrome)的染色体组型?(　　)(单选)

A. XXX　　B. XO　　C. XXO　　D. XXXO

E. XXYY

解析 克氏综合征,也叫做XXY综合征,是由于遗传缺陷导致的一系列症状,相对于正常男性染色体组型来说,至少多了一个X染色体,相对于有46个染色体的正常人,克氏综合征患者有47个染色体。因为个体至少拥有一个Y染色体,他们通常被认为是男性。

A选项是三重X综合征,只有女性受影响。

B选项是特纳综合征(Turner syndrome),是人类中唯一可成活的单体性染色体患者。

C选项看起来像正常的女性染色体组型。

D选项也看起来像女性染色体组型,类似三重X综合征。

请记住:只有男性会得克氏综合征,因为他们必须有至少一个Y染色体。　答案:E。

123 一个得了特纳综合征的人将有下列哪种性染色体组合?(　　)(单选)

A. XO　　B. XXYY　　C. XXXXY　　D. YO

E. XXX

解析 特纳综合征患者较正常女性缺少一个X染色体。　答案:A。

124 Hackweed二倍体染色体数目是8,拟南芥二倍体染色体数目是10。假设这两种植物受精后通过某种方式产生了一个杂交可育后代。当这个新品种产生配子时,每个配子有多少个染色体?(　　)(单选)

A. 4　　B. 5　　C. 9　　D. 18

E. 36

解析 因为产生的新物种可育,故其发生了染色体加倍,形成了一种异源四倍体(AABB)。染色体数目是18,产生的配子含有9条染色体。　答案:C。

125 一位得了克氏综合征的男孩被发现是色盲(一种伴X染色体隐性遗传病)。其父母的视力均正常。请问如何解释这种情况?(　　)(单选)

A. 在母亲减数分裂Ⅰ期期间,染色体没有分离　　B. 在母亲减数分裂Ⅱ期期间,染色体没有分离

C. 在父亲减数分裂Ⅰ期期间,染色体没有分离　　D. 在父亲减数分裂Ⅱ期期间,染色体没有分离

E. 孩子体内X染色体并没有失活

解析 克氏综合征患者的性染色体为XXY。其父亲是正常的,所以带有色盲基因的X染色体肯定来自母亲,母亲的基因型肯定是X^BX^b(b是致病基因),且另一条多的X染色体也一定是来自母亲的不带有致病基因的染色体。要得到这样的两条带有致病基因的染色体,只有在母亲减数第二次分裂期间染色体不分离才可能导致这样的状况。　答案:B。

126 一位健康的妇人只有45条染色体,这可能是其染色体发生哪一种现象所致?(　　)(单选)

A. 染色体重复　　B. 染色体易位

C. 染色体倒置　　D. 染色体断裂

解析 健康妇人发生了罗伯逊易位,两条染色体合并。　答案:B。

127 设果蝇品系的第二对染色体有Ⅰ:a b c d e f g h;Ⅱ:a b c f e d g h;Ⅲ:a e d c b f g h三种排列,从这些排列所推测的演化次序应为(　　)。(单选)

A. Ⅰ→Ⅱ→Ⅲ　　B. Ⅱ→Ⅰ→Ⅲ

C. Ⅲ→Ⅱ→Ⅰ　　D. Ⅱ→Ⅲ→Ⅰ

E. Ⅰ→Ⅲ→Ⅱ

解析 比较Ⅰ和Ⅱ，发现它们的区别为 def 处发生倒位；比较Ⅰ和Ⅲ，发现其区别为 bcde 处发生倒位，比较Ⅱ和Ⅲ，发现 bcfed 与 edcbf 不同。综合来看，Ⅰ应处于演化的中间次序，通过不同片段发生倒位来演化，其次序为Ⅱ→Ⅰ→Ⅲ或Ⅲ→Ⅰ→Ⅱ，B 正确。 答案：B。

128 已知的镰状细胞贫血症(sickle cell anemia)是哪种因素造成的？(　　)(单选)

A. 染色体缺失(deletion)　　B. 染色体重复(duplication)

C. 染色体倒位(inversion)　　D. 染色体易位(translocation)

E. 点突变(point mutation)

解析 镰状细胞贫血症是基因突变导致血红蛋白分子中氨基酸残基被更换所造成的。镰状细胞贫血症患者的血红蛋白含量和红细胞数目仅为正常人的一半，而且红细胞的形态也不正常，除有非常大量的未成熟红细胞之外，还有很多长而薄、成新月状或镰刀状的红细胞。这样的红细胞变形是由不正常的血红蛋白引起的，该血红蛋白 β 链中的第 6 位残基(正常为 Glu)为 Val 所替换。 答案：E。

129 编码细胞周期蛋白 D(cyclin D)的基因若发生了突变，会有怎样的结果？(　　)(单选)

A. 可能会导致突变蛋白的产生　　B. 可能会导致非突变蛋白的产生

C. 可能会阻碍细胞周期蛋白 D 基因的转录　　D. 只有 A 和 B

E. A、B 或 C 都有可能

解析 如果发生的是错义突变，就会导致突变蛋白的产生；如果发生的是同义突变，则不会产生突变蛋白；如果是启动子序列突变，则会阻碍基因转录，因此都有可能。 答案：E。

130 当两个胸腺嘧啶以共价键相连时能出现胸腺嘧啶二聚体。这干扰了 DNA 的正常结构并且会导致复制出现错误。下列哪些是形成胸腺嘧啶二聚体的主要原因？(　　)(单选)

A. 化学诱变剂　　B. β 辐射　　C. γ 射线　　D. X 射线

E. 紫外线

解析 X 射线、γ 射线等高能辐射可能使 DNA 失去电子，进而断裂，或造成碱基、戊糖的结构损伤，从而可能造成 DNA 断裂。紫外线可直接作用或通过自由基间接作用于 DNA，引起 DNA 断裂、双链交联，或者在同一条链上形成胸腺嘧啶二聚体。化学诱变剂一般起烷基化等作用。其他射线能级不匹配，也无法导致嘧啶二聚体形成。 答案：E。

131 新型细菌株系会产生高效的耐药性。下列哪些遗传变异过程是耐药性细菌产生这种耐药性的可能机制？(　　)(多选)

A. 转化　　B. 转导　　C. 突变　　D. 插入

E. 转座　　F. 接合

解析 耐药性的直接获得方式为突变；间接获得方式包括分裂繁殖产生的垂直传递，转化、转导等产生的水平转移以及准性过程的接合。转座子也被称作跳跃 DNA，即能够自主地在基因组中改变位置的遗传因子。当在细菌之间转移时，转座子能够携带抗生素耐药性基因，而插入是其转移的方式。因此本题所有选项均正确。 答案：ABCDEF。

132 导致基因突变的各种化学因素有的会造成 GC 与 AT 的双向转换，而另一些则是单向转换。对此以下正确的有(　　)。(多选)

A. 烷化试剂可导致双向转换

B. 5-BU 与 2-AP 均导致双向转换

C. 亚硝酸具有脱氨基作用，使得 C 变成 U，将导致 GC→AT 的单向转换

D. 羟胺特异修饰 C，生成 4-OH-C 与 A 配对，是一种单向转换

解析 亚硝酸还能将 A/G 变为 H/X，也是双向转换，但羟胺的作用的确是单向的！ 答案：ABD。

133 2015年诺贝尔化学奖颁给了对DNA修复机理研究做出了重大贡献的三位科学家Tomas、Paul与Aziz。关于这一方面的内容，以下说法中正确的有（　　）。（多选）

A. 切除修复可分为切除碱基的一般切除修复与切除核苷酸的特殊切除修复

B. GO系统中MutT、MutM与MutY的功能分别是去除d°GTP、切除GO与去除错配A和换回C再交回给MutM

C. 错配修复中MutH负责寻找错配位点，MutS判断哪条是甲基化老链、哪条是未甲基化新链，MutL负责内切切除错配区域

D. SOS修复是差错倾向修复，可带来更多基因突变，是细菌对外界环境的应急反应

解析 A选项说反了，C选项中MutS负责找错配点。 **答案：BD。**

134 人工化合物AZT（3'-叠氮胸苷）作为胸苷的类似物能够抑制HIV的复制。抑制的机理是它在细胞内被转变为AZTPP，AZTPP可代替dTTP掺入到HIV RNA的cDNA之中，从而造成cDNA合成的末端终止。但AZT对人细胞基因组DNA复制的抑制作用明显低于对HIV的抑制。你认为最可能的原因是（　　）。（单选）

A. AZT能够与HIV RNA中的A配对，但不能与人DNA中的dA配对

B. 在错配修复中被正常的脱氧核苷酸取代

C. 不能够进入在进行DNA复制的细胞

D. 被细胞核内的酶水解为胸苷

E. 与人细胞内的DNA聚合酶的K_m值远大于对HIV逆转录酶的K_m值

解析 本题考查的是考生对于前沿科学研究中基础知识的应用。AZTPP作为dTTP的结构类似物，能够整合到DNA中，从而阻断DNA的合成，AZT在细胞内转化为二磷酸酯（DP）和三磷酸酯（TP）的衍生物，从而抑制病毒逆转录酶，阻断病毒DNA的合成，达到抗病毒的目的（图31）。用于艾滋病或与艾滋病有关的综合征患者。

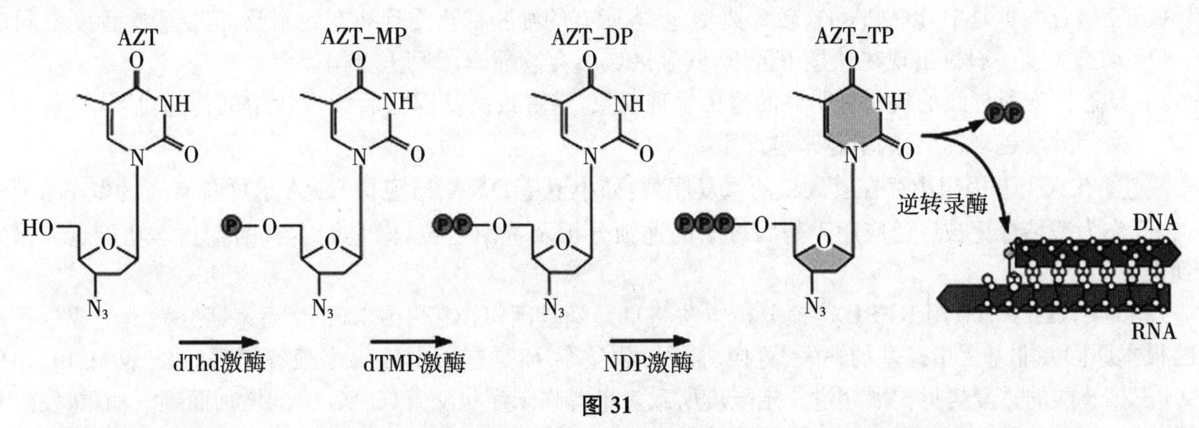

图31

A选项说法错误。AZT既然同样含有胸苷，便不存在与A和dA进行氢键配对的问题。

B选项不对。的确存在有一些对AZT具有抗性的突变的HIV逆转录酶（HIV RT），它们可通过类似切除ddNTP的手段切除掺入DNA链中的AZT。比如焦磷酸解或通过ATP形成AZTppppA等方式去掉AZT（图32、图33）。但是错配修复显然不能做到这一点，因为AZT终止了链合成，而不是在链中留下一对错配的碱基，人体细胞当然更不可能通过错配修复实现基因组复制的保护了。

C选项错误。AZT的作用机理就是在细胞内对HIV的RNA逆转录起抑制作用，当然能够进入细胞，它同样会对人细胞的DNA复制产生抑制作用。

D选项错误，AZT具有首过效应（first pass effect），通过肝脏中的代谢过程发生糖基化或者在细胞色素P450与NADPH作用下叠氮基被还原，最终降解。但其主要代谢路径中不包括在核内被糖苷酶水解为胸苷。

E选项是从酶促动力学层面上解释AZT作用机理的方式。题干中表述的很明确，AZT与dTTP是竞

争关系，AZT 是竞争性抑制剂，所以要考虑不同的酶对于这两个底物的亲和能力，逆转录酶对 AZT 的亲和能力更强，即逆转录酶的 K_m 值相对更小一些。 答案：E。

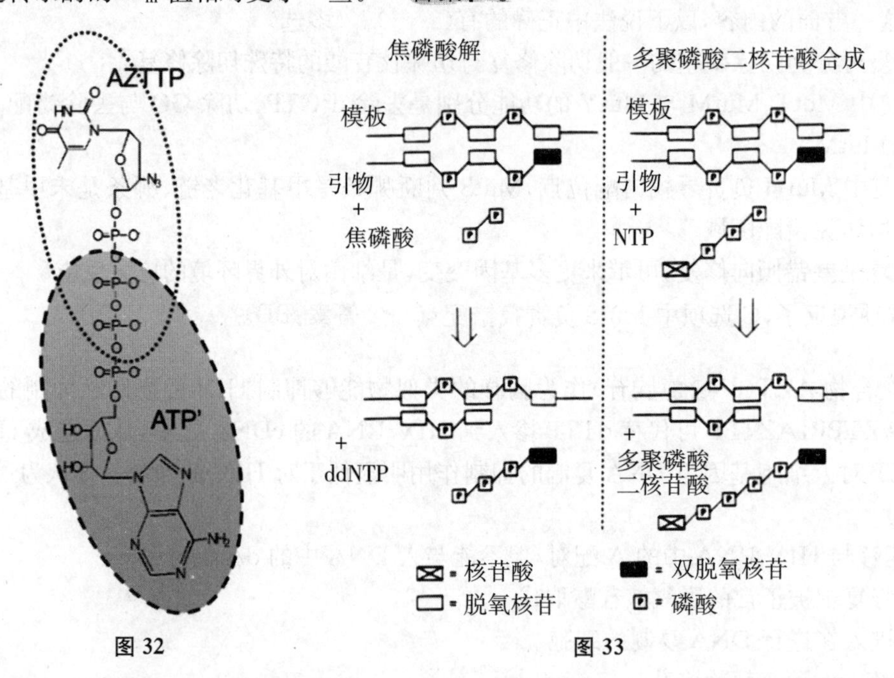

图 32 图 33

135 动态突变又称为基因组不稳定性，主要是出现三核苷酸及其他长度不等的小卫星、微卫星序列的重复拷贝，从而造成遗传物质的不稳定，导致基因功能丧失或获得异常改变的产物，引起人类多种疾病。下列关于动态突变的描述中说法正确的有（ ）。（单选）

A. 亨廷顿舞蹈症和帕金森病两种神经退行性疾病都是动态突变导致的

B. 与人类疾病有关的动态突变，除了都具有三核苷酸重复，致病基因序列之间也有一定的同源性

C. 三核苷酸重复中，以 $(CAG)_n$ 较为典型，基本所有的细胞都会受到病变的累及，但受影响程度不同

D. 动态突变一般仅出现在外显子区域，其余区域不会被翻译，因而影响不大

E. 动态突变所导致的疾病有明显的遗传早现现象，随着致病基因在后续世代中的传递，后代个体的发病年龄会越来越早，病情越来越严重

解析 在人类基因组中存在着大量的重复序列，如小卫星 DNA、微卫星 DNA 这样具有高度多态重复序列，它们作为遗传标记被广泛应用于基因诊断的连锁分析及基因定位，但它们本身的生物学功能近年来才受到重视。

1986 年，Harper 应用 RFPL 连锁分析方法将亨廷顿基因定位于 4p16.3 上，后来研究发现造成这种疾病的根本原因并非基因中碱基的缺失、置换、插入、融合等，而是基因中编码多聚谷氨酰胺（$Poyl(Gln)_n$）的 CAG 三核苷酸的重复拷贝扩展超过一定限度所致。患者临床症状随着 $(CAG)_n$ 的增加而逐渐加重，发病年龄提前，$(CAG)_n$ 随着家系世代传递有增加趋势。同时在脆性 X 染色体综合征 fra(x)（一段 33 bp 长的富含 AT 的小卫星 DNA 重复所致）和强直性肌营养不良患者致病基因中发现了 CCG、CTG 重复扩展突变现象，这些重复扩展突变与碱基的插入有着本质的差别，因此称此类突变为动态突变（dynamic mutation）。

动态突变丰富了经典遗传学突变的概念，是遗传病研究上的重大突破。因为：

① 动态突变合理地解释了许多疾病的遗传早现（anticipation）现象，子代发病提前和症状加重是由于三核苷酸拷贝数在世代传递过程中增加。

② 动态突变打破了以往把基因突变理解为碱基缺失、置换、插入、融合等类别的经典模式，三核苷酸重复拷贝扩展突变导致功能异常的机制与一般插入不同。

③ 子代染色体与亲代染色体的不同不是由减数分裂时染色体不正常交换引起的，而主要是由 DNA 复制过程中的所谓“链滑”（strand slippage，图 34）机制引起的。

④ 许多动态突变所致遗传病都有遗传印记现象。

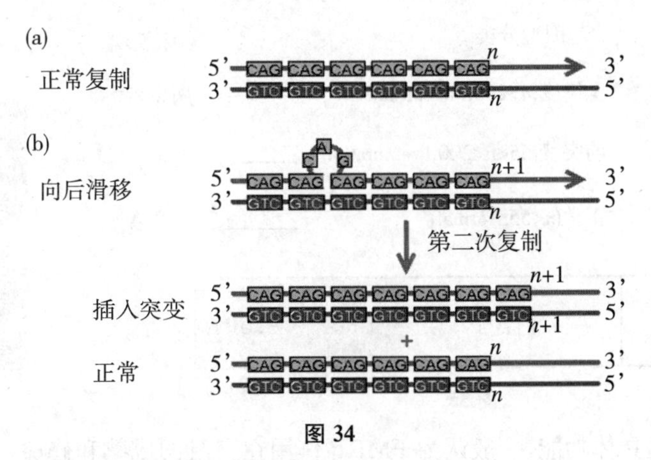

图 34

⑤ 一般情况下,三核苷酸突变性扩展数与发病年龄呈负相关,与临床症状呈正相关。

⑥ 动态突变不仅发生于减数分裂,而且发生在有丝分裂,因此在不同组织及相同组织细胞中具有不同三核苷酸重复数目存在,这也许是遗传异质性发生的另一种原因。

A 选项错误,亨廷顿舞蹈症与动态突变有关,但帕金森病与动态突变无关。帕金森病是由于缺少多巴胺能脑细胞而引起的一种大脑运动系统疾病。帕金森病是老年人中第四位最常见的神经变性疾病,在不小于 65 岁的人群中 1%患有此病,在大于 40 岁的人群中则为 0.4%。该病的遗传机会非常低,这就意味着环境因素比基因在帕金森病的发病原因中更重要。然而少部分但是非常明确的基因突变会引起帕金森病,例如 *LRRK2* 的基因突变。这意味着有 *LRRK2* 基因上 G2019S 的基因突变的人,一生中患帕金森病的可能性将远远高于常人。目前还不知道哪些基因和环境因素会影响 *LRRK2* 突变的人患帕金森病的风险。

B 选项错误,与人类疾病有关的动态突变除了都具有三核苷酸重复之外,致病基因序列之间没有同源性。

C 选项错误,病变仅选择性地累及特定类型的细胞。多聚谷氨酰胺产生的异常或疾病可能是由于诱导细胞凋亡所致。这种细胞凋亡具有细胞或组织特异性,基因表达的组织特异性和特定细胞的寿命可能是决定这种特异性的主要因素。

D 选项错误,动态突变可以在基因的编码区、3' 或 5'-UTR、启动子区、内含子出现三核苷酸重复。

答案:E。

136 下列哪个疾病是由三核苷酸重复序列的复制造成的?(　　)(单选)

A. 镰状细胞贫血　　B. 着色性干皮病　　C. 黑尿症　　D. 21 三体综合征

E. 脆性 X 染色体综合征

解析 脆性 X 染色体是指在 Xq27~Xq28 带之间的染色体呈细丝样,导致其相连的末端呈随体样结构。由于这一细丝样部位易发生断裂,故称脆性部位(fragile site)。将 Xq27 处有脆性部位的 X 染色体称为脆性 X 染色体(fragile X chromosome,fra(x))。因此所导致的疾病称为脆性 X 染色体综合征(fragile X syndrome)。大量资料表明,fra(x)的发生率约占 X 连锁智能发育不全的病人的 1/2~1/3,在一般男性群体中检出率为 1.8/1000。其发生率仅次于先天愚型(唐氏综合征)。

其发生原因是脆性 X 智力低下基因(*FMR*1)5'-非翻译区遗传不稳定的$(CGG)_n$三核苷酸重复序列(图 35),$(CGG)_n$在正常人中为 8~50 拷贝,而在正常男性传递者和女性携带者中增多到 52~200 拷贝,同时相邻的 CpG 岛未被甲基化,称前突变(premutation)。前突变者无或只有轻微症状。女性携带者的 CGG 区不稳定,在向后代传递过程中拷贝数逐代递增(即动态突变),以致在男性患者和脆性部位高表达的女性中,CGG 重复数目达到 200~1000 拷贝,相邻的 CpG 岛也被甲基化,称为全突变(full mutation)。几乎所有患者不表达或只有低表达的 *FMR*1 mRNA,从而出现临床症状(图 36)。这是动态突变的典型疾病之一。另一种位于 Xq28 的 *FMR*2 基因的动态突变导致脆性 E 智力低下症,与该基因 5' 非编码区的 GCC 重复片段有关,正常重复数目为 7~35,前突变为 130~150,全突变为 230~750。

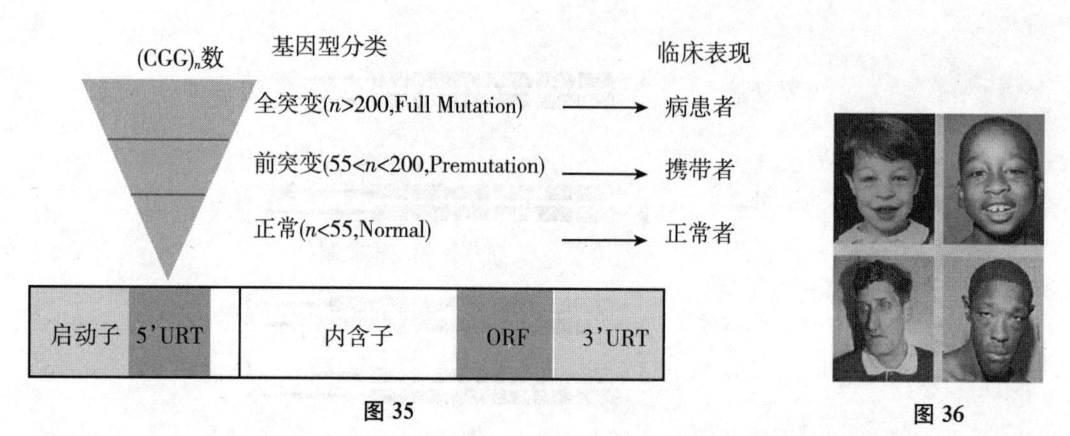

图 35

图 36

至于该基因(*FMR*)的具体功能，一般认为 FMRP 作用在突触的成熟和修剪，可通过其调控的基因产物参与突触的发育；mGluRs 亦可上调 FMRP，抑制 AMPA 受体的内化，因此 FMRP 的缺失将导致代谢型谷氨酸受体(mGluR)依赖的长时程抑制(long-term depression，LTD)增强，如图 37 所示。 答案:E。

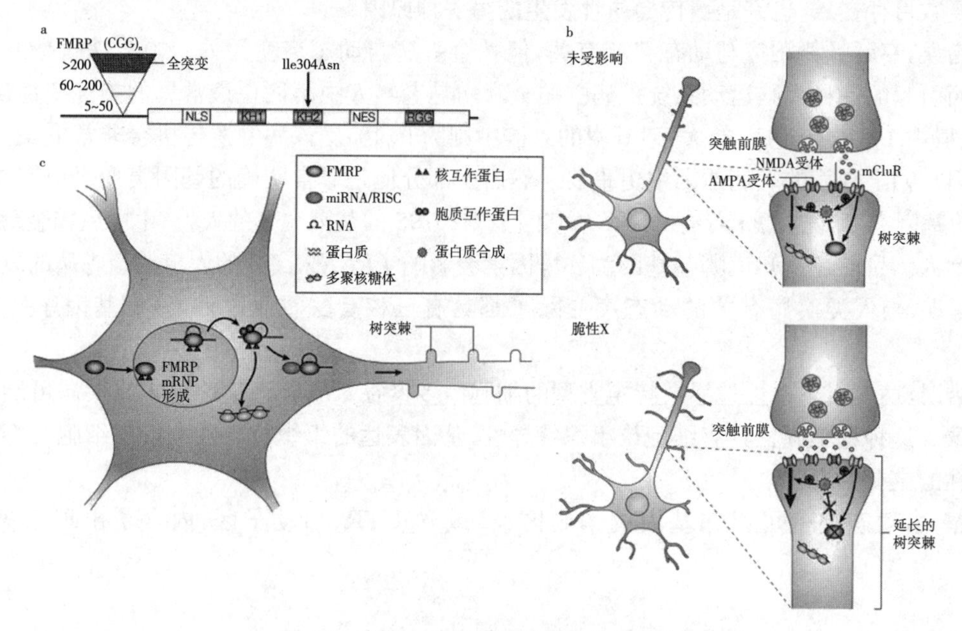

图 37 脆性 X 染色体综合征的病理机制

参考文献

[1] Gatchel J R, Zoghbi H Y. Diseases of Unstable Repeat Expansion: Mechanisms and Common Principles[J]. Nat. Rev. Genet., 2005, 6(10): 743.

137 一些基因的进化速度非常快，而另一些基因则是高度保守的。在一个基因中发生的核苷酸置换有两种类型：同义置换和非同义置换。它们的定义如下所示：

同义置换：改变基因中单一的一个核苷酸并不改变它所编码的氨基酸；

非同义置换：改变基因中单一的一个核苷酸且改变了它所编码的氨基酸。

请你根据以上信息判断，以下叙述中正确的有(　　)。(多选)

A. 如果基因是高度保守的，那么非同义置换突变的速率一直比同义置换突变的速率快

B. 在一个快速进化的基因中，非同义置换的速率和同义置换的速率是可以比较的

C. 非同义置换的速率和同义置换的速率依赖于蛋白质中存在的氨基酸的数量

D. 更高速率的非同义置换突变表明这个基因对于核苷酸的改变具有很高的容受性

解析 本题主要考查核苷酸置换突变与进化的关系。核苷酸置换指 DNA 分子中一个碱基对被另一个不同的碱基对取代所引起的突变，也称为点突变。点突变分转换和颠换两种形式。如果一种嘌呤被另一种

嘌呤取代或一种嘧啶被另一种嘧啶取代则称为转换。嘌呤取代嘧啶或嘧啶取代嘌呤的突变则称为颠换。由于DNA分子中有4种碱基,故可能出现4种转换和8种颠换。在自然发生的突变中,转换多于颠换。

点突变分为以下几种类型:

① 同义突变:碱基被替换之后,产生了新的密码子,但由于生物的遗传密码子存在简并现象,新旧密码子仍是同义密码子,所编码的氨基酸种类保持不变,因此同义突变并不产生突变效应。

② 错义突变:编码某种氨基酸的密码子经碱基替换以后,变成编码另一种氨基酸的密码子,从而使多肽链的氨基酸种类和序列发生改变。错义突变的结果通常能使多肽链丧失原有功能,许多蛋白质的异常就是由错义突变引起的。

③ 无义突变:由于某个碱基的改变使代表某种氨基酸的密码子突变为终止密码子,肽链合成提前终止。

④ 终止密码突变:DNA分子中的某一终止密码突变为编码氨基酸的密码子,从而使多肽链的合成至此仍继续下去,直至下一个终止密码为止,形成超长的异常多肽链。

如果基因是高度保守的,那么说明基因中的突变较少,或者说大部分突变都是同义突变。所以如果基因是高度保守的,那么非同义突变的速率要比同义突变的速率慢,A选项错误。如果基因是快速进化的,那么说明基因的非同义突变的突变率较高,二者可以比拟,B选项正确。置换的速率取决于基因本身的突变速率及其所处环境的选择作用,而非氨基酸的数量,C选项错误。如果一个基因在环境中大多数突变都是非同义突变,说明这个基因即使有氨基酸的变化也能继续执行功能,所以说该基因具有很高的容受性,D选项正确。 **答案:BD。**

138 果蝇的性染色体为X和Y,下列二倍体果蝇中哪些为雄性?( )(多选)

A. XX　　B. XY　　C. XXY　　D. XXX

E. XO

解析 果蝇的性别是由受精卵中的X染色体与染色体组的比例(X/A)决定的:若X/A为1,即X染色体条数与染色体组数相同,表现为可育雌性;若X/A为0.5,即X染色体的条数为染色体组数的一半,表现为雄性,若有Y染色体则可育,若没有Y染色体则不育。若X/A大于1,为超雌性(死亡);若X/A小于0.5,为超雄性(死亡);若X/A介于0.5和1之间,则是不育的间性。

题目中的二倍体果蝇XY为可育雄性,XO为不育雄性,XX和XXY为可育雌性,XXX为超雌性(死亡)。 **答案:BE。**

139 下列关于果蝇、鸟类与哺乳动物性别决定的叙述中正确的是( )。(多选)

A. 性别均由性染色体决定

B. 鸟类和哺乳动物具同型性染色体者均为雌性

C. 鸟类和哺乳动物具非同型性染色体者均为雌性

D. 果蝇性别主要由X染色体决定

E. 哺乳动物性别主要由Y染色体决定

解析 鸟类的性别决定是ZW型,即雌性是异型合子ZW,雄性是同型合子ZZ。哺乳动物的性别决定是XY型,雄性是异型合子,雌性是同型合子,性别主要由Y染色体决定,因为哺乳动物的Y染色体有强烈的雄性化作用,只要有Y染色体就表现为雄性。而果蝇的性别决定比较特殊,由X染色体数量和染色体组的比例决定,Y染色体对性别决定不起作用(在发育后期精子形成时起作用,保证雄果蝇的生育力),X/A等于0.5时表现为雄性,X/A等于1时表现为雌性,X/A大于1或小于0.5是超雌性/超雄性,一般死亡,X/A介于0.5和1之间表现为间性(不育)。 **答案:ADE。**

140 某种植物有一个控制花粉管发育的S基因,种群中S基因有多种不同的等位基因:S_1、S_2、S_3、…。当花粉细胞中携带的S等位基因与柱头细胞中的任一S等位基因相同时,则花粉管无法生成。根据此一现象,推定下列有关S基因的叙述中正确的是( )。(多选)

A. 将S_1S_2植株的花粉授在S_2S_3植株的柱头,产生的子代中共有三种不同的基因型

B. 将 S_1S_2 植株的花粉授在 S_3S_4 植株的柱头，产生的子代中各基因型的比例均等

C. 将 S_1S_2 植株与 S_1S_2 植株杂交，只产生 S_1S_2 子代

D. 此种植物皆为 S 基因的异型合子

E. 此种植物可以同花或异花授粉进行繁殖

解析 题目所描述的自交不亲和现象属于配子型自交不亲和，所以 A 选项中产生的子代应该只有 S_1S_2 和 S_1S_3 这两种，因为 S_2 的花粉不能形成花粉管，A 错误。B 选项中由于雄株和雌株的基因型完全不一样，所以产生四种子代的比例是一样的，B 正确。C 错误，S_1S_2 植株的花粉授在 S_1S_2 植株的柱头，不会产生子代，因为不管花粉是哪一种基因型，花粉管都不能产生。D 正确，不会出现 S 基因同型合子的子代。E 错误，该种植物不能进行同花授粉(实在想要获得纯合子可以在蕾期授粉打破自交不亲和)。 答案:BD。

141 免疫系统对于人类是必不可少的。现在普遍认为，如果某种显性基因会导致免疫缺陷，拥有这种基因的人基本上不会留下后代。因此，现在所知的先天性免疫缺陷疾病基本由单基因的隐性突变导致。其中，XLA 和 X-SCID 都是由 X 染色体上的基因异常导致的遗传病，前者基本不产生 B 淋巴细胞，而后者基本不产生 T 淋巴细胞。当致病基因在 X 染色体上时，携带者的男性后代中有一半会发病，因此十分容易被发现。这些疾病的患病者会表现出什么样的病症？请从 A～E 中选择：(　　)。(单选)

A. 两种疾病的患者在日常生活中都不会表现出异常

B. 两种疾病的患者都容易发生微生物感染，但 XLA 的患者病情较重

C. 两种疾病的患者都容易发生微生物感染，但 X-SCID 的患者病情较重

D. 两种疾病的患者都容易发生微生物感染，且病情没有轻重的差别

E. 两种疾病的患者都容易发生过敏性皮炎等过敏现象

解析 B 细胞产生抗体，在体液免疫中承担着重要的功能，但是这一功能需要 T 细胞的协助。因此，在 X-SCID 患者中，不仅由 T 细胞担任的细胞免疫有缺陷，其体液免疫也会有缺陷。故 X-SCID 患者比 XLA 患者对微生物感染更加敏感。 答案:C。

142 人类的血型决定基因有二，一为决定血细胞表面抗原 H 物质的基因，显性 H 基因可产生 H 物质，隐性 h 基因不能生成 H 物质；另一基因为决定血型的基因，以 I^A、I^B、i 复等位基因来表示，其产物能否修饰 H 物质及其修饰的方式决定 ABO 血型的表型。小明的血型为 O 型，但是爸爸为 A 型，妈妈为 B 型，哥哥姐姐皆为 AB 型。爸爸妈妈的基因型可能为(　　)。(多选)

A. 爸爸为 hhI^Ai，妈妈为 HhI^BI^B

B. 爸爸为 HhI^AI^A，妈妈为 HhI^BI^B

C. 爸爸为 HHI^Ai，妈妈为 HhI^BI^B

D. 爸爸为 HHI^Ai，妈妈为 HHI^Bi

E. 爸爸为 HHI^AI^A，妈妈为 HHI^Bi

解析 父母一 A 一 B，孩子有 AB 有 O，最普遍情况是 D 选项，不过也有可能小明的 O 型血是孟买型，因此 B 选项也可能是对的。 答案:BD。

143 某家庭有四个小孩，血型分别为 A、B、AB 和 O，则此夫妇应为下列哪种血型？(　　)(单选)

A. AB 和 B　　B. B 和 O　　C. A 和 O　　D. A 和 B

E. AB 和 O

解析 产生 AB 型血的配子分别为 I^A 和 I^B，产生 O 型血的配子分别为 i 和 i，产生同一个子代的两个配子不可能来自同一方，所以父母的基因型应为 I^Ai 和 I^Bi，故表型为 A 和 B。 答案:D。

144 人类 ABO 血型的控制机制是属于什么控制机制？(　　)(多选)

A. 多基因(multiple genes)

B. 复等位基因(multiple alleles)

C. 不完全显性(incomplete dominance)

D. 共显性(codominance)

E. 上位性作用(epistasis)

解析 人类的 ABO 血型是复等位基因控制的性状，复等位基因之间是共显性关系(杂合的等位基因同

时都得到表达，使杂合体同时显示出两种纯合基因型的表型特征)，基因之间没有显隐性关系，血型基因的产物是血细胞上的糖蛋白。

不完全显性是指杂合体的表型介于相应的两种纯合体之间，也叫半显性。

上位性作用是非等位基因之间的互作，当一对基因呈隐性纯合(显性纯合或杂合)时，抑制或掩盖了另一对非等位基因的表型效应，称为隐性(显性)上位。　**答案:BD。**

145　人类血型的系统除ABO系统之外还有MN系统，此系统可以产生M、N与MN型血型。MN血型的分型由其表面抗原决定。请问M型父亲与O型母亲不可能会产生哪种血型的女儿？(　　)(多选)

A. M型　　B. MN型　　C. N型　　D. O型

E. AB型

解析　父亲基因型为MM(表现出M型)，不管与怎样的女性结婚，都不可能生出N型的个体。同理，不管男性的基因型怎样，与O型(ii)女性结婚，都不可能生出AB型的小孩。　**答案:CE。**

第12章　分子生物学

1　下列选项中哪个是DNA分子的不规则的特征？（　　）（单选）

A. 糖-磷酸基的排列

B. 螺旋结构的模式

C. 腺嘌呤与胸腺嘧啶成对和鸟嘌呤与胞嘧啶成对

D. DNA分子单链的碱基排列顺序

解析　碱基类型无周期性。　**答案：D。**

2　烟草花叶病毒用RNA而不是DNA作为其遗传物质。将一个烟草花叶病毒的RNA基因组混合进人体感冒病毒的蛋白质内，形成一个混合病毒。如果该病毒能够入侵一个细胞并且在其中繁殖，请你预测其后代病毒最可能的情况：（　　）。（单选）

A. 一种杂交体，包括来自烟草花叶病毒的遗传物质和来自感冒病毒的蛋白质

B. 一种杂交体，包括来自烟草花叶病毒的蛋白质和来自感冒病毒的遗传物质

C. 感冒病毒

D. 烟草花叶病毒

E. 没有后代病毒，因为没有病毒DNA

解析　病毒基因组可能由双链DNA、单链DNA、双链RNA或者单链RNA组成，取决于病毒的种类。烟草花叶病毒有一个硬的棒状外壳。来自烟草花叶病毒的基因物质作为人体感冒病毒复制的模板，并且通过转录和翻译产生新的壳蛋白。新的病毒DNA和壳蛋白组合成烟草花叶病毒留在细胞内。　**答案：D。**

3　真核生物的大部分基因都拥有外显子和内含子，两者相间排列。关于基因的表达，下列叙述中哪一项是正确的？（　　）（单选）

A. 只有内含子中的遗传信息会被用于蛋白质合成

B. 每一个外显子片段都拥有其自身的启动子

C. 在RNA的成熟过程中，RNA前体（pre-mRNA）在经过剪接修饰后，其中的内含子序列会被去除

D. 外显子的翻译从各外显子拥有的起始密码子（AUG）开始

E. 核糖体在翻译mRNA时会跳过内含子部分

解析　外显子信息才用于蛋白质合成，A不对。基因共用一个启动子，B不对。C是正确的。D不对，只有第一个起始端AUG，不是每个外显子一个。E不对，其实mRNA里内含子已经被剪掉了，并不是在翻译时被跳过的。　**答案：C。**

4　为了表彰发现"RNA干扰——双链RNA介导的基因沉默"，2006年诺贝尔生理学或医学奖被授予哪两位科学家？（　　）（单选）

A. Andrew Z. Fire和Craig C. Mello　　B. Kaashief Jacobs和Ayesha Davids

C. Barry J. Marshall和J. Robin Warren　　D. Paul C. Lauterbur和Sir Peter Mansfield

解析　下文是诺贝尔生理学或医学奖委员会主席，卡罗琳学院诺贝尔委员会成员Goran K. Hansson教授的发言：

"在1998年发表的那篇才华横溢的文章中，Andrew Fire和Craig Mello阐述了双链RNA启动酶促反应导致相应基因沉默的机制。今天，我们称之为RNA干扰。更多的研究表明我们的细胞利用RNA干扰机制调节上千种基因的表达。通过RNA干扰，细胞可以精细调控基因表达，合成蛋白质。现在我们还知道

RNA 干扰可以保护我们不受病毒和跳跃基因的危害。最后，RNA 干扰还可以用来控制实验中的基因表达，并且有望很快应用于临床。” 答案：A。

人类细胞具有 23 对线性染色体（22 对常染色体和 1 对性染色体），总计 46 条染色体。基因突变与 DNA 缺失和增加都会引起一系列遗传疾病。根据上述信息，回答 5～11 题。

5 唐氏综合征是一种遗传疾病，主要表现为肌张力减低、身材矮小、头骨不对称、眼睛歪斜和轻至中度的发育障碍。该病的病因是（　　）。（单选）

A. 一条 21 号染色体缺失　　B. 多出 1 条额外的 21 号染色体

C. 18 号染色体三体　　D. 上述选项都不对

解析 唐氏综合征是一种染色体病，特征是基因组多出 21 号染色体的整个拷贝或部分拷贝。额外基因的大小和效应因人而异，与遗传背景和概率相关。新生儿唐氏综合征的发病率约为 1/733，父母生育年龄过大使生殖细胞接触变异源的概率增加，因此唐氏综合征在晚育夫妻的子女中的发生率更高。 答案：B。

6 镰状细胞贫血是一种常染色体隐性、不完全显性遗传病，特征是红细胞形状为异常的镰刀状。该病的病因是（　　）。（单选）

A. 血红蛋白 β-球蛋白的点突变，该基因位于 11 号染色体短臂

B. 11 号染色体短臂上的 β-球蛋白基因删除

C. 编码骨髓的相关基因缺陷，使骨髓不能制造正常红细胞

D. 上述选项都不对

解析 镰状细胞贫血是血红蛋白 β-球蛋白上的点突变导致的疾病，突变使肽链第 6 位上的亲水性谷氨酸被疏水性缬氨酸替代。β-球蛋白的基因位于第 11 号染色体。2 个正常 α-球蛋白和两个变异 β-球蛋白结合形成的血红蛋白称为 HbS。在低氧条件下，因 β-球蛋白肽链中第 6 位缺乏极性氨基酸，血红蛋白以非共价结合的方式聚合，将红细胞扭曲成镰状细胞，破坏细胞的弹性。 答案：A。

7 囊性纤维化是常见的隐性遗传病，影响全身各个系统，导致进行性功能障碍。其病因是（　　）。（单选）

A. 7 号染色体 *CFTR* 基因突变　　B. X 染色体 *CFTR* 基因突变

C. Y 染色体 *CFTR* 基因突变　　D. 18 号染色体 *CFTR* 基因突变

解析 囊性纤维化是“囊性纤维化跨膜转导调节因子（CFTR）”基因突变引起的疾病。*CFTR* 基因位于 7 号染色体 q31.2 位点上，长 230000 个碱基对，可以合成一条超过 1480 个氨基酸的蛋白质。最常见的突变类型是删除三个碱基对，造成蛋白质第 508 位的苯丙氨酸丢失。*CFTR* 的等位基因共有两条，只需要一条正常就可以预防囊性纤维化的发生。只有两个等位基因都有缺陷时，囊性纤维化才可能发生，故囊性纤维化是一种常染色体隐性遗传病。 答案：A。

8 Duchenne 型肌营养不良是 X 连锁隐性肌营养不良病，可以造成肌肉退化，行走、呼吸困难和死亡。这意味着（　　）。（单选）

A. 女性和男性均可患病，但男性发病率高于女性

B. 不同性别的发病率相同

C. 只有女性可以发病，因为男性的 Y 染色体可以替代 X 染色体的功能

D. 患该病的男性只可能生下患病的男孩

解析 D 型肌营养不良可以导致肌肉退化，行走、呼吸困难和死亡。女性和男性均可患病，但女性患病率极低，常为携带者。该病是位于 X 染色体 p21 上的抗肌萎缩蛋白（dystrophin）基因发生突变所致。抗肌萎缩蛋白是肌肉组织重要的结构组成部分，抗肌萎缩蛋白可以稳定细胞膜上的抗肌萎缩蛋白-蛋白多糖复合物。一般认为 D 型肌营养不良患者无法产生后代，D 不对。 答案：A。

9 婴儿型 Tay-Sachs 病又称家族性黑蒙性痴呆，是一种常染色体隐性遗传病，可以引起智力和生理

功能严重障碍，通常于6个月大时发病，4岁左右死亡。这意味着（　　）。（单选）

A. 如果父母双方都是携带者，那么生出患病婴儿的概率是50%

B. 杂合体的酶活性水平至少是正常水平的75%

C. 该病不符合典型孟德尔遗传的概率

D. 儿童同时携带两条致病基因才会发病，因为两条基因都无法翻译成正常的蛋白质

解析 常染色体隐性遗传病意味着如果父母双方都是携带者，那么第二代是患儿的概率为25%。同一常染色体基因都有两条拷贝，分别来自父母双方。当父母都携带变异基因时，经典的孟德尔遗传概率25%就是第二代患病的概率。和其他遗传病类似，Tay-Sachs病可以由新发突变引起，不过这类突变很罕见。

答案：D。

10 血友病是一种遗传性疾病，可以导致凝血功能障碍。这是一种（　　）。（单选）

A. X染色体连锁显性遗传病　　B. X染色体连锁隐性遗传病

C. Y染色体连锁显性遗传病　　D. Y染色体连锁隐性遗传病

解析 血友病是一种X染色体连锁隐性遗传病，这意味着男性患病率高于女性。因为男性只有一条X染色体，因此只要男性具有缺陷基因，就一定会发病。因为女性有两条X染色体，而且血友病很罕见，女性同时具有两条缺陷基因的概率很低，所以女性一般是无症状的患病基因携带者。女性携带者可以从父亲或母亲，抑或是新发生的突变获得患病基因。极少数情况下女性患有血友病。　答案：B。

11 白化病是一种常染色体隐性遗传病，与产生黑色素有关的酶缺乏或发生缺陷，致使皮肤、毛发、眼睛的色素完全或部分缺失。有没有可能两个白化病患者生下一个正常的小孩？（　　）（单选）

A. 没有可能，父母双方的基因均有缺陷

B. 没有可能，白化病遵循经典的孟德尔遗传

C. 有可能，只要父母双方的缺陷基因不同

D. 有可能，机体通过转座子使一条基因突变成为野生型，保证父母至少有一个正常的后代

解析 皮肤颜色的来源是黑色素。人体需要一系列不同的酶催化的反应才能将原料酪氨酸转化为黑色素。如果父母双方的缺陷基因完全一致，他们的后代一定患病。但是，如果他们的突变基因不同，依然可以通过所有酶都正常地组合，使下一代皮肤颜色正常。　答案：C。

12 位于同一条染色体上的所有基因称为连锁群，请问人类男性白细胞中共有几条不同的连锁群？（　　）（单选）

A. 46　　B. 23　　C. 47　　D. 24

E. 45

解析 22对常染色体+X染色体+Y染色体。物种的连锁群的数量是其单倍体的染色体数，因为人体X染色体和Y染色体的非同源区段中的基因不同，所以有24个连锁群。　答案：D。

13 小明分析一种昆虫基因组DNA。当他检测其某段DNA序列时，发现很多重复的短DNA序列。请问小明检测的序列最可能位于下列哪些区域？（　　）（多选）

A. 中心粒　　B. 染色丝　　C. 纺锤丝　　D. 着丝粒

E. 端粒

解析 高度重复序列分为分散分布的和成簇分布的两种。前者包括长散在重复序列和短散在重复序列，后者包括卫星DNA、小卫星DNA、微卫星DNA等。

卫星DNA位于着丝粒和端粒处，是串联排列的高度重复短序列。小卫星DNA又称为可变数目串联重复(VNTR)，多存在于端粒附近，其Southern杂交带谱被称为DNA指纹。微卫星DNA也称为简单串联重复(STR)，常存在于间隔序列和内含子等非编码区内。

中心粒是维管组织中心，纺锤丝为微管，均不在染色体上。　答案：DE。

14 动物的基因组中有许多重复序列，例如CA或CGC在不同的染色体中可以有不同的重复次数，科学家将其称为微卫星标记(microsatellite markers)。这些序列标记可以用来检测个体的身份或其亲缘。请问此类标记可以呈现何种遗传特性？(　　)(单选)

A. 显性　　B. 隐性　　C. 不完全显性　　D. 共显性

E. 上位基因

解析 微卫星的检测方法是DNA探针结合法，所以不管微卫星在哪一个染色体上，都是可以被检验出来的。同一个基因位点上的微卫星之间没有显隐性关系，所以这类标记表现为共显性遗传。　**答案:D。**

15 DNA里，如果其中一条链上的碱基序列是AGG，那么互补链上对应的碱基序列是什么？(　　)(单选)

A. ACC　　B. TAA　　C. CTT　　D. CCT

解析 注意顺序，其实是CCT。　**答案:D。**

16 下列信息是有关于DNA复制的：① 两条链的核苷酸与各自的互补核苷酸相配对。② 核苷酸之间形成磷酸二酯键。③ 新形成的DNA分子每个都一样。④ 解旋之后，DNA分子形成两个单链。DNA复制时，这些事件发生的正确顺序是什么？(　　)(单选)

A. ①②③④　　B. ①④③②　　C. ④②①③　　D. ④①②③

解析 本题考查复制过程的常识。　**答案:D。**

17 HIV用什么酶将RNA转换为DNA？(　　)(单选)

A. DNA解旋酶(gyrase)　　B. RNA聚合酶

C. 逆转录酶　　D. DNA解旋酶(helicase)

解析 人类免疫缺陷病毒(HIV)是一种RNA病毒，含有逆转录酶。该酶也称依赖RNA的DNA聚合酶(RDDP)，以RNA为模板催化DNA链的合成。主要包括以下几种活性：

① DNA聚合酶活性：以RNA为模板，催化dNTP聚合成DNA。反转录酶不具有3'→5'外切酶活性，因此没有校正功能，所以由其催化合成DNA的出错率比较高。

② RNase H活性：由反转录酶催化合成的cDNA与模板RNA形成的杂交分子将由RNase H从RNA 5'端水解掉RNA分子。

③ DNA指导的DNA聚合酶活性：以反转录合成的第一条DNA单链为模板，以dNTP为底物，再合成第二条DNA分子。

除此之外，有些逆转录酶还有DNA内切酶活性，这可能与病毒基因整合到宿主细胞染色体DNA中有关。　**答案:C。**

18 校正后，DNA聚合酶的错误率是多少？(　　)(单选)

A. 每1×10^{1}个碱基中有1个错误　　B. 每1×10^{2}个碱基中有1个错误

C. 每1×10^{3}个碱基中有1个错误　　D. 每1×10^{6}个碱基中有1个错误

E. 每1×10^{9}个碱基中有1个错误

解析 真核生物校正后的突变率是$10^{-7}\sim10^{-9}$；噬菌体、细菌的突变率为$10^{-8}\sim10^{-10}$。综合可见E是最接近正确数值的答案。　**答案:E。**

19 请考虑DNA聚合酶从5'到3'进行合成的自然特点及其辅助功能，以及核苷酸的结构及其掺入生长中的多核苷酸链时的情况。请选择一个最佳的理由，解释为什么进化过程青睐5'到3'的聚合酶，而不是3'到5'的聚合酶：(　　)。(多选)

A. 3'到5'的聚合酶与DNA无法发生结合

B. 在3'到5'复制过程中，因为三磷酸基团被切除，聚合酶可能不能正确地进行校对修正

C. 3' 到 5' 聚合酶的活性位点不适合插入核苷酸底物

D. 3' 到 5' 复制过程中 dNTP 与 DNA 链间的静电斥力较大，不利于反应进行

E. 5' 到 3' 聚合酶具有更高的立体选择性

解析 完整的三磷酸基团是一个核苷酸成功加入并形成一条核酸链时所必需的，所以这种三磷酸基团的自发水解代表了对进一步合成的阻断。在 5' 到 3' 聚合反应的情况中，起反应的三磷酸基团是在新引入的核苷酸上，并且这样一个三磷酸基团的损耗可通过找到一个新的核苷酸底物来补充。而对于 3' 到 5' 聚合反应，反应的三磷酸基团位于生长链上。三磷酸基团从生长链上的损耗可能需要对整个聚合产物进行处理，或需要使用一个额外的酶活性来置换活性的三磷酸基团(图 1)。 答案:BD。

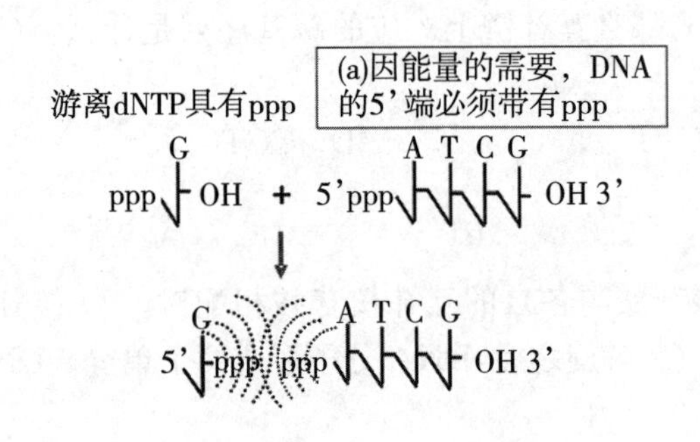

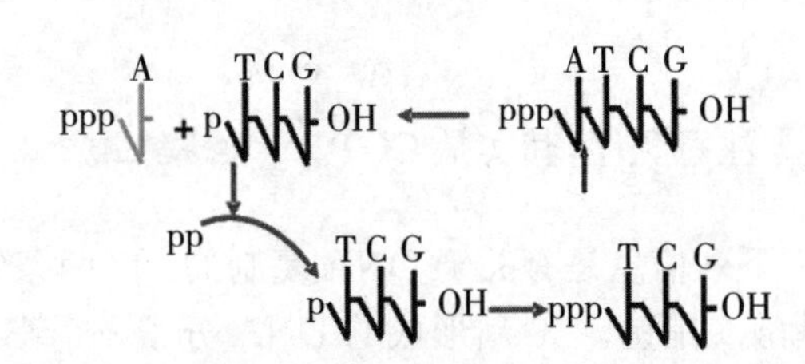

图 1

20 下列选项中用桑格(Sanger)法作 DNA 测序所需要的试剂是(　　)。(多选)

A. dATP　　B. dTTP　　C. ddCTP　　D. ddUTP

E. DNA 聚合酶

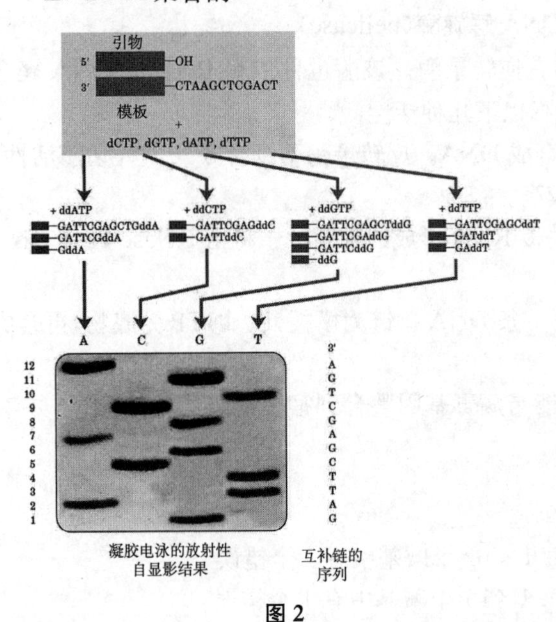

图 2

解析 DNA 测序的 Sanger 法又称双脱氧核苷酸终止法。其原料为 DNA 中四种碱基对应的四种 dNTP 和四种 ddNTP(ddATP、ddGTP、ddTTP、ddCTP)、引物、DNA 聚合酶。其中 ddNTP 称为双脱氧核苷酸，其 3-C 位置的羟基被氢原子取代，因此无法参与形成 3'-5' 磷酸二酯键。故当 ddNTP 掺入链中后，DNA 的合成即终止。

Sanger 法测序的原理为：在四个管中分别加入 PCR 所需的原料和一种 ddNTP。ddNTP 随机掺入链中，使链延长终止，在每个管中形成在特定位置停止合成的一系列长短不同的 DNA 链。PCR 结束后，将四个管合成的 DNA 片段进行凝胶电泳，将 DNA 根据长短不同进行排序，从而判断各个碱基的顺序。如图 2 所示。改良后的 Sanger 法在 ddNTP 上根据碱基不同连接四种不同的荧光分子，使电泳后的结果可以通过测定荧光强度直接用机器读出。 答案:ABCE。

21 下列关于细菌 DNA 复制所使用引物(primer)的叙述中正确的是(　　)。(单选)

A. DNA 复制所使用的引物是由合成 mRNA 的 RNA 聚合酶负责合成的

B. DNA 复制所使用的引物的 5' 端是 RNA，而 3' 端连接 DNA

C. DNA 复制所使用的引物的合成方向为 3'→5'

D. DNA 复制所使用的引物在复制完成后会被保留下来

E. DNA 复制所使用的引物的合成不需要模板

解析 合成引物的酶是 DNA 引发酶，这是一类特殊的 RNA 聚合酶，合成 RNA 时需要模板，A、E 错

误。引物合成的方向同样是5' 端→3' 端，C错误。RNA引物在DNA复制后会被DNA pol Ⅰ的5'-外切酶活性切除，D错误。RNA引物的5' 端是RNA，3' 端是DNA，DNA复制需要RNA引物是因为DNA聚合酶不能从无到有生成DNA。　答案：B。

22 分子生物学家Meselson和Stahl等人将细菌培养在含^{15}N的培养基中，使其双链DNA皆被标定（$^{15}N^{15}N$），将具$^{15}N^{15}N$的亲代细菌转而培养在含^{14}N的培养基中，在经过三次DNA复制后，请问下列哪个选项是这些细菌种群的DNA正确比率？（　　）（单选）

A. $^{15}N^{14}N : {}^{14}N^{14}N = 1:1$
B. $^{15}N^{14}N : {}^{14}N^{14}N = 1:2$
C. $^{15}N^{14}N : {}^{14}N^{14}N = 1:3$
D. $^{15}N^{14}N : {}^{14}N^{14}N = 1:4$
E. $^{15}N^{14}N : {}^{14}N^{14}N = 1:7$

解析　复制之前，所有细菌都是$^{15}N^{15}N$；第一次复制之后，所有细菌变为$^{15}N^{14}N$；第二次复制之后，有1/2的细菌是$^{15}N^{14}N$，有1/2的细菌是$^{14}N^{14}N$；第三次复制之后，有1/4的细菌是$^{15}N^{14}N$，有3/4的细菌是$^{14}N^{14}N$。也可以用另一种方法：假设最初细菌数为n，^{15}N的含量为$2n$，细菌经过三次DNA复制（也进行了细胞分裂）之后，细菌数变为$8n$，^{15}N只有$2n$个，而我们知道DNA复制的机制是半保留复制，所以不会出现$^{15}N^{15}N$，故所有^{15}N都进入$^{15}N^{14}N$的细菌，所以有1/4的细菌为$^{15}N^{14}N$，其他的细菌都是$^{14}N^{14}N$。答案：C。

23 下列关于拓扑酶的叙述中正确的是（　　）。（多选）

A. 是一种解旋酶
B. 可解开DNA超螺旋
C. 可使DNA变性
D. 可以单链DNA为模板合成新的单链DNA
E. 可造成DNA断裂

解析　解旋酶解开双螺旋，DNA拓扑异构酶可以解开DNA超螺旋，在DNA解链时再将要打结或已打结处作切口。下游的DNA穿越切口并作一定程度的旋转，把结打开或解松，然后旋转复位联结。这样解链就不因打结的阻绊而能继续下去。即使出现打结现象，双链的局部打开，也会导致DNA超螺旋的其他部分过度拧转，形成正超螺旋。拓扑酶通过切断、旋转和再连接的作用，实现DNA超螺旋的转型，即把正超螺旋变成负超螺旋。根据其作用，它可以解开超螺旋和切断DNA（第一类切单链，第二类切双链）。答案：BE。

24 小琪纯化了DNA复制所需要的所有因子，以便建立试管外DNA复制系统。当她测试后发现试管外DNA复制确实可以进行，但当她将复制的DNA产物分离、变性处理后，进行电泳分析，她发现产物中除了新合成完整长的单链DNA片段外，还有许多长度约几百个脱氧核糖核苷酸的短单链DNA片段。小琪建立的试管外DNA复制系统最可能发生下列哪种问题？（　　）（单选）

A. 系统中缺乏RNA引物
B. 系统中缺乏单链DNA结合蛋白
C. 系统中有DNA剪切酶污染
D. 系统中缺乏DNA连接酶
E. 系统中缺乏DNA聚合酶

解析　小琪的产物中多出了长度约为数百个脱氧核糖核苷酸的单链DNA片段，很容易猜想到这些DNA片段就是“冈崎片段”。冈崎片段是在DNA的后随链的不连续合成期间生成的片段，这是冈崎令治在DNA合成实验中添加放射性的脱氧核苷酸前体观察到的，因此而得名。冈崎片段的产生是由于DNA聚合酶只能由5' 端到3' 端进行DNA合成，所以后随链就注定不能跟前导链一样连续合成，需要先合成几百个核苷酸的短DNA片段，然后由DNA连接酶来将其连接成一条完整的DNA长链。　答案：D。

25 下列选项中在细菌DNA复制完成后负责将RNA引物去除的是（　　）。（单选）

A. 拓扑酶（topoisomerase）
B. 引物酶（primase）
C. DNA聚合酶Ⅰ（DNA polymerase Ⅰ）
D. DNA聚合酶Ⅲ（DNA polymerase Ⅲ）
E. RNA分解酶P（ribonuclase P）

解析 DNA聚合酶Ⅰ有5'-3'的外切酶活性,用于去除复制过程中后随链的引物。 答案:C。

26 RNA引物(RNA primer)在DNA复制时扮演下列何种角色?(　　)(单选)

A. RNA引物提供DNA聚合酶需要的3'-OH以起始DNA的合成
B. RNA引物帮助复制聚合酶找到复制起始点
C. RNA引物帮助将DNA切割形成松散末端
D. RNA引物帮助DNA聚合酶终止合成
E. RNA引物序列是DNA聚合酶的辨识对象

解析 引物是RNA或DNA的短单链(通常有18～22个碱基),其作为DNA合成的起始点。它是DNA复制所必需的,因为催化这一过程的DNA聚合酶只能将新的核苷酸添加到现有的DNA链上。聚合酶在引物的3'末端开始复制,并复制相反的链。 答案:A。

27 如果DNA编码链的核苷酸序列是5'-ATGCGGATTTAA-3',下列哪一项是模板链序列?(　　)(单选)

A. 5'-TACGCCTAAATT-3'
B. 3'-TTAAATCCGCAT-5'
C. 5'-TTAAATCCGCAT-3'
D. 5'-AUGCGGATTTAA-3'
E. 3'-AUGCGGATTTAA-5'

解析 本题主要考查在双链DNA中编码链和模板链的区别。分子中的核苷酸序列是同DNA双链中一条脱氧核苷酸链的序列相互补、转录RNA分子的这条DNA链称为DNA的模板链,另一条链称为该基因的编码链,该链的核苷酸序列与转录生成的RNA的序列一致(在RNA中是以U取代了DNA中的T),又称有义链。 答案:C。

28 核苷酸切除修复嘧啶二聚体过程中,需要用到下列哪种酶?(　　)(单选)

A. 光复活酶
B. 核酸酶、DNA聚合酶和DNA连接酶
C. 核酸外切酶和DNA连接酶
D. 限制性核酸外切酶和DNA聚合酶
E. 限制性核酸外切酶和DNA连接酶

解析 切除修复是暗修复。先利用UvrA/B/C/D酶切下含有二聚体的片段,再由DNA聚合酶和连接酶修补缺口完成连接。 答案:B。

29 DNA发生突变后,有时也可以经由回复突变的过程恢复正常。请问下列哪一种突变后,再发生回复突变的概率最低?(　　)(单选)

A. 倒位(inversion)
B. 重复(duplication)
C. 缺失(deletion)
D. 易位(translocation)
E. 插入(insertion)

解析 可以对各染色体结构变异回复突变的可能方式进行讨论:倒位是染色体片段在180°颠倒后重接,自然有可能发生180°倒回去的可能性;重复是染色体片段出现两份及以上的情况,多余的基因也可以再次丢失;易位是染色体片段移接到另一非同源染色体的结构变异,也有可能再次移接回来;插入同重复,多出的片段可以再次丢失。总之,只要基因片段没有丢失(或数量增加),保存在染色体中,就有回复突变的可能性。缺失发生逆突变的概率最低的原因是原丢失的染色体片段已经无法找回,再次有携带原基因的染色体片段从外部插入并恰好插入缺失的部位可能性太小。本题要求只选一种,故选C。 答案:C。

30 复等位基因(multiple alleles)是如何产生的?(　　)(单选)

A. 在同一个基因中先后发生相同的突变
B. 在不同的基因中先后发生相同的突变
C. 在同一个基因中先后发生不同的突变
D. 在不同的基因中先后发生不同的突变
E. 在不同的染色体中先后发生不同的突变

解析　复等位基因是同一基因座上具有两个以上突变状态的基因。在群体中，一套所有的复等位基因称为等位系列。复等位基因的例子有人类ABO血型、孟买血型等。　答案:C。

31　某研究生分离出一种突变细菌，该菌无法转录其某一重要基因X，经一番实验后确认该突变细菌的RNA聚合酶在转录基因X时无法决定从何处开始进行RNA转录。请问造成此问题的突变最可能发生在下列哪种序列上？(　　)(单选)

A. 富含GC的序列　　B. TATAAAT序列

C. 外显子序列　　D. 内含子序列

E. 促进子序列

解析　原核生物的启动子含有识别、结合和起始三个元件，直接与RNA聚合酶结合控制起始。其含有以下几个元件：① －10序列：也叫做Pribnow框，位于－10 bp左右，其保守序列为TATAAT，功能是与RNA聚合酶紧密结合、形成开放启动子复合体、使RNA聚合酶定向转录；② －35序列：常被讹称为Sextama框，其实没有这个说法，其保守序列为TTGACA，为RNA聚合酶的识别位点；③ 转录起始位点：是转录开始时模板上第一个碱基，在原核生物中90%以上的起点是A或G；④ UP元件：位于细菌强启动子－35区上游的一段富含AT的序列，能够在体内和体外提高转录效率30倍。　答案:B。

32　5'-CAGT-3' 转录形成什么？(　　)(单选)

A. 具有5'-GTCA-3' 的RNA　　B. 具有5'-GUCA-3' 的RNA

C. 具有5'-GTCA-3' 的DNA　　D. 具有5'-GUCA-3' 的DNA

E. 具有5'-ACTG-3' 的RNA　　F. 具有5'-ACUG-3' 的RNA

解析　转录产生RNA，互补匹配A-U，注意5' 与3' 的方向。　答案:F。

33　想象你是一个RNA聚合酶分子，正沿着DNA滑动，并且遇到一个具有如图3所示的典型结构的基因(启动子、编码序列和终止子)。下列选项提供了几种RNA结合到DNA片段(标记1、2、3、…)上的顺序，哪一个顺序是按照RNA聚合酶结合到DNA上的亲和力逐渐减弱的顺序？(　　)(单选)

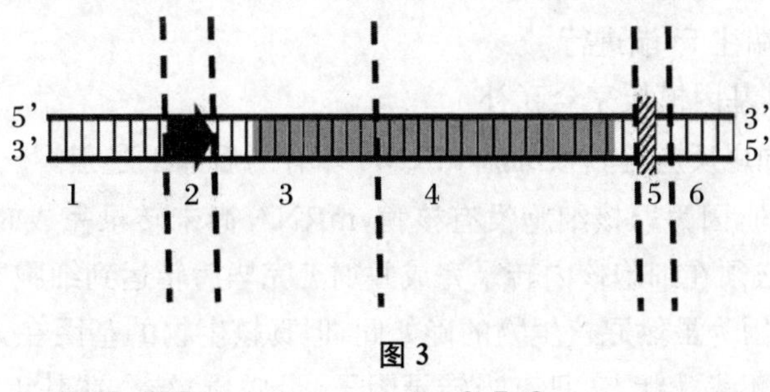

图3

A. 2、1、4　　B. 2、5、3　　C. 6、5、2　　D. 2、4、5

E. 2、3、6

解析　亲和力最强的应该是转录起始区域(启动序列)2，最弱的应该是终止子5，结构基因居中，所以其他序号亲和力是等同的。按照图3，2、4、5的顺序是最合理的。　答案:D。

34　原核生物基因的启动子区在基因的(　　)端，是(　　)的结合部位。(单选)

A. 3'，DNA聚合酶　　B. 3'，RNA聚合酶　　C. 5'，DNA聚合酶　　D. 5'，RNA聚合酶

解析　启动子序列是RNA聚合酶特异性识别和结合的DNA序列。它位于基因的5' 端，控制基因表达(转录)的起始时间和表达的程度。启动子(promoters)就像"开关"，决定着基因的活动。　答案:D。

35　关于真核生物基因表达，下列叙述中正确的是(　　)。(多选)

A. 基因转录与翻译在不同地方进行　　B. 由一种RNA聚合酶负责所有RNA的合成

C. RNA 转录作用在细胞核中进行　　D. 信使 RNA(mRNA)需经过剪接而成

E. 信使 RNA(mRNA)具有 5' 端帽子结构(5' cap)

解析 B 选项说法错误,真核生物的 RNA 聚合酶分为三类:

RNA 聚合酶Ⅰ——转录出 45S rRNA 前体,然后经过加工产生 18S rRNA、28S rRNA、5.8S rRNA;

RNA 聚合酶Ⅱ——转录 mRNA 和大多数核内小 RNA(snRNA);

RNA 聚合酶Ⅲ——转录 tRNA、5S rRNA、U6 snRNA 和胞质小 RNA(scRNA/7SLRNA)。

答案:ACDE。

36 下列关于细胞转录作用的叙述中正确的是(　　)。(多选)

A. 细菌的转录作用只有一种 RNA 聚合酶参与

B. 转录作用都在细胞核中进行

C. 真核与原核细胞的转录 RNA 产物均需经过剪接形成最终产物

D. 真核细胞的转录作用需 RNA 聚合酶及其他转录因子的参与

E. 真核与原核细胞转录出的 tRNA 产物均需经过修饰后才能携带氨基酸

解析 B 不对。细菌没有细胞核,转录直接在细胞质中进行,真核生物转录主要在细胞核中进行,叶绿体和线粒体也可以进行其自身基因组 DNA 的转录作用。

C 错误,因为原核细胞绝大部分 mRNA 不经历后加工。原核细胞转录后加工很少,mRNA 很少经历后加工(绝大多数 mRNA 一旦转录就被使用,核糖体就结合到 5' 端进行翻译,并形成多聚核糖体的结构),rRNA 和 tRNA 会经过一系列的剪切、修剪、修饰等;真核细胞 mRNA 前体需要经过 5' 端加帽、3' 端加尾、内部甲基化、拼接和编辑,tRNA 和 rRNA 也经过一系列的后加工过程。　答案:ADE。

37 下列有关原核和真核细胞的基因表达的叙述中正确的是(　　)。(单选)

A. mRNA 转录后,其 5' 端需加上帽子结构,3' 端需加上 poly-A

B. mRNA 的蛋白质翻译在转录作用完成前就开始进行

C. RNA 聚合酶与启动子区结合以开始进行转录作用

D. mRNA 的合成由 3' 端往 5' 端进行

E. mRNA 转录产物与其基因模板完全互补

解析 A 选项的加帽和加尾反应是真核细胞 mRNA 才有的后加工过程。

B 选项是原核细胞特有的,因为原核细胞没有核膜,mRNA 尚未转录完成时便可以被核糖体识别起始翻译,而真核细胞的 mRNA 必须在细胞核内转录完成并加工完毕后转运到细胞质才能起始翻译。

C 选项其实也不够准确,因为虽然原核生物的确如此,但真核生物的基因在无转录因子时 RNA 聚合酶自身无法启动基因转录,处于不表达状态,只有当转录因子(蛋白质)结合在其识别的 DNA 序列上后,基因才能开始表达。因此真核生物的 RNA 聚合酶并不是直接与启动子区结合,C 也不够严谨,不过相比其他选项还是只能选它了。

D 选项错误,mRNA 合成与 DNA 复制一样,都是从 5' 端到 3' 端,由 RNA pol 决定。

E 选项错误,mRNA 在经过转录并加工后与基因模板不完全互补,因为真核生物有内含子,mRNA 会被剪切,可能还有碱基被编辑。　答案:C。

38 下列有关真核细胞基因表达特点的叙述中正确的是(　　)。(多选)

A. 真核细胞的 mRNA 较稳定,因其具有 5'cap 及 3' polyA

B. 真核细胞只有一种 RNA 聚合酶

C. 真核细胞的 mRNA 要运出细胞核才能被翻译成蛋白质

D. 真核细胞的基因组 DNA 只有小部分被转录

E. 真核细胞的 mRNA 无法被原核细胞的核糖体所翻译

解析 5'cap 的作用有：① 有助于某些 mRNA 前体的正确拼接；② 有助于成熟的 mRNA 转运出细胞核；③ 保护 mRNA，避免被核酸酶降解；④ 增强 mRNA 的可翻译性。

3'polyA 的作用有：① 提高 mRNA 的稳定性；② 增强 mRNA 的可翻译性，提高 mRNA 翻译的效率；③ 影响最后一个内含子的切除：poly A 和帽子结构都参与了 mRNA 的拼接；④ 某些先天缺乏终止密码子的 mRNA 通过加尾反应创造终止密码子 UGA 或 UAA；⑤ 通过选择性加尾调节基因的表达。

B 错误，真核细胞细胞核中含有三种 RNA pol，即 RNA pol Ⅰ、Ⅱ、Ⅲ。RNA pol Ⅰ负责催化细胞核内的 rRNA(除 5S rRNA)合成，RNA pol Ⅱ 负责催化 mRNA 和某些 snRNA 的合成，RNA pol Ⅲ负责催化小分子 RNA(包括 tRNA 和 5S rRNA)的合成。线粒体和叶绿体也有 RNA pol。

C 正确，因为翻译过程在核糖体上进行，只有细胞质基质、糙面内质网和核膜外侧有核糖体，且蛋白质合成的起始必须在游离核糖体上进行。不过这一条目前有新的补充，其实细胞核内也存在少量的翻译过程。

D 正确，因为真核细胞的大部分 DNA 序列不编码蛋白质，基因组含有大量重复序列，基因中也有内含子等。

E 选项中，原核生物 mRNA 与 70S 核糖体相互作用的核糖体结合位点(ribosomal binding site，RBS)有两个，分别是起始密码 AUG 与 SD 序列(Shine-Dalgarno sequence)，后者与 16S rRNA 互补配对。相应地，真核生物 mRNA 与 80S 核糖体相互作用的部位是 AUG 以及 5' 帽子，帽子序列后面还有一段核酸序列，通常是 GCCACCAUGG，可以与翻译起始因子结合而介导含有 5' 帽子结构的 mRNA 翻译起始。这一序列称 Kozak 序列，对应于原核生物的 SD 序列，但它与 rRNA 无相互作用，也不是 RBS。二者的比较如图 4 所示。

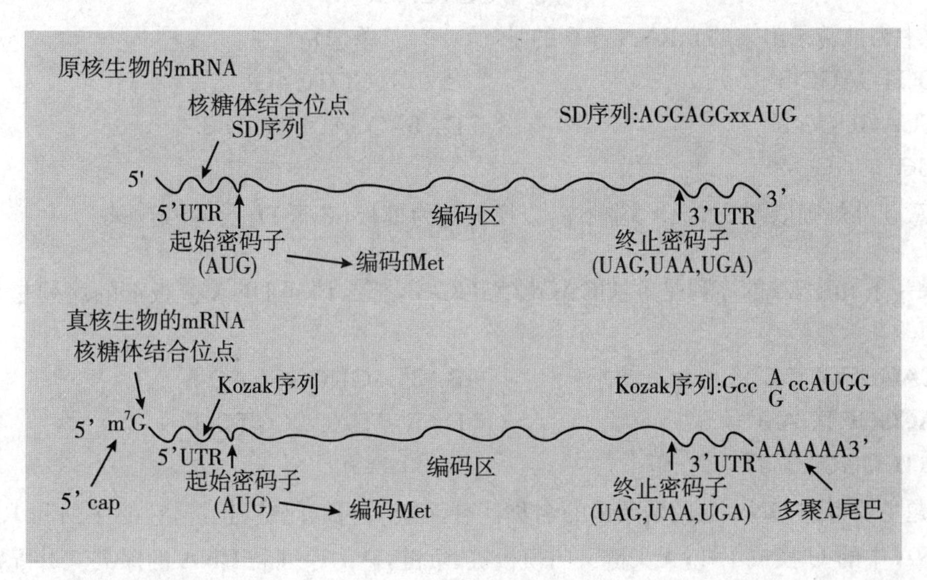

图 4

有文献研究表明，兔网织红细胞的核糖体(真核型)可以结合保护 f1 噬菌体(原核型)的 mRNA，但 *E. coli* 的核糖体(原核型)却不能相应地结合保护兔球蛋白的 mRNA(真核型)。因此事实上，缺乏 SD 序列的真核 mRNA 的确是无法在原核表达体系中高效表达的。如果要在原核体系表达真核蛋白的话，至少需要构建融合了原核 SD 序列的"杂交"mRNA 分子。不过本题最后并没有选 E，可能是无法翻译过于绝对，实际上只是结合能力低下而已，毕竟在尼伦伯格发现密码子表的实验中，在非细胞蛋白合成体系里提供足够 Mg^{2+} 的条件下，啥都没有的 polyU 也是能够指导多肽链合成的！ **答案：ACD。**

参考文献

[1] Legon S，Model P，Robertson H D. Interaction of Rabbit Reticulocyte Ribosomes with Bacteriophage f1 mRNA and of *Escherichia coli* Ribosomes with Rabbit Globin mRNA[J]. PNAS，1977，

74(7)：2692.

[2] Guarente L，Roberts T M，Ptashe M. A Technique for Expressing Eukaryotic Genes in Bacteria [J]. Science，1980，209(4463)：1428.

39 下列不会存在于真核转录起始复合体中的是(　　)。(多选)

A. 启动子　　B. 转录因子　　C. DNA 聚合酶　　D. TATA box

E. ATG 起始密码

解析 DNA 聚合酶为 DNA 复制过程中的酶，RNA 聚合酶才是转录用的；ATG 是翻译的起始密码子，位置与转录起始复合体无关。 **答案:CE。**

40 下列为真核生物第二型 RNA 聚合酶的合成产物的是(　　)。(多选)

A. rRNA　　B. mRNA　　C. tRNA　　D. cDNA

E. microRNA

解析 第二型 RNA 聚合酶催化 DNA 转录合成 mRNA 的前体与大多数 snRNA 和 microRNA。

A 不对，rRNA 由第一型 RNA 聚合酶合成。C 不对，tRNA 由第三型 RNA 聚合酶合成。D 不对，cDNA通常由 mRNA 使用反转录酶合成。 **答案:BE。**

41 下为被转录的 DNA 片段(上面是模板链)：

5'-ACCAGTCG-3'

3'-TGGTCAGC-5'

下列选项中为被转录出来的 mRNA 序列的是(　　)。(单选)

A. 3'-TGGTCAGC-5'　　B. 5'-TGGTCAGC-3'

C. 3'-ACCAGUCG-5'　　D. 5'-CGACUGGU-3'

E. 5'-UGGUCAGC-3'

解析 注意互补规则以及 5' 端、3' 端顺序，以模板链为模板，获得 D。 **答案:D。**

42 如果一条 mRNA 的序列是 5'-UCAGCCGUC-3'，那么请问 DNA 模板链的序列是什么？(　　)(单选)

A. 3'-TCAGCCGTC-5'　　B. 3'-AGUCGGCAG-5'

C. 5'-GACGGCTGA-3'　　D. 5'-TCAGCCGTC-3'

E. 5'-AGTCGGCAG-3'

解析 本题主要考查 DNA 上的两条链的名称。有义链又叫编码链、正链，它的序列和 RNA 的序列相同，只是把 RNA 中的 U 换成了 T；无义链又叫模板链、负链，它的序列和 RNA 的序列互补配对。同时应该注意 DNA 链的方向性，这样本题就不难选出 C 选项了。 **答案:C。**

43 一段 DNA 序列 5'-ATGGCATCA-3'，其互补序列能转录出什么 RNA 序列？(　　)(单选)

A. 5'-AUGGCAUCA-3'　　B. 5'-UGAUGCCAU-3'

C. 5'-TACCGTAGT-3'　　D. 5'-ACUACGGUA-3'

E. 5'-UACCGUAGU-3'

解析 互补链与题中的序列碱基互补，再转录出 RNA 又遵从碱基互补配对原则，因此只需将题目中的序列的 T 改变为 U，所以选 A。 **答案:A。**

44 对照表 1 提供的遗传编码信息，如果一个多肽是由下面的信使核糖核酸序列编码翻译的，那么这个多肽将有多长(以氨基酸的数量表示)？(　　)(单选)

5'-CGAUGUUCCAAGUGAUGCAUAAAGAGUAGC-3'

表 1

第一个核苷酸（5' 端）	第二个核苷酸 U	C	A	G	第三个核苷酸（3' 端）
U	苯丙氨酸	丝氨酸	酪氨酸	半胱氨酸	U
	苯丙氨酸	丝氨酸	酪氨酸	半胱氨酸	C
	亮氨酸	丝氨酸	终止码	终止码	A
	亮氨酸	丝氨酸	终止码	色氨酸	G
C	亮氨酸	脯氨酸	组氨酸	精氨酸	U
	亮氨酸	脯氨酸	组氨酸	精氨酸	C
	亮氨酸	脯氨酸	谷氨酰胺	精氨酸	A
	亮氨酸	脯氨酸	谷氨酰胺	精氨酸	G
A	异亮氨酸	苏氨酸	天冬酰胺	丝氨酸	U
	异亮氨酸	苏氨酸	天冬酰胺	丝氨酸	C
	异亮氨酸	苏氨酸	赖氨酸	精氨酸	A
	蛋氨酸	苏氨酸	赖氨酸	精氨酸	G
G	缬氨酸	丙氨酸	天冬氨酸	甘氨酸	U
	缬氨酸	丙氨酸	天冬氨酸	甘氨酸	C
	缬氨酸	丙氨酸	谷氨酸	甘氨酸	A
	缬氨酸	丙氨酸	谷氨酸	甘氨酸	G

A. 5　　B. 7　　C. 8　　D. 9　　E. 10

解析 因为翻译是从 mRNA 的 5' 端到 3' 端进行的，所以应该从左边第一个 AUG(即起始密码子)开始进行翻译，一直到后面的 UAG(终止密码子)停止。并且因为起始密码子可以编码甲硫氨酸，而终止密码子不编码任何氨基酸，所以应该合成一共有 8 个氨基酸的多肽链。 **答案：C。**

45 下列有关真核生物 mRNA 转录后过程性质的说法中，哪项是不正确的？（　）（单选）

A. 有内含子存在是真核生物的衍征

B. 线粒体的 mRNA 缺少 5' 端的帽子基团，因为加帽过程是严格控制在细胞核内的过程

C. 通过剪接体对剪接位点的识别是基于 mRNA 单链的物理结构，而不是基于任何特殊的共有序列

D. 在一些基因中，多聚腺苷酸链(poly A 尾巴)可以通过添加在转录物 mRNA 的多个可能位点而产生遗传多样性

E. 5' 帽和多聚腺苷酸链尾巴都能够抑制 mRNA 分子在细胞质中的降解

解析 关于内含子的演化，存在两种理论：一种是内含子先天存在理论(introns-early theory)，另一种是内含子后天衍生理论(introns-late theory)。前者认为内含子一开始广布于所有祖先，到后期才渐渐失去；后者则是认为到演化后期，内含子才渐渐入侵出现在真核生物基因中。按照前一种理论，内含子就是真核生物的祖征；按后一种理论，内含子则是真核生物的衍征。根据目前的研究，后者是更有可能的进化过程。因此 A 正确。事实上，应当记住：剪接作用是通过特殊共有序列(GU…AG)来调节的。D 是正确的，因为存在多聚腺苷酸尾链选择性这样的过程。 **答案：C。**

参考文献

[1] Kück U, Schmitt O. The Chloroplast Trans-Splicing RNA-Protein Supercomplex from the Green Alga Chlamydomonas reinhardtii[J]. Cells, 2021, 10: 290.

46 抗肿瘤的化学治疗中，药物的作用位点通常是蛋白质和DNA。下列哪项不是抗肿瘤药物可能的作用机制？（　　）（单选）

A. 抑制DNA聚合酶　　B. 严重损伤DNA或在DNA中插入其他片段
C. 完全抑制生长激素的合成　　D. 抑制血管新生

解析 癌症是以细胞分裂不受控制，并具侵袭性（浸润并破坏周围组织）为特征的一组疾病，可以发生远处转移（通过血液或淋巴扩散到身体其他部位）。癌症的这三种恶性行为是区分癌症和良性肿瘤的关键，肿瘤是自限性的，不具有侵袭性也不会转移。因为癌症细胞分裂不受控制，需要持续的营养支持，因此抗癌药物可以损伤DNA，从而抑制细胞分裂；可以抑制细胞正常生存必需的酶，从而抑制癌细胞生长分裂；还可以抑制血管的新生，从而阻断癌细胞的营养。生长激素的合成与癌症无关，故选C。　**答案:C。**

47 原核生物的翻译过程中，核糖体结合以下哪项？（　　）（单选）

A. TATA框序列　　B. mRNA帽子　　C. 终止子序列　　D. 增强子序列
E. SD序列（夏因-达尔加诺序列）

解析 SD序列（Shine-Dalgarno sequence，AGGAGG）是mRNA中用于结合原核生物核糖体的序列。SD序列在细菌mRNA起始密码子AUG上游10个碱基左右处，为一段富含嘌呤的碱基序列，能与细菌16S rRNA的3’端识别，帮助从起始AUG处开始翻译。

翻译是在mRNA指导下合成多肽的过程。在原核生物中，DNA并没有与核糖体及其他蛋白合成所需器件分隔开来，转录和翻译是同时进行的，当核糖体结合于一个mRNA分子的前端，即SD序列处时，转录依然在进行。SD序列是原核生物mRNA分子上的一段短核苷酸，在翻译起始位点（用来结合核糖体RNA）的上游，能将核糖体带到mRNA的密码子上。　**答案:E。**

48 下列有关原核生物细胞内基因表达的叙述中正确的是（　　）。（多选）

A. 每一种氨基酸仅由一种tRNA携带　　B. 蛋白质的合成在核糖体上进行
C. 转录与翻译作用都在细胞质中进行　　D. 密码子与真核生物基本相同
E. 每一种密码子能对应不止一种氨基酸

解析 A选项错误，每种氨基酸可对应多种密码子，而每种密码子对应一种tRNA（tRNA的种类看反密码子）。因此每种氨基酸可由多种tRNA携带。

B选项正确，所有生物的蛋白质合成均在核糖体上进行。

C选项正确，由于原核细胞的遗传物质存在于细胞质中的特殊区域（拟核区）而非核膜包被的细胞核中，因此其转录也发生在细胞质中。所有生物的翻译过程均在细胞质中进行。

D选项正确，除了少数特例外（线粒体基因组和少部分生物的核基因组），生物界共用同一套密码子。

E选项错误，每种密码子都只对应特定的一种氨基酸，而每种氨基酸对应多种密码子。　**答案:BCD。**

49 下列有关蛋白质合成反应的叙述中正确的是（　　）。（多选）

A. 蛋白质合成的终止信号在mRNA的核酸序列上
B. 真核细胞的蛋白质合成皆在糙面内质网上进行
C. tRNA的5’端接合特定氨基酸，参与蛋白质合成反应
D. 不论真核或原核细胞，蛋白质合成皆需要核糖体与GTP
E. 蛋白质合成之初，mRNA与核糖体的大亚基（large subunit）结合为起始复合体

解析 多肽链合成的终止需要mRNA上的终止密码子和释放因子参与作用，释放因子可识别tRNA无法识别的终止密码子，A正确。

真核细胞中在糙面内质网上合成的蛋白主要是分泌蛋白、膜的整合蛋白和细胞器的可溶性驻留蛋白，

游离核糖体所合成的蛋白质有染色体上的蛋白质、线粒体和叶绿体及细胞质基质中的酶等，B 错误。

tRNA 的 3' 端为 CCA-OH，可接受活化的氨基酸，C 错误。

蛋白质合成需要多种 RNA 和上百种蛋白质分子的参与，核糖体消耗 GTP 来合成多肽链，D 正确。

多肽链合成起始时，核糖体小亚基 16S rRNA 的 3' 端序列与 mRNA 的 SD 序列互补，结合形成 30S-mRNA 复合物，E 错误。　**答案：AD。**

50　图 5 为 10 个 DNA 样品的指纹图，其中哪 4 个可能为一对夫妻及他们的两个孩子？（　　）（多选）

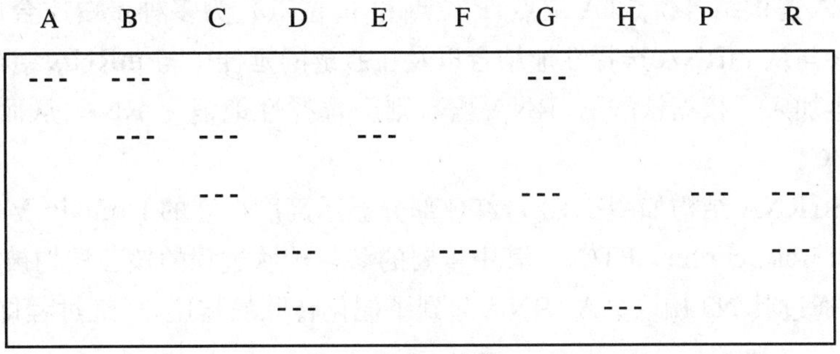

A　B　C　D　E　F　G　H　P　R

图 5

A. A、C 为夫妻，B、E 为孩子　　B. B、C 为夫妻，E、G 为孩子

C. B、G 为夫妻，A、C 为孩子　　D. F、G 为夫妻，P、R 为孩子

E. D、R 为夫妻，F、H 为孩子

解析　DNA 指纹是指待测样品 DNA 经限制酶酶切、电泳、转膜，以重复序列中的核心序列为探针进行 DNA 印迹杂交所形成的具有特征性的杂交图谱。在人类和动植物的基因组鉴定中常用的是小卫星 DNA 探针，小卫星 DNA 是指较长的 DNA 重复单位，每一个重复单位长度为 9～70 bp 不等。因为 DNA 指纹如同每一个体的指纹一样是高度特异和终生不变的，因而 DNA 指纹可以反映个体之间的亲属关系。把指纹图上的小卫星位点由上至下编为 a、b、c、d、e，依次来看，A 有两个 a 位点，B 有 a 和 b 位点，C 有 b 和 c 位点，D 有 d 和 e 位点，E 有两个 b 位点，F 有两个 d 位点等。然后看选项，只要父母的特异位点组合可以组成孩子的特异位点就可以成立，B、C 正确。　**答案：BC。**

51　某病人缺乏酶 A 活性，但其体内酶 A 含量与正常人相当，请问此病人的酶 A 基因可能产生了什么变化？（　　）（多选）

A. 基因大片段的缺失　　B. 基因突变，造成核苷酸的改变

C. 基因突变，造成氨基酸的改变　　D. 基因突变，造成蛋白质的合成提前终止

E. 基因断裂

解析　体内酶 A 的含量与正常人相当，说明酶 A 仍能合成，只是缺乏活性。因此 A、E 错误，这两种大范围变化可造成酶 A 无法合成。D 错误，合成提前终止获得的是截断的蛋白质。B、C 都对，酶 A 的化学本质可能为蛋白质或 RNA，无论为哪种，单个核苷酸/氨基酸的改变均可造成失活（密码子变化改变氨基酸）。　**答案：BC。**

52　下列有关真核细胞中翻译（translation）的顺序，正确的是（　　）。（单选）

① 密码子与反密码子的识别。② 氨基酸活化。③ 起始复合物的形成。④ 多肽链（polypeptide chain）延长。⑤ 多肽链合成终止。

A. ①②③④⑤　　B. ②③①④⑤　　C. ②③①⑤④　　D. ③①②④⑤

E. ③②①④⑤

解析　翻译的步骤：① 氨基酸活化；② 50S 亚基和氨酰-tRNA 与结合在 mRNA 上的 30S 亚基结合（起始复合物的形成）；③ 氨酰-tRNA 进入核糖体 A 位（涉及密码子和反密码子的识别）；④ 肽键的形成；⑤ 转位；⑥ 脱-氨酰-tRNA 的释放；⑦ 多肽链释放，大小亚基解聚（翻译终止）。　**答案：B。**

53 某粗心的研究生误将某种酶溶液加到准备进行活体外翻译作用的核糖体亚单位中，造成肽酰转移酶的活性被摧毁而无法得到翻译的蛋白质产物。请问下列可能为被误加入的酶的是（　　）。（单选）

A. 脂肪酶　　B. 溶菌酶　　C. 核糖核酸酶　　D. 脱氧核糖核酸酶

E. 限制酶

解析 核糖体的肽酰转移酶（peptidyl transferase）的催化位点的成分全都是 rRNA，这些成分属于 23S rRNA 结构域 V 的中央环，所以它属于核酶。在核糖体中，rRNA 是起主要作用的结构成分，主要功能有肽酰转移酶活性、为 tRNA 提供结合位点（A 位点、P 位点和 R 位点）、为多种蛋白质合成因子提供结合位点、在蛋白质合成起始时参与从 mRNA 选择性地结合以及在肽链的延伸中与 mRNA 结合。

所以如果该研究生加入了核糖核酸酶（RNA 酶），则会选择性地消化 RNA，从而使核糖体肽酰转移酶活性丧失，因此本题选 C。

肽酰转移酶的 23S rRNA 结构如图 6、图 7，红色部分显示高度保守的 Domain V 中央环，又称为肽酰转移中心（peptidyl transferase center，PTC）。其中重要的参与转肽过程的核苷酸均被标号，这里面执行转肽催化的核心是 A2451，通过其 N3 摘取 AA-tRNA 起到了催化转肽的作用，详细过程即所有位点的功能见图 8 和表 2。　**答案**：C。

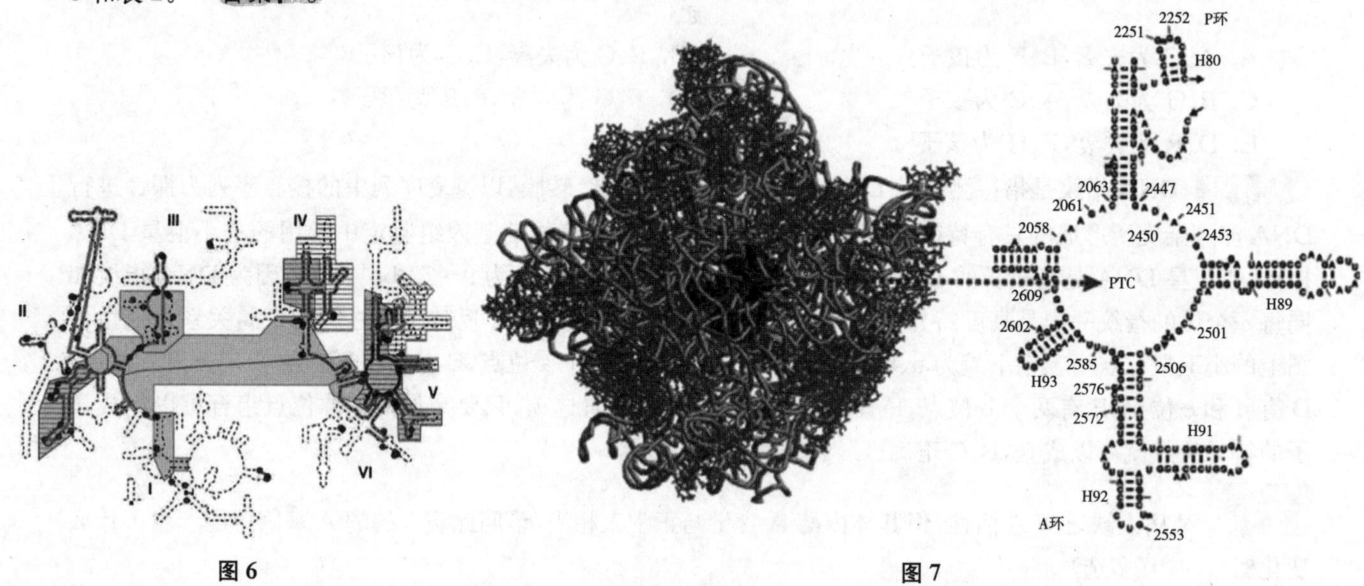

图 6　　图 7

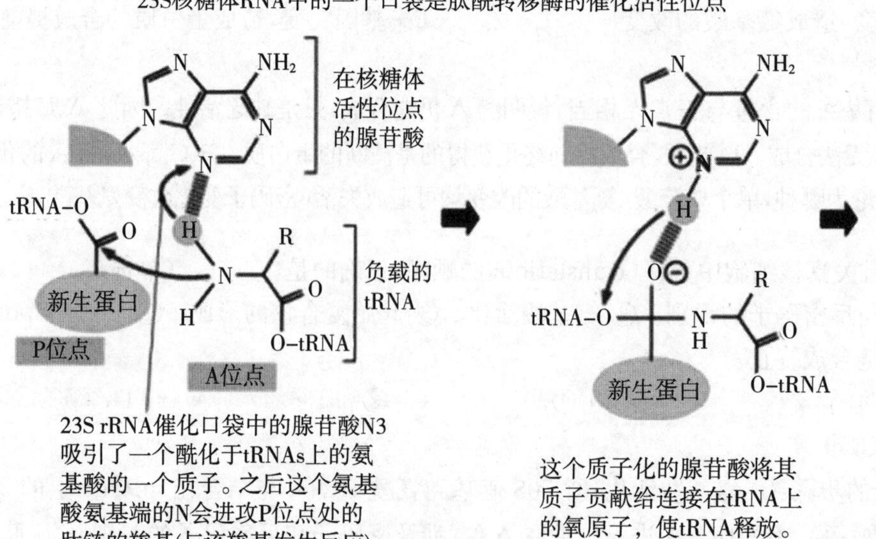

图 8

表 2

23S rRNA 位点	功能
A2058	新生肽链通道入口
A2059	新生肽链通道入口
G2061	引导 A2451 的氢键网络的一员
C2063	以可能接近中性的 pK_a 与 A2450 形成碱基对
G2251	与 P 位点 tRNA 的 C75 形成碱基对
G2052	与 P 位点 tRNA 的 C74 形成碱基对
G2447	引导 A2451 的氢键网络的一员
A2450	与 P 位点 tRNA 的 A76 有较小的互作 引导 A2451 的氢键网络的一员 以可能接近中性的 pK_a 与 C2063 形成碱基对
A2451	碱基的 N3 和核糖的 2'-OH 与氨酰 tRNA 的 α-氨基处于可形成氢键的距离内 移除 2'-OH 会显著抑制转肽，然而所有的碱基修饰都没有什么影响
A2453	以可能接近中性的 pK_a 与 C2499 形成碱基对
C2499	以可能接近中性的 pK_a 与 A2453 形成碱基对
C2501	与 P 位点 tRNA 的 A76 有较小的互作
U2506	与 A 位点 tRNA 的 A76 有较小的互作
G2553	与 A 位点 tRNA 的 C75 形成碱基对
A2572	位于螺旋 90 的一个锐利的弯折处；可能有构象弹性
U2583	与 A 位点 tRNA 的 A76 有较小的互作
U2585	PTC 中第二有弹性（在 A2602 之后）的氨基酸残基 与受体底物的 A76 的核糖 2'-OH 处于可形成氢键的距离上
A2602	被 A、P 位点的 tRNA 的 CCA 末端夹着 PTC 中在构象上最有弹性的残基 变异会极大干扰肽链释放

参考文献

[1] Polacek N, Mankin A S. The Ribosomal Peptidyl Transferase Center: Structure, Function, Evolution, Inhibition[J]. Crit. Rev. Biochem. Mol. Biol., 2005, 40(5): 285.

54 杨威老师将其所分离的 mRNA 用反转录酶转成 cDNA 并加以定序后，得知其具有 5'-TGCGCA-3' 序列，且可被核糖体翻译成蛋白质。杨老师实验室中有具下列反密码子的 tRNA 分子，这些 tRNA 能携带其所示氨基酸，其中有两个 tRNA 可以与前述 mRNA 结合，并在核糖体协助下将该 mRNA 翻译成蛋白质。

3'-GGC-5'（脯氨酸），　3'-CGU-5'（丙氨酸）
3'-UGC-5'（苏氨酸），　3'-UCG-5'（丝氨酸）
3'-ACG-5'（半胱氨酸），　3'-GCU-5'（精氨酸）
3'-GCA-5'（丙氨酸）

请问此 mRNA 翻译的蛋白质可能具下列哪种序列？（　　）（单选）

A. 半胱氨酸—丙氨酸　　B. 脯氨酸—半胱氨酸
C. 丝氨酸—丙氨酸　　D. 苏氨酸—丙氨酸
E. 苏氨酸—精氨酸

解析 cDNA是5'-TGCGCA-3',所以mRNA是5'-UGCGCA-3',查找题目给的反密码子-氨基酸对应表可以知道,5'-UGC对应3'-ACG-5',为半胱氨酸;5'-GCA-3'对应3'-CGU-5',为丙氨酸,所以答案为A。

答案:A。

55 下列的碱基序列与蛋白质合成时的氨基酸序列无关的是(　　)。(单选)

A. mRNA　　B. rRNA　　C. tRNA　　D. cDNA

E. mtDNA

解析 mRNA序列就是合成蛋白质的模板,直接决定了蛋白质合成的氨基酸序列;rRNA构成了合成蛋白质的机器——核糖体,但是对合成出来的蛋白质的序列没有影响;tRNA携带氨基酸成为氨酰tRNA,作为运载体参与蛋白质合成,其反密码子具有识别密码子的作用,间接影响了蛋白质合成时的氨基酸序列;cDNA是和mRNA互补的DNA序列;mtDNA是线粒体DNA,和线粒体独自合成的蛋白质的氨基酸序列相关。　答案:B。

56 有一物种用以编码甘氨酸(glycine)的遗传密码子有GGU、GGC、GGA、GGG,则依据下列摆动配对(wobble pairing)规则列表表3,其细胞质中最少需有几种携带甘氨酸的tRNA即可满足其细胞蛋白翻译的需求?(　　)(单选)

表3

反密码子碱基	密码子碱基
G	U或C
C	G
A	U
U	A或C
I	A、U或C

A. 1种　　B. 2种　　C. 3种　　D. 4种

E. 6种

解析 mRNA 3'端(第三碱基)的密码子和tRNA 5'端的反密码子上相对应碱基并非如DNA与mRNA密码子形成时那样严格,这种碱基规则松绑的现象称为摆动现象,而前两位应该是完全对应的。根据I可以匹配A、U、C三个密码子,可知最少两种tRNA就能翻译甘氨酸了。　答案:B。

57 令蛋白质Y在最适条件下与胰蛋白酶和糜蛋白酶分别反应,发现胰蛋白酶可以将这种蛋白质在3处切断,而糜蛋白酶可以在4处切断。若用这两种酶同时处理蛋白质Y,则会将其切为几条肽链?请从A~E中选择正确的一项:(　　)。(单选)

A. 6条　　B. 7条　　C. 8条　　D. 9条

E. 10条

解析 酶对其底物有严格的选择性。以蛋白质为底物的胰蛋白酶和糜蛋白酶所切割的地方不同。题干中所提到的蛋白质会被在不同部位切割7次,因此最后会产生8条肽链。　答案:C。

58 假设现有某来自人类体内的蛋白质(下称蛋白质X),并通过测序得到了其中一部分氨基酸序列(5个连续的氨基酸),如图9所示。但是,光靠这一信息还无法确定蛋白质X的基因中编码这段氨基酸序列的DNA碱基序列,这是为什么?请从A~E中选择正确的理由:(　　)。(单选)

缬氨酸	亮氨酸	丝氨酸	天冬氨酸	酪氨酸

图9

A. DNA 中三个连续的碱基序列(密码子)决定蛋白质中氨基酸的种类,而1个氨基酸对应多种密码子
B. 蛋白质X的起始密码子决定蛋白质中的氨基酸序列,如果不知道起始密码子是什么,就无法推测DNA中的碱基序列
C. DNA 中三个连续的碱基序列(密码子)决定蛋白质中三个连续氨基酸的种类,因此在不知道第一个氨基酸缬氨酸究竟是这三个氨基酸中的第几个的情况下,无法推断 DNA 中的氨基酸序列
D. 转录和翻译结束后会发生蛋白质的剪切,在此过程中氨基酸序列会发生很大变化,因此无法从这一部分氨基酸序列推测原来的碱基序列
E. 缬氨酸和亮氨酸是人体的必需氨基酸,因此它们可能是在转录和翻译后才加到蛋白质X上的

解析 构成蛋白质的氨基酸一共有20种(有时会多出2种),而构成 DNA 的核苷酸的碱基只有4种。因此,3个碱基组成一组(密码子),决定氨基酸的种类。因而密码子一共有 $4\times4\times4=64$ 种。例如,其中有4种密码子(mRNA 中为 GUA、GUC、GUG、GUU)代表缬氨酸。选项B中所说的起始密码子(mRNA 中为AUG)绝对不会发生变化,并且密码子在几乎所有的生物中都是共通的。选项D中所提的蛋白质剪切在真核生物中是在 DNA 转录为 RNA 时发生的,不会在翻译后发生。而选项E中所提到的必需氨基酸包括赖氨酸、色氨酸、苯丙氨酸、甲硫氨酸、苏氨酸、异亮氨酸、亮氨酸、缬氨酸,指人体无法自身合成的氨基酸,需要从食物中摄取,但在进行蛋白质合成时与其他氨基酸并没什么差别。　**答案:A。**

59

分子伴侣的功能有(　　)。(多选)

A. 在氨基酸缩合成多肽时作为能量来源
B. 作为一个载体分子运载着活性单体去聚合
C. 结合到多肽上的特殊结构,辅助蛋白质折叠成正确的三维结构
D. 将蛋白质错误的三维结构打开,重新折叠成正确的结构
E. 将 rRNA 从细胞核运输到细胞质

解析 分子伴侣(chaperone)是一种辅助其他蛋白恰当折叠的蛋白质分子。事实上它具体又可以分为折叠伴侣(folding chaperone)、去折叠伴侣(unfolding chaperone)、持有伴侣(holding chaperone)与解聚集伴侣(disaggregating chaperone)这四类(图10),分别执行辅助折叠、解折叠、结合并阻止错误折叠以及解聚功能。另外还有一些非蛋白类的化学小分子(如脯氨酸、甜菜碱)也能起到类似分子伴侣的功能。因此分子伴侣既能保护新的多肽在细胞质中远离"坏的影响"而自然折叠成正确构象,又能将错误结构打开,辅助重新折叠,C、D都对。rRNA 以 RNP 形式输出,该过程需要分子伴侣参与,如核磷蛋白(nucleophosmin, NPM)就可以作为分子伴侣促进前核糖体颗粒由核仁向细胞质运输。因此虽然E不是正确答案,但也有一定道理。　**答案:CD。**

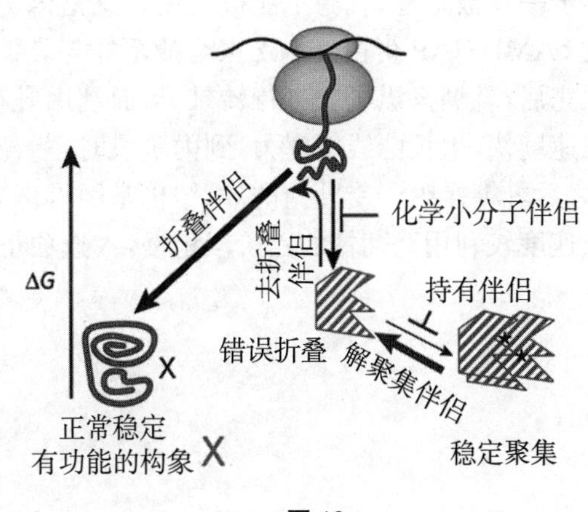

图10

参考文献

[1] de Los Rios P, Goloubinoff P. Chaperoning Protein Evolution[J]. Nat. Chem. Biol., 2012, 8(3): 226.

60

假设大肠杆菌的乳糖操纵子中的阻遏蛋白发生了突变,导致无法结合在操纵子上。下列说法中正确的是(　　)。(单选)

A. 不能产生葡萄糖的代谢酶　　B. 不能产生乳糖的代谢酶
C. 一直都能生成乳糖的代谢酶　　D. 结果取决于葡萄糖的浓度
E. 结果取决于乳糖的浓度

解析 大肠杆菌利用三种酶来消化和代谢乳糖。这三种酶涉及的基因集中在乳糖操纵子上。第一种基

因 *lac Z* 编码β-半乳糖苷酶(将乳糖水解为葡萄糖和半乳糖)。第二种基因 *lac Y* 编码乳糖渗透酶(一种膜蛋白,将乳糖运输进细胞)。第三种基因 *lac A* 编码转乙酰酶(其在乳糖代谢过程中的功能暂时不清楚)。如果大肠杆菌的乳糖操纵子中的阻遏蛋白发生了突变,那么将导致即使没有乳糖的诱导变构,阻遏蛋白也无法与操纵子结合,乳糖代谢的酶将不被抑制。但是本题不能选 C,因为除了乳糖阻遏蛋白的负性调节以外,乳糖代谢酶还受到 CAP 的正性调节作用,即我们所熟知的葡萄糖效应。

克勒勃屈利效应(Crabtree effect),又称葡萄糖效应,1929 年因克勒勃屈利在高浓度的葡萄糖培养基和有氧条件下培养细胞时发现细胞生长受到抑制且生成乙醇的现象而得名,又称葡萄糖阻遏或分解代谢产生阻遏作用。葡萄糖或某些容易利用的碳源的分解代谢产物阻遏某些诱导酶体系编码的基因转录,如大肠埃希氏菌培养在含葡萄糖和乳糖的培养基上,在葡萄糖没有被利用完之前,乳糖操纵子就一直被阻遏,乳糖不能被利用,这是因为葡萄糖的分解物引起细胞内 cAMP 含量降低,启动子释放 cAMP-CAP 蛋白,RNA 聚合酶不能与乳糖的启动基因结合,以致转录不能发生,直到葡萄糖被利用完后,乳糖操纵子才进行转录,形成利用乳糖的酶。 答案:D。

61 将大肠杆菌培养于葡萄糖与乳糖混合的培养液中一段时间,测到大肠杆菌的生长状况如图 11 所示。试问丙阶段是因为哪一种糖类被耗尽,进而诱导哪一种酶合成?(　　)(单选)

A. 葡萄糖;分解乳糖的酶　　B. 葡萄糖;分解半乳糖的酶

C. 乳糖;合成葡萄糖的酶　　D. 乳糖;分解葡萄糖的酶

E. 乳糖;合成半乳糖的酶

解析 本题所说的现象称为葡萄糖效应,又称降解物阻遏。这是葡萄糖或某些容易利用的碳源的分解代谢产物阻遏某些诱导酶体系编码的基因转录的现象。大肠杆菌所合成的利用乳糖的酶(β-半乳糖苷酶/lac Z,半乳糖苷转位酶/lac Y,半乳糖苷转乙酰酶/lac A)是乳糖操纵子内的结构基因,只有乳糖操纵子被乳糖激活后才会转录出来。培养在含葡萄糖和乳糖的培养基上的大肠杆菌在葡萄糖没有被利用完之前,乳糖操纵子一直被阻遏,乳糖不能被利用。这是因为葡萄糖的分解物引起细胞内 cAMP 含量降低,启动子不能释放 cAMP-CAP 蛋白,RNA 聚合酶不能与乳糖操纵子的启动基因结合,以至转录不能发生,直到葡萄糖被利用完后,乳糖操纵子才进行转录,形成利用乳糖的酶(图 12)。根据题目来看,乙阶段细菌只利用葡萄糖,生长速度快,生长曲线斜率大,到丙阶段时,葡萄糖耗尽,但葡萄糖的分解物阻遏作用暂未解除,细菌生长停滞,之后乳糖操纵子受乳糖诱导,结构基因得以表达,β-半乳糖苷酶使乳糖分解,丁阶段细菌利用乳糖生长,生长速度较利用葡萄糖的乙阶段稍慢,A 选项正确。 答案:A。

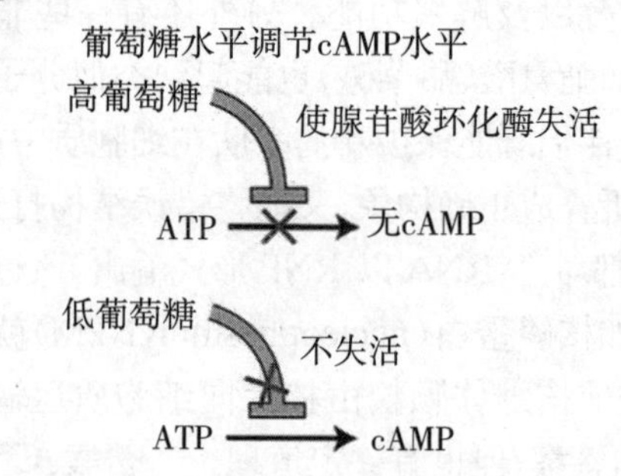

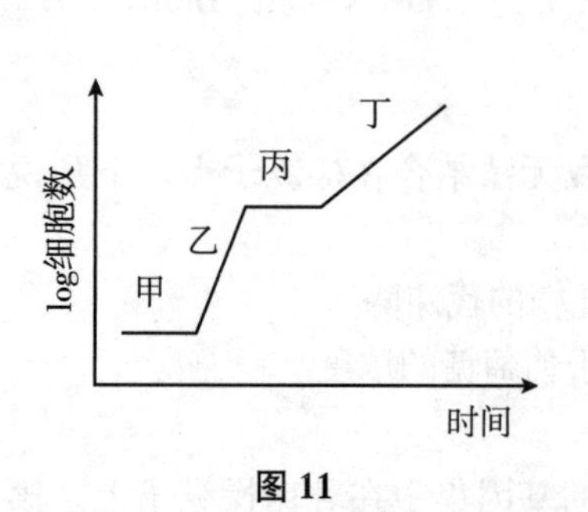

图 11

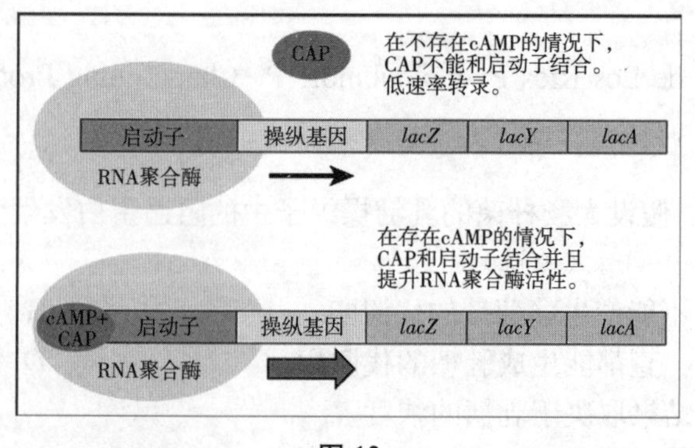

图 12

62 大肠杆菌的乳糖操纵子中，调节基因以 i 表示，操纵基因以 o 表示，构造基因以 z 表示。若 i^+、o^+、z^+ 分别表示正常的调节基因、操纵基因及构造基因，i^s 表示突变的调节基因，其生成的阻遏蛋白不能和诱导物结合，i^c 表示突变的调节基因，其生成的阻遏蛋白不能和操纵子结合，o^c 表示突变的操纵基因，不能和正常或突变的抑制物结合。下列哪一大肠杆菌加入诱导物时不会表达 z 基因产物？（　　）（单选）

A. $i^co^+z^+$　　B. $i^co^cz^+$　　C. $i^so^+z^+$　　D. $i^so^cz^+$

E. $i^+o^cz^+$

解析 大肠杆菌乳糖操纵子的机理为：调节基因表达出的阻遏蛋白可以与操纵基因结合，阻遏转录的起始；而若阻遏蛋白与诱导物（乳糖）结合，便不能与操纵基因结合，使转录可以进行（图 13）。

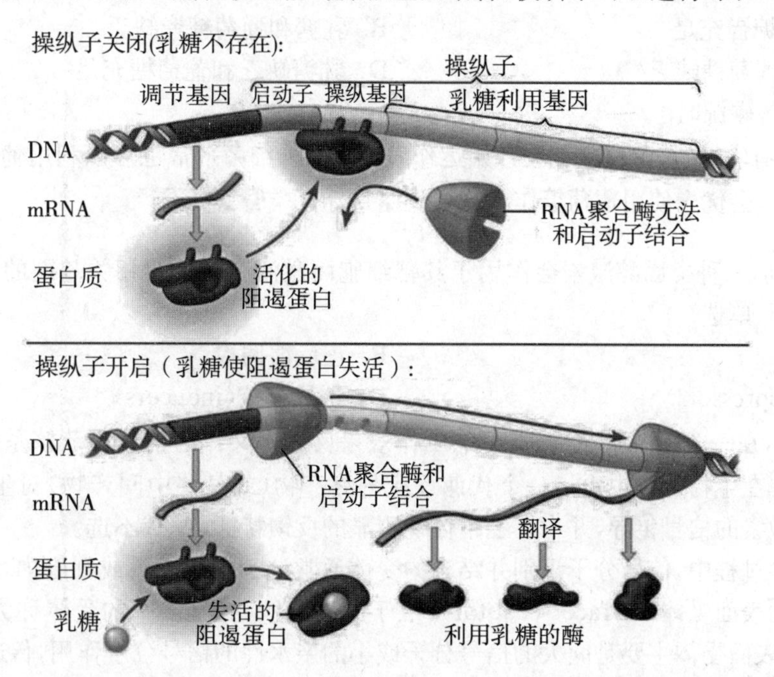

图 13

由于 o^c 操纵基因不能与阻遏蛋白结合，因此带有 o^c 基因的大肠杆菌一定可以表达出 z 基因产物，即 B、D、E 错误。同理，带有 i^c 调节基因的大肠杆菌也一定可以表达出 z 基因产物，因此 A 错误。

而 C 选项中，突变的 i^s 表达出的阻遏蛋白不能与诱导物结合，即加入诱导物时阻遏蛋白仍然可以与操纵基因结合，因此转录无法进行，不会出现 z 基因的产物。　**答案：C。**

63 在大肠杆菌乳糖操纵子基因表达的调节上，下列叙述中正确的是（　　）。（多选）

A. 诱导物（乳糖）与 DNA 结合，抑制基因的转录　　B. 诱导物（乳糖）与一蛋白质结合，抑制翻译

C. 阻遏蛋白与 DNA 结合，抑制转录　　D. 基因表达后的产物是乳糖

E. 阻遏蛋白可与操纵子上的操纵基因结合

解析 乳糖操纵子是参与乳糖分解的一个基因群，由乳糖系统的阻遏物和操纵基因组成，在 DNA 上依次排列为：启动子 *lacP*，操纵基因 *lacO* 和结构基因 *lacZ*、*lacY*、*lacA*，编码阻遏物的调节基因 *lacI* 位于启动子上游的临近位置。

无乳糖存在时，阻遏物与操纵基因 o 结合，抑制转录；有乳糖存在时，乳糖与阻遏物结合，诱导其变构，不能结合操纵基因，转录正常进行，合成分解乳糖的三种酶。　**答案：CE。**

64 乳糖操纵子在下列何种情况下会被转录？（　　）（单选）

A. 细胞中葡萄糖含量高于乳糖时　　B. 细胞中 cAMP 含量高时

C. 细胞中缺乏乳糖时　　D. 细胞中 cAMP 和乳糖含量都高时

E. 细胞中 cAMP 含量高于乳糖

解析 乳糖操纵子中有三个调节元件：① 启动子 − 62 bp 附近有一个正调节元件，是供 CAP-cAMP 复合物结合的激活物位点；② RNA 聚合酶识别位点（− 35 序列）和结合位点（− 10 序列）；③ 在启动子下游邻接区含有的一段回文序列，供阻遏蛋白识别和结合，称为操纵基因。

阻遏蛋白在没有乳糖的情况下是有活性的，结合到操纵基因上，阻遏转录；在有乳糖存在的情况下，其代谢产物别乳糖与阻遏蛋白结合，使之失活，从而使转录可以进行。而 CAP-cAMP 复合物与启动子的作用也是乳糖操纵子转录的必要条件，CAP-cAMP 的活性依赖于细胞内 cAMP 的水平，后者与细胞内葡萄糖水平成反比，所以乳糖操纵子在乳糖存在且葡萄糖缺乏时才被激活。 答案：D。

65 下列哪种状况会启动乳糖操纵子的大量表现？（　　）（多选）

A. 乳糖和葡萄糖皆充足　　B. 乳糖和葡萄糖皆缺乏
C. 乳糖充足和葡萄糖缺乏　　D. 乳糖缺乏和葡萄糖充足
E. 乳糖为唯一的碳源时

解析 环境中含有乳糖时，此反应就会开始运作表现。另外细菌平常也可以利用葡萄糖来代谢，因此如果葡萄糖与乳糖共存，会优先使用葡萄糖作为首要代谢目标。 答案：CE。

66 在饥饿期间，一种类固醇激素会作用于其靶细胞而激活脂类代谢相关基因的转录，这是一种什么类型的调控？（　　）（单选）

A. 负反馈调控　　B. 正反馈调控
C. 阻遏调控（repressors）　　D. 诱导调控（inducers）

解析 如前所述，在一个系统中，系统本身的工作效果反过来又作为信息调节该系统的工作，这种调节方式叫做反馈调节。在生物化学中也指一个代谢反应的终产物（或某些中间产物）对生化反应关键酶的影响。本题涉及的是激素的信号传导，并未在题干体现明显的反馈特征，A、B 不选。

在激素信号传导过程中，信号分子识别并结合的受体通常位于细胞质膜或细胞内，所以有两类受体：位于细胞质膜上的称为表面受体（surface receptor），位于胞质溶胶、核基质中的受体称为细胞内受体（intracellular receptor）。表面受体主要是同大的信号分子或小的亲水性的信号分子作用，传递信息。而细胞内受体主要是同脂溶性的小信号分子作用。

细胞内受体通常有两个不同的结构域，一个是与 DNA 结合的结构域，另一个是激活基因转录的 N 端结构域。此外有两个结合位点，一个是与配体结合的位点，位于 C 末端，另一个是与抑制蛋白结合的位点。在没有与配体结合时，由抑制蛋白抑制受体与 DNA 的结合；若是有相应的配体，则释放出抑制蛋白。由此可见，类固醇激素作为信号分子主要通过胞内受体进行诱导调控而非阻遏调控实现（有激素，激活基因转录）。

答案：D。

67 细胞通过下列哪个途径来增强细胞核内的基因表达？（　　）（单选）

A. 组蛋白尾链的乙酰化作用　　B. DNA 甲基化
C. 使基因所处的区域异染色质化　　D. 给 DNA 去磷酸化
E. 可变剪接

解析 A 正确。乙酰化作用常常是在组蛋白的赖氨酸上进行的。由于赖氨酸本来带正电，所以使得组蛋白可以十分稳定地结合在 DNA 上，组蛋白的结合使得转录因子更难结合到 DNA 上，从而减少核内基因的表达。但是在被乙酰化之后，正电荷被消除了，组蛋白与 DNA 的结合力减弱，于是就可以提高基因的表达。

B 错误。DNA 甲基化（DNA methylation）与基因表达的阻遏有关。非活跃转录的 DNA 甲基化程度普遍高于活跃转录的基因。但是，DNA 甲基化和去甲基化与基因活性的关系并不是绝对的（2015 年联赛已考过）。在某些情况下，甲基化不足的基因是有活性的；在另一些情况下，含有额外甲基的基因是有活性的，而甲基化不足的模板是无转录活性的。具体而言，启动子的 DNA 甲基化对基因的表达有抑制作用，而基因本体的 DNA 甲基化与基因的表达关系因物种或细胞类型不同而异。增强子的 DNA 甲基化状态与基因活性

呈反比关系，沉默子则相反，呈正相关。转座子的DNA高度甲基化，抑制其转座活性，从而维持基因组的稳定性等。

C错误。异染色质是那些比一般的常染色质包装、折叠更为紧密的染色质。这种更为紧密的折叠导致转录因子更难结合到DNA上启动基因转录，从而导致基因表达下调。所以使基因所处的区域异染色质化可以使基因表达下调。

D错误。磷酸化与去磷酸化是蛋白质活性很好的开关。对于DNA，去磷酸化是载体移去末端磷酸防止自相连成环的过程。由于DNA连接酶催化DNA连接时需要有磷酸基团的存在，载体在经酶切后会在切点端保留一个磷酸基团。载体去磷酸化后因自身5'端无磷酸基团，因而不可以和自身3'端连接。但是，载体去磷酸化后3'端还是有羟基的，可以与目的片段的5'端磷酸基团连接。载体的5'端和目的片断的3'-OH不能成键，因而形成一个双链各有一个切口的双链环状DNA，双链的切口会在转化入大肠杆菌后，在复制的过程中被修复。若不进行去磷酸化处理，在连接反应中载体自身会优先进行连接，导致目的片段插入率降低。一般使用碱性磷酸酶(CIP)进行去磷酸化处理。

E错误。有些基因的一个mRNA前体通过不同的剪接方式(选择不同的剪接位点)产生不同的mRNA剪接异构体，这一过程称为可变剪接(或选择性剪接，alternative splicing)。可变剪接是调节基因表达和产生蛋白质组多样性的重要机制，是导致真核生物基因和蛋白质数量较大差异的重要原因。　答案：A。

68

下列哪个选项是正确的？(　　)(单选)

A. 组蛋白的乙酰化作用促进与乙酰化组蛋白相关的DNA的表达

B. DNA的甲基化作用促进基因的表达

C. G蛋白附着在组蛋白上促进基因的表达

D. 组蛋白的去乙酰化作用促进乙酰化组蛋白包裹的DNA的表达

E. 组蛋白的甲基化作用促进乙酰化组蛋白包裹的DNA的表达

解析 乙酰化作用常常是在组蛋白的赖氨酸上进行的，由于赖氨酸本来带正电，所以使得组蛋白可以十分稳定地结合在DNA上，组蛋白的结合使得转录因子更难结合到DNA上，从而减少核内基因的表达，但是在被乙酰化之后，正电荷被消除了，组蛋白与DNA的结合力减弱，于是就可以提高基因的表达。至于组蛋白甲基化则作用效果不一，有的位点的组蛋白甲基化促进基因表达，有些地方的甲基化则抑制。

DNA甲基化(DNA methylation)与基因表达的阻遏有关。非活跃转录的DNA甲基化程度普遍高于活跃转录的基因。但是，DNA甲基化和去甲基化与基因活性的关系并不是绝对的，在某些情况下，甲基化不足的基因是有活性的；在另一些情况下，含有额外甲基的基因是有活性的，而甲基化不足的模板是无转录活性的。具体而言，启动子的DNA甲基化对基因的表达有抑制作用，而基因本体的DNA甲基化与基因的表达关系因物种或细胞类型不同而异。增强子的DNA甲基化状态与基因活性呈反比关系，沉默子则相反，呈正相关。转座子的DNA高度甲基化，抑制其转座活性，从而维持基因组的稳定性等。

G蛋白是指能与鸟嘌呤核苷酸结合，具有GTP水解酶活性的一类信号转导蛋白。它与组蛋白无法直接吸附结合，要作用也是通过一系列下游信号实现的。如激活δ阿片受体(DOR)导致β-arrestin向细胞核内转移并在特定基因启动子区富集，并导致这些启动子区组蛋白H4乙酰化增加，最终促进了这些基因的转录。　答案：A。

69

下列哪些为代谢产物(metabolite)对代谢酶产量的负调控(negative control)系统？(　　)(单选)

A. 乳糖操纵子(lactose operon)的调控系统

B. 色氨酸操纵子(tryptophan operon)的调控系统

C. 环腺苷酸(cAMP)的调控系统

D. 6-磷酸葡萄糖羧化酶的调控系统

E. 琥珀酸辅酶A的调控系统

解析 负调控指阻遏蛋白结合在受控基因上时基因不表达，不结合时就表达的形式，对应抑制因子为阻遏蛋白；正调控指基因表达的活化物结合在受控基因上时激活基因的表达，不结合时就不表达的形式，对应激活因子为激活蛋白。每种调控又都分为诱导系统与抑制系统，指的分别是调控物诱导或抑制酶或蛋白的表达，比如乳糖操纵子就是负调控诱导型操纵子，色氨酸操纵子就是负调控抑制型操纵子。

本题问的是代谢产物对酶负向调控，符合色氨酸操纵子的具体表现，而乳糖操纵子是底物对酶产量的正向控制；cAMP也是与CAP结合正向控制酶产量，如图14所示；6-磷酸葡萄糖羧化酶如果指的是6-磷酸葡萄糖脱氢酶(G6PD)的话，则可能受其产物NADPH的反馈抑制(质体中的P1型)，即使如此也是调节活性而不是酶产量；琥珀酰CoA同样可以反馈抑制α-酮戊二酸脱氢酶的活性，是对活性而不是酶产量的负调节。因此本题只选B。 **答案**:B。

(a)当cAMP存在时，其与CAP相结合。这个复合体在CAP位点与DNA结合并且提高RNA聚合酶与启动子的结合能力。转录频繁进行。

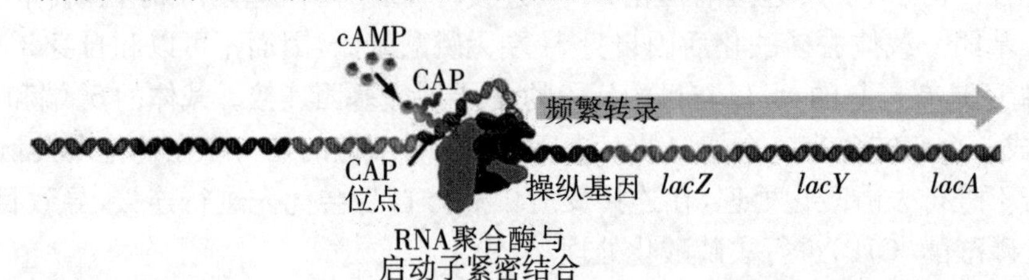

(b)当cAMP不存在时，CAP与DNA不结合。RNA聚合酶与启动子无法有效结合。转录几乎不进行。

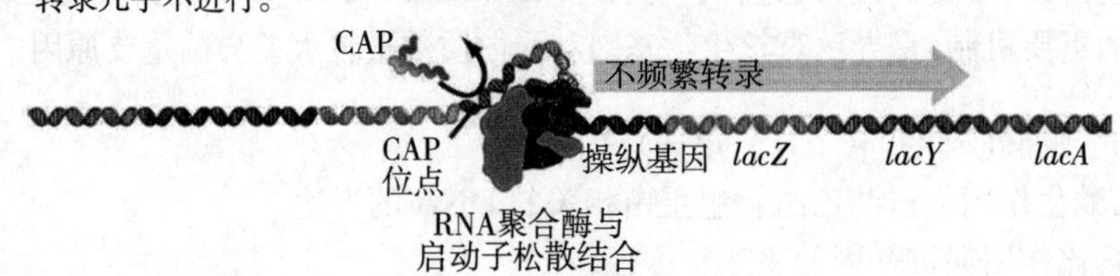

图14

参考文献

[1] 于定群，汤浩茹，张勇，等．高等植物葡萄糖-6-磷酸脱氢酶的研究进展[J]．生物工程学报，2012，28(7)：800.

70 下列有关转录因子的叙述中正确的是(　　)。(单选)

A. 将cAMP转换成AMP　　B. 将ATP转换成cAMP

C. 将ATP转换成AMP　　D. 调控特定基因并复制成DNA

E. 调控特定基因被活化并转录成mRNA

解析 转录因子是真核细胞转录过程中起辅助作用的蛋白质，与RNA聚合酶一起形成转录起始复合体，在转录延伸、终止都起作用。根据作用特点转录因子可分为两类：第一类为普遍转录因子，它们与RNA聚合酶Ⅱ共同组成转录起始复合体时，转录才能在正确的位置开始。除TFⅡD以外，还发现TFⅡA，TFⅡF，TFⅡE，TFⅡH等，它们在转录起始复合体组装的不同阶段起作用。第二类转录因子为组织细胞特异性转录因子，这些转录因子是在特异的组织细胞或是受到一些类固醇激素/生长因子或其他刺激后，开始表达某些特异蛋白质分子时，才需要的一类转录因子。 **答案**:E。

71 下列哪种RNA可以调节其他基因的表达？(　　)(多选)

A. mRNA　　B. tRNA　　C. microRNA　　D. rRNA

E. siRNA

解析 siRNA(小分子干扰RNA)是在体内通过剪切外源的双链DNA直接产生的，或通过转基因及病毒感染而产生。siRNA组成RNA-诱导沉默复合体(RISC)并寻靶于内源性同源mRNA加以剪切，因此有RNA干扰的作用，抑制其同源基因的表达。

microRNA(miRNA)和siRNA相似，但是也有区别，如图15所示，其中Drosha为一种RNA水解酶(Class 2 RNase Ⅲ)：

① 来源不同：miRNA是内源性的，而siRNA是外源性的，通过转染进入生物体内。

② 结构不同：miRNA是单链RNA，而siRNA是双链RNA。

③ 加工不同：切酶对 miRNA 是不对称加工，即仅剪切前体 miRNA 的一个侧臂，其他部分降解；而 siRNA 是切下前体双链 RNA 的两侧臂。

④ 作用位置不同：miRNA 主要作用于靶标基因 3'UTR 区，而 siRNA 可作用于 mRNA 的任何部位。

⑤ 作用机制不同：miRNA 的作用是抑制靶基因的翻译，也可以导致靶标基因降解，即在转录后和翻译水平起作用；而 siRNA 只能导致靶基因的降解，即为转录后调控。

⑥ 作用时间不同：miRNA 主要在发育过程中起作用，调节内源基因表达，而 siRNA 不参与生物生长调节，原始的作用是抑制转座子活动和病毒感染。　答案：CE。

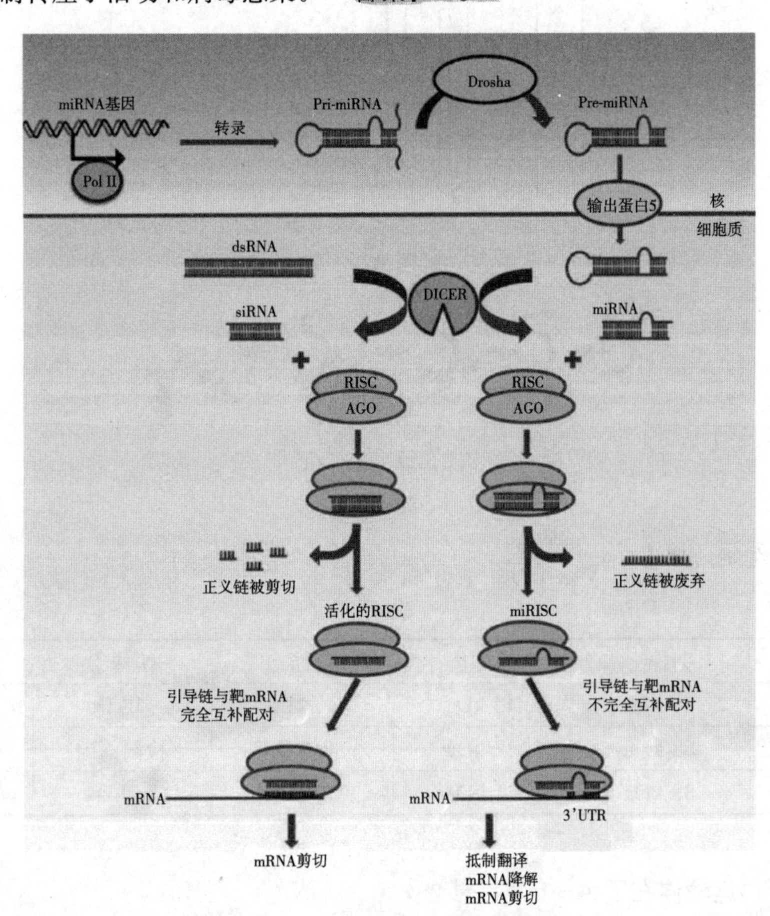

图 15

参考文献

[1] Lam J K, Chow M Y, Zhang Y, et al. siRNA Versus miRNA as Therapeutics for Gene Silencing[J]. Mol. Ther. Nucleic Acids, 2015, 4(9): e252.

分泌到细胞外的分泌蛋白和液泡内的液泡蛋白都是在核糖体上合成后，经由共同的胞内通道到达高尔基体，并在高尔基体内分选后，被运送到细胞外或液泡内。（参见图 16、图 17）

酵母的分泌蛋白和液泡蛋白先在细胞质核糖体中合成前体蛋白，之后经过内质网时其末端被剪掉(A)，这时，蛋白质分子量减少 2 kDa。之后在内质网腔内添加上 0～3 个被称为核心糖链的糖链(B)，每条核心糖链的分子量是 2 kDa。接下来，蛋白质被运送到高尔基体，再在核心糖链上添加上 4 kDa 的外糖链，每条糖链变为 6 kDa(C)。液泡蛋白从高尔基体被运输到液泡中去，并发生剪切，成为成熟的蛋白，这时，分子量会减少 12 kDa(D)。分泌蛋白在高尔基体中成为成熟蛋白，并通过分泌小泡分泌到培养液中(E)。

在某些变异体中，蛋白质的胞内运输在 A～E 中某一步骤中止，中止步骤的前一步骤的分泌蛋白和液泡蛋白会作为蛋白质前体在胞内积累。

蛋白质 Mercury、Venus 和 Earth 各是酵母的分泌蛋白或液泡蛋白。将酵母菌株①～⑤的培养液除去，对菌体成分做蛋白免疫印迹分析(Western blotting)，分离出 Mercury、Venus 和 Earth 并分别测定了分子量。菌株⑤是野生型，而菌株①～④是 A～E 某一步骤中止了的变异株。

（注：kDa 是表示蛋白质分子量的单位。假设没有发生上述内容之外的蛋白质分解。）

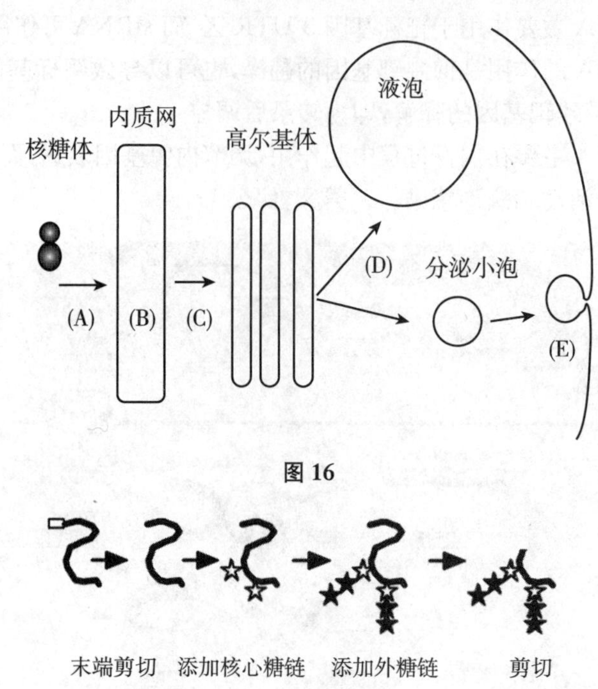

图 16

图 17

实验结果如表 4 所示。回答 72～75 题。

表 4

蛋白质	菌株①	菌株②	菌株③	菌株④	菌株⑤
Mercury	38 kDa	40 kDa	40 kDa	44 kDa	32 kDa
Venus	38 kDa	42 kDa	40 kDa	检测不到	检测不到
Earth	38 kDa	44 kDa	40 kDa	56 kDa	44 kDa

72 菌株①的蛋白运输停在了 A～E 哪一步？（　　）（单选）

解析 本套题涉及了蛋白质的合成后加工与运输，关键需要掌握各个步骤后分子量的变化。菌株⑤是野生型，观察可见菌株④的 Mercury 和 Earth 都恰好比野生型多了 12 kDa，故推测菌株④是停留在了 D 步之前，未完成剪切；而 Mercury 和 Earth 在菌株④差了 12 kDa，在菌株①和菌株③是一样的，在菌株②则差了 4 kDa（还有个在中间的 Venus）。据此推测菌株②停留在发生不同个数核心链添加的 B 步骤完成之后，即 C 步之前；类推发现菌株③的蛋白质是原始蛋白，其最初分子量为 40 kDa，故停在 A 步前；而菌株①的蛋白质分子量都是 38 kDa，是停在了剪切完成后，B 步之前。

整理得③—A→①—B→②—C→④—D→⑤。Mercury 核心链一条，Venus 两条，Earth 三条。本题选 B。 **答案：B。**

73 菌株②的蛋白运输停在了 A～E 哪一步？（　　）（单选）

解析 同上，本题选 C。 **答案：C。**

74 菌株③的蛋白运输停在了 A～E 哪一步？（　　）（单选）

解析 菌株③的蛋白质是最初的蛋白质分子，什么都没发生，因此停在了 A 之前。选 A。 **答案：A。**

75 菌株④的蛋白运输停在了 A～E 哪一步？（　　）（单选）

解析 同上，本题选D。 答案：D。

76 在转基因操作中，根据生物和细胞种类的不同，可用不同的方法将DNA导入细胞内，令其进行表达。下列转基因操作中，所用方法不正确的是哪一项？（ ）（单选）

A. 利用土壤农杆菌对植物的感染性，将DNA导入植物细胞

B. 利用氯化钙改变细胞膜的性质，导入DNA

C. 在显微镜下利用细玻璃针头将DNA注射入细胞

D. 利用DNA聚合酶和温度变化将DNA导入细胞

E. 将DNA涂到金属颗粒上，并通过高压气体将其直接打入细胞内

解析 植物转基因一般是靠土壤农杆菌的感染，A正确。氯化钙可以改变细胞膜和细胞壁的通透性，产生空隙，以便DNA进入，B也是对的。C、E两种物理方法也是可行的。只有D不对，通过DNA聚合酶和温度变化无法让DNA进入细胞内。不过热休克法的确可以导入DNA。 答案：D。

如图18的遗传图谱所示，大肠杆菌的质粒A(3000 bp)和质粒B(5500 bp)各自都拥有一个限制酶*Eco*RⅠ和限制酶*Bam*HⅠ的识别部位。图18中，限制酶*Eco*RⅠ剪切位置边上的数字表示其与限制酶*Bam*HⅠ剪切部位之间的碱基对数(bp)。注意，两图谱的比例尺并不相同。

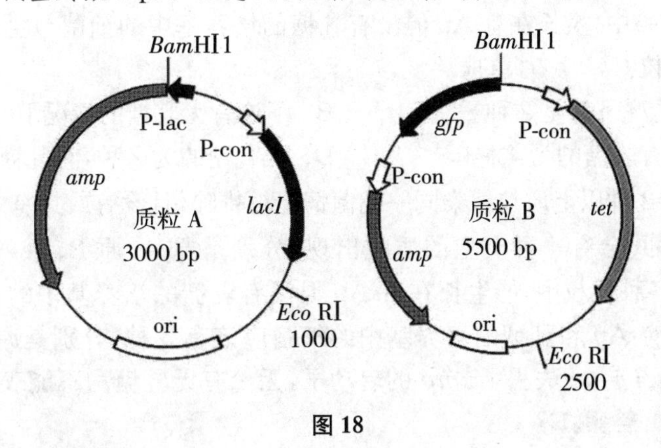

图18

图上其他标记的含义如下所示：

ori：质粒复制时的起始位点。只要拥有这一位点，质粒便可在大肠杆菌内复制。

tet：四环素(Tc)抗性基因。

amp：氨苄西林(Ap)抗性基因。

gfp：绿色荧光蛋白基因，其产物在紫外线照射下可发出绿色荧光。

lacI：P-lac的调节基因。

P-con：通用启动子。

P-lac：lac启动子。由乳糖诱导表达。

注意：启动子是所有基因转录成mRNA所必需的序列，存在于各基因的上游(5'端)。本题中所提到的启动子有启动一般转录的P-con启动子和被*lacI*的产物抑制表达，而在乳糖存在下抑制解除并开始表达的P-lac。回答77～79题。

77 关于只拥有质粒A或B的大肠杆菌，下列哪一项是正确的？（ ）（单选）

A. 只拥有质粒A的大肠杆菌可以在含有Ap和乳糖的培养基中生长

B. 只拥有质粒A的大肠杆菌可以在含有Ap但不含有乳糖的培养基中生长

C. 只拥有质粒A的大肠杆菌可以在含有Ap和Tc的培养基中生长

D. 只拥有质粒A的大肠杆菌在接受紫外线照射的情况下可以在含有Tc的培养基中生长

E. 只拥有质粒B的大肠杆菌在接受紫外线照射的情况下可产生绿色荧光

F. 只拥有质粒B的大肠杆菌只能在含有Ap和Tc的培养基中生长

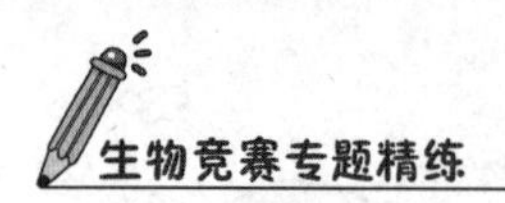

G. 只拥有质粒 B 的大肠杆菌只能在含有乳糖的培养基中生长

解析 A 选项中的大肠杆菌在乳糖存在时 P-lac 启动子解除抑制,*amp* 基因开始表达,因此可以抵抗 Ap,A 选项是对的。B 选项中如果没有乳糖,*lacI* 基因的产物将抑制 P-lac 启动子,*amp* 基因无法表达,大肠杆菌在 Ap 培养基上无法生存,B 选项不对。C 选项中 A 质粒不具有 *tet* 基因,因此无法在具有 Tc 的培养基上生长,C 选项不对。D 选项中 UV 照射有可能导致 DNA 的突变,但恰巧出现 Tc 抗性也是小概率事件,D 选项也不是适合的答案。E 选项中 *gfp* 基因并无启动子序列,因此在紫外线照射下并没有绿色荧光现象。F 选项中细菌在没有 Ap 和 Tc 的培养基条件下当然也可以生长。G 选项中质粒 B 并无 *lacI* 调控,因此与乳糖没有关系,可以生长在没有乳糖的培养基中,G 也是不对的。 答案:A。

在含有质粒 A 和 B 的混合溶液中加入限制酶 *Eco*RⅠ和 *Bam*HⅠ,令其反应充分。然后向剪切产物中加入 DNA 连接酶进行反应,再将其产物导入大肠杆菌中。之后将这些大肠杆菌涂布在含有 Ap 或 Tc 的固体培养基上,37 ℃下培养一夜,结果两种培养基上都得到了大量的大肠杆菌菌落。

实验中,拥有两个或以上 ori 的质粒无法在大肠杆菌内复制,而两个或以上质粒同时进入大肠杆菌,或三个或以上 DNA 片段发生连接的概率很小,因此在此次实验中认为没有这些情况发生。据此回答 78、79 题。

78 在上述转基因实验中,生长在有 Ap 但没有乳糖的培养基中的细菌与生长在有 Ap 和乳糖的培养基中的细菌各拥有几种质粒?(　　)(单选)

A. 不论有无乳糖的情况下都是 2 种　　B. 不论有无乳糖的情况下都是 3 种

C. 无乳糖的为 3 种,有乳糖的为 4 种　　D. 无乳糖的为 2 种,有乳糖的为 3 种

解析 根据题意,因为 2 种以上质粒感染同一细菌情况被排除,且没有或具有 2 个 ori 的质粒无法复制,所以混合液酶切连接后一共会有 4 种类型的质粒出现,分别是原 A、原 B、原 A-P-lac/*lacI* + *tet* 以及原 B-*tet* + P-lac/*lacI*。以上各种质粒中,能生长在有 Ap 但没有乳糖的培养基中的质粒有原 B 和原 B-*tet* + P-lac/*lacI* 两种;而生长在有 Ap 和乳糖的培养基中的细菌应该有 3 种,分别是原 A、原 B 以及原 B-*tet* + P-lac/*lacI*。原 A-P-lac/*lacI* + *tet* 失去了 *amp* 的启动子,无论有无乳糖均不能表达 *amp* 基因,无法在 Ap 存在下生存。因此选 D。 答案:D。

79 从这些大肠杆菌菌落中,挑出在紫外线照射下发出绿色荧光的细菌。关于这些挑出的大肠杆菌的特性,下列选项中哪些是正确的?(　　)(多选)

A. 可在不含 Ap、含有 Tc 的培养基中生长　　B. 可在不含 Tc、含有 Ap 的培养基中生长

C. 可在含有 Ap 和 Tc 的培养基中生长　　D. 这些大肠杆菌体内的质粒小于质粒 A

E. 这些大肠杆菌体内的质粒大于质粒 B

F. 这些大肠杆菌体内的质粒大小介于质粒 A 与质粒 B 之间

解析 在紫外线下发绿色荧光的细菌中原 B 丢失了 *tet* 基因但结合上了 A 中的 P-lac 启动子与 *lacI* 基因,因此它不能在含 Tc 的培养基上生存,但可以在含 Ap 的培养基上生存;它需要乳糖的存在去掉 *lacI* 基因表达的抑制物;它用 1000 bp 片段置换掉了 2500 bp 片段,长度从 5500 bp 下降到了 4000 bp,介于 A(3000 bp)与 B(5500 bp)之间。因此 B、F 是对的。 答案:BF。

80 Franklin 和 Wilkins 使用了下列哪种技术,为研究 DNA 结构作出了卓越贡献?(　　)(单选)

A. MRI(核磁共振成像)　　B. DNA 指纹技术

C. X 射线衍射　　D. PCR

解析 X 射线是伦琴在 1895 年发现的,使用 X 射线研究物质结构的科学称为 X 射线晶体学。一束 X 射线打在晶体上时,原子让射线向各个方向发散,通过这些衍射光的角度和强度,晶体学家可以将晶体中的电子密度分布表示出来。通过晶体中的电子密度分布,晶体中原子的平均分布、化学键、熵及其他各种信息就都可以确定出来。单晶体 X 射线衍射可以解决晶体结构问题,不管是简单的无机物分子还是复杂的生物

大分子，例如蛋白质和核酸。X射线衍射可以用来研究晶体结构、晶粒大小和多晶体或粉末晶体中的择优取向。通过比对国际衍射数据中心数据库里储存的衍射数据，可以使用粉末晶体X射线衍射识别未知的物质。　答案：C。

81　限制性内切酶 *Hin*dⅢ可识别DNA链中AAGCTT的碱基序列并进行剪切。请问枯草杆菌的基因组中(420万碱基对)大约有多少 *Hin*dⅢ的识别部位？(　　)(单选)

A. 100　　B. 1000　　C. 10000　　D. 100000

E. 1000000

解析　所切序列含有6个碱基，故有 $4^6 = 4096$ 种不同可能，所以可能的 *Hin*dⅢ识别部位约有4200000/4096≈1000个，选B。　答案：B。

82　一个农场主有三头公牛。某天他的一只奶牛进入了发情期，不知怎的进入了农场主的牧场，然后和某只公牛在一起了。不出所料，这场邂逅的结果是一头小牛。但农场主不知道这三头公牛中谁是小牛的父亲。他的技术顾问告诉他，给奶牛、小牛和三头公牛分别做一个DNA"指纹"鉴定就可以找出小牛的父亲，只要采集这些牛的两到三个基因座。图19是这些牛的两个基因座的分析结果。

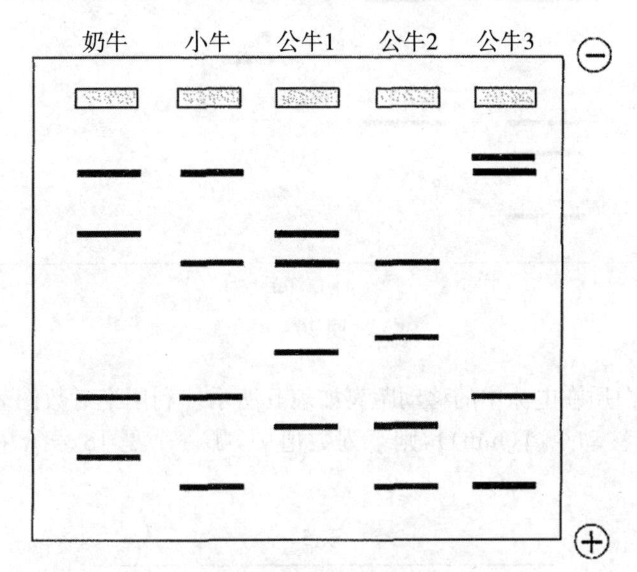

图19

根据以上信息，请推断哪只公牛是小牛的父亲：(　　)。(单选)

A. 公牛1　　B. 公牛2

C. 公牛3　　D. 公牛1或2

E. 三只公牛都有可能是小牛的父亲

解析　如图19所示，小牛非母本的条带只能完全来自公牛2，公牛1与3均存在无法解释的条带来源，因此选B。　答案：B。

利用动物的某组织，进行了下述实验。

操作1：将组织放入低温缓冲液中，保持低温状态，用高速搅拌器打碎。

操作2：将操作1中的匀浆用离心机分离，去掉不溶性成分。

操作3：将操作2获得的水溶性成分用层析按分子量大小分开，并收集到试管中。(图20(a))

操作4：取操作3中的第13个峰和第18个峰的液体各100 μm，进行电泳(SDS-PAGE)(图20(c))。分子量标记是已知分子量的蛋白质的混合液。(kDa是蛋白质分子量的单位)

操作5：用已知分子量的蛋白质①和蛋白质②重复操作3和4。(图20(b)(c))

根据以上内容，回答83、84题。

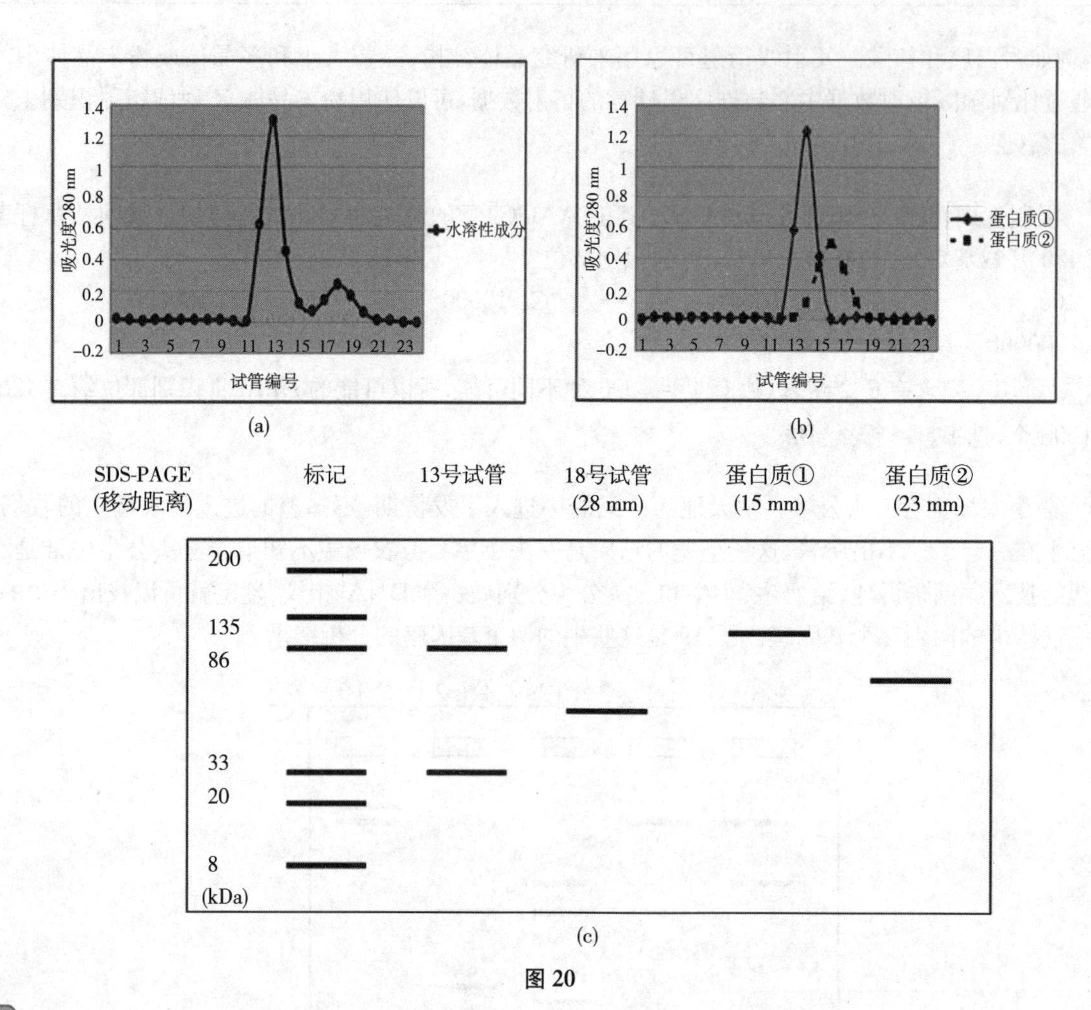

图 20

83 标记中的各类蛋白质在电泳中的移动距离如表 5 所示。利用半对数图表制作了标准曲线(纵轴表示分子量(kDa),横轴表示移动距离(mm)),则下列数值中,哪一个是 18 号管中蛋白质的分子量(kDa)?(　　)(单选)

表 5

分子量/kDa	移动距离/mm
200	3.5
135	12
86	20
33	38
20	47
8	64

A. 100　　B. 83　　C. 70　　D. 52
E. 36　　F. 20

解析 首先比较图 20(a)(b)(c)。根据已知分子量蛋白(标记与蛋白①、蛋白②)可知 18 号管蛋白分子量在 33 kDa 与 86 kDa 之间。对分子量取对数:200 kDa→2.3,135 kDa→2.1,86 kDa→1.9,33 kDa→1.5,20 kDa→1.3,8 kDa→0.9。18 号管移动距离(28 mm)大致在 85 kDa 与 33 kDa 之间,估算其对数为 1.7,计算得分子量约 50.1 kDa,故选 D。当然也可以在图 21 上画标准曲线求值。　**答案**:D。

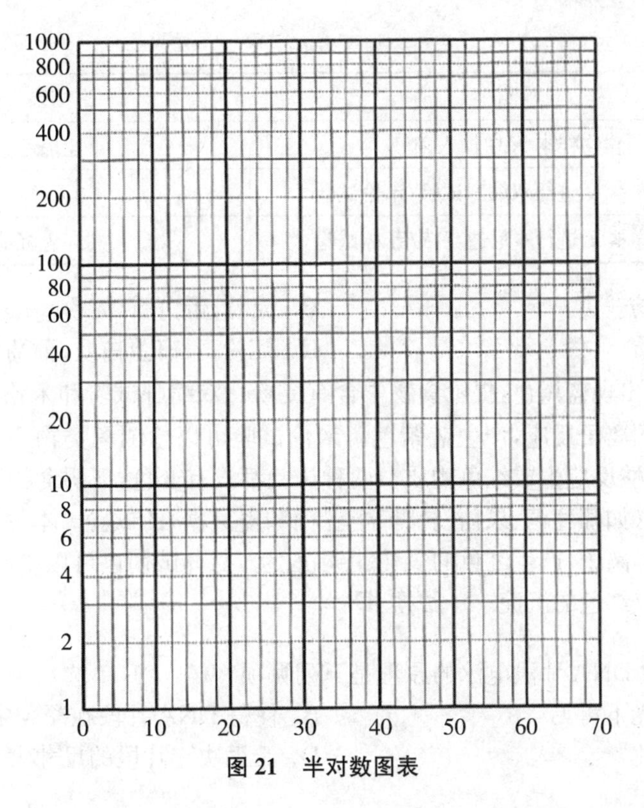

图 21 半对数图表

84 关于图 20(a)的 13 号试管中的蛋白质,下列哪一项是正确的?( )(单选)

A. 含有分子量不同的两种蛋白质
B. 含有由分子量相同的两种亚基构成的蛋白质
C. 含有由分子量不同的两种亚基构成的蛋白质
D. 含有由分子量不同的三种亚基构成的蛋白质

解析 图 20(a)中 13 号管从层析上看是一种蛋白,且分子量稍大于蛋白①;但到了图 20(c)里的 SDS-PAGE 分析时却出现了两个条带,且分子量都小于蛋白①。这表明原蛋白可能有多个亚基,按分子量不同可分为大小两种。因此选 C。 答案:C。

85 一份食物样本可以使用哪种方法进行淀粉和蛋白质检测?( )(单选)

A. 本尼迪特试剂、乙醇和滤纸
B. 碘溶液和本尼迪特试剂
C. 米伦试剂和本尼迪特试剂
D. 碘溶液和米伦试剂

解析 碘试验可以用来检测淀粉。碘溶液是将碘单质溶解在碘化钾溶液中,它可以和淀粉反应变成深蓝黑色。这是碘单质和淀粉形成多聚碘支链的结果。直链淀粉在碘单质聚合处形成螺旋,产生深蓝黑色。支链淀粉形成的螺旋很短,碘单质无法聚合,因此颜色是橙色或黄色。淀粉一旦被水解成为小分子的糖,蓝黑色就会消散。因此,这一试验可以判断水解反应是否完全。碘溶液也可以和糖原进行反应,但是颜色不深,更接近棕色。

米伦试剂是亚硝酸汞、硝酸汞和硝酸的混合液。硝酸中的硝酸汞可以和酚类物质(如蛋白质中的酪氨酸)反应,形成红色物质。本尼迪特试剂是以美国化学家本尼迪特命名的。本尼迪特试剂可以用来检测还原性糖类,如葡萄糖、果糖、乳糖、半乳糖和麦芽糖,更宽泛地说,它可以检测醛类物质(除了芳香醛类)的存在。本尼迪特试剂是用碳酸钠、柠檬酸钠和硫酸铜配制而成的。它是斐林试剂的改良。本尼迪特试剂中的二价铜离子可以被还原成为一价,生成氧化亚铜沉淀。

斐林试剂是用来区分水溶性醛类和酮类的试剂。被测物要和斐林试剂一同加热,如果产生红色沉淀,则表明有醛类物质存在。酮类(除了 α-羟基酮)不能与之发生反应。它可以应用在检测尿液中的葡萄糖,从而筛查糖尿病。斐林试剂是德国化学家斐林发明的。 答案:D。

86 表 6 所示的是三种食物样本的测试结果。食物 X、Y、Z 中各含有什么?( )(单选)

表 6

检测	结果
向食物样本 X 中加入碘液	蓝黑色
对食物样本 Y 进行双缩脲试验/米伦试验	无色
对食物样本 Z 进行本尼迪克特/菲林试验	橘红色沉淀

A. 淀粉,蛋白质,脂肪　　B. 淀粉,蛋白质,淀粉
C. 脂肪,淀粉,蛋白质　　D. 淀粉,没有蛋白质,葡萄糖

解析 X 进行碘试验出现蓝黑色,提示食物中含有淀粉。双缩脲试验和米伦试验可以检测蛋白质。双缩脲试验中,肽键可以和铜离子反应,产生蓝紫色。米伦试验可以检测酚类物质(例如蛋白质中的酪氨酸)的存在,酚类和硝酸汞、硝酸反应生成红色物质。两种试验都没有变色,证明食物 Y 中没有蛋白质。本尼迪特试验是检测还原性糖类(如葡萄糖、果糖、乳糖、半乳糖和麦芽糖)的试验。本尼迪特试剂中含有二价铜离子,可以被还原成为一价铜离子,产生红色的氧化亚铜沉淀。斐林试剂也可以检测醛糖(还原性糖),同样利用铜离子的特性,可以生成红色的沉淀。　**答案:D。**

87 溴化乙锭用来做 DNA 片段电泳的原理是下列哪项?(　　)(单选)

A. 使得片段在紫外光下可见　　B. 使得 DNA 片段在凝胶中更容易移动
C. 增强凝胶的导电性　　D. 帮助决定片段的尺寸大小
E. 维持恒定的 pH

解析 凝胶电泳利用高分子——核酸或蛋白质的尺寸、电性或者其他物理性质来分离高分子。DNA 分子混合物在电泳下有序排列,每簇 DNA 分子的长度都一样。溴化乙锭是一种 DNA 染色剂,可以使 DNA 限制酶片段在紫外光照射下显色。　**答案:A。**

88 假设你从肝脏细胞中提取出 RNA,然后用琼脂凝胶电泳检测该 RNA。之后将这个 RNA 片段通过毛细管作用转移到一张 RNA 结合膜(硝化纤维或者尼龙)上。接着,你在膜上的 RNA 上杂交一个检测基因 X 的探针。请问下列关于这个实验的描述中哪项是正确的?(　　)(单选)

A. 这个实验是在尝试测定肝脏细胞中有多少个基因 X 的复制品
B. 这个实验是在尝试测定肝脏细胞中是否有基因 X 的蛋白质
C. 这个实验是在尝试测定基因 X 是否会在肝脏细胞中表达
D. 这个实验是在尝试测定基因 X 的染色体定位
E. 这个实验是在尝试测定基因 X 是否有突变的序列

解析 因为 RNA(mRNA)是基因是否表达的重要指标,本题通过 Northern blot 寻找 RNA 电泳结果中有无 X 基因的探针目的便是检测 X 基因是否表达。　**答案:C。**

89 基因工程生产的"黄金大米"将对发展中国家的人们很重要,尤其是东南亚地区。原因是下列哪项?(　　)(单选)

A. 相对于白色谷物来说,人们更喜欢消费黄色谷物
B. 黄金大米比白色大米在种植和收获方面更加便宜
C. 黄金大米能抵御市场上可买到的大部分除草剂
D. 黄金大米比白色大米含有更丰富的 β-胡萝卜素
E. 生产黄金大米用来制造生物可降解塑料

解析 黄金大米之所以呈金黄色是由于转入了合成 β-胡萝卜素的基因,胡萝卜素是金黄色的。维生素 A 缺乏症(VAD)是困扰第三世界国家的重大营养缺陷疾病,黄金大米旨在解决这一问题。　**答案:D。**

90 你将人类的 α_1-抗胰蛋白酶的 DNA 序列嵌入一只绵羊体内。但这只绵羊的细胞没有生产出你想

要的蛋白质。请问你应该怎样做才能解决问题？（　　）（单选）

A. 绑定你的人类 α_1-抗胰蛋白酶的编码序列到 GFP（绿色荧光蛋白）的编码序列上

B. 提纯 α_1-抗胰蛋白酶的 mRNA 并且使之在无细胞系统中转录出蛋白质

C. 加入 T7 启动子的诱导剂，例如 IPTG

D. 交叉两种胚细胞来制造一个二倍克隆体

E. 再次引入人类 α_1-抗胰蛋白酶 DNA 到那只绵羊体内，在绵羊启动子的控制下利用人类的编码序列

解析 要使绵羊表达人类的基因，需要先将人的目的基因与绵羊的启动子重组才行。

其余选项相关概念如下：

T7 启动子是当今大肠杆菌表达系统的主流，这个功能强大且专一性高的启动子经过巧妙的设计而成为原核表达的首选，尤其以 Novagen 公司的 pET 系统为杰出代表。强大的 T7 启动子完全专一受控于 T7 RNA 聚合酶，而高活性的 T7 RNA 聚合酶合成 mRNA 的速度比大肠杆菌 RNA 聚合酶快 5 倍，当二者同时存在时，宿主本身基因的转录竞争不过 T7 表达系统，几乎所有的细胞资源都用于表达目的蛋白。诱导表达后仅几个小时目的蛋白通常可以占到细胞总蛋白的 50%以上。

由于大肠杆菌本身不含 T7 RNA 聚合酶，需要将外源的 T7 RNA 聚合酶引入宿主菌，因而 T7 RNA 聚合酶的调控模式就决定了 T7 系统的调控模式：非诱导条件下，可以使目的基因完全处于沉默状态而不转录，从而避免目的基因毒性对宿主细胞以及质粒稳定性的影响；通过控制诱导条件控制 T7 RNA 聚合酶的量，就可以控制产物表达量，某些情况下可以提高产物的可溶性部分。

有几种方案可用于调控 T7 RNA 聚合酶的合成，从而调控 T7 表达系统：

① 噬菌体 DE3 是 λ-噬菌体的衍生株，含有 *lacI* 抑制基因和位于 lacUV5 启动子下的 T7 RNA 聚合酶基因。DE3 溶源化的菌株如 BL21(DE3)就是最常用的表达菌株，构建好的表达载体可以直接转入表达菌株中，诱导调控方式和 lac 一样都是 IPTG 诱导。异丙基硫代半乳糖苷（IPTG）是一种作用极强的 β-半乳糖苷酶活性诱导剂，不被细菌代谢而十分稳定，因此被实验室广泛应用。

② 另一种策略是用不含 T7 RNA 聚合酶的宿主菌克隆目的基因，即可完全避免因目的蛋白对宿主细胞的潜在毒性而造成的质粒不稳定。然后用 λCE6 噬菌体侵染宿主细胞，CE6 是 λ-噬菌体含温度敏感突变（cI857ts）和 pL/pR 启动子控制 T7 RNA 聚合酶表达的衍生株，在热诱导条件下可以激活 T7 RNA 聚合酶的合成。 **答案：E。**

91 下列哪个选项最佳地描述了绿色荧光蛋白中的荧光团？（　　）（单选）

A. 它是蛋白质中的一个分子组分，可被特定波长的光激发到高能态，并以更长波长的发射光辐射出能量

B. 它是一个分子，可以通过 ATP 的水解产生光

C. 它是一个分子，可以通过氧化还原作用产生光

D. 它是一个分子，可被特定波长的光激发到高能态，并以更短波长的发射光辐射出能量

E. 随着分子的温度升高，荧光基团中多余的能量以光的形式发射出去

解析 绿色荧光蛋白（GFP）最早由下村修等人在 1962 年在一种学名为 *Aequorea victoria* 的水母中发现。其基因所产生的蛋白质在蓝色波长范围的光线激发下，会发出绿色荧光。这个发光的过程中还需要冷光蛋白质 Aequorin 的帮助，且这个冷光蛋白质与钙离子（Ca^{2+}）可产生交互作用。2008 年 10 月 8 日，日本科学家下村修（伍兹霍尔海洋生物学研究所）、美国科学家马丁·查尔菲（哥伦比亚大学）和钱永健（加利福尼亚大学圣迭戈分校）因为发现和改造绿色荧光蛋白而获得了当年（2008 年）的诺贝尔化学奖。绿色荧光蛋白的发光机理比荧光素/荧光素酶要简单得多。一种荧光素酶只能与相对应的一种荧光素合作来发光，而绿色荧光蛋白并不需要与其他物质合作，只需要用蓝光照射，就能自己发光。传统的荧光分子在发光的同时会产生具有毒性的氧自由基，导致被观察的细胞死亡，这叫做“光毒性”。因此，在绿色荧光蛋白发现以前，科学家们只能通过荧光标记来研究死亡细胞静态结构，而绿色荧光蛋白的光毒性非常弱，非常适合用于标记活细胞。

GFP 的荧光主要归功于蛋白质序列中第 65～67 位的丝氨酸、酪氨酸、甘氨酸形成的生色团。它们是通过分子内自催化环化形成的对羟基亚苄基-咪唑啉酮。第 67 位的肽键酰胺基与第 65 位的羧基结合成咪唑五元环，第 66 位的酪氨酸在 O_2 作用下发生 α-β 脱氢，形成与咪唑酮相连的双键。荧光发射光相比激发光能量较低、波长较长，且是分子组分不是整个分子，因此 A 对，D 不对。

如上所述，需要消耗 ATP 通过氧化还原反应发出荧光的是荧光素与荧光素酶(如萤火虫)，在此不详述。所以 B、C 均不对。

热释光(thermoluminescence)是指发光体以某种方式被激发，储存了能量，然后加热发光体，使发光体以光的形式把能量再释放出来的冷发光现象，有时也译作热致光、热发光。物理机制是发光体被激发时产生了离化，被离化出的电子将进入导带，这时它或者与离化中心复合产生发光，或者被材料中的陷阱俘获。所谓陷阱是缺陷或杂质在晶体中形成的局部反常结构。它在禁带中形成了局域性能级，可以容纳和储存电子。这些电子只有通过热、光、电场的作用才能返回到导带，到导带后它们或者和离化中心复合产生发光，或者再次被陷阱俘获。由热释放出的电子同离化中心复合所产生的发光就叫做热释光。热释光是形成长余辉发光的重要原因，有的材料的长余辉可以延续到十多个小时。一般多见于无机材料，如 LiCl、$CaSO_4$、CaF_2(萤石)、$Li_2B_4O_7$、$MgSiO_4$ 等。 **答案：A。**

92 关于限制酶的特性，下列选项中正确的是(　　)。(多选)

A. 可用来限制外来入侵 DNA 对细胞的伤害　　B. 可切割任何 DNA 序列

C. 可用以制作 DNA 的限制酶切割图谱　　D. 存在人类细胞中

E. 每个人的 DNA 的限制酶切割图谱都相同

解析 限制性核酸内切酶是细菌产生的可以识别特定的核苷酸序列，并在每条链中特定部位的两个核苷酸之间的磷酸二酯键进行切割的一类酶，D 错误。它一般不切割自身的 DNA 分子，只切割外源 DNA，B 错误。限制酶的主要作用是降解外源 DNA，维护宿主遗传稳定的保护机制，现在利用限制酶的特性，将其用于 DNA 基因组物理图谱的组建、基因的定位和基因分离、DNA 分子碱基序列分析等分子技术，A、C 正确。限制酶图谱是将同一 DNA 用不同的限制酶进行切割，从而获得各种限制酶的切割位点，由此建立的位点图谱有助于对 DNA 的结构进行分析，不同的人的限制酶图谱也会如指纹一样有差异，E 错误。 **答案：AC。**

93 下列常用的重组 DNA 技术中，哪个为反转录病毒复制研究成果的直接应用？(　　)(单选)

A. 限制酶切割 DNA　　B. 细菌细胞的转化(transformation)

C. 用连接酶(ligase)将两个 DNA 片段接起来　　D. 互补 DNA(cDNA)的合成

E. 以热休克处理增加转型效率

解析 反转录病毒从其名字就可以知道和 RNA 反转录成 DNA 的反应有关，而 cDNA 的合成就是由 mRNA 通过逆转录酶进行合成。 **答案：D。**

94 一种 DNA 限制性内切酶识别序列“TGAGA”并且在两个 GA 之间从 5’ 到 3’ 切开。从一个犯罪现场和四个银行抢劫嫌疑犯中提取长为 20 bp 的单链 DNA 样品，并把这些样品用这种限制性内切酶切割并且进行 DNA 电泳。从犯罪现场提取到的 DNA 碎片为 5’-CACTGAGACCAGTTGAGAGC-3’。请问以下哪种嫌疑犯的 DNA 样品碎片在电泳过后和犯罪现场的最为相似？(　　)(单选)

A. 5’-GTCTGAGACTTCTGAGAATG-3’　　B. 5’-AGTTTGAGAGTAGTGAGATG-3’

C. 5’-TCCATGAGACTTTTGAGATG-3’　　D. 5’-ACTCGAAGTGTGAGATGAGA-3’

E. 5’-CGGTGAATGAGATTGAGAGT-3’

解析 犯罪现场的样品切割完后有 3 段，分别为 6 bp、10 bp 和 4 bp。 **答案：E。**

95 有几份从孩子、母亲以及四位可能是这位孩子的父亲的男性提取的 DNA 样品。通过 DNA 指纹图谱分析显示出了两个共显性的基因座位。基于下面的凝胶电泳结果(图 22)，请问 A、B、C、D 四个个体中

哪位最有可能是这位孩子的父亲？（　　）（单选）

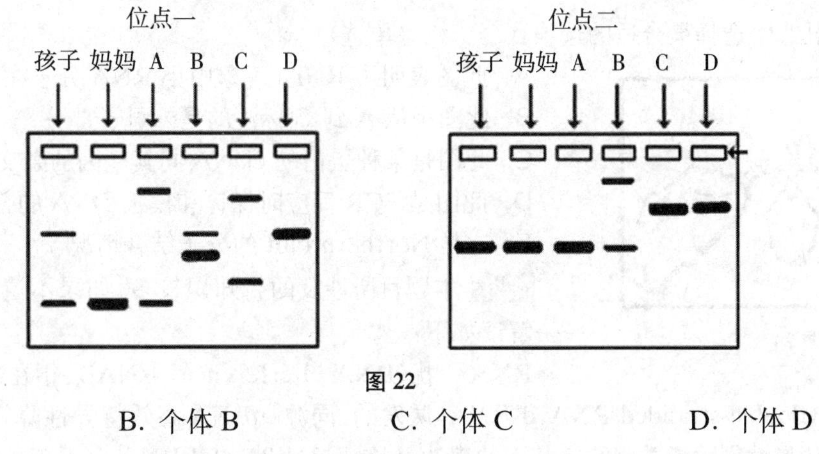

图 22

A. 个体 A　　　　B. 个体 B　　　　C. 个体 C　　　　D. 个体 D

E. 都不是

解析 本题考查 DNA 指纹图谱分析。看图分析，从位点一的电泳图可以看出，孩子图谱上部的一条与母亲无法对应，所以上面的一条应该来自他的父亲，而具有上面那一条条带的就只有个体 B 和个体 D；位点二的电泳图中，孩子只有一条条带，所以父亲也有相应条带，而 B 和 D 中只有 B 个体具有该条带。由此可以推测 B 个体最有可能是孩子的父亲。　答案：B。

96 亲子鉴定测试是通过用三个标记（即三个 DNA 片段的序列）的测定判断亲子关系。其中的一个标记在自然情况下有三个等位基因：M_1、M_2 和 M_3。每个标记的处理都是首先复制 DNA 样本，然后用限制性内切核酸酶 *Eco*RⅠ酶切复制得到的产物，得到的标准参照条带如图 23 所示（泳道标记 M_1、M_2 和 M_3）。收集母亲、她的孩子和两个可能的父亲的 DNA 后，将这个标记内的等位基因复制后用 *Eco*RⅠ酶切，再将所得到的 DNA 片段凝胶电泳。电泳图像如图 23 所示，其中厚条带表示这个 DNA 片段中有两个拷贝该等位基因。DNA 在凝胶中的迁移方向如图 23 左箭头所示是从上到下的。综合凝胶图像中的所有信息，下列关于孩子父母的推断中，哪一项是正确的？（　　）（单选）

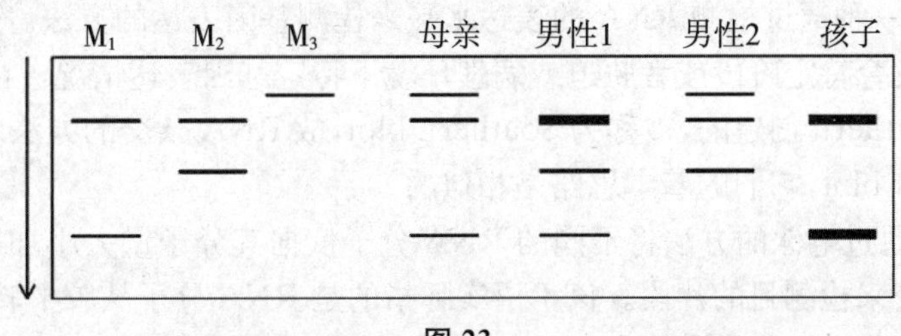

图 23

A. 男性 1 和男性 2 都不是这个孩子的父亲　　B. 男性 2 可能是这个孩子的父亲

C. 男性 1 或男性 2 可能是这个孩子的父亲　　D. 男性 1 可能是这个孩子的父亲

E. 女性不是这个孩子的血缘关系上的亲生母亲

解析 本题主要考查利用限制性内切酶图谱来测定亲子关系。限制性内切酶酶切位点和等位基因一样是可以遗传的。题中提到了厚条带表示该 DNA 片段中含有两个拷贝。为了便于分析，我们从上到下把四条条带分别称为 1、2、3、4。孩子有两条条带 2，说明他的父母都应该含有条带 2，同样可以推断出他的父母都含有条带 4，因此男性 1 可能是该孩子的父亲，男性 2 不可能是孩子的父亲，所以本题选择 D 选项。

答案：D。

97 以下哪个序列不能被限制性内切核酸酶（指经典的Ⅱ型限制性核酸内切酶）切断？（　　）（单选）

A. GAATTC　　　　B. GTATAC　　　　C. GTAATC　　　　D. CAATTG

解析 这是一道分析题，考查的是对限制性核酸内切酶（RE）特性的理解。限制性核酸内切酶识别的序列主要为回文序列。所以只需要跟着题里给出的序列写出它的互补链并看是否属于回文序列就行。C 选项不符合。细菌自己能够抵抗 RE 是因为细菌将自身的 DNA 进行了甲基化修饰。 答案:C。

98 请根据图 24 选择最合适的选项:(　　)。(单选)

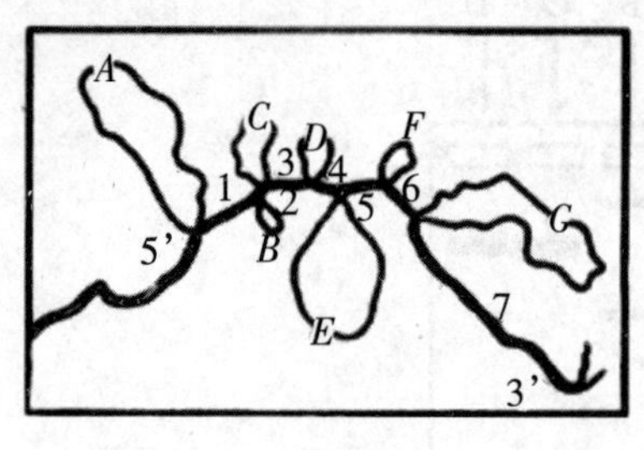

图 24

A. 此图表明了 RNAi 现象中小 RNA 分子在基因中的空间构象

B. 此图中从 A 到 G 标注的是外显子部分

C. 此图是某种蛋白的 cDNA 同其基因的杂交结果

D. 此图是 PCR 反应时探针和模板 DNA 的普遍退火结果

E. 这是 Northern blot 的分子结合情况

解析 本题目所涉及的新知识较多,如果不清楚概念会较难判断,一一解读如下:

RNA 干扰(RNA interference, RNAi):指在进化过程中高度保守的、由双链 RNA(double-stranded RNA, dsRNA)诱发的、同源 mRNA 高效特异性降解的现象。由于使用 RNAi 技术可以特异性剔除或关闭特定基因的表达,(长度超过 30 的 dsRNA 会引起干扰素毒性)所以该技术已被广泛用于探索基因功能和传染性疾病及恶性肿瘤的基因治疗领域。在该过程中所使用的 RNA 序列较短,且与 DNA 是完全或不完全匹配的。因此 A 不对。

cDNA:指以 mRNA 为模板,经反转录酶催化,在体外反转录成的 DNA。很显然 cDNA 不存在内含子序列,故与原 DNA 配对时会出现部分空泡,即碱基未配对的单链,因此可以判定 A 到 G 是基因中的内含子序列。B 不对,C 对。

PCR:即聚合酶链式反应,是利用 DNA 在体外 95 ℃高温时变性会变成单链,低温(经常是 55~60 ℃)时引物与单链按碱基互补配对的原则结合,再调节温度至 DNA 聚合酶最适反应温度(72 ℃左右),DNA 聚合酶沿着磷酸到五碳糖(5'-3')的方向合成互补链。重复循环变性—退火—延伸三过程就可获得更多的"半保留复制链",而且这种新链又可成为下次循环的模板。每完成一个循环需 2~4 min,2~3 h 就能将待扩目的基因扩增放大几百万倍。其中退火是指模板 DNA 加热变性成单链后,温度降至 55 ℃左右,引物与模板 DNA 单链的互补序列配对的结合过程。正常的引物分子与 DNA 单链通常是双链完全配对的,不会出现类似空泡的情况。D 也不对。

Northern blot:这是一种通过检测 RNA 的表达水平来检测基因表达的方法。通过 Northern blot 方法可以检测到细胞在生长发育特定阶段或者胁迫或病理环境下特定基因表达情况。由于早期研究 DNA 图谱的杂交方法是英国人 Southern 创建的,被称为 Southern blot,故 RNA 杂交的方法就被称为 Northern blot,蛋白质杂交则是 Western blot,它们的基本思路是相似的。

Northern blot 首先通过电泳的方法将不同的 RNA 分子依据其分子量大小加以区分,然后通过与特定基因互补配对的探针杂交来检测目的片段。该术语实际指的是 RNA 分子从胶上转移到膜上的过程。凝胶上的 RNA 分子被转移到膜上。膜一般都带有正电荷,核酸分子因带负电荷而可以与膜很好的结合。RNA 分子被转移到膜上后需用烘烤或者紫外交联的方法加以固定。被标记的探针与 RNA 探针杂交,经过信号显示后表明需检测的基因的表达。Norther blot 中探针的序列需要和检测目的基因序列互补配对,因而也不会出现空泡现象。E 是错的。因此答案为 C。 答案:C。

99 双脱氧核苷酸常用于 DNA 测序,其结构与脱氧核苷酸相似,能参与 DNA 的合成,且遵循碱基互补配对原则。DNA 合成时,在 DNA 聚合酶作用下,若连接上的是双脱氧核苷酸,子链延伸终止;若连接上的是脱氧核苷酸,子链延伸继续。在人工合成体系中,有适量的序列为 GTACATACATG 的单链模板、胸腺嘧啶双脱氧核苷酸和 4 种脱氧核苷酸。则以该单链为模板合成出的不同长度的子链最多有(　　)。(单选)

A. 2 种　　B. 3 种　　C. 4 种　　D. 5 种

解析 本题涉及 DNA 测序原理,属于竞赛内容,但根据信息,即使没有学过也可以推断出来。在题目里胸腺嘧啶双脱氧核苷酸可以和单链模板上的腺嘌呤脱氧核苷酸进行配对。在该模板上共有 4 个腺嘌呤脱氧核苷酸,这样,可能就有 0、1、2、3、4 个的胸腺嘧啶双脱氧核苷酸与模板上的腺嘌呤脱氧核苷酸进行配对,所以总共有 5 种不同长度的子链被终止。互补链为 CATGTATGTAC,子链为 CAT、CATGT、CATGTAT、

CATGTATGT、CATGTATGTAC，共 5 种。 **答案：D。**

100 采用特异性引物对花椰菜和黑芥基因组 DNA 进行 PCR 扩增，得到两亲本的差异性条带，可用于杂种植株的鉴定。图 25 为用该引物对双亲及再生植株 1～4 进行 PCR 扩增的结果。据图判断，再生植株 1～4中一定是杂种植株的是(　　)。(多选)

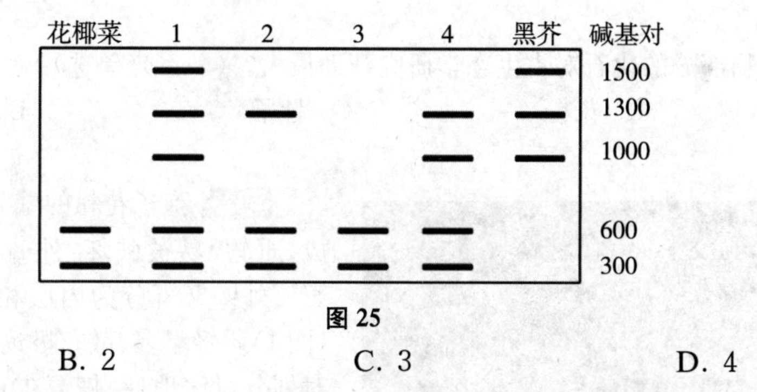

图 25

A. 1　　B. 2　　C. 3　　D. 4

解析 读图可知，3 完全是花椰菜，而 1、2、4 均同时具有花椰菜与黑芥的特征条带。 **答案：ABD。**

第13章 进化生物学

1 下列哪个植物部分的化石对古生态学研究帮助最大？(　　)(单选)

A. 叶　　B. 花粉　　C. 种子　　D. 茎

E. 根

图1

解析 孢子花粉的壁分为两层，内壁由纤维素组成，质软，易被破坏；外壁质密而硬，容易保存为化石。外壁又可分为内层和外层，具饰纹。孢子花粉(图1)质轻量多，散布极远，各沉积地层中均可保存，对划分对比地层、恢复古地理古气候极有价值。孢粉是第四纪生物化石中最易找到的化石门类，孢粉组合是植物群的缩影；通过不同地层的孢粉变化可以看气候环境的变化、群落的演替，因此B正确。

古孢粉学(paleopalynology)是孢粉学的一个分支，是研究化石孢子花粉的形态、分类、组合分布及其进化规律的科学，是近几十年发展起来的一门新兴学科。其研究成果对沉积学、地层学、古植物学、古生态学、古气候学、古地理学和考古学，特别是在油气和煤田勘探与缺少其他化石的疑难地层研究方面，均可从年代上提供帮助；能进一步提高地层年代诊断精度，从而揭示植物起源和演化及灾变事件的地史轨迹，丰富全球环境动态研究的演绎系列。　答案：B。

2 煤炭主要是来自石炭纪的(　　)。(单选)

A. 蕨类　　B. 水杉　　C. 山毛榉　　D. 木贼

E. 木兰

解析 煤炭由植物遗骸被掩埋之后经过地质变化(高压低氧、气体散逸)而成，主要形成于3个地质时期：古生代的石炭纪-二叠纪，成煤植物主要是原始蕨类(松叶蕨、石松、水韭、木贼/楔叶)、真蕨类、种子蕨类和裸子植物，以蕨类为主体；中生代的侏罗纪和白垩纪，成煤植物为裸子植物(银杏、银杉、金钱松、水杉、水松、侧柏)；新生代的第三纪，成煤植物为被子植物。可见从古生代的寒武纪到新生代的第四纪期间，均可以产生煤炭，故煤炭中既包括低等植物，也包括高等植物如被子植物，但以石炭纪地层的煤含量最高。

蕨类植物出现于志留纪，繁盛于泥盆纪和石炭纪。真正的裸子植物出现于石炭纪，繁盛于三叠纪、侏罗纪和白垩纪前期。而被子植物到侏罗纪才出现，繁盛于第三纪和第四纪。因此石炭纪大量产生的煤炭来自当时繁盛的蕨类植物。水杉属于裸子植物，山毛榉和木兰属于被子植物，在当时未出现或并不繁盛。木贼属于蕨类中的一个纲，不够全面。因此本题选A。　答案：A。

3 下列学者与其主要学说或学术创见的配对中正确的是(　　)。(多选)

A. 拉马克—用进废退　　B. 达尔文—物竞天择

C. 林奈—二名法(binominal nomenclature)　　D. 孟德尔—隔离机制(isolation mechanism)

E. 华莱士—资源有限的情况下，生物种群的成长将受阻

解析 孟德尔的功绩是发现了孟德尔遗传第一(分离)定律与第二(自由组合)定律，他并不知道隔离机制，那是杜布赞斯基提出的术语，表示“阻碍个体类群杂交的任何原因……隔离机制可以分为两大类，地理隔离和生理隔离”。华莱士则因独自创立“自然选择”理论而著名，促使达尔文出版了自己的演化论理论。资源有限的情况下生物种群的成长受阻描述的是密度制约下的种群增长，即逻辑斯谛增长。逻辑斯谛曲线是一种常见的S型曲线，它是皮埃尔·弗朗索瓦·韦吕勒在1844或1845年在研究它与人口增长的关系时

命名的。　答案:ABC。

参考文献

[1] Dobzhansky T. Genetics and the Origin of Species[M]. Columbia University Press, 1937.

4

图2是古生物学家在三个不同地点所发现的岩层及其内的化石。根据这样的岩层排列及所含的化石,下列叙述中哪些是正确的?(　　)(多选)

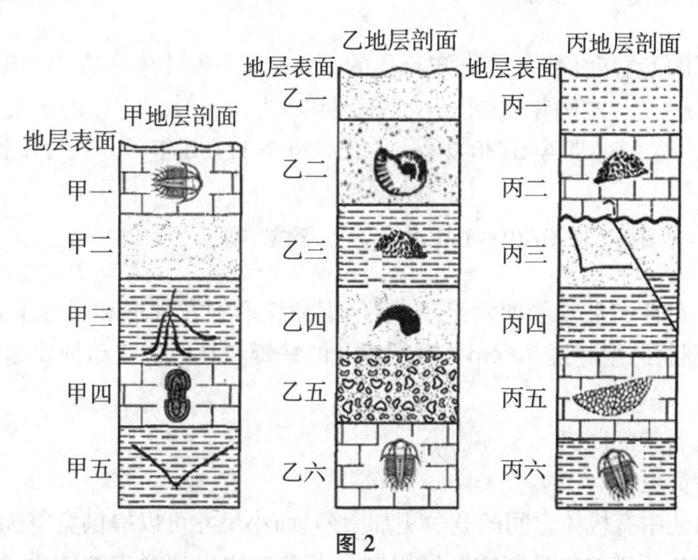

图2

A. 乙一层或丙一层是最年轻的岩层　　B. 甲五层是最古老的岩层

C. 乙五层与丙五层是相同的地质年代　　D. 甲三层应该是来自于中生代(Mesozoic)

E. 丙四层比甲二层更为古老

解析　从图2中可看见甲一、乙六与丙六为三叶虫化石年代(古生代)。将同一时代拉至同一比较水平线,发现乙一和丙一为最表层、最年轻的岩层。甲五为最古老的岩层。C中的两个岩层非相同材质,无法说是同一地质年代。D中的甲三应比中生代更早,E中的丙四比甲二更年轻。　答案:AB。

5

化石提供的进化证据最直接的是什么?(　　)(单选)

A. 进化演变的时间　　B. 进化演变的原因

C. 物种之间的关系　　D. 生命体存在的时间顺序

解析　在研究生物进化的过程中,化石是最重要的、比较全面的证据。化石在地层中出现的先后顺序说明了生物是由简单到复杂、由低等到高等、由水生到陆生逐渐进化而来的。始祖鸟化石说明了鸟类是由古代的爬行动物进化来的。　答案:D。

6

逾5亿年前的哪个地质时代的化石最先展示出我们今天所见到的动物的一些基本的形体构型(body plans)?(　　)(单选)

A. 伯吉斯纪　　B. 寒武纪　　C. 石炭纪　　D. 白垩纪

E. 埃迪卡拉纪

解析　在生物演化史中,从38亿年前地球上产生生命开始到此后经历30多亿年的漫长岁月,只发现过简单的细菌、蓝绿藻,很少出现多细胞动物化石。但在近5.3亿年前的寒武纪,大约只用了短短200万~300万年的时间,几乎所有现存生物门类和已灭绝的生物突发式地出现了。在寒武纪地层中发现的这些生物在更老的地层没有其祖先的化石出现,这一瞬间性突发大事件即"寒武纪大爆发"。这一事件不仅建立了所有现生动物门类(包括脊索动物门)的躯体基本设计,另外还有二十几个已经灭绝的生物物种,这些物种与现有生物分类系统没有任何关系,但每一种都各自代表着相当于门一级的躯体基本设计。寒武纪之后的发展只是在这些基本设计框架中的变异和创新。

伯吉斯纪:世界上最重要的化石发现地之一——伯吉斯页岩化石群(Burgess shale fossil beds)于1909

年由考古学家沃考特(Charles Walcott)发现,重现了5亿多年前的地球生态。年代约5.05亿年前,相当于寒武纪中期。

埃迪卡拉纪,或称新元古代Ⅲ(Neoproterozoic),是元古宙的最后一段时期。一般指6.20亿~5.42亿年前。埃迪卡拉动物群发现于澳大利亚南部的埃迪卡拉地区,是前寒武纪一大群软体躯的多细胞生物。包括腔肠动物门、节肢动物门和环节动物门等8科22属31种低等无脊椎动物,后被5.4亿~5.3亿年前寒武纪开始的生命形式爆发所颠覆。 答案:B。

7 利用加速器质谱仪直接计数一块未知年代的2 mg骨头碎片中所有^{14}C原子,发现含量仅为1950年一骨头碎片中的1/8。这个样本的年代(距今大致多少年)为( )。(^{14}C的半衰期是5730年)(单选)

A. 距今1540年 B. 距今5730年 C. 距今17190年 D. 距今22920年

E. 距今45840年

解析 $1/8=(1/2)^3$,故距今$3\times5730=17190$年。 答案:C。

8 在石炭纪晚期,陆生节肢动物如六足纲、多足纲和蛛形纲在外形和尺寸上表现出巨大的差异。一个例子就是巨脉蜻蜓的翅膀跨度超过70 cm。我们现今的蜻蜓和其他节肢动物要远远小于它们石炭纪的祖先。原因是什么?( )(单选)

A. 现今的营养量比石炭纪时少

B. 现今的游离碳含量更多

C. 现今在现有栖息地中有机体之间的竞争更加激烈,而小尺寸可以提供竞争优势

D. 大尺寸石炭纪昆虫所需的外骨骼的厚度限制了节肢动物成功蜕皮的能力,继而影响了它们与小尺寸昆虫的竞争

E. 现今空气中氧气含量比远比石炭纪时候小

解析 研究者指出,石炭纪时地球大气层中氧气的浓度高达35%,比现在的21%要高很多(陆地植物大量出现的原因)。许多节肢动物是通过遍布它们机体中的微型气管直接吸收氧气,而不是通过血液间接吸收氧气。在现今的氧气水平下,昆虫气孔系统的总长度已经达到极限;超过这个限度,氧气的水平就会变得不够。因此该构造可以有效地决定昆虫的形体大小,高氧气含量能促使昆虫向大个头方向进化。进一步研究表明:蜻蜓、石蝇和蜉蝣等水栖幼虫直接从水里获得氧气,而水体里的氧气远比空气里的少,而且幼虫从水里获取氧气的效率也远比在空中呼吸的成虫低,因此它们可能对可用氧气的变化更敏感。氧气塑造昆虫体型大小的作用或许对水栖幼虫尤为重要,它决定了昆虫身体生长的上限。另外,捕食者的存在也是一个限制因素,鸟类的出现对于大型昆虫而言是一个灾难。 答案:E。

9 最好的标准化石可以被古生物学者用来划分不同沉积岩地层的相对年代,这种标准化石可以是下列哪些物种的化石?( )(单选)

A. 恐龙化石 B. 水生/海洋带壳有机体的化石

C. 细菌化石 D. 不能飞的鸟类化石

E. 被囊动物化石(海鞘)

解析 标准化石是指分布广、数量大,在某一地层单位中特有的生物化石,该层以上和以下的地层中基本上没有这种化石,因而能确定地层地质时代。它应具备时限短、演化快、地理分布广泛、特征显著等条件。时限短则层位稳定,易于鉴别;分布广则易于发现,便于比较。例如,三叶虫是中国早古生代的重要标准化石。

根据资料的丰富和认识的提高,标准化石有时也可改变。例如,长期以来认为单笔石只生存于志留纪,后来在早泥盆世地层中也发现有单笔石,故它已是志留纪和早泥盆世的标准化石了。

本题中恐龙相对而言时间跨度较长,细菌、海鞘化石很难发现,鸟类化石也不易保存,只有水生带壳的有机体(如笔石、鹦鹉螺等)比较适合做标准化石。 答案:B。

10 图3展示了在纽约州一处沉积岩的某一部分每一层的横截面,以及其中几种近缘物种的化石的位

置。根据当前广泛接受的进化论,有关物种A、B、C最可能的推测是什么?( )(单选)

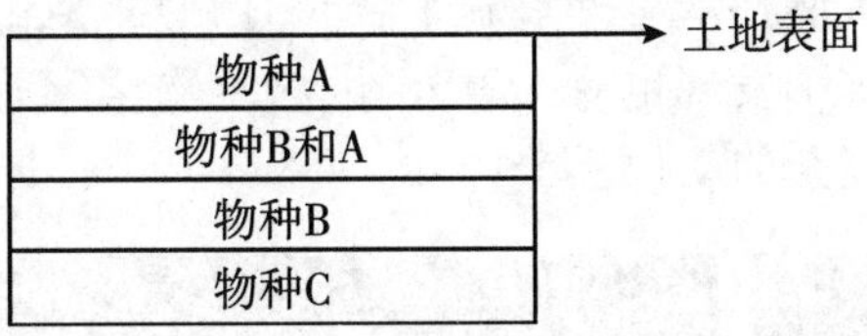

物种A
物种B和A
物种B
物种C

→ 土地表面

图3

A. 物种B比物种C丰富
B. 物种A和物种B在遗传角度上是相同的
C. 物种A和物种C都是物种B的后裔
D. 物种B是物种A的后裔
E. 物种C存在于物种B之前

解析 从地层上可看出,C最先出现,之后是B,再之后是A。所以C、D选项一定是错的,A选项看不出来,B选项中A、B是不同物种,遗传不同。 答案:E。

11 具光合作用能力的原核生物化石存在于35亿年前形成的叠层石中,这对生命的历史极为重要,其原因是( )。(多选)

A. 是最早出现的多细胞生物
B. 能产生氧气释放到大气中
C. 证明生命的演化是由简而繁
D. 可能是最早的生命形式
E. 生命起源于深海中

解析 叠层石是以蓝藻为主的微生物在生长代谢时黏附矿物颗粒(主要是二氧化碳溶于水后形成的碳酸盐)形成的生物沉积。这里"具光合作用能力"的"原核生物"显然指的就是古代的蓝细菌,它是单细胞生物,A不对。蓝藻对于生物圈的发展有举足轻重的作用,因为通过光合作用改变了地球大气的成分,使得二氧化碳减少,氧气大大增多,从还原型的大气转变为氧化型的大气。

最早的生命形式应当是化能异养型的生物,直接将海洋中的有机物转化为自己的养分。生命起源于海洋,但蓝藻生活在光照可达的浅海,它不是最早生命,自然也无法由题干描述推出生命起源于深海的说法,因此B、C正确,D、E不对。 答案:BC。

12 下列特征(甲~戊)在动物的演化上,依其出现的先后顺序,正确的是( )。(多选)

甲:两侧对称;乙:担轮幼虫;丙:器官;丁:脊索;戊:身体分节。

A. 甲丙丁戊
B. 甲乙戊丁
C. 丙乙甲戊
D. 丙甲乙戊
E. 丙甲戊丁

解析 两侧对称是从扁形动物门开始的;担轮幼虫是从环节动物开始的(海产种类经历担轮幼虫期),软体动物和星虫动物门也有些种类经历担轮幼虫期;器官的分化是从扁形动物开始的,海绵动物门没有器官系统和明确的组织分化;脊索是脊索动物特有的结构,是身体背部起支撑作用的棒状结构;身体分节这一现象从环节动物开始,环节动物是同律分节,而之后的节肢动物是异律分节。故甲和丙是最早的,其次是乙和戊,丁最晚。而甲和丙中,丙更早出现,比如腔肠动物虽然分化简单,但其实触手囊已经可以算是具有器官的雏形了。 答案:BDE。

13 近年科学家发现栉水母(而不是海绵)才是最早起源的动物,请问这项发现会对以下哪些结构或现象的演化趋势的推测产生重大影响?( )(多选)

A. 肌肉
B. 眼
C. 头部
D. 对称性
E. 神经系

解析 栉水母动物门(Ctenophora)是动物界的一门,通称栉水母类,是两辐射对称的海洋动物,与腔肠动物门一样,具有内胚层、外胚层和中胶层。该门动物与腔肠动物的区别是:体外通常具8条栉毛带,2条触手上通常有黏细胞而无刺细胞,背口端有固定的感觉区;发育不经过浮浪幼虫期,有幼体生殖现象。

2014年,《自然》上的新研究表明,栉水母才是动物生命树基底的第一个动物,而不是结构更为简单的海绵。科学家早前普遍认为后者才最有可能是动物的第一祖先(如图4所示)。栉水母与海绵不同,它有结缔组织和神经系统,因此更为复杂。虽然栉水母外形扁平且长有触角,但由于它缺乏经典的伞形体形和特有的刺细胞,因而不是真正的水母。这个发现也令人意外,因为生物学家一度认为生命的演化最初是从最简单的动物开始分支,再各自演变成复杂的动物。

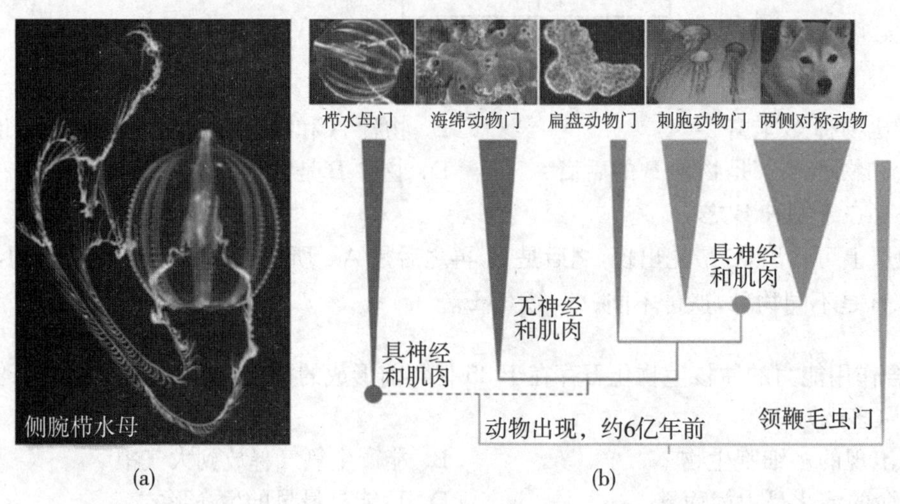

(a) (b)

图4

我们对栉水母和海绵在题目中提到的五个方面进行比较:① 海绵没有明确的器官系统和明确的组织,体表的扁细胞内有能收缩的肌丝;没有感受细胞;没有头部;虽然有些海绵有一定的形状和辐射对称,但多数像植物一样不规则地生长;在中胶层中有芒状细胞,被证明有神经传导功能。② 栉水母已经开始出现不发达的中胚层细胞,由它发展成肌纤维;在反口面有集中的感觉器起平衡的作用;没有头部;体型基本上属于辐射对称,但两辐射对称很明显;神经系统比较集中,虽然在外胚层基部有神经网,但已形成8条辐射神经索。可以看到,海绵和栉水母在肌肉、对称性和神经系统都有很大不同,因此这项起源的修正会对这三个方面产生很大影响。 答案:ADE。

参考文献

[1] Moroz L L, Kocot K M, Citarella M R, et al. The Ctenophore Genome and the Evolutionary Origins of Neural Systems[J]. Nature, 2014, 510(7503): 109.

14 进化是什么的结果?(　　)(单选)

A. 实际生态位和生物放大作用　　B. 表型变异和选择压力

C. 降雨量和温度　　D. 一个世代的适应性

E. 物种灭绝和景观变化

解析 进化是在选择压力作用下表型的变化及其带来的基因频率改变。一个世代太短,因此D不对。 答案:B。

15 下列哪个不属于自然选择的模式?(　　)(单选)

A. 稳定选择　　B. 性选择　　C. 定向选择　　D. 分裂选择

解析 自然选择类型有定向选择、稳定选择、分裂选择。性选择是自然选择的一种特殊形式,一般单独拎出来讲。 答案:B。

16 一种昆虫被发现对一种常用的杀虫剂发展出了抗药性。下列哪种解释最合理?(　　)(单选)

A. 昆虫的种群向着对杀虫剂有抗药性的方向进化

B. 最初的基因库里包含了决定有抗药性的基因

C. 这种杀虫剂刺激了某些个体的抗药性并遗传下去

D. 这种杀虫剂导致基因突变,使得昆虫有抗药性,并且这种基因会遗传下去

解析 抗性基因本来就存在，而杀虫剂导致抗性突变的概率极低。　答案：B。

17 物种的变异性最可能通过什么因素增加？（　　）（单选）

A. 改变环境条件　　B. 不同种群之间远缘杂交

C. 同一种群之间交配　　D. 不同种群里特殊特征的选择

解析 环境只起到对变异进行定向选择作用，环境的突然变化反而会通过瓶颈效应减少变异性，A不对。远缘杂交（distant hybridization）一般是指在分类学上物种以上分类单位的个体之间交配。不同种间、属间甚至亲缘关系更远的物种之间的杂交可以把不同种、属的特征结合起来，突破种属界限，扩大遗传变异，从而创造新的变异类型或新物种。B是对的。C与B对应，不对。D不对，定向选择只能淘汰个别性状，减少变异性。　答案：B。

18 多种因素可以引起生物进化。下面关于进化相关现象的描述中，哪些是实际中不可能发生的？请从A～E中选择：（　　）。（单选）

A. 仅仅一个基因发生了突变，就导致生物体外部形态发生巨大变化

B. 不同物种交配后染色体加倍，后代拥有生殖能力

C. 即使不发生细胞的融合，也可以因其他生物的基因进入细胞发生表型变化

D. 隔离作为直接原因，导致突变概率变大

E. 多种偶然结果共同作用，导致种群的基因频率发生变化

解析 隔离虽然能加速进化，但是不会作为直接原因使突变率变高，而其他选项都有实例支持。A会在转录调节因子（可以调节其他多个基因表达的蛋白质）的基因发生变异时发生。同源异形突变中身体某一部位的结构会被替换为其他部位的结构，这便是转录因子发生变异的结果。B的实例之一是小麦。小麦是通过异种杂交和染色体加倍培育出来的品种。C可以在肺炎双球菌的转化（R型菌摄取了S型菌的DNA）和病毒的转导等现象中观察到。E中所说的是基因漂变，指在自然选择中既不占有优势也不占有劣势的中性基因的频率会随偶然事件的叠加而变化。　答案：D。

19 一群色素沉淀程度不同的美洲蜥蜴居住在一个小岛上。一种新进入的捕食者更能够捕捉浅色蜥蜴，而深色蜥蜴能够更加成功地繁衍。这个种群将体现出下列哪个选项的效应？（　　）（单选）

A. 平衡选择（balancing selection）　　B. 歧化选择（disruptive selection）

C. 基因流动（gene flow）　　D. 定向选择（directional selection）

E. 多因子作用（multifactorial trait）

解析 定向选择是自然选择的一种模式，某种极端的表型相对于其他表型来说更受欢迎，导致基因频率随着时间流逝向着某种表型的方向去改变。这种情况下，深色等位基因越来越常见。　答案：D。

20 下列哪种杀虫剂的广泛使用让许多物种都进化出了对它的耐药性？（　　）（单选）

A. ARVs　　B. DNA　　C. DDT　　D. 抗生素

解析 DDT是双对氯苯基三氯乙烷的缩写，又称2,2-双(4-氯苯基)-1,1,1-三氯乙烷。它是一种人工合成的杀虫剂，是有机卤化物的一员。DDT有剧毒，属于具有神经毒性的接触性毒物，对许多昆虫有杀灭作用。DDT可以通过三氯乙醛和氯苯在硫酸中制备而成。1874年DDT被首次制得，1939年其杀虫特性才被一名瑞士化学家米勒发现。第二次世界大战期间和战后，人们发现DDT可以有效抵抗虱子、跳蚤和蚊子（伤寒、疟疾和黄热病的携带者），还可以抵抗马铃薯甲虫、舞毒蛾和其他危害农作物的害虫。开始使用DDT后，许多昆虫种群迅速出现了耐药性。DDT化学性质很稳定，它在这些昆虫中积累，进而对以这些昆虫为食的动物产生毒性，尤其是某些鸟类和鱼类。到20世纪60年代，上述两个缺陷让DDT的价值下降，美国于1972年通过了一系列法案限制DDT的使用。DDT纯净物是无色的结晶，熔点109 ℃。商用DDT含有65%～80%的活性物质和其他物质，为粉末样物质，熔点更低。使用时可以直接撒其粉末或喷洒其水溶液。

ARVs是抗逆转录病毒药物，其他选项更是毫无关系。　答案：C。

21 基因漂变的最佳描述是下列哪项？(　　)(单选)

A. 基因漂变是一种对群体有利的等位基因频率的随机改变

B. 基因漂变是由于随机交配，隐性纯合子的比例发生了改变

C. 基因漂变是基因基于自然选择的演变

D. 基因漂变是基因基于非随机事件的演变

E. 基因漂变是基因因随机事件而产生的演变

解析 漂变是基因频率的随机性变化，无所谓有利有害，与自然选择和随机交配也没有关系。因此选E。 **答案:E。**

22 下列有关基因漂变的选项中，哪项是不正确的？(　　)(单选)

A. 基因漂变可以导致有害等位基因被固定在种群中

B. 基因漂变可以导致等位基因频率随机变化

C. 基因漂变在小型群体中非常重要

D. 基因漂变可以导致种群内基因变异的丧失

E. 基因漂变防止等位基因频率随时间波动

解析 所有的遗传漂变都是由于取样误差造成的，也就是说在没有自然选择的情况下，群体又很小，(才可能发生取样误差)导致后代的基因型发生随机的变化。

有几种情况会导致这一现象的发生：

① 取样误差：群体大小很多代都保持很小，这样的情况是经常发生的，比如说在栖息地的边缘，或者当竞争限制了群体的增长时。比如说只有1对雌雄(基因型为Aa×Aa)可以进行生殖的话，它们只产生少量后代，这些后代的基因型比例不可能正好是1∶2∶1，甚至有可能全部是AA，这样的话a基因就在这个群体中消失了。

② 建立者(奠基者)效应：小种群迁离(空间)，原来的基因库还在。建立者往往数量比较少，而且在选择这些建立者的基因型的时候本来就是随机的，比如说从一个A∶a＝1∶1的群体中，可能选出来的几个建立者的基因型都是AA，这样就发生了一种随机漂变。

③ 瓶颈效应：种群遭到了强烈的自然选择作用，原基因库消失，只留下少部分个体，类似于建立者效应。

遗传漂变的效应：基因频率改变，杂合性减少，等位基因固定，失去遗传变异。遗传漂变引起的群体遗传结构的变化是随机的，在经历一定的代数后，会使其基因库全部变成一种等位基因，基因变异也就减少了。而且在小群体中遗传漂变发生得十分迅速。 **答案:E。**

23 调查了某地域中的100只猫的毛色，统计其中有白斑猫和无白斑猫的个数，结果有白斑的猫为64只，无白斑的猫为36只。设在这一群体中，哈迪-温伯格平衡成立，则基因型为Ss的杂合个体共有多少只？(　　)(单选)

A. 12只　　B. 24只　　C. 36只　　D. 48只

E. 50只

解析 $SS+Ss=0.64, ss=q^2=0.36, q=0.6, p=0.4, 2pq=0.48$。 **答案:D。**

在某地域栖息着的某种蛾有白色(野生型)和黑色(突变型)的个体。随机捕捉1000只这种蛾，并统计了其中不同颜色个体的数目(如表1所示)。

表1　所捕获的白色个体(野生型)与黑色个体(突变型)的数目

	表型		
	白色个体	黑色个体	合计
个体数	840	160	1000

这种蛾的体色由一对等位基因决定，野生型基因 A 控制的体色为白色，相对控制体色为黑色的突变基因 a 为显性。假设在这一蛾的种群中，哈迪-温伯格平衡成立。回答 24、25 题。

24　野生型基因 A 的基因频率大约为多少？（　　）（单选）

A. 0.2　　B. 0.3　　C. 0.4　　D. 0.5
E. 0.6

解析　因为基因 a 为隐性，故 $q=0.4$，$p=0.6$。　**答案：E。**

25　在这片地域上，一定时间内 1000 只个体中有 120 只个体被鸟类捕食，其中白色个体的数目是黑色个体的两倍。假设从剩下的个体中出生了 1000 只下一代的个体，则其中白色个体和黑色个体的数目将会有什么变化？（　　）（单选）

A. 白色个体相对黑色个体的比值将增加　　B. 黑色个体相对白色个体的比值将增加
C. 白色个体和黑色个体所占比例逐渐接近　　D. 白色个体最终会灭绝
E. 白色个体和黑色个体的比例将会逐渐变化，直至最后成为一固定值

解析　在哈迪-温伯格平衡群体中，白色个体与黑色个体的比值为 840∶160=21∶4，然而鸟儿捕食比为白∶黑=2∶1，这表明黑色个体选择压大，适合度低（$s=0.25$），白色个体选择压小，适合度高（$t=0.095$），选择的结果将使得白色个体比例上升，又因为 $s\neq t$，最终黑色个体将被淘汰（可以尝试计算一下，将发现如要 $\Delta p=0$，则 $(s-t)q^2=0$，即仅在 $q=0$ 时成立，此时黑色个体被完全淘汰，具体过程略）。　**答案：A。**

26　决定人类 ABO 血型的基因有 O 型基因、A 型基因、B 型基因 3 种等位基因。在某一基因库中，这三种基因各自的基因频率为：O 型基因 55%，A 型基因 17%，B 型基因 28%。下列选项中，哪一项最接近这一基因库中各血型所占的比例？（假设满足哈迪-温伯格平衡，各选项中的数字依次为 O 型、A 型、B 型、AB 型血所占的比例。）（　　）（单选）

A. 55%，25%，15%，5%　　B. 55%，15%，25%，5%
C. 40%，30%，15%，15%　　D. 30%，40%，20%，10%
E. 30%，20%，40%，10%

解析　由题干知 $p=17\%$，$q=28\%$，$r=55\%$；所以计算得 O 型占 $r^2=30.2\%$，A 型占 $p^2+2pr=21.6\%$，B 型占 $q^2+2qr=38.6\%$，AB 型占 $2pq=9.5\%$。因此最接近的答案是 E。　**答案：E。**

27　居住在岛屿上的生物大多由大陆而来，其上的物种数由迁入后的灭绝以及岛内偶尔发生的物种分化决定。现在普遍认为，迁入率与岛屿和大陆的距离成反比，灭绝率与岛屿面积成反比，且当岛屿离大陆和周围岛屿越远，其上的物种分化率越高。设现在有如图 5 所示的大陆和若干岛屿。以下 a～c 分别对应岛屿①～⑤中的哪一个？请从 A～H 中选出正确对应的一项：（　　）。（单选）

a. 物种迁入和灭绝发生最频繁的岛屿。
b. 固有种所占比例最高的岛屿。
c. 最容易发生遗传漂变的岛屿。

A. ②①②　　B. ②①⑤
C. ②③②　　D. ②③⑤
E. ⑤①②　　F. ⑤①⑤
G. ⑤③②　　H. ⑤③⑤

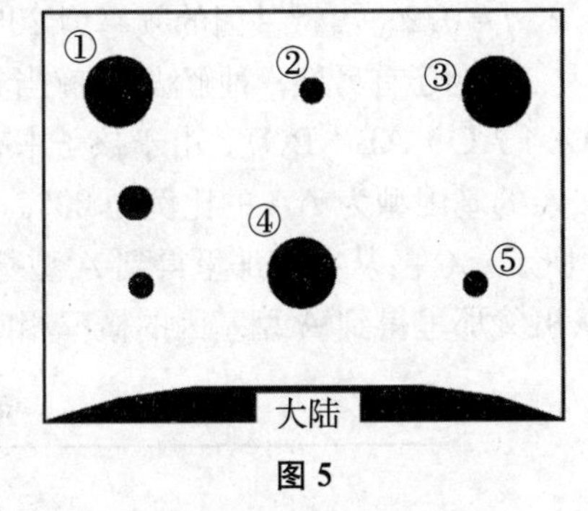

图 5

解析　迁入率较高的是离大陆近的岛屿，而灭绝率高的是面积小的岛屿。因此，a 是岛屿⑤。固有种一般被认为由岛内的物种分化而成。物种分化容易在远离大陆和其他岛屿的孤岛上发生。岛屿面积越大，固有种越不容易灭绝。迁入率越低，固有种越多。因此 b 是岛屿③（岛屿①和大陆间相隔两个岛，因此比起岛屿③来孤立程度低）。遗传漂变容易发生在孤立的小群体中，因此 c 为岛屿②。　**答案：G。**

28 美国伊利诺伊州的奥尼尔镇因其白松鼠种群而闻名。在这种松鼠种群中,假设决定其白化皮毛颜色的基因占10%,而决定灰色皮毛的基因占90%。如果哈迪-温伯格平衡假设是正确的,那么杂合子松鼠的百分比将是多少?(　　)(单选)

A. 90%　　B. 81%　　C. 18%　　D. 9%
E. 1%

解析 设灰色皮毛的基因是A,白化皮毛的基因是a,则Aa的百分比是 $2\times0.1\times0.9=0.18=18\%$。

答案:C。

调查了某一地域的居民的ABO血型后得到下述结果:

① 居民中有16%为O型血。

② AB型的母亲与A型的父亲所生的孩子中有20%为B型血。

假设哈迪-温伯格平衡成立,请回答29、30题。

29 请从A~J中选出O型基因的基因频率:(　　)。(单选)

A. 4%　　B. 8%　　C. 12%　　D. 16%
E. 20%　　F. 24%　　G. 28%　　H. 32%
I. 36%　　J. 40%

30 请从A~J中选出A型基因的基因频率:(　　)。(单选)

A. 5%　　B. 10%　　C. 15%　　D. 20%
E. 25%　　F. 30%　　G. 35%　　H. 40%
I. 45%　　J. 50%

解析 从表型出现的频率反推基因频率时,有时需要假定哈迪-温伯格平衡成立。但是,当可以从表型明确推测出基因型时,即使不作这样的假定也可解出答案。例如,在MN血型中,有M型、MN型、N型3种表型,基因型各为MM、MN、NN。因此,即使不假定哈迪-温伯格平衡成立,也可用M型的频率+MN型的频率÷2计算M的基因频率。但是,在ABO血型中,由于A型的基因型可能为AA或AO,而B型的基因型可能为BB或BO,因此,若不做出某些假定,便无法推测基因频率。

29题:当O型基因的频率为 p 时,若假定哈迪-温伯格定律成立,则O型血的频率为 p^2。因此 $p^2=0.16$,$p=0.4$。O型基因的频率为40%。

30题:A型父亲的基因型可能为AA和AO。当O型基因的频率为 p,A型基因的频率为 q 时,AA基因型的频率为 q^2,AO基因型的频率为 $2pq$。因此,A型父亲中基因型为AO的比例为 $2pq/(q^2+2pq)=2p/(q+2p)$。若父亲基因型为AO,则子女中有1/4为B型(AB×AO=AA+AO+AB+BO)。当父亲基因型为AA时,子女中不可能有B型血。因此,$2p/(q+2p)\times1/4=0.2$。由于 $p=0.4$,因此 $0.2/(q+0.8)=0.2$,$q=0.2$。A型基因的频率为20%。

30题还有另外一种解法:只有当父亲的基因型为AO时,会有1/4的概率生出B型血的子女(AB×AO=AA+AO+AB+BO)。由于孩子中有20%为B型,因此父亲的基因型为AO的概率为20%×4=80%。故父亲的基因型为AA的比例为20%。而A型的父亲从祖父母那里获得的A型基因和O型基因的概率如表2所示。(注:从祖母那里得到A型基因并从祖父那里得到O型基因的概率和从祖母那里得到O型基因并从祖父那里得到A型基因的概率相同。)

表2　父亲基因型(括号内表示所占比例)

		从祖父那里得来的基因	
		A型基因	O型基因
从祖母那里得来的基因	A型基因	AA(20%)	AO(40%)
	O型基因	AO(40%)	

从表2中可知，若从祖母那里得到的是A型基因，则从祖母得到的基因有1/3可能为A型基因，2/3为O型基因。同样，若从祖父那里得到的是A型基因，则从祖母得到的基因有1/3可能为A型基因，2/3为O型基因。不论是哪种情况，A型基因的基因频率都是O型基因的一半，即 $40\% \div 2 = 20\%$。

答案： 29．J；30．D。

31 人类的MN血型由等位基因M和N决定。基因型为MM时是M型，NN时是N型，而基因型是MN时，由于M和N没有显隐性差别，因此是MN型。现在，在一个哈迪-温伯格平衡成立的人群中，血型为MN型的人数是N型的3倍，那么这个人群中N的基因频率为多少？请从下面A～F中选出正确的一项：(　　)。(单选)

A. 0.4　　B. 0.8　　C. 0.75　　D. 0.33

E. 0.67　　F. 0.86

解析 设M的基因频率为 p，N的基因频率为 q，则N型比例为 q^2，MN型比例为 $2pq$，由此可得 $2pq = 3q^2$。又知 $p + q = 1$，且 $q \neq 0$，因此 $q = 0.4$。 **答案：** A。

32 已知个体患某常染色体隐性遗传病的概率为1/4。假设在总人口中该遗传病的遗传规律符合哈迪-温伯格定律，那么携带者的人数占总人数的百分比是多少？(　　)(单选)

A. 12.5%　　B. 25%　　C. 50%　　D. 100%

解析 根据哈迪-温伯格定律，$p^2 + 2pq + q^2 = 1$。依题意 $q^2 = 25\%$，故携带者频率 $2pq = 50\%$。

答案： C。

33 在一个存在基因变异并受自然选择作用的蝶耳狗种群中，请问下列事件发生的正确顺序是什么？(　　)(单选)

Ⅰ. 种群中的等位基因频率发生了变化。

Ⅱ. 发生了差异生殖。

Ⅲ. 发生了环境改变。

Ⅳ. 新的选择压力出现。

A. Ⅳ，Ⅲ，Ⅱ，Ⅰ　　B. Ⅳ，Ⅲ，Ⅰ，Ⅱ　　C. Ⅲ，Ⅱ，Ⅳ，Ⅰ　　D. Ⅲ，Ⅳ，Ⅱ，Ⅰ

E. Ⅲ，Ⅳ，Ⅰ，Ⅱ

解析 在发生了基因变异以后，种群的等位基因频率怎么改变呢？先是环境发生了改变，这就意味着出现了新的选择压力，接下来就是在这种新的选择压力下不同基因型的个体适合度不同，出现了差异生殖，这样最终就会导致种群中的等位基因频率发生变化。当然也可以直接在环境未改变的情况下直接发生Ⅱ，Ⅰ所示的情况。但这里没有这个选项，所以只能选D。 **答案：** D。

34 隐性特征的频率在整个时期内都没有改变，这一事实可以让你得出怎样的可靠结论？(　　)(单选)

A. 这个种群正在经历基因漂变

B. AA型基因是致死基因

C. 两种表型在这样的实验条件下具有相同的适应性

D. 从A等位基因突变到a等位基因的频率很高

E. 这种情况是性选择的结果，导致这个种群中隐性等位基因的总体频率更高

解析 对于平衡群体，无漂变，无致死，不考虑突变与选择。 **答案：** C。

35 在一群人中，有15个人的某一基因型是AA，25个人的是Aa，10个人的是aa，请问a的频率是多少？(　　)(单选)

A. 0.20　　B. 0.30　　C. 0.45　　D. 0.50

E. 0.55

解析 (25+10×2)/[(15+25+10)×2]=0.45。注意,本题中的群体不在平衡状态,不能使用哈迪-温伯格定律,直接用定义算即可。 答案:C。

36 下列哪个群体最接近哈迪-温伯格平衡?(　　)(单选)

A. 加拿大多伦多的人群

B. 一群100只的果蝇,它们的居住地没有什么环境波动,附近也没有其他果蝇群体

C. 一群100万只的果蝇,它们的居住地没有什么环境波动,但附近有很多其他果蝇群体

D. 一群100只的果蝇,它们的居住地没有什么环境波动,但附近有很多其他果蝇群体

E. 一群100万只的果蝇,它们的居住地没有什么环境波动,附近也没有其他果蝇群体

解析 哈迪-温伯格平衡定律的几个条件是:没有突变和迁移,没有自然选择,没有遗传漂变的大群体。如果有环境波动,那么自然选择势必会起作用,选择那些适应环境的,所以会产生自然选择;如果没什么变动,那么现在的个体就是都可以比较好地适应环境的,在这些个体之间,也就不会受到太大自然选择的影响了。A有迁入、迁出,例如多伦多的华人;B有漂变;C有迁徙;D两者都有。所以选E。 答案:E。

37 让一大群试验老鼠随意繁殖,观察它们后代的情况。在这个种群数量下,毛皮颜色的等位基因中,显性基因为A,决定了毛皮颜色是花色的;隐性基因是a,决定了毛皮颜色是黑色的。最初的繁殖周期中,49%的老鼠是黑色毛皮的。到了繁殖周期结束时,这个百分比还是一样。剩下的老鼠都是花色毛皮,但不能区分是杂合子还是纯合子。假设这些老鼠遵循哈迪-温伯格定律,它们毛皮特征的决定基因是杂合子的个体数占种群总数的百分比是多少?(　　)(单选)

A. 7%　　B. 30%　　C. 42%　　D. 49%

E. 70%

解析 基因型aa的频率 $q^2=49\%$,故 $q=70\%$,Aa的频率为 $2pq=42\%$。 答案:C。

38 有性过程(减数分裂和受精)会对一个群体中的等位基因频率产生什么影响?(　　)(单选)

A. 减少有害等位基因的频率

B. 增加有益等位基因的频率

C. 在不改变整体基因频率的前提下,有选择地组合优良等位基因到受精卵上

D. 增加新等位基因的频率,而减少旧等位基因的频率

E. 对等位基因的频率没有直接影响

解析 有性生殖本身对等位基因频率没有影响。 答案:E。

39 自然选择在进化过程中是有效的,原因是什么?(　　)(单选)

A. 自然选择引起进化　　B. 自然选择改变等位基因频率

C. 自然选择改变基因型频率　　D. 自然选择导致特定等位基因的固定或丧失

E. 自然选择增加一个种群的平均适合度

解析 进化这个词实际上不太好描述,更准确地说,自然选择导致的是生物种群对于环境适应能力的提高,而不仅仅是使之从简单到复杂这样一种进化过程。所以说E选项可以最好地又比较全面地描述自然选择的作用,A、B、C都不够全面;至于D,其实如果种群足够大的话,仅仅凭借自然选择是很难把种群的某个基因给完全淘汰掉的。

适合度与选择系数的关系是 $s=1-w$,其中 s 是选择系数,w 是相对适合度。 答案:E。

40 下列选项中哪个不符合哈迪-温伯格平衡原理?(　　)(单选)

A. 在群体中等位基因的比例趋于保持稳定

B. 大群体中某一特定性状的显性基因和隐性基因的频率可通过数学计算求出

C. 大群体中的基因型频率不会被孟德尔分离定律和基因重组所影响

D. 对某一特定性状来说,显性基因的频率高于隐性基因

E. 对某一特定性状来说,杂合体的基因型频率可通过数学计算求出

解析 当群体的基因库处于稳定的平衡态时,称为哈迪-温伯格平衡。基因库的等位基因频率可以用哈迪-温伯格公式($p^2+2pq+q^2=1$)计算。从一代到下一代过程中,显性基因的频率并没有比隐性基因有所增长。等位基因频率趋于保持相对稳定。 **答案:D。**

41 如果一个种群符合哈迪-温伯格平衡,下列哪种说法是正确的?(　　)(单选)

A. 这个种群的所有隐性致死基因都被清除了,剩下的只有健康的显性基因

B. $dN/dt=0$,N 为种群数量

C. 突变的发生是正常速率的 5 倍,以此通过自然选择来平衡损失的基因

D. 经过一段时间,这个种群的基因频率发生了改变

E. 经过一段时间,这个种群的基因型的频率保持稳定

解析 本题考查哈迪-温伯格平衡特点。平衡时种群数量可以变化。 **答案:E。**

42 一条常染色体的基因座位上有 $n+1$ 种复等位基因的形式。其中一个等位基因的频率是 1/2,而其他等位基因的频率是 $1/2n$。在哈迪-温伯格平衡的假定下,杂合子的总体频率是多少?(　　)(单选)

A. $(n-1)/2n$　　B. $(2n-1)/3n$　　C. $(3n-1)/4n$　　D. $(4n-1)/5n$

E. $(5n-1)/6n$

解析 这里可以用$(1/2+1/2n+\cdots+1/2n+1/2n)^2$,其中括号里每一项代表着一种等位基因的频率,可以知道,展开后的每一项都代表了一种基因组合的频率,那么杂合子的频率是$1-f$(纯合子)$=1-(1/2)^2-(1/2n)^2\times n=(3n-1)/4n$。 **答案:C。**

43 群体遗传学向我们展示了这样一种规律:一个物种的某些特征如果有益于这个物种,那么这些特征的丰度将会提高。图 6 展示了一种昆虫物种的表型频率在繁殖了十代的过程中发生的变化。对这种变化比较合理的解释是:在这整个过程中,发生了(　　)。(单选)

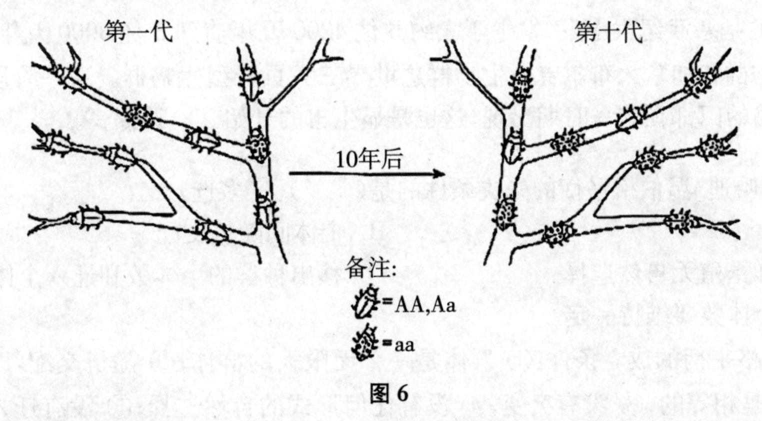

图 6

A. 这种昆虫的群体数量在下降

B. 这种昆虫的群体数量在上升

C. 等位基因 a 的适应值在下降

D. 等位基因 a 的适应值在上升

E. 等位基因 A 的突变率在下降

解析 从表型上看,aa 比例上升了,群体数量并无大的变动。根据题干,D 选项是对的,理由同曼彻斯特桦尺蛾的工业黑化,环境变化导致 a 的适应值上升,最终 aa 比例增加。至于 E 选项,如果 A 的突变率下降,aa 应该变少。 **答案:D。**

44 自然选择的结果造就适者生存,下列哪一选项可以作为适者生存的最佳衡量指标?(　　)(单选)

A. 突变的速率

B. 产生具繁殖能力子代的数量

C. 多倍染色体产生的概率　　　　D. 等位基因的变异程度

E. 获得或制造食物的量

解析 衡量生物生存的能力的指标是适合度,个体产生具繁殖能力子代的数量是狭义适合度,个体在后代中传递基因的能力大小是广义适合度。适合度越大,该生物将其基因传给后代的概率越大,越适应当前的环境。　**答案:B。**

45 下列选项中会造成种群基因频率改变的是(　　)。(多选)

A. 自然选择　　B. 突变　　C. 随机交配　　D. 迁入迁出

E. 个体老化死亡

解析 随机交配是哈迪-温伯格平衡成立的必要条件之一。一个种群在没有自然选择、没有突变、没有迁入迁出的条件下随机自由交配一代即可达到哈迪-温伯格平衡,个体的老化死亡不会影响种群基因频率的改变。　**答案:ABD。**

46 野生豌豆的花色由单一基因控制。在一特定种群中此花色的基因有显性的 R 和隐性的 r 两种等位基因存在,基因型 RR 和 Rr 的植株开红花;基因型 rr 的植株开白花。若此种群中开红花的个体占 64%,依哈迪-温伯格定律估算,显性等位基因 R 的频率为(　　)。(单选)

A. 0.4　　B. 0.6　　C. 0.7　　D. 0.8

解析 开红花的个体占 64%,则开白花的 rr 个体占 36%,根据哈迪-温伯格定律,r 的基因频率是 0.6 (0.36 开平方的结果),所以 R 的基因频率是 0.4。　**答案:A。**

47 依据化石的纪录,新物种大量出现的时期为(　　)。(单选)

A. 古生代寒武纪(Cambrian Period)(6 亿年前)

B. 古生代中期石炭纪(Carboniferous Period)(3.6 亿年前)

C. 中生代初期三叠纪(Triassic Period)(2.5 亿年前)

D. 中生代末期白垩纪(Cretaceous Period)(1.4 亿年前)

E. 新生代第四纪(Quaternary Period)(170 万年前)

解析 题目所指的是寒武纪大爆发,发生于大约 5 亿 4200 万年前到 5 亿 3000 万年前,证据为中国云南澄江生物群、凯里生物群和加拿大布尔吉斯生物群这世界三大页岩型生物群。这一阶段生命进化出现飞跃式发展,几乎所有动物的门都在这一时期出现,这也是显生宙的开始。　**答案:A。**

48 种群要达到哈迪-温伯格平衡的先决条件的是(　　)。(多选)

A. 没有基因突变　　　　B. 个体间随机交配

C. 个体的生存和繁殖无自然选择　　　　D. 移出种群的个体数和迁入个体数相等

E. 种群各世代个体数要维持一定

解析 哈迪-温伯格平衡的成立条件:① 群体是一个无限大的群体;② 随机交配,即每个个体跟群体中其他个体的交配机会是相等的;③ 没有突变;④ 没有任何形式的自然选择;⑤ 没有迁入迁出。满足这些条件的话,群体中的各基因的比例可以从一代到另一代维持不变。但是哈迪-温伯格平衡不要求各个世代个体数目一致。　**答案:ABC。**

49 某一特定植物种群中,控制花色的基因有 D 和 d 两种等位基因存在,其中 D 对 d 为显性,而 D 等位基因在种群中的频率是 0.6,若此种群处于哈迪-温伯格平衡状态,则表现显性花色的个体在此种群中所占比例为(　　)。(单选)

A. 0.16　　B. 0.32　　C. 0.36　　D. 0.48

E. 0.84

解析 D 的频率为 0.6,故 d 的频率为 0.4,表现隐性花色的个体所占比例为 $0.4^2=0.16$,所以表现显性

花色的个体所占比例为 $1-0.16=0.84$。　**答案:E。**

50　位于果蝇X染色体上的P基因在种群内有 P_1 和 P_2 两种等位基因,P_1 的等位基因频率为0.7,P_2 的等位基因频率为0.3。若此种群处于哈迪-温伯格平衡状态,下列叙述中正确的是(　　)。(多选)

A. 雄果蝇中具 P_1 等位基因的个体比例为0.7

B. 雌果蝇中具 P_1 等位基因的个体比例为0.7

C. 雄果蝇中具 P_1P_2 基因型的个体比例为0.42

D. 雌果蝇中具 P_2P_2 基因型的个体比例为0.09

E. 雌果蝇中P基因同型合子的比例为0.58

解析 由于P基因存在于X染色体上,所以雌雄果蝇的比例不一样。雌蝇中 P_1P_2 的比例为0.42,P_1P_1 的比例为0.49,P_2P_2 的比例为0.09,具有 P_1 等位基因的个体比例为0.91,B错误,D正确。雄蝇中 P_1Y 的比例为0.7,P_2Y 的比例为0.3,不存在 P_1P_2 个体,所以A正确,C错误。雌蝇中P基因同型合子的比例是 $0.49+0.09=0.58$,E正确。　**答案:ADE。**

51、52题为题组。

51　秃头是一个非常复杂的表型,但假设在一种群中,秃头由单个位于常染色体上的基因突变所致,因受性别影响(sex-influenced),此秃头等位基因在男性中为显性,但在女性中却为隐性。此种群处于哈迪-温伯格平衡,其中64%的男性是秃头,则下列对种群中有关此基因的各叙述中正确的是(　　)。(多选)

A. 在种群的男性中此秃头等位基因的频率为0.8

B. 在种群的女性中此秃头等位基因的频率为0.4

C. 种群的女性是秃头的频率为0.24

D. 种群的男性为异型合子的频率为0.48

E. 种群的女性为同型合子的频率为0.36

解析 男性隐性非秃头的基因型频率为36%,因此对男性来讲该隐性基因频率为60%,显性为40%,因为哈迪-温伯格平衡,所以男女中基因频率一样,只不过表型不一样。因此A基因频率为0.4,a为0.6,A选项不对。

B选项中此基因指的是A,所以频率应该为0.4,B选项正确。

女性秃头基因型为AA,概率是0.16,C选项不对。

男性杂合子为Aa,概率是0.48,D选项正确。

女性同型合子为AA与aa,概率是 $0.16+0.36=0.52$,E选项不对。　**答案:BD。**

52　承上题,下列各叙述中正确的是。(　　)(多选)

A. 若种群内随机结婚,则秃头男和非秃头女结婚的比例大于50%

B. 若种群内随机结婚,则非秃头男和秃头女结婚的比例小于5%

C. 一对非秃头的夫妻生下秃头男孩,则他们生下的第二个男孩是秃头的概率是1/2

D. 非秃头男和秃头女结婚后生下的女孩是秃头的概率为1/2

E. 秃头男和秃头女结婚后生下的男孩是秃头的概率为1/2

解析 $0.64\times0.84=0.5376>0.5$,A选项正确。

$0.36\times0.16=0.0576>0.05$,B选项不对。

C选项中的父母一定是aa×Aa,第二个男孩只要是Aa就秃头,因此概率为1/2,C正确。

D选项中的父母为aa×AA,女孩为Aa,一定不秃,概率为0,D不对。

E选项中的父亲为AA+Aa,母亲为AA,男孩为AA/Aa,一定秃头,概率为100%,E选项不对。

答案:AC。

53　果蝇的Delta显性突变会造成Delta/+异型合子果蝇的翅形异常,但Delta/Delta基因型却有致死效应。在一个 450 只果蝇的种群中，180 只为正常翅，270 只为 Delta 异常翅。对此果蝇种群，在不考虑其他影响等位基因频率的前提下，且种群内随机交配，则下列各叙述中正确的是(　　)。(多选)

A. 此种群中 Delta 的等位基因频率为 0.6

B. 理论上，若此种群产生 495 个受精卵，就可以使下一代种群个体数不减少

C. 下一代中正常翅个体所占的比例为 0.64

D. 下一代中 Delta 的等位基因频率为 0.23

E. 此种群在下一代将达到哈迪-温伯格平衡

解析　A 不对，+/+ 占的比例为 180/450 = 0.4，Delta/+ 占的比例为 0.6。因此 + 占的等位基因比例为 (0.4+0.4+0.6)/(0.4+0.4+0.6+0.6) = 0.7，而 Delta 占的比例则为 0.3。B 对，由于 +/+ 占的比例为 0.4，Delta/+ 为 0.6，所以 +/+ 和 +/+ 交配的情况会占 0.4×0.4 = 0.16，Delta/+ 和 +/+ 交配的情况会占 2×0.6×0.4 = 0.48，而 Delta/+ 和 Delta/+ 交配的情况会占 0.6×0.6 = 0.36。+/+ 和 +/+ 交配的情况中，子代都会是正常的，所以正常的会占 0.16×1 = 0.16。Delta/+ 和 +/+ 交配的情况中，子代会是一半正常一半异常，所以正常和不正常的会各占 0.48×0.5 = 0.24。最后，Delta/+ 和 Delta/+ 交配的情况中，1/4 会是正常，占 0.36×0.25 = 0.09；2/4 会是异常，占 0.36×0.5 = 0.18；而 1/4 则会因为是 Delta/Delta而死亡，占 0.36×0.25 = 0.09。因此，要至少保持 450 只的群体数量，需要至少 450×1/(1−0.09) = 450/0.91 = 494.5，即 495 颗卵。C 不对，D 对，+/+ 占的比例为 0.49，Delta/+ 占的比例为 0.42。因此 + 占的等位基因比例为(0.49+0.49+0.42)/(0.49+0.49+0.42+0.42) = 0.77，而 Delta 占的比例则为 0.42/1.82 = 0.23。E 不对，在哈迪-温伯格平衡中两个等位基因的比例会在世代间保持一个平衡，但由于本题中 Delta/Delta 的个体会死亡，所以 Delta 等位基因的频率会降低。　**答案：BD。**

54　叔侄(舅甥)之间的亲缘关系系数是多少？(　　)(单选)

A. 0.125　　B. 0.25　　C. 0.5　　D. 1.0

E. 无法确定

解析　两个个体的亲缘系数 = 两个个体中相同且同源的基因的比例。注意是相同且同源，所以我们考虑等位基因 A、a，个体 1 的基因型是 Aa，个体 2 的基因型也是 Aa，但是如果两个人的 A 来自于同一个个体，而 a 来自不同的个体，那么就这一个基因来讲，两者的亲缘系数是 2/4，其中 2 是指二者都有相同且同源的 A 基因，这个基因占据的基因座位数为 2，而总基因座位数为 4(每个个体有两个基因座位数)，所以亲缘系数 = 1/2。

对于舅舅和外甥来讲，我们假设其共同祖先，也就是外祖父和外祖母的基因分别是 a_1a_2 和 a_3a_4，则舅舅获得 a_1 基因的概率是 1/2，外甥获得 a_1 基因的概率是 1/4，二者同时获得基因 a_1 的概率是 1/8，而 a_1 基因只占所有基因座位的一半，且有四个基因，于是二者相同且同源的基因的比例是 1/8×4(获得相同且同源的基因的概率)×1/2(相同且同源的基因的比例)。简而言之，亲缘系数为$(1/2)^3\times2 = 0.25$。　**答案：B。**

55　贝氏拟态进化依赖于(　　)。(单选)

A. 模仿者看到被模仿者(模型)后其大脑做出响应，控制色素的沉积

B. 模仿者与被模仿者在相同选择压力下产生相似的适应性进化

C. 模仿者种群中，非拟态个体的被捕食情况比拟态个体发生得多

D. 极小种群的基因漂变

E. 被模仿者与模仿者由共同的祖先演化而来，继承了相似的遗传潜力

解析　本题的意思是说为什么有些物种会选择贝氏拟态来保护自己。答案是显然的，就是在这些物种中，没有形成贝氏拟态的个体更易遭到捕食，所以贝氏拟态也就在这个物种中被选择留了下来。**答案：C。**

56　图 7 中个体 A 和个体 B 之间的亲缘系数是多少？(　　)(单选)

A. 1/4

B. 3/8

C. 1/2

D. 5/8

E. 3/4

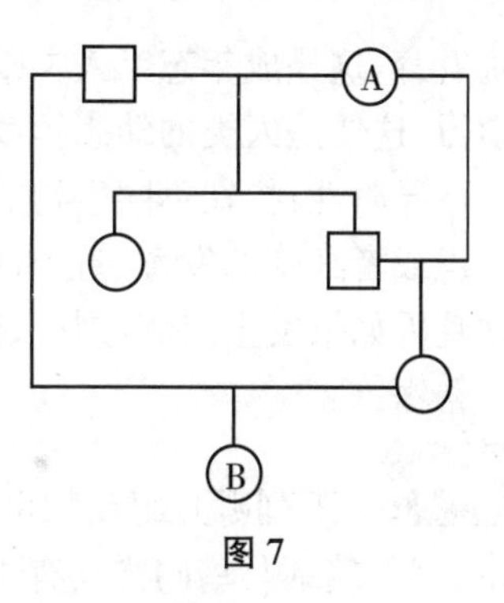

图7

解析　A的儿子有A的基因的1/2，他把这基因的1/2给他的女儿。因此他的女儿有A的基因的1/2+1/2×1/2=3/4。所以B能得到的A的基因为3/4(从A得来)×1/2(从A的第一个丈夫那得来)=3/8。　答案:B。

57　下列哪种植物没有可归类为进化适应的叶特化现象？(　　)(单选)

A. 葱属植物　B. 凤梨属植物　C. 仙人掌属植物　D. 豌豆属植物

E. 毛茛属植物

解析　仙人掌属植物是所有仙人掌科包含的植物属中最普遍的，它们有脊状突起来减少水分蒸发，叶子退化为刺，减少蒸腾。葱属植物包括洋葱、大蒜、韭黄、青葱和韭菜等，它们由单独或聚集的有皮鳞茎生长成，有长长的叶子在地面上进行光合作用。凤梨属植物包括凤梨等，它们坚硬的叶子可以阻止在炎热的环境中变得干燥。毛茛属植物包括毛茛和焰毛茛等，它们没有特别的叶子适应环境的情况。豌豆属植物包括红豌豆和青豆等，它们的叶子可以缠绕任意可以支撑的物体并能沿着该物体向上攀爬。　答案:E。

58　细菌(包括蓝细菌)积累类糖原的多糖来储存葡萄糖。下列哪个选项能够合理解释多糖储存方式的进化过程？植物和动物的共同祖先可以合成(　　)。(单选)

A. 支链淀粉和糖原，但是植物在进化过程中丧失了合成糖原的能力

B. 支链淀粉和糖原，但是动物丧失了合成支链淀粉的能力

C. 只有支链淀粉而没有糖原，但动物获得了合成糖原的能力

D. 只有糖原而没有支链淀粉，但植物获得了合成支链淀粉的能力

解析　这种题目就是根据进化最简原则(也就是最大简约法)：最好的进化过程是特征的改变次数最少，也就是一个特征出现和消失的次数之和最少。在此，细菌作为系统外群告诉我们，糖原合成是一种更为原始的祖征。如果植物、动物和现代细菌的共同祖先细菌只可以合成糖原，而植物后来才获得了合成支链淀粉的能力的话，那植物又会丧失合成糖原的能力，这样，糖原合成能力出现一次，消失一次，支链淀粉合成能力出现一次，特征改变次数为三次，其他的情况均大于三次。　答案:D。

59　通过让士兵确信自己是“兄弟关系”中的一分子，来增加他们保护对方甚至为对方去死的可能性。从我们祖先开始，军队有意无意地通过下列哪种手段来将这种信念嵌入士兵们的基因中？(　　)(单选)

A. 个体选择　B. 亲缘选择　C. 幼态持续　D. 广义选择

E. 异时性

解析　该现象属于利他行为中的亲缘选择。亲缘关系越近，动物彼此合作倾向和利他行为也就越强烈；亲缘越远，则表现越弱。如果士兵们有一种信念，就是军队中的个体之间都像是亲人一样，让士兵确信自己是“兄弟关系”中的一分子，那么他们就会更倾向于彼此进行合作和利他行为。如果D选项是广义适合度，那么也是正确的。看一下其他几个选项的概念。

个体选择：倾向于留下那些使得个体的狭义适合度(仅仅考虑个体本身生存和繁殖的情况)更高的性状。

幼态持续(neoteny)：又叫“幼态延续”，是社会生物学上的一个重要概念，即减缓成熟的过程，其大意是指生物后代出生后保留幼年的状态特征，受其父母的监护和养育，直至成年时期的现象，是大脑进化的有效机制。人就像永远长不大的小孩。这种现象可能是某些控制个体发育的调控基因发生突变引起的，使得人类的整个发育速度变慢，过程延缓。这一点很重要，它让人类的大脑在出生后相当长的一段时间内还会继续增大、发育，并让人的一生一直像小孩一样有学习的能力，而黑猩猩虽然在幼年时有极强的学习能力，但是一旦成年，这种能力就基本丧失了。所以人类体毛不发达可能只是幼态延续的产物。猿类的新生儿多半内唇外翻，体毛稀疏，大脑学习能力强，这是幼态。而很快它们的嘴唇就收了进去，毛发变得浓密，大脑也停

止发育，这是成年态。人类则一直保持着猿类的幼态，嘴唇都是丰润的，体毛都遮不住皮肤，大脑也一直在学习，这便是人类的幼态延续。

异时性：指在不同生物的发生过程中，两个发育事件发生的时间点有相对的改变，即在生物体中特定的组织或者细胞的发育与正常组织/细胞不同步。异时性基因顾名思义就是控制这种同步发育的基因。异时性基因如果发生突变，则决定细胞发育命运的过程会紊乱，要么加快要么延迟特定细胞的发育分化时机。

答案：B。

60 下列哪几组动物可以视为趋同演化的例子？（　　）（多选）

A. 蝙蝠与鸟同样具有飞翔的本领　　B. 乌龟与鳖可以在水中游泳

C. 蜂鸟与太阳鸟的嘴很长，有助于吸食花蜜　　D. 狼与袋狼的爪牙锐利，都是肉食性的动物

E. 飞鼠与松鼠都在森林中活动，以橡树的果实等为食

解析 趋同演化指的是两种不具亲缘关系的动物长期生活在相同或相似的环境，它们因应需而发展出相同功能的器官的现象。原因是不同的生物在面对类似的环境时，只要有类似功能的适应，不论其来源，都同样会被自然选择偏好。选项A、C、D都是典型的趋同演化例子，蜂鸟属于雨燕目蜂鸟科，太阳鸟属于雀形目太阳鸟科。B错，乌龟与鳖同属龟鳖目，排除；E错，飞鼠和松鼠同属松鼠科，排除。关于袋狼与狼的关系，因其亲缘关系较近，一般作为平行进化的例子。但表型上的量化分析表明，袋狼的确与犬科动物存在趋同进化（后裔相似程度大于祖先），只不过严格来说是与体型较小的豺、狐狸而不是狼趋同。另外基因组分析表明，这种表型的趋同不是通过氨基酸替代实现，更有可能是通过非编码的调控序列（顺式作用元件）驱动。

答案：ACD。

参考文献

[1] Feigin C Y, Newton A H, Doronina L, et al. Genome of the Tasmanian tiger provides insights into the evolution and demography of an extinct marsupial carnivore[J]. Nat. Ecol. Evol., 2018, 2: 182.

[2] Rovinsky D S, Evans A R, Adams J W. Functional ecological convergence between the thylacine and small prey-focused canids[J]. BMC Ecol. Evol., 2021, 21: 58.

61 下列对雌雄二型性(sexual dimorphism)的叙述中哪项正确？（　　）（多选）

A. 种间的竞争降低

B. 雌雄二型性的物种的生殖成功率较高

C. 某些个体的部分特征夸大化，可以获得异性青睐，但是也可能导致被捕食的机会增加

D. 虽外表形态相同，但雌雄个体在行为上有明显差异，一般而言不称为雌雄二型性

E. 雌雄二型性属于一种自然选择的结果

解析 雌雄二型性是指同一物种的不同性别的形态有区别，主要体现在大小、形态、颜色、构造、行为等方面。A错误，与种间竞争无关，这是种内竞争的一种；B错误，无必然联系；D错误，两性行为明显不同也在雌雄二型性的范畴之内。

C选项说明了一种现象，叫做“让步赛理论”，指的是那些雌性青睐的身体结构或体色（如孔雀尾、鹿角），也表示拥有者有着更好的基因，而弱个体不可能忍受这种能量消耗，但这些特征也加大了奢侈特征者被捕食的诱惑性。　答案：CE。

62 下列哪些组合为同源器官？（　　）（多选）

A. 鳃弓(gill arch)vs 下颌(lower jaw)　　B. 蝙蝠的趾 vs 鸟类的趾

C. 螳螂的捕捉足 vs 蝗虫的跳跃足　　D. 肺鱼的肺 vs 吴郭鱼的鳔

E. 头足类的眼 vs 哺乳动物的眼

解析 鳃弓和下颌都是内脏弓来源的，如图8所示；蝙蝠和鸟的趾都来源于下肢的趾尖的上皮；肺鱼的肺和吴郭鱼的鳔是同源的，均来自于内胚层。螳螂的捕捉足是第一对足，而蝗虫的跳跃足是第三对足。头足类和哺

乳类都有发达的具有晶状体的眼睛,但是是独立发展而来的,不是同源而是同功结构。　**答案:ABD。**

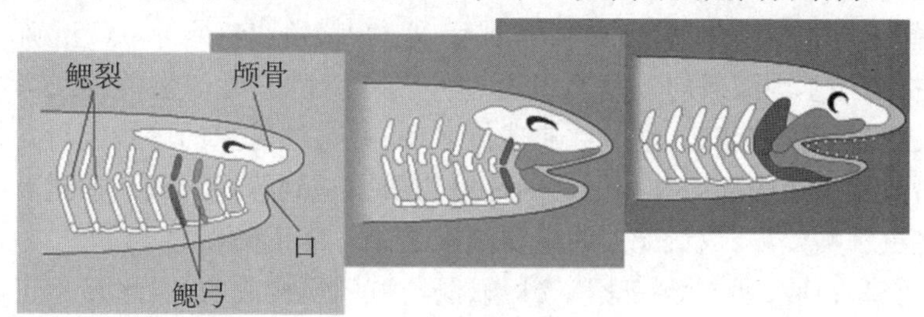

图 8

63 动物利用鲜艳的体色吸引异性,但鲜艳的体色也容易吸引天敌。下列有关体色的叙述中正确的是(　　)。(多选)

A. 雌水雉后颈的金黄色在非繁殖季时会变暗淡

B. 雄孔雀鱼在天敌较多时身体的橘斑较多

C. 雄鸳鸯在非繁殖季时羽色与雌鸳鸯相同

D. 雄斑马在野生环境下黑白相间的体色有助吸引雌斑马

E. 雄孔雀在圈养环境下尾羽上的眼斑越多越吸引雌孔雀

解析 水雉是一雌多雄制的,所以在繁殖季节色彩鲜艳的是雌水雉,但是在繁殖季节过去之后色彩鲜艳反而不利于水雉的生存,因为会很容易被捕食者发现,所以其婚色会在繁殖季节之后变暗淡。

天敌较多时,身体的橘色斑块增加了自身被捕食者发现的概率,增大了自己被捕食的风险,所以在天敌较多时,雄孔雀鱼身体上的橘色斑块应当较少;在天敌较少时,由于橘色斑块越多,对雌性孔雀鱼的性吸引力越大,繁殖成功率会越大,所以雄孔雀鱼的橘色斑块会更多。

C 选项的解释同 A 选项。

斑马的条形斑纹主要作用是混淆捕食者,与性选择无关,因为很明显不管是雌斑马还是雄斑马身上都有类似的黑白条纹。

圈养环境下没有天敌存在,所以只存在性选择,雄孔雀尾羽上的眼斑越多越吸引雌孔雀,繁殖成功率越高。　**答案:ACE。**

64 以下有关动物形态、功能、生态意义与其演化之间的关联性与因果性的描述中正确的是(　　)。(多选)

A. 双足站立可以使动物看得较远并早点逃避敌害,所以这是一个比较先进的演化方向

B. 雌性体色若较雄性鲜艳可能暗示有着比较高的被捕食率,因此其性别决定方式应该是 XO 型,以维持足量的雌性延续种群命脉

C. 若一个性状具有高度的同性个体间的变异,而且在两性间具有二型性(sexual dimorphism),该性状就有可能受到性选择的作用

D. 同一种蛾类幼虫在夏天看起来像枝条,但在春季看起来像花朵,这是一种季节性非遗传多型性(seasonal polyphenism),而且不涉及遗传物质的改变

E. 动物内部结构的复杂程度可由外部形态推测,因此蚯蚓的消化道除了口、咽与肛门外并没有明显的分区

解析 人类开始站立是我们的祖先从森林进入草原所造成的演化。其优势一是可以看的比较远,警戒范围变大;二是方便在草原上进行长距离移动。但是双足站立在鸟类与兽脚类恐龙中亦可见到,它只是一种适应的方式,并不能代表先进的演化方向,A 不对。

雌性体色若较雄性鲜艳表明一般是雌性竞争雄性选择,多出现于一雌多雄制生物,比如岩鹨、矶鹬等,但它们是 ZW 型性别决定。XO 型决定方式一般出现在昆虫中,如蝗虫、蚜虫,与其说与一雌多雄相关,不如说更可能与孤雌生殖相关。因此 B 不对。

二型性是指同一物种不同性别的差别。最基本的二型性是生殖构造(第一性征),但因为所有有性别的

生物都有生殖构造的差异，一般来说二型性主要用在其他与生殖没有直接关系的特征（第二性征）方面，包括体型、颜色、用于求偶或打斗的身体器官，如装饰羽毛、鹿角、犄角和獠牙等。C正确。

非遗传多型性是指同一基因型或同一基因组通过外界环境诱导可产生两种或者多种不连续表型的现象。该现象在昆虫中已有报道，如变态、季节性非遗传多型、社会性昆虫的等级制等。昆虫通过非遗传多型性做出应答，通过表型改变来适应环境并利用周围环境物质以达到躲避天敌从而进行生存繁衍的目的。因此，非遗传多型性是昆虫种类繁多、数量庞大的主要因素之一。D正确。

蚯蚓的消化管是由口、口腔、咽、食道、嗉囊、砂囊、肠与肛门所构成的，因此E不正确。　**答案：CD。**

参考文献

[1] 薛宪词，于黎. 昆虫非遗传多型性研究进展[J]. 遗传，2017，39(9)：798.

65 为了保证狗繁殖的品种“纯正”，饲养员会在母狗发情时，将不同品种的狗人为分隔在不同区域。这种人工选择的方式与下列哪种生殖隔离机制的原理最为相近？（　　）（单选）

A. 机械隔离　B. 配子隔离　C. 合作生殖　D. 生态隔离

E. 杂种衰落

解析 不让不同品种狗接触类似于生态隔离。其余选项都不够准确。合作生殖指多于两个成年个体参与抚育后代工作这样一种事实（帮手行为，亲缘选择的利他）。　**答案：D。**

66 今天的生物多样性大部分来源于下列哪项？（　　）（单选）

A. 继承式进化（anagenesis）　B. 杂交（hybridization）

C. 分化式进化（cladogenesis）　D. 线性进化（phyletic evolution）

E. 同域物种形成（sympatric speciation）

解析 生物多样性来源于分化式进化（分支进化）。继承式进化（线性进化）只改变种的特点，并不产生新种（A、D为一个意思）。而同域物种形成只是分支进化诸多形式中的一种，并未全面概括。只有C是最准确的。　**答案：C。**

67 下列哪个选项中的一对生物代表了两种不同的物种？（　　）（单选）

A. 家鼠和花鼠　B. 玛雅印第安人和因纽特印第安人

C. 黑脉金斑蝶和副王蛱蝶　D. 蝴蝶犬和吉娃娃

E. 兵蚁和雄蚁

解析 副王蛱蝶模仿黑脉金斑蝶的颜色和形状，几乎一模一样，以此保护自己不被捕食者捕食。因为副王蛱蝶是无毒的，但由于其外表酷似黑脉金斑蝶，鸟类及其他捕食者都会对其敬而远之。这种保护方式在生物学上称为拟态（贝氏拟态），在昆虫当中十分普遍。

人都是智人种，人种（race）不是生物学上的物种（speices）概念。

花鼠（fancy mouse）是被人工驯养了的家鼠（house mouse），经常被当做宠物。

世界上所有的狗都是一个种的——狼种。

兵蚁和雄蚁都是一个种的，只是承担不同的社会角色罢了。　**答案：C。**

68 下列哪个选项可以促进异域物种形成？（　　）（单选）

A. 细胞分裂时出现错误，产生了二倍体配子

B. 山谷发洪水，导致一个种群被迫分裂成两个，分别栖息在山谷的两边

C. 一个种群中的一部分迁徙到了一个新的地区，而迁徙者想恢复与原始种群联系的尝试也失败了

D. 以上所有选项都可以促进异域物种形成

E. 上述说法中只有B和C选项可以促进异域物种形成

解析 A导致多倍体化，立刻形成生殖隔离新种，可以导致同域物种形成；B和C是对的，因此选E。**答案：E。**

69 下列关于异域物种形成的说法中,哪项是错误的?(　　)(单选)

A. 异域物种形成是指因为地理隔离形成了新的物种

B. 异域物种形成比同域物种形成要更罕见

C. 异域物种形成可由性选择导致

D. 异域物种形成可由不同环境条件下的自然选择导致

E. 异域物种形成可以防止后代与母系群体杂交繁殖

解析 异域物种形成指一个物种的多个种群生活在不同的空间范围内,由地理隔绝使这些种群之间的基因交流出现障碍,导致特定的种群积累不同的遗传变异并逐渐形成各自特有的基因库,最终与原种群产生生殖隔离,形成新的物种。

异域物种形成显然比同域物种形成更为常见,因为有了地理隔离,形成生殖隔离会变得更为简单,而在同一个地方要形成生殖隔离则没那么容易。

根据定义,D、E显然是对的,一般而言性选择导致同域物种形成,但也可能由于某地的雌性更偏向于同地的雄性而导致种群的位置分布更加分散,进一步导致异域物种形成。　**答案:B。**

70 时间长短在"种"演化过程中,对下列哪项扮演较重要的角色?(　　)(单选)

A. 异域物种形成　B. 同域物种形成　C. 趋同演化　D. 平行演化

E. 适应辐射

解析 异域物种形成(allopatric speciation)指同一物种由于地理隔离,被分隔为两个无法接触的种群,两个种群独自演化,长期累积变异,等到再次接触时,累积的变异已经使两个种群的生物无法产生后代,而成为不同的物种。同域物种形成(sympatric speciation)指生活在同一区域内的物种由于资源的限制和种群内部的激烈竞争,导致生态位出现分化,占据不同生态位的群体出现基因交流的障碍,通过生殖隔离而形成新的物种。

异域物种形成需要基因流动的物理屏障,而同域物种形成则不需要。在异域物种形成中,生殖隔离是两个群体独立进化的副产品;而在同域物种形成中,生殖隔离更可能是自然选择的直接结果。异域物种形成被认为需要很长时间才能发生,而同域物种形成可能非常迅速。因此本题选A。其余选项中,趋同演化与平行演化不存在明确的长时间需求,且均发生在物种形成过程之后,与题目无关;而适应辐射(一个祖先种或线系在短时间内经过辐射扩展而侵占了许多不同的生态位)往往在短时间发生。　**答案:A。**

71 比较面积与地形相似的大陆性岛屿和海洋性岛屿上的物种,下列叙述中正确的是(　　)。(多选)

A. 大陆性岛屿的物种种类较多

B. 大陆性岛屿的物种具有较高的迁移能力

C. 大陆性岛屿上的物种进化速度通常较快

D. 海洋性岛屿的特有种比例较高

E. 海洋性岛屿上通常较少有大型哺乳类动物

解析 大陆性岛屿(continental island)是由大陆架(continental shelf)与大陆相连的陆地。也就是说,这些岛屿是邻近大陆的一部分,位于后者的大陆架上。如格陵兰岛、巴巴多斯岛、特立尼达岛、西西里岛、苏门答腊岛、新几内亚岛、塔斯岛等。海洋性岛屿(oceanic island)不是大陆架的一部分,它们不是、也从来没有连接到大陆的陆地上,最典型的海洋性岛屿是火山岛。二者区别比较如图9所示。

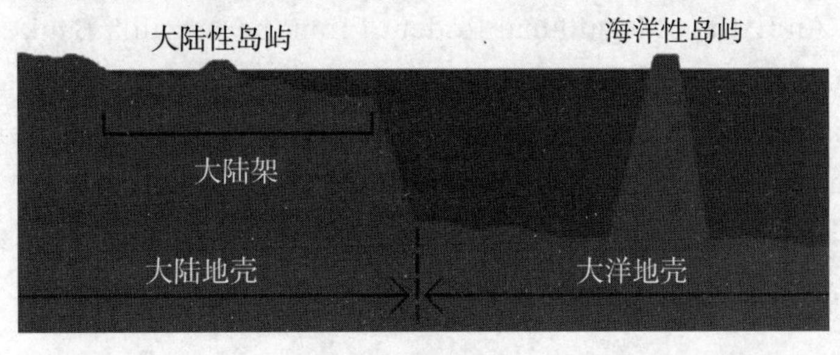

图9

因此大陆性岛屿与海洋性岛屿相比，往往面积更大且离大陆更近（大陆本身其实也可以被当做大陆性岛屿分析），岛屿上的物种数取决于物种迁入和灭亡的平衡，并且这是一种动态平衡，不断地由同种或别种的迁入而替代补偿灭亡的物种，大岛比小岛能“供养”更多的种，随着岛屿与大陆的距离由近到远，平衡点的物种数不断降低，因此大陆性岛屿物种种类比海洋性岛屿更多，A 正确。另外，海洋性岛屿的物种进化速度较迁入速度快，特有种（即只见于该地的种）可能比较多，而大陆性岛屿距离大陆近，迁入较为容易，基因流始终存在，使得特有种少于海洋性岛屿，同时能抵达大陆性岛屿的物种其迁移能力也弱于抵达海洋性岛屿的物种，故 D 正确，B、C 错误。

1964 年，生物学家 J. Bristol Foster 曾经发表了一篇论文，表示大型哺乳动物在小岛上落地生根之后，其后代会慢慢变小，而小型哺乳动物的体积会慢慢变大，因此整体而言海岛上的哺乳动物都是中等身材，这种概括被称为“岛屿法则”或“福斯特法则”。由此可见，E 是对的。

福斯特法则最著名的例子是塞舌尔群岛的巨型陆龟、印度尼西亚的科摩多巨蜥和伯利兹 Snake Cayes 的蟒蛇；还有从普通猛犸象演化而来的侏儒猛犸象（*Mammuthus exilis*），因生活在小岛上而体型变得很小（如图 10(a)）。至于那些已灭绝的生物，最好的例子则是钝齿鼠（*Amblyrhiza inundata*），它们之前生活在加勒比海的安圭拉岛和圣马丁岛，体型与黑熊接近，体重超过 150 kg（如图 10(b)）。

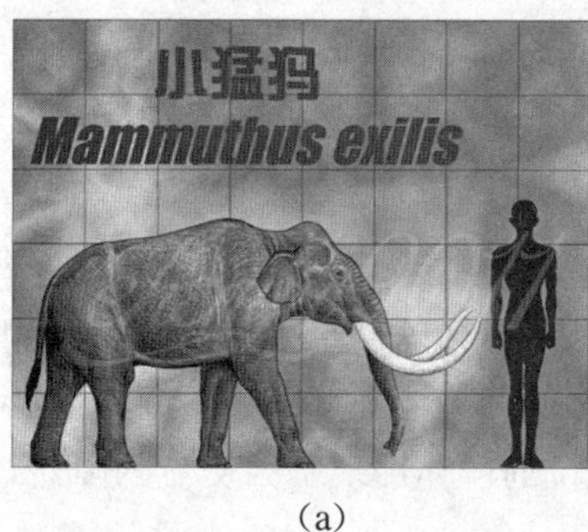

(a)

(b)

图 10

图 11

2016 年，丹麦奥尔胡斯大学的 Søren Faurby 等人分析了过去 13 万年来哺乳动物的体积（不论它们有没有灭绝），那个时期人类的活动范围开始向岛屿扩张。他们发现岛屿法则不是一个迷思，而是进化的事实。不论变大还是变小，这两种策略都有优势和劣势。大型生物有更广泛的食物选择范围，也更容易控制其他物种。另一方面，小型生物需要的资源更少，育种周期更短且适应更快。在一个各方面受到限制的岛屿生态环境中，这些因素都很重要。

图 11 为岛狐（*Urocyon littoralis*），是北美灰狐（*Urocyon cinereoargenteus*）的近缘物种与后裔，局域生活于加利福尼亚海峡群岛（Californian Channel Islands），体重 2 kg 左右，仅为其大陆先祖的一半。 答案：ADE。

参考文献

［1］Foster J B. Evolution of Mammals on Islands［J］. Nature，1964，202：234.

［2］MacFarlane D A，Biknevicius A R，MacPhee R D E. Body Size in *Amblyrhiza inundata*（Rodentia：Caviomorpha），An Extinct Megafaunal Rodent From the Anguilla Bank，West Indies：Estimates and Implications［J］. Am. Mus. Novitates，1993，3079：1.

［3］Faurby S，Svenning J-C. Resurrection of the Island Rule：Human-Driven Extinctions Have Obscured a Basic Evolutionary Pattern［J］. Am. Nat.，2016，187(6)：812.

72 物种引入到一个原本并无此生物分布的地方，我们称此物种为外来种。下列对外来种的叙述中正确的是（　　）。（多选）

A. 因为岛屿的隔离效应，外来种引入到岛屿上所造成的对本土生物的冲击往往比引入到大陆上轻微

B. 外来种的引入有可能会造成与本土其他类似种的杂交，因而增加本土种的基因多样性，对本土生物而言是有益的

C. 福寿螺是因为经济上的原因而引入台湾岛的，然而流失到野外之后，因为缺乏天敌而大量繁衍，已经造成了农作水田等地区的危害

D. 外来种红火蚁最近在台湾岛蔓延开来，除了对人畜可能造成的伤害之外，亦有可能对台湾岛本土种蚂蚁产生竞争排挤的效应

E. 一些外来种是可以与本土种和平共存的，例如引入台湾岛的喜鹊就是一例

解析 A、B错，引入物种与很多有记录物种的灭绝有关，岛屿上尤其如此，在这些孤立的生态系统里，一个新的捕食者、竞争者或病原体会对不能与其共同进化的物种很快造成危害。C对，福寿螺本来是作为食材和饲料引入的，但进入野生环境后因为没有天敌，从而大量繁衍。

D、E对。外来种可分为两类，一部分物种是因为其用途，被人类有意地从一个地方引进到另外一个地方，这被称为引入种，这些物种对环境并没有危害，喜鹊就是引入种；另外一部分是在移入后逸散到环境中成为野生生物，若新环境中没有天敌的控制，加上旺盛的繁殖力和强大的竞争力，外来种就会排挤环境中的原生种，破坏当地生态平衡，甚至造成对人类经济的危害性影响，此类则称为入侵种，福寿螺、红火蚁都是入侵种。 **答案：CDE。**

73 物种形成(speciation)指新物种产生的过程，请问以下哪些物种生成的演化机制会出现杂交带(hybrid zone)？(　　)(多选)

A. 同域物种形成(sympatric speciation)　　B. 异域物种形成(allopatric speciation)

C. 邻域物种形成(parapatric speciation)　　D. 次级接触(secondary contact)

E. 种质渗入(introgression)

解析 A对，同域物种形成的遗传机制是基因的突变导致的生殖隔离，非地理性地形成新物种，所以新物种和原物种生活在同一区域，只是生态位出现分化，该区域便可称作杂交带。B错，异域物种形成是由于地理隔绝使种群之间的基因交流出现障碍，导致特定的种群积累不同的遗传变异并逐渐形成各自特有的基因库，最终与原种群产生生殖隔离，形成新的物种，地域的隔离导致新物种和原物种之间不会有杂交带。C对，邻域物种形成是两个群体占据重叠生境，杂交在部分情况下发生，由于杂交后代的适应性通常很差，等位基因的新组合或染色体重排可能迅速地限制了相邻群体的基因交流，从而形成新物种，这里亦出现了杂交带。D对，次级接触指的是两个原来因为地理隔离发生分化的物种在同一区域(杂交带)发生接触后形成新的后代的过程。E对，种质渗入是指一个种的遗传基因通过杂交与反复回交穿越种间障碍转入到另一个物种内的现象，又称渐渗杂交，该物种生成机制需要杂交带的存在，如图12所示。 **答案：ACDE。**

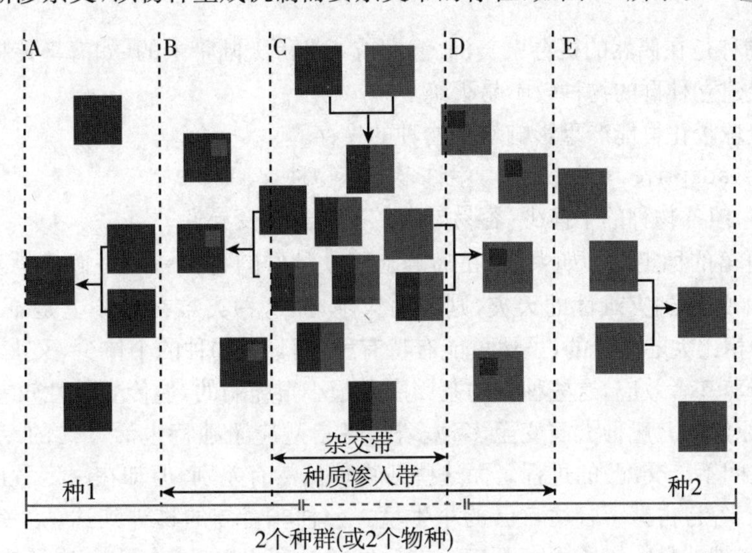

图 12

74 以下有关生物种概念(biological species concept)的叙述中正确的是(　　)。(多选)

A. 可适用于有性与无性生殖生物

B. 强调生殖隔离机制的重要性

C. 前哈佛大学教授 Ernst Mayr 为提出生殖隔离机制的第一人

D. 由于在人工环境下容易打破生殖隔离,因此不易由实验证实

E. 不适用于化石物种

解析 物种是生物存在的基本方式,对于物种的解释众说纷纭,E. Mayr 在 1982 年提出的物种新定义是:"物种是种群所组成的生殖单元(和其他单元在生殖上隔离着),它在自然界中占有一定的生境地位。"这一定义强调了物种区分因素(种群组成,生殖隔离,生态地位,宗谱分支)中生殖隔离的关键地位,因此该定义更加适于有性生殖生物。同理,该定义限定在自然条件下,人工条件下因技术因素往往可以打破非遗传性的生殖隔离机制。另外化石物种因不存在可观测的生殖行为,故此定义也不能适用。但他不是提出生殖隔离的第一人,他将前人对生殖隔离的叙述进行了集大成的总结。　**答案:BDE。**

75 能导致异域物种形成(alleopatric speciation)作用的因素有许多,下列说法中正确的是(　　)。(多选)

A. 一分离的种群与母种群在地理上出现隔绝的现象

B. 分离的种群极小,发生遗传漂变(genetic drift)

C. 分离的种群较母种群承受更高的自然选择压力

D. 分离的种群与母种群之间继续存在基因交流(gene flow)的现象

E. 两个种群在不同的环境产生不同的突变

解析 如果两个初始种群在新种形成前其地理分布区是完全分开、互不重叠的(即无法进行基因交流),这样的种形成叫做异域物种形成。具体过程往往是一个大种群中的各个小种群由于某种原因被隔离在不同的地理区域,这些区域之间彼此隔离,种群之间没有基因交流,随后这些不同地区的群体由于环境条件的差异,经过自然选择产生不同的适应,基因和基因频率发生定向变化,当性状分歧发展到隔离后再相遇已不能有基因交流时,便产生生殖隔离并导致物种形成。

B、C 选项中说的是若是一个小种群被分离出去,大种群仍留在原处,则分离的小种群承受更高的选择压力且易发生遗传漂变。　**答案:ABCE。**

76 下列有关夏威夷等海洋性岛屿(oceanic island)在生物地理上的特点的叙述中正确的是(　　)。(多选)

A. 该种岛屿的物种是在偶然的机会由美洲、澳洲或亚洲等大陆带入的(如海鸟传播)

B. 在岛屿上已经建立种群的物种较不易灭绝

C. 外来物种和全球暖化可能严重影响原生物种的生存

D. 通过适应辐射(adaptive radiation)产生许多特有物种

E. 岛上的物种多,但各物种的个体少,容易导致较高的遗传变异性

解析 岛屿这种群落的稳定性不如大陆,在岛屿上建立种群的物种一般是遗传漂变或奠基者效应的产物,基因库不够丰富,如果遇到灾难性的天灾,则容易灭绝,而这种灾难在岛屿上是不少见的,故 B 是错误的。E 错误,岛屿物种相比大陆是少的,虽然可能有特有种,而且各物种的个体少,又由于一般岛屿中的物种都是大陆带入的,由于奠基者效应,这些种群的基因库是很小很脆弱的,遗传变异性较差。

适应辐射是指从原始的一般种类演变至多种多样、各自适应于独特生活方式的专门物种(不包括亚物种,就是说它们相互之间不能交配)的过程。而这些新物种虽然有差别,但却在一定程度上保留了原始物种的某些构造特点。它们各自占据了合适自己的小生境。一种非特异的物种到达一个地理上被隔离的生存场所或者是在一个从未被涉足的场所生存下来。在后续的时间里,它会在适合自己的地点形成种群,而这个群体会不断通过自然选择被分离,从而分离出适应环境的群体,它们有一些与其他群体不同的特征。一

段时间后这些群体中会产生新的物种。加上竞争的存在，物种之间的区别更明显。通过自然选择存活下来的物种拥有新的特征组合，开辟新的生态位，以减少竞争。 **答案：ACD。**

77 生物物种观点（The Biological Species Concept）具有以下哪些缺陷？（　　）（多选）

A. 无法使用在化石物种　　B. 无法适用于无性生殖物种

C. 无法解释物种分化后仍有基因交流的现象　　D. 无法说明为何空间或时间因素可造成生殖隔离

E. 无法使用在生殖器官很脆弱的物种，因为难以产生机械性隔离

解析 生物物种观点由 Mayr 于 1982 年提出。该观点认为："物种是种群所组成的生殖单元（和其他单元在生殖上隔离着），它在自然界中占有一定的生境地位。"A、B 对，这一定义强调了物种区分因素（种群组成，生殖隔离，生态地位，宗谱分支）中生殖隔离的关键地位，因此该定义更加适于有性生殖生物，另外化石物种因不存在可观测的生殖行为，故此定义不能适用。C 对，该定义限定在自然条件下，人工条件下技术因素往往可以打破机械性的生殖隔离机制，证明物种分化后仍有基因交流。实际上异域物种往往在生理上缺乏生殖隔离，把它们关在一起也能交配并存在基因流动。D、E 错，生殖隔离机制以受精产生合子为指标，又可分为合子前隔离和合子后隔离，合子前隔离多为生态的、行为的原因，合子后隔离一般是遗传的或生理的原因。空间和时间因素可以造成合子前隔离，生殖器官很脆弱的物种也可以发育出专一性很强的交配结构，造成机械性隔离。生物物种观点中并未对此发表过多异议。 **答案：ABC。**

78 以下哪些肉眼可见的现象可能与机械性的合子前（prezygotic）生殖隔离有关？（　　）（单选）

A. 雌性鸭子的阴道呈螺旋状

B. 每一只雄性招潮蟹的大螯形态都不一样

C. 雄性锹形虫的大颚越大越容易在求偶的战争中获胜

D. 多数哺乳动物雄性的阴茎具有阴茎骨

E. 床虱交配时雄性会将阴茎直接刺破雌性腹部进行创伤式的交配

解析 生殖隔离是指让物种不同的类群之间不能互相交配或不易交配成功的隔离机制。若无法形成受精卵，则为合子前隔离。而机械性的生殖隔离，顾名思义，是指通过性器官的不合来防止合子的形成。

A 对，螺旋状的阴道使得非类似形状的阴茎交配不易。B 不对，大螯用于打斗和求偶行为中，与机械生殖隔离无关，是交配前的性选择导致的。C 不对，与机械性生殖隔离无关，也是交配前的性选择导致的。D 不对，阴茎骨的作用为通过在性行为期间中保持足够的硬度来帮助有性生殖，但缺乏选择性。E 不对，创伤式授精的目的有多种解释，比如这是雄性战胜雌性交配抵抗的一种形式，可避开求偶时雌性的抗拒来缩短求偶时间，显然不存在选择性。 **答案：A。**

79 应用遗传与进化学知识对动物和植物进行选育时，自然选择会被下列哪项替代？（　　）（单选）

A. 人工选择　　B. 目的选择　　C. 生殖隔离　　D. 自然繁殖

解析 人工选择是人类对动物和植物进行选育。与自然选择不同，人类可以通过选育对动植物的遗传多样性进行控制。选育者可以隔离并有意繁殖某些人类需要的动植物基因型。这些基因可以为人类提供经济或观赏价值，而非让生物适应在自然环境中的生存。 **答案：A。**

80 在《物种起源》发表的一年前，哪个人的手稿中表达了和达尔文进化论一致的观点？（　　）（单选）

A. 赫顿　　B. 马尔萨斯　　C. 居维叶　　D. 华莱士

解析 阿弗雷德·华莱士（Alfred Wallace）生于 1823 年 1 月 8 日，卒于 1913 年 11 月 7 日，是一位英国自然科学家、探险家、地理学家、人类学家和生物学家。他因提出自然选择的观点，启发达尔文发表《物种起源》而闻名。1855 年，华莱士撰写了一篇关于物种的概述，文中提到如果新的物种是从已有的物种来源的，那么就可以解释物种和化石的地理分布特征了。查尔斯·莱尔（1797 年 11 月 14 日～1875 年 2 月 22 日）是一位英国律师、地质学家，也是达尔文的好朋友。他发现了华莱士的论文及其与达尔文研究的联系，并于 1856 年催促达尔文发表自己的观点抢得优先权。达尔文在完善理论和迅速发表文章的中间备受折磨。他

决定不在需要编辑审阅的学术杂志上发表自己的文章。1856 年 5 月 14 日，达尔文开始写作关于物种起源的论文。《物种起源》于 1859 年 11 月 24 日正式发表。 答案：D。

81 趋同进化导致下列哪个选项？（　　）（单选）

A. 同功器官　　B. 同源器官　　C. 趋异结构　　D. A 与 C 都是

E. B 与 C 都是

解析 趋同进化产生同功器官，功能相同，来源各异。 答案：A。

82 达尔文雀是适应辐射的一个主要例子。下列哪个说法最好地描述了适应辐射？（　　）（单选）

A. 适应辐射是指可以在同一物种的不同个体之间发现的遗传变异性

B. 适应辐射是指源自于同一祖先的物种以不同形式适应于不同生态位的一个进化过程

C. 适应辐射是指一群源自亲密关联物种的生物体突发的多样化过程

D. 适应辐射是指在相同家系中发生了改变的进化过程

E. 适应辐射是指物种通过多态性的形式来适应的进化过程

解析 适应辐射（adaptive radiation）在进化生物学中指的是从原始的一般种类演变至多种多样、各自适应于独特生活方式的专门物种（不包括亚物种，也就是说它们相互之间不能交配）的过程。而这些新物种虽然有差别，但却在一定程度上保留了原始物种的某些构造特点。它们各自占据了合适自己的小生境。适应辐射这个概念适用于进化史中一个短的时间段内。适应辐射是由变异和自然选择所推动的。

这个概念有两个重点：第一，这些发生辐射适应的物种来自同一个祖先；第二，它们以不同的形式适应于不同的生态位。A、C、D 错在没有强调这个过程的结果适应于不同的生态位，而 E 则没有强调这些物种来自于同一个祖先。 答案：B。

83 植物系统分类学家发现，单子叶植物不是进化出的第一种开花植物。这表明了下列哪个选项？（　　）（单选）

A. 它们比原先想象的更复杂　　B. 它们被放错了种目

C. 进化并非都从简单到复杂进行　　D. 它们不能代表正确的分化枝

E. 它们从不同于其他开花植物的祖先进化而来

解析 所有的被子植物都属于一个单独的门：有花植物。将不同的被子植物划分到不同的系统中这件事目前还在争议中。直到 20 世纪 90 年代末期，大部分植物分类学者将被子植物分为两个主要的大类：单子叶植物和双子叶植物，二者在解剖学和形态学上有很多细节不一样。对比其 DNA，人们发现所有具有双子叶植物解剖结构特征的植物并不构成一个单系类群。Ernst Mayr 标记出了很多植物系统发生进化规律的错误，包括"简单总是复杂的祖先"这一原则。更多的关于植物系统发生规则的讨论，请参考如下链接：http://geowords.com/histbooknetscape/e18.htm。 答案：C。

84 达尔文雀（Darwin's finches）的高度多样性是一种辐射适应（adaptive radiation）的现象。试问下列哪些是辐射适应的结果？（　　）（多选）

A. 单一物种的生态位（niche）变窄　　B. 物种对栖息地的选择更专一

C. 许多物种会生存在单一、相同的栖息地内　　D. 相似物种之间的竞争更激烈

E. 异域物种形成（allopatric speciation）更显著

解析 在生物进化和物种形成过程中，常常可以观察到这样一种现象，即由一个祖先物种进化产生各种各样不同的新物种，以适应不同环境或生态位，从而形成一个同源的辐射状进化系统，称为辐射或适应辐射。辐射常发生在物种开拓新的生活环境时。

C 应是"多个、不同的栖息地"；D 应是"竞争更少"；适应辐射是不同岛屿种群之间发生异域物种形成的结果，E 因果倒置了。 答案：AB。

85 下列有关演化（evolution）的叙述中正确的是（　　）。（多选）

A. 演化的最小单位是生物个体

B. 种群整体基因的组成会随时间而改变,导致微进化(microevolution)

C. 个体为适应环境的变迁能发展出新的特征

D. 自然选择能导致新物种的产生

E. 演化是有方向性的

解析 A错误,演化的最小单位是种群(population),自然选择的最小单位是生物个体。

B正确。微进化的含义是指一个种群经过少许几个世代之后,产生的小尺度等位基因频率改变,其变异程度为物种或物种以下,是种群基因库的小变动。

C错误,这是拉马克主义的观点,一般认为是不准确的。

D正确,自然选择能改变种群的基因频率,产生微进化,当基因频率的改变达到一定程度,使得这个群体和原来物种无法进行基因交流时,就产生新物种。

E错误,演化方向一直以来是一个具有争议的哲学话题。事实上具体的变异和演化是随机的,无方向性可言,之所以将evolution的翻译从之前的"进化"改为"演化",就是因为后者是一个中性词,只包含了变化的含义,而没有方向。从自然选择的角度来看,演化似乎有方向性,向着适应的方向发展,然而随着时间的延长,环境也在不断变化,从这一角度上说,自然也无力规定整个演化的方向性。从地质年代时间尺度上看,整体的进化史似乎是有方向的,从简单向着复杂发展,但同时,简单的、单细胞的生物也并未因此而消失,所以与其说演化存在方向,不如说随着时间的积累,演化提供了更多的变化与机会。 答案:BD。

86 现今地球上缺少持续的非生命物质向有机物质的转化,主要的解释是下列哪项?(　　)(单选)

A. 没有有机分子稀溶液可以发生聚合的熔融表面

B. 地球上所有适合居住的地方都已经满负载了

C. 与生命产生的最初期相比,现在到达地球的可见光更少

D. 没有足够的光照提供能量来源

E. 我们的氧气氛围不利于复杂分子的自发形成

解析 还原性大气是生命能够起源的前提条件。 答案:E。

87 现在所有的大陆板块均起源于一整块大陆,它的名字是下列哪个选项?(　　)(单选)

A. 劳亚古大陆　　B. 冈瓦纳古陆　　C. 南极洲大陆　　D. 盘古大陆

解析 本题考查大陆漂移说知识。

劳亚古大陆(Laurasia)为地质史中的古陆之一,其名称由劳伦大陆(Laurentia)与欧亚大陆(Eurasia)组成,存在于侏罗纪到白垩纪。劳亚古大陆包含现今北半球大部分陆地。由劳伦大陆、波罗地大陆、西伯利亚大陆、哈萨克大陆、华北陆块、华南陆块构成,在侏罗纪中期由盘古大陆北端分裂而成,然后在白垩纪分裂成今天的欧亚大陆和北美大陆。

冈瓦纳古陆(Gondwana)是一个推测存在于南半球的古大陆,也称南方大陆,它因印度中部的冈瓦纳地方而得名。在印度半岛,从石炭纪到侏罗纪包括其下部的特征冰碛层到较上部的含煤地层统称为"冈瓦纳(岩)系"。南半球各大陆都发现有这一时代的相似岩系和化石,根据这一相似性和其他证据,给这个推论为统一的古大陆命名为冈瓦纳古陆。

盘古大陆(Pangea)源出希腊语Παγγαία,有"全陆地(all earth)"的意思,是指在古生代至中生代期间形成的那一大片陆地。由提出大陆漂移学说的德国地质学家阿尔弗雷德·魏格纳提出。 答案:D。

88 生物细胞都被拥有选择透过性的细胞膜包围。现认为,38亿年前于地球上产生的生物所拥有的细胞膜与现今生物的细胞膜基本相同;现今的真核细胞中的线粒体曾经是独立生活的好氧性细菌。好氧性细菌拥有可以利用氧气的呼吸链,可以高效地产生ATP,进行着旺盛的生命活动。

在25亿年前的海水中,真核生物还没有出现。假设你是海洋中的一个将要成为真核细胞祖先的元祖真核细胞。在你周围的环境中含有少量数亿年前出现的光合细菌所产生的氧气,但是你因为无法利用氧气,

只能缓慢移动。你在海水中漂游的时候,发现了可以利用氧气进行旺盛的生命活动的好氧细菌 Naboo。你非常想要得到 Naboo 的 ATP 合成系统,因此你悄悄接近了 Naboo 并将其吞入了自己体内。你将自己从周围环境中收集的养分供给 Naboo,而 Naboo 也逐渐适应了你内部的环境。但是,你还是只能进行缓慢的运动。这是为什么呢?请从下面的选项中选出最合理的解释:(　　)。(单选)

A. 因为氧气基本无法通过细胞膜,因此在你的内部 Naboo 无法获得足够的氧气

B. 因为二氧化碳无法通过细胞膜,因此 Naboo 进行好氧呼吸产生的二氧化碳在你内部积累

C. 氧气和二氧化碳可以通过细胞膜,但是 ATP 基本无法通过细胞膜,因此 Naboo 产生的 ATP 无法从 Naboo 中进入你的细胞质中

D. ATP 可以通过细胞膜,但 ADP 基本无法通过细胞膜,因此 Naboo 无法得到合成 ATP 所需的 ADP

E. ATP 和 ADP 都可通过细胞膜,但带电荷的磷酸根基本无法通过细胞膜,因此 Naboo 无法得到合成 ATP 所需的磷酸根

解析 这是内共生学说的故事。氧气和二氧化碳都是可以自由穿过细胞膜的小分子物质,而 ATP 与 ADP 以及磷酸根都是带电荷的小分子,它们都无法直接穿过细胞膜,所以本题选 C。 **答案:C。**

89 下列哪个选项中所列举的例子之间有相似性,是真核生物的内共生起源的最有力证据?(　　)(单选)

A. 真核生物和原核生物的核糖体　　B. 原核生物和真核生物的鞭毛

C. 原核生物和真核生物的细胞壁　　D. 一些原核生物和线粒体

E. 一些原核生物和核糖体

解析 内共生起源的有力证据是原绿藻与叶绿体、某些耗氧原核生物与线粒体的相似性。原核生物与真核生物的核糖体是不同的(分别为 70S 与 80S),二者的细胞壁与鞭毛构成也完全不一样。 **答案:D。**

90 植物被认为由绿藻演化而来,而不是由其他藻类演化而成,其主要根据为(　　)。(多选)

A. 只有植物和绿藻具有叶绿素 b

B. 植物和绿藻的细胞壁形成过程相同

C. 细胞分裂时,只有植物和绿藻会形成横贯于中间的小泡状构造

D. 植物中的水蕴草外形上很类似于绿藻

E. 植物和绿藻都具有世代交替

解析 A 不对,绿藻的载色体所含色素与高等植物相同,主要色素有叶绿素 a 和 b、α 胡萝卜素和 β 胡萝卜素以及一些叶黄素类,但是裸藻也具有叶绿素 b。B、C 正确,一些种类的绿藻在有丝分裂时形成成膜体,这是陆生绿色植物的特征。D 错误,水蕴草为被子植物,仅在外形上与绿藻相似,不足以说明问题。E 错误,褐藻、红藻中有些种类也具有世代交替。 **答案:BC。**

91 下列选项中为 RNA 被认为是生物起源活性大分子的原因是(　　)。(多选)

A. 比其他大分子容易合成　　B. 储存遗传信息

C. 可自我复制　　D. 具有酶功能

E. 是常见的最简单大分子

解析 RNA 既可以储存遗传信息,又可以当做催化反应的酶,并且可以自我复制,所以很有可能是生物起源的大分子。在 RNA 之后,进化产生了储存遗传信息而且稳定性高于 RNA 的 DNA,还有能够催化反应而且效率比 RNA 高的蛋白质,所以 RNA 的功能逐渐被这两者替代,而起着信息中间载体的作用(仍然有些生物的遗传物质是 RNA,也有一些核酶的存在)。 **答案:BCD。**

92 下列有关地球生物变迁史的叙述中正确的是(　　)。(多选)

A. 化石记录显示全球气温在地质时代变化幅度不大,对生物的影响不大

B. 地质的作用加上生命体的存在会改变地球的物化特性

C. 早期地球大气含氧量低，氧大多存在于水、二氧化碳及岩石中的矿物化合物中

D. 早期地球具有光合作用功能的生物体能将二氧化碳转变为氧气，导致地球表面逐渐变暖

E. 地球最早具有光合作用功能的生物体可能是蓝细菌，其所释放及累积的氧气量在地球生物的演化上居关键性的角色

解析 地球在早期经历冰川期，气候变化巨大，而且对生物影响巨大。二氧化碳减少，地球应该变冷，但具体温度也和水热循环有关。地球上最早出现光合功能的生物体是不产氧光合细菌，蓝细菌在其后才出现。　答案：BC。

93 海洋的平均深度为4300 m，下列有关深海的叙述中哪些正确？（　　）（多选）

A. 4000 m以下的深海一片漆黑，温度接近0 ℃，无法进行光合作用，因此无初级生产者存在

B. 深海也有生物存在，以来自海洋表层的有机物碎屑作为食物链的起始

C. 有生物生存，以原生生物为初级生产者，维持食物链的存在

D. 借着硫化氢的氧化获取能量的微生物为初级生产者

E. 自甲烷获取能量的细菌为初级生产者

解析 A错误，深海处的初级生产者不依赖光合作用，而是依赖化能合成作用，它们是一些化能自养的原核生物。B正确，深海被称为海洋中的“沙漠”，绝大部分深海动物以有机碎屑（海洋雪）为食物，属碎食性动物，另有少量肉食性动物。当一头鲸鱼死在大海中央的时候，它巨大的尸体就会一直下沉到几千米深的海底，点燃一个新的生态系统——鲸落！

C不对，初级生产者一般是细菌或者古细菌。D、E都是对的。　答案：BDE。

94 基因a和基因b来自其祖先基因的重复。若某一基因发生了重复，则其中一个可以保持原有功能，而另一个可以进化为拥有新功能的基因，或成为没有功能的假基因。调查了物种S_1和物种S_2的基因组后，发现它们都拥有基因a和基因b。图13是根据这些基因所指导合成的蛋白质的氨基酸序列所绘制的系统树。括号内的数字表示的是产生分歧的氨基酸数目。下列选项是关于基因a与基因b的几种假说，其中不与系统树所显示的信息矛盾的是（　　）。（单选）

A. 基因a和基因b的产生是在物种S_1和物种S_2分开之后

B. 基因a变成了假基因

C. 基因b变成了假基因

D. 基因a和基因b获得了不同功能

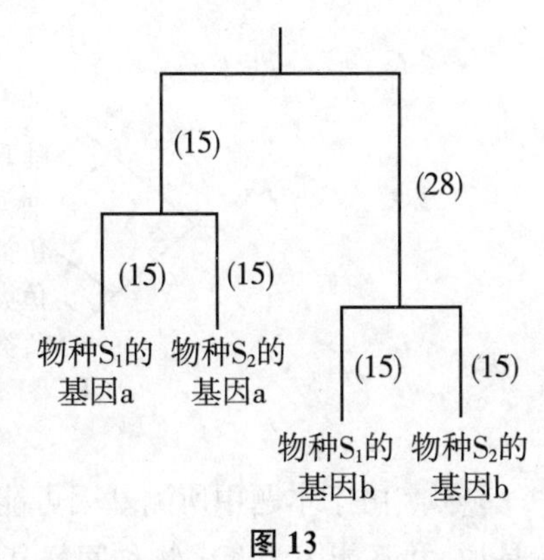

图13

解析 一般来说，在基因的进化中，为了维持蛋白质和RNA的正常机能，必须要维持既定的氨基酸和碱基序列，因此多数的突变会在自然选择中被排除掉。因而氨基酸的置换只反映了很少的一部分突变。但是，在失去了功能的假基因中却没有这样的限制，因此其中可能出现各式各样的变异，导致替换的氨基酸数目增多，密码子的阅读框发生错位，甚至产生新的终止密码子。由于基因一旦变为假基因，就会开始积累各式各样的突变，因此很少有假基因“复活”变成有功能的基因。

与基因b分开后的基因a中并没有观察到氨基酸替换数目增多，因此a基因不可能变成了假基因。而在和a基因分开后，b基因的氨基酸替换数目增多，但是，在物种分化后，b基因也没有表现出氨基酸替换数目的增多。因此，也不能下结论说b基因变成了假基因。因为如果变成了假基因，物种分化后也应该能观察到氨基酸替换数目的增多。另一方面，不能排除基因b（由于多次发生氨基酸替换）获得了新功能的可能性。一旦其获得新功能，因为要维持这一新功能，氨基酸替换的数目就会减少。因此D的假说和系统树没有矛盾。另外，由于物种S_1和S_2都有基因a和b，因此可知基因发生重复早于物种分化。

基因发生重复后产生新机能的例子有很多。其中著名的例子便是球蛋白基因。现在普遍认为，球蛋白基因发生重复后，又从中进化出了肌球蛋白（肌肉中储存氧气的蛋白），豆血红蛋白（一种植物蛋白）以及α-球蛋白、β-球蛋白等构成血红蛋白的球蛋白。　答案：D。

95 当有自然选择存在时，蛋白质中的氨基酸发生替换的速度并非固定不变。在自然选择存在的情况下，调查了6种动物(哺乳类1，哺乳类2，哺乳类3，鱼类1，鱼类2，鱼类3)体内某种蛋白质的氨基酸序列并计算种间的氨基酸替换的数目，结果如表3所示。

表3

	哺乳类2	哺乳类3	鱼类1	鱼类2	鱼类3
哺乳类1	4	5	14	14	18
哺乳类2		5	14	14	18
哺乳类3			13	13	17
鱼类1				4	8
鱼类2					6

下列系统树中，哪一个正确表示了这6个物种的系统关系？请从A～I中选择：(　　)。(单选)

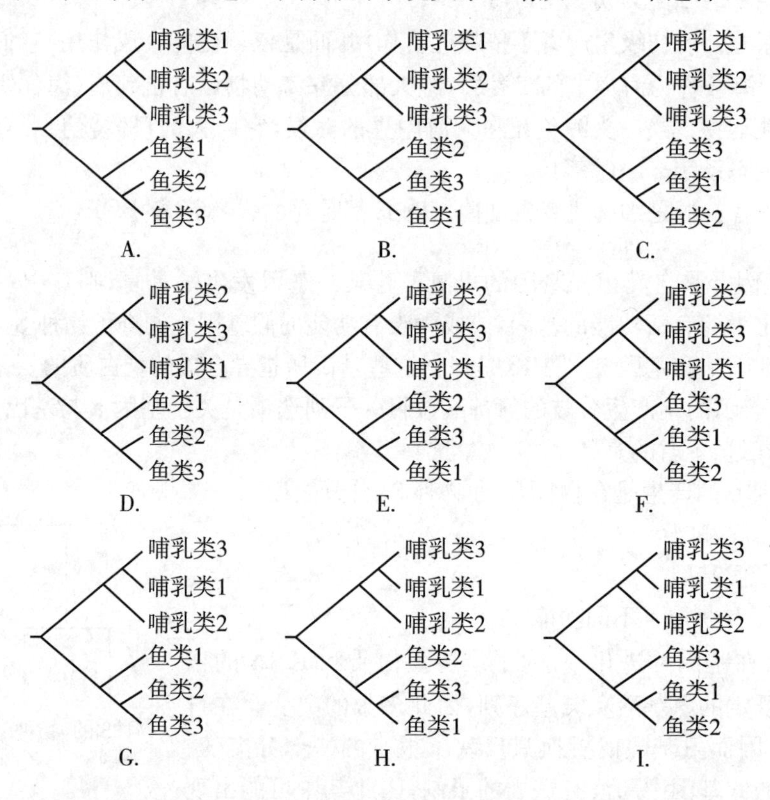

解析 由于本题中所测基因可能受到自然选择的影响，因此氨基酸替换的速度可能并非固定不变。也就是说，并不能因为两个物种间氨基酸替换的数目少就判断这两个物种为近缘物种。设鱼类1为外群，则3种哺乳类动物的关系有3种可能性，但只有图14(a)所示的关系与所测得的替换数相吻合。同理，若假设哺乳类1为外群，则3种鱼类的关系如图14(b)所示。括号内的数字表示氨基酸替换数，而将这些相加后所得的结果便是种间的替换数。因此，正确的系统树为A。

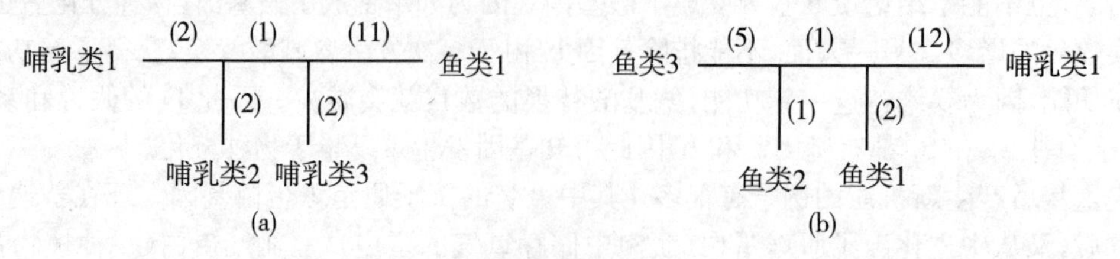

图14

虽然有多种方法可以从氨基酸或碱基的排列等遗传学信息上推测系统树结构，但总体上可将其分为两大类。一大类是直接使用这些序列信息，例如(a)通过数理模型将序列的变化模式化，并寻找得到所测序列的可能性最大的系统树的最大似然法，或者(b)寻找能通过最少的氨基酸或碱基替换数目(或其他相关指标)得到所测序列的系统树的最大简约法等。另一大类是如本题所提到的这样，根据序列替换数等序列间的差别进行推断。在这种方法中，将哺乳类和鱼类分别考虑，而不是同时考虑所有数据，推断起来就较容易。例如，在推断3种鱼类的关系时，就应该从“若鱼类1和鱼类2是近缘的将会如何”“若鱼类1和鱼类3是近缘的将会如何”“若鱼类2和鱼类3是近缘的将会如何”3方面考虑，并从中选择与实验数据没有矛盾的一组。　**答案:A。**

96　在生物系统关系的研究方法中，有一种方法是观察生物的特征，并通过最大简约法画出分支图。最大简约法要求画出的分支图中总的特征变化次数最少。现在，为了研究b～d 3个物种的系统关系，将a作为辅助的外部群体，观察了特征1～特征3，结果如表4所示。根据这一结果能画出什么样的分支图？请从A～E中选择：(　　)。(单选)

表4

	a	b	c	d
特征1	0	1	1	0
特征2	0	1	1	1
特征3	0	0	1	0

0为祖先特征，1为衍生特征。

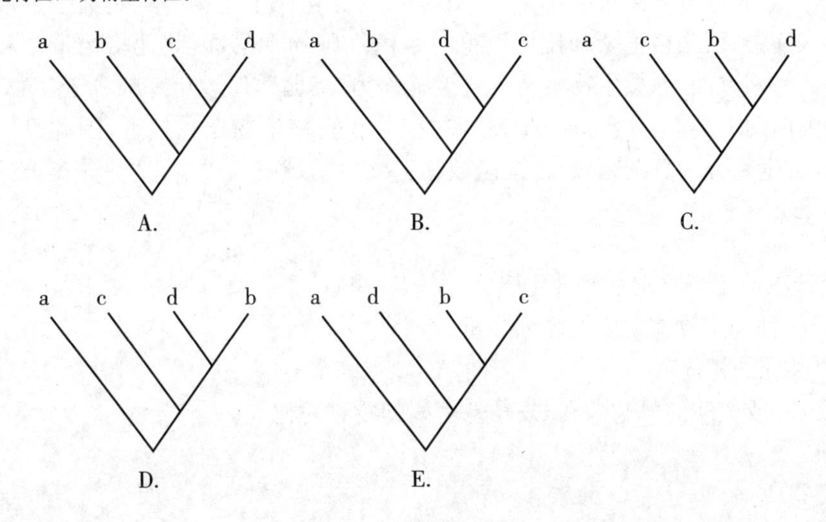

解析　这是制作系统树的基本方法之一。虽然在本题中，将假想的生物特征称为“特征1”～“特征3”，但在实际研究中这些为“有羊膜”“有鳞片”等特征，有羊膜时记为1，无羊膜时记为0。在制作这样的分支图时，选择外部群体十分重要。本题中将外部群体记作a，将其所拥有的特征作为祖先特征，记为0。将表4中的数据如图15、表5所示重新排列，会令解题过程更加简单。从表5中可知，b～d的祖先物种首先获得了特征2，接下来b和c的共同祖先获得了特征1，形成c时产生了特征3。　**答案:E。**

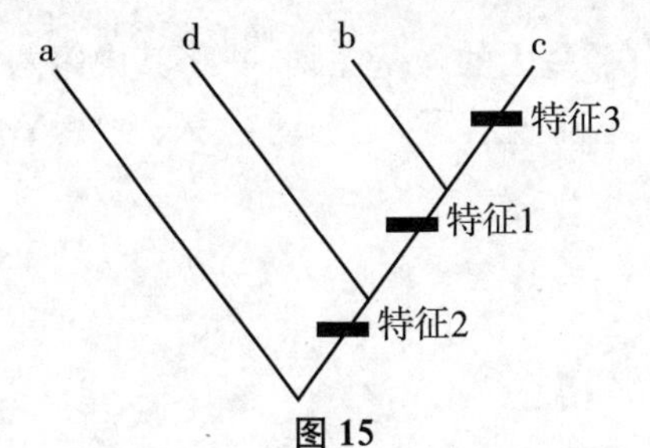

图15

表5

	a	d	b	c
特征2	0	1	1	1
特征1	0	0	1	1
特征3	0	0	0	1

0为祖先特征，1为衍生特征。

97 很久以前，人们就将生物分为动物和植物两大类群。而从魏特克提出五界学说（图 16）以来，将生物分为五种以上的类群成为主流。下列选项中，有哪些是正确的？（　　）（多选）

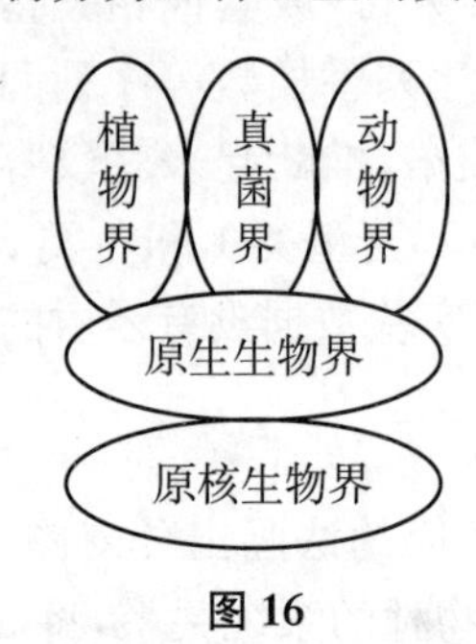

图 16

A. 动物界、真菌界和植物界中的生物都拥有细胞核，但原生生物界和原核生物界的生物都没有细胞核

B. 动物界、真菌界和植物界中，植物界和真菌界的生物营自养生活，而动物界的生物营异养生活

C. 在五界学说中，大肠杆菌和酵母菌被分在原核生物界中

D. 原生生物界包括绿眼虫和草履虫等单细胞生物，但也有人认为应将裙带菜和海带等多细胞生物归到原生生物界

E. 最近的研究表明，五界学说中的原核生物界实际上包含了两个非常不同的生物类群，因此有人提议将所有生物分为 3 个更大的类群

解析 从前，人们根据生物体是否会运动，将生物分为动物和植物两大类。但是，像绿眼虫这样既能利用鞭毛运动，又能像植物那样进行光合作用的生物既被收入了动物图鉴，又被收入了植物图鉴。在魏特克于 1969 年发表的五界学说中，绿眼虫被归入了原生生物界。五界说将生物分为 5 个界，将生物分为真核生物和原核生物，将细菌这样细胞中没有细胞核的生物归入一界（原核生物界，又被称为无核原虫（Monera）界），将细胞拥有细胞核的真核生物分为动物界、植物界、真菌界和原生生物界。

动物界、植物界、真菌界中，植物界的生物营自养生活，而动物界和真菌界的生物营异养生活。大肠杆菌是原核生物，而酵母菌和各种霉菌等为真核生物，且均属于真菌界。虽然五界学说十分普遍地出现在生物课本中，但不同研究者对这五界的定义都各不相同，特别是在原生生物界的定义上分歧很大。魏特克主要将单细胞生物归入其中，而马格里斯却比较注重对生殖细胞的观察，因此他将裙带菜和海带等大型藻类也归入原生生物界。另一方面，原核生物虽然一直被统称为"细菌"，但近年来的分子生物学研究表明，其中又分为真细菌和古细菌两大类群，并且进一步发现古细菌和真核生物比较接近，因此人们又设置了一个比界还大的分类概念，将生物分为真细菌域、古细菌域和真核生物域三大类群，这一分类方式正在逐渐被人们广泛接受。 **答案：DE。**

98 下列哪个选项被用来绘制系统进化树？（　　）（单选）

A. 不同分组或物种的生物体之间的区别分析

B. 最近的一个共同的祖先

C. 已知蛋白质和/或核酸的氨基酸和/或碱基序列的物种对比

D. 共有的特征

E. 以上选项都是

解析 系统发生树（phylogenetic tree，evolutionary tree）是表明被认为具有共同祖先的各物种相互间演化关系的树，又称为系统发育树、系统演化树、系统进化树、种系发生树、演化树、进化树、系统树。它被用来表示系统发生研究的结果，描述物种之间的进化关系。共有衍征或共源性状在演化生物学中是指一种两个或以上终端分类单元共有及从其最近共同祖先承袭的衍生性状状态。

题中所有选项均可用于绘制系统进化树。 **答案：E。**

99 比较人类、动物 X、动物 Y 和动物 Z 体内血红蛋白（α 球蛋白）基因的碱基序列，并将其中每两个物种间的碱基序列差异的数目表示在图 17 中。下列系统树中，哪一个正确表示了人类、动物 X、动物 Y 和动物 Z 的关系？（　　）（单选）

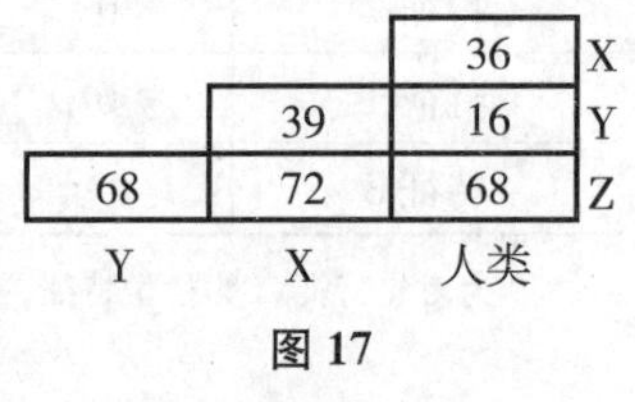

	Y	X	人类
X			36
Y		39	16
Z	68	72	68

图 17

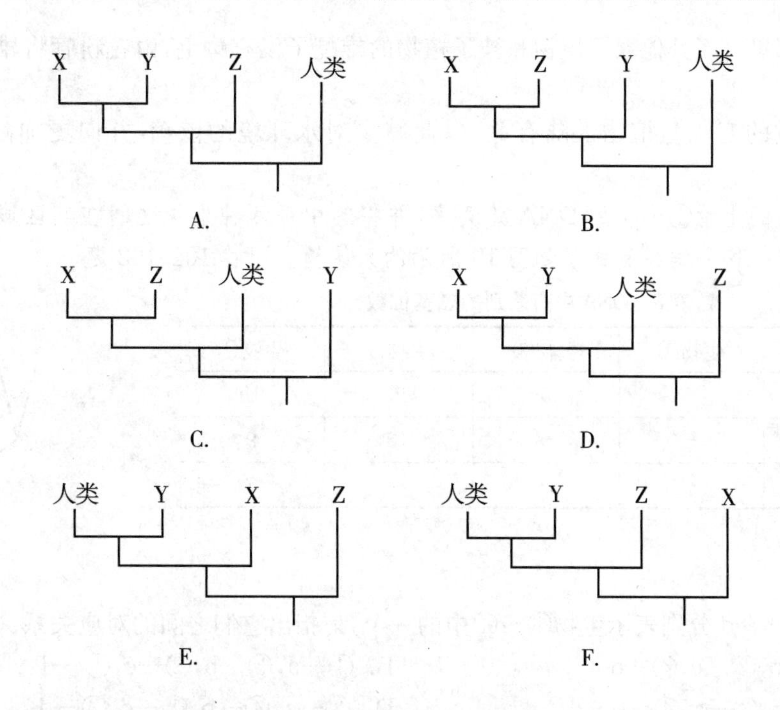

解析 从图17中可以读出，亲缘关系最近的是人与Y，其次是人与X及X与Y；Z和其余三种生物关系都较远。所以E选项最能反映四者之间的亲缘关系。 答案：E。

100 在海中诞生的生物中，有很多是在上陆后繁荣起来的，绿色植物就是其中典型的一种。在绿色植物上陆并定居于陆地上的过程中，它们发生了一系列的进化以适应陆地环境。下列a～e便是这些变化中的一些例子。图18所示的绿色植物系统树上所标的①～⑤这5个阶段依次发生了哪些变化？请从A～H中选择正确对应的一组：(　　)。(单选)

a. 雌性配子被其他细胞保护起来。

b. 雄性配子失去鞭毛。

c. 种子形成。

d. 气孔形成。

e. 木质化的输导组织变得发达。

A. abced　　B. abecd

C. adceb　　D. adecb

E. baced　　F. baecd

G. bdcea　　H. bdeca

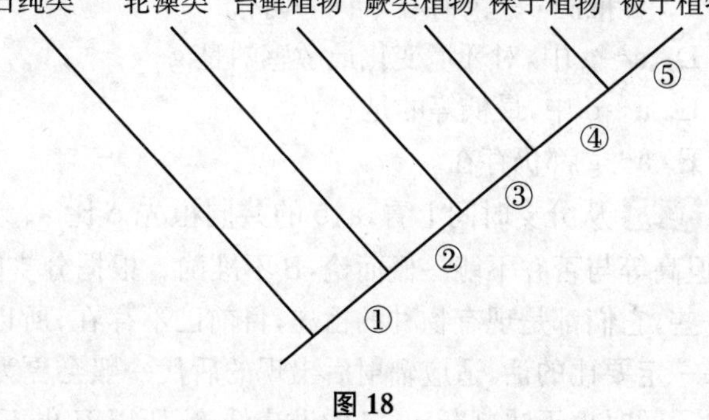

图18

解析 在石莼等绿藻中，有些配子有雌雄之分，有些没有雌雄之分，但不论是哪种都没有其他细胞保护。在轮藻类中，雌配子(卵)被数个细长的细胞所包围，受精也是发生在这些细胞的包围中。这一结构相当于蕨类植物和苔藓植物的颈卵器。

蕨类植物、裸子植物和被子植物地上部分的表皮上有许多气孔，可以在抑制水分丧失的同时保证气体交换。虽然轮藻中没有相对应的结构，但在苔藓类(藓类)的孢子体上这一结构较普遍。

蕨类植物、裸子植物和被子植物拥有木质化加固的发达的输导组织，以从土壤中将水高效运输到植物体内。苔藓植物虽然也拥有功能相似的组织，但特化程度很低，并且并没有观察到木质化。

虽然在苔藓植物、蕨类植物、裸子植物和被子植物中都存在多细胞孢子体，但是在繁殖中，令发育初期的幼小孢子体休眠，并将其用较结实的组织包裹起来，形成抗干燥的传播体(即种子)的，只有裸子植物和被子植物。

在苔藓植物和蕨类植物中，雄配子(精子)拥有鞭毛，用于在体外的水环境中运动，游到颈卵器中的雌配子(卵)那里。裸子植物的银杏和苏铁中，附着在胚珠上的花粉发芽后产生拥有鞭毛的精子，并在胚珠中的液体中游到卵细胞那里。而其他裸子植物和被子植物的雄配子没有鞭毛，由花粉管将雄配子引导到卵细胞那里。

上述形态与性质的变化与植物上陆有关，以此减少对水环境的依赖，并向更加耐干旱的方向进化。

答案：D。

提取从野外捕获的生物①～④的DNA并测序，并将其中每两种生物之间在某区域中有差别的碱基位数表示在表6中。根据这一结果制成了如图19所示的系统树。回答101、102题。

表6　DNA中有差别的碱基位数

	生物①	生物②	生物③	生物④
生物①	-	5	11	10
生物②	-	-	10	9
生物③	-	-	-	7

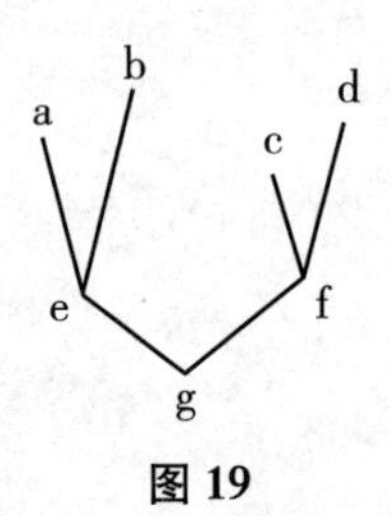

图19

101 图19中的a～d分别表示生物①～④中的一个，请指出它们之间的对应关系：(　　)。(单选)

A. ①—a，③—b，②—c，④—d　　B. ④—a，③—b，②—c，①—d

C. ①—a，②—b，③—c，④—d　　D. ③—a，④—b，①—c，②—d

E. ③—a，②—b，①—c，④—d　　F. ②—a，①—b，④—c，③—d

解析 对表6中的数据进行分析整理后如图20所示，分支上的数字代表这个演化过程中有多少碱基出现差异。因此a是④，b是③，c是②，d是①。　**答案：B。**

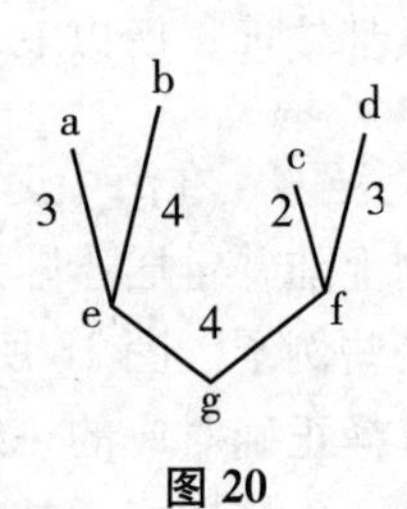

图20

102 关于图19中的系统树，下列哪一叙述是正确的？(　　)(单选)

A. a和b的共同祖先出现的比a和c的共同祖先晚

B. e和f比g更高等

C. 可推测e、f、g存在于同一时代

D. a～g中，对环境变化最敏感的是g

E. a～d中，最低等的是c

F. a～g都仍存在

解析 从分支时间上看，a、b的共同祖先e比a、c的共同祖先g出现的晚，A是对的。e、f出现的比g晚，但高等与否并不能一概而论，B不准确。根据分支时间，e、f、g并非存在于同一时代，g存在的年代要更早一些，它们都是现有物种的祖先，目前已不存在，所以C、F不对。我们很难判断谁对环境变化最为敏感，如果一定要比的话，适应辐射后出现的后代一般会更为特化，反而比祖先更容易对环境的变化敏感，所以D不对。同时也无法判断a～d中谁最低等，所以E也不对。最适合的答案是A。　**答案：A。**

103 近些年来，分子生物学越来越多地被应用于系统分类的研究中。下列选项的Ⅰ表示的是系统分类的研究对象，Ⅱ表示的是研究这些对象的系统分类时经常利用的分子生物学信息。请从A～D中选出正确对应的一项：(　　)。(单选)

A. Ⅰ：蒙古人种，高加索人种，黑色人种；Ⅱ：血红蛋白α链上的氨基酸排列

B. Ⅰ：人类，松茸，马铃薯，大肠杆菌；Ⅱ：线粒体DNA的碱基排列

C. Ⅰ：人类，种子植物，纤毛虫，乳酸杆菌；Ⅱ：rRNA基因的碱基排列

D. Ⅰ：绿藻，蕨类植物，硅藻，绿硫细菌；Ⅱ：叶绿素a基因的碱基排列

解析 A中Ⅰ对应的应该是线粒体。各人种之间血红蛋白的氨基酸排列无差异，其主要用来进行脊椎动物的系统分类研究，如人和黑猩猩。B、C中Ⅰ对应的应该都是rRNA基因碱基序列(B中大肠杆菌无线粒体DNA)。D中绿硫细菌的光合色素是细菌叶绿素而不是叶绿素a，所以也不对。　**答案：C。**

104　对如图21所示的分枝进化图来说，有效的分类群(taxon)必须包括下列哪个选项？(　　)(单选)

A. 绢毛猴＋松鼠猴

B. 绢毛猴＋松鼠猴＋吼猴

C. 松鼠猴＋吼猴＋卷毛猴

D. 卷毛猴＋蜘蛛猴

E. 以上都包括

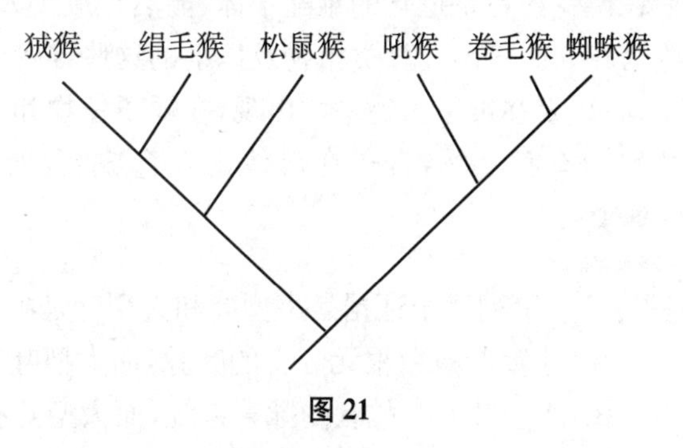

图21

解析　单系群(monophyletic group，也称为单系类群)在支序分类中指的是一个分类群，其中的所有物种只有一个共同的祖先，而且它们就是该祖先的所有后代。这个分类群的最近共同祖先有这个分类群的基本区分特点。比如说羊膜动物就是一个分类群，因为羊膜动物的最近共同祖先就已经出现了羊膜卵的特征。这才是真正的分类群。

并系群是指一个生物类群，此类群中的成员皆拥有"共同祖先"，但该群中并不包含此共同祖先的所有后代，这个分类群的最近共同祖先有这个分类群的基本区分特点。分类中也要尽量避免这个的出现，因为难以对这种分类群找到一个共同特征来比较科学地将此分类群与其他分类群区分开来，比如说对于鸟类和哺乳类，你就很难找一个特征，使得它们和其最近共同祖先都有，但是爬行类却没有，从而把它们和爬行类区分开来。

多系群(polyphyletic group)在生物系统发生学中是指一个分类群当中的成员在演化树上分别在相隔着其他分支的分支上；也就是说，该分类群的最近共同祖先并不具有这个分类群与其他分类群区分开来的特点。比如说具有恒温特征的动物就是多系群，因为鸟类和哺乳类的最近共同祖先并不具有这个特征，所以恒温动物并不包括鸟类和哺乳类的最近共同祖先，因而恒温动物是一个多系群。在分类体系中，应该避免多系群的出现，因为多系群在进化树上是隔开的。

一般而言，单系群中的所有物种只有一个共同的祖先，而且它们就是该祖先的所有后代。因此D是正确的。其实E也是一个大的分类群。　答案：D。

105　在图22所示的绿色植物进化树中，哪个分枝过程(A到E)表明了特征Ⅰ和Ⅳ的获得？(　　)(单选)

Ⅰ. 花粉；Ⅱ. 管胞；Ⅲ. 角质层(cuticle)；Ⅳ. 种子；Ⅴ. 心皮；Ⅵ. 多细胞胚。

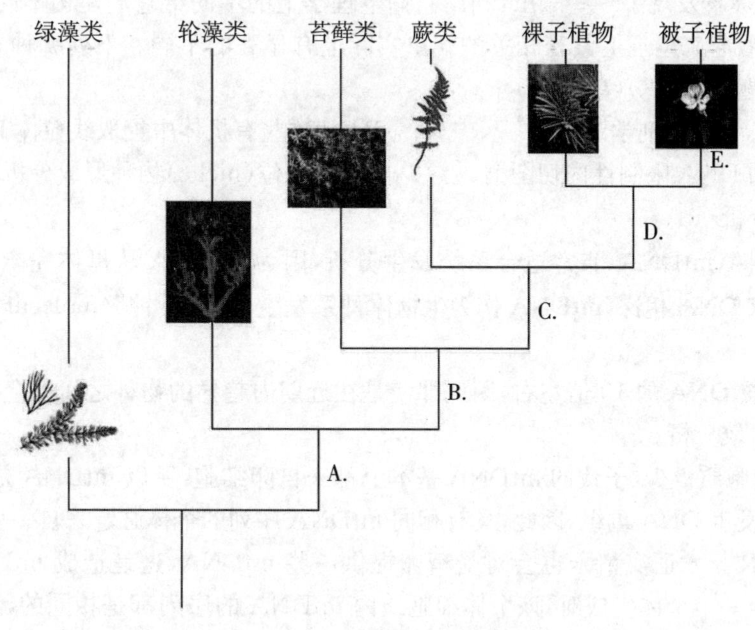

图22

解析 裸子植物和被子植物统称为种子植物，其最主要的特征就是种子的出现，同时二者也都出现了花粉粒。花粉粒是退化的雄配子体，显然在蕨类及以下的分类群中雄配子体还没有退化得如此完全，所以不称为花粉。管胞在蕨类植物及以上的这些维管植物中才开始出现，角质层在苔藓植物的藓纲中即开始出现了，心皮则在被子植物中才出现，在裸子植物和蕨类植物中称为大孢子叶。苔藓植物、蕨类植物和种子植物统称为有胚植物，合子在母体内发育成胚，所以胚在苔藓植物才开始出现，而这个胚肯定是多细胞胚。

答案:D。

106 下列哪个证据是小型叶和大型叶是独立起源的最佳证明？(　　)(单选)

A. 小型叶有单根无分支的叶脉，而大型叶有分枝状的脉管系统

B. 小型叶有分枝状的脉管系统，而大型叶有单根无分支的叶脉

C. 小型叶很小，而大型叶很大

D. 二者都有维管

E. 二者都表现为横向附属物

解析 蕨类植物的叶分为小型叶和大型叶两种，小型叶没有叶隙和叶柄，只有一条单一不分支的叶脉，如松叶蕨、石松等的叶；大型叶有叶柄、维管束，有或无叶隙，叶脉多分支。既然是说独立起源的证据，就不能是两者相同的特征，否则根据进化最简原则，就认为二者的这个特征都是最近共同祖先具有的，不能说明二者有过独立的起源，所以排除D、E。A、B、C中的描述只有A是对的，所以选A。　答案:A。

107 请用如图23所示的进化分枝图回答问题：哪一组代表单系群？(　　)(单选)

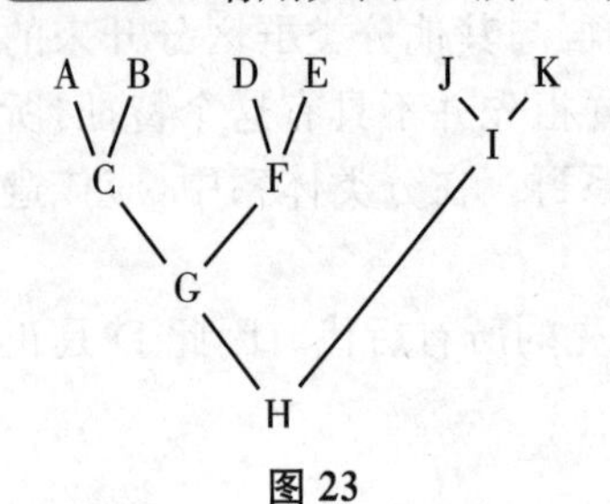

图23

A. A和B

B. A、B、D和E

C. D、E、F和G

D. H、I、J和K

E. A、B、C、D、E、F和G

解析 一个单系群或进化枝是由祖先物种和所有的后代物种组成的(一般需要算上祖先)。　答案:E。

108 你在一处垃圾场发现了一些蠕虫，利用它们生理学上的不同给它们建构不同物种的种系发生树。你的合作者怀疑两组看起来生理上紧密相关的蠕虫实际上有显著的不同。下列哪种方法可以提供最精确的信息来解决这个问题？(　　)(单选)

A. 有机体的生态学和解剖学的对比

B. 从这些有机体中提取线粒体DNA并测序

C. 这些有机体的DNA限制性内切图谱

D. 生态位(niche)物种形成分析

E. 数值分类法分析

解析 线粒体DNA(mtDNA)非常适合系统发生分析，因为mtDNA从母体完全传到子代，不与父代DNA重组。与细胞核DNA相比，mtDNA作为生物体种系发生的“分子钟”(molecular clock)有其自身的优点：

① 突变率高，是核DNA的10倍左右，因此即使是在近期内趋异的物种之间也会很快地积累大量的核苷酸置换，可以进行比较分析。

② 因为精子的细胞质极少，子代的mtDNA基本上都来自卵细胞，所以mtDNA是母性遗传(maternal inheritance)的，且不发生DNA重组，因此，具有相同mtDNA序列的个体必定来自一位共同的雌性祖先。

但是，近年来PCR技术证实精子也会对受精卵提供一些mtDNA，这是造成mtDNA异序性(heteroplasmy)的原因之一。一个个体生成时，该个体细胞质内mtDNA的序列都是相同的，这是mtDNA的同序性(homoplasmy)；当细胞质里mtDNA的序列有差别时，就是mtDNA的异序性。异序性对于种系发生的分析研究会造成一些困难。

生态和解剖学的对比可能与生理学分类得到相同的结果，因为生态环境的相似可能导致不同类群的生物发生趋同进化，使得解剖与生理上看起来很相似。

数值分类法是根据数值分析，借助计算机将拟分类的微生物按其性状的相似程度归类的方法。该法主要的分类原则是：① 分类时视每个性状为同等重要，以避免分类者的主观偏见，使结果比较客观。② 根据尽可能多的性状分类，以揭示分类单位间的真实关系。③ 按性状的相似度归为等同分类单元。数值分类法只是一种数据处理方法，基于的还是宏观的性状，难免和生理学的分类存在同样的问题。

生态位(niche)物种形成分析应该指的是生态位分离的物种进化，如达尔文地雀的进化，并不能解决题干问题。 **答案：B。**

支序图(cladogram)为一个二分叉的演化树，分叉点称为节(node)，节与节之间的枝条称为节间(internode)，而在节两边的所有分类群互称为姐妹群(sister group)。建构支序图时，常以外群(out-group)生物的特征状态作为祖征(pleisiomorphic character)，放在支序图的根部(root)，而将演化改变的特征状态标示在节间或枝条上。图24为一个最简约的支序图，根据此图回答109～111题。

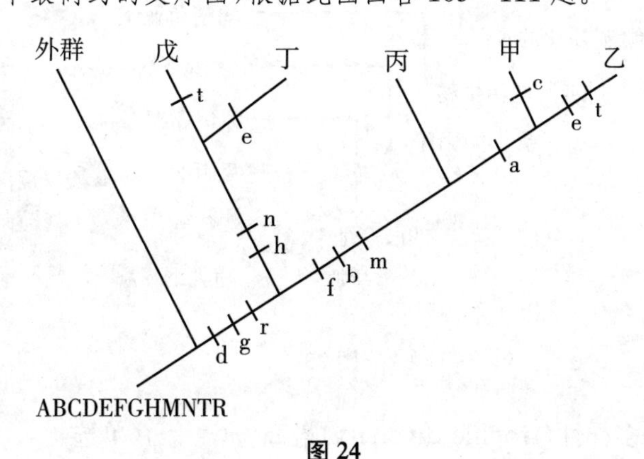

图 24

109

下列生物中哪个具有特征e和t？（　　）(单选)

A. 甲　　B. 乙　　C. 丙　　D. 丁

E. 戊

解析 同时具有e和t特征的是乙。对于e和t这两个特征，乙与戊共有的t特征和乙与丁共有的e特征是独立发展来的，是趋同进化的体现。 **答案：B。**

110

下列哪些项为物种甲、乙和丙三者的共衍征？（　　）(多选)

A. b　　B. d　　C. f　　D. m

E. r

解析 共衍征是一种两个或以上终端分类单元共有及从其最近共同祖先承袭的衍生性状状态。所以应找甲、乙、丙共有的但是与丁和戊以及外群不同的特征，即为f、b和m。 **答案：ACD。**

111

下列哪一项与物种丙的亲缘关系最接近？（　　）(单选)

A. 只有甲　　B. 甲和乙　　C. 只有丁　　D. 丁和戊

E. 甲、乙、丁和戊

解析 首先，甲、乙、丙同属于一个单系群，所以亲缘关系肯定最近，排除丁和戊。而丙与甲+乙构成一对姐妹群，从支序生物学的角度来看，丙和甲或者乙的亲缘关系都同等近。 **答案：B。**

112

请问人类这个物种可被包含在以下哪些类群中？（　　）(多选)

A. 人科(Hominidae)　　B. 四足类(Tetrapoda)

C. 硬骨鱼类(Osteichthyes)　　D. 肉鳍鱼类(Sarcopterygii)

E. 羊膜类(Amniota)

解析 本题按单系类群划分,人属于人科人属,是哺乳动物,所以也是四足类和羊膜类,同时人由肉鳍鱼类(图25中的鳍分叶(肉鳍)在分类上等于肉鳍鱼类)进化而来,肉鳍鱼类是由硬骨鱼类进化而来的。

答案:ABCDE。

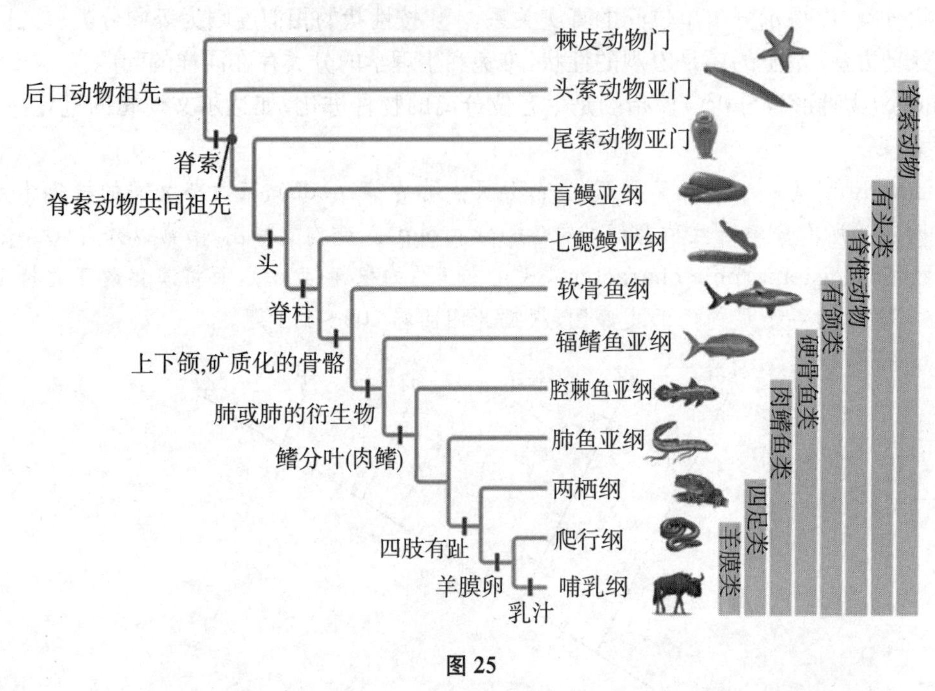

图 25

113 下列哪一界的营养多样性(trophic diversity)最高?(　　)(单选)

A. 植物界　　B. 动物界　　C. 原核生物界　　D. 真菌界

E. 原生生物界

解析 题目中的营养多样性指的是生物的营养方式的多样性,即自养还是异养、光能还是化能。植物界大部分是光能自养,少数寄生植物化能异养,或自养异养都有(半寄生植物);动物界全都是消费者,化能异养;真菌界全都是化能异养,靠现成的有机物为生;原生生物界有光能自养、化能异养,也有光能自养加化能异养的(如眼虫);而原核生物界包括了光能自养菌、光能异养菌、化能自养菌、化能异养菌,也就是说包含了所有的营养方式。　答案:C。

114 以下哪个名称所包含的分类群为并系群(paraphyletic group)?(　　)(多选)

A. 鱼类(fishes)　　B. 偶蹄类(Artiodactyla)

C. 恐龙(dinosaurs)　　D. 原核生物(prokaryotes)

E. 有颌类(Gnathostomata)

解析 并系群即旁系群或侧系群,指的是一个生物类群中的成员都具有共同祖先,但是这个分类群并不包含这个共同祖先的所有后代。

鱼类属于并系群,因为其后代还包括两栖类、哺乳类等;偶蹄目是并系群,因为最新的分子系统学证据表明,鲸目(Cetacea)起源于偶蹄目(Artiodactyla),现生的偶蹄目并不是一个单系群,将偶蹄目和鲸目合并为单系的鲸偶蹄目(Cetartiodactyla),如图26所示节点的27个小格子代表26个核基因与1个转座子插入群,颜色由绿(正)到红(负)显示了每个位点对分枝的支持分数,可见鲸与河马在系统树上最为接近。;恐龙也是并系群,其后代中的鸟类并不属于恐龙;原核生物是并系群,其进化出了真核生物;有颌类包括鱼类、两栖类、爬行类、鸟类、哺乳类,是一个单系群。　答案:ABCD。

参考文献

[1] Gatesy J, Geisler J H, Chang J, et al. A Phylogenetic Blueprint for a Modern Whale[J]. Mol

Phylogenet Evol., 2013, 66(2):479.

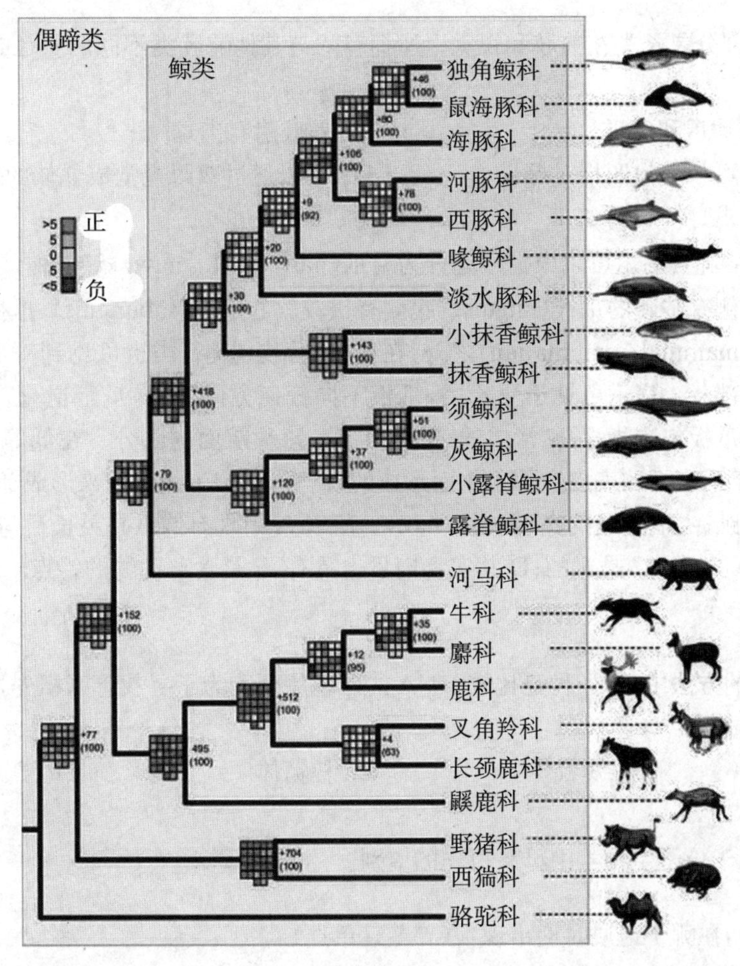

图 26

115 以下哪些问题可由重建系统树(phylogenetic tree)来回答?(　　)(多选)

A. 狂犬病毒的其中一型是否有可能感染食肉目以外的宿主

B. 生物体的复杂结构究竟是在短时间内演化而来还是需要长时间慢慢演化

C. GenBank 中所载的医蛭 DNA 序列鉴定是否正确

D. 慈鲷科鱼类的基因体复制在演化历史中发生几次

E. 是否可以鲸豚的体色来推测其猎物选择

解析　A 对,建立系统树以后看离狂犬病毒近的那些病毒能不能感染,便大概能推断它能不能感染食肉目以外的宿主。B 对,建立系统树以后,可以比较那些不具有某种结构的物种和具有这个结构的物种的距离远不远,从而大概推测演化出这个结构的时间长短。C 对,用 DNA 构建系统树,看它附近的物种是不是符合已知的知识,从而进行大致验证。D 对,建立系统树以后,去比较不同物种之间有些特定的基因有多少个重复,比如 Hox 基因在低等脊索动物文昌鱼里只有 1 个,最低等的脊椎动物七鳃鳗有 3 个,四足脊椎动物有 4 个,推测它们是在脊索动物和脊椎动物分歧之前由同一个祖先基因经历两轮复制。E 对,建立系统树以后,看它们的体色和猎物选择是不是相近/能不能聚类(cluster)到一起。　答案:ABCDE。

请阅读下文,回答 116、117 题。

哺乳类中的灵长类从原始的食虫类分化而来,并在进化中逐渐适应了树上的生活。在这一适应过程中,①大部分灵长类主要是前肢和视觉器官出现了与其他哺乳类不同的特征。人类和长臂猿以及猩猩等类人猿一样都属于人猿超科,但人类和类人猿的最大区别是可以用双脚直立行走。

现在,关于分布于全世界的现代人(智人)的起源的学说中,非洲起源学说是最有力的学说,而这归功于近些年来发展迅猛，为人类系统地位的揭示做出了巨大贡献的②分子生物学研究。

116 关于①处大部分灵长类在前肢和视觉上所拥有的与其他哺乳类不同的特征是下列选项中的哪些？(　　)(多选)

A. 前肢同时拥有钩爪和扁爪　　B. 前肢附有肉球

C. 前肢的大拇指可与其他四指对握　　D. 可以通过双眼视觉成立体的像

E. 依靠视交叉将视野扩展到360°

解析 整体而言，哺乳类的爪可以根据形态分为扁爪(nail)、钩爪(claw)、蹄三种。但是任何一种都基本上具有相同的构造，背侧有坚硬的爪板(unguis)，腹侧有比较软的爪蹠(subunguis)，爪板以其基部不断生长。钩爪除多数哺乳动物(mammal/mammalian)之外，在鸟类(后肢)、爬行类也可见到。爪板可向两侧、前后弯曲，爪蹠构成它的下面部分。扁爪可见于灵长类，爪板不向任何方向弯曲，爪蹠退化，只有顶端残存。蹄是有蹄类具有的，它是由爪板包围指、趾端形成的，爪蹠形成应该称蹠面的部分。在低等灵长类有扁爪与钩爪结合的。爪是由包被于爪表面的表皮全部角化而形成的(伪爪，false nail)，后来形成部成为爪原基向基部汇集，与此同时变成向指趾、尖端伸展的真爪(true nail)。所以A中具有钩爪是灵长目与其他哺乳类相似的特征；B中肉球是食肉目的特征；C是对的；D其实食肉目也具有；E是食草动物的特点。综合看来C选项相对较为准确。　**答案：CD。**

117 ②处所提到的方法中，有一种是比较DNA的碱基序列。为了寻找母系祖先，应该检测哪一细胞器的DNA？(　　)(单选)

A. 细胞核　　B. 线粒体　　C. 核糖体　　D. 高尔基体

E. 内质网

解析 线粒体可用于分子生物学中母系祖先的鉴别。　**答案：B。**

118 智人物种最初在哪个地质时期出现？(　　)(单选)

A. 第三纪中新世　　B. 古新世

C. 更新世　　D. 上新世

E. 始新世

解析 在新生代第四纪，智人出现在更新世(表7)，大约180万年前。　**答案：C。**

表7

代	纪		世	年龄值(万年)	持续(万年)
新生代	第四纪		全新世	1	1
			更新世	248	247
	第三纪	晚第三纪	上新世	530	282
			中新世	2330	1800
		早第三纪	渐新世	3650	1320
			始新世	5300	1650
			古新世	6500	1200

119 有关灵长类的演化的下列叙述中正确的是(　　)。(多选)

A. 人类枕骨大孔的位置偏向头骨正下方，有利于直立行走

B. 新大陆猴的尾巴不明显，旧大陆猴具有明显的尾巴，故演化顺序是由旧大陆猴到新大陆猴

C. 猿类的下颌骨尺弓呈U型弯弧，人类与犬类的下颌骨尺弓皆为抛物线状，是因为人类下颌骨的特征

是返祖现象

D. 人类大脑皱褶数目增多，神经细胞间的联结数目也增多，这是促成人类文明的重要原因

E. 眼窝自头骨的两侧移至正前方，是使灵长类具有立体视觉的主要原因

解析 在人猿超科（长臂猿科、猩猩科、人科）中，只有人适应于完全的直立姿势和仅仅用两足行走。人的头部位于躯干的上部，而不是在躯干的前面，人颅骨基部的枕骨大孔在颅基的中央，脊柱的上方。猿枕骨大孔位于颅骨的后部。A 正确。

新大陆猴即为阔鼻猴，新大陆猴完全树栖性，有卷握尾，不仅用尾巴保持平衡，还能用尾巴悬挂身体和拾取东西。旧大陆猴亦称为狭鼻猴类，狭鼻猴中的猕猴超科有外尾，但不能缠卷，人猿超科没有外尾，但有无尾不能判断其在进化中的地位。根据灵长目动物的系统树，新大陆猴被认为是在渐新世时期，大约 2300 万年至 3400 万年间，从非洲移居南美洲，由旧大陆猴进化而来，B 错误。

人的脑容量在灵长目动物中是最大的。人的头部平衡的安置在脊柱之上，附着在枕骨和脊柱之间的肌肉减弱，下颌骨和面部之间的肌肉也减弱，人的头部和面部变得比较平滑，不再具猿那样粗犷的外形。人的牙齿比较小，尖牙已经门齿化，颌部后缩，而猿的牙齿较大，尖牙突出牙列，颌部突出。之所以发生这种变化是因为人类已经淘汰了将尖牙用于厮杀的功能，而不是返祖现象，C 错误。

人类与猿相比，脑量及脑颅变大，大脑皮层的沟纹增多，出现真正的希尔韦斯沟，枕叶、额叶以及小脑组织等更加细致，神经细胞连接更为复杂，为人类发展更为复杂的行为、产生文明奠定了良好的基础，D 正确。

灵长类视觉的进步有三方面：一是视网膜的构造改变，使得可以在夜间活动；二是视觉与环境相协调；三是眼眶位置有移动（从两侧移至正前方），产生立体视觉。E 正确。　**答案：ADE。**

第 14 章 生物实验

1 研究人员将一种降胆固醇药发给 2335 名志愿者，将一种安慰剂发给 2081 名志愿者。大部分志愿者是男性，且他们的胆固醇水平正常，也没有心脏病史。5 年后，获得安慰剂的 97 人患了心脏病，相比之下获得药的人中只有 57 人得病。研究人员建议：为了帮助志愿者避免得心脏病，所有人(包括胆固醇水平不高者)都服用降胆固醇药。研究人员要给出此建议，除了已获得的信息之外，他们还必须获得怎样的信息才可以给出以上建议？(　　)(单选)

A. 两组人员的饮食习惯是否相同　　B. 心脏病如何影响胆固醇水平

C. 心脏病是否会导致死亡　　D. 安慰剂中有什么化学物质

E. 这个实验是否可以重复，每组中显示的结果人数是否相同

解析 实验需要控制变量。胆固醇来源包括食物与内源合成。要比较以上实验结果，首先要保证饮食这一块没有差异，以排除非设计因素带来的影响。　**答案：A。**

2 从容器中选择 25 只甲虫，标记后重新放回容器中与其他甲虫混合均匀。第二次捕捉 20 只甲虫，其中 5 只有标记。容器中甲虫的总数大约是(　　)。(单选)

A. 50　　B. 100　　C. 150　　D. 200

解析 第二次捕捉 20 只甲虫，5 只有标记，占样本的 25%。这说明第一次捕捉并标记的 25 只甲虫占甲虫总数 X 的 25%。所以 $X\times 25\% = 25, X = 100$。　**答案：B。**

3 当特定的海洋生物放入淡水中后，它们最终会死亡。最可能的解释是什么？(　　)(单选)

A. 组织失水　　B. 组织含过多水

C. 盐分流失　　D. 外部的膜失去了渗透性

解析 吸水过多无法排除。　**答案：B。**

4 用果蝇做杂交实验的主要缺点是什么？(　　)(单选)

A. 成虫的尺寸小　　B. 生命周期短

C. 产卵数目巨大　　D. 破蛹后很快发生交配

解析 A、B、C 都是典型的优点，D 导致非预期的交配发生，因此是缺点。果蝇交配过以后，会储存交配时的精细胞，使得再次交配变得困难，也会使后代的基因型混乱。这就是为什么在做果蝇杂交的时候要选择处女蝇。　**答案：D。**

请回答有关草履虫行为的 5、6 题。

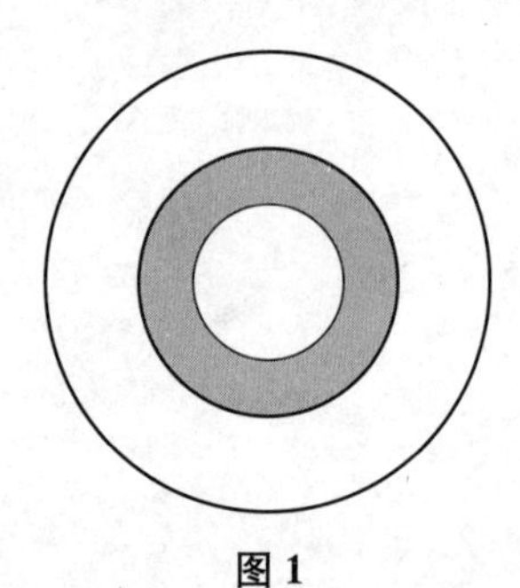

图 1

生物天生就拥有趋利避害的能力。其中有一种被称为趋性的本能行为。

实验：草履虫拥有向着醋酸运动的趋性，但是在醋酸浓度过高时反而会向远离醋酸的方向运动。根据这些背景知识，进行了下面的实验。

实验操作：用滤纸覆盖培养皿底部，在滤纸上令草履虫培养液均匀散开，并在滤纸中央滴几滴 0.2%醋酸溶液。

结果：过一段时间后观察现象，发现草履虫集中在图 1 所示的阴影处。

5 请根据上述实验结果猜测位于培养皿左侧(黑点处)的草履虫将会呈现何种运动方式，并从 A～D 中选择合适的一项：(　　)。(单选)

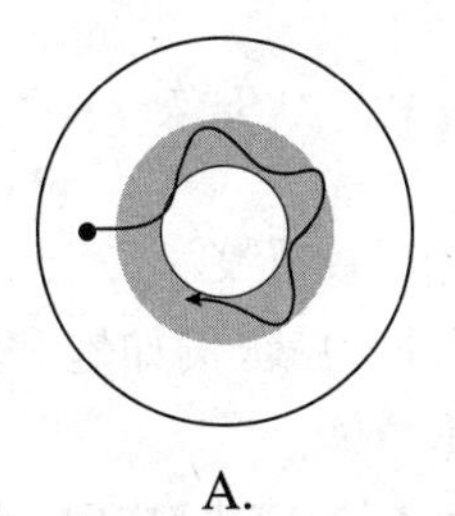
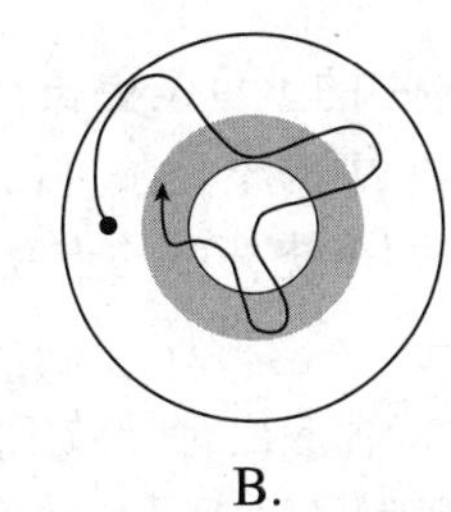
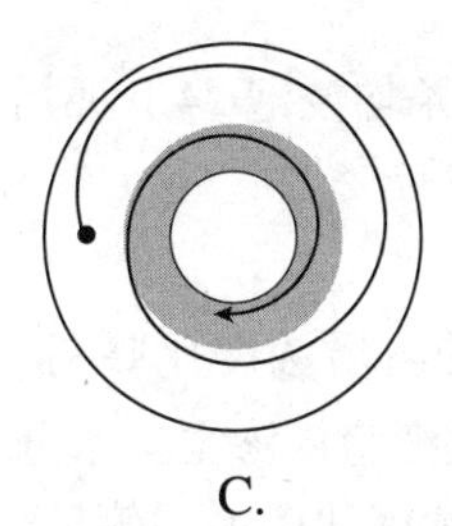
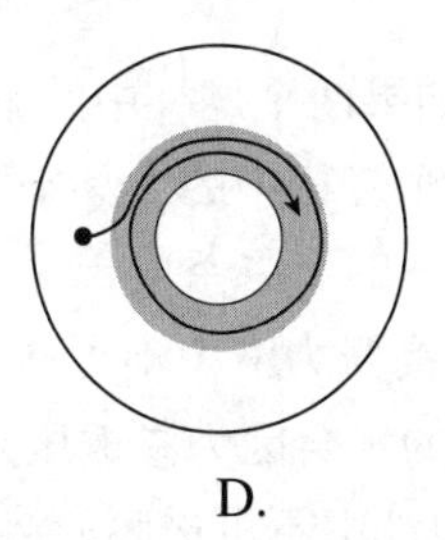

A. B. C. D.

解析 草履虫的趋化性将使其在醋酸浓度范围内选择运动方向，图中阴影指示了其趋化性的浓度阈值。在低浓度下草履虫趋向于中心运动，随着其不断深入，趋性减弱，最终反向；反向后浓度降低，趋性又逐渐恢复，因此轨迹规律类似简谐振动。 答案：A。

实验：草履虫在电场中也表现出一定的趋性。根据这些背景知识，进行了下面的实验。

实验操作：如图2所示，在载玻片各短边的中央安装上电极，并在其上滴下含有7只草履虫的培养液。将电极Ⅱ设为正极，电极Ⅰ设为负极，施加4 V的电压，并在4 s后倒转正负极。

结果：倒转正负极后的4 s内，草履虫呈现出如图3所示的运动轨迹。图中的黑点是草履虫开始运动时的位置。

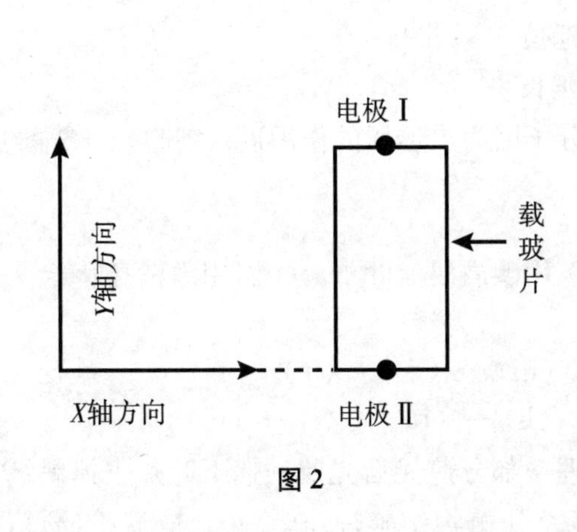

图2

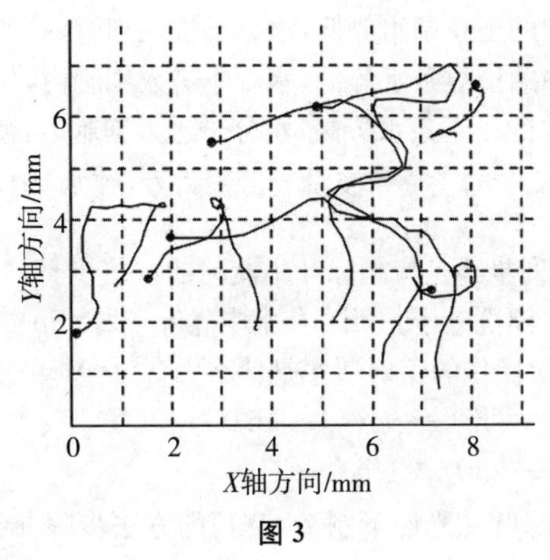

图3

6 请根据上述结果判断，下列叙述中哪一项正确描述了草履虫运动时的趋性：(　　)。(单选)

A. 虽然反应时间有个体间的差异，但总体上草履虫趋向正极运动

B. 虽然反应时间有个体间的差异，但总体上草履虫趋向负极运动

C. 反应时间无个体间的差异，总体上草履虫趋向正极运动

D. 反应时间无个体间的差异，总体上草履虫趋向负极运动

E. 虽然反应时间有个体间的差异，但总体上草履虫趋向正负极的中间运动

解析 最初电极Ⅱ为正极，电极Ⅰ为负极，施加电压初期可见草履虫向上方电极Ⅰ方向移动；4 s后倒转电极，虽然每个个体反应时间有差异，但整体都倒转了方向，改为向下方的电极Ⅱ移动，继续趋向负极。

答案：B。

观察图4，回答7～9题。

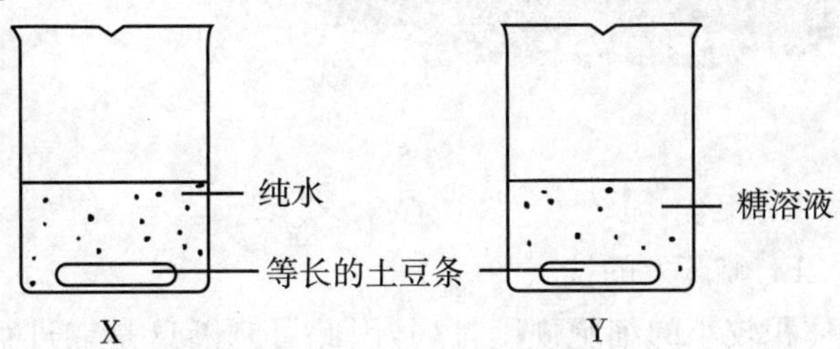

图4

7 如果两个烧杯中的土豆条均浸泡 24 h，哪个烧杯中的土豆条更长？（　　）（单选）

A. 两个烧杯中的土豆条一样长　　B. X 中的土豆条更长
C. Y 中的土豆条更长　　D. 两个烧杯中的土豆条长度不变

解析 高张力液中不可透膜的溶质浓度比膜另一侧高。当细胞浸没于高张力液（例如饱和糖溶液）中时，细胞中的水会因为渗透压差从细胞内渗出。水分子的持续渗出会导致细胞萎缩。

低张力液中不可透膜的溶质浓度比膜另一侧低。当细胞浸没于低张力液（例如纯水）中时，水会从溶液中进入细胞内。水分子持续渗入会导致细胞膨胀。 答案：B。

8 使用长度相同、截面直径相同的土豆条进行试验的原因是（　　）。（单选）

A. 控制长度和直径两个变量　　B. 只有特定直径的土豆条才能吸收糖溶液
C. 可以比较长度差　　D. 使用一个擦丝器更简单

解析 土豆条的尺寸相同时才能有可比性。 答案：A。

9 土豆条长度发生变化的原因是（　　）。（单选）

A. 土豆长度不会发生任何改变
B. X 中的土豆条水势低，水分子进入细胞内，使其延长
C. Y 中的土豆条水势低，水分子进入细胞内，使其延长
D. X 中的土豆条水势高，水分子进入细胞内，使其延长

解析 X 中的土豆条浸没于低张力液（纯水）中，水分子因为渗透压的作用进入细胞。 答案：B。

10 下列步骤是检测绿叶中淀粉的一些步骤：

(i) 用水漂洗叶子。(ii) 在水中煮叶子 2 min。(iii) 用碘酒浸泡叶子。(iv) 用酒精煮叶子。

这些步骤操作的正确顺序是什么？（　　）（单选）

A. (i) → (iii) → (iv) → (ii)　　B. (iii) → (ii) → (iv) → (i)
C. (i) → (iv) → (iii) → (ii)　　D. (ii) → (iv) → (i) → (iii)

解析 “绿叶在光照下制造淀粉”的方法步骤：暗处理→部分遮光后光照→摘下叶片去掉黑纸片→酒精脱色→漂洗后滴加碘液检验→冲掉碘液观察叶色。水煮杀死植物细胞，使其停止合成淀粉，酒精煮除去叶绿素，漂洗后碘液染色。 答案：D。

11 图5是某被子植物某一器官（的一部分）的纵剖面的显微镜照片。请从 A～F 中选出正确的植物部位。注意，照片的朝向可能并不是这一部位在植物体中实际的朝向。（　　）（单选）

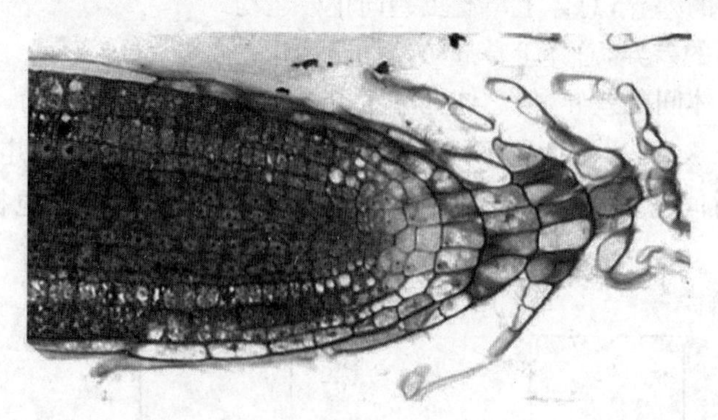

图 5

A. 胚的子叶　　B. 根尖　　C. 茎尖　　D. 叶尖
E. 雄蕊上的花药　　F. 雌蕊上的柱头

解析 在这一部位，一些体积较小的细胞规则排列，因此可判断这是能进行顶端生长的轴性器官的末端。在这些细胞的外层（照片右侧），还有几层较大的细胞，并且这些细胞正在逐渐脱落。能看到这样的细

胞层的只有根冠部位，因此可知这张照片所示为根尖部位。内侧的分生组织分裂产生新细胞，外侧细胞脱落，两者之间保持着平衡，从而维持根冠组织的结构。　答案：B。

12　请依据图6，正确地鉴定组织A、B、C：（　　）。（单选）

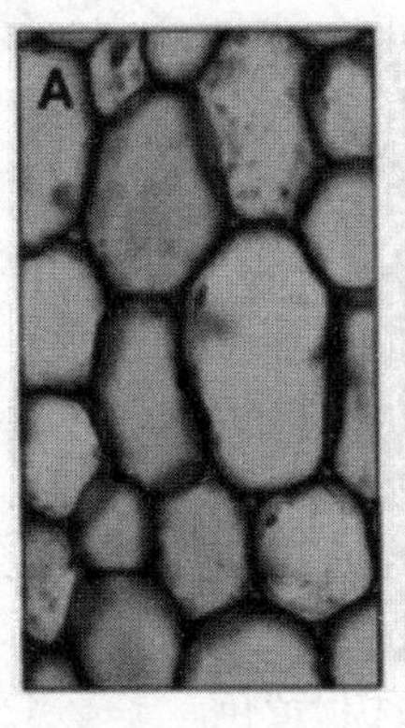

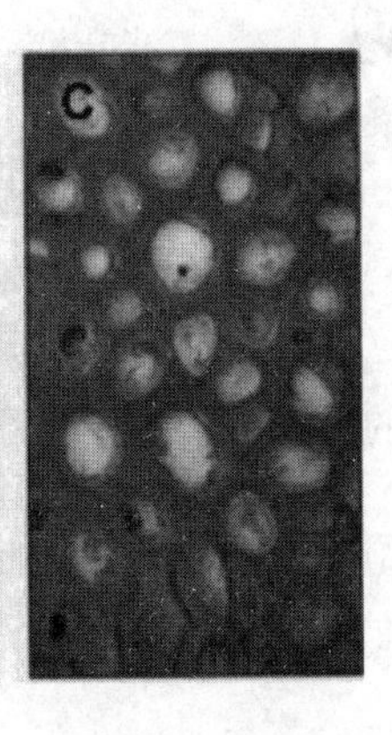

图6

A. 厚壁组织，薄壁组织，厚角组织　　B. 厚角组织，薄壁组织，厚壁组织
C. 厚角组织，厚壁组织，薄壁组织　　D. 薄壁组织，厚角组织，厚壁组织
E. 薄壁组织，厚壁组织，厚角组织

解析　厚角组织（collenchyma）是植物机械组织的一类，其细胞最明显的特征是细胞壁具有不均匀的增厚，而且这种增厚是初生壁性质的，所以并没有什么木质素。壁的增厚通常在几个细胞邻接处的角隅上特别明显，故称厚角组织。主要分布在被子植物初生植物体的茎和叶柄等器官的表皮内侧，在植物的初生结构中具有重要的意义，既可以起支持作用，又可以保持生长，适应于器官的长大。

厚壁组织的加厚则是均匀的，其中有较多的木质素，不过纤维从强烈木质化到不木质化的都有，但是石细胞都是强烈木质化的。　答案：D。

13　如果一株年幼的向日葵被放置在红色的溶液中并在太阳下放置2 h，其茎部的哪个部分会变红？（　　）（单选）

A. 木质部　　B. 表皮　　C. 韧皮部　　D. 皮质

解析　水分运输靠木质部。　答案：A。

14　一台特殊的复式显微镜，物镜倍率为43×，视野直径约为0.31 mm，视野面积约为0.1 mm^2。视野直径与物镜放大倍率成反比。通过这个43倍的物镜，一个人从左到右计数，观察到了15个矩形洋葱表皮细胞。从上到下计数，有4个细胞跨越了视野的边界。用这个43倍的物镜，每个视野中平均能看到12个气孔。洋葱表皮气孔的密度最接近下列哪个数(单位：个/mm^2)？（　　）（单选）

A. 12　　B. 15　　C. 36　　D. 120
E. 150

解析　$12/0.1=120$ 个/mm^2。　答案：D。

15　叶子表面的“毛”（例如毛状体（trichomes））可能会限制下列哪项？（　　）（单选）

A. 光合作用　　B. 二氧化碳的吸收　　C. 蒸腾作用　　D. 耐旱性
E. 水分在导管内的移动

解析　表皮毛可阻挡水分蒸腾，减少水分散失。此处不考虑其对光合作用的阻挡。　答案：C。

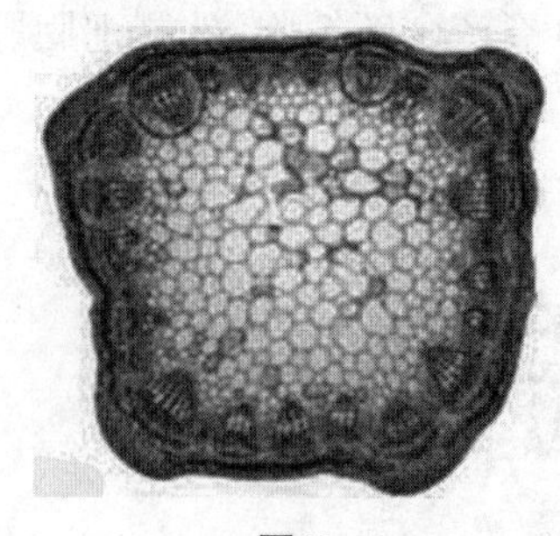

图 7

16 图 7 表示的横截面是一个(　　)。(单选)

A. 根

B. 茎

C. 叶柄

D. 花芽

E. 以上都不正确

解析 区分根和茎的一个最重要的特点就是木质部和韧皮部的排列方式。这里木质部和韧皮部相对排列,所以不是根。叶柄是十分明显的两侧对称的,而茎则是辐射对称的,且是连续的,由于茎有棱,故选 B。 答案:B。

17 一个学生用双缩脲试剂和碘酒检测一种食物的材质。如果食物只含有蛋白质,那么每项检测里的样品分别是什么颜色?(　　)(单选)

A. 蓝色;蓝/黑色

B. 紫色;棕/黄色

C. 红色;蓝色

D. 蓝/黑色;乳白色

解析 双缩脲遇蛋白呈蓝紫色,碘液呈黄棕色。 答案:B。

唾液中含有可以消化淀粉的消化酶。请阅读下述关于这一消化酶的实验,并回答 18、19 题。

实验 1:在含有 3 mL 淀粉液的试管 1～5 中,按表 1 加入唾液或水,并将这些试管放于指定温度的水浴中 5 min。之后,在室温下分别加入碘液,测定其所成蓝色的深浅程度。深浅程度从深到浅依次用 + + +、+ +、+ 表示。若没有变成蓝色则用 - 表示。

表 1　实验 1 的条件和结果

试管	试管中所加液体	温度	蓝色的深浅程度
1	唾液 2 mL	2 ℃	+ + +
2	唾液 2 mL	10 ℃	+
3	唾液 2 mL	40 ℃	-
4	唾液 2 mL	70 ℃	+ +
5	水 2 mL	40 ℃	+ + +

18 图 8 中的曲线 a～d 表示的是实验 1 中的试管 1～4 在各自指定温度下 15 min 内的淀粉量的变化,其中将最初的淀粉含量记为 100。请指出试管 2 和 4 所对应的曲线各是哪条,并从 A～H 中选出正确对应的一组:(　　)。(单选)

A. a;c　　B. a;d

C. b;a　　D. b;c

E. c;a　　F. c;b

G. d;a　　H. d;b

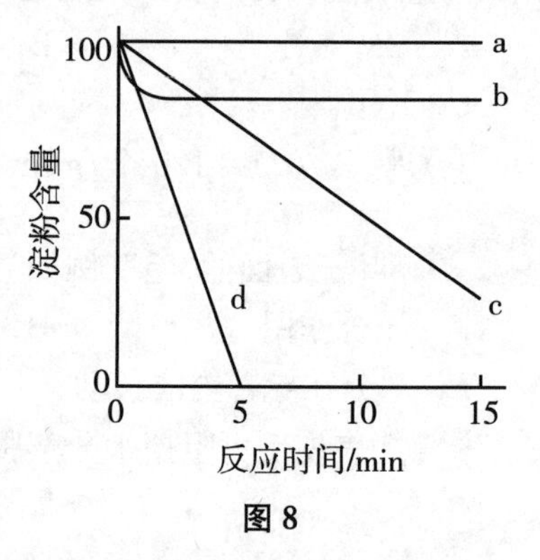

图 8

解析 试管 1 和试管 5 的蓝色深浅程度相同(+ + +),说明其中的淀粉几乎没有被分解,因此是 a。而试管 3 的深浅程度为 -,说明其中的淀粉基本分解完全,因此为 d。试管 2 的深浅程度为 +,说明淀粉只有部分分解。这是因为试管 2 温度低,比起 40 ℃时反应速度慢,对应 c。试管 4 的深浅程度为 + +,说明淀粉只有少量分解,对应 b。从 b 中可知,将试管放到 70 ℃后,反应溶液并没有一下子升温到 70 ℃,在溶液升温到 70 ℃之前酶都一直在起作用,令一部分淀粉分解,但在之后发生了热变性而失活,淀粉含量不再减少。

答案:F。

实验2：在实验1中观察过与碘液反应的颜色变化后，再将所有试管置于40 ℃中，在30 min后检验各反应液所成蓝色的深浅程度。

19　请推测实验2的结果，并从A～H中选择正确的一项(各选项中依次为试管1～5的结果)：(　　)。(单选)

A. ＋＋＋；＋；－；＋＋；＋＋＋　　B. ＋＋＋；＋；－；－；＋＋＋

C. ＋＋＋；－；－；＋＋；＋＋＋　　D. ＋；－；－；－；＋＋＋

E. －；＋；－；＋＋；＋＋＋　　F. －；＋；－；－；＋＋＋

G. －；－；－；＋＋；＋＋＋　　H. －；－；－；－；＋＋＋

解析　试管1中的酶还没有失活，因此将其置于40 ℃下的时候酶仍然可以起作用，30 min内淀粉将分解完全。试管2中的酶也还没有失活，因此将其置于40 ℃下的时候酶仍然可以起作用，30 min内将剩下的淀粉分解完全。试管3中的淀粉已经分解完全。试管4中的酶在实验1中已经因热变性而失活，即使置于40 ℃下酶也无法起作用，淀粉不会被分解。　答案：G。

图9所示是无氧呼吸(发酵)实验的二氧化碳释放结果。回答20题。

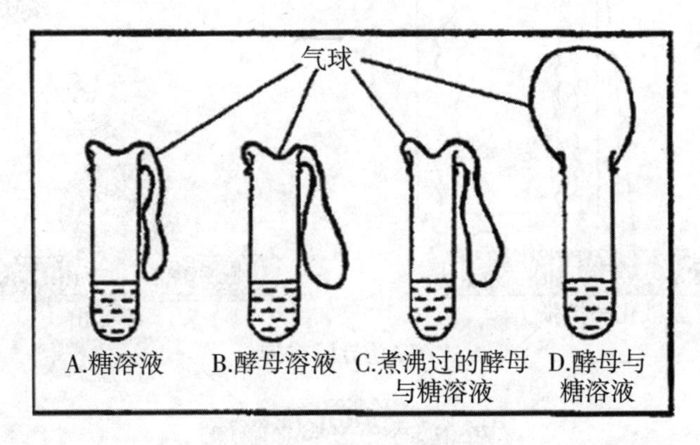

图9

20　在实验的设计和实施阶段最重要的环节是什么？(　　)(单选)

A. 不需要记录温度　　B. 每个试管中糖、酵母和水的量必须相同

C. 试管和气球的大小十分重要　　D. 所有实验必须同时开始

解析　该实验同时证明了酵母细胞是有生命的，这也是C试管煮沸后就无法产生二氧化碳的原因。进行实验时，研究某一个变量，需要控制其他变量不变。在此实验中，温度、试管大小、水、糖和酵母的量必须统一。

酵母中含有酵母菌(酿酒酵母菌)活菌株。这是一种用来发面的真菌。酵母可以将糖类(如葡萄糖、果糖、麦芽糖和蔗糖)发酵，从而起到发面的作用。但是，它不能利用牛奶中含量较多的乳糖或是其他糖类。发酵产生的二氧化碳可以发面，产生的乙醇是面包香气的来源。发酵过程中需要酶的参与，葡萄糖先被转变为1,6-二磷酸果糖，两端各有一个磷酸基团。然后进一步分解成磷酸二羟基丙酮和3-磷酸甘油醛两个分子，两者能相互转化。后续的步骤将这些三碳分子转变为磷酸烯醇式丙酮酸，最终变为丙酮酸，并产生ATP。1分子六碳糖可以净产2分子ATP。在某些细菌(乳酸菌)或是运动剧烈相对缺氧的肌肉细胞中，丙酮酸被乳酸脱氢酶还原成为乳酸。在其他生物，例如酵母菌中，丙酮酸被丙酮酸脱羧酶催化分解为乙醛和二氧化碳，乙醛接着被乙醇脱氢酶还原为乙醇。　答案：B。

21　EDTA是多种实验中的常用化合物，如配置电泳缓冲溶液。下列哪种说法是不正确的？(　　)(单选)

A. EDTA对二价离子和一些三价离子有很强的螯合作用

B. EDTA是一种促进高分子聚合的催化剂，在蛋白质和核酸的聚合中是必要的

C. EDTA是一种螯合剂

D. EDTA 可帮助蛋白质变性，以及削弱细胞膜稳定性

E. EDTA 通过移出溶液中的镁离子而使 DNA 不受限制性内切酶的作用

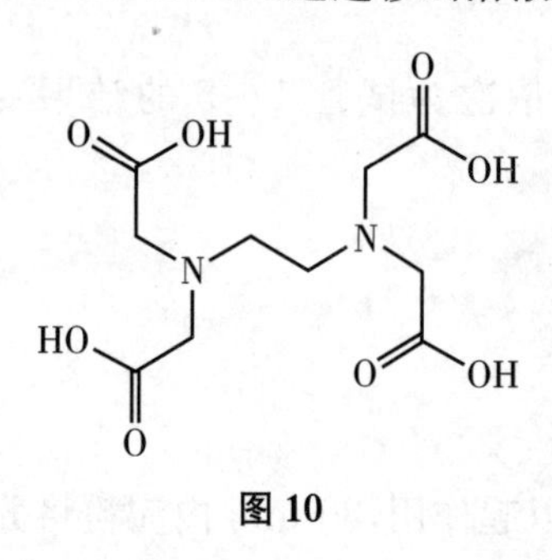

图 10

解析 EDTA结构如图 10，它有六个配位原子，形成的配合物叫做螯合物，是一种金属螯合剂。EDTA 在配位滴定中经常用到，一般用于测定金属离子的含量，在生物应用中，用于排除大部分过渡金属元素离子（如铁(Ⅲ)，镍(Ⅱ)，锰(Ⅱ)）的干扰。在分子生物学实验中，可作为二价金属螯合剂，抑制核酸酶；降低细胞膜的稳定性（如图 11，通过螯合二价阳离子实现，或直接拖出带正电荷膜脂，使膜液化）。如果蛋白质单体结合成了蛋白复合体，那么便需要溶液中有一定浓度的金属离子的存在；而 EDTA 螯合了金属离子，使得溶液中金属离子减少，蛋白复合体会变得不稳定，进而分离为单体。故 EDTA 也可帮助蛋白变性（虽然不能算变性剂）。B 错误，其余均正确。 答案：B。

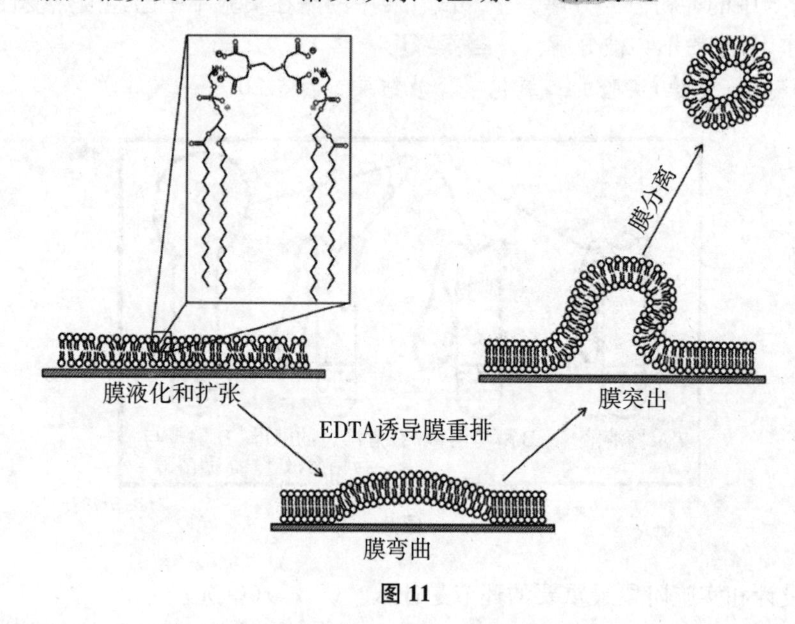

图 11

参考文献

［1］ Virapong P，Chartchalerm I N A，Tanawut T，et al. EDTA-induced Membrane Fluidization and Destabilization：Biophysical Studies on Artificial Lipid Membranes［J］. Acta. Biochim. Biophys. Sin.（Shanghai），2007，39(11)：901.

22 分光光度计可以用来测量蛋白质、DNA 和很多其他化合物的浓度。如图 12 所示，假设特定的波长为 λ 的入射光强度是 I_0，而穿过第二个样品槽的同样波长的入射光的光强度也是 I_0。如果第二个样品槽中的浓度是第一个的两倍，下列哪种说法是正确的？（　　）(单选)

A. 第一个样品的透光率将比第二个样品多两倍

B. 第二个样品的吸光度 A_λ 将是第一个样品的两倍

C. 浓度的增加将改变最大吸收峰的波长，使之向更长的波长处移动

D. 第二个样品的透光率将是第一个样品的两倍

E. 上述信息不足以确定正确的答案

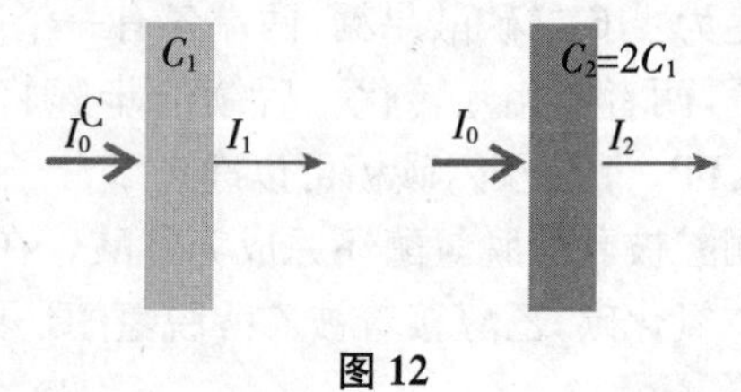

图 12

解析 朗伯-比尔定律：

$$A = \lg \frac{I_0}{I} = \lg \frac{1}{T} = kcd$$

式中，I、I_0 分别为入射光及通过样品后的透射光强度；A 为吸光度(absorbance)，旧称光密度(optical densi-

ty)；C 为样品浓度；d 为光程，即盛放溶液的液槽的透光厚度；k 为光被吸收的比例系数；T 为透射比(率)，即透射光强度与入射光强度之比。

由上公式可知，吸光度 A 与透光度 T 的关系式是 $A = -\lg T$，且物质的最大吸收峰是物质本身的性质，一般与其浓度大小无关，故 A、C、D 都不对，应当选 B。　**答案：B。**

23　各种各样不同的技术用来分离、分析和提纯不同的化学物质。请在下列技术中选择所有的可以用来估计蛋白质分子量的技术：(　　)。(多选)

A. 等电点聚焦　　B. 电泳　　C. 凝胶过滤层析　　D. 离子交换层析

E. 亲和层析

解析 等电点聚焦就是在电泳槽中放入载体和两性电解质，当通以直流电时，两性电解质即形成一个由阳极到阴极逐步增加的 pH 梯度。当蛋白质放进此体系时，如果所处的 pH 低于其等电点，就带上正电荷，往负极移动，也就是往更接近其等电点的方向上移动，高于则反之，于是不同的蛋白质即移动到或聚焦于与其等电点相当的 pH 位置上

蛋白质在聚丙烯酰胺凝胶中电泳时，它的迁移率取决于它所带净电荷以及分子的大小和形状等因素。如果加入一种试剂使电荷因素消除，则电泳迁移率取决于分子的大小，就可以用电泳技术测定蛋白质的分子量。由于十二烷基硫酸根带负电，使各种蛋白质-SDS 复合物都带上相同密度的负电荷，它的量大大超过了蛋白质分子原来的电荷量，因而掩盖了不同种蛋白质间原有的电荷差别。SDS 与蛋白质结合后，还可引起构象改变，蛋白质-SDS 复合物形成近似“雪茄烟”形的长椭圆棒，不同蛋白质的 SDS 复合物的短轴长度都一样，约为 18 Å(1 Å = 10^{-10} m)。这样的蛋白质-SDS 复合物在凝胶中的迁移率不再受蛋白质原来的电荷和形状的影响，而取决于分子量的大小，因而可以用它来测蛋白质分子量的大小。

凝胶过滤层析也称分子筛层析、排阻层析，是利用具有网状结构的凝胶的分子筛作用，根据被分离物质的分子大小不同来进行分离。层析柱中的填料是某些惰性的多孔网状结构物质，多是交联的聚糖(如葡聚糖或琼脂糖)类物质，小分子物质能进入其内部，流下时路程较长，而大分子物质却被排除在外部，下来的路程短。当一混合溶液通过凝胶过滤层析柱时，溶液中的物质就按不同分子量被筛分开了。于是可以根据不同蛋白质的洗脱时间来测定其分子量。

离子交换层析中，基质由带有电荷的树脂或纤维素组成。带有正电荷的称为阴离子交换树脂；而带有负电荷的称为阳离子交换树脂。离子交换层析同样可以用于蛋白质的分离纯化。由于蛋白质也有等电点，当蛋白质处于不同的 pH 条件下时，其带电状况不同。阴离子交换基质结合带有负电荷的蛋白质，所以这类蛋白质被留在柱子上，然后通过提高洗脱液中的盐浓度等措施，将吸附在柱子上的蛋白质洗脱下来。结合较弱的蛋白质首先被洗脱下来。反之，阳离子交换基质结合带有正电荷的蛋白质，结合的蛋白可以通过逐步增加洗脱液中的盐浓度或提高洗脱液的 pH 值洗脱下来。这种方法显然与蛋白质的带电性质有关，而与其分子量无关

将具有特殊结构的亲和分子制成固相吸附剂放置在层析柱中，当要被分离的蛋白混合液通过层析柱时，与吸附剂具有亲和能力的蛋白质就会被吸附而滞留在层析柱中。那些没有亲和力的蛋白质由于不被吸附，直接流出，从而与被分离的蛋白质分开，然后选用适当的洗脱液，改变结合条件，将被结合的蛋白质洗脱下来。这种分离纯化蛋白质的方法称为亲和层析。亲和层析与配体和受体的特异性相互作用有关。

其他测定蛋白质分子量的方法有沉降分析法、渗透压法等。　**答案：BC。**

24　你要对两个分子量(约 50 kDa)相近的蛋白质进行蛋白质印迹法，在此之前先用 SDS-PAGE 分离时只能看到一条带。你将如何改进你的分离方法来分离这两种蛋白质？(　　)(单选)

A. 使用更低浓度的丙烯酰胺，以此提高凝胶的分辨率

B. 使用非离子型去垢剂使蛋白质变性

C. 对你的蛋白质样品再进行等电点聚焦电泳

D. 除去还原剂,例如巯基乙醇或者二硫苏糖醇

E. 把凝胶转过 180°,让其相对于正负极的位置发生改变

解析 要求把这两个分子量相近的蛋白质分开,最好的方法当然就是通过其电荷量的不同进行分离。D 选项的目的是把蛋白质的二硫键打开,从而使得 SDS 可以更好地作用于蛋白质内部而使之变性,可是 SDS-PAGE 中本来就有这一步。A 选项不对,要想提高凝胶的分辨率,需要使用更高浓度的凝胶。B 选项使用非离子型去垢剂的效果显然没有 SDS-PAGE 的变性效果好,但是其可以让蛋白质的电荷大小的差异显现出来,效果还是不错的,可是还是没有 C 选项好。E 选项只能让蛋白质跑出凝胶,同学们做实验的时候千万不能接反了正负极。

注意:C 选项并非双向电泳之意,双向电泳会先进行等电点聚焦,因为 SDS-PAGE 会导致蛋白变性、吸附电荷,无法再通过等电点分离。 答案:C。

25 在准备有机化学课前,蔡子星混匀了每个烧杯中的物质。他从每个烧杯中提取了样品,并邀请你帮忙鉴别它们。表 2 是在烧杯中加入了一系列试剂后反应的结果。

表 2

烧杯	双缩脲试剂	班氏试剂	茚三酮	碘酒	苏丹红
1	蓝色	蓝色	蓝色	橙色	苍白色
2	蓝色	蓝色	淡黄色	橙红色	橙红色
3	紫色	蓝色	淡黄色	橙色	苍白色
4	蓝色	红色沉淀	淡黄色	橙黄色	苍白色
5	蓝色	蓝色	淡黄色	橙色	苍白色

下列哪个选项正确地对应了每个烧杯中可能的物质?(　　)(单选)

A. 1:明胶;2:玉米油;3:天冬氨酸溶液;4:葡萄糖溶液;5:蔗糖溶液

B. 1:明胶;2:甘油三酯;3:天冬氨酸溶液;4:蔗糖溶液;5:葡萄糖溶液

C. 1:天冬氨酸溶液;2:甘油三酯;3:明胶;4:葡萄糖溶液;5:蔗糖溶液

D. 1:蔗糖溶液;2:玉米油;3:葡萄糖溶液;4:天冬氨酸溶液;5:明胶

E. 1:葡萄糖溶液;2:甘油三酯;3:蔗糖溶液;4:天冬氨酸溶液;5:明胶

解析 双缩脲反应:在碱性溶液中,双缩脲($H_2NOC—NH—CONH_2$)能与铜离子(Cu^{2+})作用,形成紫红色络合物。具有类似结构的多肽也有类似的实验现象。该反应即双缩脲反应。注意:除—CO—NH—有此反应外,—$CONH_2$、—CS—CS—NH_2等基团亦有此反应。

班氏试剂是斐林试剂的改良试剂,它与醛或醛(酮)糖反应也生成 Cu_2O 砖红色沉淀。它是由硫酸铜、柠檬酸钠和无水碳酸钠配置成的蓝色溶液,可以存放备用,避免斐林溶液必须现配现用的缺点。反应原理:柠檬酸钠和 Cu^{2+} 生成络合离子,此络合离子与葡萄糖中的醛基反应生成红黄色沉淀。

茚三酮反应:在加热条件及弱酸环境下,茚三酮与氨基酸或肽反应生成紫蓝色产物,与脯氨酸或羟脯氨酸反应生成(亮)黄色化合物及相应的醛和二氧化碳的反应。

苏丹红是一种人工合成的红色染料,为亲脂性偶氮染料,遇到脂质后呈现出橘黄色(其他物质无染料,没有互溶,故呈现苍白色)

碘可取代肽链上酪氨酸苯环上羟基位的一个或两个氢,使之成为含有碘化酪氨酸的多肽链,呈黄色。然而题目中不同物质与碘液产生的颜色区分不明显,可能是不同溶剂效应的差异。本题根据其余四个反应便足以判断了。 答案:C。

26 某研究人员利用带有负电荷的层析管柱进行蛋白质的纯化工作。实验结果显示蛋白质 A 可以吸附至管柱,而蛋白质 B 则无吸附。已知蛋白质 A 的等电点为 8.7;蛋白质 B 的等电点为 5.6。以下叙述中正

确的是(　　)。(多选)

A. 进行纯化时所使用的缓冲溶液的 pH 应大于 5.6,但是小于 8.7

B. 进行纯化时所使用的缓冲溶液的 pH 应大于 8.7

C. 缓冲溶液的 pH 比某蛋白质的等电点高时,该蛋白质应为带负电荷的状态

D. 缓冲溶液的 pH 比某蛋白质的等电点低时,该蛋白质应为带正电荷的状态

E. 若研究人员将实验的缓冲溶液的 pH 调整为 3,则蛋白质 A 与 B 可能都会吸附至该层析管柱

解析 由于层析柱是带负电荷的,所以蛋白质 A 带正电,蛋白质 B 带负电或不带电。而我们知道当环境 pH 低于蛋白质等电点时蛋白质是带正电荷的,高于蛋白质等电点时蛋白质带负电荷,所以所用的缓冲溶液的 pH 应大于 5.6,小于 8.7。若研究人员将实验用的缓冲溶液的 pH 值调整为 3,则蛋白质 A 和蛋白质 B 都带正电荷,都会被层析管柱吸附,此时就起不到纯化的效果,可见缓冲溶液的选择是十分重要的。

答案:ACDE。

下列生化研究方法中可以分离或检定出具有不同分子量的蛋白质的是(　　)。(多选)

A. SDS 电泳法(SDS-PAGE)

B. 质谱分析法(mass spectrometry)

C. 凝胶过滤法(gel filtration)

D. 透析法(dialysis)

E. 甘油梯度超高速离心法(glycerol gradient ultracentrifugation)

解析 SDS-PAGE 可以测定蛋白质相对分子质量是由于加入 SDS 和巯基乙醇后,蛋白质分子的迁移速率取决于其相对分子质量,而和原来所带的电荷和分子形状无关。

质谱分析通过电离源将蛋白质分子转化为离子,然后利用质谱分析仪的电场、磁场将具有特定质量与电荷比值(M/Z)的蛋白质离子分离开来,经过离子检测器收集分离的离子,确定离子的 M/Z 值,分析鉴定未知蛋白。

凝胶过滤法即排阻色谱,其测定蛋白质相对分子质量的原理是蛋白质分子通过凝胶柱的速度取决于其斯托克斯半径(Stokes radius)。斯托克斯半径是以蛋白质为对象的非水化球体:如果某种蛋白质与一理想的非水化球体具有相同的过柱速度(即相同的洗脱体积),则认为这种蛋白质具有与此球相同的半径,称蛋白质的斯托克斯半径。因此斯托克斯半径大致和相对分子质量成正比(这要求待测蛋白质和标准蛋白质具有相同的分子形状,即接近球体)。

透析法是利用半透膜分离蛋白质与小分子物质,也可通过选择截留分子量合适的膜将分子大小不同的蛋白质分开(更多见于超滤技术),但一般不能准确测定蛋白质的分子量。当透析膜对被截留物质的截留率大于 90%时,就可用被截留物质的分子量表示膜的截留性能,称为膜的截留分子量(molecular weight cut-off, MWCO)(图 13)。

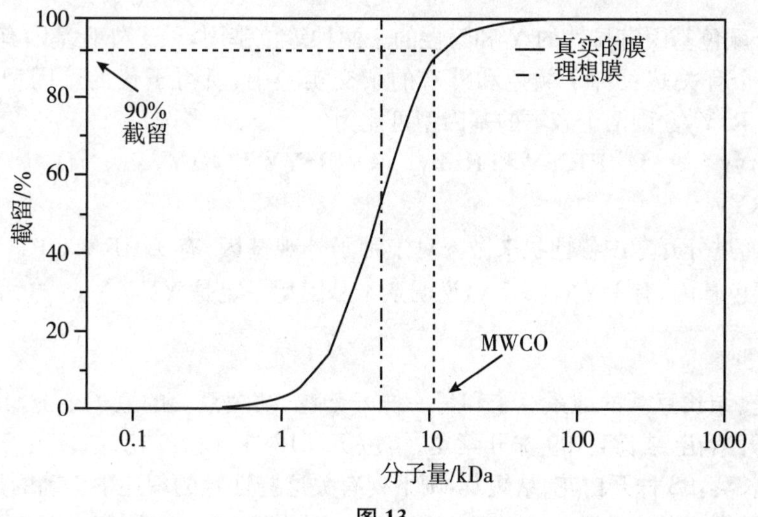

图 13

如图 14 所示，MWCO 为 100 kD 的滤膜可以大致分离分子量大的 IgG 与分子量较小的细胞色素 c，完全去除最小的分子维生素 B_{12}。

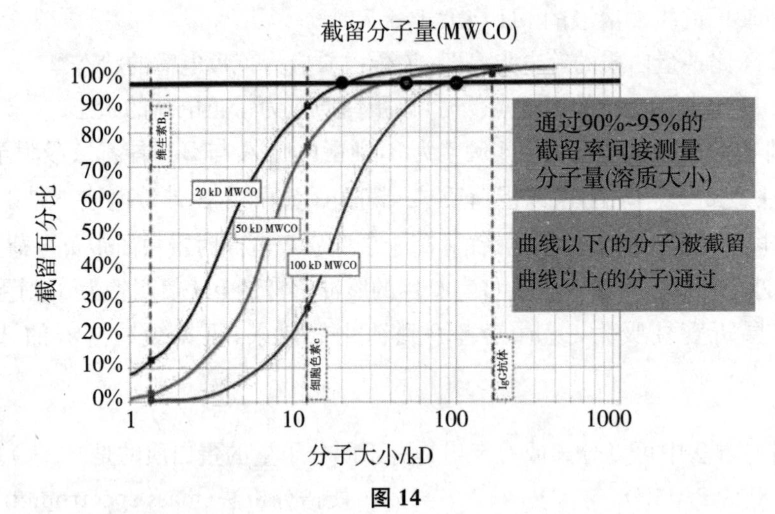

图 14

高速离心法属于密度梯度离心，既可以分离蛋白质，又能测定其相对分子质量，因为相对分子质量越大的蛋白质下沉得越快。 **答案：ABCDE。**

28 下列哪项不是黑腹果蝇最初被用作托马斯·摩尔根在 1907 年的基因实验中的模式生物的原因？(　　)(单选)

A. 果蝇繁殖一代所用时间很短　　B. 果蝇只有四对染色体，便于观察

C. 果蝇的繁殖率高，后代丰富　　D. 果蝇便于进行基因操作

E. 果蝇是一种相对简单的生物，在实验室中饲养方便

解析 果蝇作为模式生物的优点有：

① 果蝇体型小，体长不到半厘米；饲养管理容易，既可喂以腐烂的水果，又可喂以培养基饲料；一个牛奶瓶里可以养上百只。

② 果蝇繁殖系数高，孵化快，只要 1 天时间其卵即可孵化成幼虫，2～3 天后变成蛹，再过 5 天就羽化为成虫。从卵到成虫只要 10 天左右，一年就可以繁殖 30 代。

③ 果蝇的染色体数目少，仅 3 对常染色体和 1 对性染色体，便于分析。做遗传分析时研究者只需用放大镜或显微镜一个个地观察、计数就行了，从而使得劳动量大为减少。

④ 有丰富的表型特征，易于进行遗传学操作。

本题答案为 D，因为摩尔根时代还没有基因操作一说。 **答案：D。**

29 豌豆的种子颜色基因有显性的 Y 和隐性的 y 两种等位基因，种子外观基因有显性的 R 和隐性的 r 两种等位基因。在一个有关豌豆种子颜色和外观的杂交实验中，所得子代的基因型比例为 1 RRYY∶1 RRYy∶1 RrYY∶1 RrYy。则两个亲本的基因型可能为(　　)。(多选)

A. RRYY 和 Rryy　　B. RRYY 和 RrYy　　C. RrYY 和 RrYy　　D. RrYy 和 RRYy

E. RrYY 和 RRYy

解析 本题可以通过分开考虑各性状来做。对于种子外观基因，有 1 RR∶1 Rr，说明亲本基因一定是 RR×Rr；对于种子颜色基因，有 1 YY∶1 Yy，说明亲本基因型一定是 YY×Yy。这两者又可自由组合。

答案：BE。

30 一株开白花、结长豆荚的纯系豆子和另一株开紫花、结短豆荚的豆子杂交，其 F_1 子代自交后得到的 F_2 子代中，301 株开紫花、结长荚，99 株开紫花、结短荚，612 株开粉红花、结长荚，195 株开粉红花、结短荚，295 株开白花、结长荚，98 株开白花、结短荚，则下列有关这些性状的叙述中正确的是(　　)。(多选)

A. 花色基因和豆荚长度基因间具有连锁关系　　B. 不同花色等位基因间为不完全显性

C. 短豆荚对长豆荚为显性　　　　　　　　D. F_1 植株开紫花、结短豆荚

E. 开紫花的 F_2 植株自交后只会产生开紫花的 F_3 子代

解析 花色比例为紫色∶粉红色∶白色＝1∶2∶1,为不完全显性;荚长为长∶短＝3∶1。两性状各自受到一对等位基因的控制,两种基因之间自由组合。紫花长豆荚为显性性状,F_1 为粉花长豆荚。

答案:BE。

植物可以针对可能对其造成伤害的昆虫和菌类产生具有防御性的物质,以此来保护自己,这被称为化学防御。植物也可以通过捕食害虫(下称植食者)的生物(下称天敌),间接对害虫的侵害做出防御。植物的化学防御中,合成防御物质需要一定的消耗,同时也可能对植食者的天敌造成伤害。因此,要判断化学防御究竟对植物是有利还是有害,必须考虑植物的消耗和所得利益,以及通过植食者的天敌带来的间接性利益等因素。如下定义与化学防御有关的变量。

将不生产防御物质的个体产生的种子产量记为 s。

若产生防御物质,种子产量将会减少 c(c:化学防御的消耗)。

在存在植食者时,若不使用化学防御,由于植食者带来的损害,种子产量会减少 d。

在存在植食者时,若使用化学防御,由于植食者受到伤害,植食者导致的种子产量下降将会减少 q,即种子产量减少 $d-q$(q:使用化学防御所得的利益)。

在既有植食者又有其天敌的情况下,若不使用化学防御,由于天敌给植食者带来的损害,植食者导致的种子产量下降将会减少 e,即种子产量减少 $d-e$(e:不进行化学防御时天敌带来的间接利益)。

在既有植食者又有天敌的情况下,若使用化学防御,则可能给天敌也带来损害,天敌带来的间接利益减少 f,变为 $e-f$($e-f$:进行化学防御时天敌带来的间接利益)。

根据以上内容,回答31、32题。

31 当存在植食者但不存在其天敌时,满足下列哪一条件时使用化学防御的个体增加?请从 A～F 中选择:(　　)。(单选)

A. $d>q$　　B. $d<q$　　C. $q<c$

D. $q>c$　　E. $d-q>c$　　F. $d-q<c$

32 当既有植食者又有其天敌存在时,满足下列哪一条件时使用化学防御的个体增加?请从 A～F 中选择:(　　)。(单选)。

A. $q<c+f$　　B. $q>c+f$　　C. $s<d-e$

D. $s>d-e$　　E. $d>e-f$　　F. $d<e-f$

解析 对于31题,当植食者存在但其天敌不存在时,不进行化学防御的个体产生的种子量是 $s-d$,而进行化学防御的个体产生的种子量是 $s-c-(d-q)=s-d+(q-c)$。要使进行化学防御的个体数增加,就必须使不进行化学防御的个体产生的种子量＜进行化学防御的个体产生的种子量。因此,$s-d<s-d+(q-c)$,解得 $q>c$。

对于32题,当植食者和其天敌皆存在时,不进行化学防御的个体产生的种子量为 $s-(d-e)=s-d+e$,而进行化学防御的个体产生的种子量为 $s-c-[d-q-(e-f)]=s-d+e+[q-(c+f)]$。与31题同理,若要使进行化学防御的个体数增加,则 $s-d+e<s-d+e+[q-(c+f)]$,解得 $q>c+f$。　**答案:31. D;32. B。**

动物在生态系中的栖息位置(生态位,ecological niche)受生物的与非生物的影响。如图15所示为两种藤壶(barnacles)在潮间带的分布状况,为探讨影响这两种藤壶生态位的因素,进行两次移除的实验:①只移除A种;②只移除B种。实验①的结果是B种的分布不变;而实验②的结果是A种移栖至原B种所在的区域。据此回答33、34题。

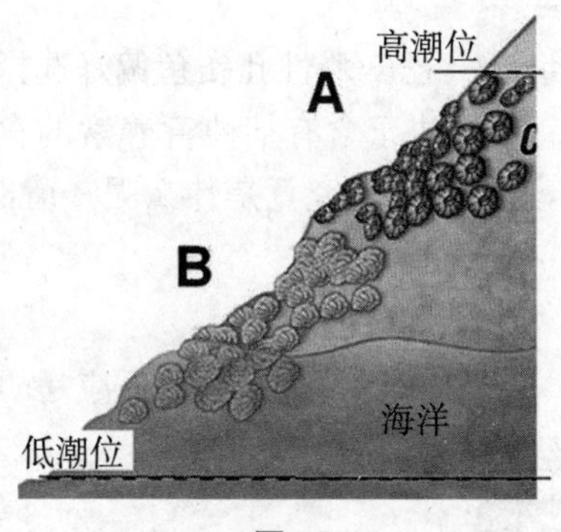

图15

33 有关A种的描述下列哪些是正确的？(　　)(多选)

A. 就非生物性的因素而言，其基础生态位(fundamental niche)与实际生态位(realized niche)相同

B. 生物性因素比非生物性因素影响大

C. 竞争是影响分布的最主要因素

D. 潮水的位置是影响分布的最主要因素

E. 在本种适合生存的环境下其竞争力比B种强

解析 对题目进行分析。这两次实验能够说明两点：实验①说明B种在A种的生存地高潮位处不能生存，否则不可能在A种移除之后不扩展其栖息地到高潮位区；实验②说明，移除了B种之后，A种能够在低潮位生存，所以栖息地发生扩展。但是需要注意到的是，原生环境也是一个信息点，既然A种和B种都可以在低潮位生存，那么为什么低潮位在没有人类干扰的情况下只有B种生存呢？唯一的解释就是B种在低潮位竞争力大于A种。所以我们已经分析出，A种对于恶劣环境(高潮位)的适应力高于B种，而B种在适宜环境下(低潮位)的竞争力大于A种。

A选项错误，A种的基础生态位应该是低潮位+高潮位，而实际生态位只有高潮位，所以实际生态位由于竞争小于基础生态位。

B选项正确，生物性因素影响比非生物性因素大，因为是B种的竞争将A种排除出低潮位的。

C选项正确，对于A种来说，影响其分布的主要是来自B种的竞争作用。

D选项错误，环境因素对A种来说影响不是很大，A种对环境的适应力大。

E选项错误，在低潮位，A种的竞争力弱于B种。　**答案：BC。**

34 承上题，有关B种的描述下列哪些是正确的？(　　)(多选)

A. 就非生物性的因素而言，其基础生态位(fundamental niche)与实际生态位(realized niche)相同

B. 生物性因素比非生物性因素影响大

C. 竞争是影响分布的最主要因素

D. 潮水的位置是影响分布的最主要因素

E. 在本种适合生存的环境下其竞争力比A种强

解析 具体分析见上题。

A选项正确。B种的基础生态位就是其实际生态位，只有低潮位。

B选项错误，非生物性因素对B种影响大，因为B种没有办法在高潮位生存(可能是因为B种不能忍受缺水或者高温环境)。

C选项错误，D选项正确，环境因素是影响B种分布的最主要因素。

E选项正确，在低潮位，B种的竞争力强于A种。　**答案：ADE。**

作为观赏鱼类被广泛喂养的孔雀鱼拥有长长的尾巴，色彩艳丽。但是，这些性状导致孔雀鱼容易被捕食者发现，对其生存不利。在进化中，为什么会形成这样的特征？请针对这一疑问，回答35～38题。

35 已知雌性孔雀鱼偏好选择拥有鲜艳的橙色斑纹的雄性作为交配对象。而另一方面，橙色斑纹的鲜艳程度取决于含有某种营养素的食物的摄取量。也就是说，雌性间接地选择了摄取更多食物的雄性。那么，这种营养素究竟是什么呢？请根据斑纹的颜色，从下列选项中选择正确的一项：(　　)。(单选)

A. 胡萝卜素　　B. 蛋白质　　C. 葡萄糖　　D. 花青素

E. 脂质

解析 提到橙色，第一反应是胡萝卜素。蛋白、葡萄糖、脂类一般无色，花青素根据环境条件不同从蓝色到红色变化。　**答案：A。**

36 当雄性的斑纹相同时，雌性会选择什么样的雄性呢？为了探究这一问题，进行了下述两个实验，实验中所使用的雄鱼之间除了某一条件外其他条件皆相同。实验1用于比较的雄性尾长相同，但身体全长不

同;实验2用于比较的雄性身体全长相同,但尾长不同(图16)。每个实验中,测量雌性与雄性相处的时间后,制成了如图17所示的图表。从这些结果中能得出什么结论?请从A～E中选择正确的一项:(　　)。(单选)

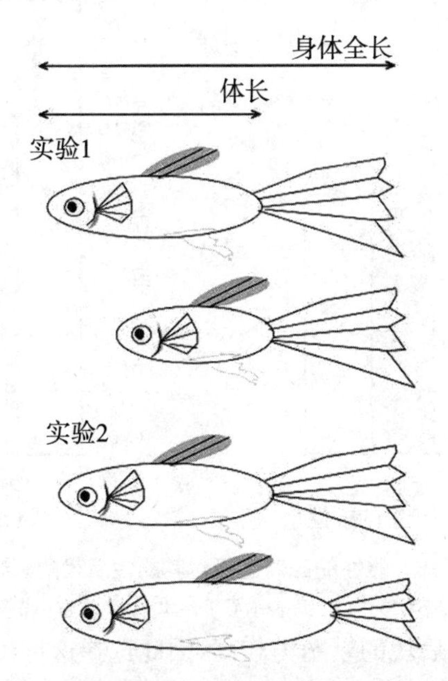

图16　用于实验的雄性的形体特征(模式图)

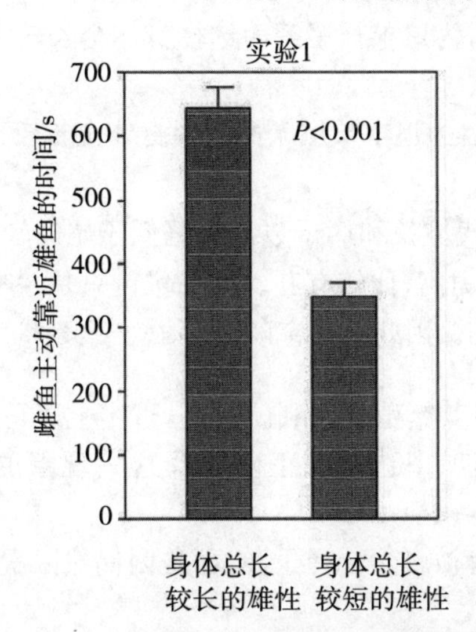

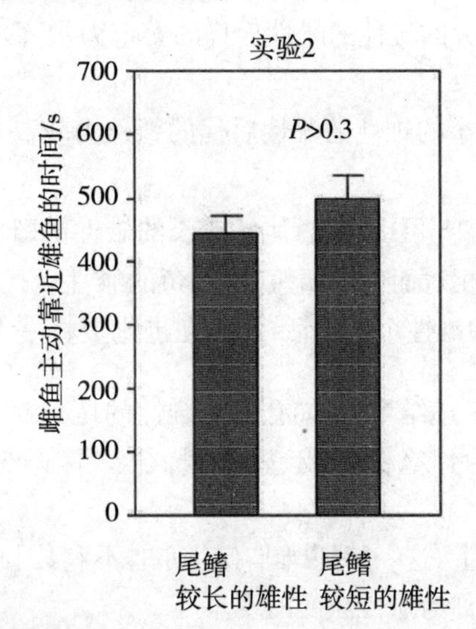

图17　关于雌性配偶选择偏好的实验结果

柱状图上方的线表示标准差,P表示显著性水平,P值越小表明差异越显著。

A. 雌性偏好选择身体全长较长的雄性

B. 雌性偏好选择尾鳍较长的雄性

C. 雌性偏好选择尾鳍和身体全长都较长的雄性

E. 雌性偏好选择尾鳍或身体全长较长的雄性

F. 雌性偏好选择体长较长的雄性

解析　从对照实验可见,全长一致时雌性主动靠近的时间无显著差异,而总长较长的雄性显著性地更受欢迎,所以A是对的。　**答案:A。**

37　雌性的选择将会怎样影响其后代呢?为了探究这一问题,令身体全长相同但尾长不同、而其他条件皆相同的雄性(和实验2中的雄性相同)分别和体长以及身体全长皆相同的雌性交配并产下后代。分别测定不同雄鱼的后代中雌性的体长。再令这些雌鱼分别与体长以及身体全长皆相同的雄性交配并产下后代,分别统计出生的鱼苗数目,结果如图18所示。结合前两题的实验结果你能得出什么结论?请从下列选项中选择正确的一项:( )。(单选)

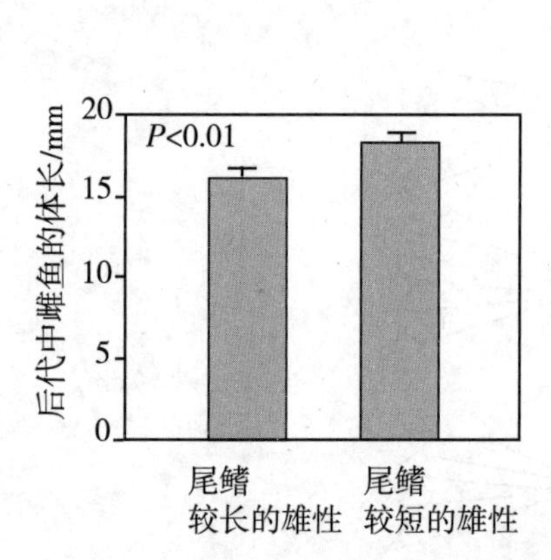

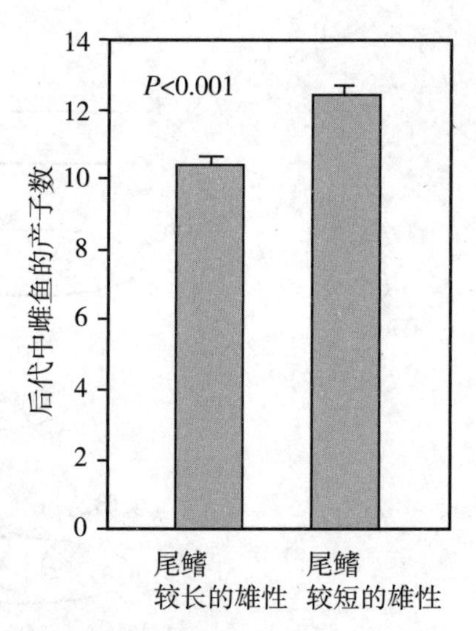

图18 雌性的配偶选择对其雌性后代的影响

柱状图上方的线表示标准差,P表示显著性水平,P值越小表明差异越显著。

A. 身体全长较大的雄性的雌性后代的繁殖力较高,因此选择这种雄鱼对雌鱼有利

B. 身体全长较小的雄性的雌性后代的繁殖力较高,因此选择这种雄鱼对雌鱼有利

C. 体长较大的雄性的雌性后代的繁殖力较高,因此,为追求长尾鳍而选择身体全长较大的雄鱼将对雌鱼不利

D. 体长较小的雄性的雌性后代的繁殖力较高,因此,为追求长尾鳍而选择身体全长较大的雄鱼将对雌鱼不利

解析 从图18可以看出,尾鳍较长的雄性的雌性后代体长和产子数都显著低于尾鳍较短的雄性后代。这表明体长大(相对而言尾鳍短)的雄鱼的雌性后代繁殖力高,比较有利。如果雌鱼只是一味追求尾鳍长而实际体长不长的雄性个体的话,那么在进化上将是不利的。因此本题应该选C。 答案:C。

38 总结上述结果,可知孔雀鱼雄性的尾鳍越长,对其繁殖越不利。但是,事实上斑马鱼的尾鳍很长,且色彩鲜艳。为什么会形成这样的特征?请从下列选项中选出能正确解释这一现象的一项:( )。(单选)

A. 在适应上,这一特征既非有利亦非不利,因此没有被自然选择干涉,而是因偶然因素留存到现在,也就是被称为遗传漂变的现象

B. 这样的特征是因环境的不同而导致的变异,而人类又恰好为了观赏,通过人工选择令这种特征留存至今

C. 这种特征可以令雌性产生错觉,令雄性体长看起来比实际长,因此在适应进化中有利,从而存留至今

D. 这一特性产生于突变,总有一天会被自然选择淘汰

解析 综合以上内容,虽然从遗传力角度来看尾长未必有利,但雌鱼却往往选择尾长者,与整套题干思路最为吻合的解释是C选项。简单来说,雄鱼通过长尾欺骗了雌鱼,获得了生存。 答案:C。

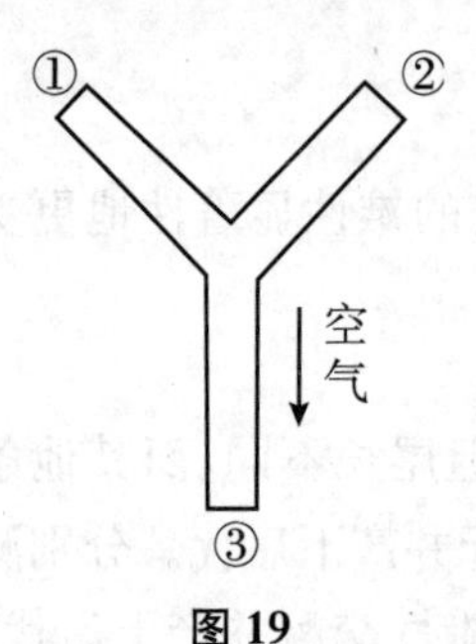

图19

39 为了研究寄生蜂的行为,利用如图19所示的Y型玻璃管进行了下述实验。某种小茧蜂科的寄生蜂(*Cotesia kariyai*)专门寄生在玉米的害虫黏虫以及其近缘物种上。将这种小茧蜂置于图19的③中,在①和②上放置不同的物质,并导入向③方向流动的气流,记录寄生蜂会向①和②的哪一方向运动。

从表3所示的实验结果中能做出什么样的推断?请从A~E中选择最恰当的一项:( )。(单选)

表3

位置	所放的物质	结果
①	被黏虫啃食的叶片	＋＋
②	无损的叶片	－－
①	用砂纸打磨过的叶片	±
②	无损的叶片	±

＋：寄生蜂到过。－：寄生蜂没有到过。±：寄生蜂有时到，有时不到。

A. 玉米在被黏虫啃食后会释放吸引小茧蜂的物质

B. 玉米可以从伤口中释放吸引小茧蜂的物质

C. 即使是无损的玉米叶片也可释放吸引小茧蜂的物质

D. 小茧蜂会被黏虫的气味吸引

E. 小茧蜂偏好向左方行进

解析 生物群落中的食草动物和食肉动物之间的天敌关系远比我们所想象的复杂，因此也十分有趣。不论是人为损伤的叶片还是无损的叶片都没能吸引寄生蜂，而只有被黏虫啃食的叶片能成功吸引寄生蜂。植物在被啃食时释放诱导性的气味，而啃食者的天敌利用这一气味寻找啃食者。这一现象不光发生在寄生蜂中，在蝉虫等动物身上也可看到。 答案：A。

凤蝶的雄性在野外发现了雌性后，会降落在张开翅膀的雌性身上，并用腿做出探寻的动作，之后将尾部弯曲，进行交配。交配后的雌性会合上翅膀，即使有其他雄性来到也拒绝进行交配。

为了探究雄性凤蝶的寻偶行为和交配行为，进行了下述实验1、2。

实验1：将死亡的雌性凤蝶贴在塑料板上，作为模型Ⅰ。在这个基础上，再在雌性上面覆盖一层塑料板，作为模型Ⅱ。所有塑料板都可透过紫外线。将这两种装置放在有凤蝶飞过的地方，进行观察。同时也放置了只有塑料板的装置。（如图20所示）

图20

结果1：模型Ⅰ和Ⅱ对雄性的吸引力基本相同，而塑料板则完全没有吸引力。

实验2：为了探究凤蝶会被什么样的视觉刺激吸引，进行了下述实验。将如图21所示的由黑色和黄色构成的7种色板和一套雌性的翅膀放在野外有凤蝶飞过的地方。其中，间隙＝1表示条纹间隙为1 mm。

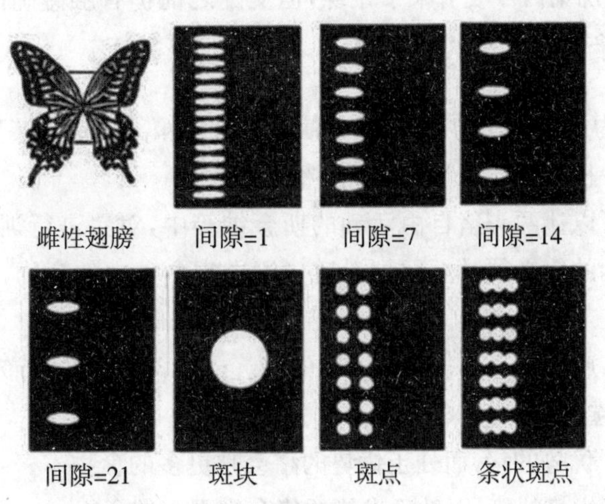

图21

结果2:对雄性吸引力最强的是雌性翅膀,之后为间隙=7的色板,然后是间隙=1和条状斑点,而间隙=21和斑点完全没有吸引力。

根据以上内容,回答40~42题。

40 在这个实验中,为比较各模型对雄性的吸引力,下列哪种观察方式是最恰当的?(　　)(单选)

A. 统计接近各模型的个体数

B. 统计经过各模型附近的个体中,接近模型的个体所占的比例

C. 统计在各模型上表现出交配行为的个体数

D. 统计接近模型的个体中,表现出交配行为的个体所占的比例

解析 为了对比对雄性的吸引力,使用接近/经过是较为合理的。单纯讨论个数而不求比值并没有说服力,因为无法控制经过不同模型的蝴蝶的数量相同。相对而言,视觉吸引的结果是接近,而交配行为需要进一步的触碰确认之后才会发生。　**答案:B。**

41 关于上述实验1和2,下列哪项是正确的?(　　)(单选)

A. 模型的形状越接近雌性翅膀的形状,对雄性的吸引力越强

B. 一定间隔的条纹图样是吸引雄性的信号刺激

C. 一定比例的黄色和白色是吸引雄性的信号刺激

D. 凤蝶无法分辨颜色。

解析 从题干可知,信号刺激是条纹而不是翅膀形状,对照实验未涉及颜色对比,故无法得出与颜色相关的判断。　**答案:B。**

观察:被上述实验中的模型所吸引的雄性都表现出用腿去触碰模型的行为。在野外观察时,发现接近了雌性的雄性用脚碰触雌性后,便会发生交配行为。而在实验1中,雄性对模型Ⅰ表现出了交配行为,但对模型Ⅱ却没有表现出交配行为。

42 关于凤蝶的交配行为,下列选项中哪项是正确的?(　　)(单选)

A. 是一种学习行为

B. 是一种习得行为

C. 雄性会根据理性判断对方是否是雌性凤蝶

D. 引起交配行为的是化学物质

E. 引起交配行为的是视觉刺激

解析 从题干可知,虽然视觉信号吸引来了雄蝶,但交配之前仍有触碰确认过程,故引起交配的不是视觉刺激而是化学物质。交配行为是先天的本能,A、B不对。　**答案:D。**

43 在实验心理学中,为了研究动物行为,经常使用斯金纳箱。在这个装置中,动物压下手柄时食物将会自动从滑道掉出,通过这一机制令动物学习压下手柄获得食物。

在一个拥有足够空间、可以让两头猪自由活动的斯金纳箱中,对猪进行训练。由于掉出食物的滑道在手柄的另一侧,因此压下手柄的猪必须马上回到滑道一侧去吃食盆中的食物,而掉出的食物的量设定为猪无法一口吃完的量。

在这巨大的斯金纳箱中,放入两只竞争地位不同的猪。最后,两只猪的行为将会如何?请从A~G中选择正确的一项:(　　)。(单选)

A. 按下手柄的将是处于优势的猪,而处于优势的猪会吃更多的食物

B. 按下手柄的将是处于优势的猪,而处于劣势的猪会吃更多的食物

C. 按下手柄的将是处于劣势的猪，而处于优势的猪会吃更多的食物

D. 按下手柄的将是处于劣势的猪，而处于劣势的猪会吃更多的食物

E. 两只猪将会几乎交替按下手柄，而处于优势的猪会吃更多的食物

F. 两只猪将会几乎交替按下手柄，而处于劣势的猪会吃更多的食物

G. 在按下手柄和吃食的量上看不出任何规律性

解析 我们通常将动物天生就拥有的行动方式拟人化地称为策略。但这并不表示动物是根据自己的意志表现出这些行为的，而是在自然选择的过程中，对动物自身最有利的行动模式被保留了下来。这种策略被称为进化稳定策略(evolutionarily stable strategy)，简称ESS。

本题是根据鲍德温和米斯的实验进行改编的。为什么在本实验中，处于优势的猪会像奴隶一样为劣势的猪按动手柄呢？我们可以试着用ESS解释这一问题。"处于优势的猪霸占着食盆，处于劣势的猪去按动手柄"这种策略看起来明智，但并不稳定。劣势的猪即使在按动手柄后全速跑到桶边，也只是看到霸占着食盆的优势猪，并且没有办法将其赶走。由于其行为并不能带来任何利益，劣势的猪便会立即放弃继续按动手柄。

那么，相反的策略将会如何呢？处于优势的猪在跑到食盆边后马上赶走劣势的猪，便可以吃到所剩不多的食物，收益虽然很小但确实有，因此优势的猪仍会继续按动手柄。结果在无意识中便会形成令懒惰的劣势猪吃到饱的奇怪模式。 答案：B。

人类和小鼠都有约25000个基因。为了研究在众多基因中某些特定基因所编码的蛋白质都存在于细胞的什么地方，以及行使着什么样的功能，进行了下述实验1、2、3。

实验1：从小鼠的脑内提取mRNA，并利用酶a催化的反应合成与其互补的DNA(cDNA)。接下来，利用酶b所催化的聚合酶链式反应(PCR)，扩增其中的*Ras*基因cDNA。将此基因的两端用酶c剪去，并与用相同酶c剪切后的质粒载体在酶d的催化下结合，并导入大肠杆菌。通过上述方式令*Ras*基因的cDNA在大肠杆菌中扩增，得到*Ras*基因cDNA的克隆。

实验2：在正常细胞所产生的Ras蛋白中，位于第12位的氨基酸的密码子是GGA。人为在Ras的cDNA中引入突变，结果这一cDNA所编码的Ras蛋白中，位于第12位的氨基酸变为了缬氨酸。将这一突变了的*Ras*基因cDNA插入到哺乳类细胞的基因表达载体中，并导入到培养的小鼠上皮细胞中。正常小鼠的上皮细胞会整齐地排列为单层，但引入了突变*Ras*基因的细胞却变为圆形，细胞间发生重叠并开始分裂。也就是说，细胞发生了癌变。

根据以上内容，回答44、45题。

44 实验1中所用的酶a～d依次是下列①～⑤中的哪一种？请从A～G中选择正确对应的一项：(　　)。(单选)

① 连接酶(DNA连接酶)；② 限制性内切酶；③ DNA聚合酶；④ RNA聚合酶；⑤ 逆转录酶。

A. ①②③⑤　　B. ①②④⑤　　C. ②③⑤①　　D. ②④⑤①

E. ③⑤①②　　F. ④⑤①②　　G. ⑤③②①　　H. ⑤④②①

解析 这是利用mRNA进行逆转录PCR，从而克隆*Ras*的cDNA的实验。首先以mRNA为模板，利用逆转录酶(酶a)合成单链cDNA。向其中加入有义链和无义链的引物，并利用耐热的DNA聚合酶(酶b)进行PCR，扩增*Ras*的cDNA。接下来，用适当的限制性内切酶(酶c)剪切*Ras*的cDNA，并用同样的限制酶剪切质粒载体，再用DNA连接酶(酶d)将两者连接，从而将cDNA整合入质粒载体。 答案：G。

45 实验2中人为向cDNA中引入了什么样的突变？请根据下面的密码子表(表4)，从A～J中选择可能引入的突变：(　　)。(单选)

表 4

第一个核苷酸(5'端)	第二个核苷酸				第三个核苷酸(3'端)
	U	C	A	G	
U	苯丙氨酸	丝氨酸	酪氨酸	半胱氨酸	U
	苯丙氨酸	丝氨酸	酪氨酸	半胱氨酸	C
	亮氨酸	丝氨酸	终止码	终止码	A
	亮氨酸	丝氨酸	终止码	色氨酸	G
C	亮氨酸	脯氨酸	组氨酸	精氨酸	U
	亮氨酸	脯氨酸	组氨酸	精氨酸	C
	亮氨酸	脯氨酸	谷氨酰胺	精氨酸	A
	亮氨酸	脯氨酸	谷氨酰胺	精氨酸	G
A	异亮氨酸	苏氨酸	天冬酰胺	丝氨酸	U
	异亮氨酸	苏氨酸	天冬酰胺	丝氨酸	C
	异亮氨酸	苏氨酸	赖氨酸	精氨酸	A
	蛋氨酸	苏氨酸	赖氨酸	精氨酸	G
G	缬氨酸	丙氨酸	天冬氨酸	甘氨酸	U
	缬氨酸	丙氨酸	天冬氨酸	甘氨酸	C
	缬氨酸	丙氨酸	谷氨酸	甘氨酸	A
	缬氨酸	丙氨酸	谷氨酸	甘氨酸	G

A. GGA 缺失　　B. GGA 的第一个 G 缺失
C. GGA 的第二个 G 缺失　　D. GGA 的第三个 A 缺失
E. GGA 的第一个 G 变为了 U　　F. GGA 的第一个 G 变为了 T
G. GGA 的第二个 G 变为了 U　　H. GGA 的第二个 G 变为了 T
I. GGA 的第三个 A 变为了 U　　J. GGA 的第三个 A 变为了 T

解析 这是一个通过将引入突变的 *Ras* cDNA 导入培养细胞，表达产生 Ras 蛋白质并研究其功能的实验。Ras 蛋白中第 12 个氨基酸的密码子为 GGA，可知原氨基酸为甘氨酸。若要将其替换为缬氨酸，根据密码子表，只需要将其改变为 GUA。但是，由于是向 cDNA 引入突变，因此要将 GGA 的第二位由 G 替换为 T，也就是变为 GTA。

另外，在 mRNA 中，密码子 GUA 是从 cDNA 的互补链(无义链)的 CAT 中转录而来，因此为了避免混乱，习惯上将 DNA 上的密码子也用有义链的序列(本题中为 GTA)表示。　答案：H。

46 在 20 世纪 60 年代分子生物学的黎明期，布莱纳、雅科夫、梅塞尔逊等人为了证明 DNA 中的遗传信息会被转录到 mRNA 中，mRNA 再与核糖体结合产生蛋白质，进行了以下实验。

向分裂旺盛的大肠杆菌中，在非常短的时间内加入带有放射性的磷酸(^{32}P)，并将其制成细胞提取液，通过氯化铯密度梯度离心对其进行分析。

在这一实验中，通过将实验样品置于浓氯化铯溶液中，在高速离心机中进行长时间的离心，从而制造出从上到下逐渐升高的氯化铯浓度梯度，而样品中的各成分将会悬浮于与其密度相同的部位。DNA 和 RNA 的密度大约为 1.9，蛋白质的密度大约为 1.3，而核糖体中，由于大小亚基都是由蛋白质和 RNA 按 1∶1 的比例组成的，因此两者的密度皆大约为 1.6。核糖体的位置可以通过检测其中的 RNA 对紫外线的吸收确定。结果如图 22 所示，通过 260 nm 紫外光吸光度(A_{260})所测定的 rRNA 拥有两个峰 a 和 b，而吸收了^{32}P 的 mRNA 的放射峰与 b 重合。这一结果表明核糖体可以和 mRNA 结合。而布莱纳将峰 a 解释为没有与 mRNA 结合的核糖体。但是，日本的野村真康博士却指出这一解释是错误的。

关于布莱纳的解释和野村博士的批评，下面 A～F 的叙述中哪一项是正确的？(　　)(单选)

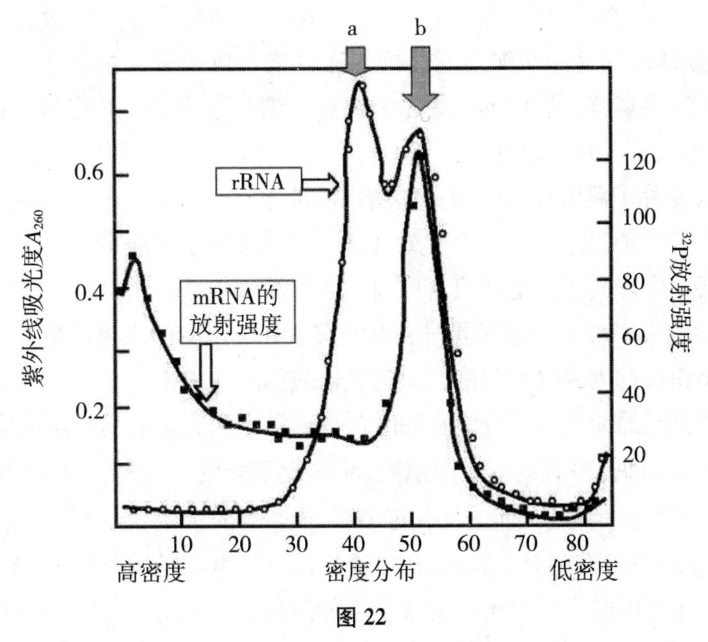

图 22

A. 布莱纳是正确的

B. 野村博士指出,峰 a 和峰 b 的大小是几乎相同的,因此分别表示的是核糖体的大亚基和小亚基

C. 野村博士指出,由于核糖体在没有与 mRNA 结合时是以大小亚基分开的形式存在的,因此峰 a 表示的是分开的大亚基和小亚基

D. 野村博士指出,核糖体与 mRNA 结合后密度会变大,因此峰 a 是结合了正常量两倍的 mRNA 的核糖体

E. 野村博士指出,峰 a 是没有与 mRNA 结合的核糖体失去了一部分蛋白质所形成的

F. 野村博士指出,峰 a 是与 mRNA 结合的核糖体失去了一部分蛋白质所形成的

解析 这是为了证明雅科夫·莫纳所提出的操纵子假说中所提到的 mRNA 的存在而进行的实验,也是前些年获得诺贝尔奖的布莱纳初期最重要的工作,布莱纳报告说他在这个实验中发现了 mRNA 的存在。但是,在《自然》发表的关于这一发现的论文中有明显的错误,而野村博士对这一错误的发现,成为了他之后开始研究核糖体重组的契机。

在本实验中,样品会根据其密度被分开,而蛋白质和 RNA 的比例是关键。核糖体不论是小亚基还是大亚基,其中蛋白质和 RNA 的比都为 1∶1,因此不论亚基是单独存在还是结合为核糖体,其密度都不会变,因此在实验中也不应分离为两个峰。当核糖体和 mRNA 结合时,由于 RNA 所占比例上升,因此密度会变大,与布莱纳所解释的没有 mRNA 结合的核糖体密度会变大相矛盾。峰 a 中无法检测出放射性标记的磷酸(^{32}P),说明没有结合 mRNA。也就是说,峰 a 中的核糖体没有 mRNA 结合,但 RNA 的比例发生了改变。唯一的解释是,峰 a 的核糖体中有部分蛋白质脱落,导致 rRNA 的比例变大。野村博士指出这一点后,在实验中令核糖体中的 rRNA 和蛋白质分离,再试着令其重组成有活性的核糖体。另外,没有与 mRNA 结合的核糖体应出现在密度低于峰 b 的位置,但本实验中没有观察到这样的峰,说明这些细胞都在进行着旺盛的蛋白质合成,其中的核糖体大部分都与 mRNA 结合(形成多聚核糖体),进行着蛋白质合成。 答案:E。

47 种子中合成的赤霉素在种子发芽的过程中起着重要的作用。在适合发芽的条件下,令大麦等植物的种子吸水,胚中赤霉素的合成便会增多。在胚中合成的赤霉素作用于包围着胚乳的糊粉层,诱导淀粉酶基因的表达。淀粉酶会被分泌到胚乳中,令胚乳中的淀粉分解为葡萄糖。胚利用这些葡萄糖进行生长,最后发芽。

而另一方面,脱落酸可以抑制种子发芽。现已知,若用脱落酸处理正在吸水的谷类种子,则不发生淀粉的分解。

某生物小组欲探究脱落酸的这一功能是通过抑制赤霉素合成还是通过抑制这之后的代谢过程。他们用不同条件处理大麦种子，并观察胚乳中的淀粉是否分解。请从下列 A～F 中选出能令这一生物小组得到有用信息的一组实验条件：(　　)。(单选)

A. 将去除了胚的大麦种子浸泡在只含脱落酸的水溶液中

B. 将去除了胚的大麦种子浸泡在同时含有赤霉素和脱落酸的水溶液中

C. 将去除了糊粉层的大麦种子浸泡在只含脱落酸的水溶液中

D. 将去除了糊粉层的大麦种子浸泡在同时含有赤霉素和脱落酸的水溶液中

E. 将去除了胚和糊粉层的大麦种子浸泡在只含脱落酸的水溶液中

F. 将去除了胚和糊粉层的大麦种子浸泡在同时含有赤霉素和脱落酸的水溶液中

解析 在 A 和 C～F 中，即使没有脱落酸的阻碍，淀粉也不会发生分解。在 B 中，若脱落酸作用于赤霉素产生后的阶段，则淀粉不会发生分解，而若作用于产生赤霉素的阶段，则会发生淀粉分解。因此，能为这一生物小组提供有用信息的只有实验 B。但是，若实验 B 没有发生淀粉的分解，则无法判断脱落酸是只作用于赤霉素产生后的阶段，还是同时也作用于赤霉素产生的阶段，要注意这一点。实际上，脱落酸可以阻碍赤霉素所诱导的淀粉酶基因的表达。　**答案：B。**

48 在顶芽生长较活跃的植物上，若在某一叶片的叶柄根部正上方将茎剪断，几个小时后，叶柄根部本来已经停止生长的侧芽便又开始生长，这被称为顶端优势。其中，在顶芽中合成并通过极性运输运向根部的生长素和这一现象紧密相关(图 23)。

为了弄清植物激素怎样调节顶端优势，进行了以下实验。

实验 1：将茎剪断，数小时后发现在剩下的侧芽附近的茎内合成了细胞分裂素，并且被运输到了侧芽内。

实验 2：将生长素涂抹到实验 1 的茎的横切面上，发现没有细胞分裂素合成。

实验 3：将细胞分裂素施加到没有剪去茎的正常植物侧芽上，发现侧芽开始生长。

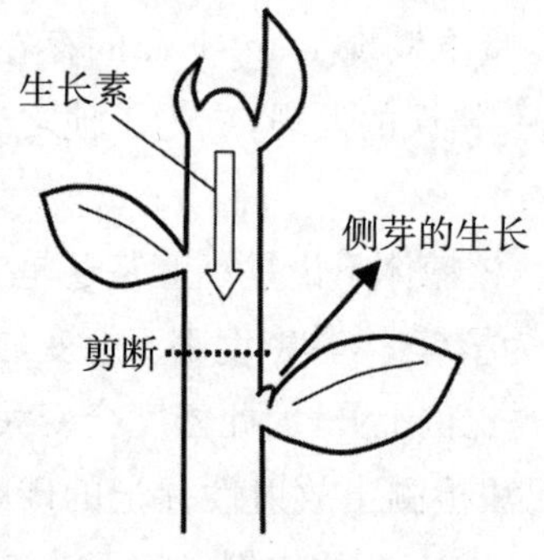

从上述实验中可推断出生长素和细胞分裂素在顶端优势中分别都起着什么样的作用？(　　)(多选)

A. 将茎剪断，数小时后生长素被运输到侧芽，促进侧芽生长

B. 将茎剪断，数小时后侧芽附近的生长素浓度基本降为零

C. 将茎剪断，数小时后茎中便会含有大量生长素

D. 生长素抑制了细胞分裂素的合成

E. 生长素促进了细胞分裂素的合成

F. 细胞分裂素抑制了生长素的合成

G. 细胞分裂素促进了生长素的合成

生长素　侧芽的生长　剪断

图 23

解析 通常，侧芽的生长会被产生于顶芽，并以 1 cm/h 的速度通过茎向根部极性运输的生长素抑制。若将某一叶片叶柄根部正上方的茎连同顶芽剪断，几小时后，由于生长素仍在向根部极性运输，侧芽附近的茎内生长素浓度基本降为零。由于在剪断之前的侧芽附近的茎中，细胞分裂素的合成一直被茎中的生长素抑制，因此当生长素浓度下降后，细胞分裂素开始合成，并进入侧芽中促进侧芽的生长。像这样，抑制生长的物质从顶芽运输至侧芽中妨碍其生长，而顶芽优先生长的现象，叫做顶端优势。　**答案：BD。**